中国海关知识产权保护状况及备案名录

（2012年版）

China Customs Protection of Intellectual Property and Customs Recordation List

海关总署政策法规司　编

中国海关出版社

图书在版编目（CIP）数据

中国海关知识产权保护状况及备案名录．2012年版／海关总署政策法规司编．—北京：中国海关出版社，2012.11

ISBN 978－7－80165－922－4

Ⅰ.①中…　Ⅱ.①海…　Ⅲ.①海关—知识产权保护—工作—概况—中国

Ⅳ.①F752.5②D923.4

中国版本图书馆CIP数据核字（2012）第281243号

中国海关知识产权保护状况及备案名录（2012年版）

ZHONGGUO HAIGUAN ZHISHI CHANQUAN BAOHU ZHUANGKUANG JI BEI'AN MINGLU（2012 NIAN BAN）

作　　者：海关总署政策法规司

策　　划：普　娜

责任编辑：左桂月　冯　菲　赵中娜

助理编辑：孙广余

出版发行：中国海关出版社

社　　址：北京市朝阳区东四环南路甲1号　　邮政编码：100023

网　　址：www.hgcbs.com.cn；www.hgbookvip.com

编 辑 部：01065194242-7527（电话）　　01065194231（传真）

发 行 部：01065194242-7540/42/44/45（电话）　　01065194233（传真）

社办书店：01065195616/5127（电话/传真）　　01065194262/63（邮购电话）

北京市建国门内大街6号海关总署东配楼一层

印　　刷：廊坊市晶艺印务有限公司　　经销：新华书店

开　　本：889mm×1194mm　1/16

印　　张：51.75　　字数：1440千字

版　　次：2012年11月第1版

印　　次：2012年11月第1次印刷

书　　号：ISBN 978－7－80165－922－4

定　　价：300.00元

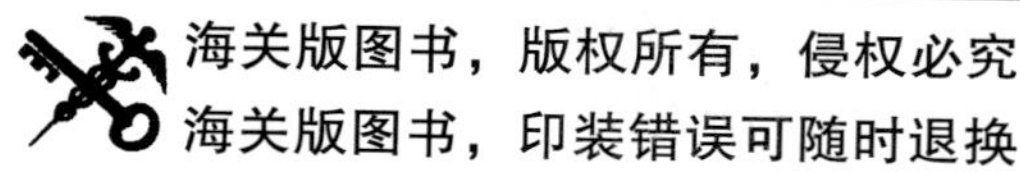

《中国海关知识产权保护状况及备案名录（2012年版）》编委会名单

编写人员

孔 玥 魏燕萍 张小云 王 凯 王 嘉 朱端时 杨左涛 解新红 彭 隽 张芬涛 李 丹 王丽婷
蒋志韬 蒋超腾 闫俊龙 叶晓岚 刘 阳 亓 明 侯金泽 张 威 蔚平英 于艳玲 邵大伟 王 慧
郭 宁 吴 劲 毕 波 徐 枫 沙 杰 彭韶华 李 恺 郭炜林 林海燕 张海滨 严国强 贾小宁
张 帅 李 琼 杨春勇 朱 墨 李学军 罗华鑫 翁江明 宋 扬 李 冰 刘 玲 区 杨 朱 虹
李冀铭 卢 冬 苏文嘉 孙晓梅 旦 增 张 昆 武 炘 张龙兴 段俊芳 赵建邦

序

自1994年我国海关开始实施知识产权保护以来，我国海关的知识产权保护工作经历了“从无到有”和“从弱到强”的发展历程。经过全国海关同仁的不懈努力，我国已经拥有了一个机制健全、措施有力、公开透明、公正高效的知识产权海关保护制度和一支爱岗敬业、勇于奉献，具有较高知识产权保护意识和专业水准的执法队伍。多年来，中国海关的知识产权保护工作在制止侵权商品的国际流通、净化国际贸易环境方面发挥了重要作用，有力地促进了国家知识产权战略的实施，维护了公平竞争的经济秩序和知识产权权利人的合法权益，受到国内外广泛赞誉，为国家赢得了荣誉。

2011年，全国海关按照“把好国门、做好服务、防好风险、带好队伍”工作的总体要求，围绕中心、服务大局，建立健全知识产权海关保护工作的长效机制。在全国海关的共同努力下，我国海关的知识产权保护工作再创佳绩，不仅在开展“打击侵犯知识产权和制售假冒伪劣商品专项行动”方面取得显著成绩，而且在健全法律制度和执法机制、提高执法能力、加强与知识产权权利人及与国内其他执法机构的协作、扩大国际交流和组织开展面向公众的知识产权宣传教育等方面都取得了显著的成绩。鉴于中国海关的知识产权执法成绩卓著，全球反假冒组织向中国海关颁发了“2011年度全球反假冒最佳政府机构奖”，温家宝总理为此专门作出了“要再接再厉”的重要批示。温总理的批示，不仅是对海关知识产权保护工作的高度肯定，更是对我们今后进一步做好知识产权保护工作的期望和鞭策。

尽管我们每年都在“4·26知识产权宣传周”前夕发表《中国海关知识产权保护状况》白皮书，也经常通过新闻媒体和门户网站向社会公众宣传介绍海关的知识产权保护工作，但由于篇幅和载体的限制，仍缺少一个能全面、系统地展示海关在一定时期内知识产权保护整体工作的载体和平台。所以，以出版《中国海关知识产权保护状况及备案名录》的方式，向社会统一发布海关在过去一年内有关知识产权保护的执法法规、方针政策、执法措施、典型案例和统计数字等信息，提高海关政务公开的水平、增加海关工作的透明度，我认为是一个很好的做法。我希望《中国海关知识产权保护状况及备案名录》能够以详实的内容，真实地再现和还原全国海关从事知识产权保护工作的同志们在过去一年里的辛勤工作和取得的成果，同时也能让社会公众对知识产权海关保护工作的艰巨性、复杂性以及对海关执法人员所付出的努力多一份了解和理解。更重要的是，要通过编辑出版《中国海关知识产权保护状况及备案名录》，使海关系统的同志能够对过去一年的工作进行认真的梳理和总结，发扬成绩、改进工作，使我们今后的知识产权海关保护工作能够再上一个台阶。

在《中国海关知识产权保护状况及备案名录》出版之际，我谨代表海关总署党组，对从事知识产权海关保护工作的海关一线执法关员表示衷心慰问，并对关心和支持知识产权海关保护工作的社会各界表示真诚的感谢！

海关总署副署长 鲁培武

2012年9月

协编

（排名按拼音顺

ABB（中国）有限公司

保洁（中国）有限公司

柏蒂·温妮达国际有限责任公司

北京安信方达知识产权代理有限公司

北京集佳知识产权代理有限公司

北京律盟知识产权代理有限责任公司

北京铭硕知识产权代理有限公司

北京万慧达知识产权代理有限公司

德国拜尔斯道夫股份有限公司

飞利浦（中国）投资有限公司

古乔古希股份公司

广东金明精机股份有限公司

广州王老吉大健康产业有限公司

贵州茅台酒股份有限公司

卡西欧（上海）贸易有限公司

拉科斯特股份有限公司

单位

序，不分先后）

联合利华（中国）投资有限公司

隆天国际知识产权代理有限公司

美国爱宝工业有限公司

美国 UL 安全试验所

玫琳凯中国化妆品有限公司

全球品牌保护基金会有限公司

三星（中国）投资有限公司

上海新诤信知识产权服务有限公司

上海专利商标事务所有限公司

四川省宜宾五粮液集团有限公司

同方威视技术股份有限公司

中国北京同仁堂（集团）有限责任公司

中国国际贸易促进委员会专利商标事务所

中国惠普有限公司

中国商标专利事务所有限公司

株式会社 尼康

中国国际贸易促进委员会专利商标事务所是中国历史最悠久、规模最大的综合性知识产权事务所之一。全所现有人员520余名，其中专利代理人及商标代理人共237名，这些代理人中有66名具有律师资格。我们为国内外客户在专利、商标、著作权、域名、商业秘密、商业外观等知识产权相关领域提供咨询、申请、调解、行政保护和诉讼服务。总部设在北京，在纽约、东京、慕尼黑、香港、广州和上海分别设有代表处。

我们的客户来自工商业各个领域，既有刚刚起步的创业公司，也有大型跨国企业。通过数十年的实践，我们已经成功地为客户获得了大量专利和商标注册，并帮助数以千计的专利及商标权利人行使权利。凭借着丰富的法律经验和技术专长，我们能够满足客户在知识产权保护各个方面的需求。

我们的服务宗旨是以最低的成本，为客户提供优质、高效和可靠的个性化服务。我们致力于不断提高案卷管理系统的可靠性和灵活性，努力提高质量控制机制的有效性。根据案件的需要，组织具有不同专业背景的代理人组成服务团队并对案件进行深入的讨论。我们鼓励代理人积极主动地工作，为客户提供有创造性的建议和有价值的解决方案。

我们的专业人员不断接受各种专业培训和继续教育，以适应法律和技术的快速发展。除了定期开展内部学术与经验交流活动外，我们还选派专业人员参加外部培训项目或在法律专业继续深造。我们的代理人

积极参与国内外知识产权论坛和研讨会。

我们的历史可追溯到 1957 年 1 月。当时，中国国际贸易促进委员会作为民间贸易促进组织组建了一个商标代理机构，代表国外企业在中国办理商标相关事务。一直到 20 世纪 80 年代中期，该商标代理机构一直是国内唯一的一家商标代理机构。20 世纪 80 年代初，随着中国专利制度的建立，贸促会组建了一个专利代理机构。该专利代理机构是中国第一家经政府授权的涉外代理机构。1993 年，上述两家代理机构合并，组建了中国国际贸易促进委员会专利商标事务所。

我们的专业化服务得到了国内外同行和客户的高度评价。自 1999 年开始，在《知识产权管理》杂志进行的全球知识产权事务所年度调查中，被连续评为中国顶尖知识产权事务所。此外，在《亚洲法律与实践》、《亚洲法律事务》、《知识资产管理》和《钱伯斯》等进行的评级或推荐活动中，多次被提名为中国领先的知识产权事务所。

总部地址：北京市复兴门内大街 158 号
远洋大厦 F10 层
邮政编码：100031
电话：010-66412345/68516688
传真：010-66415678/66413211
电子邮件：mail@ccpit-patent.com.cn

耐克公司主要注册商标

NIKE　　AIR MAX

康沃斯公司主要注册商标

ALL STAR　　康沃斯　　★converse

★CONVERSE

CONVERSE

美国耐克公司成立于1972年，经过数十年的发展，已成为世界上领先的设计、生产和销售运动鞋、服装及体育健身用品的知名跨国公司。如今耐克公司的产品已遍及全世界，“NIKE”文字商标以及“✓”钩型图商标也成为世界各国广泛认可的商标。

20世纪80年代中国改革开放之初，耐克公司就开始在中国开展业务及体育合作。1985年，耐克公司正式建立耐克广州办事处；1991年开始在中国开展零售业务；1996年，成立了中国公司—耐克(苏州)体育用品有限公司；2005年，更名为耐克体育(中国)有限公司；2009年，在江苏太仓建立了耐克物流中心。随着公司业务的蓬勃发展，耐克公司还收购了数个品牌，目前公司旗下的品牌包括耐克、康沃斯（CONVERSE）及赫雷（Hurley）。耐克公司的产品种类繁多，包括鞋类、服装、提包、眼镜、手表、运动球类、高尔夫装备及其他。

耐克公司一直以来都十分重视知识产权保护工作，特别关注中国地区的品牌保护工作。目前在中国已开展打击假冒侵权产品的品牌为耐克及康沃斯，其主要商标都在中国进行了商标注册和海关保护备案。两个品牌的在华知识产权保护工作均由耐克体育（中国）有限公司品牌保护部负责。

adidas Group AG

1920年在黑措根奥拉赫镇，阿迪达斯的创始人Adi Dassler先生生产出他的第一双手工制作的训练鞋。随后，他就开始为不同的运动项目制作不同的运动鞋，并且注册了自己的企业“达斯勒兄弟制鞋厂”。

1948年，Adi Dassler正式将公司命名为adidas, 这个名称来自他的昵称和姓氏的组合。这时，他还把三条纹作为他所生产的鞋子独一无二的商标，并向市场投放了第一批带有三条纹标志的竞赛服。

1970年，阿迪达斯正式成为世界杯足球赛比赛制定用球赞助商，为其后每一届世界杯提供比赛用球。

现在的阿迪达斯已成为集团公司，包括adidas、Reebok、Taylor Made和Ashworth在内的多个品牌，依然秉持Adi Dassler完美制鞋的理念，不断地与世界级的顶尖运动家与教练交换心得与需求，经过一连串反复的测试与考验，发展出符合人体工学的各项产品，不但能帮助各类专业运动家们提升运动表现，更能满足一般市场消费者对高品质运动商品的需求。

阿迪达斯体育（中国）有限公司知识产权法律部　021-25255000

阿迪达斯有限公司

adidas

阿迪达斯国际经营管理有限公司

力宝克国际有限公司

泰勒梅高尔夫有限公司

雅狮威有限公司

ASHWORTH

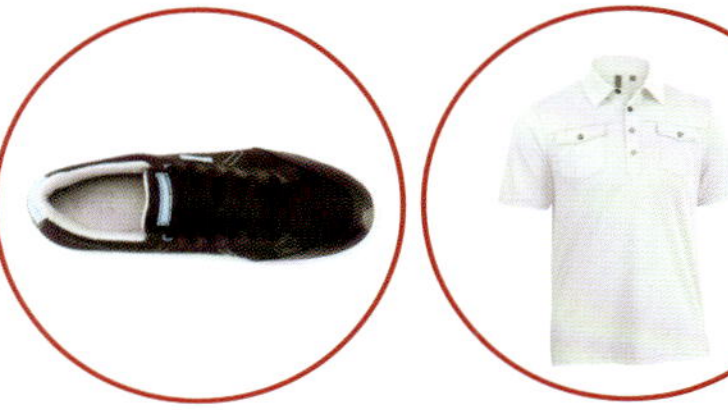

北京同仁堂香港旗舰店

北京同仁堂香港生产研发基地

北京同仁堂是中药行业著名的老字号，创建于清康熙八年(1669年)，至今已有343年历史。自雍正元年(1723年)同仁堂正式供奉清皇宫御药房用药，历经八代皇帝，长达188年，其产品以“配方独特、选料上乘、工艺精湛、疗效显著”而享誉海内外。

中国北京同仁堂（集团）有限责任公司（简称同仁堂集团）是北京市政府授权经营国有资产的国有独资公司。近年来，同仁堂集团坚持“以现代中药为核心，发展生命健康产业，成为国际知名的现代中医药集团”的发展战略，以“做长、做强、做大”为方针，以创新引领、科技兴企为己任，经济指标连续15年保持双位数增长，实现了每五年翻一番，销售收入、实现利润、中成药出口创汇及海外终端数量均居全国同行业第一。

目前，同仁堂集团旗下拥有六大二级集团，形成了六大二级集团和研究院、中医医院、教育学院的完整的企业架构，发展现代制药业、零售商业和医疗服务三大板块，拥有药品、保健食品、食品、化妆品、参茸饮片五大类1 500余种产品；25个生产基地、83条通过国内外GMP认证的生产线，生产工艺和工装机械化、自动化水平处于行业领先地位；1 500余家零售终端和130多家医疗网点。

截至2011年年底，北京同仁堂已在海外16个国家和地区开办了64家药店和1家生产研发基地，产品销往海外40多个国家和地区，中成药出口创汇连续15年居全国同行业第一。同仁堂商标在海外69个国家和地区合法注册，是中国首家申请马德里国际注册的企业，也是第一个在台湾注册的大陆商标。同仁堂生产线通过香港卫生署、日本厚生省、澳大利亚TGA的GMP认证和伊斯兰哈拉认证、以色列洁食认证，为产品出口到不同国家和地区提供了保障。

按照北京市国有经济“十二五”规划的整体部署，同仁堂集团将全力打造首都中医药产业的龙头企业，真正实现健康、和谐、跨越式发展。“十二五”期间，北京同仁堂海外的发展将实现销售翻一番，境外自有终端网点数目争取达到100家；境外有条件的国家和地区建立本地化生产研发基地；境外有条件的国家地区建立同仁堂文化博物馆；尝试创办覆盖多个国家地区的同仁堂海外电视频道，逐步实现有健康需求的地方就有同仁堂。

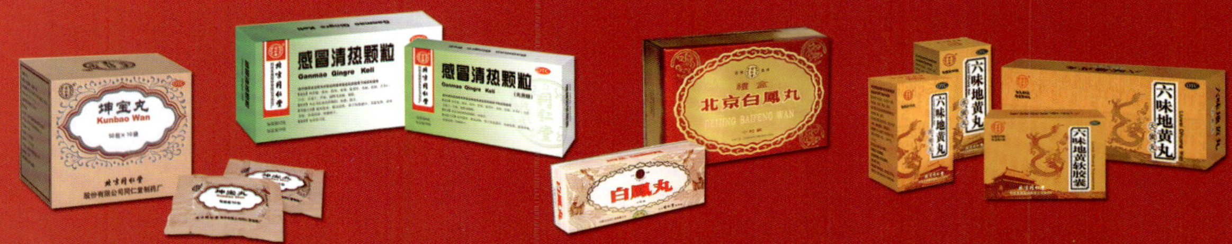

“同中国中央、地方各级政府部门，企业及机构合作，为中国知识产权事业的发展进步做出积极的贡献。”

中国外商投资企业协会优质品牌保护委员会

中国外商投资企业协会优质品牌保护委员会（以下称品保委）在原对外经济贸易合作部的支持下，2000 年 3 月在北京设立并在民政部备案，目前有会员企业 200 余家，在华投资总额接近 800 亿美元。

品保委以“健全中国知识产权法律体系建设，加强知识产权创造、应用、保护和管理，完善知识产权保护制度建设，提高公众知识产权保护意识，建立保护知识产权长效机制，支持中国完善创新环境、建设创新型国家”为己任，不仅在知识产权的政策、保护、标准、使用、AML 及技术授权 / 转移等一系列知识产权问题上积极宣传和推动国际合作，还通过联合召开会议、论坛，开展培训、研讨和案例交流活动，积极支持和配合执法部门加大打击假冒侵权力度，维护公平竞争市场秩序；通过向立法、执法部门就有关知识产权法律、法规的修订提出意见和建议，积极参与立法修订工作，始终如一地为中国知识产权保护与创新进步竭心尽力。2004 年 9 月 7 日，时任国务院副总理吴仪在厦门召开的与外商投资企业座谈会上，高度肯定品保委为中国知识产权发展进步所作出的努力和贡献，称赞品保委是她的“得力助手”。今天，品保委不仅成为会员企业与中国政府、执法部门在知识产权领域交流与合作的有效平台，成为会员企业学习、交流知识产权工作经验，提高知识产权保护和创新能力的良好渠道，更发展成为中国政府、执法部门、企业和有关组织与国际社会间关于知识产权交流、合作的桥梁和纽带。

品保委设执行委员会，下设最佳案例 / 执法、宣传、海关、政府合作、法律、会员服务、专利与创新等 7 个工作委员会，农业、音乐及乐器、汽车、电池、建筑与集成、创意、配电、食品及饮料、快速消费品、高尔夫、家电、影像耗材、信息技术、照明、高档品牌、个人护理品、制药、电动工具、制冷与空调、运动产品、玩具及授权产品、无线与集成电路等 22 个行业工作组，创新政策、假冒商品的网上销售 2 个专门工作小组，1 个办公室。

2000 年，品保委在海关联络小组的基础上设立海关委员会。自成立以来，海关委员会以支持会员协助中国海关实施有效的知识产权边境保护为己任，围绕保护机制建设、执法能力建设、信息交流、社会宣传、执法热点和难点问题，紧密团结会员与各级海关、其他执法机关、国际组织合作在中国各地广泛深入地开展大量的研讨、培训、宣传等活动，支持各级海关不断加强知识产权保护和跨境执法合作。在国际上，

客观公正地介绍中国海关在知识产权保护领域取得的进步与成就。

2002 年，海关总署与中国外商投资企业协会签署《关于合作打击进出口假冒商标产品行为的谅解备忘录》，就双方合作的范围、内容、机制等作出安排，明确了海关总署政法司与品保委间的联络协调机制。品保委与中国海关的合作进入了一个新阶段，取得了丰硕的成果，会员对海关在知识产权保护领域卓有成效的工作日益肯定和支持。在品保委年度调查中，中国海关六年获评最有效的执法机关。自 2004 年起，每年均有海关获得品保委年度“知识产权保护最佳案例奖”。在 2011 ～ 2012 年度评选中，杭州海关、天津海关分别获得“知识产权保护十佳案例奖”，上海海关、宁波海关分别获得“‘两法’衔接典型案例奖”。在国际上，继 2006 年获得全球反假冒组织“政府机构嘉勉奖”后，经品保委再次自发推荐，2011 年 6 月，中国海关总署荣获该组织全球“反假冒最佳政府机构奖”。

2011 年，品保委海关委员会先后协助海关总署举办了内港澳海关与外资企业知识产权对话会、中国海关与品保委执法合作座谈会、海关总署与品保委建立知识产权保护执法长效机制合作交流会暨《〈知识产权海关保护条例〉实施办法》征求意见交流会，分别与杭州海关、天津海关、南宁海关、福州海关、厦门海关、乌鲁木齐海关共同举办了知识产权保护交流会。品保委的行业小组和会员企业更以各种形式支持海关实施有效的知识产权边境保护。

飞利浦首席知识产权官、执行副总裁陆毕德

荷兰皇家飞利浦电子公司是一家“健康舒适、优质生活”领域的多元化公司，致力于用有意义的创新来改善人们的生活，是全球医疗保健、优质生活和照明领域的领导者。

飞利浦知识产权及标准部中国区负责人劳拉

飞利浦的产品早在1920年就进入了中国市场，1985年在中国设立第一家合资企业。作为在中国的跨国公司中的佼佼者，我们的业务遍及600多个城市，拥有26家合资及独资企业，共有18 500多名员工，总部位于上海。在中国，我们雇用了2 100多名专业研发人员，每年研发投入超过1亿欧元。2011年，中国的总体业绩增长近20%，目前中国是飞利浦在全球的第二大市场。飞利浦于2010年9月宣布将中国打造成为继荷兰和美国之后的全球另一个“本土市场”，中国在飞利浦全球版图上的战略地位进一步提升。

飞利浦向中国海关赠送牌匾

飞利浦知识产权及标准部中国区

地址：上海市桂平路391号新漕河泾国际商务中心B座22楼
网址：www.ip.philips.com　　www.philips.com.cn
邮编：200233
传真：021-5445 289

上海专利商标事务所有限公司成立于1984年，是中国历史最悠久和规模最大的综合性国际知识产权代理机构之一，也是中国南方地区（特别是长三角地区）最具影响力的知识产权代理机构，为客户提供全方位的知识产权代理服务。公司总部位于上海，在北京、香港和美国首都华盛顿均设有分部。

业务范围介绍

专利方面

中外专利申请（包括PCT国际专利申请），专利无效，企业专利战略规划咨询等。

商标方面

中外商标注册申请（包括马德里商标国际注册申请），注册商标的转让、续展、许可合同备案，商标异议、商标争议，商标注销、撤销，商标广告，商标检索和注册咨询分析，企业商标战略规划咨询等。

著作权方面

著作权登记、计算机软件登记、因特网域名登记等。

法律事务方面

知识产权行政诉讼和侵权诉讼、行政调处，知识产权侵权调查、企业工商调查、商标使用状况调查，法律谈判，法律意见书，合同起草，行政诉讼，企业常年法律顾问，知识产权海关备案，其他法律事务和法律咨询。

专利文献检索咨询方面

各类专利文献检索和分析服务，包括：专利申请前的查新，预防侵权的检索（FTO）和分析，专利无效检索和分析，现有技术的调查，外观设计检索，同族专利和法律状态查询，专利定题跟踪检索（SDI），专利和非专利技术评估报告，行业技术分析和预警报告，以及专利文献翻译。

知识产权事务管理方面

专利年费期限监控和提醒、年费代缴、商标续展期限监控、续展费缴纳等代理服务。

中国上海市桂平路435号 200233　435 Guiping Road, Shanghai 200233, P.R.China
电话 / Tel: +86-21-3418 3200, 6485 3500　传真 / Fax: +86-21-6482 8651, 6482 8652
电子信箱 / Email: info@sptl.com.cn　网址 / Website: www.sptl.com.cn

林 达 刘 集 团

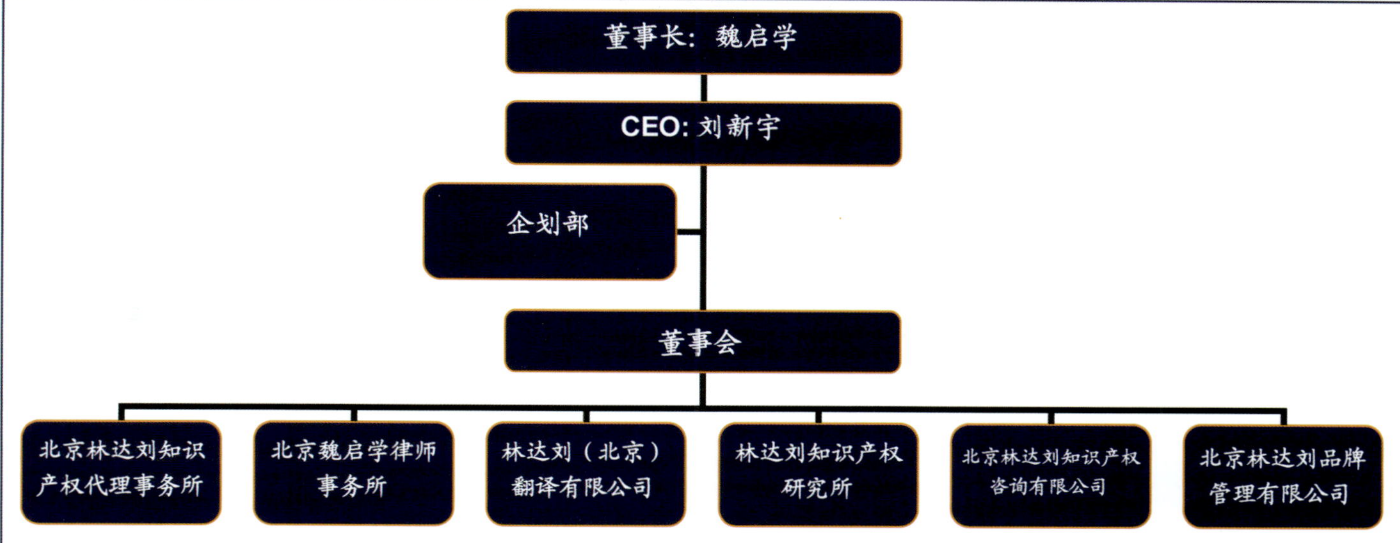

High Quality　　Rapid Response　　Reasonable Prices

林达刘集团共有职员237人，其中有专利代理人65人，商标代理人15人，律师15人，原国家知识产权局审查员和复审员9位，原商标局审查处长1名，具有丰富的从业经验。

业务范围：专利业务代理，商标业务代理，知识产权侵权诉讼及行政诉讼，模仿品行政查处，海关备案、海关查处，作品版权登记，计算机软件登记，域名注册、管理、争议处理，企业知识产权管理法律顾问，提供与知识产权相关的法律咨询意见。

林达刘集团 LINDA LIU GROUP

北京本部
地址：中国北京市东城区北三环东路36号北京环球贸易中心C座16层
电话：86-10-5825-6366(总机)
传真：86-10-5957-5201(总机)
邮箱：linda@lindapatent.com
主页：www.lindaliugroup.com

上海代表处
地址：中国上海市长宁区古北路666号嘉麒大厦4层
电话：021-2216-6535 ~ 6538
传真：021-2216-6539
邮箱：Linda-sh@lindapatent.com

广州代表处
地址：中国广东省广州市越秀区先烈中路100号知识产权大院58号楼702
电话：86-20-6232-1068(总机)
传真：86-10-6232-1019(总机)
邮箱：lindaliu@vip.126.com

《钱伯斯》– 中国区知识产权业务第一梯队
Ranked in Tier 1 Intellectual Property, Chambers Asia Leading Firms

Legal 500 – 中国区知识产权业务第一梯队
Ranked in Tier 1 Intellectual Property, Legal 500

《智力资产管理》– 许可领域250强
Listed as one of the 250 World's Leading Practitioners of Patent & Technology Licensing, Intellectual Asset Management

Managing Intellectual Property

《知识产权管理》– 中国区商标业务第一梯队
Ranked in Tier 1 Trademark Prosecution & Trademark Contentious, Managing Intellectual Property

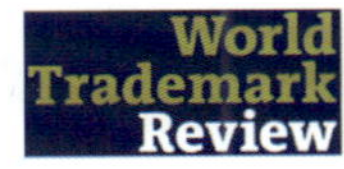

World Trademark Review – 中国区商标业务第一梯队
Ranked in Tier 1 World's Leading Trademark Professionals, World Trademark Review

International Law Office – 中国区知识产权业务客户评选优胜奖
ILO Client Choice Award, International Law Office

中华商标协会副会长单位
中华商标协会商标代理分会副会长
北京商标协会副理事长
中华商标协会指定商标监测合作机构
中国知识产权研究会会员
中华全国专利代理人协会（ACPPA）会员
中国版权协会会员
北京市律师协会会员
广州市律师协会会员
义乌市保护名牌产品联合会副会长
品牌中国海外维权律师团成员
《中国商标年鉴》特邀编委

国际商标协会（INTA）会员
国际保护知识产权协会中国分会（AIPPI）会员
国际反假冒联盟（IACC）会员

美国旧金山大学校外实习基地
“北外–万慧达杯”知识产权模拟法庭竞赛独家赞助单位
北京外国语大学校外人才培养基地建设单位
中国政法大学知识产权高级人才培养暨“万慧达”奖助金设立单位
上海同济大学教育发展基金会赞助单位
北知局、北大法学院联合培养专利代理方向硕士研究生实践基地
重庆市万州区铁峰乡富强村沙坝大桥援建单位

GUCCI

GUCCIO GUCCI S.P.A.
古乔古希股份公司

GUCCI 品牌于 1921 年在意大利佛罗伦萨诞生，至今已有 90 多年的历史。创始人 Guccio Gucci 先生凭借高雅品味及创新设计，配以托斯卡纳工匠超凡的技艺，成为典雅和奢华的象征。作为全球现今最大的奢侈品品牌之一，GUCCI 的高档豪华产品（包括皮革制品、鞋履、衣服、配饰、手表、珠宝、眼镜及香水等）居世界领先地位。

Guccio Gucci 先生于 1935 ～ 1936 年间在物资短缺的情况下，运用那不勒斯的原材料，制造出第一个成功的"GUCCI"手提包。GUCCI 于 1966 年为摩纳哥王妃格蕾斯设计出 Flora 印花图案丝巾。GUCCI 一系列的经典设计如"竹节包"、"Jackie O"肩背包等，风靡了大半个世纪。

截至 2012 年 11 月中，GUCCI 在中国内地于北京、上海、深圳、成都、西安、苏州、杭州、厦门、福州、昆明、沈阳、青岛、长春、大连、石家庄、常州、温州、宁波等共设有超过 50 间专卖店；此外，手表、珠宝、眼镜及香水也经由授权分销商进口和销售。

GUCCI 高度重视知识产权的保护，GUCCI 系列商标在世界许多国家及地区已被认定为驰名商标或高知名度商标。中国海关总署及各地方海关长期以来给予 GUCCI 品牌悉心的保护和支持，GUCCI 在此表示衷心的感谢。

GUCCI 品牌为 PPR 全资拥有。PPR 是全球奢华品零售商，是法国 Euronext Paris 联交所的上市公司。PPR 旗下的其他奢侈品品牌有 ALEXANDER MCQUEEN、BALENCIAGA、BOTTEGA VENETA、BOUCHERON、SERGIO ROSSI、STELLA MCCARTNEY 及 YVES SAINT LAURENT 等。

GUCCI 在中国海关备案的主要商标：

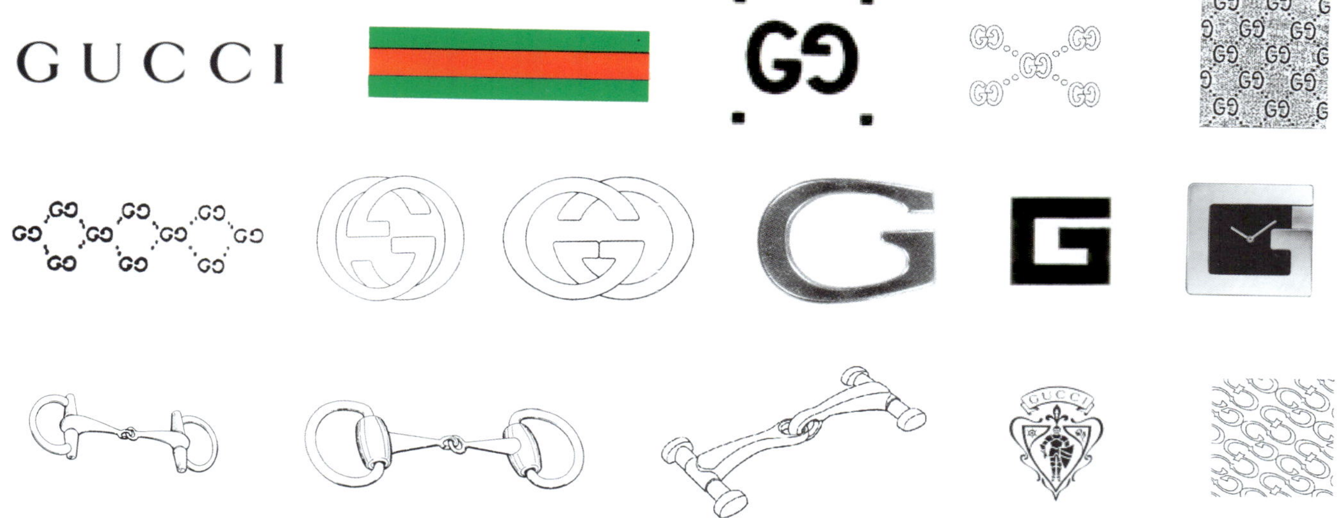

GUCCI 商标使用的主要商品范围：

皮革制品、皮包、皮箱、皮夹、鞋履、衣服、配饰、手表、珠宝、太阳镜、眼镜、香水等。

GUCCI 的部分产品：

GUCCI 的维权联络：古驰（中国）贸易有限公司 （021-52285533 转 742 / 13560702247）

BOTTEGA VENETA

BOTTEGA VENETA INTERNATIONAL SARL

柏蒂·温妮达国际有限责任公司

低调、质量及工艺——自 1966 年起，BOTTEGA VENETA 为奢华创造了一套新定义。汇集意大利出色传统皮革工艺技师及历史悠久的超卓皮革产品，BOTTEGA VENETA 最近迅速成为世界顶级尊贵品牌之一。品牌的格言 “When your own initials are enough”，即“当你的名字已经足够”流露富个性及自信的哲学，现在更可应用在不同的产品类别上，如男士及女士服装、珠宝、家具等。

虽然 BOTTEGA VENETA 不断发展，品牌的宗旨则永恒不变：精湛工艺、创新设计、实用功能及优质素材。另一个不变定律是 BOTTEGA VENETA 对其工坊的坚持，那里汇聚掌握精巧工艺及传统技术的工匠和令人赞叹的创作。事实上，工匠和设计师之间有着非一般的紧密合作关系，他们在 BOTTEGA VENETA 的核心建立品牌奢华之路，尤以具代表性的 intrecciato 编织皮革为品牌象征。为了对工艺技术的重要性作出肯定，同时令传统工艺得以保存，BOTTEGA VENETA 于 2006 年夏天成立了一所学院，致力于支持及培育未来皮革工匠。

细说 BOTTEGA VENETA 的进程可以回到 2001 年 2 月，当时品牌被 PPR LUXURY GROUP（前名为 GUCCI GROUP）收购，同年 6 月 Tomas Maier 加盟出任创意总监一职，随即推出加入品牌后首个系列——2002 春夏系列，作品得到热烈回响。由那时起，品牌多年来秉承一贯特质——瑰丽细致、富美感和具个人风格，可以说是为优雅和自信的顾客而设。GUCCI 集团于 2004 年 7 月被 PPR 收购。自此，BOTTEGA VENETA 推出多个新系列，将创新意念注入现有的产品类别中，包括珠宝、腕表、家具及家居用品系列，同时不断丰富原有的产品种类：提供一系列尊贵独特和精巧典雅的服饰、手袋、皮鞋、小皮具、眼镜、行李及礼品。

BOTTEGA VENETA 品牌为 PPR 全资拥有。PPR 是全球奢华品零售商，是法国 Euronext Paris 联交所的上市公司。PPR 旗下的其他奢侈品品牌有 ALEXANDER MCQUEEN、BALENCIAGA、BOUCHERON、SERGIO ROSSI、STELLA MCCARTNEY 及 YVES SAINT LAURENT 等。

■ **BOTTEGA VENETA 在中国海关备案的主要商标**

BOTTEGA VENETA

■ **BOTTEGA VENETA 商标使用的主要商品范围**

皮革制品、皮包、皮箱、皮夹、鞋履、衣服、配饰、手表、珠宝、太阳镜、眼镜、香水等。

■ **BOTTEGA VENETA 的部分产品**

BOTTEGA VENETA 的维权联络：柏蒂·温妮达（中国）贸易有限公司（021-52285533 转 742/13560702247）

美国UL安全实验所

(UL: Underwriters Laboratories Inc.)

UL 是一家全球知名的从事安全科学事业的公司，一直致力于推动安全领域未来的发展，积极满足客户和全球公众不断增长的安全需求。UL 总部位于美国芝加哥，自 1894 年创立以来，UL 保持不变的正直诚信理念赋予 UL 安全标志超然的公信力，促使 UL 成为最受全球各地政府、国际组织与产业界高度认可的公信组织之一。UL 与全球制造商及消费者一起创造一个更安全的世界。

UL 目前在全球拥有 73 个实验室、测试和认证服务场所，其遍布各地的服务团队正在帮助超过 100 个国家的制造商将更加安全的产品带给全球市场，UL 所服务的行业众多，包括制造信息技术、电信设备、消费电子、医疗和实验室设备、工业控制部件、电机、电线电缆、照明、塑料制品及家庭和商业电器，平均每年就有 230 亿个贴上 UL 商标 / 标志的产品行销全世界。贴有 UL 商标 / 标志的产品代表这些产品已符合相关产品的相关 UL 安全要求。

自 20 世纪 80 年代 UL 进入中国以来，UL 逐步将先进的产品检测技术和安全理念植根中国，与中国制造商通力合作，生产符合安全要求的产品销售到全球不同国家。

2003 年 1 月，UL 和中国检验认证（集团）有限公司（CCIC）合资，在江苏苏州注册成立 UL 美华认证有限公司。2009 年 4 月，UL 在上海成立附属公司——伍勒机电技术（上海）有限公司，并于 2011 年在广州成立分公司，进一步推动了 UL 与中国政府、制造商及相关专业机构的全面、深入合作。

UL 非常重视知识产权，目的是为了保障消费者的安全，避免受到贴有假冒 UL 商标 / 标志的产品所可能带来的对生命、财产的危害。近年来，通过积极地开展打击侵权活动，并在中国海关的努力和支持下，UL 在海关知识产权保护方面的工作取得显著实效。同时，通过积极参与中国海关举办的不同类型的宣传交流和培训活动，加强了双方的沟通、合作和了解，使得 UL 在配合中国海关在知识产权保护的工作上更有效、更迅速。在此向中国海关一直以来的努力和支持表示衷心的感谢。

以下是UL在中国海关总署备案的商标专用权的信息：

申请人名称：美国UL安全实验所

申请人编号：5020000054

商标专用权：

UL及图形

RU及图形

由于使用 UL 商标 / 标志产品种类繁多，对于任何嫌疑侵犯 UL 商标专用权的产品，请随时与 UL 联系。UL 承诺对中国海关及其他执法机关的查询都及时回复，并应要求对嫌疑产品作现场真伪鉴定，提供鉴定证明。

联系UL公司

地　址：广州市东风中路410号时代地产中心3402-3407室

邮　编：510030

联系人：叶展宏

电　话：020-83487088　分机:66060

传　真：020-83487188　分机:66060

电　邮：darwin.ye@ul.com

联系人：梁兆昌

电　话：13149999304

电　邮：kenneth.leung@ul.com

需要更多资讯，请浏览 ul.com

全球最大的护肤品和彩妆品直销企业之一

玫琳凯公司（简称玫琳凯）由玫琳凯－艾施女士创办于1963年，总部位于美国德克萨斯州达拉斯市。如今，玫琳凯业务在全球超过35个市场，拥有超过240万名的销售队伍。

玫琳凯（中国）化妆品有限公司是玫琳凯在中国的全资子公司，于1995年正式开业，经过十余年的发展，已在全国各主要省市设立了分支机构。

2011年第三类“玫琳凯”“Mary Kay”商标被认定为驰名商标。

品牌理念

生活，永远是女性发展自我的舞台，
玫琳凯不仅为你讲述一个多面美丽的故事——
更塑造你、帮助你成为故事的主角。
与你分享美丽的心得，
传授你美丽的秘诀，
激发你无限的潜能，
让美丽由内而外地焕发——
你将是生活闪亮的焦点，
让不同的瞬间，
不同的场合都充满因你美丽的喝彩。
玫琳凯，美丽到家服务
美丽不只一面，心动不止一刻

我们的使命

- 丰富女性人生

我们的愿景

- 成为一家备受赞赏的企业

我们的对社会的承诺

- 丰富的生命
- 和谐的社会
- 友好的世界
- 绿色的地球

玫琳凯在海关系统备案的主要商标

玫琳凯 MARY KAY Timewise 幻时

玫琳凯商标使用的主要商品范围

化妆品、化妆品清洁剂、遮瑕膏、眼部卸妆剂、口红、胭脂、画眉笔、眼线笔、眼睫液、美容用面膜、皮肤用血清（护肤品）、皮肤用凝胶（护肤品）、紧肤水、科隆香水、眼霜、指甲护理制剂等。

MARY KAY

优质的产品——

在中国，玫琳凯的产品分为 12 大产品线，即经典护肤、幻时、美白、舒颜和彩妆系列等，共有超过 200 种的优质产品。

联合利华公司，是世界上最大的日用消费品公司之一，在全球拥有超过171 000名雇员。2011财政年度，联合利华全年销售额超过465亿欧元。每天有20多亿消费者在世界各地使用联合利华的产品，每年全球的消费者共购买1 700亿件联合利华的产品。联合利华的400多个品牌的产品畅销全球190多个国家和地区，我们是全球最大的冰淇淋、茶饮料、人造奶油和调味品生产商之一，也是全球最大的除味剂和大众护肤产品生产商之一。

基于消费者对联合利华品牌的信任，以及公司管理层的高度重视，联合利华采取积极行动，维护自身知识产权合法权益。联合利华已在全球各地建立了专业的品牌保护团队，其区域已覆盖了中国、其他亚洲国家、中东、非洲及英国。品牌保护团队与政府和其他行业组织在战略上紧密合作，例如国际刑警组织、世界知识产权组织、世界海关组织等，推进知识产权保护。在国家范围内，联合利华的团队通过行业组织的平台，积极配合政府执法部门，携手打击假货生产、流通和销售。在上述区域内，联合利华还积极对相关的执法官员开展关于知识产权保护的培训和交流，从而有助于提高他们的执法效率，更有利于保护消费者合法权益。例如，基于在打击假货工作上的积极合作，联合利华受到来自沙特阿拉伯海关和迪拜海关的认可。

中国对于联合利华来说是一个非常重要的市场，也是实施品牌保护战略和行动的一个重要国家。联合利华从1999年就在中国建立了一支专业的品牌保护团队。这支专业团队的目的在于打击假货源头，扫清市场假货和阻止假货出口，同时也与行业和政府紧密合作，共同致力于保护知识产权！

公司简介

宝洁公司始创于1837年，是世界上最大的日用消费品公司之一，在全球80多个国家和地区拥有127 000名雇员，所经营的300多个品牌的产品畅销160多个国家和地区，其中包括美容美发、居家护理、家庭健康用品、健康护理、食品及饮料等。

宝洁公司是中国最大的日用品消费公司。宝洁大中华区总部位于广州，在全国各地设有多家分公司及工厂，员工总人数超过8 000人，在华投资总额近20亿美元。

然而，随着宝洁产品在国内市场占有率的逐步攀升，大量的假冒产品涌入市场，以非法手段牟取暴利。这种行为不但损害了广大消费者的切身利益，也严重损害了宝洁公司的品牌形象，公司将不遗余力地打击假冒产品。宝洁公司与全国各地海关长期以来一直密切配合，严厉打击出口假冒产品，取得了非常好的效果，我们对全国各地海关的辛勤工作及良好的服务表示衷心的感谢！将来我们会继续努力，配合海关杜绝假货流出国门。

欢迎各地海关随时跟我们联系。联系人：叶从化；联系电话：18664852589；传真：020-85186134。

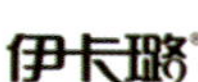

DURACELL

Deckers Outdoor Corporation

德克斯户外用品有限公司

德克斯户外用品有限公司（Deckers Outdoor Corporation），世界著名户外用品企业，创建于1973年。

迄今为止， 其旗下共有6个品牌：UGG、Teva、Sanuk、TSUBO、Ahnu、MOZO。其中，UGG主打产品为雪地靴，该品牌2008年开设第一家专卖店以来迅速风靡中国内地，并于2011年被国家工商总局认定为中国驰名商标。

TEVA自上市销售以来多次获得多项户外大奖，且始终作为运动凉鞋中的主导品牌和全世界户外运动专业人士的选择。

Deckers在中国海关备案的主要商标及著作权：

UGG　UGG　Teva

上述商标的主要使用范围:鞋、衣服、帽舌、短外套、T恤衫、圆领长袖运动衫和短上衣、凉鞋、箱包

Deckers Outdoor Corporation的维权联络：广州得克信息咨询有限公司法务部，020-3922 5690 / 3922 5791

中国商标专利事务所有限公司

CHINA TRADEMARK & PATENT LAW OFFICE CO., LTD.

中国商标专利事务所有限公司，是中国政府授权较早的涉外知识产权代理机构，办理国内外所有与知识产权有关的法律业务，其中主要涉及商标、专利、著作权、知识产权海关备案及相关知识产权案件。

中国商标专利事务所有限公司拥有一批经验丰富的商标代理人、专利代理人、律师，以及一批长期从事商标设计的工艺美术师，知识产权业务代理量在国内代理机构中名列前茅，代理服务在知识产权界享有较高的声誉。

中国商标专利事务所有限公司自成立以来一直得到中国政府各知识产权主管机构的大力支持，与世界知识产权组织（WIPO）有密切的联系。作为会员，积极参与国际保护工业产权协会（AIPPI）、国际许可证贸易工作者协会（LES）、国际商标协会（INTA）等国际知识产权组织的活动，与世界各国律师事务所长期保持着广泛、良好的合作关系。

中国商标专利事务所有限公司在许多省、市设有分支机构，服务网络覆盖全国。

中国商标专利事务所有限公司始终坚持“快捷、优质、高效、周到”的服务宗旨，愿意与广大客户密切合作，为保护其知识产权提供全方位的法律服务。

电话：86（10）68571188　传真：86（10）68575680　网址：www.cntrademark.com
地址：北京市西城区月坛南街14号月新大厦　邮编：100045　电邮：xiongg@cntrademark.com

PANAWELL & PARTNERS, LLC
北京泛华伟业知识产权代理有限公司

北京泛华伟业知识产权代理有限公司成立于2003年，是中华人民共和国国家知识产权局指定的涉外专利代理机构和工商行政管理总局核准注册的商标代理机构，其业务范围包括专利申请、商标申请、作品著作权登记、计算机软件登记、反不正当竞争、商业秘密保护、知识产权海关保护、知识产权许可和转让、药品和农业化学品行政保护、集成电路布图设计注册、知识产权行政查处和侵权诉讼、知识产权法律咨询和管理，以及专利/商标检索、监视和翻译。

北京泛华伟业知识产权代理有限公司的精英团队由一批胸怀理想、勇于开拓、精通科技和法律的优秀知识产权专业人才组成，包括来自中国业内知名的知识产权代理机构、具有10～20年以上从业经验的资深专利代理人、商标代理人和律师，以及来自中国知识产权局、具有多年专利审查经验的资深审查员。公司的主要合伙人都曾在美国、日本和欧洲律师事务所接受过知识产权法律实践的专业培训，并在国内或国外大学获得法学学位；所有专利代理人都毕业于国内著名高等理工科院校，绝大多数具有理工科硕士或者博士学位，其技术领域覆盖电子技术、通讯工程、计算机科学、物理学、材料学、机械工程、化学及化学工程、制药、生物等领域，能够为国内外客户在不同科技领域的发明创造的专利申请和实施，提供优质的专业法律服务。

基于在国内外知识产权法律制度和工作程序方面的丰富实践经验，公司长期服务于中国最大的科研机构——中国科学院各研究所、国内著名的高等院校、高新科技公司及境外跨国公司、大学和科研机构等，成功代理了大量国内外专利、商标申请，处理了许多难度较大的专利技术转让合同、专利实施许可合同的起草和谈判及备案、专利侵权诉讼和行政处理、商标转让和许可、商标侵权行政查处和诉讼、域名纠纷仲裁、作品和计算机软件著作权登记及著作权侵权纠纷等法律事务。

公司秉承客户至上、质量一流的服务理念和原则，提倡团队合作、专业、高效的法律服务精神，为国内外客户提供全方位知识产权保护的法律咨询、战略设计和实施的代理服务，为每一位客户的各种知识产权寻求最佳法律保护方案，提供优质高效的服务，创造更多商机。

公司现为中华全国专利代理人协会会员、中华商标协会会员、中国知识研究会会员、中国版权协会会员。

SINOFAITH

上海新诤信
知识产权服务有限公司

上海新诤信知识产权服务有限公司（SINOFAITH，以下简称新诤信）是目前国内最大的专注于企业品牌维权与知识产权保护的专业服务机构，在上海、北京、广州设立3家全资公司，并在全国20多个主要城市设有工作站，拥有超过300名全职工作人员，形成了覆盖全国的品牌维权网络。

新诤信多年来坚持并聚焦于主营的打假维权和知识产权执法协助的事业，提供集市场调查、网络监测、侵权取证、执法协助、诉讼支持、电子政务信息服务、公共关系、综合咨询于一体的“一揽子”专业外包服务。

目前，新诤信累计为500多家国际知名品牌提供专业服务，也为各级政府执法部门提供协助和信息服务，已经发展成为具有国际知名度的、国内最大的“龙头”服务商。

新诤信长期为众多权利人企业提供海关知识产权边境保护的支持，也一直与各地海关保持密切合作，借助其自身的信息渠道，协助和配合海关关员熟悉相关品牌、产品、侵权产品进出口态势等情况，并代表权利人积极配合海关的执法检查活动。近年来，也致力于配合海关和公安机构，对制售假出口贸易团伙进行刑事打击，有力遏制了侵权假冒产品的出口。

在最近两年中，在多地海关支持下，新诤信所处理的一系列海关边境执法案件都获得了海关总署、公安部、品保委等政府部门和机构评选的“最佳案件”。

在此，我们谨对海关总署及各地海关中战斗在知识产权边境保护战线的优秀关员表示由衷的敬意和衷心的感谢！

江苏恒顺醋业股份有限公司

江苏恒顺醋业股份有限公司成立于 1999 年 8 月，前身是镇江恒顺酱醋厂，始建于清道光年间（公元 1840 年），是国内同行业首家上市公司。作为中国四大名醋之首——镇江香醋的创始者，恒顺以其最大的香醋产量、最高的品牌声誉、最好的经济效益被誉为“中国醋王”。公司目前主要生产香醋、酱油、酱菜和色酒等近 200 个品种的系列调味品及食醋保健品，是中国规模最大的食醋生产企业、国家级农业产业化重点龙头企业。恒顺香醋传统酿造技艺 2006 年入选首批“国家级非物质文化遗产保护名录”。

董事长尹名年

1999 年，恒顺商标首获中国食醋行业中首件中国驰名商标，2012 年恒顺再获第二件中国驰名商标，成为行业内为数不多的同时拥有两件中国驰名商标的企业。恒顺产品曾六获国际金奖、三次蝉联国家质量金奖，企业也被认定为中国食品工业二十大著名品牌、中国调味品著名品牌企业 20 强。公司坚持采用传统特色工艺，并积极推进传统酿醋的产业升级，大胆引进和应用现代高新技术，严格生产全过程品质管理。作为江苏省出口食品农产品质量安全示范基地，公司成功导入 ISO9002 质量体系认证、ISO22000 食品安全管理体系，并建有出口香醋专用粮种植基地（已通过国家 GAP 论证）。

恒顺积极履行行业责任，主动承担起镇江香醋行业的品牌推广和知识产权保护工作。2004 年，在恒顺的推动下，镇江市醋业协会成立，协会成立后积极致力于镇江制醋业的行业自律工作，努力光大镇江香醋品牌。为加强从边境打击假冒镇江香醋出口境外，2008 年年底，镇江市醋业协会向海关总署提出了知识产权海关保护备案申请。2009 年 3 月，海关总署依法核准了协会提出的知识产权海关保护备案申请，权利名称是镇江香醋。目前，恒顺已有 3 件商标在海关进行了知识产权备案（1. 金山牌，备案号：T2006-09503；2. 恒顺龙，备案号：T2012-24833；3. 恒顺榜，备案号：T2012-24834）。自备案以来，海关共办理多起侵权案件，查获侵权镇江香醋产品 1 000 多箱，两万余瓶。

康恩泰有限公司（CONSITEX S.A.）

康恩泰有限公司是杰尼亚（ZEGNA）系列商标的持有人。杰尼亚 (Zegna) 是世界闻名的意大利男装品牌，最著名的是剪裁一流的西装。多年来，杰尼亚 (Zegna) 品牌一直是众多社会名流所青睐的对象。

- Ermenegildo Zegna 先生于1910年在阿尔卑斯山脉的一个小镇特里成立了Ermenegildo Zegna 集团，这位年轻的企业家着力于生产高品质的维罗男士服装，他的商业战略集中在从原始市场上收集最好的原材料，并不断提升生产过程中的技术及不断加强对品牌的推广。
- 20世纪60年代Ermenegildo Zegna 先生去世后，由其两个儿子全权接管家族企业。两兄弟领导公司向成衣市场进军，并把男士服装的发展路线定位在世界顶级男装市场，并开始相继生产针织品、饰品、挂件及运动类服装。
- 自20世纪80年代起，集团进行了纵深拓展，1980年和1985年分别在巴黎和米兰开设了第一家专卖店。自此，杰尼亚第三代掌门人接管家族，杰尼亚已经成为高级绅士男装品牌的生产商，并且在世界范围内享有较高的声誉。
- 今天杰尼亚集团已经成为世界上顶尖男装奢侈品牌，拥有547家分店，每年生产约200万米长的布匹，在全世界拥有7 000多员工。
- 生产商的不断发展也使得Ermenegildo Zegna 集团开始探索打进外国市场，并相继在法国、德国、英国、西班牙、土耳其、墨西哥、美国、日本开拓了自己的市场。而且，近些年也进入中国内地、中国香港、韩国、新加坡及中国台湾和澳大利亚等市场。

Ermenegildo Zegna

Z Zegna

ZegnaSport

杰尼亚全球限量版西服，价格高达13万元。据说这种限量版的杰尼亚西服，是用12～13微米的羊毛精纺而成，用肉眼看甚至比丝绸还要薄。此款西装在意大利设计，并根据面料对气候的要求在瑞士制作，纽扣采用兽类最坚硬的角质做成。杰尼亚服装用料一向考究，甚至让人觉得过于奢侈——澳大利亚的美丽奴羊毛、南非的马海毛，以及中国内蒙古的羊绒、江浙的丝绸等，全是当地最好的原料。

ERMENEGILDO ZEGNA　ZEGNA　ZegnaSport

ERMENEGILDO ZEGNA　Ermenegildo Zegna

珠海赛纳打印科技股份有限公司专业致力于打印显像产业，经过多年的发展，现已成为全球最大的通用激光打印机耗材制造商，所生产的耗材产品已畅销全球80多个国家，并拥有中国耗材行业的知名品牌——“格之格”。在中国12个省、自治区的政府采购目录中，“格之格”均榜上有名。格之格耗材以使用成本低，可多次填充，环保、节能而得到广大用户的欢迎。

在激光打印耗材产业领域获得成功之后，赛纳科技又向上游的激光打印机产业延伸，2010年，研发成功并发布了中国第一台激光打印机——奔图，填补中国自主技术激光打印机产业的空白，使中国成为全球第四个掌握桌面型激光打印机核心技术的国家，结束了中国无自主知识产权激光打印机的时代。赛纳科技已拥有300多项自主核心专利，以及两万多项的可使用专利，现已全面掌握激光打印机相关核心技术，其产品线已完全能够满足主流市场的用户需求。目前，诞生在赛纳科技的“奔图”打印机已经销往全球，在国内各省级的招标中，均成功中标；在国际市场，“奔图”已经成功进入澳洲、中东、东欧，也进入了日本市场。随着中高端打印机的推出，“奔图”将很快完成在全球市场的销售网络布局。

“奔图”激光打印机产品已被广东省科技厅列为电子技术应用领域的重大科技项目，被珠海市政府列为未来五年重点扶植和支持的十大产业之一。同时，也得到了国家政府的高度关注，被纳入国家科技部和国家工信部的重点支持项目。

PANTUM奔图打印机全球发布会启动现场

奔图打印机一投入海外市场即受到广泛关注

授予：珠海赛纳科技有限公司

省级企业技术中心

广东省经济和信息化委员会
广东省财政厅　广东省国家税务局
广东省地方税务局　海关总署广东分署
二〇一一年一月

珠海赛纳科技被评为省级企业技术中心

珠海赛纳科技被评为珠海知识产权优势企业

P5250

奔图激光打印机

PANTUM LASER PRINTER

奔图打印机形象代言人：

Delighting You Always

感动常在 佳能

主要知识产权海关保护备案号及备案产品信息

Canon　　NPG　　BCI

T2012-25961(Canon 第 9 类 商标注册证号 第 1991350 号）
T2006-09119(Canon 第 2 类 商标注册证号 第 3069834 号）

T20C7-11166（NPG 第 2 类 商标注册证号 第 1280524 号）

T2007-11167（BCI 第 2 类 商标注册证号 第 4061339 号）

佳能株式会社是“Canon”商标的所有人，非常关注自己的知识产权。2003 年对重点商标进行海关知识产权备案，在中国各级海关的大力支持下，截至 2012 年 10 月，共成功查扣侵犯 Canon 注册商标专用权的案件 108 宗，涉及的产品主要包括墨盒、硒鼓、墨粉、电池及其他假冒配件等。同时，佳能公司还积极参加各种海关知识产权保护的交流活动，与全国各地海关开展密切交流合作。

主要被侵害产品

墨盒　目前该类产品为全进口，即在中国内地并无生产。

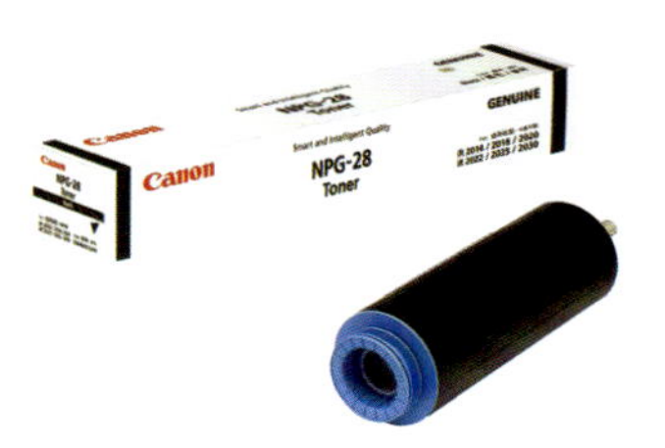

墨粉　目前该类产品为全进口，即在中国内地并无生产。

电池　目前部分该类产品在中国内地有授权委托生产厂家。

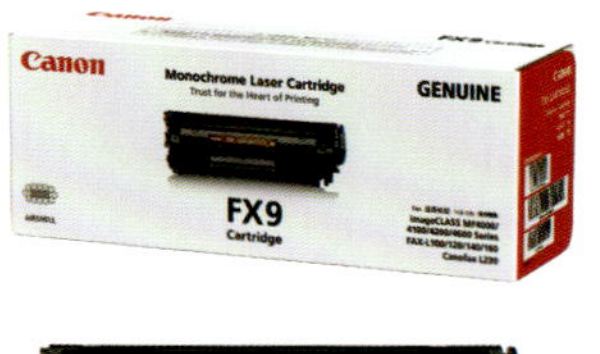

硒鼓　目前该类产品在中国内地仅在大连有生产厂家。

佳能原装耗材鉴别方法

佳能原装耗材产品上都贴有功能先进的激光防伪标签，可以利用“防伪视镜”检查标签。将“防伪视镜”放在激光防伪标签上，当视镜的右视窗显示为彩色，左视窗显示为黑色，并可见“Canon”图样时，即是佳能原装耗材。

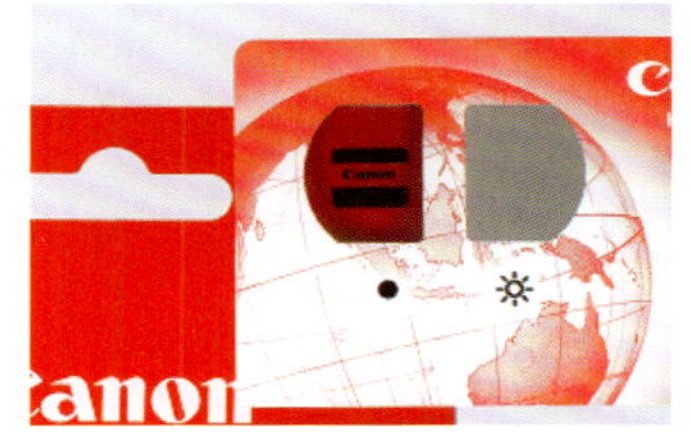

权利人：佳能株式会社

通讯地址：佳能（中国）有限公司 北京市东城区金宝街金宝大厦 15 层知识产权法务科
电话：010-8513-9999　传真：010-8513-9915　邮编：100005

代理人：北京新诤信知识产权服务有限公司

联系人：李长旭律师
通讯地址：北京市朝阳区北四环东路 8 号北京国际会议中心 7023 室
电话：010-8498-9898-823　传真：010-6499-1919　邮编：100101

SAMSUNG

集团概况
COMPANY PROFILE

广州医药集团有限公司是广州市政府授权的集科、工、贸于一体的大型企业集团，地处国家中心城市广州，毗邻港澳地区。广药集团主要从事中成药及植物药、化学原料药及制剂、生物药的研发及制造，商贸物流配送及大健康产业等经营业务，拥有“广州药业”和“白云山”两大上市公司及成员企业 30 家，是广东省医药产业的龙头企业和建设中医药强省的主力军。2011 年工商销售收入达 330 亿元，是广东省工业 50 强及全国 500 强企业。

此外广药集团还被评为“2011 年广东省自主创新标杆企业”、“2011 年度中国十大最具成就企业”、“广东省优势传统企业转型升级示范企业”、“广东省医药行业杰出企业”。

广药集团沙面总部大楼

王老吉® 广州王老吉大健康产业有限公司

广州王老吉大健康产业有限公司是广州药业股份有限公司的全资子公司，享有广州医药集团有限公司授予的王老吉商标使用权，独家生产、经营红罐、红瓶王老吉凉茶。

王老吉大健康公司在传承凉茶始祖王泽邦的“王老吉”秘方基础上，优选天然中草药，运用现代科技手段研发创新，严格执行“五级质量保障体系”，不断精益求精，为海内外消费者提供一流凉茶产品。

21 世纪是健康产业的世纪，王老吉大健康公司根据广药集团发展大健康产业的部署，制定、实施“王老吉 136 发展方略”，通过产品经营、资本运营和虚拟创盈 3 种发展路径，从人才战略、科技战略、品牌战略、资源战略、标准战略、国际化战略六大方面布局，力求将王老吉从民族品牌打造成为世界品牌。

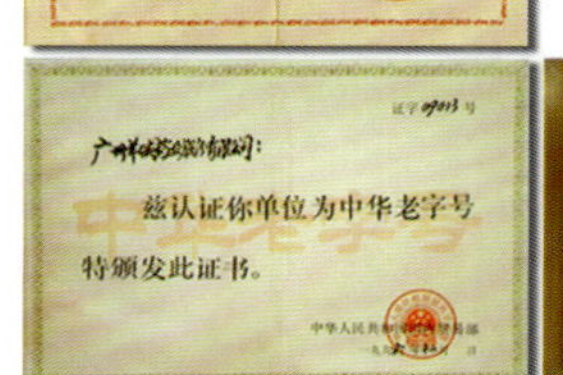

财产保护
知识产权
中咨律师事务所
ZHONGZI LAW OFFICE
全方位优质服务
为您的知识产权及其他商业财产的保护
提供高效的解决方案
地址 北京平安里西大街26号新时代大厦7层
邮政编码 100034
电话 010-6609 1188
传真 010-6609 1199
电子邮件 mail@zhongziip.com

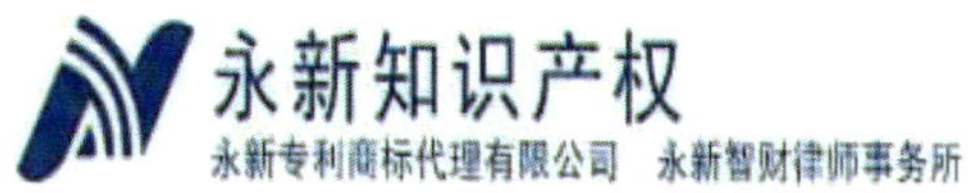

团队合作　优质高效

学习进取　追求完美

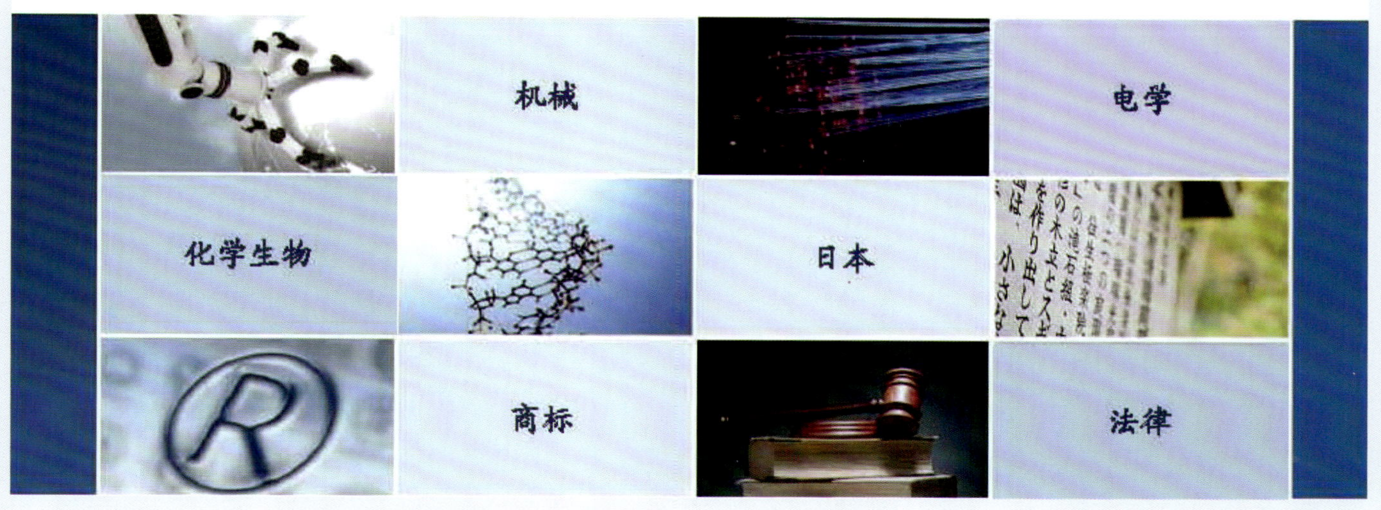

关于我们

- 历史：成立于1987年，是政府指定的最早的4家涉外专利商标代理事务所之一
- 员工总数：350人（其中150名代理人和律师）
- 办事机构分布：北京、香港、上海、美国、德国、日本、法国
- 中华全国专利代理人协会（ACPAA）理事会常务理事单位
- 国际保护工业产权协会中国分会（AIPPI China）理事会理事单位
- 中华商标协会副主席单位
- 中华商标协会评选的优秀知识产权代理机构

业务领域

- 专利的申请、复审、无效
- 商标的注册申请、撤销和争议解决
- 版权、域名的注册
- 反假冒调查
- 知识产权行政保护
- 知识产权诉讼
- 知识产权海关保护
- 检索及咨询工作
- 知识产权监视服务
- 知识产权策略咨询
- 其他知识产权服务

联系我们

永新专利商标代理有限公司
永新智财律师事务所
北京市西城区金融大街27号投资广场A座10层100033　　电话：8610-6621-1836
传真：8610-6621-1845　　Email：mailbox@chinantd.com　　网址：www.chinantd.com

BDF ●●●●

Beiersdorf 德国拜尔斯道夫股份有限公司

拜尔斯道夫公司 (Beiersdorf AG) 是著名的个人护理产品制造商，拥有 NIVEA(妮维雅) 等诸多世界知名护肤品牌。

1882 年，药剂师保罗・拜尔斯道夫先生在德国汉堡以自己的姓氏命名设立了拜尔斯道夫公司。如今，已拥有 130 多家分支机构，员工约 22 000 名，遍布世界各地。

我们与中国有着悠久的渊源。早在 1914 年，妮维雅等品牌的护肤品就已经行销北京、上海、香港等地。1985 年，妮维雅重返中国，在上海生产自己的产品，并于 1994 年设立了妮维雅（上海）有限公司。2005 年，La Prairie（莱珀妮）品牌在中国面市；2006 年，EUCERIN（优色林）品牌重返中国。由此，La Prairie 和 EUCERIN 等高档美容护肤品牌逐渐进入国内消费者的视野。我们的一些其他个人护理品牌也将逐步登陆中国。

我们非常重视知识产权，并设立专门的机构统一协调全球的维权行动，在中国设有机构和人员专门从事边境保护工作。

主要备案商标

第 3 类

第 3 类

第 3、5、10 类

第 3、5 类

真品的出口途径

妮维雅（上海）有限公司是妮维雅品牌商品在中国的独家制造商和出口商，其产品只在上海海关申报出口，且出口的目的地仅限台湾地区。

其他品牌（商标）

Eucerin

la prairie SWITZERLAND

Florena

品牌保护专用联系电话：+86 021 39207900*8096　　品牌保护专用联系传真：+86 021 59769635

LACOSTE 传奇

LACOSTE 传奇始于 1933 年。这一年，何内-拉科斯特(René LACOSTE)对男士的服装规则掀起了一场革命。他摒弃了网球场上上过浆的传统长袖衬衫，取而代之的是当今已经成为经典的 LACOSTE POLO 衫。成立以来历经超过 75 年的发展，LACOSTE 已成为融优雅和休闲于一体的“生活方式”品牌。

现在，LACOSTE 通过庞大的产品系列向人们展示其倡导的生活艺术。这些产品系列涉及男士 、女士和儿童服装、鞋靴、香水、皮具、眼镜、手表、时尚珠宝及家居布艺。LACOSTE 一贯秉承以原真、卓越和优雅为代表的基本价值，并将它们作为成功的基础。 如今， 鳄鱼标志正在网球场、高尔夫球场及人们的日常生活中演绎着由冠军何内-拉科斯特 (René LACOSTE) 与同属冠军的妻子西蒙娜·拉科斯特 (Simone Lacoste) 和女儿卡塔琳·拉科斯特 (Catherine Lacoste)所开创的风格。

鳄鱼品牌的起源

“鳄鱼品牌”的真实故事始于 1923 年。当时，何内-拉科斯特(René LACOSTE)和他的法国戴维斯杯法国队队长阿兰-H-慕尔(Allan H.Muhr)打赌，如果他在一场重要的比赛中获胜，队长便要送他一个鳄鱼皮箱。后来，《波士顿晚报》的一篇文章报道了这一情节。 在该篇文章中，记者第一次给何内-拉科斯特(René LACOSTE)起了个“鳄鱼”的绰号。

美国观众便记住了这个绰号，因为他在网球赛场上像咬住猎物紧紧不放的顽强精神给他们留下了深刻印象。后来，他的插图画家朋友罗伯特-乔治(Robert George) 为他设计了一条鳄鱼并绣在他穿着上场的运动上衣上。这样，一个传奇便从此诞生。

LACOSTE 经营模式

自 1933 年以来，LACOSTE 创建了覆盖九大类产品线的全球特许经营模式。

为了向顾客提供优质的服务和足够的设施，确保顾客买到的产品都为真品，LACOSTE 设置了如下**选择性分销**网络：

-1 200 家 LACOSTE 专卖店（中国境内有 55 家）；

-2000 家大型商场的专柜；

-15000 家特选品牌零售商；

-免税店。

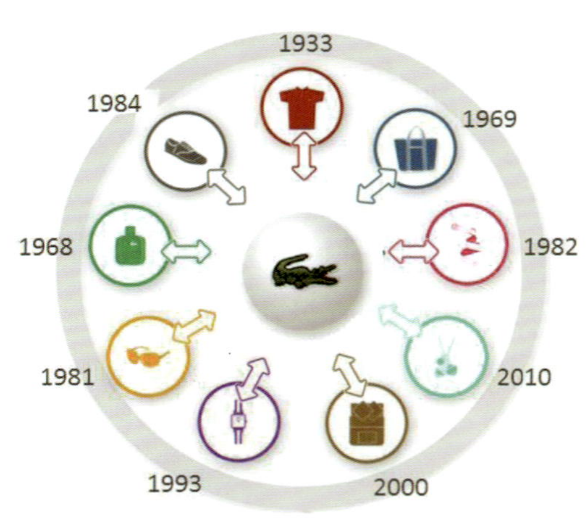

LACOSTE 中国大事记

- 1980：首个商标注册
- 1985：产品首次销售（在免税店）
- 1994：第一家 LACOSTE 专卖店在上海成立
- 1995：在上海浦东的工厂生产第一批服饰
- 1998：首次在上海赞助 ATP 比赛
- 2001：与 Paul & Fils 签订鞋类产品经销协议
- 2002：在上海赞助网球大师杯赛
- 2003：与上海梦田合作
- 2005：在上海南京西路 & Gateway 购物中心首开两家旗舰店
- 2005：赞助了两场国内主要网球赛事
- 2006：www.lacoste.com.cn网站启动
- 2010：与中国艺术家李晓峰合作
- 2012：Lacoste 参加首次罗兰加洛斯中国行

品牌保护

随着品牌的成功， LACOSTE 鳄鱼很快成为伪造者伪造的对象，正如20世纪 30 年代的海报所证明那样。

制假这种犯罪行为，对 LACOSTE 来说，它涉及与非法交易、侵犯人权和破坏环境的行为作斗争，LACOSTE 将此作为企业的社会责任。与此同时，LACOSTE 也注重保护自己的客户和合作伙伴的利益，保护自己的投资和创新能力。

今天，LACOSTE 继续加强品牌保护：一个专门致力于在全世界范围内对知识产权进行保护的团队在多个国家运作。

LACOSTE 支持并参加了认知假冒的活动。2011 年，得益于官方特别是海关的大力支持，共计 847 534 件侵权产品被查扣。LACCSTE 也定期与官方组织培训座谈会。

2012 年，平均每个工作日有 17 个打击假冒侵权产品的行动。

LACOSTE 在打假斗争中绝不放过任何假货。

如果想了解更多关于鳄鱼的信息请联系我们：legal@lacoste.fr

北京律盟知识产权代理有限责任公司

北京律盟知识产权代理有限责任公司设立于2003年10月，是一家经国家知识产权局和国家工商行政管理总局指定并批准的涉外知识产权代理机构。

公司的宗旨是应大中华经济圈的形成和发展，为客户提供全面性、高效率和高品质的知识产权代理服务。

公司代理服务内容包括：专利、商标申请及有关各项法律事务；宣告专利无效请求，商标异议、商标争议、撤销商标注册不当等法律事务；承办有关专利、商标许可、转让的法律事务；提供专利、商标信息检索和法律咨询服务；提供与海关知识产权保护有关的法律服务；提请行政机关调处或向法院提出诉讼；向港澳台地区提出专利、商标申请，并处理相关法律事务；向外国提出专利、商标申请，并处理相关法律事务。

WORLD LEADER
IN SMALL HOUSEHOLD EQUIPMENT

法国赛博集团 GROUPE SEB

关于我们——

法国赛博集团是以发明世界上第一个高压锅而著称的小家电企业集团，创始于1857年，目前已成为世界上最大的小家电生产商，产品包括电动和非电炊具、食物加工系列、饮料加工系列及衣物护理、个人护理、家居清洁系列。集团现有员工25 000余人，业务范围广及全球150个国家和地区，拥有24个国际和地区性的知名品牌，包括2006年并购的苏泊尔商标。2011年集团销售额达到39.6亿欧元。

我们的品牌——

Moulinex

SEB（赛博）　moulinex(万能)　Tefal（特福）　calor（卡罗）

Rowenta

KRUPS

Rowenta (好运达)　KRUPS　All-Clad　Lagostina（拉哥蒂尼）

多元化的产品——

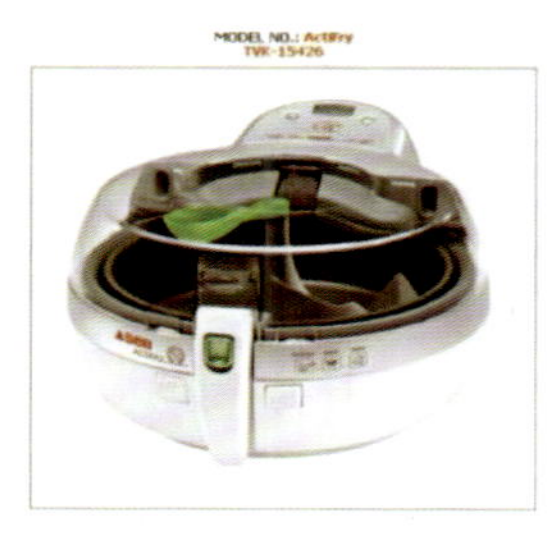

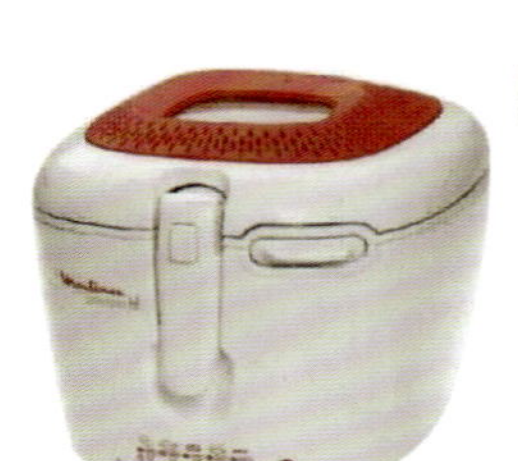

广州轻出集团股份有限公司

成立于 1956 年的广州轻出集团在繁华秀丽的珠江水岸屹立了半个多世纪，作为中国最早的专业进出口企业之一，广州轻出已经发展成为一家集进出口贸易、国内贸易、仓储物流于一体的国际贸易集团公司，是中国外经贸质量效益型先进企业和全国进出口企业 500 强之一，广东省企业 100 强。广州轻出集团下属有 11 个全资子公司，经营的产品涵盖家用电器、服装鞋包、日用百货、文体用品、五金机械、矿产资源等。

公司在国内拥有庞大的供应网络，产品出口到 120 多个国家和地区。同时，公司也为国内企业采购或进口原材料、设备等，将国际品牌引入国内市场。持续不断的创新和强大的资源整合能力，赋予轻出集团更强的竞争力，公司根据不同市场的特点和客户的需求，提供优质服务，为客户打造最优的供应链。

坚持和谐进步、奉献社会的企业精神，广州轻出致力于为世界各地的客户提供优质和富有竞争力的产品，打造中国轻工产品的国际品牌，努力成为专业、卓越的国际贸易商和服务商，为广大客户缔造更具成果的商业前景。

钻石牌

70 多年来，爱宝的品牌在全球范围内意味着品质的象征。爱宝工业公司为世界各个国家的顾客提供高质量的汽车用、工业用和家用产品。

爱宝最初推出的产品主要为压敏遮蔽胶带。如今，爱宝已经成为 3M、STP、通用电气等公司在全球众多商品市场上的首选品牌。

1991 年，爱宝工业公司因其为美国出口增长所作出的突出贡献，获得美国总统颁发的用于表彰杰出出口商的“E 奖”。2005 年，爱宝更是因其在促进美国出口增长方面的持续努力的突出贡献，获得美国商务部长授予的“美国总统 E 明星奖”。

自 1975 年以来，爱宝工业公司在 175 个国家和地区一直致力于销售或协调生产和运输方案，确保正确的产品在准确的时间达到需要的地点。

爱宝已经在“国内至国外”销售方面（指在美国境外采购并销售给美国供应商）取得了显著的增长。这种增长促使爱宝着力建设靠近非美国供应商的分销系统，主要定位在亚洲国家。

■ 爱宝的销售

20 世纪 80 年代，爱宝的出口销售额从 1985 年的 660 万美元增长到 1988 年的 1 290 万美元，此后持续增长并于 2005 年达到 8 400 万美元。2011 年，爱宝的销售额达到了 2 亿美元。

多年来，爱宝工业公司参与了沙特国际建筑及建材贸易博览会、科隆工具展会、汽车沙龙（莫斯科）、汽车中国、拉斯维加斯汽车展（AAPEX)。爱宝定期参与凯撒皇宫展览和每两年在德国的法兰克福举行一次的汽配展及每年两次 广交会。

■ 爱宝的荣誉

爱宝工业公司于1991年被授予“美国总统E奖”。2005 年被授予“美国总统 E 明星奖”，以表彰其出口方面的突出成就。

爱宝工业公司于 2008 年 4 月在华盛顿特区召开的进出口会议上荣获“2008 年度小型企业对撒哈拉以南非洲出口奖”。

爱宝工业公司被授予在撒哈拉以南非洲的任何国家享受最大私人卖家政策。

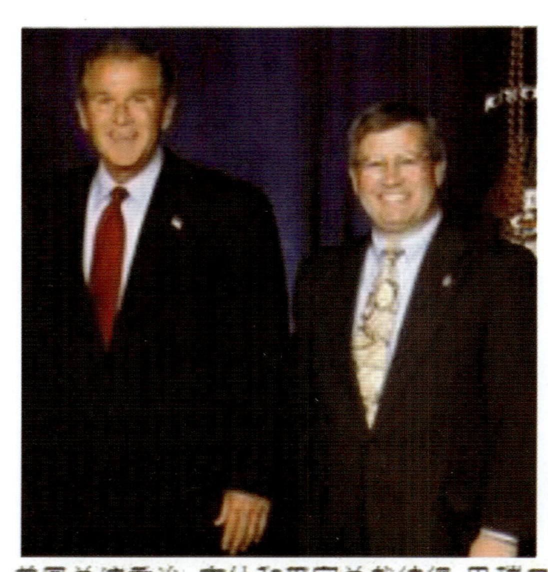
美国总统乔治·布什和爱宝总裁彼得·巴瑞尼

■ 爱宝的商标保护

爱宝一直致力于其知识产权的建立和保护，爱宝在全球范围内进行“ABRO”商标注册保护项目，并进展得非常成功。爱宝已经在1 150个行政辖区内获得强制性的商标权利，覆盖172个国家和地区，事实上，爱宝的商标保护范围之广泛使得全球95%人口居住的地区都有“ABRO”某种形式的商标法律保护效力。爱宝已在中国获得超过20种不同类别的几百个商标注册。

■ 爱宝的产品

爱宝拥有400多种不同的产品，覆盖从密封胶到汽车蜡，从环氧胶到家具抛光剂到润滑油的广泛产品线。爱宝的产品从标签到包装均达到了国际水准。主要产品种类分为汽车产品、五金器材、胶带纸、日用品、润滑油等。

爱宝工业公司

美国印第安纳州南本德市李树园街3580号

邮编：46628

电话：+1(574) 232-8289

传真：+1(574) 232-8295

网址：www.abro.com

邮箱：abro@abro.com

中国联系方式

上海新诤信知识产权服务有限公司

联系地址：上海市浦东新区浦东大道555号裕景国际商务广场B座28楼

联系电话：021-6168 2616

联系传真：021-6168 2963

Pernod Ricard China
保乐力加中国

MARTELL
XO

21
CHIVAS

Ballantine's
BLENDED SCOTCH WHISKY
AGED 12 YEARS

Ballantine's
FINEST
SCOTCH WHISKY

MARTELL
CORDON BLEU

CHIVAS REGAL
18
GOLD SIGNATURE

CHIVAS REGAL
12
BLENDED SCOTCH WHISKY

ABSOLUT
Country of Sweden
VODKA
IMPORTED

MARTELL
NOBLIGE

CHIVAS REGAL
25
ORIGINAL

保乐力加集团

自1975年由Pernod和Ricard两家公司合并成立以来，保乐力加集团已成为全球葡萄酒和烈酒行业内并驾齐驱的巨头之一。在中国，保乐力加是进口酒类国际集团中无可争议的第一。早在20多年前，一些主要品牌如芝华士（Chivas Regal）、马爹利(MARTELL)、皇家礼炮(ROYAL SALUTE)就已进入中国市场，并逐步成长为中国进口烈酒市场的领导品牌。近几年对联合多美和Vin & Spirit的成功收购，进一步巩固了保乐力加在中国的领导地位。随着2005年百龄坛(BALLANTINE'S)、必富达(BEEFEATER)及2008年绝对伏特加(Absolut Vodka)等品牌的加入，公司强大的产品组合不断得到丰富。

在集团业务和旗下核心品牌在中国市场迅猛发展的同时，保乐力加也积极着眼于中国社会的可持续发展。通过一系列倡导“酒后不驾车”及“未成年人及孕妇请勿饮酒”的公益项目，保乐力加中国在鼓励公众培养“理性饮酒”的态度、推动社会和谐方面取得了显著成效。与此同时，通过连续9年举办“马爹利非凡艺术人物”评选并设立“马爹利艺术基金”与美术院校和机构开展合作项目，公司在推动中国国际化艺术人才的教育培养、加强中外文化的国际交流工作方面也作出了积极的贡献。

保乐力加中国在企业社会责任上付出的努力及其对于中国可持续发展的贡献受到了广泛认可。在2012年11月举办的“中国优秀企业公民年会”上，保乐力加荣膺“2012第八届中国优秀企业公民”，这也是公司第三次获此殊荣；在2012年12月举办的“2012中国企业社会责任年会”上，保乐力加当选“2012中国社会责任优秀企业”，这是继2010年后公司连续三年位列百强榜单。此外，保乐力加对于中国青年群体理性饮酒问题所作的努力也受到肯定，荣获“2012第二届金铃‘励’奖”及“2012最具公众影响力企业社会责任事件奖”，这些奖项充分体现了各界对于保乐力加回馈中国社会所作贡献的认可。

早在2009年4月，保乐力加集团旗下畅销全球的支柱品牌“芝华士（Chivas Regal）”就成为首个被国家工商总局商标局授予“驰名商标”称号的威士忌品牌；2011年10月，Martell（马爹利）亦被授予了“驰名商标”称号。“驰名商标”的权威认定为“芝华士”、“马爹利”这两大中国市场领先的洋酒品牌提供更有力的保护，同时也为品牌保护消费者权益再添利器，进一步巩固了消费者对品牌的信心。

维权联络：
保乐力加（中国）贸易有限公司
上海市湖滨路222号企业天地一号楼20层2001单元
电话：086-21-23011000或23011163
联系人：陈晓亚 女士

北京润平知识产权代理有限公司

INTRODUCTION

北京润平知识产权代理有限公司成立于2003年，是一家经北京市工商局审批成立、国家知识产权局和国家工商总局商标局授权批准，专门为国内外企事业单位、社会团体、个体工商户及个人提供全方位的专利申请、商标注册、版权登记，以及与知识产权保护相关的行政和法律中介服务的代理机构。

公司理念：不求做大，但求做好（公司让客户满意，老板让员工满意，员工视润平为家）。

截至2011年12月，北京润平知识产权代理有限公司员工总数为120人，其中40人具有专利代理人资格，5人具有律师资格。

润平在业界的良好口碑，来源于全体润平人对客户也即对公司一贯的责任感和勤奋。

感谢您对润平的关注、信任和支持！

公司员工

公司创立者、主要合伙人、总经理刘国平

专利业务

商标业务

著作权业务

其他相关知识产权业务

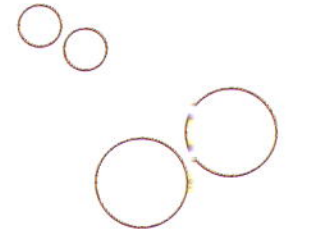

1984年毕业于北京大学化学系，获理学学士学位。1987年毕业于中国科学院研究生院，获工学硕士学位。硕士毕业后进入石油化工科学研究院（RIPP）从事研究开发工作，获高级工程师职称。1994年进入石油化工科学研究院知识产权处（石油化工科学研究院专利事务所）从事专利代理和管理工作。1996年取得专利代理人资格证书。1998年赴美国Phillips石油公司专利和许可部接受为期3个月的培训。2002年1月进入康信知识产权代理有限责任公司负责专利部的工作。2003年作为合伙人共同组建北京润平知识产权代理有限公司。

地址：北京市海淀区北四环西路9号银谷大厦515室
邮编：100190
电话：010-62800922，62800933
传真：010-62800963
E-mail：chinapatent@runping.com
网址：www.runping.com

福州元创专利商标代理有限公司

福州元创专利商标代理有限公司前身（改制前）为福建省专利事务所，成立于我国专利制度开始实施的1985年，是福建省首家经国家知识产权局批准成立的代理机构。公司内部设有专利代理部、商标代理部、企业发展计划部、法务部和中外检索翻译部，并拥有一批以硕士、高工、律师为主体的专业覆盖面广，办案经验丰富的资深专家。多年来，公司遵循国家知识产权局关于“推进知识产权战略实施，努力为转变经济发展模式、实现科学发展和跨越发展提供有力支撑”的方针，加强自身建设，努力发挥专利代理机构在知识产权创造、运用、保护和管理环节中的作月，促使公司的业绩随着“元创”品牌声誉的提升年年攀升，专利代理量从改制的2002年的224件上升到2011年的3 065件（其中发明专利申请代理量900多件）。2011年，公司专利申请代理量和发明专利授权量位居福建省首位。2012年5月，公司入选为首批全国知识产权服务品牌机构培育单位。

国家和政府的大力支持激励着公司员工为把公司建设成为客户满意的知识产权服务机构而更加努力，一方面，公司注重优选配备专利人才，为客户提供优质高效的服务；另一方面，公司还注重企业维权，为当事人通过海关和法院进行民事或行政诉讼进行维权，办案经验丰富，胜诉率高。

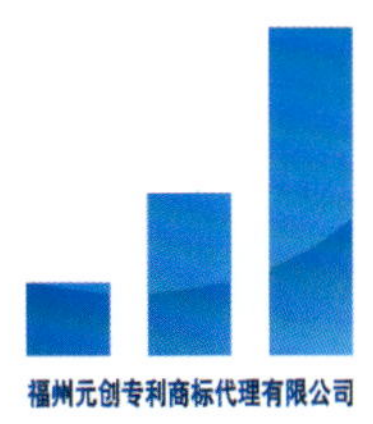

北京市浩天知识产权代理事务所（普通合伙）是国内规模最大的知识产权代理事务所之一，由知识产权专家廉运泽律师负责，廉律师在知识产权领域已经执业25 年，推动了专利、商标代理、反假冒、网络域名等业务的发展。我们的团队包括律师、专利代理人、商标代理人、律师助理及辅助人员百余人。在知识产权服务领域，我们的知识产权团队无论在规模还是业务水平上已经位居前列、蜚声中外。

业务范围介绍

浩天信和知识产权服务包含：专利、商标代理事务，知识产权法律事务，知识产权诉讼及仲裁业务，海关知识产权保护事务。

专利、商标代理事务：
专利、商标、版权等知识产权的咨询、申请、注册、登记、备案，
专利、商标、版权等知识产权的监测、侵权假冒的调查及查处。

知识产权法律事务：
海关知识产权保护、著作权及邻接权，专利权及专有技术，商标权，企业名称，反不正当竞争，商业秘密，网络域名，连锁特许，娱乐、文化、传媒、体育及教育等产业投融资活动中所涉及的知识产权综合法律业务。

知识产权的诉讼及仲裁业务：
专利部：化学组、机械组、电学组、流程组；商标部：外内组、内外组、内内组、公告组、流程组；版权部；反假冒部：调查组、查处组；诉讼仲裁部；网络域名部；特许经营和许可部；商务调查部；知识产权综合法律事务部；业务拓展部。

北京市浩天知识产权代理事务所（普通合伙）
HYLANDS LAW FIRM
Room 8A5-1A, No.7 Guanghua Road, Chaoyang District, Beijing100004, China
中国北京朝阳区光华路 7 号 8A5-1A 室 邮编：100004
电话 Tel:（86-10）52019988 传真 Fax:（86-10）65612464 65612322
邮箱 Email: ac@hylandslaw.com

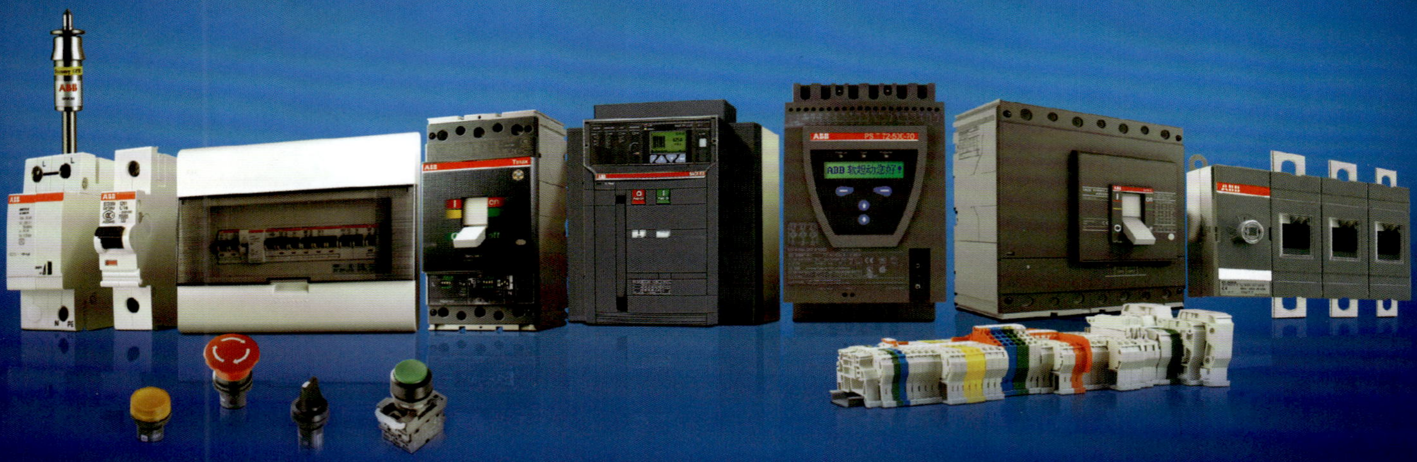

编辑说明

2011年，中国海关按照国家的统一部署，通过开展“打击侵犯知识产权和制售假冒伪劣商品专项行动”、依法查处进出口环节侵犯知识产权的案件和加强与公安等其他执法部门及知识产权权利人的合作，有效地遏制了国际贸易中的侵犯知识产权违法犯罪活动，维护了公平竞争的对外贸易秩序和国内外知识产权权利人的合法权益。为全面、系统地展示海关2011年知识产权保护工作的整体情况，海关总署政策法规司与中国海关出版社合作，编纂出版了《中国海关知识产权保护状况及备案名录（2012年版）》。

以《中国海关知识产权保护状况及备案名录（2012年版）》的方式，向社会统一发布海关在过去一年内有关知识产权保护的方针政策、执法措施和工作成效、典型案例及备案名录，对海关总署而言尚属首次，也是一次有益的尝试。我们希望通过编辑出版该书，能够使海关系统的同志对过去一年的知识产权海关保护工作进行一次全面系统的梳理和总结，继续发扬成绩，弥补不足，改进工作，使今后的知识产权海关保护工作再上一个台阶。同时，也希望该书的出版，能够在进一步提高海关的政务公开的水平、增加海关工作的透明度方面发挥重要作用，从而使社会公众更好地了解海关保护知识产权的法律规定、制度措施和执法成果，提高知法守法的自觉性和保护知识产权的意识。《中国海关知识产权保护状况及备案名录（2012年版）》不仅是一部大型的文献资料，同时也是一部内容十分丰富的工具书，是政府主管部门、执法人员、法律工作者、知识产权权利人、从事进出口和相关加工生产企业、大专院校和研究机构了解和研究我国海关知识产权保护制度和执法现状的一个最佳的窗口。

《中国海关知识产权保护状况及备案名录（2012年版）》以大量文字、图表、照片再现了2011年海关知识产权保护工作的各个方面，主要栏目包括：

一、海关知识产权保护工作概况：登载2011年海关总署《中国海关保护知识产权状况》白皮书、海关总署2011年知识产权保护重要活动和在海关总署备案的知识产权情况。

二、各地海关知识产权保护工作情况：登载2011年各地海关案件查处和相关活动及重要活动的图片。

三、海关“双打”行动：海关总署关于开展打击侵犯知识产权和制售假冒伪劣商品专项活动的通知、方案、总结，海关系统在专项行动期间立功获奖单位和个人名单。

四、海关知识产权保护典型案例：登载2011年度全国海关查获的具有典型意义的执法案例和与海关知识产权保护工作有关的司法判例，涵盖行政和刑事衔接、海关现场执法、自主品牌、危害消费者安全、定牌加工、近似商标、专利和著作权等内容的行政、民事和刑事案例。

五、其他相关工作：登载2011年全国海关在新闻媒体宣传、提高公众知识产权意识、知识产权理论研究等方面的工作，涵盖国内主流媒体及地方媒体报道的与知识产权海关保护相关的具有典型性的新闻报道、海关总署“海关系统征集知识产权海关保护原创动漫作品活动”中评选出的优秀作品和海关总署“知识产权海关保护”征文活动中评选出的由各地海关关员撰写的优秀论文目录。

六、商标权、著作权海关备案名录：登载2011年在海关备案的有效的商标权、著作权名录。

该书的出版发行得到了海关总署有关司局、中国海关出版社、全国各直属海关及赞助单位的大力支持和帮助，在此表示感谢。

《中国海关知识产权保护状况及备案名录》编委会

2012年9月

目录

序

编辑说明

第一篇　2011 年海关知识产权保护工作概况

2011 年中国海关知识产权保护状况　3
2011 年海关总署知识产权保护大事记　12
2011 年海关知识产权保护备案情况　29

第二篇　2011 年各地海关知识产权保护工作情况

广东分署　35
深圳海关　39
上海海关　45
杭州海关　50
广州海关　54
天津海关　58
青岛海关　61
宁波海关　64
北京海关　68
拱北海关　71
福州海关　76
南宁海关　80
厦门海关　84
南京海关　88
黄埔海关　91
江门海关　97
大连海关　100
哈尔滨海关　102
沈阳海关　104
武汉海关　106
昆明海关　108
乌鲁木齐海关　110

石家庄海关 112
拉萨海关 114
成都海关 116
满洲里海关 118
海口海关 120
长沙海关 122
长春海关 124
西安海关 126
汕头海关 128
呼和浩特海关 130
郑州海关 132
重庆海关 134
湛江海关 136
贵阳海关 138
太原海关 140
南昌海关 142
合肥海关 144
兰州海关 146
西宁海关 148
银川海关 150

第三篇　海关打击侵犯知识产权和制售假冒伪劣商品专项行动
相关文件 155
海关专项行动总结 159
专项行动成果网络展 174

第四篇　海关知识产权保护典型案例
“两法”衔接案例 205
现场执法案例 240
自主品牌案例 246
消费者健康案例 252
定牌加工案例 260
近似商标案例 325
其他案例 352

第五篇　其他相关工作
海关知识产权保护相关媒体报道 379

海关知识产权保护动漫作品 398
海关知识产权保护征文选 415

第六篇　商标权、著作权海关备案名录

2011 年商标权、著作权有效海关备案名录 421
商标注册用商品和服务国际分类表 737

第一篇

2011 年海关知识产权保护工作概况

2011 年中国海关知识产权保护状况

2011 年，中国海关按照“把好国门、做好服务、防好风险、带好队伍”的总体要求，认真履行进出境监督管理机关的职能，积极组织开展了知识产权执法活动。各口岸海关以风险管理为抓手，加强进出境监管，在进出境环节依法扣留了大量侵犯知识产权的进出口货物，查处了大量进出口侵犯知识产权货物的违法案件。

在过去的一年，海关总署按照国务院关于开展“全国打击侵犯知识产权和假冒伪劣商品专项行动”的统一部署，在全面加强执法的同时，在海关系统积极组织了专项执法活动。

为鼓励国内企业自主创新，2011 年海关还加大了对国内自主品牌的保护力度，查扣了大量侵犯中国自主知识产权的进出口货物。

海关不仅加大了对进出口侵权货物违法行为的查处力度，而且还积极开展了与公安机关的执法合作，主动向公安机关通报和移送涉嫌构成侵权犯罪的案件，协助公安机关破获了许多重大犯罪案件，对侵权犯罪分子产生了极大的震慑。

为有效切断侵权贸易的商品供应链，中国海关在立足自身执法的同时，还根据有关协议，积极开展了与境外海关的执法合作，致力于构建对侵权贸易的全球打击网络。

认识到与商界建立合作伙伴关系是有效遏制侵权违法的关键，海关在过去的一年中，继续保持与知识产权权利人紧密合作。

为提高公众的知识产权保护意识和守法意识，构建激励创新的外部环境，铲除侵权违法的温床与土壤，海关在 2011 年继续加大了保护知识产权的社会宣传力度。

为大力推进国家知识产权战略的实施，长期深入地开展知识产权海关保护工作，海关在建立健全海关知识产权执法的长效机制、持续保持对进出口环节侵权违法的高压态势方面积极采取了措施。

中国海关知识产权保护工作得到了国内外有关组织及权利人的高度评价。2011 年 6 月 8 日，全球反假冒组织（GACG）向中国海关颁发了 2011 年“全球反假冒最佳政府机构奖”，国务院总理温家宝就此作出了“要再接再厉”的重要批示。

一、2011 年海关知识产权执法的基本情况

2011 年，中国海关为实施知识产权保护，共采取知识产权保护措施 2 万多次，扣留嫌疑货物 1.82 万批，涉及侵权嫌疑商品 1.03 亿件。

2011 年中国海关扣留的侵权货物呈以下特点：

（一）以侵犯商标专用权的货物为主

2011 年，中国海关扣留的侵权货物涉及商标专用权、著作权和与著作权有关的权利、专利权、奥林匹克标志和世界博览会标志等多种类型的知识产权。其中，侵犯商标专用权的货物在海关扣留的侵权货物中仍占绝大多数，达 9 700 多万件，占海关扣留的侵权嫌疑货物总数量的 94%（见表 1）。

表1　侵权货物涉及的知识产权类型统计

批次单位：批；商品单位：件/双

知识产权类型	商品数量	占比
合计	103 211 267	
商标专用权	97 381 751	94%
著作权	255 738	0.1%
专利权	5 569 274	5%
奥林匹克标志/世博标志	4 504	0.1%

（二）大多数在出口监管环节扣留

2011年，中国海关在出口环节扣留侵权嫌疑货物逾1.7万批，占扣留总批次的97.1%；扣留的侵权嫌疑商品超过1亿件，占全部扣留商品总数的97%（见表2）。

表2　侵权货物流向统计

批次单位：批；商品单位：件/双

进出口类型	批次	占比	数量	占比
合计	18 188		103 211 267	
进口	518	2.9%	408 258	0.4%
出口	17 670	97.2%	102 803 009	99.6%

（三）以烟草、五金机械及其他轻工产品为主

2011年中国海关扣留的侵权商品，就商品数量而言，仍以烟草、五金机械、化妆护理产品、服装鞋帽、汽车配件、箱包皮革制品、手机及配件、药品食品、手表等产品为主。其中，烟草数量依旧排名第一，约3 300万支，占当年海关扣留商品总数量的31%（见表3）。

表3　侵权商品类别统计

批次单位：批；商品单位：件/双

商品类别	商品数量	占比
烟草	32 392 698	31.4%
五金机械	11 976 743	11.6%
轻工产品	11 183 294	10.8%
化妆、护理用品	5 010 317	4.9%
服装	4 079 967	4%
玩具游戏	2 976 851	2.9%
鞋类	1 958 382	1.9%
其他机电产品	1 608 962	1.6%
帽类	668 680	0.7%
汽车、摩托车	653 625	0.6%
箱包及皮革制品	545 171	0.5%
通讯设备	480 977	0.5%
药品	450 448	0.4%
食品饮料	298 387	0.3%

商品类别	商品数量	占比
手表	263 063	0.3%
存储介质	100 204	0.1%
运动器具	58 946	0.06%
珠宝首饰	45 950	0.04%
医疗器械	26 271	0.03%
其他	28 432 331	27.6%

（四）邮递和海运仍为运输的主渠道

由于互联网和电子商务的迅速发展，大量侵权商品以邮包和快件的方式被运输进出境。2011年中国海关扣留侵权嫌疑的邮包8 981个，扣留快件货物4 997批，分别占海关扣留侵权嫌疑货物总批次的49%和28%。但由于海运具有运力方面的优势，海关2011年在海运渠道扣留的侵权嫌疑商品数量仍占扣留商品总数量的大多数，超过9 600万件，约占全部扣留商品的94%（见表4）。

表4 侵权商品运输方式统计

批次单位：批；商品单位：件/双；

	邮递	快件	海运	航空	汽车	铁路	其他
批次	8 981	4 997	2 171	646	486	190	719
占比	49%	28%	12%	4%	2%	1%	4%
商品数量	417 587	1 333 292	96 448 866	310 118	3 565 595	66 578	1 069 231
占比	0.4%	1%	94%	0.3%	4%	0.1%	1%

二、海关保护知识产权的主要措施

2011年海关在保护知识产权方面采取了以下措施：

（一）积极主动地开展执法活动

根据《中华人民共和国海关法》、《中华人民共和国知识产权海关保护条例》的规定，对侵犯受中国法律、行政法规保护的知识产权的进出口货物，中国海关可以依据知识产权权利人的申请采取知识产权保护措施，也可主动采取保护措施。为充分发挥保护知识产权在鼓励创新和维护公平竞争的贸易秩序方面具有的重要作用，中国海关在2011年继续将知识产权保护作为其一项重点工作，通过加强对进出口货物的实际监管、增加执法资源的投入、加强风险管理技术等手段，积极主动地开展了保护知识产权的执法活动。2011年全国各口岸海关依职权扣留的侵权嫌疑货物，在批次和商品数量方面都占绝大多数（见表5）。

表5 海关执法模式统计

批次单位：批；商品单位：件/双

执法模式	批次	占比	商品数量	占比
依职权	18 053	99%	97 585 009	95%
依申请	149	1%	5 626 258	5%

2011年全国各口岸海关都积极开展了知识产权执法活动，在全国目前42个直属海关中，共有33个直属海关在进出口环节查扣了侵权货物，其中沿海、沿边和以空运业务为主的口岸查扣侵权货物的数量较大（见表6）。

表 6　各直属海关扣留侵权货物统计

批次单位：批；商品单位：件 / 双

直属海关	批次	商品数量
深圳海关	5 563	18 785 089
上海海关	2 525	7 145 095
杭州海关	1 943	13 314 281
广州海关	1 665	877 612
天津海关	1 607	1 707 336
青岛海关	848	879 072
宁波海关	669	37 957 465
北京海关	350	115 845
拱北海关	349	320 004
福州海关	304	943 941
南宁海关	289	379 544
大连海关	273	19 616
哈尔滨海关	222	12 918
厦门海关	202	7 234 243
沈阳海关	197	2 731
南京海关	190	492 526
武汉海关	172	65 445
昆明海关	152	579 955
黄埔海关	124	10 795 339
乌鲁木齐海关	90	51 919
石家庄海关	87	4 269
拉萨海关	69	32 022
成都海关	65	1 675
满洲里海关	44	2 234
江门海关	38	1 237 770
海口海关	35	511
长沙海关	30	3 366
长春海关	29	59 307
西安海关	20	6 877
汕头海关	12	159 075
呼和浩特海关	11	2 972
郑州海关	10	1 213
重庆海关	2	16 800
湛江海关	2	3 200

海关除增加执法人员外，还借助先进的科技装备加强对知识产权的保护，如将先进的“快检3000”（FS3000）集装箱检查设备投入知识产权执法。由于“快检3000”每分钟即可完成对一个集装箱的扫描，大大提高了海关的查验效率，便于海关发现伪报夹藏的侵权货物。例如，2011年4月20日，深圳市默扬达贸易有限公司向深圳海关隶属大鹏海关申报向摩洛哥出口计算器21 120台。海关使用“快检3000”对该集装箱进行扫描时，

发现图像显示其装载货物种类较多，与报关单申报出口货物为单一商品的情况不一致，存在较大的夹藏伪报嫌疑。经开柜卸货查验，发现实际出口货物除计算器外，柜内还藏有假冒“DURACELL”电池 115 200 个、“CASIO”计算器 7 200 个、“SWATCH”手表 26 000 个、“NIKE”商标的手表 10 000 个、“FERRARI”手表 24 000 个、“ADIDAS”手表 4 000 个、“D&G”手表 3 000 个，货物价值初步估算近 1.39 亿元。此后，大鹏海关还多次通过“快检 3000”查获大量假冒香烟等侵权货物。

（二）积极组织开展专项执法行动

自 2010 年 10 月至 2011 年 6 月，国务院在全国范围内部署开展了为期 9 个月的“打击侵犯知识产权和制售假冒伪劣商品专项行动”。海关总署作为专项行动领导小组成员，对海关系统组织开展专项行动工作进行了统一部署，对全国各口岸海关开展专项行动提出了具体要求：

- 成立本海关专项行动领导小组，加强专项行动的组织领导。主要领导对本关开展专项行动的工作要亲自抓，并力争取得实效。
- 结合本关知识产权保护工作实际，制订开展专项行动的工作方案。
- 充实执法力量，采取有效措施，加大对进出境货物，特别是假冒药品、食品、汽车配件和手机等重点商品的监管和查缉力度。要加大对出口到发生侵权风险较高国家货物的监控。侵权货物进出口情况严重的口岸，要在风险分析的基础上，提高对存在侵权风险的进出口货物的查验比例。
- 加大对进出口环节侵权违法行为的查处力度。对侵权货物数量巨大、货物为专项行动重点打击对象、屡次出口侵权货物的企业要依法从重处罚。
- 加强海关和公安机关的执法协作。要认真按照相关规定，做好向公安机关通报知识产权刑事犯罪案件线索和移送案件的工作。
- 提高对外宣传的力度，特别是对查获的国内外重点关注的大案要案，要通过新闻媒体予以曝光。
- 提高一线关员的知识产权执法意识和执法积极性。要加强对一线关员的执法培训，对在专项行动期间开展执法活动和在查获大案要案方面表现突出的单位和个人，要按照有关规定予以表彰和奖励。
- 要设立举报热线，鼓励社会公众向海关举报进出口环节的侵权违法活动。
- 要大力开展对进出口企业、加工贸易企业、报关企业、快件企业、邮局和进出境旅客的知识产权宣传教育工作，增强企业和社会公众的守法意识和知识产权意识。
- 要积极参与当地知识产权保护统筹协调机制的工作，加强海关和工商、版权、商务等部门的联系配合，形成打击侵权违法活动的合力。

全国各口岸海关根据海关总署的要求，积极组织开展本关区的专项行动，各口岸海关在专项行动中通过增加执法人员投入和提高对进出口货物的查验率，共扣留侵权嫌疑货物 1.2 万批，扣留侵权嫌疑商品 7 615 万件。同时查处或者向公安机关移送了一大批重大案件。例如：

- 2010 年 12 月，深圳市力派尔实业有限公司向黄埔海关隶属老港海关申报向美国出口一批置物柜、餐桌餐椅，现场关员经过风险分析，认为该批货物存在较大嫌疑，决定进行开箱查验，查获假冒“REGAL”香烟 941 万支。海关已将案件向公安机关移送。
- 2011 年 4 月，嘉兴市豪杰进出口有限公司向杭州海关隶属嘉兴海关申报出口两票货物，共 10 个集装箱，目的国为尼日利亚，申报品名为无品牌家用冰柜。这两票报关单引起了审单关员的注意，果断下达了布控查验指令。经过现场重点查验，一举查获假冒“LG”商标的冰柜 1 377 台，14 324 台假冒“LG”、“SONY”、“SHARP”、

“SAMSUNG”等多个品牌的DVD播放机，涉案货值高达384万元。案件已经向当地公安机关进行移送。

●2011年1月28日，南京海关驻邮局办事处在一批寄往美国的共计43个出境EMS邮包中，查获假冒“M.A.C”、“LV”、“Tiffany & Co.”、“SWAROVSKI”、“CHANEL”、“ESTEE LAUDER”、“CD”、“Giorgio Armani”、“Bobbi Brown”、“Lancôme”等13个在海关总署备案的国际知名品牌的60多种化妆品和首饰7 363件，价值超过130万元。南京海关立即向江苏省公安厅进行了通报。南京市公安局根据海关提供的案件线索，派员赴福建省抓获了犯罪嫌疑人陈某，并从涉案地查获假冒化妆品3万余件，进一步扩大了战果。2012年2月8日，南京市玄武区人民法院依法开庭审理了此案，最终以销售假冒注册商标的商品罪判决侵权人有期徒刑两年，罚金人民币40万元，没收假冒的化妆品及化妆品生产工具共47 313件。

在专项行动期间，海关总署对各关开展专项行动的情况进行了检查指导和开展了大要案督办工作。例如：

●2010年11月26日，重庆海关根据举报，查获重庆紫虹商贸有限公司向巴基斯坦出口的479台假冒隆鑫工业有限公司“LONCIN”商标的汽油发电机组，价值91万元。鉴于该案案情重大，海关总署会同其他5个部委对案件进行了督办，使案件战果迅速扩大。海关和当地公安机关等执法部门密切协作，破获了一个以生产假冒摩托车零配件为主的犯罪集团，抓获涉案人员7名，案值初步估算达1 000多万元。

●2011年3月7日，深圳市星品贸易有限公司向青岛海关隶属烟台海关申报向日本出口465条棉制旅行毯。经开箱查验发现，实际货物中仅有13条棉制旅行毯摆放在集装箱外侧，其余为箱包、装饰链、手表等假冒商品，涉及“LV”、“GUCCI”、“CHANEL”等多项世界知名商标，数量达3.1万件。海关总署将该案列为挂牌督办案件，责成青岛海关尽快联系当地公安机关联合办案。在海关的积极配合下，公安机关开展了针对该案的“猎鲨行动”，调动了四省的警力破获了一个活跃于中日韩三国、产供销一体化的制售假冒品牌箱包网络团伙，捣毁造假窝点4个，刑事拘留7人，逮捕3人，移送起诉6人。

为鼓励各关执法人员做好执法工作，海关总署还向在专项行动期间查获重大案件的海关制发了100多份贺电，同时对表现突出的执法人员予以表彰。据统计，在专项行动期间，海关总署和各直属海关共对300多个集体和个人进行了表彰和奖励，其中海关总署还对22个单位和个人记二等功。

（三）加大了对自主品牌的保护力度

2011年，海关一方面严格执法，严厉打击进出口环节侵犯跨国公司知识产权的违法活动，维护公平竞争的经济秩序和投资环境；另一方面也加强了对国内企业自主知识产权的保护。各地海关按照海关总署的要求，进一步提高保护自主知识产权工作力度。针对国内企业普遍存在的“知识产权意识不强、维权能力和经验不足、资金人员短缺”等困难和问题，海关积极主动地开展帮扶工作，包括与企业建立知识产权的对口合作关系、邀请企业到海关开展鉴别侵权货物的培训、向企业宣传海关保护知识产权的法律法规、帮助企业解决维权中遇到的困难和问题等，自觉维护“中国制造”的国际声誉。例如：

● 上海海关积极采取“请进来”和“走出去”的方法，加大与国内自主知识产权企业的联合配合力度，全年共查获104批侵犯自主知识产权货物，扣留侵权货物360余万件；

● 拱北海关加大对当地打印机耗材企业的扶持力度，严厉打击进出口侵犯国内耗材企业知识产权的违法行为；

● 杭州海关在查验环节对易受侵权行为危害的自主品牌产品予以重点关注，有针对性地加大查验力度；

● 青岛海关派专人赴海信集团与该集团商标、专利事务主管进行座谈，详细介绍海关知识产权保护执法程序、电器类商品知识产权海关保护情况；

● 厦门海关积极运用风险管理系统、DSS决策系统、HL2008系统等辅助工具进行实时监控，进一步提高自主知识产权保护能力。

海关在保护自主知识产权方面采取的措施取得了显著成效。据统计，2011年全国海关共查获进出口侵犯国内自主知识产权的商品近2 000万件，在受保护的知识产权来源国中名列前茅。在海关执法中涌现出不少保护自主知识产权的典型案例。例如：

• 2011年9月15日，任丘市某公司向天津海关申报出口一批摩托车链轮，目的国是尼日利亚。海关关员在审核单证时，经风险分析认为该票货物有侵权嫌疑，便对该票货物进行了查验，发现其中有121 600个链轮带有假冒的“金城”商标。2011年天津海关共查获6起侵犯“金城”商标专用权摩托车配件案，查扣假冒的摩托车链轮、仪表盘、车灯等零配件共计18万余件，案值共计87.37万元。

• 2011年2月15日，珠海皖通贸易有限公司委托上海运鸿储运有限公司向上海海关申报向孟加拉国出口一批螺丝刀、铁挂锁。海关审单关员在审理单证时注意到其申报的品名为侵权高风险商品，而出口商也具有疑点，于是对货物进行开箱查验。海关在该批货物中发现了23.16万个假冒的“三环”铁挂锁，申报价值约45万元。

海关总署还充分利用海关国际合作机制，为国内企业在海外寻求境外海关的保护进行了有益探索和尝试。其中包括通过中欧海关知识产权执法合作网络，帮助无锡尚德太阳能电力有限公司成功在德国汉堡截获了一批假冒其“Suntech”商标的太阳能组件，而且还通过双边行政互助渠道向德国海关调取了假冒货物的样品，为中国警方对生产和出口假冒产品的企业进行立案侦查提供了证据。

海关对自主品牌的保护使一大批曾经遭受侵权困扰的优秀自主品牌因海关保护恢复了活力，收复并拓展了海外市场。例如东方国际（集团）上海纺织品进出口有限公司的“银河”牌棉涤纶布，通过海关近60次打假行动，出口总额增长了近3倍。海关不断加大对自主知识产权的保护力度，吸引了更多的国内企业向海关寻求知识产权保护。目前在海关总署备案的自主知识产权达8 600多项，已超国外企业的备案数量。

（四）积极开展与其他执法机关的合作

打击侵权假冒重在治理源头。中国海关充分意识到有效保护知识产权需要与其他国内执法部门开展合作。2011年，海关通过联合发文、联席会议、联合巡查、信息交换、集中整治等多种方式进一步加强了与商务、工商、专利、版权、质监等知识产权相关职能部门的联系配合，参与了大量保护知识产权综合治理活动。全国海关还根据海关总署的要求，进一步加强了与公安机关的合作，实现海关行政执法与刑事执法的有效衔接。对在海关监管中发现的涉嫌构成知识产权犯罪的案件，主动按照有关规定向公安机关通报和移送，确保公安机关能够快速开展立案侦查工作。2011年，全国海关向公安机关通报了250多起侵犯知识产权犯罪的重大案件，为公安机关挖源头、端窝点提供了有力的支持。

（五）深化与知识产权权利人的合作

近年来，中国海关不断加强与权利人的战略合作伙伴关系，在立法研讨、执法培训和信息通报等多个领域建立了相应的合作机制。目前，海关总署已经与美国电影协会、中国外商投资企业协会优质品牌保护委员会（QBPC）等权利人组织签订和加强知识产权合作的谅解备忘录。2011年，海关总署多次组织召开与知识产权权利人的研讨会，听取企业对海关工作的意见。为提高海关一线关员的知识产权执法能力，各口岸海关也积极邀请知识产权权利人深入海关监管现场举办侵权商品鉴别培训。2011年3月下旬，海关总署在南宁关区举办与企业知识产权保护座谈会，向来自中国外商投资企业协会优质品牌保护委员会、国际商标协会等130余名中外企业代表通报了2010年知识产权海关保护工作成效及2011年知识产权海关保护工作设想，并听取与会代表对海关立法的意见和建议。

（六）进一步拓展国际海关间的知识产权执法合作

通过中美、中欧、中瑞(士)、中俄、中日韩、中巴政府间的知识产权对话机制及海关间的知识产权合作框架，继续开展双边、多边海关知识产权执法合作，不断加强国际海关执法交流和协作，消除误解、增加互信，努力创造一个高效的国际海关知识产权保护网络。

2011年5月，中美两国海关在华盛顿举行会谈并签署了《〈关于修订中美海关加强知识产权执法合作备忘录〉的确认函》，中日韩三国海关共同承办了世界海关组织知识产权保护地区论坛。

2011年1月11日，"粤港澳海关加强知识产权保护合作协调会" 在广东中山举行，三方就开展"粤港澳海关保护知识产权专项行动"和建立知识产权执法合作长效机制事宜进行了商议研究。

此外，中国海关还积极参加世界海关组织（WCO）、世界贸易组织（WTO）、世界知识产权组织（WIPO）、国际刑警组织（INTERPOL）等国际组织开展的各项活动，努力发挥中国海关在国际知识产权事务中的作用。

（七）积极开展知识产权宣传教育活动

2011年，中国海关一方面以"4·26保护知识产权宣传周"、"8·8海关法制宣传日"、"12·4全国法制宣传日"等为时间节点，集中开展知识产权海关保护宣传工作，继续评选并公布"2010年中国海关保护知识产权十佳案例"，发布《2010年中国海关保护知识产权状况》，在海关总署门户网站举办知识产权海关保护在线访谈；另一方面加强了对进出口企业、报关企业、邮递企业、进出境旅客、加工贸易企业等的日常宣传教育，提高其知识产权意识。

为了增强知识产权海关保护的宣传效果，2011年3月，海关总署组织全国海关开展知识产权海关保护动漫征集活动，评选出的作品刊发在海关总署门户网站及"中国打击侵犯知识产权和制售假冒伪劣商品专项行动成果展"中。该活动提高了广大关员保护知识产权的意识，图文并茂、生动活泼、翔实介绍了侵权商品的危害性，获得社会的广泛好评。

为了配合国务院开展的"中国打击侵犯知识产权和制售假冒伪劣商品专项行动成果展"，海关总署在海关总署门户网站举办"海关打击侵犯知识产权和制售假冒伪劣商品专项行动成果展"，以翔实的案例、图片、视频等资料全面介绍海关"双打"取得的成绩。

（八）知识产权海关保护成效得到国内外的广泛认可

2011年，中国海关在知识产权执法工作中，不断改进执法措施、提高执法水平，既保障了"便利合法贸易"，又实现了 "有效打击侵权行为"。中国海关知识产权保护工作长期以来一直受到国内外组织及有关权利人的高度评价。2011年6月8日"世界反假冒日"当天，全球反假冒组织（GACG）在法国巴黎举行颁奖仪式，向中国海关颁发了2011年"反假冒最佳政府机构奖"，海关总署是本年度全球唯一获此奖项的政府机构，国务院总理温家宝获悉此事后作出了"要再接再厉"的重要批示。企业通过送锦旗、写感谢信等方式，对海关在知识产权保护中的突出表现给予肯定，称赞海关是"国门卫士"、"保知先锋"等；在中国外商投资企业协会优质品牌保护委员会"打击侵犯知识产权和制售假冒伪劣商品专项行动"致谢仪式上，海关总署被评为"杰出组织领导"单位，上海、广州、黄埔海关被评为"杰出执法"单位；大连、上海海关被日资企业知识产权保护联盟评为"知识产权保护贡献部门"

三、2012年中国海关保护知识产权的工作重点

2012年，中国海关将继续按照"把好国门、做好服务、防好风险、带好队伍"的总体要求，深入贯彻落

实国务院《关于进一步做好打击侵犯知识产权和制售假冒伪劣商品工作的意见》，以开展“国门之盾”行动为总抓手，建立健全知识产权海关保护长效机制，进一步提升知识产权海关保护工作水平。2012年拟开展的工作主要包括以下几方面：

（一）推进知识产权海关保护长效机制建设

认真总结全国海关在“打击侵犯知识产权和制售假冒伪劣商品专项行动”中取得的执法实践经验，进一步加强知识产权海关保护工作。按照国务院《关于进一步做好打击侵犯知识产权和制售假冒伪劣商品工作的意见》总体要求，从完善工作协调机制、改进执法措施、加强执法协作、优化执法资源配置、扩大对外宣传等方面入手，建立健全知识产权海关保护长效机制。

（二）深入开展“国门之盾”行动，加强对进出口侵权货物的实际监管

按照“国门之盾”行动统一部署，在重点口岸、重点渠道部署开展打击侵权药品、食品、汽车配件的“专项整治”，深入推进知识产权海关保护工作。不断改进执法技术，以“金关工程”为依托，进一步加强风险管理技术在海关知识产权保护工作中的应用，提升执法效能，实现对进出口侵权货物违法行为的精准打击。

（三）继续促进对国内企业自主知识产权的保护

切实加强与有关行业协会、团体的合作，开展对国内企业自主知识产权保护情况的调研，了解国内企业在保护自主知识产权方面遇到的困难和问题，建立关企知识产权海关保护合作机制，帮助国内企业提高维权能力和水平，鼓励、引导、扶持企业开展自主创新，努力推进实现建设创新型国家、加快转变经济发展方式。

（四）继续加强宣传，提升各界对海关知识产权保护工作的了解

为进一步宣传海关知识产权保护程序及执法效果，引导社会各界关心、了解、支持并应用海关的知识产权保护。继续发布年度知识产权海关保护状况、评选中国海关保护知识产权年度十佳案例，通过多种渠道向社会公众普及知识产权海关保护有关知识；组织政策宣讲，提升企业尊重知识产权、守法经营意识；以开展“4·26保护知识产权宣传周”、“8·8海关法制宣传日”、“12·4全国法制宣传日”为时间节点，将知识产权海关保护对外宣传机制化、常态化。

（五）积极推进知识产权海关保护的合作

进一步加强与国内其他知识产权执法部门的合作，建立海关与工商保护商标权的执法合作机制，完善海关与公安机关行政执法和刑事打击衔接机制。在中欧、中美、中俄、中日韩海关等知识产权保护合作协议框架下，与有关国家和地区海关在法律制度和执法经验交流、案件信息和统计数据交换、执法协作等方面开展合作；积极参与世界海关组织、世界贸易组织、世界知识产权组织等有关国际组织的知识产权事务，为国际知识产权事务作出中国海关的贡献；认真总结粤港澳三地海关开展“海龙”行动工作经验，继续推进内地海关与香港、澳门海关的知识产权执法合作。加强与有关知识产权权利人组织、团体的合作与交流，充分利用权利人所掌握的信息优势为海关执法提供支持。

（六）进一步加强能力建设，培养知识产权海关保护专家队伍

充分利用海关的培训平台及其他培训机制，继续邀请司法、行政执法部门及有关学术团体的专家为海关执法关员提供培训，讲授侵权事实认定的司法实践标准及相关知识产权知识，进一步提升海关执法人员的执法能力，培养海关系统的知识产权保护专家队伍。

2011 年海关总署知识产权保护大事记

1 月 11 日 ~ 12 日 海关总署在厦门培训基地举办“海关通关知识培训班”，培训班邀请了国家工商总局、最高人民法院等专家及海关负责通关方面的专家进行授课，来自全国海关执法一线的关员 140 多人参加了会议。

1 月 12 日 海关总署在广东中山举办“内港澳海关与外资企业对话会”，来自香港海关、澳门海关、部分地方海关、部分国家驻华使馆的海关专员和知识产权专员、外资企业代表及媒体代表参加了会议，会上海关通报了中国海关保护知识产权的有关情况，并与与会代表进行了交流。会议期间，还参观访问了拱北旅检口岸。

1 月 27 日 海关总署核准宝洁公司、A&F 商标股份有限公司、J.M.H 商标股份有限公司、株式会社建伍、联合利华有限公司、上工申贝（集团）股份有限公司、佳能株式会社、皇家飞利浦电子股份有限公司、力宝克体育运动有限公司、泰勒梅高尔夫有限公司、兰金香水美容有限公司、莱雅公司、雅恋合股实验所公司、安踏（中国）有限公司、惠普发展公司，有限责任合伙企业、克里斯蒂昂・迪奥尔服装有限公司、鲁道夫・达斯勒体育用品波马股份公司、索尼电脑娱乐公司、卡西欧计算机株式会社、精工爱普生株式会社、耐克国际有限公司提供知识产权海关保护总担保申请。

1 月 28 日 海关总署核准德国雨果博斯商标管理有限公司、西铁城控股株式会社、罗伯特・博世有限公司、精工控股株式会社、百灵公司、株式会社 LG、路易威登马利蒂（法国）公司、日本特殊陶业株式会社、科奇公司、松下电器产业株式会社、拜尔斯道夫股份有限公司、宝洁（加拿大）商业服务公司、吉利公司、中山榄菊日化实业有限公司、阿迪达斯有限公司、阿迪达斯国际经营管理有限公司提供知识产权海关保护总担保申请。

2 月 15 日 海关总署核准高露洁棕榄公司提供知识产权海关保护总担保申请。

2 月 22 日 海关总署核准菲利普・莫里斯产品有限公司、FTR 控股有限公司、古乔古希股份公司、康沃斯公司、株式会社理光、索尼株式会社、强生、国际足联联合会提供知识产权海关保护总担保申请。

3 月 3 日 海关总署副署长邹志武会见英国知识产权局首席执行官兼总检察官约翰・埃尔提率领的代表团，介绍了中国海关知识产权保护状况，并就代表团提出的问题进行详细的解答。约翰・埃尔提先生表示，中国海关的有力执法，不仅保护了知识产权，同时也充分体现出中国在保护知识产权方面的负责任大国的形象。代表团对中国海关在知识产权保护方面的不懈努力表示诚挚感谢，并表示将与国内有关部门沟通，加强与中国海关在保护知识产权方面的合作。

3 月 10 日 国务院决定将“全国打击侵犯知识产权和制售假冒伪劣商品专项行动”结束时间由 3 月底延长至 6 月底，海关总署下发通知，要求各地海关贯彻落实，加大力度查处进出口侵犯知识产权的违法活动。

美国海关边境保护局驻华专员访问海关总署，听取了中国海关开展打击侵犯知识产权和制售假冒伪劣商品专项行动的情况介绍。

3 月 11 日 政策法规司负责人应人民网邀请，做客人民网，就“海关如何保护知识产权”接受在线访谈，系统介绍了海关在知识产权保护尤其是在“全国打击侵犯知识产权和制售假冒伪劣商品专项行动”期间所采取的措施及取得的成效等。访谈前，人民网相关负责人会见了海关一行并就进一步加强知识产权海关保护宣传工作进行了交流。

3 月 17 日　海关总署在北海举办“修订知识产权海关保护条例实施办法暨海关总署与品保委执法合作座谈会”。政策法规司领导与会做了发言，并介绍了海关打击侵犯知识产权和制售假冒伪劣商品专项行动的进展情况。政策法规司、部分海关代表听取了权利人相关意见，并与业界代表就当前海关执法中存在的问题进行深入讨论。业界代表高度评价海关总署开门立法的民主做法。

3 月 20 日　海关总署副署长邹志武应邀出席了首届“中国优秀自主品牌国际发展战略高峰论坛”，并在会上做了主题发言。

3 月 23 日　海关总署核准烟台三环锁业集团有限公司提供知识产权海关保护总担保申请。

3 月 24 日　美国联合知识产权代表团来署拜会，政策法规司有关负责人接见代表团，并向代表团介绍了中国海关开展打击侵犯知识产权和制售假冒伪劣商品专项行动的基本情况及中国海关知识产权保护的基本状况。

3 月 27 日 ~ 4 月 7 日　海关总署政策法规司组团赴欧参加中欧海关知识产权工作组会议，就中方与欧盟海关执行中欧海关 2011~2012 年《知识产权行动计划》问题进行磋商。代表团还对法国和意大利海关进行访问，参加法国制造商联合会反假冒研讨会。

4 月 1 日　海关总署核准辉瑞产品有限公司、辉瑞有限公司、通用电气公司、通用电气匈牙利工业贸易有限责任公司、苹果公司（美国）提供知识产权海关保护总担保申请。

4 月 6 日　海关总署核准诺基亚公司提供知识产权海关保护总担保申请。

4 月 12 日　海关总署政策法规司就海关向公安机关通报和移送涉嫌侵犯知识产权犯罪案件的有关问题作出批复。

4 月 14 日　海关总署核准 DC 鞋业有限公司提供知识产权海关保护总担保申请。

4 月 18 日 ~ 19 日　海关总署政策法规司派员参加世界海关组织“反假冒和盗版工作组”会议。

4 月 22 日　海关总署政策法规司派员参加意大利中国商会会议，向意大利企业介绍中国海关的知识产权执法情况。

4 月 27 日　日本轴承协会访问海关总署。

4 月 29 日　海关总署署长于广洲在青岛参加中共中央政治局委员、国务院副总理王岐山主持召开的“全国打击侵犯知识产权和制售假冒伪劣商品专项行动”工作会议。政策法规司副司长陈旭东和知识产权处处长李群英陪同参加。

5 月 9 日　在第三轮中美战略与经济对话（S&ED）在美国华盛顿举行期间，在海关总署署长于广洲和美国海关与边境保护局局长博森的见证下，政策法规司副司长陈旭东与美国海关与边境保护局国际贸易司司长艾伦·吉纳签署了《〈关于修订中美海关加强知识产权执法合作备忘录〉的确认函》。

5 月 11 日　海关总署核准德克斯户外用品有限公司、思科技术公司、迪塞尔股份公司提供知识产权海关保护总担保申请。

5 月 16 日 ~ 18 日　中国海关代表团赴英参加“中欧海关知识产权行动计划专家组会议”。

5 月 19 日 ~ 20 日　海关总署政策法规司副司长陈旭东应邀出席在华日资企业知识产权保护联盟（IPG）工作会议，向在华日资企业介绍了知识产权海关保护有关情况特别是“全国打击侵犯知识产权和制售假冒伪劣商品专项行动”的成效，就海关总署修订《〈知识产权海关保护条例〉实施办法》听取了有关意见和建议。

5月24日～27日 海关总署政策法规司和上海、广州、深圳等海关法规处人员赴香港参加美国国土安全部主办的“东南亚知识产权执法专题研讨会”。会议主要就参会机构在知识产权执法中的作用，各国知识产权保护的主要立法、执法实践及面临的挑战进行了研讨。

6月2日 全球反假冒组织主席约翰·安德森一行访问海关总署，就知识产权合作问题与海关交换意见。

日本尼康公司访问海关总署。

6月8日 全国反假冒组织在全球反假冒大会上授予海关总署“2011年度反假冒最佳政府机构奖”，中国海关是本年度在世界范围内唯一获此奖项的政府机构。

6月10日 海关总署政策法规司派员赴对外经济贸易大学为参加“海关管理高级研修班”的发展中国家海关官员介绍中国海关保护知识产权的法律法规。

6月14日 美国迪斯尼公司访问海关总署。

6月21日 中共中央政治局常委、国务院总理温家宝就海关总署荣获“2011年度反假冒最佳政府机构奖”作出批示：“要再接再厉。”6月23日，海关总署署长于广洲批示，要求认真学习贯彻好温总理批示，抓紧研究提出落实意见。7月4日，海关总署副署长邹志武批示，要求将总理重要批示和于署长提出的要求转发全国海关并提出贯彻意见。

6月22日 海关总署核准李宁体育（上海）有限公司提供知识产权海关保护总担保申请。

6月28日 美国商务部副助理部长 Craig Allen 一行来署拜会，就知识产权保护与海关总署进行交流。美方对中国海关在打击侵犯知识产权和制售假冒伪劣商品专项行动中采取的措施和取得的成效表示高度赞赏，并对海关建立长效机制的介绍予以肯定。

6月29日 海关总署核准 SKF 公司提供知识产权海关保护总担保申请。

7月1日 海关总署核准杜邦公司、怀塔克公司提供知识产权海关保护总担保申请。

7月8日 海关总署印发《海关总署关于深圳第26届世界大学生运动会标志海关保护有关问题的通知》。

7月11日 作为“全国打击侵犯知识产权和制售假冒伪劣商品专项行动”成果展的分展馆，海关以“构筑保护知识产权的钢铁长城”为主题的“双打”专项行动成果网络展上线，生动地反映了海关在全国“双打”专项行动中所采取的有效措施和成效，有力地宣传了知识产权海关保护的相关政策法规，提高了相关公众的知识产权保护意识。

7月13日 法国驻华使馆海关参赞韦雅来访海关总署，与政策法规司就知识产权有关事宜进行讨论。双方相互通报了各自在2010年的知识产权执法概况，并就两国海关在打击侵犯知识产权方面的新政策、两国海关与其他政府部门的合作等事项进行交流。

7月14日 海关总署核准弗洛维国际照明设备控股公司、三菱电机株式会社提供知识产权海关保护总担保申请。

7月15日 海关总署核准纽特罗金娜公司提供知识产权海关保护总担保申请。

8月8日 海关总署核准芬迪爱得乐有限公司提供知识产权海关保护总担保申请。

8月16日 全国海关法制工作会议暨“双打”行动总结表彰会议在青岛召开。会议传达了署长于广洲的五点重要指示（见附录1），要求全国海关认真学习好、领会好、贯彻好温家宝总理对知识产权海关保护工作作出的“要再接再厉”的重要批示精神（见附录3），努力使海关法制工作在推动海关改革创新和落实总署党组“四好”要求方面有积极作为，将海关法制工作提升到一个新的水平。来自海关总署有关司局、广东分署、各直属海关主管领导和法制部门负责人等120余人参加了会议。22个集体和17名个人在会上受到表彰。

8月23日～24日　中俄总理定期会晤委员会海关合作分委会知识产权保护工作组第一次会议在上海举行。中俄海关双方就《中俄海关关于加强知识产权边境执法合作的备忘录》的具体实施进行了磋商。来自海关总署政策法规司和国际合作司、中俄海关合作分委会秘书处、俄海关署及部分直属海关的代表近20人参加了会议。

8月26日　海关总署副署长邹志武出席海关总署在线新闻发布会，介绍了海关系统“打击侵犯知识产权和制售假冒伪劣商品专项行动”总体情况和下一个阶段落实温家宝总理重要批示精神、建立知识产权海关保护长效机制的初步计划。

8月30日　时任海关总署政策法规司巡视员王永水参加全国内资企业保护知识产权座谈会，介绍了近年来海关知识产权保护情况和下一步加强与知识产权权利人合作的初步设想。

9月1日　海关总署副署长邹志武接受中国网络电视台的在线访谈，介绍了海关系统“打击侵犯知识产权和制售假冒伪劣商品专项行动”总体情况及海关下一阶段的主要工作（见附录4）。

9月5日　海关总署核准奎克西尔弗国际控股有限公司、欧科蕾公司提供知识产权海关保护总担保申请。

9月14日　海关总署政策法规司派员赴外经济贸易大学为参加“埃及财政部海关管理研修班”的埃及海关官员介绍中国海关保护知识产权的法律法规。

9月15日　海关总署通过国际海关合作渠道成功协助无锡尚德太阳能电力有限公司从德国海关取回侵犯尚德公司商标权的太阳能板组件，并转交无锡市新区公安分局。该案是海关总署保护中国企业自主知识产权、拓展海关知识产权保护职能的一个新尝试。

9月16日～19日　海关总署副署长邹志武访问法国海关总署，与法国海关总署署长杰罗米·福内尔进行会谈，就加强中法海关知识产权保护合作等问题交换了意见。当天，海关总署副署长邹志武拜会了我国驻法国大使孔泉，通报了中法海关合作情况及此次访法的主要成果。期间，海关总署副署长邹志武在法国会见了波尔多海关关长让·普格，听取了波尔多海关知识产权保护等有关情况的介绍，并会见了波尔多葡萄酒协会会长艾伦·西谢尔，就加强中国海关与法国波尔多葡萄酒业协会的合作交换了意见。

9月16日　海关总署政策法规司派员参加中国美国商会海关小组会议，向美国企业代表介绍中国海关知识产权执法情况。

9月21日　美国贸易代表办公室一行拜会海关总署，了解中国海关开展“打击侵犯知识产权和制售假冒伪劣商品专项行动”的情况，并与海关总署就开展商标、著作权培训方面的事宜进行讨论。双方明确今后将进一步加强在业务培训方面的合作与相关信息的交流。

9月23日　海关总署副署长邹志武访问英国税务海关署，与英国税务海关署商业税司司长美兰尼·多福司进行会谈，就进一步加强知识产权海关保护等议题深入交换了意见，并就继续在中英经济财金对话的平台上展示中英海关合作成果达成了共识。

9月25日　海关总署发布《关于撤销知识产权海关保护备案有关事项的公告》（2011年第59号公告）。

9月29日　海关总署署长于广洲会见来访的美国驻华大使骆家辉，就进一步加强中美海关在反恐、防核辐射、推进贸易便利化和知识产权保护等领域的合作进行了交流。政策法规司副司长陈旭东参加了会见。

10月11日～13日　海关代表团参加了中日韩海关在东京举办的知识产权工作组第五次会议，会议就中日韩三国的专家组建立顺畅的沟通渠道及如何进一步落实中日韩三国零假冒计划进行会谈。

10月13日　海关总署副署长鲁培军在国务院新闻办举行新闻发布会，介绍海关优化监管与服务和我国对外贸易增长等方面的情况，并就知识产权海关保护等问题答记者问。

10 月 17 日　国际商标协会执行总裁艾伦·朱森先生一行拜会海关总署，与政策法规司副司长陈旭东等进行了会谈。外方对中国海关知识产权领域最新的工作成就和执法措施予以肯定，称中国海关是其所接触的政府机构中效率最高、保护最得力的政府机构，并与海关总署就刑事案件移交、担保金、信息共享等权利人关心的事宜进行讨论。

10 月 24 日 ~ 26 日　赴日参加中日知识产权工作组会议。

10 月 28 日　海关总署政策法规司与国家工商总局商标局研究起草执法合作文件事宜。

10 月 31 日　海关总署政策法规司邀请北京集佳知识产权代理公司介绍“拉菲”葡萄酒知识产权问题。

11 月 2 日　美国移民与海关执法局驻华办公室访问海关总署。

11 月 3 日　法国路易威登公司访问海关总署。

11 月 3 日 ~ 4 日　参加中欧知识产权工作组会议。

11 月 8 日 ~ 9 日　海关总署在汕头海关召开“知识产权海关保护执法问题座谈会”，就行邮案件的处理、侵权嫌疑货物的扣留、侵权货物的处置等知识产权执法热点进行讨论。全国近 20 个直属海关的代表参加了此次会议。

11 月 10 日　海关总署在汕头海关举办“华南地区海关与日资企业代表意见交流会”，来自华南片区海关及日资企业代表共 80 多名参加了会议。广州、黄埔、深圳等海关代表向与会代表做了海关执法方面的交流，政策法规司做了《〈知识产权海关保护条例〉实施办法》修订的有关情况介绍。

11 月 9 日 ~ 10 日　海关总署在汕头召开“华南地区海关与日资企业知识产权保护对话会”。

11 月 14 日　海关总署副署长邹志武参加副总理王岐山主持的“双打”领导小组工作会议。

11 月 17 日　海关总署政策法规司邀请北京万慧达知识产权代理公司介绍欧盟国家知识产权保护的法律法规。

11 月 21 日　韩国官民访华团访问海关总署。

11 月 22 日　海关总署政策法规司对汕头海关海丰联岭针织有限公司出口“MANGO”商标服装处理意见作出批复。

海关总署政策法规司派员为“温州企业知识产权培训班”授课。

11 月 24 日　世界海关与商界论坛在广州开幕，海关总署署长于广洲出席并讲话（见附录 2）。

日本官民合一知识产权访华团访问海关总署。

11 月 28 日　意大利宝佳瑞公司访问海关总署。

11 月 31 日 ~ 12 月 1 日　海关总署在杭州海关隶属温州海关与中国外商投资企业协会优质品牌保护委员会（QBPC）联合召开“知识产权海关保护执法经验交流会”和“《知识产权海关保护条例实施办法》修订座谈会”，来自全国部分海关和 QBPC 部分代表共 80 多名参加了会议。

12 月 8 日　香港海关版权和商标调查局访问海关总署。

12 月 12 日 ~ 13 日　海关总署政策法规司派员参加韩国“与贸易有关的知识产权协会培训班”。

12 月 16 日　海关总署政策法规司派员为北京家具协会知识产权培训班授课。

12 月 21 日　欧盟驻华使馆访问海关总署。

12 月 27 日　召开部分海关《行政强制法》知识产权海关保护文书座谈会。

附录1

海关总署于广洲署长关于全国海关法制工作会议暨“双打”行动总结表彰会议的五点重要指示

（2011年8月16日）

第一，对全国海关法制工作会议暨“双打”行动总结表彰会议的召开表示衷心的祝贺。这次会议是全国海关工作会议之后总署党组批准召开的又一次重要专业会议。总署党组对这次会议非常重视。志武同志将代表总署党组就海关法制建设和法制工作作一个比较全面的讲话。

第二，本次会议的一项重要任务是贯彻落实好温家宝总理就知识产权海关保护工作作出的“要再接再厉”的重要批示精神，结合海关工作实际研究如何将批示精神落到实处。大家要深刻领会和准确把握温总理重要批示的精神实质。主要从两个方面来理解：一是肯定海关工作已取得的成绩和成功的经验，这既是对知识产权海关保护工作的肯定，同时也是对海关整体工作的肯定；另一个方面是总理批示表达了对海关的殷切期望，希望海关在巩固已有成绩的基础上将各项工作提升到一个新的水平，努力开创海关工作的新局面。

第三，大家要学习好、领会好、贯彻好温家宝总理、王岐山副总理等国务院领导同志对海关工作的重要批示和有关要求，研究如何在海关决策、管理和依法行政层面深化改革、不断创新，进一步推动海关新的发展；法制工作要研究如何主动参与改革创新并发挥积极作用。

第四，大家要认真研究如何在法制工作中更好地贯彻落实总署党组关于“把好国门、做好服务、防好风险、带好队伍”的总体要求，将法制工作提高到一个新的水平。

第五，我代表总署党组和我本人，向全体与会同志，并通过你们向海关法制战线的全体同志致以亲切的问候。海关法制工作很重要，同志们的工作很辛苦、很有成效，对法制工作的贡献很大。同时，对在“双打”专项行动中荣获表彰的集体和个人表示衷心的祝贺。希望海关法制战线的全体同志以本次会议为契机、以过去的成绩为前行的起点，坚定信心，顽强拼搏，扎实工作，努力开创海关法制工作的新局面。

附录2

知识造就海关卓越，携手促进经济繁荣

——海关总署党组书记、署长于广洲在2011世界海关与商界论坛上的讲话

（2011年11月24日）

很高兴在美丽的广州与各位海关同仁、各位商界朋友欢聚一堂，召开2011世界海关与商界论坛。首先，我代表中国海关，向本次论坛的召开表示热烈祝贺！向出席论坛的各位嘉宾表示诚挚的欢迎！

世界海关与商界论坛是海关与商界的盛会，是促进交流与合作的平台。英国哲学家培根有句名言："知识就是力量。"中国的先哲孔子说过："智者不惑。"本次论坛以"知识造就海关卓越，知识共享促进贸易发展和经济繁荣"为主题，必将进一步推进海关与海关、海关与商界的交流与合作，推动用知识造就海关卓越，促进商界辉煌和世界经济增长。

当前，世界经济复苏的不稳定性不确定性突出。一些主要经济体增速下滑，部分国家主权债务问题突出，新兴市场国家通胀压力加大，各种形式的保护主义明显增多，极端气候和自然灾害频发也给世界经济带来负面影响，世界经济发展正面临严峻挑战。

海关作为国家的门户，在促进贸易发展和经济繁荣中义不容辞，在帮助企业通过创新和变革实现可持续发展中责任重大。当前的形势，呼唤各成员海关和商界更加注重加强沟通、交流与合作，更加注重打造和谐的合作关系，更加注重建立畅通的沟通渠道。今天，世界海关同仁和商界朋友相聚广州，共同研判形势，探讨利用知识的力量巩固海关安全和便利两大支柱，共促全球贸易发展和经济繁荣，具有十分重要的意义。为此，我愿提出几点建议并共同努力践行：

一是在加强知识应用中崇尚科学。经济全球化的深入发展，跨境物流的大幅增加，新产品、新工艺层出不穷，非传统安全威胁不断增多，对海关监管提出了新的挑战。挑战超出了国界，需要我们共同应对，更需要我们在知识应用中找出路，在科学管理上求办法。建议各成员海关充分应用现代信息技术手段，积极推进全球网络化海关建设，确保无缝、实时和无纸化信息的流动。利用科学的企业分类管理，充分发挥风险管理系统的作用，减少对现场查验的依赖。应用先进的技术装备，缩短查验时间，提高通关速度，保障便利安全。

二是在加强知识创新中促进文明。知识创新是民族进步和社会发展的不竭动力，对创新的鼓励、对创造的保护是对人的尊重，是文明的象征。倡议各成员海关以知识为基础，以客户为导向，寓管理于服务之中，建立新型的海关与商界关系。通过创新进一步简化通关程序、优化监管流程、降低通关成本，用创新实现执法文明。不断创新管理理念和技术手段，保护公民免受假冒伪劣商品的伤害，保护我们赖以生存的环境免受污染，保护人类智慧的结晶——知识产权免受侵犯，用创新推动社会进步。

三是在加强知识共享中追求高效。知识共享促使知识倍增。建议各成员海关积极建立和完善信息共享机制，大力开展信息交换、人员交往、经验交流。以包容的姿态开展执法互助、监管互认、信息互换。加强与其他边境执法部门的协调，适应边境安全和监管的需要，营造高效便捷的口岸环境。加强与相关国际组织、其他政府机构、学术界等各方的知识交流，共同抵制贸易保护主义，共同应对全球经济增长乏力的严峻挑战。

同时，基于便利必须以诚信守法和监管有效为前提的共识，倡导各成员海关进一步加强执法合作和联合行动，携手分析风险、评估风险、抵御风险，共同打击走私违法行为，营造遵守海关法律的良好环境。

四是在加强知识实践中推动廉洁。廉洁和高效密切相关，没有廉政，也就没有效率。廉政建设需要制度保障和科技支撑，也需要知识素养和道德情操。倡议各成员海关不断提高法律法规及司法裁定的透明度，制定科学明晰的操作标准，减少个人裁量权。应用网络化廉政风险防控信息系统，不留廉政监管“死角”，同步防控执法风险和廉政风险。坚持以人为本，提倡增信、厚德、奉献，营造以廉为荣、以贪为耻的文化氛围，使廉政成为自我要求和自觉行动。

五是在加强知识更新中提升能力。在知识更新步伐不断加快的时代背景下，倡导各成员海关与时俱进，加强学习型海关建设，培养知识型关员，搭建更新知识、追求卓越的舞台，创造人人皆可成才的环境和条件。发挥文化的导向、凝聚、激励和约束作用，积极构建履职尽责、服务高效、开拓创新、包容和谐的现代海关职业文化。继续加强海关能力建设，不断提升海关监管和服务水平，适应新的贸易方式、物流形式、经营模式的发展。各国海关都应相互创造学习机会，交流先进经验，发达经济体海关应当发挥更大的作用，实现互利共赢、共同发展。

自古以来，中国就有尊重知识、尊重人才的优良传统。今天，中国正致力于建设创新型国家，对知识、对人才的重视前所未有。中国海关历来重视知识的运用和发展，推进海关现代化建设。我们愿与各成员海关和商界一道，积极实践“知识造就海关卓越，知识共享促进贸易发展和经济繁荣”的主题，加快建设科学、文明、高效、廉洁的现代化海关，推动全球经济走出低谷，摆脱低迷。

信心比黄金更珍贵，知识比财富更重要。面对严峻的形势，让我们携起手来，在先进知识的引领下，改革创新，迎难而上，深化合作，共同发展，借助知识的力量推动全球贸易安全与便利，让知识造就海关卓越，让知识促进经济繁荣！

最后，祝愿本次论坛取得圆满成功！

附录 3

海关总署副署长邹志武在全国海关法制工作会议暨“双打”行动总结表彰会议上的讲话（节选）

（2011 年 8 月 16）

同志们：

刚才，旭东同志就海关系统开展“打击侵犯知识产权和制售假冒伪劣商品专项行动”有关情况进行了总结，总署人教司宣读了总署对在“双打”专项行动中作出突出贡献的集体和个人的表彰决定。在此，我代表总署党组向所有获奖集体和个人表示衷心的祝贺。海关系统在此次“双打”专项行动中，按照国务院的统一部署，严格执法，措施有力，成效显著，受到党中央、国务院以及社会各界的高度评价。今年 6 月，中国海关作为唯一一个政府机构，荣获全球反假冒组织颁发的“2011 年年度全球反假冒最佳政府机构奖”，温家宝总理作出重要批示，“要再接再厉”。于广洲署长要求海关系统认真学习贯彻温总理的重要批示精神，将知识产权海关保护工作提高到新的水平。

党的十七大明确提出要“提高自主创新能力，建设创新型国家”，这是国家发展战略的核心，是提高综合国力的关键。要实现这一目标，必须坚定不移地实施知识产权战略，加大知识产权保护力度，激发全社会的创新活力。国家“十二五”规划将加强知识产权保护作为促进自主创新、加快转变经济发展方式的重要手段。海关作为进出境监督管理机关，是国家知识产权保护体系的重要组成部分，在提升国家知识产权保护总体水平、营造全社会保护知识产权良好氛围方面发挥着不可替代的作用。我们要以温总理的重要批示精神为鼓舞和鞭策，切实增强做好知识产权海关保护工作的责任感和使命感，认真履职，努力工作，进一步提升知识产权海关保护工作的整体水平。

——（四）巩固成果，再接再厉，认真履行海关在鼓励自主创新和实现“建设创新型国家”方面的职责。

要认真贯彻执行温家宝总理的重要批示精神，充分认识当前形势下知识产权海关保护工作的艰巨性和复杂性，在已取得成绩的基础上，再接再厉，进一步加强知识产权海关保护工作。

一是要提升知识产权海关保护的层次和水平。知识产权保护是海关非传统职能的典型代表，是海关拓展职能和提升地位的新型业务增长点。这次“双打”行动充分彰显了我国保护知识产权的决心和力度。各级海关要从讲政治、顾大局、谋发展的高度重视知识产权海关保护，结合关区实际找准工作切入点，切实采取措施将知识产权海关保护工作做出特色、做出亮点。要在“双打”行动取得成绩的基础上，将知识产权海关保护工作推向一个更高的层次，进一步提升海关在国家知识产权保护体系中的地位和作用。二是要实现知识产权海关保护的科学发展，兼顾执法合法性与合理性。要科学定位知识产权海关保护的法律属性，充分发挥知识产权海关保护的法律救济职能，将加强知识产权海关保护作为新形势下海关拓展职能空间的有益尝试。要正确认识知识产权保护的两面性，既要加强执法，有效打击进出口侵权货物的违法行为，又要防止权力滥用。要充分考虑知识产权的私权属性，尊重知识产权权利人的意思自治，同时要严格依法行政，维护海关执法的权威性和严肃性。三是要实现知识产权海关保护的可持续发展，为海关知识产权保护创造良好的发展环境。

对外要通过加强与国外海关的执法交流与合作、加强与国内其他知识产权执法部门的沟通和协调、加强与知识产权权利人的合作，树立海关良好形象，争取更多的外部资源；对内要加大执法资源投入，注重人才培养，不断提高执法能力，建立健全具有海关特色的知识产权保护体制机制。要在维护公平竞争贸易秩序、支持企业培育自主品牌和走出去参与国际竞争方面动脑筋、下工夫，使知识产权海关保护工作切实做到为国家经济发展服务。

附录4

海关总署副署长邹志武做客中国网络电视台（CNTV）在线访谈回答网友提出的问题

（2011年9月1日）

CNTV：各位网友大家好，你们现在正在收看的是中国网络电视台推出的打击侵犯知识产权和制售假冒伪劣商品专项行动成果展的系列访谈，今天我们很荣幸邀请到了海关总署的副署长邹志武先生。邹署长，你好。非常欢迎您今天来做客我们的节目，我们知道在今年6月，中国海关获得了“2011年全球反假冒最佳政府机构奖”，那我想得到这样的一个荣誉，其实从一定程度上肯定了海关在近几年保护知识产权工作方面取得的成绩，那么能不能请您跟我们介绍一下在这次专项行动中，咱们主要取得了哪些成果呢?

邹志武：国务院“双打”专项行动部署以后，海关系统坚决贯彻国务院“双打”行动的各项部署，积极组织开展行动，截止到今年的6月底，我们一共查获案件有1.2万多件。查获的在进出口领域里边侵权的货物，按照件数来说，达到7600多万件，应该说成果成效是显著的。

CNTV：通过您的介绍，让我们对海关的这次专项行动工作中取得的成绩有一些了解。我想一个好的工作（成绩）的取得，一定有好的工作机制配合，那么咱们开展工作这方面有什么大体情况，能给我们介绍一下吗?

邹志武：好的，在工作部署上，首先我觉得我们部署是有力的，重点也是比较突出的。同时呢，我们采取的各项措施还是比较有效果的。那么最后的成果呢，成效也是显著的。应该说通过“双打”行动，我们海关在知识产权专项保护方面，在原有的基础上，又取得了新的进展。

CNTV：我们在新闻报道中常常看到，就是在这次专项行动中，海关查获了很多案件，那其中很重要的一点就是通过加强风险分析能力来提高执法的效率。那能不能请署长跟我们具体讲一下，咱们海关是如何依托风险分析来提高工作效率的?

邹志武：因为随着我们国家对外开放的程度不断地提高，进出口的贸易（量）应该说增长的幅度是非常大的。在进出口活动当中，数量、批次都非常多。那么海关依靠现有的这种管理资源，要想做到百分之百的检查、百分之百的监管是不可能的，所以要使我们的监管具有针对性，我们必须通过风险管理的方式来进行。那么风险管理呢，是我们海关目前在监管的有效性方面一个比较重要的手段；那么对风险分析呢，海关应该说有一套比较成熟的方法和经验。

CNTV：根据您刚才介绍，其实在风险管理里面，有一点很重要，就是一些信息的获取，那我们海关在日常工作中是如何获取这些信息的呢?

邹志武：这里边有些是通过我们进出口领域里的一些数据来进行分析，有些是通过以往我们查获的一些案件，比如说像上海海关、厦门海关，有一些口岸海关，它们都把以往一些查获的案件进行分类、分析、归纳。同时，也通过一些其他部门进行综合分析，排查出一些我们要监管的重点，主要是通过这些方式。当然其他执法部门提供的一些信息和线索，有些企业、进出口商品（涉及知识产权）的权利人给我们海关提供一些举报的信息，实际上也是我们风险分析当中的一个重要组成部分。

CNTV：根据您的介绍，其实权利人和其他方面的配合对咱们海关在执法过程中，也是有相当大的作用。那么具体到具体操作，全程是如何参与，或者海关是如何配合，这个方面具体的案例，能不能请署长给我们介绍一下？

邹志武：我们海关在进出口领域查获侵犯知识产权的案件当中，有多种合作的渠道，其中第一个，就是这个货物（涉及知识产权的）权利人与海关的配合。刚才前面也讲到了，有一些我们风险的分析，有一些我们监管的重点，是通过他们的举报提示来得到信息的。这是权利人的配合，是一个很重要的方面。第二，我们现在还有国际海关，就是其他国家海关和我们中国海关的合作，我们现在有中国海关和国际海关合作的平台。第三，我们在国内还有与其他执法部门的相互之间的协作，这个是我们海关对外合作的一个重要的组成部分。第四，我们现在也在社会上加大宣传力度，广泛地发布信息，请社会各界特别是企业，主动地举报，主动地提供一些在进出口领域里的侵权案件的线索。综合这些方面的情况，使我们的这个监管有效性更强。

CNTV：在这次专项行动中，还有一点十分重要，就是加大了刑事执法的执法力度，那想问一下，咱们海关在与公安机关的合作方面是如何开展的？

邹志武：刚才讲到了，我们海关在执法当中，和很多执法部门都有很好的合作关系，那么在这些执法部门当中，我们和公安系统的合作，应该说是更加的紧密，同时呢，对我们海关在进出口领域开展好打击侵权这样一个行动，有着非常重要的作用。我觉得主要有两个方面，一个就是侵权的行为要通过公安、通过侦办刑事案件这样一个渠道，来加大打击的力度。第二个，因为海关是在进出口领域，很多的制假、售假这些活动呢，它的源头并不在进出口的口岸上，比如说它的生产，有一些渠道是在产业地，所以海关管理的职能、管理的范围，有一些局限。那么通过和公安的配合，我们提供一些线索，公安部门可以在控制源头方面发挥更好的作用。所以在这两个方面，一个是通过加大刑事侦办案件的力度，增强威慑力；再有一个就是从源头上查发一些侵权的活动，从源头上查发这样的案件。主要是这两个方面。

CNTV：据您刚才的介绍，您刚刚的回答，其实主要是在源头上的治理，那我们知道商品流通其实涉及很多领域，那除了在源头管理和公安协作以外，与其他执法部门的协作是怎么样开展的呢？

邹志武：这个我刚才讲到了，就是包括和国际海关，我们有一个合作的平台。口岸执法，其他执法，比如说版权局、工商局、质检局，与这些部门我们都有着非常良好的一种合作关系。它们对我们在边境保护方面也给了很大的支持。

CNTV：那其实这次专项行动不仅是在于整治，也在于提高全民对于保护知识产权的一个意识，那么想问一下，海关在这次专项行动中关于宣传方面有没有经验和我们分享一下？

邹志武：应该说，我们不仅仅是在口岸环节当中加大查禁侵权商品的力度，同时我们每年都组织专门的活动，来向社会宣传。那么这次"双打"专项活动当中，我们除了参加与专项活动有关的宣传活动，这次的"双打"成果展，我们海关也是一个重要的组成部分，我们自身也开展了各种宣传活动。

CNTV：那海关是这次专项行动的二十六部委之一，据我了解也是开了一个网上的展馆，那您能不能具体跟我们介绍一下展馆的内容？

邹志武：这个展馆就是按照"双打"专项行动网络展览的要求开的，各个海关（执法）部分（内容）都有，包括我们怎么样来组织动员，我们通过什么样的方法，来查获这些侵权的行为，同时包括一些成果展览，我也欢迎我们一些网友，大家到海关"双打"成果展的网站上去浏览。同时也欢迎对我们的工作提出宝贵的建议和意见。

CNTV：我们知道专项行动虽然结束，但是“保知打假”的工作还要继续，那关于下一步如何建立长效机制巩固这次专项行动成果，海关总署这边有什么计划?

邹志武：这个我想还是按照“双打”专项行动的统一部署，首先从思想上要高度重视；其次呢，措施上要得力；再次要向社会广泛宣传，制假、售假、侵犯知识产权这种情况对社会、对我们国家的经济建设和各方面的发展是有害的。动员全社会对这个制假、售假、侵权的行为，都给予摈弃。同时，我们作为执法部门，对这些要在我们各自的职权范围之内进行认真的查处，这是我们一个重要的职责。我想我们这项打假工作，不仅仅是把这个“双打”（专项）行动作为一项重要的任务完成好，还要把我们专项行动当中积累下来的一些经验，作为一种长效的机制，在今后的工作当中指导我们更好地发挥我们的职能作用。

CNTV：听了邹署长的介绍，不仅让我们对海关、对这些专项行动中的成果有一个了解，也让我们对海关总署在未来知识产权保护方面的工作有了更大的信心，那非常感谢您在百忙之中接受我们的采访，谢谢。

邹志武：好，谢谢。

附录 5

2011 年海关总署知识产权保护大事记部分活动彩图

海关总署党组书记、署长于广洲出席“2011 世界海关与商界论坛”并讲话

海关总署署长于广洲和美国海关与边境保护局局长博森见证签署《〈关于修订中美海关加强知识产权执法合作备忘录〉的确认函》

海关总署副署长邹志武会见英国知识产权局首席执行官兼总检察官约翰·埃尔提

全球反假冒组织在全球反假冒大会上授予海关总署“2011 年度反假冒最佳政府机构奖”

全国海关法制工作会议暨“双打”行动总结表彰会议

修订《〈知识产权海关保护条例〉实施办法》暨海关、品保委执法合作座谈会

中欧海关知识产权工作组会议

中俄总理定期会晤委员会海关合作分委会知识产权保护工作组第一次会议

中欧海关知识产权行动计划专家组会议

2011 年海关知识产权保护备案情况

（一）有效备案统计表

截至 2011 年 12 月 31 日。

单位：件

项目	商标	专利	著作权	合计
有效备案	10 330	4 692	678	15 700
受理申请	18 444	7 689	986	27 119
核准备案	9 568	4 684	676	14 928
续展备案	208	0	1	209
变更备案	554	8	1	563

（二）失效备案统计表

截至 2011 年 12 月 31 日。

单位：件

项目	商标	专利	著作权	合计
备案期满	6 895	2 204	278	9 377
注销备案	274	61	2	337
撤销备案	0	0	0	0
总　计	7 169	2 265	280	9 714

（三）有效备案国别（地区）统计表

截至 2011 年 12 月 31 日。

权利单位：件；权利人单位：个

国家（地区）	权利				权利人
	商标	专利	著作权	合计	
阿富汗	1			1	1
中国香港	252	117	12	381	140
印度	17		3	20	9
印度尼西亚	3	2		5	4
伊朗	3			3	3
以色列	7			7	2
日本	862	78	29	969	164
约旦	2			2	1
黎巴嫩	1			1	1
中国澳门	1	2		3	3

国家（地区）	权利				权利人
	商标	专利	著作权	合计	
马来西亚	4		3	7	4
巴基斯坦	1	1		2	2
新加坡	40	2	25	67	17
韩国	86	22		108	41
泰国	2			2	2
土耳其	5	7	1	13	6
阿联酋	7			7	4
中华人民共和国	3 883	3 824	292	7 999	3 056
中国台湾	146	145	24	315	169
几内亚	1			1	1
摩洛哥	1			1	1
尼日利亚	2			2	1
比利时	8	1	1	10	6
丹麦	9	9	39	57	12
英国	231	5	1	237	74
德国	530	50	4	584	115
法国	457	70		527	101
意大利	262	53	3	318	84
卢森堡	30			30	7
荷兰	176	16	1	193	34
葡萄牙	2			2	1
西班牙	94	2	2	98	65
奥地利	11	3		14	5
芬兰	6	15		21	4
匈牙利	1			1	1
挪威	2			2	2
瑞典	87	27	2	116	28
瑞士	346	37	2	385	61
俄罗斯	10			10	2
斯洛文尼亚		1		1	1
捷克	2			2	2
阿根廷	1			1	1
巴西	2	2		4	3
墨西哥	46			46	1
巴拿马	1			1	1
英属维尔京群岛	148	59		207	18
加拿大	36	7	17	60	17
美国	2 371	124	207	2 702	431
澳大利亚	28	1	5	34	9

国家（地区）	权利				权利人
	商标	专利	著作权	合计	
新西兰	2			2	2
其他	104	10	5		
总计	10 330	4 692	678	15 700	4 720

（四）境内有效备案分布统计表

截至 2011 年 12 月 31 日。

单位：件

行政区划	商标	专利	著作权	合计
北京	169	86	13	268
天津	120	29	1	150
河北	41	22	6	69
山西	4		4	8
内蒙古自治区		1		1
辽宁	21	16		37
吉林	9	7	8	24
黑龙江	14	12		26
上海	297	134	3	434
江苏	301	299	5	605
浙江	810	919	75	1 804
安徽	50	15		65
福建	348	285	107	740
江西	8	6	4	18
山东	174	105	24	303
河南	43	20		63
湖北	86	30	4	120
湖南	18	16		34
广东	1 154	1 596	37	2 787
广西壮族自治区	41	38		79
海南	6	1		7
四川	62	11		73
贵州	7	1		8
云南	24	9		33
重庆	57	139	1	197
陕西	7	7		14
甘肃	4	1		5
青海	1			1
新疆维吾尔自治区	10	19		
总计	3 886	3 824	292	8 002

第二篇

2011年各地海关知识产权保护工作情况

广东分署

概况

海关总署广东分署（以下简称广东分署）位于广东省广州市，是海关总署的派出机构，直属海关总署领导并接受广东省人民政府监督指导。广东分署承担综合协调、协助管理、调查研究、监督审计巡视等工作职能。广东分署承担综合协调、协助管理、调查研究职能的辖区为广州、深圳、拱北、汕头、黄埔、江门和湛江海关；承担监督审计巡视职能的辖区为：广州、深圳、拱北、汕头、黄埔、江门、湛江、长沙、南宁、海口、重庆、成都、贵阳、昆明海关

知识产权主管部门：广东分署法规处

通信地址：广东省广州市沙面五街 2 号　　邮编：510130

办公电话：020-81108357、81108356　　传真：020-81215599

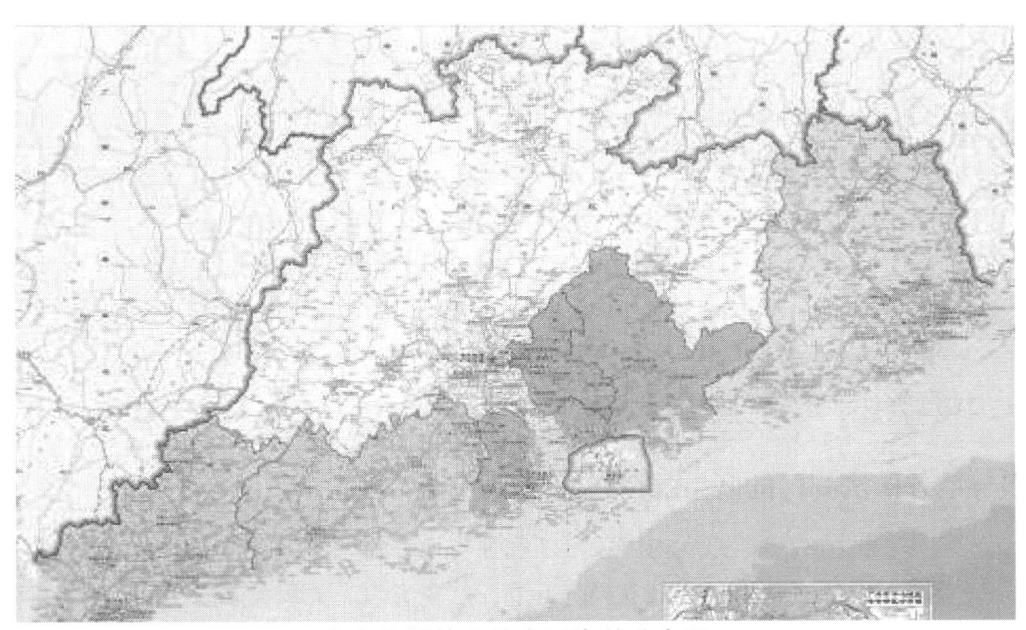

广东分署管理的直属海关分布图

2011 年广东分署知识产权保护工作概况

2011 年，广东省内海关不断健全执法机构，完善执法机制，提高执法效能，加大对进出口环节侵犯知识产权行为的查处力度，为优化广东地区投资环境，促进广东对外贸易健康、可持续发展发挥了重要作用。据统计，全年广东省内海关查扣侵权货物 7 733 批次，涉案货物数量约 3 205 万件。

2011 年广东省内海关知识产权保护工作情况如下：

一、加强执法培训，提高执法能力

在保证高效通关的前提下，要从每天数以千计的集装箱进出口货物中准确查获侵权货物，提高海关一线监管人员的执法能力是关键。为此，2011 年广东省内海关继续积极组织对现场监管人员的集中培训，邀请海关专家、地方知识产权司法和行政机关的专业人士授课，多家知识产权权利人也在培训中介绍产品辨识的基本方法。据统计，2011 年以来，广东省内海关查获的案件中，99.9%的案件都是海关依职权主动查获的。

此外，广东省内海关还积极探索知识产权保护工作激励机制，将知识产权保护工作成绩纳入业务绩效指标考核体系，不定期开展评比，并在此基础上进行奖励，有效地激励了先进、鼓舞了士气。

二、不断健全机构，完善执法机制

随着知识产权保护工作量的增长，广东省内海关从事知识产权保护工作的人员不断充实，机构不断健全。目前广东省 7 个直属海关中，4 个知识产权案件量大的直属海关都设置了专门的知识产权科。部分关区还试行了直属、隶属海关分级办理侵权案件机制，隶属海关获得授权直接开展侵权案件查处工作，直属海关则将更多的精力放在加强全关区范围的工作指导和案件查处的监督方面，更为有效地配置了执法资源，提高了基层海关查处进出口侵权行为的积极性和侵权案件的办理效率。此外，广东省内海关还不断完善执法程序，提高案件处理效率。

三、加强风险分析，提高查案效率

为提高查获侵权货物的准确性，实现保护知识产权和便利合法贸易的统一，广东省内海关加强风险分析、风险布控等监管技术手段在知识产权保护工作中的运用。依托风险管理系统，广东省内海关对风险信息进行共享、采集和分析，通过合理设置、逐步优化知识产权保护风险参数，不断增强风险分析和风险布控的有效性和快速反应能力，尤其是针对重点国家和地区、重点企业和重点商品进行专门的布控查验，相关措施有效提高了查获侵权货物的准确性。据统计，2011 年广东省内海关通过风险分析方式查获侵权货物 3 599 批次，涉案货物数量达 2 072 万件，分别占当年查获总数的 47%和 65%。

四、加强与地方执法部门的联系配合，增强打击侵权的合力

为形成知识产权保护的合力，广东省内海关不断加强与地方知识产权主管部门的合作，提高知识产权保护的整体效能。就案件的协查、信息的交流互换等问题，广东省内海关积极联系工商、专利、版权等部门，力求制度化、规范化，并在培训、研讨等方面大力开展合作。2011 年 10 月，广东分署与广东省工商局达成加强知识产权保护的协议，决定在专业鉴定、信息通报、教育培训和工作协调等多方面开展合作。

五、加强与权利人的沟通，大力开展社会宣传

海关知识产权保护离不开与权利人的互动。以“4・26 保护知识产权宣传周”、“8・8 法制宣传日”等活动为契机，广东省内海关在重要新闻媒体积极刊发新闻稿，宣传海关知识产权边境保护的法律、政策和执法成效，并在机场、码头、报关大厅等人员集中的地方，发放宣传品，摆放没收的侵权货物样品，播放视频

资料等，取得了良好的效果。此外，广东省内海关还通过召开行业座谈会、发放调查问卷、举办法规宣讲等方式大力开展与权利人的沟通交流，注意听取权利人对海关执法的意见和建议，主动接受权利人对海关执法的监督，增进了相互间的了解与信任。

六、开展专项行动，有效打击侵权行为

开展执法专项行动，集中力量打击重点领域侵权活动是海关实施知识产权保护的又一举措。2010 年 10 月到 2011 年 6 月，国务院部署了历时 9 个月的“打击侵犯知识产权和制售假冒伪劣商品专项行动”，广东省内海关的行动硕果累累。据统计，专项行动期间，广东省内海关共查获侵权嫌疑货物 5 174 批次，涉案货物约 2 629.9 万件；查获具有社会影响力的大案要案多宗，形成了打击侵权的高压态势。广东省内海关和广东检验检疫部门还于 2011 年 2 月 17 日至 23 日期间组织开展了一次对广东省服装、小型家用及类似用途电器、玩具、鞋靴、家具、箱包 6 类大宗出口商品的知识产权和商品质量专项整治行动。期间，广东省内海关共查获出口侵权 6 类大宗出口商品 1 861 批次，涉及货物数量 19.6 万件。在专项整治行动结束后，广东分署牵头上述单位组成了联合工作组，在广东省内各海关、广东检验检疫部门统计数据的基础上，拟写了大型专题报告专报给省府有关部门，对下一步深入开展相关执法活动提供了决策参考。

七、全面推进粤港、粤澳海关合作

2011 年以来，粤港、粤澳海关知识产权保护合作有了很大的推进。在情报信息通报交流方面，广东分署继续向香港和澳门海关通报广东省内海关查获的涉及香港、澳门的侵权案件情况。与此同时，根据港澳海关通报的侵权案件信息，广东分署对侵权企业和货物进出境情况进行了后续跟踪与核查，将有关信息转化为风险要素，进行风险布控。

在积极开展书面通报交流的同时，广东省内海关还与香港和澳门海关举行了各层级会晤，集中研究和探讨知识产权保护合作事宜，有力地推动了合作的开展。特别是 2011 年 1 月 11 日，广东分署邀请香港海关和澳门海关在广东省中山市举行了“粤港澳海关加强知识产权保护合作协调会”，来自粤港澳三地海关的主管领导及其他主要执法人员 20 余人参加会议，三方就开展“粤港澳海关保护知识产权专项行动”和建立知识产权执法合作长效机制事宜进行了商议研究。此次会议是首次由粤港澳海关三方高层共同参加的知识产权边境保护研讨会，会议增进了三地海关共识，提出的合作建议富有针对性、实践性和前瞻性，取得了丰硕成果。

为贯彻国家关于打击侵犯知识产权和制售假冒伪劣商品专项行动要求，加强粤港澳海关保护知识产权合作，打击粤港澳三地跨境侵权违法行为，2011 年 1 月 15 日至 6 月 30 日，粤港澳海关联合开展了一次代号为“海龙”的“打击粤港澳侵权货物跨境运输的专项行动”。行动期间，粤港澳海关开展了多层次、宽领域的合作，取得了丰硕成果。据统计，仅广东省内海关在“海龙行动”期间就查获涉及港澳的侵权货物 543 万件，查获的案件数量和案值明显增加。“海龙行动”是粤港澳海关合作的一次创举，有力推动了三地海关知识产权保护合作向更深层次、更宽领域发展。行动的开展引起了社会广泛关注，新华社、中央人民广播电台、中央电视台、《法制日报》、广东电台、广东电视台和《南方日报》等中央和广东地方主要新闻媒体都进行了报道。“海龙行动”受到各方高度评价，被国家知识产权局、国家工商总局、国家版权局、海关总署、公安部联合评选为“2011 年度全国知识产权保护十大事件”，同时被广东省政府评选为“2011 年度广东省知识产权保护重大事件”。

为了进一步集中打击海运渠道输往香港的侵权行为，根据侵权活动的时间特点，广东分署在 2011 年 12 月还与香港海关协商决定开展“海港行动”，打击粤港两地海运侵权活动。行动共分 3 个阶段，其中第一阶段于 2011 年 12 月 19 日至 31 日举行。行动期间，粤方查获涉嫌侵权案件 7 宗，涉及壳牌、旁氏（PONDS）、LG、LV、Gucci 等品牌的侵权货物。

由广东分署、广东省政府知识产权办公会议办公室主办的“2011 年全省知识产权宣传周活动方案发布仪式暨打击侵犯知识产权和制售假冒伪劣商品专项行动集中销毁活动”在广州市白云区万达广场举行，广州海关展示了近年查获的部分侵犯知识产权货物和集中销毁了 15 万块侵权手表

深圳海关

关区概况

关区范围：广东省深圳市和惠州市

隶属海关和派驻机构：皇岗海关、罗湖海关、文锦渡海关、沙头角海关、蛇口海关、大鹏海关、机场海关、福田保税区海关、惠州港海关、惠东海关、笋岗海关、南头海关、沙湾海关、布吉海关、梅林海关、同东海关、惠州海关、深圳湾海关、大铲湾海关、现场业务处、驻经济特区办事处、驻邮局办事处、驻三门岛办事处、驻深圳出口加工区办事处

知识产权主管部门：深圳海关法规处

通信地址：广东省深圳市深南大道2006号　　邮编：518026

办公电话：0755-84398311、84398308　　传真：0755-84398383

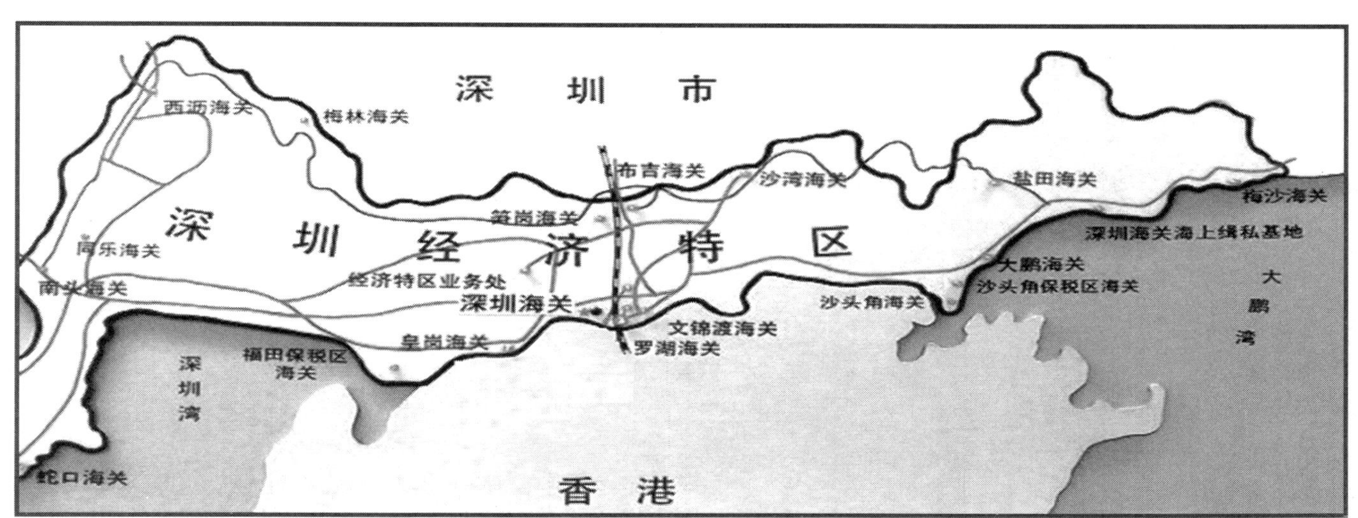

深圳海关关区分布图

2011年深圳海关知识产权保护工作概况

2011年，深圳海关在海关总署的领导下坚持“突出重点、加强合作”的执法思路，继续保持打击进出口侵权行为的高压态势。在此基础上，深圳海关从保护与促进两个方面开展工作，突破了过去单纯在口岸查、控、堵、截的局限，把规范企业经营、扶助自主品牌、培育良好环境作为工作的另一个重点，在工作中积极落实并取得良好效果，全年共查获侵权货物5 500多批次，查获侵权商品数量高达1 879万件。

2011年深圳海关在开展知识产权保护方面开展了以下工作：

一、精心部署“双打”专项行动

按照国务院、海关总署的统一部署，深圳海关结合关区情况开展了声势浩大的“打击侵犯知识产权和制售假冒伪劣商品专项行动”，确保将上级的各项要求落到实处。深圳海关开展专项行动的措施包括：

（一）强化日常监管，提高行动主动性

把工作方案转化为业务指标，落实到监管岗位。一是加大查验力度。加快对现场视频监控设施的升级改造，摄像机点位增至3 202个，视频监控实现覆盖18个隶属关及派驻机构的闸口、旅检、查验等重点区域；借助先进查验设备（如FS3000、H986大型集装箱检查设备等），对查验货物进行全面高效的监控、深入细致的检查。二是提高查验比率，力争侵权货物查获率和侵权案件成案率高于全国海关平均水平。三是提升查验质量。在集中查验、选查分离基础上，实行“复查复验”制度，由专门设立的机动查验队对查验结果进行甄别核实，促进查验质量的提高。

（二）依托风险分析，提高执法的准确性

一是确定风险的重点，总结了商品、航线等8种分析方法运用于知识产权工作。据统计，深圳海关海运口岸侵权案件中80%以上都是通过风险分析查获的。二是利用权利人提供的情报、信息，进行精确布控、打击。截至目前，根据情报、投诉及相关信息发布布控指令70多条，查获侵权案件60余宗，准确率高达80%以上。三是针对重点口岸、重点商品、重点企业，结合季节变化等因素，分析研究侵权货物进出口特点，在职能管理平台上发布“业务预警”的指令。

（三）加强内部培训，提高查缉能力

一是“4·26世界知识产权日”期间，深入一线执法口岸，先后举办了2次知识产权海关保护培训，邀请了宝洁、索尼、飞利浦等20余家知识产权权利人“走进海关”，与一线执法关员开展培训与交流。此外，为凸显对自主知识产权的保护力度，还特别邀请了华为、晶辉科技等国内权利人代表参会，介绍在知识产权海关保护方面取得的成功经验。二是在专项行动结束后，针对发现的问题和执法重点，与日本贸易振兴机构组织培训会、对话会。通过培训，一方面增强了关员知识产权保护意识和业务操作技能，另一方面加强了权利人代表与海关之间的了解与沟通，为双方形成知识产权海关保护合力构筑了良好的平台，起到了积极的推动作用。

（四）销毁侵权货物，展示执法成果

进行了2次大规模销毁行动，共销毁假烟3 800多万支，销毁包括手机、手表、化妆品等侵权货物100多万件。通过销毁，一方面避免了上述假冒伪劣产品再次流入市场，危害权利人和消费者权益；另一方面也充分展示了海关打击侵权产品的决心，威慑了不法分子，增强了社会对知识产权海关保护工作的了解。

（五）切实加强部门配合，引导企业守法自律

定期将侵权案件的处罚结果、涉案当事人名单等信息通报企业管理部门，全年共向企业管理部门通报及核实企业违法信息200多条，通过调整企业分类，引导经营单位和报关企业守法自律。

（六）积极开展宣传报道，取得良好社会效应

专项行动期间，为做到“连打带喊、边打边喊”，深圳海关开展了内容丰富、形式多样的宣传活动，不定期向社会各界宣传海关开展专项行动的进展情况，展示海关执法成果。据统计，专项行动期间，包括中央

电视台、《人民日报》在内的多家新闻媒体，从不同方面对深圳海关开展专项行动的工作成果进行宣传报道共30多次，进一步扩大了执法影响力，取得积极的社会效应。

专项行动期间，深圳海关共采取知识产权执法措施3 000多批次，查获一系列大案要案，其中向公安机关通报案件线索32起，沉重打击了深圳口岸进出口侵权行为，有效遏制了深圳口岸侵权货物进出口的势头，圆满完成了国务院、海关总署交给的任务。

二、扶持、鼓励自主知识产权，为地区创新发展保驾护航

据统计，2010年深圳市申请专利49 000多件，累计拥有商标46 000多件，其中驰名商标61件，区域知识产权保护已有较好的基础。为此，深圳海关把规范企业经营、扶助自主品牌、培育良好环境作为工作的另一个重点，助力深圳市"建设创新型城市"的发展战略，帮助企业运用制度维护自身利益。

（一）积极落实通关优惠措施，提高合法货物通关效率

将侵犯知识产权状况作为评定进出口企业等级的重要指标，对信誉良好、拥有自主知识产权的高新技术企业简化通关手续，提高通关效率。

（二）简化办案流程，减轻企业维权成本

针对反复、群体性或大规模侵犯自主知识产权的行为，有计划、有重点地开展专项行动，同时在法律、法规允许的范围内，对立案调查的侵权案件在货物扣留之日起30个工作日内完成调查和认定，尽快完成案件审理、制作和送达法律文书。另外，允许自主知识产权权利人在符合法律规定的范围内提供非现金形式的担保，并定期、及时清退担保金，降低企业维权成本，提高企业维权积极性。

（三）加大培植和扶持力度，帮助企业回避侵权风险

确定华为、中兴等自有品牌知名度较高、专利技术拥有较多、进出口业务量较大的企业作为辅导单位，建立长期联系机制，提供及时答复咨询或上门服务，引导企业改进竞争模式，提升企业市场竞争能力；选择晶辉科技等一批拥有知名品牌和核心知识产权的高新技术企业，在教育培训、法律指引、办理手续等方面提供服务；在企业办理加工贸易合同备案时提醒企业核实产品的知识产权使用状况，避免因盲目接单、生产带来的侵权风险，企业要求协助鉴定知识产权状况的，海关直接联系权利人进行鉴定。

（四）加强宣传与教育，增强社会各界对海关知识产权保护的了解

一是召集企业进行法律、法规宣讲和座谈，增强企业知识产权海关保护意识；二是利用新闻媒介宣传海关保护知识产权相关制度，展示海关保护成果，增强企业知识产权海关保护信心；三是在处理侵权案件时，针对案情、案值、当事人主观过错程度等情节，充分考虑法律规定可以从轻、减轻或免予处罚的因素，贯彻宽严相济的执法理念，收到执法与宣传相结合、打击与预防相结合的社会效果。

（五）加强内外联系配合，形成保护合力

一是在海关内部方面，建立健全与其他海关的联系配合机制，及时了解关区企业自主知识产权产品在其他关区被假冒生产、出口的情况，实现信息共享，从空间上扩展保护范围；引导、协助被侵权企业向假冒产品出口地海关反映情况、提供线索，申请通过风险分析和风险布控手段对进出口假冒产品进行监控，实施精确打击。二是海关外部方面，利用与地方相关部门的协作机制，加强与工商、知识产权、公安、法院等执法部门和相关行业组织的联系与沟通，通过经验交流、信息交换、联合行动等方式，形成保护自主知识产权的工作合力。

下一步，将继续开展“送法进企业”，让知识产权海关保护为更多的本土企业（特别是高新技术企业）了解、接受和使用。

三、着力加强公共关系建设，开展执法协作

（一）主动融入地方知识产权保护体系

主动密切与深圳市在立法、执法等多层面的合作，积极融入地方知识产权保护体系，谋求资源共享，参与综合治理，2011 年参加深圳市知识产权执法联席会议 5 次；积极部署第 26 届世界大学生夏季运动会知识产权海关保护工作，及时督促大运会组委会执行局完成大运会标志海关备案，为海关在进出口环节采取知识产权保护措施奠定执法基础；根据 2011 年 8 月深圳市打假工作会议部署，制订《深圳海关 2011 年 7 月至 2012 年 6 月打假工作方案》。

（二）深入开展知识产权保护跨部门协作

为严厉打击深圳口岸侵权行为，实现知识产权保护海关行政执法和地方公安机关刑事执法的有效对接，深圳海关于 2011 年 5 月主动约访深圳市公安局经济犯罪侦查局，进一步理顺了案件线索通报和移交机制，2011 年共向公安机关通报侵权案件线索 39 起。

（三）创造和谐有序的外部执法环境

为进一步做好假烟案件查处工作，2011 年 5 月深圳海关主动约见了英美、帝国、日烟、菲利普莫里斯等四大国际烟草公司，就假烟出口的动向、方式和假烟案件的后续处理进行了深入探讨。据统计，2011 年共接待权利人来访 50 余人 / 次，就加强掌握侵权货物出口动态、把握侵权产品季节性规律、开展打假培训工作等方面交换了意见，拓宽了海关执法信息来源。

（四）积极参与国际、区域交流与合作

近两年来，深圳海关派员参加了海关总署“中欧海关知识产权专家组”的几次会议，并在会议上介绍了深圳海关开展工作的情况和经验、典型案例。2011 年，接收并反馈的欧盟查获个案 54 宗，主动向欧盟通报的个案信息 98 宗。同时，加强与香港、澳门海关的联系配合，开展粤港澳海关保护知识产权联合执法行动 3 次，共同打击跨境侵权行为。

四、完善考核奖励制度，探索长效机制建设

如何充分调动海关风险、审单、查验等部门的积极性，保障知识产权保护工作深入开展，是当前法规部门面临的一个现实问题。对此，深圳海关做了一些大胆尝试。

（一）完善了业务绩效指标考核体系

从各口岸查扣侵权货物批次、口岸单位人均查扣批次等方面设定了 4 个档次的绩效考核指标及评分体系，从“量”和“质”两方面全面考核全关各单位的知识产权保护水平，推动各口岸切实加强执法能力建设，提高知识产权保护工作整体水平。今后，深圳海关还要在量化考核的基础上，分“优秀”、“良好”、“达标”、“不达标”等 4 个标准，对各基层海关进行排名，并进行相应的奖励和处理。

（二）出台了《深圳海关查获侵权案件奖励标准（试行）》

在“双打”专项行动期间，深圳海关区分货运、行邮等渠道，以涉案货物价值、数量等为指标，出台了详细明确的奖励标准，对查获大案要案的单位和个人及时请功授奖，以激励先进、鼓舞士气，提高队伍战斗力。

2011 年，有 73 个单位与个人受到表彰。

五、创新工作思路，探索改革执法模式

如何充分利用关区执法资源，促进关区知识产权保护工作发展，是深圳海关一直思考的问题。2011 年，正式授权大鹏海关、蛇口海关、驻邮局办事处3个单位办理其辖区内知识产权案件。以其法制部门作为主办部门，加强与风险、查验、缉私等部门的联系与配合，加大对案件的调查力度。自该项业务改革以来，基层法制部门在掌握案件特点的基础上，积极采取有力措施，严厉打击大规模、群体性、反复性的侵权活动，收到良好成效。如大鹏海关充分发挥科技信息平台的整合应用效能，综合运用知识产权保护查询系统、风险管理平台、风险分析与控制系统，提高系统应用和综合分析能力。

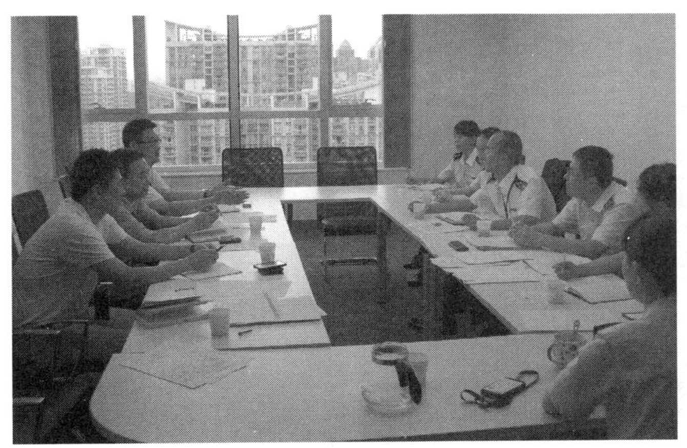

2011 年 5 月 17 日，深圳市公安局经济犯罪侦查局副局长林显运一行 4 人走访深圳海关，为进一步加强对进出口环节侵权行为的刑事打击，实现知识产权保护海关行政执法和地方公安机关刑事执法的有效对接，与该关法规处就进出口环节侵犯知识产权刑事案件的移交召开专题会议

2011 年 4 月 26 日，深圳海关法规处深入一线执法口岸，在蛇口和罗湖口岸分别举办知识产权海关保护培训班，邀请了宝洁、索尼、飞利浦等 20 余家知识产权权利人“走进海关”，与一线执法关员开展培训与交流

深圳海关风险分析监控现场

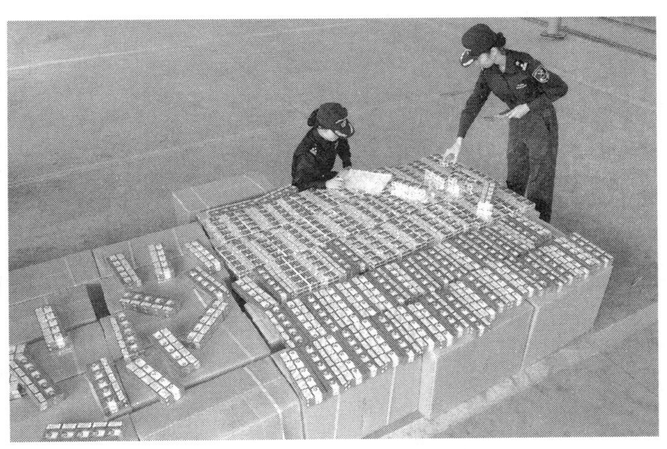

2011 年 3 月，深圳海关隶属蛇口海关查获侵权“L&M”香烟 50 820 条

深圳海关销毁罚没侵权货物现场

上海海关

关区概况

关区范围：上海市全境

隶属海关和派驻机构：上海浦东海关、上海浦东国际机场海关、上海虹桥机场海关、上海吴淞海关（宝山海关）、上海浦江海关（龙吴海关）、上海外高桥港区海关、洋山海关、上海外高桥保税区海关、上海经济技术开发区海关、奉贤海关、莘庄海关、嘉定海关、金山海关（上海海关驻化学工业区办事处）、青浦海关、松江海关、审单处、现场业务一处、现场业务二处、现场业务三处、驻邮局办事处、驻车站办事处、驻南汇办事处、驻崇明办事处、驻上海钻石交易所办事处

知识产权主管部门：上海海关法规处

通信地址：上海市浦东新区陆家嘴西路153号1713室　邮编：200120

办公电话：021-68891749　传真：021-68891728

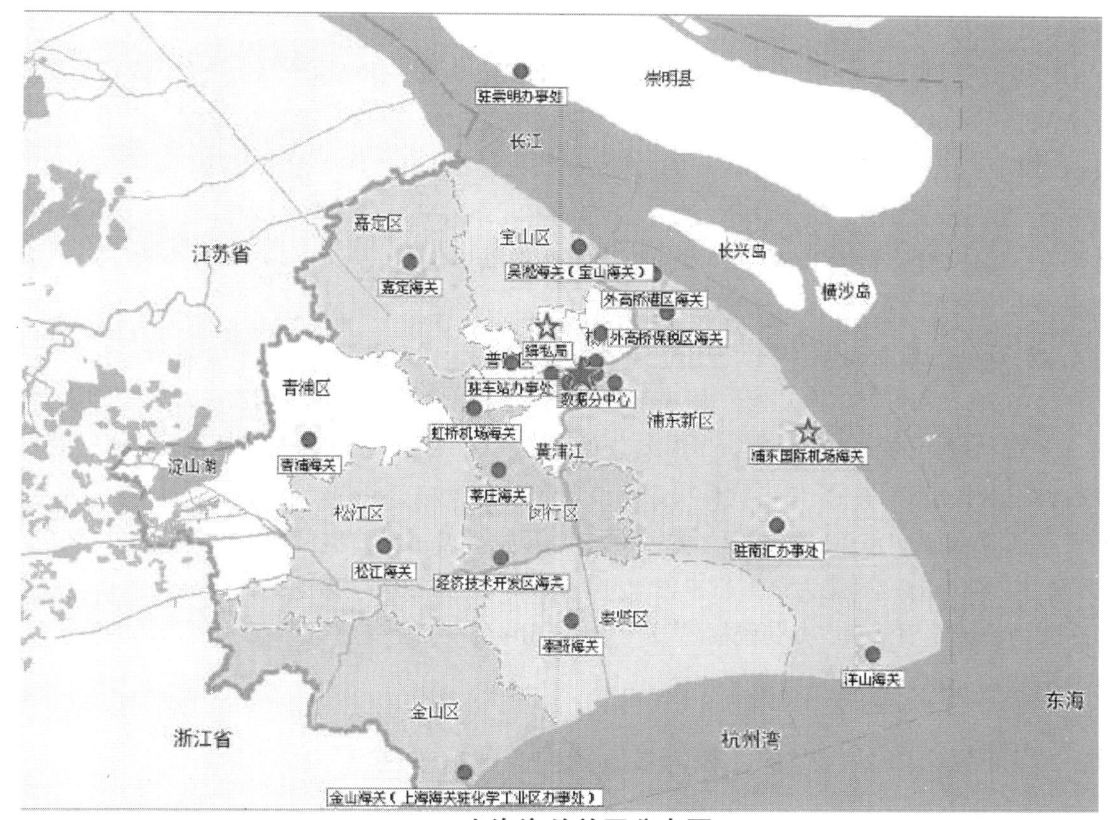

上海海关关区分布图

2011年上海海关知识产权保护工作概况

2011年，上海海关在海关总署的正确领导下，在上海市知识产权联席会议办公室的指导下，认真落实国家知识产权战略纲要，深入开展打击侵犯知识产权和制售假冒伪劣商品专项行动，在确保通关效率的前提下，有力遏制了假冒、盗版产品的进出境活动。

一、始终保持打击侵权高压态势，切实加大知识产权保护力度

上海海关法规处承担上海关区知识产权海关保护的组织实施和协调工作，具体包括知识产权海关保护工作的案件调查处理、执法培训和法制宣传、侵权信息的举报受理、知识产权海关保护的风险管理和统计工作，以及参与知识产权海关保护国际合作和与上海市知识产权相关职能部门的联系配合等职能。

2011年上海海关关区工作会议上，上海海关关党组提出要继续严厉查缉知识产权侵权货物。一年来，上海海关在确保通关效率的前提下，继续保持打击侵权的高压态势，全年共查获侵犯知识产权货物2 525批次，货物数量达715万件。此外，上海海关还首次在外轮监管中查获船舶自用物品携带假冒香烟案件，进一步完善了知识产权立体保护网络。

二、认真开展打击侵犯知识产权和制售假冒伪劣商品专项行动，针对重点航线、重点领域和重点商品进行精确打击

针对上海口岸海、陆、空、行邮等各进出境渠道点多线长，进出境货物、物品种类繁多，贸易量巨大，贸易方式复杂的特点，上海海关积极应用风险分析等执法新技术，有效配置执法资源，广泛开展执法合作，不断加大打击力度。“双打”专项行动期间累计出动执法人员7 476人次，开展执法检查3 738批次，立案查处侵权案件425起，查获侵权商品400余万件。查办的6起案件获海关总署专函贺电，还获得中国外商投资企业协会优质品牌保护委员会（QBPC）颁发的杰出执法贡献单位奖。上海海关2011年知识产权执法工作的成效主要体现在以下三个方面：

一是对专项行动确定的重点航线进行了有效打击。在货运渠道，查获输往欧、美、非洲侵权货物案件占货运渠道案件总数的43.5%；在行邮渠道，查获输往美、英、法三国侵权邮包、快件1 131批次，占到总数的56.9%。

二是对专项行动确定的重点商品进行了有效查处。在货运渠道，查获汽配、服装、鞋帽、箱包、电脑、手机等专项行动重点打击商品的案件占货运渠道案件总数的48.8%。

三是对专项行动确定的重点领域进行了重点打击。开展打击对非洲出口专项治理行动，查处输往非洲侵权货物99万余件，被上海市确定为该市打击侵犯知识产权和制售假冒伪劣商品专项行动的重点地区和市场之一；开展网络购物领域专项治理，查获侵权邮包、快件1 619批次，侵权商品79万余件，严厉打击了利用邮递、快件渠道寄送侵权商品出口的行为。

三、进一步加强自主品牌保护，积极鼓励国内企业自主创新

2011年上海海关查获侵犯国内企业自主知识产权案件71起，同比增长61.4%。依照《国家知识产权战略纲要》“建设创新型国家”的要求和2011年关区工作会议上提出的加强国内企业自主知识产权保护的目标，

上海海关在加强对自主知识产权的保护方面采取了以下措施：

一是积极邀请国内企业来海关做知识产权商标知识、真假商品鉴别培训，增强一线关员对国内企业知识产权的了解。4月27日，上海海关邀请无锡尚德太阳能电力有限公司等4家国内企业，举办针对国内企业自主知识产权保护的专题培训，以增强上海海关知识产权工作联络员的自主知识产权保护意识。

二是针对部分企业知识产权被侵害较为严重的情况，上海海关多次举办海关与企业专题座谈会，面对面讲解海关作业流程，介绍其他企业积极维权的成功案例，帮助企业提高维权能力。

三是针对部分企业管理层知识产权保护知识欠缺、保护意识不强及对保护工作存在认识上的误区的情况，上海海关主动深入企业开展宣传工作，讲透政策、说清问题，为企业管理层出谋划策，协助企业构建符合运营现状的维权架构。

四是针对部分企业反映维权成本高的问题，上海海关一方面监督、协调相关企业合理收取相关费用，另一方面积极协调权利人办理总担保，鼓励权利人在海关案件终结后，继续积极主张自身权益，并为权利人在民事赔偿诉讼中提供有效证据。

四、认真落实温家宝总理和海关总署领导批示精神，建立健全知识产权保护长效机制

按照温家宝总理“要再接再厉”的重要批示和海关总署领导的有关指示精神，上海海关高度重视建立健全知识产权保护长效机制工作，并采取了以下措施：

一是准确把握重点，注重不断提升打击进出口侵权货物行为的社会综合成效。以严厉打击货运渠道大宗侵权货物进出口为重点，将外港、洋山、机场等主要海、空运口岸列为执法重点环节，加大对涉及民生、安全类商品查缉力度，科学运用智能化管控手段，提升打击针对性、有效性。积极参与现场业务指挥中心建设，并在业务指挥中心地理信息显示系统、大屏幕显示系统、视频布控网点等方面积极提出知识产权业务需求。

二是不断创新方法，为积极营造守法便利的进出口通关环境提供服务保障。针对定牌加工、报关企业应履行的合理审查知识产权状况义务等热点问题，通过举办定牌加工企业法规宣讲会、专业报关企业知识产权海关保护法规宣讲会等方式，帮助企业提高自身知识产权意识，力争在源头防范、消除侵权行为的发生。

三是明确分工负责，确立以法制部门为知识产权主管职能部门、相关单位协调运作的工作机制。法规处主动加强与监管通关处、企管处、加贸处、财务处、风险处等部门的沟通，在加强关员培训、协助进行企业分类、开展定牌加工调研、积极开展侵权风险分析等方面开展合作。同时，进一步加强和完善知识产权内控机制建设，明确内控节点，加强对执法风险和廉政风险的有效防范。

四是统筹优化执法资源配置，探索建立知识产权执法长效激励机制。增强理性思考，提升执法能力。参与编写《上海知识产权发展十二五规划》涉及海关部分的内容，提升执法关员理性思考能力。加强知识产权联络员队伍建设，探索建立关区知识产权工作奖励制度，进一步激发知识产权保护工作的积极性。

五、加强内外执法合作，合力构建区域知识产权保护工作机制

在加强对外知识产权执法合作方面，上海海关在2011年开展了以下工作：

第一，探索海关与公安部门合作新模式，加强行政执法与刑事执法的有效衔接。全年累计向公安部门通报重大案件线索33起，公安部门刑事立案11起；接受公安部门移交线索2条，查获侵权案件2起。为不断提升刑事打击力度，上海海关与上海市公安部门探索建立了更紧密的联系配合机制，采取实时联络、协作办

案的新合作模式，更快、准、狠地打击进出口环节涉嫌知识产权犯罪行为。在上海海关查办的上海立秋波实业有限公司出口尼日利亚假冒汽油发电机组案件中，公安部门在海关开展案件调查的同时即开始提前介入，有效缩短了案件进入刑事立案程序的时间，公安机关在案件通报后不到一个月的时间内便决定进行刑事立案，新型合作模式已初见成效。

第二，积极参与国际行政执法合作，及时转化合作成果。在海关总署的统一部署下，上海海关参加了中欧、中日韩等海关知识产权执法合作，积极开展与国外海关执法案件数据交换工作，通过核查、分析国外海关提供的案件统计数据和特定案件，为更精确、有效打击重点航线侵权贸易提供最直接的信息支持。上海海关通过及时制定对应重点监控的措施，有效遏制了不法分子进出口侵权货物行为。2011年上半年，上海海关还派员随海关总署代表团赴英国参加中欧海关知识产权第四次专家组会议。全年共收到欧方通报案件信息93起，向欧方发送案件信息94件。

第三，建立与权利人新型合作伙伴关系，争取更多的支持和配合。知识产权保护离不开与权利人的合作，上海海关与中国外商投资企业协会优质品牌保护委员会（QBPC）、日本贸易振兴机构、日本汽车零部件工业会、世界轴承协会、韩国贸易振兴协会等权利人组织，通过举办联合培训、情况通报会、专题研讨会等多种形式，一方面积极宣传海关知识产权保护工作成果，介绍海关改革创新的新理念、新模式等；另一方面亦通过对侵权趋势、新型侵权形式的专题研讨，汇总海关和权利人双方的信息，制作专门的培训资料光盘，下发给各知识产权联络员，合力提升打击进出口侵权行为的能力。

六、丰富宣传方式，多渠道、全方位开展知识产权海关保护宣传工作，营造良好执法环境

为营造海关执法的良好外部环境，争取从源头遏制侵权违法，上海海关还十分重视知识产权的社会宣传教育工作。在2011年开展了以下工作：

第一，是加大普法宣传力度。通过将知识产权海关保护列入上海海关咨询受理中心受理范畴和“12360”海关服务热线，进一步增强法规透明度。在“4·26保护知识产权宣传周”期间，在空运旅检、海运码头、陆路列车等各监管现场，通过举办法规宣讲会、发放宣传手册、张贴宣传画、为企业送法上门等多种形式，开展了广泛的普法宣传活动，宣传海关知识产权保护的工作流程和成果，取得了良好的社会效应。8月9日，上海海关主动赴通用电气（中国）有限公司开展送法上门服务，帮助企业熟悉海关相关法律法规，并听取企业需求以提供个性化服务。

第二，注重打击与宣传相结合。为提升海关知识产权保护的威慑力，上海海关对查获的典型、重大案件，适时协调各类新闻媒体，除通过报刊、杂志等传统宣传渠道开展宣传报道外，还积极联系中央和上海市电视新闻媒体，通过视频展示和解说的方式，在中央电视台一套、中央电视台新闻频道、东方卫视、深圳卫视等电视频道进行宣传，宣示上海海关保护知识产权的坚定决心和立场，展示打击侵犯知识产权行为的成效。此外，上海海关还利用东方网等互联网站，通过关长谈知识产权保护等在线访谈节目，与广大网民实时互动，大力宣传知识产权海关保护法律法规。

七、上海海关知识产权保护工作受到一致好评

2011年上海海关在知识产权保护方面做出的努力和取得的成绩，受到上级有关部门的高度评价：

上海海关查办的厦门昂诺机械有限公司出口假冒NTN、Koyo商标轴承案获评海关总署“2011年知识产权

海关保护十佳案例”，该关已连续第七年获评该项荣誉。

上海海关查办的全国“双打办”重点督办的张家港市金都针织制衣有限公司出口侵犯 JUICY 等商标专用权服装案荣获“上海 2011 年知识产权十大案件”。

在“双打”专项行动中，上海海关 1 个集体、3 名个人荣立海关总署颁发的二等功；3 个集体、2 名个人荣立三等功；3 个集体、3 名个人荣立集体嘉奖；1 个集体、3 名个人获上海市政府表彰。

上海海关 2 个集体、2 名个人荣获国家版权局颁发的查处侵权盗版案件有功单位和有功个人称号。

上海海关法规处徐枫荣获“2011 年度全国知识产权保护最具影响力人物”称号，系海关系统首位获此殊荣的个人。

此外，一些知识产权权利人对上海海关的知识产权执法也予以高度评价，例如：

日资企业知识产权保护联盟（IPG）向上海海关颁发“2011 在华日资企业知识产权保护贡献部门”奖；

上海海关查办的常州市申莱国际贸易有限公司出口假冒 PHILIPS、TUNGSRAM、NATIONAL 商标专用权照明产品案，无锡市科比五金有限公司等出口假冒 SKF、FAG、TIMKEN 轴承案荣获中国外商投资企业协会优质品牌保护委员会（QBPC）“2011~2012 年度知识产权保护‘两法’衔接典型案例”；

世界轴承协会专程拜会上海海关，感谢上海海关对其协会成员卓有成效的知识产权保护并赠送匾牌。

2011 年 5 月 10 日，上海海关联合东方网举行关长谈知识产权保护在线访谈节目。上海海关党组副书记、副关长于申出席在线访谈节目，介绍了上海海关近年来知识产权海关保护工作及开展打击侵犯知识产权和制售假冒伪劣商品专项行动情况，并在线回答了网友的提问

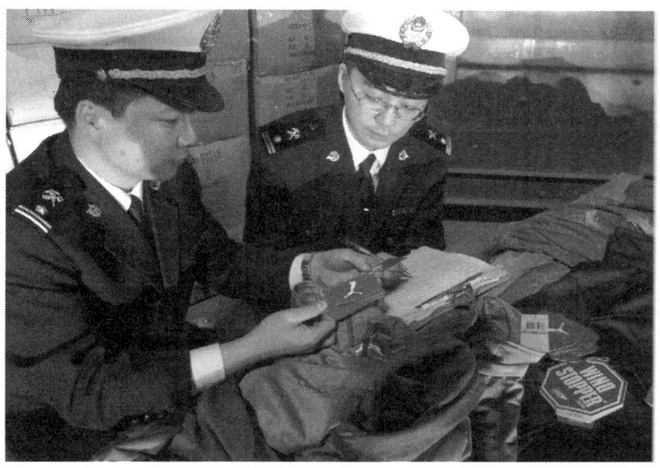

上海海关查获的张家港市金都针织制衣有限公司出口侵犯 JUICY 等商标专用权服装案荣获“上海 2011 年知识产权十大案件”

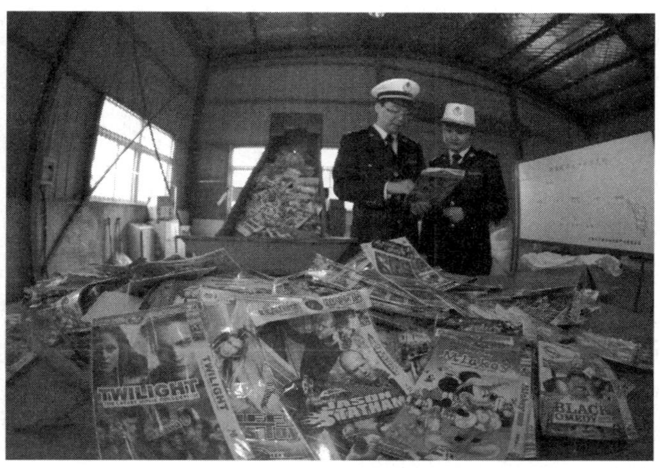

2011 年 7 月 27 日，上海海关查获该关历年来最大的一起盗版光盘案件，查获盗版光盘合计 619 000 张

杭州海关

关区概况

关区范围：除宁波地区以外的浙江省全境

隶属海关和派驻机构：温州海关、舟山海关、台州海关、嘉兴海关、绍兴海关、湖州海关、金华海关、杭州经济技术开发区海关、杭州萧山机场海关、衢州海关、丽水海关、义乌海关、现场业务处、驻邮局办事处、驻萧山办事处、驻余杭办事处、驻富阳办事处

知识产权主管部门：杭州海关法规处

通信地址：浙江省杭州市黄龙路7号　　邮编：310007

办公电话：0571-87267190　　传真：0571-87267020

杭州海关关区分布图

2011年杭州海关知识产权保护工作概况

2011年，杭州海关知识产权保护工作以“打击侵犯知识产权和制售假冒伪劣商品专项行动”为重点，以开展品牌建设年活动为依托，以配合开展义乌国际贸易综合改革试点为推手，充分发挥基层海关在知识产权保护工作中的积极性，继续保持打击进出境侵权行为的高压态势，工作扎实推进，取得较好成绩，得到多方肯定。2011年杭州海关共采取知识产权保护措施2 097批次，查扣侵权进出境货物、物品1 794万件，成功保

护了 29 个国家和地区的 339 项权利，屡获知识产权权利人好评。

杭州海关 2011 年知识产权保护工作主要情况如下：

一、部署专项行动，取得显著成效

按照海关总署统一安排，杭州海关如火如荼地开展了“打击侵犯知识产权和制售假冒伪劣商品专项行动”，取得明显成效，查处了一大批侵犯知识产权的重大案件。全关区共有 5 个有功集体（共 69 人）和 6 名个人受到奖励，其中集体二等功 1 个，个人二等功 1 个，集体三等功 4 个，个人嘉奖 5 个；杭州海关被杭州市政府评为专项行动成绩突出单位，1 起案件入选全国海关十大侵权案件。

在打击侵权假冒专项行动中，杭州海关在全面部署的同时，根据关区特点，对重点区域、重点渠道有针对性地采取措施，取得了明显效果。

（一）针对重点区域，坚决遏制小商品侵权高发态势

提高对小商品出口的日常查验比例，专项行动期间将出口查验率在原有基础上进一步上调 1 倍；加强对出口到非洲、欧洲、美国、日本等重点地区货物的风险分析和布控；专门抽调人员组成机动查验小分队，开展随机重点查验，期间的出口货物查验比率提高到 15%；实施海关关员、缉私警员、协勤武警、海关协管员四支力量混合编队作业加强监管力量。专项行动期间，义乌查获了大量出口侵权案件，有效地遏制了侵权高发态势。1 至 6 月期间，义乌海关共采取知识产权保护措施 258 批次，涉及货物 864.4 万件。

（二）针对重点渠道，严厉打击发散性邮寄侵权行为

针对近年来利用商务网络和邮寄渠道进行跨国侵权货物交易日渐增多的现象，杭州海关将邮递出口确定为专项行动的重点渠道，提高发散性邮寄侵权商品的查处力度，对出口邮包实行 100%过机查验，提高邮包的开拆比例。专项行动期间，杭州海关在邮递渠道查获侵权邮包 1 619 批次，查扣侵权货物 22 万余件。

（三）保持高压态势，严查大案要案

重点区域和重点渠道取得的战果，影响和带动了全局，屡屡查获侵权服装鞋帽、家用电器、汽车配件和手机等重点商品。专项行动期间，杭州海关 23 个案件被列为海关总署督办的重点案件，大要案贺电数据全国第二。其中 4 月中旬，杭州海关隶属嘉兴海关一举查获 10 个集装箱侵权货物，查处侵犯 LG 商标权冰柜 1 377 台，冰柜中夹藏侵犯 LG、索尼、夏普等商标权的 DVD 机 1 万多台。这是杭州海关在隶属嘉兴海关第一次查获侵权案件，也是杭州海关 2011 年查获的最大一起侵权案件。

二、组织宣传培训，培育良好环境

（一）组织开展培训，加强执法力量

加强关区知识产权海关保护执法业务培训，点面结合，在重点监管现场培养一批知识产权保护骨干力量；开展知识产权侵权鉴定技巧等针对性的培训，提高其执法能力。关区全年开展知识产权业务培训 5 次，培训一线知识产权执法与办案关员 181 人次。

（二）销毁侵权货物，调配赈灾物资，展示执法成果

认真规范货物管理，理顺货物处置关系，依法向红十字会等公益机构转交部分罚没侵权文具、鞋子、衣服等物资用于救助、扶贫、救灾。进行大规模集中销毁行动，销毁了包括手机、手表、化妆品、剃须刀等侵权伪劣商品。通过销毁，充分展示了海关打击侵权产品的决心，威慑了不法分子，增强了社会对知识产权海

关保护工作的了解。

（三）开展对外宣传，优化执法环境

在关区组织开展“4·26世界知识产权日”专题宣传活动，并在“8·8海关法制宣传日”和“12·4全国法制宣传日”等对外宣传活动中将知识产权海关保护作为对外宣传重点。开放“海关知识产权保护展示厅”，通过形式多样的宣传，切实提高了进出口企业和社会公众的知识产权边境保护意识，为海关执法营造了良好的社会氛围。

三、开展执法协作，加强对外联系

（一）与地方联合全方位建立知识产权保护立体体系，主动加强对外联系，增强针对性

拓展与刑事司法的执法协作，与浙江省公安厅经侦总队签订合作备忘录，定期对侵权案件线索进行刑事通报；支持关区各关与当地公安经侦部门开展联合办案，深挖侵权源头。拓展与地方政府的协调沟通，加强与工商、专利、版权、质监等地方政府相关职能部门的联系配合，通过联合发文、联席会议、联合巡查、信息交换、集中整治等多种方式开展合作，推动建立知识产权综合治理机制。

（二）深入开展跨部门协作，积极推动自主知识产权保护工作

配合杭州市政府开展的“品牌建设年”活动，与杭州市政府联合向杭州地区外贸企业发放“知识产权海关保护调查问卷”140余份，通过问卷了解企业品牌保护需求，分析企业关注重点，为下一步进行有针对性的调研、帮扶打下基础。

（三）积极参与国际、区域交流合作

根据海关总署的统一安排，2011年多次派员参与国际交流活动。5月派员赴英国参加了中欧海关知识产权专家组第四次会议，向欧盟海关通报反馈了相关案件信息；11月派员赴法国参加了由世界海关组织、国际刑警组织主办的“打击假冒药物研讨会”，与有关国际组织和外国海关同行进行了经验交流及案例研讨；3月和12月分别派员赴日本和韩国参加知识产权保护交流活动，与日本海关和韩国海关及企业代表交流知识产权保护工作经验。

四、配套综合改革，创新执法模式

2011年3月，浙江义乌国际贸易综合改革试点获批，杭州海关主动对接国家战略，配套义乌小商品出口监管综合改革，针对义乌小商品出口知识产权保护特点，创新执法模式，全方位编织小商品出口知识产权保护网络。该网络将包括：

延伸管理视野，将报关、货代、外贸代理等主体纳入海关管理视野，探索市场采购小商品出口联网管理、报关企业动态积分管理等制度，加强“前延式”源头管理；

延伸情报“触角”，整合力量，统筹知识产权举报与缉私情报经营，邀请义乌众多外贸仓库管理员作为情报联络员，伸长“触角”；

保护与培育“本土品牌”，引导义乌本地企业开展知识产权海关备案；

提升知识产权综合管理水平，开发应用知识产权综合管理系统，实现侵权案件从移交到结案的全过程电子化管理，有效提高了风险防控能力。

2011 年 9 月 21 日，杭州海关联合杭州市外经贸局举办海关业务培训交流会，100 余家国内自主权利企业参加交流

2011 年 11 月 7 日，BEAMA（英吉利电器行业协会）权利人代表一行拜访义乌海关，并赠送“维权卫士”牌匾表达对义乌海关知识产权保护工作的肯定

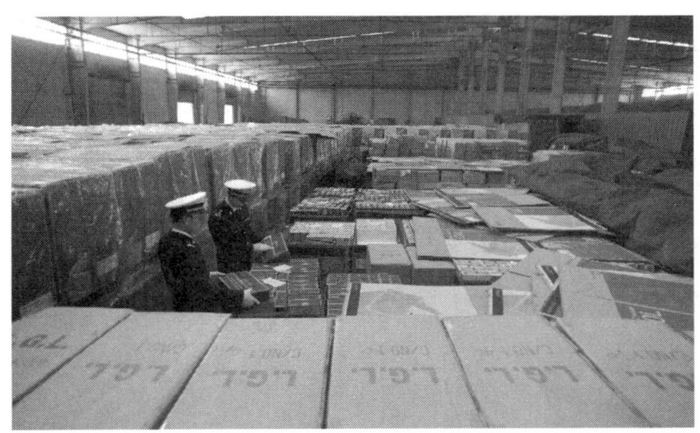

2011 年 4 月 13 日，嘉兴海关对 2 票出口到尼日利亚的货物布控查验，查扣了共 10 个 40 英尺集装箱的侵权货物，1 377 台冰柜侵犯了 LG 商标专用权、6 970 台 DVD 机侵犯了 LG 商标专用权、2 203 台 DVD 机侵犯了 SONY 商标专用权、1 301 台 DVD 机侵犯了 SHARP 商标专用权

2011 年 2 月 14 日至 16 日，杭州海关驻邮局办事处查获发散性邮寄侵权案件，查获寄至欧美等国家和地区的 148 个侵权邮包，涉嫌侵犯 ADIDAS、CHANEL、DIOR、GUCCI、HERMES、LV、PRADA、VERSACE、YSL 等多个国际知名商标，货物品种有手表、饰品、包、衣服、皮带、围巾等日常用品

2011 年 4 月 14 日，金华海关对侵权货物进行了一次集中销毁活动。本次活动共销毁 panasonic 榨汁机、DOVE 化妆品、索尼 DVD、ALWAYS 卫生巾等罚没侵权商品 20 余万件

广州海关

关区概况

关区范围：广东省广州市越秀区、海珠区、荔湾区、天河区（大部分区域）、白云区（大部分区域）、花都区、番禺区、南沙区、从化市以及萝岗区（部分区域），佛山市、肇庆市、韶关市、清远市、云浮市、河源市的各项海关业务

隶属海关和派驻机构：佛山海关（副厅级），下设五个正处级办事处（佛山海关驻禅城办事处、佛山海关驻顺德办事处、佛山海关驻南海办事处、佛山海关驻三水办事处、佛山海关驻高明办事处）；白云机场海关（副厅级）；广州天河车站海关；番禺海关；南沙海关；肇庆海关；韶关海关；清远海关；花都海关；大铲海关；从化海关；云浮罗定海关；河源海关；审单处；现场业务处；驻邮局办事处；驻内港办事处；驻萝岗办事处

知识产权主管部门：广州海关法规处

通信地址：广东省广州市天河区珠江新城花城大道83号 邮编：510623

办公电话：020-81103395、81102637、81103619　　传真：020-81103508

广州海关关区分布图

2011 年广州海关知识产权保护工作概况

2011 年，在海关总署的统一领导下，广州海关根据全国海关法制工作会议的有关精神，以打击侵犯知识产权和制售假冒伪劣商品专项行动为契机，在边境环节继续保持打击侵权高压态势，全年共查处侵犯知识产权货物、物品 1 665 批次约 87 万件，查获非洲籍旅客企图利用深夜航班携带大量侵权手机出境案件、出口至多哥侵犯 YAMAHA 商标权摩托车散件 396 辆、出口至新加坡侵犯 LONTOR 自主商标权手电筒 81 500 个及出口至越南侵犯 CITIZEN 商标权计算器 100 960 个等大要案。因工作成绩突出，广州海关获评首届“广州市保护知识产权市长奖”三等奖。

一、以全线打击为基础，以专项行动为突破，严厉打击进出口侵权货物的违法行为

以各专项治理行动为契机，重拳出击，各个击破、突出打击成效。

一是在国务院、海关总署的统一部署下，继 2010 年 10 月以来，于 2011 年 1~6 月继续开展“打击侵犯知识产权和制售假冒伪劣商品专项行动”，半年间对进出口货物采取知识产权保护措施 928 次，案值近 1 300 余万元，涉及商品包括手机、服装、鞋帽、摩托车、线路板、商标标志等。由于成效卓著，广州海关法规处被评为广东省“双打”先进集体。

二是 2011 年 1~3 月，配合广州市“双打办”开展“打击对非洲出口假冒伪劣和侵犯知识产权商品专项治理行动”，期间共立案查处输往非洲及非洲籍旅客携带出境侵权货物案件 35 批次。

三是 2011 年 1 月 24 日至 28 日，开展粤港澳海关保护知识产权联合执法行动，重点打击输港、输澳侵权产品，期间共查获侵权案件 8 批次，涉及手机、手表、内存卡等侵权产品共 3 133 件。

二、坚持以风险管理为先导，明确重点，提升执法成效

通过对贸易调研成果、案件历史记录、进出口数据等信息的综合研判，确定重点口岸、企业、商品、航线和目的地等要素，提炼发布侵权风险要件 11 条，指导现场准确查缉。2011 年 3 月，综合异地企业申报、重点商品、指运地、申报无品牌等风险要素，成功查获重庆某公司申报出口至多哥侵犯 YAMAHA 商标权摩托车散件 396 辆案件。2011 年春节期间，广州海关隶属白云机场海关连续查获尼日利亚、安哥拉籍旅客利用节假日闯关携带侵犯 NOKIA 等多个商标权手机 1.2 万部，该系列案被评为广东省专项行动十大案例。受周边专业市场辐射效应及网上购物迅猛发展影响，邮寄渠道日益成为侵权产品外销的重要物流通道。广州海关通过自主开发的邮递物品监管系统，实时调整参数设置，实现准确打击，年查获侵权包裹逾千批次。

三、充分利用口岸优势，积极参与地方知识产权保护统筹协调工作

一是立足自身执法成效，积极献言献策，服务地方知识产权保护工作大格局。广州海关地处东南沿海外贸大省，地方经济外贸依存度较高，海关在执法过程中所收集的相关信息对地方执法机构颇具意义。广州海关根据多次在旅检渠道查获非洲籍旅客批量携带侵权手机等电子产品出境案件，向广州市政府做了专题汇报，引起了主管副市长的高度重视，迅速关闭了相关专业市场，进行专项治理，在整治国内市场环境的同时，也有效减少了海关同类案件的发生，缓解了口岸执法压力，形成了良性互动的局面。

二是加强与地方公安、工商部门的执法协作，形成与境内知识产权执法部门的无缝衔接，增强打击力度。建立与工商局、知识产权局的定期互访制度，对执法专业疑难问题构筑专线联系通道，及时研判，提高了海关的专业执法水平。

三是充分参与地方知识产权保护的各项活动，在有力展示海关执法成果的同时，最大限度地争取地方支持。于“4·26”期间协助地方举办2011年广东省知识产权宣传周活动方案发布仪式暨集中销毁活动，现场销毁广州海关查没的侵权手表15万块，展示广州海关历年查获的侵权物品100余件，受到省市领导的赞誉和媒体的关注。

四、拓展知识产权边境保护内涵，从源头上减少侵权行为的发生

一是宣传形式与时俱进，用群众喜闻乐见的方式提高社会公众对海关打击侵权违法活动的参与度。制作知识产权海关保护动漫宣传系列短片，将海关知识产权保护的有关规定、相关业务流程撰写为经典小故事，以动漫的方式演绎出来，并利用各现场口岸、互联网及广交会等宣传平台滚动播放，社会反映良好。同时，在“4·26”期间，开展互联网在线咨询活动，实时回答网友的提问，并根据网友及业务咨询反映集中的问题，整理知识产权保护工作指引，在现场海关及交易会等进出口企业集中的平台发放，提高相关群体的知识产权保护意识。

二是进一步完善广州海关知识产权保护成果展览室，陈列历年查获的代表性侵权商品15类500余件，充分展示广州海关知识产权保护工作成果，向有关社会团体、执法单位尤其是境内外权利人进行宣传，年内已接待13批100余人参观考察和现场交流，成为宣传海关知识产权执法的重要阵地。

三是利用新闻媒体、行业协会、广交会3个平台，提升广州海关知识产权保护的宣传效果。积极利用新闻媒体宣传广州海关查获的典型案例、查处成效，2011年共在《法制日报》等新闻媒体发布新闻80余条，有效提升了海关知识产权执法的影响力，震慑了潜在侵权行为人；借助行业协会、商会的力量，开展针对性的知识产权海关保护政策法规宣讲会，提高其知识产权保护意识和水平；进一步推动广交会驻会宣传知识产权的固定举措，向进出口参展企业派发宣传单、宣传进出口货物知识产权保护相关规定，将进出口侵权货物违法行为遏制在萌芽阶段。

五、发挥海关知识产权服务功能，助推企业“走出去”

一是编制《知识产权海关保护工作指引》印发关区企业，重点宣传“定牌加工”注意事项、知识产权备案流程等内容，一方面提高关区内企业知识产权保护意识和水平，提升国际竞争力；另一方面帮助企业提升应对跨国公司在国际贸易中的知识产权权利滥用及知识产权陷阱的能力。

二是深入推进知识产权授权预审核服务工作，在加工贸易合同备案、外贸接单、进出口前期，为关区内企业提供知识产权授权有效性的预审核服务，有效化解企业侵权风险，提高通关效率；推进建立关区内知识产权授权企业库，方便合法授权企业便利通关。

三是对有侵权记录的国内定牌加工企业进行回访，协助企业加强内部管理，引导企业在接单生产环节大力应用商标的审查制度。

2011年12月19日，广州海关副关长罗银波出席首届“广州市保护知识产权市长奖”颁奖仪式，时任广州市市长万庆良为广州海关颁发首届“广州市保护知识产权市长奖”三等奖

2011年9月，广州海关邀请日化行业权利人代表10余家参观了广州海关知识产权保护成果展

广州海关在风险管理的基础上，提高查验率，有效查缉侵权货物。在货运渠道运用科技手段实现视频监控，实现对全关区所有通关业务现场的远程实时监控；通过H2000数据库、风险管理平台数据库等系统获取各项数据指标，通过业务数据管理防控风险

2011年11月，广州海关隶属大铲海关查获涉嫌侵犯CITIZEN商标权的计算器10万个

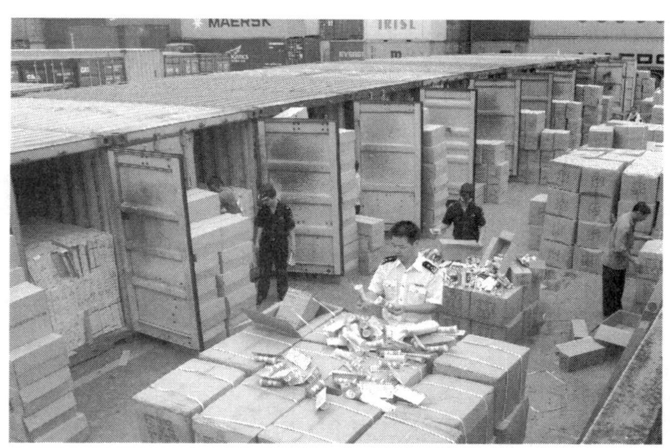

2011年10月20日，某控股集团有限公司向广州海关隶属佛山海关驻禅城办事处申报出口至新加坡的侵权手电筒81 500个

天津海关

关区概况

关区范围：天津市全境

隶属海关和派驻机构：新港海关、开发区海关、保税区海关、蓟县海关、武清海关、机场海关、东疆保税港区海关、现场业务处、驻邮局办事处

知识产权主管部门：天津海关法规处

通信地址：天津市经济技术开发区宏达街15号　　邮编：300457

办公电话：022-65206867　　传真：022-65206565

天津海关关区分布图

2011年天津海关知识产权保护工作概况

2011年，在海关总署领导下，天津海关党组高度重视，针对关区实际采取有效措施，积极开展知识产权保护工作，取得明显成效。全年共查获侵犯知识产权货物1 607个批次，同比增长122%；查扣的侵权商品数量达171万件，包括香烟、服装、箱包、轴承、汽车配件等。全年工作开展情况及成效如下：

一、深入开展“打击侵犯知识产权和制售假冒伪劣商品专项行动”，严厉查处进出口侵权货物违法行为

天津海关结合“双打”专项行动，采取有效措施，加大对进出口环节侵犯知识产权的打击力度。通过大力推广风险分析，确定保护知识产权的重点领域；通过查处侵权大案要案，加大对侵权违法行为的惩处力度；通过加强和公安机关的执法协作，畅通执法合作渠道；通过扩大宣传渠道，扩大知识产权保护的效果。专项行动期间，天津海关共查获侵权货物310批次，查获侵权货物、物品达169.88万件。在专项行动期间，天津海关被海关总署授予集体二等功1次，个人二等功1次，共有4人被天津市“双打”专项行动领导小组评选为先进个人。天津海关受邀在公安系统“全国决战‘亮剑’行动假冒伪劣商品销毁活动”全国中心现场会上展示天津海关在专项行动期间取得的成果。

二、狠抓侵权大要案，拓展知识产权保护工作新局面

天津海关狠抓进出口侵犯知识产权的大案要案，开展专案研讨工作，对查获的大要案件、疑难案件、敏感案件及有影响力的案件专题进行研究，不断提升案件查办质效。如天津海关成功查获的进口侵犯STOLICHNAYA商标专用权伏特加酒案件，货物数量达18 600瓶，货值总计人民币22.8万元。这是天津海关首次在进口环节查获大宗侵权嫌疑货物，也是海关系统近年查获的案值最大的进口侵权食品案件，可以说是海关系统在知识产权边境保护工作中的一次突破，有着特殊意义和特别影响力。

三、扶持自主知识产权，鼓励国内企业“走出去”

天津海关高度重视扶持国内企业自主知识产权，鼓励国内企业“走出去”，发挥知识产权海关保护工作在打击侵权行为和服务促进合法企业的双效作用，不断提高企业在国际市场中的竞争力。2011年，天津海关共查获侵犯国内企业自主知识产权案件33起，货物131.4万件。金城集团有限公司专程拜访天津海关，并赠送“构筑钢铁长城，保护知识产权”牌匾。

四、加强知识产权海关保护执法培训，提升关员特别是一线执法人员的执法水平

年内，天津海关分别于4月和10月组织了3次大型知识产权海关保护执法培训交流会，邀请了中国外商投资企业协会优质品牌保护委员会、世界轴承协会、日资企业知识产权保护联盟的会员单位共70余家企业，为天津海关一线执法人员共300余人次介绍真假货品鉴别方法，主要包括涉及消费者人身安全的产品，如药品、手机、汽车用刹车片等。培训方式由以往企业在各口岸巡讲改变为定点集中培训，参与度高、规模大、效果好。企业代表将天津海关及其他海关查获的侵犯知识产权的经典案例作了分析总结，将一些侵权嫌疑较大的经营单位、出口商品、贸易国别、港口等信息与关员分享，对提高一线关员的知识产权执法意识和执法水平有很大帮助。

五、加强与公安、工商及其他政府部门的合作，联动共管，合力打击侵权源头

天津海关强化与其他知识产权执法部门的联系配合，不断扩展知识产权执法的深度与广度。年内共向天津市公安局通报重大侵犯知识产权案件线索11起，移送案件2起，其中天津港保税区柏泰瑞康国际贸易有限公司出口侵犯 SKF 商标专用权轴承案列为公安部督办案件。

同时，天津海关还开展了与工商部门在案件信息交流等方面的合作，首次通过案情通报，协助、配合工商部门将海关查办案件中的侵权嫌疑人在生产环节的侵权嫌疑货物实施了扣留。

六、强化海关保护知识产权社会宣传工作，营造尊重和保护知识产权的社会氛围

2011 年，天津海关积极组织开展“4·26 保护知识产权宣传周”、“8·8 海关法制宣传日”、“12·4 全国法制宣传日”等活动，通过对企业进行政策宣讲、发放知识产权海关保护手册、中央和地方媒体报道等方式，加强新闻宣传，营造海关保护知识产权的社会声势。《经济日报》、《国际商报》、《每日新报》、天津电视台、海关总署网站等中央和地方新闻媒体刊发多篇介绍天津海关知识产权保护执法工作的新闻稿件，树立了海关严厉打击侵犯知识产权违法行为的良好社会形象，提升了知识产权海关保护的社会认知度和影响力。

天津海关与世界轴承协会联合举办海关知识产权保护工作交流会

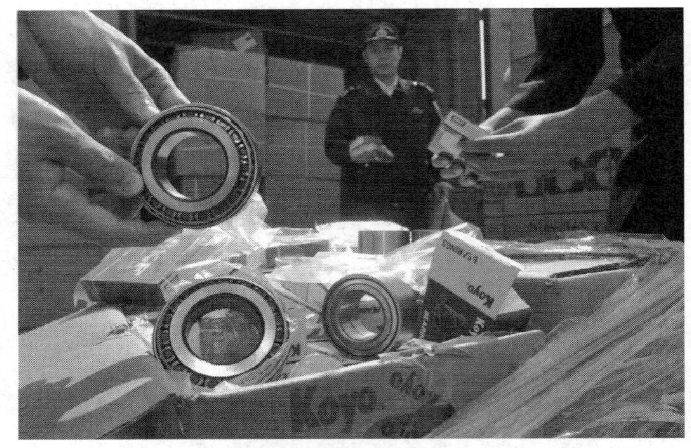

天津海关隶属东疆海关查获深圳市某公司向菲律宾出口的侵犯 NSK 商标权的轴承 28 130 个，侵犯 Koyo 商标权 的轴承 7 339 个，侵犯 NTN 商标权的轴承 16 000 个

天津海关隶属新港海关查获深圳市某公司向尼日利亚出口的侵犯金城商标权的摩托车仪表盘 9 810 个、摩托车指示灯 26 000 个

天津海关派员参加全国决战“亮剑”行动假冒伪劣商品销毁活动天津现场会。现场销毁了专项行动期间天津市公安局、天津海关及相关部门查获的侵权货物，包括盗版光盘、侵权箱包、药品、烟酒等

青岛海关

关区概况

关区范围：山东省全境

隶属海关和派驻机构：烟台海关、济南海关、黄岛海关、日照海关、威海海关、龙口海关、淄博海关、荣成海关、潍坊海关、济宁海关、泰安海关、临沂海关、流亭机场海关、东营海关、莱州海关、蓬莱海关、德州海关、驻菏泽办事处、驻枣庄办事处、驻聊城办事处、驻滨州办事处、驻莱芜办事处、大港海关（筹）、驻邮局办事处

知识产权主管部门：青岛海关法规处

通信地址：山东省青岛市西陵峡二路 2 号　　邮编：266002

办公电话：0532-82955430、82955379、82955822　　传真：0532-82955732

青岛海关关区分布图

2011 年青岛海关知识产权保护工作概况

2011 年，青岛海关紧密结合关区执法实际，加大知识产权海关保护的力度，深入开展打击侵犯知识产权和制售假冒伪劣商品专项行动，将国内自主知识产权和国际知名品牌作为执法保护的重点，支持山东省蓝黄经济区建设，知识产权海关保护工作取得新飞跃。

一、青岛关区知识产权保护基本概况

青岛海关是国家设在山东口岸的进出境监督管理机关，直属中华人民共和国海关总署，管辖范围为山东省全境，下辖18个隶属海关、6个办事处。青岛海关法规处是青岛关区知识产权海关保护的职能管理部门，负责接收有关进出口侵权货物的举报、与知识产权权利人联系确权、审核调查处理意见、确定没收侵权货物处置意见等，各隶属海关和办事处承担具体案件的调查、审理和没收货物处置工作。

经过多年执法实践，青岛海关依照相关法律、行政法规和海关总署的有关规定，制定了适应关区特点的知识产权保护制度，包括《青岛海关知识产权保护职责程序通知》、《青岛海关行邮渠道知识产权保护暂行规定》、《青岛海关处置侵权货物工作规程》、《青岛海关知识产权案件担保金收取管理办法》、《关于向公安机关通报和移送涉嫌侵权犯罪案件的操作指引》等。

二、开展专项行动情况

专项行动期间，青岛关区海关共采取知识产权保护措施790起，涉及18个国家的144个知识产权权利人，货物总数约241万件；向公安机关通报14起重大侵权案件，其中8起已立案侦办，部分重大案件列为公安部、海关总署重点督办案件，产生了较大的社会影响。在此期间，青岛海关隶属黄岛海关查获的出口假冒NIKE商标服装案入选“2010年中国海关保护知识产权十佳案例”，这是青岛海关查处的侵权案件连续第5次入选海关总署十佳案例。该案移送公安机关后，是公安机关破获的山东省首起涉外侵权案，一举将制作、销售、报关出口假冒NIKE商标商品的包括3名外籍人员在内的6名犯罪嫌疑人抓获，成功打掉了跨国侵权犯罪网络，有效地从源头上打击了侵权行为，增强了海关打击侵权行为的震慑力，成为追究侵犯知识产权刑事责任的典范。2011年3月，青岛海关隶属烟台海关查获并移送公安机关的出口假冒LV等商标手包的案件，被公安部列为重点督办案件，调动了四省警力发起“猎鲨行动”，成功打掉了一个活跃于中日韩三国的专业制售假冒名牌箱包的团伙，该案成为全国破获的涉案价值最大的涉嫌制售侵犯品牌箱包商标专用权案。专项行动期间，海关总署政策法规司9次致贺电，对青岛海关查获的重大案件进行表扬，青岛海关获海关总署1个集体二等功和1名个人二等功表彰。

三、2011年案件基本情况

2011年青岛关区海关共采取知识产权海关保护措施848起，涉及18个国家的163个知识产权权利人，涉嫌侵权货物数量87.9万件，取得良好成效。其中，查处的深圳某公司出口假冒LV箱包等案件被海关总署评选为“2011年中国海关保护知识产权十佳案例”，这是青岛海关查处的侵权案件连续第6次入选海关总署十佳案例。青岛海关被日本贸易振兴机构评选为“IPG海关保护工作小组2011知识产权保护工作贡献部门”，世界轴承协会代表团赠送其“知识产权保护WBA最佳实践奖”奖牌，丰田汽车公司赠予其“国门卫士、执法楷模”牌匾，并得到弗利斯克有限公司、迪士尼企业公司、阿迪达斯有限公司、山东中粮粉丝杂豆进出口有限公司等境内外知识产权权利人的高度评价。

四、支持山东省蓝黄经济区建设情况

加强山东省内知名企业和农产品知识产权海关保护，切实支持山东半岛蓝色经济区和黄河三角洲高效生态经济区建设。一是指导海信集团进行知识产权海关备案。派专人赴海信集团与该集团商标、专利事务主管部门座谈，详细介绍海关知识产权保护执法程序、电器类商品知识产权海关保护情况，了解目前海信集团商标权、专利权在海外市场的主要状况，指导企业先期选取最重要、核心的商标权申请备案。目前，海信集团向海关总署申请的3项主要商标权已经备案生效。二是制造农产品品牌效应，助力山东农产品出口。通过对寿光、安丘、诸城等农产品出口主要地区进行调研，宣传介绍知识产权海关保护备案条件和执法程序。同时选取省内部分知名品牌农产品作为重点保护对象，加强对相关涉嫌侵权商品的布控查处。

五、加强与权利人联系配合情况

建立与权利人互动合作机制，形成知识产权保护合力。一是成功举办了“青岛海关与日资企业知识产权保护联盟知识产权海关保护座谈会”，双方就如何加强执法合作达成共识并且确定座谈会模式的定期合作机制。二是约谈部分权利人，介绍知识产权海关保护备案系统，并要求权利人及时更新备案的合法使用人，提高海关知识产权保护执法效能。三是组织开展分别针对货运渠道、行邮旅检渠道、办案人员的知识产权海关保护培训，提高现场关员的知识产权保护执法意识和能力。

青岛海关隶属潍坊海关在“菜博会”现场开展知识产权宣传活动

青岛海关对出口涉嫌侵权货物案件组织知识产权权利人和发货人进行听证

2011年4月22日，青岛海关隶属黄岛海关销毁一批侵犯BIC商标权的刮胡刀片和侵犯“凤凰牌商标”商标权的自行车用曲柄链轮，总计100.5万件，价值人民币11.9万元，图为销毁现场

宁波海关

关区概况

关区范围：宁波市行政区

隶属海关和派驻机构：镇海海关、保税区海关、北仑海关、大榭海关、象山海关、机场海关、现场业务处、开发区办事处、余姚办事处、慈溪办事处、鄞州办事处、梅山海关筹备处

知识产权主管部门：宁波海关法规处

通信地址：浙江省宁波市马园路89号　　　　邮编：315010

办公电话：0574-89092444　　　　传真：0574-89092363

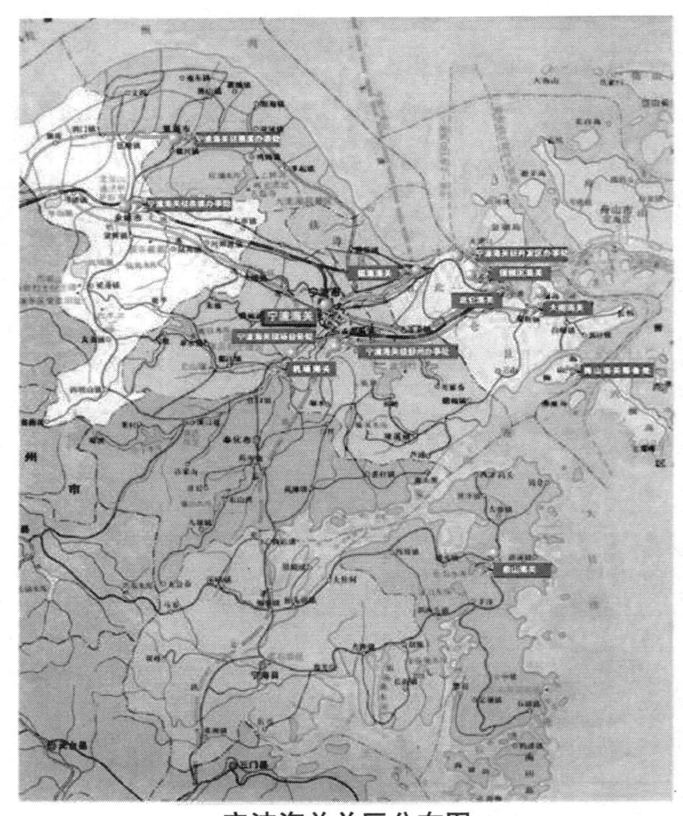

宁波海关关区分布图

2011年宁波海关知识产权保护工作概况

2011年，宁波海关以“双打”专项行动和“4·26保护知识产权宣传周”活动两项重点工作为抓手，深

入贯彻风险管理理念，大力开展知识产权专项行动，扎实推进知识产权海关保护工作，取得明显成效。2011年共查获侵犯知识产权货物669批次，查扣各类侵权商品3 796万件。在2011年，宁波海关主要采取的措施有：

一、健全完善知识产权案件办理工作制度

结合关区实际情况，制定完善了与知识产权海关保护相关的规章制度，对知识产权执法各个环节的执法标准、工作流程和工作要求等进行了全面的细化和明确，确保知识产权保护工作有章可循、办理规范。同时，还探索建立了知识产权疑难案件集体讨论审议机制，成立法规处重点疑难案件审理小组，对重点疑难案件实行集体讨论，进一步提高办案效率和执法透明度。

二、积极开展"双打"专项行动

成立"打击侵犯知识产权和制售假冒伪劣商品专项行动"领导小组，负责统筹安排和协调推进专项行动。领导小组由关长庞中联任组长，副关长邱刚毅、刘玉升、郑巨刚和纪检组长杨顺招任副组长，其他相关职能处室和各隶属海关主要负责人为成员，并建立专项行动督查小分队，深入监管现场和办案过程，及时了解、掌握行动进展情况，对重大侵权案件的办理实施挂牌督办和随案督查。与杭州海关签署了《关于加强知识产权保护专项行动期间联系配合的合作备忘录》，互相通报本关区的重大、典型案例信息，互相通报侵权案件的新动向、新情况、新问题等，加强沟通，形成执法合力。

三、加强科学监管布局

以海关大监管体系建设思路为指导，进行合理分工，从企业管理、规范申报、风险分析到查验监管、案件信息反馈和执法评估等方面，形成有机的知识产权海关保护工作链和内部联动机制，切实加强监管力度，提高知识产权海关保护执法能力。

四、强化风险分析，突出重点监管商品

在强化对食品、药品、汽车配件、手机等进出口侵权产品打击力度的同时，结合宁波周边块状经济模式、口岸出口商品结构及历年查获的侵权商品特点，着重加大对运动鞋、小五金工具、日化用品、电视购物产品等重点商品的监管和查缉力度。同时进一步加大对输往美国、中东和欧盟相关港口（鹿特丹、汉堡、热那亚）货物的风险分析和查验力度。通过专项行动，大力打击进出口侵犯知识产权货物行为，提高查验率、提升查获率，有效遏制侵权货物出口势头。

五、"边打边喊"，做好宣传工作

以"打击与规范并重"理念为指导，结合"4·26保护知识产权宣传周"活动，大力开展宣传教育工作。一方面宣传"重拳出击"，及时通过新闻媒体曝光一批违规违法企业；一方面宣传"守法规范"，引导企业合法经营，营造保护知识产权良好社会氛围，如曝光专项行动期间"十大典型案件"、召开宁波海关知识产权保护新闻发布会。2011年，宁波海关在《法制日报》、《经济日报》、《中国国门时报》、《国际商报》等国家级、地方报纸类媒体共发表保护知识产权报道百余篇，如《宁波海关严厉打击侵权行为》、《企业定

牌加工莫触侵权高压线》等文章，并在中央电视台发表新闻视频《每月一批宁波海关连续查获假冒名牌挂锁》、《订单有风险外贸企业接单需谨慎》、《货虽假质却优热衷“傍名牌”为哪般》等。

六、做好对内对外的知识产权保护培训工作

通过各种方式着力提高现场关员的知识产权保护意识及执法能力，如举办知识产权保护研讨会，由关区知识产权专家向30余名现场通关业务骨干就常见的侵权认定、定牌加工及案件管理系统应用等问题进行讲解；组织征集知识产权原创动漫作品活动；与日本企业知识产权保护联盟共同举办知识产权保护培训会；邀请PHILIPS、OSRAM、LACOSTE、STIHL、强生等国际知名企业与现场海关开展知识产权保护交流等，切实提高了现场关员的知识产权意识及执法能力。

重点做好对企业的知识产权培训工作，如与地方政府联合召开了4次政策宣讲会，向近千家企业宣讲知识产权海关保护政策；深入企业，送法上门，走访了贝发集团股份有限公司、吉利汽车有限公司、宁波市塑料行业协会等一批具有自主知识产权的本地企业，上门了解报关企业、物流公司在通关过程中遇到的知识产权问题，并对企业的疑难问题一一进行解答；开展现场宣传活动，发放各类宣传手册；开设“专家坐堂”咨询服务等。切实提高了企业的知识产权和自主知识产权意识，从根源上降低企业在洽谈外贸订单时的侵权风险。

七、加强与其他行政机关的沟通联系

宁波海关不断加大与公安机关的合作力度，依法向公安机关通报了24个涉嫌经济犯罪的知识产权案件线索，并协助公安机关对有关案件进行调查。其中，宁波海关查发并通报，由公安机关侦查的青岛里思琪贸易有限公司案件被列为“双打”专项行动公安系统五大案件之一。

深化与宁波北仑工商分局的合作，双方通过互相走访，进一步明确双方执法协作中的有关事项，通过双方联合执法成功查处5起侵权案件，切实维护了权利人的利益，得到了权利人的好评。

加强与司法部门的沟通联系。与宁波市中级人民法院进行座谈，双方就知识产权工作中常见的近似商标的认定、定牌加工及驰名商标的保护等问题进行沟通。

八、加强知识产权保护国际合作

2011年3月和5月，宁波海关派员参加海关总署组织召开的中欧海关知识产权第四次专家组会议和中欧海关知识产权第五次专家组会议，分别通报了专项行动期间宁波海关查获输往欧盟的侵权案件情况。宁波海关根据中欧海关知识产权保护合作框架，向欧盟通报了2例宁波海关查获的拟输往欧盟的侵权案件，并就欧盟提供的11例案件线索进行了核查反馈。

2011年6月16日，宁波海关与宁波市中级人民法院就知识产权保护工作进行座谈，双方分别就知识产权海关保护行政执法工作及知识产权司法审判工作进行介绍，并就知识产权工作中常见的近似商标的认定、定牌加工及驰名商标的保护等问题进行沟通

2011年1月13日，阿迪达斯有限公司及其代理人北京万慧达知识产权代理有限公司有关人员拜访宁波海关法规处

2011年12月16日，宁波海关在出口货运渠道查获800台近似侵犯HITACHI阿拉伯语商标权的洗衣机。这批洗衣机整整装了6个集装箱，涉案价值约30万元人民币

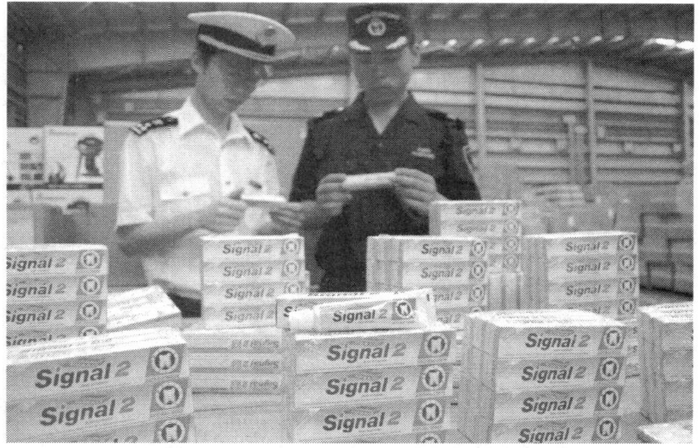

2011年6月10日，宁波海关查获8.64万支印有“signal”商标的牙膏，后经权利人确认，这批牙膏全部为侵权产品，涉案价值达17万元人民币

北京海关

关区概况

关区范围：北京市全境

隶属海关和派驻机构：北京首都机场海关、天竺海关、开发区海关、中关村海关、驻车站办事处、驻朝阳办事处、顺义办事处、驻平谷办事处、驻邮局办事处

知识产权主管部门：北京海关法规处

通信地址：北京市朝阳区光华东路甲 10 号　　　　　　邮编：100026

办公电话：010–85736848、85736859　　　　　　　　传真：010–85736854

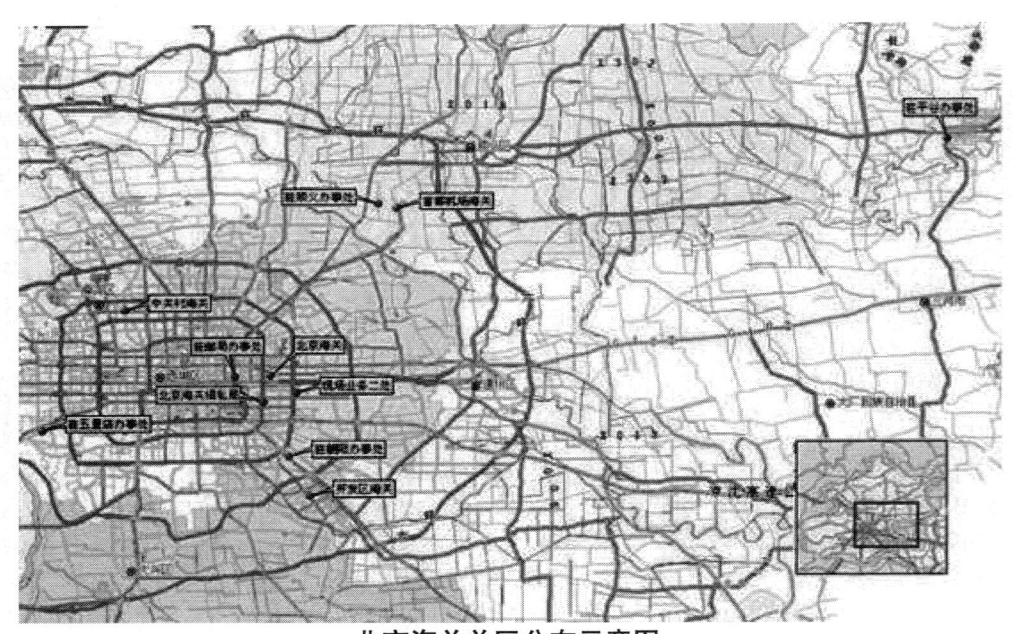

北京海关关区分布示意图

2011 年北京海关知识产权保护工作概况

2011 年，北京海关按照国务院和海关总署的部署，不断加大知识产权保护力度，在知识产权保护工作中取得了较大的成绩，全年累计查获侵权货物 350 批次，查扣侵权商品数量约 11.58 万件，查获的侵权商品种类以手机、记忆卡、通信配件、服装服饰、商标标签为主。

北京海关 2011 年知识产权保护工作主要体现在以下几个方面：

一、严密监管，加大打击力度，构筑立体保护体系

2011年北京海关全面加强对进出口货物的监管力度，现场各个通关部门进一步提高了对侵犯知识产权货物的查缉意识，切实加强对出口货物的监管力度，做到了有针对性地提高查验比例。法规处作为知识产权保护的主管部门，积极主动地与业务现场建立知识产权保护方面的联系配合机制，收集有关侵权活动的信息和动态，加强对现场监管人员发现和鉴别侵权货物方面的技术培训，加大对快件、邮递运输侵权货物的查缉力度。

二、深入开展知识产权培训工作

北京海关2011年加强了与北京市知识产权主管部门和知识产权权利人的合作，先后举办知识产权保护法律法规、商标专利知识、真假商品鉴别专题座谈近10次；多次选派执法关员参加知识产权海关保护工作研讨会；向现场关员发放知识产权保护手册，使关员全面掌握、熟悉知识产权海关备案的情况；与知识产权权利人联合组织针对一线关员的执法培训200余人次，不断提高关员知识产权保护的水平，提高鉴别真假产品的能力。

三、知识产权宣传工作继续向广度和深度发展

一是通过报刊和电视台等新闻媒介，宣传介绍知识产权海关保护的法律规定、北京海关知识产权保护的成果及典型案例等；二是在重要节日开展宣传活动，向社会公开展示海关查扣的侵权商品，如以“4·26保护知识产权宣传周”为契机，大力开展知识产权海关保护的宣传教育工作；三是召开企业座谈会，向企业宣传知识产权保护的法律法规，增强企业知识产权意识，引导企业走守法经营道路；四是深入企业调研知识产权保护状况，帮助企业解决维权方面遇到的问题。例如，北京海关法规处先后与阿迪达斯、潘多拉珠宝有限公司及韩国现代汽车等企业举行座谈，就如何保护防范知识产权的流失盗用及制止侵犯知识产权行为等进行研讨，为企业通过法律途径有效保护自身权益提供海关法律服务。

四、加强罚没侵权货物的处置工作

北京海关严格依据《中华人民共和国知识产权海关保护条例》的规定处置罚没侵权货物，确保罚没侵权货物不以任何方式流入商业渠道。

五、充分运用知识产权备案查询系统，完善风险布控机制

北京海关充分利用知识产权海关保护备案查询系统，不断提高查获侵权货物的能力。另外，利用有效的风险布控手段，有针对性地进行风险分析，对有侵权嫌疑的货物和高风险企业进出口的货物予以重点监控和查验，有效减轻通关现场的工作压力，提高了查获率，避免合法货物的正常通关受到影响。在全国“打击侵犯知识产权和制售假冒伪劣商品专项行动”期间，北京海关利用风险布控手段，成功查获多起侵犯知识产权的重大案件。

北京海关法规处处长蔡滨（右二）参加北京知识产权保护状况新闻发布会

北京海关隶属邮局办事处查获进出境侵权商品

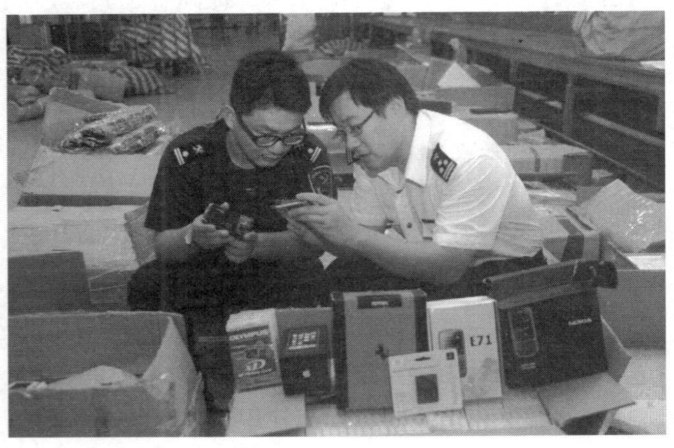

北京海关关员在仔细查看进出口货物的知识产权状况，甄别货物真伪

拱北海关

关区概况

关区范围：广东省珠海市、中山市

隶属海关和派驻机构：中山海关、闸口海关、九洲海关、横琴海关、高栏海关、湾仔海关、斗门海关、万山海关、驻香洲办事处、驻保税区办事处

知识产权主管部门：拱北海关法规处

通信地址：广东省珠海市拱北水湾路18号9楼　　邮政编码：519020

办公电话：0756-8161829、8161934、8161837　　传真：0756-8161814

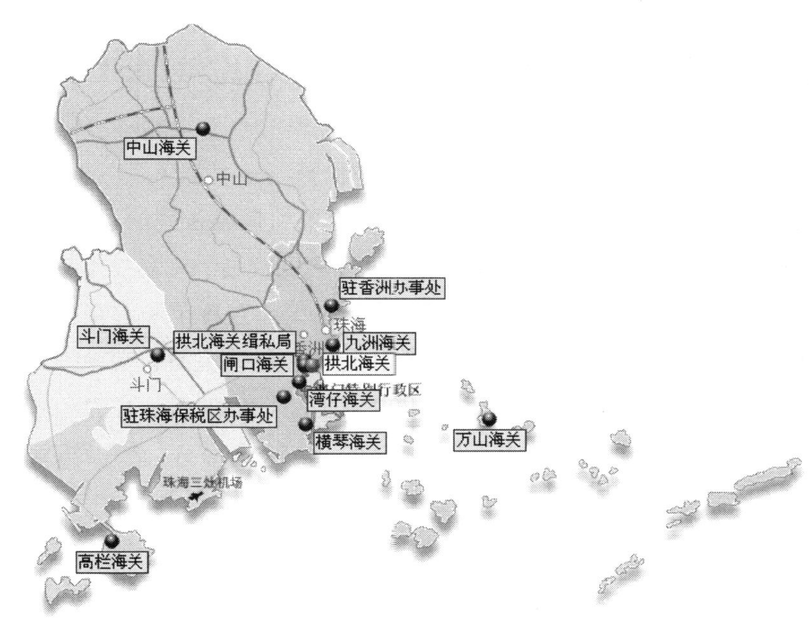

拱北海关关区分布图

2011年拱北海关知识产权保护工作概况

2011年，在海关总署的正确领导下，拱北海关立足海关边境保护职责，坚持打击侵权与便利合法贸易并举的工作思路，紧紧围绕“双打”专项行动这一重点工作，在加大进出境环节侵权行为打击力度的同时，注重强化知识产权职能管理，不断强化服务意识，拓展服务内涵，积极推动关区知识产权海关保护工作向深层次发展，取得了较好成绩。年内，拱北海关共查获侵权货物349批次，查扣侵权商品数量逾32万件。

回顾2011年，主要做了以下几个方面的工作：

一、以组织开展专项行动为抓手，着力推动关区知识产权保护工作再上新台阶

按照国务院和海关总署的工作部署和要求，2011年上半年拱北海关按照既定的工作方案，继续组织开展关区“双打”专项行动。在引导各现场海关针对重点口岸、重点商品和重点航线，加强进出境日常监管的同时，通过对出口低风险快速放行的报关单实行“复查复验”制度，组成行动小分队先后7次深入现场海关指导、监督和跟班作业等方式，切实加大对进出口侵权违法行为的打击力度。在“双打”行动期间，拱北海关按照国家质检总局等国务院部委的要求，还针对不同领域、不同商品组织开展了多个单项的知识产权保护执法行动，如对非洲出口假冒伪劣和侵犯知识产权商品专项治理行动、打击假冒侵权酒类产品专项集中行动、网络购物领域打击侵犯知识产权和制售假冒伪劣商品行动等。据统计，在2011年上半年“双打”专项行动期间，拱北海关共查处侵权货物237批次。

随着“双打”专项行动的深入开展，拱北关区知识产权保护工作呈现了齐头并进、均衡发展的良好发展态势。2011年，多年未查获过侵权案件的斗门海关、高栏海关在转关出口快件、对外籍船舶供应物料和进出口货物中先后查获5宗侵权案件；为实现查处侵权案件零的突破，拱北海关驻香洲办事处邀请法规处为其一线通关、风险管理、查验监管人员举办知识产权海关保护专题培训，着力强化执法能力，收到较好效果。

二、以扶持自主知识产权为途径，积极维护关区自主知识产权企业的合法权益

为认真贯彻落实全国海关法制工作会议暨“双打”行动总结表彰会议精神，拱北海关把扶持国内企业自主知识产权工作作为关区知识产权保护工作的一项重要内容抓紧抓好。

（一）强化服务意识，积极帮助关区自主知识产权企业提高打假维权的能力和水平

拱北海关在珠海、中山两地分别选择了20家自主品牌知名度较高、专利技术拥有量较多、进出口业务量较大的企业作为知识产权保护重点辅导单位。通过走访调研、编印宣传单和调查问卷等方式，主动了解关区自主知识产权企业在保护自主知识产权方面遇到的困难和问题，积极协助、指导关区自主知识产权企业开展知识产权海关备案，并对其后续保护工作给予帮助，帮助其提高打假维权的能力和水平。中山古镇是国内著名的灯具照明生产基地，国内较为知名的54个灯饰品牌中，有20个品牌为中山本地企业所有。针对中山灯具照明行业自主品牌较多但企业品牌保护意识不强的现状，中山海关专门致函中山古镇镇政府，建议其发挥中山灯饰行业协会的引导和带动作用，强化灯具照明生产企业的品牌意识和维权意识，鼓励企业及时向海关总署办理知识产权保护备案手续。在拱北海关的积极宣传和推动下，关区内一些大型自主知识产权企业的自主创新和维权意识明显提升，珠海格力电器、金品电子、纳思达等多家龙头生产企业纷纷邀请海关为其举办知识产权保护专题培训。

（二）坚持各司其职，切实加大对侵犯国内自主知识产权违法行为的查处力度

审单、风险管理等职能部门注重加强对国内自主知识产权进出口货物的侵权风险分析，并及时将分析结果转化为风险参数和布控指令。拱北海关风险分析监控中心在履行机动查验职责过程中，注重对涉及国内自主知识产权的进出口货物进行重点布控查验。各现场海关将服装、鞋帽、箱包、日用品、家电、小五金、打印耗材等货物列为重点监控范围，重点监控和查处侵犯国内自主知识产权的货物。2011年10月后，拱北海关隶属中山海关驻小榄办事处和九洲海关利用风险管理手段，先后在出口货运渠道成功查获侵犯自主知识产权案件3宗，涉案货物92 000余件。

2011年11月初，拱北海关与珠海纳思达电子科技有限公司加强侵权信息交流，启动了知识产权保护工作机制，加大了进出口耗材产品的查验和监管力度，在2011年11月24日于九洲港口岸成功查获侵犯纳思达“一种通用打印机墨盒”、“一种喷墨打印机墨盒使用的密封件”专利权的打印机墨盒4.62万个。该案是拱北海关历史上查获的首宗侵犯国内耗材企业自主知识产权案件。

三、以提高关区知识产权保护执法效能为目标，积极强化知识产权海关保护职能管理

（一）加强执法能力建设，不断提高关区知识产权保护执法队伍的整体素质

年内，拱北海关召开了关区知识产权保护执法经验交流现场会、举办了1期知识产权执法能力培训班和1期品牌产品真伪鉴别培训班，通过组织各隶属海关（办事处）一线执法人员实地参观知识产权保护先进单位工作现场、加强执法经验交流和执法技能培训等方式，进一步增强了一线通关、风险管理和查验监管人员的知识产权意识和执法能力。

（二）强化知识产权风险管理，不断提高海关主动查缉侵权违法行的能力和水平

针对出口分类通关改革全面展开后，知识产权执法工作流程、工作重心因各业务现场一线“选查分离”、“查放分离”而发生变化的情况，拱北海关知识产权部门及时就此进行专题研讨，积极寻求解决对策。同时，拱北海关知识产权部门加强与风险管理部门的联系配合，认真开展知识产权风险参数提炼和加工工作，年内共发布知识产权风险参数2批次，发布布控指令需求6条次，编发本区及兄弟海关查获侵权案件信息汇编4次，较好地增强了打击进出口侵权行为的针对性和准确率。

（三）认真贯彻落实海关总署有关要求，迅速部署阶段性重点工作

在深圳大运会召开期间（2011年7月18日至9月18日），拱北海关及时下发了《关于加强深圳第26届世界大学生夏季运动会知识产权保护工作的通知》，对深圳大运会召开前后加强知识产权保护工作进行了认真部署。

四、以加强执法合作为手段，致力于推动和形成关区知识产权保护执法合力

（一）加强与当地知识产权相关部门的合作

2011年，拱北海关积极参与地方“双打”办组织的各项执法活动，注重与地方公安、工商、检察院、法院等知识产权相关部门开展执法互助合作，努力推动和形成关区知识产权保护的执法合力。加强与珠海、中山两市公安部门及“双打”领导小组的联系和配合，积极参加由其组织召开的工作会议及检查活动；参与修订了珠海市《加强知识产权刑事保护跨部门工作协作规定》，与中山市公安局经侦支队就签订《知识产权执法协作联系配合办法》初步达成了共识；与各执法单位加强侵权信息交流，开展执法互助合作。据统计，2011年，拱北海关先后配合地方法院开展财产保全和调取证据工作6次，向工商、法院提供有关进出口企业、货物数据5次，向珠海、中山两市公安部门通报重大侵权案件线索3条、侵权信息34条。

（二）积极参与粤港澳海关知识产权合作

根据广东分署的统一安排和部署，2011年拱北海关还先后4次参与粤澳海关知识产权保护联合行动，并在与澳门海关开展执法合作的形式和内容上取得了新的突破。

五、以营造关区知识产权保护良好的社会氛围为目的，深入开展知识产权保护对外宣传活动

（一）积极开展知识产权社会宣传活动

在“4·26保护知识产权宣传周”、“8·8海关法制宣传日”和“12·4全国法制宣传日”及拱北海关“诚信兴商宣传月”活动期间，拱北海关法规处采取在关区各口岸发放宣传资料、悬挂横幅、利用海关互联网站、对外宣传栏、电子屏幕滚动宣传等方式，面向关区广大企业和进出境旅客积极宣传知识产权海关保护法律规定和海关执法程序，以及海关开展“双打”专项行动的主要举措，进一步提高了企业和进出境旅客的知识产权意识。在上述活动期间，共对外发放《拱北关区知识产权保护服务指引》宣传单2 000余份、《中华人民共和国知识产权海关保护条例》和《中华人民共和国海关关于〈中华人民共和国知识产权海关保护条例〉的实施办法》单行本400余册。此外，还为中山小榄中小企业协会会员单位和珠海市进出口协会会员企业先后举办了知识产权保护专题培训，参加培训人员150多人次。

（二）加大对违法活动的曝光力度

拱北海关还十分注重利用对外宣传增强对侵权违法活动的威慑，及时报道本关查处的一些重大和典型案例，壮大“双打”专项行动的声势，扩大海关执法的社会效果。拱北海关外宣部门充分借助与中央和地方报刊、电视和网络等新闻媒体的良好合作关系，及时宣传报道专项行动期间查处的重大、典型侵权案件，收到了较好的社会效果。据统计，年内中央、地方新闻媒体先后对拱北海关11个重大、典型侵权案件进行了报道。

（三）邀请媒体参加报道海关的重大活动

2011年1月11日至12日，拱北关区借助海关总署“粤港澳海关加强知识产权保护合作协调会”和“内港澳海关与外资企业知识产权保护对话会”在拱北海关召开的有利契机，与32家境内外新闻媒体加强合作，先后在中央电视台、《人民日报》、《法制日报》等境内外媒体发布了与上述两次会议相关的报道45篇次。另外，2011年4月22日，拱北海关在中山集中销毁了4万件侵权货物，广东电视台“730新闻联播”对此也进行了报道。对上述活动的宣传报道有力地扩大了知识产权海关保护工作的社会影响力。

六、以助推地方经济发展为出发点，积极为关区企业提供服务和指导

（一）与行业协会建立合作伙伴关系

拱北海关通过与地方行业协会开展合作，借助行业协会的力量，引导和规范相关行业内企业规范经营、合法进出口，积极回避侵权风险。例如，针对珠海市作为国际打印机耗材的主要生产和出口基地，有关知识产权纠纷频繁发生的实际情况，积极参与珠海市耗材行业协会制定《复印机、打印机及多功能机的再制造生产控制要求》行业联盟标准工作，鼓励和支持国内耗材产业的健康发展。此外，拱北海关法规处还先后走访了中山市小榄锁具协会、中山市五金协会，并与其建立了长效联系沟通渠道。

（二）主动为生产企业提供“授权书预确认”服务

针对本关区定牌加工出口货物较多、生产企业难以确认来自境外订单是否合法，较易引发侵权风险的实际情况，拱北海关法规处出于“从源头杜绝侵权”的考虑，积极主动地为企业提供订单产品知识产权状况预确认服务，有效地提高了关区内定牌加工企业防范侵权风险的能力，加快了合法货物的出口通关速度。2011年共为关区企业提供知识产权业务咨询和预确认服务192件次。

2011年2月9日，拱北海关隶属横琴海关查获向中国澳门出口的2 401件侵犯ABERCROMBIE & FITCH商标专用权的混纺针织上衣

2011年12月23日，拱北海关在广东惠州对11 387件侵权产品进行了集中销毁处理

2011年9月8日，拱北海关知识产权保护工作现场经验交流会在中山海关驻小榄办事处召开。该关法规处、人事处及中山海关等隶属海关领导出席了会议。关区各主要业务现场查验、风险管理及通关审单部门的负责人共40余人参加了会议

2011年4月26日，拱北海关组织开展“知识产权宣传周”系列主题宣传活动。图为拱北口岸现场咨询活动

福州海关

关区概况

关区范围：福建省内福州、莆田、三明、南平、宁德5市及其所辖的49个县（市、区）

隶属海关和派驻机构：马尾海关、福州保税区海关、福清海关、莆田海关、宁德海关、武夷山海关、三明海关、现场业务处、驻长乐机场办事处、驻邮局办事处

知识产权主管部门：福州海关法规处

通信地址：福建省福州市江滨东大道76号　　邮编：350015

办公电话：0591-87081888、87081838、87081837　　传真：0591-87081806

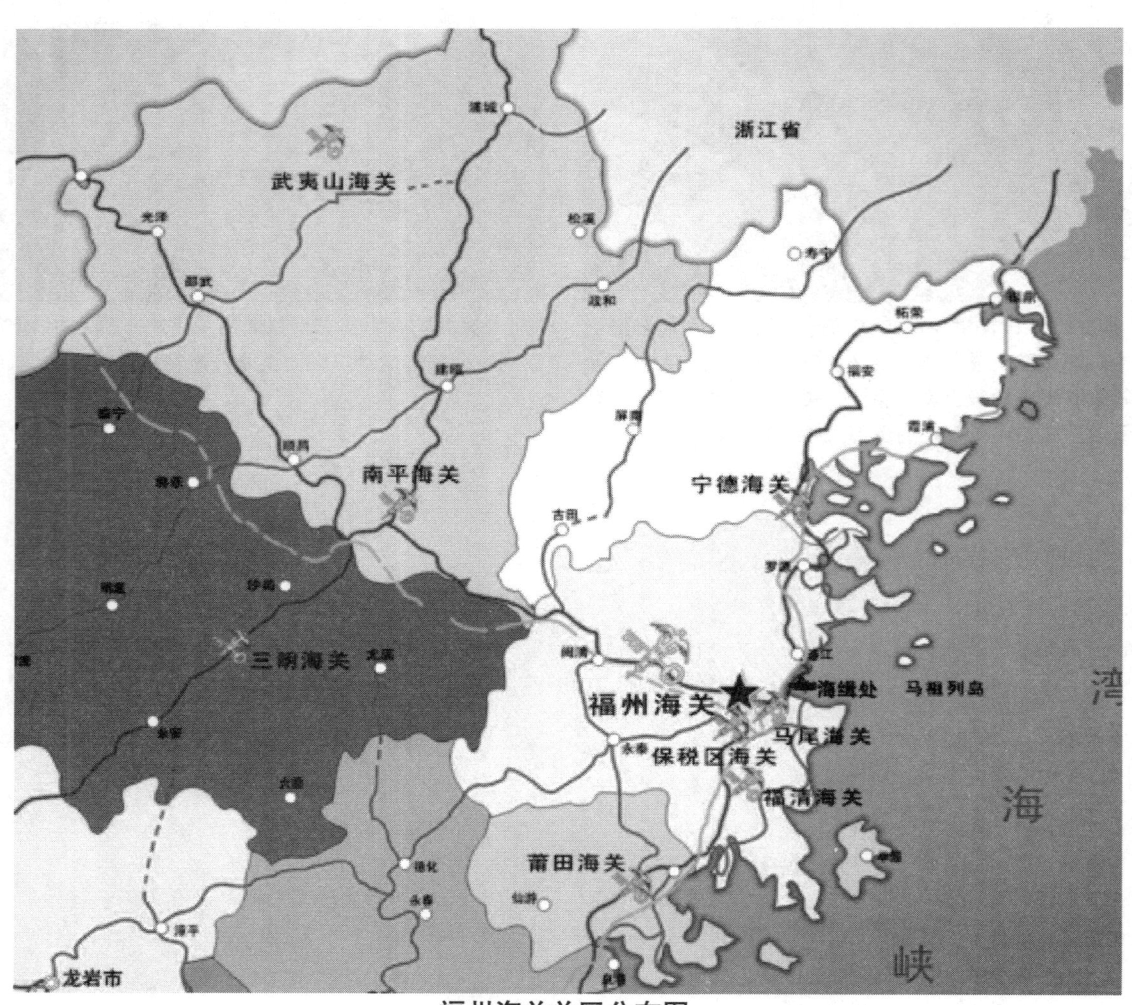

福州海关关区分布图

2011 年福州海关知识产权保护工作概况

2011 年，福州海关围绕国务院统一部署开展的"双打"行动、建立健全知识产权保护长效机制、自主知识产权保护等重点工作，加强风险分析研判，强化职能指导和督促检查，严格依法办案，规范侵权货物处置工作，积极开展打假技能培训和法制宣传，各项工作取得了较大成效，全年累计查获侵权货物 304 批次，侵权商品数量为 94.4 万件。回顾 2011 年工作，主要有以下几方面：

一、深入开展"双打"行动，严厉打击侵权违法行为

福州海关根据海关总署统一部署，制订《福州海关打击侵犯知识产权和制售假冒伪劣商品专项行动实施方案》，认真组织开展"双打"行动和打击对非洲出口假冒伪劣和侵犯知识产权商品专项治理活动，加强风险分析和参数设置，及时发布周边海关查获的重大典型案件信息，现场海关强化对服装鞋帽、汽车配件、食品、药品等商品的重点监控，提高查缉的有效性。2011 年 3 月份，海关副关长赵建中亲自带队深入马尾、福清和保税区海关进行专项检查指导，督促各单位落实专项行动的部署要求，确保专项行动取得实际成效。落实"边打边喊"的要求，结合查获的重大案件、销毁侵权货物等活动，积极开展对外宣传，中央电视台、《国际商报》、《福建日报》等媒体报道了相关情况。2011 年 8 月，在青岛召开的"双打"行动总结表彰会上，福州海关法规处被海关总署授予集体三等功一次。

二、严格依法办案，保证办案时效

按照《知识产权海关保护条例》的规定要求，不断规范涉嫌侵权货物的暂停通关、取样确权、案件移交及案件处理结果反馈等制度，严格依法办案，确保办案时效，维护权利人和收发货人的合法权益。监管通关处机动查验于 11 月 9 日在马尾港查获 45 500 袋侵犯长青商标专用权的米粉，实现了机动查验查处侵权违法行为的零突破。

三 、加强沟通联系，规范侵权货物的处置工作

福州海关在处置侵权货物工作中，通过加强与固体废物处理公司的合作，强化处置过程的环保安全、处置到位、公开的原则，分 5 批次销毁鞋材、卫生纸、自粘胶带、光盘等各类物品，共计 775 839 件，其中销毁光盘 10 172 张。10 月，福州海关知识产权保护科因在打击侵权盗版案件中成绩突出，被国家版权局授予 2010 年度打击侵权盗版案件有功单位三等奖。

四、强化职能指导监督，提升服务基层意识

为提升关区货运渠道侵权嫌疑货物查获的有效性，福州海关法规处与风险管理处就分类通关改革后低风险快速放行可能带来的侵权风险、参数设置等问题进行了研究，并收集了宁波、上海、厦门、深圳及黄埔等部分直属海关 2010 年查获的 607 条侵权案件记录，供相关部门和现场海关开展风险分析、审单作业、物流监控和实际查验作为参考。2011 年 2 月和 6 月，福州海关法规处还深入马尾、保税区、邮局办事处、长乐机场办事处等 4 个主要案源地海关进行调研座谈，就专项行动的部署落实、知识产权风险分析、提升案件查获有

效性等问题进行了指导监督。2011年3月，法规处领导带队，组织了由风险管理处、审单处及马尾海关、保税区海关通关管理等岗位相关人员组成的学习调研组，赴上海、宁波海关就风险管理在知识产权保护工作中的应用专题进行学习，学习借鉴进出境渠道货物风险要素的确定、风险分析的适用、风险参数的设置等方面的工作经验。

五、开展对外法制宣传，不断扩大社会影响

福州海关利用“1·26国际海关日”的海关公众开放日活动，邀请来自地方政府部门、院校、进出口企业的公众代表参观福州海关保护知识产权成果展厅，展示海关打击侵权成果，增强公众知识产权保护意识。认真部署开展“4·26世界知识产权日”各项活动，大力开展对进出口、加工贸易、报关、快件等企业和进出境旅客及邮局的知识产权宣传教育工作。发动广大关警员学习知识产权法律法规和基本知识，组织参加福建省知识产权局开展的“知识产权百题网上知识竞赛”活动。

福州海关还十分注重借助新闻媒体积极开展对外宣传。中央和地方媒体在2011年内多次报道福州海关查获的重大案件、销毁侵权货物和转交侵权物品用于社会公益事业等活动。中央电视台“新闻联播”、《国际商报》、《福州晚报》、中新网、中国日报网、福建教育电视台等媒体分别以《福州海关打假保知净化进出口秩序》、《福州海关去年查扣241万件侵权货物》、《福州海关：构筑知识产权保护国门防线》、《福州海关截获44万件绝缘胶带》、《福州海关联合红十字会发放罚没物资济贫》等为题报道了福州海关开展打击侵犯知识产权和制售假冒伪劣商品专项行动的突出成效，以及依法转交罚没侵权货物用于扶贫赈灾等活动。

六、加强对外联系配合，优化提升执法能力

2011年福州海关积极开展了与知识产权权利人的合作，先后与阿迪达斯、伟和、创添控股等6家权利人代表就加强技能培训、侵权货物信息交流、提高确权效率等问题进行了沟通交流；组织开展知识产权执法状况问卷调查，向50家权利人企业发放调查问卷，收集权利人意见建议，进一步摸清关区执法环境；加强与厦门海关的合作，两关首次联合中国外商投资企业优质品牌保护委员会（QBPC）举办知识产权执法培训，QBPC的40余家成员企业为近百名海关关员介绍企业知识产权备案情况及讲授真假产品鉴别知识，着力提高现场一线执法人员鉴别假冒产品能力和品牌保护意识。

福州海关还加强了与其他执法机关的合作。为落实《公安部、海关总署关于加强知识产权执法协作的暂行规定》，福州海关法规处走访了福建省公安厅经侦总队，就加强行政执法与刑事司法的有效衔接问题进行了沟通；海关还加强了与省外经贸厅的联系，双方分别就打击对非洲出口假冒伪劣和侵犯知识产权商品专项治理活动采取的措施、取得的工作成效及大宗出口商品侵权假冒等问题多次进行研究。福州海关还先后参加了福建省知识产权局主办的海峡知识产权论坛、台商知识产权行政执法座谈会等，就海关知识产权保护取得的工作成效、执法程序和模式等进行了介绍。

2011年4月21日，福清海关与福清台协会联合举办以“知识产权助推经济转型”为主题的政策宣讲会

福州海关隶属马尾海关查获环球控股公司出口至阿联酋侵犯VINI-TAPE商标专用权的塑料制自粘胶带44万件

福州海关在邮政快件渠道查获侵权香烟

2011年1月26日，福州关举办“1·26国际海关日”海关公众开放日活动——参观知识产权保护成果展厅

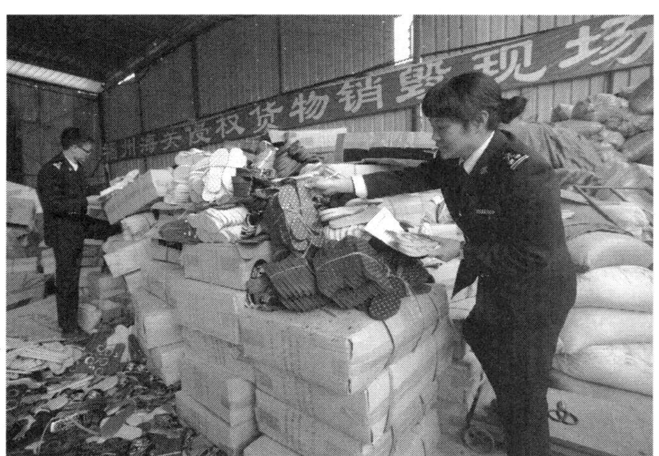

2011年1月19日，中央电视台“新闻联播”以单条新闻形式报道福州海关将一批鞋底、鞋带等侵权鞋材进行粉碎处理的活动

南宁海关

关区概况

关区范围：广西壮族自治区全境

隶属海关和派驻机构：北海海关、梧州海关、桂林海关、柳州海关、防城海关、东兴海关、凭祥海关、贵港海关、水口海关、龙邦海关、钦州海关、钦州保税港区海关、驻机场办事处、驻玉林办事处

知识产权主管部门：南宁海关法规处

通信地址：广西壮族自治区南宁市中柬路 1 号　　　　邮编：530029

办公电话：0771-5368543、5368545　　　　传真：0771-5368551

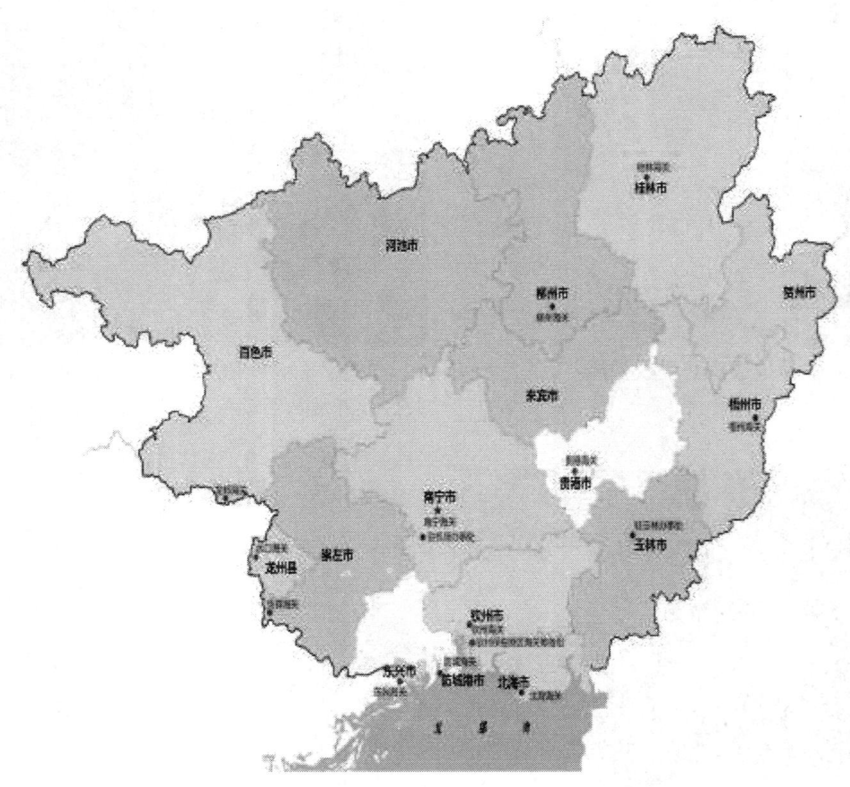

南宁海关关区分布图

2011 年南宁海关知识产权保护工作概况

2011 年，南宁海关认真贯彻落实国家知识产权战略纲要，深入开展“打击侵犯知识产权和制售假冒伪劣

商品专项行动”，不断强化知识产权海关保护工作力度，取得明显成效。

一、以开展“双打”行动为契机，多措并举加大案件查处力度

2010年10月至2011年6月“双打”行动期间，南宁关区共对193批次侵权嫌疑货物采取知识产权海关保护措施，货物数量达142.7万件。特别是2011年以来，南宁海关深入开展打击侵犯知识产权和制售假冒伪劣商品工作，在案件查处上狠下工夫，成效明显，全年累计查获侵权货物289批次，侵权商品数量38万件。南宁关区有4个口岸侵权案件查获数量同比增长在1倍以上，1个口岸实现了查获侵权案件历史上的零突破。

（一）加强组织领导，统筹工作全局

根据国务院和海关总署有关部署，南宁海关和各隶属单位均成立了由一把手任组长的“双打”行动领导小组，由办公室、法规、监管通关、审单、企业管理、风险管理等部门联合组成，负责组织协调、检查监督关区“双打”行动工作，并结合关区实际，明确了进一步做好打击侵犯知识产权和制售假冒伪劣商品工作的目标任务、工作重点和措施。

（二）以信息化手段为依托，加大风险管理在知识产权海关保护中的应用

南宁海关从企业和货物入手，以毗邻的兄弟海关查获的货运渠道侵权案件为线索，以层层筛选的侵权风险较大的商品品种为范围，双线交叉布控。同时，南宁海关沿海、沿边隶属海关积极采取措施提升自主风险分析效能，结合本口岸商品特点自主开展了一系列风险分析与处置工作。

（三）整合资源，保障执法资源

南宁海关在人力资源紧张的情况下，进一步健全、整合知识产权海关保护兼职人员队伍，抽调办公室、通关、查验、风险等岗位骨干，组成风险分析、查验、新闻宣传等3个工作小组，分工负责抓好3个方面的工作，并确保人员相对稳定。同时，各单位在财和物方面对知识产权执法的办案经费和设备保障进行了适当倾斜，优先保障知识产权执法所需的电脑、数码相机等设备，确保一线执法工作的顺利开展。

（四）理顺办案程序，提升执法能力

针对关区互市、旅检渠道侵权嫌疑案件的查处程序等问题，南宁海关积极向海关总署政策法规司报告、反映，借鉴兄弟海关的成功经验，进一步规范关区边民互市贸易渠道和行邮渠道的侵权案件办理程序。同时，总关职能部门为畅通与隶属单位的沟通渠道，主动通过电话、邮件、现场走访等方式了解和解决业务现场的执法疑难问题，充分发挥管理职能作用。

二、强化执法合作，健全知识产权行政执法与刑事执法的衔接机制

2011年，南宁海关积极保持与公安机关、工商局、知识产权局和版权局等地方部门的执法合作，参加以上部门组织的知识产权保护相关活动，参与海关所在各市、县组织的联合打击侵权行为执法行动，形成了良好的执法协作机制。为进一步做好行政执法与刑事司法衔接工作，共同打击侵犯知识产权违法活动，在原有协作模式的基础上，南宁海关主动派员走访广西壮族自治区公安厅，商讨签订《加强知识产权执法协调配合备忘录》事宜，并对案件衔接、信息共享、学习研讨等方面的协调配合事项达成了一致意见。2011年6月15日，双方正式签订《加强知识产权执法协调配合备忘录》，深化了双方在知识产权行政执法和刑事执法方面的衔接。2011年南宁海关共向广西壮族自治区公安厅通报侵犯知识产权犯罪案件线索3次，其中2起案件告破并抓获犯罪嫌疑人3人。

三、加强教育培训，增强知识产权保护意识

2011年，南宁海关共参与和组织开展了3期有关知识产权海关保护的培训，共培训学员138人次。4月25日，南宁海关受邀为广西红十字会全区红十字会赈济工作培训班授课，提高了该系统人员对知识产权海关保护法律、行政法规及海关罚没货物的处置程序的了解和认识。5月20日，南宁海关组织了对柳州海关的知识产权专题培训，结合该关工作实际，重点介绍如何查发侵权案件。10月26日至27日，南宁海关组织开展了关区知识产权海关保护培训班，就知识产权执法程序、疑难问题对关区一线知识产权执法业务骨干进行了培训。培训班同时还邀请24家权利人代表为关员授课，着力提高关员对假冒伪劣商品的鉴别能力和知识产权保护意识。此外，南宁海关还从本关查获的案件中提炼了2个典型案例，发布在南宁海关法规处主页供关区各单位学习借鉴。

四、丰富宣传形式，扩大打击侵权行为声势

（一）借助报刊、互联网、中国移动短信平台等渠道，积极宣传知识产权海关保护工作成果

《广西日报》、《南国早报》、凤凰网、国家知识产权局广西子站等7家媒体发布南宁海关知识产权保护工作新闻10余篇。2011年1月31日，南宁海关向南宁市中国移动用户发送知识产权海关保护宣传公益短信。同时，南宁海关以“4·26知识产权宣传日”活动为契机，向社会公众免费发放知识产权海关保护宣传册10 000册，社会反响较好。

（二）积极向海关总署报送南宁海关工作成果展品和宣传材料

2011年5月26日，南宁海关向海关总署报送的全国海关“双打”行动成果展展品实物188件均被采用；7月~10月在央视网（中国网络电视台）举办的“中国打击侵犯知识产权和制售假冒伪劣商品专项行动成果展”海关展区采用南宁海关宣传照片2张。

（三）积极参与地方组织的各类知识产权宣传活动

2011年6月24日，南宁海关组织30余人参加了广西壮族自治区知识产权办在南宁金湖广场举办的打击侵犯知识产权和制售假冒伪劣商品专项行动成果展活动，接受公众咨询125人次，展示侵权展品89件。

（四）组织开展公开销毁罚没侵权货物活动

2011年10月26日，南宁关区组织开展了1次公开集中销毁活动，销毁罚没侵权货物19.07万件，向社会公众展现了南宁海关严厉打击侵权行为的成果。

2011 年 2 月 12 日，南宁海关隶属防城海关查获广西嘉顺贸易有限公司向南非出口侵犯 CAT 商标权利斗齿、空气滤芯器等 682 件

12 月 11 日至 28 日，南宁海关驻机场办事处连续查获携带出境侵犯 LOUIS VUITTON、香奈儿（图形）、GUCCI 商标权背包、钱包及苹果标志手机及其配件

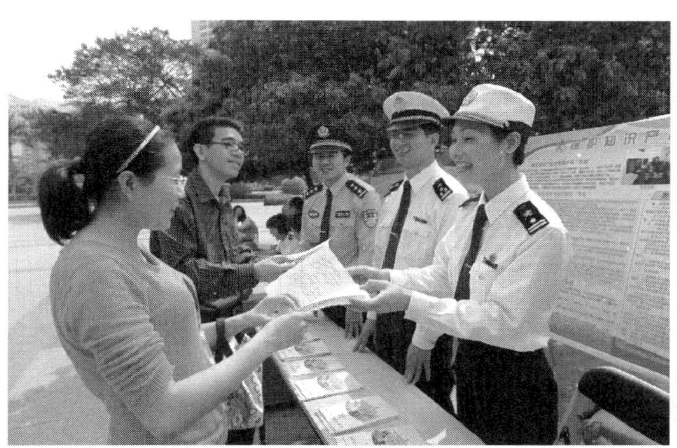

2011 年 4 月 20 日，南宁海关各隶属单位派员参加当地、市组织的“4·26 保护知识产权宣传周”广场宣传活动。宣传周期间，南宁海关共制作宣传板报 12 期，发放宣传资料 5 000 余份，现场解答咨询 600 多人次

2011 年 10 月 27 日，南宁海关在广西钦州销毁侵权货物 19.07 万件，向社会公众展现了南宁海关打击侵权行为的有效成果

厦门海关

关区概况

关区范围：厦门经济特区及泉州、漳州、龙岩 3 个地级市

隶属海关和派驻机构：东渡海关、厦门高崎机场海关、象屿保税区海关、泉州海关、石狮海关、漳州海关、东山海关、龙岩海关、驻海沧办事处、驻高崎办事处、驻同安办事处、驻邮局办事处

知识产权主管部门：厦门海关法规处

通信地址：福建省厦门市鹭江道 269 号　　邮编：361004

办公电话：0592-2355068　　传真：0592-2355054

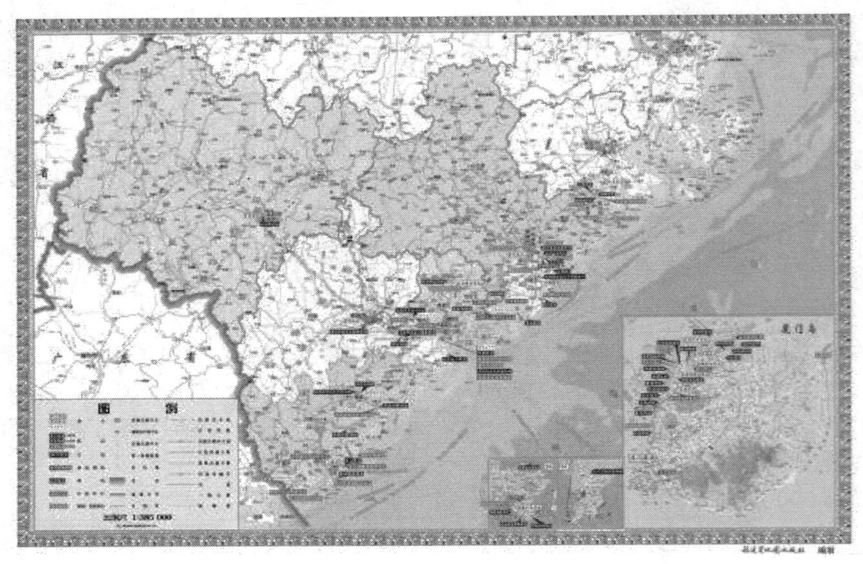

厦门海关关区分布图

2011 年厦门海关知识产权保护工作概况

2011 年，厦门海关根据国务院和海关总署的部署和要求，在全关区深入开展了打击侵犯知识产权和制售假冒伪劣商品专项行动，扎实推进知识产权海关保护各项工作，取得明显成效。全年共查获各类侵权案件 202 批次，同比增加 96.1%；查获侵权商品数量达 723 万件。查获的出口侵权香烟系列案被评为中国海关保护知识产权十佳案例，系厦门海关连续第 6 年获此殊荣；海关总署 10 次发来贺电对厦门海关查获的 13 起典型案例予以鼓励；中国外商投资企业协会优质品牌保护委员会（QBPC）、美国高尔夫反假冒联盟等行业组织及椴菊公司、尤尼克斯（YOUNEX）等权利人拜访厦门海关，感谢海关对其知识产权的保护；中央电视台、《人

民日报》、《法制日报》、福建电视台、《福建日报》等中央、地方新闻媒体报道了厦门海关知识产权保护的举措和案例；2名查获侵权案件的有功关员被海关总署记个人二等功，为全国海关首次对知识产权工作有功人员授予的二等功，另有8名关员获个人三等功、26名关员获个人嘉奖、6名关员获个人通报表扬；厦门海关法规处被评为“世博会知识产权保护专项行动先进集体”，并荣立海关总署“打击侵犯知识产权和制售假冒伪劣商品专项行动集体三等功”。国务院督查组两次专门听取厦门海关开展专项行动和督办案件办理情况汇报，认为“工作做得到位，成绩有目共睹”。厦门海关2011年知识产权保护工作主要体现在以下几个方面：

一、注重组织领导，深入开展专项行动

（一）加强组织领导

成立厦门海关打击侵犯知识产权和制售假冒伪劣商品专项行动领导小组，厦门海关分管副关长任组长，法规处、办公室、监通处、审单处、风险管理处、企管处、人事处和各业务现场分管处领导为成员；及时制订并下发厦门海关打击侵犯知识产权和制售假冒伪劣商品专项行动方案，精心组织，狠抓落实。

（二）细化工作任务

根据全国海关打击侵犯知识产权和制售假冒伪劣商品专项行动工作会议、《海关总署关于继续做好全国打击侵犯知识产权和制售假冒伪劣商品专项行动有关工作的通知》等会议及文件的要求，进一步补充完善了关区专项行动方案，明确专项行动领导小组各部门的分工和职责，确定关区开展专项行动的重点口岸、敏感商品等，进一步加大打击和处罚力度。

（三）突出工作重点

根据关区的实际情况，加大对进出境货物特别是假冒药品、食品、汽车配件、手机、服装鞋帽等关区重点敏感商品的查缉力度，对报关单申报或随附单证中货物名称、品牌、规格型号不全的货物进行重点查验。

二、注重手段创新，着力增强保护效能

（一）强化风险管理

积极运用风险管理系统、DSS决策系统、HL2008系统等辅助工具进行实时监控，进一步提高风险处置及反馈能力，促进风险分析成果向监管成效的快速转化。

（二）拓宽信息来源

畅通与知识产权权利人的沟通渠道，支持权利人自主调查侵权货物来源及动向；公布保护知识产权举报热线，鼓励社会公众向海关举报进出口环节的侵权违法活动；充分利用公安、司法及其他行政机关提供的信息，加大布控查验力度，提高打击的针对性和有效性，节约执法资源和成本。

（三）完善侵权档案系统

及时录入、更新知识产权侵权案件的敏感商品、重点航线、主要品牌、侵权多发企业等信息，并结合企业性质、货物类型、贸易国别、单证申报等总结归纳出侵权案件的有关特征，发布风险提示，明确查缉重点，提高布控的准确性。如驻海沧办事处根据侵权信息档案系统，对多项风险因素吻合的厦门某公司申报出口的一批休闲鞋进行布控，连续查获该公司分批申报的2起同时侵犯NIKE、adidas等多个知名品牌的侵权案件。

三、注重能力建设，着力提升保护水平

（一）加大培训力度

承办全国海关知识产权海关保护通关知识培训班，来自海关总署政策法规司、各直属海关和隶属海关负责知识产权保护的执法关员共88人参加了会议；与中国外商投资企业协会优质品牌保护委员会（QBPC）合作，首次联合福州海关共同举办知识产权海关保护培训交流会，41家国际知名品牌的权利人代表专程为福州海关和厦门海关的80名执法关员开展培训。

（二）开展专题研讨

召开由各业务现场知识产权联络员参加的关区知识产权工作研讨会，传达关区开展专项行动的有关部署和要求，总结查缉经验，分析侵权手法，讲解典型案例；针对行邮渠道案件的特点，制定厦门海关行邮渠道知识产权案件数据表，明确行邮渠道案件的办理程序及证据收集标准，进一步统一规范执法；与美国高尔夫反假冒联盟举办打击高尔夫侵权产品研讨会，交流案件信息，研究查辑手段，研讨会举办后不久，厦门海关就在邮递渠道连续查获侵权高尔夫球杆8批次。

（三）加强执法协作

与福州海关等兄弟单位密切联系，通过举办座谈会、开展联合培训等方式相互通报关区侵权手法、案件情况和经验做法，着力遏制侵权货物的跨关区流动；与厦门市公安局共同转发《关于加强知识产权执法协作暂行规定》，明确知识产权案件线索通报的具体流程和程序，做好知识产权海关行政保护与刑事保护的衔接工作，2011年共向公安机关通报案件线索43起；与厦门市中级人民法院共同推动知识产权行政保护和司法保护良性互动工作的有效开展，积极参与厦门市知识产权保护统筹协调机制，注重与工商、版权等部门的配合，在侵权认定、社会宣传、整治行动等方面开展执法协作。

四、注重拓宽渠道，着力构建保护防线

（一）开展政策宣讲

以“4·26世界知识产权日”为契机，通过“送法上门”、开展法律咨询、召开政策宣讲会等方式，主动深入关区定牌加工企业宣讲海关保护知识产权的政策法规、工作流程和品牌备案查询方法等内容，使贴牌生产企业在接单生产前做到心中有数，避免因信息不对称而产生侵权问题；积极协助、指导自主知识产权企业开展知识产权海关备案；了解企业保护知识产权的难点与困难，并对其后续保护工作给予帮助，引导国内企业寻求海关保护；举办专项行动成果展，展示厦门海关开展专项行动取得的成效和成绩。

（二）敦促规范申报

要求报关企业及其从业人员申报服装鞋帽等易发侵权的货物时，在报关清单的相应栏目内认真填写或录入品牌内容、标志等要素，并敦促相关部门在装货、理货等环节进行开包核对时，严密海关监管。

（三）营造良好氛围

通过门户网站及时向公众公布知识产权海关保护采取的措施和典型案例；定期召开关企例会、专题座谈会、政策宣讲会等，介绍知识产权海关保护法规、保护意义、执法程序及执法成效；积极上报有关信息动态，多篇工作情况交流及专项行动简报分别被海关总署和福建省、厦门市专项办采用；充分发挥媒体的宣传引导作用，利用广播、报刊、网络、电视等媒体积极开展对典型案例的宣传活动，如主动邀请多家媒体采访查获

的假烟案件，形成报纸、电视、网络及中央和地方媒体密集宣传的局面，收到了良好的效果。2011 年，厦门海关新闻稿件获评“第三届厦门市十大知识产权好新闻”，系连续第 3 年获奖。

厦门海关在货运渠道查获 971.34 万支侵权万宝路香烟

厦门海关查获出口 GUCCI 等八品牌百万件侵权衣着附件

2011 年 6 月 9 日至 10 日，福建省内海关首次共同联合中国外商投资企业协会优质品牌保护委员会（QBPC）在厦门举办知识产权海关保护培训交流会。强生、惠普、彪马、索尼、杜邦等 41 家优质品牌保护委员会（QBPC）会员企业的 55 名权利人代表讲授商标及产品真伪鉴别知识

南京海关

关区概况

关区范围：江苏省全境

隶属海关和派驻机构：金陵海关、苏州海关、苏州工业园区海关、江阴海关、连云港海关、南通海关、张家港海关、张家港保税港区海关、镇江海关、常州海关、无锡海关、徐州海关、盐城海关、淮安海关、扬州海关、泰州海关、常熟海关、昆山海关、太仓海关、吴江海关、如皋海关、宿迁海关、审单处

知识产权主管部门：南京海关法规处

通信地址：江苏省南京市龙蟠中路 360 号　　邮编：210001

办公电话：025-84423226　　传真：025-84423226

南京海关关区分布图

2011 年南京海关知识产权保护工作概况

2011 年，在海关总署的正确领导下，南京海关深入学习贯彻国家知识产权战略纲要，全力开展打击侵犯知识产权和制售假冒伪劣商品专项行动，认真履行知识产权海关保护职责，切实发挥职能作用，全面提升关

区知识产权保护工作的水平，取得了明显成果。全年关区共查获侵犯知识产权货物190批次，侵权商品49.2万余件，取得了较好成绩，得到了海关总署和有关部门及权利人的好评。有关情况如下：

一、以开展专项行动为重点，有效打击进出境侵权行为

南京海关高度重视，认真部署、精心组织，根据国务院和海关总署的统一部署，自2010年10月至2011年6月在关区范围开展了打击侵犯知识产权和制售假冒伪劣商品专项行动。据统计，在专项行动期间，南京关区共查获涉嫌侵权商品434万余件，查获的涉嫌侵权商品主要有化妆品、药品、服装、鞋类、包、首饰、汽车标志、墨盒等；向公安机关通报案件线索5起，公安机关已立案侦查3起；海关总署政策法规司专门发来5封贺电，专项行动小分队被海关总署荣记集体二等功。苏州海关驻邮局办事处查获4 000余粒假伟哥案、南京海关驻邮局办事处查获大批侵犯知名品牌化妆品案、连云港海关查获4 400箱侵权香皂案等案件被央视、江苏卫视、《法制日报》等多家媒体报道，形成了较大的社会影响力，展现了海关依法保护知识产权的良好执法形象。

二、以促进创新为出发点，主动服务自主知识产权发展

南京海关在严格依法打击进出境侵权行为的同时还从主动提供优质服务入手，帮助国内企业提高运用和管理知识产权的能力，扶持自主知识产权发展，服务于创新型省份建设。一是结合“法律六进”，开展“知识产权法律进企业”活动，法制部门领导带队在关区广泛调研，上门向三宝科技、苏美达、天合光能、徐工集团等自主知识产权企业的管理层和业务骨干人员讲解知识产权海关保护面临的宏观形势、相关法律规定、执法程序等内容，帮助企业提高知识产权海关保护意识和运用法律手段保护自主知识产权的能力。二是引导和帮助企业主动办理知识产权海关备案。利用座谈会、通关现场咨询、网站提供办事指南、办理关长专线咨询等方式，积极推动自主知识产权企业在海关总署办理知识产权备案手续，为自主知识产权在进出口环节增添“保护伞”。三是加强与有关社会组织的合作配合，如与江苏省知识产权保护协会合作为省内企业讲解知识产权海关保护，走访省光伏产业协会，通过这些组织了解国内企业在维权方面的整体需求。四是加大对自主知识产权的保护力度。南京海关高度重视打击侵犯自主知识产权违法行为，密切关注侵权行为的发展趋势和最新动态。2011年7月，在了解到出口光伏产品侵权行为频发的情况后，南京海关法制部门领导带队赴省内大型光伏生产企业了解情况，及时向海关总署汇报有关情况，建议针对光伏产品出口开展专项治理。五是主动邀请拥有自主知识产权的国内企业如恒顺醋业、无锡尚德、天合光能、波司登、泰怡凯、华宇灯具等向海关关员讲解品牌知识，增强海关关员查获侵权产品的意识和能力。

三、以提高执法水平为落脚点，大力加强执法能力建设

南京海关将规范执法、提高执法水平作为知识产权工作的一个重点，紧密结合知识产权保护面临的新形势、新任务、新特点，分析关区知识产权保护工作中存在的不足和问题，不断规范执法行为，加强检查督促，积极稳妥地推进关区知识产权海关保护工作的深入开展。一是结合准军事化建设的总体要求，及时制定下发《知识产权海关保护工作规范》，为关区规范知识产权保护执法、开展岗位练兵奠定坚实基础。二是继续探索在知识产权案件调查中引入证据开示制度。为充分听取知识产权案件中双方当事人的意见，进一步查清案件有关事实，依法维护双方当事人合法权益，南京海关尝试在知识产权案件调查过程中引入知识产权案件案情调查证据开示制度，得到了海关总署政策法规司的肯定，受委托起草证据开示的制度。江苏卫视和《法制日报》

对此均进行了宣传报道。三是加大对执法关员的培训力度。年内与中国外商投资企业协会优质品牌保护委员（QBPC）、日本贸易振兴机构（JETRO）等权利人组织和中介组织及部分国内权利人合作，举行了了两次南京关区知识产权海关保护执法技能培训班，有50多家权利人授课，来自关区海关查验、通关、物流监控、审单、法制等部门和总关风险管理、审单、监管、加贸等部门共120余人次接受了培训。

四、以提高实效为着力点，认真开展知识产权海关保护对外宣传

在日常工作中南京海关一直将加强对相对人的宣传教育作为从源头上预防和避免侵权行为发生的治本之策。2011年，重点围绕“4·26保护知识产权宣传周”开展了一系列对外宣传活动。南京海关突出“知识产权助推经济转型”这一主题，紧密结合江苏省广大进出口企业在进出口活动中知识产权的需求和发展前景，着重宣传知识产权海关保护在实现“知识产权助推经济转型”中的重要作用，进一步提高全体关员和社会大众知识产权保护意识，营造良好的执法社会氛围。2011年4月22下午，南京海关和江苏省知识产权协会联合组织了江苏省几十家知识产权中介机构、进出口企业在南京举行与进出口贸易有关的知识产权海关保护专题讲座和培训，结合近年来我国和江苏省大力实施知识产权战略的实际，分析现阶段国内知识产权发展中取得的成效、存在的不足和问题，详细讲解了进出口贸易中在知识产权创造、运用、管理和保护等方面应该注意的内容，取得了较好的效果。4月27日，南京海关和苏州海关在苏州联合召开了苏州地区部分企业知识产权海关保护座谈会，苏州地区波士登、好孩子、梦兰、永鼎等20多家大型民营企业、外资企业和上市公司参加了这次关企座谈会。会上，海关和昆山好孩子集团、牧田（中国）公司、波士登集团、泰怡凯等在会上做了重点介绍和发言。

南京关区各海关、单位也结合各自实际，开展形式多样的知识产权主题宣传活动。无锡海关积极参与编写《2010年无锡知识产权发展与保护状况》白皮书，宣传“双打”专项行动期间海关取得的阶段性成果；南京海关现场业务处及江阴海关、扬州海关组织开展查验技巧知识培训、知识产权海关保护案例学习，提高现场关员查发侵权案件能力，提升企业的知识产权意识和自我保护能力；镇江、新生圩、如皋海关主动加强与地方政府、公安、工商、知识产权局等单位的联系配合，加强知识产权海关保护行政执法和刑事司法的有效衔接，形成打击合力；连云港海关积极参加“连云港市知识产权专家企业行”活动，深入企业宣传各自领域的知识产权知识和政策法规，并现场接受企业的咨询；南京海关驻江宁办事处、驻机场办事处及隶属苏州工业园区、南通、张家港、张家港保税港区、常州、盐城、徐州、泰州、昆山等海关也紧密围绕主题，通过举办宣讲会、座谈会、走访调研、发放宣传资料等多种方式，广泛宣传海关在知识产权保护中所发挥的作用，积极营造活动氛围，取得了较好的成效。

五、以发挥合力为着眼点，加强与各方的执法合作

一是积极参与江苏省政府知识产权联席会议各项会议和调研活动，认真完成各项任务。根据江苏省、南京市知识产权联席会议要求，向省市政府提供南京海关开展知识产权海关保护工作的情况，为省市政府对外发布江苏省、南京市2010年知识产权保护白皮书提供翔实素材。二是在打击侵犯知识产权和制售假冒伪劣商品专项行动中与省市领导小组办公室紧密合作，及时报送查获案件的有关情况，积极主动参与领导小组办公室组织的集中办公、专项督查、迎检准备等各项工作，受到了省市领导小组办公室的表扬和肯定。三是及时依法移送案件线索。严格按照《最高人民法院、最高人民检察院关于办理侵犯知识产权刑事案件具体应用法律若干问题的解释》和《公安部、海关总署关于加强知识产权执法协作的暂行规定》，依法及时向江苏省公安厅通报5起涉嫌刑事犯罪的知识产权案件线索，做好行政执法与刑事司法的衔接，增强了对侵权行为的震

慑力。三是加强与相关执法部门的执法协作。在知识产权执法工作中，加强与版权、工商、文化、法院等相关执法部门的协作，在侵权货物鉴定、近似商标认定、侵权物品销毁、协助法院执行等方面进行广泛合作，有效提高了执法效率，形成了打击侵权行为的执法合力。四是积极参与知识产权保护国际合作交流活动。派员参加了美资企业知识产权保护座谈会和台资企业智慧财产行政执法座谈会，详细解答了有关中国知识产权海关保护的问题。派员参加中欧海关知识产权保护专家组会议，研讨加强中欧海关知识产权保护合作。派员代表中国海关参加世界海关组织反假冒工作组会议，在会上介绍了中国海关打击侵权工作的情况。派员赴法国参加了世界海关组织、国际刑警组织举办的反假药培训班。五是及时向企业管理部门反馈企业知识产权案件相关情况。南京海关知识产权工作部门及时向本关企业管理部门反馈相关企业知识产权守法情况，为企业管理部门评定企业分类等级提供相关事实依据，把《中华人民共和国海关企业分类管理办法》中有关企业知识产权守法情况与等级评定挂钩的规定落到实处，引导企业做到守法自律。2011 年知识产权工作部门向企管部门提供了 200 余家拟评为 A 类或 AA 类企业的知识产权守法情况。

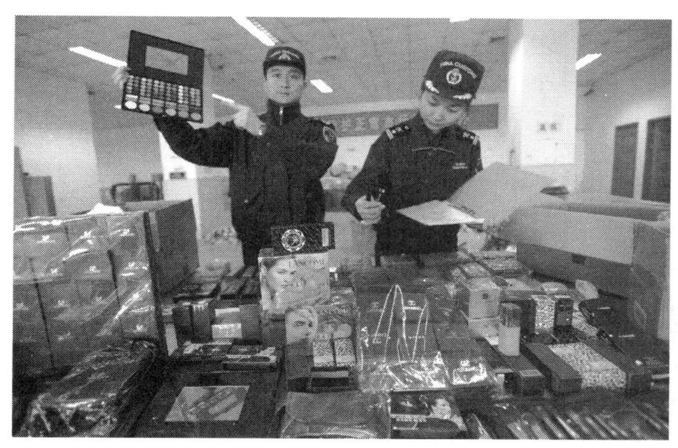

2011 年 2 月 9 日，南京海关驻邮局办事处依法扣留一批寄往美国涉嫌侵权的 M.A.C 化妆品 557 盒

2011 年 4 月 18 日，南京海关驻邮局办事处在“双打”专项行动中首次从进境渠道查获涉嫌侵权物品。在 1 个由香港寄往盐城的特快专递邮包中，查获涉嫌侵犯陆逊梯卡有限公司 Ray.Ban 商标专用权的太阳镜 74 副

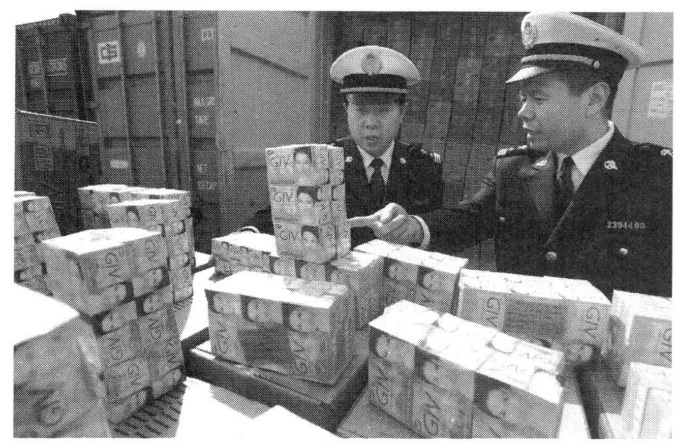

2011 年 3 月 21 日，南京关区连云港海关查获江苏某公司向贝宁出口的侵犯 GIV 商标权的香皂 316 800 块

2011 年 3 月 5 日，南京关区江阴海关向在江阴港装卸货物的进出境运输工具负责人宣传知识产权海关保护的相关规定

黄埔海关

关区概况

关区范围：广州市天河区（一部分）、黄埔区、广州经济技术开发区、萝岗区（一部分）、广州高新技术产业开发区、广州保税区、广州出口加工区以及增城市、东莞市

隶属海关和派驻机构：黄埔老港海关、黄埔新港海关、东莞海关、太平海关、新塘海关、新沙海关、驻广州经济技术开发区办事处（广州保税区海关）、驻凤岗办事处、驻长安办事处、驻常平办事处、驻沙田办事处

知识产权主管部门：黄埔海关法规处

通信地址：广东省广州市经济技术开发区保金路36号　　邮编：510730

办公电话：020-82132265　　传真：020-82130372

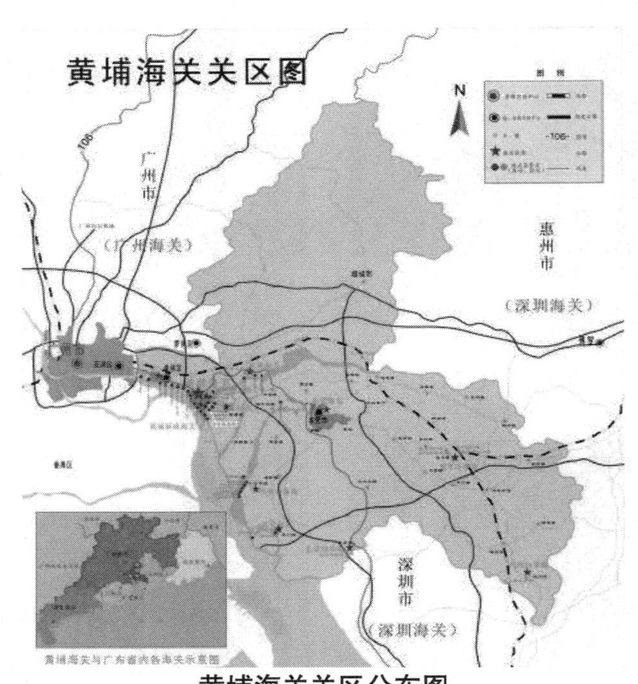

黄埔海关关区分布图

2011年黄埔海关知识产权保护工作概况

2011年，黄埔海关在海关总署的正确领导下，在广东省和广州市政府的指导和支持下，充分发挥海关边境执法机关的职能作用，加强执法能力建设，不断提高执法水平和社会效应，围绕国务院部署的打击侵犯知

识产权和制售假冒伪劣商品专项行动开展了全年的知识产权保护工作。

一、2011年知识产权执法的基本情况

根据国务院和海关总署的有关要求，黄埔海关认真组织自2010年10月至2011年6月开展的“双打”行动，将其作为全年知识产权保护工作的主轴，有效整合全关资源，建立健全长效机制，带动其他有关工作，2011年共扣留涉嫌侵权货物124批，涉及侵权商品1 079万件，有效遏制了侵权货物进出口的势头，也为长期、深入地推进知识产权边境保护工作打下坚实的基础。

（一）针对重点口岸对重点商品加强执法力度

一是根据制定的“双打”行动工作方案，将海运、快件运输方式作为重点监控的渠道，将危害消费者健康和安全的假冒药品、食品、汽车配件作为重点监控商品，要求提高存在侵权风险的出口货物的查验比例。

二是着重对老港海关、新港海关及驻常平办事处等3个重点关区的案件动态进行监控分析，通过现场调研、提出指导性意见、督办具体案件等方式帮助其提高执法效能，效果显著，上述3个重点关区全年查获的涉嫌侵权案件数量占全关案件数的82%。

三是提示现场有针对性地加大对有侵权案件记录的进出口和报关企业的查验力度。

（二）集中精锐力量查办大案要案

黄埔海关通过加大对重点商品、重点地区货物的监管力度，总结规律，对重要线索迅速开展行动并锁定货物，查获了一批大案要案，保持打击侵权的高压态势，如查获16.4万支出口假冒“NIVEA”商标唇膏案、查获17.8万个出口假冒“DETTOL”商标洗衣皂案等，取得了良好的社会效应，有效震慑了违法分子。从2011年1月到“双打”行动结束，黄埔海关共查获涉嫌侵权货物75批，查获的出口“NIVEA”、“MONTBLANC”等11个商标轻工产品案同时获得了海关总署评选的2010年中国海关保护知识产权十佳案例（连续5年）和中国外商投资企业协会优质品牌保护委员会（QBPC）评选的2010~2011年度知识产权海关保护最佳案例（第6次）。因在“双打”行动中做出突出贡献，黄埔海关法规处知识产权保护科获总署集体二等功，两名同志分获总署个人二等功及广东省“双打”行动先进工作者，此外黄埔海关被QBPC评为“双打”行动杰出执法贡献单位。“双打”行动结束后，黄埔海关及时组织全关“双打”行动表彰会，对行动期间表现突出的5个先进集体、8个先进个人进行了表彰。

（三）开展与地方执法机构配合协作

在知识产权保护工作中，黄埔海关积极开展与包括公安、工商部门的执法合作。

一是加强海关行政执法与公安刑事执法的衔接与配合。2011年黄埔海关积极开展和当地公安机关的合作，对在海关监管中发现的涉嫌构成知识产权犯罪的9宗案件线索，主动按照有关规定向公安机关通报，为其“挖源头、打源头、清市场”提供支持。

二是会同工商部门进行联合执法。黄埔海关年内在对一批申请退港的电视机进行审批时，发现该批货物有明显的侵权嫌疑。为防止侵权货物被运离港区，黄埔海关迅速联系萝岗区工商分局并对该批货物进行了联合执法，查获侵犯商标专用权电视机496台，“三无”电视机501台。

此外，黄埔海关还积极参加省、市政府组织的销毁侵权货物和专项执法行动。例如在4月15日派员参加广东省知识产权宣传周活动方案发布仪式暨“双打”行动集中销毁活动，组织销毁2.5万件海关查获的侵权货物和参与布展等相关宣传活动。当年1月还根据广东省政府的统一部署，参加了在广州市白云区开展对非洲

出口假冒伪劣和侵犯知识产权商品的专项执法集中行动，该次行动共查获侵权货物2万余件。

（四）组织“双打”行动项下相关专项行动

一是在广东分署的统一部署下，黄埔海关分别在2011年第一季度及12月开展了粤港澳海关打击粤港澳侵权货物跨境运输专项行动（“海龙行动”），以及黄埔老港口岸输港侵权货物专项治理行动（“海港行动”），积极参与粤港、粤澳及广东省内海关合作，期间共查获8批出口至香港的涉嫌侵权货物，年初同时参与组织开展广州市对非洲出口商品打假保知专项治理行动，对非出口市场环境改善明显。

二是结合关区特点，组织开展深圳第26届世界大学生夏季运动会知识产权保护工作，通过制发有关通知，推广宣传大运会商标和特殊标志等相关工作，口岸环境进一步净化。

三是认真报送相关行动开展情况，在“海龙行动”项下主动查获重大输港涉嫌侵权案件后，黄埔海关均立即向分署报告案件情况；对香港海关反馈的35条侵权案件信息，黄埔海关也及时核查并报送核查情况。

二、加强执法能力建设，提升知识产权保护水平

在查获大量案件的同时，黄埔海关还注重提升执法水平，不断健全知识产权保护的基础和机制工作，提高查缉侵权的精确性，同时严把案件质量关，确保依法、公开、高效处理案件。

（一）继续强化基层海关案件办理职能

黄埔海关坚持推进职能部门组织领导、实施职能管理，隶属海关执行的知识产权保护工作模式，提高知识产权案件办理效能，在近两年隶属海关承担部分案件办理职能取得初步成效的基础上，2011年继续推动基层海关办理知识产权案件工作。年内法规处共指定各隶属关、办事处办理涉嫌侵权案件23宗。通过增加基层海关办理侵权案件数量，培养了基层海关法制工作人员的办案技能，更好地发挥了基层法制机构应有职能作用，使得职能部门能更专注制度建设、分析布控、沟通协调、重大案件办理等工作，提高了全关知识产权保护的整体工作水平和效率。

（二）着力发挥职能部门业务指导作用

一是开展形式多样的各类培训，如4月20日在广州市组织有20家权利人参与、50余名关员参加的知识产权海关保护培训会，3次派员到基层海关为现场一线关员进行培训，3次在新干班和关衔晋升培训班讲授知识产权保护业务等，通过培训充分发挥各隶属海关、办事处的法制科室、法制专岗和知识产权联络员的作用，调动了各业务现场查获案件的积极性，提高了查获侵权货物的准确率，2011年全关实际立案率提高到53%，查缉效能进一步提高。

二是对基层法制机构做好执法方面的指引，继续坚持在各隶属海关办理案件审结前，由法规部门对案件办理情况进行必要审核，把好事实关和法律关，同时，法规部门先后赴老港海关、新港海关、驻常平办事处交流办理侵权案件的经验，提示业务风险，讲解知识产权保护执法系统录入要求，保证了全关区案件信息的及时共享与准确性。

三是以提供案件数据、到查验现场实地调研等方式协助监察室对部分查验现场扣留侵权嫌疑货物情况开展专项执法监察，提高了监管效能和工作规范化水平，进一步健全了工作制度。

（三）充分发挥风险管理先导作用

一是针对侵权手段日益隐蔽化、航线多样化的趋势，黄埔海关通过风险分析总结侵权货物的种类、流向及侵权手法，降低执法的盲目性，节约有限的人力资源，如11月法规部门根据已查获案件规律总结提炼的出

口至印度的侵权货物有增长趋势风险信息，在风险信息转化为实际布控绩效方面成效明显，后期查缉该类案件同比增加明显。

二是法规部门与包括缉私局情报部门、风险管理部门、监管现场之间保持畅通合作，对于权利人和公众提供的案件线索，能迅速进行分析和布控处置，并及时向相关部门反馈，对精准打击侵权货物通过黄埔口岸进出口发挥了重要作用，年内共下达布控指令142条，命中73条，其中10月份连续查获2批、共38.3万粒出口侵权药品，是近年来黄埔海关查获数量最多的侵权药品案件。

三、完善执法，加强宣传，努力扩大知识产权工作的影响

（一）通过参加海关总署知识产权集中工作提升业内影响

一是积极参与规则制定工作，受海关总署委派，认真起草了知识产权海关保护调查认定规则，期间收集查阅了大量资料，并对疑难问题进行反复论证；二是选派干部为海关总署起草知识产权保护系统的开发任务书，对业务流程和对系统的要求做了详尽描述，涵盖知识产权保护执法的各个环节；三是在其他海关总署的专项业务中发挥积极作用，例如两次参与全国海关知识产权论文工作集中评审，在时间紧、任务重的情况下完成了论文名次的评定，在海关总署组织的华南地区海关与日资企业代表意见交流会、知识产权海关保护执法合作经验交流会上作为海关代表做专题发言。

（二）通过国际合作提升境外对海关知识产权保护工作认知

一是在英国皇家税务与海关署考察团、香港海关版权及商标调查科来访期间，详细介绍了黄埔海关的实际做法与工作成效，进一步提升海外海关对黄埔海关知识产权保护工作的认知和理解；二是派员赴英国参加中欧海关知识产权专家组会议，赴韩国进行知识产权保护考察，在交流过程中体现了黄埔海关专业、高效的执法形象；三是做好由韩国特许厅率领的韩国官民访问团来访接待工作，注意向海关总署做好请示汇报，妥善安排会谈议程、准备答复口径，会谈效果达到预期目的；四是与欧盟商会、QBPC、日本贸易振兴机构等权利人及其组织进行了10余次座谈，妥善回应外部关切，并就加强黄埔海关与权利人合作的问题进行了深入交流。

（三）通过组织销毁活动营造工作声势

年内开展大型销毁活动2次，以环保方式销毁侵权货物1 275万件，其中5月25日在广州市萝岗区组织“双打”行动侵权货物销毁现场会，来自广东省知识产权局、广州市知识产权局、萝岗区经济发展和科技局，以及QBPC、知识产权权利人代表共50余人参加了现场会，此次现场会充分展示了黄埔海关开展“双打”行动的成果，彰显了打击侵权货物进出口的决心。

（四）通过形式多样的普法宣传增强公众认知

一是以“4·26保护知识产权宣传周”、“8·8全国海关法制宣传日”、“12·4全国法制宣传日”等为契机，组织全关开展面向进出口、报关企业和社会公众的知识产权保护专题宣传，通过发放宣传资料、设立咨询窗口、张贴公告，重点向进出口企业及加工贸易企业介绍海关保护知识产权有关情况及企业侵权所应承担的法律责任，及时通报海关执法状况，解答公众咨询，增强企业知识产权保护意识及自觉守法意识；二是密切联系互联网、报纸、杂志、电台、电视等各类媒体，积极提供有关知识产权海关保护新闻素材，年内中新社、《法制日报》等9家媒体共报道21条黄埔海关知识产权保护工作新闻。同时，认真回复包括办公室转办的网络问答及12360业务问答8次，解答了生产和进出口企业在经营过程中遇到的实际问题；三是推动知识产权海关保护理论研究，提升行业内对海关知识产权工作的深度认知，如年内中国海关学会和海关总署政法司组织的“知

识产权海关保护”专题征文活动评选中，黄埔海关获得优秀组织奖，推荐的 20 篇优秀论文中有 8 篇文章获奖，其中当选一等奖文章 1 篇，二等奖文章 1 篇，上述成绩在全国海关排名前列。

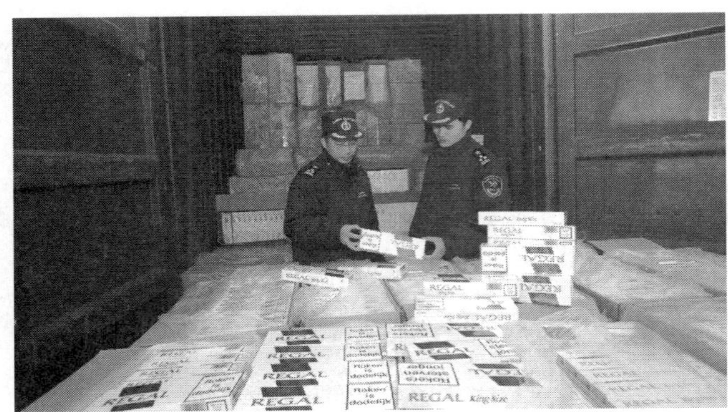

2011 年 1 月 19 日，黄埔海关隶属老港海关查获深圳市某公司向美国出口的侵犯 REGAL 商标权的香烟 9 410 000 支

2011 年 4 月 14 日，黄埔海关查获向印度尼西亚出口的侵犯 POND'S 商标权的化妆品 8 640 件

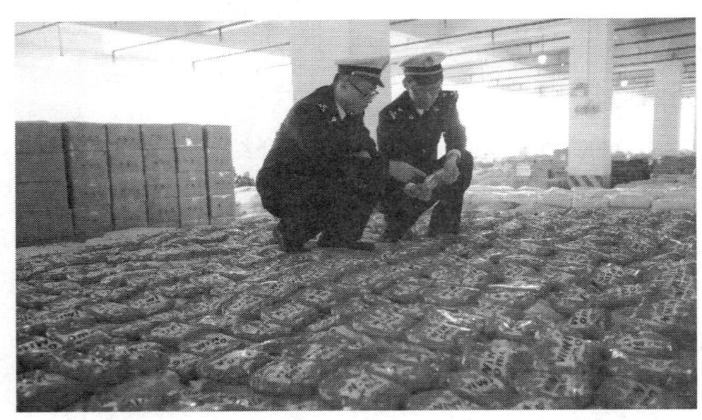

2011 年 11 月 10 日，黄埔海关隶属老港海关查获深圳市某公司向马来西亚出口的侵犯 OMO 商标权的洗衣粉 4 000 袋

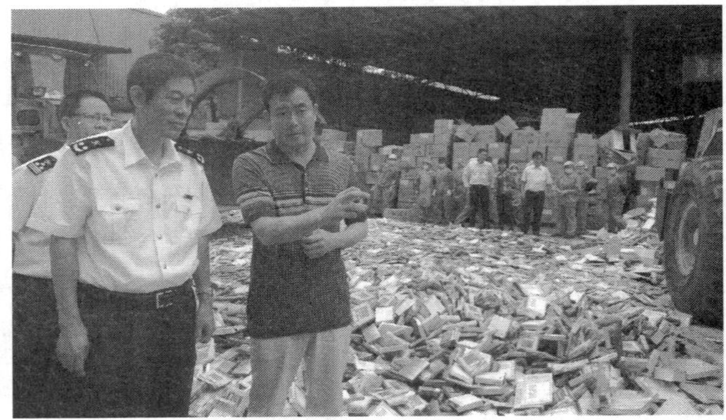

黄埔海关在广州市萝岗区举行“双打”行动侵权货物销毁现场会，以环保形式销毁了该关在“双打”行动期间查获的侵权货物 51 万件，胡清副关长（左二）出席现场会并对进一步开展“双打”行动提出指导意见

江门海关

关区概况

关区范围：广东省江门市、阳江市

隶属海关和派驻机构：新会海关、开平海关、台山海关、鹤山海关、阳江海关、恩平海关、驻高沙办事处、驻外海办事处

知识产权主管部门：江门海关法规处

通信地址：广东省江门市北街海傍街43号　　邮编：529000

办公电话：0750-3263825、3263389、3263249　　传真：0750-3263907

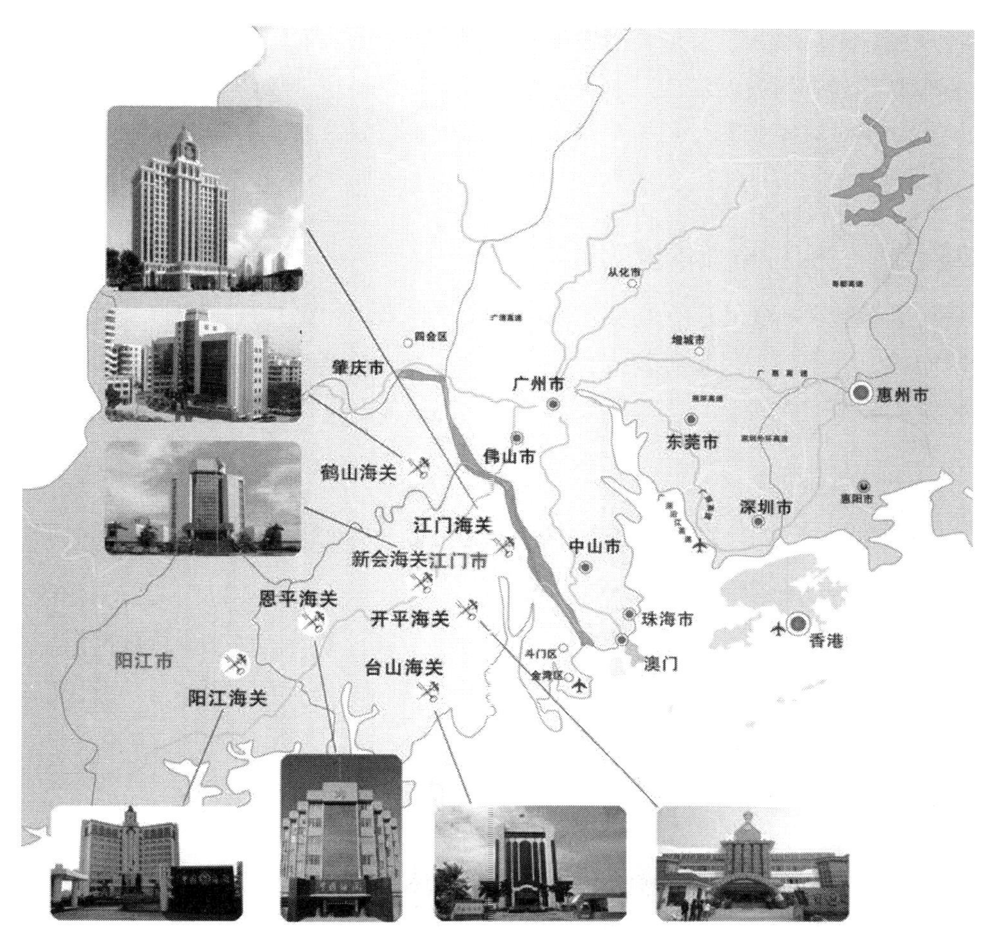

江门海关关区分布图

2011年江门海关知识产权保护工作概况

2011年，江门海关结合关区实际，明确工作重点，采取各项有效措施，组织开展了打击侵犯知识产权和制售假冒伪劣商品专项行动等各项工作，取得了一定成效。2011年全年江门海关累计查扣侵权货物38批次，涉及侵权货物数量124万件。在2011年江门海关查获的侵犯知识产权案件中，侵犯“BRISTAN”、“NASS”、“SANILI”、“水口”等商标专用权的7宗较大影响的案件，由于涉案商品数量多、案值高、影响大，海关总署就其中5个个案向江门海关发来贺电。知识产权权利人高度评价江门海关的行动成效，向江门海关赠送感谢信、锦旗、奖牌等共11件。新闻媒体高度关注江门海关专项行动的成效，其中《江门海关连续查获58000瓶涉嫌侵权出口腐乳》等5篇稿件先后被《国际商报》、《广州日报》、《重庆晨报》、《江门日报》、江门电视台等媒体采用，中国海关门户网站、中国新闻网、凤凰网、新民网、搜狐网等知名网站也转载采用，产生了良好的社会效果。主要措施有：

一、突出重点环节，强化海关正面监管

进一步充实各现场口岸执法力量，加强对进出境货物和物品的正面监管，加大对药品、食品、汽车配件和手机等重点商品的监管和查缉力度。江门海关将侵权案件常发口岸、近两年来未查获知识产权侵权案件的口岸作为本次专项行动重点口岸，充分利用检查设备，对夹藏侵权货物、物品风险较高的集装箱、行李、快件做到百分之百过机检查。

二、加强风险分析，有针对性地进行风险布控

加强对出口货物的风险分析工作，密切关注和收集侵权风险动向，提前发布相关风险预警，对重点敏感商品及时实施风险布控，并有针对性地提高查验比例，确保实际监管到位。年内，江门海关通过风险分析连续查获侵犯地方传统副食品名优商标“水口”腐乳、“镇江香醋”等侵权货物，有效保护了地方传统产业的合法权益。

三、加强与其他知识产权相关机关的协作，形成执法合力

江门海关积极参与地方的知识产权保护工作，及时向地方知识产权主管部门通报工作情况，主动联系、走访地方公安、工商、法院等单位，对重特大案件查处的衔接进行磋商，加强执法数据信息共享，明确配合协作的具体要求。去年，江门海关向公安部门通报1宗侵权案件线索，向工商部门移交侵权货物1批，协助法院执行货物5批次。

四、加强对外宣传培训，营造守法氛围

把进出口企业、快件经营单位、邮政局和进出境旅客作为知识产权宣传教育的重点对象。在各口岸现场悬挂渲染知识产权海关保护工作氛围的宣传横幅，向管理相对人分发知识产权海关保护小册子等相关资料，制作宣传画、动漫作品，增强企业和社会公众的守法意识和知识产权意识。加大对侵犯企业自主知识产权案件的曝光和宣传教育力度，取得良好的社会效应。

五、加强对现场关员的培训和指导，提高一线执法水平

通过开展“12·4 全国法制宣传日”、“4·26 世界知识产权日”、送法下基层等活动，加强现场海关关员对知识产权海关保护知识的培训；与国内外知识产权机构合作举办两期知识产权品牌鉴别培训班，较好地提高了一线关员的执法能力。江门海关还制发《知识产权海关保护常见问题及解答》、《关于进出口货物知识产权状况认定的操作指引》等相关操作指引，有效规范和统一现场执法行为。

2011 年 4 月 20 日，江门海关法规处举办海关备案品牌真伪辨别知识培训班

江门海关外海办举办知识产权海关保护企业宣讲会，各大报关行及部分知名品牌企业负责人参加了宣讲会

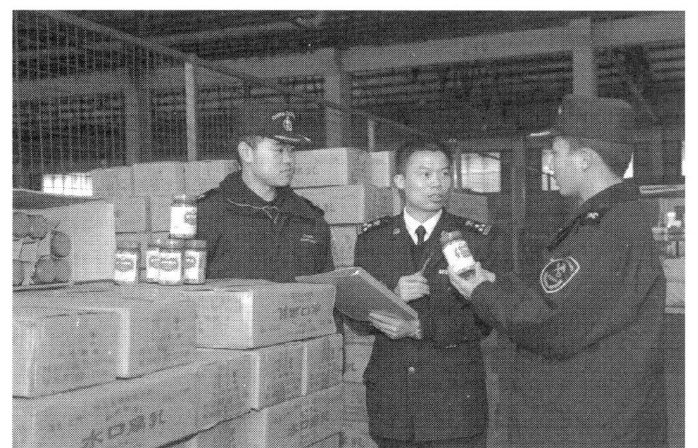

2011 年 1 月份江门海关外海办事处查获侵权水口腐乳

大连海关

关区概况

关区范围：辽宁省大连、鞍山、本溪、营口、丹东、盘锦六市及所辖区域

隶属海关和派驻机构：大窑湾海关、大连港湾海关、大连机场海关、大连经济技术开发区海关（区域保税加工核查中心）、鲅鱼圈海关、营口海关、鞍山海关、丹东海关、大东港海关、庄河海关、审单处、驻保税区办事处（特殊区域监管中心）、驻邮办办事处、驻旅顺办事处、驻本溪办事处

知识产权主管部门：大连海关法规处

通信地址：辽宁省大连市金州新区金马路219号　　邮编：116600

办公电话：0411-8795308687950445　　传真：0411-87955027

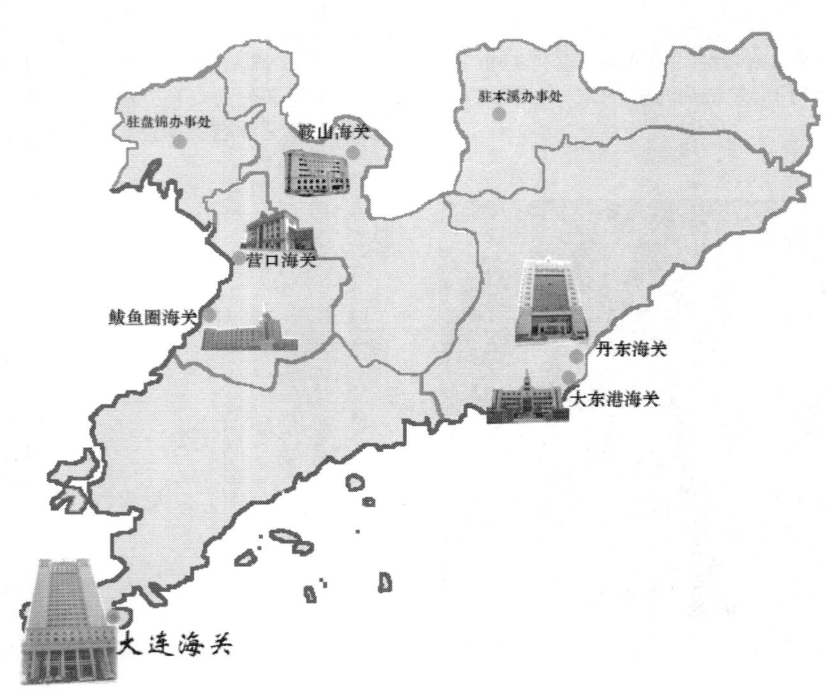

大连海关关区分布图

2011年大连海关知识产权保护工作概况

2011年，大连海关在海关总署的领导下，结合关区实际，稳步推进知识产权海关保护各项工作。通过关区在线教育培训系统，大连海关对全员开展知识产权海关保护网上培训与考试；举办二期执法培训班，邀请

国内外十几个权利人代表参与海关的知识产权专项培训，提高了一线关员的知识产权保护意识和执法水平。2011 年大连海关共查获侵权商品 273 批次，数量 19 616 件。此外，通过各类新闻媒体刊发相关宣传稿件 30 余篇，形成“边喊边打”、“以喊促打”的良好局面。因工作业绩突出，法规处被授予集体三等功。大连海关被评为辽宁省专项行动先进单位，法规处被评为大连市专项行动先进集体，4 名同志分别被评为省、市专项行动先进个人。

大连港湾海关在执法现场开展知识产权宣传周系列宣传活动，向行政相对人发放宣传资料 1 000 余份，并现场讲解知识产权海关保护有关规定

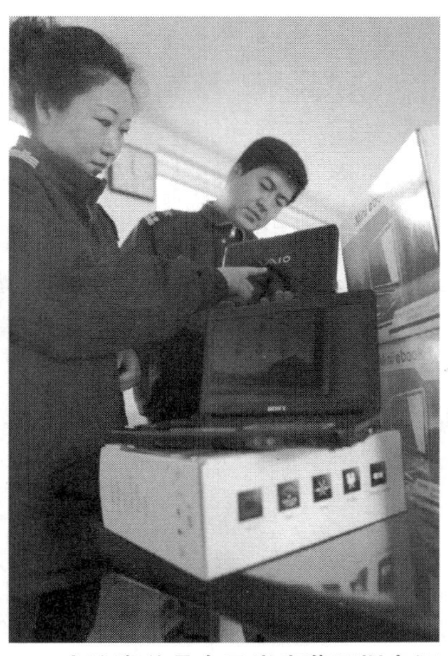

大连海关丹东口岸查获深圳市汇达联贸易有限公司向朝鲜出口的侵犯 SONY 商标权的笔记本电脑 5 台，这是丹东口岸 6 个月内查获的第 5 批侵权笔记本电脑

哈尔滨海关

关区概况

关区范围：黑龙江省全境

隶属海关和派驻机构：绥芬河海关、黑河海关、同江海关、佳木斯海关、牡丹江海关、东宁海关、逊克海关、齐齐哈尔海关、大庆海关、密山海关、虎林海关、富锦海关、抚远海关、漠河海关、萝北海关、嘉荫海关、饶河海关、开发区海关、太平机场海关、驻邮局办事处、港办处

知识产权主管部门：哈尔滨海关法规处

通信地址：黑龙江省哈尔滨市南岗区嵩山路88号　　邮编：150008

办公电话：0451-82381883　　传真：0451-82381772

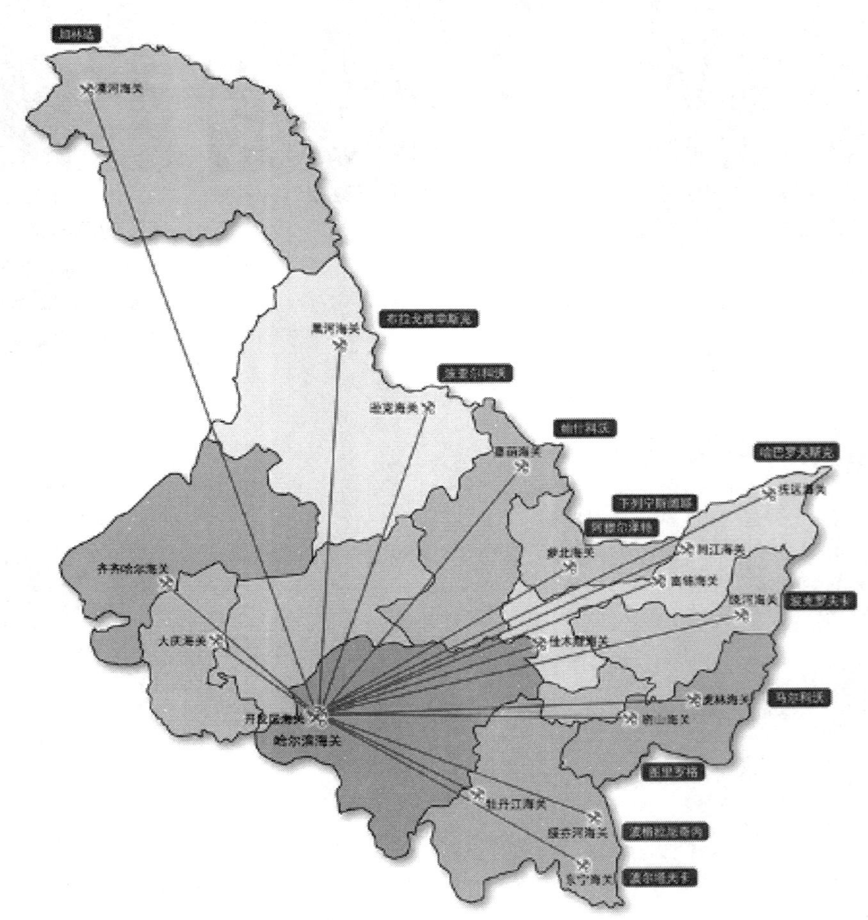

哈尔滨海关关区分布图

2011 年哈尔滨海关知识产权保护工作概况

2011 年为贯彻落实“全国海关打击侵权和制售假冒伪劣商品专项行动工作会议”精神和黑龙江省开展“打击侵犯知识产权和制售假冒伪劣商品专项行动”工作要求，切实加强哈尔滨关区口岸知识产权保护力度，有效遏制进出口侵权行为，净化口岸通关环境，维护公平竞争的进出口贸易秩序，哈尔滨海关在 2011 年采取一系列措施，全面推进关区知识产权保护工作，扎实开展了“打击侵犯知识产权和制售假冒伪劣商品专项行动”，取得了喜人成果。2011 年哈尔滨海关累计查获侵权商品 222 批次，数量 12 918 件，创历史新高。

哈尔滨海关与俄罗斯远东海关局举行工作会谈，会谈就开展知识产权保护执法合作等问题进行了深入研讨

哈尔滨海关关员积极开展知识产权海关保护普法宣传活动，向出境旅客发放知识产权海关保护宣传资料

黑河海关集中销毁近千件侵权手机和手表，这是黑河海关首次集中公开销毁查获的侵犯知识产权商品

沈阳海关

关区概况

关区范围：沈阳、抚顺、辽阳、锦州、阜新、葫芦岛、铁岭和朝阳等 8 个市及所辖地区

隶属海关和派驻机构：锦州海关、沈阳经济技术开发区海关、葫芦岛海关、沈阳桃仙机场海关、现场业务处、审单处、驻抚顺办事处、驻辽阳办事处、驻邮局办事处

知识产权主管部门：沈阳海关法规室

通信地址：辽宁省沈阳市浑南新区浑南三路 16 号　　邮编：110179

办公电话：024-22695296　　传真：024-22845485

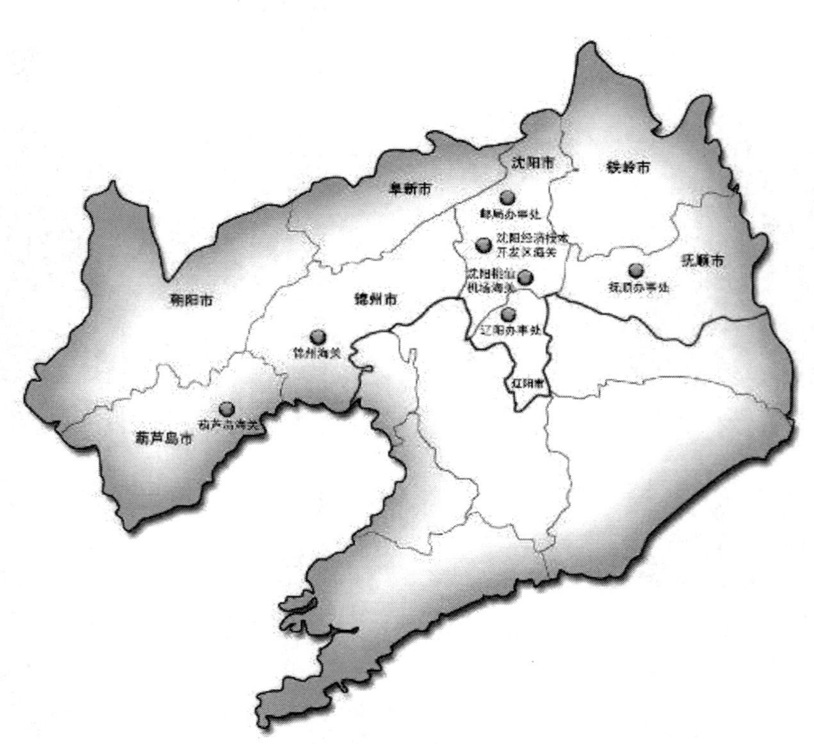

沈阳海关关区分布图

2011 年沈阳海关知识产权保护工作概况

2011 年，沈阳海关在海关总署的统一指挥下，在沈阳海关党组的正确领导下，在全面总结关区侵权案件特点基础上，突出重点，全面出击，严厉打击进出境环节的侵权违法行为。2011 年，沈阳海关累计查获侵货

物 197 批次，侵权商品数量 2 731 件。沈阳海关驻沈阳邮局办事处因在 2011 年“打击侵犯知识产权和制售假冒伪劣商品专项行动”中对非法邮寄侵犯知识产权物品行为的有效监管，荣获集体三等功。

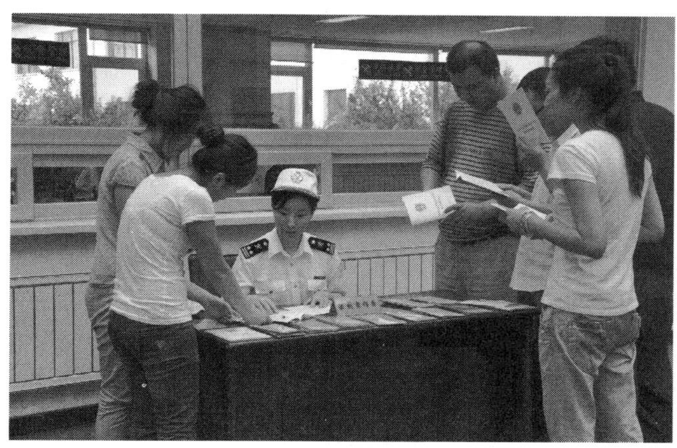

2011 年 8 月 8 日，沈阳海关开发区口岸在业务现场设置宣传台，发放《中华人民共和国知识产权海关保护条例》等与知识产权海关保护相关的宣传资料

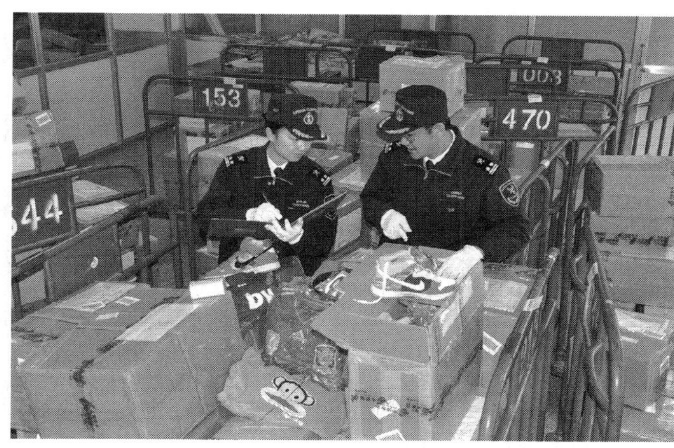

2011 年 1 月 6 日，沈阳海关驻邮局办事处在出境邮寄渠道查获大批侵权商品

武汉海关

关区概况

关区范围：湖北省全境

隶属海关和派驻机构：荆州海关、宜昌海关、武汉经济技术开发区海关、黄石海关、襄阳海关、十堰海关、武汉东湖新技术开发区海关、现场业务处、驻机场办事处、驻邮局办事处

知识产权主管部门：武汉海关法规室

通信地址：湖北省武汉市汉口沿江大道 95 号　　邮编：430021

办公电话：027-82768038　　传真：027-82768024

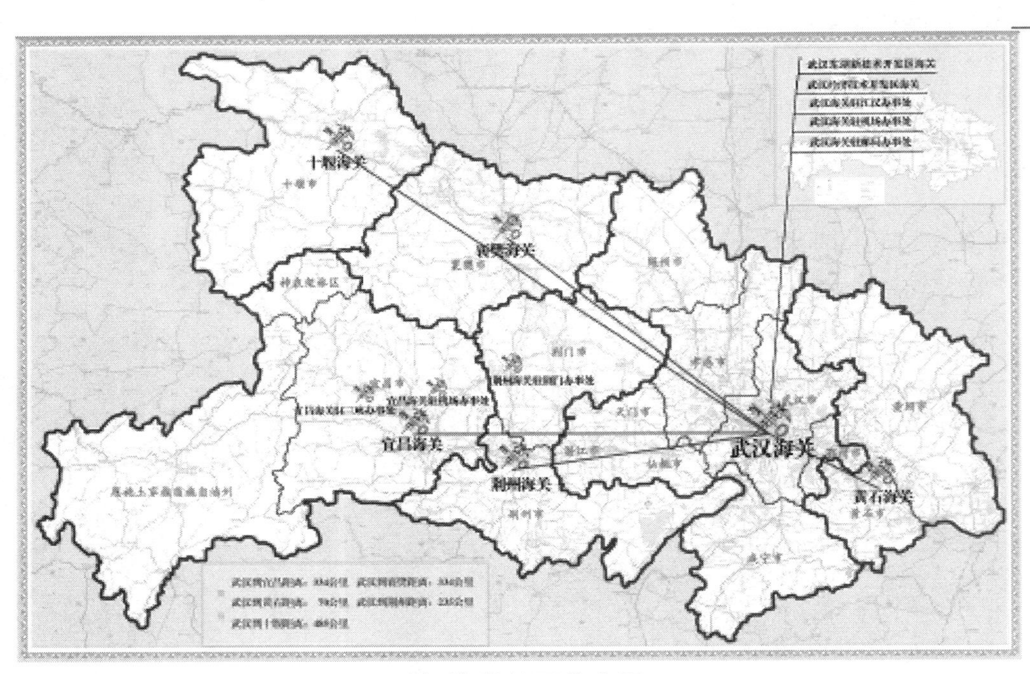

武汉海关关区分布图

2011 年武汉海关知识产权保护工作概况

2011 年，武汉海关认真贯彻“依法行政，为国把关，服务经济，促进发展”的工作方针，狠抓培训指导，加强对外宣传，强化理论研讨，注重配合协作，不断加大知识产权海关保护力度，有效地保护了权利人的合法权益，为维护国家经济秩序和促进对外贸易健康发展做出了应有的贡献。2011 年累计查获侵权商品 172 批次，数量 65 445 件。全年协助有关单位、部门开展企业守法信息查询 102 宗，为 130 家企业出具了知识产权方面

的守法信息查询结论。在湖北省各市州及省直部门参加的“上海世博会知识产权知识竞赛”评比中，武汉海关荣获组织奖，2名关员分别荣获个人一等奖、三等奖；武汉海关驻机场办事处邮检科被武汉市人民政府评为“武汉市知识产权工作先进集体”，2名同志被评为“武汉市知识产权工作先进个人”；因开展专项行动成绩突出，武汉海关被评为“湖北省打击侵犯知识产权和制售假冒伪劣商品专项行动先进单位”，办公室法规室被评为“武汉市打击侵犯知识产权和制售假冒伪劣商品专项行动工作先进集体”，1名同志被评为“湖北省打击侵犯知识产权和制售假冒伪劣商品专项行动先进个人”，2名同志被评为“武汉市打击侵犯知识产权和制售假冒伪劣商品专项行动工作先进个人”；武汉海关查获的侵犯国为白酒知名品牌瓶盖案作为海关保护知识产权典型案例入选武汉市打击侵犯知识产权和制售假冒伪劣商品专项行动十大案件。

图为武汉海关查获侵权国际品牌商标标牌3 227枚

2011年9月1日，武汉海关法规室到该关隶属武汉经济技术开发区海关组织知识产权鉴别技术培训，邀请贾恩尼·弗赛斯股份有限公司、科奇公司、保罗史密斯集团控股有限公司、L.C.特许公司、甘特有限公司、赖希勒及迪—马沙里有限公司、ABSCA财经公司、斯皮度控股公司、日内瓦实验室有限公司、雀巢产品有限公司品牌保护人员，就上述品牌介绍及产品真伪鉴别知识进行授课，并结合相关侵权案例与现场关员进行交流讨论

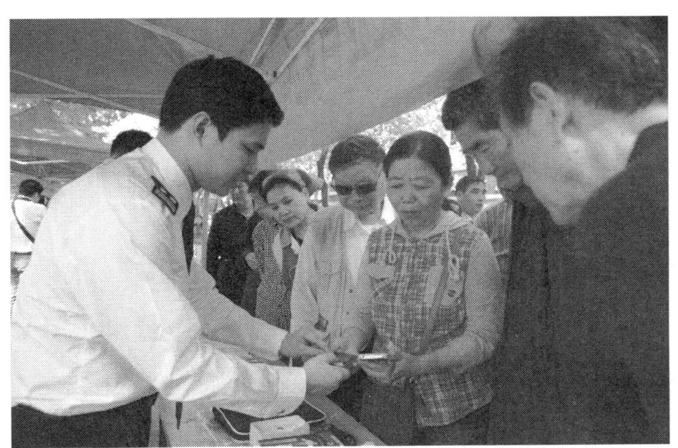

2011年4月26日，武汉海关参加湖北省在武汉市水果湖步行街举办的知识产权集中宣传活动，讲解有关侵权商品如何鉴别及有关知识产权海关保护相关规定等

昆明海关

关区概况

关区范围：云南省全境

隶属海关和派驻机构：瑞丽海关、孟定海关、大理海关、西双版纳海关、河口海关、天保海关、机场海关、丽江海关、畹町海关、芒市海关、腾冲海关、盈江海关、章凤海关、南伞海关、沧源海关、都龙海关、田蓬海关、思茅海关、孟连海关、打洛海关、勐腊海关、金水河海关、现场业务处、驻香格里拉办事处

知识产权主管部门：云南省昆明海关法规处

通信地址：云南省昆明市北京路618号　　邮编：650051

办公电话：0871-3016259、3016254　　传真：0871-3016259

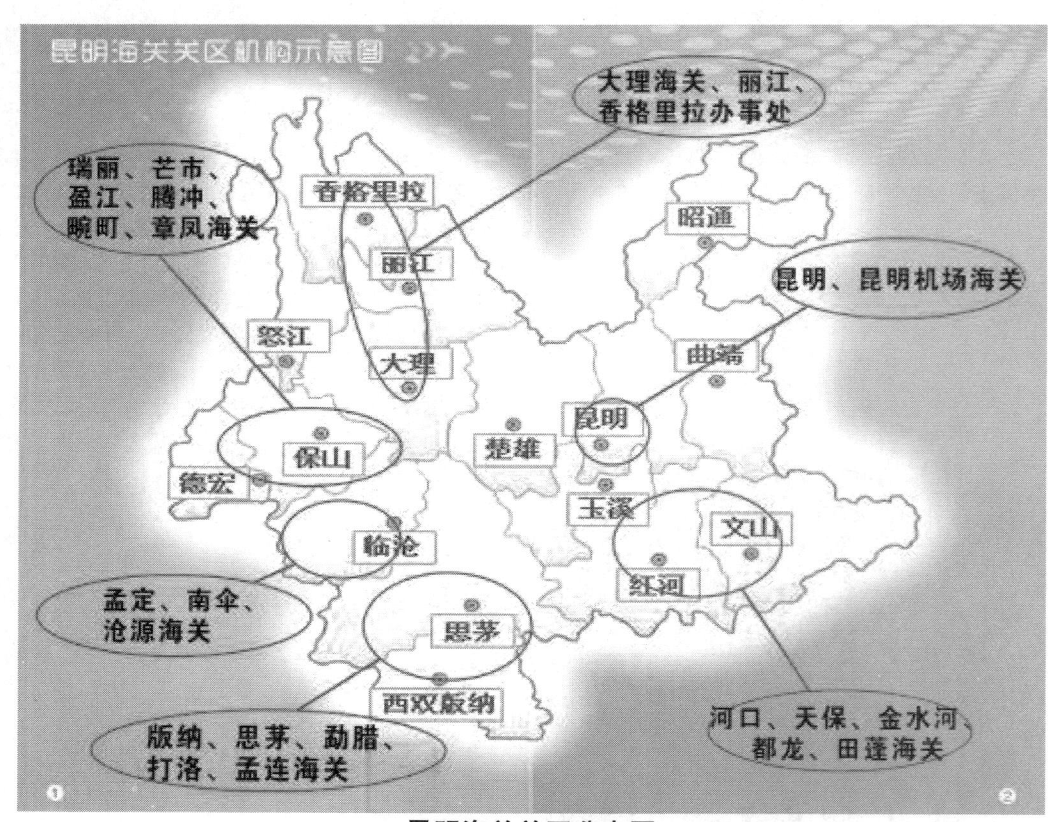

昆明海关关区分布图

2011 年昆明海关知识产权保护工作概况

2011 年，昆明海关按照温总理重要批示精神及国务院和海关总署关于开展“打击侵权和制售假冒伪劣商品专项行动的要求，积极贯彻落实国家知识产权保护战略，突出重点，认真履职，不断推进关区知识产权保护工作，建立健全知识产权海关保护的长效工作机制，严密监管，突出打击成效，成效显著。全关区全年共查处各类侵犯知识产权案件 152 批次，查获各类侵犯知识产权商品 579 955 件，包括 6 起大案要案，瑞丽、勐腊、机场、河口、打洛海关表现突出，西双版纳、腾冲、沧源、芒市海关均实现查获知识产权案件“零”的突破，海关总署发来贺电充分肯定了昆明海关在“双打”专项行动中所做的工作。法规处因在双打专项工作中成绩突出，被海关总署授予集体三等功；飞利浦、德国拜尔斯道夫、联合利华等 10 家权利人致函或送来锦旗，感谢昆明海关对权利人合法权益的保护。

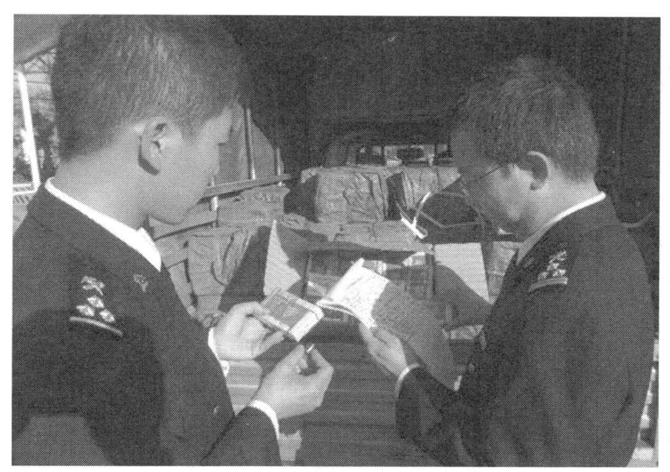

2011 年 1 月 7 日，昆明海关隶属瑞丽海关查获某公司向缅甸出口的侵犯无锡产业发展集团有限公司“锡字牌”商标权的柴油机配件出油阀偶件 1.86 万套，价值 13 万元人民币

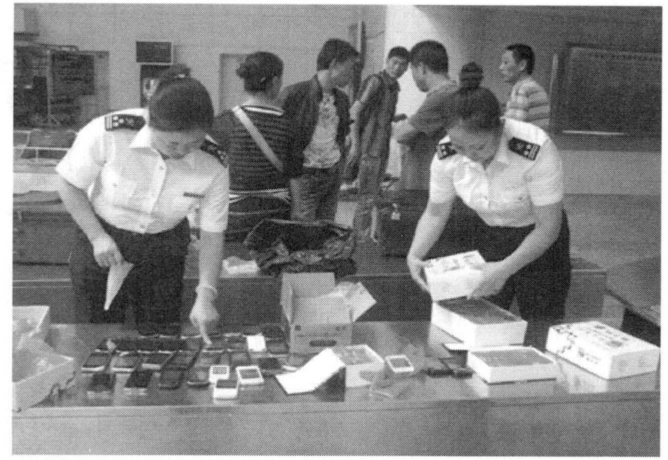

2011 年 9 月 21 日，昆明机场海关旅检现场从 3 名前往仰光的旅客行李物品内查获侵犯 NOKIA、IPHOE 等商标权知识产权的手机 202 台，涉及侵犯 NOKIA、IPHOE 等品牌的商标权

昆明海关侵权货物销毁现场

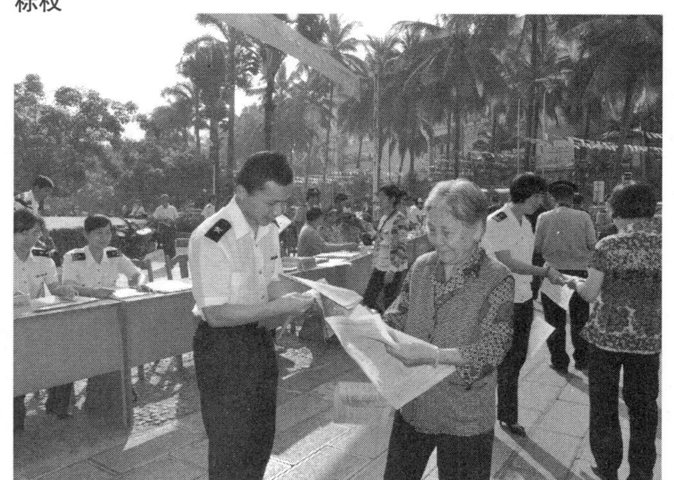

西双版纳海关在知识产权宣传活动中发放宣传资料

乌鲁木齐海关

关区概况

关区范围：新疆维吾尔自治区全境

隶属海关和派驻机构：喀什海关（副厅级，下设红其拉甫海关、吐尔尕特海关、伊尔克什坦海关、卡拉苏海关）、霍尔果斯海关、伊宁海关（下设木扎尔特海关）、都拉塔海关、霍尔果斯国际合作中心海关（筹）、阿拉山口海关、塔城海关、阿勒泰海关（下设驻吉木乃办事处、驻塔克什肯办事处）、石河子海关（筹）、乌鲁木齐机场海关、审单处、现场业务处、驻车站办事处、驻库尔勒办事处

知识产权主管部门：乌鲁木齐海关法规处

通信地址：新疆维吾尔自治区乌鲁木齐市北京南路 295 号　　邮编：830011

办公电话：0991-3627950　　传真：0991-3835128

乌鲁木齐海关关区分布图

2011 年乌鲁木齐海关知识产权保护工作概况

2011 年在海关总署和总关党组的正确领导下，全关各职能处室和监管业务现场紧密配合，采取有效措施，知识产权海关保护工作取得突出成绩，全年共查获各类知识产权侵权案件 87 批次，查扣各类侵权商品 5.53 万件。因相关工作突出，机场海关旅检科荣立“打击侵犯知识产权和制售假冒伪劣商品集体三等功”；邮局办事处荣获“2010 年度全国打击盗版音像制品三等奖”。另外乌鲁木齐海关在 5~11 月，深入开展“知识产权海关执法情况检查”，以查促改，着力提升关区执法统一性和规范性，针对存在的问题制定了 16 条整改措施，不断健全机制、规范执法；对执法培训工作常抓不懈，并与中国外商投资企业协会优质品牌保护委员会合作，对 2011 年新入关人员进行了知识产权执法保护培训，丰富重点商品及品牌知识，不断提高一线关员执法能力。

2011 年 9 月 5 日，乌鲁木齐海关举办“乌鲁木齐海关与品保委知识产权保护交流会”

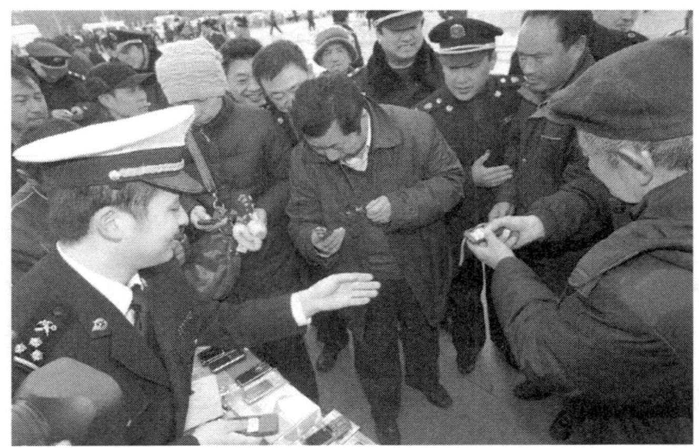

2011 年“3·15 国际消费者权益日”，乌鲁木齐海关隶属塔城海关在活动现场开展真假品鉴定

石家庄海关

关区概况

关区范围：河北省全境

隶属海关和派驻机构：秦皇岛海关、唐山海关、保定海关、廊坊海关、沧州海关、张家口海关、现场业务处、审单处、驻机场办事处、驻邯郸办事处、驻曹妃甸港区办事处。

知识产权主管部门：石家庄海关法规处

通信地址：河北省石家庄市和平西路528号　　邮编：050061

办公电话：0311-87869052、87869054　　传真：0311-87869055

石家庄海关关区分布图

2011年石家庄海关知识产权保护工作概况

2011年，石家庄海关立足国家知识产权战略，紧密结合关区业务实际情况，不断强化知识产权保护工作。年内，共查获侵犯知识产权货物87批次，查扣的侵权商品数量4 269件，批次与数量皆创历史新高。由于工作成绩突出，石家庄海关法规处被授予河北省打击侵犯知识产权和制售假冒伪劣商品专项行动工作先进集体，2 人被评为河北省打击侵犯知识产权和制售假冒伪劣商品专项行动工作先进个人，石家庄海关隶属秦皇岛海关专项行动执法小组被授予集体嘉奖，唐山海关被授予唐山市打击侵犯知识产权和制售假冒伪劣商品专项行动工作先进集体，3 人被评为唐山市打击侵犯知识产权和制售假冒伪劣商品专项行动工作先进个人。

石家庄海关在门户网站开展打击侵犯知识产权和制售假冒伪劣商品专项行动在线访谈

石家庄海关对一批邮递渠道侵犯 Nike 等商标权货物的知识产权状况进行初步核查

拉萨海关

关区概况

关区范围：西藏自治区全境

隶属海关和派驻机构：聂拉木海关、日喀则海关、吉隆海关、狮泉河海关、现场业务处、驻邮局办事处、驻贡嘎机场办事处

知识产权主管部门：拉萨海关法规室

通信地址：西藏自治区拉萨北京中路72号　　　　邮编：850001

办公电话：0891-6283038　　　　传真：0891-6835906

拉萨海关关区分布图

2011年拉萨海关知识产权保护工作概况

2011年，拉萨海关在海关总署的正确领导下，地方各级政府部门的大力支持下，认真履行把关服务职能，严格依法行政，有效推进了关区知识产权保护工作，拉萨海关党组长期以来对知识产权海关保护工作高度重视，及时成立了以党组书记关长王文喜为组长的拉萨海关知识产权海关保护工作领导小组，定员定岗，加强配合，依托风险分析、查验布控，在进出口环节有效遏制了各类侵权行为发生，严厉打击进出口环节的各类侵权行为，成效显著，全年共查获侵犯知识产权案件69批次，查获侵权商品32 022件，先后收到维权利剑、企业后盾、维权先锋、国门卫士、边境保护的中流砥柱等牌匾锦旗7件，感谢信13封，获得知识产权权利人的高度肯定。同时拉萨海关通过展示侵权物品、介绍鉴别方法、发放海关保护知识产权相关资料等方式，向广大市民介绍海关保护知识产权的工作情况，加强民众对品牌商品的鉴别能力和提高保护知识产权的意识。海关宣传活动

得到了友邻单位的赞扬和新闻媒体的关注，为进一步扩大拉萨海关在我区保护知识产权方面的影响起到了积极的推动作用。

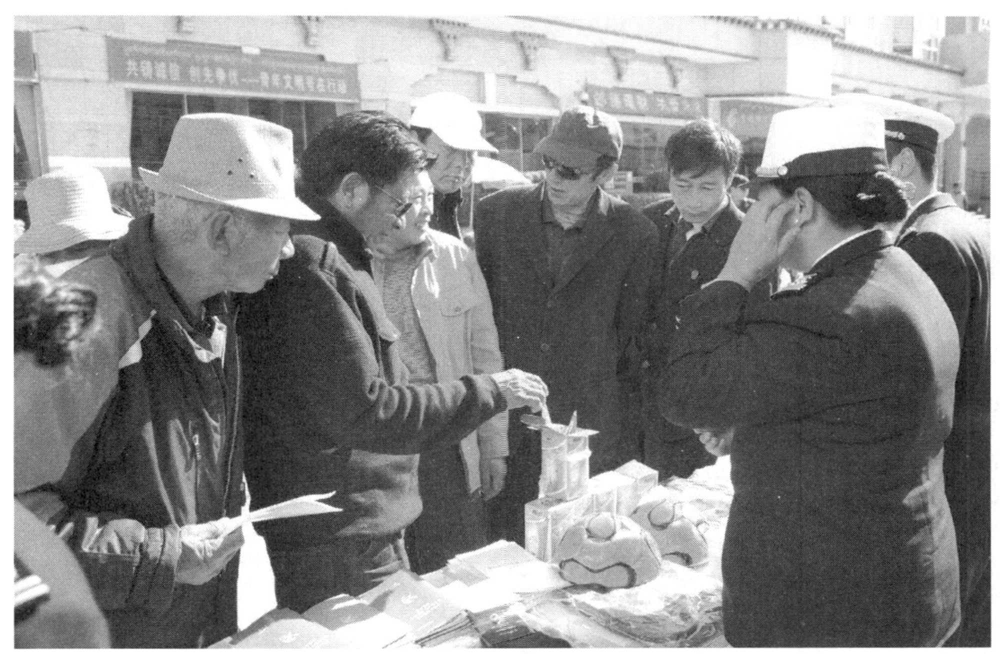

拉萨海关“4·26 保护知识产权宣传周”活动

成都海关

关区概况

关区范围：四川省全境

隶属海关和派驻机构：机场海关、综合保税区海关、乐山海关、绵阳海关、攀枝花海关、现场业务处、驻邮局办事处、驻自贡办事处、驻泸州办事处、驻宜宾办事处、驻南充办事处

知识产权主管部门：成都海关法规处

通信地址：四川省成都市高新区天顺中街 66 号　　邮编：610041

办公电话：028-85391213　　传真：028-85391588

成都海关关区分布图

2011 年成都海关知识产权保护工作概况

2011 年，在国务院的统一部署下，在海关总署“把好国门，做好服务，防好风险，带好队伍”的总体要求下，成都海关积极贯彻关党组建设内陆“一流海关”的目标要求，从关区实际出发，各相关职能部门和隶属海关、办事处积极配合，因地因时制宜，大力推进关区知识产权边境保护工作，突出重点，严密监管，取得成效，

全年累计查获侵权货物 65 批次，侵权商品数量为 1 675 件。其中驻邮局办事处邮检科在邮递渠道连续查获的两起涉及 20 余个国外知名品牌的案件，海关总署给予了了充分肯定并发来贺电表扬。四川省和成都市在发布的知识产权保护状况白皮书中，对成都海关的知识产权海关保护工作做了专题介绍，并予以充分肯定。

2011 年 4 月，成都海关党组书记、关长窦志民同志（右二）向时任四川省副省长黄小祥（左三）汇报机场海关知识产权保护工作

权利人在讲授真假商品鉴别知识

成都海关关员在查验，对商品进行初步的真伪判别

满洲里海关

关区概况

关区范围：内蒙古自治区东部四盟市，呼伦贝尔市、兴安盟、通辽市、赤峰市

隶属海关和派驻机构：额尔古纳海关、海拉尔海关、驻车站办事处、驻十八里办事处、驻通辽办事处、驻赤峰办事处

知识产权主管部门：满洲里海关法规室

通信地址：内蒙古自治区满洲里市北区东五道街75号　　邮编：021400

办公电话：0470-2299781、2299725　　传真：0470-6269007

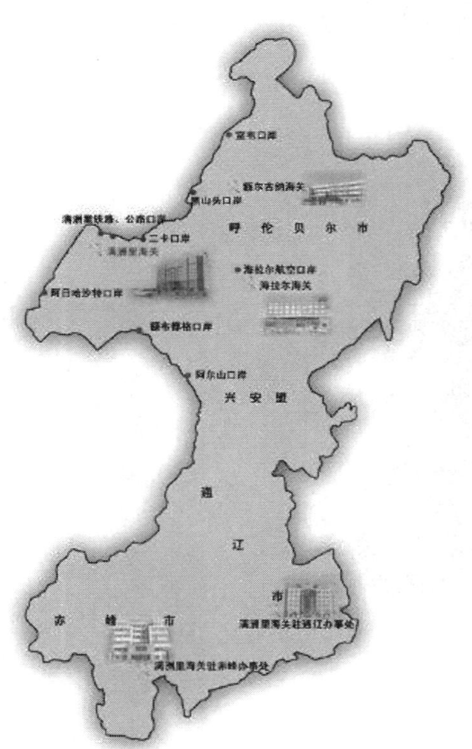

满洲里海关关区分布图

2011年满洲里海关知识产权保护工作概况

2011年，满洲里海关在海关总署的正确领导下，扎实开展知识产权海关保护各项工作。通过强化风险分析、提高查验比例、组织行动执法分队等手段，打击侵犯知产权和制售假冒伪劣商品的违法活动。全年满洲里海

关累计获侵权商品 44 批次，数量 2 234 件。在打击侵权违法行为的同时，满洲里海关加强对违法行为人及其他行政管理相对人的知识产权法律、法规的宣传。在进出口货物、进出境人员集中的口岸集中开展宣传活动，共散发宣传材料 1 000 余份，向公众讲解知识产权海关保护知识，解答咨询 100 余人次，取得了良好的宣传效果。

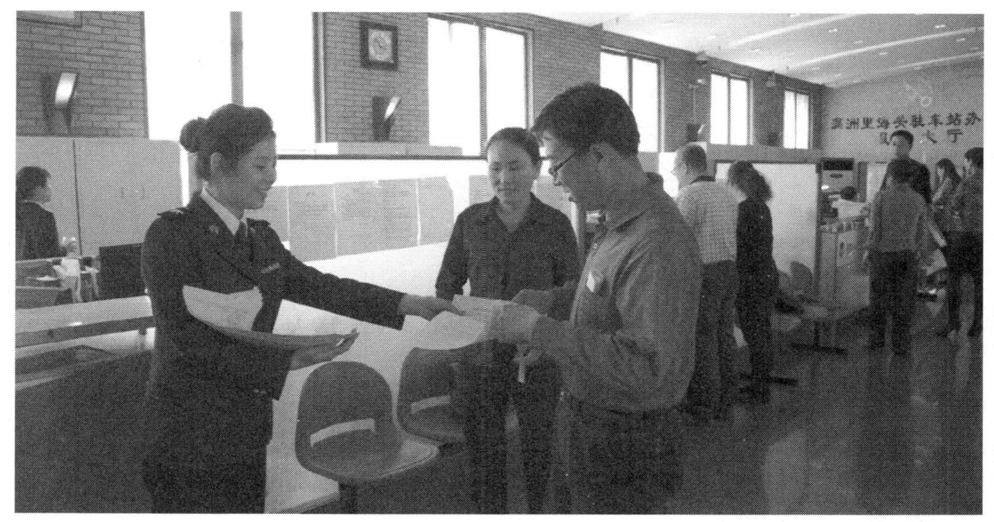

在知识产权保护宣传周活动中，满洲里海关关员发放与知识产权海关保护相关的宣传材料

海口海关

关区概况

关区范围：海南省全境

隶属海关：八所海关、三亚海关、洋浦经济开发区海关、洋浦保税港区海关、清澜海关、海口美兰机场海关、海口综合保税区海关

派驻机构：现场业务处、审单处

知识产权主管部门：海口海关法规处

通信地址：海南省海口市滨海大道 61 号　　邮编：570105

办公电话：0898-68516255　　传真：0898-68516528

海口海关关区分布图

2011 年海口海关知识产权保护工作概况

2011 年，海口海关认真组织学习和贯彻温家宝总理对海关知识产权保护工作“要再接再厉”的重要指示，要求全关区充分认识知识产权海关保护工作的重要意义，加大现场知识产权案件查发力度，将打击侵权工作

纳入海口海关年度重点工作“四好”量化绩效考核范围，加大打击侵犯知识产权和制售假冒伪劣商品专项行动工作力度。根据关区案件特点，对行邮渠道常发的主要目的地国家邮包进行重点监控，加大查缉力度。全年共查处侵犯知识产权案件 35 批次，查获侵权商品 511 件。

海口海关关领导到企业调研自主知识产权保护情况

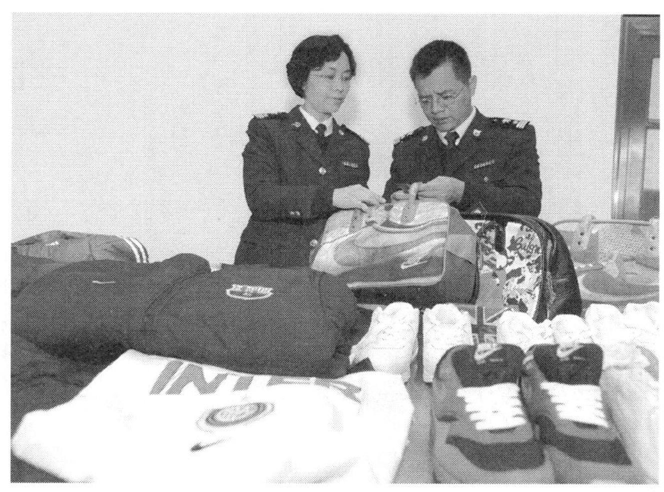

海口海关查获侵权商品

长沙海关

关区概况

关区范围：湖南省全境

隶属海关和派驻机构：株洲海关、韶山海关、衡阳海关、岳阳海关、常德海关、张家界海关、现场业务处、驻黄花机场办事处、驻郴州办事处

知识产权主管部门：长沙海关办公室法规室

通信地址：湖南省长沙市东二环一段 678 号　　邮编：410001

办公电话：0731-84781136，84781026　　传真：0731-84781000

长沙海关关区分布图

2011 年长沙海关知识产权保护工作概况

2011 年，长沙海关知识产权海关保护工作按照国务院、海关总署的统一安排部署，以开展“打击侵犯知识产权和制售假冒伪劣商品专项行动”为抓手，深入开展打击侵权违法的综合治理，积极推进知识产权保护的长效机制建设，大力开展教育培训与对外宣传，取得了较好成效。全年查获侵权商品 30 批次，数量 3 366

件。长沙海关法规室荣立海关总署“双打”行动集体三等功，黄花机场办事处袁琦荣立个人三等功。长沙海关现场业务处邮检科荣获“湖南省打击侵犯知识产权和制售假冒伪劣商品专项行动先进集体”，法规室石云、现场业务处唐卫兵、岳阳海关段达程荣获“湖南省打击侵犯知识产权和制售假冒伪劣商品专项行动先进个人”荣誉。

长沙海关关员正在前往查验货场

长沙海关邀请权利人讲授真伪商品鉴别相关知识

2011 年 4 月 20 日，湖南省“扫黄打非”工作小组举行 2010 年侵权盗版及非法出版物集中销毁活动，共销毁 61 万册非法书报刊、50 万张非法音像制品和电子出版物，长沙海关王宁副关长和关、警员代表参与了此次活动

长春海关

关区概况

关区范围：吉林省全境

隶属海关和派驻机构：长春经济技术开发区海关、吉林海关、延吉海关、图们海关、珲春海关、集安海关、临江海关、长白海关、现场业务一处驻邮局办事处、现场业务二处、驻机场办事处

知识产权主管部门：长春海关法规处

通信地址：吉林省长春市自由大路4448号　　　　邮编：130033

办公电话：0431-84601518、0431-84601239　　　传真：0431-84647933

长春海关关区分布图

2011年长春海关知识产权保护工作概况

2011年，在海关总署的正确领导下，长春海关采取措施，大力推动长春关区的知识产权海关保护工作。按照国务院和海关总署下发的相关文件精神，在2011年认真部署开展全关区“打击侵犯知识产权和制售假冒伪劣商品的专项行动”。长春海关在重点隶属海关成立由口岸单位、风险部门、法规部门组成的三位一体风

险分析工作组，并成立由查验、缉私、稽查部门人员组成“双打”行动执法队，根据风险分析指向开展精确打击，取得了不错成绩，全年累计查获侵权商货物 29 批次，侵权商品数量 59 307 件。

长春海关隶属临江海关制作“温馨提示卡”宣传知识产权海关保护政策

长春海关机场办事处在 2011 年“4·26 保护知识产权宣传周”期间向旅客发放知识产权海关保护政策材料

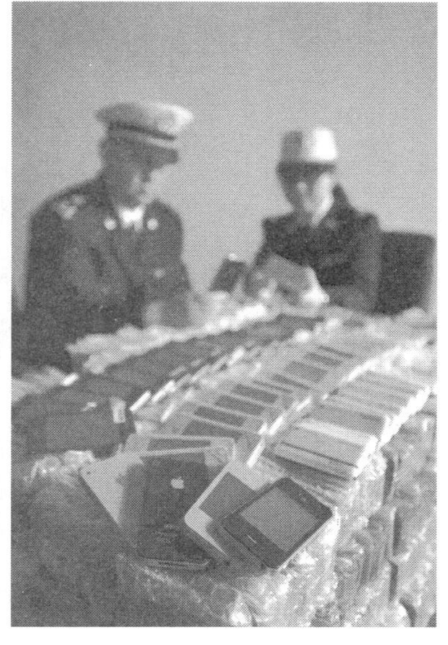

2011 年 1 月 27 日，长春海关隶属珲春海关查获向俄罗斯出口的侵犯 IPHONE、NOKIA 等商标权的诺基亚手机、苹果手机等 1 989 个

西安海关

关区概况

关区范围：陕西省全境

隶属海关和派驻机构：西安咸阳机场海关、宝鸡海关、现场业务处、驻邮局办事处

知识产权主管部门：西安海关法规室

通信地址：陕西省西安市高新区唐延路19号　　邮编：710075

办公电话：029-83196771　　传真：029-88336020

西安海关关区分布图

2011年西安海关保护知识产权工作概况

2011年，按照海关总署打击侵犯知识产权和制售假冒伪劣商品专项行动的总体要求，西安海关认真组织贯彻实施，成立了以主管副关长为组长的专项行动领导小组，制订了专项行动实施方案，明确工作重点及各部门工作职责，并就与省内相关部门的联系配合、加强宣传培训等工作进行了安排部署，确保专项行动各项工作落到实处。通过加大执法力度，强化执法协作，提升保护知识产权和规范进出口贸易秩序的水平，形成

了打击进出境侵权商品的高压态势，营造了良好宣传氛围。全年，西安海关先后查获各类侵犯知识产权案件20 批次，查获侵犯知识产权商品 6 877 件，受到到海关总署政策法规司的贺电表扬。

2011 年 4 月 26 日，西安海关法规处派员到西安市邮局进行知识产权海关保护宣传

汕头海关

关区概况

关区范围：目前，汕头海关关区范围包括汕头（含汕头经济特区）、汕尾、梅州、潮州、揭阳等粤东5个地级市及所属30个县（市、区），面积约3.1万平方公里，人口2 000多万，陆地海岸线长1 215公里

隶属海关（7个）和驻外办事处（10个）：汕尾海关、揭阳海关、潮州海关、梅州海关、饶平海关、潮阳海关、澄海海关、广澳海关、汕头保税区海关、南澳海关、驻机场办事处、驻海城办事处、驻普宁办事处、驻陆丰办事处、驻联成办事处、驻港口办事处、驻惠来办事处

知识产权主管部门：汕头海关法规处

通信地址：广东省汕头市珠江路34号　　邮编：515041

办公电话：0754-88198237、88198243　　传真：0754-88198292

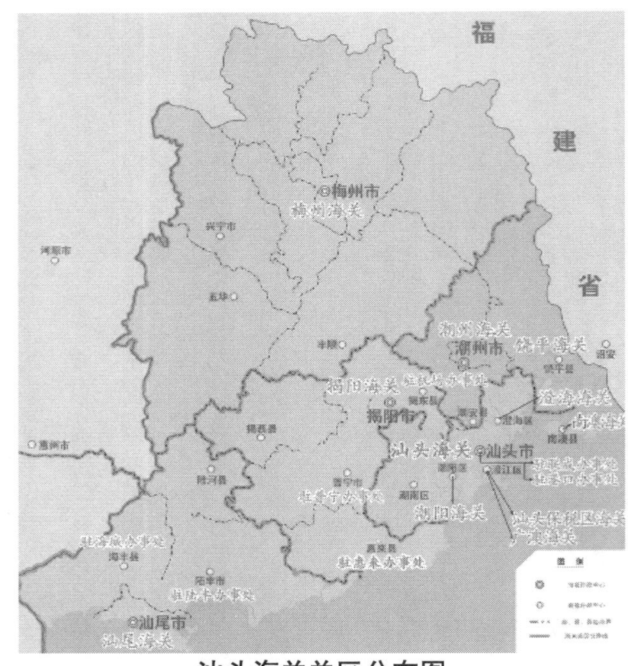

汕头海关关区分布图

2011年汕头海关知识产权保护工作概况

2011年，汕头海关在海关海关总署的指导下和关党组的正确领导下，以及在地方各级主管部门的大力支持下，坚持把关与服务有机结合，加强知识产权海关保护力度，取得了明显成效。全年累计查获侵权商品12

批次，数量 159 075 件。在“双打”专项行动期间，积极落实国务院和海关总署有关部署，得到海关总署肯定，收到海关总署贺电 2 次。汕头海关积极协助辖区企业解决因接单生产出口涉及的知识产权纠纷的做法，受到进出口企业的好评，企业送来感谢信、锦旗及牌匾。全关各单位还通过与出入境检验检疫局签订《联合打击侵犯知识产权和假冒伪劣商品专项行动备忘录》，加强与各地检验检疫部门的执法合作，在进出口环节共同打击假冒伪劣重点商品。此外，汕头海关与汕头市外经贸局、工商局和汕头出入境检验检疫局联合开展对汕头市各区全部进出口企业举行知识产权业务巡回宣讲活动。在 2011 年知识产权宣传周期间，汕头海关相继组织开展知识产权海关保护媒体集中采访报道活动，召开知识产权海关保护新闻发布会和举行知识产权新闻采访座谈会等活动。中央电视台、《人民日报》、《法制日报》等各大媒体相继对汕头海关近年来开展知识产权海关保护工作成效以较大篇幅进行报道，累计报道 50 多篇（次），获得良好的社会反响。

2011 年 4 月 20 日，汕头海关召开知识产权海关保护新闻发布会，孟杨关长担任新闻发布人，通报了汕头海关近年来开展知识产权海关保护工作的成效，以及开展“打击侵犯知识产权和制售假冒伪劣商品专项行动”的基本情况，并现场回答媒体记者的提问

2011 年 11 月，汕头海关与汕头市中级人民法院签订《关于加强知识产权保护协作工作的意见》

2011 年 3 月 7 日，汕头海关隶属保税区海关查获假冒硫化鞋 250 双

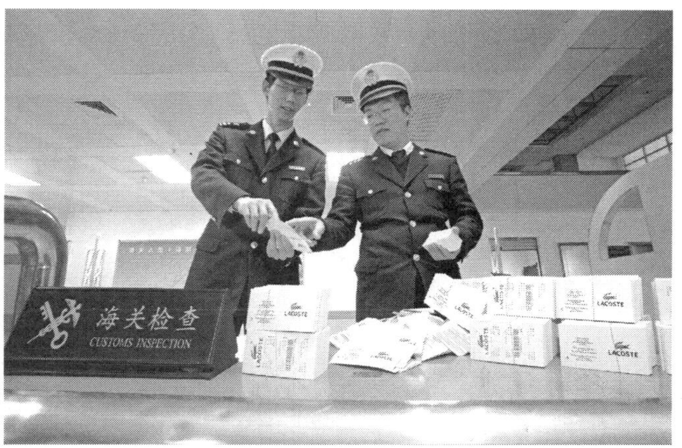

2011 年 3 月 11 日，汕头海关驻机场办事处在旅检渠道查获侵权商标标识 3 000 张

呼和浩特海关

关区概况

关区范围：内蒙古自治区中西部，面积 72 万平方公里，共有呼和浩特航空港、二连铁路口岸、二连公路口岸、策克公路口岸、甘其毛都公路口岸、珠恩嘎达布其公路口岸 6 个常年开放口岸和满都拉公路口岸 1 个季节性开放口岸，下辖二连、包头、额济纳、乌拉特、东乌、鄂尔多斯 6 个隶属海关。中蒙边境线长 2 400 公里。呼和浩特海关各隶属海关和业务现场布局分散，最西端的额济纳海关距总关 1 436 公里，最东端的东乌海关距总关 835 公里，最近的包头海关距总关 180 公里。关区业务格局整体呈现点多线长、机构分散、基础薄弱、环境艰苦的特点

隶属海关和派驻机构：二连海关、包头海关、额济纳海关、乌拉特海关、东乌海关、鄂尔多斯海关、现场业务处、驻白塔国际机场办事处

知识产权主管部门：呼和浩特海关法规室

通信地址：内蒙古自治区呼和浩特市如意开发区四纬路 8 号　　邮编：010010

办公电话：0471-6982865、0471-6982906　　传真：0471-4167211

呼和浩特海关关区分布图

2011年呼和浩特海关知识产权保护工作概况

按照国务院和海关总署关于开展打击侵犯知识产权和制售假冒伪劣商品专项行动通知的要求，呼和浩特海关法制部门认真贯彻落实，加大对各现场海关知识产权海关保护工作的督导力度。根据关区口岸特点与查办侵权案件类型特征，法制部门通过编发《关区执法参考》，分析关区侵权案件特点趋势，通报知识产权海关执法信息，规范执法程序，对现场关员知识产权执法进行引导，全年累计查获侵权商品11批次，数量2 972件。

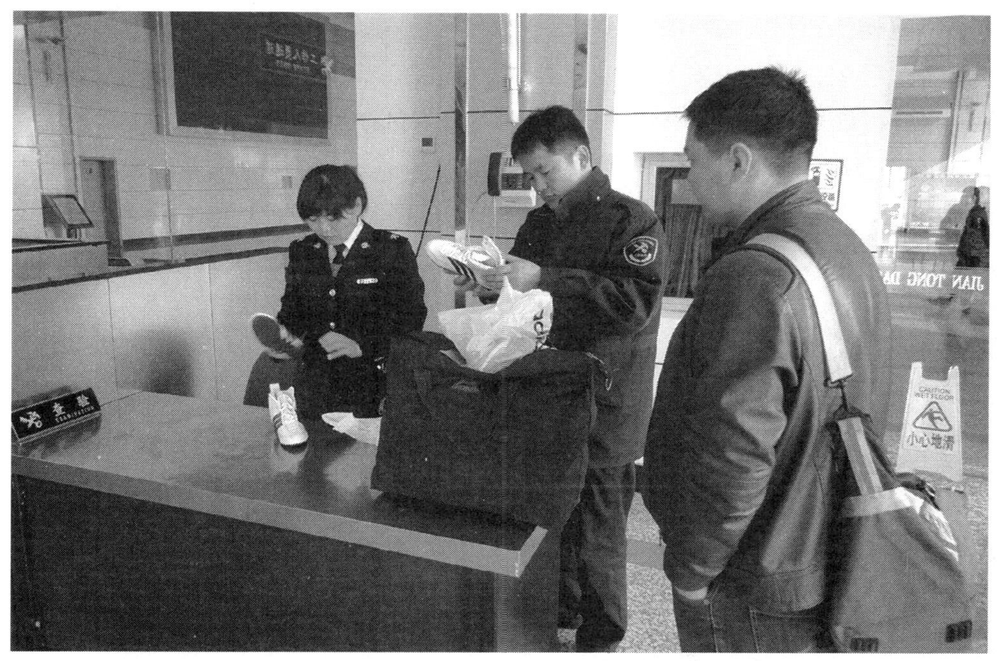

呼和浩特海关隶属二连海关关员在一名经二连公路口岸进境的蒙古国公民随身携带的行李中查获39双侵犯adidas商标专用权的运动鞋

郑州海关

关区概况

关区范围：河南省全境

隶属海关和派驻机构：郑州机场海关、郑州综合保税区海关、洛阳海关、南阳海关、周口海关、安阳海关（筹）、焦作海关（筹）、新乡海关（筹）、信阳海关（筹）、三门峡海关（筹）、现场业务处、驻铁路东站办事处、驻邮局办事处、驻商丘办事处、驻经济技术开发区办事处（筹）

知识产权主管部门：郑州海关法规室

通信地址：河南省郑州市农业路东30号　　邮编：450008

办公电话：0371-65599127　　传真：0371-65599126

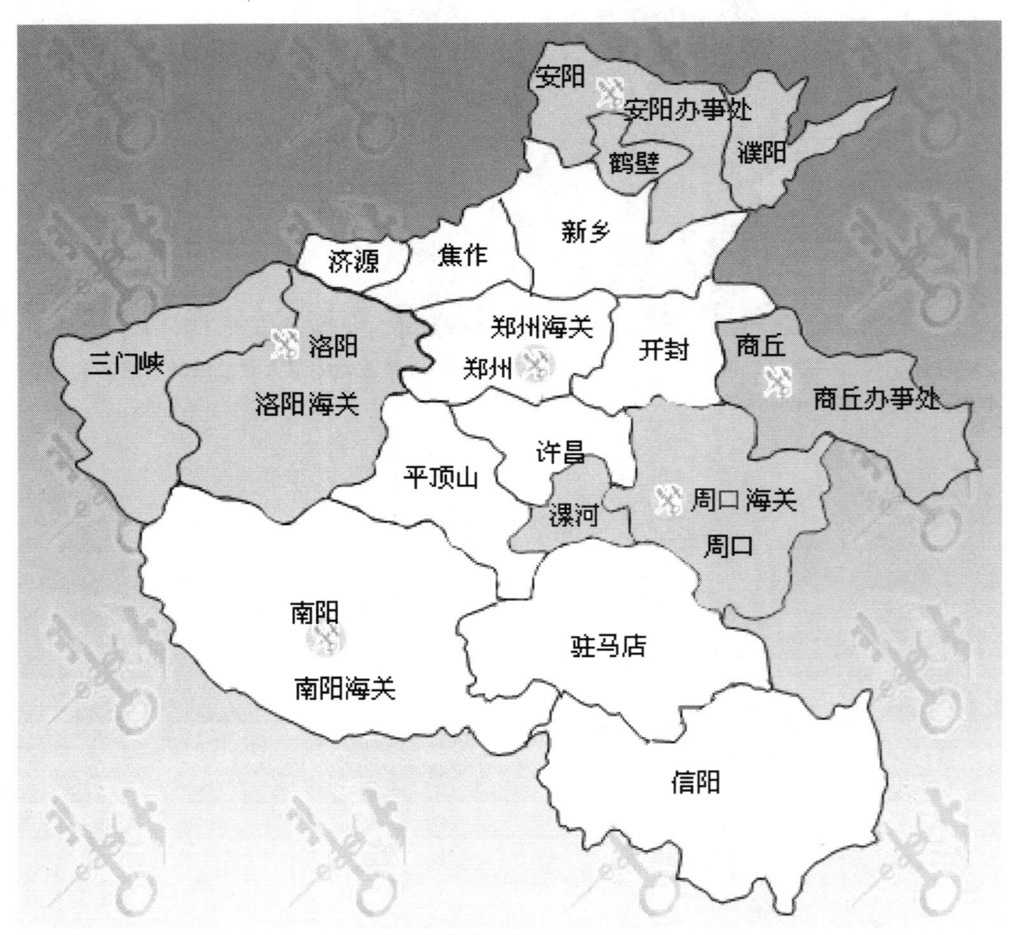

郑州海关关区分布图

2011 年郑州海关知识产权保护工作概况

2011 年，郑州海关按照海关总署统一部署，成立“打击侵犯知识产权和制售假冒伪劣商品工作专项行动”领导小组，由栗洪显关长担任组长，各有关职能处室和主要业务现场负责人作为成员，明确工作重点，强化监管制度，加大风险分析力度，认真开展“打击侵犯知识产权和制售假冒伪劣商品专项行动”，取得良好成效，全年累计查获侵权商品 10 批次，数量 1 213 件。郑州海关为强化一线关员知识产权保护意识，提高执法能力，法规部门先后多次深入关区主要监管现场，对一线执法关员进行培训。据统计，2011 年，共计培训关员 200 余人次。同时还高度重视形式多样的对外宣传，如河南电视台新闻频道、《东方今报》、《河南商报》等多家新闻媒体对海关销毁罚没的侵犯北京奥运会纪念品的活动予以重点报道，取得良好社会反响。

重庆海关

关区概况

关区范围：重庆市

隶属海关和派驻机构：重庆两路寸滩海关、重庆机场海关、重庆经济技术开发区海关、万州海关、审单处、驻车站办事处、驻邮局办事处、驻港口办事处、驻涪陵办事处、驻西永工作组

知识产权主管部门：重庆海关法规处

通信地址：重庆市渝北区新南路1号　　邮编：401147

办公电话：023-67709496　　传真：023-67709496

重庆海关关区分布图

2011 年重庆海关知识产权保护工作概况

2011 年，重庆海关深入贯彻落实国家知识产权战略纲要，认真履行知识产权海关保护职责，全面提升关区知识产权保护工作水平，努力推进关区知识产权海关保护各项工作顺利开展。全年共查处侵犯知识产权案件 2 批次，查获侵权商品 16 800 件。其中“重庆紫虹商贸有限公司出口侵犯‘LONCIN’商标权汽油发电机组案”受得到国务院有关领导的专门批示。由于工作出色，重庆海关被重庆市政府评为“双打行动先进集体”，法规处被海关总署授予集体三等功，两名同志分获海关总署个人三等功与重庆市“专项行动先进个人”荣誉称号。

重庆海关邀请权利人参加知识产权培训交流会

湛江海关

关区概况

关区范围：广东省湛江市、茂名市

隶属海关和派驻机构：茂名海关、霞山海关、徐闻海关、审单处、驻霞海办事处、驻南油办事处、驻机场办事处、驻廉江办事处

知识产权主管部门：湛江海关法规处

通信地址：广东省湛江市开发区人民大道中 54 号　　邮编：524022

办公电话：0759-3251831，3251270，3251832　　传真：0759-3251274

湛江海关关区分布图

2011 年湛江海关知识产权保护工作概况

2011 年，湛江海关知识产权工作以打击侵犯知识产权和制售假冒伪劣商品专项行动为重心，深入贯彻落实温家宝总理和海关总署领导对知识产权工作的重要批示精神，严厉打击侵权行为，全年共查获侵权货物 2 次，侵权商数量品 3 200 件。湛江海关积极探索运用风险管理手段，强化风险分析，针对知识产权的复杂性、专业

性和商品的多样性，利用网络资源，建立风险管理商品库，提高知识产权保护工作效率和水平。在案件查处、教育培训、对外宣传、与权利人配合，以及自主知识产权保护等方面开展了大量工作并取得了较好成效。

湛江海关邀请权利人进行知识产权保护培训

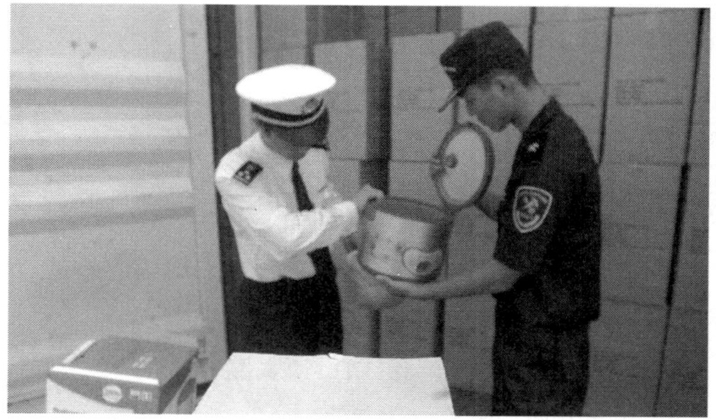

2011 年 12 月 22 日，湛江海关隶属霞山海关查获广东某公司向泰国出口的侵犯奥克斯 AUX 商标权的豪华型电饭锅，共计 2 526 个

贵阳海关

关区概况

关区范围：贵州省全境

隶属海关和派驻机构：遵义海关、现场业务处、驻机场办事处

知识产权主管部门：贵阳海关法规室

通信地址：贵州省贵阳市遵义路9号　　　　　　邮编：550002

办公电话：0851-5786087　　　　　　　　　　传真：0851-5823603

贵阳海关关区分布图

2011年贵阳海关知识产权保护工作概况

2011年，在海关总署和贵阳海关党组的正确领导下，贵阳海关强化领导，不断加大知识产权工作力度，突出重点、强化措施、密切配合，结合关区实际认真履行职责，对从事加工贸易进行贴牌生产的出口企业进行了走访和调研，宣传知识产权保护相关的法律法规，并积极配合地方相关职能部门深入企业，预防企业无意识侵权。同时贵阳海关将知识产权海关保护工作的相关法律法规纳入“六五”普法的重点内容，积极开展宣传教育工作，利用“12·4”、“4·26”等专项宣传活动和政策法规宣讲会，在通关现场以发放宣传手册、

张贴宣传标语等形式，营造了良好的知识产权保护氛围，有关知识产权保护工作获得了海关总署和省政府有关部门的肯定。贵阳海关法规室苏文嘉同志被评为全省打击侵犯知识产权和制售假冒伪劣商品专项行动先进个人。

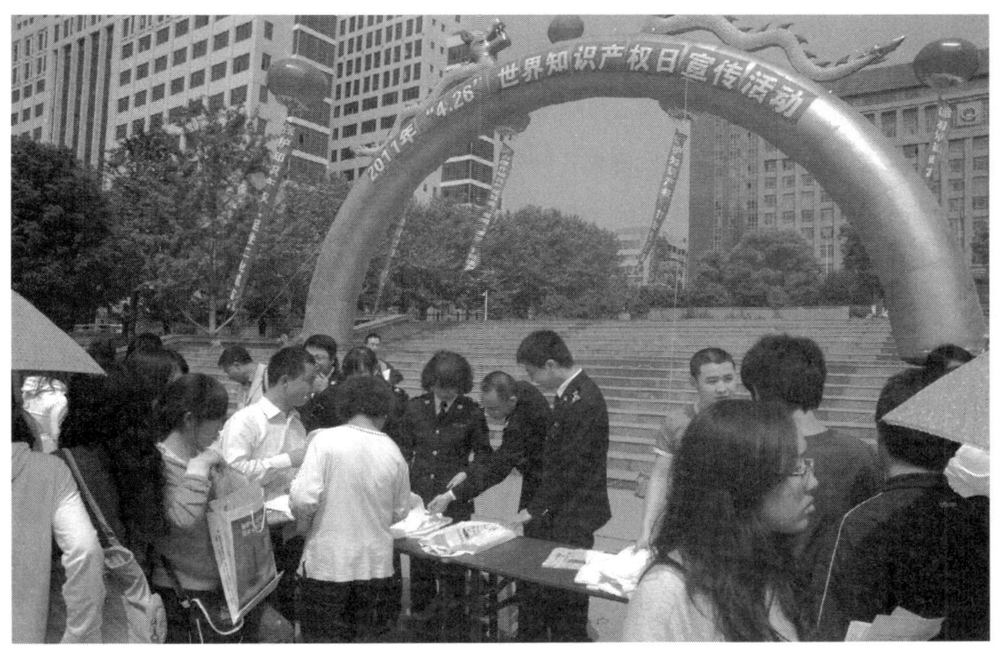

2011 年 4 月 26 日，按照海关总署政策法规司及省知识产权办公会议办公室的统一部署和安排，在现场业务处、驻机场办事处和遵义海关等部门的鼎力支持下贵阳海关法规室组织人员参加了在省政府大院广场举办的大型宣传活动，积极向市民普及知识产权海关保护法律制度

太原海关

关区概况

关区范围：山西省全境

隶属海关和派驻机构：大同海关、侯马海关、太原机场海关、审单处、现场业务处

知识产权主管部门：太原海关法规室

通信地址：山西省太原市学府街112号　　　　邮编：030006

办公电话：0351-7119125　　　　传真：0351-7119125

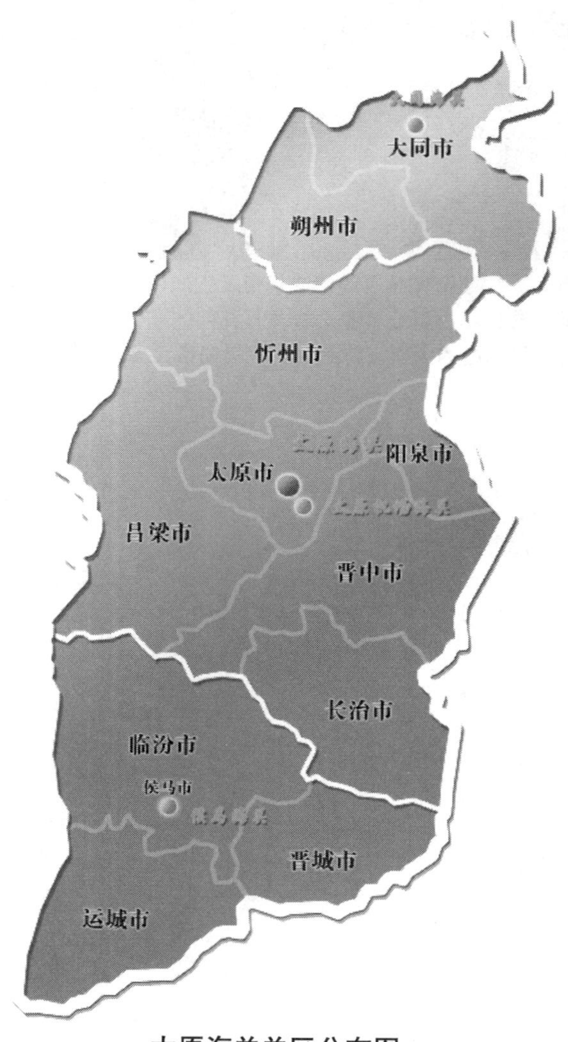

太原海关关区分布图

2011 年太原海关知识产权保护工作概况

2011 年，太原海关深入领会和贯彻温家宝总理对知识产权海关保护工作做出的“要再接再厉”的重要批示精神，按照海关总署的要求，结合关区的实际情况，以“面向基层，强化服务”为思路，积极开展知识产权海关保护宣传工作。年内法规室分别在太原机场海关、现场业务处、大同海关、侯马海关等 4 个基层单位，面向业务一线人员开展知识产权海关保护基础知识和相关法规培训四次，参加培训人员约 60 人。4 个基层单位对进出口企业进行走访、调研，并就知识产权海关保护相关法律法规进行宣讲。在全区报关企业和报关员年检培训中，将知识产权海关保护作为指定授课内容，由法规室选派人员进行讲解和培训，共培训企业相关人员约 110 名，取得了良好的社会效果。

太原海关吕伟红关长带队到企业调研并宣讲知识产权海关保护政策

太原海关举办知识产权业务讲座，提高一线执法人员执法能力和水平

南昌海关

关区概况

关区范围：江西省全境

隶属海关和派驻机构：九江海关、赣州海关、吉安海关、景德镇海关、新余海关、鹰潭海关（筹）、现场业务处、驻高新区办事处、驻龙南办事处、驻昌北机场办事处，驻上饶办事处

知识产权主管部门：南昌海关法规室

通信地址：江西省南昌市沿江中大道100号　　邮编：330009

办公电话：0791-86307156　　传真：0791-86422167

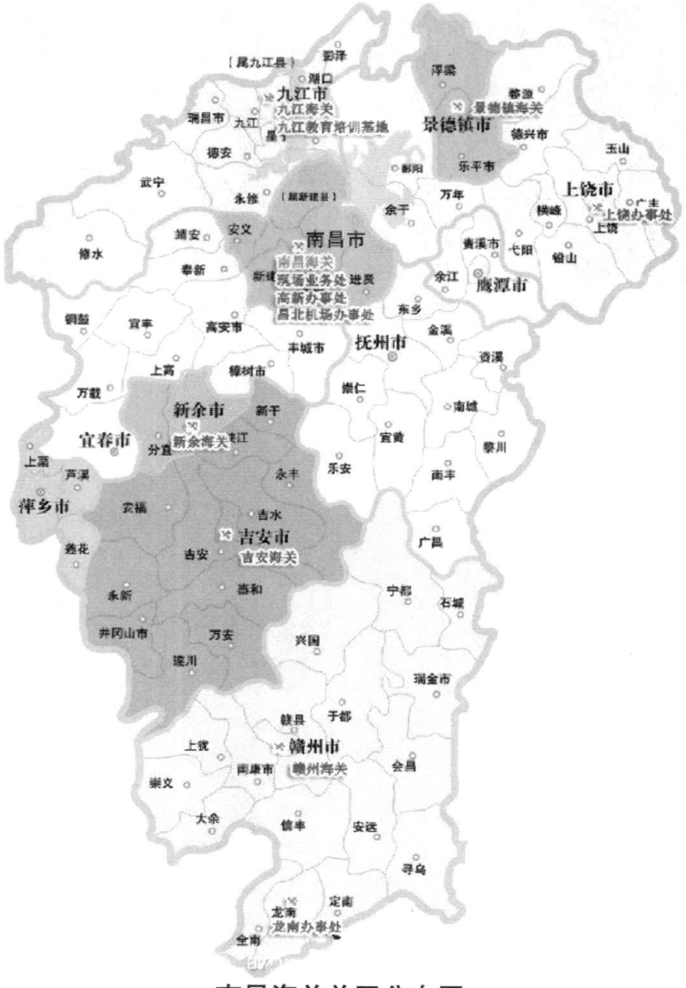

南昌海关关区分布图

2011年南昌海关知识产权保护工作概况

2011年，南昌海关以打击侵犯知识产权和制售假冒伪劣商品专项行动为契机，成立了专项行动领导小组，组建专项行动执法小分队，邀请权利人企业对一线关员进行培训，对重点国别、重点航线，提高查验比例。南昌海关还通过将知识产权宣传工作作为“4·26保护知识产权宣传周”、“8·8海关法制宣传日”、“12·4法制宣传日”等集中法制宣传活动的主要内容等方式，积极开展知识产权保护宣传工作，取得了良好的社会反响。

南昌海关驻高新办事处到南昌市高新开发区万科社区进行知识产权海关保护政策宣传

南昌海关深入企业讲授有关知识产权海关保护相关规定，提醒企业注意审查产品的知识产权状况

合肥海关

关区概况

关区范围：安徽省全境

隶属海关和派驻机构：芜湖海关、安庆海关、马鞍山海关、黄山海关、蚌埠海关、铜陵海关、阜阳海关、池州海关、现场业务处、驻骆岗机场办事处

知识产权主管部门：合肥海关法规室

通信地址：安徽省合肥市翡翠路5301号　　邮编：230071

办公电话：0551-3549533　　传真：0551-3549115

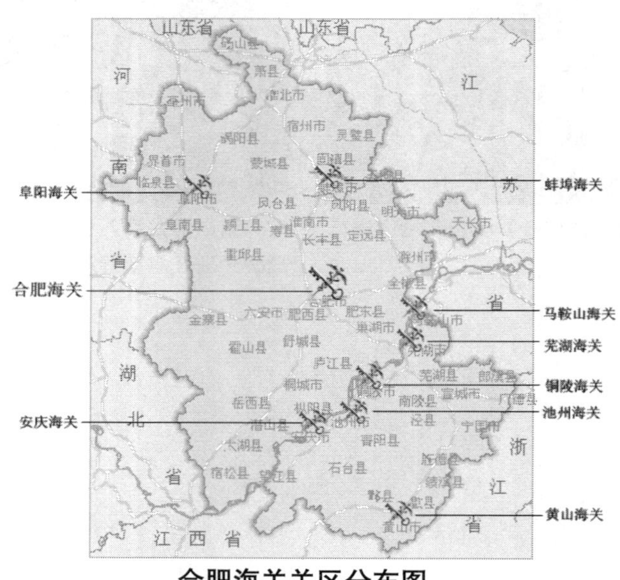

合肥海关关区分布图

2011年合肥海关知识产权保护工作概况

2011年，合肥海关根据海关总署有关部署，根据关区实际，结合“4·26保护知识产权宣传周”、“8·8海关法制宣传日”和“12·4法制宣传日”等活动，多渠道、多层面、多形式，不断加大知识产权宣传力度。联合安徽报关协会和安徽省技术进出口公司在省技术进出口公司举办知识产权海关保护宣讲会，向全省进出口企业的领导和业务人员宣讲知识产权海关保护法律法规和有关案例。与安徽报关协会联合举办面向全省28家报关企业及部分自营报关企业的负责人的《报关服务作业规范》宣讲大会，要求进出口企业在“代理报关委托书”中做出“无侵犯他人知识产权的行为”的具体承诺，督促企业依法申报知识产权状况。上述宣传工

作取得良好社会效果。

2011 年 4 月 2 日，合肥海关联合安徽报关协会和安徽省技术进出口公司在省技术进出口公司联合举办知识产权海关保护宣讲会，邀请合肥海关法规室负责人、中国贸促会资深律师共同为全省进出口企业的领导和业务人员宣讲知识产权海关保护法律法规和有关案例

兰州海关

关区概况

关区范围：甘肃省全境

隶属海关和派驻机构：酒泉海关、现场业务处、审单处、驻天水办事处

知识产权主管部门：兰州海关法规室

通信地址：甘肃省兰州市安宁区银安路 9 号　　邮编：730070

办公电话：0931-7705030，0931-7705031　　传真：0931-7705032（关传）

兰州海关关区分布图

2011 年兰州海关知识产权保护工作概况

2011 年，兰州海关按照海关总署关于开展“打击侵权和制售假冒伪劣商品专项行动的要求，全面部署推进关区知识产权保护各项工作。通过加强学习培训，强化执法意识，提高关员执法水平；积极开展宣传活动，营造良好氛围，扩大海关知识产权工作的影响范围。同时，兰州海关密切加强与省内各相关部门的联系配合，就深入推进甘肃省进出口商品知识产权保护工作达成共识，取得了良好成效。

兰州海关宣传知识产权海关保护场景

西宁海关

关区概况

关区范围：青海省全境

隶属海关和派驻机构：现场业务处（驻曹家堡机场办事处）

知识产权主管部门：西宁海关法规室

通信地址：青海省西宁市八一中路19号　　邮编：810007

办公电话：0971-8866414　　传真：0971-8800686

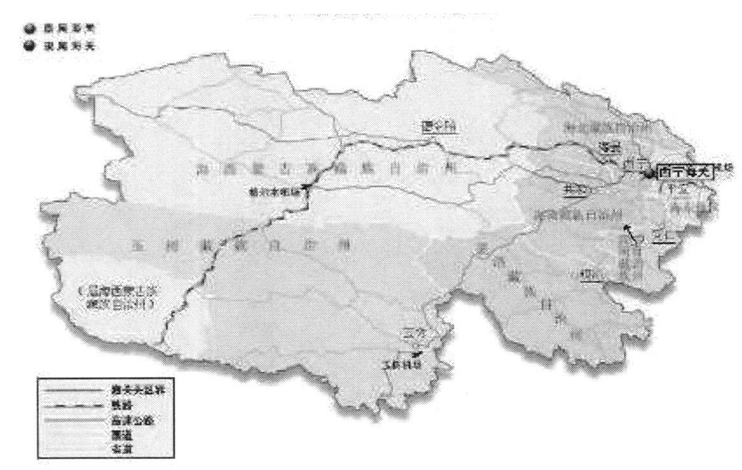

西宁海关关区分布图

2011年西宁海关知识产权保护工作概况

西宁海关按照海关总署工作部署，结合关区实际，将保护知识产权工作重点放在加大对进出口企业政策宣传力度上，走访了西部矿业股份有限公司、青海桥头铝电股份有限公司、青海华硅能源有限公司、青海电子材料产业有限公司和青海物通等（集团）实业有限公司等青海省主要进出口企业，并在2011青海藏毯国际展览会和2011年中国（青海）国际清真食品及用品展览会上组织宣传小组进驻展会现场，以宣传展示板、播放宣传视频、发放宣传手册等方式宣传知识产权海关保护相关的政策法规，取得了良好效果，有关工作得到了海关总署的认可。

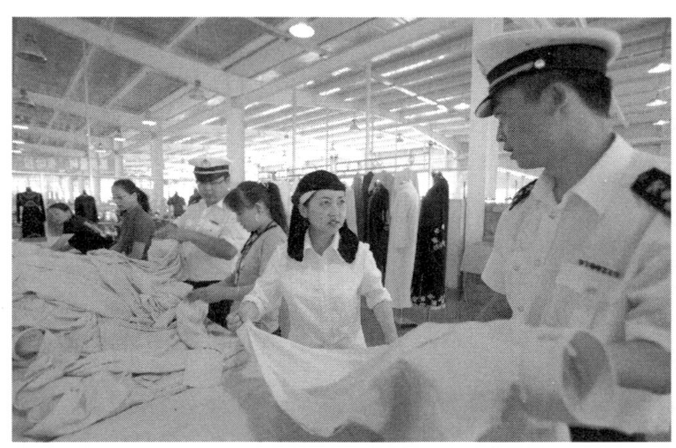

2011 年 4 月 25 日，西宁海关法制宣传小组深入青海伊佳民族服饰有限公司开展知识产权海关保护宣传

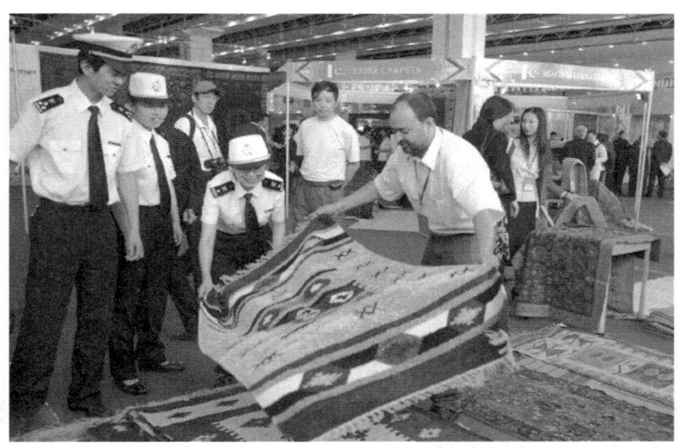

2011 年 6 月 20 日至 23 日，西宁海关组织宣传小组进驻“2011 青海国藏毯国际展览会”现场开展知识产权海关保护宣传

银川海关

关区概况

关区范围：宁夏回族自治区全境
隶属海关和派驻机构：驻机场办事处、驻惠农监管组
知识产权主管部门：银川海关法规室
通信地址：宁夏回族自治区银川市金凤区正源南街220号　　邮编：750001
办公电话：0951-5679081　　传真：0951-5679078

银川海关关区分布图

2011年银川海关知识产权保护工作概况

2011年，在海关总署和自治区知识产权局的关心支持下，在关党组的正确领导下，银川海关紧紧围绕开展打击侵犯知识产权和制售假冒伪劣商品专项行动，组织专题培训，积极宣传，以2011宁洽会暨第二届中阿经贸论坛为契机，组织宣传小组进驻展会现场，以宣传展示板、播放宣传视频、发放宣传手册等方式，向国

内外参展商宣传与知识产权海关保护相关的法律法规，营造良好的知识产权保护氛围，并根据关区实际，针对性地积极开展关区知识产权海关保护工作，邀请飞利浦（中国）投资有限公司深入海关监管现场开展家电产品方面的鉴别侵权货物培训，取得一定实效。

银川海关走上街头宣传与知识产权海关保护相关的法律法规

第三篇

海关打击侵犯知识产权和制售假冒伪劣商品专项行动

相关文件

海关总署关于开展打击侵犯知识产权和制售假冒伪劣商品专项行动的方案

一、工作目标

通过开展专项行动，充分发挥海关知识产权保护工作的效能，进一步遏制进出口环节的侵权违法活动，提高进出口企业的知识产权守法意识，净化口岸的进出口贸易秩序。

二、具体措施

（一）对海关系统开展专项行动工作进行部署

海关总署将在 11 月 5 日前向全国海关下发通知，要求全国海关系统认真组织学习国办发〔2010〕50 号通知和专项行动方案，充分领会国家开展此次专项行动的重大意义，高度重视知识产权保护对维护公平有序的市场环境的促进作用，加强对本关开展专项行动工作的组织和领导，尽快按照行动计划方案的要求，结合本关知识产权保护工作的特点，研究制订本关开展专项行动的工作方案并在 11 月 15 日前上报海关总署。

（二）确定海关系统开展专项行动的重点

将国内外关注度较大的东南沿海地区的口岸作为海关开展专项行动的重点地区，将货运和邮递等侵权商品出口较多的运输渠道作为重点领域，将假冒药品、食品、汽车零配件等危害消费者健康和安全的假冒产品作为查缉的重点对象。

（三）加强对进出口货物的监管

要求各关切实采取有效措施，加大对出口货物的监管力度。被确定为专项行动重点的口岸海关，要在风险分析的基础上，提高对存在侵权风险的出口货物的查验比例。

（四）要加大对进出口环节侵权违法行为的查处力度

对在专项行动期间查获的进出口假冒货物案件，海关除没收侵权货物外，还要依法对违法企业予以从重处罚。

（五）要加强海关和公安机关的执法协作

按照《公安部、海关总署关于加强知识产权协作的暂行规定》，做好向公安机关通报知识产权刑事犯罪案件线索和移送案件的工作，提高对侵权违法活动的刑事打击力度。要求各地海关对进出口侵权货物构成“重大侵犯知识产权案件”的，必须向公安机关通报。

（六）加大对外宣传力度

为加强海关执法对侵权违法活动的震慑，海关系统在专项行动期间要提高对外宣传的力度。海关总署将从各关在专项行动期间查获的案件中选择 10 个国内外重点关注的大案要案，通过新闻媒体予以曝光。在专项行动期间，海关要大力开展对进出口企业、加工贸易企业、报关企业、快件运输企业、邮局和进出境旅客的知识产权宣传教育工作，增强企业和社会公众的守法意识和知识产权意识。将专项行动的知识产权宣传作为海关系统组织开展2010年“12·4法制宣传日”宣传工作的一个重要内容。

（七）鼓励社会向海关举报侵权违法活动

为鼓励公众向海关举报侵权违法活动，各地海关将在专项活动期间设立和公布举报热线，对举报属实，使海关成功查获假冒商品的，将按规定予以奖励。

（八）提高海关一线执法人员的知识产权保护意识和积极性

为提高一线关员的知识产权保护意识和执法的积极性，海关系统将加强对一线关员的执法培训，同时对在专项行动期间开展执法活动和在查获大案要案方面表现突出的单位和个人，要按照总署的有关规定予以表彰奖励。

（九）编印海关开展专项行动的工作简报

为便于国务院领导和专项行动领导小组成员及时了解海关系统开展专项行动的情况，海关总署拟在专项行动期间编印工作简报，介绍海关系统开展专项行动的措施、工作进展和社会反响等情况。

（十）要求各地海关要积极参与当地知识产权保护统筹协调机制的工作，加强海关执法和工商、版权、商务等部门的联系配合，形成打击侵权违法活动的合力

海关总署关于开展打击侵犯知识产权和制售假冒伪劣商品专项行动宣传工作的方案

一、工作目标

通过开展专项行动的宣传工作，扩大我国知识产权保护工作的国际影响，同时提高我国进出口企业和社会公众的知识产权保护意识。

二、宣传内容

（一）中国海关保护知识产权采取的措施和取得的成就

（二）海关在专项活动期间查处的大案要案

（三）海关系统开展专项行动中的先进事迹

（四）有关知识产权海关保护的法律法规

三、宣传活动

（一）海关总署在专项行动期间召开新闻发布会，介绍海关系统开展专项行动情况，选择10个重大案件进行曝光

（二）组织新闻媒体赴重点口岸采访

（三）发文要求口岸海关联系当地新闻媒体开展宣传活动

（四）海关总署召开和外资企业对话会，听取对海关开展专项行动的意见和建议

海关总署转发《国务院关于进一步做好打击侵犯知识产权和制售假冒伪劣商品工作的意见》的通知（署法发〔2011〕415号）

广东分署，各直属海关：

为进一步做好打击侵犯知识产权和制售假冒伪劣商品工作，建立健全长效机制，国务院于2011年11月13日印发了《关于进一步做好打击侵犯知识产权和制售假冒伪劣商品工作的意见》（国发〔2011〕37号，以下简称《意见》），从依法严厉打击、建立健全约束激励机制、动员社会力量参与，以及完善保障措施等方面提出了工作要求。现将《意见》转发你们，并就有关贯彻落实工作通知如下：

一、《意见》是确保当前和今后一个时期做好打击侵犯知识产权和制售假冒伪劣商品工作的纲领性文件，各单位要认真组织学习、深刻领会其精神实质，充分认识知识产权保护在维护市场经济秩序、建设创新型国家等方面的重要意义，要按照温总理“要再接再厉”的重要批示精神和《意见》要求，在全国打击侵犯知识产权和制售假冒伪劣商品专项行动取得成绩的基础上，认真总结经验、完善机制，进一步加强知识产权海关保护工作，切实发挥海关在国家知识产权工作体系中的重要作用。

二、要结合各关实际，以务实的态度制定工作目标任务、工作重点和措施。要以“金关工程”为依托，加大风险管理和信息化手段在知识产权海关保护中的应用，要强化涉及知识产权的风险参数加工工作，为加强对侵权嫌疑货物的有效监管提供支持，强化对侵权高风险货物特别是假冒药品、食品、汽配等重点商品的监管和查缉。要加大对国内企业自主知识产权的保护，维护自主品牌的国际声誉，为企业自主创新提供服务和支持。要建立健全企业信用信息，引导企业诚信经营、守法便利，对侵权故意明显、侵权数额巨大、多次侵权等性质恶劣的侵权企业要依法从重予以处罚。要深化与国内其他执法机关的合作，积极向有关部门通报侵权信息，为各执法部门“挖源头、打团伙、清市场”提供支持。

三、要结合知识产权保护面临的新形势、新任务，以更开放、更积极的态度，开展多渠道多形式多层次的国际合作。以知识产权海关保护的国际合作为窗口和平台，展示中国海关知识产权工作成效，增强中国海关在国际知识产权事务中的影响力。要认真实施现有的知识产权海关保护国际协议，展示中国海关保护知识产权的态度、决心和诚意；要创新并加强对外宣传，妥善回应外部关切，增进国际社会对中国海关知识产权保护工作的了解和认识。

四、要优化知识产权执法的资源配置，完善各项保障措施。要加强知识产权海关保护执法培训，提升关员特别是一线执法人员的执法水平。知识产权执法任务较重的海关，要切实保障知识产权执法的人员配备。要按照海关财务管理制度，保障知识产权工作经费落实到位。要按照奖励有关规定，对在知识产权海关保护工作中表现突出、贡献显著的单位和人员及时予以奖励。

五、要结合知识产权海关保护工作开展宏观形势和政策研究，从知识产权海关保护的视角为实现“稳增长、调结构、促平衡”提出建议。要充分利用知识产权海关保护工作接触面广、与进出口贸易联系紧密、参与国际事务机会多的有利条件，将工作中掌握到的新情况、新问题进行分析、提炼、研究，为制定国家和海关政策积极提供参考依据。

各单位在实际工作中应注意收集相关情况，及时总结。对工作中发现的问题和建议，请及时报告总署。

特此通知。

附件：国务院关于进一步做好打击侵犯知识产权和制售假冒伪劣商品工作的意见（略）

海关总署

二〇一一年十一月二十八日

海关总署人事教育司关于对打击侵犯知识产权和制售假冒伪劣商品专项行动有功集体和个人予以奖励的决定（人教奖〔2011〕23号）

广东分署，天津、上海特派办，各直属海关、院校，总署各部门、各在京直属海关单位：

2010年10月至2011年6月，国务院组织开展了“全国打击侵犯知识产权和制售假冒伪劣商品专项行动”（以下简称“双打”行动）。此次行动是新形势下党中央、国务院加强知识产权保护，推进建设创新型国家的重大举措，行动持续时间长、参与部门多、规格要求高、社会影响大。温家宝总理亲自出席电视电话会议进行动员部署，国务院成立了由王岐山副总理任组长、26个部门参加的领导小组，各地区各部门分工合作，采取有力措施，开展集中整治，严厉查处大案要案，取得了丰硕成果。

海关作为“双打”行动主要执法部门之一，承担了进出口环节打击侵权的重要任务。全国海关按照国务院统一部署，积极贯彻、认真组织，以“整体推进、突出重点、打防结合、务求实效”为总体要求，按照“严查、快处、重罚、深挖”的工作原则，进一步加大执法力度，有力打击了进出口侵权货物违法行为，查获进出口侵权货物12 205批，涉及侵权商品7 615多万件。在“双打”行动期间，全国海关还参加了“打击输非侵犯知识产权和制售假冒伪劣商品专项治理”、“网络购物领域打击侵权假冒专项行动”等工作，查获输非侵权商品1 038万件，查获网络购物领域侵权商品137万余件。行动中，海关各级领导干部迎难而上，团结拼搏，连续奋战，出色地完成了各项任务，展现了海关队伍的良好风貌，得到了社会各界的积极评价，各级海关单位以实际行动为海关赢得了荣誉、增添了光彩。

为表彰先进、鼓舞士气，进一步激励海关系统广大干部职工忠于职守、建功立业，推进建立知识产权海关保护长效机制，决定对在“双打”行动中做出突出贡献的集体和个人予以奖励：对上海外高桥港区海关查验二科等10个集体记二等功，对广东分署法规处等12个集体记三等功，对天津新港海关查验处查验二科马凯旋等12名同志记二等功，对政策法规司知识产权处解新红等5名同志记三等功并按规定颁发奖金。受奖励集体和个人名单详见附件。奖励所需经费从受奖励集体和个人所在单位缉私办案费中列支，并相应增加特殊贡献奖限额。

希望受到奖励的集体和个人珍惜荣誉，再接再厉，按照海关工作“四好”总体要求，总结经验，巩固成果，为知识产权海关保护事业做出新的更大的贡献。

附件：受奖励集体和个人名单（略）

海关总署人事教育司

二〇一一年八月十一日

海关专项行动总结

海关系统开展专项行动整体工作的总结

一、基本情况

国务院部署开展“打击侵犯知识产权和制售假冒伪劣商品专项行动”以来，海关总署党组高度重视，立即就海关系统开展专项行动进行了部署，制定了海关系统专项行动工作方案，研究提出了12条措施，明确了四大执法重点。为了确保行动取得实效，2010年11月25日，海关总署在天津召开了“全国海关打击侵犯知识产权和制售假冒伪劣商品专项行动”工作会议，就海关系统开展专项行动进行了再动员、再部署。在专项行动期间，海关总署于广洲署长、邹志武副署长及其他署领导多次亲临海关监管一线，监督、检查、指导、推进各地海关深入开展专项行动。全国海关按照国务院和海关总署的统一部署，加强执法、扩大宣传、深化合作，扎实开展专项行动各项工作，取得了积极成效。截至2011年6月30日，全国海关共查获进出口侵权货物12 205批，扣留侵权商品7 615多万件，有力打击了进出口侵权货物违法活动。海关总署编发海关系统“双打”简报22期，向查获重大典型案件的直属海关下发贺电110余个。中央主要媒体报道海关执法情况220余篇，百度、谷歌等搜索引擎链接海关专项行动新闻40多万条，广泛宣传了海关执法情况。

通过专项行动，进出口侵权货物的违法势头得到明显遏制，进出口企业的知识产权守法意识明显提高，进出口贸易秩序明显改善。社会各界对海关在专项行动期间所取的成绩给予高度评价。权利人纷纷通过送锦旗、写感谢信等方式，对海关在专项行动中的突出表现给予肯定，称赞海关是“国门卫士”、“保知先锋”等；中国外商投资企业协会优质品牌保护委员会授予海关总署“2010~2011年全国打击侵犯知识产权和制售假冒伪劣商品专项行动杰出组织领导奖”；2011年6月，全球反假冒组织向中国海关颁发“2011年全球反假冒最佳政府机构奖”，高度评价了中国海关知识产权保护特别是在“双打”行动期间所取得的卓著成绩。国务院总理温家宝同志在获悉中国海关获得全球反假冒组织奖励后作出重要批示，希望海关“要再接再厉”。

二、主要措施

（一）深入学习领会国务院领导指示精神，积极开展“双打”专项行动

“双打”专项行动启动后，海关总署迅速召开全国海关专门工作会议，对“双打”工作细化落实，布置具体任务。全国41个直属海关根据关区实际，成立了以关领导为组长，各职能部门相互联动的“双打”领导小组，拟定”双打”工作方案，加强口岸执法，加大对进出境侵权商品的打击和监管力度，加大对侵权违法活动的行政处罚力度。

如杭州海关经过分析研究，将义乌小商品出口监管作为重点，以义乌小商品出口监管综合改革为试点，对义乌小商品市场经营商户、货代公司、货运企业、外贸公司进行联网备案，实现联网出口商品源头可溯、责任可究；提高对小商品出口的日常查验比例，将出口最低指导查验率由2.5%上调至5%；北京、上海、南京、

广州、深圳等海关，加强对出口到非洲、欧洲、美国、日本等重点地区货物的风险分析和布控；上海、拱北等海关专门抽调人员组成机动查验小分队，进行随机重点查验，期间的出口货物查验比率提高到15%；北京、满洲里、广州、南宁、贵阳等13个海关根据旅检口岸的特点，对重点人群、敏感时间、重点航线展开重点监控，如北京、广州海关对非洲航线航班，大连海关对韩国客运，昆明海关对边民互市，乌鲁木齐、贵阳、南宁海关对重点航班的行李物品实施100%过机。

（二）以风险分析为先导，明确重点，提升执法成效

针对侵权商品进出口的特点，全国海关有针对性地采取措施，提高对以欧美日和非洲为目的地的货物和物品查验比例，确定药品、服装、烟草、化妆品等商品为重点监管货物，通过多种途径收集风险信息，依托系统数据开展科学分析，有针对性地展开布控，提高打击精确度。如上海海关专门组织了具有丰富知识产权和风险分析经验的关员，成立“知识产权风险参数分析专家组”，汇总历年查获的4 000余起侵权案件、600余家侵权黑名单企业及查获的主要侵权商品等数据，进行综合分析，先后设置发布侵权风险参数260余条，取得了良好成效。又如杭州海关在辖区内通过对重点商品、重点口岸的风险布控，一举查获了10个集装箱侵权货物，其中包括侵犯LG商标权冰柜1 377台，侵犯LG、索尼、夏普等商标权的DVD机1万多台，价值人民币350余万元。广州海关在旅检渠道，通过对非洲籍旅客和非洲航线的重点布控，在春节期间连续查获尼日利亚、安哥拉籍旅客利用节假日闯关携运侵权手机6 017台和6 355台等案件；厦门海关在货运渠道，连续查获了2起假冒烟草制品大案，数量达1 326万支；天津海关连续查获3起假冒“skf”轴承案，数量达81 815套。

（三）强化培训，加强执法指导，提高一线执法水平

为解决执法中出现的疑难、热点问题，提高执法人员的执法水平，海关总署邀请了最高人民法院、工商总局、公安部等部门有关专家，在去年12月和今年1月先后组织了两期海关系统执法培训，统一了认识，解决了部分执法问题。全国海关也根据关区实际，邀请国内外权利人和部分专家对关区内的一线执法人员针对商品侵权鉴定和执法问题进行了培训。据不完全统计，在专项行动期间共举办培训60余次，参与培训的人数约4 000人次。

海关总署密切关注全国海关系统的“双打”执法动态，及时对执法中出现的问题进行指导，下发统一规定或者进行个案答复。哈尔滨、宁波、拱北、南宁海关等11个海关根据自身的口岸特点，成立了由各业务部门骨干组成的执法机动小分队，深入各口岸一线进行专题讲座、跟班作业、督导，向基层执法一线关员积极传授知识产权保护执法经验，解决基层一线在专项行动开展过程中存在的困难和问题，并执行机动查缉任务。哈尔滨、江门海关下发了知识产权海关保护操作指引，规范一线查缉执法。通过上述措施，有效提升了一线执法水平。

（四）加强与权利人的联系配合，鼓励举报，创新执法模式

鼓励并支持权利人向海关总署进行知识产权备案。专项行动以来，海关总署已经核准备案2 256项，同比增幅为18%。不断拓宽权利人与海关的沟通渠道，强化执法合作、培训交流等方面的联系配合，多次召开与权利人的座谈会，倾听权利人的呼声，并设法在合法合理的范围内予以解决，切实保护权利人的合法权益。今年2月，广东分署向广东省进出口厂商联合会、广东外商投资企业协会、广东省总商会等20多个社团、专业协会及有关大型企业发函，就广东海关知识产权执法有关问题征求意见，收集省内企业对知识产权海关保护执法和宣传的意见和建议，并对意见和建议做了反馈。

设立举报热线，鼓励权利人和社会公众对侵权货物违法进出境活动进行举报，对举报查实的，予以奖励。

重庆海关根据权利人隆鑫工业有限公司的举报，查获了重庆某商贸有限公司出口479台涉嫌侵犯“LONCIN”商标权的汽油发电机组案，案值人民币90余万元，国务院有关领导同志对该案作出重要批示，海关总署联合公安部、商务部、工商总局、质检总局、知识产权局等六部委对该案进行督办，案件取得了突破性进展，重庆市公安局经侦总队对其中4名犯罪嫌疑人采取了刑事措施，有力地打击了制售侵权假冒伪劣商品违法活动的犯罪行为。

海关不断创新执法模式，使执法朝着更加公开、公平和效率方向发展。如南京海关在总署的指导下，探索实行“证据开示制度”，在案件的调查阶段，由权利人和当事人同时参加，并当场公开进行举证和质证，该项制度实施以来，取得了非常良好的社会效果，双方均给予了积极肯定。

（五）加强部门之间执法协作，形成打击合力，构筑打击侵权违法活动坚强防线

海关不断加强和其他部门的执法协作，尤其是加强与公安机关的衔接配合，提高打击力度。海关在执法过程中发现重大案件线索及时向公安机关进行通报，在专项行动期间，向公安机关通报案件线索达197件，其中42件公安机关已经反馈立案。对公安机关立案的案件，海关积极配合公安机关案件侦查工作，引入公安机关案件侦查提前介入制度，为案件的侦破提供必要条件。如上海海关在查办某实业有限公司出口尼日利亚假冒汽油发电机组案件中，公安机关在海关开展案件调查的同时即提前介入，有效缩短了案件进入刑事立案程序的时间，案件在通报后不到一个月的时间，公安机关就进行立案侦查。

宁波海关根据风险分析查获了青岛某公司出口“LV”商标手提包涉嫌侵权案，青岛市公安局进行了立案侦查，该案涉及的品牌多、涉案人数多、数量大、案值高，宁波海关全力配合，提供了良好的破案条件，青岛市公安局成功抓捕14名犯罪嫌疑人，涉案货物价值高达2.3亿元。

青岛海关依职权主动布控查发某公司申报出口到日本的针织帽子、化纤制梭织男式运动套装假冒“耐克”商标案件后，将该案通报青岛市公安机关。公安机关依靠海关通报的案件线索，深挖摸排，一举打掉一个跨国制售假冒“耐克”服装犯罪团伙，抓获制作、销售、报关出口假冒“耐克”商标商品的包括3名外国籍人员在内的6名犯罪嫌疑人。

在执法过程中，海关还进一步加强了同工商部门、专利部门、版权部门及质检部门的联系配合，在商品的侵权认定、风险信息共享、执法交流、案件协作等方面开展互助合作。汕头海关加强与地方各级知识产权主管部门的联系沟通，建立健全了与公安、工商、法院的知识产权执法合作机制，形成共同打击侵权活动的外部合力。杭州海关与地方公安、法院、工商等部门就侵权案件情报共享、案情通报、线索移交等进行深入交流。广州、江门海关向工商部门各移交了1起案件，宁波海关与北仑工商局签署了合作备忘录，并合作查获了5起侵权违法案件。

（六）加强对外宣传，营造良好知识产权保护氛围，不断提高社会公众保护意识

海关把“双打”专项行动作为宣传的重点，多形式、全方位加强对外宣传工作，充分利用互联网、报刊杂志、电视媒体等宣传媒介，通过典型案例曝光、在线访谈、信息通报等方式，宣传海关在双打专项工作中取得的成绩，展现海关打击侵权商品活动的坚决态度，“连打带喊、边打边喊”，营造了强大的舆论宣传声势。据不完全统计，在“双打”期间，海关在各类媒体发布的新闻达数千条，在百度和谷歌中搜索“海关”和“专项行动”关键词的合计已达320万条。为更直观地展示知识产权海关保护的政策规定，海关总署在人民网举办了视频在线访谈，介绍有关制度及专项行动的措施及成效，还面向全国海关征集了知识产权海关保护动漫作品，并在人民网和海关总署网站进行发布。

2011 年 4 月 15 日，广东分署与广东省政府知识产权办公会议办公室、广东省“双打”行动办一起，协调广州海关、黄埔海关联合举办侵权货物销毁活动，销毁了广州海关查获的 15 万块侵权手表和黄埔海关查获的 2 万多盒侵权蚊香，社会反响良好。北京、郑州、长沙、拱北、江门、昆明等海关也相继举行了公开销毁活动。

上海海关针对国内定牌加工企业知识产权意识不高、在签订定牌加工合同时对知识产权责任承担大都约定不明、不了解侵权风险的现状，举办数次知识产权宣传会，向上海关区数百家加工贸易企业讲授知识产权海关保护规定，以及如何避免在承接订单时被动侵权的知识，帮助企业有效提升知识产权意识，力争在源头进一步规范企业的经营行为。4 月 20 日，汕头海关专门举行了知识产权海关保护新闻发布会，对汕头海关知识产权海关保护工作的举措和成效，以及对目前开展的知识产权保护过程中面临的问题等进行介绍，并公布了查获的典型案例，现场回答记者提问。

结合“12・4 法制宣传日”和“4・26 保护知识产权宣传周”，全国海关把知识产权海关保护作为一个主要的宣传重点，海关总署在门户网站举办“在线访谈”介绍海关知识产权保护法律制度并回答网友提问，北京、天津、上海、青岛、厦门、南昌、广州等 30 多个海关采取多种形式，开展丰富多彩的知识产权保护宣传活动，普及知识产权海关保护知识，增强企业和社会公众的知识产权意识和守法自律意识。

（七）加强国际合作，宣传打击成效，降低国际影响，维护国家声誉

海关不断拓展国际合作空间，展现国家打击侵权违法活动成果，减轻国际压力，积极参与和拓展国际海关之间的合作，不断加强和美国、欧盟、日本、韩国、俄罗斯、港澳等国家或地区之间的合作，签署合作备忘录，开展执法交流、情报交换和执法培训，积极参与世界海关组织、世界知识产权组织等国际组织的活动，在接待日本官民代表团、法国知识产权代表团，以及参与国际知识产权会议等各种场合，积极展示中国海关打击侵权活动的成果，维护国家声誉，降低国际压力。

2011 年 1 月 11 至 12 日，海关总署在中山举办“粤港澳海关加强知识产权保护合作协调会”和“内港澳海关与外资企业知识产权保护对话会”，展示了海关“打击侵犯知识产权和制售假冒伪劣商品专项行动”成果。同时，在广东分署协调下，粤港澳三地海关决定联合开展“打击粤港澳侵权货物跨境运输专项行动”（海龙行动），并在对话会上做了介绍，多家国内外主流媒体和国内外权利人参加，社会影响非常广泛。

三、面临的挑战

专项行动开展以来，海关打击侵权违法活动取得了良好的效果，进出境侵权商品违法活动得到明显遏制，海关查获的侵权商品数量在逐步减少，但形势依然严峻，主要存在着以下问题：

（一）进出口贸易迅速增长给海关执法造成较大压力

近年来，中国进出口贸易迅猛发展。2010 年中国进出口总值 29 729 亿美元，海关监管的进出口货运量超过 29.45 亿吨，同比分别增长了 34.7%、6.1%。为了保证进出口货物及时通关，许多沿海口岸海关已经开始实行每周 7 天、每天 24 小时的“全天候”通关。面对日益增长的监管业务量，海关有限的执法资源与日益增长的执法需求矛盾日益凸显。

（二）不法分子侵权手法日趋多样化，增大海关的查缉难度

随着海关不断加大对进出口侵权货物行为的打击力度，不法分子为逃避海关监管和制裁，所采取的侵权手法日趋多样化，且具有较高的隐蔽性和欺骗性，如伪报品名、藏匿不报、遮盖侵权商标、化整为零、伪造授权文件等，在货物通关时间大幅缩短的情况下，海关查获侵权嫌疑货物的难度不断加大。

（三）部分权利人对海关执法未给予积极有效配合

部分权利人由于法律意识淡薄、维权经验不足等原因，对知识产权执法工作不能给予必要的理解、支持与配合，有的权利人甚至怠于履行法律义务，如没有及时向海关提供侵权信息、没有及时将知识产权的授权使用情况向海关备案、对海关确权通知没有及时给予答复等，客观上影响了海关知识产权保护工作的顺利实施。

（四）进出口企业知识产权意识欠缺

部分进出口企业在国际贸易中对有关商品所涉及的知识产权缺乏深入了解，创新能力较低，出口产品的科技含量和自主品牌的竞争力不足，为求生存，大量使用他人技术或品牌；部分加工企业在签订定牌加工合同时，没有或忽略审查委托人是否拥有所委托使用品牌的知识产权，造成无意识侵权。

四、建立知识产权海关保护长效机制的设想

海关将积极总结打击侵权商品及制售假冒伪劣商品专项行动的经验，加强与相关部门的合作，建立长效机制，共同研究解决执法难题，完善执法制度，安排好下一步工作：

（一）进一步加强执法，着力完善知识产权海关保护的法律制度

结合海关执法实际，进一步修改完善相关规章制度，完善《中华人民共和国知识产权海关保护条例》实施办法、知识产权海关保护的备案制度、行邮渠道侵权货物处置办法等相关配套制度，公开征求社会公众意见，切实维护权利人和收发货人的合法权益。

（二）巩固“双打”成果，进一步加强与执法部门的协作配合，建立打击侵权违法活动的长效机制

全国海关要总结在“双打”工作中的经验，发扬成绩，改进不足，进一步加强与其他执法部门的合作配合，尤其是要加强与公安机关的联系配合，继续深入开展相互间的执法互助，在信息通报、执法培训、资源共享等方面拓宽合作领域，建立打击侵权假冒商品违法活动的长效机制，提高打击合力。

（三）加大培训力度，建立一支专家型的执法队伍

海关将继续邀请最高人民法院、工商总局、版权局、国家知识产权局等专家学者和海关内部的执法骨干对一线执法人员加大培训力度，培养一批专家，带出一批骨干，建立一支专家型的执法队伍。

（四）进一步加强与权利人的联系配合，积极促进国内外企业自主知识产权的保护

加强与有关行业协会、商会的合作，开展对国内外企业自主知识产权保护情况的调研，了解国内企业在保护自主知识产权方面遇到的困难和问题，采取针对性措施，帮助国内企业提高维权能力，促进国内企业加强知识产权的创造和运用工作。

（五）继续推进知识产权海关保护的国际合作

继续在中欧、中美、中俄、中日韩海关知识产权保护合作协议框架下，与主要贸易伙伴国家和地区海关在法律制度和执法经验交流、案件信息和统计数据交换、执法协作等方面开展合作；积极参与世界海关组织、世界贸易组织、世界知识产权组织等有关国际组织的知识产权事务。

海关系统专项行动期间立功授奖单位和个人

专项行动期间，海关总署、各直属海关和各级政府对在专项行动期间表现突出的75个单位和251个关员进行了奖励。

海关总署奖励

二等功

上海外高桥港区海关查验二科
天津海关法规处知识产权科
南京海关“双打”行动小分队
义乌海关知识产权科
宁波海关法规处知识产权科
青岛海关法规处知识产权科
白云机场海关旅检处非贸物品监管三科
蛇口海关前海湾保税港区监管科
中山海关驻小榄办事处货管科
黄埔海关法规处知识产权科
马凯旋新港海关查验处查验二科
王　良　上海外高桥港区海关查验四科
王正伟　上海海关法规处知识产权科
刘　佳　上海浦江海关通关二科
吴昀赟　杭州海关法规处知识产权科
蒋银帆　北仑海关查验三科
徐凡帆　厦门海关驻海沧办事处
陈贤亮　厦门海关驻海沧办事处
都国强　黄岛海关
李学军　深圳海关法规处知识产权科
叶年峰　大鹏海关风险管理科
张　健　南沙海关驻保税港区物流区工作组
朱仕平　黄埔老港海关大码头监管科
毛汪洋　凭祥海关边民互市贸易管理科

三等功

广东分署法规处
北京海关法规处
大连海关法规处
沈阳海关驻邮局办事处
福州海关法规处
厦门海关法规处
长沙海关法规室

江门海关法规处

防城海关“双打”行动工作组

重庆海关法规处

昆明海关法规处

乌鲁木齐机场海关旅检科

解新红　海关总署政策法规司知识产权处

李　哲　沈阳海关法规室

焦　剑　南通海关办公室

袁　琦　长沙海关驻黄花机场办事处旅检科

李冀铭　重庆海关法规处贸易管制科

直属海关奖励

三等功

北京海关法规处知识产权科

北京海关驻邮局办事处快递物品监管科

上海海关打击侵犯知识产权和制售假冒伪劣商品专项行动工作组

浦江海关通关三科

洋山海关查验科

嘉兴海关专项行动小组

金华海关专项行动小组

义乌海关监控查验科

杭州海关驻邮局办事处监管科

黄岛海关物流监控处侵权案件查处小组

解　娜　北京海关机场海关旅检处旅检五科

李　爽　长春海关珲春海关

裴国强　长春海关珲春海关

史旭晨　上海海关外高桥港区海关查验三科

金宇峰　洋山海关查验科

李余民　南京海关法规处知识产权科

杨德平　南京海关驻邮局办事处

陈树雷　苏州海关驻邮局办事处

卢　翔　宁波海关法规处知识产权科

裘震宇　宁波海关隶属北仑海关查验三科

于帅帅　宁波海关隶属大榭海关业务一科

王　蓓　福州海关办公室

林海燕　福州海关法规处

高　戈　福州马尾海关风险管理科
刘子勖　厦门海关驻海沧办事处
高宝清　厦门海关驻海沧办事处
林怀铭　厦门海关驻海沧办事处
郑贻晟　厦门海关驻海沧办事处
饶志强　厦门海关驻海沧办事处
潘　宁　青岛海关法规处
王文涛　青岛海关烟台海关
田旭刚　青岛海关黄岛海关
卓燕珍　广州海关隶属白云机场海关
江国才　广州海关隶属白云机场海关
张　卓　广州海关隶属白云机场海关
吴　敏　广州海关隶属白云机场海关
叶小军　深圳海关大鹏海关
罗兴诚　深圳海关大鹏海关
李　劲　深圳海关大鹏海关
闵建蓓　深圳海关蛇口海关
周　硕　深圳海关蛇口海关
樊建威　深圳海关蛇口海关
张永祥　昆明海关勐腊海关通关科
许　光　昆明海关瑞丽海关监管科
李坤桦　昆明海关瑞丽海关监管科
张　晔　昆明海关瑞丽海关监管科
李晓军　昆明海关瑞丽海关监管科
刘　云　昆明海关勐腊海关监管科

嘉奖

北京海关机场海关旅检处旅检五科
秦皇岛海关行邮科专项行动三人执法小组
二连海关办公室
长春海关法规处
珲春海关货运机检科
延吉海关隶属南坪海关
哈尔滨海关法规处
上海海关对外宣传办公室
上海海关现场业务三处知识产权查缉小组

浦东国际机场海关物流监控处物流监控三科
上海海关外高桥港区海关查验一科
南京海关法规处知识产权科
南京海关驻邮局办事处
苏州海关驻邮局办事处
济南海关驻邮局办事处
深圳海关驻邮局办事处业务二科
成都海关驻邮局办事处邮递物品监管科
昆明海关瑞丽海关监管科
西安海关邮办处邮检二科
郭大为　北京海关法规处
魏全生　北京海关机场海关物流监控处
于　晔　北京海关机场海关物流监控处
王玉京　北京海关机场海关物流监控处
张琛琛　北京海关机场海关物流监控处
崔效国　天津海关法规处
李　婷　天津海关法规处
袁　伟　天津海关法规处
李贵勇　天津海关邮办处
刘　旭　天津海关邮办处
沈智辉　天津海关邮办处
田　野　天津新港海关
孟昭然　天津新港海关
李明勇　天津新港海关
于鲁闽　天津新港海关
陈　麓　天津新港海关
金洪峰　天津新港海关
刘　肖　天津新港海关
曲　波　天津新港海关
崔　涛　天津东疆海关
赵子健　天津东疆海关
周建平　二连海关
马　强　二连海关
刘　磊　二连海关
辛延君　满洲里海关驻十八里办事处通关科
张　聪　满洲里海关驻十八里办事处通关科

张鹏飞　满洲里海关驻十八里办事处通关科
卢勃然　满洲里海关驻十八里办事处通关科
张立阳　长春海关法规处
崔东植　长春海关珲春海关
崔　波　长春海关珲春海关
雷明坤　长春海关珲春海关
郝鹏程　长春海关珲春海关
毕　波　哈尔滨海关法规处法制应诉科
邢丹丹　哈尔滨海关隶属绥芬河海关东办非贸科
于亚君　哈尔滨海关隶属绥芬河海关铁路非贸易物品监管科
唐丽媛　哈尔滨海关隶属绥芬河海关东办非贸科
包秀艳　哈尔滨海关隶属绥芬河海关铁路非贸易物品监管科
丛永生　哈尔滨海关隶属哈尔滨太平机场海关旅检一科
吴　鹏　哈尔滨海关隶属哈尔滨太平机场海关旅检三科
陈忠民　哈尔滨海关隶属黑河海关非贸易物品监管一科
毛连胜　哈尔滨海关隶属同江海关监管二科
迟　伟　哈尔滨海关隶属抚远海关监管科技术科
杨　芳　哈尔滨海关隶属绥芬河海关综合业务科
郑中力　浦东国际机场海关通关业务处
李　睿　浦东国际机场海关快件物品监管处物流监控一科
苏　倩　上海海关洋山海关查验科
陈银健　南京海关办公室
王　力　南京海关办公室
金益薇　南京海关驻邮局办事处
曹　琪　苏州海关办公室
俞　晶　杭州海关办公室
彭韶华　杭州海关法规处
黄　祎　杭州海关法规处
丛哲明　杭州海关监管通关处
祝　雄　杭州海关风险管理处
蔡　鸽　宁波海关隶属北仑海关查验三科
李　杰　宁波海关隶属北仑海关查验一科
刘　洛　宁波海关隶属北仑海关查验二科
钱炫宇　宁波海关隶属北仑海关查验三科
孙　跃　宁波海关隶属北仑海关查验一科
张岳军　宁波海关隶属北仑海关查验二科

林为民　福州海关驻邮局办事处
董伟建　福州海关驻邮局办事处
陈　旺　福州海关福州保税区海关
蒋刚毅　厦门海关驻海沧办事处
唐　琪　厦门海关东渡海关
石强杰　青岛海关烟台海关
王丽梅　青岛海关烟台海关
高幼旭　青岛海关烟台海关
刘奎文　青岛海关烟台海关
张　芳　青岛海关黄岛海关
徐　瑜　青岛海关驻邮局办事处
孙雅静　青岛海关驻邮局办事处
李　超　青岛海关大港海关
邵成满　广州海关隶属白云机场海关
李修汉　深圳海关大鹏海关
余伟毅　深圳海关大鹏海关
缪杰民　深圳海关大鹏海关
刘　蕾　深圳海关大鹏海关
苏凌宇　深圳海关大鹏海关
祁　丽　深圳海关驻邮局办事处
曾　玲　深圳海关驻邮局办事处
黄冬云　深圳海关驻邮局办事处
刘世雄　深圳海关蛇口海关
韩东强　深圳海关蛇口海关
黄卫国　深圳海关蛇口海关
李景东　深圳海关蛇口海关
黄旭荣　拱北海关法规处
黄淑霞　拱北海关驻闸口办事处
林文彬　拱北海关驻珠海保税区办事处
赵大富　拱北海关中山海关
黎星文　拱北海关九洲海关
郭景宏　汕头海关法规处
颜进美　汕头海关法规处
饶毓纯　汕头海关港口办
忻　泽　汕头海关港口办
陈伟强　汕头海关港口办

魏志荣　汕头海关港口办
李　斌　江门海关高沙办事处
李　冰　江门海关法规处
余溢盛　江门海关外海办事处
张　权　江门海关法规处
秦　鑫　湛江海关法规处
陈翠云　湛江海关隶属霞山海关
梁希林　湛江海关隶属霞山海关
张国友　昆明海关瑞丽海关监管科
张丽芬　昆明海关瑞丽海关监管科
张丽华　昆明海关瑞丽海关监管科
曹苏平　昆明海关瑞丽海关监管科
徐永清　昆明海关勐腊海关监管科
张成虎　昆明海关勐腊海关监管科
李海鹤　昆明海关勐腊海关监管科
苏　朝　昆明海关勐腊海关监管科
周慈煜　西安海关邮办处邮检二科

通报表扬

长春海关驻机场办事处
延吉海关驻邮局办事处
长春海关人教处干部二科
长春海关政工办组织科
长春海关现场业务一处驻邮局办事处
长白海关办公室、监管科
临江海关办公室、监管科
图们海关办公室、驻桥头办事处
集安海关办公室、驻车站办事处
珲春海关法规科
延吉海关监管科、开山屯海关
哈尔滨海关太平机场海关旅检一科
哈尔滨海关绥芬河海关铁路非贸科
哈尔滨海关绥芬河海关东办非贸科
哈尔滨海关黑河海关非贸一科
哈尔滨海关同江海关监管二科
哈尔滨海关抚远海关监管技术科

青岛海关驻邮局办事处
拱北海关横琴海关查验二科
霍尔果斯海关
喀什海关综合业务处
乌鲁木齐海关驻车站办事处
葛天星　长春海关法规处
王素艳　长春海关法规处
程远明　长春海关缉私局
别　帜　长春海关缉私局
张增辉　长白海关
索兴华　长白海关
庄济远　长白海关
赖正云　临江海关
郭　慧　临江海关
张立彬　临江海关
汪传宝　临江海关
丁树冰　图们海关
宋志刚　图们海关
南贞爱　集安海关
张立民　集安海关
林　岩　集安海关
秦卫国　集安海关
徐云峰　珲春海关
王春林　珲春海关
金　哲　珲春海关
金　慧　珲春海关
姚　博　珲春海关
王文绍　延吉海关
李　旸　延吉海关
南玉华　延吉海关
赵金林　延吉海关
姜伟研　哈尔滨海关驻邮局办事处监管二科
曲振谅　哈尔滨海关隶属哈尔滨太平机场海关旅检二科
马路平　哈尔滨海关隶属黑河海关办公室
贾湘南　哈尔滨海关隶属同江海关监管技术科
赵忠诚　哈尔滨海关隶属抚远海关监管科技术科

赵西才　哈尔滨海关隶属东宁海关缉私科
龚亚波　哈尔滨海关隶属逊克海关
田晓燕　哈尔滨海关隶属萝北海关
马路平　哈尔滨黑河海关
邵亚军　哈尔滨黑河海关
陈忠民　哈尔滨黑河海关
秦士勇　哈尔滨黑河海关
曲　昱　哈尔滨黑河海关
杨吉力　哈尔滨黑河海关
郑晓俊　福州海关福州保税区海关
陈　旺　福州海关福州保税区海关
陈　恳　深圳海关大鹏海关
袁志敏　深圳海关大鹏海关
蔡光至　深圳海关大鹏海关
钟石松　深圳海关大鹏海关
曾康平　深圳海关大鹏海关
曾广荣　深圳海关大鹏海关
张建洪　深圳海关大鹏海关
廖庆钧　深圳海关蛇口海关
范　舜　深圳海关蛇口海关
陈嘉东　深圳海关蛇口海关
李　航　深圳海关蛇口海关
梁丽玲　深圳海关蛇口海关
林晓璇　深圳海关蛇口海关
叶　红　深圳海关蛇口海关
何晓黎　乌鲁木齐喀什海关
姬武部　乌鲁木齐喀什海关
苏　亚　乌鲁木齐阿拉山口海关
阿巴依·阿斯木　乌鲁木齐霍尔果斯海关
刘　琰　乌鲁木齐机场海关
赵端阳　乌鲁木齐塔城海关
朱建新　乌鲁木齐阿勒泰海关

地方政府奖励

湖南省“双打”行动先进集体

长沙海关现场业务处邮检科

广东省“双打”行动先进集体

广东分署法规处

武汉市知识产权工作先进集体

武汉海关驻机场办事处邮检科

大连市“双打”行动先进单位

大连海关法规处

湖南省“双打”行动先进个人

石　云　长沙海关法规室

唐卫兵　长沙海关现场业务处邮检科

段达程　长沙海关隶属岳阳海关

贵州省“双打”行动先进个人

苏文嘉　贵阳海关法规室

天津市“双打”行动先进个人

李　婷　天津海关

沈智辉　天津海关

张　涛　天津东疆海关

孟繁鑫　天津新港海关

大连市“双打”行动先进个人

李　辉　大连海关法规处

杨　民　大连海关查验科

武汉市知识产权工作先进个人

刘京果　武汉海关

熊　晶　武汉海关

专项行动成果网络展

国家专项行动成果展

为全面展示我国开展打击侵犯知识产权和制售假冒伪劣商品专项行动的工作和取得的成就，由专项行动领导小组主办、中国网络电视台承办的“中国打击侵犯知识产权和制售假冒伪劣商品专项行动成果展”（网络展）于 2011 年 7 月 11 日正式启动。海关总署作为专项行动领导小组成员单位参加了成果展的筹备和参展工作。海关展区位于成果展的第三展厅“打击制假售假”中的第五单元“海关加强口岸执法”，包括五组内容，分别为防堵重点口岸、严查重点航线、深挖重点运输方式、锁定重点商品、苦练内功战绩显赫。

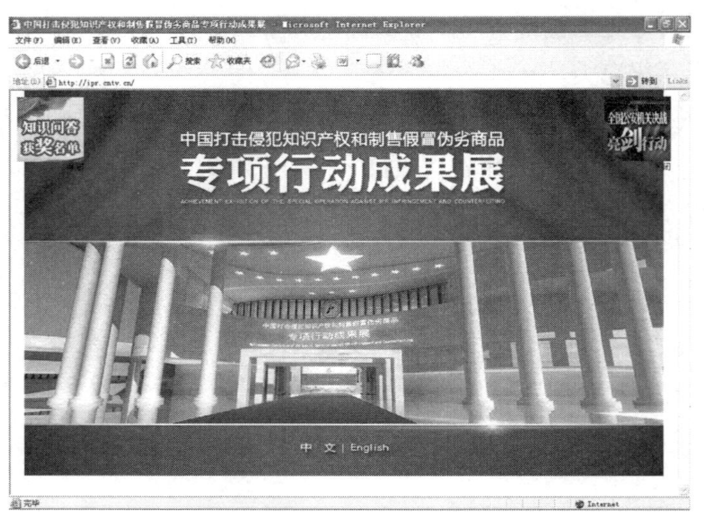

展览大厅入口

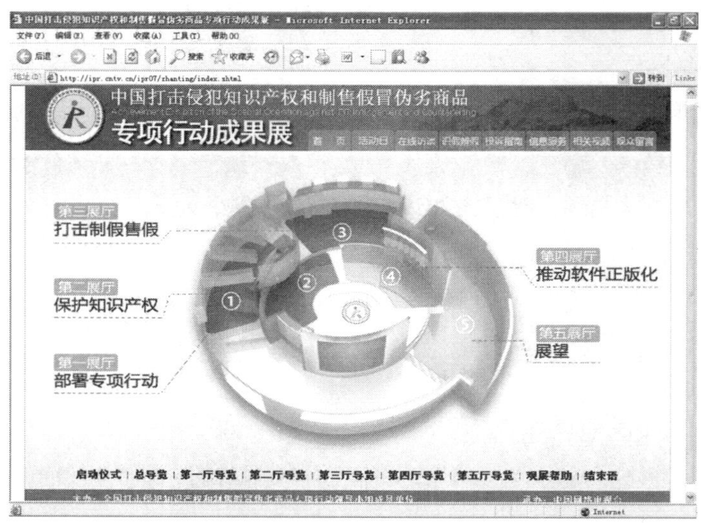

展厅分布示意图

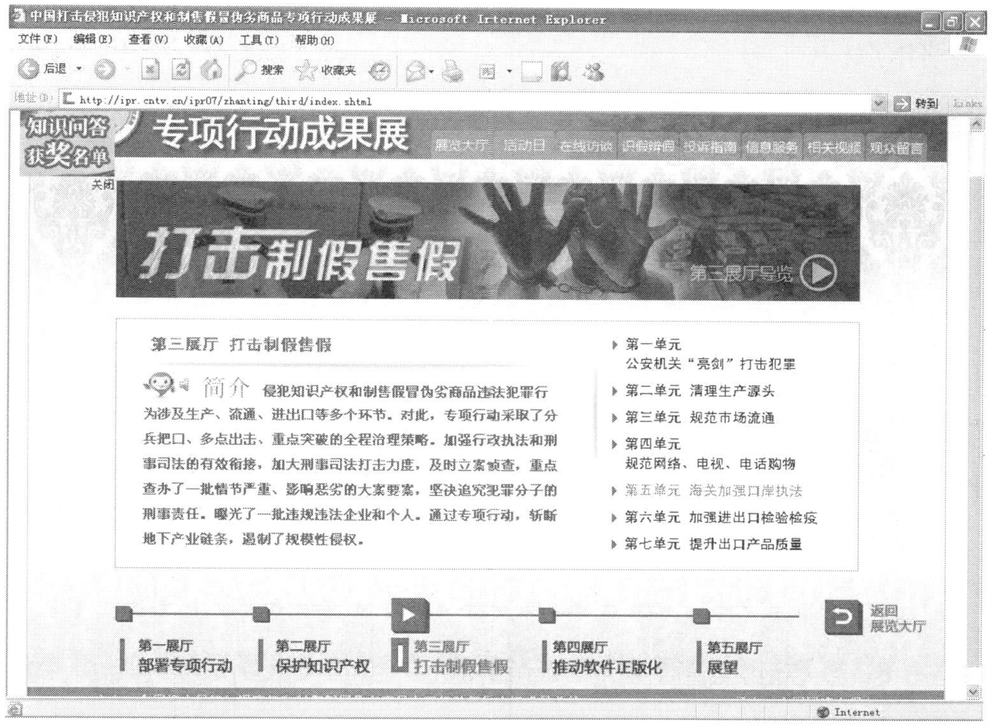

第三展厅导览图

海关展厅导览

第一组：防堵重点口岸

海关知识产权保护范围和执法程序介绍

中央电视台报道：各地海关扣留侵权商品价值逾亿

中央电视台报道：2010 年海关全年查获的侵权货物 2.7 亿元

中央电视台报道：海关查获侵权货物案值 1.2 亿元

海关总署专项行动方案的 12 项措施

海关总署领导同志在深圳海关检查专项行动执法情况

海关总署确定的专项行动重点口岸

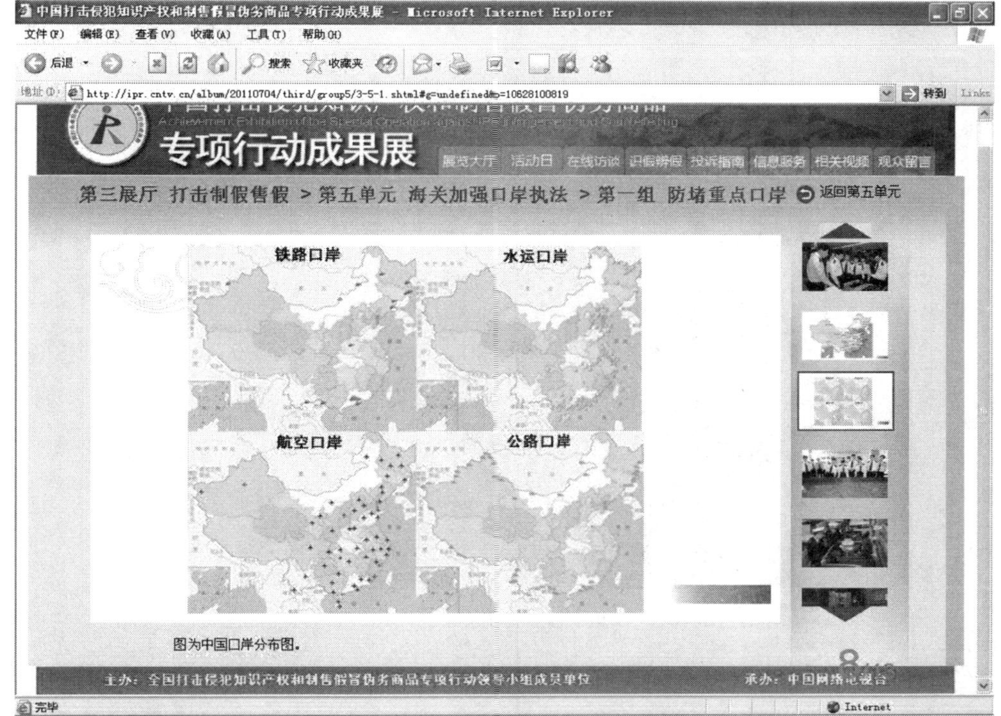

海关重点口岸分布示意图

海关总署领导视察广州海关专项行动工作

拱北海关查获进口假冒显像设备

黄埔海关查获假冒香烟

厦门海关查获假冒运动用品

黄埔海关查获假冒化妆品

第二组：严查重点航线

重点航线示意图

重点海运、空运口岸

上海海关查获输美假冒服装

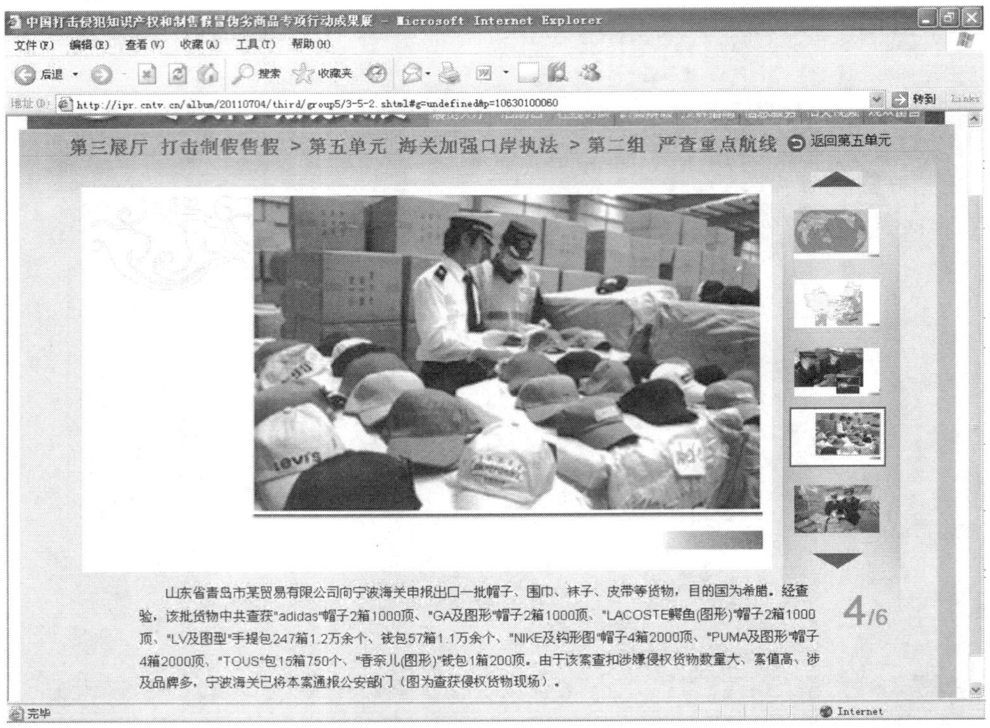

宁波海关查获出口输欧假冒服装和箱包

黄埔海关查获输非的假冒化妆品14.7万件

深圳海关查获向中美洲国家出口的 2.2 万个假冒游戏机手柄

第三组：深挖重点运输方式

海运是假冒商品进出口的主要运输方式

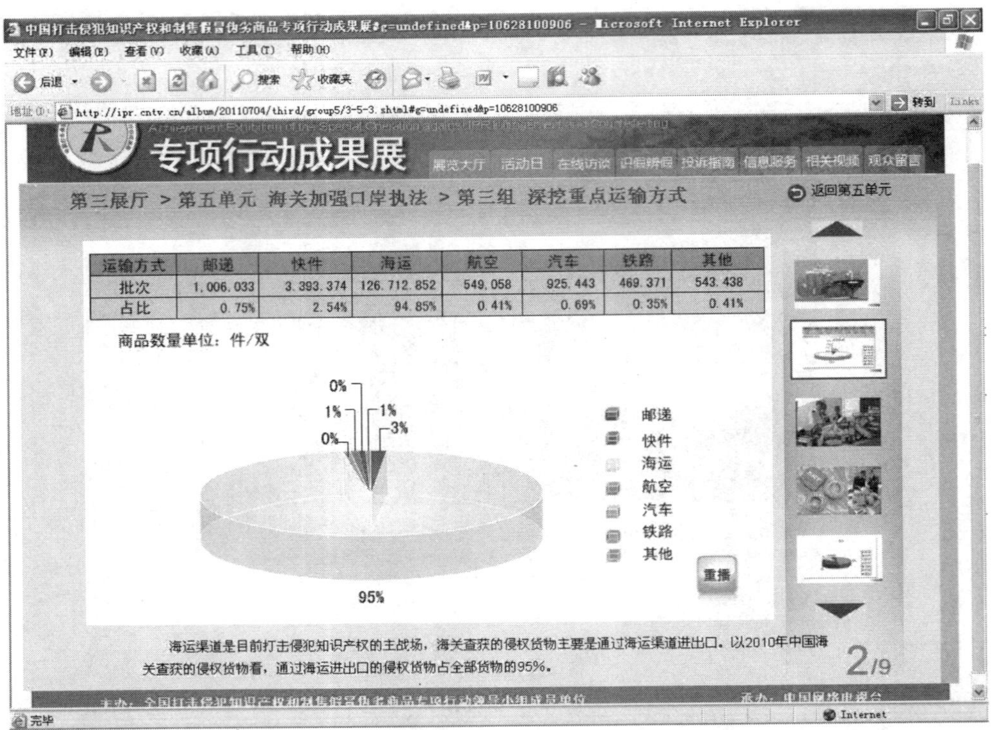

运输方式	邮递	快件	海运	航空	汽车	铁路	其他
批次	1,006,033	3.393.374	126.712.852	549,058	925.443	469.371	543.438
占比	0.75%	2.54%	94.85%	0.41%	0.69%	0.35%	0.41%

海关在不同渠道查获侵权商品的比例示意图

海运渠道查获的案件

天津海关在海运渠道查获假冒轴承

海关在不同渠道查获侵权商品批次的比例示意图

海关在邮递渠道查获假冒商品批次最多

广州海关在邮递渠道查获假冒靴子

南京海关在邮递渠道查获大量假冒化妆品

上海海关查获大批邮寄出口的假冒电子产品

第四组：锁定重点商品

海关对侵权药品、汽配、手机等重点商品加大查缉力度

海关查获的假冒药品

海关查获的假冒手机

海关查获的假冒汽车配件

杭州海关查获 10 个集装箱的出口假冒电器

重庆海关查获假冒汽油发动机

第五组：苦练内功 战绩显赫

海关销毁查获的假冒商品

上海海关组织面向企业的知识产权培训

海关利用新的科技手段加大监管力度

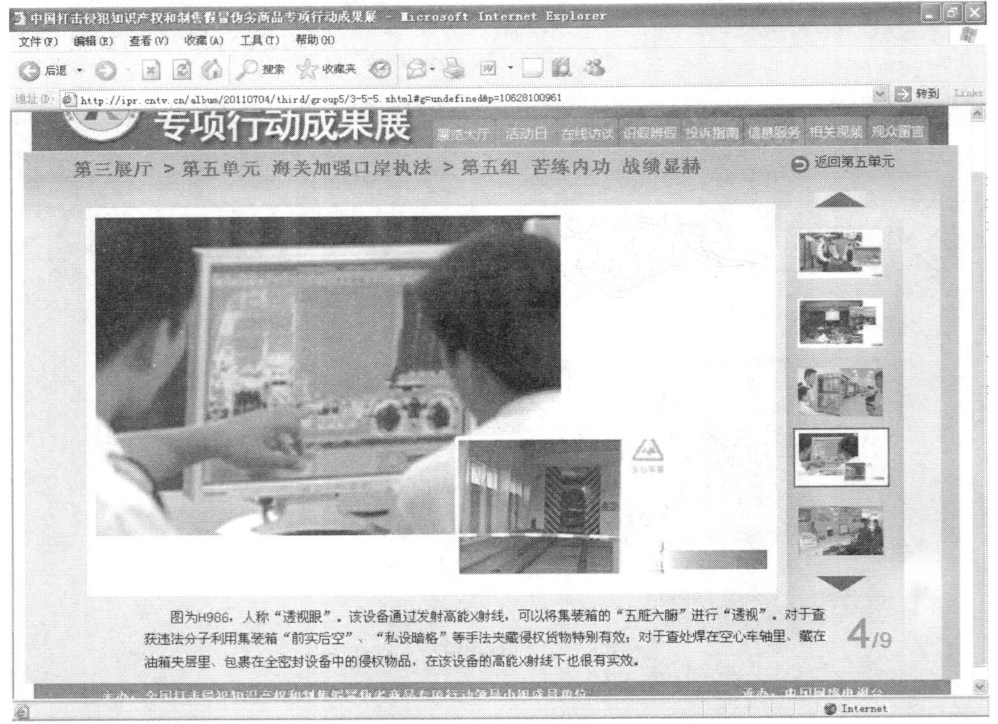

海关利用集装箱检查设备查获假冒货物

海关利用监控中心监控港区情况

海关加大风险分析力度并不断提高监管水平

海关关员冒着风雪查验货物

海关与权利人举行座谈

全球反假冒组织授予中国海关 2011 年度“反假冒最佳政府机构奖”

政策法规司陈旭东副司长就海关开展专项行动情况接受中国网络电视台专访

海关总署专项行动成果展

为配合全国“打击侵犯知识产权和制售假冒伪劣商品专项行动成果展”，海关总署也在门户网站推出了一个题为“构筑保护知识产权的钢铁长城”的展览，专门介绍海关开展专项行动的成果。

该展览分为“参观区”和“快速导览区”两部分，其中参观区分为“认真部署，狠抓落实”、“严格执法，注重成效”、“协同作战，扩大战果”、“社会宣传，提高意识”、“对外合作，树立形象”5个单元，快速导览区分为“照片区”、“视频区”和“动漫区”3个区域。

海关总署专项行动成果展网址：http://www.customs.gov.cn/ipr

海关总署专项行动成果展首页

展厅导览页

参观区

构筑保护知识产权的钢铁长城
海关"打击侵犯知识产权和制售假冒伪劣商品专项行动"成果展
中国打击侵犯知识产权和制售假冒伪劣商品
专项行动成果展
第一部分
认真部署，狠抓落实
亲临一线 动员部署
上下联动 确保实效
督导推动 检查落实
拒绝假冒
拒绝盗版
知识产权保护宣传片
第二部分
严格执法，注重成效
知识产权保护动漫作品

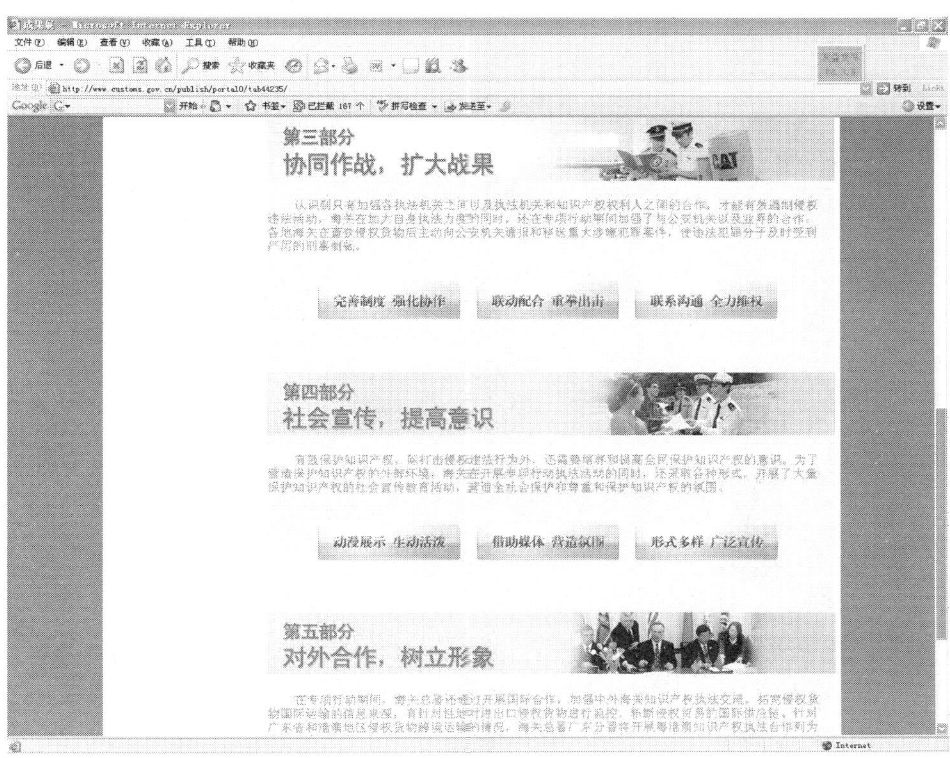
第三部分
协同作战，扩大战果
完善制度 强化协作
联动配合 重拳出击
联系沟通 全力维权
第四部分
社会宣传，提高意识
动漫展示 生动活泼
借助媒体 营造氛围
形式多样 广泛宣传
第五部分
对外合作，树立形象

参观区首页

快速导览区

照片区

视频区

动漫区

第四篇
海关知识产权保护典型案例

“两法”衔接案例

一、青岛海关查获潍坊舒特国际贸易有限公司假冒“NIKE”商标服装案

（一）案情介绍

2010 年 9 月 30 日，潍坊舒特国际贸易有限公司向青岛海关申报出口到日本的针织帽子 5 600 个、化纤制梭织男式运动套装 2 788 套，总价值 56 628 美元。青岛海关经风险分析认为该批货物具有较大侵权风险，遂下达布控指令。指令下达后，该企业以多种理由迟迟不配合海关进行查验，企图申请退关以逃避海关监管。海关于 11 月 1 日对该批货物进行查验，发现该批货物带有“NIKE”标志，涉嫌侵犯美国耐克国际有限公司在海关总署备案的商标专用权。后经权利人确认，该批货物属假冒其注册商标的商品。

为及时追究违法分子的法律责任，青岛海关在对货物进行全面清点整理过程中就上述案件线索通报青岛市公安局，邀请公安机关提前介入。12 月 30 日，青岛市公安局黄岛分局对此案立案侦查。

青岛市公安机关依靠海关通报的该起案件线索，深挖摸排，一举捣毁制作、销售、报关出口假冒“NIKE”商标商品侵权犯罪网络，将包括 3 名韩国籍人员在内的 6 名犯罪嫌疑人全部抓获，并查获假冒“NIKE”商标 T 恤衫 2 376 件、运动裤 6 786 件、运动套装 15 522 套、针织帽 35 664 顶、短上衣 2 154 件，假冒“NIKE”商标标志 12 万余件，假冒“NIKE”商标标志印刷版 4 张，电脑主机等生产设备 1 套。同时，查实该犯罪团伙共出口 7 批假冒“NIKE”服装，价值折合人民币 200 余万元。

2011 年 8 月 25 日，青岛市中级人民法院一审判决韩国人李大哲、金泳祯、金荣训犯销售假冒注册商标的商品罪，分别判处有期徒刑 3 年，并处罚金人民币 140 万元，驱逐出境；有期徒刑 2 年，并处罚金人民币 30 万元，驱逐出境；有期徒刑 2 年，并处罚金人民币 20 万元，驱逐出境。

（二）评析

此案是海关以实际行动落实国务院、海关总署打击侵犯知识产权和制售假冒伪劣商品专项行动部署所查获的一起涉及境内外犯罪分子相互勾结的重大案件，法制日报等多家媒体对此案进行了报道。在专项行动期间，青岛海关通过强化风险防控，积极开展风险分析，突出查缉重点，提高布控的针对性和有效性，不断加大知识产权保护力度。在此案中，青岛海关不仅在进出境环节积极堵截侵权货物，防止其流入国际市场，而且还积极主动地开展与公安机关的协作，成功打掉了跨国侵权犯罪团伙，有效维护了国际贸易秩序和知识产权权利人的合法权益。

此案还是海关与公安机关执法协作，海关执法与刑事执法衔接的典范。在办理案件过程中，青岛海关早在清点货物环节就将案件线索通报青岛市公安局，邀请公安机关提前介入，保证了公安机关能及时侦破案件，而公安机关也及时将侦办案件的进展情况向海关通报，体现了协同合作的精神，形成行政执法机关与刑事司法机关在打击侵权假冒犯罪方面的合力，有效提升了对侵权违法分子的震慑力。

附：

1. 青岛海关查获的潍坊舒特国际贸易有限公司假冒“NIKE”商标服装

2. 青岛市中级人民法院刑事判决书

中华人民共和国山东省青岛市中级人民法院

刑事判决书

（2011）青刑二初字第35号

公诉机关中华人民共和国山东省青岛市人民检察院。

被告人李大哲（英文名：LEE DAE CHUL），男，1970年1月30日生，韩国人，护照号码QD0015483，大学文化，原系韩世国际贸易（中国）有限公司（未注册）负责人，暂住地中华人民共和国青岛市香港东路395号1号楼3单元101室，韩国居住地韩国首尔市中路区忠心洞APT301室。因涉嫌销售假冒注册商标的商品罪，于2011年1月8日被刑事拘留，同年1月31被逮捕。现羁押于中华人民共和国山东省青岛市第一看守所。

辩护人王文，中华人民共和国吉林齐略律师事务所律师。

被告人金泳祯（英文名：KIM YOUNG JUNG），男，1954年8月7日生，韩国人，护照号码SY0003334，大学文化，原系韩世国际贸易（中国）有限公司理事，暂住地中华人民共和国青岛市香港东路396号1号楼3单元101室，韩国居住地韩国首尔市江南区卢贤洞360号。因涉嫌销售假冒注册商标的商品罪，于2011年1月12日被刑事拘留，同年1月31日被逮捕。现羁押于中华人民共和国山东省青岛市第一看守所。

辩护人张井茹，中华人民共和国吉林齐略律师事务所律师。

被告人金荣训（英文名：KIM YOUNG HOON），男，1973年7月4日生，韩国人，护照号码M19489188，大学文化，原系韩世国际贸易（中国）有限公司部长，暂住地中华人民共和国青岛市香港东路396号1号楼3单元101室，韩国居住地韩国首尔市城北区中岩洞54~295号。因涉嫌销售假冒注册商标的商品罪，于2011年1月12日被刑事拘留，同年1月31日被逮捕。现羁押中华人民共和国山东省于青岛市第一看守所。

辩护人林红波，中华人民共和国吉林齐略律师事务所律师。

翻译人吴圣花，中华人民共和国山东省青岛市翻译中心翻译。

山东省青岛市人民检察院以青检刑诉［2011］82号起诉书指控被告人李大哲、金泳祯、金荣训犯销售假冒注册商标的商品罪，于2011年7月4日，向本院提起公诉。本院依法组成合议庭，公开开庭审理了本案。山东省青岛市人民检察院指派代理检察员李宝良出庭支持公诉。被告人李大哲及其王文，被告人金泳祯及其辩护人张井茹，被告人金荣训及其辩护人林红波，翻译人吴圣花到庭参加诉讼。现已审理终结。

山东省青岛市人民检察院指控，自2010年起，在明知无耐克体育有限公司授权的情况下，被告人李大哲与日本MCL公司社长松田博明（另案处理）预谋，由松田博明在青岛佳世客商场购买耐克服装作为样品，向被告人李大哲订购相同样式的服装。李大哲指使被告人金泳祯联系潍坊舒特国际贸易有限公司经理金明（另案处理），由金明组织生产假冒耐克商标的服装，并以该公司的名义报关出口销售给日本MCL公司牟取非法利益。被告人金泳祯、金荣训多次到潍坊舒特国际贸易有限公司，对生产假冒耐克商标服装的生产进程、工艺、质量精细监督检查，并制作虚假的销售证明、增值税专用发票等资料传真至日本MCL公司。三被告人共销售假冒耐克商标的男女运动长裤6 606条、运动套装14 492套、针织运动帽35 664顶、防寒短上衣5 040件、男式运动服1 614件，销售金额398 566美元，折合人民币269万余元。

公诉机关当庭讯问了被告人，宣读了发破案经过、被告人供述、证人证言，出示了品牌商标注册证明、鉴定书等相关书证，认为李大哲、金泳祯、金荣训明知未经注册商标所有人许可，在同一种商品上使用与其注册商标相同的商标，又销售该假冒注册商标的商品，数额巨大，其行为均触犯了《中华人民共和国刑法》第二百一十三条的规定，应以假冒注册商标罪追究其刑事责任。

针对指控的犯罪事实，李大哲、金泳祯、金荣训无异议且无辩解。

被告人李大哲、金泳祯的辩护人提出的辩护意见是，2010年9月30日报关出口的假冒耐克服装，系犯罪未遂，其到案后，认罪悔罪态度较好。被告人金荣训的辩护人提出的辩护意见是，被告人金荣训到案后，认罪悔罪态度较好，且系从犯。

经审理查明，被告人李大哲在中国期间，一直以未在中国注册的韩世国际贸易（中国）有限公司（以下称韩世公司）的名义对外开展业务，并雇佣被告人金泳祯、金荣训为其公司理事、部长。2010年以来，被告人李大哲与日本MCL公司社长松田博明（在逃）预谋制作并向日本出口假冒耐克商标的服装谋取非法利益。被告人李大哲接受松田博明的订单后，以在青岛佳世客商场购买的耐克服装、帽子为样品，制作服装资料图，委托潍坊舒特国际贸易有限公司（以下称舒特公司）生产假冒耐克商标的服装、帽子，并以舒特公司的名义报关出口销售给日本MCL公司。期间，被告人金泳祯、金荣训明知李大哲销售的系假冒耐克商标的服装，仍实施了联系服装生产厂家，到厂家监督、检查假冒耐克服装的生产进程、工艺、质量，制作，制作虚假的耐克销售证明、出店单等资料传真至日本MCL公司。至案发，三被告人委托生产、销售假冒耐克商标的男女运动长裤6 606条、运动套装14 492套、针织运动帽35 564顶、防寒短上衣5 040件、男式运动服1 614件，销售金额共计398 566美元，折合人民币269万余元。其中，舒特公司于2010年9月30日申报出口销售给日本MCL公司的“耐克”牌男式运动套装2 788套、运动针织帽5 600顶，在通关时，被黄岛海关依法扣押，销售金额共计56 628美元，折合人民币38万余元。经鉴定，上述货物均系假冒耐克商标的服装。

案发后，被告人李大哲被查获归案，被告人金泳祯、金荣训到公安机关自首。

认定上述犯罪事实有公诉机关提供，经庭审质证属实之下列证据证实：

（1）公安机关出具的受理刑事案件登记表、发破案经过、立案决定书及黄岛海关出具的情况说明、线索通报单、照片、报关单、查验记录分别证实，2010年11月30日，黄岛海关向青岛市公安局移交案件线索称，舒特公司以针织帽子、化纤制梭织男式运动套装名义，向日本报关出口的货物涉嫌侵犯知识产权犯罪。青岛市公安局在侦办上述案件的过程中，发现被告人李大哲、金泳祯、金荣训涉嫌犯销售假冒注册商标的商品罪，遂立案侦查，并于2011年1月8日赶赴青岛市香港东路396号1号楼3单元101室将被告人李大哲抓获；同年1月12日，被告人金泳祯、金荣训被传唤后，主动到公安机关投案。

（2）韩世公司职员金甲龙、李丽分别证实，二人分别于2008年4月、2009年5月到韩世公司工作，被告人李大哲、金泳祯、金荣训分别系韩世公司老板、理事、部长，其中李大哲负责全面工作，金泳祯负责生产、质量、价格工作，金荣训负责账目、资料管理，并协助金泳祯进行生产、质量管理。公司业务即与日本MCL公司的松田博明做假冒耐克服装的生意，业务流程是松田博明确定服装订单后，由松田博明、李大哲等人到青岛商场购买耐克服装作为样品，制作服装款式、尺寸、颜色、面料等内容的资料单，剪下样品布料粘贴在资料单上发给金城（舒特公司）公司生产假冒耐克服装，由于金城公司不能生产帽子，金城公司老板金明联系山东省胶州市的帽子工厂生产帽子。生产过程中，金泳祯、金荣训经常去工厂察看生产情况。生产完毕后，金明以舒特公司的名义将货物直接出口到日本MCL公司。发货时，李大哲根据松田博明的要求指使金荣训制作虚假的耐克公司授权证明、增值税专用发票和耐克仓库出店（接收）单，并由李丽通过传真发给日本的松田博明；另外，韩世公司在舒特公司的价格基础上加价制作新的发票，将加价部分作为韩世公司的利润，利润由日本的松田博明通过舒特公司或李大哲在韩国的账户将款项汇入韩世公司金甲龙的个人账户。上述事实有从韩世公司扣押的2册销售资料、从舒特公司提取的韩世公司提供的带有耐克标识的服装资料图、发票等书证在案佐证。

（3）潍坊舒特公司经理、潍坊金城服装有限公司法定代表人金明，职员金雪莲、高淑洁、曹国莹，出纳董萍的证言及辨认笔录分别证实，舒特公司、金城公司均系金明的公司，其公司于2009年7月开始根据李大哲提供的耐克服装样品、资料图生产假冒耐克商标的T恤、运动套装，并委托潍坊嘉华船务货运代理有限公司（以下简称嘉华船务公司），以舒特公司的名义向日本MCL公司报关出口假冒耐克商标的服装，货值约30万美元，货款由日本MCL公司汇入其公司在潍坊银行的外币账户。其中，假冒的耐克商标的吊牌等商标标志及包装袋等物品均系委托山东省即墨市超群印刷包装有限公司制作，假冒耐克商标的帽子系委托山东省胶州市宜家有制帽有限公司生产；在假冒耐克服装的生产过程中，被告人金泳祯、金荣训经常到其公司查看生产进度，监督生产质量。青岛宜家有制帽有限公司经理田彩虹的证言亦证实了上述生产假冒耐克商标的帽子的相关事实。上述事实有从舒特公司提取的流水账及外汇收、结汇凭证、应收账款科目，从青岛宜家有制帽有限公司调取的耐克标志的样品资料、价格确认单，数量确认单、样品确认单、汇款账户资料、加工合同及部分假冒耐克帽子等证据在案佐证。

（4）青岛超群印刷包装有限公司经理徐振刚、职员邵娟分别证实，2009年9月，在金明没有出具耐克公司授权证明的情况下，其公司接受金明的委托根据金明提供的图样加工、制作耐克商标共计四万余套，每套耐克商标包括主标、吊牌、合格证、条码贴、洗标、装饰标、水洗牌、通用标等。

（5）舒特公司职员金银刚证实，其职责系联系公司生产的“耐克”服装的通关出口手续，一般程序系其根据服装款号、数量、箱数制作发票、装箱单发给嘉华船务公司，由嘉华船务公司负责订舱、报关出口，同时将其制作的发票、装箱单传给韩世公司。

（6）山东嘉年华船务代理有限公司业务员栾红敏、山东易通和运国际物流有限公司业务员张金川的证言分别证实，其公司自2010年8月20日到9月30日，其公司以无品牌帽子、运动套装、体恤衫的名义为舒特公司办理了8次海关通关手续。上述事实有从潍坊海关调取的报关单、发票、装箱单、出境货物通关单等书证在案佐证。

（7）黄岛海关移交涉嫌侵权货物清单、青岛市公安局黄岛分局出具的扣押物品、文件清单、照片分别证实，黄岛海关将其查扣的TGHU1584800集装箱内带有耐克标志的服装2 788件、帽子5 600顶移交给青岛市公安局黄岛分局；青岛市公安局黄岛分局分别于2011年1月6日，从舒特公司扣押带有耐克标志的服装174箱及耐克商标吊牌、合格证5箱；2011年1月9日，从青岛宜家有制帽有限公司扣押耐克商标1 700枚，带有耐克标志的针织帽730顶、包装袋1 200个；2011年1月8日，从青岛超群印刷包装有限公司车间内扣押印有耐克标志的纸质标牌213个，印有耐克标志的化纤布制商标3 356个，印有耐克标志的不干胶商标34 128枚，耐克标志印刷版4张，扣押电脑主机1台。企业法人营业执照、商标注册证、上海市卢湾公证处公证书、耐克体育（中国）有限公司出具的鉴定书、证明分别证实，经被耐克国际有限公司授权的耐克体育（中国）有限公司鉴定，上述带有耐克标志的服装、帽子、商标标志均系假冒耐克公司的产品，且该公司亦未授权韩世公司生产、销售耐克商标的相关产品。

（8）公安机关调取的国家外汇管理局文件证实，2010年8月30日至2010年9月1日人民币汇率中间价的情况。

（9）公安机关出具的证明材料证实被告人李大哲、金泳祯、金荣训的身份情况。

（10）被告人李大哲、金泳祯、金荣训当庭对上述事实供认不讳，与上述证据吻合一致，足以认定。

关于被告人李大哲、金泳祯、金荣训的辩护人所提被告李大哲、金泳祯、金荣训到案后，悔罪态度较好的辩护意见，经查属实，本院予以采纳。关于被告人李大哲、金泳祯的辩护人所提2010年9月30日报关出口的假冒耐克服装系犯罪未遂的辩护意见，本院认为，假冒注册商标罪系行为人在实施侵犯知识产权行为过程中，制造、储运、运输、销售侵权产品的价值，即非法经营数额定罪处罚，故被告人李大哲等人2010年9月30日报关出口的假冒耐克服装，属犯罪既遂的侵权产品，上述辩护意见不能成立，本院不予采纳。关于被告人金荣训的辩护人所提被告人金荣训系从犯的辩护意见，经查属实，本院予以采纳。

本院认为，被告人李大哲、金泳祯、金荣训伙同他人，未经注册商标所有人许可，在同一种商品上使用与其注册商标相同的商标，又销售该假冒注册商标的商品，情节特别严重，其行为均构成假冒注册商标罪，均应依法惩处。公诉机关的指控成立，本院予以支持。被告人李大哲在共同犯罪中起主要作用，系主犯；被告人金泳祯、金荣训被公安机关传唤后，自动投案，如实供述犯罪事实，系自首，且在共同犯罪中起次要作用，系从犯；鉴于三被告人到案后认罪悔罪态度较好，依法对被告人李大哲从轻处罚，对被告人金泳祯、金荣训减轻处罚。依照《中华人民共和国刑法》第六条第一款、第二百一十三条、第二十五条、第二十六条第一、四款、第二十七条、第六十七条、第五十二条、第五十三条、第三十五条及《最高人民法院、最高人民检察院关于办理侵犯知识产权刑事案件具体应用法律若干问题的解释》第一条、第八条、第十二条第一款、第十三条、《最高人民法院、最高人民检察院关于办理侵犯知识产权刑事案件具体应用法律若干问题的解释（二）》第四条之规定，判决如下：

被告人李大哲犯假冒注册商标罪，判处有期徒刑三年，并处罚金人民币一百四十万元，驱逐出境；

（刑期从判决执行之日起计算，判决执行以前先行羁押的，羁押一日折抵刑期一日，即自2011年1月8日起至2014年1月7日止）

被告人金泳祯犯假冒注册商标罪，判处有期徒刑二年，并处罚金人民币三十万元，驱逐出境；

（刑期从判决执行之日起计算，判决执行以前先行羁押的，羁押一日折抵刑期一日，即自2011年1月12日起至2013年1月11日止）

被告人金荣训犯假冒注册商标罪，判处有期徒刑二年，并处罚金人民币二十万元，驱逐出境。

（刑期从判决执行之日起计算，判决执行以前先行羁押的，羁押一日折抵刑期一日，即自2011年1月12日起至2013年1月11日止）

如不服本判决，可在接到判决书的第二日起十日内，通过本院或者直接向中华人民共和国山东省高级人民法院提出上诉，书面上诉的，应提交上诉状正本一份，副本二份。

审判长　隋功换

审判员　杨保国

代理审判员　沈　忠

二〇一一年八月二十五日

二、上海海关查获出口假冒“NTN”、“Koyo”商标轴承案

（一）案情介绍

2011年4月20日，厦门昂诺机械有限公司向上海海关申报出口伊朗一批无牌圆锥轴承。上海海关根据近年来轴承类产品侵权高发的特点，并综合企业申报情况，下达了核对货物知识产权状况的查验指令。经开箱查验，实际出口货物为标有“NTN”商标的轴承493箱共14 417套，标有“Koyo”商标的轴承432箱共10 368套，上海海关立即开展立案调查，并认定该批货物侵犯了权利人NTN株式会社、株式会社捷太格特在海关总署备案的商标专用权，同时顺藤摸瓜，对出口侵权轴承的生产源头等情况做了深入调查。根据《公安部、海关总署关于加强知识产权执法协作的暂行规定》，上海海关向上海公安机关通报了该案案件线索，根据该线索，公安机关在一工厂再次查获假冒“NTN”商标的轴承半成品1.6万件并控制了有关犯罪嫌疑人。2012年1月5日，上海市浦东新区人民法院作出一审判决，判处厦门昂诺机械有限公司、两家供货生产厂家及其4名负责人犯假冒注册商标罪。

（二）评析

此案是行政执法与刑事司法“两法衔接”协同打击侵权的成功案例，已入选海关总署“2011年中国海关保护知识产权十佳案例”。

海关前期全面、细致展开的调查工作，对公安部门尽快明确刑事打击目标，全程打击侵权链条并最终破获假冒犯罪团伙起到了十分关键的作用，此类“查链条、抓团伙、打源头”的案件，展现了海关与公安开展联合打击的积极成效。此外，此案对于打击轴承行业侵权行为具有典型示范效应，在此案查办过程中，上海海关坚持贯彻“查缉一类案件规范一个行业”的工作目标，一方面通过加大执法力度，有效打击进出口侵权轴承违法行为，一方通过开展宣传、教育活动，引导企业自觉尊重知识产权，避免重犯侵权行为。

附：

1. 上海海关查获的厦门昂诺机械有限公司出口的假冒“NTN”、“Koyo”商标轴承

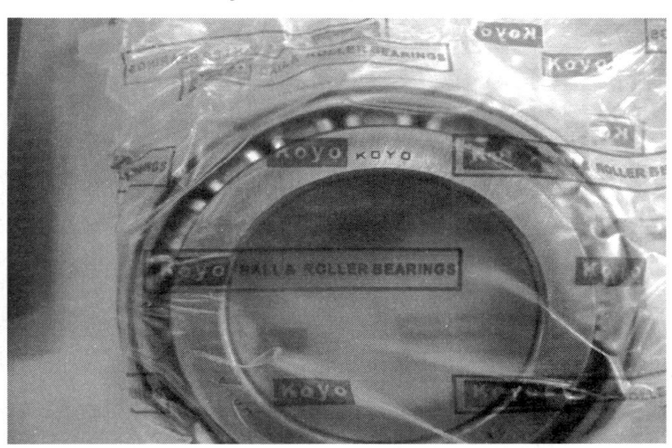

2. 上海市浦东新区人民法院刑事判决书

上海市浦东新区人民法院

刑事判决书

（2011）浦刑初字第 3163 号

公诉机关上海市浦东新区人民检察院。

被告单位嘉兴华炯机械有限公司。

法定代表人华某某，经理。

诉讼代表人周某某，系被告单位供应部经理。

被告人华某某。因本案于 2011 年 10 月 10 日被刑事拘留，同年 10 月 21 日被取保候审。

辩护人白孝甫，上海市佩信科诺律师事务所律师。

上海市浦东新区人民检察院以沪浦检诉二 [2011]0298 号起诉书指控被告单位嘉兴华炯机械有限公司（以下至判决主文前简称华炯公司）、被告人华某某犯假冒注册商标罪，于 2011 年 11 月 28 日向本院提起公诉。本院受理后，依法组成合议庭，公开开庭审理了本案。上海市浦东新区人民检察院指派检察员闵捷出庭支持公诉，被告单位华炯公司、被告人华某某及辩护人白孝甫到庭参加诉讼。本案现已审理终结。

经审理查明，被告单位华炯公司于 2009 年 4 月 24 日注册成立，法定代表人华某某，注册资金人民币 500 万元，住所地浙江省某某市某某市某某镇，经营范围包括轴承、五金机械、汽车零配件的生产销售，经营期限至 2029 年 4 月 23 日。公司成立后，被告人华某某负责日常经营管理。

“Koyo”商标经我国工商行政管理总局商标局核准注册，注册号为第 1157133 号，注册人为光洋精工株式会社，核定使用的商品为第 12 类陆地车辆用轴承、陆地车辆用离合器、陆地车辆用泵等商品，商标注册有效期为 1998 年 3 月 7 日至 2008 年 3 月 6 日。2006 年 11 月，该商标经核准转让给株式会社捷太格特。后经核准续展，注册有效期至 2018 年 3 月 6 日。

“Koyo”商标经我国工商行政管理总局商标局核准注册，注册号为第143987号，注册人为光洋精工株式会社，核定使用的商品为第10类工具机、数控制工具机，核准增加商品为各种轴承。商标注册有效期为1981年1月30日至1991年1月29日。2006年11月，该商标经核准转让给株式会社捷太格特，后经核准续展，注册有效期至2021年1月29日。

2010年12月，厦门昂诺机械有限公司（以下简称昂诺公司）负责人周瑞新、姚伟民（均另案处理）为谋取非法利益，在取得伊朗客户的假冒日本“Koyo”注册商标轴承的出口订单后，即以签订产品销售合同的方式，委托被告单位华炯公司进行假冒“Koyo”注册商标轴承的生产。被告人华某某作为公司负责人，明知该业务所要求生产的轴承未经商标所有权人许可，仍代表单位与昂诺公司签署合同，后根据伊朗客户提供的产品样品擅自制作模具，组织工人生产。2011年4月16日，以单价18元的价格发货3 456套TR0809AR型圆锥轴承，以单价14元的价格发货6 912套32211JR型圆锥轴承给昂诺公司，合计价格为158 976元。后昂诺公司以无品牌轴承为名，向上海海关报关向伊朗出口。同年4月21日，上述轴承被海关查扣而案发。经鉴别，上述被海关查扣的圆锥轴承均为假冒“Koyo”注册商标的轴承。因案发，昂诺公司未支付货款给被告单位华炯公司。

2011年10月10日，被告人华某某主动至公安机关投案并如实供述了全部犯罪事实。

上述事实，被告单位华炯公司及被告人华某某在开庭审理过程中亦无异议，并有证人郑爱花、忻似华、尹磊、焦成栋的证言、同案关系人周瑞新、姚伟民的供述、华炯公司的工商登记资料、涉案轴承的模具照片、上海海关涉嫌侵犯知识产权犯罪案件通报单及涉嫌侵犯知识产权犯罪案件移送书、扣押物品清单、“Koyo”商标注册证、鉴定书、锦程国际物流服务有限公司上海分公司出具的报关资料、被告华炯公司与昂诺公司之间的产品销售合同、华炯公司技术员柴劲松的辞职报告、案发经过、户籍材料等证据证实，足以认定。

被告单位华炯公司及被告人华某某对公诉机关的指控基本无异议。

被告人华某某的辩护人提出，华某某多年来一直守法经营，系初犯，犯罪数额只有15万余元，利润和正常的收入只相差1万余元。华某某系自首，认罪悔罪态度较好。建议法院对被告人华某某免予刑事处罚。

本院认为，“Koyo”注册商标依法经我国商标局核准注册，且在有效期内，受法律保护。被告单位华炯公司为牟取非法利益，未经注册商标所有权人许可，在同一种商品上使用与他人注册商标相同的商标，情节严重，其行为已构成假冒注册商标罪，应依法判处罚金。被告人华某某系被告单位直接负责的主管人员，其行为亦构成假冒注册商标罪。公诉机关指控的罪名成立，应予支持。被告单位及被告人华某某系自首，依法从轻处罚。案发后，均交待态度较好，自愿认罪，均酌情从轻处罚。被告人华某某的辩护人提出建议法院对华某某免予刑事处罚的意见，因被告人华某某作为华炯公司的负责人，在主观上明知未获得注册商标所有权人许可的情况下，直接参与涉案轴承购销合同的订立、负责涉案轴承的生产销售。根据其犯罪情节、社会危害性，不属于犯罪情节轻微不需要判处刑罚的情形，其辩护人提出的相关辩护意见，本院不予采纳。其辩护人提出华某某系自首，认罪悔罪态度较好的意见，本院予以采纳。

据此，为严肃国家法制，规范市场经济秩序，保护知识产权权利不受侵犯，根据被告单位、被告人的不同犯罪情节、作用、社会危害性、认罪悔罪态度等，依照《中华人民共和国刑法》第二百一十三条、第三十条、第三十一条、第二百二十条、第七十二条、第七十三条、第五十三条、第六十四条及《最高人民法院、最高人民检察院关于办理侵犯知识产权刑事案件具体应用法律若干问题的解释》第一条第一款第（一）项、第十二条第一款、第十三条第一款、《最高人民法院、最高人民检察院关于办理侵犯知识产权刑事案件具体应用法律若干问题的解释（二）》第四条、第六条之规定，判决如下：

一、被告单位嘉兴华炯机械有限公司犯假冒注册商标罪，判处罚金人民币四万元；

（于判决生效后一个月内缴纳）

二、被告人华某某犯假冒注册商标罪，判处有期徒刑一年，缓刑一年，罚金人民币一万元；

（缓刑考验期限，从判决确定之日起计算，罚金于判决生效后一个月内缴纳）

三、查获的假冒注册商标的轴承模具予以没收。

被告人回到社区后，应当遵守法律、法规，服从监督管理，接受教育，做有益社会的公民。

如不服本判决，可在接到判决书的第二日起十日内，通过本院或者直接向上海市第一中级人民法院提出上诉。书面上诉的，应当提交上诉状正本一份，副本二份。

审判长　倪红霞

代理审判员　冯　祥

人民陪审员　盛美芬

二〇一二年一月五日

3. 上海市浦东新区人民法院刑事判决书

上海市浦东新区人民法院

刑事判决书

（2011）浦刑初字第 3164 号

公诉机关上海市浦东新区人民检察院。

被告单位厦门昂诺机械有限公司，住所地厦门市湖里区湖里大道 99 号 4A 单元 D 区。

法定代表人周瑞新，经理。

诉讼代表人燕丽娟，女，1981 年 10 月 18 日出生，汉族，系被告单位员工。

被告人周瑞新，女，1975 年 1 月 4 日出生，汉族，大学本科文化，住厦门市集美区银盛里 1 号 801 室。因本案于 2011 年 9 月 16 日被刑事拘留，同年 10 月 21 日被逮捕。现羁押于上海市看守所。

辩护人张玉堂，上海步界律师事务所律师。

被告人姚伟民，男，1977 年 12 月 30 日出生，汉族，大学本科文化，住厦门市湖里区金尚路 2495 号 301 室。因本案于 2011 年 9 月 16 日被刑事拘留，同年 10 月 21 日被逮捕。现羁押于上海市看守所。

辩护人徐涛，上海步界律师事务所律师。

上海市浦东新区人民检察院以沪浦检诉二 [2011]0302 号起诉书指控被告单位厦门昂诺机械有限公司（以下至判决主文前简称昂诺公司）、被告人周瑞新、姚伟民犯假冒注册商标罪，于 2011 年 11 月 28 日向本院提起公诉。本院受理后，依法组成合议庭，公开开庭审理了本案。上海市浦东新区人民检察院指派检察员闵捷出庭支持公诉，被告单位昂诺公司、被告人周瑞新及辩护人张玉堂、被告人姚伟民及辩护人徐涛到庭参加诉讼。本案现已审理终结。

经审理查明，被告单位昂诺公司于 2005 年 1 月 17 日注册成立，法定代表人周瑞新，注册资金人民币 50

万元，由被告人周瑞新、姚伟民各出资25万元。公司住所地厦门市湖里区湖里大道99号4A单元D区，经营范围包括各类商品和技术的进出口、机械设备及零件、五金交电、汽车配件等，经营期限至2015年1月16日。公司成立后，被告人周瑞新及姚伟民共同负责日常经营管理。

"NTN"商标经我国工商行政管理总局商标局核准注册，注册号为第741043号，注册人为NTN株式会社，核定使用的商品为第7类金属加工机械、轴承及零部件、传动轴轴承等商品，商标注册有效期为1995年4月21日至2005年4月20日，后经核准续展，注册有效期至2015年4月20日。

"Koyo"商标经我国工商行政管理总局商标局核准注册，注册号为第1157133号，注册人为光洋精工株式会社，核定使用的商品为第12类陆地车辆用轴承、陆地车辆用离合器、陆地车辆用泵等商品，商标注册有效期为1998年3月7日至2008年3月6日。2006年11月，该商标经核准转让给株式会社捷太格特，后经核准续展，注册有效期至2018年3月6日。

"Koyo"商标经我国工商行政管理总局商标局核准注册，注册号为第143987号，注册人为光洋精工株式会社，核定使用的商品为第10类工具机、数控制工具机，核准增加商品为各种轴承，商标注册有效期为1981年1月30日至1991年1月29日。2006年11月，该商标经核准转让给株式会社捷太格特，后经核准续展，注册有效期至2021年1月29日。

2010年12月，昂诺公司负责人周瑞新、姚伟民为谋取非法利益，在取得伊朗客户的假冒日本"NTN"及"Koyo"注册商标轴承的出口订单后，即以签订产品销售合同的方式，分别委托杭州迪曼特轴承有限公司（以下简称迪曼特公司）及嘉兴华炯机械有限公司（以下简称华炯公司）进行假冒"NTN"、"Koyo"注册商标轴承的生产。迪曼特公司的负责人夏竹根和华炯公司的负责人华建国（均另案处理），明知该业务所要求生产的轴承未经商标所有权人许可，仍代表单位与昂诺公司签署合同，后根据伊朗客户提供的产品样品擅自制作模具，组织工人生产假冒"NTN"及"Koyo"注册商标轴承后销售给昂诺公司。迪曼特公司以单价26.5元的价格提供5 767套CR-1252型圆锥轴承，以单价17.2元的价格提供8 650套320llx型圆锥轴承给昂诺公司，合计价格为301 605.5元。华炯公司以单价18元的价格发货3 456套TR0809AR型圆锥轴承，以单价14元的价格发货6 912套32211JR型圆锥轴承给昂诺公司，合计价格为158 976元。上述金额合计为460 581.5元。后昂诺公司以无品牌轴承为名，向上海海关报关向伊朗出口。2011年4月21日，上述轴承被海关查扣而案发。经鉴别，上述被海关查扣的圆锥轴承均为假冒"NTN"及"Koyo"注册商标的轴承。因案发，昂诺公司未支付货款给迪曼特公司及华炯公司。同年9月14日，公安机关在迪曼特公司查获尚未交货给昂诺公司的假冒"NTN"商标的圆锥轴承半成品16 000件。

2011年9月16日，被告人周瑞新、姚伟民经公安机关通知后主动至公安机关投案并如实供述了全部犯罪事实。

上述事实，被告单位昂诺公司及被告人周瑞新、姚伟民在开庭审理过程中亦无异议，并有昂诺公司的工商登记资料、涉案的被扣押轴承及制假模具照片、证人沈乐和、焦成栋、尹磊、刘寒琳、郭瑞武、郑红红、郑柏松、忻似华等人的证言、案件关系人夏竹根、华建国的供述、上海海关涉嫌侵犯知识产权犯罪案件通报单及上海海关涉嫌侵犯知识产权犯罪案件移送书、扣押物品清单、相关产品销售合同、发货清单、装箱单、锦程国际物流服务有限公司上海分公司出具的报关资料、"NTN"、"Koyo"商标注册证、相关鉴定书、电子邮件往来的打印件、案发情况、户籍材料等证据证实，足以认定。

被告单位昂诺公司及被告人周瑞新、姚伟民对公诉机关的指控基本无异议。

被告人周瑞新的辩护人提出，周瑞新具有自首情节，悔罪态度较好，建议对周瑞新减轻处罚并适用缓刑。

被告人姚伟民的辩护人提出，姚伟民具有自首情节，悔罪态度较好，建议对姚伟民减轻处罚并适用缓刑。

本院认为，“NTN”及“Koyo”注册商标依法经我国商标局核准注册，且在有效期内，受法律保护。被告单位昂诺公司为牟取非法利益，未经注册商标所有权人许可，在同一种商品上使用与他人注册商标相同的商标，情节特别严重，其行为已构成假冒注册商标罪，应依法判处罚金。被告人周瑞新、姚伟民系被告单位直接负责的主管人员，其行为亦构成假冒注册商标罪。公诉机关指控的罪名成立，应予支持。因在迪曼特公司查获的16 000件圆锥轴承半成品尚未制作完成，故其价值不计入非法经营数额，本院在量刑时酌情予以考虑。被告单位及被告人周瑞新、姚伟民系自首，依法减轻处罚。案发后，均交待态度较好，自愿认罪，均酌情从轻处罚。被告人周瑞新及姚伟民的辩护人提出建议法院对两名被告人减轻处罚并适用缓刑的意见。根据被告人周瑞新、姚伟民的犯罪情节、社会危害性、到案情况、认罪悔罪态度及监管条件，对其适用缓刑确实不致再危害社会，其辩护人提出的上述意见，本院予以采纳。

据此，为严肃国家法制，规范市场经济秩序，保护知识产权权利不受侵犯，根据被告单位、被告人的不同犯罪情节、作用、社会危害性、认罪悔罪态度等，依照《中华人民共和国刑法》第二百一十三条、第三十条、第三十一条、第二百二十条、第七十二条、第七十三条、第五十三条、第六十四条及《最高人民法院、最高人民检察院关于办理侵犯知识产权刑事案件具体应用法律若干问题的解释》第一条第二款第（二）项、第十二条第一款、第十三条第一款、《最高人民法院、最高人民检察院关于办理侵犯知识产权刑事案件具体应用法律若干问题的解释（二）》第四条、第六条之规定，判决如下：

一、被告单位厦门昂诺机械有限公司犯假冒注册商标罪，判处罚金人民币十万元；

（于判决生效后一个月内缴纳）

二、被告人周瑞新犯假冒注册商标罪，判处有期徒刑二年八个月，缓刑三年，罚金人民币三万五千元；

（缓刑考验期限，从判决确定之日起计算，罚金于判决生效后一个月内缴纳）

三、被告人姚伟民犯假冒注册商标罪，判处有期徒刑二年八个月，缓刑三年，罚金人民币三万五千元；

（缓刑考验期限，从判决确定之日起计算，罚金于判决生效后一个月内缴纳）

四、查获的假冒注册商标的轴承予以没收。

被告人回到社区后，应当遵守法律、法规，服从监督管理，接受教育，做有益社会的公民。

如不服本判决，可在接到判决书的第二日起十日内，通过本院或者直接向上海市第一中级人民法院提出上诉。书面上诉的，应当提交上诉状正本一份，副本二份。

审判长　倪红霞

代理审判员　冯　祥

人民陪审员　盛美芬

二〇一二年一月五日

4. 上海市浦东新区人民法院刑事判决书（2011）浦刑初字第3165号

上海市浦东新区人民法院

刑事判决书

（2011）浦刑初字第3165号

公诉机关上海市浦东新区人民检察院。

被告单位杭州迪曼特轴承有限公司，住所地浙江省杭州市萧山区所前镇金山村。

法定代表人夏竹根，经理。

诉讼代表人郑柏松，男，1975年7月16日出生，汉族，系被告单位员工。

被告人夏竹根，男，1970年1月15日出生，汉族，小学文化，户籍地浙江省杭州市萧山区所前镇越王村东山夏6组4户，暂住浙江省杭州市萧山区所前镇金山村。因本案于2 011年9月15日被刑事拘留，同年10月2 1日被逮捕，同年1 1月22日被取保候审。

辩护人赵能文，上海普世律师事务所律师。

上海市浦东新区人民检察院以沪浦检诉二[2011] 0301号起诉书指控被告单位杭州迪曼特轴承有限公司（以下至判决主文前简称迪曼特公司）、被告人夏竹根犯假冒注册商标罪，于2011年11月28日向本院提起公诉。本院受理后，依法组成合议庭，公开开庭审理了本案。上海市浦东新区人民检察院指派检察员闵捷出庭支持公诉，被告单位迪曼特公司、被告人夏竹根及辩护人赵能文到庭参加诉讼。本案现已审理终结。

经审理查明，被告单位迪曼特公司于2004年3月17日注册成立，法定代表人夏竹根，注册资金人民币350万元，住所地浙江省杭州市萧山区所前镇金山村。经营范围包括轴承及配件、汽车配件等，经营期限至2014年3月16日。公司成立后，被告人夏竹根负责日常经营管理。

“NTN”商标经我国工商行政管理总局商标局核准注册，注册号为第741043号，注册人为NTN株式会社，核定使用的商品为第7类金属加工机械、轴承及零部件、传动轴轴承等商品，商标注册有效期为1995年4月21日至2005年4月20日，后经核准续展，注册有效期至2015年4月20日。

2010年12月，厦门昂诺机械有限公司（以下简称昂诺公司）负责人周瑞新、姚伟民（均另案处理）为谋取非法利益，在取得伊朗客户的假冒日本“NTN”注册商标轴承的出口订单后，即以签订产品销售合同的方式，委托被告单位迪曼特公司进行假冒“NTN”注册商标轴承的生产。被告人夏竹根作为公司负责人，明知该业务所要求生产的轴承未经商标所有权人许可，仍代表单位与昂诺公司签署合同，后根据伊朗客户提供的产品样品擅自制作模具，组织工人生产，后以单价26.5元的价格提供5 767套CR-1252型圆锥轴承，以单价17.2元的价格提供8 650套320llx型圆锥轴承给昂诺公司，合计价格为301 605.5元。后昂诺公司以无品牌轴承为名，向上海海关报关向伊朗出口。2011年4月21日，上述轴承被海关查扣而案发。经鉴别，上述被海关查扣的圆锥轴承均为假冒“NTN”注册商标的轴承。因案发，昂诺公司未支付货款给被告单位迪曼特公司。同年9月14日，公安机关在被告单位查获尚未交货给昂诺公司的假冒“NTN”商标的圆锥轴承半成品16 000件。

2011年9月14日，经公安机关要求，被告人夏竹根经妻子电话通知后主动投案并如实供述了全部犯罪事实。

上述事实，被告单位迪曼特公司及被告人夏竹根在开庭审理过程中亦无异议，并有证人沈乐和、郑红红、沈益华、忻似华、尹磊等人的证言、同案关系人周瑞新、姚伟民的供述、迪曼特公司工商登记资料、产品销售合同、发货清单、装箱单、涉案轴承及模具的照片、上海海关涉嫌侵犯知识产权犯罪案件通报单及上海海关涉嫌侵犯知识产权犯罪案件移送书、扣押物品清单、锦程国际物流服务有限公司上海分公司出具的报关资料、"NTN"商标注册证、恩梯恩（中国）投资有限公司出具的产品鉴定书、案发情况说明、户籍材料等证据证实，足以认定。

被告单位迪曼特公司及被告人夏竹根对公诉机关的指控基本无异议。

被告人夏竹根的辩护人提出，夏竹根系自首，综合案情，建议对夏竹根适用缓刑。

本院认为，"NTN"注册商标依法经我国商标局核准注册，且在有效期内，受法律保护。被告单位迪曼特公司为牟取非法利益，未经注册商标所有权人许可，在同一种商品上使用与他人注册商标相同的商标，情节特别严重，其行为已构成假冒注册商标罪，应依法判处罚金。被告人夏竹根系被告单位直接负责的主管人员，其行为亦构成假冒注册商标罪。公诉机关指控的罪名成立，应予支持。因被查获的16 000件圆锥轴承系半成品，尚未制作完成，故其价值不计入非法经营数额，但在量刑时酌情予以考虑。被告单位及被告人夏竹根系自首，依法减轻处罚。案发后，均交待态度较好，自愿认罪，均酌情从轻处罚。被告人夏竹根的辩护人提出建议对夏竹根适用缓刑的意见。根据被告人夏竹根的犯罪情节、社会危害性、到案情况、认罪悔罪态度及监管条件，对其适用缓刑确实不致再危害社会，其辩护人提出的上述意见，本院予以采纳。

据此，为严肃国家法制，规范市场经济秩序，保护知识产权权利不受侵犯，根据被告单位、被告人的不同犯罪情节、作用、社会危害性、认罪悔罪态度等，依照《中华人民共和国刑法》第二百一十三条、第三十条、第三十一条、第二百二十条、第七十二条、第七十三条、第五十三条、第六十四条及《最高人民法院、最高人民检察院关于办理侵犯知识产权刑事案件具体应用法律若干问题的解释》第一条第二款第（一）项、第十二条第一款、第十三条第一款、《最高人民法院、最高人民检察院关于办理侵犯知识产权刑事案件具体应用法律若干问题的解释（二）》第四条、第六条之规定，判决如下：

一、被告单位杭州迪曼特轴承有限公司犯假冒注册商标罪，判处罚金人民币八万元；

（于判决生效后一个月内缴纳）

二、被告人夏竹根犯假冒注册商标罪，判处有期徒刑二年，缓刑二年，罚金人民币三万元；

（缓刑考验期限，从判决确定之日起计算，罚金于判决生效后一个月内缴纳）

三、查获的假冒注册商标的轴承、模具、外包装标志予以没收。

被告人回到社区后，应当遵守法律、法规，服从监督管理，接受教育，做有益社会的公民。

如不服本判决，可在接到判决书的第二日起十日内，通过本院或者直接向上海市第一中级人民法院提出上诉。书面上诉的，应当提交上诉状正本一份，副本二份。

审判长　倪红霞

代理审判员　冯　祥

人民陪审员　盛美芬

二〇一二年一月五日

三、上海海关查获无锡科比轴承五金有限公司及其关联公司出口假冒轴承案

（一）案情介绍

2010年底，饶河县新东方进出口有限公司向上海海关申报出口一批轴承。经现场查验，海关查验关员在集装箱内一举查获了4 000余套假冒SKF等知名轴承品牌的圆柱滚子轴承。在相关商标权利人确认侵权后，上海海关对其立案调查。

案件调查中，上海海关的办案人员发现，该批假冒轴承实际来源为无锡科比轴承五金有限公司（下称无锡科比），而该公司10月份正是因为出口假冒轴承被上海海关立案调查。发现这一情况后，上海海关办案人员敏锐地将两起案件进行关联，并决定分头进行深挖，力争掌握不法分子从事生产、销售、进出口假冒轴承活动的关键证据。通过深入调查后，办案人员发现组织出口该批假冒轴承的员工在案发后离职，且立即就职于无锡另一家轴承公司——无锡凯孚勒进口轴承有限公司（下称无锡凯孚勒），而无锡科比和无锡凯孚勒是两家关联公司。通过对企业进出口数据的分析，办案人员认定不法分子再次出口侵权轴承的可能性极大，上海海关随即对上述两家公司实施重点监控。

2011年7月，上海海关第二次查获无锡科比轴承五金有限公司申报出口的价值两万余元的侵权轴承，并再次在调查中发现，侵权货物由无锡科信特轴承有限公司（下称无锡科信特）提供，且该公司与前述两个公司亦存在关联关系。于是，上海海关进一步扩大监控范围，在之后的4个月内以每月查获一批侵权货物的效率，一举查获了无锡凯孚勒隐藏背后，通过上海两家代理公司出口和无锡科比自行出口的各两批侵权轴承，并通过对案件的调查及时固定了无锡凯孚勒通过两家上海代理公司、无锡科比出口侵权轴承的证据，至此，由同一伙不法分子通过4家进出口商与两家相关公司从事生产、销售、进出口假冒轴承活动的系列案件全貌逐步浮出水面。在该系列案件中，上海海关先后立案调查7起案件，查获各类假冒轴承及轴承配件共计两万余套，案值合计人民币近60万元。

由于这一系列案件案值较大，团伙连续作案性质恶劣，上海海关根据《公安部、海关总署关于加强知识产权执法协作的暂行规定》，在案件事实基本查清后，将掌握的案件信息向上海市公安局进行了通报。最终，无锡市公安局根据上海海关提供的案件线索对上述3家无锡轴承公司予以刑事立案侦查。

（二）评析

轴承作为一种精密的机械配件，其质量的优劣不仅决定了设备运行的高效和稳定，而且更加关乎设备运行的安全性能，因此，此类侵权高发产品一直以来都是上海海关严打的对象。此案是上海海关主动开展调查，突破单个案件办理的常规办案思维，深挖案件线索，并成功协助公安机关予以刑事立案的典型案例。此案涉及FAG、INA、NACHI、NSK、SKF、TIMEKN共6个国际知名品牌，上海海关在查办此案过程中，通过一系列细致的调查，耐心分析查找多批侵权货物之间的关联性，终于掌握同一伙不法分子分批出口侵权轴承的关键证据，为公安机关最终刑事立案打下基础。

风险分析的应用在海关查办此案中发挥了重要作用。涉案的3家无锡轴承公司是关联公司，为逃避海关执法，他们不仅自身生产和出口假冒产品，还委托上海、饶河等外地多家公司采用“打一枪换一个地方”的

方式为其代理出口。上海海关通过运用风险分析手段，不断收集和分析违法分子的作案手法和规律并长期实施监控，最终查获7起出口侵权轴承案件。

此案也是海关和公安机关跨地域执法合作的典范。上海海关通过对从上海口岸出口侵权轴承系列案件的缜密调查，掌握了3家无锡关联轴承公司团伙分批出口侵权轴承的证据，然后将案件线索通报上海市公安局。在本地公安机关将案件转交无锡当地公安机关侦办后，上海海关又充分利用与公安机关建立的协作配合机制，突破地域限制，跨区域积极配合无锡当地公安机关侦办此案，为公安机关提供案件线索和证据，无锡公安也多次主动上门向海关了解案件情况。在双方的密切配合下，无锡市北塘公安局在上海海关通报案件一个月内即完成刑事立案。

此案涉及7批侵权货物，海关查处历时近一年半。法制日报、新浪网、中新网等多家媒体均对案件进行了报道，此案还被评为“2011~2012年度中国外商投资企业协会优质品牌保护委员会‘两法’衔接典型案例”。

附：

上海海关查获的无锡科比轴承五金有限公司出口的假冒轴承

四、南京海关在邮递渠道查获出境假冒“SWAROVSKI”等多个国际知名商标化妆品和首饰案

（一）案情介绍

2011年1月28日晚，南京海关驻邮局办事处对一批寄往美国的邮包实施重点查验，一举查获43个EMS邮包的侵权货物，包括粉底、唇膏、面霜、眉笔、睫毛夹、眼线啫喱、腮红、粉饼、眼影、眼线液、睫毛膏、眼影套装、化妆工具包、化妆刷、手链、项链吊坠等各种化妆品、化妆工具和首饰共计60多种，7 363件，价值约人民币130余万元，涉及“M.A.C”、“LV”、“Tiffany & Co.”、“SWAROVSKI”、“CHANEL”、“ESTEE LAUDER”、“CD”、“Giorgio Armani”、“Bobbi Brown”、“Lancôme”等13个在海关总署备案的国际知名品牌。

鉴于该案案值较大，已涉嫌刑事犯罪，南京海关立即向江苏公安机关通报了该案线索。南京市公安局对该案正式立案侦查，赴侵权物品生产地抓获了犯罪嫌疑人陈雪钦，并从涉案地查获3万余件侵权化妆品，进一步扩大了战果。

2012年2月8日，南京市玄武区人民法院依法开庭审理了此案，近日，法院作出判决，以销售假冒注册商标的商品罪判决侵权人陈雪钦有期徒刑2年，罚金人民币40万元，没收假冒的化妆品及化妆品生产工具共47 313件。

（二）评析

此案是海关开展打击侵犯知识产权和制售假冒伪劣商品专项行动期间在邮递渠道查获的涉案品牌多、物品数量大、案值高的一起涉嫌侵权案件，案件办理难度大，社会影响大，引起中央及各地媒体的高度关注，已入选海关总署“2011年中国海关保护知识产权十佳案例”。在查办此案过程中，海关与公安有效合作，深挖造假源头，有效发挥了海关在进出口环节的执法优势，为境内各执法部门查市场、挖源头、端窝点等提供了有力支持。

附：

1. 南京海关查获的假冒首饰和化妆品

2. 南京市玄武区人民法院刑事判决书

南京市玄武区人民法院

刑事判决书

（2011）玄知刑初字第23号

公诉机关南京市白下区人民检察院。

被告人陈雪钦，女，1982年12月22日出生于福建省福州市，身份证号码350603198212220522，汉族，大学文化，无业，住福建省福州市晋安区远中村173号（户籍地福建省福州市鼓楼区道山路156号1座602单元）。2011年4月8日因涉嫌犯销售假冒注册商标的商品罪被公安机关抓获并羁押，同月12日被刑事拘留，同年5

月 14 日被逮捕，现羁押于南京市看守所。

辩护人蒋振宇，江苏石城律师事务所律师。

南京市白下区人民检察院以白检诉刑诉 [2011]394 号起诉书指控被告人陈雪钦犯销售假冒注册商标的商品罪，于 2011 年 12 月 2 日向本院提起公诉。经南京市中级人民法院指定管辖，本院依法组成合议庭，公开开庭审理了本案。南京市白下区人民检察院指派检察员冀开萍出庭支持公诉，被告人陈雪钦及其辩护人蒋振宇到庭参加诉讼。现已审理终结。

南京市白下区人民检察院指控，2011 年 1 月，被告人陈雪钦向国外销售假冒香奈尔等品牌化妆品及化妆工具 6 953 件，共价值人民币 237 300 元。同年 4 月 8 日，公安机关将被告人陈雪钦抓获，并从其家中搜查出尚未销售的香奈尔等各种品牌化妆品及化妆工具共计 40 360 件，该部分假冒注册商标的商品价值共计人民币 757 400 元。南京市白下区人民检察院认为，被告人陈雪钦销售明知是假冒注册商标的商品且数额巨大，其行为已构成销售假冒注册商标的商品罪，系犯罪未遂，提请对其依法惩处。

被告人陈雪钦对公诉机关指控的犯罪事实及定性均不持异议。

其辩护人对起诉书指控的罪名不持异议，但辩称 :1. 起诉书指控的数额计算与司法解释不符，本案应采取按照标价确定犯罪金额；2. 被告人陈雪钦系犯罪未遂，可以比照既遂犯从轻或者减轻处罚；3. 被告系自愿认罪，积极配合公安机关凋查，有悔罪表现，可以从轻处罚等。请求法庭考虑以上情节，对被告人从轻、减轻处罚，能适用缓刑。

经审理查明，2011 年 1 月，被告人陈雪钦采用网络销售及通过中国邮政国际快递发货等方式向国外客户销售假冒的香奈尔、M.A.C、ESTEE LAUDER 等各种品牌的化妆品及化妆工具共计 6 953 件。该批货物在发运过程中被海关查扣并移交给公安机关。经鉴定，上述假冒化妆品及化妆工具共计价值人民币 237 300 元。同年 4 月 8 日，公安机关在福州市晋安区远中村 173 号被告人陈雪钦的家中将其抓获，并从其家中查获尚未销售的香奈尔、兰范等各种品牌化妆品及化妆工具 40 360 件，共计价值人民币 757 400 元。经鉴定，以上被查扣和查获的各种品牌化妆品及化妆工具均为假冒产品。

上述事实，被告人陈雪钦供认不讳。本案事实另有证人吕某、徐某、黄某等人的证言，商标注册证、鉴定书等书证、证明材料，刑事摄影照片，抓获经过材料及被告人陈雪钦的身份证明材料等证据在案予以佐证。以上证据均经庭审质证，合法有效，具有证明效力。

本院认为，被告人陈雪钦明知是假冒注册商标的商品仍进行销售，且销售金额数额巨大，其行为已构成销售假冒注册商标的商品罪，系犯罪未遂。南京市白下区人民检察院指控罪名成立，应予支持。辩护人辩称，起诉书指控的数额计算方法与司法解释不相符，本案应采取按照标价确定犯罪金额。本院认为，根据被告人陈雪钦的供述及相关证据分析，涉案商品在网上的报价与其实际销售的价格并不一致，在实际销售价格无法确定的情况下，公诉机关采用以鉴定方式来确定犯罪金额，符合相关法律规定，反之，辩护人提出的该辩护意见，并无相关证据印证，故本院不予采信。被告人陈雪钦系犯罪未遂，依法可以比照既遂犯减轻处罚；其归案后及庭审中能如实供述犯罪事实，有一定悔罪表现，可以从轻处罚；因本案采用普通程序简化审，亦可酌情对被告人从轻处罚。本院为维护国家对商标的管理制度，保护商标权人的注册商标专用权不受侵犯，依照《中华人民共和国刑法》第二百一十四条，第二十三条，第六十七条第三款，第五十二条，第六十四条以及最高人民法院、最高人民检察院《关于办理侵犯知识产权刑事案件具体应用法律若干问题的解释》第二条第二款之规定，判决如下：

一、被告人陈雪钦犯销售假冒注册商标的商品罪，判处有期徒刑二年，罚金人民币四十万元；

（刑期自判决执行之日起计算，判决执行以前先行羁押的，羁押一日折抵刑期一日，即自2011年4月8日起至2013年4月7日止，罚金于判决生效后一个月内缴纳）

二、假冒的香奈尔等各种品牌化妆品及化妆工具共计47 313件，全部予以没收。

如不服本判决，可在接到判决书的第二日起十日内，通过本院或者直接向江苏省南京市中级人民法院提出上诉。书面上诉的。应当提交上诉状正本一份，副本二份。

审判长　余海宁

人民陪审员　伍世梅

人民陪审员　李　迅

二〇一二年四月六日

五、青岛海关查获出口假冒“LV”等商标箱包、手表案

（一）案情介绍

2011年3月7日，深圳市星品贸易有限公司向青岛海关所属烟台海关申报出口棉制旅行毯465条到日本，重量1 488公斤。青岛海关通过风险分析认为此票货物存在申报不实风险，遂下达查验布控指令。经开箱查验发现，实际货物中仅有13条棉制旅行毯摆放在集装箱外侧，其余为箱包、装饰链、手表等共计89纸箱未向海关申报，隐蔽性极强，涉及“LV”、“GUCCI”、“CHANEL”等多项世界知名商标，存在极大的侵权嫌疑。青岛海关遂对该批货物予以暂扣，历时3天分类清点出31 233件涉嫌侵权货物，经与路易威登马利蒂（法国）等8家权利人联系确认，共有28 037件货物涉嫌侵犯其已在海关总署备案的商标专用权。

案发后，青岛海关高度重视，第一时间收集、固定案件证据材料，并及时将案件情况、线索及货物向公安机关进行通报、移送。根据海关提供的案件情况，公安机关展开深入调查，掌握了一个活跃于中日韩三国、产供销一体化的制售假冒品牌箱包网络团伙的犯罪事实，经过3个月的缜密侦查，成功捣毁广东造假窝点3个、湖南造假窝点1个，刑事拘留7人，逮捕3人，移送起诉6人。

（二）评析

此案是青岛海关近年来在货运渠道查获的侵权货物数量较大、案值最高的案件，被海关总署、公安部列为重点督办案件。此案的成功侦破，也凸显了海关与公安机关紧密配合，形成执法合力的强大威力。通过海关与公安机关长期建立的执法协作机制，双方密切合作，成功打掉了一个活跃于中日韩三国、产供销一体化的跨国侵权犯罪团伙，阻断了侵权假冒货物跨境流通链，维护了权利人的合法权益，给不法分子以强有力的震慑。此案已入选“2011年中国海关保护知识产权十佳案例”。

附：

青岛海关查获的深圳市星品贸易有限公司出口的假冒“LV”箱包

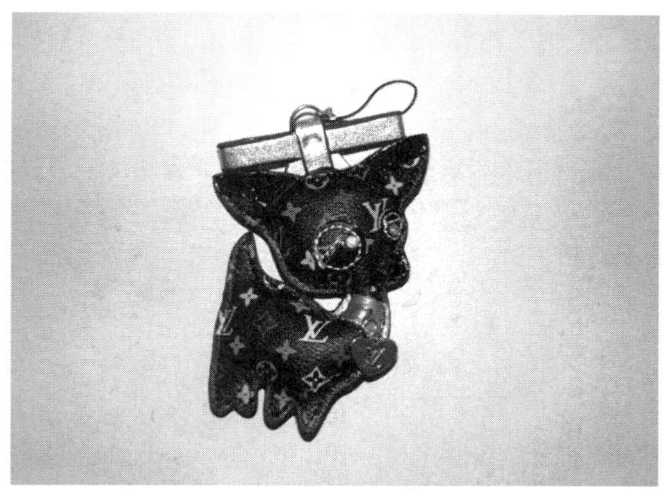

六、重庆海关查获出口假冒“LONCIN”汽油发电机组案

（一）案情介绍

2010年底，重庆海关在开展调研中了解到，隆鑫工业有限公司“LONCIN”（下称隆金公司）品牌产品在巴基斯坦遭遇大规模侵权冲击，当地出现大量模仿隆鑫外观设计、实用新型并假冒隆鑫注册商标的内燃机和发电机，致使公司遭受巨大损失。重庆海关随即部署展开通关环节的严密布控，成功查获重庆紫虹商贸有限公司（下称紫虹公司）申报出口巴基斯坦的479台涉嫌侵犯隆鑫公司知识产权的汽油发电机组，货值约合人民币90多万元。在首次现场查验中，经对堆放于集装箱外层的若干个纸箱内的货物开箱查验，发现汽油发电机组均无商标标志，但经隆鑫公司技术人员现场查看，初步认为该批货物涉嫌侵犯隆鑫公司的相关外观设计专利权。2010年12月2日，经隆鑫公司提交扣货书面申请并缴纳全额担保金，重庆海关依法对该批货物予以扣留，并向发货人紫虹公司制发海关扣留凭单。同日，重庆海关在对该批货物进行掏箱堆放的过程中，发现该批货物除集装箱表层码放的十余个纸箱内的汽油发电机组无品牌标志外，其余汽油发电机组的油箱盖及箱内随附标志、标贴均有“LONCIN”字样，经观察对比，无品牌标志货物的外包装均无打包带，而有品牌标志货物的包装纸箱打包带完整。2011年3月3日，重庆海关将该案的相关报关单证等材料移交重庆市公安局经济犯罪侦查总队，并于2011年3月29日将涉案的479台汽油发电机组随案移交。目前，重庆市公安局经侦总队已刑拘4名犯罪嫌疑人。

（二）评析

本案是重庆海关依据权利人的举报开展风险分析布控，在权利人的协助下现场成功查获大宗侵权商品的成功范例。重庆是中国西部通机生产基地，关区不少拥有自主知识产权品牌的通机生产企业饱受侵权“骚扰”。本案案情复杂、违法手段恶劣，国务院将此案列为六部委重点督办案件，海关会同公安、商务、工商、质检、专利等执法部门深挖源头，打击了违法分子的嚣张气焰。该案侦办成功体现了行政与司法手段的有力结合，同时为国内自主品牌权利人寻求海关边境保护提供了有益借鉴。此案已入选“2011年知识产权海关保护十佳案例"。

附：

重庆海关查获的重庆紫虹商贸有限公司出口的假冒"LONCIN"汽油发电机组

七、杭州海关查获十个集装箱出口假冒"LG"等商标冰柜、DVD播放机案

（一）案情介绍

2011年4月11日、12日，嘉兴市豪杰进出口有限公司向杭州海关隶属嘉兴海关申报出口两票货物，共十个集装箱，目的国为尼日利亚，申报品名为无品牌冰柜。关员在单证审核中发现该报关单存在诸多风险点，如大型家用电器出口无品牌、出口目的地是海关总署确定的"打击侵犯知识产权和制售假冒伪劣商品"专项行动重点地区等，于是，海关果断下达布控查验指令。查验关员打开第一个集装箱货柜，表面摆放整齐、包装完好的冰柜展现在眼前，外包装上除了标注冰柜容积外，确无任何品牌标志。拆除外包装，正面左上角贴有一张五寸见方的彩色食品图案标签，也未见有品牌标志，查验关员将彩色食品图案标签用力撕开，发现了冲压在冰柜外壳上的"LG"商标。随后，查验关员又从集装箱后部的冰柜中发现了隐蔽使用多个品牌的DVD播放机。海关立即组织力量，增派数十名查验关员和协勤武警，对其余九个集装箱进行了彻底掏箱查验，经过两天一夜的连续奋战，确定十个集装箱货物均涉嫌侵权。经清点，共查获涉嫌侵犯"LG"商标权的冰柜1 377台，查获夹藏在冰柜柜体内涉嫌侵犯"LG"、"SONY"、"SHARP"等商标权的DVD播放机14 324台。

海关迅速组成调查组，多次赴该进出口公司及其下属的生产工厂实地调查，查阅大量财务账册、生产记录、合同、发票、装箱单等资料，对该公司相关人员进行多次查问，查明该公司在明知深圳诺威利贸易有限公司未经"LG"商标所有人许可的情况下仍接受其订单组织生产冰柜，生产完成后，又应深圳诺威利贸易有限公司的要求将深圳公司事先采购好的侵权DVD播放机夹藏在冰柜中一并报关销往尼日利亚。杭州海关在案发的第一时间将案情线索通报浙江公安机关。

公安机关在海关前期调查取证的基础上，对该公司经理范某等四名责任人采取了强制措施，并顺藤摸瓜，抓捕了深圳诺威利贸易有限公司经理张某等两人。2011 年底，嘉兴市秀洲区人民法院对该案作出判决，认定嘉兴市豪杰进出口有限公司及其下属侵权冰柜实际制造公司、嘉兴市豪杰进出口公司经理范某等四人及深圳诺威利贸易有限公司经理张某等两人犯假冒注册商标罪、销售假冒注册商标罪。

（二）评析

此案是杭州海关有史以来查获的案值最大的出口侵权案件。涉案货物出口中对品牌进行瞒报，增加了查处难度，执法关员凭借丰富的经验，成功揭穿识破了出口方对商标巧妙的掩饰遮蔽，并通过与公安机关的配合，在较短时间内完成了案件侦查工作。此案从海关查获到法院一审判决用时七个月，堪称行政执法与刑事执法有效衔接的典范。此外，此案深挖了造假源头，将侵权行为的打击范围拓展到假冒产品生产厂家，追根溯源，造成较大的社会影响，此案的查办有效提升了嘉兴乃至浙江地区企业的守法意识，较好地实现了知识产权海关保护工作以“打击促规范”的目的。此案已入选“2011 年知识产权海关保护十佳案例”。

附：

1. 杭州海关查获十个集装箱出口假冒“LG”等商标冰柜、DVD 播放机案

2. 浙江省嘉兴市秀洲区人民法院刑事判决书

浙江省嘉兴市秀洲区人民法院

刑事判决书

（2011）嘉秀刑初字第396号

公诉机关嘉兴市秀洲区人民检察院。

被告单位嘉兴市豪杰进出口有限公司，住所地嘉兴市秀洲区工业园区东一路西侧（美盾路188号）。

法定代表人许水林，董事长。

诉讼代表人沈勤方，该公司副总经理。

被告单位浙江豪杰电器有限公司，住所地嘉兴市秀洲区豪杰工业园。

法定代表人许水林，董事长。

诉讼代表人姚其华，该公司总经理助理。

被告人范晓亮，男，1979年5月30日出生，汉族，大专文化，系嘉兴市豪杰进出口有限公司副总经理，住嘉兴市秀洲区新胜镇人民西路8号2室。因本案于2011年5月17日被嘉兴市公安局刑事拘留，同年5月25日被取保候审。

辩护人吴立新，浙江子城律师事务所律师。

被告人丁丽伟，男，1987年8月20日出生，汉族，大专文化，系嘉兴市豪杰进出口有限公司业务员，住嘉兴市秀洲区新塍镇观音桥村竹管径港1号。因本案于2011年6月24日被嘉兴市公安局取保候审。

辩护人朱丽清，浙江子城律师事务所律师。

被告人王建忠，男，1968年6月29日出生，汉族，初中文化系浙江豪杰电器有限公司总经理，住嘉兴市秀洲区新塍镇庙云桥村眺家洪27号。因本案于2011年6月28日被嘉兴市公安局秀洲区分局取保候审。

辩护人周永静，浙江中禾律师事务所律师。

被告人高生强，男，1972年7月9日出生，汉族，初中文化系浙江豪杰电器有限公司副总经理，住四川省剑阁县吼狮乡向前村6组。因本案于2011年6月28日被嘉兴市公安局秀洲区分局取保候审。

辩护人杨承乔，浙江中禾律师事务所律师。

被告人张力，男，1976年5月28日出生，汉族，大专文化，系深圳诺威利贸易有限公司副总经理兼监事，住深圳市福田区石厦北一街信托花园8栋B601，因本案于2011年6月7日被嘉兴市公安局刑事拘留，同年7月11日被逮捕。现押于嘉兴市看守所。

辩护人陈更，北京道信（上海）律师事务所律师。

辩护人洪涛，浙江三利律师事务所律师。

被告人张为，男，1972年7月10日出生，汉族，大学本科文化，系深圳诺威利贸易有限公司总经理，住深圳市福田区益田路瑞和园瑞雅阁17E。因本案于2011年9月1日被嘉兴市公安局取保候审。

辩护人韩小胜，北京中闻律师事务所律师。

嘉兴市秀洲区人民检察院以嘉秀洲检刑诉终【2011】411号起诉书指控被告单位嘉兴市豪杰进出口有限公司、浙江豪杰电器有很公司、被告人范晓亮、丁丽伟、王建忠、高生强犯假冒注册商标罪，被告人张力、张为犯销售假冒注册商标的商品罪，于 2011 年 10 月 19 日向本院提起公诉。本院依法组成合议庭，公开开庭审理了本案。嘉兴市秀洲区人民检察院指派代理检察员胡旭东、书记员朱芳黎出庭支持公诉。被告单位嘉兴市豪杰进出口有限公司的诉讼代表人沈勤方、被告单位浙江豪杰电器有限公司的诉讼代表人姚其华、被告人范晓亮、丁丽伟、王建忠、高生强、张力、张为及其辩护人均到庭参加诉讼。现已审理终结。

经审理查明：2011 年初，被告人张为、张力在未经“LG”注册商标所有人许可的情况下，以深圳诺威利贸易有限公司的名义委托被告单位嘉兴市豪杰进出口有限公司组织生产 1 377 台假冒“LG”注册商标的冰柜，并按其要求报关销往尼日利亚。被告单位嘉兴市豪杰进出口有限公司在未经“LG”注册商标所有人许可的情况下，由负责销售的主管人员被告人范晓亮及业务员被告人丁丽伟联系并下派生产单给被告单位浙江豪杰电器有限公司，电器公司负责人被告人王建忠及负责生产的主管人员被告人高生强，明知该批冰柜使用的“LG”注册商标未经商标所有人许可，仍组织生产。生产完成后，被告人张为、张力明知国外客户事先采购并委托其帮助运送出境用于销售的 14 324 台 DVD 机系假冒“LG”，“SAMSUNG”，“SONY”，“SHARP”注册商标的商品，仍要求浙江豪杰电器有限公司将这批 DVD 机夹藏在冰柜内一并运送出境。2011 年 4 月 13 日，嘉兴市豪杰进出口有限公司以销售无品牌冰柜的名义向嘉兴海关驻乍浦办事处申报出口时被查获，当场扣押假冒注册商标的冰柜 1 377 台，价值 148 815 美元，折合人民币 971 330.39 元，假冒注册商标的 DVD 机 14 324 台，价值人民币 1 360 780 元。2011 年 9 月 1 日，被告人张为向嘉兴市公安局投案自首。

上述事实，被告单位嘉兴市豪杰进出口有限公司、浙江豪杰电器有限公司、被告人范晓亮、丁丽伟、王建忠、高生强、张力、张为在开庭审理过程中均无异议，并有经当庭质证的证人张友芳、张传保、陈新明、李胜华、顾宗龙、李欢欢、楼爱明、朱达青、张华、吴阿英等人的证言、侵权物品及侵权图案模具照片、商标档案、情况说明、财务报表、记账凭证及发票、涉案物品价格汇总表及中国人民银行人民币外汇客户汇率表、身份证明材料、案件线索核查通知及相关材料、嘉兴海关案件移送书及相关材料、合同、发票、订舱资料、工商登记注册资料、生产工序册、接受物品及文件清单、生产任务制造单、电子邮件、生产单、LG 商标拉升膜、订单执行情况报表、网架清单、LG 冰柜说明书、浙江增值税专用发票、客户住宿资料、证明材料、抓获经过、归案情况说明、价格鉴定结论书、鉴定书、声明等证据予以证实，足以认定。

被告人范晓亮的辩护人提出：1. 被告人范晓亮不是被告单位嘉兴市豪杰进出口有限公司的直接负责的主管人员；2. 嘉兴市豪杰进出口有限公司构成销售假冒注册商标的商品罪（未遂），系共同犯罪的从犯，请求对被告人范晓亮免予刑事处罚。

被告人丁丽伟的辩护人提出：1. 被告人丁丽伟的行为是职务行为，由于对法律的无知，被动参与犯罪，犯罪情节轻微；2. 被告人丁丽伟有自首情节，系初犯、偶犯，认罪态度好；请求免予刑事处罚。

被告人王建忠、高生强的辩护人均提出自首的意见，请求从轻处罚并适用缓刑。被告人张力的辩护人提出：1. 被告人张力的犯罪行为属犯罪未遂；2. 被告人张力在犯罪中属从属地位，系从犯；3. 被告人张力没有参与销售涉案 DVD 机，仅帮助运输；4. 被告人张力系初犯、偶犯，主观恶性较小，请求适用缓刑。

被告人张为的辩护人提出：1. 对涉案的 DVD 机不应认定到张力、张为的犯罪金额，可通过罚金刑予以体现；2. 被告人张为有未遂、自首等法定情节，请求适用缓刑。

本院认为，被告单位嘉兴市豪杰进出口有限公司、浙江豪杰电器有限公司未经注册商标所有人许可，在同一种商品上使用与其注册商标相同的商标，非法经营数额达 97 万余元，被告人范晓亮、王建忠、高生强系单位直接负责的主管人员，被告人丁丽伟系单位的直接责任人员，上述被告单位和被告人的行为均构成假冒注册商标罪，且属情节特别严重。被告人张为、张力明知是假冒注册商标的商品，而予以销售，销售金额233万余元，属数额巨大，二被告人的行为均已构成销售假冒注册商标的商品罪，公诉机关指控的罪名成立，故被告人范晓亮的辩护人关于范晓亮不是单位直接负责的主管人员及被告人张为的辩护人关于犯罪数额的意见不予采纳。被告人张为、张力的销售假冒注册商标的商品的行为，因意志以外的原因而未得逞，属犯罪未遂，可比照既遂犯从轻处罚。各被告单位和被告人在共同犯罪中作用虽有不同，但均非起次要作用，故本案尚不足以区分主从犯，但被告人张力作用相对张为小一些，在量刑时予以体现，故辩护人关于从犯的意见不予采纳。被告人张为有自首情节，可从轻处罚，其余被告人和被告单位均在被掌握具体犯罪事实和证据的情况下被动归案，不能认定为自首，故各辩护人关于自首的意见不予采纳。各被告单位和被告人归案后均如实供述犯罪事实，可从轻处罚，各辩护人意见有理部分予以采纳，但要求免予刑事处罚的意见不予照准。据此，依照《中华人民共和国刑法》第二百一十三条、第二百一十四条、第二百二十条、第二十三条、第六十七条第一款、第三款、第七十二条、第七十三条、第六十四条之规定，判决如下：

一、被告单位嘉兴市豪杰进出口有限公司犯假冒注册商标罪，判处罚金人民币72万元；

二、被告单位浙江豪杰电器有限公司犯假冒注册商标罪，判处罚金人民币72万元；

三、被告人范晓亮犯假冒注册商标罪，判处有期徒刑三年，缓刑三年，并处罚金人民币485000元；

（缓刑考验期限从判决确定之日起计算）

四、被告人丁丽伟犯假冒注册商标罪，判处有期徒刑三年，缓刑三年，并处罚金人民币485000元；

（缓刑考验期限从判决确定之日起计算）

五、被告人王建忠犯假冒注册商标罪，判处有期徒刑三年，缓刑三年，并处罚金人民币485000元；

（缓刑考验期限从判决确定之日起计算）

六、被告人高生强犯假冒注册商标罪，判处有期徒刑三年，缓刑三年，并处罚金人民币485000元；

（缓刑考验期限从判决确定之日起计算）

七、被告人张力犯销售假冒注册商标的商品罪，徒刑三年，缓刑四年，并处罚金1165000元；

（缓刑考验期限从判决确定之日起计算）

八、被告人张为犯销售假冒注册商标的商品罪，判处有期判处有期徒刑三年，缓刑四年，并处罚金1165000元；

（缓刑考验期限从判决确定之日起计算）

九、扣押在案的假冒注册商标的冰柜、DVD机予以没收，由扣押机关上缴国库。

（上述罚金均在判决生效后一个月内缴纳）

如不服本判决，可在接到判决书的第二日起十日内通过本院或直接向嘉兴市中级人民法院提出上诉。书面上诉的，应当提交上诉状正本一份，副本两份。

审判长　诸葛剑虹

人民陪审员　郎宝兴

人民陪审员　姚殿吉

二〇一一年十一月十一日

八、义乌海关查获出口假冒“NIKE”、“ADIDAS”品牌运动套装案

（一）案情介绍

2010 年 6 月 29 日，云南垒非贸易有限公司向杭州海关隶属义乌海关申报出口化纤女式衬衫等小商品，出口目的国为巴基斯坦。审单关员通过风险分析，认为该票货物存在较大侵权风险，遂下达布控和查验指令。经查验，海关人员在集装箱中后部的压缩包中发现带有“NIKE”和“ADIDAS”商标的运动套装、运动裤和圆领衫，共计 8 580 件。经权利人确权，上述货物属于侵权商品。义乌海关决定扣留该批货物并立案进行调查。

在调查过程中，由于出口企业是云南的公司，而且很可能是当地的一个皮包公司，海关无法联系该公司人员询问有关情况，案件调查一度陷入停滞。但是，海关调查人员毫不气馁，通过组织案情分析会，群策群力，寻找案件突破的线索，最后决定从唯一掌握的线索——此批货物的报关行入手，继续展开调查工作。调查人员先从义乌的报关行追查到宁波的某货代公司，后又进一步追回到义乌的某外贸代理公司。随着调查工作的层层深入，海关调查人员剥茧抽丝，顺藤摸瓜，掌握了该批货物的发货人实际上是一个在义乌经营外贸代理的外籍人员阿某这一重要线索，案情有了突破性进展。在海关调查人员严谨、耐心而又威严的执法攻势下，阿某提供了该批货的真实货主外籍人员纳某已藏匿于外地的情况。考虑到纳某随时有可能离境，义乌海关决定将调查掌握的案件线索立即向义乌市公安局通报。

在杭州海关与浙江省公安厅的协调部署下，义乌市公安局决定提前介入，与义乌海关协作开展外围调查，迅速掌握了案件的主要事实。7 月 23 日，义乌市公安局在义乌海关的大力协助下对犯罪嫌疑人某外籍人员纳某实施了抓捕。同日，金华市公安局决定对此案正式立案侦查，并依法对犯罪嫌疑人实施刑事拘留。2011 年 1 月 17 日，金华市中级人民法院作出一审判决，判处纳某有期徒刑 7 个月，并处罚金人民币 1 万元整。

（二）评析

此案的成功查办，体现了海关执法人员丰富的执法经验、精湛的执法技巧及海关与公安机关在打击侵权违法活动方面的高效配合。由于义乌海关前期进行了充分的调查取证，使公安部门能够迅速介入案件的调查，很快掌握案件的主要证据，为公安机关立案和抓捕嫌疑人奠定了牢固的基础。此案还为杭州关区查办此类案件积累了非常宝贵的经验。

此案的办理过程，凸显了义乌小商品出口市场侵权活动的特点。义乌作为全球最大的小商品集散地，每天充斥大量来华采购商品的外籍人员，其中许多属于知假买假。由于外籍采购人员普遍采用“看样下单采购、委托外贸代理、外地公司报关、本人早早离境”的模式，给海关案件调查工作带来很大的难度。在本案查处过程中，义乌海关知识产权办案人员迎难而上、知难而进，凭借熟练的执法技能和高度的责任意识，最终协助公安机关抓捕了外籍犯罪分子，难能可贵。

此案还产生了较好的社会效果。首先，在义乌的广大外籍采购商中引起了很大反响，有力震慑了不法分子，维护了小商品进出口贸易秩序；其次，此案的成功查办，树立了海关知识产权保护执法的良好形象，《法制日报》、《国际商报》等国家级新闻媒体都对案件进展情况做了报道，营造了海关和公安机关开展专项行动的巨大声势。

附：

1. 义乌海关查获的出口假冒“NIKE”、“ADIDAS”品牌运动套装

2. 金华市中级人民法院刑事判决书

中华人民共和国浙江省金华市中级人民法院

刑事判决书

（2010）浙金刑二初字第 39 号

公诉机关浙江省金华市人民检察院。

被告人 MUHAMMAD ISLAM NAIMATULLAH，中文译名：穆哈默德·伊斯拉姆·娜姆突哈（以下简称：娜姆突哈），男，1979 年1月 1 日出生，文盲，巴基斯坦国籍，护照号码 AK9959661。因本案于 2010 年 7 月 24 日被金华市公安局刑事拘留，同年 8 月 27 日被逮捕，现押于金华市看守所。

辩护人卢凤龙，浙江金哲律师事务所律师。

辩护人叶苏玲，浙江金哲律师事务所律师。

浙江省金华市人民检察院以金市检刑诉 [2010]121 号起诉书指控被告人 MUHAMMAD ISLAM NAIMATULLAH（娜姆突哈）犯销售假冒注册商标的商品罪，于 2010 年 11 月 1 日向本院提起公诉。本院依法组成合议庭，公开开庭审理了本案。金华市人民检察院指派代理检察员卢金有出庭支持公诉，被告人 MUHAMMAD ISLAMNAIMATULLAH（娜姆突哈）及其辩护人卢凤龙、叶苏玲到庭参加诉讼。现已审理终结。

金华市人民检察院指控，2010 年 6 月 2 日至 6 月 15 日间，被告人 MUHAMMAD ISLAM NAIMATULLAH（娜姆突哈）至福建省石狮市侨乡商业城，在明知王清娜、陈清珍等人销售的系假冒“ADIDAS”、“NIKE”服装的情况下，为了获取非法利益，仍然从王清娜、陈清珍等人处购得了假冒“ADIDAS”运动套装 2 073 套、圆领衫 2 532 件、长裤 1 305 条，假冒“NIKE”运动套装 494 套、长裤 2 176 条，并于 2010 年 6 月下旬托运至义乌，准备经义乌市海关出关至巴基斯坦进行销售，7 月 1 日被义乌市海关查获。经鉴定，该批服装价值人民币 154 105 元。

2010 年 9 月 23 日，被告人 MUHAMMADISLAM NAIMATULLAH（娜姆突哈）在义乌市区被义乌市公安局民警传唤归案。

针对上述指控事实，公诉机关当庭宣读、出示了证人证言，被告人供述及辩解，扣押物品清单及照片、价格鉴定结论书，抓获经过，护照等证据。公诉机关认为，被告人 MUHAMMADISLAM NAIMATULLAH（娜姆突哈）的行为触犯了《中华人民共和国刑法》第二百一十四条之规定，已构成销售假冒注册商标的商品罪。提请本院依法判处。

被告人娜姆突哈辩称其进货时没有注意服装的品牌，厂家也未告诉其服装是假冒的。

被告人娜姆突哈的辩护人对公诉机关指控的罪名没有异议，但提出：1. 被告人娜姆突哈有自首情节，可以从轻或减轻处罚；2. 被告人系犯罪未遂，可以从轻或减轻处罚。3. 被告人没有前科，认罪态度好，可从轻处罚。

经审理查明，2010 年 6 月 2 日至 6 月 15 日间，被告人娜姆突哈至福建省石狮市侨乡商业城，在明知王清娜、陈清珍等人销售的系假冒“ADIDAS”、“NIKE”服装的情况下，为了获取非法利益，仍然从王清娜、陈清珍等人处购得了假冒“ADIDAS”运动套装 2 073 套、圆领衫 2 532 件、长裤 1 305 条、假冒“NIKE”运动套装 494 套、长裤 2 176 条，并于 2010 年 6 月下旬托交至义乌，准备经义乌海关出关运至巴基斯坦进行销售，7 月 1 日被义乌海关查获。经鉴定，该批服装价值人民币 154 105 元。

证明以上事实的证据有：

1. 证人王清娜、陈清珍的证言，证实 2010 年 6 月，被告人到其店里购买了假冒“ADIDAS”、“NIKE”的服装的事实；

2. 证人王路生的证言，证实 2010 年 6 月，被告人到其店里购买了一批服装的事实；

3. 证人 ASMATULLAH 的证言，证实娜姆突哈委托其公司出口货物，其又委托宁波明亮国际货运代理有限公司（以下简称宁波明亮公司）出口，在海关抽检到这批货物后，娜姆突哈才告诉其有仿牌的服装的事实；

4. 证人王彦的证言，证实其系宁波明亮公司员工，2010 年 6 月 ASMATULLAH 将一客户的货物介绍给其公司代理出口，在海关抽检到后，客户、ASMATULLAH 才告诉其这批货物中有仿牌的服装的事实；

5. 证人傅红梅的证言、傅红梅与宁波明亮公司方杰聊天记录，证实其系娜姆突哈公司的员工，其公司将娜姆突哈的货物介绍给宁波明亮公司，后宁波明亮公司的方杰告诉其货物要被抽检到，此时娜姆突哈才告诉 ASMATULLAH 和其这批货物里有仿牌的“ADIDAS”、“NIKE”服装的事实；

6. 扣押物品清单及照片证实扣押在案的侵权产品的数量及特征情况；

7. 辨认笔录，证实经被告人娜姆突哈辨认，2010 年 6 月其到证人陈清珍的店里购买过假冒“ADIDAS”、“NIKE”服装的事实；

8. 阿迪达斯体育（中国）有限公司证明、商标注册证，证实经该公司确认，扣押在案的标有“ADIDAS”商标的服装系属于假冒 ADIDAS 注册商标的服装，侵犯了该公司的商标专用权，该公司也未授权娜姆突哈生产、销售 ADIDAS 商标服装的事实；

9. 耐克体育（中国）有限公司鉴定书、商标注册证，证实经该公司鉴定，扣押在案的标有“NIKE”商标的服装系属于假冒 NIKE 注册商标的服装，侵犯了该公司的商标专用权，该公司也未授权娜姆突哈生产、销售 NIKE 商标服装的事实；

10. 义乌海关移送材料，证实 2010 年 7 月 1 日，义乌海关查获一批假冒“ADIDAS”、“NIKE”品牌的服装，经调查，该批服装系属于被告人娜姆突哈的事实；

11. 价格鉴定结论书，证实扣押在案的涉案服装经鉴定价值人民币 154 105 元的事实；

12. 护照，证实被告人娜姆突哈的身份情况；

13. 抓获经过，证实被告人娜姆突哈归案情况；

14. 被告人娜姆突哈的供述及辩解，证实其明知系假冒注册商标的服装仍予以购买，并准备运回巴基斯坦国内销售，后被海关查获的事实。

上述证据均经庭审举证、质证，证据形式及来源合法，内容客观，并能相互印证，且与本案具有关联，予以确认。

本院认为，被告人 MUHAMMAD ISLAM NAIMATULLAH（穆哈默德·伊斯拉姆·娜姆突哈）销售明知是假冒注册商标的商品，且待销售商品数额较大，其行为已构成销售假冒注册商标的商品罪，依法应予惩处。公诉机关指控的罪名成立，予以支持。关于被告人娜姆突哈提出的其购买时并不知道是假冒注册商标的商品的辩解，经查，被告人在侦查机关多次供述对于所购服装系假冒其是明知的，这些供述稳定一致，且与证人证言相互印证，应予采信，故该辩解与查明的事实及法律规定不符，本院不予采纳。关于被告人系自首的辩护意见，经查，被告人并非自动投案，且其归案之前有关机关已掌握其涉嫌犯罪的线索，不符合自首条件，故依法不能认定为自首。被告人娜姆突哈已着手实施犯罪，因意志以外的原因而未得逞，系犯罪未遂，依法可从轻或减轻外罚，其辩护人提出的该辩护意见与查明的事实和法律规定相符，本院予以采纳。综上，依照《中华人民共和国刑法》第二百一十四条、第二十三条、第五十二条、第五十三条、第三十五条、第六十四条之规定，判决如下：

一、被告人 MUIIAMMAD ISLAM NAINIATULLAII（穆哈默德·伊斯拉姆·娜姆突哈）犯销售假冒注册商标的商品罪，判处有期徒刑七个月，并处罚金人民币 10000 元，驱逐出境（刑期从判决执行之日起计算，判决执行以前先行羁押的，羁押一日折抵刑期一日，即自 2010 年 7 月 24 日起至 2011 年 2 月 23 日止，罚金限判决生效后十日内缴纳）。

二、扣押在案的假冒注册商标的商品予以没收。

如不服本判决，可在接到判决书的第二日起十一日内，通过本院或者直接向浙江省高级人民法院提出上诉。书面上诉的，应当提交上诉状正本一份，副本二份。

审判长　陈志敏

审判员　曹益军

代理审判员　卢　亮

二〇一一年一月六日

九、上海海关查获宁波市邵氏瑞可电子电器有限公司出口假冒“PHILIPS”商标专用权镇流器案

（一）案情介绍

2011 年 4 月，上海市公安局经侦总队向上海海关法规处提供情报，称一批涉嫌侵犯“PHILIPS”商标专用权的镇流器即将从上海外高桥港区出口，但未提供更为详细的出口信息。上海海关法规处接到线索后，立即

对情报进行了分析，通过调阅近阶段向上海海关申报出口的镇流器数据并分析梳理相关信息后，将目标锁定在宁波市邵氏瑞可电子电器有限公司出口巴基斯坦的一批镇流器货物上。该批出口镇流器的申报时间、装船码头的情况与情报线索完全一致，且出口目的地巴基斯坦向来是侵权产品重点流向地，存在较高的侵权嫌疑。

确定目标后，上海海关关员又发现该批镇流器属于拼箱货物，且船期较紧，如果处理不当，将会耽误箱内其他货物的正常出口。此时尽管早已过了下班时间，上海海关法规处还是决定立即向现场海关发出了对该批货物实施监控的指令。收到法规处的指令后，为了不延误货物装船，现场关员连夜进行准备，第二天一早即对货物进行了彻查，一举查获总计 6 000 个标有“PHILIPS”商标的镇流器，价值人民币 37.46 万元。4 月 11 日，“PHILIPS”商标权利人皇家飞利浦电子股份有限公司确认上述货物属于侵犯其商标专用权的商品。上海海关随即将查获侵权货物的情况向公安机关进行了反馈，同时对该批货物实施扣留。

经过初步调查，上海海关认为该案已涉嫌构成刑事犯罪，遂根据《公安部、海关总署关于加强知识产权执法协作的暂行规定》，于 5 月 5 日将涉案信息向上海市公安局进行了通报，并积极配合公安机关的侦查工作。公安机关于 2011 年 6 月 3 日对案件立案侦查。在接到立案的通知后，上海海关于 2011 年 6 月 6 日将案件材料及涉案货物移送上海市公安局。

2011 年 9 月 22 日，上海市浦东新区人民法院对宁波市邵氏瑞可电子电器有限公司法人代表邵某、货代公司上海心运国际货物运输代理有限公司法人代表谈某分别判处有期徒刑 2 年（缓刑 2 年）、有期徒刑 1 年（缓刑 1 年），并判处单位和个人罚金合计 16 万元人民币。

（二）评析

此案是海关通过上海市公安局提供的情报线索查获出口侵权货物的案例，从另一个角度体现了海关和公安部门紧密合作、互通信息对有效打击侵权违法活动的重要性。此外，上海海关在办理此案过程中，不畏辛劳，加班加点，既成功截获妄图闯关出口的假冒货物，又保证其余合法拼箱货物的正常通关出口，完美把握了把关与服务的平衡点，是海关运用风险管理手段进行日常监管，实行知识产权边境保护的典范。

附：

1. 上海海关查获的宁波市邵氏瑞可电子电器有限公司出口的假冒“PHILIPS”镇流器

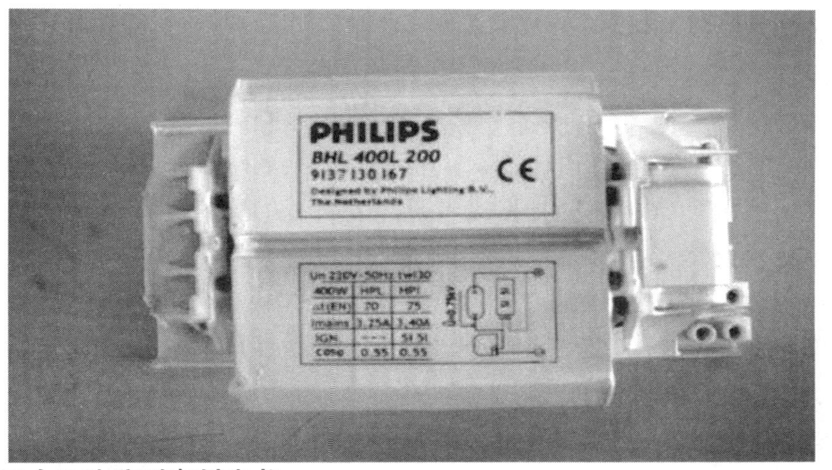

2. 上海市浦东新区人民法院刑事判决书

上海市浦东新区人民法院

刑事判决书

（2011）浦刑初字第2050号

公诉机关上海市浦东新区人民检察院。

被告单位宁波市邵氏瑞可电子电器有限公司。

法定代表人邵某某，总经理。

诉讼代表人徐某某，系被告单位宁波市邵氏瑞可电子电器有限公司财务主管。

被告人邵某某，系被告单位宁波市邵氏瑞可电子电器有限公司法定代表人。因本案于2011年6月3日被取保候审。

被告单位上海心运国际货物运输代理有限公司。

法定代表人谈某，经理。

诉讼代表人叶某某，系被告单位上海心运国际货物运输代理有限公司销售经理。

被告人谈某，系被告单位上海心运国际货物运输代理有限公司法定代表人。因本案于2011年6月21日被取保候审。

辩护人余莺莺，上海恒隆律师事务所律师。

辩护人马海容，上海恒隆律师事务所律师。

上海市浦东新区人民检察院以沪浦检诉二[2011]174号起诉书指控被告单位宁波市邵氏瑞可电子电器有限公司（以下至判决主文前简称“邵氏公司”）、被告人邵某某、被告单位上海心运国际货物运输代理有限公司（以下至判决主文前简称“心运公司”）、被告人谈某犯假冒注册商标罪，于2011年8月15日向本院提起公诉。本院受理后，依法组成合议庭，公开开庭审理了本案。上海市浦东新区人民检察院指派代理检察员周少怡出庭支持公诉，被告单位邵氏公司诉讼代表人徐某某、被告人邵某某、被告单位心运公司诉讼代表人叶某某、被告人谈某及其辩护人余莺莺到庭参加诉讼。现已审理终结。

经审理查明，被告单位邵氏公司于2006年8月2日注册成立，法定代表人邵某某，注册资本人民币150万元，公司类型为有限责任公司（自然人独资），经营范围包括镇流器、灯具、电子元件、加工、批发、零售等，经营期限自2006年8月2日至2016年8月1日止。

被告单位心运公司于2005年12月22日注册成立，法定代表人谈某，注册资本人民币500万元，公司类型为有限责任公司（国内合资），经营范围包括海上、陆地国际货物运输代理业务、民用航空运输销售代理、道路货物运输代理等，经营期限自2005年12月22日至2025年12月21日止。

“PHILIPS”商标经中华人民共和国国家工商行政管理局商标局核准，于1980年1月15日注册，商标注册证号为第135047号，注册人菲利浦灯泡有限公司，核定使用商品为第15类照明装置、设备、器具和物品、电灯、电器件等，核准续展注册国际分类为第11类照明装置、设备、器具和物品、电灯、空气调节和温度控制设备等。1983年6月15日，核准转让注册人为菲利浦出口公司。2003年9月9日，注册人名义变更为皇家飞利浦电子股份有限公司，有效期经核准续展至2020年1月14日止。

2011年2月25日，被告人邵某某在未经“PHILIPS”注册商标所有权人许可的情况下，代表邵氏公司与境外公司 MOHIBULLAH BAZ LTD KABUL AFGHANISTAN 签订购销合同，约定该公司向邵氏公司购买 4 种型号共 6 000 个“PHILIPS”镇流器，合同总价 58 300 美元，货值 57 000 美元（价值人民币 375 060 元），运输费 1 300 美元，定金为 20%。2010 年 10 月 14 日，对方汇入邵氏公司银行账户 10 610 美元。后被告人邵某某从他人处购买“PHILIPS”商标模具，按照上述合同安排公司员工生产假冒“PHILIPS”商标 4 种型号的镇流器 6 000 个。被告人邵某某委托被告单位心运公司代理上述商品的货物运输及代理报关，被告人谈某在明知该批货物为假冒“PHILIPS”注册商标的镇流器产品的情况下，仍然为邵氏公司代理货物运输及代理报关，并委托上海航联报关有限责任公司报关。2011 年 4 月 6 日，该批货物向上海海关申请报关，上海海关在检查过程中发现问题，将该批货物查扣。

2011 年 6 月 3 日，被告人邵某某经公安机关电话通知后，主动至公安机关投案并如实供述了全部犯罪事实。同年 6 月 20 日，被告人谈某经公安机关电话通知后，主动至公安机关投案并如实供述了全部犯罪事实。

上述事实，被告单位邵氏公司、心运公司及被告人邵某某、谈某在开庭审理过程中亦无异议，并有邵氏公司的营业执照、税务登记证、验资报告、厂区照片、心运公司的营业执照、中信银行上海分行进账单、证人王晓路、王莉莉、姚晓凯的证言、相关电子邮件、通讯记录、合同、宁波银行客户入账通知、费用结算确认单、委托报关协议书、海关出口货物报关单、“PHILIPS”商标注册证、核准续展注册商标证明、注册商标变更证明、相关鉴定书、上海海关出具的扣留侵权嫌疑货物告知书、扣留凭单、被查扣镇流器照片、案发经过等证据证实，足以认定。

被告人谈某的辩护人提出，谈某主要负责报关事宜，不是直接的买主和卖主，主观恶性较小，心运公司运输产品的金额不能作为谈某定罪量刑的依据，谈某没有实际收取运费，没有在犯罪中牟利。谈某没有前科，主动认罪，且是初犯、偶犯，建议对被告人谈某从轻、减轻处罚，并适用缓刑。

本院认为，“PHILIPS”注册商标依法经我国商标局核准注册，且在有效期内，受法律保护，被告单位邵氏公司为牟取非法利益，未经注册商标所有权人许可，在同一种商品上使用与他人注册商标相同的商标，情节特别严重，其行为已构成假冒注册商标罪，应依法判处罚金。被告人邵某某系单位直接负责的主管人员，主观上明知其公司产品使用未经注册商标所有权人许可的注册商标，直接参与涉案商品购销合同的订立、负责涉案商品的生产销售，其行为构成假冒注册商标罪。被告单位心运公司在明知邵氏公司生产的系假冒他人注册商标的商品的情况下，仍为其代理运输、出口业务，系共同犯罪，其行为亦构成假冒注册商标罪。被告人谈某系单位直接负责的主管人员，主观上明知该批商品使用未经注册商标所有权人许可的注册商标，直接参与涉案商品的代理运输、出口业务，其行为构成假冒注册商标罪。公诉机关指控的罪名成立，应予支持。被告单位邵氏公司、心运公司及被告人邵某某、被告人谈某系自首，依法减轻处罚。被告单位邵氏公司及被告人邵某某在共同犯罪中起主要作用，系主犯。被告单位心运公司及被告人谈某在共同犯罪中起辅助作用，系从犯，依法从轻处罚。案发后，被告单位及被告人均交待态度较好，自愿认罪，酌情从轻处罚。被告人谈某的辩护人提出建议对被告人谈某减轻处罚并适用缓刑的意见，根据被告人谈某的犯罪情节、社会危害性、到案情况、认罪悔罪态度，对其适用缓刑确实不致再危害社会，其辩护人提出的上述意见，本院予以采纳。

被告人谈某的辩护人提出的谈某主观恶性较小，心运公司运输产品的金额不能作为谈某定罪量刑的依据，谈某没有在犯罪中牟利的意见，相关司法解释规定，因明知他人实施侵犯知识产权犯罪，而为其提供运输、代理进出口等便利条件、帮助的，以侵犯知识产权犯罪的共犯论处。被告人谈某系心运公司直接负责的主管人员，主观上明知涉案商品使用未经注册商标所有权人许可的注册商标，仍为邵氏公司代理涉案商品的运输、出口业务，具有明显的主观恶意。被告单位心运公司与邵氏公司系共同犯罪，故涉案商品的购销合同价款金额为本案的非法经营数额。被告单位心运公司已向邵氏公司出具费用结算确认单，虽然因案发而未实际收取相关费用，但本案的定性为假冒注册商标罪，被告人谈某是否从犯罪中实际牟利并不影响其行为构成假冒注册商标罪。其辩护人提出的相关辩护意见，本院不予采纳。

据此，为严肃国家法制，规范市场经济秩序，保护知识产权权利不受侵犯，根据被告单位、被告人的不同犯罪情节、作用、社会危害性、认罪悔罪态度等，依照《中华人民共和国刑法》第二百一十三条、第二百二十条、第二十五条第一款、第二十六条第一款、第二十七条、第六十七条第一款、第七十二条、第七十三条、第五十三条、第六十四条及《最高人民法院、最高人民检察院关于办理侵犯知识产权刑事案件具体应用法律若干问题的解释》第一条第二款第（一）项、第十二条第一款、第十三条第一款、第十六条、《最高人民法院、最高人民检察院关于办理侵犯知识产权刑事案件具体应用法律若干问题的解释（二）》第四条、第六条之规定，判决如下：

一、被告单位宁波市邵氏瑞可电子电器有限公司犯假冒注册商标罪，判处罚金人民币八万元；

（于判决生效后一个月内缴纳）

二、被告人邵某某犯假冒注册商标罪，判处有期徒刑二年，缓刑二年，罚金人民币四万元；

（缓刑考验期限，从判决确定之日起计算，罚金于判决生效后一个月内缴纳）

三、被告单位上海心运国际货物运输代理有限公司犯假冒注册商标罪，判处罚金人民币三万元；

（于判决生效后一个月内缴纳）

四、被告人谈某犯假冒注册商标罪，判处有期徒刑一年，缓刑一年，罚金人民币一万元；

（缓刑考验期限，从判决确定之日起计算，罚金于判决生效后一个月内缴纳）

五、违法所得及查获的假冒注册商标的镇流器予以没收。

被告人回到社区后，应当遵守法律、法规，服从监督管理，接受教育，做有益社会的公民。如不服本判决，可在接到判决书的第二日起十日内，通过本院或者直接向上海市第一中级人民法院提出上诉。书面上诉的，应当提交上诉状正本一份，副本二份。

审判长　倪红霞

代理审判员　冯　祥

人民陪审员　盛美芬

二〇一一年九月二十二日

十、宁波海关查获安徽永钰过滤器公司侵犯“FLEETGUARD”等商标权案

（一）案情介绍

2011年3月11日，安徽永钰过滤器有限公司向宁波海关申报出口一批车用滤清器，目的国为伊朗。尽管该批货物申报时注明“无牌”，但审单关员在审核单证时认为该票报关单具有以下风险点：一是该批货物申报数量大，共有两万多个，且宁波口岸多次查获假冒的车用滤清器；二是该批货物运往伊朗，伊朗也是宁波

海关重点关注的侵权货物流向地之一。中东地区作为亚、非、欧三大洲货物的重要转运地区，历来是假冒货物的主要出口目的地。根据以上风险点，据此，海关审单关员果断下达布控指令，要求对该批货物的知识产权状况进行重点查验。经查验，在该批货物中发现有使用“FLEETGUARD”商标的车用滤清器1 221箱12 634个，使用“HENGST”商标的滤清器503箱4 019个。由于上述货物所使用的商标已由康明斯滤清系统公司和亨吉斯有限两合公司分别向海关总署进行备案，宁波海关立即与有关权利人进行联系。康明斯滤清系统公司和亨吉斯有限两合公司向海关确认上述货物为侵权产品并提出了扣留的申请。

宁波海关在调查过程中发现，该关曾于2010年查获过温州永钰过滤器有限公司出口的假冒“HENGST”车用滤清器2 800个，“MANN FILTER”滤清器1 200个和“VOLVE”滤清器5 800个，虽然当时出口企业使用的名称与此案不同，但实际为同一个发货人。宁波海关立即将案件情况向浙江省公安厅进行了通报，此案后由瑞安市公安局立案侦查。

（二）评析

此案是海关行政执法与公安机关刑事执法有效衔接的典型案例。宁波海关在查获安徽永钰过滤器有限公司出口车用滤清器侵权案件后，加大力度，深入调查，将隐藏在经营单位背后的真正出口商深挖出来，并将其与温州永钰过滤器有限公司出口车用滤清器侵权案衔接。通过对两起案件的综合分析和深入调查，及时向浙江省公安厅通报案件线索，配合调查取证，从而使公安机关成功破获制造假冒汽车滤清器生产源头，并依法刑事立案，追究当事人刑事责任。

此案也体现了海关执法关员强烈的知识产权保护意识和责任感。眼下海关查获进出口侵犯知识产权货物的案件，主要来自于海关的风险分析，而要从浩如烟云的报关数据中去伪存真、发现疑点、果断布控、细心查验，需要执法关员对知识产权保护工作的长期关注，并不断丰富知识、积累经验，不然就无法对货源地、申报品名、贸易国别、经营单位等风险信息进行准确把握，也就无法查获此案。因此，此案最终体现了宁波海关对知识产权保护工作的高度重视，体现了宁波海关一线执法关员高度的知识产权保护意识和责任感。

此案还说明制假售假企业的反查处手段愈加隐蔽，海关知识产权保护执法难度逐渐增加。

附：

宁波海关查获的安徽永钰过滤器公司出口的假冒“FLEETGUARD”车用滤清器

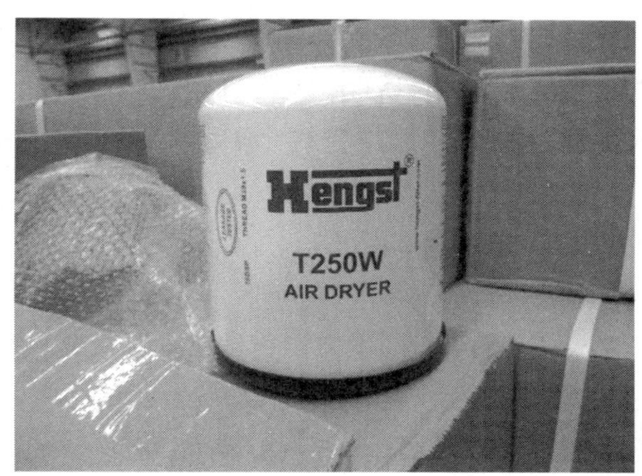

十一、宁波海关查获青岛里思琪贸易有限公司出口的假冒帽子和箱包案

（一）案情介绍

2010年4月25日，青岛里思琪贸易有限公司向宁波海关申报出口一批帽子、围巾、袜子、皮带等货物，境内货源地为义乌，目的国为希腊。尽管该批货物申报时注明“无牌”，但审单关员在审核单证时认为该票报关单具有以下风险点：一是这批货物来源地为义乌，且帽子、围巾、袜子、皮带等属于宁波口岸常见的侵权产品类别；二是青岛里思琪贸易有限公司有“皮包公司”嫌疑；三是希腊也是宁波海关重点关注的侵权货物流向地之一。据此，审单关员下达指令，要求对该批货物的知识产权状况进行重点查验。经查验，海关发现该批货物中有“ADIDAS”帽子2箱1 000顶，“GA”帽子2箱1 000顶，“LACOSTE”帽子2箱1 000顶，“LV”手提包247箱12 350个和钱包57箱11 400个，“NIKE”帽子4箱2 000顶，“PUMA”帽子4箱2 000顶，“TOUS”包15箱750个，“香奈儿”钱包1箱200个。

海关立即与上述商标在海关总署备案的权利人取得联系，上述权利人均确认该批货物为侵权货物并要求海关予以扣留。

由于此案中假冒货物的数量巨大，宁波海关于2010年9月19日将本案通报浙江省公安厅，后依法转至青岛市公安局，青岛市公安局于11月18日对青岛里思琪贸易有限公司销售假冒注册商标商品一案进行立案侦查。宁波海关积极配合公安机关调查取证，于11月24日向青岛市公安局提供了该案的相关报关单证等材料，并将所有涉案货物随案移交。后青岛市公安局根据海关通报的案件线索抓捕14名犯罪嫌疑人，该案案值高达2.3亿元。

（二）评析

从此案被查获的情况来看，海关监管水平已经得到了大幅提升。虽然不法企业采取虚假申报的方式，但负责海关审单的关员还是利用科学风险分析手段捕捉到了该风险信息，并及时下达布控指令。从布控到查验，体现了执法关员娴熟的业务能力、强烈的知识产权保护意识和责任感。此案充分体现了近年来海关不断对执法关员进行培训和逐步建立一支知识产权执法专家队伍取得的成效。

此外，此案还展现了海关与公安机关在知识产权执法方面顺畅的配合机制。在此案中，宁波海关密切配合青岛市公安局的调查取证工作，为其提供详细的案件情况及相关当事人的联系方式，确保公安机关顺藤摸瓜，一举抓捕了14名犯罪嫌疑人。本案案值之高，抓捕犯罪嫌疑人之多，影响之大，堪称海关与公安机关开展执法协作的成功典范。

附：

宁波海关查获的青岛里思琪贸易有限公司出口的假冒帽子和箱包等

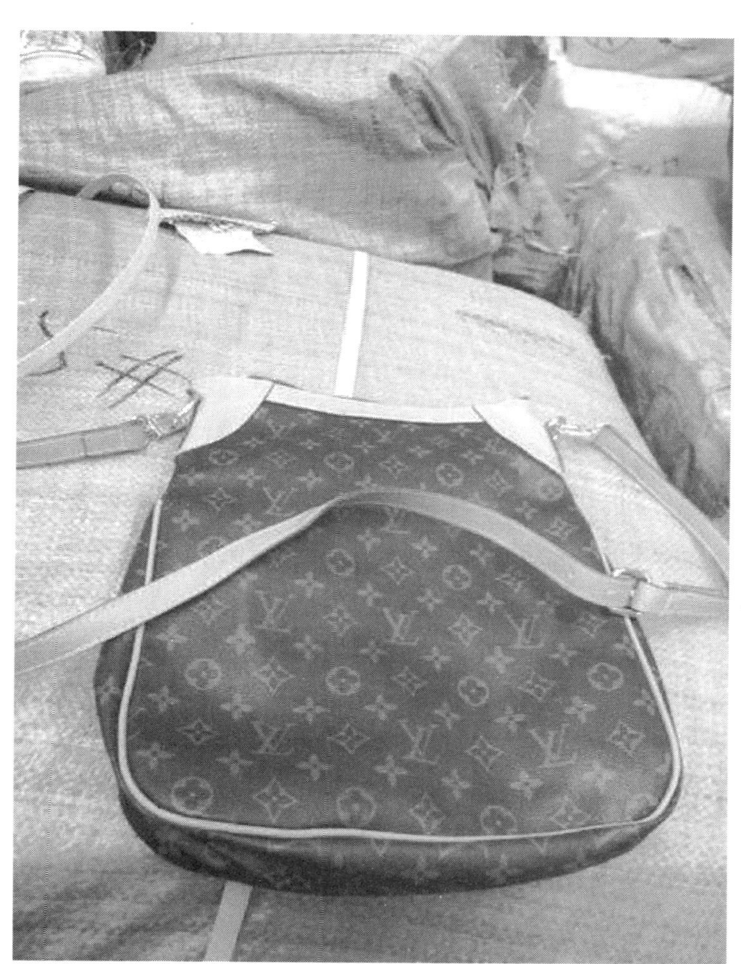

LACOSTE

现场执法案例

一、深圳海关查获货运渠道出口假冒“L&M”商标香烟案

（一）案情介绍

2011年3月28日，深圳市康枫有限公司委托深圳市贝江报关行有限公司向深圳海关隶属蛇口海关申报出口工艺碟29 040个，申报价格14 632.8港币，目的国新加坡，承载集装箱为40尺。审单人员在审核单证时发现疑点，下达布控指令。基于该票货物品种单一、易破碎且具有典型结构特征，查验关员首先采用大型X光检查设备进行查验。图像显示柜内货物呈方形条列状，摆放整齐均匀，货物之间没有空隙，与报关单所申报的“工艺碟”特征明显不同，查验关员随后通过使用“对数变换”、“伪彩－薄雾”、“灰度变化”和“局部放大”等图像检测手段，发现被检货物质地均匀、排列整齐、密度不高，与香烟图像十分相似，初步判断货物存在伪报嫌疑，于是决定进行掏箱查验。经查验发现该批货物实际是“L&M”牌香烟，经彻底查验清点，该批香烟的数量是847箱，5.08万条，共计1 016万支。经联系“L&M”商标的权利人FTR控股有限公司确认，上述货物全部为假冒产品，按真品价格计算，涉案货物价值约人民币813万元。

鉴于此案涉及的货物数额巨大，深圳海关将案件情况向公安机关进行了通报。

（二）评析

此案是海关综合风险分析和发挥大型X光检查设备查获侵权产品的典范。深圳海关执法人员综合分析航线、商品、价格等风险要素，准确命中目标，一举查获数量巨大的假冒产品，体现了海关现场执法人员的职业敏感性和风险分析水平，以及应用大型查验设备的能力。

在此案中，大型X光检查设备发挥了重要作用。对品种单一、易破碎且具有典型结构特征的货物使用大型X光设备进行查验，不仅可以避免以往人工查验需人工搬运货物，易造成商品损毁等问题，而且还大大提高了监管效率，可以将查验货物时间从原来手工查验的数小时缩短到十几分钟。

此案涉及的货物数量和案值都比较巨大，有较大的社会影响。《法制日报》、凤凰网、搜狐网、中国经济网等多家媒体都对此案进行了报道。

附：

1. 深圳海关查获的出口假冒“L&M”香烟

2. 深圳海关通过对货车进行 X 光扫描发现伪报的假冒香烟

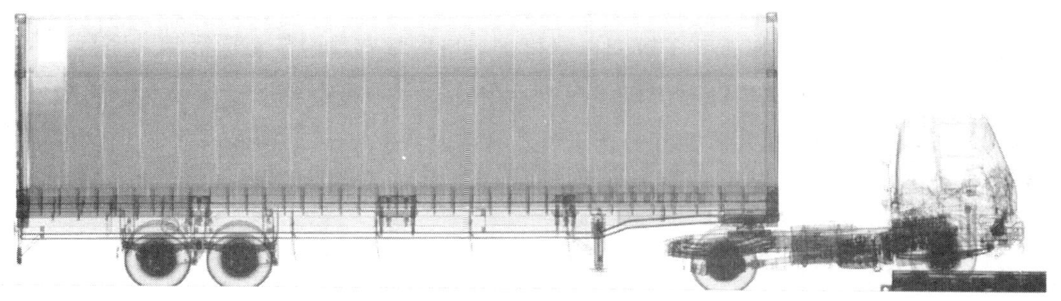

二、厦门海关查获出口“GUCCI”等 8 品牌百万件侵权衣着附件案

（一）案情介绍

2011 年 9 月 24 日，深圳市稀宝莱贸易有限公司向厦门海关驻海沧办事处申报出口一批无品牌金属纽扣、金属牌、标牌、塑料吊粒、纸标签等衣着附件，目的地是印度。审单关员审核报关单证时，发现该票报关单全柜货值仅为 8 432.87 美金，从中国出口到印度，扣除运费和物流报关成本，几乎没有利润可言，同时根据风险系统平台提示，衣着附件一般标有有关商标标志，该票货物申报为无品牌，存在瞒报品牌规格的风险，加之其出口目的国为厦门口岸侵权货物常见的目的地，遂当即决定布控，进行重点查验。

查验关员开柜后发现，货物均为凌乱的金属纽扣等衣着附件，外部为不透明的塑料麻袋包装，割开后并未发现有商标标志，但查验关员凭借其丰富的查验经验，敏锐地意识到不法分子极有可能将侵权货物采用夹藏的方式闯关，于是便将整袋货物全部倒出，这时底部一颗颗标有国际知名品牌的纽扣和其他衣着附件终于呈现在面前，也解开了此批货物的伪装“面纱”。

经彻底查验，发现该批衣着附件共计 130 万个，其中包括 59.8 万个金属纽扣、10 万个金属牌、25 万个塑料吊粒、12 万个标牌和 22 万个纸标签，分别标有“GUCCI”、“TOMMY HILFIGER”、“D&G”、“Dior”、

"Levi's"、"GAP"、"DIESEL"、"HOLLISTER"等8个品牌。经有关权利人鉴定，上述货物均为侵权商品。

案件查获后，厦门海关对货物进行了调查。据发货人供述，此票货物的国外买家为印度的一家公司，购买此批货物是为了在印度生产服装使用的。鉴于此案案情重大，厦门海关立即向当地公安机关通报了案件线索。

（二）评析

此案具有以下意义：

1. 社会反响较大。此案侵权货物数量巨大，涉案知名品牌达到8个，由于衣着附件是服装标注商标的重要配件，这些货物如果流向国外，足以"武装"百万件侵权服装，造成不良影响。"GUCCI"等权利人对此案高度重视，纷纷向厦门海关致函，表示案件的查处意义重大，净化了进出口贸易秩序，并感谢海关维护权利人的品牌信誉。案件查获后，厦门海关趁热打铁，充分利用媒体，进行大量的宣传报道，引起了大众的关注，起到良好的社会效应。

2. 对后续执法有借鉴意义。此案掀开了厦门口岸打击出口侵权衣着附件专项活动的序幕，取得明显成效。厦门海关高度重视此案，随后开展了针对出口侵权衣着附件的专项打击行动，举办专题风险分析研讨会，梳理和分析有关风险参数，进一步加大监控和打击力度。案发后不久，厦门海关就连续查获出口侵权衣着附件案件两起，查扣标有"D&G"、"HELLO KITTY"、"barbie"等标志的塑料纽扣、贴片等共计175 780件，遏制了此类侵权货物出口的势头。

3. 体现了海关关员高度的责任感和丰富的执法经验。此案查发的关键是现场审单和查验人员对报关单证和现场货物进行了细致缜密地分析，寻找蛛丝马迹，并根据发现的疑点，顺藤摸瓜，使假冒货物被成功截获。

附：

厦门海关查获的假冒知名品牌衣着附件

三、深圳海关查获出口假冒“DURACELL”等商标电池、手表案

（一）案情介绍

2011 年 4 月 20 日，深圳市默扬达贸易有限公司向深圳海关隶属大鹏海关申报出口计算器 21 120 台，目的国摩洛哥。海关在使用目前国内最先进的大型集装箱检查设备“快检 3000”（FS3000）对该批货物进行扫描时，发现该批货物种类较多，与出口商申报的单一品种商品的情况不吻合，存在较大的夹藏伪报嫌疑，因此决定对该批货物实施开箱查验。

海关查验人员经过开柜卸货和开拆包装，发现实际出口的货物除计算器外，还藏有电池、手表等货物，部分货物上标有“SWATCH”、“NIKE”、“D&G”等知名品牌，查验人员而后又发现货物中还夹藏了标有“DURACELL”商标的电池 115 200 个，标有“CASIO”商标的计算器 7 200 个，标有“SWATCH”商标的手表 26 000 个，标有“NIKE”商标的手表 10 000 个，标有“FERRARI”商标的手表 24 000 个，标有“ADIDAS”商标的手表 4 000 个及标有“D&G”商标的手表 3 000 个。该批货物涉嫌侵犯权利人吉列公司等 8 家公司在海关总署备案的相关商标专用权。深圳海关决定扣留该批货物，并会同公安机关就涉嫌犯罪问题开展进一步侦查。

（二）评析

此案是海关借助现代化查验设备成功截获侵权货物的典型案例，涉案货物数量大、涉及品牌多、社会影响大，中央电视台新闻频道以《深圳大鹏海关查获百万元假名牌手表》为题，对该案进行专题报道。此外，《法制日报》、《广州日报》、《深圳晚报》、新华网等新闻媒体也先后进行了报道，引起社会广泛关注。此案的查获，有力打击了侵权分子的嚣张气焰，保护了知识产权权利人的合法权益，维护了口岸正常的进出口秩序。此案已入选“2011 年知识产权海关保护十佳案例”。

附：

1. 深圳海关查获的假冒“DURACELL”电池

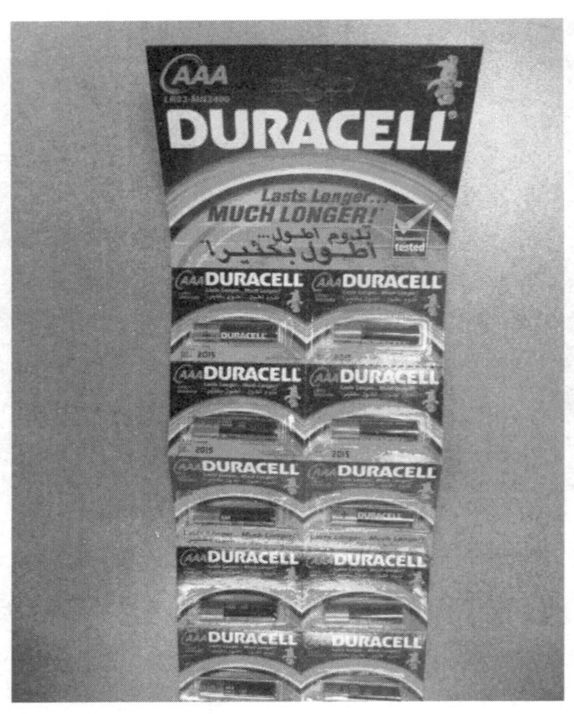

2. 海关正在使用“快检 3000”对集装箱货车进行检查

四、珲春海关查获旅客携带的 1989 部假冒手机案

（一）案情介绍

2011 年 1 月 22 日，珲春海关在对俄罗斯出境班车实行例行检查时，在车厢最后面座位底下和发动机机箱内发现未向海关申报的纸箱 11 个，经开箱检查发现全部为涉嫌侵权手机及其附件共 1 989 部，内置系统全部为俄文版，其中涉嫌侵犯 iphone（苹果）知识产权手机 1 100 部，涉嫌侵犯 Nokia（诺基亚）E71、E72、N67

型号知识产权手机 789 部，涉嫌侵犯 Sony Ericsson（索尼爱利信）手机 100 部。经上述 3 个品牌权利人在华知识产权海关保护的代理人的确认，该批产品是未经上述权利人授权生产的产品。此案是长春海关有史以来查获的数量最多的一起涉嫌手机侵权案件。

珲春海关组织精干力量，展开调查。经查涉嫌侵权嫌疑人颜腾飞，男，1978 年 4 月 20 日生，珲春市人，在黑龙江省绥芬河市个人手里购买的上述涉嫌侵权货物，并藏匿在俄罗斯出境班车车厢最后面座位底下和发动机机箱内。该人对上述行为供认不讳。根据长春海关与吉林省公安厅关于转发《公安部、海关总署关于加强知识产权执法协作的暂行规定》的通知要求，长春海关研究决定将此案移交公安机关。经与吉林省公安厅联系，公安厅决定接收并指定延边州公安局查办。2011 年 1 月 26 日晚 5 时，珲春海关将此案及嫌疑人移交延边州公安局。

2011 年 4 月 14 日，珲春市公安局经侦大队向珲春海关发出关于此案的反馈函告知，经鉴定，此案涉案物品包括苹果手机 4 型 950 部，苹果手机 18 型 139 部，索尼爱立信手机 W598 型 96 部，诺基亚手机 E72+ 型 100 部，诺基亚手机 E71+ 型 289 部，总计涉案金额 893.34 万元，两名犯罪嫌疑人被移送起诉。

（二）评析

此案是近年来长春海关查获的案值最大的一起侵犯知识产权案件。在此案中，海关执法关员以高度的责任心，凭借着丰富的经验，对货主察言观色，从蛛丝马迹中捕捉疑点，突破各种隐蔽手段致使侵权货物被成功查获，体现了海关执法关员较高的知识产权保护意识和执法能力。此案件也是海关与公安机关良好协作配合的典范。案件查获后，长春海关高度重视，积极与公安部门取得联系，及时向珲春市公安局通报并及时移交了案件线索，为公安机关破获此案争取了有利时间。海关与公安机关密切协作配合，深挖线索，主动出击，最终使案件圆满破获。

附：

珲春海关查获的 1989 部假冒手机

自主品牌案例

一、宁波海关查获出口假冒“NAMA NOOR”商标节能灯系列案

（一）案情介绍

2011年3月16日，杭州钦远科工有限公司向宁波海关申报出口两批节能灯，境内货源地杭州地区，目的国为伊朗，申报品牌为无牌。审单关员在审核单证时发现两票报关单具有以下风险点：一是节能灯是宁波口岸较为常见的侵权商品；二是伊朗是宁波海关重点关注的侵权货物流向地之一；三是审单关员根据查验现场反馈的信息，之前已有一票申报为节能灯的杭州地区的货物经查验后发现为侵权货物。据此，审单关员果断下达查验指令，要求对两票货物的知识产权状况进行重点查验。经查验，两票货物均为“NAMA NOOR”商标的节能灯，数量共计1 445箱38 040个，案值达49万余元。经调查，该两批货物均侵犯了天津港保税区伊润国际贸易有限公司在海关总署备案的商标专用权。由于该案件查扣涉嫌侵权货物数量大、案值高，宁波海关高度重视，一方面加大案件调查力度，按照《公安部、海关总署关于加强知识产权执法协作的暂行规定》将案件线索通报浙江公安机关，协助公安机关开展立案侦查；另一方面加强风险管理，对宁波口岸出口的有关节能灯进行重点监控，又连续查获13起侵犯“NAMA NOOR”商标权的节能灯案件。

（二）评析

此案充分体现了海关在保护自主知识产权方面的责任感、主动性和有效性。近年来，各地海关高度重视自主知识产权的保护工作，通过走访权利人、召开座谈会等了解企业知识产权保护面临的困难及需求，为企业维权提供针对性的建议和帮助，切实提高了自主知识产权企业的知识产权创新和保护能力，一大批曾经受到侵权困扰的优秀自主品牌因海关的保护恢复并开拓了海外市场。在此案的处理过程中，海关一方面继续加强在进出口环节的拦截，连续查获多起类似侵权案件，一方面密切与公安机关的配合，成功抓获境内造假分子，摧毁造假售假违法链条，体现了对企业知识产权的全程保护。此案已入选“2011年知识产权海关保护十佳案例”。

附：

1. 天津港保税区伊润国际贸易有限公司在海关总署备案的“NAMA NOOR”商标

2. 宁波海关查获出口假冒“NAMA NOOR”商标节能灯

二、上海海关查获出口侵犯“tiger 及图形”商标专用权汽油发电机组案

（一）案情介绍

2010 年 8 月 26 日，上海海关接到福建泰格动力机械有限公司代理人的举报，称有一批侵犯其“tiger”商标专用权的汽油发电机组即将从上海出口。海关接到举报后，迅速组织人力采取措施，对相关信息进行分析，随后准确的对相关货物进行了布控。第二天，上海外港海关经查验发现，上海协通（集团）有限公司申报出口的满满一个集装箱内有一千余台标有“tiger”商标的汽油发电机组。接到上海海关的确权通知后，福建泰格动力机械有限公司于 9 月 1 日确认上述货物侵权。

案发后，上海海关对案件高度重视，指定专人对该案件进行调查。通过调查发现，该批货物来源于上海立秋波实业有限公司及台州的两家生产企业的生产库存，可能仍有多余货物存放于仓库内尚未出口。针对这一情况，上海海关在与商标权利人加强合作、密切监控相关企业的经营活动的同时，对上海立秋波实业有限公司的出口货物实施重点监控。

12 月初，H2000 通关系统的风险提示显示，上海立秋波实业有限公司将出口尼日利亚两个集装箱共计 3 000 台汽油发电机组，综合分析本次出口申报的经营单位、货物品名等要素后，各项指标均显示其具有极高的侵权风险，上海海关随即下达开箱查验指令，并做了周密部署。初次查验并未发现货物异样，但结合前案查获时货物的装箱情况，上海海关决定实施第二次彻底掏箱查验，果然发现藏在两个集装箱后部各有 800 台带有“tiger”商标的侵权汽油发电机组。

2011 年 1 月 6 日，上海海关正式将上述货物扣留，并同时开展进一步的案件调查。在经过调查并获取了足够的证据材料后，上海海关将涉案信息向上海市公安局进行了通报。公安机关于 2011 年 2 月 1 日对上述两起案件立案侦查。在公安机关立案后，上海海关于 2011 年 2 月 2 日将案件材料及涉案货物移送上海市公安局。

上述两起案件的当事人已被上海市普陀区人民法院判处有期徒刑三年（缓刑三年）并处罚金的处罚。

（二）评析

此案件是上海海关与知识产权权利人通力合作，有效保护国内企业自主知识产权的一个重大案件。在办理此案过程中，海关能够及时捕捉侵权信息，运用高科技智能化管理手段实施出口监控，以至在查获首个案件四个月后再次查获同一违法企业出口的侵权货物，展现了海关的工作责任感和执法水平。

通过此案，许多饱受侵权的出口企业增加了向海关寻求知识产权保护的信心，同时海关和公安机关的执法协作也得到了进一步加强。

附：

1. 上海海关查获的假冒“tiger”汽油发电机组

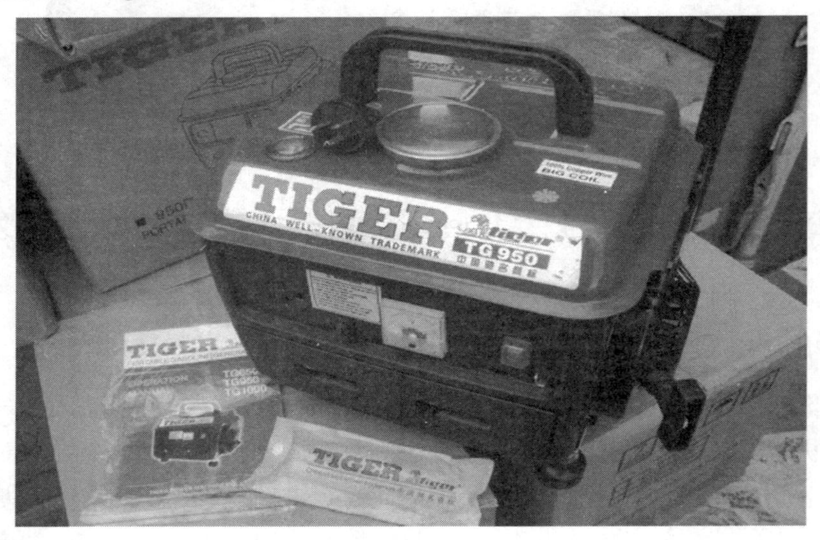

2. 上海市普陀区人民法院刑事判决书

上海市普陀区人民法院

刑事判决书

（2011）普刑初字第601号

公诉机关上海市嘉定区人民检察院。

被告单位上海立秋波实业有限公司，注册地上海市嘉定区黄渡镇泥岗村新黄路388号。

诉讼代表人陈林一，女，1982年8月11日生，系上海立秋波实业有限公司法定代表人。

辩护人杨宜军，上海市光大律师事务所。

被告人黄明坤，男，1977年9月2日生，汉族，小学文化，系上海立秋波实业有限公司经营负责人，户籍地福建省福安市城阳乡留洋村五排1号，暂住地上海市嘉定区新黄路388号。2006年7月因吸毒被上海市公安局松江分局处行政拘留十五日、罚款五百元。2011年3月1日因假冒注册商标罪由上海公安局取保候审（保证金五万元），2011年5月31日由上海市嘉定区人民检察院继续取保候审。

辩护人桂建平，上海市光大律师所事务所商丘分所律师。

按照上海市第二中级人民法院指定管辖的决定，上海市嘉定区人民检察院以沪嘉检刑诉［2011]401号起诉书指控被告单位上海立秋波实业有限公司、被告人黄玥坤犯假冒注册商标罪，于2011年7月2日向本院提起公诉。本院于同日立案，依法组成合议庭，公开开庭审理了本案。上海市嘉定区人民检察院指派检察员须洁慧出庭支持公诉，被告单位诉讼代表人陈林一及被告单位辩护人杨宜军、被告人黄明坤及其辩护人桂建平到庭参加诉讼。现已审理终结。

经审理查明，被告单位上海市立秋波实业有限公司于2006年9月注册成立，系一人有限责任公司，从事发动机、汽油机、水冷机、电动机的生产销售。

2008年3月起，被告单位上海市立秋波实业有限公司为牟取非法利益，在未取得福建泰格动力机械集团有限公司（后更名为泰格工业集团有限公司，下称泰格公司）商标使用许可的情况下，擅自在被告单位上海立秋波实业有限公司生产的汽油发电机产品上标注权利人为泰格公司的“Tiger及图形”（注册号为第788593号），对外销售。

2009年12月，上海市工商行政管理局嘉定分局根据线索对上海立秋波实业有限公司进行了查处，当场查获假冒泰格公司“TIGER”商标的汽油发电机15台及半成品358台、标有“TIGER”商标的汽油发电机5059台，并于2010年6月对该公司作出没收和罚款处理。嗣后，被告单位上海立秋波实业有限公司通过拍卖渠道回购了上述除去商标的汽油发电机及半成品，经整修后再次假冒泰格公司“TIGER”商标进行销售，并为避免海关检验，在侵权产品上套用南通泰格动力机械有限公司授权贴牌的外包装纸箱。

上海海关根据泰格公司的申请，将上海立秋波实业有限公司于2010年8月和12月委托上海协通（集团）有限公司代理及自行向尼日利亚出口的1500台和3000台汽油发电机组予以查扣，从中查获折合人民币108万余元的假冒泰格公司注册商标的汽油发电机组，其中在第一批出口货物中发现有1250台假冒泰格公司注册商标，销售价为58美元／台，计7. 25万美元，折合人民币49万余元；在第二批出口货物中发现有1600台假冒泰格公司注册商标，销售价为56美元／台，计8.96万美元，折合人民币59万余元。

被告入黄明坤系被告单位上海立秋波实业有限公司的实际经营负责人，对被告单位假冒泰格公司注册商标的行为负直接负责的主管人员责任。

2011年2月1日上海市公安局经侦总队接海关提供的线索后，对本案立案侦查。2011年2月23日被告人黄明坤至上海市公安局经侦总队接受调查。同年3月1日，黄明坤再次接受调查时供述了上述犯罪事实。

上述事实，被告单位上海立秋波实业有限公司、被告人黄明坤在开庭审理过程中均无异议，并有被告人黄明坤的供述，证人殷育梅、王骏、张伟强的证言，泰格公司授权委托书，“Tiger及图形”商标注册证、泰格工业集团有限公司、福建泰格动力机械集团有限公司的企业法人营业执照，行政处罚决定书、没收物品统一收据、代收罚没款收据、调查笔录，海关出口货物报关单、上海海关知产拆箱理货作业单、海关罚没物品入库单、相关照片，中国银行上海市分行出具的外汇汇率表，公安机关出具的案发经过、上海海关向公安机关通报案件信息的函，上海立秋波实业有限公司的工商登记材料，常住人口基本信息等证据证实，足以认定。

本院认为，被告单位上海立秋波实业有限公司未经注册商标所有人许可，在同一种商品上使用与其注册商标相同的商标，情节特别严重，其行为已构成假冒注册商标罪，依法应予处罚。被告人黄明坤作为被告单位上海立秋波实业有限公司的实际经营负责人，对被告单位假冒泰格公司注册商标的行为负直接负责的主管人员责任，依法亦应以假冒注册商标罪论处。上海市嘉定区人民检察院指控的犯罪事实清楚，罪名成立。鉴于被告单位上海立秋波实业有限公司、被告人黄明坤到案后均能如实供述自己罪行，可以从轻处罚。被告单位上海立秋波实业有限公司、被告人黄明坤预缴了罚金，可酌情从轻处罚。本案的侵权产品均已缴获，可酌情从轻处理。被告人黄明坤在被司法机关取保候审期间能遵纪守法，到案后自愿认罪，可酌情从轻处罚，并适用非监禁刑，予以考验。辩护人提出的对被告人从轻处罚并适用缓刑的辩护意见予以采纳。

为严肃国法，维护社会主义市场经济秩序，保护知识产权权利不受侵犯，根据被告人的犯罪情节、社会危害性、认罪悔罪态度等，依照《中华人民共和国刑法》第二百一十三条、第二十五条第一款、第三十条、第三十一条、第五十三条、第六十四条、第六十七条第三款、第七十二条第一款、第七十三条第二款、第三款及最高人民法院、最高人民检察院《关于办理侵犯知识产权 刑事案件具体应用法律若干问题的解释》第一条第二款、第十二条第一款、最高人民法院、最高人民检察院《关于办理侵犯知识产权刑事案件具体应用法律若干问题的解释（二）》第六条之规定，判决如下：

一、被告单位上海立秋波实业有限公司犯假冒注册商标罪，判处罚金人民币二十五万元（罚金款应于本判决生效之日起一个月内缴纳）；

二、被告人黄明坤犯假冒注册商标罪，判处有期徒刑三年，缓刑三年，并处罚金人民币五万元（缓刑考验期限，从判决确定之日起计算，罚金款应于本判决生效之日起一个月内缴纳）。

被告人黄明坤回到社区后，应当遵守法律、法规，服从监督管理，接受教育，完成公益劳动，做一名有益社会的公民。如不服本判决，可在接到判决书的第二日起十日内，通过本院或者直接向上海市第二中级人民法院提出上诉。书面上诉的，应当提交上诉状正本一份，副本一份。

审判长　金红

审判员　唐慧琴

代理审判员　竺盈琼

二○一一年八月二十六日

三、上海海关查获珠海皖通贸易有限公司出口假冒“三环”商标铁挂锁案

（一）案情介绍

2011年2月15日，珠海皖通贸易有限公司向上海海关申报出口一批螺丝刀和铁挂锁，目的国是孟加拉国。由于锁类一直是上海口岸出口的侵权高发产品，而亚洲国家也是侵权锁具出口的重灾区，负责审核单证的海关人员果断下达了对该批货物实施布控和人工查验的指令。2月22日，上海海关隶属外高桥港区海关查验发现，货物总共有三个集装箱，而打开箱门后发现集装箱内整整齐齐堆放着一排排纸箱直至箱顶，连续开了几箱也都是一些无品牌的螺丝刀。当查验人员询问挂锁的装箱情况时，陪同查验的公司人员一会儿推脱说不清楚，一会儿又以船期急纸箱重为由不愿继续往里掏箱，这些都引起了现场查验关员的警觉，查验关员当即决定掏箱彻查。经清点，实际出口的两千多个纸箱中，有标有“三环图形”商标的铁挂锁1 230箱共计23.16万个，价值近45万元人民币。经“三环图形”商标权利人烟台三环锁业集团有限公司确认，该批货物侵犯其商标专用权。

上海海关经过调查，认定该批货物属于假冒“三环图形”商标的货物。12月14日，上海海关对珠海皖通

贸易有限公司处以没收侵权货物和罚款45000元的行政处罚。由于此案案值较大，上海海关还向上海市公安局通报了涉嫌犯罪案件的线索。

（二）评析

此案是上海海关大力保护国内自主知识产权的一个缩影。上海海关历来十分注重对国内企业自主知识产权的保护。自开展知识产权海关保护工作以来，上海海关针对上海口岸实际，整合执法资源，加大查缉力度，有力打击了侵权产品在进出境渠道的流通。此案中，上海海关针对锁具等国内自主知识产权相对集中的商品予以重点监控，明确了保护国内自主知识产权的重点，持续保持了打击进出口侵犯自主知识产权行为的高压态势，为促进我国企业参与国际竞争提供了有力支持，也为加快我国企业"品牌创造、转型升级"营造良好环境。

此案也是上海海关查缉侵权货物的成功典范。上海海关重视对一线执法关员的培训，通过举办培训会、发布知产动态进行风险提示等方法，提升关员的查缉能力和知识产权保护意识。由于锁类历来是上海口岸侵权高风险商品，亦是自主知识产权较为集中的一类商品，上海海关曾在海关内部网页发布锁类商品侵权的风险提示，此案中的审单关员便是据此了解了锁类商品出口侵权状况，并据此对该批侵权挂锁进行风险布控，而现场查验关员则是凭借丰富的查缉侵权货物的经验，根据实际货物情况，排除干扰，通过彻查一举查获大案，体现了海关卓越的查缉侵权货物的能力，有力地打击了上海口岸进出口侵权行为。

附：

1. 烟台三环锁业集团有限公司在海关总署备案的"三环"图形商标

2. 上海海关查获的珠海皖通贸易有限公司出口的假冒"三环"铁挂锁

消费者健康案例

一、黄埔海关查获出口假冒“SERVIER”、“gsk”、“NIZORAL”药品案

（一）案情介绍

2011年9月21日和27日，黄埔海关接连查获两批申报出口至印度的药品及其他涉嫌侵权货物，涉及使用“SERVIER”、“gsk及图形”、“NIZORAL”商标的药品共383 100粒。

2011年9月中旬，黄埔海关接到举报，称有一批侵权货物将通过黄埔老港关区出口，其中可能含有大量侵权药品。黄埔海关对此举报高度重视，经过查找，迅速锁定了有关集装箱，并于9月21日对其进行查验，从中发现了深圳市力耕科技有限公司申报出口至印度的20万粒使用强生公司“NIZORAL”商标的药品和涉嫌侵权手机壳4.5万个。9月27日，黄埔海关在对另一票深圳市爱超贸易有限公司申报出口至印度，申报品名为托盘、茶几的货物进行查验时，经初步清点发现了涉嫌侵权的1.2万个手机壳和4 800支沐浴露，结合此前查获的案件情况，黄埔海关决定对此票货物进行彻底查验，结果发现了夹藏的一批涉嫌侵权药品，分别为使用法国施维雅药厂的“SERVIER”商标的药品48 600粒及使用史密斯克兰·比彻姆公共有限公司的“gsk”商标的药品132 000粒。

在收到黄埔海关的通知后，有关商标的权利人确认被查获的药品均系假冒其商标专用权的产品，并提出了采取知识产权保护措施的申请。黄埔海关经调查，认定出口有关药品的当事人未经知识产权权利人的许可而使用了其注册商标，侵犯了上述知识产权权利人的商标权。根据《中华人民共和国海关法》及其他相关规定，黄埔海关于2011年12月分别对出口侵权药品的深圳市力耕科技有限公司和深圳市爱超贸易有限公司作出没收货物并处以罚款的行政处罚，并向当地公安机关通报了案情。

（二）评析

此案是海关根据举报查获侵权货物的成功案例，也是2011年黄埔海关查获的最大宗的一起涉及侵权药品案件。由于假冒药品与其他侵权商品相比，对消费者的人身健康更具危害性，黄埔海关对进出口此类侵权货物的行为一直予以严厉打击。在此案中，黄埔海关接到举报后，迅速采取行动，实施有效布控，成功查获手法隐蔽的一批侵权药品。

附：

黄埔海关查获的出口假冒药品

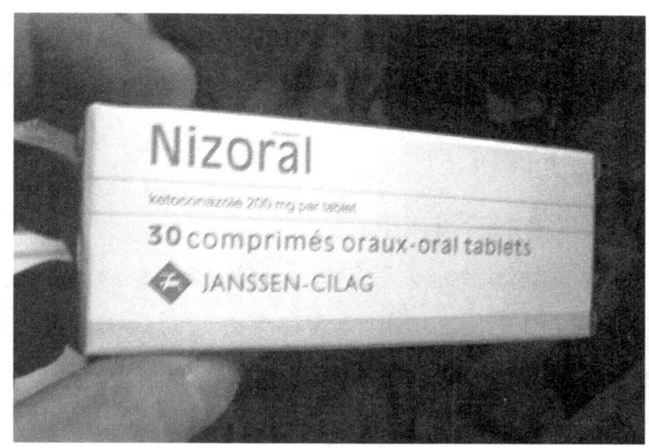

二、烟台海关查获出口假冒“VIAGRA”、“CIALIS”药品案

（一）案情介绍

2011年3月28日，一寄件人向青岛海关隶属烟台海关驻邮局办事处申报出口一批“塑料制品”，目的地是美国。现场查验关员通过风险分析，认为该邮件存在较大的伪报嫌疑，一是寄件人信息含糊不清，姓名未申报，地址申报笼统；二是收件人姓名、地址等信息非常详实；三是物品X光机检图像与申报品名明显不符。查验关员立即对该批物品进行了风险布控，经现场开箱查验发现，实际物品为蓝色、橙色药品，药品及药品包装上均印有“VIAGRA”、“CIALIS”等标志，共计18 852粒，价值人民币230余万元，涉嫌侵犯辉瑞产品有限公司、美国礼来公司分别在海关总署备案的“VIAGRA”、“CIALIS”商标专用权。

经权利人辉瑞产品有限公司、美国礼来公司确认，被查获的药品均系假冒其商标专用权的产品。根据《公安部、海关总署关于加强知识产权执法协作的暂行规定》和有关法律及司法解释的规定，青岛海关于2011年4月27日向当地公安机关通报了案件线索，公安机关于2011年4月28日决定对该案以假冒注册商标罪进行立案侦查。在海关的密切配合下，公安部门成功抓获了犯罪嫌疑人一人。2012年1月17日，山东省烟台市芝罘区人民法院作出一审判决，判处周朋犯销售假冒注册商标的商品罪。

（二）评析

本案的查获具有以下特点：

1. 该案是烟台海关近年来在邮递渠道查获的数量最大、案值最高的敏感商品侵权案件，也是该关以实际行动落实“打击侵犯知识产权和制售假冒伪劣商品专项行动”的具体体现，案件的成功侦破，给不法分子以强有力的震慑。海关总署向烟台海关特发贺电，对该案的成功查获表示祝贺。

2. 该案是2011年烟台海关与地方公安机关开展执法协作的又一成功案例，维护了权利人的合法权益，保护了消费者的身体健康，凸显了打击侵权犯罪执法的强大合力，提升了知识产权海关保护的执法震慑力。

3. 该案中寄件人企图将侵权假冒药品通过国外多个收件地址，采取“蚂蚁搬家”这一惯用手段，将药品分装运输出境。

近年来，制售假冒侵权商品所带来的巨大经济诱惑及网上购物等贸易方式的多元化发展，致使进出境侵权方式发生了新的变化，邮递侵权物品成为逃避海关监管的常用手段。对此，海关依托风险信息平台强化风险分析，加大对重点商品、重点航线的监控力度，同时加强与地方公安等部门的执法协作，建立起知识产权边境保护的防护网。

附：

1. 烟台海关查获的涉嫌侵犯“VIAGRA”、“CIALIS”商标专用权货物照片

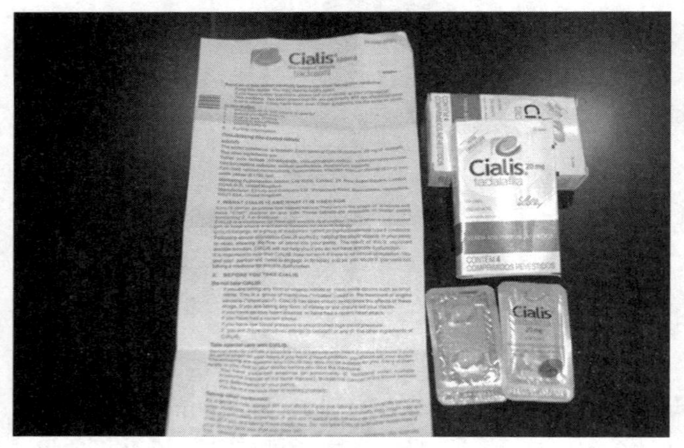

2. 山东省烟台市芝罘区人民法院刑事判决书

山东省烟台市芝罘区人民法院

刑事判决书

（2012）烟芝刑初字第27号

公诉机关山东省烟台币芝罘区人民检察院。

被告人周朋，男，1976年2月26日出生于山东省安丘市，汉族，中专文化，无固定职业，户籍所在地山东省安丘市永安路401号，住潍坊市奎文区樱园小区西区39号附2号内501号。2011年7月7日被刑事拘留，同年8月12日因涉嫌犯销售假冒注册商标的商品罪被逮捕。现羁押于烟台市看守所。

辩护人曲昌勇，山东西政律师事务所律师。

山东省烟台市芝罘区人民检察院以烟芝检刑诉（2011）438号起诉书指控被告一人周朋犯销售假冒注册商标的商品罪，于2011年12月6日向本院提起公诉。本院于同日立案，并依法组成合议庭，公开开庭审理了本案。山东省烟台市芝罘区人民检察院检察员徐新，被告人周朋及其辩护人曲昌勇到庭参加了诉讼。现已审理终结。

经审理查明，2011年3月，被告人周朋为谋取非法利益，采取在互联网上开设网店寻找境外买主等手段，通过中国邮政（烟台）EMS快递向罗伯特（音译）销售从国内购买的假冒辉瑞有限公司注册商标的伟哥（VIAGRA）药品3 920盒及假冒美国礼来公司注册商标的西力士（VIAGRA）药品2 793盒，销售金额共计人民币70 000余元。案发后，赃物被公安机关追缴。

2011年7月7日，公安机关在被告人周朋处查获尚未销售的假伟哥（VIAGRA）及假西力士（CIALIS）药品一宗，货值金额共计人民币34 000余元。

上述事实，被告人周朋在开庭审理过程中亦无异议，且有证人杜青艳、陈达伟的证言、被告人周朋的供述、辨认笔录、搜查笔录、扣押物品消单、商标注册证、样品鉴定报告、韵达快运货物单、中国邮政EMS快递邮件详情单、中国农业银行股份有限公司个人结汇交易明细、国家外汇管理局烟台市中心支局综合业务科出具的人民币汇率单、公安机关出具的工作情况等证据证实，足以认定。

本院认为，被告人周朋明知是假冒注册商标的商品而予以销售，销售金额数额较大，其行为已构成销售假冒注册商标的商品罪。公诉机关指控被告人周朋犯销售假冒注册商标的商品罪的事实清楚，证据充分，罪名成立。鉴于被告人周朋当庭自愿认罪，部分犯罪系未遂，并能够积极缴纳罚金，确有悔罪表现，宣告缓刑对所居住的社区没有重大不良影响，依法可予从轻处罚并适用缓刑。辩护人请求从轻处罚的辩护意见，本院予以采纳。依照《中华人民共和国刑法》第二百一十四条、第二十三条、第六十七条第三款、第七十二条第一、三款、《最高人民法院、最高人民检察院关于办理侵犯知识产权刑事案件具体应用法律若干问题的解释》第二条第一款之规定，判决如下：被告人周朋犯销售假冒注册商标的商品罪，判处有期徒刑一年，缓刑一年并处罚金人民币六万元（缓刑考验期限，从判决确定之日起计算，罚金已缴纳）。

如不服本判决，可在接到判决书的第二日起十日内，通过本院或者直接向山东省烟台市中级人民法院提出上诉。书面上诉的，应当提交上诉状正本一份，副本二份。

审判长　王　杨
人民陪审员　张宜宁
人民陪审员　邹　丽
二〇一二年一月十七日

三、天津海关查获进口假冒“STOLICHNAYA”商标伏特加酒案

（一）案情介绍

2011 年 10 月 8 日，“STOLICHNAYA”（红牌）商标权利人烈酒国际有限公司向天津海关反映情况，近期将有一批非法使用“STOLICHNAYA”商标的伏特加酒从天津口岸进口，请海关予以查扣。天津海关根据该公司所掌握的船舶名称、集装箱编号等相关信息，迅速对该批货物采取了监控措施。

10 月 14 日，海关发现华鼎雄（北京）科贸有限公司向天津新港海关申报进口的货物符合海关布控的条件，立即对货物实施了查验并提取了样品。经烈酒国际有限公司确认，上述进口伏特加酒属于侵犯其商标专用权的产品，要求天津海关予以扣留。2011 年 10 月 31 日，天津海关依法将查获的共计 18 600 瓶涉嫌侵犯“STOLICHNAYA”商标权的伏特加酒扣留。

在海关调查过程中，当事人华鼎雄（北京）科贸有限公司辩称，在 20 世纪 90 年代之前，“苏红”（涉案商标的俗称）伏特加这个品牌属于前苏联政府 FKP Sojuzplodoimport 公司。1992 年，FKP Sojuzplodoimport 公司被私有化，1997 年“苏红”伏特加和其他 42 个品牌一起，以区区 30 万美金的价格，出售给烈酒国际有限公司，但是俄罗斯政府并没有批准交易。2002 年，俄罗斯政府宣布“苏红”伏特加品牌属于俄罗斯政府。2003 年，世界知识产权组织认定“苏红”伏特加品牌属于俄罗斯政府。2006 年，荷兰鹿特丹法庭宣判荷兰、比利时、卢森堡三国联盟内，“苏红”伏特加属于俄罗斯政府 FKP Sojuzplodoimport 公司。

天津海关经调查，认为烈酒国际有限公司于 2006 年 1 月 7 日在第 33 类“伏特加（酒）”商品上向国家工商总局申请的“STOLICHNAYA”已经取得注册登记证明，注册号为 3846484，受到我国《商标法》等法律法规的保护。该商标经过烈酒国际有限公司长期使用，大量宣传，已广为中国相关公众所知晓，且具有较高的知名度。2009 年，烈酒国际有限公司在海关总署办理了“STOLICHNAYA”商标权备案。根据《商标法》和《知识产权海关保护条例》等法律法规的规定，“未经商标注册人的许可，在同一种商品或者类似商品上使用与其注册商标相同或者近似的商标的”，属于侵犯注册商标专用权的行为，海关可以依职权对涉嫌侵犯商标权的进出口货物进行查处。华鼎雄（北京）科贸有限公司事先未经商标注册人许可，在其进口的伏特加酒上使用与权利人烈酒国际有限公司的注册商标相同的标识，已构成进口侵犯他人商标专用权货物的行为。

根据查明的事实和证据，天津海关认为“STOLICHNAYA”（红牌）系烈酒国际有限公司在海关总署备案的商标，应当依法受我国海关保护。华鼎雄（北京）科贸有限公司事先未经商标注册人许可，进口使用与权利人烈酒国际有限公司的注册商标相同标志的伏特加酒，已构成进口侵犯他人商标专用权货物的行为。天津海关于 2011 年 12 月 19 日做出没收侵权货物，并对华鼎雄（北京）科贸有限公司处以 11 000 元罚款的决定。

本案已入选“2011 年中国海关保护知识产权十佳案例”。

（二）评析

本案系天津海关首次在进口环节查获大宗侵权货物案件，具有一定的示范意义，反应了制假、售假违法行为的国际化趋势及中国作为全球经济一体化的一员同样受到来自境外假冒侵权商品的侵扰。此外，本案的成功查获，得益于海关与权利人的有效配合，体现了天津海关探索建立与权利人之间常态的、多渠道的、多

角度的信息互动交流合作模式的成果，证实加强与权利人的合作，是提升海关知识产权保护工作效能的有效途径。

附件：

1. 烈酒国际有限公司在海关总署备案的“STOLICHNAYA”（红牌）商标

STOLICHNAYA

2. 天津海关扣留的侵权“苏红”伏特加酒（图中左侧）

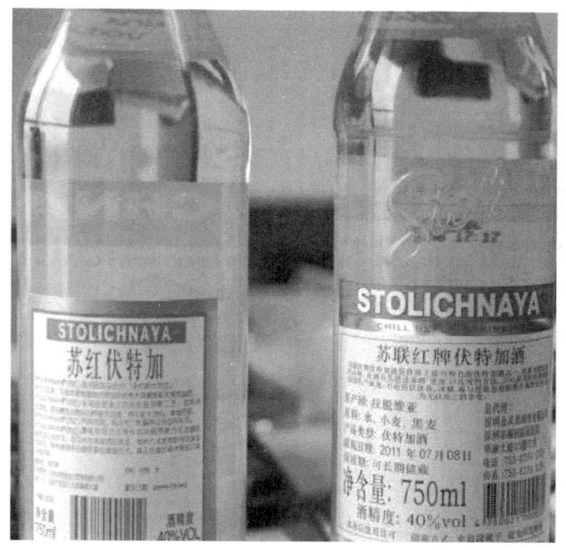

3. 天津海关将侵权伏特加酒销毁

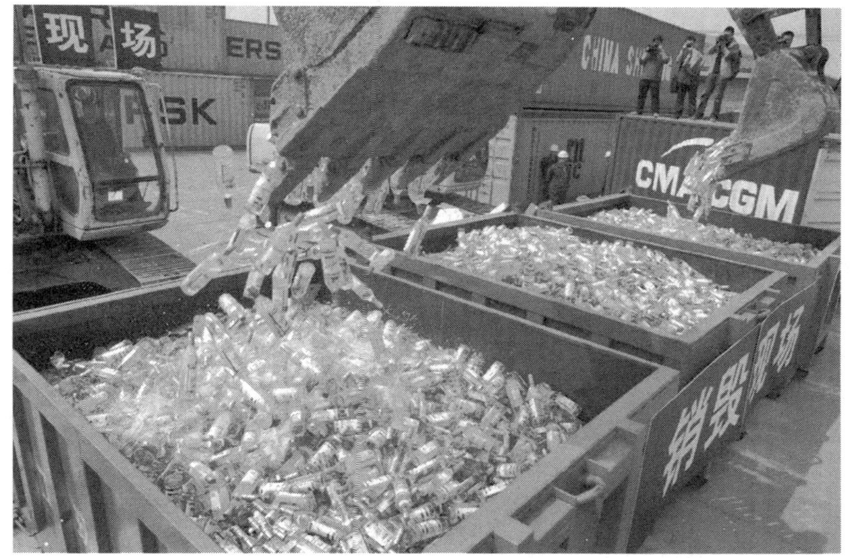

四、宁波市伯斯特贸易有限责任公司出口“镇江香醋”近似商标食醋案

（一）案情介绍

2011年8月4日，宁波市伯斯特贸易有限责任公司向宁波海关申报出口252箱3 696升食醋。经查验，海关发现该批货物使用了与镇江市醋业协会在海关总署备案的“镇江香醋”商标相近似的“镇江香醋工艺”标志，海关决定中止放行该批货物并将有关情况书面通知了权利人。

收到海关通知后，镇江市醋业协会确认该批食醋侵犯了其商标权，于2011年8月25日向宁波海关提出采取扣留货物的申请，宁波海关于2011年8月26日对该批货物实施扣留。

在海关调查过程中，当事人宁波市伯斯特贸易有限责任公司认为其货物上使用的是“SAKURA及图形”商标，货物上印制的“镇江香醋工艺”表示的是其产品使用镇江香醋的制造工艺，而非有意侵犯“镇江香醋”商标权。

海关经过比对后认为，实际货物上使用的“镇江香醋工艺”标志明显有将“镇江香醋”突出使用的嫌疑，相反整体标志中“工艺”字样有意缩小，不仔细辨认很难发现“工艺”字样，从整体商标的视觉效果来看很难分辨清楚。为此，海关认定宁波市伯斯特贸易有限责任公司事先未经商标注册人许可，在其出口的食醋上使用与镇江市醋业协会的注册商标相近似的标志，已构成出口侵犯他人商标专用权货物的行为。根据（中华人民共和国商标法》第五十二条第（一）项和《中华人民共和国海关行政处罚实施条例》第二十五条第一款，宁波海关于2011年12月8日决定没收该批侵权货物并向宁波市伯斯特贸易有限责任公司处以罚款1 750元。

附：

1. 镇江市醋业协会在海关总署备案的“镇江香醋 ”商标

2. 宁波市伯斯特贸易有限责任公司申报出口的带有“镇江香醋工艺”标志的食醋

五、广州海关查获出口假冒“YAMAHA”商标摩托车散件案

（一）案情介绍

2011 年 3 月 10 日，重庆润通动力有限公司向广州海关隶属南沙海关申报至保税港区物流区摩托车散件 396 辆，价值人民币 120 多万元，货物最终出口目的地为多哥，申报品牌为公司自有品牌。

海关关员经过风险分析，认为存在以下疑点：一是经营单位为异地生产型企业，远距离跨关区申报有违常规；二是目的国位处非洲地区，属侵权高发地域；三是散件方式申报，涉及汽车、摩托车敏感类别商品，遂下达指令进行布控查验。

经查验，发现该批货物包装箱外层均为无标的车轮、摩托车主要外壳等零部件，但仔细检查隐藏于包装箱底部的后视镜、刹车总成、车钥匙、贴纸及发动机右大盖等部件，均标有“YAMAHA”商标。海关经调查，认定涉案摩托车散件为侵权货物，遂对相关企业作出行政处罚决定，并将有关案件线索向公安机关进行了通报。

（二）评析

此案是广州海关落实国务院、海关总署打击侵犯知识产权和制售假冒伪劣商品专项行动有关部署，积极开展对非出口商品“打假保知”专项整治的成功案例。汽车、摩托车产品关系到驾驶人乃至公众的生命安全，相关假冒伪劣商品流入市场危害巨大。此案当事企业熟谙海关政策，通过将侵权货物申报为自主品牌出口，将整辆摩托车开拆为散件包装，刻意隐藏侵权标志等方法，同时利用货物进入保税港区物流区以后可以分拆、重新组装的便利政策，企图组织大批量的侵权货物闯关。广州海关严守把关服务职责，不法分子企图利用有关便利措施蒙混过关的企图没能得逞。

本案已入选“2011 年中国海关保护知识产权十佳案例”。

附：

广州海关查获出口假冒“YAMAHA”商标摩托车散件

定牌加工案例

一、青岛海关扣留深圳市嘉乐华贸易有限公司出口“K2”牌手套侵权案

（一）案情介绍

2009年1月16日，深圳市嘉乐华贸易有限公司向青岛海关申报出口涤纶制针织运动手套9 540双，报关单号为422720090779044287。经查验，海关发现该批货物使用了“K2”标志，涉嫌侵犯了K–2公司在海关总署备案的“K2及图形”（备案编号为：T2007–11749）商标的专用权。青岛海关于2009年1月20日书面通知“K2及图形”商标的注册人K–2公司在中国的代理人北京康信知识产权代理有限责任公司对上述货物知识产权状况予以确认。

2009年1月22日，北京康信知识产权代理有限责任公司代表K–2公司向青岛海关提出扣留上述货物的申请。青岛海关于2009年2月3日对上述涉嫌侵权货物予以扣留，同时向深圳市嘉乐华贸易有限公司当面送达了《扣留侵权嫌疑货物通知书》。

2009年2月18日，深圳市嘉乐华贸易有限公司委托德衡律师集团事务所向青岛海关提出异议，认为上述货物是由K2 KOREA委托生产出口至韩国销售，其使用的“K2”商标系K2 KOREA在韩国注册，与K–2公司在海关总署备案的“K2及图形”商标（备案编号为：T2007–11749）既不相同也不近似，其出口的货物与K–2公司在海关总署备案的“K2及图形”商标的核定使用商品既不相同也不类似，未侵犯K–2公司在海关总署备案的“K2及图形”商标专用权，并提交了相关证据。

鉴于该案案情复杂，当事人分歧较大，为进一步查清案件事实，青岛海关于2009年2月25日举行证据质证，组织双方当事人围绕两项商标是否构成近似及出口的手套与权利人备案商标的核定使用商品是否构成相同或者类似商品等焦点问题，从证据的关联性、合法性和真实性等方面展开辩论。

经调查，青岛海关认为，根据《中华人民共和国商标法》第五十二条的规定，“未经商标注册人的许可，在同一种商品或者类似商品上使用与其注册商标相同或者近似的商标的”，属于侵犯注册商标专用权的行为，而根据现有证据，在调查期限内不能认定上述货物侵犯了K–2公司在海关总署备案的“K2及图形”商标专用权。根据《中华人民共和国知识产权海关保护条例》第二十条及第二十四条第（二）项之规定，青岛海关于3月11日将《中华人民共和国青岛海关知识产权状况调查结果通知书》送达K–2公司。

青岛海关作出不能认定是否侵权的决定后，K–2公司向山东省青岛市中级人民法院提起侵权诉讼并申请对海关扣留的货物采取诉前财产保全措施。山东省青岛市中级人民法院根据K–2公司的申请于2009年3月25日对上述货物作出（2009）青民三初字第109号民事裁定：冻结原告K–2公司的担保金人民币5万元及查封被告深圳市嘉乐华贸易有限公司向青岛海关申报出口的价值为人民币5万元的运动手套9 540双。3月27日，青岛海关根据山东省青岛市中级人民法院发出的协助执行通知，协助法院对有关货物实施了司法扣押。

该案件后经由青岛市中级人民法院、山东省高级人民法院两审终审，判决深圳嘉乐华贸易有限公司的行

为不构成侵犯美国 K–2 公司注册的商标专用权。

（二）评析

此案的焦点主要集中于两个方面：

1. 两个“K2”商标是否构成近似及侵权嫌疑货物是否与权利人在海关总署备案的“K2”商标的核定使用商品属于同一种或者类似商品。对此问题，海关一方面要严格执行法律法规的相关规定，通过组织证据质证等方式给予双方当事人充分陈述事实和理由的机会，确保海关知识产权保护的程序合法；另一方面要根据现有证据审慎判断，如果在规定期限内不能认定是否侵权，海关应及时通知当事人，将该争议交由人民法院通过判决决定。

2. K2 KOREA 委托国内加工厂生产并出口至境外销售的行为是否属于知识产权海关保护的范围。此案的权利人为 K–2 公司，其“K2”商标已在中国注册，并在海关总署备案。发货人为 K2 KOREA 授权的国内加工企业，其生产的手套仅在韩国销售，使用了 K2 KOREA 在韩国注册的“K2”商标，但该商标未在中国注册。在这种情况下，生产和出口行为是否构成商标侵权，目前在司法实践、行政执法和学术界存在较大争议。根据《中华人民共和国商标法》第五十二条第（一）项规定和知识产权保护地域性的原则，未经国内权利人许可定牌加工使用有关商标的行为属于商标侵权行为。2000 年浙江省高院对耐克国际有限公司与西班牙耐克有限公司商标侵权纠纷案件、2006 年广东省高院对泓信贸易有限公司诉广州海关案件的审理，均从知识产权保护地域性原则出发，认定上述定牌加工行为也属于侵犯国内权利人商标权的行为。但是，2009 年上海高院的（2009）沪高民三（知）终字第 65 号民事判决则从商标区分识别来源的功能，是否造成一般消费者混淆误认角度出发，否定了类似行为属于侵权行为。此案最后法院两审判决深圳嘉乐华贸易有限公司的行为不构成侵犯美国 K–2 公司注册的商标专用权，值得关注。

附：

1. K–2 公司在海关总署备案的商标

2. 深圳市嘉乐华贸易有限公司被青岛海关扣留的出口“K2”牌手套

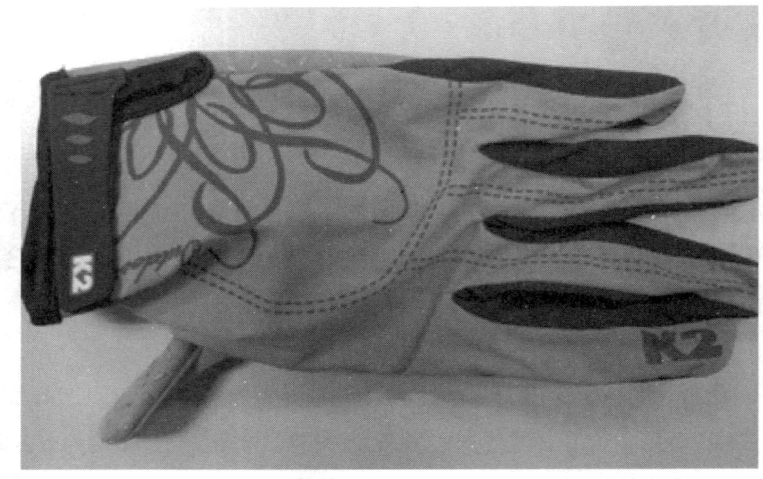

3. 山东省高级人民法院《民事判决书》

中华人民共和国山东省高级人民法院
民事判决书

（2011）鲁民三终字第106号

上诉人（原审原告）：K-2公司。住所地：美国华盛顿州98108西雅图市第六大道南4201号。

法定代表人：Julie C. VanDerZanden，代董事长。

委托代理人：李昕，女，汉族，1983年8月24日出生，住北京市朝阳区大屯里小区105号楼604户。

被上诉人(原审被告)：深圳市嘉乐华贸易有限公司。住所地：深圳市罗湖区东门北路66号海洋大厦930号。

法定代表：邓庆娜，总经理。

委托代理人：王隽，山东德衡律师事务所律师。

委托代理人：马先年，山东德衡律师事务所律师。

上诉人K-2公司因与被上诉人深圳市嘉乐华贸易有限公司（以下简称嘉乐华公司）侵犯商标专用权纠纷一案，不服山东省青岛市中级人民法院（2009）青民三初字第109号民事判决，向本院提起上诉，本院依法组成合议庭，公开开庭审理了本案。上诉人K-2公司的委托代理人李昕及被上诉人嘉乐华公司的委托代理人王隽、马先年到庭参加诉讼。本案现已审理终结。

K-2公司在原审中诉称，K-2公司是美国著名的运动产品制造商，公司自2001年12月7日起向中华人民共和国国家工商行政管理总局商标局（以下简称国家商标局）申请注册商标，经国家商标局批准，获得注册号分别为3862538、3862539及3042364号的商标注册证，核定使用商品为第28类和25类，在3062538号注册商标被核准注册后，K-2公司向中华人民共和国海关总署（以下简称海关总署）提交了该商标的海关保护备案申请，海关总署于2007年11月21日核准该商标的海关保护备案申请。2009年1月20日，中华人民共和国青岛海关（以下简称青岛海关）向K-2公司下发了“中华人民共和国青岛海关确认进出口货物知识产权状况通知书”，青岛海关发现嘉乐华公司于2009年1月16日以一般贸易方式申报出口到韩国的9 540双运动手套使用了K2标志。根据K-2公司的申请，青岛海关于2009年2月3日扣留了嘉乐华公司申报出口的涉嫌侵权产品，并于2009年3月11日下发“知识产权状况调查结果通知书”。嘉乐华公司的行为侵犯了K-2公司的注册商标权。（1）被控侵权商品上的“K2”标志与K-2公司的注册商标构成近似，由于K2品牌产品的优良品质及“K2”系列商标的长期使用，“K2”在中国以至世界范围内取得了很高的知名度，成为K-2公司及其提供的商品的特有标志，具有很强的识别力。而被查扣的运动手套使用的标志也是“K2”，其与权利人注册商标的主体部分完全相同，字母数字的排列顺序、读音、含义完全相同，并在被控侵权商品上突出使用，普通消费者以一般的注意力难以区分二者在视觉上的差别；（2）被控侵权商品“运动手套”与K-2公司商标的核定使用商品为类似商品，即使这批手套是第25类的普通手套，由于K-2公司在第25类上注册了3862539号商标和3042364号商标，均包括普通手套类商品。因此，在普通手套上使用“K2”标志仍然侵犯了K-2公司在中国的注册商标专用权。另外，嘉乐华公司在接受国外订单时，应该考虑到该知识产权在中国境内的权利状况及在边境环节的保护问题。综上所述，嘉乐华公司未经K-2公司的合法授权，在与K-2公司商标核准使用的商品完全相同的产品上使用与K-2公司的注册商标基本相同的标志，其行为已经侵犯了K-2公司的注册商标专用权，导致K-2公司销售额急剧下降，并给K-2公司造成了严重的经济损失。请求判令：（1）嘉乐华公司立即停止侵犯K-2公司商标权的行为；（2）嘉乐华公司立即全部销毁侵权产品；（3）嘉乐华公司赔偿K-2公司经济损失5万元；（4）嘉乐华公司承担本案的诉讼费及K-2公司因嘉乐华公司侵权行为而支出的合理费用（包括但不限于仓储费、担保费等）。

原审法院经审理查明，K-2公司是美国运动产品制造商，在美国注册了和商标。自2005年5月起K-2公司在中国先后取得注册号为3042364号的商标、3862539号的商标及3862538号的商标的注册证，前两个商标核定使用商品第25类鞋、滑雪靴、服装、帽、手套（服装）等，3862538号的商标核定使用商品第28类体育运动器械、雪橇……溜冰用保护手套等。商标被核准注册后，K-2公司向海关总署申请商标保护备案，备案申请详细内容中的“权利名称”为“K2图形”、“K2（图形）”和“K2及图形”。海关总署核准了K-2公司以上商标的知识产权海关保护备案申请。

2003年12月24日K-2公司在韩国申请注册“”图形商标，取得第0621839号注册商标证，指定商品中包括第25类登山鞋等。

2006年第8期《冰雪运动》杂志刊登了K-2公司及商标的信息，在介绍时提到，Bill Kirschner为K-2公司的创始人，K2有两层含义，一个是他们家族两兄弟（Bill和Don），另一个就是隐喻喜马拉雅山，其商标成为世界上著名的品牌，K2代表世界上第二高山，1996~1997年K2双滑雪板在美国市场上占有率第一，单滑雪板一直处于前五位。该杂志还载明该品牌中国总代理为雪上飞公司。2006年9月的《冰雪运动》杂志载明，K-2公司续签女子著名滑手C'reichcn Blciler。作为K-2公司中国总代理的雪上飞公司通过宣传册对K-2公司的滑雪产品进行了宣传。2009年12月3日北京市国信公证处出具（2009）京国信内民证字第05767号公证书证明，位于北京市的雪上飞K2专卖店内销售K-2公司标有、及K2标志的运动服装、鞋帽和滑雪用品商品。K-2公司在中外户外资料网等网站上对公司及产品进行了宣传介绍。在互联网上使用Google搜索“K2”两个字，显示的内容除与K-2公司有关外，还有其他行业的内容。

2007年美国Benchmark出版社出版的《美国知名品牌大全》（Icons of the american Marketplace，Consumer Brand Excellence）将K2滑雪板等产品表述为“消费者认可的优秀商标”。1980年世界锦标赛上美国选手PhiI Mahrc使用K-2公司的K2牌竞技滑雪板参赛并获得冠军，美国滑雪明星Gretchen Bleiler为K-2

公司签约品牌代言人。K-2公司在《SKI》、《Power》杂志上刊登了宣传广告，在1995年的体育报纸上发表过介绍公司追求高品质的评论文章。

另查明K2 KOREA株式会社是韩国法人，先后于2004年8月、2007年5月申请注册K2商标，2009年2月取得第40-0748685号及第40-0774845号K2商标注册证，使用商标的商品为第25类“登山鞋和安全鞋两件”及“登山用夹克”。

首尔经济新闻媒体发放认证书证明，K2 KOREA株式会社的K2品牌是2003年大韩民国一流品牌。2005年，K2 KOREA株式会社的广告被韩国广告团体联合会评为大韩民国广告大奖铜奖。2008年，K2 KOREA株式会社的K2品牌被韩国能率协会选为登山用品部门第一位品牌。2004至2009年，嘉乐华公司支付电视、广播及报纸广告费共计27 873 697 775韩元，计150 668 634元人民币。

自2006年起K2 KOREA株式会社作为请求人或原告，先后五次向本国专利审法院等提出商标异议或不正当竞争诉讼，请求对K2商标进行司法保护。法院裁判文书认定该商标受法律保护，或判令被告承担停止侵犯K2 KOREA株式会社K2商标权的不正当竞争行为并赔偿经济损失。

2009年1月15日，K2 KOREA株式会社与韩国法人QUALSY株式会社签订个别合同，约定K2 KOREA株式会社授权QUALSY株式会社使用K2商标生产、进口相关产品，其中包括女式手套。次日，QUALSY株式会社为履行该合同与嘉乐华公司签订生产合同，约定嘉乐华公司生产9 540双聚乙烯手套，总价8 586美元，尽早从青岛运至韩国仁川。2009年1月16日，嘉乐华公司将使用了K2标志的9 540双运动手套以一般贸易方式申报出口到韩国。2009年2月3日，青岛海关根据K-2公司的申请，以上述货物涉嫌侵犯K-2公司已经在海关总署备案的知识产权为由，扣留了该批运动手套。

2007年8月3日，K-2公司通过其代理人金・张法律服务所的律师杨永俊和专利代理人权南彦向K2 KOREA株式会社的代理人法务法人广场发出《关于K2商标共存协商的函》，该函载明K-2公司与K2 KOREA株式会社的K2商标图形化形式各异，两家公司的K2商标长期以来在不同的领域各自使用并为国内消费者所熟知，因此，不存在对两个公司产品出处的误认与混淆之虞。2009年1月30日，K-2公司再次通过其代理人向K2 KOREA株式会社的代理人发出《关于K2商标共存协商的函》，告知K2 KOREA株式会社，由K-2公司申请中国海关对贴有K2商标的手套进行扣押，经查该批手套是根据K2 KOREA株式会社的被许可方QUALSY株式会社的订单生产的。K-2公司希望以此为契机与K2 KOREA株式会社签署一直使用的主打商品领域由双方继续无纠纷地、和平地、共存使用各自图形化的K2商标，对今后拟扩张的潜在业务领域所发生的问题由双方友好协商解决的协议。

又查明，K-2公司因沈某某等侵犯其专利权、注册商标专用权向北京市第一中级人民法院提起诉讼，该法院（2005）一中民初字第11121号民事判决书认定，K-2公司的商标为由左侧倾斜的大写英文字母K和阿拉伯数字2组成，K和2的连写，侵权商品是滑冰鞋。

还查明，嘉乐华公司将生产的涉案运动手套出口韩国，未在中国境内销售。K-2公司已支付青岛海关仓储费1 277.1元。

原审法院认为，本案的争议焦点为K-2公司的和商标与K2 KOREA株式会社的K2商标是否近似及嘉乐华公司的行为是否侵犯了K-2公司的注册商标专用权。

（1）关于K-2公司的和商标与K2 KOREA株式会社的K2商标是否近似的认定。最高人民法院《关于审理商标民事纠纷案件适用法律若干问题的解释》第九条第二款规定，商标法规定的商标近似是指被控侵权的商标与K–2公司的注册商标相比较，其文字的字形、读音、含义或者图形的构图及颜色，或者其各要素组合后的整体结构相似，或者其立体形状、颜色组合近似，易使相关公众对商品的来源产生误认或者认为其来源与K–2公司注册商标的商品有特定的联系。K–2公司在中国注册的是和商标，在韩国注册的是商标，K2 KOREA株式会社在韩国注册的是K2商标，虽然前者属于图形商标，后者属于文字商标，二者属于不同的商标，但三个商标均可以称呼为“K2”，K–2公司的和商标是以英文字母K与阿拉伯数字2为主体，连写而形成的图形，而且三个商标的含义都是世界上第二高山。可见，和与K2两种商标的读音、形状和含义近似。因此，K–2公司称K2 KOREA株式会社的K2商标与其商标构成近似有事实依据。

（2）对于嘉乐华公司的行为是否侵犯了K–2公司的注册商标专用权的问题，法院作如下分析认定。①涉案运动手套是嘉乐华公司和QUALSY株式会社为了履行K2商标权人与K2 KOREA株式会社与QUALSY株式会社签订的个别合同而由嘉乐华公司生产的贴牌出口商品，该批商品使用的是K2注册商标而非K–2公司注册的和商标。②虽然和和K2注册商标构成近似，但前者属于图形商标，后者属于文字商标，二者存在差异，K–2公司发给K2 KOREA株式会社的《关于K2商标共存协商的函》也证实，K–2公司认可其商标与K2 KOREA株式会社的K2商标其图形化形式各异。③《中华人民共和国商标法实施条例》第五十条规定，在同一种或类似商品上将与他人商标相同或者近似的标志作为商品名称或者商品装潢使用，误导公众的行为，属于商标法规定的侵犯商标专用权的行为。由此可见，商标的基本功能是区分商品或服务的识别功能，侵犯商标专用权就其本质而言就是对商标识别功能的破坏，使消费者对商品的来源产生误认、混淆。在贴牌加工关系中，虽然由境内加工方加贴商标，但商标的实际使用者为境外委托方。本案中，嘉乐华公司接受委托贴牌加工涉案产品，并将该批货物出口至韩国，并未在中国境内销售，所贴商标并不在国内市场发挥识别商品来源的功能，不能造成国内相关公众的误认和混淆。④根据法院认定的事实，K2 KOREA株式会社为宣传K2品牌在韩国支付了较高的广告宣传费用，在韩国就多家公司、自然人的不正当竞争行为，商标注册提出诉讼或异议，使K2商标多次获得司法保护，因此，该品牌具有较高的知名度。⑤K–2公司不能证明嘉乐华公司未尽到审慎的注意义务，也无证据证明嘉乐华公司的加工出口行为给其造成损害结果。

综上，K–2公司不能证明嘉乐华公司实施了侵犯其商标专用权的行为和侵权的主观过错，也不能证明国内相关公众对出口韩国的涉案运动手套与K–2公司的商品存在误认和混淆的情形，所以，K–2公司诉称嘉乐华公司的行为侵犯了其注册商标的专用权无事实和法律依据，法院不予支持。依照《中华人民共和国商标法实施条例》第五十条、最高人民法院《关于审理商标民事纠纷案件适用法律若干问题的解释》第九条第二款、《中华人民共和国民事诉讼法》第六十四条第一款、《最高人民法院关于民事诉讼证据的若干规定》第二条之规定，判决驳回K–2公司的诉讼请求。案件受理费1 050元、诉讼保全费1 000元，共计2 059元，由K–2公司负担。

上诉人K–2公司不服上述判决，向本院提起上诉，请求撤销原审判决，改判嘉乐华公司停止侵犯K–2公司商标权的行为，销毁全部侵权产品，赔偿经济损失5万元。一、二审诉讼费及合理支出费用由嘉乐华公司承担。其主要理由如下：（1）原审判决认定事实错误。嘉乐华公司提交的证据不能证明其与K2 KOREA株式会社、QUALSY株式会社存在委托加工关系。（2）原审判决适用法律错误。商标侵权采取严格责任，只要在相同或类似商品上使用了与注册商标相同或近似的商标就构成侵权，不以造成混淆或误认为构成条件。（3）嘉乐华公司对其生产出口的产品所用商标是否侵权未尽到合理审查义务，应当承担侵犯涉案商标专用权的民事责任。

被上诉人嘉乐华公司答辩称，原审判决认定事实清楚，K–2公司关于否定嘉乐华公司与K2 KOREA株式会社、QUALSY株式会社存在业务关系及嘉乐华公司未尽到注意义务的理由不成立。原审判决适用法律正确，嘉乐华公司的行为不构成对K-2公司商标专用权的侵犯。请求驳回上诉，维持原判。

二审期间，嘉乐华公司为证明K2 KOREA株式会社的K2商标在韩国第25类商品登山用手套上进行了注册，提供了经过公证认证的韩国第0840775号商标注册证。K-2公司质证称，对证据的真实性无异议，但被控侵权行为发生时该商标尚未获准注册。本院认为，上述证据所涉商标的注册时间在被控侵权行为发生之后，与本案无关，对该证据不予采信。

本院二审查明的事实与原审法院查明的事实一致。

本院认为，本案当事人争议的焦点问题为嘉乐华公司在其加工出口的商品上使用K2标志的行为是否侵犯了K-2公司的涉案注册商标专用权。本院认为，本案中，嘉乐华公司提供的K2 KOREA株式会社及QUALSY株式会社的事业者登记证及其二者签订的个别合同，能够证明K2 KOREA株式会社委托QUALSY株式会社进口使用K2标志的手套产品；而嘉乐华公司提供的其与QUALSY株式会社之间签订的生产合同则能够证明被控侵权手套商品系QUALSY株式会社委托嘉乐华公司生产出口。在此基础上，嘉乐华公司进一步提供了K2 KOREA株式会社及QUALSY株式会社出具的确认书，确认书证实被控侵权产品系QUALSY株式会社委托嘉乐华公司加工出口，并且是为了履行QUALSY株式会社与K2 KOREA株式会社之间的合同。上述证据能够相互印证，可以认定涉案被控侵权手套实为K2 KOREA株式会社委托加工且K-2公司所主张的被控侵权商品为青岛海关查扣的使用了K2标志的9 540双运动手套，此外，其未能提供证据证明嘉乐华公司在国内销售的事实。可以认定涉案被控侵权商品全部用于出口，未在中国国内进行销售。

商标权是一种标志性权利，商标的基本功能是识别商品来源，只有在产生商品来源的混淆或误认时，商标的识别功能才受到损害，因此，混淆或误认与否应是判断商标侵权的必要条件。《最高人民法院关于审理商标民事纠纷案件适用法律若干问题的解释》第9条将"易使相关公众对商品的来源产生误认或者认为其来源与原告注册商标的商品有特定的联系"作为认定商标近似的要素。可见，混淆性近似才是商标法意义上的近似。因此，K-2公司关于混淆或误认不是构成商标侵权的要件的主张不成立。本案中，由于嘉乐华公司加工的商品全部用于出口，未在中国国内进行销售，所以在中国国内市场，嘉乐华公司的行为不会造成相关公众对使用K2标志的该批商品与K-2公司的商品发生混淆，从而不构成对K-2公司涉案注册商标专用权的侵犯。

综上，K-2公司的上诉主张，缺乏事实与法律依据，应予驳回；原审判决认定事实清楚，适用法律正确，应予维持。依据《中华人民共和国民事诉讼法》第一百五十三条第一款第（一）项之规定，判决如下：。

驳回上诉，维持原判。

二审案件受理费1 050元，由K-2公司负担。

本判决为终审判决。

审判长　戴　磊

代理审判员　于志涛

代理审判员　郗　伟

二一一年八月二十九日

4. 北京市第一中级人民法院2005年民事判决书

北京市第一中级人民法院

民事判决书

（2005）一中民初字第11121号

原告K-2公司，住所地美国华盛顿州98070瓦雄西南大道19215号。

法定代表人朱莉·C·范德赞登（Julie C. VanDerZanden），副总裁。

委托代理人余刚，北京康信知识产权代理有限责任公司专利代理人。

委托代理人李亚莉，女，汉族，1974年6月15日出生，北京康信知识产权代理有限责任公司职员，住北京市海淀区成府路45号集体1号。

被告沈中志，男，汉族，1971年8月31日出生，北京市西城区天意新商城主楼2层东2道1/3号摊位业主，住浙江省临海市白水洋镇白水洋村。

委托代理人刘晓彤，北京市大洋律师事务所律师。

被告王根亮，男，汉族，1963年8月21日出生，北京市西城区天意新商城主楼2层东2道1/3号摊位实际经营者，原住河北省隆尧县隆尧镇康庄路72号，现住北京市海淀区航天部大院南平房6号。

委托代理人王德燕，北京市大洋律师事务所律师。

被告佛山市顺德区索展实业有限公司，住所地广东省佛山市顺德区容桂海尾二村1131号。

法定代表人欧阳彩意，经理。

委托代理人郭鲁，广东商融律师事务所律师。

原告K-2公司诉被告沈中志、王根亮、佛山市顺德区索展实业有限公司（以下简称索展公司）侵犯专利权、注册商标专用权纠纷一案，本院于2005年9月22日受理后，依法组成合议庭，对本案进行审理。被告索展公司于法定答辩期内就本案管辖权提出异议，本院于2005年11月11日作出裁定驳回了索展公司的异议，索展公司不服向北京市高级人民法院提出上诉，北京市高级人民法院于2006年3月21日裁定驳回其上诉，维持原裁定。2006年5月16日，本院公开开庭审理了本案，原告K-2公司的委托代理人余刚、李亚莉，被告沈中志的委托代理人刘晓彤、被告王根亮及其委托代理人王德燕、索展公司的委托代理人郭鲁到庭参加了诉讼。本案现已审理终结。

原告K-2公司诉称，原告是美国著名的冰鞋、滑板、冰刀等运动产品制造商，在生产冰鞋、滑板、冰刀等运动产品上独具特色，久负盛名。带有原告注册商标与采用原告专利技术的商品质量稳定可靠，在世界各地和中国市场上都取得了商业营销的成功，在消费者中享有盛誉。原告在中国拥有专利号为94192815.2、专利名称为“直列轮式滑冰靴”的发明专利，并是“K2”注册商标的商标权人，分别在第28类“滑雪板、滑雪捆绑带、滑冰刀、滑板”及第64类“滑雪撬、滑雪杖”等商品上享有注册商标专用权。2005年5月24日，原告代理人从被告沈中志为业主、被告王根亮实际经营的北京市天意新商城二楼二道01~03号摊位购得一双被告索展公司生产的康之新“338”型滑冰鞋。经过对比分析，原告发现上述产品落入原告专利的权利要求保护范围，并且滑冰鞋上的“K2”标志构成了对原告注册商标专用权的侵犯。三被告的侵权行为给原告造成了巨大的经济损失，故请求法院判令：（1）三被告立即停止侵犯原告专利权与商标权的行为。（2）三被告立即全部销毁侵权产品。（3）三被告共同赔偿原告因其侵权行为遭受的损失30万元。

被告沈中志答辩称：被告于2002年8月17日与北京天意小商品批发市场签订《北京天意市场摊位租赁合同》，承租天意新商城二楼二道01~03号柜台。后经天意市场同意，将该摊位转租给王根亮。王根亮为该摊位的实际经营者和被控侵权产品的销售者，故因本案导致的责任应由王根亮承担。且据王根亮介绍，其所销售的旱冰鞋是从吕新来处购进的，王根亮进货时检查了吕新来提供的索展公司的营业执照、税务登记证、商标注册申请及产品标准复印件等相关证明，尽到了注意义务，且在本案诉讼发生后，被告立即通知王根亮停止了康之新旱冰鞋的销售。由于王根亮不知道是侵权产品，且能证明产品的合法来源，按照专利法及商标法的规定，王根亮不应承担赔偿责任。故请求法院判决驳回原告主张三被告共同赔偿其经济损失的诉讼请求，判决被告不承担赔偿责任。

被告王根亮的答辩理由与沈中志基本相同。

被告索展公司辩称：（1）被告并非故意侵权，是由于对相关的法律规定不了解，没有了解到原告对此已获得专利和商标权，所以在组装生产滑冰鞋时做出了违法行为。（2）原告要求赔偿30万元没有事实依据。我公司在刚组装生产滑冰鞋时就被原告投诉以致被工商查处扣罚，因此，生产的滑冰鞋销售很少。原告没有举证证明其产品在中国境内有销售，不存在导致其销售额下降的事实，被告也没有获利。故请求法院驳回原告要求赔偿30万元的诉讼请求。

原告K-2公司向本院提交如下证据：证据一为第94192815.2号专利证书，证据二为该专利的权利要求书，证据三为第3042363号商标注册证，证据四为第161757号商标注册证，证据五为（2005）京国证民字第06118号公证书，证据六为索展公司给原告的致歉信，证据七为索展公司的工商查询信息，证据八为（2005）京国证民字第03007号公证书，证据九为专利侵权分析，证据十为原告注册商标与被告生产、销售的产品所用标识的对比，证据十一为沈中志的个体工商户查询信息。在举证期限内，原告又向本院提交如下证据：补充证据一为国家工商行政管理总局商标局关于“K2”注册商标有关问题的批复复印件，补充证据二为佛山市顺德区工商行政管理局财务清单，补充证据三为索展公司的产品宣传图册，补充证据四为（2005）京国证民字第06116号及（2005）京国证民字第06117号公证书，补充证据五为北京市国信公证处发票，补充证据六为第94192815.2号专利说明书及附图。

对于原告K-2公司提交的上述证据，三被告对证据一至五、证据七、证据八、证据十一及补充证据三至五的真实性没有异议，本院予以确认。索展公司对证据六、补充证据二提出需庭后核实，但其未在法庭规定的时间内向本院发表其意见，故本院视为其认可该两份证据的真实性。证据九和证据十其实是原告所做的侵权对比，可视为其意见陈述，索展公司认可证据九中的专利侵权对比分析，本院在进行相关的比对时将参考原告所做的对比情况。对于索展公司商品上所使用的标志是否与原告注册商标相近似，本院将在判决理由中予以论述。原告提交的补充证据一系国家工商行政管理总局商标局的批复，因系复印件，三被告对其真实性均不予认可。对此，本院认为，商标局的批复对本案仅有参考作用，对其真实性认定与否不影响本院对商标的相近似与否作出判断。补充证据四是原告在他处购买其所认为的侵权产品的证据，被告沈中志、王根亮认为与其无关。对此，本院认为原告在本案中指控索展公司生产、销售和沈中志、王根亮销售了被控侵权产品，并要求三被告对上述侵权行为承担连带责任，所提供的证据涉及的仅是从王根亮处买到的一种型号的滑冰鞋，对于索展公司是否生产有其他型号的涉嫌侵权产品，其他销售商是否销售了索展公司的产品，均不属于本案的审理范围，故补充证据四与本案缺乏关联性，本院不予考虑。补充证据六是原告自行从国家知识产权局专利局网站上下载的，三被告认为不能确认其真实性。因本案中原告主张被控侵权产品完全落入原告专利权利要求书所确定的保护范围，不涉及说明书及附图，故该份证据采用与否同样不影响本院对被控侵权产品是否侵犯原告专利权的判断。

被告沈中志向本院提交如下证据：一为沈中志身份证，二为北京天意市场摊位租赁合同，三为沈中志与王根亮所签的转租合同，四为王根亮提供情况说明，五为索展公司产品标准，六为索展公司税务登记证，七为索展公司营业执照，八为康之新商标受理通知书，九为进货的批发商名片，十为录音整理，十一为王根亮提供的进货单。

对于沈中志提供的上述证据，原告认为证据五～七仅是复印件，需要索展公司确认。对其他证据真实性没有异议，但认为不能证明王根亮尽到了注意义务，而且从上述证据中能证明索展公司在 2005 年 3 月被工商查处之后仍在继续销售侵权产品。沈中志当庭提交了加盖有索展公司印章的证据六～八，称系其供货商吕新来在诉讼发生后到厂家加盖的，以证明真实性。索展公司当庭否认吕新来为其在北京的代理商，但承认上述三份证据上加盖的印章属实。对于沈中志提交的证据五，索展公司不予认可，由于其系复印件，又未能得到索展公司的确认，故本院对该份证据不予采信。对沈中志提交的其他证据，本院确认其真实性。

王根亮及索展公司未向本院提交证据。

根据双方当事人提交的证据及上述质证、认证的情况，本院查明以下事实：

第 94192815.2 号，名称为“直列轮式滑冰靴”的发明专利的专利权人为 K-2 公司，申请日为 1994 年 7 月 19 日，授权公告日为 2003 年 4 月 30 日。其独立权利要求如下：

一种直列轮式滑冰鞋，它具有一个上鞋部和一个下框部分，所述上鞋部适于支承滑冰者的脚部，所述上鞋部邻接在所述下框部分的上方，所述下框部分包括多个可在一个共同的、纵向延伸的转动平面内转动的滚轮，其改进之处在于所述上鞋部具有：

一个适于接纳所述滑冰者的脚部的非刚性鞋部，所述非刚性鞋部由基本柔软、柔韧的材料制成，所述材料适于使空气绕滑冰者脚部流通，所述非刚性鞋部包括鞋面和连接于所述鞋面以便将所述非刚性鞋部固定在滑冰者脚的上面的上鞋面紧固装置；

位置邻近于所述非刚性鞋部的选择的区域的支承装置，其用于提供支承以便有助于滑冰者将所述直列轮式滑冰靴保持在基本竖直的位置上，所述支承装置还包括用于容纳滑冰者足跟的跟部，其中，所述跟部和所述踝节部支承部可摆动地相互连接，所述支承装置的位置只是邻近于所述非刚性鞋部位置的若干部分，所述鞋面并没有大面积地被所述支承装置所覆盖，因此在滑行中空气可以通过所述非刚性鞋部流通以冷却滑冰者的脚部；以及一个底部，所述底部具有用于接纳滑冰者脚部的上表面和连接到所述下框部分的下底部，所述踝节部支承部和所述跟部使所述支承装置从所述底部向上垂向延伸，所述非刚性鞋部被固定到所述底部上。

K-2 公司是第 3042363 号注册商标的注册人，该商标由左侧倾斜的大写英文字母 K 和阿拉伯数字 2 组成，K 和 2 连写。核定使用商品是第 28 类滑雪板、滑雪板捆绑带、滑冰刀和滑板。有效期自 2003 年 4 月 14 日至 2013 年 4 月 13 日止。

K-2 公司是第 161757 号注册商标的注册人，该商标图样与第 3042363 号商标相同，经续展后有效期自 2002 年 8 月 30 日至 2012 年 8 月 29 日，续展后的核定使用商品是第 28 类滑雪撬、滑雪杖、滑水撬、滑雪板固定装置、滑雪蜡。

2005 年 5 月 24 日，原告 K-2 公司代理人在北京市西城区阜外大街 259 号天意市场新商城二楼二道 01~03 号摊位以公证的方式购买“康之新”338 型旱冰鞋一双，并取得销售发票一张，金额为 189 元。该摊位业主为被告沈中志，实际经营者为被告王根亮。所购滑冰鞋上带有的合格证卡片上有索展公司的名称、地址、电话、传真、网址、E-mail等信息，并带有“24-03-2005”印戳。在鞋面的上鞋部和上鞋面紧固装置处及合格证上均有蓝白两色的“K2X”标志。在鞋跟部及鞋的带有滚轮的下框上有中文“康之新”、拼音“KANGZHIXIN”和图形组成的标志。鞋下框上贴有“338”字样。该滑冰鞋具有上鞋部和下框部分，上鞋部具有由柔软材料制成的非刚性鞋部和上鞋面紧固装置，以及包括踝节部支承部和跟部的支承装置，踝节部支承部和跟部可摆动地相互连接，支承装置没有大面积地覆盖鞋面，非刚性鞋部固定在底部上，踝节部支承部和跟部使支承装置从底部向上垂向延伸。

2005年3月28日，原告K-2公司的代理人在北京市国信公证处公证人员的现场监督下，登录网址为www.suozhan.com的索展公司网站，在关于溜冰鞋“产品展示”页面显示有“138-938系列”，其中338型又分为A、B两种。索展公司的产品宣传册上同样有338A、338B之分。但是，原告公证购买的被控侵权产品上仅有“338”字样。索展公司认为其没有实际生产所述全部型号的溜冰鞋，其公司生产规模并不大。

2005年3月31日，佛山市顺德区工商行政管理局出具财务清单显示，共计扣押索展公司338型溜冰鞋198双，438型636双，938型120双，半成品25双，以及溜冰鞋用绑带、胶轮等配件。

2005年4月6日，索展公司以传真形式致K-2公司一封致歉信，其中提到其公司于2004年11月2日向国家商标局申请了“康之新”商标，并于2005年3月2日成立生产线组装溜冰鞋成品，将“康之新”缩写成拼音字母“KZX”字样贴于鞋上。工商局3月31日的查处使其公司认识到自己的错误行为，保证销毁所有带“K2X”的标志等，署名为黄锡德。

2005年6月27日，北京市国信公证处出具发票号为201404020900710180的发票一张，金额为5000元，项目为公证费，付款单位为北京康信知识产权代理有限责任公司。

沈中志于2002年8月17日与北京天意小商品批发市场签订摊位租赁合同，租期12年。2004年12月17日，沈中志与王根亮签订合同，约定将摊位继续租给王根亮一年，自2005年1月27日起。

王根亮称被控侵权产品系从案外人吕新来处进货，吕新来称其是索展公司的北京代理商，并提供了索展公司的营业执照、税务登记证及“康之新、KANGZHIXIN及图形”商标注册申请受理通知书。吕新来于2005年4月13日给王根亮的进货单显示“商品名称”为“康之新旱冰鞋338”，单价为115元，数量为7。

本院认为：

K-2公司在中国享有合法的专利权和注册商标专用权，依法应受到保护。

原告从王根亮处购买的338型滑冰鞋上标有索展公司的名称、地址等信息，并带有其申请注册的商标，在索展公司没有其他相反证据的情况下，应认定是其生产、销售的产品。根据查明的事实，该产品具有K-2公司第94192815.2号发明专利权利要求一中的全部必要技术特征，落入其专利保护范围。索展公司对此并不否认，其行为侵犯了原告的专利权，应依法承担停止侵权、赔偿损失的民事责任。

索展公司在其338型滑冰鞋上使用“K2X”标志，该标志与原告的注册商标相比，前两个字母和数字在排列顺序、连写的形式等方面均与原告的注册商标相同，虽然其后还有英文字母“X”，标志的颜色也与原告商标不同，但普通消费者以一般的注意力会将二者混淆，故该标志整体上与原告的注册商标构成近似。滑冰鞋与原告注册商标核定使用的商品如滑冰刀、滑板等均是用于滑雪、滑冰等体育运动的装备，对于非专业的普通消费者来说，二者在功能、用途等方面均有相同之处，属于类似商品。索展公司在与原告注册商标核定使用商品相类似的商品上使用与原告注册商标相近似的标志，该行为易引起消费者的混淆和误认，构成对原告注册商标专用权的侵害，亦应依法承担停止侵权、赔偿损失的民事责任。

原告K-2公司请求三被告销毁全部侵权产品，因该项请求并不属于民事责任的范畴，故对其该项诉讼请求本院不予支持。

原告K-2公司于庭审时明确其请求赔偿30万元的依据为法定赔偿。由于原告因侵权所受的损失及被告的侵权获利均无法查明，本院将综合考虑被告行为的性质、生产规模、持续时间等酌定赔偿数额。K-2公司为诉讼支出的5 000元公证费本院将在考虑该项费用与本案的关联程度的基础上酌情予以支持。K-2公司称索展公司生产侵权产品有两年之久，但无证据证明，索展公司自称从2005年开始生产，原告不予认可，但也未提交反证，对此问题本院将综合考虑本案各种证据酌定。索展公司称其2005年3月31日被工商部门查处后即不再生产侵权产品，原告对此不予认可，但原告于2005年5月份购买的侵权产品上显示的生产日期为2005年3月24日，这一情节本院会予以适当考虑。原告称北京市场上至今尚有侵权产品在销售，索展公司于庭审中表示已经销售的产品其没有能力追回，此情节本院同样会予以适当考虑。

王根亮作为销售商，其在进货时检查了生产商的营业执照、税务登记证及产品的商标申请书等文件，能够证明其产品具有合法来源，并能说明提供者，应认定其已经尽到了合理的注意义务，依照法律规定，其应停止销售行为，但不应承担赔偿责任。原告要求沈中志、王根亮与索展公司共同承担赔偿责任，缺乏法律依据，本院不予支持。

综上，索展公司制造、销售“康之新338”型滑冰鞋的行为构成对K-2公司专利权和注册商标专用权的侵犯，依法应承担停止侵权、赔偿损失的责任。王根亮、沈中志因不知该产品系侵权产品且能提供合法来源，依法不承担赔偿责任。依据《中华人民共和国专利法》第十一条第一款、第六十三条第二款，《中华人民共和国商标法》第五十二条第（一）项、第五十六条第二款、第三款，最高人民法院《关于适用〈中华人民共和国民事诉讼法〉若干问题的意见》法发〔1992〕22号第46条、最高人民法院《关于审理专利纠纷案件适用法律问题的若干规定》法释〔2001〕21号第二十一条、第二十二条之规定，判决如下：

（1）被告佛山市顺德区索展实业有限公司自本判决生效之日起立即停止制造、销售康之新338型滑冰鞋；

（2）被告沈中志、王根亮自本判决生效之日起立即停止销售康之新338型滑冰鞋；

（3）被告佛山市顺德区索展实业有限公司自本判决生效之日起十日内赔偿原告K-2公司经济损失十万元（含为诉讼支付的合理费用3 000元）；

（4）驳回原告K-2公司其他诉讼请求。

案件受理费7 010元，由K-2公司负担3 500元（已交纳），佛山市顺德区索展实业有限公司负担3 510元（于判决生效之日其七日内交纳）。

如不服本判决，原告K-2公司可在本判决书送达之日起三十日内，被告沈中志、王根亮、佛山市顺德区索展实业有限公司可在本判决书送达之日起十五日内向本院递交上诉状，并按对方当事人的人数提交副本，交纳上诉案件受理费7 010元，上诉于北京市高级人民法院。

审判长　张广良

代理审判员　董晓敏

人民陪审员　陈　源

二〇〇六年八月三十一日

书记员　周丽婷

二、天津海关扣留天津飞马爱特制衣有限公司出口“K2”女士涂胶上衣案

（一）案情介绍

2011 年 2 月 23 日，天津飞马爱特制衣有限公司以来料加工贸易方式向天津新港海关申报出口女士涂胶上衣到韩国。经海关查验，发现实际货物中有 1 500 件女士涂胶上衣使用了美国 K–2 公司在海关总署备案的“K2”商标，遂将有关情况通知了 K–2 公司。K–2 公司认为该批货物侵犯了其商标专用权，要求天津海关予以扣留。3 月 29 日，天津海关对该批货物实施了扣留措施。

案件调查期间，案件当事人天津飞马爱特制衣有限公司向天津海关解释称，该公司是韩国 FOREMART 公司在中国设立的独资企业，主要业务是接受韩国 FOREMART 公司的订单，在我国国内进行服装的来料加工生产，此次出口的使用“K2”商标的女士涂胶上衣也是该公司根据韩国 FOREMART 公司的订单生产加工的。此前韩国 FOREMART 公司已经拥有“K2”商标在韩国的注册人 K2 Korea 株式会社许可其使用“K2”商标的授权。同时，案件当事人还向天津海关介绍山东法院就青岛海关扣留深圳市嘉乐华贸易有限公司出口“K2”牌手套侵权案的判决。随后，天津飞马爱特制衣有限公司向天津海关提交了“K2”商标在韩国的商标注册证明、韩国 K2 Korea 株式会社出具的授权证明，以及山东省法院的民事判决书等材料。

海关经调查，认为天津飞马爱特制衣有限公司申报出口的女士涂胶上衣上使用的“K2”商标，与美国 K–2 公司注册的“K2”商标，在整体外观上并不相同，但其商标组成要素字母“K”和数字“2”，与美国 K–2 公司注册的“K2”商标组成要素相同，而字母“K”和数字“2”在商标的整体构图中占据主要部分，是识别两商标的显著要素，所以天津飞马爱特制衣有限公司申报出口的女士涂胶上衣上使用的“K2”商标与美国 K–2 公司注册的“K2”商标构成近似。但是，根据收集的案件证据，此案当事人申报出口的服装是应韩国 FOREMART 公司的要求加工生产的，拥有韩国“K2”商标注册人 K2 Korea 株式会社的使用许可授权，且成品全部出口至韩国（“K2”商标的注册国），属定牌加工。参照此前法院对类似案件作出的判决，也不能认定天津飞马爱特制衣有限公司申报出口的女士涂胶上衣构成侵权。最后，根据《中华人民共和国知识产权海关保护条例》第二十条及第二十四条第（二）项之规定，天津海关于 6 月 17 日对此案作出“不能认定是否构成侵权”的结论，希望有关当事人将侵权争议提交人民法院处理。

天津海关作出不能认定是否侵权的决定后，K–2 公司向天津市第一中级人民法院提起侵权诉讼并申请对海关扣留的货物采取诉前财产保全措施。天津市第一中级人民法院根据 K–2 公司的申请与 2009 年 3 月 25 日对上述货物作出（2009）青民三初字第 109 号民事裁定：（1）冻结原告 K–2 公司的担保金人民币 5 万元；（2）查封被告深圳市嘉乐华贸易有限公司向青岛海关申报出口的价值为人民币 5 万元的运动手套 9 540 双。3 月 27 日，青岛海关根据山东省青岛市中级人民法院发出的协助执行通知，协助法院对有关货物实施了司法扣押。

该案件后经由天津市第一中级人民法院判决被告天津飞马爱特制衣有限公司的行为不构成侵犯美国 K–2 公司注册的商标专用权。

（二）评析

近年来，随着我国改革开放和全球经济一体化进程的不断加快，涉外定牌加工作为国际经济协作的重要

方式，已成为我国经济增长的一大亮点，在增加贸易机会和外汇收入、缓解国内就业压力等方面发挥着重要作用。但是，目前我国的知识产权法律法规并未对此作出明确规定，导致执法实践中对加工方交付出口的产品商标只要与国内的注册商标相同或者近似，一律按侵权处理，造成较大争议。由于目前司法机关对“定牌加工”问题的看法不尽一致，海关对此类案件无论作出认定侵权或者排除侵权的决定都存在较大的执法风险，在目前法律规定不明确的情况下，将侵权争议交由人民法院处理不失为一个权宜之计。

附：

1. K–2 公司在海关总署备案的“K2”商标

2. 天津飞马爱特制衣有限公司被天津海关扣留的女士涂胶上衣

3. “K2”商标在韩国的注册证

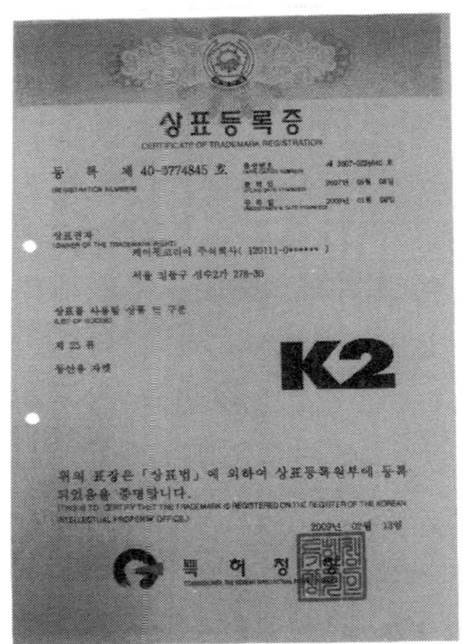

상표등록증

CERTIFICATE OF TRADEMARK REGISTRATION

등 록 제 40-0774845 호

K2

위의 표장은 「상표법」에 의하여 상표등록원부에 등록되었음을 증명합니다.

특 허 청

4. 天津市第一中级人民法院民事判决书

中华人民共和国天津市第一中级人民法院

民事判决书

（2011）一中民五初字第 64 号

原告 K-2 公司（K-2 Corporation），住所地美国华盛顿州 98108 西雅图市第六大道南 4201 号。

授权代表朱莉 C. 范德赞登。

委托代理人任晓东，男，1982 年 10 月 1 日出生，汉族，北京康信知识产权代理有限责任公司职员，住北京海淀区知春路甲 48 号盈都大厦 A 座 16 层。

委托代理入席中玉，男，1980 年 7 月 9 日出生，汉族，北京康信知识产权代理有限责任公司职员，住北京海淀区知春路甲 48 号盈都大厦 A 座 16 层。

被告天津飞马爱特制衣有限公司，住所地天津市宝坻区林亭口镇糙甸村青龙湾 11-83 号。

法定代表人郑益镇，总经理。

委托代理人罗殿民，天津民合律师事务所律师。

委托代理人段晓星，天津民合律师事务所律师。

原告 K-2 公司诉被告天津飞马爱特制衣有限公司（以下简称飞马爱特公司）侵犯商标专用权纠纷一案，本院受理后，依法组成合议庭，公开开庭审理了本案。原告 K-2 公司的委托代理人任晓东、席中玉，被告飞马爱特公司的委托代理人罗殿民、段晓星到庭参加诉讼。本案现已审理终结。

原告 K-2 公司诉称，原告系一家美国知名企业，是美国著名的冰鞋、滑板等运动产品制造商，其生产的相关运动产品如风雪大衣、雪板裤和自行车短裤等相关运动服装质量稳定可靠，在世界各地和中国市场上取得了商业上的巨大成功，在消费者中享有盛誉。为了更好发展自己的业务，原告非常注重开发和保护自己的知识产权权利，并在美国获得了广泛的知识产权权利。

自原告进入中国开展业务以来，非常重视对自身的知识产权权利的保护。原告先后向国家知识产权局专利局提交了众多专利申请并获得了授权。原告还向国家工商行政管理总局商标局提出了大量商标注册申请，获得了众多注册商标，包括第 161754 号注册商标、第 3042364 号注册商标。为进一步维护自己的合法权益，原告就上述注册商标向中华人民共和国海关总署申请了海关备案，上述注册商标的备案号分别为 T2005-06929、T2009-15477。

其中，第 161754 号注册商标被指定用于第 25 类商品，为图形商标“K2”，有效期截止到 2012 年 8 月 29 日；第 3042364 号注册商标被指定用于第 25 类商品，为图形商标“K2”，有效期截止到 2015 年 5 月 6 日。

被告位于天津市宝坻区，系在天津市工商行政管理局依法登记成立的企业法人，成立于 2008 年 7 月 8 日，注册资本为人民币 100 万元，其经营范围为生产、销售服装产品。

原告分别于 2011 年 2 月 28 日和 2011 年 3 月 17 日收到天津海关的通知，得知被告向天津新港海关申报出口至韩国的 1695 件士涂胶上衣，经天津海关查验，该批货物中有 1 500 件女士上衣使用了“K2”商标。天津海关认为该批货物已经涉嫌侵犯了原告在海关总署备案的注册商标专用权（备案号 T2005-06929），并向原告传真了《天津海关关于天津飞马爱特制衣有限公司出口商品知识产权状况的确认通知》。原告收到天津海关的通知后，向天津海关支付了保证金10万元，并于2011年3月18日向天津海关申请扣留侵犯原告注册商标专用权的上述出口货物。天津海关于2011年3月29日通过传真告知原告，其于2011年3月29日将被告申报出口的使用“K2”商标的女士上衣1 500件扣留。

根据上述证据显示，被告未经原告的许可，在同一种或类似商品上使用了与原告注册商标高度近似的商标。将原告的第161754号注册商标和第3042364号注册商标与被告使用在被扣押的女士上衣上的标志对比分析，以相关公众的一般注意力为标准，二者极为相似，足以引起消费者的混淆和误认，侵犯了原告的注册商标权。

根据关于印发《关于对外贸易中商标管理的规定》的通知第十条：“对外贸易经营者在从事进出口活动中，对他人指定或者提供使用的商标，应当要求对方出具真实有效的商标专用权证明文件或者被许可使用该商标且未超出许可范围的证明文件，并予以核查。该商标不得与已在我国相同或者类似的商品上注册的商标相同或者近似，其商品的包装、装潢也不得与他人已在我国使用的包装、装潢相同或者近似”的规定，被告的行为侵犯了原告就第161754号注册商标、第3042364号注册商标享有的注册商标专用权。

原告综合考虑被告侵权行为的性质、范围、后果，商标的商誉等综合因素，请求法院依法判令：（1）被告立即停止侵犯原告注册商标专用权的行为；（2）被告立即销毁侵权产品；（3）被告赔偿因其侵权行为给原告造成的经济损失人民币10万元；（4）被告承担本案的诉讼费用及原告为维护自身合法权益而支出的合理费用。

被告飞马爱特公司辩称：（1）被告加工制作并申请出口至韩国的涉案涂胶女士上衣，是被告依据其与其母公司韩国飞马爱特株式会社2010年10月20日签署的来料加工各作各价对口合同，以及根据韩国K2株式会社对于K2商标的生产许可制作并出口至韩国，所以被告并没有侵犯原告商标权的主观故意。（2）原告对于涉案涂胶女士上衣上的K2商标并没有在我国进行商标注册。（3）涉案女士上衣上的商标同原告注册的商标没有构成商标法意义上的近似，对于这一点已经有青岛市中级人民法院（2011）青知民初字第75号、山东省高级人民法院（2011）鲁民三终字第106号民事判决，终审认定涉案商标同原告申请注册的商标不构成商标法意义上的近似。另有山东省青岛市中级人民法院（2009）青民三初字第109号判决书，也认定不构成商标法意义上的近似。2007年8月3日、2009年1月30日，原告企业通过其代理人杨永俊和专利代理人权南彦向K2株式会社发出关于K2商标共存协商的函，该函也可以确认本案的原告认为其所使用的商标与涉案女士涂胶上衣的商标图形、行画、形式各异，并不构成近似。（4）被告生产制作的涉案女士涂胶上衣均出口至韩国，并且有韩国株式会社接受，并没有在中国出售，并且原告也没有证据证明有涉案产品在中国出售，所以造成原告损失一说没有任何事实和法律依据。（5）本案的原告也没有证据证明其所诉称的享有商标的产品在中国有销售的事实，并且被中国公众认知或熟知的事实。综上，被告认为，原告所诉称的事实和理由以及诉讼请求无法律依据，请法院依法予以驳回。

经审理查明，原告K-2公司经注册取得第161754号、第3042364号注册商标专用权，两注册商标均为K2图形商标。第161754号注册商标在初次注册时核定使用商品类别为第53类，注册有效期限自1982年8月30日至1992年8月29日，后经续展注册有效期至2012年8月29日。该注册商标续展时，第53类商品分类转换为国际商品分类第25类风雪大衣、夹克、背心、雨衣、套头衫、女衬衣、针织圆领衫、运动衫、裤子、短裤、滑雪靴、徒步旅行鞋、爬山靴。第3042364号注册商标核定使用商品类别为第25类鞋（脚上的穿着物）、滑雪靴、服装、帽、手套（服装），注册有效期限自2005年5月7日至2015年5月6日。

另查，案外人K2 Korea株式会社（以下简称韩国K2）于2007年5月8日在韩国申请注册K2商标。商标注册号为 0774845，指定商品类别为第 25 类：登山用夹克，核准注册日为 2009 年 1 月 2 日，商标使用权注册日为 2009 年 1 月 6 日，存续期限届满日为 2019 年 1 月 6 日。2009 年 7 月 9 日，韩国 K2 在韩国申请注册与上述 0774845 号注册商标标志相同的商标。商标注册号为 0840775，指定商品类别为第 25 类登山裤、登山服、登山用马甲、登山用绒衣、登山用衬衫、登山用短裤、登山用手套、登山用帽、登山用毛衣、登山用挡风马甲、登山用丛林雨衣、登山用围巾、登山用内衣、登山用袜、登山用雨衣、登山用半袖绒衣、登山用 polo 衫，该申请于 2010 年 9 月 20 日获得注册，商标使用权注册日为 2010 年 10 月 26 日，存续期限届满日为 2020 年 10 月 26 日。

2005 年 6 月 10 日，中华人民共和国海关总署核准原告对第 161754 号注册商标的知识产权保护申请，备案号为 T2005-06929，有效期自 2005 年 6 月 10 日至 2012 年 8 月 29 日。2009 年 5 月 26 日，中华人民共和国海关总署核准原告对第 3042364 号注册商标的知识产权保护申请，备案号为 T2009-15477，有效期自 2009 年 5 月 26 日至 2015 年 5 月 6 日。天津海关于 2011 年 2 月 28 日和 2011 年 3 月 17 日两次向原告发出“天津海关关于天津飞马爱特制衣有限公司出口商品知识产权状况的确认通知”，被告向天津新港海关申报出口韩国的货物中有 1 500 件女士上衣使用“K2”商标（报关单号 020220110521494827），涉嫌侵犯了原告在海关总署备案的商标专用权（备案号：T2005-06929）。后天津海关依据原告的申请，扣留了被告申报出口的使用“K2”商标的 1 500 件女士上衣。经查，被告申报出口，在海关扣押的女式上衣使用的 K2 标志与案外人韩国 K2 在韩国商标注册号为 0774845、0840775 的注册商标标志完全相同。

另查，2010 年 7 月 2 日，韩国 K2 与韩国飞马爱特（株）（以下简称韩国飞马爱特）签订供货协议，韩国 K2 委托韩国飞马爱特使用其指定的商号、商标等生产产品。2010 年 10 月 20 日，韩国飞马爱特与被告签订《来料加工各作各价对口合同》，飞马爱特公司使用韩国飞马爱特提供的原料、器件等加工成品并返销给韩国飞马爱特，成品包括 K2 品牌男士涂胶上衣 5 839 件，K2 品牌女士涂胶上衣 3 535 件。

以上事实有双方提交的证据及庭审笔录一并在案佐证，本院予以确认。

本院认为，原告 K-2 公司经核准享有对第 161754 号及第 3042364 号商标的注册商标专用权，该权利尚在有效期内，依法应受保护。

被告飞马爱特的行为并未侵犯原告 K-2 公司对涉案商标的注册商标专用权。

首先，被告生产、申报出口韩国的女式上衣中使用 K2 标志有合法来源。被告提交的《供货协议》表明韩国 K2 授权韩国飞马爱特使用其商标等进行加工为其供货，后韩国飞马爱特又与被告飞马爱特公司签订《来料加工各作各价对口合同》，委托被告加工标注 K2 品牌的涂胶上衣，被告一并提交了经过公证、认证的“情况说明”，说明《供货协议》中指明的商标包括韩国 K2 在韩国注册号为 0774845、0840775 的 K2 商标。本院综合这三份证据，结合被告申报出口的女式上衣中使用的 K2 标志与韩国 K2 在韩国的注册商标标志完全相同这一事实，认定被告生产并申报出口的 1 500 件使用 K2 标志的女式上衣是受韩国飞马爱特委托，为韩国 K2 公司生产的。

其次，被告生产、申报出口韩国的女式上衣中使用 K2 标志不会在相关公众中造成混淆及产生混淆可能性。庭审中原告确认不能证明我国境内销售的贴有 K2 商标的产品为被告生产，本院据此认定被告生产的贴有 K2 商标的女士上衣未在我国境内销售。注册商标具有地域性，在判断是否存在混淆可能性时，相关公众的界定应考虑商标的注册地和使用地。原告的涉案商标在我国注册，受到我国商标法的保护，且原告并未举证证明涉案商标在国外的使用事实和其品牌在国外的知名度，本院因此以我国境内相关公众为标准。由于被告生产的贴有K2标志的上衣全部出口韩国，在我国境内并未销售，因此被告的行为并不会令相关公众对产品的来源产生混淆，也不存在混淆可能性。

综上，依据《中华人民共和国商标法》第五十二条、《中华人民共和国民事诉讼法》第六十四条第一、三款之规定，判决如下：

驳回原告K-2公司（K-2 Corporation）的全部诉讼请求。案件受理费2 300元，保全费1 000元，由原告K-2公司（K-2 Corporation）负担。

如不服本判决，原告K-2公司（K-2 Corporation）可在本判决书送达之日起三十日内，被告天津飞马爱特制衣有限公司可在本判决书送达之日起十五日内，向本院递交上诉状，并按对方当事人的人数提出副本，上诉于天津市高级人民法院。

审判长　杜金明

代理审判员　殷　炎

代理审判员　王晓燕

二〇一二年五月二十二日

三、青岛海关扣留孟州市光宇皮业有限公司出口“UGG”羊皮鞋案

（一）案情介绍

2010年6月1日，孟州市光宇皮业有限公司（以下简称光宇公司）分两票向青岛海关隶属的黄岛海关申报出口羊皮靴、羊皮鞋及羊皮拖鞋共计5 900双，目的地为澳大利亚。海关在查验中发现该批货物使用了美国德克斯户外用品有限公司在海关总署备案的“UGG”商标，于是于6月24日将有关情况通知了权利人。美国德克斯户外用品有限公司通过其在中国的代理人向海关提出扣留侵权货物的申请并提交了担保。

8月5日，海关根据美国德克斯户外用品有限公司的申请对有关货物实施了扣留并对其是否构成侵权开始进行调查。在海关调查期间，发货人提出“UGG”标志在澳大利亚是此类鞋子的通用名称，任何人不得作为商标注册，而此批货物在国内加工生产后将全部出口至澳大利亚销售，不会对国内的权利人造成损害，从而不构成侵权。鉴于此案案情比较复杂，海关在调查期限内难以认定货物是否构成侵权，而且此前已有一些地方的法院对类似案件曾作出不侵权的判决，于是黄岛海关于8月31日作出不能认定的调查结果并通知了美国德克斯户外用品有限公司。

随后美国德克斯户外用品有限公司向青岛市中级人民法院提起诉讼并对海关扣留的货物申请采取诉前保全裁定。青岛市中级人民法院接受了美国德克斯户外用品有限公司的请求，于10月12日就海关扣留的货物作出了诉前保全裁定并通知海关协助执行。青岛海关根据法院的请求协助扣押了有关货物。

10月19日，青岛市中级人民法院作出一审判决，判定孟州光宇公司停止侵犯“UGG”商标权的行为，停止制造侵犯UGG商标权的商品，销毁现存的“UGG”商标标志、宣传材料等。光宇公司不服判决，随即向山东省高级人民法院提起上诉。2011年11月19日，此案件经由山东省高级人民法院二审作出终审判决，驳回上诉，维持原判。

（二）评析

此案是在进出口环节发生的一起设计定牌加工的侵权案件，带有一定的普遍性。此案查发后，青岛海关又陆续发现了孟州市伊星皮毛制品有限责任公司以进料对口贸易方式出口到澳大利亚的羊剪绒短筒靴使用“UGG”标志等案件。案件所涉及的“UGG”标志在澳大利亚是此类鞋子的通用名称，按照发货人提供的材料，在澳大利亚任何人不得直接将“UGG”作为商标进行注册。涉案的此批货物是发货人接受国外客户的定单，在国内加工生产后将全部出口至澳大利亚销售，虽然该客户不是“UGG”标志在澳大利亚的商标权利人，但由于在澳大利亚任何人不得直接将“UGG”作为商标进行注册，也就是说“UGG”标志在澳大利亚并没有商标权利人。因货物全部出口，不会对国内商标注册的商标权人造成损害，但按照我国商标法，该批货物的生产和出口又未得到商标注册人的许可，似乎已构成商标侵权。因此案情况较为复杂，海关难以在较短时间内判定有关货物是否构成侵权，最后交由法院作出判决。

附：

1. 美国德克斯户外用品有限公司在海关总署备案的“UGG”商标

2. 孟州市光宇皮业有限公司被黄岛海关扣留的出口羊皮靴和羊皮拖鞋

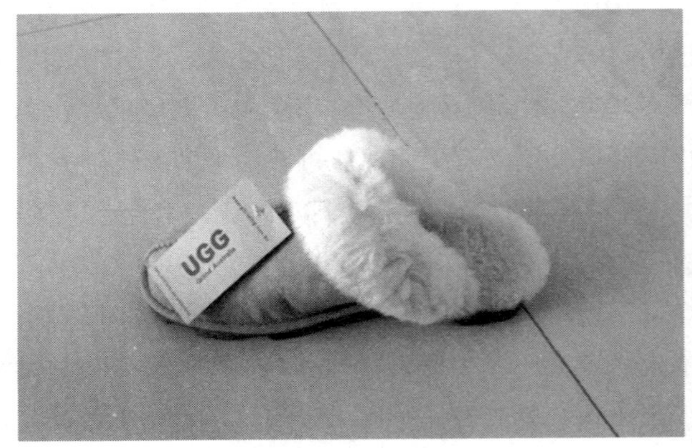

3. 山东省高级人民法院《民事判决书》

中华人民共和国山东省高级人民法院

民事判决书

（2011）鲁民三终字第156号

上诉人（原审被告）：孟州市光宇皮业有限公司。住所地：河南省孟州市南庄镇桑坡村。

法定代表人：丁合光，总经理。

委托代理人：杨铭，北京市竞天公诚律师事务所律师。

被上诉人（原审原告）：德克斯户外用品有限公司（ DECKERS OUTDOOR CORPORATION）。住所地：美国加利福尼亚州 93117，戈利塔，费尔维南大街 495–A 号（495–A SOUTH FAIRVIEW AVENUE, GOLETA, CALIFORNIA 93117,U.S.A.）。

法定代表人：安吉尔·马丁内兹，首席执行官。

委托代理人：安晓地，北京市安伦律师事务所律师。

委托代理人：杜鸣亮，北京市安伦律师事务所律师。

上诉人孟州市光宇皮业有限公司（以下简称光宇公司）因与被上诉人德克斯户外用品有限公司（以下简称德克斯公司）侵犯商标专用权纠纷一案，不服山东省青岛市中级人民法院（2010）青民三初字第 291 号民事判决，向本院提起上诉。本院依法组成合议庭，公开开庭审理了本案。上诉人光宇公司的委托代理人杨铭，被上诉人德克斯公司的委托代理人安晓地、杜鸣亮到庭参加诉讼。本案现已审理终结。

德克斯公司在原审中诉称，德克斯公司是一家著名跨国企业，创建于 1973 年，主要从事鞋类产品的制造和销售。1996 年 10 月 14 日，德克斯公司在中国注册"UGG"商标，注册号为 880518 号，核定使用在第 25 类商品上，经续展使用至今，在业内已具有极高的知名度。2010 年 6 月 24 日，黄岛海关查获了由光宇公司分两批申报出口的共计 5 900 双羊皮靴、羊皮鞋和羊皮拖鞋，其外挂标签及鞋身标签上均突出使用了与德克斯公司的 UGG 注册商标相同的"UGG"，侵犯了德克斯公司的"UGG"商标专用权，给德克斯公司造成了巨大损失，故请求依法判令光宇公司：（1）立即停止侵犯德克斯公司注册商标专用权的行为，包括停止制造、销售带有涉案"UGG"商标或类似字样的羊皮靴、羊皮鞋和羊皮拖鞋等产品；（2）停止使用并立即销毁现存的带有涉案"UGG"类似字样的商标及带有该商标或类似字样的产品存货及其包装、宣传材料和报价单等，包括被青岛海关查扣的共计 5 900 双带有"UGG"标志的羊皮靴、羊皮鞋和羊皮拖鞋；（3）向德克斯公司书面赔礼道歉，并在《焦作日报》和《焦作晚报》上发表声明，以消除影响；（4）赔偿德克斯公司人民币 50 万元；（5）赔偿德克斯公司为制止侵权行为而支付的律师费、调查费、交通费，以及其他合理开支共计人民币 10 万元；（6）承担涉案侵权货物的仓储、运输、处置等费用；（7）承担本案的诉讼费。

原审法院查明，1996 年 10 月 14 日，中华人民共和国国家工商行政管理局商标局颁发商标注册证（第 880518 号），注册人为美国 UGG 控股公司（UGG HOLDINGS，INC），商标为"UGG"，核定使用商品为第 25 类，即鞋、衣服、帽舌、短外套、T 恤衫、圆领长袖运动衫和短上衣，注册有效期限自公元 1996 年 10 月 14 日至 2006 年 10 月 13 日。

2005 年 8 月 28 日，中华人民共和国国家工商行政管理总局商标局出具核准商标转让证明：兹核准第 880518 号商标转让。受让人：德克斯户外用品有限公司（ DECKERS OUTDOOR CORPORATION），受让人地址美国加利福尼亚州 93117，戈利塔，费尔维南大街 495–A 号（495–A SOUTH FAIRVIEW AVENUE,GOLETA,CALIFORNIA 93117，U.S.A. ）。

2006 年 6 月 20 日，中华人民共和国国家工商行政管理总局商标局出具核准续展注册证明：兹核准第 880518 号商标续展注册，续展注册有效期自 2006 年 10 月 14 日至 2016 年 10 月 13 日。

中华人民共和国国家工商行政管理总局商标局颁发商标注册证（第 880518 号），注册人为德克斯户外用品有限公司（ DECKERS OUTDOOR CORPORATION），注册地址为美国加利福尼亚州 93117，戈利塔，费尔维南大街495-A号（495-A SOUTH FAIRVIEW AVENUE, GOLETA, CALIFORNIA 93117, U. S. A.），注册商标为“UGG”，核定使用商品为第25类，即鞋、衣服、帽舌、短外套、T恤衫、圆领长袖运动衫和短上衣，注册有效期限自公元2006年10月14日至2016年10月13日。

德克斯公司在澳大利亚注册了“UGG AUSTRALIA”商标，使用在第25类商品上。2010年5月1日，光宇公司与买方格兰德国际贸易有限公司（Grand International Trading Pty Ltd）签订销售合同，合同约定由光宇公司按买方提供的商标“UGG GRAND AUSTRALIA”进行定牌生产羊皮靴、羊皮鞋和羊皮拖鞋，合同项下货物数量共计5 900双，合同金额为131 468美元。销售合同严格限定光宇公司不得转让及在中国销售，格兰德国际贸易有限公司授权光宇公司使用“UGG GRAND AUSTRALIA”商标。

2010年6月24日，中华人民共和国青岛海关发出《中华人民共和国青岛海关确认进出口货物知识产权状况通知书》（青关知通[2010] 46号、47号），青岛海关通知德克斯公司黄岛海关查获了由光宇公司以进料对口贸易方式分两批向海关申报出口到澳大利亚的共计5 900双标有“UGG”标志的羊皮靴、羊皮鞋和羊皮拖鞋，涉嫌侵犯德克斯公司在海关总署备案的知识产权。德克斯公司向海关提交了海关保护申请，请求海关扣留上述侵权嫌疑货物。

2010年8月5日，中华人民共和国黄岛海关发出《中华人民共和国黄岛海关采取知识产权海关保护措施通知书》（黄关知通[2010]12号、13号），黄岛海关通知德克斯公司其已于2010年8月4日根据德克斯公司的申请将光宇公司出口的侵权嫌疑货物予以扣留。海关扣留侵权嫌疑货物后将依法对被扣留的侵权嫌疑货物是否侵犯知识产权进行调查。

2010年8月31日，中华人民共和国黄岛海关发出《中华人民共和国黄岛海关知识产权状况调查结果通知书》（黄关知通[2010]01号、02号），海关认为，经调查，其不能认定扣留的侵权嫌疑货物是否侵犯了德克斯公司在海关总署备案的UGG商标权。根据《中华人民共和国知识产权海关保护条列》第二十三条的规定，德克斯公司有权就扣留的侵权嫌疑货物向人民法院申请采取责令停止侵权行为或者财产保全措施。海关自扣留侵权嫌疑货物之日起50个工作日内，未收到人民法院协助执行通知书的，将根据《中华人民共和国知识产权海关保护条列》第二十四条第（二）项的规定放行扣留的侵权嫌疑货物。

在《青岛画报》总第163期（2010年7月号）上，在新世纪“丑物件”大搜罗栏目上，有“UGG雪地靴”的解释：“UGG最初名字叫ugly boots（丑陋的鞋子）。后来澳洲人昵称它为UGG。UGG并不是品牌名，而是一类靴子的总称。”

2010年10月12日，原审法院根据德克斯公司的申请，保全了光宇公司以进料对口贸易方式分两批向黄岛海关申报出口到澳大利亚的共计5 900双标有“UGG”标志的羊皮靴、羊皮鞋和羊皮拖鞋的证据。被控侵权的羊皮靴、羊皮鞋和羊皮拖鞋上的商标标志是“UGG Grand Australia”，其中“UGG”与“Grand Australia”是分成两行，在“UGG”与“Grand Australia”的大小比例上，“Grand Australia”只有“UGG”1/4大小。

另查明，格兰德国际贸易有限公司正在向澳大利亚商标局申请注册“UGG GRAND AUSTRALIA”商标。

在《麦考瑞澳大利亚国家辞典》（Macquarie Australia's National Dictionary）中对ugg boot的解释是：“ugg boot，名词。澳大利亚语。一种鞋面以糅入羊毛的羊皮制作，羊毛在内、皮革在外的靴子。也做ug boot，ugh boot。”原审法院认为，本案的争议焦点为：（1）“UGG”是否是通用名称；（2）光宇公司的行为是否侵犯了德克斯公司的商标权；（3）若光宇公司的行为构成侵权，其赔偿数额应如何确定。

关于“UGG”是否是通用名称的问题。原审法院认为，在判断诉争商标是否为通用名称时，应当审查其是否属于法定的或者约定俗成的商品名称。依据法律规定或者国家标准、行业标准属于商品通用名称的，应当认定为通用名称。相关公众普遍认为某一名称能够指代一类商品的，应当认定该名称为约定俗成的通用名称。被专业工具书、辞典列为商品名称的，可以作为认定约定俗成的通用名称的参考。光宇公司虽提供了足够多的证据来证明“UGG”是通用名称，但是，其提供的证据要么不具有合法性，不能被采纳，要么只是地方性传媒或个人观点，无法认定。光宇公司提交的《麦考瑞澳大利亚国家辞典》（Macquarie Australia's National Dictionary）的出版者是词义专家，不能代替公众，只可以作为认定约定俗成的通用名称的参考，依据辞典无法认定“UGG”是通用名称。综上所述，在光宇公司不能提供有效证据的情况下，无法认定在澳大利亚“UGG”是通用名称。

关于光宇公司的行为是否侵犯了德克斯公司的商标权问题。原审法院认为，未经商标注册人的许可，在同一种商品或者类似商品上使用与其注册商标相同或者近似的商标的，属于侵犯注册商标专用权的行为。海关对与进出口货物有关并受中华人民共和国法律、行政法规保护的商标专用权、著作权和与著作权有关的权利、专利权实施保护。国家禁止侵犯知识产权的货物进出口。对外贸易经营者在从事进出口活动中，对他人指定或者提供使用的商标，应当要求对方出具真实有效的商标专用权证明文件或者被许可使用该商标且未超出许可范围的证明文件，并予以核查。该商标不得与已在我国相同或者类似的商品上注册的商标相同或者近似，其商品的包装、装潢也不得与他人已在我国使用的包装、装潢相同或者近似。

光宇公司虽在其制造的涉案被控侵权羊皮靴、羊皮鞋和羊皮拖鞋上使用的商标标志是“UGG Grand Australia”，但在使用中，“UGG”与“Grand Australia”被分成两行，且刻意放大“UGG”而达到突出使用的目的，“Grand Australia”只有“UGG”的1/4大小。上述尺寸的差别足以使普通消费者的注意力都集中在“UGG”上，按照普通的购买物品的观看距离只能看清“UGG”，而不能看清“Grand Australia”，从而导致被控商标标志与涉案注册商标“UGG”在视觉上基本无差别。因此，光宇公司在被控侵权物上突出使用“UGG”标志，应认定其在与德克斯公司相同商品上使用了与涉案注册商标相同的商标标志。

商标专用权具有地域性，即使“UGG Grand Australia”商标已被格兰德国际贸易有限公司在澳大利亚商标局合法注册，或者“UGG”在澳大利亚是通用名称，那么该公司因注册享有的法律权利的地域或者因“UGG”在澳大利亚是通用名称，德克斯公司无权限制他人合理使用的地域也仅在澳大利亚，并不延伸到中国。

德克斯公司在中国依法注册了“UGG”商标，并办理了“UGG”商标专用权在海关总署的备案手续。因此，在中国，德克斯公司是“UGG”商标的合法注册人，享有商标专用权，受到中国有关法律的保护。他人在中国境内相同商品上使用“UGG”商标，应当获得权利人的许可，否则构成侵权。

光宇公司虽然辩称：（1）任何人将产品的通用名称注册为商标，其无权限制他人对该通用名称的使用；（2）光宇公司使用“UGG Grand Australia”商标的行为属于定牌加工，所生产的“UGG”靴子不在中国市场销售，不可能造成中国相关公众混淆、误认，不属于商标法意义上的使用行为；（3）光宇公司与格兰德国际贸易有限公司签订合同时，已经要求委托方提供使用商标的授权，已尽到了合理的注意义务。但首先，光宇公司未能证明“UGG”在澳大利亚是通用名称，因此，光宇公司认为德克斯公司无权限制光宇公司对该通用名称的使用的理由不成立，其次，确定“定牌加工”不构成侵权应考虑以下因素：是否按照境外委托方的要求进行生产，产品是否全部交与委托方，相关产品是否是相同或类似，是否尽到对委托方是否享有合法商标权的审查注意义务，被侵权商标的显著性强度及消费者的注意程度，涉案被控产品对商标的使用方式等。本案中，尽管光宇公司与委托方格兰德国际贸易有限公司签订合同时，已经要求委托方提供使用商标的授权，但没有审查委托方是否享有合法的商标权。在确定“定牌加工”不构成侵权时，委托方必须享有合法的商标权，否则对被侵权商标持有人有欠公平。光宇公司在“定牌加工”中并未正常的使用委托方提供的商标标志“UGG GRAND AUSTRALIA”，而是在与德克斯公司相同产品上故意突出使用了该商标的部分标志“UGG”，而“UGG”是德克斯公司在中国注册的商标，且在相关公众中有较高的知名度。此外，光宇公司虽认为其对“UGG Grand Australia”商标的使用不属于商标法意义上的使用行为，但学术观点不能代替法律，光宇公司的理由没有法律依据。

综上所述，光宇公司的上述抗辩理由缺乏法律依据，其行为侵犯了德克斯公司的涉案商标专用权，依法应承担相应的民事责任。

关于赔偿数额问题。原审法院认为，侵犯商标专用权的赔偿数额，为侵权人在侵权期间因侵权所获得的利益，或者被侵权人在被侵权期间因被侵权所受到的损失，包括被侵权人为制止侵权行为所支付的合理开支。侵权人因侵权获得的利益，或者被侵权人因被侵权所受到的损失难以确定的，应当根据侵权行为的情节酌定赔偿数额。本案中，德克斯公司不能提供证据证明其因侵权所受损失或者光宇公司在侵权期间因侵权所获得的利益。由于德克斯公司是国际知名的从事鞋类产品的制造和销售的跨国企业，德克斯公司的品牌及其在中国注册的商标具有较高的知名度，故根据涉案商标的价值、商标驰名程度、光宇公司的主观过错程度、侵权行为的规模、情节，以及德克斯公司为制止侵权所支付的合理费用等综合因素，酌定光宇公司赔偿德克斯公司经济损失人民币10万元。

关于德克斯公司请求判令光宇公司向其书面赔礼道歉并在《焦作日报》和《焦作晚报》上发表声明，消除影响的问题，原审法院认为，商标专用权属财产权，故对德克斯公司的上述诉讼请求，不予支持。

综上，原审法院依照《中华人民共和国商标法》第五十二条第一项、第五十六条第一款，《最高人民法院关于审理商标民事纠纷案件适用法律若干问题的解释》第九条、第十七条，《最高人民法院关于审理商标授权确权行政案件若干问题的意见》第七条，《中华人民共和国知识产权海关保护条例》第二条、第三条第一款，判决：（1）光宇公司于本判决生效之日起立即停止侵犯德克斯公司“UGG”注册商标专用权的行为，即停止制造侵犯德克斯公司“UGG”注册商标专用权的羊皮靴、羊皮鞋和羊皮拖鞋，销毁现存的侵犯德克斯公司“UGG”注册商标专用权的商标标志和包装、宣传材料等物品；（2）光宇公司于本判决生效之日起十日内赔偿德克斯公司经济损失人民币10万元；（3）驳回德克斯公司的其他诉讼请求。案件受理费人民币9 800元，诉讼保全费人民币3 550元，由光宇公司承担人民币9 000元，德克斯公司承担人民币4 350元。

上诉人光宇公司不服原审判决，向本院提起上诉，请求撤销原审判决，改判驳回德克斯公司的全部诉讼请求，一、二审全部诉讼费用均由德克斯公司负担。其主要理由为：（1）“UGG”是澳大利亚一种特产（羊皮靴或雪地靴）的产品名称。“UGG”一词是源于澳大利亚历史传统、风土人情、地理环境等因素，故应根据澳大利亚市场通用称谓或澳大利亚相关公众的认知来认定其是否为约定俗成的产品名称，且无论从字典的解释，还是澳大利亚行政机关、行业协会的裁决判例，甚至中国市场刊物的介绍，都可以证明在澳大利亚“UGG”是一种靴子的通用名称。原审判决将中国范围内相关公众的通常认识作为判断标准，并认为无法认定“UGG”在澳大利亚是通用名称错误。（2）光宇公司定牌加工的“UGG”的销售市场是澳大利亚，在澳大利亚“UGG”是羊皮靴（或雪地靴）的通用名称，澳大利亚市场的消费者根据通常认知不会产生误认。中国市场的消费者根本没有机会接触到光宇公司生产的“UGG”，更不可能产生与德克斯公司涉案注册商标的混淆与误认。因此，光宇公司的行为不构成对德克斯公司注册商标专用权的侵权。（3）光宇公司生产的“UGG”不在中国市场销售，德克斯公司主张的其在中国市场的损失与光宇公司的行为之间不存在因果关系，原审法院判决光宇公司承担10万元的赔偿责任，适用法律错误。

被上诉人德克斯公司答辩称：（1）涉案“UGG”商标是德克斯公司在中国合法注册的有效商标，并非通用名称。德克斯公司1996年即在中国注册“UGG”商标，经过德克斯公司多年来的大力推广，“UGG”品牌在中国消费者中具有极高的知名度，光宇公司没有证据证明“UGG”在中国境内是通用名称。光宇公司虽然主张“UGG”在澳大利亚是通用名称，但商标法具有地域性，对于域外的事实及法律关系，不在《中华人民共和国商标法》的调整范围内。因此，“UGG”在澳大利亚是否属于通用名称与本案无关，且光宇公司亦未提交充分证据证明“UGG”在澳大利亚属于通用名称。（2）光宇公司的定牌加工行为侵犯了德克斯公司的涉案商标专用权。涉案货物的国外订货方对于其提供给光宇公司使用的“UGG GRAND AUSTRALIA”商标并不拥有任何权利，光宇公司实际使用的“UGG”标志也与国外订货方提供其使用的标志不同。因此，光宇公司未经德克斯公司许可，在其生产的产品上突出使用“UGG”标志的行为，侵犯了德克斯公司的涉案“UGG”注册商标专用权。（3）德克斯公司为制止光宇公司的侵权行为，支付了大量的律师费、调查费、仓储费等费用，上述费用均属于为本案支出的合理开支，应依法计入赔偿数额中，而且涉案“UGG”商标在中国境内具有极高的知名度，光宇公司的侵权行为必然获利巨大，原审判决确定的赔偿数额并无不当。综上，原审判决认定事实清楚，适用法律正确，请求驳回上诉，维持原判。

二审期间，光宇公司提交了澳大利亚国际公证律师出具的公证书一份，补充证明其原审提交的澳大利亚羊皮协会网站内容和网络下载的澳大利亚商标局裁决书的真实性，“UGG”在澳大利亚是羊皮靴的通用名称。德克斯公司对该证据的形式真实性没有异议，但认为证据内容不能证明光宇公司的主张。本院认为，光宇公司提交的公证书真实性可以确认，但由于“UGG”在澳大利亚是否属于羊皮靴的通用名称与本案侵权判定无关，因此上述证据与本案没有关联性，本院不予采信。

被上诉人德克斯公司二审期间提交了如下证据：（1）中国纺织出版社出版的《英汉汉英鞋类分类词汇》；（2）《麦考瑞澳大利亚国家词典简明词典》第三版（MACQUARIE AUSTRALIA'S NATIONAL DICTIONARY CONCISE DICTIONARY Third Edition）封面、版权页及第1271页；（3）《麦考瑞澳大利亚国家词典精华词典》（MACQUARIE AUSTRALIA'S NATIONAL DICTIONARY ESSENTIAL DICTIONARY）封面、版权页及第876页；（4）中华人民共和国国家标准鞋类术语摘录复印件，上述证据用来证明“UGG”不是通用名称。（5）北京市高级人民法院（2010）高行终字第265号行政判决书、上海市浦东新区人民法院（2010）浦民三（知）初字第670号民事判决书、广东省珠海市中级人民法院（2011）珠中法知民初字第1号、第9号民事判决书复印件各一份，用来证明定牌加工生产使用他人商标构成侵权。（6）北京市安伦律师事务所开具的数额为287 680元的代理费发票一张，用来证明德克斯公司为本案支出的合理费用。光宇公司对上述证据（1）~（3）的真实性均无异议，但认为“UGG”即使注册为商标，也并不影响其作为通用名称的存在；对证据（4）、（5）认为均系复印件，对其真实性有异议；对证据（6）的真实性无异议，但认为发票开具时间是2011年8月15日，不能证明是本案损失。

本院认为，德克斯公司提交的上述证据均缺乏与本案的关联性，均不予采信。

本院经审理查明的事实与原审法院查明的事实一致。

本院认为，本案双方当事人争议的焦点问题是：（1）“UGG”是否属于一种羊皮靴子的通用名称，光宇公司在其生产的涉案被控侵权产品上使用“UGG”标志是否属于正当使用；（2）光宇公司的定牌加工行为是否侵犯了德克斯公司的涉案注册商标专用权；（3）原审判决确定的赔偿数额是否适当。

（1）关于“UGG”是否属于一种羊皮靴子的通用名称，光宇公司在其生产的涉案被控侵权产品上使用“UGG”标志是否属于正当使用问题。商标权具有地域性特点，其权利范围受所属国家法域的限制。德克斯公司的涉案“UGG”商标在中华人民共和国境内经依法核准注册，且处于有效期内，其商标专用权在中华人民共和国境内受到法律保护。根据《中华人民共和国商标法实施条例》第四十九条的规定，注册商标中含有的本商品的通用名称、图形、型号，或者直接表示商品的质量、主要原料、功能、用途、重量、数量及其他特点，或者含有地名，注册商标专用权人无权禁止他人正当使用。涉案被控侵权羊皮靴等产品系光宇公司在中华人民共和国境内生产，与德克斯公司的涉案“UGG”注册商标核定使用的商品相同。因此，光宇公司主张其在涉案被控侵权产品上使用“UGG”标志属于正当使用，应当证明“UGG”在中华人民共和国属于一种羊皮靴子的通用名称，但光宇公司在本案一、二审中均未提交证据证明“UGG”在中国属于一种羊皮靴子的通用名称，仅提交了证明“UGG”在澳大利亚是一种羊皮靴子的通用名称的相关证据，而“UGG”在澳大利亚是否属于一种羊皮靴子的通用名称与本案无关，不属本案审查范围。因此，光宇公司关于“UGG”在澳大利亚是一种羊皮靴子的通用名称，其在涉案被控侵权产品上使用“UGG”标志属于正当使用的主张，缺乏事实和法律依据，不能成立。

（2）关于光宇公司的定牌加工行为是否侵犯了德克斯公司的涉案注册商标专用权问题。定牌加工是指国内生产企业接受境外企业的委托，按照境外企业指定的品牌生产产品并向委托方交付产品的商业活动。我国对外贸易经济合作部和国家工商行政管理局制定的《关于对外贸易中商标管理的规定》第十条规定，对外贸易经营者在从事进出口活动中，对他人指定或者提供使用的商标，应当要求对方出具真实有效的商标专用权证明文件或者被许可使用该商标且未超出许可范围的证明文件，并予以核查。该商标不得与已在我国相同或者类似的商品上注册的商标相同或者近似，其商品的包装、装潢也不得与他人已在我国使用的包装、装潢相同或者近似。根据该规定，被委托人对他人指定或者提供使用的商标负有审查的义务。本案中，光宇公司主张其是依据国外客户格兰德国际贸易有限公司（Grand International Trading Pty Ltd）的委托，定牌加工涉案被控侵权产品，并提交了其双方签订的《销售合同》。但该合同中约定格兰德国际贸易有限公司提供光宇公司定牌生产所使用的商标为“UGG GRAND AUSTRALIA”，而光宇公司在涉案被控侵权产品上实际使用的是“UGG Grand Australia”标志，且分为两行，第一行仅为“UGG”，且字体明显大于第二行的“Grand Australia”字体，“UGG”的单独及突出排列使用方式实际上大大强化了该三个字母的商标标志作用。

况且，光宇公司亦未能提供格兰德国际贸易有限公司对“UGG GRAND AUSTRALIA”标志享有商标权或合法使用权的相关证明文件。“UGG”系德克斯公司在中华人民共和国依法注册的商标，根据《中华人民共和国商标法》第五十二条第（一）项的规定，未经商标注册人的许可，在同一种商品或者类似商品上使用与其注册商标相同或者近似的商标的，属于侵犯注册商标专用权的行为。因此，作为受托方，光宇公司在与境外委托方签订定牌加工合同时，未尽到合理的审查注意义务，其在与德克斯公司的涉案注册商标核定使用的商品相同的涉案被控侵权产品上，突出使用与德克斯公司的注册商标相同的“UGG”标志的行为，侵犯了德克斯公司的涉案注册商标专用权，应当承担停止侵害及赔偿损失的民事责任。

（3）关于原审判决确定的赔偿数额是否适当问题。《中华人民共和国商标法》第五十六条规定，侵犯商标专用权的赔偿数额，为侵权入在侵权期间因侵权所获得的利益，或者被侵权人在被侵权期间因被侵权所受到的损失，包括被侵权人为制止侵权行为所支付的合理开支。侵权人因侵权所得利益，或者被侵权人因被侵权所受损失难以确定的，由人民法院根据侵权行为的情节判决给予50万元以下的赔偿。本案中，由于德克斯公司不能提交证据证明光宇公司因侵权所获得的利益及德克斯公司因侵权受到的损失，故原审法院综合考虑德克斯公司涉案商标的价值、光宇公司的主观过错程度、侵权行为的规模、情节及德克斯公司为制止侵权行为所支出的合理费用等因素，酌定光宇公司赔偿德克斯公司经济损失人民币10万元，符合法律规定及本案实际，并无不当。

综上，上诉人光宇公司的上诉请求缺乏事实与法律依据，不能成立，应予驳回。原审判决认定事实清楚，适用法律正确，应予维持。依据《中华人民共和国民事诉讼法》第一百五十三条第一款第（一）项之规定，判决如下：

驳回上诉，维持原判。

二审案件受理费 2 300 元，由上诉人光宇公司负担。

本判决为终审判决。

审判长　戴　磊
审判员　岳淑华
审判员　柳维敏
二〇一一年十月十九日

四、天津保维敦化妆用品有限公司出口“by Upstage”和“essene of BEAUTY”化妆刷案

（一）案情介绍

2010 年 7 月 21 日，中山尚洋精密工业有限公司（以下简称中山尚洋公司）向天津海关举报，称天津保维敦化妆用品有限公司（以下简称保维敦公司）生产的使用“by Upstage”和“essene of BEAUTY”商标的化妆刷即将从天津口岸出口到美国，希望海关予以查扣。天津海关根据中山尚洋公司的举报，决定对保维敦公司的出口货物实施布控。

2010 年 8 月 26 日，天津海关对保维敦公司申报向美国出口的一批化妆毛刷进行了查验，发现该批货物带有“by Upstage”和“essene of BEAUTY”标志，货物数量为 38 304 套。8 月 27 日，保维敦公司另一批向美国出口的带有“by Upstage”商标的化妆毛刷在天津机场被海关发现，共有 1 440 套。对上述两批出口商品，中山尚洋公司均认为侵犯其商标专用权，并分别于 9 月 18 日和 10 月 14 日向天津海关提交了扣留侵权嫌疑货物的申请。天津海关对该批货物实施了扣留并启动调查程序。

在案件调查期间，保维敦公司对中山尚洋公司确认其出口商品侵权并向海关提出扣留的申请提出了异议。保维敦公司称上述化妆刷是该司受美国“Upstage”商标所有人和“essene of BEAUTY”商标的授权使用人 JKA 公司的委托，为其加工生产的，且成品全部销往美国。为证明是受外方委托加工生产，保维敦公司向天

津海关提供了JKA公司授权其使用“Upstage”和“essene of BEAUTY”商标的授权文件，以及“Upstage”和“essene of BEAUTY”商标在美国的注册证明文件。

保维敦公司还介绍到，中山尚洋公司在取得“by Upstage”和“essene of BEAUTY”商标的国内商标注册之前的2007年，也曾受JKA公司的委托为其加工生产使用“Upstage”和“essene of BEAUTY”商标的化妆毛刷，但因产品质量问题，委托加工的合作于同年终止。而后，中山尚洋公司在2010年3月21日取得了“by Upstage”和“essene of BEAUTY”的国内商标注册后，立即申请了知识产权海关保护备案。保维敦公司认为中山尚洋公司的做法，完全是为打击国内竞争对手抢占市场份额，恶意抢注的不正当竞争行为。

天津海关经调查，认为当事人出口的化妆刷上使用的“by Upstage”和“essence of BEAUTY”商标，事先未经商标注册人的许可。根据《中华人民共和国商标法》第五十二条第（一）项的有关规定，上述货物属于侵犯中山尚洋精密工业有限公司“by Upstage”和“essence of BEAUTY”商标专用权的货物，当事人出口上述货物的行为已构成出口侵犯他人商标专用权货物的行为。天津海关于12月14日决定没收有关货物，保维敦公司对海关没收货物的决定未在法定期限内申请行政复议和向人民法院起诉。

为进一步维护自身的权益，中山尚洋公司于2010年12月底向天津市滨海新区人民法院提起民事诉讼，就保维敦公司出口侵犯“by Upstage”和“essene of BEAUTY”商标专用权化妆刷行为，请求法院判令保维敦公司停止侵害其商标权，并赔偿其因侵权造成的损失人民币20万元。

法院经两次开庭审理认为，根据保维敦公司提供的证据可以证明，被告保维敦公司是根据境外母公司的订单生产加工上述商品，而且拥有美国JKA公司“Upstage”和“essene of BEAUTY”商标的使用授权，属于典型的定牌加工情况。而商标作为区别不同商品或者服务来源的标志，保维敦公司加工出口化妆刷拥有国外商标权利人的使用授权，且成品全部出口外销，未在中国境内进行销售，不会造成国内相关公众的混淆和误认。因此，保维敦公司的行为不构成对原告注册商标的侵权。中山尚洋公司要求被告保维敦公司停止侵权、赔偿损失的主张，不能成立。

2011年7月29日，天津市滨海新区人民法院做出了【2011】滨功知初字第2号《民事判决书》。法院认为，此案属于定牌加工。在定牌加工关系中，虽然有境内加工坊在产品上标注商标，但实质的商标使用者仍为外方，这时产品上所标标记的商标只在境外具有商品来源的识别功能。此案中的被控侵权的产品在境内未造成消费者对产品来源的混淆，故不构成侵权，驳回原告中山尚洋精密工业有限公司的诉讼请求。中山尚洋公司对一审判决不服，随即进行上诉。2011年12月，天津市第二中级人民法院驳回中山尚洋公司提出的诉讼请求，并维持原判。

（二）评析

此案是涉及定牌加工的又一个典型案例。这个案件凸显了《中华人民共和国商标法》对“未经许可使用注册商标”的规定不明确对定牌加工生产和出口造成的困扰。由于生产活动属于主要的使用商标的行为，天津海关在此案中引用《中华人民共和国商标法》第五十二条第（一）项的规定作出保维敦公司出口的货物构成侵权的认定，应当说是有比较充分的法律依据的。而天津法院的判决，通过商标的原理来阐述定牌加工不属于使用商标，进而作出不构成侵权的判定，属于对《中华人民共和国商标法》第五十二条的重大解释，值得我国司法机关、行政机关、商标注册人和进出口企业予以高度关注。

附：

1. 中山尚洋精密工业有限公司在海关总署备案的“by Upstage”和“essence of BEAUTY”商标

essence of | BEAUTY

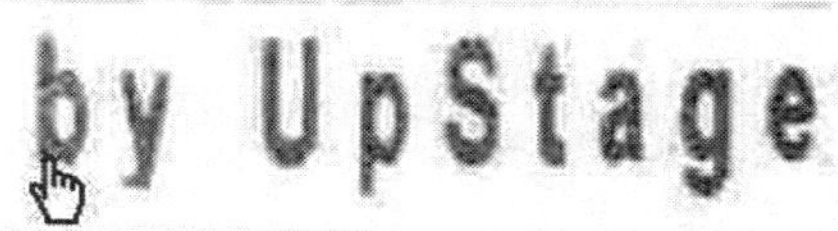

2. 天津保维敦化妆用品有限公司被海关扣留的出口化妆刷上使用的“by Upstage”和“essene of BEAUTY”标识

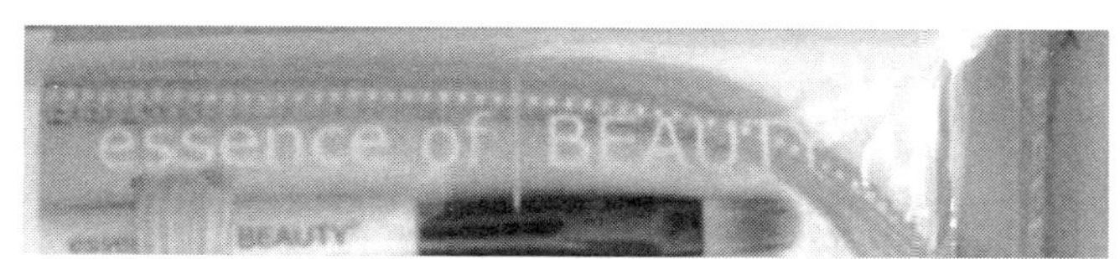

3. “by Upstage”和“essene of BEAUTY”在美国的商标注册证

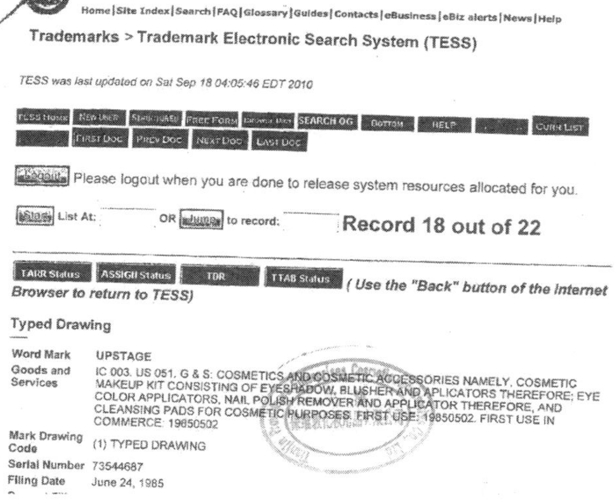

United States Patent and Trademark Office

Home | Site Index | Search | FAQ | Glossary | Guides | Contacts | eBusiness | eBiz alerts | News | Help

Trademarks > Trademark Electronic Search System (TESS)

TESS was last updated on Sat Sep 18 04:05:46 EDT 2010

Logout Please logout when you are done to release system resources allocated for you.

Start List At: OR Jump to record: **Record 18 out of 22**

TARR Status ASSIGN Status TDR TTAB Status *(Use the "Back" button of the Internet Browser to return to TESS)*

Typed Drawing

Word Mark	UPSTAGE
Goods and Services	IC 003. US 051. G & S: COSMETICS AND COSMETIC ACCESSORIES NAMELY, COSMETIC MAKEUP KIT CONSISTING OF EYESHADOW, BLUSHER AND APLICATORS THEREFORE; EYE COLOR APPLICATORS, NAIL POLISH REMOVER AND APPLICATOR THEREFORE, AND CLEANSING PADS FOR COSMETIC PURPOSES. FIRST USE: 19850502. FIRST USE IN COMMERCE: 19850502
Mark Drawing Code	(1) TYPED DRAWING
Serial Number	73544687
Filing Date	June 24, 1985

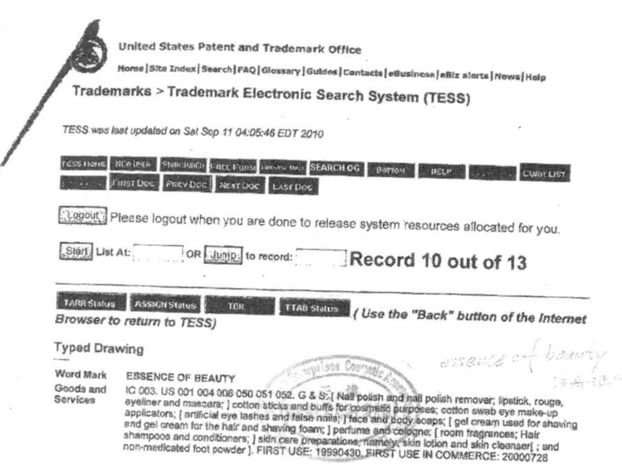

United States Patent and Trademark Office

Home | Site Index | Search | FAQ | Glossary | Guides | Contacts | eBusiness | eBiz alerts | News | Help

Trademarks > Trademark Electronic Search System (TESS)

TESS was last updated on Sat Sep 11 04:05:46 EDT 2010

Logout Please logout when you are done to release system resources allocated for you.

Start List At: OR Jump to record: **Record 10 out of 13**

TARR Status ASSIGN Status TDR TTAB Status *(Use the "Back" button of the Internet Browser to return to TESS)*

Typed Drawing

Word Mark	ESSENCE OF BEAUTY
Goods and Services	IC 003. US 001 004 006 050 051 052. G & S: [Nail polish and nail polish remover; lipstick, rouge, eyeliner and mascara;] cotton sticks and buffs for cosmetic purposes; cotton swab eye make-up applicators; [artificial eye lashes and false nails;] face and body soaps; [gel cream used for shaving and gel cream for the hair and shaving foam;] perfume and cologne; [room fragrances; Hair shampoos and conditioners;] skin care preparations, namely, skin lotion and skin cleanser[; and non-medicated foot powder]. FIRST USE: 19990430. FIRST USE IN COMMERCE: 20000728

4. 天津市第二中级人民法院《民事判决书》

天津市第二中级人民法院

民事判决书

（2011）二中民三知终字第 10 号

上诉人（原审原告）中山尚洋精密工业有限公司，住所地广东省中山市三乡镇白石环村兴塘路 28 号厂房。

法定代表人陈经尚，总经理。

委托代理人唐文胜，男，1969 年 8 月 28 日出生，汉族，北京红徽国际知识产权代理事务所工作，住安徽省安庆市潜山县梅城镇舒苑小区 22 幢 1 单元 201 室。

委托代理人胡有斌，天津汇诚律师事务所律师。

被上诉人（原审被告）天津保维敦化妆用品有限公司，住所地天津武清开发区泉旺路增 17 号。

法定代表人贾尼斯·开普勒·阿杰森（JANICE KEPNER AJOOTIAN），总裁。

委托代理人张斌，男，1966 年 8 月 22 日出生，汉族，中国国际贸易促进委员会专利商标事务所工作，住北京市西城区锦什坊街 279 号。

委托代理人郑悦，女，1974 年 5 月 2 日出生，汉族，中国国际贸易促进委员会专利商标事务所工作，住北京市朝阳区八里庄西里 70 楼 2202 号。

上诉人中山尚洋精密工业有限公司因侵害商标专用权一案，不服天津市滨海新区人民法院（2011）滨功知初字第 2 号民事判决，向本院提起上诉。本院 2011 年 9 月 21 日受理后，依法组成合议庭，于 2011 年 10 月 21 日公开开庭进行了审理。上诉人中山尚洋精密工业有限公司（以下简称尚洋公司）的委托代理人唐文胜、胡有斌，被上诉人天津保维敦化妆用品有限公司（以下简称保维敦公司）的委托代理人张斌、郑悦到庭参加了诉讼。本案现已审理终结。

原审法院查明，2005 年 7 月 4 日，尚洋公司登记成立，主要经营范围为设计、生产、销售化妆套刷、工业精密毛刷、化妆手袋、布艺制品、精密模具、套装小五金制品、货物进出口。2010 年 3 月 7 日、2010 年 3 月 21 日，经国家工商行政管理总局商标局核准，尚洋公司取得了第 6333231 号“essence of BEAUTY”、第 6438446 号“by UpStage”的注册商标，核定使用商品均为第 21 类梳妆刷、化妆用品、装有化妆用品的盒、梳妆海绵、眉刷、修面刷、颊刷、眼影刷、睫毛刷、梳妆盒，注册有效期限分别自 2010 年 3 月 7 日至 2020 年 3 月 6 日、2010 年 3 月 21 日至 2020 年 3 月 20 日。尚洋公司为提高和扩大知名度，对其注册商标及产品进行宣传和网络品牌推广，2011 年 4 月尚洋公司生产的“essence of BEAUTY”牌化妆刷系列产品被列为广东省名优产品，且尚洋公司上述两个商标专用权已在海关总署进行保护备案。

又查明，2010 年 9 月 16 日、2010 年 10 月 14 日，天津海关致尚洋公司确认进出口货物知识产权状况通知书，主要内容为 2010 年 8 月 26 日、2010 年 8 月 27 日，保维敦公司向天津新港海关申报出口化妆毛刷至美国。经查验，实际货物中有使用“by Upstage”商标的化妆刷 13 104 套（182 箱）和使用“essence of BEAUTY”商标的化妆刷 25 200 套（175 箱），使用“by Upstage”商标的化妆刷 1 440 支。由于涉嫌侵犯尚洋公司已经在海关总署备案的有关商标权（备案号：T2010-18509 和 T2010-18916），通知其是否申请扣留上述侵权嫌疑货物，并向海关提交扣留货物的书面申请及担保金人民币 78 000 元、4 600 元。2010 年 9 月 18 日、2010 年 10 月 14 日，尚洋公司向天津海关提交扣货申请书，并分别缴纳了 78 000 元和 4 600 元担保金。2010 年 12 月 14 日，天津海关致尚洋公司知识产权状况调查结果通知书，经调查，上述货物侵犯了尚洋公司在海关总署备案的商标专用权，海关将在全部调查工作完结后，对保维敦公司依法作出行政处罚。2010 年 12 月 20 日，天津海关致尚洋公司处理结果通知书，对保维敦公司申报出口的上述货物已经作出没收侵权物品的决定。天津海关津关法知字 [2010]105、111 号扣留凭单显示，保维敦公司使用“by Upstage”商标化妆刷 13 104 套（182 箱），使用“essence of BEAUTY”商标化妆刷 25 200 套（175 箱），报关单号 0202201005261 53907；使用“by Upstage”商标化妆刷 1 440 支，报关单号 020720100570167531，决定予以扣留。

另查明，2001年11月5日，由美国JKA公司、JANICE KEPNER AJOOTIAN在香港投资设立了PROVIDENCE ENTERPRISES LIMITED，2007年4月23日，由保维敦（香港）有限公司在天津投资成立了保维敦公司，经营范围为设计、生产、销售化妆刷、化妆洗涤用品及其包装物，天津市武清区对外经济贸易委员会批复保维敦公司的上述经营范围，年产化妆刷180万支，产品100%外销。在经营过程中，保维敦公司接受其母公司的订单，JKA公司作为“UpStage”商标的所有人和CVS公司所有“ESSENCE OF BEAUTY”商标的授权使用人，授权保维敦公司为上述商标的产品在中国的唯一授权制造商，定牌加工化妆刷并出口美国。由于保维敦公司出口的上述两批货物涉嫌侵犯尚洋公司已在海关总署备案的商标权，被天津海关予以扣留，尚洋提起诉讼。庭审中，保维敦公司称JKA公司已就尚洋公司恶意抢注涉案商标向国家工商行政管理总局商标局（以下简称商标局）提出撤销申请，商标局现正在审理中。

原审法院认为，尚洋公司是第6438446号“by UpStage”和第6333231号“essence of BEAUTY”的注册商标权利人，上述注册商标处于有效保护期内，其在注册商标核准使用范围内享有专用权。尚洋公司主张保维敦公司未经其许可，使用其拥有的上述注册商标生产和销售侵权产品，且已经被天津海关予以扣留，因此，保维敦公司的行为侵犯了其注册商标专用权，应依法承担侵权的民事责任。但保维敦公司提供的证据可以证明，保维敦公司接受其母公司的订单，JKA公司授权保维敦公司使用两个涉案商标，定牌加工化妆刷出口美国。对此，原审法院认为，商标是区别不同商品或者服务来源的标志，保维敦公司加工出口化妆刷有国外商标权利人授权，且产品全部出口外销，未在中国境内销售，中国的相关公众在国内无法接触到保维敦公司定牌加工的产品，不会造成国内相关公众的混淆和误认，因此，保维敦公司的行为不构成对尚洋公司注册商标的侵权。尚洋公司要求保维敦公司停止侵权、赔偿损失的主张，不能成立，原审法院不予支持。至于保维敦公司提出的就尚洋公司恶意抢注涉案商标已向商标局提出撤销申请问题，商标局正在审理中，不属于本案审理范围，原审法院不予审理。综上，依照《中华人民共和国商标法》第五十二条第（一）项、第（二）项，《最高人民法院关于审理商标民事纠纷案件适用法律若干问题的解释》第九条、第十条，《中华人民共和国民事诉讼法》第六十四条第一款，《最高人民法院关于民事诉讼证据的若干规定》第二条的规定，判决：驳回尚洋公司的诉讼请求。案件受理费4 300元，由尚洋公司负担。

原审法院判决后，尚洋公司不服，向本院提起上诉认为：首先，上诉人认为一审法院认定事实错误，主要理由为原审法院认定事实错误：一、原审法院认定被上诉人是受美国JKA公司的授权“定牌加工化工刷”的事实缺乏证据支持，被上诉人既无授权且定牌加工关系不能成立；二、原审法院没有对被上诉人使用上诉人商标的事实进行审查；三、原审法院错误认定上诉人产品未在国内销售；四、原审法院认定中国的相关公众在国内无法接触到被上诉人保维敦公司加工的产品不会造成国内相关公众的混淆和误认是错误的；五、原审法院认定被上诉人与美国JKA公司是子公司和母公司的关系证据不足。其次，原审判决适用法律错误：一、原审法院对商标侵权的构成要件扩大化是错误的，认为使用即构成侵权而不是和销售作为共同要件；二、原审法院对定牌加工未在国内销售从而不构成商标侵权的认定是错误的，这只是一种学术界意见，没有法律依据。因此，请求二审法院依法改判，撤销原审法院判决，改判被上诉人停止侵权，赔偿上诉人20万元并承担上诉费用。

被上诉人保维敦公司辩称，被上诉人生产带有涉案商标的产品是定牌加工生产并得到涉案商标在美国的注册人的授权；被上诉人在中国生产的带有涉案商标的商品是基于其母公司的定牌加工的订单，其产品全部出口，并不在中国销售，不构成商标侵权；上诉人恶意抢注商标还意欲通过诉讼获得不当利益是滥用知识产权的行为，因此请求驳回上诉人的上诉请求，维持原判。

二审期间双方当事人未提交新的证据，本院经审理查明的事实与原审基本一致。

本院另查明，1.根据尚洋公司与美国JKA公司自2007年3月到2007年7月之间往来的报价单、订单、发票、装箱单商业邮件、银行汇款明细等，尚洋公司在此期间曾为美国JKA公司定牌加工带有“UpStage”标志的产品；2.根据北京长安公证处2010年12月10日出具的（2010）京长安内经证字第29481号公证书，尚洋公司在淘宝商城所注册的名为“尚洋化妆品专营店”的电子商铺，其对所售的“essence of BEAUTY”牌化妆刷系列产品的宣传来源均是“美国CVS正品”，且对美国CVS公司情况有详细的介绍，尚洋公司没有宣传所售商品系其自有产品和自有品牌；3.尚洋公司与中山市和信卓谏信息咨询有限公司于2009年10月18日所达成的品牌推行网络合作公约中没有显示是对涉案商标的特定推广。

本院认为，被上诉人保维敦公司是受美国JKA公司定牌加工事实成立，理由如下：1.虽然双方没有签订正式的委托定牌加工协议，但双方已形成事实上的委托加工关系，且美国JKA公司又于2010年8月30日出具授权予以追认，故可以认定保维敦公司系接受并按照美国JKA公司的各项要求进行生产而不是其自主生产；2.天津市武清区对外经济贸易委员会做出的津武外字（2007）36号《关于设立外资企业天津保维敦化妆品有限公司的批复》第三条明确被上诉人保维敦公司产品应100%外销，另外，该公司产品在出口时被海关扣押，且无证据显示涉案产品在中国境内市场被销售；3.被上诉人保维敦公司系由美国JKA公司投资设立的香港保维敦公司在天津独资设立的，上述三家公司的法人代表均系同一人，因此被上诉人保维敦公司对于涉案商标在美国合法有效的持有和授权状态是明知的，应认定其对商标权利尽了必要的审查注意义务。原审法院认定被上诉人保维敦公司的行为构成定牌加工，产品未在国内销售并无不妥。

商标的价值在于通过商标的使用实现区分商品或服务来源的识别功能，侵犯商标权即对该功能的破坏，使得一般消费者对商品的来源产生混淆、误认。本案中，上诉人尚洋公司虽然取得了第6333231号“essence of BEAUTY”、第6438446号“by UpStage”的注册商标，但上诉人尚洋公司并没有宣传所售商品系其自有产品和自有品牌，国内相关公众在有限的电子平台上接触的标记涉诉商标的产品来源显示均是美国。被上诉人保维敦公司接受委托构成定牌加工，在定牌加工关系中，虽然由境内加工方在产品上标注商标，但实质的商标使用者仍为境外委托方，本案被控侵权产品上所标记的商标只在中国境外具有商品来源的识别功能。原审法院认定被控侵权产品并没有造成国内消费者对商品的来源产生混淆，被上诉人保维敦公司不构成商标侵权并无不当，但原审法院适用《中华人民共和国商标法》第五十二条第（一）、（二）项欠妥，本院予以纠正。

综上，原审判决事实清楚，适用法律虽有误，但不影响案件的处理结果。依照《中华人民共和国民法通则》第四条、《中华人民共和国民事诉讼法》第一百五十三条第一款第（一）项的规定，判决如下：

驳回上诉，维持原判。

二审案件受理费人民币4 300元，由上诉人中山尚洋精密工业有限公司负担。

本判决为终审判决。

审判长　王教柱

代理审判员　胡　浩

代理审判员　兰　岚

二○一一年十二月七日

五、樱达生活电器（中山）有限公司出口“PRESTO”搅拌机案

（一）案情介绍

2011年1月24日，樱达生活电器（中山）有限公司分5批向拱北海关隶属的中山海关驻小榄办事处申报出口搅拌机6 880台，目的地为澳大利亚。海关经查验，发现上述货物带有“PRESTO”标志，涉嫌侵犯美国国民普赖斯托工业有限公司在海关总署备案的“PRESTO”商标的专用权，便联系权利人进行确认。1月27日，美国国民普赖斯托工业有限公司在中国的代理人接到海关通知后，确认该批货物为侵权货物并向海关申请对上述货物实施扣留。2月1日，中山海关依法将上述货物予以扣留。

在海关调查过程中，樱达生活电器（中山）有限公司向海关提供了客户在澳大利亚的商标注册证书、授权其生产的委托书及澳大利亚官方和中国驻当地总领馆出具的公证、认证文件等材料，以证明该批出口搅拌机使用的商标已在澳大利亚被他人合法注册，并取得了澳大利亚权利人的授权，该批货物实际上属于定牌加工产品，产品将全部出口，不会在中国境内销售等事实。鉴于此，拱北海关于4月21日对此案作出“不能认定是否构成侵权”的结论，并书面通知了双方当事人。

5月3日，美国国民普赖斯托工业有限公司和樱达生活电器（中山）有限公司共同书面致函拱北海关，称双方已达成和解协议。按照协议规定，在取得商标权使用费及相关费用补偿的前提下，美国国民普赖斯托工业有限公司同意授权樱达生活电器（中山）有限公司在被扣的搅拌机上使用“PRESTO”商标并将继续出口；樱达生活电器（中山）有限公司同意支付货物在被海关扣留期间的全部仓储费。在信函中，双方请求海关提前放行在扣货物并退还美国国民普赖斯托工业有限公司为申请海关扣留货物已提交的案件担保金。5月10日，拱北海关解除对有关货物的扣留。

（二）评析

此案充分反映了当前知识产权海关保护执法所面临的复杂局面和日益增加的工作难度。此案最终以权利人与发货人达成和解而结案，以和解方式化解侵权争议，既达到了权利人与发货人各自实现利益最大化的目的，也使海关面临的执法争议和复杂的实务问题得到了有效解决，形成了海关、权利人与收发货人“三赢”的局面，较好地实现了海关执法法律效果与社会效果的有机统一，具有相当的代表性和典型意义。

附：

1. 美国国民普赖斯托工业有限公司在海关总署备案的“PRESTO”商标

2. 樱达生活电器（中山）有限公司被海关扣留的出口“PRESTO”搅拌机

3. PRESTO 在澳大利亚的商标注册证和澳大利亚客户授权樱达生活电器（中山）有限公司生产搅拌机的委托书

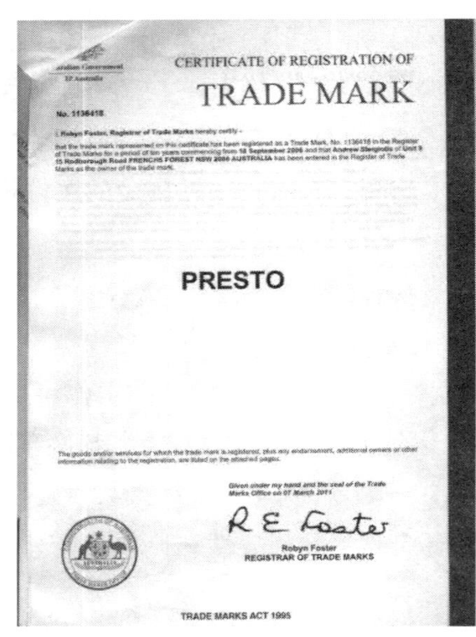

CERTIFICATE OF REGISTRATION OF

TRADE MARK

No. 1136418

I, Robyn Foster, Registrar of Trade Marks hereby certify -

that the trade mark represented on this certificate has been registered as a Trade Mark, No. 1136418 in the Register of Trade Marks for a period of ten years commencing from 18 September 2006 and that Andrew Stergiotis of Unit 9 15 Rodborough Road FRENCHS FOREST NSW 2086 AUSTRALIA has been entered in the Register of Trade Marks as the owner of the trade mark.

PRESTO

The goods and/or services for which the trade mark is registered, plus any endorsement, additional owners or other information relating to the registration, are listed on the attached pages.

Given under my hand and the seal of the Trade Marks Office on 07 March 2011

R E Foster

Robyn Foster
REGISTRAR OF TRADE MARKS

TRADE MARKS ACT 1995

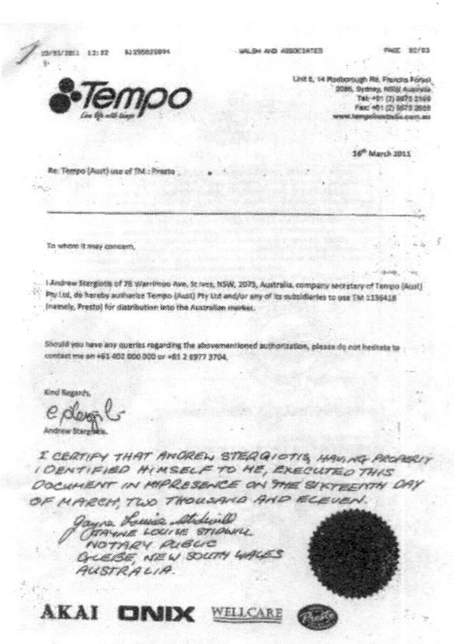

Tempo

Re: Tempo (Aust) use of TM.: Presto

16th March 2011

To whom it may concern,

I Andrew Stergiotis of 78 Warrimoo Ave, St Ives, NSW, 2075, Australia, company secretary of Tempo (Aust) Pty Ltd, do hereby authorize Tempo (Aust) Pty Ltd and/or any of its subsidiaries to use TM 1136418 (namely, Presto) for distribution into the Australian market.

Should you have any queries regarding the abovementioned authorization, please do not hesitate to contact me on +61 402 000 000 or +61 2 8977 3704.

Kind Regards,

Andrew Stergiotis

I CERTIFY THAT ANDREW STERGIOTIS, HAVING PROPERLY IDENTIFIED HIMSELF TO ME, EXECUTED THIS DOCUMENT IN MY PRESENCE ON THE SIXTEENTH DAY OF MARCH, TWO THOUSAND AND ELEVEN.

NOTARY PUBLIC
GLEBE, NEW SOUTH WALES
AUSTRALIA

AKAI ONIX WELLCARE

六、无锡艾弗国际贸易有限公司出口侵犯“CROCODILE”商标专用权棉制梭织女士牛仔裤案

（一）案情介绍

2010年1月29日，无锡艾弗国际贸易有限公司委托上海荣马国际物流有限公司向上海海关申报向韩国出口3 484条棉制梭织女裤，价值39 245.46美元。海关经查验，发现该批货物带有在海关总署备案的“CROCODILE”

商标。2010 年 2 月 3 日，“CROCODILE”商标权利人香港鳄鱼恤有限公司经确认，认为该批货物未经其许可使用其商标的行为构成侵权，并于 2010 年 2 月 4 日向上海海关提出扣留侵权嫌疑货物的申请。上海海关于 2010 年 2 月 10 日将该批货物扣留。

在海关调查过程中，当事人称，2009 年 11 月韩国外商 CROCODILE 向韩国 A4 STYLE CO., LTD（以下简称韩国艾弗公司）定购一批棉制梭织女式牛仔裤，并由韩国外商 CROCODILE 提供所有用于该批棉制梭织女式牛仔裤上的标有“CROCODILE”商标的标牌，随后韩国艾弗公司向无锡艾弗国际贸易有限公司订购了该批货物。无锡艾弗国际贸易有限公司接到订单后，按照客户要求请无锡艾派服饰有限公司生产了该批货物，由无锡艾弗国际贸易有限公司安排车辆运至上海装箱，并委托报关公司报关出口。该批货物的收货方为韩国艾弗公司，该公司与生产厂、无锡艾弗国际贸易有限公司、韩国 CROCODILE 关系是：无锡艾弗国际贸易有限公司及韩国艾弗公司是无锡艾派服饰有限公司的股东，货物由韩国艾弗公司在韩国收货，然后出售给韩国外商 CROCODILE。

经过调查，海关了解到，该批货物系当事人接受新加坡鳄鱼公司委托生产，并销往韩国，且新加坡鳄鱼公司为“CROCODILE”商标在韩国的商标注册人。

由于此前上海市高级人民法院曾于 2009 年 11 月就类似的上海申达音响电子有限公司与玖丽得电子（上海）有限公司侵犯商标专用权纠纷一案作出了不构成侵权的民事判决，上海海关经对该案进行调查，于 2010 年 10 月 11 日依法作出“不能认定是否侵权”的决定。

为防止香港鳄鱼公司再次采取阻止其出口相关商品的法律行动，无锡艾弗公司于 2010 年 3 月 12 日主动向上海浦东新区法院提起针对香港鳄鱼公司的“确认不侵权”诉讼。2011 年 3 月 18 日，上海浦东新区人民法院作出（2010）浦民三（知）初字第 146 号民事判决，认定无锡艾弗公司的行为不构成对被告享有“CROCODILE”注册商标专用权的侵犯。

（二）评析

定牌加工的判断和认定一直是海关知识产权保护工作的难点，在司法实践中也存在不同的认识。上海市高级人民法院曾于 2009 年 11 月就类似的上海申运音响电子有限公司与玖丽得电子（上海）有限公司侵犯商标专用权纠纷一案作出了不构成侵权的民事判决。本案中，为防止香港鳄鱼公司再次采取阻止其出口相关商品的法律行动，无锡艾弗公司于 2010 年 3 月 12 日主动向上海浦东新区法院提起针对香港鳄鱼公司的“确认不侵权”诉讼。2011 年 3 月 18 日，上海浦东新区人民法院作出（2010）浦民三（知）初字第 146 号民事判决，认定无锡艾弗公司的行为不构成对被告享有“CROCODILE”注册商标专用权的侵犯。

本案中上海海关综合运用司法判例等多种调查手段进行综合分析判断，对涉案货物依法作出不能认定是否侵权的决定，具有典型意义。

附件：

1. 香港鳄鱼公司在海关总署备案的“CROCODILE”商标

CROCODILE

2. 无锡艾弗国际贸易有限公司被海关扣留的出口“CROCODILE”棉制梭织女裤

3. 上海市第一中级人民法院民事判决书

上海市第一中级人民法院

民事判决书

（2011）沪一中民五（知）终字第130号

上诉人（原审被告）某鱼恤有限公司。

被上诉人（原审原告）无锡某国际贸易有限公司。

上诉人某鱼恤有限公司（以下简称某鱼恤公司）因确认不侵害注册商标专用权纠纷一案，不服上海市浦东新区人民法院（2010）浦民三（知）初字第146号民事判决，向本院提起上诉。本院于2011年5月26日受理后，依法组成合议庭，于同年6月16日公开开庭审理了本案。上诉人某鱼恤公司的委托代理人于福利，被上诉人无锡某国际贸易有限公司（以下简称无锡某公司）的委托代理人陶鑫良、潘娟娟到庭参加了诉讼。本案现已审理终结。

原审法院查明：某鱼恤公司于1996年3月30日经我国国家商标局核准注册第246898号“CROCODILE”商标，核定使用商品为第25类裤子等，有效期至2016年3月29日。

新加坡鳄鱼公司在韩国注册了以下商标：1987年11月19日注册0147499号“Crocodile及图”商标，有效期至2017年11月19日，指定商品为第45类长裤等；2005年10月5日注册0633791号“CROCODILE”文字商标，有效期至2015年10月5日，指定商品为第25类牛仔裤等；2006年4月3日注册40-0657083号“Crocodile”文字商标，有效期至2016年4月3日，指定商品为第25类长裤等。

新加坡鳄鱼公司（许可方）与韩国亨籍公司（被许可方，2009年11月更名为时装集团亨籍有限公司）于2007年4月23日签订《商标许可协议》，约定被许可方无权将其在本协议下获取的任何权利转授予他人。被许可方有权与另一方洽谈生产特许商品或特许商品的组建，以供被许可方依照本协议第3.2款及3.3款的规定进行其专有的销售、使用及配销。被许可方同意并保证只在附件B指明的授权生产地点生产特许商品。未经许可方事先书面同意，被许可方不得将其生产设施迁移至另一个地点或扩充至多个地点。3.2款约定，如果被许可方在任何时候想要由第三方在地域内生产含有许可之商标的特许商品或其部件，必须通知许可方有关上述预定制造商的名称及地址，并指明涉及的特许商品或部件且须取得许可方的事先书面许可，作为维持本协议效力的条件。如果许可方准备授予上述许可，须先满足以下条件：（1）被许可方签署一份由许可方提供的同意书表格；（2）被许可方促使上述每位制造商及承包商签署相关协议书；（3）许可方收到双方签署的协议书正本。3.3 款约定，如果被许可方在任何时候想要由第三方在地域以外生产含有许可之商标的特许商品或其部件，除了上述同意之 3.2 款所列明的所有条件之外，还必须承诺并担保由被许可方将上述制造完成的特许商品或部件输入回地域内，以便在地域内通过销售渠道进行销售及配销。对于任何因被许可方以上述方式从地域以外获取其供应品而导致第三方对许可方提出法律诉讼所产生的任何损失，被许可方保证会补偿许可方并使许可方免受其害。19.3 款约定禁止分让许可：被许可方不得以任何方式、形式或形态分让本协议的许可。被许可方分让许可的行为包括被许可方在未经许可方事先书面同意下与任何人士、企业及 / 或一方达成任何有关商标使用的口头或书面、直接或间接、部分或完整的分让许可协议或约定。根据协议的附件 A，本协议的商标包括 633791 号“CROCODILE”商标、147499 号“Crocodile 及图”商标、657083 号“Crocodile”商标等，地域均只限于韩国。根据附件 B，协议的许可期间为 2007 年 3 月 1 日至 2014 年 2 月 28 日。

2009 年 11 月 30 日，（韩国）亨籍公司（买方）与韩国某公司（卖方）签订合同书，品名为女性牛仔裤，数量 3 500 条，单价 27 900 韩元，交货日期 2010 年 1 月 29 日。

2009 年 12 月 2 日，无锡某公司（卖方）与韩国某公司（买方）签订加工合同，品名为女士牛仔裤，数量 3 500 条，单价 11.3 美金，金额与数量允许 5% 增减，由卖方决定。

韩国亨籍公司向韩国某公司出具的确认书，称其委托该公司加工生产的款式，可以在无锡某公司处加工生产，所制造的所有鳄鱼牌服装必须全部发回韩国，在中国境内不得进行任何销售。同时授权的商标除“Crocodile”外，还需加上“CROCODILE”、“Crocodile 及图”和鳄鱼图形商标。

2010 年 7 月 23 日，新加坡鳄鱼公司出具授权书，韩国亨籍公司与该公司在 2007 年 4 月 23 日签署授权合约，该公司确认，亨籍公司可以授权韩国某公司和无锡某公司代为制造鳄鱼牌女性成衣服饰，且所有其制造或经其授权制造的鳄鱼牌女性成衣服饰仅限在韩国境内销售，被授权商标包括 633791 号“CROCODILE”商标、147499 号“Crocodile 及图”商标、657083 号“Crocodile”商标等，本授权书溯及既往。

2010 年 1 月 29 日，无锡某公司申报出口，报关单显示，运抵国为韩国，商品名称棉制女裤，数量 3 484 条，单价 11.3 美元。

2010 年 2 月 10 日，上海海关向无锡某公司发出《扣留侵权嫌疑货物告知书》，告知上述货物涉嫌侵犯某鱼恤公司的“CROCODILE”注册商标专用权，海关已予以扣留。如无锡某公司认为海关扣留的货物未侵犯某鱼恤公司的“CROCODILE”商标专用权的，应当向海关提出书面说明并附送相关证据。无锡某公司随即向海关提出异议。

扣留的牛仔裤吊牌及腰背贴显示“CROCODILELADIES”，吊牌及水洗标上有“Crocodile 及图”标志。吊牌上有亨籍公司的名称、地址、网址（www.crocodilelady.com），并有销售商亨籍公司，韩国原料、中国加工，本制品是亨籍服装株式会社企划，并与鳄鱼国际机构私人有限公司在技术及品牌合作的产品，大韩民国著名品牌认证等文字。

2010 年 10 月 11 日，上海海关向某鱼恤公司发出《侵权嫌疑货物知识产权状况认定通知书》，对无锡某公司申报出口的 3 484 条标有“CROCODILE”商标的棉制梭织女士牛仔裤不能认定是否侵犯某鱼恤公司的

“CROCODILE”商标专用权，请该公司在2010年11月8日前向人民法院申请采取责令停止侵权行为或财产保全的措施，并将人民法院有关协助执行通知送达海关，逾期，海关将放行有关货物。由于某鱼恤公司到期未向法院提出申请，上海海关已将涉案牛仔裤放行。

原审法院认为：（1）关于无锡某公司能否提起本案确认不侵权之诉。提起确认不侵权之诉应以无锡某公司受到侵权警告为前提条件。由于海关在检查中发现无锡某公司申报出口的货物上使用了与某鱼恤公司相同的注册商标，涉嫌侵犯某鱼恤公司的注册商标专用权，在某鱼恤公司提出扣留申请后，无锡某公司申报出口的商品被海关扣留，并接到了海关关于涉案货物涉嫌商标侵权而被扣留的通知，该通知与无锡某公司有直接的利害关系，其必然使无锡某公司的利益受到影响，因此可以认为无锡某公司受到了内容明确的侵权警告。同时由于某鱼恤公司向海关申请扣留无锡某公司货物，导致无锡某公司能否接受境外公司的委托进行定牌加工处于不确定状态，直接影响到无锡某公司的经营行为。虽然无锡某公司起诉时，上海海关对涉案行为尚在处理期间，但在本院首次开庭之前，上海海关发出了不能认定无锡某公司出口的货物是否侵犯某鱼恤公司注册商标专用权的通知，即海关未能在其处理期间对无锡某公司的行为性质作出认定，从而使无锡某公司的行为是否构成商标侵权处于待定状态，而某鱼恤公司在收到通知后并未根据海关的通知向法院申请采取责令停止侵权行为或财产保全的措施。因此，无锡某公司向法院提出请求确认不侵权的诉讼可以使侵权纠纷的不确定状态得以结束，并使其以后的经营活动能够正常进行，故无锡某公司的确认不侵权之诉符合起诉的条件。

（2）关于无锡某公司的定牌加工出口行为是否侵犯了某鱼恤公司的注册商标专用权。根据《中华人民共和国商标法》第五十二条规定，未经商标注册人的许可，在同一种商品或者类似商品上使用与其注册商标相同或者近似的商标的，属侵犯注册商标专用权的行为。但商标的本意就是为了区分商品或服务，商标受保护的基础体现在其所具有的识别性上，因此本案中认定商标侵权行为应当结合是否会使相关公众对商品产生混淆或误认来进行综合判断。

首先，无锡某公司的生产行为属于涉外定牌加工的行为。无锡某公司申报出口的服装上使用的商标是新加坡鳄鱼公司在韩国合法注册的商标，核定使用商品为长裤、牛仔裤等，境外公司在委托无锡某公司加工的女裤上使用涉案商标的行为并未超出商标核定使用的范围。无锡某公司受境外公司的委托，按照境外公司的要求加工女裤，女裤标签上标明了委托加工方韩国亨籍公司和商标权利人新加坡鳄鱼公司，与无锡某公司提供的商标授权情况相印证，同时无锡某公司加工的该批女裤全部被运回韩国，无锡某公司并未在国内销售。虽然加工合同约定加工数量为3 500条，但同时约定了5%的溢短装条款，因此产品数量在3 325条～3 675条之间都是符合合同约定的，故可以认定无锡某公司申报出口3 484条女裤系履行加工合同，故无锡某公司的行为属于接受境外公司委托而进行的涉外定牌加工行为。某鱼恤公司称无锡某公司可能在中国市场上销售涉案牛仔裤，但没有提出相应证据，原审法院对此不予采信。

其次，无锡某公司使用涉案商标具有合法授权，无锡某公司并无侵权的主观故意和过错。新加坡鳄鱼公司在韩国享有“Crocodile及图”、“CROCODILE”、“Crocodile”注册商标专用权，韩国亨籍公司根据与新加坡鳄鱼公司签订的《商标许可协议》享有上述商标在韩国的使用权，有权在协议约定范围内使用上述商标。根据《商标许可协议》的约定，若要由第三方在韩国以外生产含有上述商标的商品或其部件，必须经商标权人书面许可，且必须保证全部返销韩国。韩国亨籍公司出具了确认书，明确可以在无锡某公司处加工生产涉案服装，并要求必须全部发回韩国。新加坡鳄鱼公司于2010年7月23日出具的授权书又对韩国亨籍公司通过韩国某公司向无锡某公司定牌加工的行为进行了确认，虽然新加坡鳄鱼公司的授权书是在本案诉讼中做出的，但授权书明确效力溯及继往，也就是说新加坡鳄鱼公司对于委托无锡某公司加工涉案服装是许可的。故无锡某公司加工并将涉案牛仔裤返销韩国的行为符合《商标许可协议》的约定，无锡某公司在加工的服装上使用涉案商标具有商标权利人合法的授权，无锡某公司并无侵权的主观故意和过错。

再次，无锡某公司定牌加工的行为并未造成市场混淆，也未对某鱼恤公司造成影响及损失。商标的基本功能来源于识别功能，核心在于避免一般消费者对商品来源产生混淆。商标依附于商品，只有使用在商品上并投入市场后，才能发挥其功能，体现其价值。虽然涉案商标与某鱼恤公司的注册商标近似，也被使用在相同的商品上，但涉案产品吊牌上标明了商标权利人新加坡鳄鱼公司的名称及韩国的品牌认证等，无锡某公司基于境外相关权利人的明确委托，加工涉案产品后全部发往韩国，产品不在中国境内销售。涉案商标仅在中国境外产生商品来源的识别作用，不可能造成国内相关公众的混淆、误认，而某鱼恤公司取得的商标权只在国内产生法律效力，因此不会对某鱼恤公司在国内的商标权造成损害，且某鱼恤公司在韩国不享有“CROCODILE”商标专用权，其不可以在该国销售附有与新加坡鳄鱼公司相同或近似商标的同类商品，因此涉案牛仔裤在韩国销售也不会对某鱼恤公司的利益产生影响。

综上，无锡某公司接受境外商标权人的委托，加工含有“Crocodile 及图”、“CROCODILE”商标的服装并全部交付境外委托方的行为，不构成对某鱼恤公司享有的“CROCODILE”注册商标专用权的侵犯。

据此，原审法院依照《中华人民共和国商标法》第五十二条第（一）项、《最高人民法院关于审理商标民事纠纷案件适用法律若干问题的解释》第八条、第九条之规定，判决确认无锡某公司、无锡某国际贸易有限公司申报出口韩国的服装上使用“Crocodile 及图”和“CROCODILE”商标的行为不构成对某鱼恤公司、某鱼恤有限公司享有的第 246898 号“CROCODILE”注册商标专用权的侵犯。

原审判决后，某鱼恤公司不服，向本院提起上诉，请求撤销原审判决，驳回被上诉人的全部诉讼请求。主要理由是：（1）被上诉人侵权事实明显，上诉人已及时提请海关处理侵权事宜，在海关处理过程中，被上诉人无权提起确认不侵权之诉；（2）被上诉人未获得合法授权使用涉案商标，不能以韩国亨籍公司出具的确认书及新加坡鳄鱼公司的事后补充授权认定被上诉人使用商标的合法性；（3）被上诉人没有证据证明其未在中国境内销售涉案商品；（4）根据相关法律规定，被上诉人未经商标注册人的许可，在同一种商品或者类似商品上使用与上诉人注册商标相同或者近似的商标，侵犯了上诉人的注册商标专用权，不能以其系定牌加工行为，涉案商品全部销售在境外，未导致公众混淆、误认为由，认定其不构成商标侵权；（5）原审存在未审先判、多次拖延审理的情况，审判程序违法。

被上诉人无锡某公司答辩称：（1）原审程序合法；（2）被上诉人在收到海关相关侵权警告后，因上诉人未在合理期限内起诉，为了使侵权纠纷的不确定状态得以结束，使被上诉人对其是否可以继续从事此类定牌加工业务得以明确，故提起本案诉讼，符合法律规定；（3）被上诉人定牌加工行为拥有合法授权，且已对韩国亨籍公司及韩国某公司使用涉案商标的授权事宜履行了合理的审查义务；（4）被上诉人的定牌加工产品全部销往境外，在境内没有销售，不会导致相关公众混淆和误认，故原审认定不构成商标侵权并无不当。综上所述，被上诉人认为原审认定事实清楚，判决并无不当，请求二审法院驳回上诉人的上诉请求。

二审期间，上诉人向本院提交了：（1）北京市方正公证处（2010）京方正内经证字第 07390 号公证书，（2）上海市浦东新区人民法院传票三份。上诉人以证据（1）证实，本案一审庭审前，原审法院即就本案发表了倾向性意见，属于未审先判，程序违法。同时，上诉人以证据（2）证实，原审多次变更开庭时间，最终拖延至涉案商品因上海海关不能认定是否侵犯上诉人商标专用权，而予以放行后才进行庭审。

被上诉人对上述证据的真实性、合法性均没有异议，但认为该两份证据与本案均不具有关联性。

经查，上诉人提交的（2010）京方正内经证字第07390号公证书的主要内容为：浦东知识产权司法保护网上登载的由原审法院承办法官撰写的题为“新形势下定牌加工的侵权认定应注意‘四个审查’”一文。该文陈述了本案由该院立案受理的事实及审判实践中对定牌加工行为的不同观点，并阐述了作者对此类案件应从四方面全面审查、个案分析的意见。综上，该证据内容仅涉及审判实践中的观点，并未就本案做出相关评判意见，故上诉人以此证实原审法院违反审判程序，未审先判，于法无据，本院对此不予采信。

此外，对上诉人提交的三份原审庭审传票，经查，该三次传票传唤均符合法律规定，不存在程序违法之嫌，故本院对上述证据亦不予采信。

被上诉人在二审期间未提供新的证据。

经审理查明，原审法院认定的事实基本属实，本院予以确认。

另查明，2010年10月11日，上海海关向上诉人某鱼恤公司发出的《侵权嫌疑货物知识产权状况认定通知书》记载：“……我关于2010年1月29日查验发现无锡某国际贸易有限公司申报出口韩国的棉制梭织女式牛仔裤涉嫌侵犯你单位在总署备案的‘CROCODILE’商标专用权。你单位于2010年2月3日向我关提出知识产权海关保护申请。我关于2010年2月10日将上述货物予以扣留。……”

二审庭审中，上诉人明确表示，海关曾要求其确认涉案商标是否与该公司商标相近似，生产厂家是否系该公司所属生产商等内容。上诉人亦曾回复海关，确认涉案商标与其商标相同，且该厂家非其公司所属。

本院认为，本案双方争议焦点主要是：（1）被上诉人是否有权提起本案确认不侵权之诉；（2）原审判决确认不侵权是否有法律依据。

（1）被上诉人是否有权提起本案确认不侵权之诉

根据《中华人民共和国民事诉讼法》第一百零八条之规定：“起诉必须符合下列条件：（一）原告是与本案有直接利害关系的公民、法人和其他组织；（二）有明确的被告；（三）有具体的诉讼请求和事实、理由；（四）属于人民法院受理民事诉讼的范围和受诉人民法院管辖。”本院认为，本案中被上诉人是否有权提起确认不侵权之诉，应以其是否与本案有直接利害关系为条件。经查，上海海关在检查中发现被上诉人申报出口的货物上使用了与上诉人相同的注册商标，涉嫌侵犯上诉人的注册商标专用权，且在上诉人根据海关要求就相关问题进行答复后，对涉案货物予以扣留，并向被上诉人发出《扣留侵权嫌疑货物告知书》，该事实亦在二审庭审中得到了上诉人的确认，故本案中海关扣留被上诉人货物并向其发出书面告知书，系对被上诉人涉嫌侵权行为的一种明确的侵权警告。尽管该警告系以海关书面告知书形式向被上诉人发出，但该告知书是以被上诉人为警告对象，明确了涉案货物涉嫌侵犯上诉人的注册商标专用权的内容，使被上诉人能否继续从事此类加工行为存在不确定性，从而直接影响被上诉人的经营行为，故其与本案有直接的利害关系，有权提出本案确认不侵权之诉。此外，上诉人认为本案诉讼应在海关做出处理决定后提起的上诉理由，本院认为没有相关法律依据，故对该上诉理由，本院不予支持。

（2）原审判决确认被上诉人申报出口的服装上使用“Crocodile及图”和“CROCODILE”商标的行为不构成对上诉人享有的注册商标专用权的侵犯是否具有法律依据

本院认为，首先，国内定牌加工企业取得国外委托方的委托生产订单，应履行合理的审查义务，包括取得国外商标的权利授权证明等。本案中，根据新加坡鳄鱼公司（许可方）与韩国亨籍公司（被许可方）于2007年4月23日签订的《商标许可协议》3.3款的约定、韩国亨籍公司向韩国某公司出具的确认书及新加坡鳄鱼公司于2010年7月23日出具的授权书的记载，韩国亨籍公司得到“Crocodile及图”和“CROCODILE”商标权人新加坡鳄鱼公司的许可，在保证所有加工服装发回韩国，不在中国境内销售的前提下，可以在被上诉人处加工生产涉案服装。尽管新加坡鳄鱼公司的授权书系在一审过程中出具，但该授权书明确了“效力溯及既往”，即明确了新加坡鳄鱼公司对韩国亨籍公司有权授权被上诉人加工涉案服装，并在服装上印制涉案商标的认可。综上，被上诉人加工涉案服装并全部发回韩国销售的行为，是取得合法授权的。故上诉人某鱼恤公司以被上诉人系未获得合法授权使用涉案商标为由，认为被上诉人使用涉案商标不具有合法性的上诉理由，本院不予采信。

其次，上诉人认为被上诉人没有证据证明其未在中国境内销售涉案产品。经查，根据韩国亨籍公司与韩国某公司签订的合同书、被上诉人与韩国某公司签订的加工合同及海关报关单记载，被上诉人加工的涉案商品已全部被运回韩国，并未在国内销售。虽然加工合同约定的加工数量与实际报关出口的数量存在差额，但该差额符合合同约定的“5%增减数量”。上诉人对被上诉人未在境内销售涉案商品存有异议，但没有提供相关证据加以佐证，故本院对该上诉理由亦不予采信。

再次，上诉人认为被上诉人定牌加工的行为属于对其在中国境内依法注册的商标的使用，该行为侵犯了其注册商标专用权。本院认为，商标的基本功能在于对商品的识别，包括对商品产地、制造商等商品来源信息的识别。定牌加工是指有境外委托方提供商标，境内的受托方将其提供的商标印在所加工的商品上，并将加工后的产品全部返还给委托方，受托方不负责对外销售的生产组织方式。本案现有证据可以证实，被上诉人系根据合法委托进行定牌加工的服装生产企业，其使用国外商标权人（新加坡鳄鱼公司）的涉案商标，并将其所生产的服装全部销往韩国，不在中国境内销售。虽然涉案商标与上诉人在我国境内的注册商标近似，并使用在相同的商品上，但由于被上诉人生产的服装吊牌上标明了商标权人系新加坡鳄鱼公司，销售商系韩国亨籍公司等清晰、明确的商品来源信息，且上述服装由被上诉人在中国境内加工后，全部销往境外（韩国），对国内相关公众识别上诉人相同商品的产地、制造商等信息不可能产生混淆、误认，故不会对上诉人在我国境内取得的商标权造成损害。上诉人认为该定牌加工行为构成商标侵权的上诉理由于法无据，本院不予支持。

综上，被上诉人依据合法授权，承接定牌加工业务，在其生产的服装上使用“Crocodile及图”和“CROCODILE”商标，并全部销往境外的行为不构成对上诉人享有的注册商标专用权的侵犯，原审判决于法有据，并无不当。

综上所述，原审认定事实清楚，适用法律正确，本院应予维持；上诉人的上诉理由不能成立，本院对其上诉请求应予驳回。据此，依照《中华人民共和国民事诉讼法》第一百五十三条第一款第（一）项、第一百五十八条的规定，判决如下：

驳回上诉，维持原判。

二审案件受理费人民币800元，由上诉人某鱼恤有限公司负担。

本判决为终审判决。

审判长　陆凤玉
代理审判员　李晓平
代理审判员　桂　佳
二〇一一年七月十五日

4. 上海高院上海申达音响电子有限公司诉玖丽得电子（上海）有限公司民事判决书

上海市高级人民法院

民事判决书

（2009）沪高民三（知）终字第 65 号

上诉人（原审原告）上海申达音响电子有限公司，住所地上海市嘉定区嘉朱公路 5 号桥侧。

法定代表人陈静国，该公司董事长。

被上诉人（原审被告）玖丽得电子（上海）有限公司，住所地上海市松江区洞泾镇洞业路 205 号 1 号楼二楼西面。

法定代表人 MICHAEL ALLEN，该公司执行董事。

上诉人上海申达音响电子有限公司（以下简称申达公司）因侵犯商标专用权纠纷一案，不服上海市第一中级人民法院（2008）沪一中民五（知）初字第 317 号民事判决，向本院提起上诉。本院依法组成合议庭公开开庭审理了本案。申达公司的委托代理人孙佳健、温明，被上诉人玖丽得电子（上海）有限公司（以下简称玖丽得公司）的委托代理人何培民、王璟到庭参加诉讼。本案现已审理终结。

原审法院审理查明："JoLida +"图形文字组合商标（商标注册证第 1163193 号）的注册人为申达公司，核定使用商品类别第 9 类：扩大器、收音机、影碟机，注册有效期限自 1998 年 3 月 28 日至 2008 年 3 月 27 日止。该注册商标经过续展注册有效期至 2018 年 3 月 27 日。

2008 年 7 月 9 日，中华人民共和国海关总署核准申达公司对该注册商标的知识产权保护申请，备案号为 T2008-13440，有效期自 2008 年 7 月 9 日至 2018 年 3 月 27 日。

2008 年 7 月 23 日，美国朱利达电子有限公司（买方）与玖丽得公司（卖方）签订合同，约定玖丽得公司向买方出售 JD1501RC、JD202 及 JD1301 电子管功率放大器，总价为美元 18 800 元。

2008 年 8 月 1 日，上海海关法规处向申达公司发出《确认知识产权侵权状况通知书》，称上海外高桥港区海关查获玖丽得公司以一般贸易方式申报出口美国的电子管功率放大器 98 台，价值 18 800 美元，商品上标有"Jolida +"商标，涉嫌侵犯申达公司在海关总署备案的知识产权。经申达公司申请，上海海关对该批货物予以扣留。

2009 年 2 月 4 日，上海海关出具《侵权嫌疑货物知识产权状况认定通知书》（沪关知字 [2008] 第 141 号），对玖丽得公司申报出口美国的电子管功率放大器是否侵犯申达公司"JoLida +"商标专用权不能作出认定。

另查明，1996 年 10 月 28 日，美国朱利达电子有限公司申请设立申达公司，公司类型为有限责任公司（外国法人独资），经营范围为生产视听音响设备，音频处理、数据处理电子产品，模拟控制、数字控制类电子产品及相关电子配件，销售本公司自产产品。

1997 年 11 月 10 日，上海市嘉定区人民政府批复同意申达公司调整出资额及转股，申达公司投资者由"美国朱利达电子有限公司"改为"美国嘉迪（国际）有限公司"。

2007 年 1 月 10 日，美国朱利达电子有限公司投资设立玖丽得公司，公司类型为有限责任公司（外国法人独资），经营范围为加工、生产数字放声设备，销售公司自产产品，并提供售后技术服务。

又查明，美国专利和商标局商标注册簿材料载明，美国朱利达电子有限公司为“JOLIDA”文字和“ ”图形的商标注册人。“JOLIDA”文字商标的注册编号3209962，注册时间2007年2月20日，首次使用和商业中使用时间均为1986年12月31日，商品国际分类为第9类：电子器材，如声音扩音器和调谐器。“ ”图形商标的注册编号为3134802，注册时间为2006年8月29日，首次使用和商业中使用均为1986年12月31日，商品国际分类第9类：电子器材、调谐器、CD播放器。

2009年3月3日，该院组织双方当事人到被控侵权产品扣押场所现场进行勘验和比对，被控侵权产品外包装纸箱上贴有“JOLIDA INC TEL：0013019532014 MADE IN CHINA”及产品型号等标志。玖丽得公司在被控侵权产品及包装上使用“ ”及“JOLIDA”文字商标情况如下：（1）在型号JD1501RC被控侵权产品控制面板和内包装盒上使用了“ ”及“JOLIDA”文字商标；（2）在型号JD202被控侵权产品控制面板、顶部及内包装盒上使用了“ ”及“JOLIDA”文字商标；（3）在型号JD1301被控侵权产品控制面板上使用了“ ”及“JOLIDA”文字商标。经过比对，玖丽得公司在被控侵权产品及内包装上使用的商标与其在美国注册的“ ”图形商标与“JOLIDA”文字商标标志相同。玖丽得公司在被控侵权产品及内包装上使用的“ ”图形商标与申达公司“JoLida＋ ”图形文字组合商标的图形部分相同，“JOLIDA”文字商标与“JoLida＋ ”图形文字组合商标的文字部分英文字母及排序均相同，主要区别在于部分英文字母的大小写不同。

该院认为，商标的主要功能是区分商品和服务的来源，而《中华人民共和国商标法》所禁止的商标侵权行为的法律规定的主要目的在于防止相关消费者对商品和服务的来源产生混淆和误认，因此，认定商标侵权行为必须要结合是否存在混淆和误认的情况来综合判断。本案中，申达公司主张玖丽得公司在同种商品上使用了与申达公司注册商标相近似的商标，该行为构成商标侵权。玖丽得公司则辩称，其实施的是定牌加工出口行为，既有订货合同，又有美国商标合法授权，故认为不构成侵权。该院认为，判断玖丽得公司在本案中所实施的行为是否构成商标侵权需要考虑以下因素：

（1）涉案商标的权利状况。本案中申达公司三张的权利依据是“JoLida＋ ”图形文字组合商标，其在中国合法注册取得，申达公司在中国境内享有该商标的注册商标专用权。而案外人美国朱利达电子有限公司按照美国法律取得在美国境内“ ”图形商标和“JOLIDA”文字商标的注册商标专用权。此外，从商标首次使用的时间来看，案外人美国朱利达电子有限公司首次使用“ ”图形商标及“JOLIDA”文字商标的时间早于申达公司成立时间及“JoLida＋ ”图文组合商标的注册时间。

（2）双方当事人与案外人美国朱利达电子有限公司的投资关系情况。根据工商资料显示，双方当事人均是由案外人美国朱利达电子有限公司投资设立的外商独资企业，虽然目前工商资料显示申达公司的股东已经不是美国朱利达电子有限公司，但是申达公司与美国朱利达电子有限公司曾经是投资关系，且申达公司注册商标中的文字部分也和美国朱利达电子有限公司英文名称中的字号相同。

（3）被控侵权行为的性质。双方当事人对被控侵权产品及内包装上使用的商标与申达公司的注册商标相近似均无异议，但从玖丽得公司的合同及被控侵权产品内外包装上标注的美国朱利达电子有限公司的企业名称等综合考虑，玖丽得公司使用的商标是美国朱利达电子有限公司在美国享有合法商标权的商标且产品全部出口美国，因此玖丽得公司在本案中的行为属于涉外定牌加工出口的行为。

（4）产品的相关市场及混淆的可能。由于涉外定牌加工出口的产品全部销往美国市场，而且在产品及包装上标注的商标和企业名称均为美国朱利达电子有限公司所有，因此在美国市场，相关消费者通过商标标志区分商品的来源为美国朱利达电子有限公司。而由于涉案产品全部出口，未在中国市场实际销售，中国国内的消费者不存在对该商品的来源发生混淆和误认的可能。

该院认为，综合上述考虑因素，本案中关联企业内部由于投资关系的变化，造成了企业间在不同国家法域内各自独立享有原关联企业内部的商标专用权。涉外定牌加工行为中商品由于全部出口仅涉及的是美国市场及相关消费者，在中国市场内由于没有销售所以相关消费者不会对该产品发生混淆和误认的可能。因此，玖丽得公司的行为不构成商标侵权，故该院对申达公司的诉讼请求难以支持。据此，依照《中华人民共和国商标法》第五十二条第（一）项之规定，判决：驳回申达公司全部诉讼请求。案件受理费人民币 4 376 元、保全费人民币 1 195 元，由申达公司负担。

申达公司不服原审判决，上诉请求：（1）撤销原审判决；（2）诉讼费和保全费由玖丽得公司承担。

申达公司认为：（1）原审判决认定事实不清，确定性质不当。①美国朱利达公司与申达公司有贸易往来。玖丽得公司系美国朱利达公司全资设立，必然知晓申达公司的商标。②玖丽得公司与申达公司面对同一目标客户即美国朱利达公司。玖丽得公司恶意使用申达公司的注册商标，致使申达公司订单减少，造成其直接的经济损失，玖丽得公司的行为不属于典型的“定牌加工”。③美国朱利达公司的商标组合使用方式与申达公司注册商标相同，构成商标侵权。④申达公司一审提交的证据 13 即美国嘉迪（国际）有限公司与美国朱利达公司关于申达公司的知识产权归属协议，有美国朱利达公司代表黄洪声的签字，且对申达公司的知识产权进行了约定，一审未查清该事实。申达公司一审提交的证据 14 即外国企业常驻代表机构代表证原件在上海市工商行政管理局存档，一审法院未批准申达公司有关调查取证的申请且对该证据不予采信不当。⑤美国朱利达公司的商标权利晚于申达公司且不合法。⑥美国朱利达公司对申达公司无实际出资。申达公司一审提交的证据表明，该公司系由美国嘉迪（国际）有限公司独资设立的子公司，与玖丽得公司、美国朱利达公司并非关联企业。（2）原审判决适用实体法不当，违反法定程序。法律未规定混淆为商标侵权的构成要件，原审判决将混淆作为认定侵权的因素，超越司法机关的职能，系适用法律错误。

玖丽得公司答辩认为：（1）申达公司长期为美国朱利达公司贴牌生产并向其出口，在销售中均以美国朱利达公司为宣传品牌，故美国朱利达公司并非其经销商。（2）玖丽得公司与美国朱利达公司是典型的定牌加工关系，玖丽得公司合法使用美国朱利达公司的商标并向其出口，并未在中国市场销售。（3）申达公司恶意盗取并无差别复制了美国朱利达公司的商标，导致玖丽得公司被起诉。申达公司未对其商标来源作合理解释。美国朱利达公司的商标早于申达公司的商标，美国朱利达公司享有在先权利。（4）申达公司提交的美国嘉迪（国际）有限公司与美国朱利达公司关于申达公司的知识产权归属协议中黄洪声的签字不真实。（5）美国商标法保护商标权首次使用的时间，申达公司对此理解有误。（6）申达公司与美国朱利达公司及玖丽得公司之间是关联企业关系。1996 年美国朱利达公司出资设立了申达公司，申达公司转让股权的行为未得到美国朱利达公司的许可和认可，是非法转让，申达公司的母公司已于 1997 年 10 月 2 日消亡。（7）一审法院适用《中华人民共和国商标法》正确。《与贸易有关的知识产权协定》以是否可能产生混淆为判断商标侵权的标准，且规定定牌加工贸易纠纷适用进口国法律，故本案应适用美国法律。学术性探讨文章不能作为定案依据。最高人民法院对此未明确表态，但有文件表明对于定牌加工应保护在先权利。（8）美国朱利达公司的商标权、著作权早于申达公司取得商标的时间，属于在先权利，玖丽得公司的行为不构成商标侵权。

申达公司在二审期间，向本院提交了以下证据：（1）年度工作小结、委任书、申请书、美国朱利达公司简介，以证明美国朱利达公司任命黄洪声为上海办事处首席代表，美国朱利达公司总裁是黄洪声及相关签字都为其本人签字的事实。（2）联建补充协议书、上海市第一中级人民法院民事调解书，以证明黄洪声本人签字的情况及 1996 年其仍作为美国朱利达公司在中国处理事务的代表。

玖丽得公司质证认为，上述证据材料不属于新证据。年度工作小结有美国朱利达公司的名称和商标，并无黄洪声的签名，缺乏证据力。对于委任书、申请书的真实性无异议。美国朱利达公司简介反映 1983 年该公司建立后，在全球行业有非常大的影响力。证据（2）则与本案无关。

玖丽得公司向本院提交了以下证据。第一组：（1）美国马里兰州出具的黄洪声死亡证明，以证明美国朱利达公司委派至申达公司的法定代表人黄洪声已于 1997 年 6 月 9 日死亡；（2）Hansen Huang(黄洪声)美国护照，以证明美国朱利达公司委派至申达公司的法定代表人黄洪声的签名为“Hansen Huang”；（3）1997 年 9 月 5 日股权转让协议，以证明该协议源自申达公司工商档案作为所谓的股权转让之依据，黄洪声签名系伪造；（4）Michael Kenneth Allen 美国护照，以证明美国朱利达公司总裁 Michael Kenneth Allen 的签名为“Michael Allen”；（5）1997 年 8 月 25 日申达公司章程有关条款的修改；（6）1997 年 8 月 14 日董事会决议；（7）申达公司董事会组成人员；（8）2006 年 3 月 14 日董事会决议，上述第 5、6、7、8 份证据证明该四份文件“迈克”签名系伪造；（9）2007 年度外资企业年检报告书；（10）2008 年 7 月 15 日外商投资的公司变更（备案）登记申请书；（11）2008 年 6 月 25 日董事会决议；（12）2008 年 6 月 24 日免职书；（13）2008 年 6 月 24 日免职书；（14）2008 年 6 月 25 日外资企业申达公司章程，以上第 9、10、11、12、13、14 份证据证明“迈克”从未担任过美国嘉迪（国际）有限公司的法定代表人，美国嘉迪（国际）有限公司免去迈克作为申达公司董事长及董事的行为非法，美国嘉迪（国际）有限公司已经消亡，不具备法律主体资格，申达公司 2008 年章程内容不实，欺骗政府。第二组：（15）美国马里兰州关于 Chattery International Inc.[美国嘉迪（国际）公司]注销证明；（16）美国马里兰州财产评估及苛税部关于 Chattery International Inc.[美国嘉迪（国际）公司]注销证明；（17）上海市友林律师事务所致上海市工商管理局嘉定分局《关于请求撤销非法股权变更登记并公正处理商标纠纷的申诉报告》，上述第 15、16、17 份证据证明 Chattery International Inc.[美国嘉迪（国际）公司]早在 1997 年 10 月 2 日被美国马里兰州政府部门依法注销，其主体资格已经消亡。美国朱利达公司已委托律师依法向工商部门提起撤销非法股权变更的申诉。第三组：（18）申达公司介绍，以证明申达公司印发的公司介绍中明确声称其“是美国 Jolida Inc. 率先在国内独资设立的音响制造企业”，是“美国 Jolida Inc. 授权的亚洲地区总代理”。申达公司自认美国朱利达公司的音响产品早在 1996 年“在国际上享有声誉”，并获得一系列专业奖项，并被世界众多媒体竞相报道；（19）申达公司 Jolida 系列产品用户手册，以证明申达公司在其印制的《JOLIDA 系列产品用户手册》首页明确声称其为美国朱利达公司的亚洲总代理；（20）申达公司网站上的公司简介，以证明申达公司在其网站上明确声称其“是美国 Jolida Inc. 率先在国内独资设立的音响制造企业”，是“美国 Jolida Inc. 授权的亚洲地区总代理”，申达公司将美国朱利达公司历年所获奖项作为本公司的奖项对外宣传；（21）中国北京国际音响唱片大展网站申达公司介绍，以证明申达公司在 2003 年北京国际音响唱片大展参展公司介绍中声称其“是美国 Jolida Inc. 率先在国内独资设立的音响制造企业”，美国朱利达公司的系列音响产品早在 1996 年“在国际上享有声誉”，并获得一系列专业奖项，并被世界众多媒体竞相报道；（22）华音网《国际名牌音响尽在中国 SIAV!》，以证明申达公司在第十一届上海·国际音响影视展览会暨 2003 年高级 Hi-Fi 演示会公司介绍中表示“美国 JOLIDA 高级音响东南亚地区的总代理”；（23）责任声明书（Declaration of Responsibility），以证明申达公司与美国朱利达公司就 JOLIDA 商标系美国朱利达公司独家拥有的确认；（24）美国朱利达公司授权申达公司使用 CE 标志及认证书的确认函，以证明申达公司对美国朱利达公司授权申达公司使用 CE 标志和认证权限的确认。

申达公司认为，上述证据材料在一审庭审结束后已提交一审法院，不是二审新的证据。第一组证据充分说明股权转让文件真实合法，股权转让与本案无关。第一份证据有篡改痕迹，真实性无法认可，翻译公司是否有合法资质无法确认，对翻译内容有异议。第二组证据翻译件中无签证官的签字，对于真实性表示异议。翻译中所述“注销”在牛津词典中并非“注销”的含义。通过中英文双向调取，“注销”一词并无该文件中所述单词的表述。证据17是玖丽得公司单方制作，对其真实性不予认可。对于第三组证据的真实性不予认可。上述证据可以单方制作，网站上打印的材料作为证据需公证。在责任声明书和确认函上签署名字的秦忠并非申达公司的法定代表人也无任何授权，有关文件系单方制作。

本院认为，申达公司提交的联建补充协议书、民事调解书的当事人均为案外人。黄洪声签字的真实性无法核实，且美国朱利达公司总裁是否是黄洪声并不影响对玖丽得公司的行为是否构成商标侵权性质的认定。申达公司股权转让是否合法、申达公司母公司是否已消亡及美国朱利达公司是否是申达公司的经销商与本案商标侵权纠纷亦缺乏关联性，且双方当事人提交的上述证据材料在一审庭审结束前均已存在，不属于二审新的证据，故本院对上述证据材料依法均不予采纳。

经审理查明，原审判决查明的事实属实。

本院认为，确定是否是定牌加工，应从两个方面考虑，一是加工方系自主生产，还是按委托方的要求进行生产；二是加工方生产好产品后是全部交与委托方，还是自行予以销售。同时，加工方还需尽到对委托方是否享有合法商标权的审查注意义务。在本案中，虽然双方当事人因出口通关的需要，签订的是买卖合同，但是在该合同第8条写明，在收到预付款后卖方安排生产买方定单。涉案产品包装上的落款人是美国朱利达公司，也可印证被上诉人玖丽得公司是接受案外人美国朱利达公司的委托并按其要求进行生产的。另外，该产品在出口时被海关扣押，且无证据显示涉案产品在中国境内市场被销售。因此，被上诉人玖丽得公司与案外人美国朱利达公司存在事实上的定牌加工关系。被上诉人玖丽得公司系美国朱利达公司在中国的全资子公司，玖丽得公司的法定代表人即美国朱利达公司的负责人，因此对于涉案商标在美国享有合法有效的商标权，被上诉人玖丽得公司应当是明知的，应认定其对商标权利已尽了必要的审查注意义务，故一审法院认定玖丽得公司的行为构成定牌加工并无不当。商标侵权并不以故意为要件，故申达公司主张玖丽得公司必然知晓申达公司的商标，恶意实施商标侵权行为，造成其直接经济损失及玖丽得公司的行为不属于典型的“定牌加工”的观点依据不足，本院不予采信。被上诉人玖丽得公司提交的美国专利和商标局有关商标证明经公证认证，且申达公司对上述证据的真实性并无异议，故申达公司主张美国朱利达公司的商标不合法的观点缺乏依据，本院不予支持。

上诉人申达公司最初由美国朱利达公司申请设立，被上诉人玖丽得公司系美国朱利达公司全资设立的子公司，故一审法院认定双方当事人与美国朱利达公司为关联企业并无不当。申达公司其后股权关系的变化并不能否定申达公司由美国朱利达公司最初申请设立的事实，且申达公司、玖丽得公司与美国朱利达公司是否是关联企业亦不影响本案对被上诉人玖丽得公司是否构成商标侵权行为的定性，故上诉人申达公司主张一审判决对上述事实认定错误的观点依据不足，本院不予支持。

上诉人申达公司一审提交的美国嘉迪（国际）有限公司与美国朱利达公司之间的协议书为复印件，系境外两家公司的内部约定，其效力只及于协议相对人，与本案的商标侵权纠纷缺乏关联性，且被上诉人玖丽得公司对该份证据的真实性不予认可，故一审法院对该份证据未予采纳符合法律有关规定。被上诉人玖丽得公司对于上诉人申达公司提交的外国企业常驻代表机构代表证的真实性无异议，一审判决已予以确认，而且该证据是否真实亦与本案无关。故上诉人申达公司认为一审法院未予调查取证及对该证据不予采信明显属不当的观点，本院不予支持。

本院认为，商标的基本功能是区分商品或服务来源的识别功能，侵犯商标权其本质就是对商标识别功能的破坏，使得一般消费者对商品来源产生混淆、误认。在本案中，被上诉人玖丽得公司接受案外人美国朱利达公司的委托定牌加工涉案产品，涉案产品全部出口至美国，未在中国境内销售，中国的相关公众在国内不可能接触到涉案产品，不会造成国内相关公众的混淆和误认。另外，在定牌加工关系中，境内加工方在产品上标注商标的行为形式上虽由加工方所实施，但实质上商标真正的使用者仍为境外委托方。本案涉案产品所贴商标只在中国境外具有商品来源的识别意义，并不在国内市场发挥识别商品来源的功能，故一审法院综合判断认定被上诉人玖丽得公司的行为不构成商标侵权并无不当。上诉人申达公司认为原审判决适用实体法不当，违反法定程序的观点，本院不予支持。

综上，本院认为原审判决认定事实清楚，适用法律正确，审判程序合法。上诉人申达公司的上诉请求与理由没有事实和法律依据，应予驳回。依照《中华人民共和国民事诉讼法》第一百五十三条第一款第（一）项、第一百五十八条之规定，判决如下：

驳回上诉，维持原判。

本案二审案件受理费人民币 4 376 元，由上诉人上海申达音响电子有限公司负担。

本判决为终审判决。

审判长 钱光文

代理审判员 王 静

代理审判员 刘洁华

二〇〇九年十一月二日

七、台山利富服装有限公司定牌加工出口“CROCODILE”男装衬衫案

（一）案情介绍

2010 年 8 月 18 日，台山利富服装有限公司向拱北海关隶属九洲海关申报出口男装衬衫 1 996 件，申报价格为 18 540.3 美元（折合人民币 125 799.29 元），最终目的国为日本。经现场海关查验发现，上述男装衬衫上带有“Crocodile+ 鳄鱼图形”标志，涉嫌侵犯鳄鱼恤有限公司在海关总署备案的“CROCODILE”商标专用权（备案号：T2009-15845）。经海关联系权利人，其书面确认该批货物为侵犯其“CROCODILE”商标专用权的产品，并申请海关对上述货物采取知识产权保护措施。2010 年 8 月 27 日，拱北海关依法将上述货物予以扣留并启动立案调查程序。

在海关调查过程中，台山利富服装有限公司提供了经过公证、认证的“Crocodile”图形商标在日本的商标注册证明文件、授权书、制作请求书、缝制规则书、商标标志等文件资料，以证明该批出口的男装衬衫为定牌加工产品，产品全部出口未在中国境内销售，且所使用的“Crocodile” 图形商标已在日本国内合法注册，并取得了日本权利人授权的事实。

2011年10月22日，拱北海做出“不能认定是否构成侵权”的认定结论，并分别通知了鳄鱼恤有限公司和台山利富服装有限公司。由于未在法定期限内收到人民法院的协助执行司法扣押的通知，根据《中华人民共和国知识产权海关保护条例》第二十四条第（二）项的规定，拱北海关于2010年11月22日对在扣的1 996件男装衬衫解除扣留。

事后，鳄鱼恤有限公司向珠海市中级人民法院提起了民事诉讼。珠海市中级人民法院一审判决认为，基于商标权地域性特征，授权台山利富服装有限公司定牌加工的日本公司对被控侵权商标仅在日本国内享有注册商标专用权，在中国境内并不享有注册商标专用权，并且被控侵权商品的制造地及交付地均在中国境内，发货人在不能举证证明其使用被控侵权商标属于正当使用的情况下，应当认定其行为已经侵犯了权利人鳄鱼恤有限公司在中国境内对“CROCODILE”商标享有的专用权，依法应承担停止侵权、赔偿损失等民事责任。

台山利富服装有限公司不服一审判决，向广东省高级人民法院提出了上诉。广东省高级人民法院二审判决认为，涉案产品并未在中国国内市场实际销售，涉案产品的被诉侵权商标并未在中国国内市场发挥识别商品来源的功能，中国国内相关公众不存在对该商品的来源发生混淆和误认的客观基础，权利人鳄鱼恤公司的中国市场份额也不会因此被不正当挤占，其注册商标的商标识别功能并未受到损害。综合考虑被诉侵权人的主观意图、注册商标与被诉侵权商标使用状况等相关因素后，法院认为，被诉侵权商标与权利人注册商标不足以造成相关公众的混淆、误认，不构成侵害注册商标专用权意义上的商标近似，台山利富服装有限公司的涉外定牌加工行为没有侵害权利人鳄鱼恤公司的注册商标专用权。广东省高级人民法院据此撤销珠海市中级人民法院原一审判决，驳回权利人鳄鱼恤有限公司的全部诉讼请求。

（二）评析

此案是一宗典型的涉外定牌加工行为涉及侵权的案件，具有相当的代表性。

一审法院与二审法院就同一个案件先后作出两个截然相反的判决，反映出当前涉外定牌加工侵权问题的复杂性和不确定性，也说明海关在处理定牌加工知识产权案件方面存在一定的执法风险和压力。因此，拱北海关根据当事双方提供的证据和当前认定定牌加工侵权法律依据不明确的现状，依法作出不能认定是否侵权，从而促使争议双方将侵权纠纷提交人民法院处理的决定是比较妥当的。

附：

1. 香港鳄鱼公司在海关总署备案的“CROCODILE”商标

CROCODILE

2. 台山利富服装有限公司出口的“CROCODILE”男装衬衫

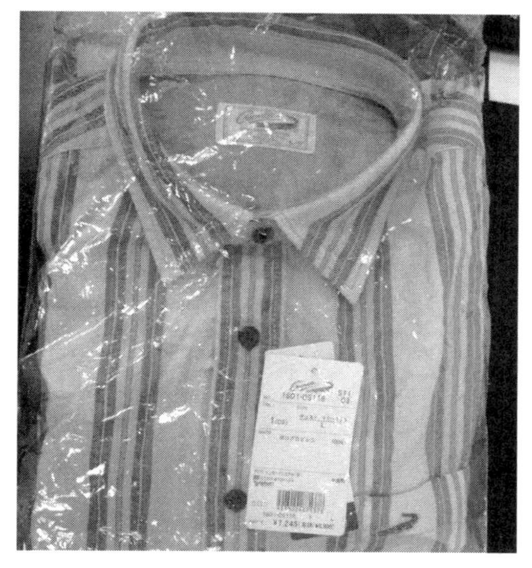

3. 涉外商标注册证

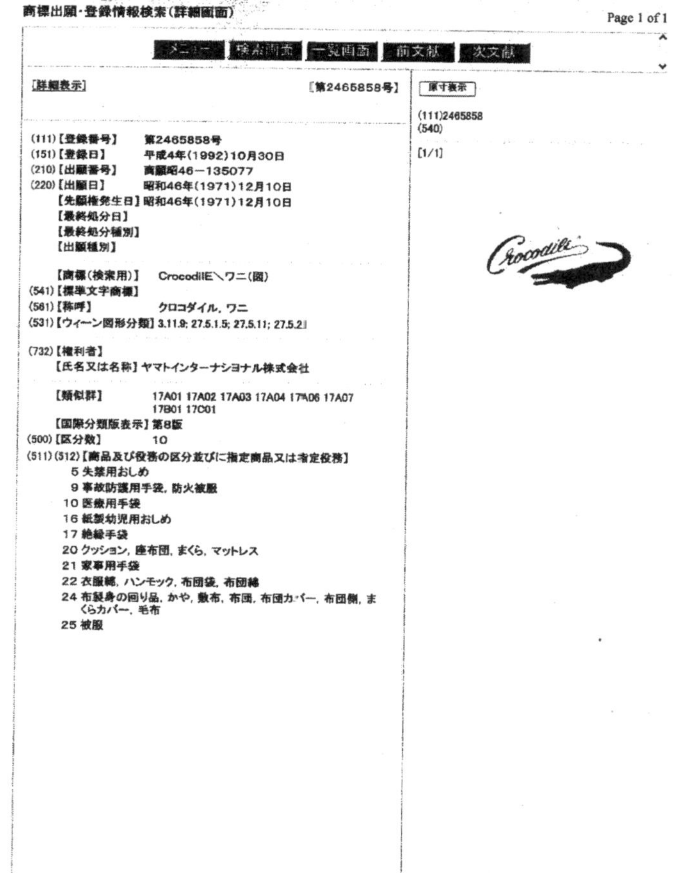

商標出願・登録情報検索(詳細画面)　　Page 1 of 1

メニュー　検索画面　一覧画面　前文献　次文献

[詳細表示]　　[第2465858号]

(111)【登録番号】　第2465858号
(151)【登録日】　平成4年(1992)10月30日
(210)【出願番号】　商願昭46－135077
(220)【出願日】　昭和46年(1971)12月10日
【先願権発生日】昭和46年(1971)12月10日
【最終処分日】
【最終処分種別】
【出願種別】

【商標(検索用)】　CrocodilE＼ワニ(図)
(541)【標準文字商標】
(561)【称呼】　クロコダイル，ワニ
(531)【ウィーン図形分類】3.11.9; 27.5.1.5; 27.5.11; 27.5.2

(732)【権利者】
【氏名又は名称】ヤマトインターナショナル株式会社

【類似群】　17A01 17A02 17A03 17A04 17A06 17A07 17B01 17C01
【国際分類版表示】第8版
(500)【区分数】　10
(511)(512)【商品及び役務の区分並びに指定商品又は指定役務】
5 失禁用おしめ
9 事故防護用手袋，防火被服
10 医療用手袋
16 紙製幼児用おしめ
17 絶縁手袋
20 クッション，座布団，まくら，マットレス
21 家事用手袋
22 衣服綿，ハンモック，布団袋，布団綿
24 布製身の回り品，かや，敷布，布団，布団カバー，布団側，まくらカバー，毛布
25 被服

原寸表示
(111)2465858
(540)
[1/1]

Crocodile

http://www1.ipdl.inpit.go.jp/syutsugan/TM_DETAIL_A.cgi?0&9&0&1&28&1285727238173487008...　2010/09/29

4. 广东省高级人民法院民事判决书

广东省高级人民法院

民事判决书

（2011）粤高法民三终字第467号

上诉人（原审被告）：台山利富服装有限公司。住所地：中华人民共和国广东省台山市水步镇中山工业区。

法定代表人：黄乃舜，董事长。

委托代理人：娇鸿彬，北京市金杜律师事务所律师。

委托代理人：刘军，北京市金杜（广州）律师事务所律师。

被上诉人（原审原告）：鳄鱼恤有限公司。住所地：中华人民共和国香港特别行政区九龙长沙湾道68O号丽新商业中心11楼。

法定代表人：林建名，主席兼行政总裁。

委托代理人：于福利，北京市国汇律师事务所律师。

上诉人台山利富服装有限公司（以下简称利富公司）因与被上诉人鳄鱼恤有限公司（以下简称鳄鱼恤公司）侵犯商标专用权纠纷一案，不服广东省珠海市中级人民法院（2011）珠中法知民初字第1号民事判决，向本院提起上诉。本院受理后，依法组成合议庭进行了审理。本案现已审理终结。

原审法院审理查明：鳄鱼恤公司是我国第246898号“CROCODILE”商标注册人，该商标核定使用商品为第25类（包括衬衫、裤子、汗衫及其他衣服等商品），注册有效期限自1996年3月30日至2006年3月29日止，后经核准续展注册有效期自2006年3月30日至2016年3月29日（见附1）。上述商标已由鳄鱼恤公司向我国海关总署申请知识产权海关保护备案（备案号：T2009-15845）。

2010年8月18日，利富公司通过拱北海关隶属九洲海关申报出口男装衬衫1 996件，目的地为日本，总价18 540.3美元。在报关过程中，拱北海关经查验，认为该批货物涉嫌侵犯鳄鱼恤公司在海关总署备案的“CROCODILE”商标专用权（备案号：T2009-15845）。根据鳄鱼恤公司申请，拱北海关于2010年8月27日作出拱关知字〔2010〕031号《扣留侵权嫌疑货物通知书》，对利富公司申报出口的上述带有“Crocodile”标志的男装衬衫1 996件予以扣留。2010年10月22日，拱北海关作出拱关知字〔2010〕031号《认定进出口货物知识产权状况通知书》，称已完成对上述货物侵权状况调查，调查结果是不能认定上述货物是否侵犯了鳄鱼恤公司在海关总署备案的“CROCODILE”商标专用权。2010年11月22日，拱北海关做出拱关知字〔2010〕031号《解除扣留通知书》，解除了对上述货物的扣留。

2010年12月23日，鳄鱼恤公司向广东省珠海市中级人民法院提起诉讼，请求判令利富公司：立即停止侵犯鳄鱼恤公司商标权的行为，赔偿鳄鱼恤公司侵权损失50万元并承担本案诉讼费用。

原审法院经比对，利富公司申报出口的上述男装衬衫上带有“Crocodile＋鳄鱼图形”组合商标（见附2，以下简称被控侵权商标），其中文字部分“Crocodile”与原告主张的“CROCODILE”商标相同，主要区别在于部分英文字母的大小写不同，字体、色彩也存在一定差异。

利富公司向原审法院提交了注册国为日本国，并经日本国外务省官员签名盖章证实，我国驻日本国大使馆认证的注册号为第0571612号、第2465858号商标注册证书两张，证明被控侵权商标为Yamato公司在日本国注册的商标。利富公司还辩称其实施的是定牌加工出口行为，并提交了 Yamato 公司、Kurabo 公司分别出具的相关《情况说明》，称被控侵权商品是 Kurabo 公司按照 Yamato 公司的授权，委托利富公司加工的服装产品，全部产品的原料及辅料由 Kurabo 公司提供，利富公司按照 Yamato 公司的订制要求将加工完成的成品向我国海关报关出口后交付 Kurabo 公司，再由 Kurabo 公司交付 Yamato 公司，上述服装产品最终由 Yamato 公司在日本进行销售，但利富公司未提交上述公司之间关于授权生产加工涉案服装的相关合同或协议等文件。

另查明，原审法院于 1992 年 8 月 4 日注册成立，其经营范围包括生产服装及服装洗水，产品百分之九十外销（化纤服装百分之百外销）。Yamato 公司和 Kurabo 公司均为依日本国法律在日本设立的公司法人。

原审法院认为本案为侵犯商标专用权纠纷。鳄鱼恤公司对其在我国注册的第 246898 号“CROCODILE”商标享有注册商标专用权，该权利仍处于合法有效状态，依法应受到法律保护。《中华人民共和国商标法》第五十二条第（一）项规定，未经商标注册人许可，在同一种商品或者类似商品上使用与其注册商标相同或者近似的商标的，构成侵犯注册商标专用权。同时，《最高人民法院关于审理商标民事纠纷案件适用法律若干问题的解释》第九条进一步明确，“商标法第五十二条第（一）项规定的商标相同，是指被控侵权的商标与注册商标相比较，二者在视觉上基本无差别。商标法第五十二条第（一）项规定的商标近似，是指被控侵权的商标与注册商标相比较，其文字的字形、读音、含义或者图形的构图及颜色，或者其各要素组合后的整体结构相似，或者其立体形状、颜色组合近似，易使相关公众对商品的来源产生误认或者认为其来源与注册商标的商品有特定的联系。”

具体到本案，被控侵权商标虽为文字图形组合商标，但其中起显著识别作用的文字部分“Crocodile”英文与鳄鱼恤公司主张的文字商标区别仅为部分英文字母的大小写不同，而含义完全相同。从整体上看，虽然两者的字体、色彩存在一定差异，但完全有可能造成相关公众的混淆或误认。因此，被控侵权商标与原告第 245898 号“CROCODILE”注册商标构成近似。此外，被控侵权商品为衬衫，与鳄鱼恤公司第 246898 号“CROCODILE”注册商标核定使用的第 25 类商品中衬衫为同一种商品。被告未经原告许可，在同一种商品上使用了与其注册商标近似商标，属于侵犯注册商标专用权的行为。此外，根据《中华人民共和国商标法》第五十二条第（二）项规定，销售侵犯注册商标专用权的商品的，属于侵犯注册商标专用权的行为。因此，利富公司出口被控侵权商品的行为亦侵犯了原告的注册商标专用权。

对于利富公司辩称其行为属于定牌加工出口行为的主张，原审法院认为，即使利富公司系接受 Yamato 公司的委托，依照 Yamato 公司指定在生产的衬衫上使用被控侵权商标，但基于商标权地域性特征，Yamato 公司对被控侵权商标仅在日本国内享有注册商标专用权，在中国境内并不享有注册商标专用权，并且被控侵权商品的制造地及交付地均在中国境内，在利富公司不能举证证明其使用被控侵权商标属于正当使用的情况下，应当认定利富公司的行为已经侵犯了鳄鱼恤公司在中国境内对“CROCODILE”商标享有的专用权，依法应承担停止侵权、赔偿损失等民事责任。利富公司关于其接受 Yamato 公司的委托进行定牌生产并出口的行为并不会使相关公众对商品来源产生混淆和误认，不构成商标侵权的抗辩理由，缺乏事实和法律依据，原审法院不予采纳。

至于利富公司应承担的赔偿数额，原审法院认为，根据《中华人民共和国商标法》第五十六条规定，侵犯商标专用权的赔偿数额，为侵权人在侵权期间因侵权所获得的利益，或者被侵权人在被侵权期间因被侵权所受到的损失，包括被侵权人为制止侵权行为所支付的合理开支。侵权人因侵权所得利益，或者被侵权人因被侵权所受损失难以确定的，由人民法院根据侵权行为的情节判决给予五十万元以下的赔偿。本案中，由于鳄鱼恤公司未能提供证据证明其实际损失，亦未提交证明利富公司非法获利数额的证据，法院将综合考虑鳄鱼恤公司注册商标的知名度、利富公司侵权行为情节（被控侵权商标为Yamato公司在日本享有专用权的注册商标，被控侵权商品申报出口目的地也为日本，鳄鱼恤公司也未有证据证明利富公司有在境内销售等情况）、鳄鱼恤公司为制止侵权行为所支出的合理费用等因素酌情确定赔偿数额为30万元。

综上，原审法院依照《中华人民共和国民法通则》第一百一十八条，《中华人民共和国商标法》第五十二条第（一）项、第（二）项、第五十六条第二款，《最高人民法院关于审理商标民事纠纷案件适用法律若干问题的解释》第九条、第十条、第十六条之规定，判决：（1）利富公司立即停止侵害鳄鱼恤公司第246898号“CROCODILE”注册商标专用权的行为。（2）利富公司于本判决生效后十日内赔偿鳄鱼恤公司经济损失30万元。如果未按本判决指定的期间履行给付金钱义务，应当按照《中华人民共和国民事诉讼法》第二百二十九条之规定，加倍支付迟延履行期间的债务利息。一审案件受理费8 800元，由利富公司负担。

利富公司不服上述一审判决，向本院提出上诉，请求撤销一审判决，改判驳回鳄鱼恤公司的全部诉讼请求，由鳄鱼恤公司承担本案一、二审全部诉讼费用。理由是：（1）被诉侵权商标与鳄鱼恤公司商标不构成近似商标。①本案的被诉侵权商标是图文组合商标，由手写体并斜体英文单词“Crocodile”和头朝左的鳄鱼图形组成，商标整体呈现为绿色，而鳄鱼恤公司商标是单纯的文字商标，仅是由印刷体的英文单词“CROCODILE”构成，整体呈现为黑色。从视觉上来看，被诉侵权商标与鳄鱼恤公司商标在整体外观上的差别非常明显，被诉侵权商标的主要部分是图形，而鳄鱼恤公司商标的主要部分是文字，因此，相关公众以一般的注意力观察，不会认为二者近似。鳄鱼作为自然界中的一种动物，作为商标其本身就缺乏显著特征，不能被任何人垄断使用。鳄鱼恤公司在中国第25类商品上至今为止未获得任何鳄鱼图形商标的注册，因此根本无权就鳄鱼图形商标主张任何权利。从鳄鱼商标在中国的使用情况来看，在中国市场上并存着法国鳄鱼、新加坡鳄鱼、香港鳄鱼（即鳄鱼恤公司）等几大“鳄鱼”品牌。案外人（法国）拉克斯特股份有限公司在中国第25类商品上注册了多个鳄鱼图形商标，与鳄鱼恤公司的“CROCODILE”商标含义相同，足以表明鳄鱼恤公司的“CROCODILE”商标缺乏显著特征，既然其与鳄鱼恤公司商标不构成近似，也就不应当与本案的被诉侵权商标构成近似。②被诉侵权商标与鳄鱼恤公司商标不会引起中国相关公众的混淆误认。《最高人民法院关于审理商标民事纠纷案件适用法律若干问题的解释》第九条对认定商标近似的混小型要素做了规定，最高人民法院在其公布的2010年十大知识产权案件之一，即法国鳄鱼诉（新加坡）鳄鱼国际机构私人有限公司等侵害商标专用权纠纷一案中进一步明确，侵害注册商标专用权意义上的商标近似应当是指混淆性近似，即足以造成市场混淆的近似。即使都是鳄鱼商标，考虑到主观意图和商标使用的历史现状等因素，如果不会引起消费者的混淆误认，依然不构成近似商标。几个鳄鱼商标可以井水不犯河水，在中国的市场上并存。利富公司与日本权利人之间是承揽加工合同关系，利富公司的涉外定牌加工行为主观上就是为了完成承揽加工合同，而非通过被诉侵权商标造成其与鳄鱼恤公司商标在中国市场上相关公众的混淆误认。（2）利富公司未实施商标侵权行为。①利富公司未实施《中华人民共和国商标法》第五十二条第（一）项规定的“未经许可在相同或类似商品上使用相同或近似商标”的商标侵权行为。利富公司所加工的产品只停留在生产领域未进入流通领域，涉案产品仅仅是“产品”而非“商品”，利富公司在涉案产品上贴附商标的行为仅是以完成承揽加工合同为目的，而非在中国境内区分商品来源，不应视为《中华人民共和国商标法》第五十二条第（一）项规定的《中华人民共和国商标法》意义上的商标“使用”行为。被诉侵权产品不在中国国内销售，不会引起中国相关公众的混淆误认。根据《与知识产权有关的贸易协定》第十六条第一款规定，利富公司的行为也不构成商标侵权行为。②利富公司未实施《中华人民共和国商标法》第五十二条第（二）项规定的“销售侵犯注册商标专用权商品”的商标侵权行为。

鳄鱼恤公司在一审中认可利富公司实施的是涉外定牌加工行为，并未主张利富公司实施了《中华人民共和国商标法》第五十二条第（二）项规定的“销售”行为，其在庭审中也明确表示其提起诉讼的法律依据是《中华人民共和国商标法》第五十二条第（一）项。一审法院在权利人未主张的情况下径行判决利富公司实施了所谓的“销售”行为，有悖“不告不理”的法律原则。利富公司在一审中提交的证据能够形成完整的证据链，证明利富公司生产被诉侵权产品是为了履行承揽加工合同而非销售合同，利富公司将加工的产品交给日方权利人属于交付定作物的行为而非销售行为。（3）一审判决确定的赔偿数额不恰当。利富公司未实施任何商标侵权行为，不应当承担任何侵权责任包括赔偿责任。中国作为世界工厂，加工企业不计其数，如果再判定这些企业因涉外定牌加工行为而构成侵权并赔偿，则会使加工企业遭受毁灭性的打击，威胁中国的国家经济秩序和经济安全。

鳄鱼恤公司答辩认为，原审判决认定事实和适用法律正确，请求依法驳回利富公司的上诉请求。理由是：（1）被诉侵权商标与鳄鱼恤公司商标构成相近似。评定商标是否近似，要根据音、形、义进行判断，本案被诉侵权商标与涉案商标的发音相同、含义相同，都属于第25类，可以判定两者是相近似商标。（2）在中国大陆地区，未经商标权人许可，在同类商标上使用相近似商标就构成侵权。上诉人虽然提供了日本国的商标，但根据《巴黎公约》规定，其权利只在日本国有效。上诉人提出加工定做行为不构成侵权，这会造成中国司法、行政机关不能在生产环节打假，逻辑不能成立。从事实上看，所有的对外加工都有富余，都会在加工国销售。（3）一审判决确定的赔偿数额符合法定赔偿的标准，是适当的。

本院经审理查明，原审法院认定的事实属实，本院予以确认。

另查明，利富公司在一审期间提交了注册国籍为日本国，注册号为第0571612号、第2465858号商标注册证书，同时提交了Yamato公司、Kurabo公司分别出具的相关情况说明、Yamato公司出具的鳄鱼商标授权书、制作请求书、缝制规格书，以及被诉侵权产品上使用的日本标示的产品吊牌、水洗标等。上述证据表明，Yamato公司系本案被诉侵权商标在日本国的商标权人，Yamato公司自2009年1月1日至2010年12月31日期间授权Kurabo公司寻找工厂生产加工带有被诉侵权商标的男款衬衫、Yamato公司授权利富公司加工，并提供全部产品原料及辅料。2010年8月18日，利富公司通过拱北海关隶属的九洲海关申报出口。上述证据均履行了必要的公证、认证程序，鳄鱼恤公司在一审期间对上述证据的真实性、合法性予以认可，但认为Yamato公司的商标与本案不具关联性。

还查明，利富公司二审期间向本院提交了一份委托加工合同，用以证明Yamato公司、Kurabo公司与利富公司之间自2009年开始就存在涉外定牌加工合同关系，鳄鱼恤公司对该份证据不予认可。

本院认为，根据本案事实及双方的诉辨主张，本案的焦点问题是：（1）利富公司被诉侵权行为的性质；（2）被诉侵权商标与鳄鱼恤公司请求保护的注册商标是否近似，利富公司是否侵害鳄鱼恤公司注册商标专用权的问题。

（1）关于利富公司被诉侵权行为的性质问题。鳄鱼恤公司基于其在中国的注册的第246898号“CROCODILE”商标，主张利富公司生产、出口贴有被诉侵权商标的衬衫的行为构成侵害商标专用权。利富公司则辨称其行为系涉外定牌加工行为，其与日本国Yamato公司系委托加工关系，利富公司的行为不属于商标性质的使用行为。本院认为，所谓“涉外定牌加工”，是指国外注册商标的权利人委托国内生产厂家生产使用该商标的产品，该产品全部销往国外而不在中国境内销售。从本案案情看，首先，利富公司向法院提交了注册国为日本国，注册号为第0571612号、第2465858号商标注册证书，Yamato公司、Kurabo公司分别出具的相关情况说明、制作请求书、缝制规格书，以及被诉侵权产品上使用的日文标志的产品吊牌、水洗标等。

上述证据符合证据形式要求，鳄鱼恤公司未对其真实性和合法性提出异议。二审期间，利富公司又补充提交了委托加工合同。这些证据相互印证，本院予以采信。根据上述证据，可以证实利富公司系接受国外商标权人委托和指示，在中国境内生产加工衬衫，并将国外商标权人的商标标志缝制在衬衫上，按照国外委托人的指示报关出口，不在中国境内销售。其次，利富公司并非商标许可合同的被许可人。由于涉案衬衫全部出口，涉案衬衫在何地销售，如何销售均由委托人Yamato公司控制，被诉侵权商标的实际使用人系Yamato公司。综上，本院认为，利富公司根据日本国注册商标权人Yamato公司的委托，在国内生产使用该商标的产品，该产品全部销往国外而不在中国境内销售，属于涉外定牌加工行为。

（2）关于被诉侵权商标与鳄鱼恤公司请求保护的注册商标是否近似，利富公司是否侵害鳄鱼恤公司注册商标专用权的问题。本院认为，商标的基本功能是区分商品或服务来源，侵害商标权的本质就是对商标识别功能的损害，使得一般消费者对商品来源产生混淆、误认。根据《最高人民法院关于审理商标民事纠纷案件适用法律若干问题的解释》第九条第二款的相关规定，认定被诉侵权商标与请求保护的注册商标是否构成近似商标，不仅要根据文字的字形、读音、含义或者图形的构图及颜色等要素对其近似性进行判断，还要根据案件的具体情况，综合考虑是否易使相关公众对商品的来源产生误认或者认为其来源与注册商标的商品有特定的联系。人民法院在判断是否构成未经商标注册人许可，在同一种商品或者类似商品上使用与其注册商标相同或者近似的商标的侵权行为时，除在同一种商品上使用相同商标的情形外，对其他情形均需要考虑混淆因素。因此，侵害注册商标专用权意义上的商标近似应当是指混淆性近似，即足以造成市场混淆的近似。

值得注意的是，利富公司在本案中的行为属于涉外定牌加工行为。关于涉外定牌加工行为是否构成侵权的问题，目前我国法律及司法解释并无明确规定。本院认为，在司法实践中不宜将涉外定牌加工行为一概认定为侵权或不侵权，而应区别案件的具体情况予以处理。就本案而言，首先，鳄鱼恤公司主张保护的"CROCODILE"注册商标，与被诉侵权商标"Crocodile"英文加鳄鱼图形组合的组合商标并不相同。利富公司在接受委托加工时，审查了委托人Yamato公司在日本国的商标注册证书，在判断该商标是否会构成侵权时，即使对相关商标的注册情况予以检索，也不易判断该商标是否对鳄鱼恤公司"CROCODILE"注册商标构成侵权。因此，利富公司在履行必要注意义务后，按照订单进行加工，并无侵害鳄鱼恤公司注册商标的故意。其次，利富公司在产品上标注被诉侵权商标的行为，形式上虽由加工方实施，但实质上是给予有权使用被诉侵权商标的日本Yamato公司的明确委托，而且受委托定牌加工出口的产品全部销往日本国。因此，被诉侵权商标只能在日本国市场发挥其区别商品来源的功能，日本国消费者可以通过该商标区分商品来源为Yamato公司。涉案产品并未在中国国内市场实际销售，涉案产品的被诉侵权商标并未在中国国内市场发挥识别商品来源的功能，中国国内相关公众不存在对该商品的来源发生混淆和误认的客观基础，鳄鱼恤公司的中国市场份额也不会因此被不正当挤占，其注册商标的商标识别功能并未受到损害。综上，本院综合考虑被诉侵权人的主观意图、注册商标与被诉侵权商标使用状况等相关因素后认为，被诉侵权商标与鳄鱼恤公司注册商标不足以造成相关公众的混淆、误认，不构成侵害注册商标专用权意义上的商标近似，利富公司的涉外定牌加工行为没有侵害鳄鱼恤公司的注册商标专用权。原审判决认定利富公司侵权，不符合商标法保护注册商标专用权的立法意图，属于适用法律错误，本院予以纠正。利富公司主张其在定牌加工出口过程中，在产品上标注被诉侵权商标行为不构成对鳄鱼恤公司商标侵权，理据充分，本院予以支持。

综上所述，利富公司的上诉理由成立，本院予以支持。原判决认定事实清楚，但适用法律错误，本院予以纠正。依据《中华人民共和国民事诉讼法》第一百五十三条第一款第（二）项、《最高人民法院关于民事诉讼证据的若干规定》第二条第二款之规定，判决如下：

（1）撤销广东省珠海市中级人民法院（2011）珠中法知民初字第1号民事判决；

（2）驳回鳄鱼恤有限公司的全部诉讼请求。

本案一审案件受理费8 800元、二审案件受理费5 800元，共计14 600元，均由鳄鱼恤有限公司负担。本院预收的二审案件受理费5 800元，由本院退给台山利富服装有限公司。鳄鱼恤有限公司应于本判决送达之日起七日内向本院交纳二审案件受理费5 800元，如逾期不交，本院将予以强制执行。

本判决为终审判决。

审判长 岳利浩

代理审判员 张泽吾

代理审判员 喻 洁

二〇一一年十二月十六日

八、无锡金悦科技有限公司出口“NOKIA”液晶电视壳及其组件案

（一）案情介绍

2010年6月10日，无锡金悦科技有限公司向上海海关申报出口2 250套液晶电视壳及其组件，目的国为埃及。经现场海关查验发现，该批货物涉嫌侵犯诺基亚公司在海关总署备案的“NOKIA”商标专用权。接到海关通知后，诺基亚公司确认该批货物侵犯了其商标专用权，并于6月23日提出知识产权保护申请并提交了担保。8月18日，上海海关根据权利人的申请对该批货物作出扣留并启动立案调查程序。

对于上述货物，当事人向海关提出异议，认为该批货物为合法货物，理由有两个：（1）出口液晶电视壳及其组件上使用的“NOKIA EGYPT”标志与权利人注册的“NOKIA”商标并不混同。（2）收货方EL NAHAS GROUP已经在埃及完成“NOKIA EGYPT”商标在第9类商品上的注册，该批货物系依据收货方要求生产，且全部输往埃及。

权利人诺基亚公司认为该批货物构成商标侵权，理由是：（1）当事人出口货物上使用的“NOKIA EGYPT”标志与权利人注册的“NOKIA”商标构成近似商标；（2）当事人所称的埃及注册商标，其权利不能延伸至中国；（3）诺基亚公司在埃及也注册有“NOKIA”商标。

上海海关经调查，认为当事人出口的液晶电视壳及其组件属于电视机的配件，属于商品分类的第9类，货物上使用的“NOKIA EGYPT”标志，突出使用“NOKIA”字样，且“EGYPT”字样在整个标志中字体较小，处于弱化位置，因此根据《中华人民共和国商标法》及相关司法解释的规定，“NOKIA EGYPT”标志与权利人注册的“NOKIA”商标构成近似。但是，上述情况不足以认定该批货物构成商标侵权，理由是：（1）由于纠纷双方均提供了本企业标志在埃及商标注册材料，双方标志在埃及是否构成近似存在不确定性，是否构成混淆存在不确定性，而目前部分法院在审理类似案件时判断侵权的依据恰恰是商品在实际使用地是否会造成混淆；（2）无锡金悦科技有限公司提供的埃及“NOKIA EGYPT”商标注册证明显示，该商标的注册人正是货物的收货人EL NAHAS GROUP，且该公司授权无锡金悦科技有限公司生产标有此标志的商品并出口至埃及，

属于“定牌加工”行为。目前对该“定牌加工”行为是否构成侵权在相关法律及司法解释中尚未有明确的规定，之前各地人民法院判例中亦尚无统一意见。鉴于该案的复杂情况，上海海关决定依据《知识产权海关保护条例》的相关规定，对本案做出“不能认定是否侵权”的认定结果，并告知了无锡金悦科技有限公司和诺基亚公司。

收到上海海关“不能认定是否侵权”的通知后，诺基亚公司向上海市浦东新区人民法院提起民事诉讼，请求法院判定无锡金悦科技有限公司向上海海关申报出口2 250套带有“NOKIA EGYPT”标志的液晶电视壳及组件的行为侵犯了诺基亚公司对“NOKIA”注册商标享有的专用权，同时向法院申请对海关扣留的货物采取诉前财产保全措施。上海市浦东新区人民法院于2010年11月2日作出财产保全的民事裁定，查封、扣押了无锡金悦科技有限公司在上海海关出口的2 250套液晶电视壳及其组件。

上海市浦东新区人民法院于2011年4月14日判决认为，无锡金悦科技有限公司所使用的商标与诺基亚公司“NOKIA”注册商标构成近似，且发货人不能举证证明其生产的货物系依据相关的授权及委托加工协议，即使该货物系定牌加工，根据商标的地域性原则，该商标因未在我国注册也同样不能受到保护，因此，应当认定无锡金悦科技有限公司的行为已经侵犯了权利人诺基亚在中国境内对“NOKIA”商标享有的专用权，依法应承担停止侵权、赔偿损失等民事责任。

（二）评析

该案既涉及近似商标认定问题，又涉及“定牌加工”情形，既涉及“NOKIA”商标与“NOKIA EGYPT”商标的近似，又涉及“NOKIA”与“NOKIA EGYPT”的近似问题，案情十分复杂。鉴于争议双方都出具了相关证据，而且海关在法定期限内难以对该案涉及的商标近似和定牌加工等诸多事实完成调查，上海海关对该案作出“不能认定是否构成侵权”的决定是比较妥当的。对案情比较复杂的案件，海关通过当事双方将案件移交人民法院处理，既突出了行政执法和司法审判的职责分工，又有效地实现了行政执法与司法救济在处理民事纠纷案件方面的有效衔接。

附：

1. 诺基亚公司在海关总署备案的“NOKIA”商标专用权

NOKIA

2. 无锡金悦科技有限公司向上海海关申报出口的液晶电视壳

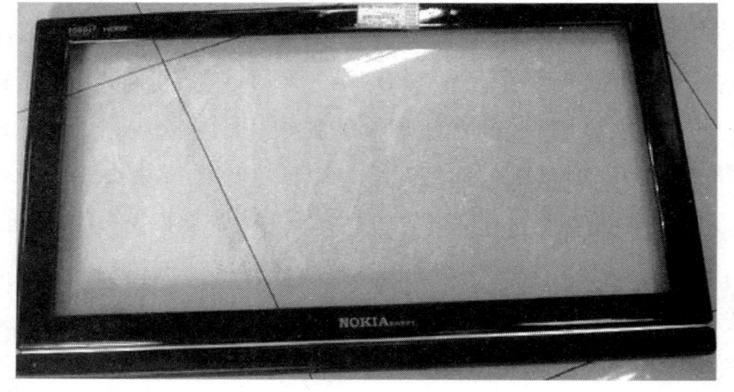

3. 上海市浦东新区人民法院民事判决书

中华人民共和国上海市浦东新区人民法院

民事判决书

（2010）浦民三（知）初字第670号

原告诺基亚公司（NOKIA CORPORATION），住所地芬兰艾斯堡市凯拉拉当基4号（FINLAND KEILALAHDENTIE 4, ESPOO）。

授权代表Lucille P.Nichols，诺基亚公司品牌实施全球主任。

委托代理人游闽键，上海市协力律师事务所律师。

委托代理人祝筱青，上海市协力律师事务所律师。

被告无锡金悦科技有限公司，住所地江苏省无锡市无锡新区硕放工业集中区东安路。

法定代表人王雅涛，总经理。

委托代理人任长青，安徽万世律师事务所律师。

原告诺基亚公司诉被告无锡金悦科技有限公司侵害商标权纠纷一案，本院于2010年11月1日受理后，依法组成合议庭，于2010年12月6日、2011年1月20日公开开庭进行了审理，原、被告各自的委托代理人到庭参加了诉讼。2010年11月2日，本院依法作出财产保全的民事裁定，查封、扣押了被告在上海海关申报出口的2 250套标有“NOKIA EGYPT”标志的液晶电视壳及其组件。本案现已审理终结。

原告诺基亚公司诉称：（1）原告是业务范围广泛的世界知名电讯公司，原告的“NOKIA”品牌产品行销130多个国家和地区。原告于1985年进驻中国，于1988年在中国注册了核定使用在电视机等商品上的第357902号“NOKIA”商标，该商标至今仍在有效期内。2008年4月，中国国家工商行政管理总局商标局（以下简称商标局）认定原告的“NOKIA”、“诺基亚”注册商标系驰名商标。通过25年来的苦心经营，原告的“NOKIA”品牌在中国已家喻户晓，具有极大的市场价值。（2）2010年6月12日，上海海关查验发现被告生产并申报出口埃及的2 250套液晶电视壳及其组件上使用了“NOKIA EGYPT”标志。被告的上述商品与原告的“NOKIA”商标核定使用的商品是同类商品，上述商品上的“NOKIA EGYPT”标志与原告的“NOKIA”商标近似。（3）被告未经许可，擅自在生产、销售的同类商品上使用与原告的“NOKIA”商标近似的“NOKIA EGYPT”标志，且刻意放大、突出“NOKIA”而缩小、弱化“EGYPT”，企图使相关公众误认其产品及“NOKIA EGYPT”标志与原告的“NOKIA”品牌、商品之间存在相当程度的关联，具有搭乘原告驰名商标便车以推广其商品的故意，其行为侵犯了原告对“NOKIA”注册商标享有的专用权，侵权的主观恶意明显，故应当依法承担侵权责任。因此，请求判令被告：（1）立即停止在其产品上使用“NOKIA”字样，（2）立即停止生产、销售带有“NOKIA”字样的涉案产品，（3）立即销毁库存带有“NOKIA”字样的涉案产品，（4）立即销毁侵权标识及其模具，（5）赔偿原告经济损失人民币50万元（以下币种如无注明则均为人民币，该50万元包含翻译费950元、工商信息查询费500元共两项合理费用在内），（6）承担本案诉讼费。

被告无锡金悦科技有限公司辩称：（1）第357902号“NOKIA”商标的注册人为诺其尔公司，原告无有效证据证明其为该商标的合法权利人。（2）商标局认定驰名商标的裁定不具有终局性，在原告未能充分举证证明的情况下，不能认定涉案“NOKIA”商标系驰名商标。（3）被告使用的“NOKIA EGYPT”商标系被告的客户在埃及注册的商标，被告按该客户的要求在出口商品上使用该商标的行为具有合法性，且被告使用的是“NOKIA”和“EGYPT”两组文字的组合，而涉案“NOKIA”商标系文字和图形的组合，两者并不混同，故被告并无搭乘“NOKIA”商标便车的故意。（4）被告按客户的订单定量生产涉案商品，故不存在库存商品；被告使用喷漆方式标注商标，故不存在模具；涉案商品没有在中国组装、销售、宣传，且已被海关查扣，故未造成原告任何经济损失。（5）即使被告构成侵权，原告所主张的赔偿数额也明显缺乏依据，被告的获利没有超过5万元，故最多赔偿原告5万元。因此，请求驳回原告的全部诉讼请求。

经审理查明：

（1）原、被告的注册登记情况

原告诺基亚公司于1896年12月在芬兰注册成立，于1997年5月登记的经营范围为电信产业与电子产业的其他领域，包括电信系统与电信设备、移动电话及电子消费产品与电子工业产品的制造、营销，也从事工业和商业运营，还从事证券交易与其他投资活动，于2009年3月登记的股份资本超过2.45亿欧元。

被告无锡金悦科技有限公司于2006年9月注册成立，注册资本300万美元，经营范围为开发电子计算机软件技术、研发加工制造塑料制品、加工制造模具。

（2）涉案注册商标的情况

商标局于1989年8月20日核准注册第357902号“NOKIA”（图文组合）商标，注册人为芬兰的诺其尔公司，核定使用的商品为第14类的电视机、无线电话等，有效期自1989年8月20日起至1999年8月19日止。第357902号商标注册证载明，该商标核准续展注册在国际分类第9类商品上，续展有效期自1999年8月20日起至2009年8月19日止。商标局的1999年第27期及第46期《商标公告》分别载明，第357902号商标变更前的注册人为诺其尔公司，变更后的注册人及续展人均为原告。商标局的商标档案及核准续展注册证明载明，第357902号商标的注册人为原告，核定使用的商品为国际分类第9类的电视机、无线电话等，有效期自2009年8月20日起至2019年8月19日止。

商标局于2008年4月9日做出的（2008）商标异字第01917号《“诺基亚NOKIA”商标异议裁定书》载明，原告注册在第9类商品（无线电话、电讯用专用网络终端设备）上的“诺基亚”、“NOKIA”商标，经宣传和使用已为中国相关公众广为知晓并享有较高声誉，为驰名商标。海关总署于2010年4月28日对原告的第1541929号“NOKIA”商标进行了知识产权海关保护备案，该商标核定使用在第9类商品上，具体商品名称中未有“电视机”表述。

（3）涉嫌侵害商标权的情况

2010年6月12日，上海洋山海关查验发现被告以一般贸易方式向海关申报出口埃及液晶电视壳及其组件2 250套，申报价值46 888. 50美元，该批液晶电视壳的前壳下端中间部位以印刷方式标有一个“NOKIA EGYPT”标志。上海海关认为上述商品涉嫌侵犯原告在海关总署备案的知识产权，向原告发出《确认知识产权侵权状况通知书》。原告遂向上海海关提交扣留侵权嫌疑货物申请书，认为上述货物均为假冒产品，侵犯了其对第1541929号“NOKIA”注册商标享有的专用权。经原告申请，上海海关于2010年8月18日扣留了上述货物。2010年9月28日，上海海关做出《侵权嫌疑货物知识产权状况认定通知书》，认为不能认定上述货物是否侵犯原告的“NOKIA”商标专用权。

2010年11月1日，原告诉至本院，并因本案之需支出诉讼文书翻译费950元、工商信息查询费500元。

以上事实，由原、被告的当庭陈述，由原告提供的第357902号商标注册证、商标档案、核准续展注册证明、《商标公告》、《“诺基亚NOKIA”商标异议裁定书》和知识产权海关保护备案材料、《确认知识产权侵权状况通知书》、《侵权嫌疑货物知识产权状况认定通知书》、侵权嫌疑货物照片及翻译费、工商信息查询费发票等经庭审质证的证据证实。

在审理中，原告申请撤回对被告的第3项即“立即销毁库存带‘NOKIA’字样的涉案产品”和第4项即“立即销毁侵权标志及其模具”的诉讼请求，请求本院对被告进行民事制裁，制裁内容包括但不限于销毁被告的库存侵权标志、侵权模具和带“NOKIA”字样的侵权产品。

在审理中，被告提供如下证据：（1）江苏省无锡市锡城公证处（2010）锡证民内字第5338号公证书。该公证书载明，2010年11月30日，被告的代理人马影影在上述公证处，在该处公证员面前，使用其自带的笔记本电脑，在通过该处的局域网连接互联网并添加该处的打印机后，点击电脑桌面上的“Foxmail”图标，出现页面，点击页面上的“收件箱”，在搜索框内输入“NAHAS”，出现页面，找到页面上的“nahasco Re:the position of the layout 2010年3月18日（星期四）20:11593k”邮件，点击打开，出现页面，打印该页面（共两页）；点击打开上述页面上的附件“Trade Mark. jpg”，出现页面，打印该页面（共一页）。上述打印的前两个页面的第一页含有“收件人：mayingying，日期：2010-03-18”等内容，其余的主要内容均为英文；第二页内容为外文及图形，左侧为一个含有“NOKIA EGYPT”等字样的图形，右侧内容含有“NOKIA EGYPT”等字样。上述打印的附件页面的一页内容也均为外文及图形，左侧为一个含有“NOKIA EGYPT”等字样的图形，右侧内容含有“NOKIA EGYPT”、“NOKIA EGYPT”等字样。被告认为，该证据证明其系接受国外公司的授权委托而加工涉案产品，产品上使用的“NOKIA EGYPT”商标是委托方合法持有的注册商标。（2）“NOKIA EGYPT”商标注册证（系外文文本）及中文翻译件（系复印件）。被告认为，该证据证明“NOKIA EGYPT”商标系其客户在埃及注册的商标。（3）委托加工协议（系外文文本）及电子邮件的打印件（系中英文混合文本）。被告认为，该证据证明其系接受国外公司的委托而加工涉案产品，该产品未在中国使用、销售。

对于被告的上述证据，原告质证认为，证据（1）中的电脑由被告方人员自带，故无法确定邮件内容的真实性。证据（2）系在境外形成的证据，未作公证认证，故对其真实性不予认可。翻译件不是原件，且未由有资质的翻译公司翻译，故无证明力。即使证据（2）真实，也无法否认被告生产侵犯原告商标专用权商品的事实。证据（3）系在境外形成的证据，未作公证认证，且未经翻译，故对真实性、合法性均不予认可。电子邮件内容也不能证明涉案侵权商标的注册人就是与被告通邮件的一方，故对关联性不予认可。

在审理中，被告向本院提交丝印模板实物一个，模板上有“NOKIA EGYPT”字样。被告称其按客户提供的商标形状制做了上述一个模板，并利用该模板在涉案商品上手工印刷“NOKIA EGYPT”字样。

本院认为：

依据我国商标法的规定，注册商标专用权受法律保护。未经商标注册人许可，在同一种商品或者类似商品上使用与其注册商标相同或者近似的商标的，构成对注册商标专用权的侵犯。销售侵犯注册商标专用权的商品，亦构成对注册商标专用权的侵犯。侵犯注册商标专用权的，应当依法承担停止侵权、消除影响、赔偿损失等民事责任。

本案纠纷涉及原告是否是适格的权利人，被告的行为是否侵犯了原告的注册商标专用权等争议。对于上述争议，本院作如下认定：

（1）原告主张的被侵权商标为第357902号“NOKIA”注册商标。商标档案、核准续展注册证明、《商标公告》等证据足以证明上述商标的所有人已经于1999年由1989年注册时的诺其尔公司变更为原告，商标有效期经续展注册后已至2019年8月19日止。因此，原告对上述商标依法享有专用权，其系本案适格的权利主体，有权对侵犯上述商标专用权的行为主张权利。

（2）上海洋山海关查验发现的被告以一般贸易方式申报出口埃及的液晶电视壳的前壳下端中间部位标有一个“NOKIA EGYPT”标志，原告指控上述商品侵犯了其对第357902号“NOKIA”商标享有的专用权。由于“NOKIA EGYPT”标志在液晶电视壳上，“NOKIA”商标核定使用的商品为国际分类第9类的电视机等，两个商标所涉及的商品属于同类商品，故原告的上述指控能否成立取决于“NOKIA EGYPT”与“NOKIA”是否属于近似商标。

商标近似是指被控侵权的商标与原告的注册商标相比较，其文字的字形、读音、含义或者图形的构图、颜色，或者其各要素组合后的整体结构相似，或者其立体形状、颜色组合近似，易使相关公众对商品的来源产生误认或者认为其来源与原告注册商标的商品有特定的联系。比对被控的“NOKIA EGYPT”商标与原告的“NOKIA”注册商标，本院认为，首先，在视觉效果上，“NOKIA EGYPT”商标中的“NOKIA”字体比“EGYPT”字体大两倍多，“NOKIA”字样占该商标整体面积的比例大于75%，故“NOKIA”字样显然是该商标的主要部分，该商标突出使用的内容是“NOKIA”而非“EGYPT”；“NOKIA”商标中的“NOKIA”字样及其占商标整体面积的比例均明显大于其右上角的图案，故“NOKIA”显然是该注册商标的主要部分，该商标突出使用的内容是“NOKIA”字样而非图案。因此，上述两个商标的主要内容相同。其次，“EGYPT”是非洲国家埃及的英文译名，在商标的标志、区别功能上，该文字的显著性很低；“NOKIA”字样在作为商标使用时，其本身就属于驰名商标，具有很强的显著性和知名度。基于上述因素，以相关公众的一般注意力为标准，相关公众容易对“NOKIA EGYPT”商标产生其系“NOKIA”的关联商标、关联品牌的误认，容易对使用了“NOKIA EGYPT”商标的商品的来源产生其与原告的“NOKIA”、“NOKIA”注册商标存在特定联系的混淆。据此，本院认定被控“NOKIA EGYPT”与原告的“NOKIA”注册商标属于近似商标。

被告抗辩被控商标系其客户在埃及的注册商标，其系依据相关的授权及委托加工协议而生产涉案商品，故其行为具有合法性。经审查被告的证据，本院认同原告对被告证据的质证意见，被告的证据均不能作为认定本案事实的证据。况且，即使被控商标确属在埃及注册的商标，但依据商标保护的地域性原则，该商标也因未在我国注册而不能受到我国法律的保护。据上，被告生产并申报出口埃及的液晶电视壳的前壳属侵犯原告“NOKIA”注册商标专用权的商品，被告应当对此依法承担侵权责任。由于除前壳外的液晶电视壳的其他组件产品上未有“NOKIA”字样，而前壳与其他组件产品系能够分离的物件，故除前壳外，不能认定其他组件产品系侵权商品。

（3）关于被告应当依法承担的民事责任，需结合原告的具体诉讼请求予以确定。首先，被告应当立即停止侵权，不得在其生产、销售的商品上使用含有“NOKIA”字样的标志，不得继续生产、销售含有“NOKIA”字样的标志的商品。其次，被告应当赔偿原告经济损失及维权的合理费用。鉴于原告未能提供其因被告侵权行为所造成损失数额的具体依据或者被告因侵权而获利数额的具体依据，故本院综合考虑以下主要因素，依法酌定赔偿数额。一是被告系经营时间较长（2006年9月成立），经营规模较大（注册资本300万美元）的科技研发、加工型企业，知道或者应当知道原告的“NOKIA”这一较为知名的品牌，但其未经许可，擅自在生产、出口的相同商品上标识与原告的"NOKIA"注册商标相近似的商标，在主观上具有一定的过错。二是被告侵权行为包括了生产和销售，且一次查获的侵权商品数量较多（2 250套），价值较大（46 888.50美元）。同时，鉴于侵权商品被海关查获不具有必然性的因素，不能排除被告在涉案侵权行为之外另存在生产、销售侵权商品的可能。侵权商品未进入市场流通领域系海关保护知识产权的结果，被告并没有主动停止侵权。三是原告的"NOKIA"商标在中国注册已有20多年时间，"NOKIA"系知名品牌，具有较高的市场知名度。四是原告为维护知识产权、制止侵权行为所支付的合理费用。原告主张的翻译费、工商信息查询费共1 450元均属因本案产生的合理费用，应予支持。

原告申请撤回相关诉讼请求，该申请系原告对民事权利、诉讼权利的处分，该处分未违反法律规定，故可予准许，对此不另行制作民事裁定书。对于原告提出的由本院对被告进行民事制裁的申请，本院将在本判决以外依法作出相应的处理。

综上所述，为保护注册商标人的合法权益，依照《中华人民共和国民法通则》第一百一十八条、第一百三十四条第一款第（一）项、第（七）项，《中华人民共和国商标法》第五十二条第（一）项、第（二）项、第五十六条第一款、第二款，《最高人民法院〈关于审理商标民事纠纷案件适用法律若干问题的解释〉》第十六条第一款、第二款、第十七条第一款的规定，判决如下：

（1）被告无锡金悦科技有限公司立即停止对原告诺基亚公司享有的第357902号"NOKIA"注册商标专用权的侵害；

（2）被告无锡金悦科技有限公司于本判决生效之日起十日内赔偿原告诺基亚公司经济损失（包括合理费用）人民币12万元。

负有金钱给付义务的当事人如未按本判决指定的期间履行给付义务，应当依照《中华人民共和国民事诉讼法》第二百二十九条的规定，加倍支付迟延履行期间的债务利息。

案件受理费人民币8 800元、财产保全费2 020元，由原告诺基亚公司负担820元，由被告无锡金悦科技有限公司负担10 000元。

如不服本判决，原告诺基亚公司可在判决书送达之日起三十日内，被告无锡金悦科技有限公司可在判决书送达之日起十五日内，向本院递交上诉状，并按对方当事人的人数提出副本，上诉于上海市第一中级人民法院。

审判长　许根华
人民陪审员　沈　卉
人民陪审员　余继钟
二〇一一年四月十四日

九、中山市利勤贸易有限公司申报出口小五金涉嫌侵犯"GATEHOUSE"商标专用权侵权案

（一）案情介绍

"GATEHOUSE"商标是中国公民巢汉良在中国注册的商标。2010年7月11日，巢汉良向拱北海关举

报，称中山市利勤贸易有限公司代理高天（中山）金属制造有限公司将自拱北海关下属的中山海关出口带有“GATEHOUSE”标志的柜磁吸 8 850 只、柜合页 300 对、柜铰 10 070 对、柜门吸 6 450 只、门铰 13 005 只，要求海关予以扣留。拱北海关根据巢汉良提供的情况，于 2010 年 7 月 12 日发现了该批货物，但同时也了解到以下情况：

1. Gatehouse 品牌是 LF 有限责任公司在美国国内注册的一个较为知名的品牌，而且高天（中山）金属制造有限公司与 LF 有限责任公司已有多年的委托加工合作关系，近年来也一直贴牌使用“GATEHOUSE”商标。

2. 2008 年巢汉良向国家工商总局申请在第 6 类产品上注册“GATEHOUSE”商标并于 2009 年 2 月被核准注册后，LF 有限责任公司和高天（中山）金属制造有限公司多次就 GATEHOUSE 商标权属问题与巢汉良进行协商，但一直未能达成协议。2010 年 1 月，LF 有限责任公司在国内完成了“GATEHOUSE 与 A STRONG IMPRESSION 图案”系列作品的著作权登记。

鉴于同时出现“GATEHOUSE”既有商标注册又有著作权登记的复杂局面，拱北海关决定依照《知识产权海关保护条例》有关被动保护的规定于 2010 年 7 月 16 日对该批货物实施扣留。根据《知识产权海关保护条例》第二十四条第（一）项的规定，海关对依据权利人申请扣留的侵权嫌疑货物，如果没有在扣留后 20 个工作日内收到人民法院协助执行有关裁定的通知，应当放行有关货物。由于中山海关没有在扣留货物后 20 个工作日内收到人民法院协助执行的通知，于 2010 年 8 月 18 日对在扣的货物解除了扣留。

海关解除扣留后，巢汉良以涉案货物的生产厂家高天（中山）金属制造有限公司为被告，向中山市第二人民法院提起了民事诉讼。中山市第二人民法院一审判决认为，被告高天（中山）金属制造有限公司涉外定牌加工出口不构成侵权，驳回了原告的诉讼请求。权利人巢汉良对此不服，又向中山市中级人民法院提出上诉。中山市中级人民法院二审判决驳回上诉，维持原判。巢汉良随后又向广东省高级人民法院提出了再审申请，被该院驳回起诉。

（二）评析

此案案情比较复杂，不仅涉及定牌加工，而且还存在商标权和著作权冲突的情况。在难以在短时间内查明事实和当事人之间侵权争议的情况下，拱北海关根据案情，从既有效维护知识产权权利人的合法权益，又不妨碍合法贸易角度考虑，对出口货物依法启动被动保护程序，最终将侵权争议提交人民法院处理是比较合理的。

附：

1. 巢汉良在海关总署备案的“GATEHOUSE”商标

GATEHOUSE

2. 中山市利勤贸易有限公司向拱北海关申报出口的小五金商品

3. 广东省中山市中级人民法院民事判决书

广东省中山市中级人民法院

民事判决书

（2011）中中法知民终字第 12 号

上诉人（原审原告）：巢汉良，男，汉族，1982 年 6 月 2 日出生，住广州市开发区东江大道 102 号，公民身份号码：441202198206021038。

委托代理人：陈家晓、赖福庆，系广东保信律师事务所律师。

被上诉人（原审被告）：高天（中山）金属制造有限公司，住所：广东省中山市小榄镇工业大道中 2 号。组织机构代码：74366044-8。

法定代表人：麦佳隆，职务：总经理。

委托代理人：严浩，系北京市浩天信和律师事务所律师。

上诉人巢汉良因与被上诉人高天（中山）金属制造有限公司（以下简称高天公司）侵犯商标专用权纠纷一案，不服广东省中山市第一人民法院（2010）中二法民三初字第 76 号民事判决，向本院提起上诉。本院依法组成合议庭审理了本案，现已审理终结。

原审法院查明：2009 年 2 月 9 日，国家工商行政管理总局商标局（以下简称商标局）核准巢汉良注册了“GATEHOUSE”商标（注册号：第 4458183 号），核定使用商品为第 6 类：钢制滑轮百叶窗、金属螺丝、金属插销、关门器（非电动）、五金器具、钥匙、金属锁（非电）、金属铸模、普通金属艺术品、金属喷头。该商标注册有效期自 2009 年 2 月 9 日至 2019 年 2 月 6 日。2009 年 7 月 30 日，海关总署核准巢汉良提出的“GATEHOUSE”商标（注册号：第 4458183 号）的海关保护备案申请，备案号：T2009-15838，有效期自 2009 年 7 月 30 日至 2019 年 2 月 6 日。

从 2008 年 1 月 25 日起，美国 LF 有限责任公司委托高天公司在各种金属产品（包括橱柜和住宅铰链）上使用“GATEHOUSE”、“A STRONG IMPRESSION”、“A STRONG IMPRESSION 及图案”商标和 A STRONG IMPRESSION 图案（登记号为：2010-F-023893）的著作权，这些产品仅限于发往美国。2010 年期间，美国 LF 有限责任公司委托高天公司加工柜磁吸 8 850 只、柜合页 300 对、柜铰 10 070 对、柜门吸 6 450 只、门铰13 005只，总价为14 710.5美元。

2010年7月15日，拱北海关向巢汉良发出《中止放行侵权嫌疑货物通知书》（拱关知申联字[2010]003号），称查获中山市利勤贸易有限公司（发货单位即高天公司）自中山海关出口柜磁吸8 850只、柜合页300对、柜铰10 070对、柜门吸6 450只、门铰13 005只，价值人民币100 000元，涉嫌侵犯巢汉良在海关总署备案的“GATEHOUSE”商标专用权。同年7月19口，拱北海关又向巢汉良发出《扣留侵权嫌疑货物通知书》(拱关知申字[2010]003号），确认已扣留上述货物，要求巢汉良就上述货物向人民法院申请采取责令停止侵权行为或者财产保全的措施，逾期（即2010年8月13日前）未收到人民法院协助执行有关裁定的通知，将放行上述货物。

庭审时，巢汉良、高天公司双方确认上述货物的外包装纸箱和内包装胶袋都贴有“A STRONG IMPRESSION及图案”等标志。

又查明，美国专利和商标局商标注册簿材料载明，美国LF有限责任公司为“GATEHOUSE”、“A STRONG IMPRESSION”、“A STRONG IMPRESSION及图案”的商标注册人。“GATEHOUSE”商标的注册号为3486157，注册时间为2008年8月12日，商品国际分类为第6类：金属门件，如合页、门闩、门锁、钥匙等，首次使用和商业使用均为2004年12月。“A STRONG IMPRESSION”商标的注册号为3743377，注册时间为2006年1月26日，商品国际分类为第6、17、20、21类：金属门件，如合页、门闩、门锁，钥匙等，首次使用和商业使用时间均为2005年6月。

2010年1月27日，国家版权局对LF有限责任公司提交的《A STRONG IMPRESSION 图案》予以著作权登记，登记号为2010-F-023893。

原审法院经审理认为，商标的基本功能是区分商品和服务的来源，《中华人民共和国商标法》有关商标侵权行为的法律规定，主要目的是防止相关公众对商品和服务的来源产生混淆和误认。因此，在同一种商品或者类似商品上使用与注册商标相同或者类似的商标的行为是否构成侵权，必须要结合是否存在混淆和误认的情况来综合判断。巢汉良在中国合法注册取得“GATEHOUSE”商标，目前处于有效期内，巢汉良在中国境内享有该商标的专用权，案外人LF有限责任公司按照美国法律在美国取得“GATEHOUSE”、“A STRONG IMPRESSION”、“A STRONG IMPRFSSION及图案”的注册商标专用权。从商标首次使用和商业使用的时问看，LF有限责任公司首次使用和商业使用“GATEHOUSEE”、“ASTRONG IMPRESSION”、“A STRONG IMPRESSION及图案”商标的时间早于巢汉良“ATEHOUSE”商标的注册时间，目前没有证据显示巢汉良首次商业使用“GATEHOUSE”商标的时间。高天公司使用LF有限责任公司在美国享有商标权的“GATEHOUSE”、“A STRONG IMPRESSION”、"A STRONG IMPRESSION及图案”商标且将产品出口美国，可以认定高天公司与LF有限责任公司之间存在定牌加工出口关系，高天公司受LF有限责任公司的委托生产涉案产品及出口美国的行为属于涉外定牌加工行为。由于涉外定牌加工出口的产品全部销往美国市场，美国市场相关公众通过商标标志区分商品的来源为LF有限责任公司。涉案产品没有在中国市场销售，巢汉良也确认在国内市场未发现存在涉案产品的销售情况，中国国内的相关公众不可能接触到涉案产品，不会对该产品的来源发生混淆和误认的可能，因此，高天公司的行为不构成侵权。巢汉良提出的诉讼请求，应不予支持。综上，依照《中华人民共和国民事诉讼法》第六十四条第一款的规定，判决：驳回巢汉良全部诉讼请求。

上诉人巢汉良不服原审判决，向本院上诉称：（1）巢汉良的GATEHOUSESE商标在2005年1月11日就已向商标局申请注册，并于2009年5月1日开始商业使用。巢汉良在2009年5月1日与他人签订商标使用许可合同，实际使用了涉案的注册商标，且巢汉良也将该合同提交给海关总署备案，显然，巢汉良使用涉案商标的时间不比LF有限责任公司迟。

（2）高天公司构成对巢汉良注册商标权的侵害。本案中，高天公司接受了LF有限责任公司的委托，加工生产带有GATEHOUSE商标的产品。按照商标法律的规定，判断高天公司的行为是否侵权，不在于看高天公司加工的商品是否会与巢汉良专有的注册商标的产品相混淆，而是直接判断行为人是否在相同或类似的商标上使用了相同或者近似的商标。因此，即使高天公司加工的商品发往国外，其制造行为地和交货地也在中国，应遵守中国商标法的规定，高天公司侵害了巢汉良的注册商标权，特请求：①撤销广东省中山市第二人民法院作出的（2010）中二法民三初字第76号民事判决，依法改判支持巢汉良的全部诉讼请求；②本案的一、二审诉讼费用全部由高天公司承担。

被上诉人高天公司答辩称：（1）没有证据证明巢汉良实际使用过其专有的涉案注册商标，且根据高天公司提供的证据，证明巢汉良注册GATEHOUSE商标是恶意抢注，以此谋取不正当利益，法院不应当支持巢汉良的诉讼请求。（2）判断是否构成商标侵权，应以是否混淆为标准。由于被控产品均销往美国，不在国内销售，二者市场分属两个完全不同的地区，所以不会造成消费者的混淆，不构成对巢汉良的注册商标专用权的侵害。本案经审理查明，原审法院认定的事实属实，本院予以确认。

本院另查明，LF有限责任公司是一家按美利坚合众国法律组成并存在的有限责任公司，是存在于国外的合法经营主体。涉案被控侵权产品系高天公司接受LF有限责任公司的委托生产加工的，使用于产品上的商标也得到了LF有限责任公司的授权，没有证据表明还有其他由高天公司生产的GATEHOUSE商标的产品在国内销售。

再查，巢汉良至今没有实际使用涉案的GATEHOUSE注册商标，其在二审阶段提交注册商标查询资料，证明高天公司的客户LF有限责任公司2009年至2010年间向国家商标局申请GATEHOUSE商标的情况。

本院认为，巢汉良注册的GATEHOUSE商标经过行政机关审核并发放商标注册证，其享有相关的注册商标专用权，本案争议的焦点是高天公司制造的带有GATEHOUSE商标的产品是否侵害了巢汉良的注册商标专用权。

根据《最高人民法院关于审理商标民事纠纷案件适用法律若干问题的解释》第九、十、十一条的规定，判断行为人是否在相同或类似的商品上使用和注册商标相同或类似的商标，侵害注册商标专用权，本质在于判断被控侵权的商标和注册商标相比，是否易使相关公众对商品的来源产生误认或者认为其来源与注册商标的商品有特定联系，且还应当考虑请求保护的注册商标的显著性。

本案中，没有证据表明请求被保护的注册商标GATEHOUSE因为实际使用而取得了显著性。虽然巢汉良在一审时提供了一份其与苏州浩翔五金制品有限公司签订的商标使用许可合同，但巢汉良既没有证据证明该合同的被许可人苏州浩翔五金制品有限公司是一个真实存在的经营主体，又没有证据证明该商标使用许可合同实际履行，该份商标使用许可合同的真实性、关联性均不能确认，因此，本案请求保护的注册商标GATEHOUSE不具有显著性。

从主观方面来看，高天公司在本案中出具了依法经过公证、认证手续的商标使用授权书和GATEHOUSE商标的美国商标注册证。这些证据足以证明，高天公司在接受LF有限责任公司的委托前，其已尽了谨慎审查的义务，既审查了LF有限责任公司的合法主体地位，又审查了LF有限责任公司GATEHOUSE商标的专用权人，高天公司在主观上没有任何过错。

从客观方面分析，现有证据表明，所有被控侵权产品均销往国外，其面向的也都是国外消费者，反观请求保护的注册商标，因为不曾被专用权人使用而根本不具有任何的显著性或者显著性非常小。对于该注册商标，不存在相关的公众，即使存在，相关的公众也仅局限于国内，与被控侵权产品的相关公众隶属于不同的地域，二者是不同的感知主体，所以不可能造成商品来源的混淆。

综合以上三方面的分析，高天公司接受LF有限责任公司的委托在其产品上使用GATEHOUSE商标的行为没有侵害巢汉良的注册商标专用权，不应承担相应的民事责任。

综上，巢汉良上诉理据不充分，其上诉请求本院不予支持。原审判决认定事实清楚，适用法律正确，程序合法，处理适当，应予维持。依照《中华人民共和国民事诉讼法》第一百五十三条第一款第（一）项之规定，判决如下：

驳回上诉，维持原判。

本案二审案件受理费3 300元，由上诉人巢汉良负担。

本判决为终审判决。

审判长　徐红妮

审判员　练天成

代理审判员　谢劲东

二〇一一年四月二十五日

近似商标案例

一、深圳海关查获货运渠道出口侵犯“LG 及笑脸图形”商标权液晶电视案

（一）案情介绍

2011 年 3 月 17 日，广州市优冠电子科技有限公司向深圳海关隶属蛇口海关申报出口“CLG”牌液晶电视 60 台，目的地摩尔多瓦，申报价格 9 750 美元。经海关查验，发现实际货物上使用的是与“LG”十分近似的标志，涉嫌侵犯权利人株式会社 LG 在海关总署备案的“LG”商标专用权。3 月 21 日，海关中止放行了该批货物并将有关情况书面通知了权利人。

收到海关通知后，韩国株式会社 LG 认为，“CLG”标志会使普通消费者误认为该标志是“LG”商标的最新设计，从而构成了对“LG”的商标近似，属于侵犯其商标专用权的货物，故于 3 月 23 日向深圳海关提出扣留并没收侵权货物的申请。4 月 1 日，海关根据权利人的申请对货物实施了扣留。

在海关调查过程中，当事人称，涉案货物是该公司根据摩尔多瓦客户要求生产的并直接销往该国，而且“CLG”商标已由其客户在摩尔多瓦注册，应当属于定牌加工的情形。此外，该公司生产的液晶电视与 LG 在售产品在外观、功能和设计都不同，使用的商标与 LG 注册的笑脸图形也不同，不构成近似。

由于此案既涉及定牌加工，又涉及近似商标，案情比较复杂，深圳海关为厘清事实，召集了双方当事人举行了一次质证会。经过质证，海关厘清了案件事实。深圳海关认为，首先，发货人广州市优冠电子科技有限公司提供的证据仅能证明摩尔多瓦的收货人是在货物扣留之后的 2011 年 4 月 14 日才申请商标注册，尚不拥有该项商标权，故货物属于定牌加工的辩称不能成立。其次，根据国家工商总局 2005 版商标评审规则的相关规定，上述“CLG”图形与“LG”构成近似商标，因此该批货物应构成商标侵权。根据《中华人民共和国商标法》第五十二条第（一）项和《中华人民共和国海关行政处罚实施条例》第二十五条第一款，深圳海关于 2011 年 12 月 13 日决定没收该批侵权货物并向福建省中技机电进出口有限公司处以罚款 3 500 元。

（二）评析

对定牌加工的认定和近似商标的判断一直是海关知识产权保护工作的难点，本案中深圳海关综合运用质证等调查手段进行分析判断，对涉案货物作出了侵权的认定，具有典型意义。

附：

1. 韩国株式会社 LG 在海关总署备案的“LG”商标

2. 广州市优冠电子科技有限公司被深圳海关扣留的液晶电视

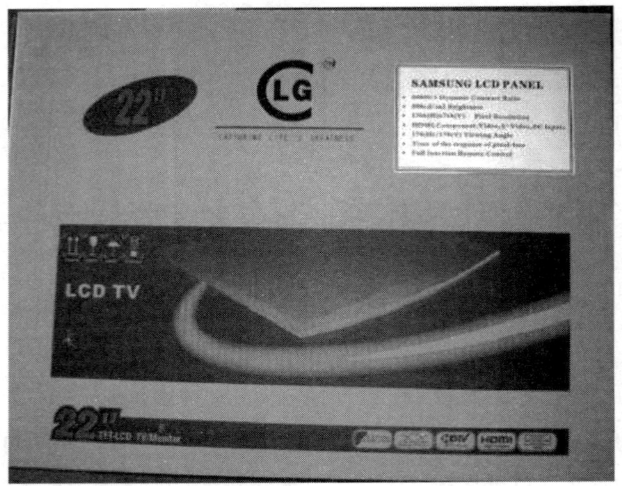

3. 摩尔多瓦商人在境外注册的 CLG 商标

2123 / FM / 06.0 / A /

Applicant's/representative's reference:
No.
Date

Is completed by the AGEPI	
AGEPI registry entry: No. **3 1 2 7 6** **Date 2011 04 14**	National Register of Tradema Registration Applications: **(210)** No. of deposit 0 2 9 0 4 **(220)** Date of deposit 2011 04

To **STATE AGENCY OF INTELLECTUAL PROPERTY OF THE REPUBLIC OF MOLDOVA**
24 Andrei Doga Str., building 1, MD-2024, Chisinau, Republic of Moldova,
tel: (37322) 40-05-05, fax: 43-85-08

APPLICATION
FOR TRADEMARK REGISTRATION
The application shall be completed in typewritten of printed duplicate

I. (730) APPLICANT (name, surname or full name, address, telephone and fax with region prefix, e-mail)
"LEKO International Com" LLC, MD, 135 Columna Str., MD-2004, mun. Chisinau, Republic of Moldova
Tel. (373 22) 29-36-77, 20-99-20
Fax. (373 22) 29-36-76
☐ multiple applicants (appendix)
☒ legal entity ☐ natural person

Unique state identification number (IDNO/IDNP)
1002600045721
Country code according to the ST. 3 OMPI norm
MD

II. REQUEST on the ground of the Law No. 38/2008 the registration of mark:
(550) ☐ verbal ☐ three-dimensional ☒ individual ☐ certification
☐ figurative ☐ of other type (specify) ☐ collective ☐ state property
☒ combined ……………………………………………

III. (740) REPRESENTATIVE (name, surname or full name, address, telephone and fax with region prefix, e-mail)
Eugen STASCOV (Reg. No. 54), MD, INDEPRIN SRL, 18 Petru Rares Str., MD-2005, mun. Chisinau, Republic of Moldova;
Tel/fax: (373 22) 23-80-47,
E-mail: indeprin@mtc.md;
☒ authorized attorney ☐ other person

IV. (750) ADDRESS FOR CORRESPONDENCE (name, surname or full name, address, telephone and fax with region prefix, e-mail)
Eugen STASCOV (Reg. No. 54), MD, INDEPRIN SRL, 18 Petru Rares Str., MD-2005, mun. Chisinau, Republic of Moldova;
Tel/fax: (373 22) 23-80-47, tel. 20-29-07
E-mail: estascov@hotmail.com

V. TRADEMARK

☐ - **(591)** Color requested as a distinctive element of the trademark:

Name of requested colors:

(526) elements of the trademark on which is not requested an exclusive right:

☐ - (541) verbal trademark is executed with standard characters

(540) Trademark reproduction

LG

二、福建省中技机电进出口有限公司出口“PERKINS”汽车缸套案

（一）案情介绍

2011 年 8 月 25 日，福建省中技机电进出口有限公司委托福州航远报关有限公司向福州海关申报出口一批汽车缸套。经查验，海关发现该批货物中有 1 248 只汽车缸套，使用了带有“P θ rkinns”的图形组合标志，与帕金斯控股有限公司在海关总署备案的“PERKINS”商标近似，涉嫌侵犯帕金斯控股有限公司“PERKINS”商标的专用权。9 月 7 日，海关决定中止放行该批货物并将有关情况书面通知了权利人。

收到海关通知后，帕金斯控股有限公司于 2011 年 9 月 13 日向海关书面确认该批汽车缸套侵犯了其商标权，并提出扣留货物的申请，福州海关于 2011 年 9 月 20 日对该批货物实施扣留。

案件调查过程中，发货人认为涉案货物所使用的带有“P θ rkinns”的图形组合标志，与注册商标“PERKINS”两者字母大小写不同，且第二个字母为希腊文字 θ，并多了一个字母 n，发音为“配齐”，取配件齐全，车轮滚滚的含义。此外，涉案货物的标志系国外买家委托标注，发货人尽到注意义务且无主观故意。对此，权利人认为侵权货物使用的商标与权利人的注册商标在视觉上基本无差别，足以对公众产生误导。发货人在出口货物时并未要求收货人提供侵权商标在售货地区的注册证并予以检验，没有尽到合理的注意义务。

海关经调查，认为福建省中技机电进出口有限公司事先未经商标注册人许可，在其出口的汽车缸套上使用与帕金斯控股有限公司的注册商标近似的标志，已构成出口侵犯他人商标专用权货物的行为。根据《中华人民共和国商标法》第五十二条第（一）项和《中华人民共和国海关行政处罚实施条例》第二十五条第一款，福州海关于 2011 年 12 月 13 日决定没收该批侵权货物并向福建省中技机电进出口有限公司处以罚款 3 500 元。

（二）评析

在知识产权海关保护调查和认定环节，当事人往往会以出口侵权货物的行为无主观故意进行辩解，此案中福建省中技机电进出口有限公司辩称产品系国外买家委托标注却没有相应举证，福州海关通过分析双方当事人提交证据的真实性、合法性和关联性，对涉案货物做出了认定侵权的结论，是有事实依据并符合相关法律规定的。

附：

1. 帕金斯控股有限公司在海关总署备案的 PERKINS 商标（商标注册号：240692）

2. 福建省中技机电进出口有限公司被海关扣留的汽车缸套

3. 福建省中技机电进出口有限公司的说明材料

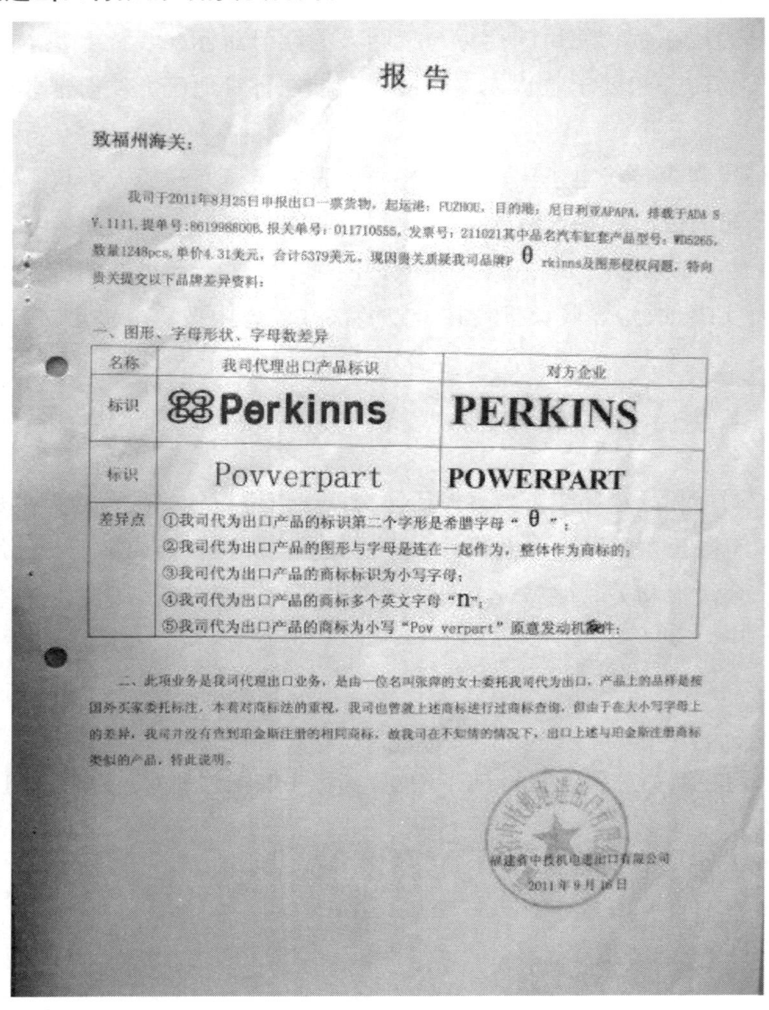

报 告

致福州海关：

我司于2011年8月25日申报出口一票货物，起运港：FUZHOU，目的港：尼日利亚APAPA，排载于ADA S V.1111，提单号:8619988008，报关单号：011710555，发票号：211021其中品名汽车缸套产品型号：WD5265，数量1248pcs，单价4.31美元，合计6379美元，现因贵关质疑我司品牌P θ rkinns及图形侵权问题，特向贵关提交以下品牌差异资料：

一、图形、字母形状、字母数差异

名称	我司代理出口产品标识	对方企业
标识	Pərkinns	PERKINS
标识	Povverpart	POWERPART
差异点	①我司代为出口产品的标识第二个字形是希腊字母“θ”； ②我司代为出口产品的图形与字母是连在一起作为，整体作为商标的； ③我司代为出口产品的商标标识为小写字母； ④我司代为出口产品的商标多个英文字母“n”； ⑤我司代为出口产品的商标为小写“Pov verpart”原意发动机配件；	

二、此项业务是我司代理出口业务，是由一位名叫张萍的女士委托我司代为出口，产品上的品牌是按国外买家委托标注，本着对商标法的重视，我司也曾就上述商标进行过商标查询，但由于在大小写字母上的差异，我司并没有查到珀金斯注册的相同商标，故我司在不知情的情况下，出口上述与珀金斯注册商标类似的产品，特此说明。

福建省中技机电进出口有限公司
2011年9月16日

4. 帕金斯控股有限公司认为构成近似的意见

关于福建省中技机电进出口有限公司侵权的书面意见

中华人民共和国福州海关：

贵关于2011年10月14日致我公司的《关于侵权异议情况的通知》（福关知异通[2011]168号）已收悉。就贵关函件所述事宜，作为帕金斯控股有限公司（简称“权利人”或“我公司客户”）的代理人，本公司经权利人授权兹向贵关再次确认相关货物侵权，并对福建省中技机电进出口有限公司异议理由答复如下：

（1）帕金斯控股有限公司对“PERKINS”、“■”及“POWERPART”商标的专用权：

我公司客户，帕金斯控股有限公司成立于1932年，是全球柴油和天然气发动机市场的顶尖供应商。目前，权利人在世界三大洲（包括在中国无锡）都有发动机生产工厂，为全球1 000多家从事各个领域的领先制造商提供可信赖的动力设备及配件。

权利人十分重视对其知识产权的保护，在包括中国在内的多个国家和地区拥有广泛的知识产权注册，其中包括在中国的如下商标注册：

	商标	注册号	类别
1	PERKINS	240692	7
2	■	240693	7
3	POWERPART	G785736	7

（2）对福建省中技机电进出口有限公司异议理由的回复：

①福建省中技机电进出口有限公司试图通过贵关出口到尼日利亚的1 248只使用“Perkinns”、“■”、“Povverpart”商标的汽车缸套明显侵犯了权利人的上述商标专用权，其异议理由根本不能成立。

首先，通过下表的对比可知，本案中侵权货物使用的商标与权利人的上述相应注册商标在视觉上基本无差别，足以对公众产生误导。

权利人注册商标	本案中侵权货物使用的商标
PERKINS	Perkinns
■	■
POWERPART	POVVERPART

其次，针对福建省中技机电进出口有限公司的异议理由，我们一一进行反驳如下：

	异议理由	我们的反驳意见
形	两者字母大小写不同，且第二个字母为希腊文字，并多了一个字母n。	判断文字商标是否近似，不会考虑字母的大小写，因为大小写的不同根本无法起到商标区分商品来源的作用。 假冒商标第二个字母和英文字母e在视觉上无差异。 假冒商标Perkinns和PERKINS相比，仅多了一个字母n，普通消费者施以一般注意力的情况下难以区分这种细微差异，因此侵权商标的使用足以对公众产生误导。
音、义	发音为“配齐”，取配件齐全，车轮滚滚的含义，无实质意义。	Perkinns和PERKINS的发音完全相同，因为英语中in和inn的发音都为[in]，而所谓的“配件齐全，车轮滚滚”完全是临时臆造出来的。正因为侵权商标对于普通消费者来说没有确定无疑的具体含义，就更加无法与权利人的注册商标PERKINS进行区分。

	异议理由	我们的反驳意见
组成	假冒商标为组合商标。	如前所述，权利人对商标同样拥有商标专用权。假冒商标中■只是将权利人注册的图形商标中的正方形的方位稍作调整，对于普通消费者而言，两者的整体视觉效果几乎没有差别。
其他	假冒商标中的Povverpart原意为发动机原件。	我们不清楚所谓Povverpart原意为发动机原件从何而来，但是我们知道很多造假者将注册商标中的w差分为两个“v”，即vv，试图逃避法律的惩罚。然而w和vv在视觉上几无差异，显然，Povverpart商标也侵犯了权利人对POWERPART的商标专用权。

②福建省中技机电进出口有限公司并没有履行其检验义务。

福建省中技机电进出口有限公司辩称，该项业务为其代理出口，并曾对假冒商标进行过查询，但由于在大小写字母上的差异，没有查询到权利人的注册商标，因此，其在不知情的情况下，出口了侵权商品。

首先，根据商标局的系统，大小写字母的差异并不会对商标的检索产生影响，因此我们对福建省中技机电进出口有限公司在意义中所陈述理由的真实性表示怀疑。

其次，该公司在出口时并未要求收货人提供侵权商标在收货地区的注册证并予以检验，因此，我们认为其并没有履行应有的检验义务。并非是其在不知情的情况下出口侵权商品，而至少是其放任该批商品的出口。另外，根据该公司提供的情况说明，并不能排除其故意出口，甚至是生产该批侵权货物的可能性。权利人保留对此行为进一步进行法律追究的权利。

（3）法律依据：

福建省中技机电进出口有限公司参与生产、销售和/或出口标有与权利人相关注册商标“Perkins”、“”、“POWERPART”视觉上基本无差异商标的假冒产品，已经侵犯了权利人的相关商标专用权、著作权，并且同时构成了不正当竞争，违反了《中华人民共和国商标法》及《中华人民共和国反不正当竞争法》的有关规定。

《中华人民共和国商标法》第五十二条规定，有下列行为之一的，均属侵犯注册商标专用权：

①未经商标注册人的许可，在同一种商品或者类似商品上使用与其注册商标相同或者近似的商标的；

②销售侵犯注册商标专用权的商品的；

③伪造、擅自制造他人注册商标标志或者销售伪造、擅自制造的注册商标标志的；

④未经商标注册人同意，更换其注册商标并将该更换商标的商品又投入市场的；

⑤给他人的注册商标专用权造成其他损害的。

《中华人民共和国商标法实施条例》第五十条第一款规定，故意为侵犯他人注册商标专用权行为提供仓储、运输、邮寄、隐匿等便利条件的，属于侵犯注册商标专用权的行为。

《最高人民法院、最高人民检察院关于办理侵犯知识产权刑事案件具体应用法律若干问题的解释》第一条规定，未经注册商标所有人许可，在同一种商品上使用与其注册商标相同的商标，具有下列情形之一的，属于刑法第二百一十三条规定的“情节严重”，应当以假冒注册商标罪判处三年以下有期徒刑或者拘役，并处或者单处罚金：

①非法经营数额在五万元以上或者违法所得数额在三万元以上的；

②假冒两种以上注册商标，非法经营数额在三万元以上或者违法所得数额在二万元以上的；

③其他情节严重的情形。

具有下列情形之一的，属于刑法第二百一十三条规定的“情节特别严重”，应当以假冒注册商标罪判处三年以上七年以下有期徒刑，并处罚金：

①非法经营数额在二十五万元以上或者违法所得数额在十五万元以上的；

②假冒两种以上注册商标，非法经营数额在十五万元以上或者违法所得数额在十万元以上的；

③其他情节特别严重的情形。

《最高人民法院、最高人民检察院关于办理侵犯知识产权刑事案件具体应用法律若干问题的解释》第八条规定，刑法第二百一十三条规定的“相同的商标”，是指与被假冒的注册商标完全相同，或者与被假冒的注册商标在视觉上基本无差别，足以对公众产生误导的商标。

《最高人民法院、最高人民检察院关于办理侵犯知识产权刑事案件具体应用法律若干问题的解释》第十六条规定，明知他人实施侵犯知识产权犯罪，而为其提供贷款、资金、账号、发票、证明、许可证件，或者提供生产、经营场所或者运输、储存、代理进出口等便利条件、帮助的，以侵犯知识产权犯罪的共犯论处。

综上所述，我们代表权利人帕金斯控股有限公司再次确认福建省中技机电进出口有限公司通过贵关出口到尼日利亚的 1 248 只涉案汽车缸套侵犯了权利人的上述三项商标专用权，并向贵关请求对上述查获产品予以扣留。

申请人：耐金斯控股有限公司
代理人：霍金路伟（上海）知识产权代理有限公司
2011 年 10 月 19 日

三、宁波海关查获成都历刚体育月品有限公司出口 TRI-CIRCLE 挂锁案

（一）案情介绍

2011 年 4 月 1 日，成都历刚体育用品有限公司向宁波海关申报出口一批玻璃浇花器、打气筒、充电器，境内货源地为义乌，目的国为德国。经查验，该批货物中有 140 箱 13 080 把锁使用“TROIS-CIRCLE”商标，涉嫌侵犯“TRI-CIRCLE”商标权，经联系，权利人烟台三环锁业集团有限公司确认该批货物为侵权产品。宁波海关依法扣留该批货物。

在宁波海关调查期间，发货人提出“TROIS-CIRCLE”商标为有效的注册商标且商标所有人为张关钢（身份证号：330123197406012756），并提供了“TROIS-CIRCLE”商标的注册证和授权书等证据，海关在核查后认为，“TROIS-CIRCLE”商标确为有效的注册商标，于是做出不能认定是否侵权的调查结论。

随后，权利人烟台三环锁业集团有限公司向宁波市中级人民法院提出诉讼，宁波市中级人民法院认为“TROIS-CIRCLE”标志与原告烟台三环锁业集团有限公司“TRI-CIRCLE”注册商标构成侵权并判决成都历刚体育用品有限公司立即停止销售侵害原告烟台三环锁业集团有限公司“TRI-CIRCLE”注册商标专用权的挂锁产品。

（二）评析

该案是商标注册冲突的典型案例，也体现了知识产权海关保护的一个基本原则，即“海关不介入民事纠纷”，具体体现在当当事人之间就商标注册发生纠纷时，海关不进行确权。在此案中，尽管“TRI-CIRCLE”商标系

注册商标且被国家工商行政管理局商标局认定为驰名商标，但发货人出口的挂锁上使用的“TROIS-CIRCLE”标志也是合法注册的商标，而且发货人已经获得了注册人的合法授权，无论两个商标是否构成近似，都应当由商标主管机关或者人民法院进行处理，海关作为进出境环节的执法机关，不宜对两个注册商标之间的冲突问题作出确权决定。因此，宁波海关综合考虑案件的情况，认为海关做出不能认定是否侵权结论比较妥当。

此案在海关做出不能认定结论后由人民法院判定侵权，体现了知识产权行政执法权和司法审判权之间的差异，也体现了行政执法和司法之间有效衔接的重要性。此案中，如果海关对涉嫌侵权货物拦截，就不会发生后来的法院判决，也就不会有知识产权权利人合法权益最终得以维护的结果。

附：

1. 烟台三环锁业集团有限公司在海关总署备案的“TRI-CIRCLE”商标

TRI-CIRCLE

2. 成都历刚体育用品有限公司出口的带有“TROIS-CIRCLE”标志的锁

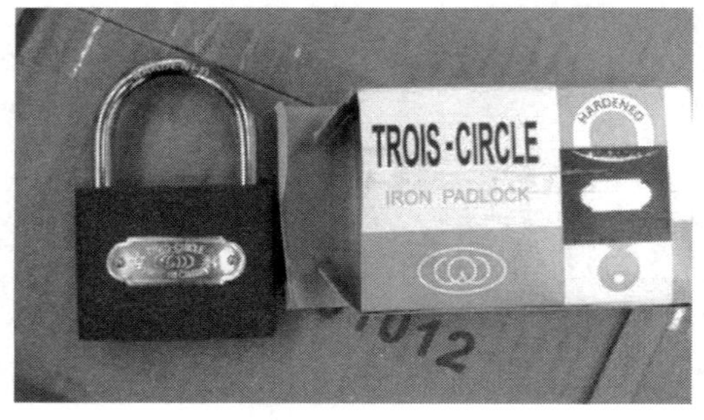

3. 张关钢注册的 TROIS-CIRCLE 商标

商标注册证

TROISCIRCLE

核定使用商品(第 6 类)

钉子；挂锁；弹簧锁；普通金属塑像（截止）

注 册 人 张关钢 330123197406012756

注册地址 浙江省富阳市大源镇花果山路 23 号

注册有效期限 自公元 2011 年 04 月 28 日 至 2021 年 04 月 27

局长签发 许瑞表

中华人民共和国国家工商行政管理总局 商标局

4. 浙扛省宁波市中级人民法院民事判决书

浙扛省宁波市中级人民法院

民事判决书

（2011）浙甬知初字第 308 号

原告：烟台三环锁业集团有限公司。住所地：山东省烟台市西南河路 47 号。

法定代表人：解维坤，该公司董事长。

委托代理人：孟庆国，该公司法务科长。

被告：成都历刚体育用品有限公司。住所地：四川省成都市温江区柳城镇航天路 178 号 5 幢 1 楼 2 号。

法定代表人：刘刚，该公司总经理。

原告烟台三环锁业集团有限公司（以下简称三环公司）为与被告成都历刚体育用品有限公司（以下简称历刚公司）侵害商标权纠纷一案，于 2011 年 8 月 4 日向本院起诉。本院于同日受理后，依法组成合议庭，于 2011 年 8 月 5 日作出（2011）浙甬知初字第 308-1 号民事裁定，对被告历刚公司进行财产保全，于 2011 年 12 月 29 日公开开庭进行了审理。原告三环公司的委托代理人孟庆国到庭参加诉讼，被告历刚公司经本院传票合法传唤，无正当理由拒不到庭。本案现已审理终结。

原告三环公司起诉称，原告是“三环”牌锁类商标专用权人，持有第 133629 号、第 1911519 号、第 1911219 号、第 1911215 号等商标注册证，依法享有注册商标专用权。1999 年 1 月，“三环”商标经国家工商行政管理总局商标局认定为驰名商标，并被认定为“中华老字号”，在国内外均享有极高品牌声誉。2011 年 4 月 1 日，被告出口 140 箱 13 080 把铁挂锁，使用了近似原告享有专用权的商标，因涉嫌侵害原告商标专用权，被宁波海关查扣，案号为甬关法 [2011]299 号，故原告向本院提起诉讼，请求判令：

（1）被告立即停止销售侵害原告享有的第 133629、1911519、1911219、1911215 号“三环”注册商标专用权的行为；（2）被告赔偿原告经济损失 300 000 元。

被告历刚公司未提交书面答辩状，亦未到庭答辩。

原告三环公司为证明其主张在举证期限内向本院提交如下证据：

（1）第 1911519、1911219、1911215 号商标注册证（经公证的与原件一致的复印件），拟证明原告拥有“三环”牌锁类商品的文字及图形注册商标专用权；

（2）第 133629 号商标注册证（经公证的与原件一致的复印件）及《关于认定“三环”商标为驰名商标的通知》，拟证明原告“三环”牌锁类商标在 1999 年被国家工商行政管理局商标局认定为驰名商标，享有驰名商标的特别保护权利；

（3）“中华老字号”认定证书，拟证明原告“三环”商标被国家商务部认定为“中华老字号”，是历史悠久的民族自主知识产权知名品牌，享有特别保护权利；

（4）宁波海关做出的甬关法 [2011]299 号《保护知识产权状况调查结果通知书》，拟证明被告销售出口的商品使用了与原告享有的“三环”商标标志近似的标志，被宁波海关查扣的事实。

（5）被告销售出口的挂锁及包装盒商标标志图片，证明被告销售出口的产品及包装盒的商标标志与原告商标标志构成近似，涉嫌仿冒原告商标，侵害了原告享有的商标专用权。

被告历刚公司既未提出答辩又未出庭应诉，应视为对上述有关证据放弃质证的权利。

被告历刚公司在举证期限内未向本院提交证据。

为查明事实，本院向宁波海关调取了被控侵权产品的实物，经比对，原告认为与原告的注册商标构成近似，可以证明被告侵害了原告注册商标专用权。

对于原告提供的证据和本院调取的证据，经庭审出示并核对原件，对上述证据的真实性、合法性、关联性，本院依法予以确认。

根据上述认定证据及原告在庭审中的陈述，本院对本案事实认定如下：

山东烟台造锁总厂经国家工商行政管理总局商标局核准，注册了第133629号“三环”文字及图形组合商标，该商标的特征是上方为一个椭圆形内三个圆横排相连的图形，下方为“三环”汉字，注册有效期自1993年3月1日起至2003年2月28日止，核定使用的商品为第6类锁。2001年7月2日，经国家工商行政管理总局商标局核准，上述商标注册人变更为原告。经续展注册，上述商标续展注册的有效期自2003年3月1日起至2013年2月28日止。原告三环公司经国家工商行政管理总局商标局核准，注册了第1911519号“三环”图形商标，其图形特征为一个椭圆形内三个圆横排相连，注册有效期自2003年2月28日起至2013年2月27日止，核定使用的商品为第6类挂锁、钥匙、金属锁、弹簧锁等。原告三环公司经国家工商行政管理总局商标局核准，注册了第1911219号“三环”文字及图形组合商标，其特征为中间是一个椭圆形内三个圆横排相连，在椭圆形的左右两侧各有一个“三”、“环”的汉字，椭圆形的上方是“TRI-CIRCLE”英文字母，该商标的注册有效期自2003年2月28日起至2013年2月27日止，核定使用的商品为第6类挂锁、钥匙、金属锁、弹簧锁等。原告三环公司经国家工商行政管理总局商标局核准，注册了第1911215号“TRI-CIRCLE”英文字母商标，该英文的中文含义也为“三环”，该商标的注册有效期自2003年2月28日起至2013年2月27日止，核定使用的商品为第6类挂锁、钥匙、金属锁、弹簧锁等。1999年1月5日，第133629号“三环”文字及图形商标被国家工商行政管理总局商标局认定为驰名商标。此外，“三环”还被商务部认定为“中华老字号”。

2011年7月5日，宁波海关向三环公司发出《知识产权状况调查结果通知书》，该通知书载明：“对历刚公司于2011年4月1日出口的‘TROIS-CIRCLE’标志的挂锁140箱13 080把，我关于2011年5月30日扣留该批货物，现已完成对货物侵权状况的调查、认定，现根据《中华人民共和国知识产权海关保护条例》第二十条的规定，将认定结果通知如下：经调查，我关不能认定上述货物是否侵犯了你（单位）在海关总署备案的‘TRI-CIRCLE’商标（备案号：T2009-16127）。根据《中华人民共和国知识产权海关保护条例》第二十三条的规定，你（单位）可以就上述货物向人民法院申请采取责令停止侵权行为或者财产保全措施。”此后，三环公司向本院申请了财产保全，本院依法查封该批货物，并提取了被控侵权产品实物。经庭审确认，被控侵权产品挂锁包装盒的正面左上方为“吉环牌”汉字，下方是一个椭圆形内一个圆和两个未闭合成圆形的弧线横排相连的图形；包装盒的背面左上方是“TRO S-CIRCLE”英文字母，下方是一个椭圆形内一个圆和两个未闭合成圆形的弧线横排相连的图形；被控侵权产品挂锁的铭牌中间是一个椭圆形内一个圆和左右各一个未闭合成圆形的弧线横排相连的图形，椭圆形的左右两边各有一个“吉”、“环”，椭圆形的上面是“TROIS CIRCLE”英文字母，下面是“MADE IN CHINA”。

本院认为，原告三环公司依法享有第133629、1911519、1911219、1911215号“三环”文字及图形、“三环”图形及“TRI-CIRCLE”英文字母注册商标专用权，应受到我国法律的保护，且第133629号“三环”文字及图形商标被国家工商行政管理总局商标局认定为驰名商标，享有较高知名度和较好声誉。被告历刚公司出口销售的挂锁从包装盒来看，其正面和背面使用的一个椭圆形内一个圆和左右各一个未闭合成圆形的弧线横排相连的图形，与原告商标使用的一个椭圆形内三个圆横排相连的图形近似，即与第133629号、第1911519号商标构成近似。被控侵权产品包装盒背面的"TROIS-CIRCLE"英文字母，与原告第1911215号英文字母商标"TRI-CIRCLE"相比，仅多了两个字母"O"、"S"，且被告使用的"TROIS"也无特殊含义，可视为对原告使用英文"TRI"的模仿，故被告使用的"TROIS-CIRCLE"标志与原告第1911215号英文字母商标"TRI-CIRCLE"构成近似。被控侵权产品挂锁的铭牌中间是一个椭圆形内一个圆和左右各一个未闭合成圆形的弧线横排相连的图形，椭圆形的左右两边各有一个"吉"、"环"，椭圆形的上面是"TROS CIRCLE"英文字母，下面是"MADE IN CHINA"。原告的第1911219号"三环"文字及图形组合商标，其特征为中间是一个椭圆形内三个圆横排相连，在椭圆形的左右两侧各有一个"三"、"环"的汉字，椭圆形的上方是"TRI-CIRCLE"英文字母。将被控侵权产品铭牌上的标志与原告第1911219号商标进行比对，无论是图形、英文字母还是图形和文字排列布局的方式都构成近似。被告未提供其使用上述标志的合法依据，将与原告注册商标近似的图案、英文字母以不同方式分开或拼凑使用，更容易使消费者产生混淆，引起误认。故被告未经原告许可，在其出口销售的挂锁上使用与原告注册商标近似的标志，构成对原告第133629、1911519、1911219、1911215号注册商标专用权的侵害，依法应当承担停止侵权、赔偿损失的民事责任。鉴于被告因侵权所获得的利益及原告因被侵权所受到的损失均难以确定，本院根据被告侵权行为的情节、商标的声誉、原告为制止侵权行为所支付的合理费用等因素酌情确定赔偿额，考虑原告商标具有较高声誉和被告出口侵权产品的数额，本院对原告主张的30 000元赔偿额予以认可。被告历刚公司经传票传唤，无正当理由拒不到庭，可视为放弃对原告诉请的抗辩。依照《中华人民共和国民法通则》第一百一十八条、第一百三十四条第一款第（一）、（七）项、第二款、《中华人民共和国商标法》第五十二条第（一）项、第五十六条第二款、《最高人民法院关于审理商标民事纠纷案件适用法律若干问题的解释》第十六条第一、二款、《中华人民共和国民事诉讼法》第一百三十条之规定，判决如下：

（1）被告成都历刚体育用品有限公司立即停止销售侵害原告烟台三环锁业集团有限公司第133629、1911519、1911219、1911215号"三环"文字及图形、"三环"图形及"TRI-CIRCLE"英文字母注册商标专用权的挂锁产品；

（2）被告成都历刚体育用品有限公司于本判决生效之日起十日内赔偿原告烟台三环锁业集团有限公司经济损失30 000元。

如果未按本判决指定的期间履行给付金钱义务，应当依照《中华人民共和国民事诉讼法》第二百二十九条之规定，加倍支付延迟履行期间的债务利息。

案件受理费550元，财产保全费350元，共计900元，由被告成都历刚体育用品有限公司负担。

如不服本判决，原、被告可在判决书送达之日起十五日内，向本院递交上诉状一式四份，上诉于浙江省高级人民法院[上诉案件受理费550元（具体金额由浙江省高级人民法院确定，多余部分以后退还），应在提交上诉状时预交，款汇浙江省高级人民法院，户名：浙江省财政厅非税收入结算分户，账号：398000101040006575515001，开户银行：农业银行西湖支行。上诉期满七日后仍未交纳的，按自动撤回上诉处理]。

审判长　马　洪

审判员　宋　妍

人民陪审员　王芬娇

二０一二年 月十一日

四、深圳市意达顺贸易有限公司出口“MICKEY MOUSE”鞋底膜案

（一）案情介绍

2010年12月29日，深圳市意达顺贸易有限公司向福州海关申报出口一批发泡剂等货物。经查验，海关发现该批货物中有5万张鞋底膜，使用了与“MICKEY MOUSE”商标相近似的“mickey mouse”标志，涉嫌侵犯迪士尼企业公司在海关总署备案的“MICKEY MOUSE”商标专用权。1月5日，海关决定中止放行该批货物并将有关情况通知了权利人。

收到海关通知后，迪士尼企业公司确认该批鞋底膜侵犯了其商标权，于2011年1月7日向福州海关提出采取扣留货物的申请。福州海关于2011年1月18日对该批货物实施扣留。

调查过程中，发货人认为其委托工厂生产的鞋底膜本无任何标志，所印标记系工厂的工作人员为了增加鞋底膜的美感，在不知情的情况下从网上下载使用的，并无主观恶意。海关经调查，认为深圳市意达顺贸易有限公司事先未经商标注册人许可，在其出口的鞋底膜上使用与迪士尼企业公司的注册商标相近似的标志，已构成出口侵犯他人商标专用权货物的行为。根据《中华人民共和国商标法》第五十二条第（一）项和《中华人民共和国海关行政处罚实施条例》第二十五条第一款，福州海关于2011年5月11日决定没收该批侵权货物并向深圳市意达顺贸易有限公司处以罚款1 500元。

附：

1. 迪士尼企业公司在海关总署备案的“MICKEY MOUSE”商标

MICKEY MOUSE

2. 深圳市意达顺贸易有限公司出口的带有“mickey mouse”标志的鞋底膜

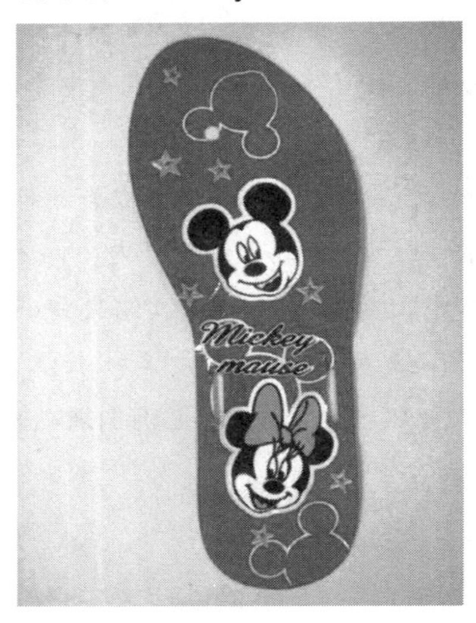

五、常州市明皓国际贸易有限公司出口“PHILIPS”汽车卤素灯案

（一）案情介绍

2010 年 12 月 15 日，当事人常州市明皓国际贸易有限公司向海关申报出口一批汽车卤素灯。经查验，海关发现该批货物中有 107 箱 25 948 只汽车卤素灯，使用了与 “PHILIPS” 商标相近似的“PHILIPS Materials”标志，涉嫌侵犯皇家飞利浦电子股份有限公司在海关总署备案的“PHILIPS”商标专用权。12 月 17 日，海关决定中止放行该批货物并将有关情况书面通知了权利人。

收到海关通知后，皇家飞利浦电子股份有限公司确认该批汽车卤素灯侵犯了其商标权，于 2010 年 12 月 22 日向上海海关提出采取扣留货物的申请。上海海关于 2011 年 1 月 18 日对该批货物实施扣留。

海关经调查，认为常州市明皓国际贸易有限公司未经商标注册人许可，在其出口的汽车卤素灯上使用与皇家飞利浦电子股份有限公司的注册商标相近似的标志，已构成出口侵犯他人商标专用权货物的行为。根据《中华人民共和国商标法》第五十二条第（一）项和《中华人民共和国海关行政处罚实施条例》第二十五条第一款，上海海关于 2011 年 9 月 19 日决定没收该批侵权货物并向常州市明皓国际贸易有限公司处以罚款 7 000 元。

附：

1. 皇家飞利浦电子股份有限公司在海关总署备案的“PHILIPS”商标

PHILIPS

2. 常州市明皓国际贸易有限公司出口的带有“PHILIPS Materials”标志的汽车卤素灯

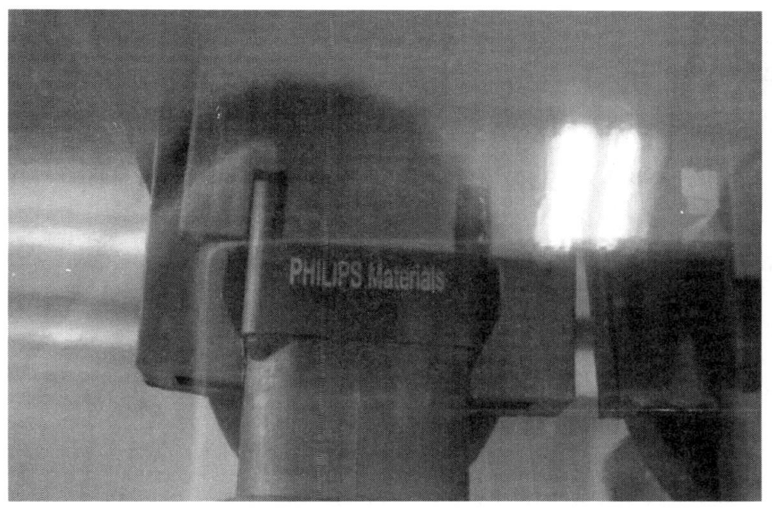

六、深圳市兴凯贸易有限公司出口“耐克钩（图形）”鞋案

（一）案情介绍

2011 年 6 月 1 日，当事人深圳市兴凯贸易有限公司委托宁波中启报关有限公司向海关申报出口一批海绵块。经查验，海关发现该批货物中有 5 箱 30 双鞋，使用了与“耐克钩（图形）”商标相近似的“钩形图”标志，涉嫌侵犯耐克国际有限公司在海关总署备案的“耐克钩（图形）”。6 月 15 日，海关决定中止放行该批货物并将有关情况书面通知了权利人。

收到海关通知后，耐克国际有限公司确认该批鞋侵犯了其商标权，于 2011 年 6 月 16 日向宁波海关提出采取扣留货物的申请。宁波海关于 2011 年 6 月 17 日对该批货物实施扣留。

海关在调查过程中，当事人深圳市兴凯贸易有限公司对其出口的货物上使用的标志情况进行辩述，认为“钩图形”标志与“耐克钩（图形）”商标不构成侵权。宁波海关对两个标志进行比对后，认为总体构图与“耐克钩（图形）”商标极为相似，在普通消费者施以一般注意力的情况下存在混淆的可能性。此外，宁波海关还了解到，2002 年 1 月南京海关曾查获一批类似的货物，而且江苏省扬州市中级人民法院曾作出了侵权的判决。因此，宁波海关调查结论是该批货物构成近似侵权。根据《中华人民共和国商标法》第五十二条第（一）项和《中华人民共和国海关行政处罚实施条例》第二十五条第一款，宁波海关于 2012 年 5 月 2 日决定没收该批侵权货物。

（二）评析

由于每个案件都有其特殊性，判定近似商标侵权没有固定的标准，如何准确地判断近似商标侵权是海关目前知识产权执法的一个难点。此案中，宁波海关积极主动地运用在执法实践中积累的经验和知识，对近似商标作出准确的判定，体现了较高的知识产权保护意识和执法水平。同时，此案还说明收集法院对类似案件的判例和工商部门的处理结果的重要性。海关通过学习借鉴其他机关的执法实践，有助于提高自身鉴别侵权的能力，也有助于在执法尺度上与其他部门保持一致。

附：

1. 耐克国际有限公司在海关总署备案的“耐克钩（图形）”商标

2. 深圳市兴凯贸易有限公司向宁波海关申报出口的带有“钩形图”标志的鞋

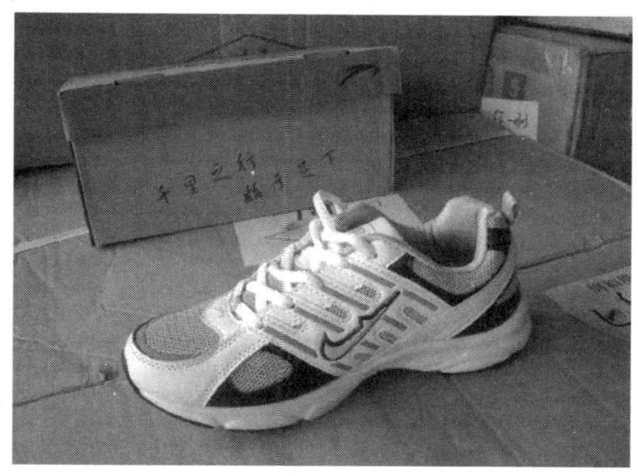

3. 2002 年 1 月南京新生圩海关查获的侵犯耐克钩型商标的出口运动鞋

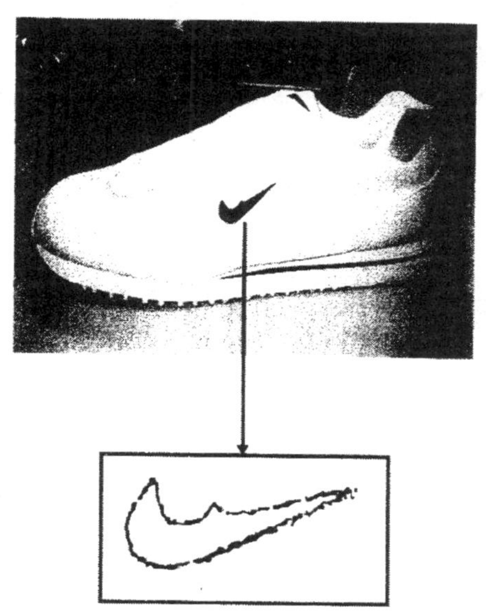

4. 扬州市中级人民法院就新生圩海关查获的运动鞋作出的判决

江苏省扬州市中级人民法院

民事判决书

(2002) 扬民初字第 31 号

原告（反诉被告）耐克国际有限公司（以下简称耐克公司），住所地在英属百幕大群岛。

法定代表人 Timothy C. Faries。

委托代理人王惠香，上海市一平律师事务所律师。

转委托代理人魏青松，江苏高的律师事务所律师。

被告（反诉原告）安徽省化工进出口股份有限公司（以下简称安徽化工公司），住所地在安徽省合肥市屯溪路306号金安大厦。

法定代表人施继群，董事长。

委托代理人彭明，安徽世纪天元律师事务所律师。

委托代理人陈丕忠，安徽世纪天元律师事务所律师。

被告扬州市永兴鞋业有限公司（以下简称扬州永兴公司），住所地在高邮市天山镇。

法定代表人陈兴标，董事长。

委托代理人张正朝，高邮市天正法律服务所法律工作者。

原告（反诉被告）耐克公司与被告（反诉原告）安徽化工公司、被告扬州永兴公司商标侵权纠纷一案，耐克公司于2002年1月29日诉至江苏省南京市中级人民法院，请求判令安徽化工公司承担侵权之责。后因安徽化工公司提出管辖权异议，江苏省高级人民法院于2002年8月12日作出终审裁定并指定本院管辖。本院受理后，于2002年12月31日向相关当事人发送起诉状副本等诉讼文书，在举证期限内原告申请追加扬州永兴公司为本案被告，安徽化工公司提起反诉。本院审查后遂通知扬州永兴公司应诉，并将安徽化工公司的反诉请求与本诉合并审理。本院于2003年3月10日和2003年8月1日公开开庭进行了审理，耐克公司委托代理人王惠香、魏青松，安徽化工公司委托代理人彭明、陈丕忠，扬州永兴公司委托代理人张正朝到庭参加诉讼，本案现已审理终结。

原告耐克公司诉称，我公司于1997年1月28日获得中华人民共和国商标局授予的在第25类使用商品为“鞋”的“钩”图形商标，商标注册证号为991722号，1998年9月16日获得中国海关总署核发的备案证书。2002年1月15日，我公司接到南京新生圩海关的传真通知，在该海关发现了安徽化工公司已申报出口的运动鞋12 960双有类似我公司注册商标“钩”形图标志。经比对，我公司认为安徽化工公司在运动鞋上的图形标志与原告的商标极为相似，故申请南京新生圩海关扣押。请求判令：（1）两被告停止侵犯原告的注册商标专用权；（2）两被告赔偿原告经济损失60万元，并负连带责任；（3）两被告在市级以上发行范围的报纸上刊登向原告赔礼道歉的声明，消除影响；（4）本案诉讼费由两被告承担。

耐克公司向本院提供了下列三组证据证明其主张：

（1）耐克公司持有的第991722号商标注册证（复印件）、知识产权海关保护证书（复印件）各一份，证明耐克公司拥有“钩”图形商标的专用权；

（2）安徽化工公司2002年1月14日进出口货物报关单传真件、安徽化工公司出口报关货物商标图样传真件、南京新生圩海关2002年1月15日给耐克公司传真电报（复印件）、耐克公司2002年1月15日给南京新生圩海关传真（复印件）、安徽化工公司2002年1月15日给南京新生圩海关传真（复印件）、南京新生圩海关2002年1月30日给耐克公司传真电报（复印件）、南京新生圩海关2002年1月30日实物、磁盘封样，证明被告实施商标侵权行为的事实。

（3）律师代理费用82 750元的发票（复印件）。

被告安徽化工公司辩称，我公司运动鞋上的图形是根据境外客户要求制作的，与原告的商标有区别，不构成侵权。即使侵权，被告的利润也是可以计算的，不应当适用法定赔偿标准，请求法院驳回原告的诉讼请求。

被告安徽化工公司向本院提供了下列证据证明其辩称理由：

（1）与境外客户和扬州永兴公司签订的购货合同各一份，证明其出口的运动鞋是根据境外客户要求制作的，以及产品的利润；

（2）安徽化工公司于 2002 年 1 月 22 日给南京新生圩海关的情况说明一份，证明其未实施侵权行为。

被告扬州永兴公司辩称，其接受委托生产的运动鞋是由安徽化工公司提供的图样，其不知道有耐克公司，同时安徽化工公司在南京新生圩海关有承诺，如有侵犯商标权的事宜由安徽化工公司承担责任，请求法院驳回原告对其的诉讼清求。

被告扬州永兴公司提供了下列证据证明其辩称理由：

（1）由安徽化工公司工作人员邱朝晖签字封样的运动鞋样品，证明其是按安徽化工公司委托要求生产的运动鞋；

（2）安徽化工公司与扬州永兴公司签订的购货合同传真件一份。反诉原告安徽化工公司反诉称，其出口的运动鞋上的标志与耐克公司的注册商标并无相似之处，且其中 TE002 款（2 400 双）上没有任何图形标志，耐克公司申请南京新生圩海关予以扣押，给反诉原告造成了巨大的经济损失，请求判令：反诉被告赔偿反诉原告损失 350 653.52 元；反诉被告承担本案诉讼费用。

其提供的证据与本诉相同。

反诉被告耐克公司辩称，本案应首先解决本诉争议，原告的本诉请求是有事实和法律依据的，依法应予支持，反诉原告的请求自然不能成立；耐克公司申请南京新生圩海关扣押的是带有侵权图形的商品，海关扣押的有超过申请的部分，责任不在耐克公司；耐克公司的损失不能依据反诉原告与境外客户交易产生的利润认定。请求法院驳回反诉原告的反诉请求。

经庭前证据交换及当庭质证，安徽化工公司、扬州永兴公司对耐克公司提供的第一组、第二组证据的真实性没有异议，但安徽化工公司认为耐克公司的注册商标是由“钩”图形加耐克英文标志组成，第一组证据与本案没有关联性。安徽化工公司认为耐克公司的第三组证据有关代理费用的票据不真实，也不合法。耐克公司对安徽化工公司提供的其给南京新生圩海关的情况说明的真实性没有异议。对于安徽化工公司提供的其他证据，耐克公司认为真实性无法确认，耐克公司、安徽化工公司对扬州永兴公司提供的证据真实性均无异议，但耐克公司认为，安徽化工公司给海关的声明不能起到免除扬州永兴公司责任的作用。

结合双方当事人的举证、质证，本院依法对双方所举证据确认如下：原告耐克公司提供的第一组证据、第二组证据，两被告并无异议，与本案有关联，可以作为本案的定案依据，本院予以确认。对于耐克公司提供的第三组证据，仅能证明耐克公司为本案支出了代理费用，其合理性应由本院依法予以确定。被告安徽化工公司所举证据（1）中，与境外客户签订的购货合同因无对方签字盖章，其真实性无法确定，故不能作为本案的定索依据。安徽化工公司与扬州永兴公司签订的购货合同，因两被告均予认可，且与本案有关联性，本院予以确认。对扬州永兴公司提供的运动鞋封样，双方当事人均无异议，本院予以确认。

本案的争议焦点为：（1）被告安徽化工公司出口的运动鞋上的图案与原告耐克公司的注册商标标志是否近似；（2）若侵权成立，原告的损失应当如何确定；（3）安徽化工公司的反诉请求是否能够成立；（4）扬州永兴公司是否应当承担连带责任。

本院根据所确认的证据查明，原告耐克公司于 1997 年 1 月 28 日获得中华人民共和国商标局授予的在第 25 类使用商品为“服装、鞋、帽”的“钩”图形商标，商标注册证号为 991722 号，有效期限自 1997 年 4 月 28 日至 2007 年 4 月 27 日。2001 年 7 月 6 日原告耐克公司获得海关总署核发的知识产权海关保护备案证书。2002 年 1 月 10 日，被告安徽化工公司与扬州永兴公司签订了购货合同一份，由扬州永兴公司按照安徽化工公司提供的图案及规格生产 TE001、TE002、YX088 运动鞋，并销售给安徽化工公司。安徽化工公司于 2002 年

1月14日向南京新生圩海关申请报关出口，根据报关单记载，该批出口商品名称是运动鞋，数量12 960双，货值47 952美元，出口地科特迪瓦。该批货物在南京新生圩海关报关出口时，南京新生圩海关因耐克公司申请，以涉嫌侵犯原告耐克公司备案的“钩”图形商标权为由予以查扣，该批货物现仍封存于南京新生圩海关。原告耐克公司认为两被告的行为侵犯了原告的注册商标专用权，遂向本院提起诉讼。反诉原告安徽化工公司认为其并未侵犯耐克公司的注册商标专用权，耐克公司申请海关查扣，给其造成了经济损失，遂向本院提起反诉。

本院认为：（1）关于侵权商标的认定和安徽化工公司反诉请求是否成立问题。从商标图形看，耐克公司注册使用的“钩”图形商标为消费者所熟知，而安徽化工公司出口使用的所谓横放的“山”字型标志，仅在“钩”图形中间部位增加微突线条，总体构图与“钩”图形极为相似，在普通消费者施以一般注意力的情况下存在混淆的可能性；从商标使用范围看，耐克公司注册商标核定使用的商品是第25类“服装、鞋、帽”，安徽化工公司在本案中被控侵权的商品是运动鞋，其与耐克公司注册商标核定的使用商品属于同类商品，故安徽化工公司在同类商品上使用与耐克公司注册商标相近似的商标标志，构成对商标权人的侵权。安徽化工公司在质证时认为耐克公司的注册商标是由“钩”图形加耐克英文标志组成的组合商标，是对事实的错误认识，991722号商标注册证提示原告的注册商标仅仅为“钩”形图图案，并无耐克英文标志。原告申请海关扣留涉嫌侵犯其商标专用权的产品，是其实施知识产权自我保护的正当措施，安徽化工公司之反诉请求依法不能成立，本院不予支持。

（2）关于扬州永兴公司是否构成共同侵权问题。该公司接受安徽化工公司委托定牌生产运动鞋，认定其与安徽化工公司是否存在对耐克公司注册商标共同侵权，应考察该公司“明知或应知”，因“明知或应知”是一种主观状态的认知，只能按照一些客观标准来认定。就本案而言，耐克公司的“钩”图形商标为国际驰名商标，扬州永兴公司作为专门从事鞋类生产的企业，在其经营过程中，略加注意即应发现安徽化工公司委托生产的商品上图形与耐克公司“钩”图形商标的相似关系，但其未加以注意，导致侵权后果的发生，理应承担相应责任。

（3）关于侵权赔偿数额的确定问题。该数额的确定，主要考虑到被侵害的注册商标的知名程度，合理的律师费用，侵权人侵权行为的持续时间、范围及后果等因素的综合。基于此考虑，本院将酌情确定本案的赔偿数额。

综上所述，安徽化工公司和扬州永兴公司作为生产和流通领域的经营者，应当秉承诚实信用原则，尊重他人的合法利益和基本的社会公德，其以谋取商业利润为目的侵害耐克公司的商标专用权，依法应承担侵权责任。但考虑到本案被控侵权商品已经被海关查扣，客观上尚未给商标权人造成实际上的商誉损害，耐克公司请求判令侵权人赔礼道歉一项，本院不予支持。依照《中华人民共和国民事诉讼法》第一百二十六条、《中华人民共和国民法通则》第四条、第一百三十四条、《中华人民共和国商标法》第五十二条第一项之规定，判决如下：

（1）安徽化工公司和扬州永兴公司于本判决生效后立即停止侵害耐克公司“钩”图形商标的行为，销毁侵权标志或者侵权物。

（2）安徽化工公司于本判决生效后十日内赔偿耐克公司侵权损失人民币18万元，扬州永兴公司于本判决生效后十日内赔偿耐克公司侵权损失人民币2万元，两被告互负连带责任。

（3）驳回耐克公司的其他诉讼请求。

（4）驳回安徽化工公司的反诉请求。

本诉诉讼费11 010元，由安徽化工公司负担10 000元，扬州永兴公司负担1 010元（耐克公司已预交，由安徽化工公司和扬州永兴公司径付耐克公司），反诉诉讼费11 010元，由安徽化工公司负担（已交）。

如不服本判决，耐克公司可在判决书送达之日起三十日内，安徽化工公司、扬州永兴公司可在判决书送达之日起十五日内向本院递交上诉状，并按对方当事人的人数提出副本，同时预交上诉案件受理费22 020元，上诉于江苏省高级人民法院。

审判长　戴子平
审判员　姚　江
代理审判员　戴　涛
二〇〇三年八月一日

七、杭州飞扬进出口有限公司出口“BOSCH”雨刮器案

（一）案情介绍

2011年6月7日，杭州飞扬进出口有限公司向宁波海关申报出口一批雨刮器零件。经查验，海关发现该批货物中有1 243箱124 300个雨刮器，使用了与“BOSCH”商标相近似的“BOSH”标志，涉嫌侵犯罗伯特·博世有限公司在海关总署备案的“BOSCH”商标专用权。6月23日，海关决定中止放行该批货物并将有关情况书面通知了权利人。

收到海关通知后，罗伯特·博世有限公司确认该批雨刮器侵犯了其商标权，于2011年6月28日向宁波海关提出采取扣留货物的申请。宁波海关于2011年6月29日对该批货物实施扣留。

海关调查过程中，当事人杭州飞扬进出口有限公司对其出口的货物上使用的标志情况进行辩述，认为“BOSH”标志不构成侵权，宁波海关对“BOSH”标志和“BOSCH”商标进行比对后，认为两者仅相差一个字母，且“BOSH”的读音与“BOSCH”商标的读音完全相同，因此，宁波海关认为“BOSH”标志与“BOSCH”商标构成近似。杭州飞扬进出口有限公司事先未经商标注册人许可，在其出口的雨刮器上使用与罗伯特·博世有限公司的注册商标相近似的标志，已构成出口侵犯他人商标专用权货物的行为。根据《中华人民共和国商标法》第五十二条第（一）项和《中华人民共和国海关行政处罚实施条例》第二十五条第一款，宁波海关于2012年6月11日决定没收该批侵权货物并向杭州飞扬进出口有限公司处以罚款17 000元。

附：

1. 罗伯特·博世有限公司在海关总署备案的“BOSCH”商标

2. 杭州飞扬进出口有限公司申报出口的带有“BOSH”标志的雨刮器

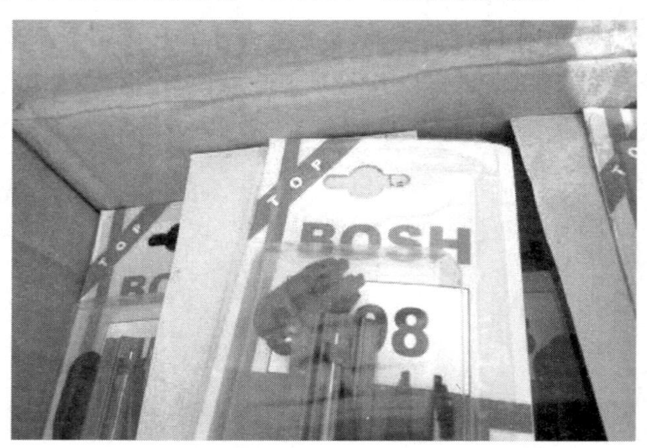

八、深圳市培鹏进出口有限公司出口与“ADIDAS”相近似图形的背包案

（一）案情介绍

2011年1月22日，深圳市培鹏进出口有限公司向天津海关申报出口一批箱包。经查验，海关发现该批货物中有3 495个背包，使用了与阿迪达斯国际经营管理公司在海关总署备案的“ADIDAS三斜杠（图形）”商标相近似的标识，涉嫌侵犯阿迪达斯国际经营管理公司的商标专用权。2月15日，海关决定中止放行该批货物并将有关情况书面通知了权利人。

收到海关通知后，阿迪达斯国际经营管理公司确认该批背包侵犯了其商标权，于2011年2月16日向天津海关提出采取扣留货物的申请。天津海关于2011年3月2日对该批货物实施扣留。

海关经调查查明，货主李忠勤曾在河北省白沟箱包市场自行采购了一批背包和登山包，货物装柜时，白沟市场负责打包装运的工人误将别人的3 495个有与“ADIDAS”相近似图形的背包错装入了李忠勤的货物中，后李忠勤委托深圳市培鹏进出口有限公司为其代理货物出口手续。深圳市培鹏进出口有限公司及采购人李忠勤均承认此货物中的3 495个双肩包和登山包系侵权商品，同意海关依法办理。

天津海关认为深圳市培鹏进出口有限公司出口的货物上使用了与阿迪达斯国际经营管理公司的注册商标相近似的标志，且事先未经商标注册人许可，已构成出口侵犯他人商标专用权货物的行为。根据（中华人民共和国商标法》第五十二条第（一）项和《中华人民共和国海关行政处罚实施条例》第二十五条第一款，上述货物应予以没收。天津海关于2011年3月28日决定没收该批侵权货物。

附：

1. 阿迪达斯国际经营管理公司在海关总署备案的“ADIDAS三斜杠（图形）”商标

2. 深圳市培鹏进出口有限公司向天津海关申报出口的背包

九、武汉吉安居贸易有限公司出口“TUNGSRAM”灯泡案

（一）案情介绍

2011 年 3 月 14 日，武汉吉安居贸易有限公司向上海海关申报出口 420 箱 42 000 只灯泡。经查验，海关发现该批灯泡使用的“TUNSGAM”标志，与通用电气匈牙利工业贸易有限责任公司在海关总署备案的“TUNGSRAM”商标十分相近，决定中止放行该批货物并将有关情况书面通知了权利人。

收到海关通知后，通用电气匈牙利工业贸易有限责任公司确认该批锁侵犯了其商标权，于 2011 年 3 月 25 日向上海海关提出采取扣留货物的申请。上海海关于 2011 年 6 月 2 日对该批货物实施扣留。

海关经调查，认为武汉吉安居贸易有限公司事先未经商标注册人许可，在其出口的灯泡上使用与通用电气匈牙利工业贸易有限责任公司的注册商标相近似的标志，已构成出口侵犯他人商标专用权货物的行为。根据《中华人民共和国商标法》第五十二条第（一）项和《中华人民共和国海关行政处罚实施条例》第二十五条第一款，上海海关于 2011 年 10 月 25 日决定没收该批侵权货物并向武汉吉安居贸易有限公司处以罚款 3 000 元。

附：

1. 通用电气匈牙利工业贸易有限责任公司在海关总署备案的“TUNGSRAM”商标

2. 武汉吉安居贸易有限公司出口的“TUNSGAM”灯泡

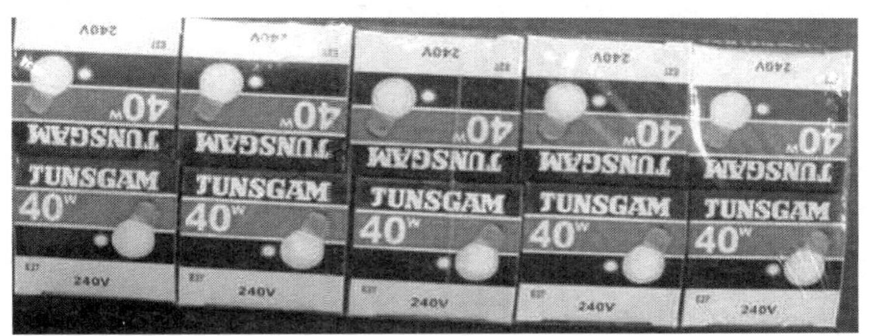

十、揭阳市友信制衣有限公司出口“ALL STAR”全棉针织婴儿 T 恤衫案

（一）案情介绍

揭阳市友信制衣有限公司于 2011 年 3 月 10 日向汕头海关申报出口一批婴儿童装。海关经查验，发现该批婴儿服装带有“WARKIDS”标志，但同时与其组合使用的还有美国康沃斯公司在海关总署备案的“ALL STAR”商标，由于发货单位无法提供合法使用该商标的证明文件，涉嫌侵犯了康沃斯公司“ALL STAR”商标的专用权。该关决定暂不放行货物并于 3 月 11 日向权利人康沃斯公司送达了《查获侵权嫌疑货物通知书》。经康沃斯公司在规定的期限内向海关提出扣留侵权嫌疑货物的申请，汕头海关于 3 月 23 日对上述涉嫌侵权货物予以扣留并立案调查。

据揭阳市友信制衣有限公司在接受海关调查时称，该批货物是由香港客户下单生产，产品的规格、尺寸、图案以上使用的商标均是按照客户的要求进行生产，该公司接单时由于法律意识淡薄，因此没有要求对方提供有关合法使用商标的证明文件。案发后，该公司也曾联系香港客户提供有关证明文件，但对方无法提供有关证明文件，同时揭阳市友信制衣有限公司对于权利人提出的认为上述货物构成侵权的意见没有异议。

鉴于揭阳市友信制衣有限公司未经康沃斯公司的许可，擅自使用了“ALL STAR”商标，因此汕头海关根据以上事实，认定揭阳市友信制衣有限公司出口的上述带有“ALL STAR”商标的婴儿童装为侵权货物，并于 7 月 20 日决定没收该批侵权货物。

附：

1. 康沃斯公司在海关总署备案的“ALL STAR”商标

ALL STAR

2. 揭阳市友信制衣有限公司出口的带有“ALL-STAR”标志的全棉针织婴儿 T 恤衫

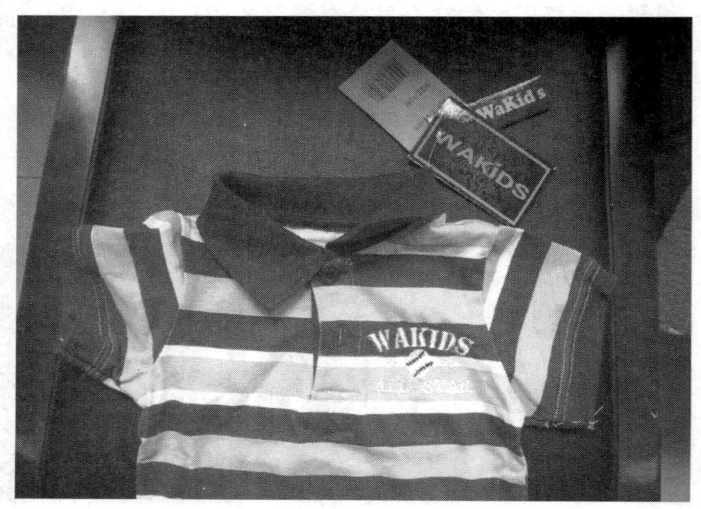

十一、深圳市旭凯鹏进出口有限公司出口“Viro”门锁案

（一）案情介绍

2010 年 12 月 12 日，深圳市旭凯鹏进出口有限公司向上海海关申报出口 2 016 个门锁。经查验，海关发现该批货物使用了与浙江浦江中星有限公司在海关总署备案的“Viro”商标相近似的“VIRO”标志，海关决定中止放行该批货物并将有关情况书面通知了权利人。

收到海关通知后，浙江浦江中星有限公司确认该批门锁侵犯了其商标权，于 2010 年 12 月 17 日向上海海关提出采取扣留货物的申请。上海海关于 2011 年 2 月 28 日对该批货物实施扣留。

海关经调查，认为深圳市旭凯鹏进出口有限公司事先未经商标注册人许可，在其出口的门锁上使用与浙江浦江中星有限公司的注册商标相近似的标志，已构成出口侵犯他人商标专用权货物的行为。根据《中华人民共和国商标法》第五十二条第（一）项和《中华人民共和国海关行政处罚实施条例》第二十五条第一款，上海海关于 2011 年 11 月 18 日决定没收该批侵权货物并向深圳市旭凯鹏进出口有限公司处以罚款 2 000 元。

附：

1. 浙江浦江中星有限公司在海关总署备案的“Viro”商标

2. 深圳市旭凯鹏进出口有限公司出口的带有“VIRO”标志的门锁

十二、济南雅特利进出口贸易有限公司出口“VOLVO”汽车空调配件案

（一）案情介绍

2011 年 4 月 27 日，济南雅特利进出口贸易有限公司向广州海关申报出口 560 个汽车空调配件（压缩机）。

经查验，海关发现该批货物使用了与沃尔沃商标控股有限公司在海关总署备案的“VOLVO”商标相近似的“VOLVO TRUCK”、“VOLVO SD7H15”标志，涉嫌侵犯专用权，海关决定中止放行该批货物并将有关情况书面通知了权利人。

收到海关通知后，沃尔沃商标控股有限公司确认该批汽车空调配件（压缩机）侵犯了其商标权，于2011年5月9日向广州海关提出采取扣留货物的申请。广州海关于2011年5月20日对该批货物实施扣留。

海关经调查，认为济南雅特利进出口贸易有限公司事先未经商标注册人许可，在其出口的汽车空调配件（压缩机）上使用与沃尔沃商标控股有限公司的注册商标相近似的标志，已构成出口侵犯他人商标专用权货物的行为。根据《中华人民共和国商标法》第五十二条第（一）项和《中华人民共和国海关行政处罚实施条例》第二十五条第一款，广州海关于2011年6月20日决定没收该批侵权货物并向济南雅特利进出口贸易有限公司处以罚款9 200元。

附：

1. 沃尔沃商标控股有限公司在海关总署备案的“VOLVO”商标（商标注册号：1060406）

VOLVO

2. 济南雅特利进出口贸易有限公司向广州海关申报出口的的汽车空调配件

十三、深圳市意展隆进出口贸易有限公司出口“KENWOOD”功放机案

（一）案情介绍

2011年4月27日，深圳市意展隆进出口贸易有限公司向广州海关申报出口450台功放机。经查验，海关发现该批货物使用了与株式会社建伍在海关总署备案的“KENWOOD”商标相近似的“KiNGWOOD”标志，海关决定中止放行该批货物并将有关情况书面通知了权利人。

收到海关通知后，株式会社建伍公司确认该批功放机侵犯了其商标权，于 2011 年 5 月 3 日向广州海关提出采取扣留货物的申请，广州海关于 2011 年 5 月 9 日对该批货物实施扣留。

海关经调查，认为深圳市意展隆进出口贸易有限公司事先未经商标注册人许可，在其出口的功放机上使用与株式会社建伍的注册商标相近似的标志，已构成出口侵犯他人商标专用权货物的行为。根据《中华人民共和国商标法》第五十二条第（一）项和《中华人民共和国海关行政处罚实施条例》第二十五条第一款，广州海关于 2011 年 11 月 16 日决定没收该批侵权货物并向深圳市意展隆进出口贸易有限公司处以罚款 440 元。

附：

1. 株式会社建伍在海关总署备案的“KENWOOD”商标

KENWOOD

2. 深圳市意展隆进出口贸易有限公司出口的“KiNGWOOD”的功放机

十四、福州鹏讯贸易有限公司出口“VINI-TAPE”绝缘胶带案

（一）案情介绍

2011 年 1 月 20 日，福州鹏讯贸易有限公司向宁波海关申报出口 70 箱 35 000 个绝缘胶带，经查验，海关发现该批货物使用了与电气化学工业株式会社在海关总署备案的“VINI-TAPE”商标相近似的“VINI-TAPE”标志，海关决定中止放行该批货物并将有关情况书面通知了权利人。

收到海关通知后，电气化学工业株式会社确认该批绝缘胶带侵犯了其商标权，于 2 月 8 日向宁波海关提出采取扣留货物的申请，宁波海关于 2 月 11 日对该批货物实施扣留。

海关经调查，认为福州鹏讯贸易有限公司事先未经商标注册人许可，在其出口的货物上使用与电气化学工业株式会社的注册商标相近似的标志，已构成出口侵犯他人商标专用权货物的行为。根据《中华人民共和国商标法》第五十二条第（一）项和《中华人民共和国海关行政处罚实施条例》第二十五条第一款，宁波海关于2011年11月22日决定没收该批侵权货物并向福州鹏讯贸易有限公司处以罚款460元。

附：

1. 电气化学工业株式会社在海关总署备案的“VINI-TAPE”商标

VINI-TAPE

2. 福州鹏讯贸易有限公司出口的带有“VINI-TAPE”标志的绝缘胶带

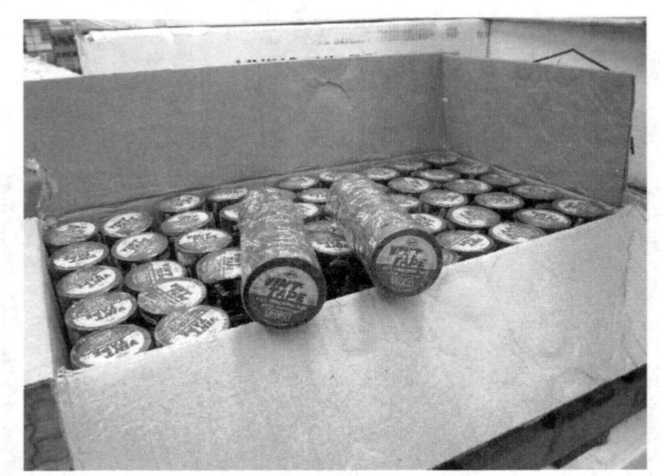

十五、宁波市豪雅进出口有限公司出口“LV及图型”铝合金化妆箱案

（一）案情介绍

2011年6月11日，宁波市豪雅进出口有限公司向宁波海关申报出口一批仿真花、雨伞、铝合金化妆箱。经查验，海关发现该批货物中有20箱720个铝合金化妆箱，使用了与“LV”图形商标相近似的“LV老花图形”标志，涉嫌侵犯路易威登马利蒂（法国）在海关总署备案的“LV及图形”商标专用权。6月15日，海关决定中止放行该批货物并将有关情况书面通知了权利人。

收到海关通知后，路易威登马利蒂（法国）确认该铝合金化妆箱侵犯了其商标权，于2011年6月20日向宁波海关提出采取扣留货物的申请，宁波海关于2011年6月21日对该批货物实施扣留。

在海关调查过程中，当事人宁波市豪雅进出口有限公司向海关陈述，该批货物使用的图形与在总署备案的“LV及图形”有一定差距，实际货物上缺少了“LV”字样，不会对消费者产生混淆。海关对“LV及图形”商标和实际货物上使用的“LV花图形”标志进行比对后认为，“LV及图形”商标是字母和图形结合的组合商标，且“LV及图形”中的图形标志已成为路易威登马利蒂（法国）的著名标志，而“LV花图形”仅比“LV

及图形”少了“LV”字样，其他图形完全相同，完全有可能会对普通消费者产生混淆。综上所述，海关认定宁波市豪雅进出口有限公司事先未经商标注册人许可，在其出口的铝合金化妆箱上使用与路易威登马利蒂（法国）的注册商标相近似的标志，已构成出口侵犯他人商标专用权货物的行为。根据（中华人民共和国商标法》第五十二条第（一）项和《中华人民共和国海关行政处罚实施条例》第二十五条第一款，宁波海关于2012年6月11日决定没收该批侵权货物并向宁波市豪雅进出口有限公司处以罚款610元。

附：

1. 路易威登马利蒂（法国）在海关总署备案的“LV及图形”商标

2. 宁波市豪雅进出口有限公司出口的带有“LV老花图形”标志的铝合金化妆箱

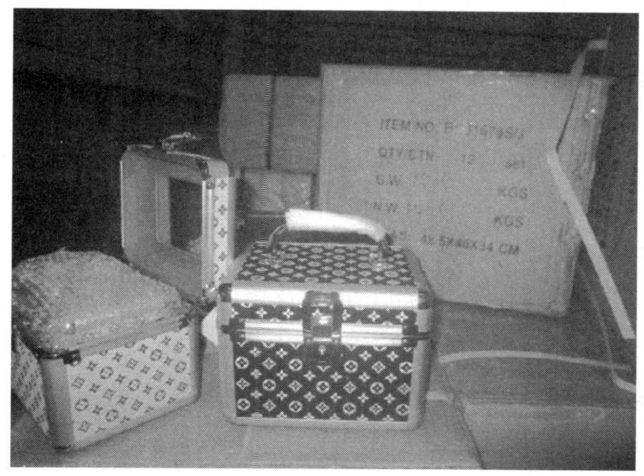

其他案例

一、宁波市金桥进出口有限公司出口“ひじき”品牌羊栖菜案

（一）案情介绍

2011 年 6 月 1 日，宁波市金桥进出口有限公司向宁波海关申报出口一批羊栖菜，境内货源地为温州地区，目的国为日本，申报品牌为无牌。审单关员在审核单证时认为该票报关单具有以下风险点:（1）出口货物为食品，食品为当前涉嫌侵权嫌疑的关注热点商品；（2）货物申报价值高于商品自身实际价值；（3）出口目的国日本一直以来对进口食品要求很高，有冒牌的倾向嫌疑。据此，审单关员果断下达布控指令，要求对该批货物的知识产权状况进行重点查验。经查验，该批货物中实际是 1 200 箱带有“芽ひじき”和“长ひじき”标志的羊栖菜，共 87 000 袋。因“ひじき”商标此前已由浙江三丰水产食品有限公司向海关总署备案，宁波海关立即将有关情况通知了权利人。浙江三丰水产食品有限公司收到海关通知后，确认该批货物为侵权产品并向海关提出了扣留申请，宁波海关于 6 月 13 日对货物实施了扣留。

在海关对案件的调查过程中，发货人宁波市金桥进出口有限公司对海关扣留提出了异议，认为浙江三丰水产食品有限公司注册的“ひじき”为日本文字，其中文的含义就是涉案商品的通用名羊栖菜，且涉案货物使用“芽ひじき”和“长ひじき”标志，按照日文通用名称，是指“羊栖菜”的叶和茎，并在包装袋的“名称”和“原材料”栏中，均表述为“ひじき”，发货人没有将“ひじき”作为产品商标使用的意思，属于法律规定的“正当使用”，注册商标专用权人是无权禁止的。

商标注册人浙江三丰水产食品有限公司认为，该公司早于 2005 年 3 月 7 日就将 “ひじき”向国家工商行政管理总局商标局申请注册，并已于 2007 年 11 月 14 日被授予商标权（注册号为 4525535），核定使用的商品范围为贝壳类动物（非活）、干食用菌、海菜、海带、水产罐头、羊栖菜等。自申请之日起，浙江三丰水产食品有限公司在其生产的羊栖菜等产品上广泛、突出地使用了该商标，已达 6 年。经过浙江三丰水产食品有限公司的持续使用及宣传，此案商标已在实际使用中产生了较强的显著性。为此，考虑商标的地域性特点，受众对象为中国消费者时完全可将“ひじき”作为商标认定。

鉴于当事双方对“ひじき”是注册商标还是商品通用名称存在较大争议，案情比较复杂，宁波海关于 7 月 12 日做出了“无法认定是否侵权”的结论并书面通知了权利人。因未在规定期限内收到法院要求协助执行财产保全裁定的通知，宁波海关于 8 月 23 日将货物放行。

据了解，“ひじき”注册商标已由第三方向国家工商总局商标评审委员会提起了注册争议申请，国家工商行政管理总局商标评审委员会已经受理。

（二）评析

目前涉及商标和商品通用名称的规定有：

（1）2005 年 12 月《商标审查及审理标准》规定，商标法中的通用名称是指国家标准、行业标准规定的或者约定俗成的商品的名称，包括全称、简称、缩写、俗称。

（2）2010 年《最高人民法院关于审理商标授权确权行政案件若干问题的意见》第六条："人民法院在审理商标授权确权行政案件时，应当根据中国境内相关公众的通常认识，审查判断诉争外文商标是否具有显著特征。诉争标志中的外文虽有固有含义，但相关公众能够以该标志识别商品来源的，不影响对其显著特征的认定。"商标权具有地域性，即在中国注册的商标，仅在中国享有商标权。

（3）《商标法实施细则》第四十九条规定："注册商标中含有的本商品的通用名称、图形、型号……注册商标专用权人无权禁止他人正当使用。"

虽然此案中的"ひじき"商标为中国注册商标且已在海关总署备案，根据《中华人民共和国海关法》和《中华人民共和国知识产权海关保护条例》等规定，海关可以依职权对涉嫌侵犯该商标专用权的货物进行查处，但该商标为日本文字，含义是羊栖菜的商品通用名，且该批货物出口至日本，对于日本消费者是否会将"芽ひじき"和"长ひじき"标志作为商标认定还是作为"羊栖菜"的通用名认定无从得知，因此，宁波海关做出不能认定是否侵权的结论，旨在由权利人通过司法途径解决其与出口企业的商标纠纷是比较妥当的。

附：

1. 浙江三丰水产食品有限公司向海关总署备案的日文"羊栖菜"商标

ひじき

2. 宁波市金桥进出口有限公司向宁波海关申报出口的羊栖菜

二、南京金思维办公用品有限公司出口“for use in Duplo”数码一体机用油墨案

（一）案情介绍

2011年5月6日，南京金思维办公用品有限公司向南京海关驻禄口机场办事处申报出口一批数码一体机用油墨，目的国为南非。经海关查验，发现该批货物使用了与“Duplo”十分近似的标志，涉嫌侵犯株式会社讯宝在海关总署备案的“Duplo”商标的专用权。5月12日，海关中止放行了该批货物并将有关情况书面通知了权利人。

收到海关通知后，株式会社讯宝于5月25日向南京海关提出扣留侵权货物的申请。5月25日，南京海关根据权利人的申请对货物实施了扣留。

在海关调查过程中，当事人辩称：（1）涉案货物没有突出使用“Duplo”字样；（2）货物包装上使用的“for use in Duplo”字样，意思是此油墨适用于“Duplo”的一体机，便于用户在使用时清晰明确地知道用于何种机器；（3）货物的包装由该公司自行设计，包括文字、图片均与“Duplo”完全无关；（4）涉案货物是公司自主研发的产品，通过国际权威部门鉴定，不涉及侵权。由于该案涉及近似商标的认定，案情复杂，当事人理由充分，南京海关组织双方当事人召开了证据开示会，就争议问题进行举证和质证。

经过证据开示并经过办案人员合议，海关认为，上述货物外包装上使用的“for use in Duplo”字样，只是对当事人所生产的数码一体机油墨适用“Duplo”的说明，既没有作为商标使用，也没有在字体上突出使用“Duplo”。因此，6月28日，海关对该批货物做出不能认定是否侵权的结论，并告知权利人可以就上述货物向人民法院申请采取责令停止侵权行为或者财产保全的措施。截至2011年8月5日，海关未收到人民法院的协助执行通知。根据《中华人民共和国知识产权海关保护条例》第二十四条第（二）项的规定，海关对上述货物解除扣留并依法予以放行。

（二）评析

对于商品包装上“for use”的使用方式是否构成侵权的判断一直是海关知识产权保护工作的难点，南京海关积极运用证据开示、合议等手段进行综合分析，对涉案货物做出了不能认定是否侵权的结论，具有典型意义。

附：

1. 株式会社讯宝在海关总署备案的“Duplo”商标

Duplo

2. 南京金思维办公用品有限公司向南京海关申报出口的油墨

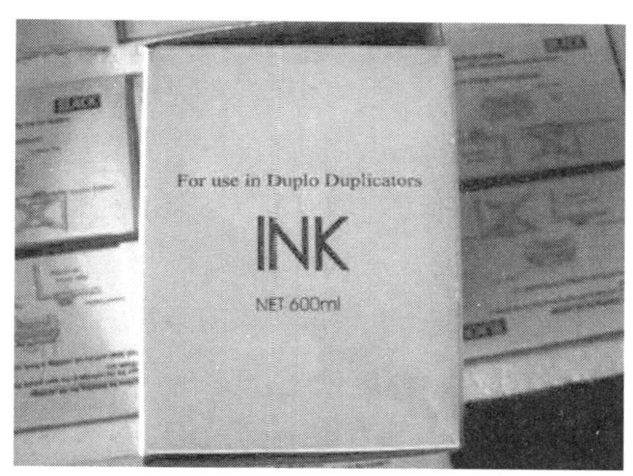

三、拱北海关查获侵犯珠海纳思达电子科技有限公司专利权墨盒案

（一）案情介绍

2011 年 11 月，珠海纳思达电子科技有限公司（以下简称纳思达公司）向拱北海关反映，称有不法企业未经其许可，擅自使用其专利技术生产打印机墨盒并出口到日本市场，给纳思达公司造成直接经济损失 1 500 余万元，要求海关采取措施，制止侵犯其专利权货物的出口。

拱北海关随即采取措施，一方面与纳思达公司保持信息沟通，另一方面在关区各口岸现场加大进出口耗材产品的查验监管力度。11 月 24 日，纳思达公司向海关提供将有一批侵权耗材即将出口的信息，拱北海关根据权利人提供的信息，迅速实施了出口布控，在珠海九洲港口岸对珠海市某公司申报出口的一批墨盒进行了拦截。海关经对货物进行查验，发现该批墨盒中有涉嫌侵犯纳思达外观设计和发明专利权的墨盒 46 200 个，并立即通知了纳思达公司。纳思达公司对有关货物的侵权状况进行了确认并向海关正式提出扣留货物的申请。拱北海关于 11 月 28 日依法扣留了上述货物。

涉嫌侵权的墨盒被海关依法查扣后，“潜伏”了数月之久的不法生产企业及其日本客户被迫浮出水面，开始与纳思达寻求和解。经过谈判，侵权企业向纳思达公司书面承诺不再生产任何侵犯纳思达专利技术的墨盒产品，并承诺销毁其侵权产品并承担全部扣留和仓储等费用。至此，困扰纳思达公司多年已久的“心头之痛”终告解决。12 月 13 日，纳思达公司向拱北海关撤回了扣留货物的申请，海关于 12 月 16 日解除了对货物的扣留。

（二）评析

珠海被誉为“世界耗材之都”，目前从事耗材产品制造、销售和服务的企业有 400 多家，打印耗材年销售额占全球耗材销售总额的 10%。近年来，拱北海关查获的进出口耗材产品侵权案件 100% 为侵犯 CANON、HP、EPSON 等国外权利人知识产权案件，但是，通过海关严格执法和大力开展对企业的宣传教育，国内耗材企业的知识产权保护意识和创新意识逐渐增强，涌现了大量拥有自主知识产权的企业，其中就包括此案的权利人纳思达公司。

纳思达公司是珠海耗材行业的龙头生产企业，生产规模位居全球兼容与再生硒鼓行业第一位。2011年，纳思达公司与联想投资合作生产出国内第一台具有自主知识产权的激光打印机。由于重视新技术和新产品的研发工作，纳思达公司在行业内已经初步实现了从“跟风者”向“领跑者”，从知识产权保护的“被动方”向“主动方”的转变和跨越。近年来，纳思达公司在提高出口产品质量、加强产品标志规范管理的同时，十分重视新技术和新产品的研发工作，仅2011年就新增专利136件，先后有4个商标和1个著作权作品在海关总署申请了知识产权保护备案。

此案是海关查获的首宗侵犯国内耗材企业自主知识产权的案件。此案的成功查获，有效维护了国内自主知识产权企业的合法权益，打响了国内耗材企业打击侵权行为、保护自主知识产权的第一枪，充分显示了海关积极支持国内企业创新发展、做大做强的决心和力量。

近年来，拱北海关积极助推珠海耗材行业健康发展，取得良好效果。

（1）引导企业培育规范意识，通过制定进出口耗材产品知识产权海关执法标准，开展普法宣传，无偿提供知识产权预确认，预审核服务等，不断提高珠海耗材企业正当、合理使用原装厂家商标的规范意识，珠海耗材行业规范、自律的整体形象逐步确立。

（2）倡导企业树立创新意识。据统计，截至2011年11月，珠海打印耗材行业的专利数量、专利申请数量累计2 200多件，约占全国同行业专利数的70%，仅2011年珠海耗材行业就新增专利486项。

（3）帮助企业强化维权意识。积极鼓励企业通过向海关总署申请知识产权保护备案的方式，借助海关知识产权保护的行政执法力量，在进出口环节查堵侵权耗材产品，维护自身合法权益。

此案查获后，拱北海关以此为视角，结合助推耗材企业和地方支柱产业发展、自主知识产权保护这两个亮点，大力加强对外宣传和报道，得到了海关总署、新闻媒体和社会各界的广泛关注。2011年“4·26保护知识产权宣传周”期间，中央电视台新闻频道、财经频道先后对此案进行了采访和报道，本案先后被评选为“2011年度全国10个重大知识产权案件”和“2011年中国海关保护知识产权十佳案例”。此案通过地方电视、报刊、网络等新闻媒体曝光后，在珠海耗材行业内部产生了强烈的反响，业内企业依托海关行政执法力量保护自有品牌、维护自身合法权益的信心和热情被充分激发。

附：

1. 拱北海关查获侵犯珠海纳思达电子科技有限公司专利权墨盒

四、杭州海关依申请查扣涉嫌侵犯“电蚊拍（YPD-003）”外观设计专利权案

（一）案情介绍

2011 年 7 月 1 日，虞振刚向杭州海关提出申请，要求海关扣留恩施市捷润商贸有限公司向义乌海关申报向印度出口涉嫌侵犯其“电蚊拍（YPD-003）”外观设计专利权的 15 000 个电蚊拍并提交了保证金。杭州海关法规处对虞振刚提交的申请书和随附专利证书进行了认真审核，确认了其专利权的效力及虞振刚作为该专利的权利人的资格，同时又对其提交的有关侵权货物进出境信息进行了审核，认为其提交的申请书中有关侵权嫌疑货物可能进出口的时间、口岸、数量、经营单位等信息详尽，符合《中华人民共和国海关知识产权保护条例》第十三条的规定，于是通知义乌海关对虞振刚的外观设计专利采取保护措施。

2011 年 7 月 7 日，义乌海关依法对该批电蚊拍实施扣留，并将扣留决定通知了虞振刚和恩施市捷润商贸有限公司。2011 年 7 月 25 日，虞振刚就恩施市捷润商贸有限公司出口侵犯其外观设计专利权向浙江省义乌市人民法院提起诉讼，并于 7 月 28 日向浙江省义乌市人民法院提出财产保全申请，要求法院查封恩施市捷润商贸有限公司申报出口的上述 15 000 个电蚊拍。2011 年 7 月 29 日，义乌海关收到义乌市人民法院发出的《协助执行通知书》，要求海关协助其对恩施市捷润商贸有限公司申报出口的电蚊拍实施查封，当日义乌海关解除了对该批电蚊拍的扣留并将该批货物移交浙江省义乌市人民法院。

2011 年 11 月 18 日，浙江省义乌市人民法院对虞振刚与恩施市捷润商贸有限公司侵害外观设计专利权纠纷一案作出一审判决，判处恩施市捷润商贸有限公司立即停止销售侵害虞振刚外观设计专利权的产品的行为，并销毁涉案 15 000 个电蚊拍，由恩施市捷润商贸有限公司偿付虞振刚经济损失人民币 2 万元。

恩施市捷润商贸有限公司对义乌市人民法院的判决不服，向浙江省金华市中级人民法院提起上诉。2011 年 12 月 8 日，金华市中级人民法院受理了恩施市捷润商贸有限公司的上诉。经过法庭调解，虞振刚和恩施市捷润商贸有限公司达成协议：1. 恩施市捷润商贸有限公司承认虞振刚的专利有效，并承诺不再提起涉案专利无效的申请；2. 对恩施市捷润商贸有限公司在达成调解协议前后的生产、销售被控侵权产品行为，虞振刚不再追究；3. 由恩施市捷润商贸有限公司领回被海关扣留的 15 000 个电蚊拍并承担有关费用；4. 诉讼费用由恩施市捷润商贸有限公司承担。

（二）评析

此案是海关对专利权实施保护的典型案例，同时也是海关依申请模式下采取知识产权保护措施的典型案例。此案具有以下特点：

1. 海关与权利人配合比较成功。此案中，权利人虞振刚在日常的经营活动中，注意对有关侵权嫌疑货物在市场上的流通情况、物流仓储情况及进出口情况的排摸分析，掌握了较为详细的侵权嫌疑货物的报关信息，如获知了侵权嫌疑货物可能进出境的时间、口岸、经营单位、集装箱等信息，并及时将有关信息向海关通报，为海关能够及时制止侵权嫌疑货物出口奠定了坚实的基础。

2. 海关行政执法与司法程序衔接顺畅。此案是海关依申请保护知识产权的案件，根据《中华人民共和国知识产权海关保护条例》，海关依申请扣留侵权嫌疑货物，无权对货物是否构成侵权进行调查认定，需要由

权利人启动司法程序，否则海关要在扣留期限期满后立即放行被扣货物。在此案中，由于义乌市人民法院及时作出财产保全裁定并向海关发出协助执行通知书，使海关扣留能顺利地过渡到司法程序，从而为维护权利人合法权益创造了有利条件。

3. 此案是海关积极开展知识产权保护社会宣传活动的成果。近年来杭州海关逐步加大了对辖区企业拥有国内自主知识产权海关保护的宣传力度和有关法律法规的宣传普及，引导企业通过寻求知识产权海关保护，维护自身的合法权益，海关的宣传提高了企业的知识产权保护意识。此案成功后，义乌海关又结合该案开展了法制宣传工作，在当地市场商户中引起了很大的反响。

附：

1. 虞振刚“电蚊拍（YPD-003）”外观设计专利

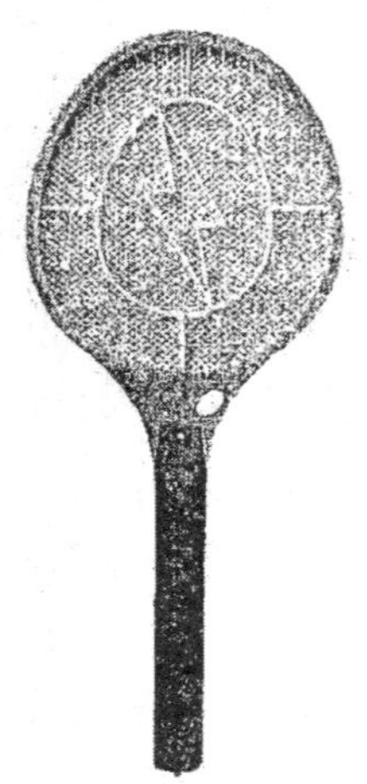

2. 恩施市捷润商贸有限公司向义乌海关申报出口的电蚊拍

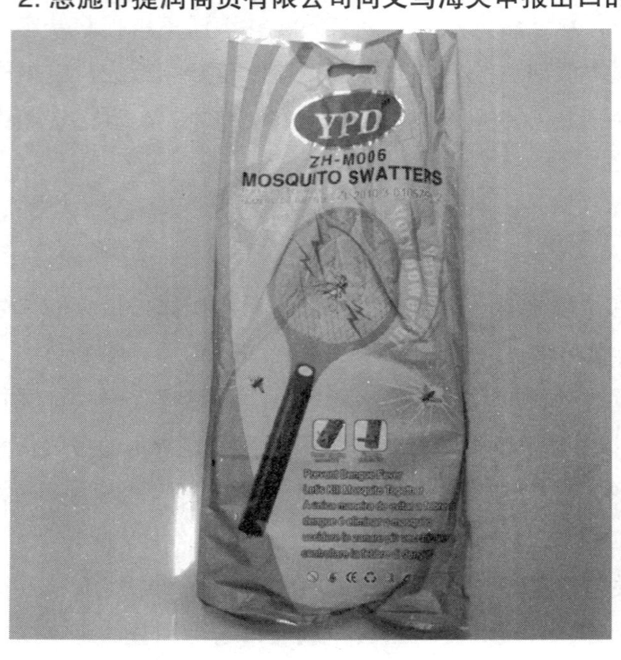

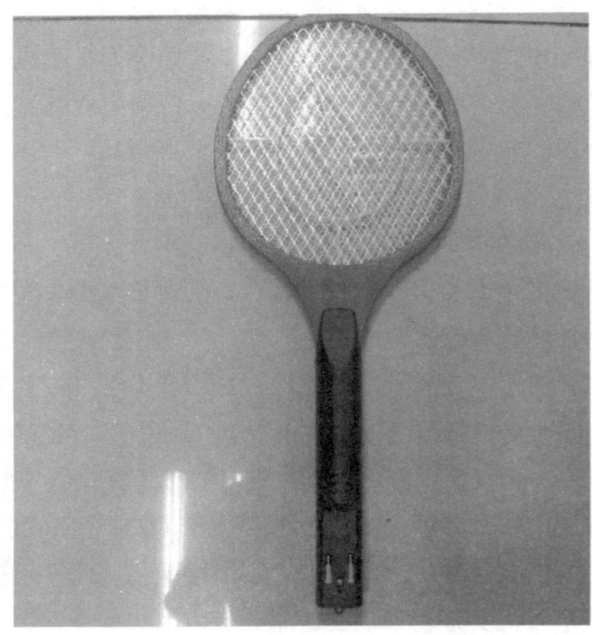

3. 义乌法院民事判决书

浙江省义乌市人民法院

民事判决书

（2011）金义知初字第 199 号

原告：虞振刚，男，1967 年 6 月 26 日出生，汉族，经商，住浙江省义乌市北苑街道楼店村新村 33 号。

委托代理人：任向明，浙江稠州律师事务所律师。

被告：恩施市捷润商贸有限公司，住所地：湖北省恩施市东风大道 294 号。

法定代表人：施丽佳，该公司总经理。

委托代理人：徐杰，徐杰商标事务所员工。

委托代理人：周卫明，被告公司办公室主任。

原告虞振刚为与被告恩施市捷润商贸有限公司侵害外观设计专利权纠纷一案于 2011 年 7 月 25 日向本院提起诉讼。本院受理后，依法组成合议庭，于 2011 年 9 月 27 日公开开庭进行了审理。原告虞振刚及其委托代理人任向明，被告恩施市捷润商贸有限公司的委托代理人徐杰、周卫明到庭参加了诉讼。本案现已审理终结。

原告虞振刚起诉称：原告自 2003 年即从事电蚊拍的生产和销售，并在义乌国际商贸城 F3-17201 号商位设有经销店面。2006 年 12 月，原告向国家知识产权局申请了名称为“电蚊拍（YPD-004）”的外观设计专利，该申请于 2007 年 10 月 31 日被国家知识产权局授予外观设计专利权并于同日发布专利授权公告，其专利号为：ZL200630160381.X。现该外观设计专利权仍在有效期限内。2011 年 7 月 1 日，义乌海关扣留了被告恩施市捷润商贸有限公司申报出口的涉嫌侵犯原告涉案专利权的电蚊拍 15 000 个。被告未经原告许可，擅自使用原告涉案专利，已构成侵权。现请求判令：（1）被告停止销售侵害原告外观设计专利权产品的行为，并销毁被扣留的侵权产品；（2）被告赔偿原告经济损失人民币 2 万元。

被告恩施市捷润商贸有限公司答辩称：（1）原告主张权利的涉案外观设计不具有新颖性，不应受到法律保护；（2）被控侵权产品与涉案外观设计不相同也不近似，其没有落入涉案专利的保护范围。综上，请求驳回原告的诉讼请求。

原告虞振刚为证明其主张的事实，向本院提交了下列证据材料：

（1）外观设计专利证书及年费收据各一份，用以证明原告系涉案外观设计专利的权利人，该专利仍在有效期内；

（2）根据原告的申请，本院于 2011 年 7 月 29 日向义乌海关调取报关单（共 4 页）、代理—报关委托书、会员委托报关补充协议各一份及被控侵权产品一个，用以证明被告销售被控侵权产品的事实。

对原告提交的证据材料，被告恩施市捷润商贸有限公司对其真实性均无异议，并自认被义乌海关查扣的被控侵权产品共计 15 000 个，单价为人民币 8.5 元。

被告恩施市捷润商贸有限公司为证明其主张的事实，向本院提交了下列证据材料：

（1）专利号为 200530076362.0、200430086567.2 的专利图片资料两份（网页下载打印件），用以证明原告的涉案外观设计专利不具有新颖性；

（2）民事起诉状、（2011）浙甬知初字第 292 号传票、告知合议庭组成人员通知书及民事裁定书各一份，上述材料载明原告曾依据本案专利起诉过案外人抚州市百晟进出口有限公司，后又撤回起诉，用以证明原告在本案中证据不足。

对被告提交的证据材料，原告质证认为：对证据（1）的真实性有异议，被告仅提供了复印件，即使该份证据是真实的，其也不足以证明原告的涉案专利不具有新颖性，因为涉案专利与被告提交的两份外观设计专利既不相同也不近似。对证据（2）的真实性没有异议，但该份证据与本案不具有关联性。

结合双方当事人的质证意见，本院对原、被告提交的证据认定如下：

（1）原告提供的外观设计专利证书及年费收据均为原件，被告对其也表示无异议，本院对其真实性及载明的相关事实予以认定。

（2）本院于2011年7月29日向义乌海关调取的报关单、代理报关委托书、会员委托报关补充协议及被控侵权产品，可以证明被告于2011年7月1日向义乌海关申报出口15 000个电蚊拍，该电蚊拍的单价为人民币8.5元。至于该电蚊拍是否落入涉案专利权的保护范围，本院将在本院认为部分予以比对认定。

（3）被告提供的专利号为200530076362. 0、200430086567. 2的专利图片资料均为网页下载打印件，原告对其真实性有异议，被告也未提供其他证据予以佐证，故本院对其真实性不予认定。

（4）被告提供的民事起诉状、(2011)浙甬知初字第292号传票、告知合议庭组成人员通知书及民事裁定书只能证明原告曾依据本案专利起诉过案外人抚州市百晟进出口有限公司，后又撤回起诉，但该事实与本案缺乏关联性，故本院对该组证据不予认定。

综上，本院认定事实如下：

原告虞振刚是专利号为ZL200630160881.X“电蚊拍(YPD-004)”外观设计专利权人，该专利申请日为2006年12月20日，授权公告日为2007年10月31日。该专利的设计要点在于电蚊拍的手柄，从六面视图上看，涉案专利由网拍和手柄组成，网拍呈椭圆形，网拍内有一闪电形装饰边；手柄整体呈圆柱体状，柱体下部约三分之一处为内凹平面；从主视图上看，手柄上部印有“YPD”三个字母，中部设有指示灯灯孔，下部印有“一拍得”三个汉字及平形的条纹，“YPD”、“一拍得”外均有一椭圆形边框，其中“YPD”为纵向排列，“一拍得”为横向排列；从后视图上看，手柄上方印有“YPD”三个字母，中部设有指示灯，下部设有电源插座；从右视图上看，手柄中部设有开关和操作按钮，按钮呈方形，标有“YPD”三个字母且置于一个凹槽内。2010年11月15日，原告为上述专利缴纳了专利年费，涉案专利目前尚在有效期限内。

2011年7月1日，被告向义乌海关申报出口15 000个电蚊拍，单价为人民币8.5元。该电蚊拍也由网拍和手柄组成，网拍呈椭圆形，网拍内有一闪电形装饰边；手柄整体呈圆柱体状，柱体下部约三分之一处为内凹平面。从主视图上看，手柄上部印有“YPD”三个字母，中部设有指示灯灯孔，下部为波浪形的条纹，“YPD”三个字母呈纵向排列且外有一椭圆形边框；从后视图上看，手柄上方印有“ZOH”三个字母，中部设有指示灯，下部设有电源插座；从右视图上看，手柄中部设有开关和操作按钮，按钮呈椭圆形，标有“YPD”三个字母且置于一个凹槽内。与涉案专利相比，二者主要的不同之处在于手柄下部条纹、后视图上的字母及操作按钮的形状等方面。

本院认为，原告虞振刚所有的专利号为ZL200630160881.X“电蚊拍(YPD-004)”外观设计专利权尚在有效期限内，应受法律保护。任何单位或者个人未经专利权人许可，都不得实施其专利。

外观设计专利权的保护范围以表示在图片或照片中的该产品的外观设计为准。判断被控侵权产品的设计特征与涉案外观设计是否相同或近似，应当以外观设计专利产品的一般消费者的知识水平和认知能力为标准，以外观设计的整体视觉效果进行综合判断。从一般消费者角度出发，将本案被控侵权产品的形状特征与原告涉案专利外观设计相比，二者主要的不同之处在于手柄下部条纹、后视图上的字母及操作按钮的形状等方面，这些差异均属于细节上的微小改动，就整体视觉效果而言，二者无实质性差异，易使普通消费者产生混同。因此，经整体观察、综合判断，本院认定被控侵权产品的设计特征与涉案专利的外观设计相近似，被控侵权产品已落入原告涉案专利权的保护范围，被告销售被控侵权产品的行为侵害了原告的涉案专利权。被告以经营目的销售专利侵权产品，且未能举证证明其销售的产品有合法来源，其应当承担停止销售、赔偿损失的民事责任。因此，原告要求被告立即停止销售被控侵权产品并赔偿原告合理经济损失的诉讼请求合法有据，本院予以支持。被告关于涉案专利不具有新颖性及被控侵权产品与涉案专利既不相同也不近似的辩解，与本院查明的事实不符，本院不予采纳。

本案中，原告虞振刚未向本院提供证据证明其在被侵权期间因侵权所受到的具体损失或侵权人所获得的具体利益，本院综合考虑本案系外观设计专利，被告的侵权行为为销售行为，被告销售行为的规模及侵权产品的售价等因素，同时考虑原告未提供为制止侵权支出的合理费用的证据的客观情况，酌定被告应负的赔偿款数额为人民币 2 万元。综上，依照《中华人民共和国侵权责任法》第二条、第十五条，《中华人民共和国专利法》第十一条第二款、第五十九条第二款、第六十五条，《最高人民法院关于审理侵犯专利权纠纷案件应用法律若干问题的解释》第八条、第十条、第十一条，判决如下：

（1）被告恩施市捷润商贸有限公司立即停止销售侵害原告虞振刚专利号为 ZL200630160881.X“电蚊拍（YPD-004）”外观设计专利权的产品的行为，并于本判决生效后五日内销毁涉案 15 000 个电蚊拍。

（2）被告恩施市捷润商贸有限公司于本判决生效后五日内偿付原告虞振刚经济损失人民币 2 万元（含原告为制止侵权而支出的费用），如未在本判决指定的期间履行给付金钱义务，应当依照《中华人民共和国民事诉讼法》第二百二十九条之规定，加倍支付迟延履行期间的债务利息。

案件受理费人民币 300 元，由被告恩施市捷润商贸有限公司负担。

如不服本判决，可在判决书送达之日起十五日内，向本院递交上诉状，并按对方当事人的人数提出副本，上诉于浙江省金华市中级人民法院。（在递交上诉状同时预交上诉费人民币 300 元，最迟不得超过上诉期限届满后的七日内。上诉费汇入单位：金华市财政局，汇入帐号：19699901040008737，开户银行：中国农业银行金华市分行或直接交金华市中级人民法院收费室。逾期不缴纳，按自动放弃上诉处理）。

审判长　李小坚
代理审判员　孙建英
代理审判员　陈慧军
二〇一一年十一月十八日

4. 金华中级人民法院民事调解书

浙扛省金华市中级人民法院
民事调解书

（2011）浙金知终字第 23 号

上诉人（原审被告）恩施市捷润商贸有限公司，住所地湖北省恩施市东风大道 294 号。

法定代表人施丽佳，该公司总经理。

委托代理人（特别授权代理）朱凌峰，浙江省泽大律师事务所义乌分所律师。

委托代理人（特别授权代理）丁江萍，浙江泽大律师事务所义乌分所律师（实习）。

被上诉人（原审原告）虞振刚，男，1967年6月26日出生，汉族，经商，住浙江省义乌市北苑街道楼店村新村33号。

委托代理人（特别授权代理）任向明，浙江稠州律师事务所律师。

委托代理人（特别授权代理）王曾玲，浙江稠州律师事务所律师（实习）。

上诉人恩施市捷润商贸有限公司因与被上诉人虞振刚侵害外观设计制利权纠纷一案，不服浙江省义乌市人民法院（2011）金义知初字第199号民事判决，向本院提起上诉。本院于2011年12月8日受理后，依法组成合议庭，于2011年12月27日公开开庭进行了审理。上诉人恩施市捷润商贸有限公司的委托代理人朱凌峰、被上诉人虞振刚及其委托代理人任向明到庭参加诉讼。本案现已审理终结。

上诉人上诉称：原审法院认定事实错误，涉案专利与他人在先申请的外观设计专利相近似，不具有新颖性，被控侵权产品没有落入涉案专利权的保护范围。涉案专利的设计要点在电蚊拍的手柄，原审判决把电蚊拍的网拍面有闪电状等也进行比对不当，YPD是字母不受保护。被控侵权产品的手柄与涉案外观专利不相近似，因此，被控侵权产品没有落入涉案专利的保护范围。被控侵权产品有合法来源，上诉人不承担赔偿责任。故请求依法撤销原判，驳回原审原告的诉讼请求或发回重审。

被上诉人答辩称：原审法院认定事实清楚，适用法律正确。外观设计专利权的保护范围以表示在图片或照片中的该产品的外现设计为主，原审法院将整个产品进行比对正确，且专利法并没有认定字母是否是保护的范围。被上诉人认可被侵权产品义乌市洲附电器有限公司生产，但销售行为仍然是一种侵权行为。故请求驳回上诉人上诉请求，维持原判。

本案在审理过程中，经本院主持调解，双方当事人自愿达成如下协议：

（1）上诉人恩施市捷润商贸有限公司承认被上诉人虞振刚的专利（专利号为200630160881.X）有效，并承诺不再提起涉案专利无效的申请。

（2）对于本调解协议签订之前及之后的上诉人恩施市捷润商贸有限公司生产、销售被控侵权产品的行为，被上诉人虞振刚不再向上诉人恩施市捷润商贸有限公司追究任何责任。

（3）对于被义乌海关扣押的15 000个电蚊拍，允许上诉人恩施市捷润商贸有限公司领回，被扣押期间所产生的费用由上诉人自行承担。

（4）双方就本案再无其他争议。

（5）一审案件受理费300元，二审案件受理费300元，减半收取150元，均由上诉人恩施市捷润商贸有限公司负担（其中被上诉人虞振刚一审预交的案件受理费300元不予退还，该款由恩施市商贸有限公司直接支付虞振刚，该款已付清）。

（6）本协议经双方当事人或代理人签字后即生效。

上述协议，符合有关法律规定，本院予以确认。

审判长　徐肖闻

代理审判员　李良勇

代理审判员　朱红彦

二〇一二年二月二十日

五、江苏博羽金属制品有限公司出口“上盖、铝端盖外观设计专利权”燃气烤炉案

（一）案情介绍

2011 年 3 月 29 日，宁波塞尔翔鹰金属制品有限公司向上海海关提出申请，要求海关扣留江苏博羽金属制品有限公司向上海洋山港区申报向瑞典出口的涉嫌侵犯其“上盖、铝端盖外观设计专利权”的一批燃气烤炉，并向海关提交了担保金。由于宁波塞尔翔鹰金属制品有限公司事先未将其专利权向海关总署备案，上海海关对该公司提交的申请书、随附专利证书和相关证据进行了认真的审核，认为其提交的申请符合《中华人民共和国海关知识产权保护条例》第十三条关于启动海关被动保护的规定，于是通知洋山海关对宁波塞尔翔鹰金属制品有限公司的外观设计专利采取保护措施。

2011 年 4 月 27 日，上海海关做出沪关知字 [2011] 第 040、041 号《扣留侵权嫌疑货物通知书》，对江苏博羽金属制品有限公司申报出口的 Cronos12771、Cronos12872 两个型号的燃气烤炉共计 388 件予以扣留。

随后宁波塞尔翔鹰金属制品有限公司就江苏博羽金属制品有限公司出口侵犯其外观设计专利权向上海市第一中级人民法院提起诉讼，并同时向上海市第一中级人民法院申请财产保全及证据保全，要求法院对上海海关扣留的上述 388 箱 388 件燃气烤炉进行查封并提取有关侵权产品作为证据。2011 年 5 月 11 日，上海海关根据上海市第一中级人民法院发出的《协助执行通知书》，协助法院对该批燃气烤炉实施了查封扣押。

2011 年 9 月 29 日，上海市第一中级人民法院对宁波塞尔翔鹰金属制品有限公司与江苏博羽金属制品有限公司侵犯外观设计专利权纠纷一案作出一审判决，认定被控侵权产品的设计属于我国专利法规定的现有设计，驳回宁波塞尔翔鹰金属制品有限公司的诉讼请求。

宁波塞尔翔鹰金属制品有限公司对上海市第一中级人民法院的判决不服，向上海市高级人民法院提起上诉。2011 年 10 月 28 日，上海市高级人民法院受理了宁波塞尔翔鹰金属制品有限公司上诉。经过审理，上海市高级人民法院作出终审判决，判决驳回上诉人宁波塞尔翔鹰金属制品有限公司的诉讼请求，维持原判。

附：

1. 江苏博羽金属制品有限公司出口的燃气烤炉

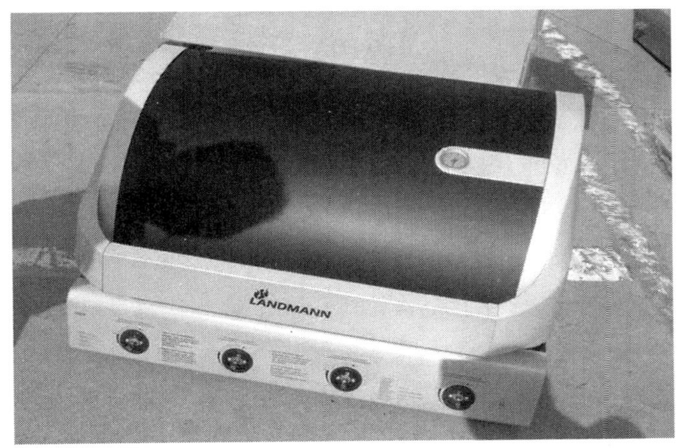

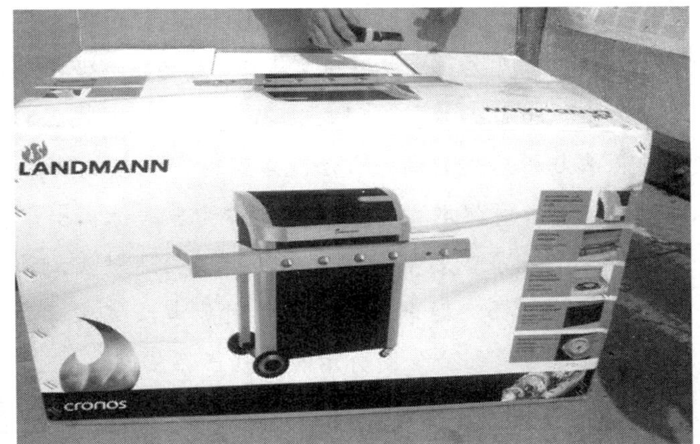

2. 上海市高级人民法院民事判决书

上海市高级人民法院

民事判决书

(2011) 沪高民三（知）终字第９６号

上诉人（原审原告）宁波塞尔翔鹰金属制品有限公司，住所地浙江省宁波市鄞州区鄞县大道东吴段28号。

法定代表人周世春，董事长。

委托代理人郑士珍，男，汉族，1961年7月4日出生，住浙江省宁波市江东区南演武街108弄7号302室，该公司总裁办主任。

委托代理人周伟琼，女，汉族，1984年2月24日出生，住浙江省诸暨市浬浦镇白杜坞村古娄亭50号，该公司法务。

被上诉人（原审被告）江苏容惠金属制品有限公司（原江苏博羽金属制品有限公司），住所地江苏省句容市白兔镇凤塘工业集中区58号。

法定代表人陈军民，董事长。

委托代理人姚晓洪，上海九州丰泽律师事务所律师。

委托代理人夏炎，上海九州丰泽律师事务所律师。

上诉人宁波塞尔翔鹰金属制品有限公司（以下简称塞尔翔鹰公司）因侵害外观设计专利权纠纷一案，不服上海市第一中级人民法院(2011)沪一中良五（知）初字第87号民事判决，向本院提起上诉。2011年9月8日，江苏博羽金属制品有限公司依法变更企业名称为江苏容惠金属制品有限公司。本院于2011年10月28日受理后，依法组成合议庭，于2011年11月29日公开开庭进行了审理。上诉人塞尔翔鹰公司的委托代理人郑士珍、周伟琼、被上诉人江苏容惠金属制品有限公司（以下简称容惠公司）的委托代理人姚晓洪、夏炎到庭参加诉讼。本案现已审理终结。

原审法院经审理查明：2010年5月28日，原告就“铝端盖”向国家知识产权局申请外观设计专利，2011年2月2日，国家知识产权局授予其专利权，专利号为ZL201030186501.6。该外观设计专利产品系烧烤炉部件，主体形状为弯曲的长条形，其中一端有Y字形分叉，分叉部分的一端从烤炉侧面延伸至烤炉前部，与另一端的横截面平行，产品整体表面为光滑的圆弧面。

2011年4月27日，根据原告申请，上海海关做出沪关知字[2011]第040、041号《扣留侵权嫌疑货物通知书》，对被告申报出口瑞典和德国的Cronos12771、Cronos12872两个型号的燃气烤炉共计388箱388件予以扣留。

原告起诉后先后向原审法院申请财产保全及证据保全，要求原审法院查封上海海关扣留的上述388箱388件燃气烤炉，并提取被控侵权产品作为原告证据出示。2011年4月、5月11日，原审法院分别出具财产保全及证据保全民事裁定书，查封、扣押了上述被上海海关扣留的388箱388件燃气烤炉，并调取两个型号产品各一件作为证据。庭审中，当场拆封原审法院从海关调取的被控侵权产品，经比对，原、被告均确认被控侵权产品与原告专利公告图所示的专利产品相同。

另查明，2010年5月5日，德国朗德控股有限公司（以下简称德国朗德公司）在欧盟区域内市场协调管理局登记注册了烧烤炉外观设计，登记编号为001704271-0003，并于2010年5月7日予以公开。2011年6月，上海九州丰泽律师事务所向国家知识产权局专利复审委员会申请宣告涉案专利权无效，2011 年 7 月，国家知识产权局专利复审委员会发文受理该案。

原审法院认为，本案所涉专利号为 ZL201030186501.6 的“铝端盖”外观设计专利，系原告向国家知识产权局申请并获得授权的，该专利目前处于法定保护期内，故应依法受到保护，任何单位或者个人未经原告许可都不得实施其专利，即不得为生产经营目的制造、销售、进口其外观设计专利产品，否则将构成对原告专利权的侵犯。但是，如果被告有证据证明其销售的被控侵权产品所实施的设计属于现有设计的，则不构成对原告专利权的侵犯。

本案的主要争议焦点是被告提出的现有设计抗辩是否成立。如果现有设计抗辩成立，则被告不侵犯原告的专利权。如果不成立，则要判断被控侵权产品与涉案外观设计专利是否相同或者相似，是否侵犯原告的专利权。

现有设计是指涉案专利申请日以前在国内外出版物上公开发表，在国内外公开使用或者以其他方式为公众所知的设计。本案中，被告提供了德国朗德公司在欧盟区域内市场协调管理局登记的烧烤炉外观设计注册文件。根据该文件显示，德国朗德公司于 2010 年 5 月 5 日登记注册了该烧烤炉外观设计，并于 2010 年 5 月 7 日通过相关网站予以公开，其公开日期早于本案所涉专利的申请日期，故该注册文件中显示的烧烤炉上铝端盖的外观设计构成涉案专利的现有设计，被告可依据该设计进行现有设计抗辩。虽然欧盟注册文件登记的是烧烤炉整体的外观设计，但其中铝端盖部分的视图比较清晰，能够反映铝端盖的不同角度，可用来与被控侵权产品进行比对。将被控侵权产品与该现有设计进行比对，两者均为弯曲的长条形，其中一端有 Y 字形分叉，分叉部分的一端从烤炉侧面延伸至烤炉前部，与另一端的横截面平行。通过整体观察、综合判断，被控侵权产品的设计与该现有设计没有实质性差异。因此，原审法院认定被控侵权产品的设计属于我国专利法规定的现有设计，被告提出的现有设计抗辩成立。

鉴于被告主张的现有设计抗辩成立，故无论原告关于被告侵犯其涉案专利权的指控是否成立，被告均因其主张的现有设计抗辩成立而不构成侵权。综上所述，原告要求被告停止侵犯其专利权并赔礼道歉、赔偿损失的诉讼请求不能成立，原审法院不予支持。依照《中华人民共和国专利法》第二十三条第四款、第六十二条之规定，判决驳回原告塞尔翔鹰公司的诉讼请求。本案一审案件受理费人民币 4 300 元，财产保全费人民币 1 520 元，证据保全费人民币 30 元，由原告塞尔翔鹰公司负担。

判决后，塞尔翔鹰公司不服，向本院提起上诉，其主要上诉理由为：（1）原判未载明合法有效的德国朗德公司在欧盟区域内市场协调管理局登记的烧烤炉外观设计注册文件，更未载明该文件要证明事实和双方的质证意见，原审法院对现有设计的认定缺乏事实和法律依据。（2）即便德国朗德公司的烧烤炉外观设计注册文件合法有效，但与本案专利亦存在明显差异。原判比对违反了整体观察、综合判断的判断方式，不能将一个产品不可分割的局部与本专利进行对比。本案专利的主视图、左视图、立体图、俯视图均无法与德国朗德公司的烧烤炉外观设计注册文件的视图 0003.3 相比较，且二者的方向相反。同时，通过国家知识产权局专利检索咨询中心检索，也检索到与本外观设计相同、实质相同或不具有明显区别的外观设计。据此，请求撤销原判，改判并支持其原审诉请，本案一、二审诉讼费由被上诉人容惠公司承担。

被上诉人容惠公司答辩认为：（1）原审中已对德国朗德公司的专利证书出示原件，塞尔翔鹰公司进行了质证并认可其真实性；（2）原审将被控侵权产品与德国朗德公司专利进行了比对，得出二者实质相同的结论，认定事实正确。故原判认定事实清楚，适用法律正确。

二审中，双方当事人均未向本院提交新的证据材料。

经审理查明，原审法院查明的事实属实。

本院认为，现有设计是指涉案专利申请日以前在国内外出版物上公开发表，在国内外公开使用或者以其他方式为公众所知的设计。如果被告有证据证明其被控侵权设计与一项现有设计无实质性差异，即不构成对原告专利权的侵犯。因此，在被告提出现有设计抗辩时，法院应当将被控侵权产品与现有设计进行比对，而非将现有设计与涉案专利进行比对。

根据本案证据，德国朗德公司在欧盟区域内市场协调管理局登记的烧烤炉外观设计注册文件于2010年5月7日通过网站予以公开，该时间早于本案所涉专利的申请日期2010年5月28日，故该注册文件中显示的烧烤炉上铝端盖的外观设计相对于本案专利属于现有设计。原审法院将被控侵权设计与该现有设计进行比对并认定两者没有实质性差异，继而认定被上诉人的现有设计抗辩成立，具有事实和法律依据。

上诉人塞尔翔鹰公司认为，原判未载明合法有效的德国朗德公司在欧盟区域内市场协调管理局登记的烧烤炉外观设计注册文件，更未载明该文件要证明的事实和双方的质证意见，原审法院对现有设计的认定缺乏事实和法律依据。本院认为，原判在第3页最末一段已查明2010年5月5日德国朗德公司在欧盟区域内市场协调管理局登记注册烧烤炉外观设计，并于2010年5月7日予以公开。塞尔翔鹰公司在原审庭审中，并未对相关经公证认证的注册文件的形式要件表示异议，因此，原审法院采信该证据并认定现有设计抗辩成立，并无不当。

上诉人塞尔翔鹰公司认为，即便德国朗德公司的烧烤炉外观设计注册文件合法有效，但与本案专利亦存在明显差异。本院认为，法院对现有设计抗辩的审查，应限于被控侵权设计与现有设计之间的比对，而非现有设计与涉案外观设计专利之间的比对。本案中，塞尔翔鹰公司的外观设计专利为用于烤箱上的铝端盖部件，故其起诉的被控侵权设计亦为被上诉人申报出口的铝端盖部件。原审将德国朗德公司的烧烤炉外观设计注册文件中的相应部件与本案被控侵权设计进行比对，以审查现有设计抗辩是否成立，并无不妥。原审法院对上述两项设计无实质性差异已进行了详细的比对，本院予以认同，故在此不再赘述。至于塞尔翔鹰公司认为两者方向相反的意见，本院认为，如德国朗德公司的烧烤炉外观设计登记文件所示，该登记文件共有3张图片，除0003.3图片仅显示了该烧烤炉的左侧端盖外，0003.1和0003.2均完整地显示了烧烤炉的外观。如后两张图片所示，该烧烤炉的端盖部位为对称镜像设计，故左右侧的端盖设计方向相反。通过比对，本院认为，原判认定被控侵权设计与该烧烤炉的端盖设计无实质性差异的比对结论无误。同时，塞尔翔鹰公司是否检索到与本案外观设计专利相同、实质相同或不具有明显区别的外观设计，都不能以此来否定本案中被上诉人的现有设计抗辩，故对塞尔翔鹰公司该上诉理由，本院不予支持。

综上，上诉人塞尔翔鹰公司的上诉请求及理由缺乏事实及法律依据，应予驳回。据此，依照《中华人民共和国民事诉讼法》第一百五十三条第一款第（一）项、第一百五十八条之规定，判决如下：

驳回上诉，维持原判。

本案二审案件受理费人民币4 300元，由上诉人宁波塞尔翔鹰金属制品有限公司负担。

本判决为终审判决。

审判长　张晓都

审判员　马剑锋

审判员　王　静

2011年12月7日

六、上海海关查获福州广投贸易有限公司出口盗版光盘案

（一）案情介绍

2011 年 7 月 27 日，福州广投贸易有限公司向洋山海关申报出口一批空白 CD 光盘，目的地为坦桑尼亚。海关经查验，发现实际货物为已经录制内容的 DVD 碟片。海关人员发现该批光盘印刷粗糙、包装简陋，极有可能为盗版产品。经清点，该批光盘共计 61.4 万张，涉及上百个中外影视作品。

由于有关作品都没有在海关总署备案，且没有相关著作权人的联系方式，上海海关将该案向上海市公安局经侦总队和上海市文化市场行政执法总队进行了通报，同时从该批货物中抽取了 80 张 DVD 影视剧光盘样本送交上海市新闻出版局进行鉴定。经上海市新闻出版局鉴定，该批光盘为非法音像制品。2012 年 1 月 16 日，上海市文化市场行政执法总队决定对该案进行立案查处并和上海海关办理了案件移送手续。

（二）评析

该案是近年来海关系统查获的最大一起涉嫌盗版光盘的案件。根据《中华人民共和国知识产权海关保护条例》的规定，对涉嫌侵犯受中华人民共和国法律、行政法规保护的知识产权的货物，只要有关知识产权权利人向海关总署进行知识产权备案，海关就有权启动知识产权保护程序制止其进出口，但目前影视作品的著作权人很少将其作品向海关总署备案，因此海关在查处进出口盗版光盘方面面临诸多困难。首先是法律依据不足，法律未授权海关对未备案的著作权启动知识产权保护措施。其次是对违法实施进行调查存在很大的难度，由于不能很快与著作权人取得联系，就难以确定货物的侵权事实。因此，通过与其他执法机关合作，使用其他相关法律对案件进行查处不失为一个快捷、有效的执法手段。

在此案中，上海海关在十分困难的情况下，充分运用海关与文化执法部门的合作机制，将案件移送文化主管部门进行处理，既解决了查处案件法律依据不足的问题，又有效地堵截了盗版产品的国际流通，是一个海关系统打击盗版违法活动的典型案例。

附：

1. 上海海关查获的福州广投贸易有限公司出口的盗版光盘

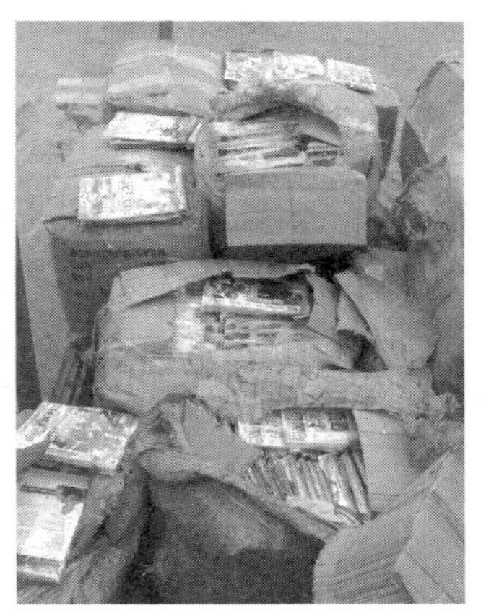

七、成都新泰杰工艺品有限公司出口侵犯“sculptor彩盒设计图案”著作权按摩器案

（一）案情介绍

2011年5月30日，成都新泰杰工艺品有限公司委托义乌市丽德星报关代理有限公司向杭州海关隶属义乌海关申报出口滑板等货物，报关单号292120110211774675，目的地为智利。海关经查验，发现有1 200个按摩器的外包装使用了“sculptor彩盒设计图案”，涉嫌侵犯杨洲功在海关总署备案的“sculptor彩盒设计图案”著作权。接到海关通知后，著作权人杨洲功认为上述使用了“sculptor彩盒设计图案”外包装的按摩器侵犯了其著作权，并于6月8日向海关提出了采取知识产权保护措施的申请，并提供了担保，杭州海关于6月22日对该批货物进行了扣留，同时向成都新泰杰工艺品有限公司送达了《扣留侵权嫌疑货物通知书》。

海关经调查，认为当事人出口的上述货物外包装上使用的“sculptor彩盒设计图案”，事先未经著作权人许可，根据《中华人民共和国著作权法》第四十八条第（一）项的规定，该批货物属于侵犯著作权的货物。当事人出口上述货物的行为已构成出口侵犯他人著作权货物的行为。

根据《中华人民共和国海关行政处罚实施条例》第二十五条的规定，杭州海关于2011年12月7日对成都新泰杰工艺品有限公司作出没收并处以罚款人民币9 000元的行政处罚。

附：

1. 杨洲功在海关总署备案的“sculptor彩盒设计图案”

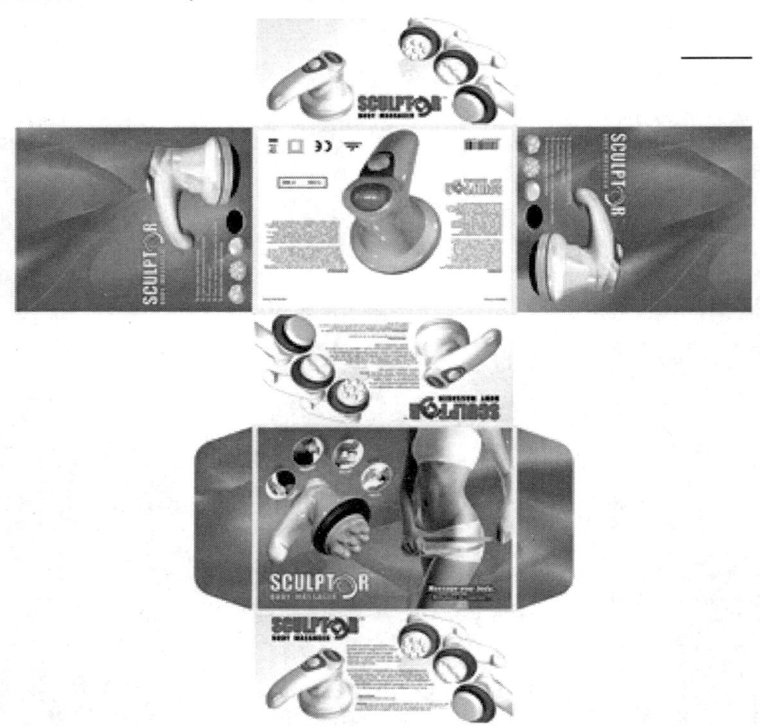

2. 成都新泰杰工艺品有限公司出口的侵犯“sculptor 彩盒设计图案”著作权的按摩器

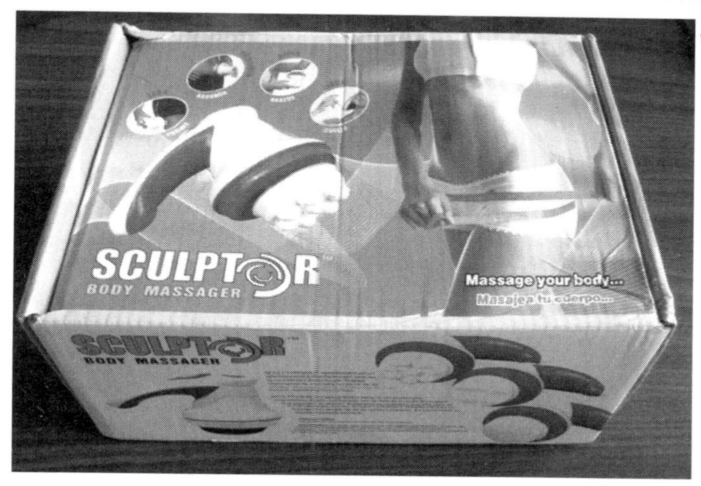

八、河北博顺贸易有限公司出口侵犯“《怪物史莱克 2》”著作权洗衣粉案

（一）案情介绍

2011 年 9 月 21 日，河北博顺贸易有限公司向石家庄海关申报出口 2 120 箱价值 11 447 美元（约合人民币 7 3505 元）的洗衣粉，海关经查验，发现该批货物使用 fiona 777、shrek fresh 及 shrek 888 作为其商标，并在外包装显著位置印有《怪物史莱克 2》（《SHREK2》）动画人物造型。美国梦工场制片公司认为上述货物属于侵犯其在海关总署备案的“《怪物史莱克 2》（《SHREK2》）”著作权的商品，并于 2011 年 10 月 8 日向石家庄海关提出采取知识产权保护措施的申请。

海关经调查，认为河北博顺贸易有限公司出口的洗衣粉，其外包装使用了《怪物史莱克 2》（《SHREK2》）名称及动画人物造型，损害了美国梦工场制片公司现有的在先权利，且事先未经其许可，根据《中华人民共和国著作权法》第四十八条的规定，属于侵犯他人著作权的商品，当事人的行为已构成出口侵犯他人著作权货物的行为。

根据《中华人民共和国知识产权海关保护条例》第二十七条的规定，石家庄海关于 2011 年 12 月 1 日决定没收上述侵权货物。

（二）评析

本案是石家庄海关落实国务院、海关总署打击侵犯知识产权和制售假冒伪劣商品专项行动有关部署，严厉打击侵权行为的成功案例，是石家庄海关在货运渠道查获的首起侵犯著作权案件。现场关员始终保持高度警惕性，通过敏锐的洞察力和丰富的商品知识，对涉案商品开展自主即决式布控和查验，一举查获 19 吨侵权商品。在本案调查审理过程中，权利人美国梦工厂制片公司积极配合海关提供大量有效信息，协助海关认定侵权事实，并专门发来致谢函，就石家庄海关严肃执法、高效办案的专业精神表示赞赏和谢意。通过本案可以证实，加强与权利人的合作，是提升海关知识产权保护工作效能的有效途径。

附：

1. 美国梦工场制片公司在海关总署备案的《怪物史莱克 2》

2. 河北博顺贸易有限公司出口的洗衣粉

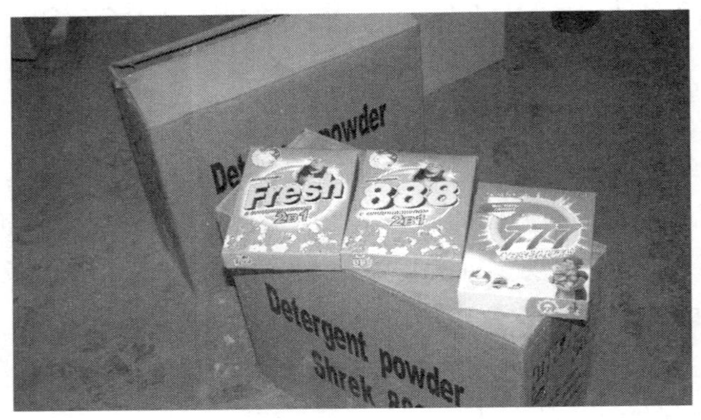

九、萍乡市富通外贸服务有限公司出口“Duke Logo”拖鞋案

（一）案情介绍

2011 年 4 月 6 日，萍乡市富通外贸服务有限公司委托浙江报关行有限公司向宁波海关申报出口一批鞋，目的国为叙利亚。海关经查验，该批货物中有 29 箱 804 双鞋子的外包装上使用了“Duke Logo”图案，价值 40 200 元，涉嫌侵犯美国卡骆驰公司在海关总署备案的“Duke Logo”著作权。4 月 19 日，宁波海关向卡骆驰公司下发了《中华人民共和国宁波海关关于确认进出口货物知识产权状况的通知》。卡骆驰公司接到通知后，认为该批货物侵犯了其著作权，并于 4 月 19 日向宁波海关提出采取知识产权保护措施的申请。宁波海关于 4 月 20 日对该批货物进行了扣留。

海关经调查，认为萍乡市富通外贸服务有限公司出口的鞋子使用的标志，事先未经著作权人许可，根据《中华人民共和国著作权》第四十八条第（一）项的规定，该货物属于侵犯卡骆驰公司“Duke Logo”著作权的货物。当事人出口上述货物的行为已构成出口侵犯他人著作权货物的行为。根据《中华人民共和国海关行政处罚实施条例》第二十五条第一款之规定，宁波海关作出没收当事人侵权货物并处以罚款210元的行政处罚。

附：

1. 卡骆驰公司在海关总署备案的“Duke Logo”著作权

2. 萍乡市富通外贸服务有限公司出口的侵犯“Duke Logo”著作权拖鞋

十、浙江长航进出口贸易有限公司出口侵犯多种商标专用权货物案

（一）案情介绍

2009年7月15日，浙江长航进出口贸易有限公司委托宁波凯顺国际物流有限公司向宁波海关申报出口一批卫生器具（毛巾架、肥皂盒、塑料花）。经查验，该批货物中有“ADIDAS”商标的运动短裤1箱280条，“D & G DOLCE GABBANA”商标的手提包7箱780个，“DOLCE & GABBANA”商标的T恤1箱320件，“LACOSTE文字”商标的T恤2箱640件，“LACOSTE文字”商标的女裤32箱3 740条，“NIKE及钩形图”商标的T恤6箱1 800件，“PUMA(图形)”商标的T恤5箱1 600件，“PUMA及图形”商标的运动短裤4箱1 120条，“TOMMY HILFIGER”商标的T恤4箱1 600件，“耐克钩（图形）”商标的运动短裤1箱180条，以上货物均未取得权利人的许可，涉嫌侵犯阿迪达斯有限公司、嘉杜有限公司、迪赛尔股份公司、拉科斯特股份有限公司、耐克国际有限公司、鲁道夫·达斯勒体育用品波马股份公司、汤美·希尔弗格许可有限责任公司在海关总署备案的商标权。上述权利人确认该批货物侵犯了其商标专用权，依法提出知识产权保护申请并提交了担保。

2009年8月18日，宁波海关根据权利人的申请对该批货物进行了扣留。2010年8月27日，宁波海关根据《中华人民共和国海关行政处罚实施条例》第二十五条第一款之规定，对浙江长航进出口贸易有限公司作出没收侵权货物并处罚款3 420元人民币的行政处罚决定。

2011年2月22日，浙江长航进出口贸易有限公司向宁波市中级人民法院提起行政诉讼，请求撤销宁波海关的行政处罚决定。原告依据的理由是：1. 原告并非涉案侵权货物的经营者，该批货物系由第三人宁波凯顺国际物流有限公司提供虚假材料冒用原告名义报关，海关应查明事实后对实际责任人作出处理。2. 海关具体行政行为程序违法。海关未依照《中华人民共和国行政处罚法》的相关规定履行处罚决定告知义务，未执行处罚决定书的送达程序。

针对原告的诉讼理由，宁波海关于2011年3月10日向宁波市中级人民法院提交答辩状，答辩如下：1. 该批货物是以原告为经营单位向海关申报出口的，原告是该批货物出口收汇核销单上的出口单位，报关单随附单据中合同、商业发票、装箱单均以原告名义开具。根据《中华人民共和国海关行政处罚实施条例》，原告作为海关管理相对人，在海关对出口货物实施的监管管理活动中，应作为违规责任的主体承担相应的法律后果。2. 海关于2010年8月23日将行政处罚告知单直接送达原告的代理人，并在原告逾期未提出听证申请，未书面提出申辩或陈述意见的情况下，于2010年8月27日将行政处罚决定书直接送达原告的代理人，海关实施具体行政行为的程序合法。3. 原告的起诉已过诉讼时效。

在案件审理过程中，2011年3月30日，浙江长航进出口贸易有限公司向宁波市中级人民法院撤回起诉。宁波市中级人民法院于2011年4月6日裁定准许撤回起诉，终止了案件审理。宁波海关依法将该批侵权货物予以销毁。

（二）评析

本案是企业通过买卖外汇核销单逃避海关监管、出口侵权货物的典型案例。在这类行为中，卖单企业不从事实际经营活动，而是通过倒卖核销单谋取利益。至于买单企业，则出于非法目的，从有进出口经营权的企业手中购进核销单，假借出口企业的名义从事虚假贸易活动，企图逃避海关监管，这就导致在违法案件发生的时候，海关难以追查到实际的收发货人。本案中，海关通过处罚卖单企业，追究违规责任主体的法律责任，符合海关对行政管理相对人的管理，同时也提醒外贸企业要守法经营，对买卖核销单的行为应承担相应的责任。

附：

1. 浙江长航进出口贸易有限公司出口的服装

2. 起诉状

原告：浙江长航进出口贸易有限公司，住所地：浙江省义乌市稠城江滨北路与环城东路交叉口（海关大厦三楼），现住浙江省义乌市稠州北路800号金福源商厦A座612。

法定代表人：陈文通，执行董事。

被告：中华人民共和国宁波海关，住所地：浙江省宁波市马园路89号。

法定代表人：庞中联，关长。

第三人：洪洋，男，1987年10月17日出生，汉族，住宁波市鄞州区高桥镇芦漕村大红鹰路1号。

第三人：宁波凯顺国际物流有限公司，住所地：宁波市海曙区东渡路29号5-17。

法定代表人：施建波，执行董事。

诉讼请求

判决撤销被告作出的甬关法[2009]260号行政处罚决定。

事实与理由

（1）被诉具体行政行为主要证据不足

因PUMA Aktigengesellchalt Rudolf Dassler Sport诉原告侵犯商标专用权纠纷一案，经原告申请，义乌市人民法院在被告处调取相关材料后于2010年12月6日送达原告，原告方知被告以2009年7月15日原告所申报货物侵犯商标权为由，作出了甬关法[2009]260号行政处罚决定，对原告处以罚款3 420元。该处罚决定由第三人洪洋至被告处办理接受处罚手续，交纳罚款。

原告获知前述行政处罚决定后，即于2010年12月9日向公安机关对第三人洪洋、宁波凯顺国际物流有限公司提出控告。2011年1月18日，宁波市公安局北仑分局传讯了第三人洪洋，其确认原告并非涉案侵权货物的经营者。同时，该批货物系由第三人宁波凯顺国际物流有限公司冒用原告名义报关。因此，涉案货物系由第三人宁波凯顺国际物流有限公司与第三人洪洋提供虚假材料报关，被告应查明事实后对实际责任人作出处理，而不应在相关事实尚未查明的情形下，即对原告作出处罚。

（2）被诉具体行政行为程序违法

被告至今未依照《中华人民共和国行政处罚法》第三十一条之规定，告知原告作出行政处罚决定的事实、理由及依据，并告知原告依法享有的权利，导致原告无法行使《中华人民共和国行政处罚法》第三十二条赋予行政相对人的陈述权与申辩权。因此，根据《中华人民共和国行政处罚法》第四十一条之规定，诉争行政处罚决定不能成立。

此外，根据《中华人民共和国行政处罚法》第四十条规定，行政处罚决定书应当在宣告后当场交付当事人；当事人不在场的，行政机关应当在七日内依照《中华人民共和国民事诉讼法》的有关规定，将行政处罚决定书送达当事人，但被告至今未履行前述送达程序。

原告认为，被告做出的被诉具体行政行为主要证据不足，程序违法，严重侵犯了原告的合法权益，被诉具体行政行为依法应予撤销。为维护原告自身合法权益，原告根据《中华人民共和国行政诉讼法》之规定，特向贵院提起诉讼，请予支持。

此致

宁波市中级人民法院

具状人：浙江长航进出口贸易有限公司

二〇一一年二月二十一日

3. 答辩状

答辩人：中华人民共和国宁波海关

地址：宁波市马园路89号

法定代表人：庞中联 职务：关长

答辩人于2011年2月28日收到宁波市中级人民法院送达的行政起诉状（副本）等。现就原告浙江长航进出口贸易有限公司不服答辩人作出的甬关法[2009]260号行政处罚决定，向宁波市中级人民法院提起行政诉讼一案答辩如下：

（1）事实经过

2009年7月15日，原告向海关申报出口一批卫生器具（毛巾架、肥皂盒、塑料花），报关单号为310420090549258159。经查验，该批货物中有"ADIDAS"商标的运动短裤1箱280条，"D & G DOLCE GABBANA"商标的手提包7箱780个，"DOLCE & GABBANA"商标的T恤1箱320件，"LACOSTE文字"商标的T恤2箱640件，"LACOSTE文字"商标的女裤32箱3 740条，"NIKE及钩形图"商标的T恤6箱1800件，"PUMA(图形)"商标的T恤5箱1 600件，"PUMA及图形"商标的运动短裤4箱1 120条，"TOMMY HILFIGER"商标的T恤4箱1 600件，"耐克钩（图形）"商标的运动短裤1箱180条，以上货物共价值17 092元人民币，且未取得权利人的许可。根据以上事实，答辩人根据《中华人民共和国海关行政处罚实施条例》第二十五条第一款之规定，于2010年8月27日对原告作出没收侵权货物并处3 420元人民币的行政处罚决定。

（2）答辩人对本案违法事实的认定准确，依据充分

原告辩称，其并非行政违法责任的主体与事实不符。报关单号310420090549258159项下货物是以原告为经营单位向海关申报出口的，原告是该货物出口收汇核销单上的出口单位，报关单随附单据中合同、商业发票、装箱单均以原告名义开具。根据《中华人民共和国海关行政处罚实施条例》，原告作为海关管理相对人，在海关对出口货物实施的监管管理活动中，应作为违规责任的主体承担相应的法律后果。

（3）答辩人实施的具体行政行为程序合法

答辩人于2010年8月23日将甬关法[2009]260号行政处罚告知单直接送达原告的代理人，并在原告逾期未提出听证申请，未书面提出申辩或陈述意见的情况下，于2010年8月27日将甬关法[2009]260号行政处罚决定书直接送达原告的代理人。以上程序均符合《中华人民共和国行政处罚法》和《中华人民共和国海关行政处罚实施条例》的有关规定，答辩人实施的具体行政行为程序合法。

（4）原告的起诉已过诉讼时效

答辩人于2010年8月27日将甬关法[2009]260号行政处罚决定书直接送达原告的代理人。根据《中华人民共和国行政诉讼法》第三十九条规定，公民、法人或者其他组织直接向人民法院提起诉讼的，应当在知道作出具体行政行为之日起3个月内提出。原告于2011年2月21日向法院提起诉讼，已超过法定诉讼时效。

综上所述，答辩人认为，甬关法 [2009]260 号行政处罚决定事实清楚、证据确实充分、程序合法，原告的诉讼请求和理由不能成立，故特提请法院依法裁定驳回原告诉讼请求并判令其承担本案的诉讼费用。

此致

宁波市中级人民法院

中华人民共和国宁波海关
二〇一一年三月九日

4. 浙江省宁波市中级人民法院行政裁定书

浙江省宁波市中级人民法院行政裁定书

（2011）浙甬行初字第 5 号

原告浙江长航进出口贸易有限公司，住所地浙汇省义乌市稠城江滨北路与环城东路交叉口（海关大楼）。

法定代表人：陈文通，男，执行董事。

委托代理人朱苏英，浙江泽大律师事务所义乌分所律师助理。

被告中华人民共和国宁波海关，住所地浙江省宁波市海曙区马园路 89 号。

法定代表人庞中联，男，关长。

委托代理人励志斌（特别授权代理），男，中华人民共和国宁波海关工作人员。

委托代理人赵啸天（特别授权代理），男，中华人民共和国宁波海关工作人员。

第三人：洪洋，男，1987 年 10 月 17 日出生，汉族，浙江省宁波市人，住浙江省宁波市鄞州区高桥镇芦漕村大红鹰路 1 号。

原告浙江长航进出口贸易有限公司不服被告中华人民共和国宁波海关于 2010 年 8 月 27 日作出的甬关法 [2009]260 号行政处罚决定一案，于 2011 年 2 月 22 日向本院提出诉讼。本院于 2011 年 2 月 23 日受理后，依法组成合议庭，于 2011 年 2 月 28 日向被告送达起诉状副本，被告于 2011 年 3 月 10 日向本院提交答辩状。在本院审理过程中，原告于 2011 年 3 月 30 日向本院自愿撤回起诉。

经审查，本院认为，原告的申请符合法律规定，依照《中华人名共和国行政诉讼法》第五十一条、《最高人民法院关于执行〈中华人民共和国行政诉讼法〉若干问题的解释》第六十三条第（十）项之规定，裁定如下：

准予原告浙江长航进出口贸易有限公司撤回起诉。

案件受理费 50 元，减半收取 25 元，由原告浙江长航进出口贸易有限公司负担。

审判长　贾红霞
代理审判员　陆玉珍
人民陪审员　刘阳中
二〇一一年四月六日

第五篇
其他相关工作

海关知识产权保护相关媒体报道

一、中央媒体报道目录

1 月 5 日《人民日报》第 5 版《专项行动开展以来海关查获 2000 余批侵权货物》

1 月 5 日《经济日报》第 11 版《宁波海关查获假冒缝纫机头》

1 月 5 日《光明日报》第 4 版《全国海关查获侵权货物逾 2000 批》

1 月 5 日《法制日报》第 6 版《海关专项行动查获侵权货物案值 1.2 亿元，多起案件移交公安机关》

1 月 6 日《人民日报海外版》第 4 版《打击侵权，杭州截获假太阳镜》

1 月 6 日《经济日报》第 3 版《专项行动以来海关查获 2000 余批侵权货物》

1 月 6 日《法制日报》第 6 版《武汉海关查获假汽配》

1 月 6 日《国际商报》第 15 版《杭州海关截获数万副假冒太阳镜》

1 月 6 日《国际商报》第 15 版《宁波海关查获侵权假冒大案》

1 月 6 日《国际商报》第 15 版《黄埔海关查获 14000 套假 NIKE、ADIDAS 运动服》

1 月 7 日《法制日报》第 6 版《进口三百假冒名牌两公司被判赔 20 万》

1 月 7 日《法制日报》第 6 版《宁波海关查获侵权包》

1 月 8 日 中央电视台 2 套《经济信息联播》《珲春海关：一次性查获劳力士手表等侵权物品 1909 件》

1 月 8 日《法制日报》第 6 版《海关将重点打击假冒药品食品》

1 月 9 日 中央电视台 2 套《经济信息联播》《杭州海关查获大量假冒奢侈品》

1 月 10 日《法制日报》第 6 版《拱北海关销毁侵权产品》

1 月 12 日《法制日报》第 6 版《粤港澳海关联手“海龙”行动打击跨境侵权》

1 月 12 日《光明日报》第 4 版《粤港澳海关将联手打击侵权》

1 月 12 日《国际商报》第 1 版《福州海关查出侵权 NIKE 商标》

1 月 13 日《光明日报》第 4 版《厦门海关驻海沧办事处建起侵权货物图库》

1 月 13 日《法制日报》第 6 版《海关去年截获进出口侵权货物两万批》

1 月 13 日《国际商报》第 15 版《“海龙”专项行动在即》

1 月 14 日 中央电视台新闻频道《朝闻天下》《拱北海关首次查获进口侵权物品》

1 月 14 日 中央电视台新闻频道《新闻直播间》《广东严查假洋货入关被拒》

1 月 14 日《人民日报》第 5 版《粤港澳海关联手打击跨境侵权违法活动》

1 月 14 日《经济日报》第 3 版《海关为企业知识产权保驾护航》

1 月 14 日《法制日报》第 6 版《“我对中国海关执法印象非常深刻”》

1 月 14 日《国际商报》第 3 版《2010 年知识产权海关保护备案新增 3020 件》

1 月 15 日 中央电视台 1 套《新闻联播》《粤港澳海关联手打击侵权货物跨境运输》

1月15日《光明日报》第3版《侵权高压线碰不得》

1月16日 中央电视台2套《经济信息联播》《杭州海关查获大量假冒奢侈品》

1月16日 中央电视台2套《经济信息联播》《宁波海关连续查获假冒名牌挂锁》

1月17日《光明日报》第4版《海关总署：知识产权保护备案系统升级》

1月17日《光明日报》第4版《杭州海关：严打“蚂蚁搬家”式侵权》

1月17日《人民日报海外版》第3版《粤港澳海关联手打击跨境侵权》

1月18日中央电视台2套《经济信息联播》《拱北海关查获进口侵权显像管》

1月18日《经济日报》第4版《全国海关去年共截获进出口侵犯知识产权货物20155批》

1月18日《人民日报海外版》第4版《对话是为了更好地保护》

1月18日《法制日报》第6版《海关查获假洋货》

1月19日中央电视台新闻频道《朝闻天下》《南京海关查获假伟哥》

1月19日《经济日报》第14版《知识产权海关保护有作为有成效》（专版）

1月19日《法制日报》第6版《青岛海关三记重拳让冒牌商家丧胆》

1月19日《光明日报》第10版《海关总署：一批假冒产品大要案被查获》

1月19日《中国知识产权报》《阻击跨境侵权海关在行动》（专版）

1月19日《人民日报》第6版《福州海关销毁侵权产品》

1月20日《人民日报》第5版《海关公布一批出口假冒侵权典型案例》

1月20日《法制日报》第6版《查获山寨洗衣粉》

1月20日《法制日报》第11版《国门前筑起知产保护坚固防线》（专版）

1月20日《国际商报》第6版《中国海关打击侵权不手软》

1月20日《国际商报》第15版《黄埔海关查获假冒“联合利华”商标专用权洗发水》

1月21日《法制日报》第6版《老外贪便宜买仿冒货知假买假获刑七个月》

1月27日《国际商报》第6版《长沙海关首次集中销毁8000余件侵权产品》

2月22日人民网法治专栏刊载《武汉海关查获侵权酒瓶盖》

2月26日《法制日报》第6版《南京海关查获侵权邮包》

3月11日海关总署政策法规司副司长陈旭东做客人民网谈海关知识产权保护（见附录）

3月16日《人民日报》第19版《打假维权在行动》

3月16日《光明日报》第10版《义乌小商品城刮起“打假风”》

3月17日《国际商报》第10版《苏美达擒获商标“李鬼”》

3月22日《法制日报》第6版《义乌推知识产权保护合作新模式》

3月22日《国际商报》第6版《中国海关构筑保知“长城”》

3月23日《法制日报》第6版《广州海关查获侵权摩托车》

4月6日《法制日报》第6版《宁波海关查获35起“近似商标”侵权案》

4月6日《国际商报》第7版《哈尔滨海关强化知识产权保护》

4月6日《国际商报》第7版《义乌小商品城加力打假》

4月7日《国际商报》第1版《海关总署：将完善打击进出口侵权违法活动长效机制》

4月7日《光明日报》第7版《国门拦截大批侵权货物》
4月7日《法制日报》第6版《广州查获侵权另装》
4月9日《人民日报》第2版《海关系统专项行动成效显著，查获侵权货物7000万件》
4月13日《经济日报》第14版《海关知识产权边境保护理“亮剑”》
4月13日《经济日报》第14版《企业应重视知识产权海关保护》
4月14日 新华社《粤港澳海关联手打击跨境侵权，查扣侵权货物百万件》
4月14日《法制日报》第6版《报关CD实为假烟，厦门海关连查1426万支假烟》
4月15日《法制日报》第6版《粤港澳海关联手打击跨境侵权查扣侵权货物百万件》
4月16日《国际商报》第7版《粤港澳海关联手打击跨境侵权违法活动现成效》
4月16日《国际商报》第7版《大连海关截获邮递出境侵权女鞋》
4月18日《经济日报》第6版《粤港澳海关联手打击跨境侵权违法活动成效显著》
4月19日《光明日报》第10版《粤港澳三地海关严打跨境侵权》
4月19日《人民日报海外版》第4版《海关截获207批输非侵权货物》
4月19日《法制日报》第6版《海关阻截逾八百万件侵权货》
4月20日《人民日报》第11版《粤港澳“海龙”行动打击跨境侵权违法》
4月20日《人民日报》第11版《全国海关截获逾200批输往非洲侵权货物》
4月20日《法制日报》第6版《2.3亿假冒国际名牌被阻截，宁波破获特大出口侵权案》
4月20日《法制日报》第6版《蛇口海关查获侵权烟5万条》
4月21日 新华社《海关在专项行动中扣留侵权货物超过亿元》
4月21日《人民日报海外版》第4版《海关备案知识产权1万多项，查获侵权商品约2500万件》
4月21日《法制日报》第6版《知识产权海关备案国内企业占半数》
4月21日《国际商报》第3版《知识产权海关备案国内企业占半数》
4月21日《国际商报》第15版《2.3亿元知名品牌假货国门现形》
4月22日《人民日报》第12版《海关严查侵犯知识产权》
4月22日《经济参考报》第3版《海关：谨防知识产权纠纷引发贸易风险》
4月22日《人民日报海外版》第4版《海关查获光盘70万件》
4月24日《经济日报》第2版《海关在专项行动中扣留侵权货物超过亿元》
4月25日《科技日报》第9版《海关知识产权保护举措显成效》
4月25日《国际商报》第12版《义乌海关：当好知识产权海关保护的标兵》
4月26日《法制日报》第6版《我企业从海关知识产权执法中获益，海关查扣侵权货物案值2.7亿》
4月26日《人民日报海外版》第4版《海关公布保护知识产权十大案例，33国家地区权利人受到保护》
4月26日《国际商报》第6版《海关专项行动扣留侵权货物超亿元》
4月26日《国际商报》第6版《广州海关专项行动中查获侵权货物115万件》
4月26日《经济日报》第15版《2.3亿元假品牌现形国门》
4月27日《科技日报》第8版《青岛海关打击侵权货物直捣“黄龙”》
4月27日《光明日报》第5版《知识产权海关保护的“义乌样本”》

5月5日 新华社《中国海关打击药品手表等侵权网购逾百万件》
5月5日《科技日报》第11版《滨州海关力推知识产权保护》
5月5日《国际商报》第15版《保护商标专用权，天津海关助企业竞争国际市场》
5月5日《国际商报》第15版《联手公安增大打击力度，青岛海关通报侵权案件线索》
5月5日《国际商报》第15版《石家庄海关重拳打击邮递渠道侵权》
5月7日《国际商报》第7版《中国海关严查侵权网购》
5月7日《国际商报》第7版《广州海关查获侵权墨盒》
5月8日《人民日报》第2版《网购成侵权商品进出境新渠道》
5月9日《法制日报》第6版《堵截网购侵权商品，海关严查邮递快件》
5月12日《经济日报》第11版《青岛大港海关强化保护知识产权保护》
5月14日《人民日报》第2版《北京海关查获今年最大知识产权侵权案》
5月16日《法制日报》第6版《北京查获一批出口侵权名牌手包》
5月16日《法制日报》第6版《山寨版“老人手机”出口被有效打击》
5月16日《人民日报海外版》第4版《北京海关空运渠道查获侵权产品》
5月18日《经济日报》第14版《从海关执法看企业知识产权保护意识》
5月18日《经济日报》第14版《深圳筑起打击侵权走私“海上长城”》
5月20日《经济日报》第9版《为文博会知识产权保驾护航》
5月27日《法制日报》第6版《黄埔海关销毁侵权物51万件》
5月30日《法制日报》第6版《海关堆堵10万件国际名牌高仿货》
6月11日《人民日报》第10版《中国海关获反假冒最佳政府机构奖》
6月11日《光明日报》第1版《中国海关获国际组织奖项》
6月11日《国际商报》第2版《中国海关荣获“反假冒最佳政府机构奖”》
6月13日《经济日报》第3版《中国海关获全假反假冒组织“反假冒最佳政府机构奖”》
6月13日《经济参考报》第3版《中国海关获全球“反假冒最佳政府机构奖”》
6月22日《经济日报》第14版《知识产权海关保护的“义乌样本”》
6月23日《国际商报》第C3版《杭州海关破建关以来最大侵权案》
6月23日《光明日报》第14版《海关查获首宗“大运会”标志侵权案》
6月25日《国际商报》第7版《广州海关查获假冒“adidas”商标鞋底》
6月28日《国际商报》第6版《大鹏海关查获数万件侵权服装》
7月5日《国际商报》第7版《拱北海关连续查获外轮供船物品侵权案》
7月9日《法制日报》第6版《蛇口海关查获侵权化纤布》
7月13日《法制日报》第6版《海关向警方通报案件线索197件》
7月14日《经济日报》第2版《海关加强部门协作形成打假合力》
7月16日《国际商报》第7版《海关打假重拳出击》
7月23日《国际商报》第7版《厦门海关保知打假真给力》
7月26日《国际商报》第6版《上海海关全力构筑立体保知网络》

8月11日《人民日报》第2版《海关查获一批出口侵权大案》
8月25日《法制日报》第6版《逾900宗涉港澳侵权案被查获》
8月25日《经济日报》第5版《粤港澳海关建立打击跨境侵权长效机制》
8月27日《人民日报海外版》第2版《海关打击侵权和制假扣留侵权商品7615万余件》
8月27日《国际商报》第7版《粤港澳海关建立打击跨境侵权长效机制》
8月29日《经济日报》第2版《进出口侵权违法势头得到遏制》
9月6日《光明日报》第4版《杭州海关加强民企品牌保护》
11月10日《人民日报》第10版《海关查获侵权货物案件1.4万多起》
11月10日《经济日报》第10版《前10月海关查获进出口侵权货物案件1.4万多起》
11月10日《人民日报海外版》第4版《前10月海关破侵权案逾1.4万起》
11月10日《法制日报》第6版《海关查获进出口侵权案1.4万起》

附录：

陈旭东副司长做客人民网谈海关知识产权保护实录
（2011年3月11日）

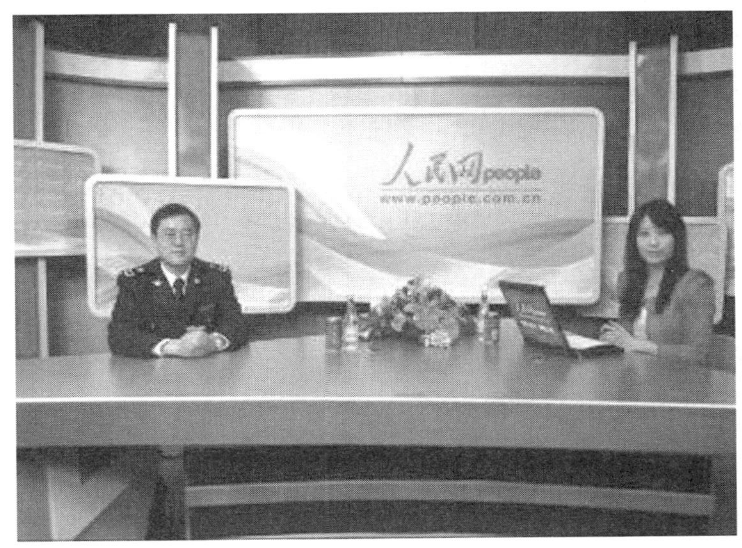

主持人：各位网友大家好！欢迎收看人民网IP访谈。今天来到我们演播室的是海关总署政策法规司副司长陈旭东，他将就海关知识产权保护的话题和网友们进行在线的交流。首先我们非常欢迎陈司长的到来！请您和我们的网友打个招呼！

陈旭东：各位网友好！非常高兴到人民网来做客，和各位网友进行交流。

主持人：作为我们外行人，一说到海关，更多的印象是在商品通关报税以及稽查走私方面的内容，但是对知识产权保护方面的职责与作用方面还不是太熟悉，能不能先请您跟我们介绍一下海关在知识产权保护方面的职责和作用有哪些呢？

陈旭东：大家对海关的了解，对征收关税、打击走私，对保税区的监管这些方面可能都比较熟悉，有些网友对知识产权海关保护这一块业务不是很了解。实际上这块业务我们起步还是比较晚，是从1994年开始，国务院发布了一个专门的决定，就是授权海关在进出境环节对知识产权进行保护。

实际上如果说渊源、历史的话，海关和知识产权发生关联，这个历史可以追溯的更加久远，1904年的时候中国颁布了一个商标注册的章程，这个章程里面就规定商标挂号这块业务由江海关（现在是上海海关）和津海关（现在是天津海关）代办，当时中国还没有成立专门的商标注册的机构。

所以在1904年到1926年这个阶段是由海关对商标进行注册登记的。这个从历史渊源上看，历史还是非常久远的。现代意义上的知识产权海关保护是从1994年开始，国务院专门颁布了一个《决定》，对侵犯知识产权的货物实施查处、扣留。1995年颁布了《知识产权海关保护条例》，把这块业务正式纳入法制轨道。

主持人：我们很想了解一下海关在知识产权保护方面，我们通常会面临哪些情况呢？

陈旭东：海关在知识产权保护方面每个阶段的情况不尽相同，我们在起步阶段可能有起步阶段的情况。在改革开放的新形势下，尤其当前随着外贸不断的发展，这方面的新情况、新问题也是越来越多。

首先，我们面临的第一个问题或者是当前知识产权海关保护面临的一大难题就是如何做好贸易安全和贸易便利之间的有效平衡，这个是我们面临的第一个问题。因为国际贸易随着全球经济一体化，随着国际货物、人员之间频繁的流动、交往，对于海关的监管，无论是货物监管，还是人员随身携带的物品、邮递的物品的监管，都会带来量的增长，给整个海关的监管带来很大的挑战。

我们现在每年的进出口，无论是货物、物品还是进出境的运输工具都呈上升的趋势，每年递增的速度非常快，这块对我们海关的监管都提出新的挑战。在知识产权海关保护的过程当中，我们既要保护知识产权权利人的合法权益，同时要保障货物顺畅的通关。说通俗一点，就是既要管得住，又要通得快，这对矛盾是我们当前所面临的一个难题，这是我们所面临的第一个问题。

第二，现在国际贸易的方式，随着科技进步、随着社会不断地发展，国际贸易的方式也是日益繁多。跟过去简单化的这么几种贸易方式相比，新型的贸易方式越来越多，这个里面海关也会面临很多监管新的领域和难度。

第三，侵权当事人采取的手法也是越来越多样，就是“道高一尺，魔高一丈”。就是海关不断加强监管力度、打击力度，相关侵权嫌疑人，他也在研究相关的对策，他采取夹带、瞒报等方式，增加了海关查验、监管的难度。

第四，我们在整个知识产权保护过程当中，也感觉到权利人的配合是非常重要的。但是实践当中有些权利人在配合方面还有一些不尽如人意的地方，跟海关的配合可能还存在着一定的差距。因为整个知识产权保护，权利人这块的作用也是非常重要的。比如说提供有效的信息，比如说接到海关通知以后，应该在法定的时间内对货物的知识产权状况进行确认，对授权人的真伪进行辨别，同时，对在海关总署备案的这些资料及时地进行更新、维护，等等，这些都是法律规定的权利人的相关义务。所以权利人在享受一些权利的同时，可能还要承担这些法定的义务。

我们在实践案件当中就发现，有些权利人在履行义务方面还有一些差距。这样有的时候会贻误海关对侵权案件查处的有效时机。因为出口的货物货运周期非常短，如果这个航班赶不上，到下一个航班是比较长的周期，尤其是特殊敏感时期。比如说圣诞节前夕，这块可能是出运高峰，这些礼品到不了国外，过了圣诞节就没有销路，因为国外很多地方都是零库存，所以说及时地确权、跟海关的配合是非常重要的。在这个方面，我们希望权利人能够进一步加强和海关的合作。这也是我们面临的一个难题。

第五，除了故意的假冒商标、盗版这些违法行为之外，那么还有一些，企业在对外承揽加工的这些合同过程当中，可能对这些合同没有严格地进行审核，对境外的委托方提供给我们的相关授权，也没有进一步向国内的有关部门进行咨询和了解，就是对是否是合法的授权确立一种合理审查的义务，导致受骗上当。有的是明明没有授权的，然后让我们来加工，加工完了以后被权利人举报，说是侵权。

这一块，本来加工费就不多，这样就让我们企业受到相应的损失。这也是海关目前执法当中遇到的一种情况。所以，也是希望相关的当事单位能够适时地加强这方面的法规学习，对知识产权进行确权，海关对这方面也可以提供帮助。

遇到的情况很多，但是大面上就这几个方面。

主持人：从您刚才举的这几个例子当中，我们不难看出，其实除了海关相关细致的工作，包括我们法律法规的健全之外，可能个体权利人自己的知识产权保护意识的提高也是很重要的。

陈旭东：对。

主持人：去年国务院在全国开展了专项行动以来，海关在这方面查获了很多侵权的物品，请您介绍一下海关在专项行动当中采取了哪些举措呢？

陈旭东：国务院进行了专项行动，从中央到地方都是高度重视。从海关系统来说，海关总署党组对这项工作高度重视，进行了具体的部署。在整个的专项行动工作过程当中，应该说计划的还是比较周严的。

整个专项行动过程当中，第一，我们确定了开展专项行动的一些重点领域，因为不可能平均用力，我刚才介绍了海关目前面临的监管量非常巨大。在这么巨大的监管量情况下，如何抓住重点领域、重点环节进行重点的突破，这个是我们首先要考虑的问题。所以，我们对重点的航线、重点的贸易国别，还有一些重点的嫌疑侵权商品进行有针对性的风险分析，从这个角度来确定我们监管的重点。

第二，我们提高我们查验的比例。我们不可能对所有的货物进行100%的查验，目前通关效率也不允许这么做，所以，在原有比例的基础上对这些重点地区、重点航线、敏感的一些商品、敏感的列入嫌疑名单的一些单位，我们加大查验的比例。

第三，我们加大了对侵权相关当事人的处罚力度。我们根据他的情节在处罚幅度内从重进行处罚。

第四，加强了与公安机关的联系和配合。因为大家对刑事责任这块也非常关注，所以，我们在专项行动期间严格遵守海关总署和公安部专门的关于打假方面执法互助规定，根据这个规定，我们加大了案件通报和移送的力度。严格按照有关的规定来执行，这个方面也是取得了比较好的效果，有些案件应该说也有很大的影响。

第五，我们加大了一些宣传的力度，通过各种各样的渠道，包括今天我们做客人民网也是非常好的平台，和广大的网友就知识产权海关保护方面的内容做一些交流，做一些宣传。

我们还要利用多种渠道、多种形式加大宣传的力度，让广大的人民群众能够对我们现在的工作给予更大的关注、更大的支持和帮助。

第六，鼓励社会来举报侵权、假冒、盗版的行为，这个是我们重要的信息和情报的来源。

第七，加大对相关执法人员的培训力度和奖励的力度，包括一些责任追究的力度。就是我们在整个过程当中，还要防范执法风险和廉政风险。

所以，有很多的举措，我只是简单地概括这么几点。

主持人：有没有相对来说哪一个关口是我们在这个过程当中面临情况比较多、比较复杂的这种呢？

陈旭东：从全国的情况来看，主要在两个地区比较突出，一个是长三角地区。这个跟货运量有关系，整个长三角地区进出口的货运量非常大，像上海、宁波、杭州、南京等，这些口岸海关在这个方面应该说部署也比较有力，查处的案件比较多。还有一个是泛珠地区，就是以珠三角为主，像广州、黄埔等。这些关区在专项行动期间查获了一些大要案，有些是通报给公安，移送给公安，通过公安进一步地侦查、扩大线索，有效地遏制了侵权的行为。

主持人：那么这些打击侵权物品当中，哪些类型的物品是比较多的呢？

陈旭东：我们重点关注的是危害消费者身体健康、生命安全这一块，我们把打击侵权、打击盗版作为重点，还是把它作为重中之重。比如说假药，它对人的身体健康甚至是生命都会带来危险。比如说假的汽车零配件，一个刹车片，如果是假的，不仅不能刹车，可能还会导致车毁人亡的这么一个惨剧，这个是关乎人命的。还有食品，例如假的罐头食品，等等，都是我们打击的重点，因为这个关乎人命，危及人的健康和生命，是我们必须加以重点关注的。还有常见的一些领域，比如说服装、箱包、运动鞋等，这在侵权种类当中占有一定的比例，并不一定不危及人的生命海关就不管了，我们依然把它们作为监管的对象，就是有的放矢地进行风险管理、进行分析、进行布控。这一块领域还是比较广的，但是以重要的领域重点突出。

主持人：刚才您说到"道高一尺，魔高一丈"，很多申报出口的物品，它的侵权越来越有隐蔽性，越来越难被发现了，在这个过程当中我们会克服哪些难点呢？

陈旭东：我刚才讲，我们所面临的难题之一，就是当事人"作案"的手法越来越隐蔽，逃避海关监管的手法也是越来越多。那么在货运渠道和在非贸渠道，在邮递渠道表现的手法不完全相同。比如说在货运渠道，有的时候采取货标分离的方法。海关保护知识产权主要是这几类，一个是商标权，一个是专利权，还有就是著作权。此外还包括奥林匹克标志和世博标志，去年上海世博会，海关查处了大量的侵犯世博知识产权的案件，这方面也受到了广大网民和社会的关注。

它在货运渠道的话，有的时候采取货标分离的方式，就是商标的标志不放在商品本身固定下来。比如说我们查获的摩托车案件，当事人把整个摩托车的散件放在6个集装箱里面，海关查验的时候没有发现商标，上面商标的口子是预留的，但是没有发现商标。结果我们对6个集装箱通过很仔细的检查，在其中的一个集装箱的角落里面很隐蔽的地方发现了一个小的木箱，这个木箱打开后上面是一个非常知名的摩托车品牌商标的标志，有大的、有小的。预留的这个位置，正好和它这个商标的大小是吻合的。进一步查验，我们还发现有钥匙，钥匙所标志的商标也是这个知名商标，所以它就是采取货标分离的方法，这个加工比较简单，它可能到了目的地以后再加上去，以此逃避海关的检查。

还有就是把知名的商标放在里面，外面像"画皮"一样，再粘合上一层东西，有的是采取涂抹的方式，外面喷一层不知名的品牌，或者是在海关没有备案的品牌。揭开这个涂抹层，里面是在海关备案的商标、一些知名品牌。所以说对海关查验人员业务素质的提高和业务能力的提升要求非常高。这个是讲货运渠道。

邮递渠道它会把假烟放在一个非常可爱的公仔玩具里面，如放在大熊猫玩具的肚子里面，把大熊猫玩具进行特殊的处理，里面可能藏一些假烟。甚至有的时候放在一个电饭煲里面，把电饭煲里面的说明书拿走，里面藏一些假烟，量不多，但是也是一种手法。现在手法是层出不穷，而且在海关查处以后，把这些手法掌握了，它又会有一些新的手法，不断提高我们查处的难度，所以这块应该说手法是非常多样化的，对海关的监管也带来很大的难度。一方面现在这个量不断的增长，另一方面查处的难度和困难越来越大。

主持人：真是您不说不知道，这些手法越来越多样，用正常的思维方式很难查处。但百密一疏，终归会被查获的。那么我们最后查获的物品会有什么样的处置呢？

陈旭东：这个是侵权货物处置的问题。一般海关查处的案件，如果是不走刑事渠道的话，因为走刑事渠道是提起公诉，法院进行定罪量刑，这个是刑事责任，则由海关作行政处罚，由海关没收货物，并处以罚款。没收的货物有一个处置的问题，这个处置的话我们有几种情况：

如果是可以再利用的，我们就按照《知识产权海关保护条例》的规定，转交给社会公益机构，如红十字会，由它去发放给困难的群众等。比如说一些侵权的服装，它本身可能还有一些御寒的作用在里面，通过转交给公益机构，它不可能流入市场，我们有专门的一套监督的规定。对这些公益机构，像中国红十字会这样比较规范的公益机构，海关和它们都有规范化的协议，对货物后续的流向进行一些跟踪。

还有就是如果不能捐的，权利人又是有意向收购的，那么也可以变卖给权利人。那么如果既不能转交，也没有变卖给权利人，且侵权这个标志又不能去除的话，就是进行销毁。销毁是最后一种，前面还有一种，就是侵权标志如果能够消除的话，则进入公开拍卖的程序。侵权标志能够消除，这样变成一个普通的商品，没有知识产权的特征，也不存在侵权的问题，所以可以进入拍卖程序。

实际上就是这四种情况：（1）转交；（2）权利人有收购意愿；（3）侵权标识如果能够去除的话，可以进行拍卖；（4）销毁程序。基本上是这么四种情况。

主持人：这个是对商品而言，对个人（携带）而言，就是对涉案的人员我们会有怎样相关的处罚呢？

陈旭东：按照 WTO《与贸易有关的知识产权协定》，这个协定是关于各国保护知识产权的，它专门有一节规定了知识产权的边境保护，其中有一个原则叫微量进口原则，讲的俗一点就是对不是从事贸易的、非贸易的当事人随身携带的侵权的这些物品，可以有限地进行豁免。

中国海关也是参照了这个制度，我们在《知识产权海关保护条例》里面规定，个人携带、邮寄这些物品，如果没有超过一定的数量就不按照侵权货物来处理，如果超过就按照侵权货物进行处理。比如说你随手带了一个化妆品，在外国购买的，可能你不太了解这个市场的情况，是随身用的，结果海关一看是假货，这种情况下我们就不进行处罚了。

如果你是大量地携带知名品牌的化妆品，可能有两个纸箱，远远超过了你自用的范围，这种情况下就要没收货物，可能还要处以罚款。这个是有区分的，我们既符合了国际上通行的做法，也在我们的《知识产权海关保护条例》当中做了明文的规定。在这个方面，其实我们今后还是要进一步利用各种媒体、各种渠道加大宣传。

主持人：刚刚您其实也说到在知识产权保护方面，不仅仅是一个部门的事情，可能是很多部门相互协作、环环相扣的一件事。我们海关在知识产权保护方面和其他的部门有没有开展过相关的合作呢？

陈旭东：因为知识产权保护是一个系统工程，涉及面非常广。我们整个保护体系应该说是立体的，有立法保护、司法保护、行政保护。那么海关这个知识产权保护应该属于行政保护这么一个范畴。所以，我们在行政保护的过程中，加强了和其他行政执法机关的合作，比如说跟工商管理机关，它是商标的主管部门，我们无论在备案的环节还是在查处的过程中，还是对近似商标这些疑难问题的确认方面，都加强了和工商部门的配合。我们和版权主管部门、我们和国家知识产权局都有密切的联系。

另外，在司法的途径，无论是在总署这个层面，还是在各个直属海关这个层面，我们跟法院在行政和司法的衔接方面进行了大量的合作和交流。

另外，就是刚才我提到的在刑事责任追究方面，我们加强了和公安部门关于案件的通报、案件移送的联系和配合。特别在专项行动期间，这方面的成效非常明显。

主持人：在和各个部门合作的这一条合作链中，海关是扮演什么样的角色，处于什么样的地位呢？

陈旭东：整个的合作是双向的，就是说我们可以提供一些我们的优势性的要素。对方也可以提供他们所具有优势的要素，通过要素之间相互交流、交换，起到非常好的效应，其实是双赢的、多赢的。这个有分工，但是更多的是合作。因为在整个打假过程当中，这个合作是非常重要的。

主持人：咱们海关作为国门，应该是处在国际贸易监管的第一线，那么在跨境合作当中，我们在去年有没有一些相关的情况，您能不能给我们透露一下呢？

陈旭东：在整个边境保护过程当中，各国海关之间的合作是非常重要的。因为世界海关组织在2005年通过了一个贸易安全和便利的合作框架，在这个框架当中，我们有两大支柱：（1）强调各国海关之间的合作，就是海关与海关之间的合作；（2）海关和商界的合作。这两大领域是非常重要的，尤其是海关与海关之间的合作领域非常宽泛，目的是怎么管得住、通得快，怎么维护贸易秩序、平衡通关贸易，这个框架给我们指明了方向。在知识产权保护过程中，我们现在和世界上很多国家和地区的海关都有广泛和密切的合作。

我们和很多国家和地区的海关都签订了行政互助协定，这个协定不仅仅局限在知识产权领域，这个领域非常宽泛。很多协定当中都包含了知识产权互相协助的内容，这是一大内容。

还有，我们和很多国家和地区签署双边的知识产权联系配合互助专门的协议。比如说我们和美国海关、韩国、日本海关，我们和欧盟、俄罗斯，等等，在这方面都有专门的双边或者多边的协议。通过这些协议，既规范了双方在合作方面的权利义务，也达到了比较好的合作效果。比如说信息的交换，我们根据美国海关提供的一些信息还查获了一些案件，我们提供的一些线索可能使欧盟海关也查获类似案件等。还有包括人员的交流、跟班作业、培训，等等，合作领域非常宽泛。而且随着情况的变化，这些协议也在不断地变化，不断调整相关的内容。

主持人：随着互联网的发展，可能很多人都有网购的经历，我们现在发现通过网上售卖相关的盗版或者是冒牌货的活动越来越多，那海关如何在这个渠道对相关的物品进行查获呢？

陈旭东：通过互联网来进行网购，应该说是当下的一个趋向吧。我刚才讲了这个贸易方式不断地在变化，随着科技的日新月异，今后怎么一个变化，可能不是我们想象所能企及的。在这一块，我们要不断地对这些问题进行关注，要有前瞻性的研究。当下我们重点比较关注的是在邮递和快件渠道，对利用这些渠道进出口假冒和盗版商品的，我们也有一套监管的机制。

针对这些领域，其实监管难度也非常高，原因一个是它比较零星、分散，另外一个是它比普通货物对时效性要求、对通关效率要求更高。在这么一种狭窄的空间和时间条件下，海关要查处侵权和假冒伪劣商品，可能比查海运的集装箱货物的难度系数更高一些。尽管这些领域的案件案值比较小，但是我想，为它付出的工作量、付出的艰辛程度可能也不低。同时这里面权利人的配合表现的尤为突出。因为海运货物量比较大，权利人愿意配合。但是这块比较零星，有些是十几双鞋，有的是十几盒化妆品，有些权利人对这块比较懈怠。

所以说，这一块我觉得打假不能看案值，不能完全关注所谓的“经济效应”，更多的要关注“社会效应”，因为知识产权本身虽可能是一种私权，但是假冒伪劣商品的泛滥，也影响到了消费者的生命安全、身体健康这样的公权领域，所以公权力的介入，特别是适度的介入是非常有必要的。所以对互联网时代网购等可能带来的一些新的问题，我们要进一步关注，要研究新的对策。

主持人：刚才我们提到的更多的是个人需要加强知识产权的意识，其实对于企业而言，通过海关进行相关的知识产权报备，对保护其权益、维护品牌形象有很大意义。能否介绍一下新的一年，海关对企业知识产权报备方面有什么新的计划？

陈旭东：知识产权备案是一个非常重要的环节，我们一个重要的环节就是保护当事人的合法权益。这个当事人包括两个方面，一个就是我们进出口货物收发货人，他虽可能是侵权嫌疑人，但是他有他法定的权利，还有就是权利人，他的知识产权是海关保护的对象，在这一块我们要做到有效的平衡，既要保护权利人的权益不受侵犯，也要保护国际贸易的顺畅，维护正常通关秩序，防止个别人滥用权利，所以《条例》设置了一整套制度，我们在保护模式上有两种模式，一种是依职权主动保护，一种是依申请保护。依职权主动保护，是由海关主动发现侵权货物，通知权利人来申请。

比如说阿迪达斯在中国已经注册，之后它到海关总署备案，备案完了以后在海关总署形成一个备案的数据库，这个数据库和直属海关、和下面的隶属海关都是联网的。比如说北京海关就是直属海关，首都机场海关就叫隶属海关，直属海关的上面是海关总署，这个备案系统在这三个层次的海关是联网的，所以最基层的像首都机场海关的关员可以看到备案的数据。阿迪达斯授权有十家，哪些是它认为侵权的嫌疑人，它的商标有什么特征，等等，都在备案系统里面有提示。所以，海关可以主动地去发现这些侵权活动，然后通知权利人。

还有一种叫依申请进行保护。这个不是以备案作为前提的，只要在中国合法注册的商标、专利、著作权等，权利人都有权在没有备案的情况下，在掌握了有关线索和情报的情况下，向海关提出申请：某某航班、某某运输工具的航次、某某集装箱号可能装载了侵权货物，希望海关予以查处。这个是海关根据权利人提出的申请和提供的线索进行查处，这种情况我们叫做被动保护，也叫依申请保护。

所以这是两种模式。备案对于主动保护来说是非常重要的环节或者是前置条件。我们现在也在不断地宣传备案的这些意义，备案以后对侵权人是一种威慑：我备案了你别来碰我，海关会保护我的。

还有就是对变化的备案信息及时进行变更，对备案系统升级改造，希望这个系统界面更友好，以完善备案的相关内容。今后可能还有很多互动的东西，这个也请广大的网民献计献策，对我们备案系统的升级改造，特别是跟相对人相关的这一块，多提更好的意见和建议。

主持人：由此可以看到，我们海关在这方面做了很多人性化的工作。那么现在应该说是正值“两会”召开，大家都知道今年是“十二五”规划开局之年，新的一年海关在知识产权保护方面有没有什么新的举措和新的计划呢？能不能给我们透露一下？

陈旭东：这次我们也关注到“两会”召开期间，无论是温总理的报告，还是各位代表的交流发言，对知识产权这个专题应该说非常关注。总理报告当中多处提及知识产权，包括很具体地提到了继续推进打假的专项行动等，包括在实施创新战略等方面都提及了知识产权战略的实施、知识产权的保护，等等。所以，这块应该说“两会”是非常关注的。这是“两会”当中很重要的亮点，也推出了“十二五”这么一个规划草案。我们也关注到了，在“十二五”规划草案当中，也有很多方面提到了知识产权。所以，这对海关下一步的工作，应该说很有启发。

因为知识产权的海关保护不是静态的，不是一成不变的，随着形势和任务的变化，它的内涵、它的外延在不断地拓展。所以，在新的一年，在“十二五”规划的起步之年，在今后的若干年当中，我们要有一个方向定位的问题。

第一，我们还是进一步完善法律法规体系，这个是最最重要的。我们也看到了“两会”中吴邦国委员长宣布中国特色的社会主义法律体系已经建成。那么在知识产权海关保护这个过程当中，我们的《海关法》，我们的《知识产权海关保护条例》，我们相配套的实施办法等法律法规规章，也是在不断地健全和完善。但是随着新的情况的出现，尤其是“十二五”规划的不断推进，我想还会有一些新的内容、新的问题会出现。所以，这块也要不断地随着形势的变化，进一步健全和完善我们的法律法规和规章体系。这个是我们要做的第一项工作。

第二，如何再进一步地以海关的角度、从海关的视角来履行好“十二五”规划中涉及知识产权的内容，实施好国家知识产权的战略。在国家的知识产权战略当中专门有一段是写海关的知识产权保护的内容，所以，如何把战略当中的这些要求和我们的业务实际紧密地结合起来，把这块工作做得更加深入，这个也是我们要考虑的。

第三，从知识产权保护机制的健全角度看，我们的知识产权海关保护起步比较晚，从1994年开始起步，但是应该说成效还是比较显著的。但是在机制方面如何随着客观形势的变化，尤其是随着货运量不断的增长、人员进出频繁度的不断提高、贸易安全和便利平衡的要求日益提高，对这些新情况如何再进一步健全机制体制，我们还有很多文章可以做。

因为从1994年到2010年我们整个查获的案件数是12万件，涉及的案值是24亿人民币，应该说成效比较显著的，我们在国际上也受到了广泛的好评。世界海关组织也专门将有关的奖项授予中国海关，全球反假冒联盟也把专门的打假方面的奖项授予中国海关。我们还有15个从事知识产权执法的关员，被世界海关组织评为“优秀执法关员”，这个在全球也是为数不多的。

另外，在中国有一个外商投资企业协会，其下有一个优质品牌保护委员会，简称QBPC。它是由将近200家跨国公司、在华投资的企业联合组成，在一起保护自身的品牌，互相交流打假方面的经验，等等。它已经连续五六年对行政执法机关打假方面的效率进行评选，海关已经连续五六年是第一名。在这一块，应该说社会评价都比较好。

但是这个成绩只代表过去，在机制上如何再进一步完善，把这项工作做得更好，这个在“十二五”规划期间，我想我们也要充分地予以考量。

第四，当前整个专项行动正在紧锣密鼓有序地开展，已经取得了阶段性的成果。但是整个专项行动还在持续，我想这项工作我们一个要做好阶段性的总结，另外一个要进一步加大力度，多渠道、多形式地加以推进，以能够再上一个台阶。

总的来说，“十二五”规划期间，各项工作非常繁重。知识产权海关保护方面，任务也是非常艰巨的，我只是讲了其中很粗的一个设想，我想今后在这个方面我们还要广泛地开门纳谏，广泛地听取各方的意见，使我们这项工作可以做得更好。

主持人：我们希望网友们在海关相关工作当中能够贡献自己的小力量，提一些自己的小建议、小意见。其实在今天这个访谈之前，我个人对于海关的印象还是稍微有一点距离感，但是通过今天整场访谈，通过和陈司长的交流，这种莫名的亲近感也产生了，我想网友们也是一样。再一次感谢陈司长做客我们演播室跟我们进行交流！

陈旭东：谢谢！

二、各地媒体报道目录

1月1日《江门日报》《5.8万瓶腐乳涉嫌侵权被查封》

1月7日海关互联网《宁波海关查获万余个假冒名牌包》

1月8日大洋网《5.8万瓶腐乳涉嫌侵权》

1月8日和讯网《5.8万瓶腐乳涉嫌侵权》

1月8日《广州日报》《广东江门海关连续查获三宗出口食品侵权案》

1月8日《广州日报》《六年前进口假名牌今朝被判赔20万元》

1月8日《新快报》A15版《黄埔海关查获44720条假烟》

1月10日海关互联网《宁波海关查获假冒吸尘器700余台 公安立案》

1月10日深圳电视台《蛇口海关查获近万台侵权DVD》

1月10日《广州日报》《拱北海关销毁四万八千余件侵权产品》

1月11日《东南商报》头版《企业定牌加工莫触侵权高压线》

1月11日《广州日报》《海关查获近万台山寨DVD机》

1月12日秦皇岛电视台、秦皇岛广播电台《秦皇岛海关开展打击侵犯知识产权、制售假冒伪劣商品专项行动见成效》

1月13日广西法制网《近期南宁海关连续查获多起侵犯知识产权案件》

1月13日《中山日报》第2版《粤港澳海关15日起联手开展代号为“海龙”专项行动 打击三地侵权货物跨境运输》

1月13日《珠江晚报》《内港澳海关将联手遏制三地跨境侵权违法活动》

1月17日《中国唐山》、唐山市政府信息公开平台《严厉打击侵犯知识产权 海关在行动》

1月17日《湖北日报》《27个部门联手“保知打假”》

1月18日《辽宁日报》《大连海关截获〈子弹〉等盗版光碟300余张》

1月18日《上海商报》第23版《上海海关查获出口美国侵权服装大案》

1月19日《经济日报》《北京海关严把关口打击侵权》

1月20日福建新闻广播《直播福建》、《福建新闻》《福州海关邮政快件中查获系列侵权香烟案》

1月20日《福州日报》《福州海关集中销毁2010年查获的17.3万件侵权鞋材》

1月21日《福州晚报》《234条侵权假烟外裹烟丝企图蒙混出境》

1月21日《每日新报》《今年前20天查获4起知识产权案》

1月23日《楚天都市报》《武汉海关查获山寨iPhone4》

1月25日《福州日报》《福州海关去年查扣侵权货物241万件》

1月25日《河北青年报》《海关截获“山寨名牌”鞋帽》

1月25日《深圳特区报》《深圳海关“双打”打出实效打出声势》

1月31日广西新闻网、《南国早报》《南宁海关查获价值人民币20多万元进出口侵权商品》

2月1日《新疆日报》第2版《乌鲁木齐海关助推疆企维护知识产权》

2月10日北仑电视台《涉嫌货物侵权 外商损失巨大》

2月12日云南电视台、《云南日报》、《昆明日报》、《春城晚报》、《云南信息报》、《生活新报》、《德宏团结报》《瑞丽海关查获一批侵权出油阀偶件》

2月13日《新疆日报》第2版《乌鲁木齐海关连续查获侵犯知识产权案件》

2月14日《乌鲁木齐晚报》B04版《冒牌运动服 出关前被查》

2月15日《新疆经济报》第2版《乌鲁木齐海关连续查获侵犯知识产权案件》

2月18日东北新闻网《沈阳海关去年查获侵犯知识产权物品近7000件》

2月18日《深圳商报》《皇岗海关查获走私香烟大案 》

2月19日《城市晚报》第2版《长春海关重拳打击进出境环节侵犯知识产权违法活动仨月查扣侵权货物68169件》

2月22日《楚天都市报》第1版《武汉海关查获万余枚假名酒瓶盖 仿冒“泸州老窖”》

2月24日《深圳商报》《皇岗海关去年查侵权案件220宗》

2月28日《福建日报》《福州海关构筑知识产权保护国门防线》

3月2日 湖北人民广播电台、《楚天都市报》、《长江商报》《武汉海关查获侵权国际品牌商标标牌3227枚》

3月3日《南方都市报》第6版《快件中截获山寨雪地靴》

3月4日深圳电视台《蛇口海关查获过万侵权耐克鞋》

3月4日《中国唐山》《“监管”与“宣传”并重，唐山海关推进知识产权专项行动深入开展》

3月4日《珠江晚报》第12版《拱北海关快件中截获60双《山寨雪地靴》》

3月7日广西新闻网、《广西日报》《广西南宁海关严厉打击互市渠道侵权行为》

3月8日东北网《绥芬河海关严防侵权产品过境3个月查获侵权产品近千件》

3月9日福建教育频道《福州海关全面开展打击侵权假冒专项行动》

3月9日《今日绥芬河报》《海关三个月查获侵权产品近千件》

3月14日《中俄经贸时报》《口岸筑起屏障严防“李鬼”过境》

3月15日唐山网络广播电视《聚焦3·15 海关打侵行动进行时》

3月16日《钱江晚报》头版《宁波海关截获18000顶侵权帽》

3月16日《上海商报》第7版《海关提示加工企业规避侵权风险》

3月17日福州电视台《关注》《假名牌，难过“关”》

3月17日《海峡导报》第20版《一旅客携带百万只假“金表”闯关》

3月18日宁波电视台《宁波新闻》《只印商标图案 照样算侵权》

3月18日《成都日报》《成都海关查获估值10万元品牌知识产权案》

3月18日《河北日报》《石家庄海关截获耐克阿迪伪冒商品》

3月19日台海网《海关截获2867盒“山寨”化妆品》

3月20日《汕头特区晚报》《伪报过关被识破》

3月23日海关互联网《宁波海关截获假“雷朋”太阳镜1.6万副》

3月24日《海峡导报》《厦门海关查获了5088双山寨“红魔”拖鞋》

3月24日《河源日报》《海关严查涉嫌侵权商品》

3月25日《春城晚报》、《昆明日报》、《云南信息报》、《生活新报》、《云南网》《昆明海关查获

侵权手机 698 台》

3 月 26 日《汕头特区晚报》《逾千件婴儿 T 恤涉嫌侵权——在申报出口货物查验时被汕头海关扣》

3 月 27 日大江网《新余海关打击侵犯知识产权“说到做到”》

3 月 30 日长城网、河北法制网《沧州海关现场查获侵权盗版光碟 74 盘》

3 月 30 日《广州日报》《伪报出口近万条香烟被查 》

3 月 30 日《深圳商报》《伪装玩具出口实为万条香烟》

3 月 31 日北部湾新闻网《北海海关加强分析重点出口商品风险保护知识产权》

4 月 1 日《中国知识产权报》第 9 版《把关丝路国门 服务“中国制造”》

4 月 7 日《信息时报》《海关查获 3 万件电子侵权品》

4 月 11 日防城港市新闻网《东兴海关查获侵犯知识产权案件 28 起》

4 月 11 日宁波广播电台《宁广早新闻》《宁波海关查获一批假冒化妆品》

4 月 13 日燕赵都市网《假名牌出入境不少见 海关曾发现假耐克、阿迪》

4 月 14 日沈阳网《沈阳海关“苦练内功”，不断加强知识产权保护力度》

4 月 14 日《广州日报》《粤港澳海关联手查扣侵权嫌疑货物 100 余万件》

4 月 14 日《燕赵都市报》《旅行团团员带 36 个假彪马包赴港被查》

4 月 15 日《每日新报》第 2 版《新港海关查获侵犯自主知识产权案件》

4 月 15 日《羊城晚报》《广州海关查获侵权手机案例入选广东十大打假案例》

4 月 16 日《信息时报》《海关销毁 15 万块假名表》

4 月 16 日《信息时报》A10 版《海关销毁 15 万块假名表》

4 月 19 日《东南商报》头版《宁波海关破获特大出口侵权案》

4 月 19 日《厦门日报》《厦近期查获两起侵权香烟案 CD 盒里装 971 万支假万宝路》

4 月 20 日海关互联网《宁波海关查获千余块“名牌”手表》

4 月 20 日《广州日报》《海关查获 5 万余条侵权香烟 》

4 月 21 日《福州日报》《榕海关去年查获知识产权案件 401 起 FIFA 表示感谢》

4 月 21 日《河北日报》《务求实效 加强知识产权海关保护》

4 月 21 日《宁波晚报》头版《宁波海关发布侵犯知识产权十大典型案件》

4 月 21 日《宁波晚报》头版《特大出口假冒商品案案值 2.3 亿元》

4 月 22 日云南电视台、《云南日报》、《春城晚报》、《昆明日报》、《云南信息报》、云南网《昆明海关向红十字会转交价值近 60 万元侵权物资》

4 月 22 日《福清侨乡报》《福清海关开展知识产权宣传周活动》

4 月 22 日《江苏法制日报》《南京海关自去年开展“打击侵犯知识产权和制售假冒伪劣商品专项行动”以来查获数量最多的一起涉嫌侵犯知识产权案》

4 月 23 日《东南商报》头版《甬企侵权案件近两年大幅减少》

4 月 23 日《汕头日报》《查获涉嫌侵权货物近 12.5 万件——汕头海关重拳打击侵犯知识产权》

4 月 23 日《珠海特区报》第 2 版《拱北海关半年查获侵权案件 255 宗 昨销毁侵权货物 4 万余件》

4 月 25 日大江网《南昌海关驻上饶办事处保护企业知识产权 助推经济转型》

4月25日《海峡导报》《厦门海关查获今年首起侵犯专利权案件——甩脂机》

4月26日北京电视台《北京海关查获涉嫌侵犯UGG商标案》

4月26日《东南快报》《福州海关截获44万件侵权自粘胶带》

4月26日《东南商报》头版《甬企屡次“被动”侵权 海关提醒“定牌加工”前须做足功课》

4月26日《福州晚报》《福州海关查获44万件侵权胶带 货值44万元人民币》

4月26日《河北工人报》、长城网《海关提醒我省企业应积极进行知识产权海关保护备案》

4月26日《上海法治报》第6版《上海海关查处侵权案275起》

4月26日《上海商报》第3版《知识产权专家组防范侵权风险》

4月27日大江网《吉安海关开展海关知识产权保护宣传活动》

4月27日《海峡导报》《海关截获近9000双山寨名牌鞋子》

4月27日《江西日报》《去年仅12件备案——赣企“走出去”产权保护待加强》

4月27日《南方日报》《佛山一季度侵犯知产20宗 涉案标的770万美元》

4月27日《莆田侨乡时报》《莆田海关开展知识产权保护宣传活动》

4月28日南昌人民广播电台《我省企业需加强知识产权保护意识》

4月28日《今日绥芬河报》《5000余件侵权商品被销毁》

4月29日防城港市新闻网《东兴海关开展知识产权宣传活动》

4月29日《深圳商报》《深圳海关入选知识产权保护案例》

4月29日《苏州日报》《让侵权货物不敢报关》

4月30日《东南快报》《福州海关举行罚没物资发放仪式》

4月30日《福建日报》《福州海关联合省红十字会发放350多万元罚没物资扶贫》

5月2日《深圳特区报》《案值百万“山寨”内裤被查》

5月3日《牡丹江晨报》《5000余件侵权商品被销毁》

5月3日《钱江晚报》头版《贴牌加工，小心侵权 海关提醒企业接单后应及时查询商标备案情况》

5月3日《中俄经贸时报》《黑河海关集中销毁侵权手机手表》

5月4日《黑龙江日报》《绥芬河海关销毁侵权产品5519件 案值42万》

5月5日《信息时报》《水客“蚂蚁搬家”走私冒牌手机》

5月6日《长安报》第2版《海关开展“保护知识产权宣传周”系列活动》

5月9日《南方日报》DC03版《海关开展“保护知识产权”活动》

5月16日《乌鲁木齐晚报》B04版《海关人员车站里检查发现异样——彪马拖鞋出关露馅》

5月16日《新疆消费晨报》第5版《乌鲁木齐海关查获侵权拖鞋3850双》

5月17日《北仑电视台》《一批假冒名牌运动鞋被北仑海关堵截》

5月17日《广州日报》《大鹏海关查获8万多块侵权名表》

5月17日《浙江日报》第10版《“李鬼”盯上本土品牌》

5月21日台海网《36720双侵权凉鞋“闯关”失败》

5月25日《云南日报》、《春城晚报》、《云南信息报》、《昆明日报》、《云南法制报》、云南网《昆明海关销毁侵权货物82728件 货值120万元》

5月25日《云南日报》、《昆明日报》、《春城晚报》、《云南信息报》《昆明海关近期查获和销毁一批侵权货物》

5月26日海关互联网、宁波广播电台《宁波海关截获10万件22个国际大牌假冒货》

5月27日《北京电视台》《北京海关查获今年最大宗知识产权侵权》

5月27日《深圳商报》《大鹏海关查获十万侵权电池 》

5月28日上海口岸信息网《上海海关广泛合作提升打击侵权效能》

5月30日《深圳特区报》《大鹏海关查获11万块侵权电池》

6月8日《深圳商报》《前五月海关查获侵权货1700万件 》

6月9日《广州日报》《深圳海关查获1700万件侵权货物》

6月9日《江门日报》《旅客行李箱中暗藏71部手机》

6月10日《长白山日报》第3版《临江海关查获涉嫌侵犯知识产权案》

6月11日广东新闻网《广州海关查获涉嫌侵权LV、爱马仕手袋》

6月14日深圳新闻网《大鹏海关运用科技手段查获六万条侵权内裤》

6月14日《广州日报》《高科技手段查货柜箱6万件走私服装无所遁形》

6月14日《深圳晚报》《罗湖海关查获百台假“NOKIA” 》

6月15日《宁波日报》头版《实用新型技术专利应及时进行海关备案》

6月15日《乌鲁木齐晚报》A04版《全疆海关查获侵权案创新高》

6月16日《厦门日报》《厦门海关查获2496双侵权运动鞋 拆去“面具”露出名牌标志》

6月19日《福建日报》第5版《厦门查获新型侵权案 冒牌鞋拥有双重商标》

6月20日《珠海特区报》《内地旅客携41块假名表出境 拱北海关截查》

6月26日东北网《哈尔滨海关服务地方经济发展》

6月29日《长白山日报》第3版《临江海关查获假冒“耐克”T 袖》

7月4日南方网《广州海关查获某非洲籍旅客携带出境涉嫌侵权手机6000余台》

7月4日南方网《广州海关查获输往苏丹侵权纸尿裤包装袋19.6万个》

7月6日《深圳特区报》《深圳海关查获一批侵权布料 》

7月13日《厦门日报》《厦门海关截获1.8万双山寨鞋》

7月19日《宁波日报》头版《宁波海关近期连续查获6批假冒节能灯，特别提醒生产型企业应守法经营》

7月21日《现代金报》《左脚“nike”、右脚“adidas”，宁波海关查获18000双侵权运动鞋》

7月25日《深圳晚报》《蛇口海关查获侵权香烟4万多条》

7月26日海关互联网《宁波海关查获万余把挂锁》

7月26日《广州日报》《蛇口海关查侵权香烟4.7万条》

7月28日《海关互联网》《宁波海关查获一批假冒名牌家电产品》

8月1日深圳电视台《“折叠床”变香烟 近5万条侵权香烟被海关没收》

8月4日《宁波日报》头版《上半年海关查扣侵权货物5500余万件 国内优质品牌屡遭侵权》

8月4日《现代金报》头版《仿名牌的范围越来越大 贝发、三环等国内品牌也被盯上 上半年国内品牌被侵权比例首次超过国外品牌 》

8月9日广东新闻网《广州海关查获侵权名牌手表皮带等7928件》

8月9日宁波广播电台《法治在线》《宁波海关查获宁波某报关代理有限公司申报出口假冒货物系列案》

8月9日《江门日报》《江门海关加强法制宣传》

8月10日台海网《826套山寨汽车配件欲闯关 伪造厂家资料和授权材料》

8月10日《钱江晚报》头版《宁波海关截获两万顶“山寨”品牌帽》

8月16日《每日新报》第3版《上半年查获侵权商品80余万件》

8月18日《广州日报》第22版《一日查两起假冒名牌涉嫌侵权案》

8月19日海关互联网、《东南商报》《宁波海关截获1.2万双侵权运动鞋》

8月21日《深圳商报》《深圳创新产品驰骋国际市场》

8月22日宁波电视台《宁波新闻》《宁波海关查获侵犯知识产权案件600多起》

8月22日《大连日报》《大连海关查获一批假冒名牌领带》

8月24日台海网《4656套“山寨阿迪”运动服被截》

9月6日《每日新报》《天津海关驻邮局办事处查获侵犯知识产权眼镜》

9月9日深圳新闻网《大鹏海关查获万件假冒阿迪、耐克》

9月14日海关互联网《宁波海关截获50万节假冒“TOSHIBA”干电池》

9月23日《深圳特区报》《皇岗海关查获侵权香烟5764条》

9月30日台海网《近10万双山寨拖鞋闯关失败》

10月10日海关互联网《宁波海关查获假冒商品》

10月10日《深圳电视台》《8块钱批发“名牌手表” 外籍旅客出境被查 》

10月14日《珠海特区报》第7版《九洲海关查获第5宗侵犯知识产权商标案 查扣8100个假冒名牌墨盒》

10月25日《东南快报》《福州海关销毁万余张盗版光盘》

10月25日《每日新报》《携手国际行业协会 海关加强知识产权保护》

10月26日《福州日报》《福州海关销毁万余张盗版光盘》

10月26日《江门日报》《一公司涉嫌生产侵权照明灯具》

10月31日《珠海特区报》第4版《申报出口针织女士衫，却内藏大量侵权产品　斗门海关扣留二千余件货物》

11月1日《东南商报》头版《宁波海关截获山寨“苹果”音箱播放器》

11月1日《珠江晚报》第8版《斗门破获今年最大宗知识产权案件2000多件侵权货物被扣》

11月2日《广州日报》《大鹏海关查获一侵权运动鞋走私案》

11月5日《昆明日报》、《春城晚报》、《云南信息报》、《生活新报》、云南网《昆明海关“绿色销毁”侵权手机及配件》

11月9日《深圳特区报》《海关截获11万套侵权“米老鼠”睡衣》

11月10日《广州日报》《深圳海关查获300万元米老鼠等卡通图案侵权服装》

11月11日《海峡导报》第9版《海关截获百万个侵权纽扣吊牌》

11月23日深圳电视台《海关拦截大批量侵权睡衣》

11月30日宁波电视台《宁波新闻》《线索举报助宁波海关严打侵权行为》

12 月 1 日《新疆日报》第 7 版《乌鲁木齐海关查获一批侵权名牌运动鞋》

12 月 2 日《珠海特区报》第 9 版《拱北海关查获一宗侵犯知识产权大案 4.62 万个打印机墨盒被扣》

12 月 3 日宁波电视台《宁波海关查获一批假名牌手表和眼镜》

12 月 6 日北仑电视台《宁波新闻》《小身材大数量 名牌饰品配件成出口侵权新雷区》

12 月 6 日《宁波日报》头版《主动接轨 倾力服务》

12 月 7 日宁波电视台《奢侈品现形记》

12 月 9 日《福州日报》《福州查获近年最大食品侵权案　案值超过 13 万元》

12 月 9 日《深圳商报》《广州海关查获侵权计算器》

12 月 15 日《燕赵都市报》、燕赵环保网、河北新闻网《感谢保护“怪物史莱克”》

12 月 25 日《乌鲁木齐晚报》T05 版《我在机场海关当“关员”——查获 10 个侵权 iphone4 盒子和 1 个 ipad 盒子》

海关知识产权保护动漫作品

为有效宣传知识产权海关保护的相关政策法规，生动展示知识产权海关保护有关知识，“4·26保护知识产权宣传周”期间，海关总署向全国海关征集表现该主题的动漫作品，全国海关关员积极响应，制做了一大批主题鲜明、寓意深刻、形式活泼的作品。经过评选，共有32幅漫画作品及9幅动画作品获奖。

海关总署政策法规司关于征集知识产权海关保护原创动漫作品的通知

广东分署，各直属海关：

2011年是我国第十二五规划开局之年，也是《国家知识产权战略纲要》发布实施三周年，同时迎来第11个世界知识产权日。为弘扬法治精神，推进“尊重知识、崇尚创新、诚信守法”为核心的知识产权文化建设，积极营造有利于知识产权事业健康发展的社会环境，总署决定在2011年全国“知识产权宣传周”期间，在全国海关范围内组织“征集知识产权海关保护原创动漫作品活动”（以下简称“征集活动”）。现就有关事项通知如下：

一、征集作品范围

本次征集作品包括动画类和漫画类作品。其中，动画作品的格式为FLASH（SWF格式），作品文件不大于15M，时长1~2分钟，25帧/秒，分辨率720×576pix以上；漫画作品的格式为JPG，彩色和黑白画面均可，作品文件不小于2M。

动画类作品配音应使用普通话，漫画作品的文字使用简体中文。作者可以对作品的内容随附说明。

二、对作品内容的要求

（一）征集的作品应当以知识产权保护为题材，能够反映侵权的危害，海关查处侵权的执法活动，有关知识产权保护的法律规定等内容。

（二）应当是作者原创作品，严禁抄袭、模仿和拷贝他人作品，作品如此前曾经发表，请注明发表的日期和媒体。

（三）征集的作品应当内容健康、构思精巧、色彩协调、积极向上，有独特创意和较强的思想性、艺术性和感染力。

三、征集方式

本次动漫征集活动以直属海关为单位。各关要将本次作品征集活动视为海关系统的一次知识产权宣传教育活动，动员本关广大关员积极参与，踊跃投稿。请各关法制部门于2011年4月10日之前，将本关征集的作品并随附作者的姓名和部门等信息制作成DVD光盘，按照下列地址邮寄至海关总署政策法规司：

北京市建国门内大街6号 海关总署政策法规司知识产权处 邮政编码：100730

四、作品的使用

本次活动征集的所有作品，凡符合要求的，都将在总署网站刊登，其中优秀的作品将用于海关系统对外宣传或者向新闻媒体推荐，并由总署颁发证书。

特此通知。

一、优秀漫画作品

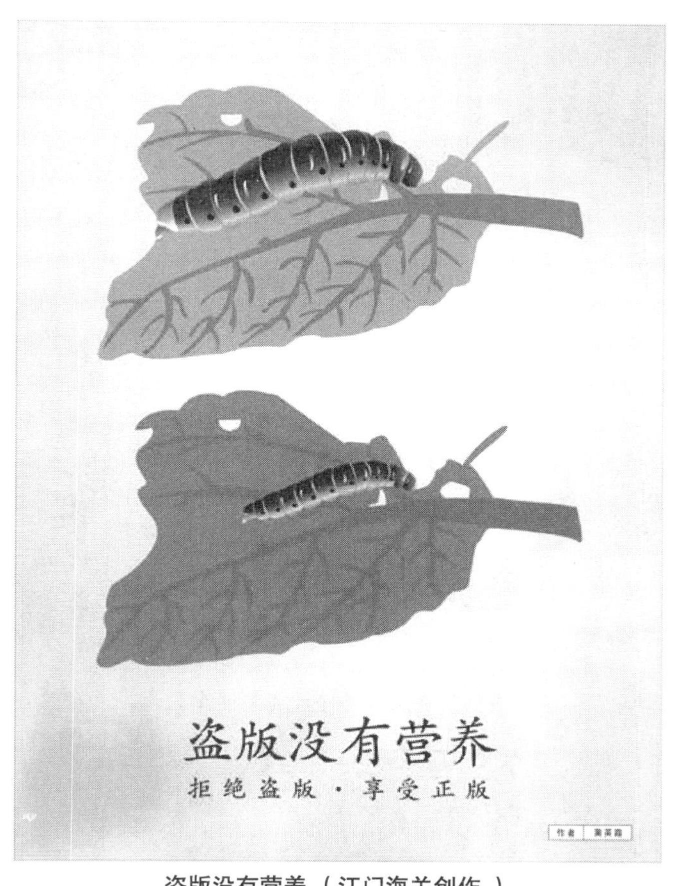

盗版没有营养（江门海关创作）

盗版孵不出正版（江门海关创作）

假汽油 （深圳海关创作）

订单下货先找海关（深圳海关创作）

遁地？没门！（江门海关创作）

法律就是保障 （宁波海关创作）

感谢海关 （深圳海关创作）

过卡 （南宁海关创作）

海关在知识产权保护中起着重要作用（深圳海关）

公鸡能下蛋 （宁波海关创作）

监狱里的悔过 （宁波海关创作）

见不得真佛 （深圳海关创作）

揭穿"李鬼"真面目（深圳海关创作）

盲目生产其实已侵权（深圳海关创作）

禁止入境（北京海关创作）

出境须知（青岛海关创作）

难逃火眼金睛（深圳海关创作）

取经归来（南宁海关创作）

什么是知识产权（深圳海关创作）

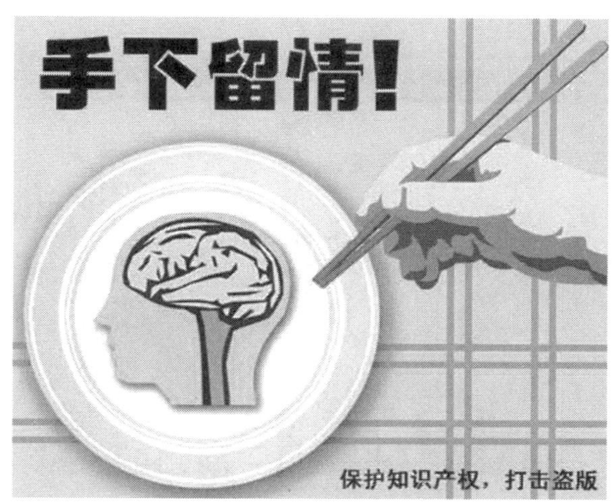

手下留情（宁波海关创作）

娃娃抓起（深圳海关创作）

盐田港欢迎你（深圳海关创作）

伪劣商品（深圳海关创作）

俺也是名牌

我也是“名牌”（宁波海关创作）

知识产权保护，海关行动（北京海关创作）

知识产权边境执法（青岛海关创作）

知识产权守门神（江门海关创作）

中药和高铁（北京海关创作）

保护伞（北京海关创作）

二、优秀动画作品

（一）侵权货物勿购买（大连海关 集体创作）

1. 华灯初上，KTV营业了。

2. 刚发笔小财，来澳门消遣消遣。

3. 吃、喝、唱，爽呀！

4. 爽完了，该想想回家的事了。

5. 钱快花光了，回家怎么交代？

6. 名牌包呀，这么便宜？

7. 拿两个假的回去哄哄她她，也许能过关。

8. 买两个，回家喽。

9. 要到家了。

10. 请您到这边来。

11. 您的包可能是假冒品，海关要予以扣留。

12. 完了！在这里也过不了关呀。

（二）大话西游之悟空闯关（大连海关 集体创作）

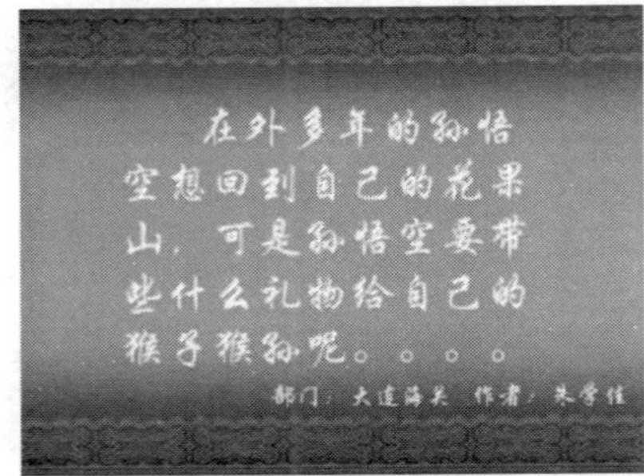

1. 多年未回花果山的美猴王准备带什么礼物给猴子猴孙呢？

2. 花果山以外，高楼林立。

3. 如何买礼物，无从下手。

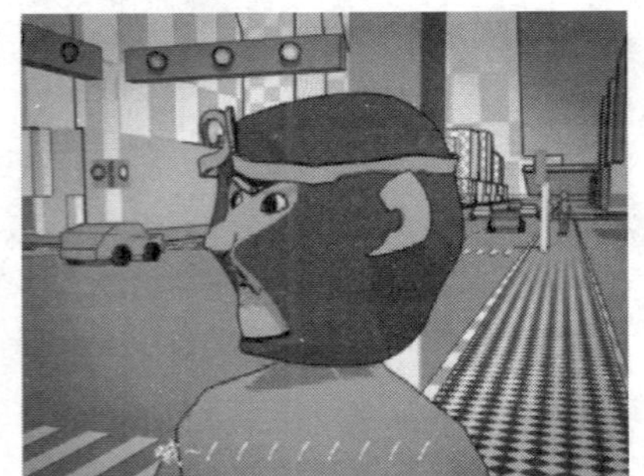

4. 哈哈，众里寻他千百度，蓦然回首，那人却在灯火阑珊处，终于找到啦！

5. 名牌高仿欢迎您！

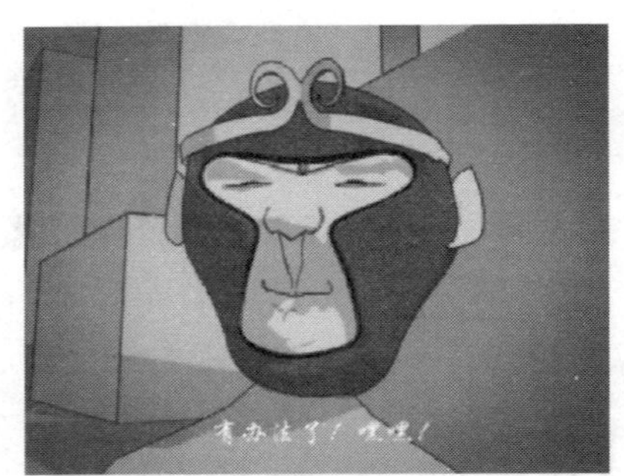

6. 想到办法了！

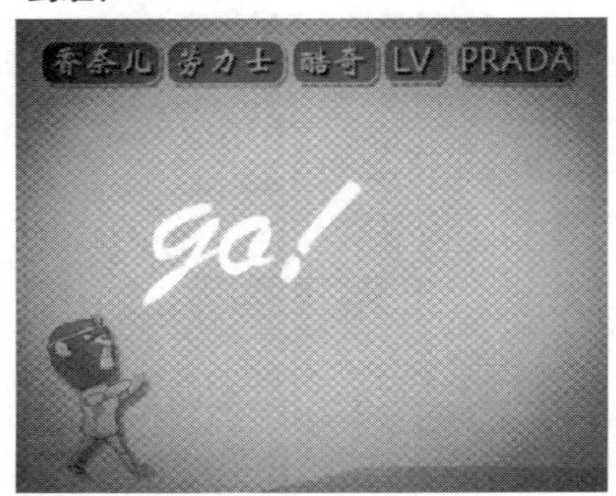

7. 开始购物！

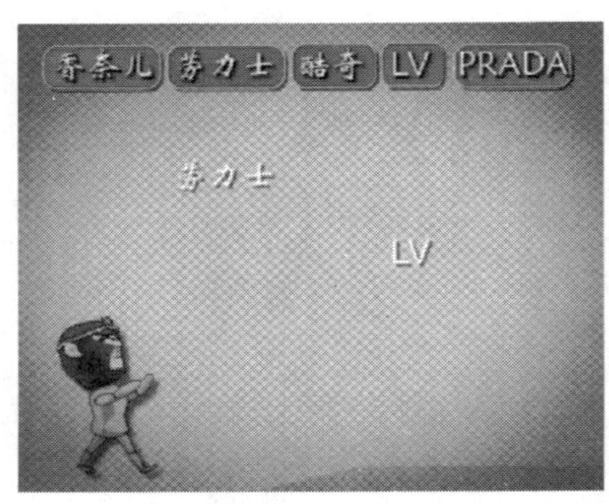

8. 劳力士、LV等名牌包包全部收入囊中。

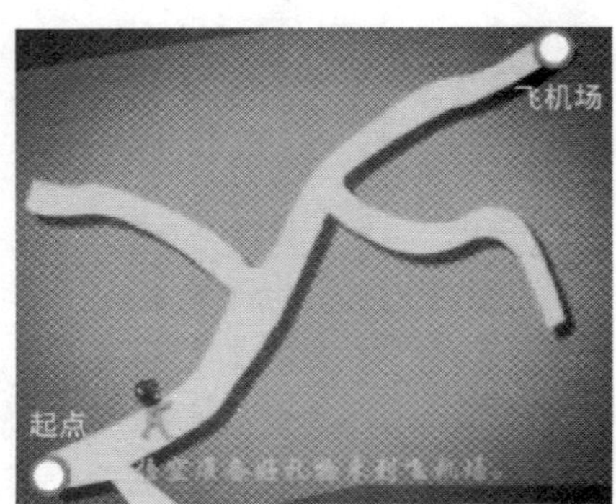

9. 准备好礼物前往飞机场。

10. 一个筋斗云的功夫就到机场了。

11. 海关监管我不怕!

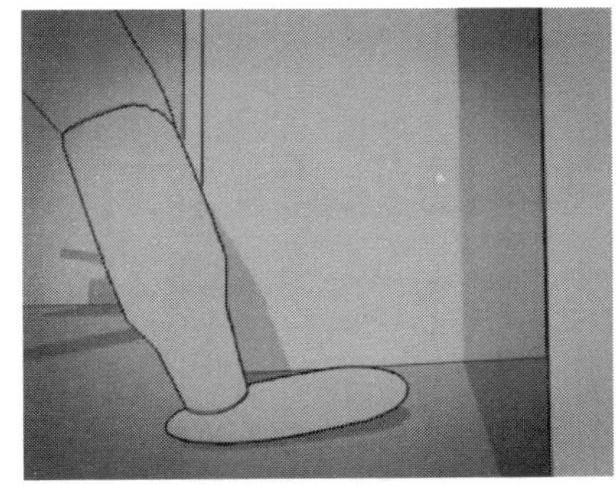

12. 安检通道，先探探行情。

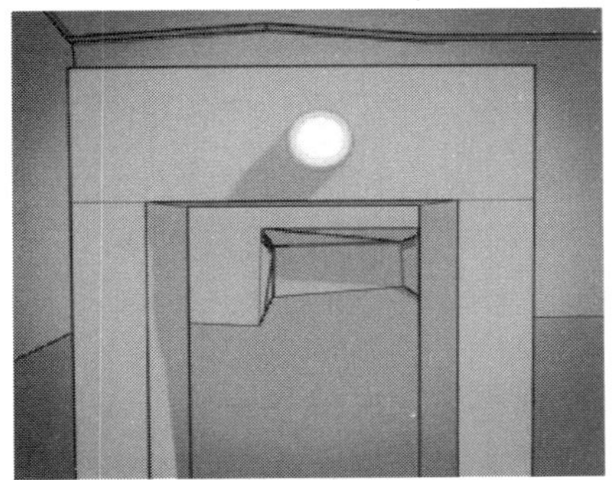

13. 希望灯的颜色不变。

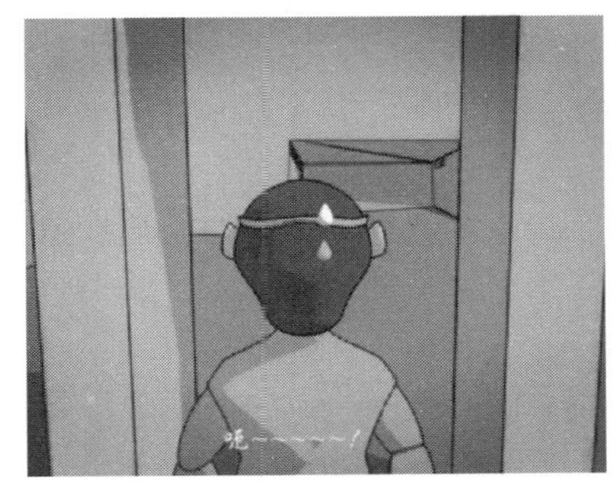

14. 糟糕，灯变红了。

15. 请接受海关检查!

16. 得想想办法逃避海关检查。

17. 使用瞒天过海之术。

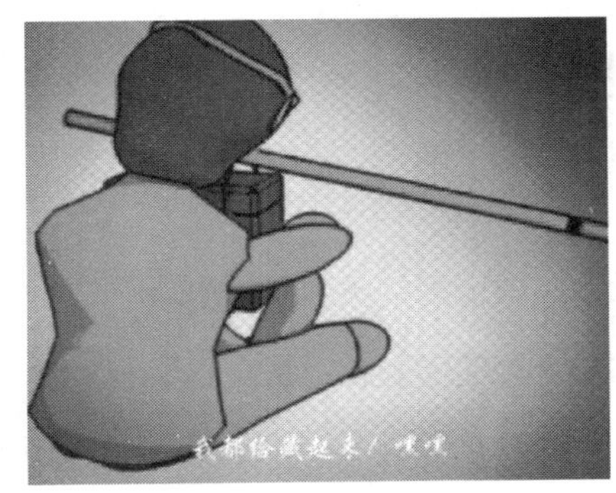

18. 把物品藏起来逃避海关检查。

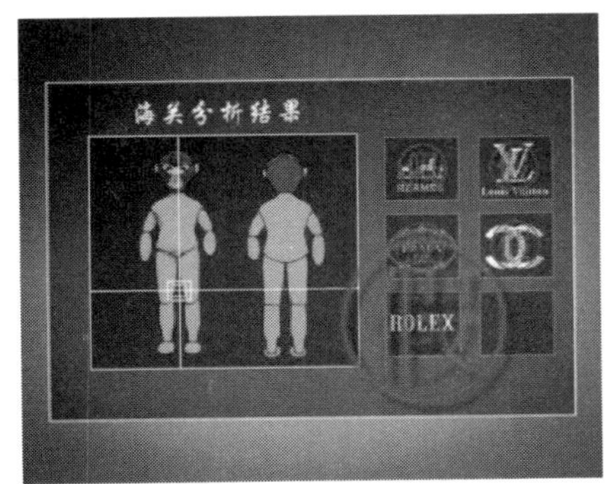

19. 海关分析发现假货。

20. 这个计谋失败了!

21. 使用口若悬河之术。

22. 用尽三寸不烂之舌逃避责任。

23. 辩解失败！

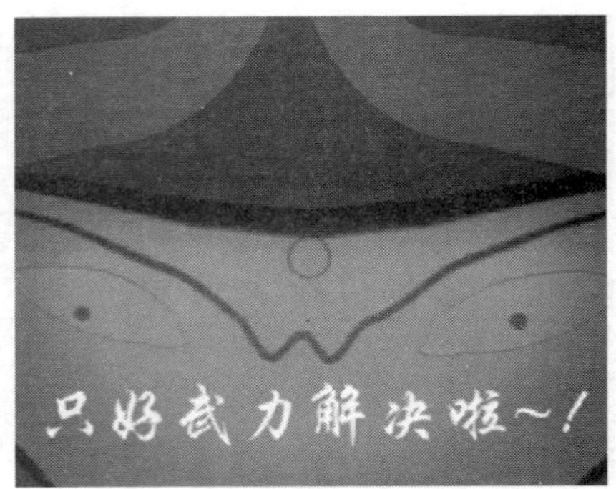

24. 只好用武力解决了！

25. 用尽全力一击！

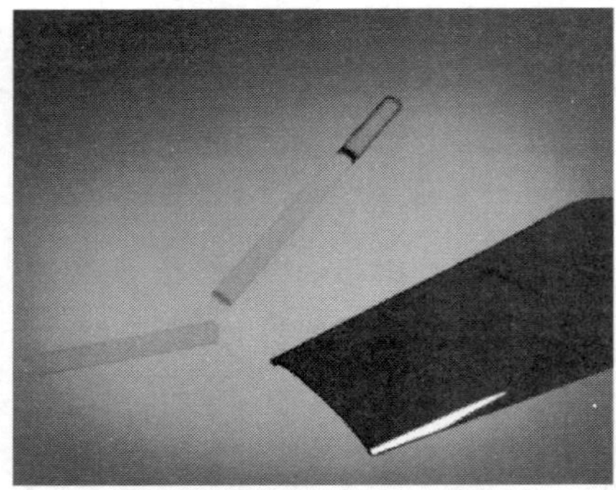

26. 金箍棒如卵击石，竟然断了！

27. 原来自己用的金箍棒也是山寨的！

28. 为自己不珍惜真正的金箍棒而无尽忏悔中。

（三）找不到家的豹子（厦门海关 集体创作）

1. 山间小屋，小河淌水清悠悠。

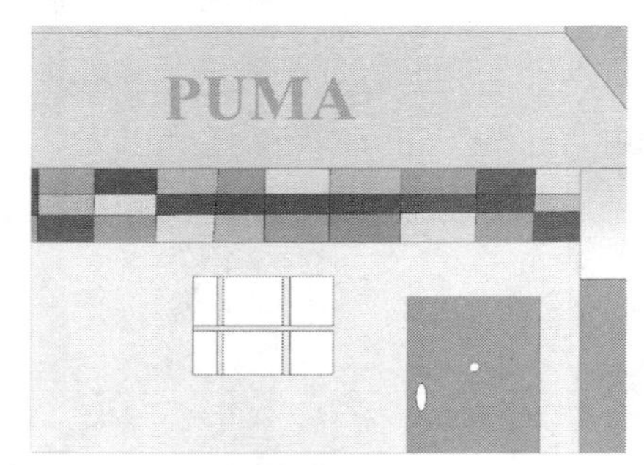

2. 这是豹子的家。

3. 离吃晚饭的时间还早，在家里实在是闷的慌，出去走走。

4. 欢快地走出家门。

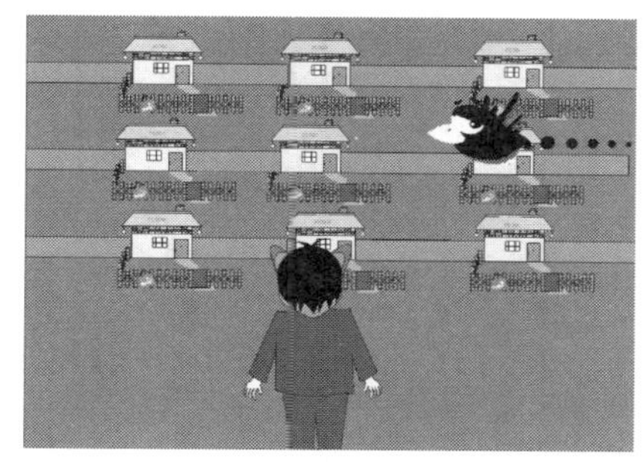

5. 玩得真痛快，准备回家。

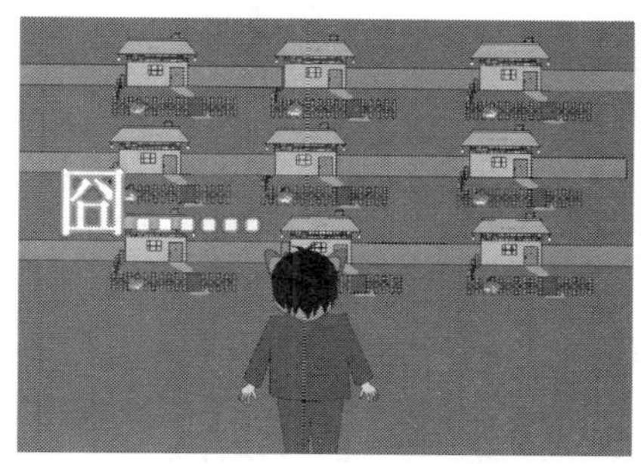

6. 来到家门口，恍若隔世，愣住了。

7. 几乎相同的门牌号，看的头脑发昏。

8. 哪一个才是我的家啊?

9. 为了可怜的豹子，请自觉抵制侵权商品。

（四）打假之前先备案（广州海关 集体创作）

1. 风轻云淡，海关办公日。

2. 想请求海关对拥有的商标进行保护。

3. 在海关办理了商标权备案。

4. 地下加工厂如火如荼，一批货准备装车。

5. 货物装车出仓。

6. 来到海关监管区。

7. 货物被海关查验。

8. 糟了，没有商标授权证明。

9. 海关通知权利人确认知识产权状况。

10. 该批货物没有授权。

11. 海关扣留货物并进行调查。

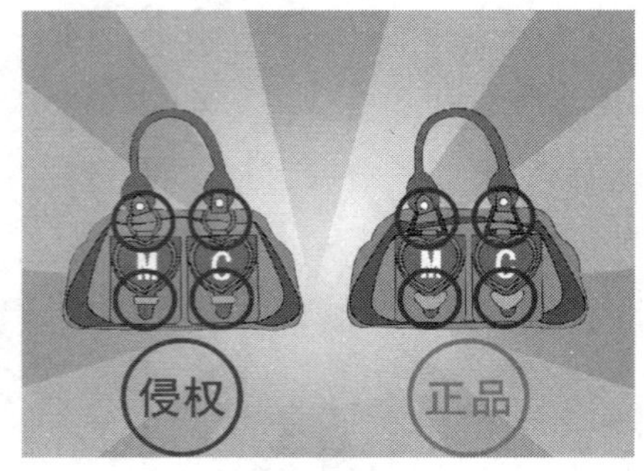

12. 货物很明显是侵权的。

13. 海关作出处罚决定。

14. 对侵权产品进行销毁。

15. 要把知识产权工作制度挂在办公室，牢记教训。

（五）龙舟游海外，海关来护航（拱北海关 集体创作）

1. 一艘装载中国制造产品的船从远处驶来。

2. 企图散布假冒、盗版的小人出没。

3. 狂风大作，恶魔试图将中国制造的产品变成假冒伪劣。

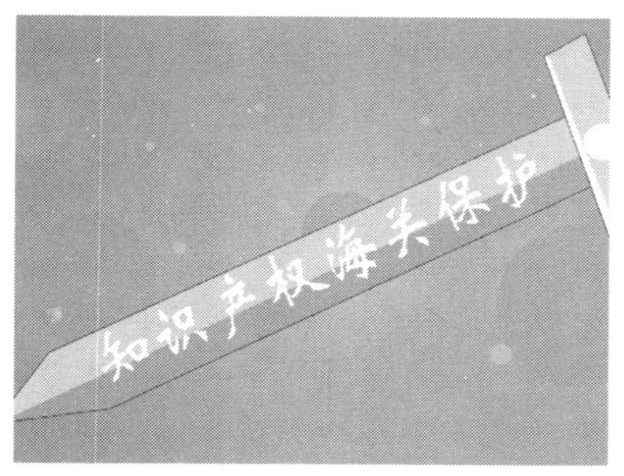

4. 知识产权海关保护的利剑出现。

5. 冒牌可是侵犯知识产权的行为，还说的这么明目张胆。

6. 将利剑刺向恶魔，保护中国制造产品。

7. 海面恢复平静，中国制造的大船缓缓驶向前方。

（六）还是不要侥幸（汕头海关 吴楚镇、魏彬、彭隽、黄刚创作）

1. 两辆载着同一品牌的货车相遇

2.Hi，哥们干嘛去呀?

3. 到海关报关呀。

4. 偷偷告诉你，我是冒牌的。

5. 冒牌可是侵犯知识产权的行为，还说的这么明目张胆。

6. 没关系，海关不会发现的。

7. 海关卡口，载着真品的车顺利通过。

8. 海关要求载假货的车出示知识产权相关证明文件。

9. 被查出来了，以后还是不要侥幸为好。

10. 海关实施知识产权保护的相关条款。

11. 侵犯知识产权行为的处罚条款。

（七）俄罗斯方块（江门海关 集体创作）

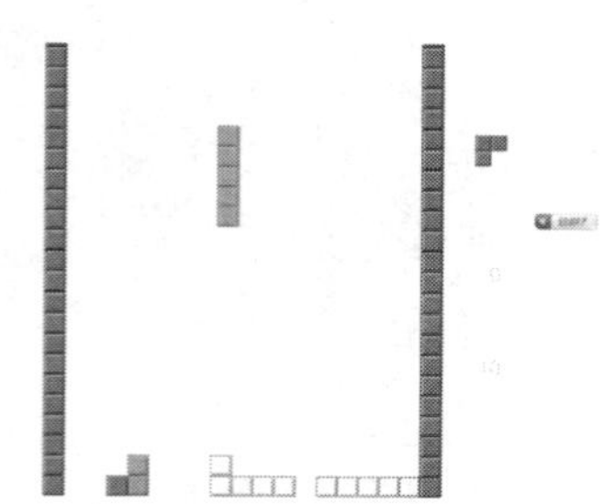

1. 俄罗斯方块游戏开始。

2. 拼出一个牢固的“假”字。

3. 带有海关标志的方块轻而易举就将“假”字击出一个口，海关得分。

4. 海关标志方块连续敲击“假”字。

5. 海关标志最终将“假”字整个击碎。

6. 海关取得了游戏的胜利！

国门卫士　打假先锋

知识产权海关保护

7. 国门卫士，打假先锋！

（八）美人的灾难（江门海关 集体创作）

1. 这个牌子的护肤膏在我们国家可受欢迎了。

2. 一看价格，美人牌护肤膏 300 元！

3. 虽然很想买，但是价格有点贵，到其他地方看看吧。

4. 这里也有号称卖世界名牌的地方。

5. 老板，有没有中国美人牌护肤膏？

6. 这里什么世界名牌化妆品都有，多买还有优惠。

7. 感觉好像是冒牌货。

8. 我这儿卖的就是冒牌货。

9. 外观质量和正品差不多，多买一些回去非洲送朋友。

10. 全都买下。

11. 擦了美人牌护肤品，皮肤真的变得又美又白。

12. 果然真货假货都没关系呀。

13. 到了海关出境通道。

14. 脸上感觉又辣又烫，还要接受海关检查。

15. 你带的这些化妆品涉嫌侵权，我们要向权利人确认是否侵权。

16. 不用确认了，你看我的脸都变成这样子了，肯定是假货。

17. 对于你超出自用合理数量的侵权物品我们将依法处理。

海关知识产权保护征文选

海关总署政策法规司、中国海关学会关于“知识产权海关保护”专题征文论文获奖情况的通报（政法函〔2011〕56号）

广东分署，天津、上海特派办，各直属海关、院校：

为贯彻落实科学发展观，提升海关大监管体系下知识产权海关保护工作水平，激发广大干部职工对知识产权海关保护理论的探讨热情，去年5月份，我司与中国海关学会联合举办了知识产权海关保护专题征文活动。征文活动开展以来，全国海关高度重视、精心安排，广大关员积极响应、热情参与，围绕当前知识产权海关保护工作的热点、难点问题，深入开展研究和思考，撰写了题材广泛的论文。在征文截稿日期内，共征集到各单位上报的优秀论文535篇，其中很多文章对当前和今后一个时期内海关知识产权保护工作具有一定的参考价值。

经我司与中国海关学会组织专家组成论文评审小组的评审和征文领导小组审定，本次征文共评出105篇获奖文章，其中特别奖5篇，一等奖10篇，二等奖20篇，三等奖30篇，鼓励奖40篇（获奖名单见附件）。同时，为鼓励和表彰征文活动中组织得力的单位，决定授予上海、宁波、北京、南京、深圳、青岛、杭州、福州、黄埔、广州等10个海关优秀组织奖。

希望各关以此次征文活动为契机，继续围绕知识产权海关保护工作中的热点、难点问题进行深入思考，务实研究，努力推动海关理论与实务研究不断取得更新的成果。

特此通报。

二〇一一年六月十七日

全国海关“知识产权海关保护”征文论文获奖情况一览表

特别奖

贯彻实施国家知识产权战略的几点思考（杭州海关　史济越）

中国与欧美知识产权海关保护制度比较及若干问题的思考（广州海关　陈小颖）

大监管体系下海关知识产权保护面对的问题及对策（宁波海关　胡方友、王迎春）

论知识产权海关保护与公共利益的实现（汕头海关　高建军、吴旭基）

安徽省外向型企业自主知识产权海关保护状况研析（合肥海关　许宗茂）

一等奖

知识产权海关保护执法实践中权利人与收发货人和解的若干问题思考（拱北海关　邱敬雄、黄旭荣）

从大监管体系建设看知识产权海关保护执法协作（宁波海关　陈晞）

论知识产权海关保护工作的机制创新（黄埔海关　陈兵、宋扬、沈毅）

定牌加工和知识产权海关保护课题研究报告（南京海关　课题组）

知识产权海关保护的矛盾研究（深圳海关　夏添）

知识产权海关保护应用行政调解的必要性分析（上海海关　徐枫）

浅谈知识产权海关保护中的商标侵权认定（福州海关　黄强）

以“四个优化”为指导大力加强关区知识产权保护执法能力建设（拱北海关　法规处关级课题研究小组）

海关监管区内涉嫌侵犯商标权案件的管辖权划分（宁波海关　俞则刚）

知识产权海关保护的发展历史及其启示（天津海关　崔效国）

二等奖

论当代中国知识产权海关保护文化的构建（广东分署　王军）

分类通关模式下的知识产权海关保护工作研究——兼论风险管理在知识产权海关保护工作中的应用（上海海关　徐枫）

试论知识产权海关保护与刑事保护的执法衔接（南昌海关　陈婷）

实现权益平衡的海关“适度”保护——对定牌加工侵权认定的法律思考（南京海关　曹艳华）

走向战略化、系统化和全民化的日本海关知识产权保护（深圳海关　李学军）

知识产权海关保护中的知识产权滥用问题探究（武汉海关　余保松）

试论自主知识产权海关边境保护中存在的问题及对策（黄埔海关　梁争、金吉文）

浅析网络跨境交易激增引发的海关知识产权监管风险（厦门海关　刘颖）

一个加号引发的思考——对美国知识产权“TRIPS+”标准的探讨（南京海关　沙杰）

知识产权海关保护：多种声音一个焦点（宁波海关　张清、毛凯红）

论知识产权海关保护执法实践中商标权与著作权的权利冲突及其解决（拱北海关　邱敬雄、黄旭荣）

商标产品平行进口的法律制度研究（上海海关　顾卓敏）

浅议国际邮件申报与知识产权海关保护（南京海关　王炜）

浅议知识产权海关保护执法面临的利益冲突与平衡（福州海关　法规处）

知识产权海关保护边境执法性质和特点刍议——以“公权”对“私权”的保护性介入为视角（杭州海关　彭韶华）

刍议我国知识产权海关保护立法的改进和完善（宁波海关　卢翔）

试论我国知识产权海关保护立法的改进与完善（青岛海关　曹林）

论析知识产权海关保护中侵权货物处置存在的问题及对策（黄埔海关　梁争、沈毅）

关于构建知识产权海关保护执法风险管理体系的若干思考（福州海关　林海燕）

兼容及再生打印耗材使用原装厂家商标侵权风险的应对与防范（拱北海关　法规处课题组）

三等奖

试论知识产权的法律特性和海关保护中的实体及程序平衡（杭州海关　王勇）

知识产权海关保护与知识产权刑事保护衔接策略初探（武汉海关　办公室法规室）

知识产权海关保护语境下涉外定牌加工商标侵权认定探究（天津海关　颜晨）

杭州海关知识产权执法实证研究（杭州海关　刘嘉旻）

试论知识产权海关保护立法在海关特殊监管区域执法实践中的适用与完善（上海海关　丁佳毅）

“定牌加工”出口侵权问题研究（湛江海关　何贵喜）

关于在海关执法中禁止知识产权权利滥用的若干问题研究及法律建制（北京海关　何冰）

试论知识产权海关边境保护中刑事协作机制的障碍和解决对策（黄埔海关　梁争、宋扬）

关于对定牌加工出口货物侵权问题的思考及对策（江门海关　林文健）

当前知识产权海关保护存在的问题及解决对策（南京海关　崔大李）

宁波地区国际贸易与海关知识产权保护问题初探（宁波海关　章佳伟）

知识产权备案系统的“外脑机构”——简述知识产权权利人对授权货物预确认的可行性设想（宁波海关　洪阳杰）

结合奖惩制度和培训，探讨如何提高一线关员的知识产权保护意识和执法能力（汕头海关　陈晓榆）

浅议海关对不同类型出口企业进行知识产权海关保护方面的差异化监管（上海海关　吴捷）

世博会知识产权海关保护初探（上海海关　徐劲、赵方佳）

海关知识产权保护中的商标商品平行进口侵权问题再辨析（南京海关　李景波）

在知识产权海关保护中建立调解制度可行性分析——兼论当事人的利益平衡（广州海关　陈春书）

知识产权海关保护视角下平行进口问题研究（宁波海关　尹霞）

苏州海关辖区企业知识产权边境保护现状调研与分析（南京海关　课题组）

大监管体系下基层海关知识产权保护工作刍议（上海海关　张书岭）

浅议海关企业分类管理中企业知识产权守法自律状况的评估（汕头海关　麦峰）

广东省内知识产权边境保护执法中授权许可问题的探讨（黄埔海关　梁争、周丽娜）

关于知识产权保护和解制度中海关执法的思考（福州海关　姜超凡）

新时期的“奶酪”战争——浅谈海关进一步加强企业知识产权保护工作（福州海关　吴萍）

进出口企业和报关企业在进出口侵权货物方面的法律责任（南昌海关　严国强）

报关企业知识产权合理审查义务初探（天津海关　郭树松、崔效国）

从一起专利纠纷案探讨相关海关执法疑难问题（深圳海关　张心）

浅析边民互市贸易渠道海关知识产权侵权案件办案难点及对策（南宁海关　区杨）

是“应当”制止，还是“可以”制止？——对我国现行知识产权海关保护体制的一点质疑（南京海关　梁君）

试论小商品出口的知识产权海关保护（杭州海关　论文课题组）

鼓励奖

邮递渠道知识产权海关保护的难点与建议（郑州海关　苑栋）

海关在知识产权保护中的作用与定位（厦门海关　赵济伟）

邮递渠道加强知识产权海关保护刍议（天津海关　郑锦波）

从“中国仿造”到“中国创造”大力扶持自主知识产权，从源头上杜绝侵权违法行为的发生（石家庄海关　樊姣艳）

旅检渠道知识产权海关保护执法实践的困境及对策（上海海关　陈敏、梁一骏）

浅谈如何在海关大监管体系下完善知识产权海关保护机制（汕头海关　马逸涛、翁江明）

浅谈商标权和进出口环节常见的几种商标权侵权形式（青岛海关　田旭刚）

用 What、Why、How 解析如何做好知识产权海关保护（青岛海关　田旭刚）
浅谈邮递渠道知识产权风险管理（青岛海关　徐瑜、张安宁、蒋友运）
知识产权海关保护的法律原则适用与执法实践问题探究（青岛海关　于鹏）
从中美知识产权保护的差异看中国海关知识产权保护的困境与出路（宁波海关　马彦岭、符星龙、徐国峰）
刍议知识产权边境保护制度中侵权货物处置的理论和实务问题（南京海关　赵娟娟）
试析海关处置侵权货物存在的问题及风险防范（南京海关　姜浩）
探讨海关工作中的知识产权刑法保护（拉萨海关　尼玛慈仁）
刍议分类管理模式在知识产权海关保护工作中的理解和应用（江门海关　刘永明、李冰）
试论知识产权海关保护“打击侵权违法”如何有效避免“妨碍合法贸易”（江门海关　刘步云）
论析广东省内知识产权边境保护执法协作平台的构建（黄埔海关　梁争、张传敏）
论析加工贸易企业在定牌加工中涉及侵权问题的成因和对策（黄埔海关　梁争、周丽娜）
积极发挥海关作用加强知识产权边境保护推动经济发展方式转变（黄埔海关　梁争 、叶晓岚）
关于知识产权海关保护中侵权货物处置的立法思考（杭州海关　林冠英）
邮运快递渠道海关与承运人的博弈与委托代理问题研究（杭州海关　刘嘉旻）
试论知识产权海关保护立法的完善（广州海关　汪硕）
邮递渠道知识产权海关保护对策研究（广州海关　冯锦祥、朱华亲）
邮递及快件渠道侵权案件特点简析及对今后工作的几点思考（广州海关　白洁）
略论平行进口（拱北海关　晏山嵘）
定牌加工与知识产权海关保护（拱北海关　晏山嵘）
探析海关罚没侵权货物的处置制度（福州海关　苏诗迎）
浅析旅检渠道对知识产权海关保护的现状与思考（大连海关　隋傲东）
对完善我国知识产权海关保护的几点认识（大连海关　崔吉）
知识产权海关保护若干问题另类探讨（长春海关　贺书江）
浅谈中美 WTO 知识产权争端第一案中有关我国海关处置侵权货物的争议（北京海关　谢元）
浅析《知识产权海关保护条例》的缺陷及其完善（北京海关　冯朗照）
浅议知识产权海关保护工作中“两大风险”的防范与化解（宁波海关　冯江申）
伪报知识产权状况进出口侵权货物犯罪刍议（长春海关　陈磊）
基层海关关员知识产权保护意愿调查研究（杭州海关　吴赟昀、刘嘉旻）
新时期知识产权海关保护的立法挑战及应对策略（合肥海关　曾虎）
论思想的公有与知识产权海关保护之正当（昆明海关　邱嘉明）
浅析我国知识产权海关保护工作现状及改进对策（南宁海关　卢兵）
产业转移背景下加强海关知识产权保护的思考（合肥海关　钱鹏）
浅谈海关知识产权保护体系的构建（海口海关　许盛）

第六篇

商标权、著作权海关备案名录

2011年商标权、著作权有效海关备案名录

以下名录为2011年1月1日以来有效的海关保护备案，备案号“T”代表商标权，“C”代表著作权。

权利名称	权利注册授权号	申请人名称	商品分类	备案号
LUNGKOW及图形	692151	山东中粮粉丝杂豆进出口有限公司	第三十类	T1995-00009
羊城牌及图形	268215	广东省医药保健品进出口公司	第二十九类	T1996-00050
羊城牌及图形	780232	广东省医药保健品进出口公司	第一类	T1996-00052
长城牌GREATWALL及图形	32673	北方国际集团天津食品进出口有限公司	第二十九类	T1996-00055
银河MILKY WAY及图形	70538	东方国际集团上海市纺织品进出口有限公司		T1996-00061
珠江桥牌及图形	21805	中粮集团有限公司	第二十九类	T1996-00068
佰龙及图形	564269	佰龙机械厂股份有限公司	第七类	T1996-00074
三协CIC	502431	三协工业有限公司	第十一类	T1996-00078
珠江桥牌及图形	135660	广东省食品进出口集团公司	第三十三类	T1996-00162
珠江桥牌及图形	135662	广东省食品进出口集团公司	第三十类	T1996-00163
珠江桥牌及图形	760954	广东省食品进出口集团公司	第一类	T1996-00164
珠江桥牌及图形	760954	广东省食品进出口集团公司	第三十类	T1996-00164
钻石DIAMOND及图形	33523	上海市五金矿产进出口公司	第六类	T1996-00261
永字牌WING及图形	16513	上海市轻工业品进出口有限公司	第一类	T1996-00377
鹭牌EGRET及图形	52219	上海市轻工业品进出口有限公司	第一类	T1996-00382
丰收（图形）	53702	上海市轻工业品进出口有限公司	第一类	T1996-00384
铁锚牌（图形）	126233	上海市轻工业品进出口有限公司	第一类	T1996-00385
铁锚牌ANCHOR及图形	70475	上海市轻工业品进出口有限公司	第一类	T1996-00389
珠江桥及图形	125407	广东粮油金顺贸易公司	第三十类	T1996-00390
水仙花牌及图形	21909	中粮集团有限公司	第二十九类	T1996-00420
雄鸡COCK BRAND及图形	565627	天津机械进出口有限公司	第八类	T1997-00439
阿莫仙	631605	联邦制药厂有限公司	第一类	T1997-00459
安必仙	631604	联邦制药厂有限公司	第一类	T1997-00460
BOSS HUGO BOSS	606620	雨果博斯股份公司	第二十五类	T1997-00464
金杯GOLD CUP及图形	381179	北方国际集团天津同鑫进出口有限公司	第二十五类	T1997-00505
MT图形	326859	天津五金矿产进出口有限公司	第十一类	T1997-00506
马头牌及图形	70024	北方国际集团天津同鑫进出口有限公司	第十六类	T1997-00627
GOLD CUP	70772	北方国际集团天津同鑫进出口有限公司	第二十八类	T1997-00628
金杯GOLD CUP及图形	41570	北方国际集团天津同鑫进出口有限公司	第二十八类	T1997-00629
青竹及图形	53557	北方国际集团天津同鑫进出口有限公司	第十六类	T1997-00630
Gold Cup	381181	北方国际集团天津同鑫进出口有限公司	第二十五类	T1997-00631
HUGO	604808	雨果博斯股份公司	第十六类	T1997-00672
樱花及图形	876893	山东樱花五金集团有限公司	第一类	T1998-00860

权利名称	权利注册授权号	申请人名称	商品分类	备案号
SAILING BOAT 及图形	739600	广西壮族自治区土产进出口公司、广西东方伟业进出口有限公司	第三十类	T1998-00908
双鹤 DOUBLE CRANE 及图形	34973	东方国际集团上海市纺织品进出口有限公司	第二十四类	T1998-00943
企鹅 PENGUIN 及图形	70241	东方国际集团上海市纺织品进出口有限公司		T1998-00944
鹿牌 DEER 及图形	34974	东方国际集团上海市纺织品进出口有限公司		T1998-00947
青春舞及图形	31650	东方国际集团上海市纺织品进出口有限公司		T1998-00949
童乐牌及图形	31651	东方国际集团上海市纺织品进出口有限公司		T1998-00950
鹦鹉牌及图形	27448	东方国际集团上海市纺织品进出口有限公司		T1998-00952
红花及图形	53344	东方国际集团上海市纺织品进出口有限公司		T1998-00953
熊猫及图形	31299	东方国际集团上海市纺织品进出口有限公司		T1998-00958
金蝶及图形	70240	东方国际集团上海市纺织品进出口有限公司		T1998-00960
银球 SILVER BALL 及图形	75100	东方国际集团上海市纺织品进出口有限公司		T1998-00962
长江大桥及图形	28619	东方国际集团上海市纺织品进出口有限公司		T1998-00965
采茶及图形	31653	东方国际集团上海市纺织品进出口有限公司		T1998-00967
绿牡丹及图形	35847	东方国际集团上海市纺织品进出口有限公司		T1998-00968
泸定桥及图形	53361	东方国际集团上海市纺织品进出口有限公司		T1998-00969
熊猫 PANDA 及图形	70229	东方国际集团上海市纺织品进出口有限公司		T1998-00970
CD	607139	克里斯蒂昂迪奥尔香料公司（法国）	第三类	T1998-00973
Christian Dior 及图形	574184	克里斯蒂昂迪奥尔香料公司（法国）	第三类	T1998-00976
行书字（虫草鸡精）	19-1997-F-316	广东省医药保健品进出口公司		C1998-00981
通体形鸡（内包装）	19-1997-F-317	广东省医药保健品进出口公司		C1998-00982
通体形鸡（外包装）	19-1997-F-318	广东省医药保健品进出口公司		C1998-00983
金盾及图形	50140	天津五金矿产进出口有限公司	第一类	T1998-00994
火炬及图形	24641	天津五金矿产进出口有限公司	第一类	T1998-00995
三鹅 THREE GEESE 及图形	35667	北方国际集团天津同鑫进出口有限公司	第十六类	T1998-00997
熊猫 PANDA 及图形	70266	北方国际集团天津同鑫进出口有限公司	第二类	T1998-00998
熊猫 PANDA 及图形	380374	北方国际集团天津同鑫进出口有限公司	第十六类	T1998-00999
飞鹰 FLYING EAGLE 及图形	53131	北方国际集团天津同鑫进出口有限公司	第二类	T1998-01000
金杯 GOLD CUP 及图形	160037	北方国际集团天津同鑫进出口有限公司	第二十类	T1998-01002
鹿 DEER 及图形	53570	北方国际集团天津同鑫进出口有限公司	第二十八类	T1998-01003
金杯 GOLD CUP 及图形	380523	北方国际集团天津同鑫进出口有限公司	第二十八类	T1998-01004
HUGO HUGO BOSS	604811	雨果博斯股份公司	第二十五类	T1998-01006
地球 GLOBE 及图形	101749	上海环球制锁有限责任公司	第六类	T1998-01027
象山及图形	30206	中粮集团有限公司	第二十九类	T1998-01031
五朵金花及图形	50160	东方国际集团上海市纺织品进出口有限公司		T1998-01033
芙蓉及图形	47182	东方国际集团上海市纺织品进出口有限公司		T1998-01152
ALTECO	637815	安特固化学私人有限公司	第十六类	T1998-01155
ALTECO	638327	安特固化学私人有限公司	第一类	T1998-01156
玫瑰 ROSE	36968	东方国际集团上海市家用纺织品进出口有限公司	第二十三类	T1998-01163
珠江桥牌及图形	135664	广东省食品进出口集团公司	第三十类	T1998-01238

权利名称	权利注册授权号	申请人名称	商品分类	备案号
红梅及图形	53409	中粮集团有限公司	第二十九类	T1998-01251
龙船及图形	249780	浙江省土产畜产进出口集团公司	第二十九类	T1998-01265
飞轮 FLYING WHEEL 及图形	20620	中粮集团有限公司	第二十九类	T1998-01275
OAKLEY	646514	欧科蕾公司	第九类	T1999-01312
ARMOR-GRIP	830500	预制管线产品公司	第六类	T1999-01381
港靖（图形）	705242	加拿大瀚坤 2000 有限公司	第三十类	T1999-01385
Liushen	700408	上海家化联合股份有限公司	第一类	T1999-01405
六神	700407	上海家化联合股份有限公司	第一类	T1999-01406
四方 SI FANG 及图形	143762	浙江四方集团公司（浙江省永康拖拉机厂）	第十二类	T1999-01436
四方 SI FANG 及图形	183211	浙江四方集团公司（浙江省永康拖拉机厂）	第一类	T1999-01437
OAKLEY 及图形	852548	欧科蕾公司	第九类	T1999-01485
金燕 JIN YAN 及图形	277604	东莞市金燕粮油食品有限公司	第三十类	T1999-01509
钻石牌 DIAMOND 及图	172266	天津机械进出口有限公司	第八类	T1999-01516
MTP	1227285	南彰实业股份有限公司	第七类	T1999-01537
MTP	1146511	南彰实业股分有限公司	第十七类	T1999-01538
AQUAFRESH	789493	比彻姆集团公共有限公司	第二十一类	T1999-01542
FLYING SWALLOW 及图形	70865	天津机械进出口有限公司	第八类	T1999-01553
飞燕（图形）	28921	天津机械进出口有限公司	第八类	T1999-01554
DURATA	1316119	四川华景国贸实业有限责任公司	第九类	T1999-01567
TOP AFRICA	1270724	宝匙有限公司	第二十四类	T1999-01573
DAYANG	677466	洛阳北方易初摩托车有限公司	第十二类	T1999-01575
ALAIN DELON	653747	阿兰德隆传播股份有限公司	第三十二类	T1999-01588
LEVI’S 及图形	75383	利惠公司	第二十五类	T1999-01592
DURACELL	155670	吉列公司	第九类	T1999-01617
GILLETTE	144138	吉列公司	第八类	T1999-01618
UL 及图形	1219951	美国 UL 安全实验所	第十六类	T2000-01622
UL 及图形	1219953	美国 UL 安全实验所	第十一类	T2000-01623
UL 及图形	1219952	美国 UL 安全实验所	第二十八类	T2000-01624
UL 及图形	1219957	美国 UL 安全实验所	第二类	T2000-01625
UL 及图形	1219956	美国 UL 安全实验所	第六类	T2000-01626
UL 及图形	1219955	美国 UL 安全实验所	第九类	T2000-01627
UL 及图形	1219954	美国 UL 安全实验所	第七类	T2000-01628
UL 及图形	1219958	美国 UL 安全实验所	第八类	T2000-01629
UL 及图形	1219959	美国 UL 安全实验所	第十类	T2000-01630
UL 及图形	1219960	美国 UL 安全实验所	第十九类	T2000-01631
UL 及图形	1219961	美国 UL 安全实验所	第二十类	T2000-01632
UL 及图形	1219962	美国 UL 安全实验所	第十四类	T2000-01633
RU 图形	1219963	美国 UL 安全实验所	第十七类	T2000-01634
RU 图形	1219964	美国 UL 安全实验所	第九类	T2000-01635
RU 图形	1219966	美国 UL 安全实验所	第七类	T2000-01636

权利名称	权利注册授权号	申请人名称	商品分类	备案号
RU 图形	1219967	美国 UL 安全实验所	第十四类	T2000-01637
RU 图形	1219970	美国 UL 安全实验所	第十一类	T2000-01638
RU 图形	1219969	美国 UL 安全实验所	第二十八类	T2000-01639
RU 图形	1219968	美国 UL 安全实验所	第十六类	T2000-01640
SNOWMAN	149099	株式会社精工制作所		T2000-01651
波丽 bonrev 及图形	653896	河南中艺进出口有限公司	第二十四类	T2000-01653
梅林 MALING 及图形	31614	中粮集团有限公司	第二十九类	T2000-01671
HONDA	314940	本田技研工业株式会社	第十二类	T2000-01679
本田	314944	本田技研工业株式会社	第十二类	T2000-01683
OLD NAVY	879432	傲海军（国际商标）公司	第二十五类	T2000-01696
BABY GAP	1256657	杰普公司	第二十五类	T2000-01699
NIKE	146658	耐克国际有限公司	第二十五类	T2000-01728
双龙（图形）	1253078	山东中粮粉丝杂豆进出口有限公司	第三十类	T2000-01730
RU 图形	1219965	美国 UL 安全实验所	第四类	T2000-01752
彪马	619182	彪马欧洲公司	第二十五类	T2000-01793
PUMA 及图形	570147	彪马欧洲公司	第二十五类	T2000-01795
重机	597835	重机株式会社	第七类	T2000-01823
JUKI	146917	重机株式会社	第七类	T2000-01824
J 及图形	146915	重机株式会社	第七类	T2000-01825
重机	148041	重机株式会社	第七类	T2000-01834
张力生及图形	999325	上海冠军食品有限公司	第三十类	T2000-01841
lacoste 及图形	581924	拉科斯特股份有限公司	第十八类	T2000-01875
lacoste 及图形	590156	拉科斯特股份有限公司		T2000-01891
鹅及图形	3199	上海三枪（集团）有限公司	第二十五类	T2000-01896
扇及图形	722688	广东中顺纸业集团有限公司	第十六类	T2000-01958
紫荷及图形	716683	广东中顺纸业集团有限公司	第一类	T2000-01959
LIANXIANGLOU 及图形	707798	广州市莲香楼	第三十类	T2000-02074
Camelion	918439	深圳市飞狮电池有限公司	第一类	T2000-02082
LIFAN	868501	力帆实业（集团）股份有限公司	第十二类	T2000-02093
龙凤（图形）	962311	山东中粮粉丝杂豆进出口有限公司	第三十类	T2000-02094
力帆	868524	力帆实业（集团）股份有限公司	第十二类	T2001-02145
双凤（图形）	962308	山东中粮粉丝杂豆进出口有限公司		T2001-02151
LACOSTE 鳄鱼（图形）（指定颜色）	1318589	拉科斯特股份有限公司	第二十五类	T2001-02179
KITZ	930386	株式会社开滋	第一类	T2001-02184
KITZ	148068	株式会社开滋	第七类	T2001-02185
KITZ	148069	株式会社开滋	第十一类	T2001-02186
PHILIPS	579620	皇家飞利浦电子股份有限公司	第七类	T2001-02213
PHILIPS 及图形	579621	皇家飞利浦电子股份有限公司	第九类	T2001-02214
PHILIPS 及图形	579621	皇家飞利浦电子股份有限公司	第七类	T2001-02214

权利名称	权利注册授权号	申请人名称	商品分类	备案号
阿曼尼	1154540	乔治·阿玛尼有限公司（米兰），瑞士门德里西奥分公司	第二十五类	T2001-02250
阿曼尼	1140841	乔治·阿玛尼有限公司（米兰），瑞士门德里西奥分公司	第十八类	T2001-02253
EMPORIO ARMANI 及图形	312279	乔治·阿玛尼有限公司（米兰），瑞士门德里西奥分公司	第九类	T2001-02254
EMPORIO ARMANI 及图形	311962	乔治·阿玛尼有限公司（米兰），瑞士门德里西奥分公司	第十八类	T2001-02255
EMPORIO ARMANI 及图形	311959	乔治·阿玛尼有限公司（米兰），瑞士门德里西奥分公司	第二十四类	T2001-02256
EMPORIO ARMANI 及图形	313176	乔治·阿玛尼有限公司（米兰），瑞士门德里西奥分公司	第三类	T2001-02257
阿曼尼	1144825	乔治·阿玛尼有限公司（米兰），瑞士门德里西奥分公司	第二十四类	T2001-02260
阿曼尼	1139474	乔治·阿玛尼有限公司（米兰），瑞士门德里西奥分公司	第九类	T2001-02262
阿曼尼	1138424	乔治·阿玛尼有限公司（米兰），瑞士门德里西奥分公司	第三类	T2001-02263
阿曼尼	1160071	乔治·阿玛尼有限公司（米兰），瑞士门德里西奥分公司	第十四类	T2001-02264
MINOX	146624	米诺克斯光学及精密仪器有限公司	第九类	T2001-02294
LEAGUE 及图形	684428	中山市理科虫草制品有限公司	第三十类	T2001-02307
NGK	99554	日本特殊陶业株式会社	第十二类	T2001-02309
理科	684429	中山市理科虫草制品有限公司	第三十类	T2001-02320
百灵 LARK 及图形	300040	天津莱特进出口有限公司	第三十四类	T2001-02326
AIR MAX	671888	耐克国际有限公司	第二十五类	T2001-02345
WD-40	761842	WD-40 制造公司	第十七类	T2001-02348
WD－40 及图形 	761843	WD-40 制造公司	第一类	T2001-02351
CH 图形	874386	伊顿公司	第九类	T2001-02352
加林	784576	珠海市加林股份有限公司	第十一类	T2001-02361
DURATA	1549970	四川华景国贸实业有限责任公司	第九类	T2001-02397
TMT 及图形	200833	TMT 贸易有限公司	第十一类	T2001-02428
TMT 及图形	200905	TMT 贸易有限公司	第九类	T2001-02432
树（图形）	356559	添柏岚公司	第二十五类	T2001-02435
树（图形）	361147	添柏岚公司	第二十五类	T2001-02436
树（图形）	519122	添柏岚公司	第十八类	T2001-02437
树（图形）	355476	添柏岚公司	第二十五类	T2001-02438
TIMBERLAND	356561	添柏岚公司	第二十五类	T2001-02439
TIMBERLAND	361148	添柏岚公司	第二十五类	T2001-02440
TIMBERLAND	355475	添柏岚公司	第二十五类	T2001-02441
TIMBERLAND	362618	添柏岚公司	第二十五类	T2001-02442
TIMBERLAND	519114	添柏岚公司	第十八类	T2001-02443
JINCHENG	692667	金城集团有限公司	第十二类	T2001-02446

权利名称	权利注册授权号	申请人名称	商品分类	备案号
EMPORIO ARMANI 及图形	1355598	乔治·阿玛尼有限公司（米兰），瑞士门德里西奥分公司	第十八类	T2001-02459
AX ARMANI EXCHANGE	580752	乔治·阿玛尼有限公司（米兰），瑞士门德里西奥分公司	第九类	T2001-02462
ARMANI	655416	乔治·阿玛尼有限公司（米兰），瑞士门德里西奥分公司	第三类	T2001-02465
GIO DE GIORGIO ARMANI	G582879	乔治·阿玛尼有限公司（米兰），瑞士门德里西奥分公司	第九类	T2001-02466
PS2 PlayStation2 及图形	1553766	索尼电脑娱乐公司	第九类	T2001-02489
TOMBO 及图形	1593976	乐亭县燕南农具厂	第八类	T2001-02493
Gio' DE 及图形	852210	乔治·阿玛尼有限公司（米兰），瑞士门德里西奥分公司	第三类	T2001-02498
Gio DE GIORGIO ARMANI	822018	乔治·阿玛尼有限公司（米兰），瑞士门德里西奥分公司	第三类	T2001-02501
头品 TOPY	1614203	河北五矿进出口股份有限公司	第十一类	T2001-02514
冰块形瓶子（短颈）	VA 1-024-108	安海斯—布希公司		C2001-02518
冰块形瓶子（长颈）	VA 1-024-109	安海斯—布希公司		C2001-02519
海飞丝 Head&shoulders	1544325	宝洁公司（美国）	第三类	T2001-02537
DDL	1539019	重机株式会社	第七类	T2001-02552
BARBIE	261727	美泰有限公司	第二十八类	T2001-02645
TOSHIBA	148005	株式会社东芝	第九类	T2001-02656
凤凰及图形	264599	金山开发建设股份有限公司	第十二类	T2001-02678
FKT	551513	奥新（厦门）轴承有限公司	第七类	T2001-02703
EMPORIO ARMANI 及图形	1365491	乔治·阿玛尼有限公司（米兰），瑞士门德里西奥分公司	第十四类	T2002-02760
HITACHI	307979	株式会社日立制作所	第七类	T2002-02772
日立	307980	株式会社日立制作所	第七类	T2002-02773
HITACHI(图形)	311114	株式会社日立制作所	第七类	T2002-02774
MANI	617383	乔治·阿玛尼有限公司（米兰），瑞士门德里西奥分公司	第二十五类	T2002-02782
MANI DI GIORGIO ARMANI	557375	乔治·阿玛尼有限公司（米兰），瑞士门德里西奥分公司	第十八类	T2002-02784
EMPORIO ARMANI 及图形	303302	乔治·阿玛尼有限公司（米兰），瑞士门德里西奥分公司	第二十五类	T2002-02785
EMPORIO ARMANI 及图形	302203	乔治·阿玛尼有限公司（米兰），瑞士门德里西奥分公司	第十四类	T2002-02786
EMPORIO ARMANI 及图形	310738	乔治·阿玛尼有限公司（米兰），瑞士门德里西奥分公司	第三类	T2002-02787
EMPORIO ARMANI 及图形	311341	乔治·阿玛尼有限公司（米兰），瑞士门德里西奥分公司	第十八类	T2002-02788
COLGATE	1216589	高露洁棕榄公司	第二十一类	T2002-02801
PALMOLIVE	1222172	高露洁棕榄公司	第三类	T2002-02804
COLGATE TOTAL	1287683	高露洁棕榄公司	第三类	T2002-02806
SPEED STICK	76839	高露洁棕榄公司	第三类	T2002-02812

权利名称	权利注册授权号	申请人名称	商品分类	备案号
AJAX	1560238	高露洁棕榄公司	第三类	T2002-02813
CATERPILLAR	148057	卡特彼勒公司	第七类	T2002-02833
OSRAM 及图形	75842	奥斯拉姆公司	第十一类	T2002-02859
CAT	148058	卡特彼勒公司	第七类	T2002-02863
红梅 HONGMEI 及图形	53410	中粮集团有限公司	第三十三类	T2002-02910
DYNA-COIN	1527731	威姆．斯泰嫩制造有限公司	第十一类	T2002-02913
STEINEN 及图形	1558802	威姆．斯泰嫩制造有限公司	第十一类	T2002-02914
STEINEN 及图形	1542733	威姆．斯泰嫩制造有限公司	第七类	T2002-02915
NACHI	99522	株式会社不二越	第七类	T2002-02923
NACHI	99525	株式会社不二越	第十二类	T2002-02924
MOON CITY 及图形	1301202	四川华景国贸实业有限责任公司	第九类	T2002-02933
MASTER 及图形	1526797	贯统企业有限公司	第七类	T2002-02959
商船 VESSEL 及图形	1338311	广西壮族自治区医药保健品进出口公司	第五类	T2002-02960
SANYO	303910	三洋电机株式会社	第十一类	T2002-02966
TOSHIBA	1392134	株式会社东芝	第二类	T2002-02970
MBS	1649778	株式会社前川制作所	第七类	T2002-02983
KAIDA	1515381	广州虎辉照明科技公司	第十一类	T2002-02998
NOKIA	1541929	诺基亚公司	第九类	T2002-03004
MTP	551496	南彰实业股份有限公司	第六类	T2002-03006
WD-40 及图形	818330	WD-40 制造公司	第一类	T2002-03045
KOYO	143987	光洋精工株式会社	第七类	T2002-03129
IGX	1501078	艾瑞巴贝尔公司	第二十八类	T2002-03184
KALE 及图形	820570	卡尔锁具及印刷实业股份有限公司	第六类	T2002-03191
KALE	820571	卡尔锁具及印刷实业股份有限公司	第六类	T2002-03194
Guylian Chocolate Seashell Window Design	2001-F-0345	吉利莲巧克力公司		C2002-03221
PS 图形	1747865	索尼电脑娱乐公司	第九类	T2002-03224
MILD SEVEN	1379681	日本烟草产业株式会社	第三十四类	T2002-03231
LION HEAD DEVICE（图形）	583242	苏门答腊烟草贸易公司	第三十四类	T2002-03289
NISSAN 及图形	99435	日产自动车株式会社	第十九类	T2002-03291
NISSAN	99432	日产自动车株式会社	第七类	T2002-03292
日产	99442	日产自动车株式会社	第七类	T2002-03295
日产	99443	日产自动车株式会社		T2002-03296
尼桑	1347185	日产自动车株式会社	第十二类	T2002-03297
NISSAN	99433	日产自动车株式会社	第十二类	T2002-03298
NISSAN	99434	日产自动车株式会社	第七类	T2002-03299
PHILISHAVE	156892	皇家飞利浦电子股份有限公司		T2002-03317
RISO 及图	261405	理想科学工业株式会社	第二类	T2002-03380
RISOGRAPH	261430	理想科学工业株式会社	第二类	T2002-03384
HENKEL	1753005	深圳市恩亘实业有限公司	第十一类	T2002-03404

权利名称	权利注册授权号	申请人名称	商品分类	备案号
CATERPILLAR 及图形	591816	卡特彼勒公司	第七类	T2002-03490
CATERPILLAR	157548	卡特彼勒公司	第九类	T2002-03491
CAT 及图形	591527	卡特彼勒公司	第十二类	T2002-03492
CAT 及图形	590448	卡特彼勒公司	第七类	T2002-03493
CAT	157549	卡特彼勒公司	第一类	T2002-03494
TULIP 及图形	1525720	郁金香有限公司	第二十六类	T2002-03502
BOSS	1536556	雨果博斯股份公司	第十八类	T2002-03524
NSK	587573	日本精工株式会社	第七类	T2002-03532
NSK 及图形	256153	日本精工株式会社	第七类	T2002-03533
NSK	99790	日本精工株式会社	第七类	T2002-03534
DUNLOP	29180	住友橡胶工业株式会社	第十二类	T2002-03540
优盘	1509704	深圳市朗科科技股份有限公司	第九类	T2002-03554
Netac 及图形	1734090	深圳市朗科科技股份有限公司	第九类	T2002-03555
CMEC 及图形	508511	中国机械设备进出口总公司	第八类	T2002-03558
CMEC 及图形	509263	中国机械设备进出口总公司	第一类	T2002-03560
CMEC 及图形	510727	中国机械设备进出口总公司	第一类	T2002-03562
PRO.SPECS 及图形	585542	LS 网络株式会社	第二十五类	T2002-03569
OSRAM	75844	奥斯拉姆公司	第十一类	T2002-03583
欧司朗	1558160	奥斯拉姆公司	第十类	T2002-03586
SEVEN STARS 及图形	155689	日本烟草产业株式会社	第三十四类	T2003-03589
MARCATO 及图形	604841	泛达资源有限公司	第二十一类	T2003-03645
飞鱼及图形	5462	上海汉森投资发展有限公司		T2003-03659
向阳花及图形	53579	上海汉森投资发展有限公司	第一类	T2003-03660
银燕及图形	70286	上海汉森投资发展有限公司	第一类	T2003-03661
JZ 及图形	1752451	江汉石油钻头股份有限公司	第七类	T2003-03665
KYMCO	618729	光阳工业股份有限公司	第十二类	T2003-03690
STUSSY	831306	STUSSY 股份有限公司	第十八类	T2003-03752
STUSSY	657859	STUSSY 股份有限公司	第二十五类	T2003-03753
STUSSY	815306	STUSSY 股份有限公司	第十四类	T2003-03754
BOSCH（图形）	1545967	罗伯特.博世有限公司	第九类	T2003-03760
BOSCH	1041231	罗伯特.博世有限公司	第八类	T2003-03763
BOSCH（图形）	1041210	罗伯特.博世有限公司	第八类	T2003-03764
BOSCH	1545966	罗伯特.博世有限公司	第九类	T2003-03765
Canon	1991350	佳能株式会社（日本）	第九类	T2003-03796
恒源祥	961382	恒源祥（集团）有限公司	第二十五类	T2003-03802
天坛 TEMPLE OF HEAVEN	1044390	北京市服装进出口股份有限公司	第三类	T2003-03807
鸟（图形）	1246755	福州叶下塑革有限公司	第二十五类	T2003-03816
HARP BIRD	921182	福州叶下塑革有限公司	第二十五类	T2003-03817
BUDWEISER	144010	安海斯—布希公司	第三十二类	T2003-03821
BUD	144008	安海斯—布希公司	第三十二类	T2003-03822

权利名称	权利注册授权号	申请人名称	商品分类	备案号
BUDWEISER	936397	安海斯—布希公司	第十六类	T2003-03823
ACUVUE	872132	强生公司		T2003-03906
HISMANAL 息斯敏	259965	强生公司	第五类	T2003-03923
NIZORAL	178054	强生公司	第五类	T2003-03926
邦迪及图形	802156	强生公司	第一类	T2003-03959
邦迪及图形	802159	强生公司	第一类	T2003-03960
BAND-AID	802155	强生公司	第五类	T2003-03964
邦迪	742279	强生公司	第五类	T2003-03967
MOTRIN	214787	强生公司	第一类	T2003-03972
鹦鹉 PARROT 及图形	40540	北方国际集团天津同鑫进出口有限公司	第十五类	T2003-04011
WINFIELD	143905	美国烟草（海外）公司	第四十三类	T2003-04013
PETER STUYVESANT	155668	美国烟草（海外）公司	第四十三类	T2003-04014
Benson&Hedges（草书）	602776	本森和赫奇斯（海外）有限公司	第三十四类	T2003-04018
Newport 及图形	143894	英美烟草（品牌）股份有限公司	第四十三类	T2003-04021
CRAVEN “A “	276583	卡利拉斯有限公司	第三十四类	T2003-04027
SILK CUT	163368	英美烟草（品牌）有限公司	第四十三类	T2003-04029
鹅（图形）	656893	上海三枪（集团）有限公司	第二十五类	T2003-04062
YAMAHA	1255404	雅马哈发动机株式会社	第十二类	T2003-04078
雅马哈	1337138	雅马哈发动机株式会社	第十二类	T2003-04079
音叉标识（图形）	1337137	雅马哈发动机株式会社	第十二类	T2003-04080
三环及图形	133629	烟台三环锁业集团有限公司	第六类	T2003-04081
ABSOLOK	205769	强生公司	第十类	T2003-04087
NEUTROGENA	1277700	纽特罗金娜公司	第三类	T2003-04088
REACH	295313	强生公司	第二十一类	T2003-04091
MYLANTA	1720563	强生默克消费制药公司	第五类	T2003-04093
TOSHIBA	148029	株式会社东芝	第十一类	T2003-04109
立白 LIBY 及图形	1640390	广州立白企业集团有限公司	第三类	T2003-04131
Panther	1077982	潘瑟沃克有限公司	第十二类	T2003-04142
珠江牌 CHU KIANG BRAND 及图形	32694	广东省医药保健品进出口公司	第五类	T2003-04151
星群及图形	28013	广东省医药保健品进出口公司	第五类	T2003-04152
羊城牌 YANG CHENG BRAND 及图形	31019	广东省医药保健品进出口公司	第五类	T2003-04153
羊城牌 YANG CHENG BRAND 及图形	168201	广东省医药保健品进出口公司	第一类	T2003-04154
雄鸡牌及图形	35275	厦门协力土产畜产进出口有限公司	第五类	T2003-04155
杏花村及图形	147571	山西杏花村汾酒厂股份有限公司、	第三十三类	T2003-04156
TOSHIBA	148026	株式会社东芝	第十类	T2003-04187
SUNSILK	3021455	联合利华有限公司	第三类	T2003-04226
FAIR & LOVELY	720742	联合利华有限公司	第一类	T2003-04227
POND'S	162754	联合利华有限公司	第三类	T2003-04228

权利名称	权利注册授权号	申请人名称	商品分类	备案号
HAZELINE	615518	联合利华有限公司	第三类	T2003-04229
LUX	618494	联合利华有限公司	第三类	T2003-04231
CHANEL 香奈儿（图形）	329129	香奈儿股份有限公司	第一类	T2003-04277
CHANEL	75977	香奈儿股份有限公司	第三类	T2003-04282
CHANEL	75979	香奈儿股份有限公司	第二十五类	T2003-04284
No 5（o 上标）	75978	香奈儿股份有限公司	第三类	T2003-04286
天鹅及图形	100075	上海白象天鹅电池有限公司	第九类	T2003-04290
HARLEY（图形）	356714	H-D 密执安有限责任公司	第二十五类	T2003-04330
HARLEY（图形）	539716	H-D 密执安有限责任公司	第二十五类	T2003-04331
HARLEY（图形）	980493	H-D 密执安有限责任公司	第二十五类	T2003-04332
HARLEY（图形）	1046093	H-D 密执安有限责任公司	第二十八类	T2003-04333
HARLEY（图形）	1630682	H-D 密执安有限责任公司	第三十四类	T2003-04335
O 及图形	2022889	欧科蕾公司	第九类	T2003-04337
金塔 GOLDEN PAGODA 及图形	142096	河北五矿进出口股份有限公司	第六类	T2003-04353
G 及图形	135539	河北五矿进出口股份有限公司	第十一类	T2003-04354
金塔 GOLDEN PAGODA 及图形	1762199	河北五矿进出口股份有限公司	第六类	T2003-04355
日立（图形）	1054585	株式会社日立制作所	第十二类	T2003-04367
日立	1054571	株式会社日立制作所	第十二类	T2003-04368
HITACHI	1066532	株式会社日立制作所	第十二类	T2003-04369
日立	1079224	株式会社日立制作所	第十一类	T2003-04373
HITACHI	1079225	株式会社日立制作所	第十一类	T2003-04374
日立（图形）	1073363	株式会社日立制作所	第十一类	T2003-04375
HARLEY-DAVIDSON	990408	H-D 密执安有限责任公司	第三类	T2003-04393
HARLEY-DAVIDSON	993790	H-D 密执安有限责任公司	第九类	T2003-04394
HARLEY-DAVIDSON	1050919	H-D 密执安有限责任公司	第十六类	T2003-04396
HARLEY-DAVIDSON	1020401	H-D 密执安有限责任公司	第十四类	T2003-04397
HARLEY-DAVIDSON	980492	H-D 密执安有限责任公司	第二十六类	T2003-04400
HARLEY-DAVIDSON	1046095	H-D 密执安有限责任公司	第二十八类	T2003-04401
HARLEY	1511282	H-D 密执安有限责任公司	第十二类	T2003-04403
HARLEY（图形）	1002536	H-D 密执安有限责任公司	第三类	T2003-04406
HARLEY（图形）	1020439	H-D 密执安有限责任公司	第十四类	T2003-04407
HARLEY（图形）	1511274	H-D 密执安有限责任公司	第十二类	T2003-04408
HARLEY（图形）	1050906	H-D 密执安有限责任公司	第十六类	T2003-04409
NIKE	147619	耐克国际有限公司	第二十五类	T2003-04448
Pioneer	1542026	日本先锋公司	第九类	T2003-04450
5 及图形	2024224	株式会社服部精工	第十四类	T2003-04452
RADO 及图形	146607	雷多制表公司	第十四类	T2003-04462
铃兰 LILY	610252	安徽轻工进出口股份有限公司	第十六类	T2003-04491
雄鸡及图形	39022	天津机械进出口有限公司	第八类	T2003-04529
西安路（图形）	1056113	同声企业股份有限公司	第一类	T2003-04596

权利名称	权利注册授权号	申请人名称	商品分类	备案号
Kapman 鱼（图形）	292118	凯普曼有限公司	第一类	T2003-04609
BANANA REPUBLIC	604715	本雅（国际商标）公司	第二十五类	T2003-04613
GAP	604714	杰普公司	第二十五类	T2003-04614
闽东（图形）	675601	闽东电机（集团）股份有限公司	第七类	T2003-04618
汉森 HANSEN 及图形	1815272	上海汉森投资发展有限公司	第二十四类	T2003-04641
EBEL 及图形	178031	埃贝尔公司（瑞士）	第十四类	T2003-04669
梅花牌及图形	50662	中国丝绸进出口总公司	第二十三类	T2003-04682
红梅及图形	47172	中国丝绸进出口总公司	第二十三类	T2003-04683
飞童牌 FLYING BABY 及图形 .	27793	中国丝绸进出口总公司	第二十四类	T2003-04702
TMT（图形）	3079789	TMT 贸易有限公司	第一类	T2003-04801
RAB 及图形	1922526	中山市古镇威耐仕灯饰电器厂	第十一类	T2003-04825
E 及图形	1922529	中山市古镇威耐仕灯饰电器厂	第十一类	T2003-04826
SUNCA 及图形	591368	建发电器制品（深圳）有限公司	第十一类	T2003-04828
makita	182625	株式会社牧田	第七类	T2003-04869
MAZDA	135803	马自达汽车株式会社	第十二类	T2003-04942
熊猫（图形）	70422	中国中化集团公司	第十类	T2004-04957
TRAMANTINO 及图形	3137961	河北省机械进出口公司	第八类	T2004-04959
GM 及图形	1566061	通用汽车公司	第十二类	T2004-04969
GENERAL MOTORS	1030761	通用汽车公司	第十二类	T2004-04972
MINORA	43078	吉列公司	第八类	T2004-04987
NACET	43079	吉列公司	第八类	T2004-04988
HPC	3109870	广州市番禺惠浦电子有限公司	第九类	T2004-04989
NYCO	683524	济南天齐特种平带有限公司	第七类	T2004-04994
DL（图形）	3252234	深圳市栋凌实业有限公司	第二十一类	T2004-04995
养命（繁体字）	631312	养命酒制造株式会社	第五类	T2004-05000
养命酒（繁体字）	631334	养命酒制造株式会社	第五类	T2004-05001
VE SIN	1639058	河南莲花味精进出口有限公司	第三十类	T2004-05002
TIGER 及图形	139854	江苏开元国际集团轻工业品进出口股份有限公司	第二十八类	T2004-05005
花花公子	1926928	花花公子企业国际有限公司	第十八类	T2004-05007
PLAYBOY 花花公子	1641450	花花公子企业国际有限公司	第二十五类	T2004-05012
蝴蝶 BUTTERFLY 及图形	106797	株式会社特玛苏	第二十五类	T2004-05023
KAPRIOL	G767635	莫甘第公司	第八类	T2004-05024
蝴蝶 BUTTERFLY 及图形	380735	株式会社特玛苏	第二十八类	T2004-05025
GIORGIO ARMANI	176090	乔治·阿玛尼有限公司（米兰），瑞士门德里西奥分公司	第二十五类	T2004-05026
GIORGIO ARMANI	176095	乔治·阿玛尼有限公司（米兰），瑞士门德里西奥分公司	第三类	T2004-05027
GIORGIO ARMANI	176089	乔治·阿玛尼有限公司（米兰），瑞士门德里西奥分公司	第十八类	T2004-05028
GIORGIO ARMANI	176092	乔治·阿玛尼有限公司（米兰），瑞士门德里西奥分公司	第十四类	T2004-05029

权利名称	权利注册授权号	申请人名称	商品分类	备案号
GIORGIO ARMANI	176093	乔治·阿玛尼有限公司（米兰），瑞士门德里西奥分公司	第二十四类	T2004-05030
KERASTASE	148658	莱雅公司	第三类	T2004-05046
钻石及图形	70878	上海机械国际贸易有限公司	第三类	T2004-05051
海鸥	381948	上海家化联合股份有限公司	第三类	T2004-05054
海鸥（图形）	132618	上海家化联合股份有限公司	第五类	T2004-05055
海鸥	380928	上海家化联合股份有限公司	第五类	T2004-05056
海鸥（图形）	100180	上海家化联合股份有限公司	第三类	T2004-05057
SHICO	3174025	中山市力高电器有限公司	第九类	T2004-05058
MOONCITY	1915438	四川华景国贸实业有限责任公司	第九类	T2004-05059
DURATAMAX	3151008	四川华景国贸实业有限责任公司	第九类	T2004-05060
MAXDURATA	3055027	四川华景国贸实业有限责任公司	第九类	T2004-05061
纤麸	3257336	东莞锦泰食品有限公司	第三十类	T2004-05064
UNIQUE METAL	3211422	刘洋	第十一类	T2004-05066
新佳 SUNCA 及图形	1734013	建发电器制品（深圳）有限公司	第九类	T2004-05069
PACERS 及图形	657929	美商 NBA 产物股份有限公司	第二十五类	T2004-05078
MIAMI HEAT 及图形	657993	美商 NBA 产物股份有限公司	第二十五类	T2004-05079
ORLANDO MAGIC 及图形	1509599	美商 NBA 产物股份有限公司	第二十五类	T2004-05081
NETS 及图形	VA 827-622	美商 NBA 产物股份有限公司		C2004-05082
DEL MONTE	153201	代尔蒙特公司	第二十九类	T2004-05083
DEL MONTE	380359	代尔蒙特公司	第三十类	T2004-05084
Del Monte（图形）	380358	代尔蒙特公司	第三十类	T2004-05086
Del Monte（图形）	153203	代尔蒙特公司	第二十九类	T2004-05087
DEL MONTE	153202	代尔蒙特公司	第三十二类	T2004-05088
Del Monte（图形）	153204	代尔蒙特公司	第三十二类	T2004-05089
鹦鹉 PARROT 及图形	1613512	孝感市鹦鹉锁业有限公司	第六类	T2004-05091
THE VERT DE	3255387	庞嘉必贸易亚洲有限公司	第三十类	T2004-05093
长城 GREAT WALL 及图形	100757	上海文教体育用品总公司	第十六类	T2004-05095
SAGOLA	1530864	萨古拉有限公司	第七类	T2004-05098
NORA-M 及图形	3067728	李林添	第六类	T2004-05103
安琪（图形）	1598997	湖北安琪酵母股份有限公司	第三十类	T2004-05105
PALLADIUM 及图形	1665679	李林添	第六类	T2004-05111
易而益 ERE Neiriei	3309432	综乙国际贸易（上海）有限公司	第九类	T2004-05114
LE KORA	1994893	庞嘉必贸易亚洲有限公司	第二十一类	T2004-05115
PAPA	3044976	庞嘉必贸易亚洲有限公司	第三十类	T2004-05116
LE CHEVAL	3176584	庞嘉必贸易亚洲有限公司	第三十类	T2004-05117
双马（图形）	3176574	庞嘉必贸易亚洲有限公司	第三十类	T2004-05118
CHEVAL LEGENDAIRE	3181514	庞嘉必贸易亚洲有限公司	第三十类	T2004-05119
CHEVAL BLANC	3193594	庞嘉必贸易亚洲有限公司	第三十类	T2004-05121
T.CHEVAL	3201659	庞嘉必贸易亚洲有限公司	第三十类	T2004-05122

权利名称	权利注册授权号	申请人名称	商品分类	备案号
CHEVAUX	3201660	庞嘉必贸易亚洲有限公司	第三十类	T2004-05123
T.SADDAM	3201661	庞嘉必贸易亚洲有限公司	第三十类	T2004-05124
CHEVAL DE LUXE	3201662	庞嘉必贸易亚洲有限公司	第三十类	T2004-05125
THE SADDAM	3201672	庞嘉必贸易亚洲有限公司	第三十类	T2004-05126
GROS GRAINS	3252248	庞嘉必贸易亚洲有限公司	第三十类	T2004-05127
边界（图形）	3252247	庞嘉必贸易亚洲有限公司	第三十类	T2004-05128
Kchibo	1562224	深圳市凯隆电子有限公司	第一类	T2004-05130
JINGWEI	3105026	江利生	第七类	T2004-05131
月亮及图形	1457611	苏州申辰纺织品有限公司	第二十三类	T2004-05132
Q & Q（图形）	159372	西铁城 CBM 株式会社	第十四类	T2004-05134
DEFYNIK	1522969	萨古拉有限公司	第七类	T2004-05135
丹芭碧 TOBABY 及图形	3183157	广州丹芭碧化妆品有限公司	第三类	T2004-05137
BOSCH	159857	罗伯特·博世有限公司	第十二类	T2004-05138
BOSCH 博世（图形）	159858	罗伯特·博世有限公司	第十二类	T2004-05139
梅花 PLUM BLOSSOM 及图形	53588	天津莱特进出口有限公司	第三类	T2004-05140
三九牌及图形	104073	云南 999 电池股份有限公司	第九类	T2004-05141
G1200	3273828	湖南神力实业有限公司	第十六类	T2004-05143
Lanogold	1935917	浙江伟达制衣有限公司	第二十五类	T2004-05146
伟达（图形）	3203125	浙江伟达制衣有限公司	第二十五类	T2004-05147
HEALTH MAN	3044199	梁琛	第二十八类	T2004-05148
MARQUIS	1625669	浙江天时国际经济技术合作有限公司	第七类	T2004-05150
COACH（图形）	1926894	科奇公司	第十八类	T2004-05152
COACH	734278	科奇公司	第二十五类	T2004-05153
奔狼	13-2003-F-435	福建七匹狼集团有限公司		C2004-05158
加林山 JIALINSHAN 及图形	604019	珠海市永隆加林山矿泉水厂	第三十二类	T2004-05160
双鹿及图形	129355	中银（宁波）电池有限公司	第九类	T2004-05161
adidas	162239	阿迪达斯有限公司	第一类	T2004-05171
金鱼及图形	3251996	厦门市富运通贸易有限公司	第二十二类	T2004-05191
金鱼（图形）	3251997	厦门市富运通贸易有限公司	第二十三类	T2004-05192
ProComp 及图形	3284724	深圳市脑溚能实业发展有限公司	第十类	T2004-05193
双狮（图形）	3228514	屠茂坤	第二十四类	T2004-05197
握手（图形）	3228513	屠茂坤	第二十四类	T2004-05198
SOMATICO	3228506	屠茂坤	第二十四类	T2004-05199
SUPER S.M. 及图形	3228505	屠茂坤	第二十四类	T2004-05200
SENTIMENT	3228504	屠茂坤	第二十四类	T2004-05201
AFRICA NO.1 及图形	3228503	屠茂坤		T2004-05202
玉泉及图形	86972	河北方达进出口公司	第二十九类	T2004-05204
爱涛 ARTALL	1333112	江苏弘业股份有限公司	第二十六类	T2004-05205
爱涛 ARTALL	1347861	江苏弘业股份有限公司	第二十类	T2004-05209
爱涛 ARTALL	1344551	江苏弘业股份有限公司	第六类	T2004-05210

权利名称	权利注册授权号	申请人名称	商品分类	备案号
爱涛 ARTALL	1353198	江苏弘业股份有限公司	第二十八类	T2004-05211
PHX 及图	VAu 474-893	美商 NBA 产物股份有限公司		C2004-05217
Optimus	1578584	德·弗拉姆博格有限公司	第九类	T2004-05218
KDM	3253932	上海康德莱企业发展集团股份有限公司	第十类	T2004-05222
BRYLCREEM	G638658	布特来斯公司	第三类	T2004-05234
BRYLCREEM 及图形	G637541	布特来斯公司	第三类	T2004-05235
KIWI 及图形	667278	奇伟欧洲控股有限公司	第五类	T2004-05236
KIWI 及图形	670259	奇伟欧洲控股有限公司	第三类	T2004-05237
AMBI-PUR	G570418	萨拉莉家庭及个人用品荷兰有限公司	第三类	T2004-05238
P（图形）	G790969	萨拉莉家庭及个人用品荷兰有限公司	第三类	T2004-05239
Ambi-Pur	G772556	萨拉莉家庭及个人用品荷兰有限公司	第三类	T2004-05242
Ambi Pur 及图形	G791018	萨拉莉家庭及个人用品荷兰有限公司	第三类	T2004-05243
红灯牌 RED LANTERN 及图形	70003	湖南省鞭炮烟花进出口公司	第十三类	T2004-05244
SUNBEAM	1766250	厦门市清宏实业有限公司	第二十类	T2004-05245
Char-Broil 及图形	1977514	厦门市清宏实业有限公司	第八类	T2004-05246
GOOD COOK 及图形	1976536	厦门市清宏实业有限公司	第八类	T2004-05247
IMC 及图形	1976477	厦门市清宏实业有限公司	第八类	T2004-05248
厨师端盘子（图形）	1574160	厦门市清宏实业有限公司	第八类	T2004-05249
GENETRON	808343	霍尼韦尔国际公司	第一类	T2004-05252
圆环和水滴（图形）	1558275	杨志强	第七类	T2004-05254
和平鸽及图形	3023426	中纺服装进出口公司	第二十四类	T2004-05255
ANDELIE .WU	1677254	吴云生	第二十五类	T2004-05261
火焰一号	13-2003-F-220	厦门宜众贸易有限公司		C2004-05272
Eurohealth	3136833	陈德裕	第二十八类	T2004-05274
P（图形）	G790969-5	萨拉莉家庭及个人用品荷兰有限公司	第五类	T2004-05278
GALLANT	3327317	麦塔剃须产品私人有限公司		T2004-05289
福佑灵及图	1696128	江门市宽裕植保新技术开发咨询有限公司		T2004-05290
飞鹰及图	111399	梧州市电筒厂		T2004-05291
三星圆（图形）	1649614	里卡多·费里诺公司的法姆菲尔合伙公司	第一类	T2004-05304
GXKC	1786076	广西三环企业集团股份有限公司	第二十一类	T2004-05316
三星圆（图形）	1614151	里卡多·费里诺公司的法姆菲尔合伙公司	第七类	T2004-05327
金龙（繁体）及图形	162945	浙江凯喜雅国际股份有限公司	第二十四类	T2004-05331
CATHAYA 及图形	621992	浙江凯喜雅国际股份有限公司	第二十五类	T2004-05332
保俶塔及图形	162943	浙江凯喜雅国际股份有限公司	第二十四类	T2004-05333
CATHAYA 及图形	647407	浙江凯喜雅国际股份有限公司	第二十三类	T2004-05334
CATHAYA 及图形	647408	浙江凯喜雅国际股份有限公司	第二十四类	T2004-05335
AMBI-PUR	G570418-5	萨拉莉家庭及个人用品荷兰有限公司	第五类	T2004-05343
P（图形）	G790969-11	萨拉莉家庭及个人用品荷兰有限公司	第十一类	T2004-05348
Ambi Pur 及图形	G772556-11	萨拉莉家庭及个人用品荷兰有限公司	第十一类	T2004-05350
Ambi Pur 及图形	G772556-5	萨拉莉家庭及个人用品荷兰有限公司	第五类	T2004-05351

权利名称	权利注册授权号	申请人名称	商品分类	备案号
Ambi Pur 及图形	G791018-5	萨拉莉家庭及个人用品荷兰有限公司	第五类	T2004-05352
Ambi Pur 及图形	G791018-11	萨拉莉家庭及个人用品荷兰有限公司	第十一类	T2004-05353
赛车式椅套图案	13-2003-F-219	厦门宜众贸易有限公司		C2004-05354
JEAN PAUL GAULTIER	2002585	盖尔姆公司	第二十五类	T2004-05356
DALLAS MAVERICKS 及图	1717070	美商 NBA 产物股份有限公司		T2004-05365
NBA 及图	1532692	美商 NBA 产物股份有限公司		T2004-05372
SEATTLE SONICS 及图	2006773	美商 NBA 产物股份有限公司		T2004-05374
EVEREADY	159972	永备电池有限公司	第九类	T2004-05377
ADIDAS 三叶草（图形）	169865	阿迪达斯有限公司	第一类	T2004-05379
珠江桥 PEARL RIVER BRIDGE 及图	730758	广东粮油金顺贸易公司		T2004-05414
帆船 SAILING BOAT 及图	1102313	广东粮油金顺贸易公司		T2004-05415
HEELYS	1791416	海丽思体育用品有限公司	第二十八类	T2004-05418
FERRERO ROCHER 及图形	1622823	费列罗有限公司	第三十类	T2004-05419
FERRERO ROCHER	1586931	费列罗有限公司	第三十类	T2004-05420
DONDON 噹噹及图	1215140	广泰代理有限公司	第三十类	T2004-05426
金城	629349	金城集团有限公司	第十二类	T2004-05427
白鹤 BaiheWhite Crane 及图	3262980	南通市利特发贸易有限公司	第十一类	T2004-05428
三圈及图	128382	厦门三圈日化有限公司	第九类	T2004-05429
WAVE	3038752	本田技研工业株式会社		T2004-05441
POEME	G619485	兰金香水美容有限公司	第一类	T2004-05443
O de LANCOME	731744	兰金香水美容有限公司	第一类	T2004-05444
NOA NOA	559491	莱雅公司		T2004-05445
EDEN	G601290	莱雅公司		T2004-05446
长臂猿（图形）	604698	昆明电池厂		T2004-05447
HOMAI	3212639	福建福安东大电机有限公司		T2004-05448
VIKING EXCLUSIVE JONCOD	3019817	泰格工业集团有限公司	第一类	T2004-05449
COACH 图形	3267150	科奇公司		T2004-05450
MINJAK GOSOK 及图形	712599	星洲药业		T2004-05455
TRNFA 信发	1777934	北京市信鹏发科技发展有限公司		T2004-05457
张裕	3200643	烟台张裕集团有限公司	第三十三类	T2004-05465
CY 盾牌葡萄枝（图形）	3200644	烟台张裕集团有限公司	第三十三类	T2004-05466
ZHANG YU	609323	烟台张裕集团有限公司	第三十三类	T2004-05467
长城 great wall 及图	70858	天津食品进出口股份有限公司	第三十类	T2004-05476
长城及图	53041	天津食品进出口股份有限公司	第二十九类	T2004-05477
GUCCI	177032	古乔古希股份公司	第十八类	T2004-05479
GUCCI	178082	古乔古希股份公司	第六类	T2004-05480
gelly ROLL 及图形	2020927	株式会社樱花彩色笔	第十六类	T2004-05482
SUFALA 桑帆及图	3216611	深圳市深浪企业有限公司	第十二类	T2004-05488
Rama Star	1613006	扬州明星牙刷有限公司	第二十一类	T2004-05497

权利名称	权利注册授权号	申请人名称	商品分类	备案号
Dentifresh	1692751	扬州明星牙刷有限公司	第二十一类	T2004-05498
航空 AEROPLANE 及图形	100752	上海文教体育用品总厂	第二十八类	T2004-05499
THERMOWATT 及图	1733941	特莫瓦特有限公司	第七类	T2004-05503
MASON 及图	1546296	东莞市美讯电子科技有限公司	第九类	T2004-05508
彩奇	1696259	广州立白企业集团有限公司	第三类	T2004-05510
VIATOP	1656961	北京泛华圣大道路技术有限公司	第十九类	T2004-05521
GLASGRID	1656962	北京泛华圣大道路技术有限公司	第十九类	T2004-05523
YANES	3371343	中山市泰星锁业制造有限公司	第六类	T2004-05528
ZQ（图形）	3403051	宁波志清实业有限公司	第九类	T2004-05529
ZQ（图形）	3403049	宁波志清实业有限公司	第二十九类	T2004-05530
ZQ（图形）	3403085	宁波志清实业有限公司	第三十四类	T2004-05534
ZQ（图形）	3403088	宁波志清实业有限公司	第三十一类	T2004-05535
ZQ（图形）	3403086	宁波志清实业有限公司	第三十三类	T2004-05536
Viro	646644	浙江浦江中星有限公司	第六类	T2004-05543
BRICARD	1697583	苏州市春苑制锁有限公司	第六类	T2004-05545
TRABEX	1709523	苏州市春苑制锁有限公司		T2004-05546
天鹅（图形）	1531333	苏州市春苑制锁有限公司	第六类	T2004-05547
BONAITI 及图形	1515119	苏州市春苑制锁有限公司	第六类	T2004-05548
CLETECH 及图形	1914393	苏州市春苑制锁有限公司	第六类	T2004-05549
KALLAY	1974786	苏州市春苑制锁有限公司	第六类	T2004-05550
MORETTI	3201480	苏州市春苑制锁有限公司	第六类	T2004-05551
三元及图形	173900	福建汇天生物药业有限公司	第五类	T2004-05553
4L 图形	G752736	诺林科公司	第六类	T2004-05560
Ideal 及图形	812715	上海市轻工业品进出口有限公司	第一类	T2004-05562
HOUSE	517203	上海市轻工业品进出口有限公司	第六类	T2004-05563
SHOWA	759332	株式会社昭和	第十二类	T2004-05569
FEATHER 及图	1137117	羽毛安全剃刀株式会社	第一类	T2004-05570
SPRAYIT	1589793	宁波成田涂装机械有限公司	第七类	T2004-05573
商船及图	36758	广西壮族自治区医药保健品进出口公司	第五类	T2004-05577
兴达 XINGDA 及图	1757038	江苏兴达钢帘丝股份有限公司	第六类	T2004-05578
CIALIS	1572443	美国礼来公司	第五类	T2004-05581
BRIGGS&STRATTON	1772202	布斯公司	第十二类	T2004-05582
BRIGGS & STRATTON(图形)	2015031	布斯公司	第十二类	T2004-05583
BRIGGS & STRATTON(图形)	2015315	布斯公司	第一类	T2004-05584
百力通	3047320	布斯公司	第十二类	T2004-05585
BRIGGS & STRATTON(图形)	2017097	布斯公司	第一类	T2004-05586
BRIGGS&STRATTON	1910683	布斯公司	第七类	T2004-05587
百力通	3047319	布斯公司	第七类	T2004-05588
JMTACC	1637058	温州吉迈特服装辅料有限公司	第二十六类	T2004-05589
安吉尔	672554	深圳市新世纪饮水科技有限公司	第十一类	T2004-05590

权利名称	权利注册授权号	申请人名称	商品分类	备案号
帆船 SAILING BOAT 及图	13501	上海汇德利文化用品有限公司上海复写纸厂	第十六类	T2004-05623
LE KORA	2013502	庞嘉必贸易亚洲有限公司	第三十类	T2004-05630
离合器盘总成包装盒	2003-L-0612	株式会社 EXEDY		C2004-05631
ROYAL	1087539	清远万奇扑克制品有限公司	第十六类	T2004-05636
兔子图形及"baby LOONEY TUNES"	1987797	时代华纳娱乐公司	第二十八类	T2004-05638
兔子图形及"baby LOONEY TUNES"	2008591	时代华纳娱乐公司	第二十五类	T2004-05642
鹤 HE 及图	3492671	自贡鸿鹤化工股份有限公司	第三十一类	T2004-05644
鹤 HE 及图	952131	自贡鸿鹤化工股份有限公司	第一类	T2004-05645
KVSS	598086	内蒙古鄂尔多斯羊绒制品股份有限公司	第二十二类	T2004-05647
JIANSHE 及图	1752332	建设工业（集团）有限责任公司	第十二类	T2004-05648
KODAI	1706875	无锡光明锁业有限公司	第六类	T2004-05649
GET READY	685493	增城市新塘超劲电池有限公司	第九类	T2004-05658
V.E.C.	652490	江门市新会区金泓电器厂	第十一类	T2004-05662
四合一猪仔车设计图	2004-K-01314	家宝（智高）有限公司		C2004-05663
熊仔吉他设计图	2004-K-01315	家宝（智高）有限公司		C2004-05664
CONTE	G570709	比克公司	第十六类	T2004-05676
罗马摆饰系列—玫瑰花贴图	13-2004-F-580	厦门星星工艺品有限公司		C2004-05713
罗马摆饰系列—配红色透明树脂	13-2004-F-586	厦门星星工艺品有限公司		C2004-05714
光纤房子系列（2）	13-2004-F-593	厦门星星工艺品有限公司		C2004-05715
罗马摆饰系列—流苏铁件饰品	13-2004-F-644	厦门星星工艺品有限公司		C2004-05716
罗马摆饰系列—流苏铁件烛台	13-2004-F-645	厦门星星工艺品有限公司		C2004-05717
春天雨滴喷泉系列	13-2004-F-648	厦门星星工艺品有限公司		C2004-05718
春天磁场风铃系列	13-2004-F-651	厦门星星工艺品有限公司		C2004-05719
音乐铃三层旋转动物系列	13-2004-F-663	厦门星星工艺品有限公司		C2004-05720
音乐铃盒子系列（2）	13-2004-F-655	厦门星星工艺品有限公司		C2004-05721
音乐旋转房子系列（2）	13-2004-F-656	厦门星星工艺品有限公司		C2004-05722
罗马摆饰系列—玫瑰花贴图（2）	13-2004-F-657	厦门星星工艺品有限公司		C2004-05723
罗马摆饰系列—玫瑰花贴图（3）	13-2004-F-658	厦门星星工艺品有限公司		C2004-05724
tiger 及图形	788593	泰格工业集团有限公司	第七类	T2004-05735
QILOO	3337815	林仪清	第二十五类	T2004-05743
明星及图形	141811	温州矾矿	第一类	T2004-05745
熊猫竹子（图形）	1783518	招远三嘉粉丝蛋白有限公司	第三十类	T2004-05746
九龙（图形）	1783520	招远三嘉粉丝蛋白有限公司	第三十类	T2004-05749
特质三鞭酒包装盒	15-2000-011	山东省医药保健品进出口公司		C2004-05755
STIHL	1069526	安德烈亚斯·施蒂尔两合公司	第十六类	T2004-05762
VALLEYSTONE	3037708	三角轮胎股份有限公司	第十二类	T2004-05768
ABRO	3089054	美国爱宝工业有限公司	第十七类	T2004-05771
TANITA	180100	株式会社百利达	第九类	T2004-05776

权利名称	权利注册授权号	申请人名称	商品分类	备案号
OLYMPUS	G777136	奥林巴斯株式会社	第九类	T2004-05777
ITC	3229777	福州龙腾伟业机电有限公司	第七类	T2004-05799
KRAFT SINGLES 及图	1722617	卡夫食品控股有限公司	第二十九类	T2004-05801
COLEMAN	751489	科勒曼股份有限公司	第十一类	T2004-05805
凯蒂猫图案	1740680	三丽鸥股份有限公司	第十八类	T2004-05814
HELLO KITTY 及图案	169831	三丽鸥股份有限公司	第十八类	T2004-05815
东风 +DONGFENG 图形	100579	上海柴油机股份有限公司	第七类	T2004-05817
Kriss 图形	1919925	宁波赛特金属制品有限公司	第十一类	T2004-05818
飞人乔丹 JORDAN(图形)	643806	耐克国际有限公司	第二十五类	T2004-05819
CASIO	99707	卡西欧计算机株式会社	第十四类	T2004-05821
S-V.P.A.M	2017145	卡西欧计算机株式会社	第九类	T2004-05822
SPORTS	640982	卡西欧计算机株式会社	第十四类	T2004-05823
CASIO	99706	卡西欧计算机株式会社	第九类	T2004-05826
G-SHOCK	584013	卡西欧计算机株式会社	第十四类	T2004-05827
ZEGNA	70553	康恩泰有限公司	第二十四类	T2004-05830
BMW	282195	宝马股份公司	第十二类	T2004-05832
MORNINGKISS 及图形	1688773	扬州市兴盛牙刷厂	第二十一类	T2004-05834
牧科	1984144	株式会社牧田	第九类	T2004-05840
maktec	2015299	株式会社牧田	第七类	T2004-05841
maktec	1981262	株式会社牧田	第九类	T2004-05842
牧科	2015283	株式会社牧田	第七类	T2004-05843
三菱	170751	三菱电机株式会社	第九类	T2004-05844
三菱(图形)	170753	三菱电机株式会社	第十六类	T2004-05845
MITSUBISHI	170752	三菱电机株式会社	第十六类	T2004-05846
SONY	1600756	索尼株式会社	第十八类	T2004-05852
厨师端盘子(图案)+QINGHONG 清宏	3245217	厦门市清宏实业有限公司	第十一类	T2004-05854
厨师端盘子(图案)+QINGHONG 清宏	3245215	厦门市清宏实业有限公司	第二十一类	T2004-05855
厨师端盘子(图案)+QINGHONG 清宏	3245216	厦门市清宏实业有限公司	第八类	T2004-05856
LAUFER ARMATUREN	3157654	玉环县申达阀门有限公司	第六类	T2004-05857
COCO	1926593	香奈儿股份有限公司	第十八类	T2004-05858
KOU YI K.Y 及图	543513	国益铁工厂股份有限公司	第七类	T2004-05860
国益	543515	国益铁工厂股份有限公司	第七类	T2004-05861
cader(图形)	2009539	嘉信洋行有限公司	第十一类	T2004-05864
CADER	1981776	嘉信洋行有限公司	第九类	T2004-05865
cader(图形)	1991110	嘉信洋行有限公司	第九类	T2004-05866
CADER	2009538	嘉信洋行有限公司	第十一类	T2004-05867
CASALS+ 图形	G605150	盖世世家有限公司	第七类	T2004-05868
EA 图形 +SPORTS	1747718	电子艺界有限公司	第九类	T2004-05869

权利名称	权利注册授权号	申请人名称	商品分类	备案号
EA 图形	1747717	电子艺界有限公司	第九类	T2004-05871
海吉力 HIJIKI	1944279	浙江三丰水产食品有限公司	第二十九类	T2004-05872
Angel	3097550	深圳安吉尔饮水产业集团有限公司	第十一类	T2004-05875
正禾 ZHENG HE	1557835	广州市番禺区市桥南城正隆行	第三十类	T2004-05876
图形	1533176	福建省莆田市双驰体育用品有限公司	第二十五类	T2004-05882
SEMS	1565577	福建省莆田市双驰体育用品有限公司	第二十五类	T2004-05883
莲香楼	669128	广州市莲香楼	第三十类	T2004-05884
岐江牌及图形	208429	中山市土产进出口有限公司	第三十类	T2004-05887
岐江牌及图形	208428	中山市土产进出口有限公司	第二十九类	T2004-05888
ADIDAS 三叶草（图形）	169864	阿迪达斯有限公司	第十八类	T2004-05889
adidas	333574	阿迪达斯有限公司	第二十五类	T2004-05892
ADIDAS 三叶草（图形）	575127	阿迪达斯有限公司	第二十五类	T2004-05894
adidas	3063759	阿迪达斯有限公司	第九类	T2004-05895
ADIDAS 三斜杠（图形）	1536558	阿迪达斯国际经营管理有限公司	第十八类	T2004-05896
ADIDAS 三斜杠（图形）	1407333	阿迪达斯国际经营管理有限公司	第十四类	T2004-05899
ALMAS 图形	3206245	宁波宝利进出口有限公司	第七类	T2004-05902
LIFAN	3224615	力帆实业（集团）股份有限公司	第十二类	T2004-05903
SKYGO	3235760	力帆实业（集团）股份有限公司	第十二类	T2004-05904
LLL 及图形	1235470	力帆实业（集团）股份有限公司	第十二类	T2004-05905
Bowling 及图	561035	億京股份有限公司	第六类	T2004-05910
LIFESCAN	696334	强生公司	第一类	T2004-05912
ONETOUCH ULTRA	3351281	强生公司	第十类	T2004-05913
花桥	111427	北京王致和（桂林腐乳）食品有限公司	第二十九类	T2004-05914
象山	159011	北京王致和（桂林腐乳）食品有限公司	第三十类	T2004-05915
P 图形	1622050	培黎有限公司	第十一类	T2004-05917
PEGLER	1618050	培黎有限公司	第十一类	T2004-05918
神塔	3212138	定州市华光烛业有限公司	第四类	T2004-05923
宝塔	3212137	定州市华光烛业有限公司	第四类	T2004-05924
万艾可	1335239	辉瑞产品有限公司	第五类	T2004-05926
辉瑞 HUIRUI	1508411	辉瑞产品有限公司	第五类	T2004-05927
PFIZER	1503657	辉瑞产品有限公司	第五类	T2004-05928
Pfizer（图形）	608146	辉瑞产品有限公司	第五类	T2004-05932
可多华	211067	辉瑞有限公司	第五类	T2004-05933
Zithromax	820022	辉瑞有限公司	第五类	T2004-05934
络活喜 NORVASC 及图形	588309	辉瑞有限公司	第五类	T2004-05936
DIFLUCAN	545200	辉瑞有限公司	第五类	T2004-05937
《大扶康》*	546257	辉瑞有限公司	第五类	T2004-05938
STRONGER	3181361	三信国际电器上海有限公司	第九类	T2004-05953
LIDO 及 MMS	3239957	三信国际电器上海有限公司	第九类	T2004-05954
Pecahma	3217161	三信国际电器上海有限公司	第九类	T2004-05955

权利名称	权利注册授权号	申请人名称	商品分类	备案号
POLY 及图	3217156	三信国际电器上海有限公司	第九类	T2004-05956
CBB	3217369	三信国际电器上海有限公司	第九类	T2004-05957
ACTA — HC	3316971	三信国际电器上海有限公司	第九类	T2004-05958
Benchmate	1966560	向日葵国际贸易（天津）有限公司	第三十类	T2004-05961
Pectol	1966558	向日葵国际贸易（天津）有限公司	第三十类	T2004-05962
FEUDOR	201638	瑞典火柴打火机公司	第三十四类	T2004-05965
ETERNA	22011	上海兰生国泰进出口有限公司	第二十一类	T2004-05981
LIUSHEN	1760488	上海家化联合股份有限公司	第三类	T2004-05982
SLIE 斯莱	258663	四川省新川轻工业品进出口有限公司	第九类	T2004-05984
VCP	1747988	三信国际电器有限公司	第九类	T2004-05986
POWERLINE	1682229	三信国际电器有限公司	第九类	T2004-05987
SANXIN	1590520	三信国际电器有限公司	第九类	T2004-05988
SB	1503595	史密斯克兰・比彻姆有限公司	第二十一类	T2004-05989
JCB	579704	J.C. 班福德挖土机有限公司	第七类	T2004-05991
JCB 及图	579705	J.C. 班福德挖土机有限公司		T2004-05992
DREIK	3373374	林永平	第七类	T2004-05994
JKT	3373373	林永平	第七类	T2004-05995
联益达电子及图形	3326771	邓明友	第九类	T2004-05996
NABTA 及图形	1680076	什邡一心化工有限公司	第一类	T2004-06000
GORE-TEX	640640	W.L. 戈尔公司	第二十五类	T2004-06001
STIHL	G573715	安德烈亚斯・施蒂尔两合公司	第四类	T2004-06008
STIHL	G573715	安德烈亚斯・施蒂尔两合公司	第二十五类	T2004-06009
HUGO HUGO BOSS	G604811A	欧罗科斯化妆品有限公司	第三类	T2004-06011
HUGO DEEP RED	3165076	欧罗科斯化妆品有限公司	第三类	T2004-06012
SK-II	677248	宝洁公司（美国）	第三类	T2004-06013
玉兰油	1684381	宝洁公司（美国）	第三类	T2004-06014
虎及图形	1960360	正通行实业有限公司	第三十类	T2004-06017
三叶草（图形）	169867	阿迪达斯有限公司	第二十八类	T2004-06019
AMOXIL	70520	比彻姆集团公共有限公司	第五类	T2004-06021
AQUAFRESH	826140	比彻姆集团公共有限公司	第三类	T2004-06023
葛兰素史克 GlaxoSmithkline 及图形	1934376	史密斯克兰・比彻姆有限公司	第二十一类	T2004-06025
PANADOL	556382	史密斯克兰・比彻姆有限公司	第五类	T2004-06026
葛兰史素克 GlaxoSmithkline 及图形	1906295	史密斯克兰・比彻姆有限公司	第五类	T2004-06027
HERMES 及图形	1708652	爱马仕国际	第十八类	T2004-06031
OLYMPUS	G777136	奥林巴斯株式会社	第十类	T2004-06035
cicada 及图	1617870	瑞安市金鼓汽车电器有限公司	第十二类	T2004-06054
光华及图	101690	上海光华桅灯厂	第十一类	T2004-06057
工艺品（龙虾）	13-2004-F-828	福建省南安市新星工艺厂		C2004-06066

权利名称	权利注册授权号	申请人名称	商品分类	备案号
工艺品（螃蟹）	13-2004-F-829	福建省南安市新星工艺厂		C2004-06067
Lui	3151823	张家港保税区迈克斯国际贸易有限公司	第二十九类	T2004-06068
运动员扣篮（图形）	3337779	林仪清	第二十五类	T2004-06070
双合及图形	238730	余姚捷华动力机械有限公司	第七类	T2004-06071
钻石 DIAMOND 及图形	1041398	余姚捷华动力机械有限公司	第七类	T2004-06072
AURORA 及图形	3336987	湖北仙光日化有限公司	第三类	T2004-06073
仙光及图形	3336828	湖北仙光日化有限公司	第三类	T2004-06074
露露	570573	露露集团有限责任公司	第三十二类	T2004-06076
白兔 Rabbit 及图形	558580	大伦气球工业股份有限公司	第二十八类	T2004-06077
STARRETT	1279599	L.S. 施泰力公司	第七类	T2004-06078
Starrett	790503	L.S. 施泰力公司	第八类	T2004-06079
JOKOSIT	G652415	爱德华约克有限公司	第八类	T2004-06080
OAKLEY	646837	欧科蕾公司	第二十五类	T2004-06083
OAKLEY	644894	欧科蕾公司	第十八类	T2004-06084
O（图形）	3313395	欧科蕾公司	第二十五类	T2004-06086
OAKLEY 及图形	859776	欧科蕾公司	第二十五类	T2004-06088
O（图形）	3313396	欧科蕾公司	第二十五类	T2004-06089
O（图形）	1737357	欧科蕾公司	第二十五类	T2004-06091
O（图形）	3313397	欧科蕾公司	第九类	T2004-06092
三力（图形）	1617962	福建省晋江市三力机车有限公司	第十二类	T2004-06094
SUSIKE 苏司克	3169681	福建省晋江市三力机车有限公司	第十二类	T2004-06095
SANILI	1657860	福建省晋江市三力机车有限公司	第十二类	T2004-06096
豪福 HaoFu	1605951	福建省晋江市三力机车有限公司	第十三类	T2004-06097
ROMAEU	3419581	姚希正	第六类	T2004-06101
上药 SPIC 及图形	32200	上海市医药保健品进出口公司	第五类	T2004-06102
DISNEY	3253768	迪士尼企业公司	第二十八类	T2004-06105
CLASSIC POOH 及图形	1542073	迪士尼企业公司	第九类	T2004-06109
MICKEY'S COLLECTION	688887	迪士尼企业公司	第二十五类	T2004-06111
POOH 及图形	1568713	迪士尼企业公司	第十四类	T2004-06113
POOH 及图形	1580529	迪士尼企业公司	第十六类	T2004-06114
POOH 及图形	1529602	迪士尼企业公司	第二十五类	T2004-06115
FINDING NEMO	3251711	迪士尼企业公司	第二十五类	T2004-06122
FINDING NEMO	3251619	迪士尼企业公司	第十六类	T2004-06126
MICKEY MOUSE	250112	迪士尼企业公司	第九类	T2004-06132
JOCKEY 及图形	670945	赛马骑师国际公司	第二十五类	T2004-06134
赛马骑师	176054	赛马骑师国际公司	第二十五类	T2004-06135
SEWSPECIAL 索斯贝莎	3190188	宝石控股（集团）有限公司	第七类	T2004-06143
SABA	1779026	北京贝斯特医用仪器有限公司	第十类	T2004-06145
AUTOLITE	323709	霍尼韦尔国际公司	第十二类	T2004-06147
Garrett 盖瑞特	994384	霍尼韦尔国际公司	第十二类	T2004-06148

权利名称	权利注册授权号	申请人名称	商品分类	备案号
Wahaha	3028398	杭州娃哈哈集团有限公司	第三十二类	T2004-06149
娃哈哈	3028400	杭州娃哈哈集团有限公司	第三十二类	T2004-06150
PENGLOBE	177113	阿斯利康有限公司	第五类	T2004-06152
NAROPIN	585722	阿斯利康有限公司	第五类	T2004-06156
SYMBICORT	687324	阿斯利康有限公司	第五类	T2004-06162
PULMICORT	175325	阿斯利康有限公司	第五类	T2004-06165
BRICANYL	175322	阿斯利康有限公司	第五类	T2004-06170
波依定（图形）	688354	阿斯利康有限公司	第五类	T2004-06174
BETALOC ZOK	601436	阿斯利康有限公司	第五类	T2004-06178
倍他乐克	657124	阿斯利康有限公司	第五类	T2004-06179
BETALOC	175320	阿斯利康有限公司	第五类	T2004-06180
耐信	3118314	阿斯利康有限公司	第五类	T2004-06181
可定	3094661	IPR 药品公司	第五类	T2004-06195
CRESTOR	1544508	IPR 药品公司	第五类	T2004-06196
香水	1768440	重庆三九火锅底料厂	第三十类	T2004-06199
三九（图形）	3174592	重庆三九火锅底料厂	第二十九类	T2004-06201
三九（图形）	3174588	重庆三九火锅底料厂	第三十类	T2004-06202
五粮液 WULIANGYE	3467940	四川省宜宾五粮液集团有限公司	第三十三类	T2004-06203
亚洲	1703380	四川省宜宾五粮液集团有限公司	第三十三类	T2004-06204
W（图形）	1207092	四川省宜宾五粮液集团有限公司	第三十三类	T2004-06206
尖庄	629861	四川省宜宾五粮液集团有限公司	第三十三类	T2004-06207
五粮神	3467943	四川省宜宾五粮液集团有限公司	第三十三类	T2004-06208
五粮醇	1249527	四川省宜宾五粮液集团有限公司	第三十三类	T2004-06209
五粮春	1257697	四川省宜宾五粮液集团有限公司	第三十三类	T2004-06210
LEVI STRAUSS SIGNATURE	3218321	利惠公司	第二十五类	T2004-06212
HAMMER	1569150	汉模体育用品公司	第二十八类	T2004-06214
NANSHING 及图形	1565089	南通南星纺织有限公司	第二十四类	T2004-06215
TABASCO（图形）	667096	麦克汉尼公司	第三十类	T2004-06220
TABASCO	667091	麦克汉尼公司	第三十类	T2004-06221
公鸡 COCK 及图形	3359994	中山兴发橡塑制品有限公司	第九类	T2004-06222
WINCELL	3035135	上海锦众电池有限公司	第九类	T2004-06231
MAVERICK 及图形	3003207	美国扑克牌公司	第十六类	T2004-06232
红心 RED HEART 及图形	32367	上海红心器具有限公司	第九类	T2004-06233
GJ 及图形	3004608	四川高金食品股份有限公司	第二十九类	T2004-06240
TITLEIST	616628	高仕利公司	第二十五类	T2004-06245
DRYJOYS 及图形	1812020	高仕利公司	第二十五类	T2004-06246
迪特蕾丝	2003326	高仕利公司	第二十五类	T2004-06248
FOOTJOY	1938807	高仕利公司	第二十五类	T2004-06249
FOOTJOY	1941600	高仕利公司	第二十八类	T2004-06250
TITLEIST	616568	高仕利公司	第二十八类	T2004-06251

权利名称	权利注册授权号	申请人名称	商品分类	备案号
Titleist	1936769	高仕利公司	第二十五类	T2004-06252
Titleist	1927446	高仕利公司	第十八类	T2004-06253
迪特蕾丝	1927229	高仕利公司	第十八类	T2004-06254
DCI 及图形	3103222	高仕利公司	第二十八类	T2004-06257
KING GAME	3182880	深圳市奇胜隆实业有限公司	第九类	T2005-06259
双钱牌及图形	275011	广西梧州双钱实业有限公司	第三十二类	T2005-06260
CHEMMER	704973	深圳今强实业有限公司	第一类	T2005-06262
FAW	700677	中国第一汽车集团公司	第十二类	T2005-06264
KIT 及图形	1638224	陈皇彰	第九类	T2005-06269
KIT 及图形	3099219	陈皇彰	第九类	T2005-06270
KIT 及图形	3099220	陈皇彰	第九类	T2005-06271
T G 太谷牌及图形	150655	山西太谷玛钢有限责任公司	第十一类	T2005-06272
晋锋（图形）	691699	山西太谷玛钢有限责任公司	第十一类	T2005-06273
SUPERSUNNY	3368185	森阳电子科技（深圳）有限公司	第九类	T2005-06274
EPSON	1201728	精工爱普生株式会社	第九类	T2005-06276
ZINUS	3213941	辽宁隆华经贸有限公司	第九类	T2005-06279
MACCLOW'S	3058779	辽宁隆华经贸有限公司	第二十五类	T2005-06280
BORDONAL	3058780	辽宁隆华经贸有限公司	第二十五类	T2005-06281
JARCHUS	3058781	辽宁隆华经贸有限公司	第二十五类	T2005-06282
红棉	688953	广州珠江钢琴集团股份有限公司	第十五类	T2005-06283
kapok	688952	广州珠江钢琴集团股份有限公司	第十五类	T2005-06284
花（图形）	1144049	广州珠江钢琴集团股份有限公司	第十五类	T2005-06285
JEBO 佳宝	3061582	广东振华电器有限公司	第十六类	T2005-06287
佳宝	3235246	广东振华电器有限公司	第十一类	T2005-06288
JEBO	3235247	广东振华电器有限公司	第十二类	T2005-06289
RUBI 及图形	631891	杰门斯·博大公司	第七类	T2005-06290
RUBI 及图形	3099294	杰门斯·博大公司	第八类	T2005-06291
RODDEX 及图形	858307	温州鸿升集团有限公司	第十一类	T2005-06295
离合器盘包装盒	2004-F-01619	株式会社 EXEDY		C2005-06299
M（图形）	2006859	昆山多威体育用品有限公司	第二十五类	T2005-06304
热卖鸭母鸭	VA 1-229-011	艾维尔户外用品公司		C2005-06315
热卖鸭公鸭	VA 1-229-012	艾维尔户外用品公司		C2005-06316
标准鸭公鸭	VA 1-229-010	艾维尔户外用品公司		C2005-06317
TMT（图形）	3090528	TMT 贸易有限公司	第十一类	T2005-06346
SMT 及图形	151390	TMT 贸易有限公司	第十一类	T2005-06347
SMT 及图形	380485	TMT 贸易有限公司	第一类	T2005-06348
TMT 及图形	142201	TMT 贸易有限公司	第十一类	T2005-06349
TMC 及图形	381484	TMT 贸易有限公司	第一类	T2005-06350
TMC 及图形	151392	TMT 贸易有限公司	第十一类	T2005-06351
志高	780797	广东志高空调有限公司	第十一类	T2005-06361

权利名称	权利注册授权号	申请人名称	商品分类	备案号
CHIGO	780794	广东志高空调有限公司	第十一类	T2005-06362
Faba	3069720	洪明栋	第二十五类	T2005-06365
樂扣、樂扣及图	3102485	株式会社乐扣乐扣	第二十一类	T2005-06370
LOCK & LOCK	1620966	株式会社乐扣乐扣	第二十一类	T2005-06371
9猫（图形）	179567	永备电池有限公司	第九类	T2005-06372
HoneyAll	1995621	上海江汉国际贸易有限公司	第二十一类	T2005-06373
ULTRATEK 及图形	1373845	中山市奥科电子有限公司	第九类	T2005-06375
冲击波 +SHOCK WAVE	1072342	北京冲击波电子有限责任公司	第九类	T2005-06379
Mizuno	165976	美津浓株式会社	第二十五类	T2005-06380
Cheval	3443793	庞嘉必贸易亚洲有限公司	第三十类	T2005-06383
Bon Pa Pa	3449941	庞嘉必贸易亚洲有限公司	第三十类	T2005-06384
EXTRA SADDAM	3043983	庞嘉必贸易亚洲有限公司	第三十类	T2005-06385
PAUL MITCHELL	651195	约翰·保罗·米切尔系统公司	第三类	T2005-06386
KALO	1916981	宁波大榭开发区三和电器有限公司	第九类	T2005-06387
sunko	1730316	宁波大榭开发区三和电器有限公司	第九类	T2005-06388
KAITEC	1538241	中山市凯华电子有限公司	第九类	T2005-06397
标准鸭母鸭	VA 1-229-009	艾维尔户外用品公司		C2005-06405
DDK	1634435	慈溪市新华接插件厂	第九类	T2005-06406
hauck 及图形	1772209	宁波均胜工业有限公司	第十二类	T2005-06414
Audiobahn	1634357	邢晓鹏	第九类	T2005-06417
JEBO 佳宝	3242515	广东振华电器有限公司	第七类	T2005-06418
NIVEA	70171	拜尔斯道夫股份有限公司	第三类	T2005-06426
NIVEA	215396	拜尔斯道夫股份有限公司	第三类	T2005-06427
双灯（图形）	3279577	福建省粮油食品进出口集团公司	第三十三类	T2005-06432
Hsinhua 及图形	641087	福建省粮油食品进出口集团公司	第三十类	T2005-06434
水仙花牌及图形	213891	福建省粮油食品进出口集团公司	第二十九类	T2005-06436
Ultra86	3347968	施耐德电气（中国）投资有限公司	第九类	T2005-06440
AJMK	3276345	施耐德电气（中国）投资有限公司	第九类	T2005-06441
DPNK2	3266171	施耐德电气（中国）投资有限公司	第九类	T2005-06442
梅兰日兰	2020719	施耐德电气（中国）投资有限公司	第九类	T2005-06443
NEZA	1690152	施耐德电气（中国）投资有限公司	第九类	T2005-06450
SUPER-MASTER	1558504	中山市电星电器实业有限公司	第九类	T2005-06457
《怪物史莱克2》(《SHREK2》)	PA1226503	梦工厂制片公司		C2005-06458
BUTTERFLY 及图形	687575	上工申贝（集团）股份有限公司	第七类	T2005-06459
BUTTERFLY 及图形	687586	上工申贝（集团）股份有限公司	第七类	T2005-06460
蝴蝶（图形）	687577	上工申贝（集团）股份有限公司	第七类	T2005-06461
ONETOUCH	3384889	强生公司	第五类	T2005-06465
太阳诱电株式会社（繁体）	1538863	太阳诱电株式会社	第七类	T2005-06467
太阳诱电（繁体）	1538864	太阳诱电株式会社	第七类	T2005-06468
That's	1618421	太阳诱电株式会社	第九类	T2005-06469

权利名称	权利注册授权号	申请人名称	商品分类	备案号
CDR	1618422	太阳诱电株式会社	第九类	T2005-06470
太阳诱电株式会社（繁体）	1518054	太阳诱电株式会社	第九类	T2005-06471
太阳诱电（繁体）	1518053	太阳诱电株式会社	第九类	T2005-06472
CAMPING GAZ 及图形	G609311	法国天然气应用公司	第十一类	T2005-06475
邦成 EVERGETICS 及图形	3407233	潮州市晨辉陶瓷有限公司	第二十一类	T2005-06477
ABDOULAYE No.1 及图形	3372285	河北五矿进出口股份有限公司	第二十四类	T2005-06479
T Λ GWOOD	3427787	深圳中电投资股份有限公司	第九类	T2005-06481
HOMMY	3182562	上海汇海进出口贸易有限公司	第六类	T2005-06482
GLIPART	1909732	广东省轻工进出口股份有限公司	第六类	T2005-06484
GLIPART	1909610	广东省轻工进出口股份有限公司	第八类	T2005-06485
GLIPART	1914782	广东省轻工进出口股份有限公司	第九类	T2005-06486
GLIPART	1920920	广东省轻工进出口股份有限公司	第十一类	T2005-06487
GLIPART	1798932	广东省轻工进出口股份有限公司	第十二类	T2005-06488
ESDEPO	1921426	帝宝工业股份有限公司	第十一类	T2005-06493
DEPO 帝宝	713075	帝宝工业股份有限公司	第十一类	T2005-06494
DEPO 及图形	3126948	帝宝工业股份有限公司	第十一类	T2005-06495
路斯德 LUCID 及图形	713073	帝宝工业股份有限公司	第十一类	T2005-06496
RELEXA	G777327	高仪股份公司	第十一类	T2005-06503
adidas	3336263	阿迪达斯有限公司	第二十五类	T2005-06504
ADIDAS	71087	阿迪达斯有限公司	第十八类	T2005-06505
princo	1610478	巨擘科技股份有限公司	第九类	T2005-06506
KATA	3173456	王礽进	第十一类	T2005-06507
老鼠（图形）	3155221	福建新代实业有限公司	第十八类	T2005-06508
KU KU MA LU	3155217	福建新代实业有限公司	第十八类	T2005-06509
老鼠（图形）	3100016	福建新代实业有限公司	第十六类	T2005-06510
KU KU MA LU	3100019	福建新代实业有限公司	第十六类	T2005-06511
LAZRSPEED	1546234	康姆斯科方案有限责任公司	第九类	T2005-06513
SYSTIMAX	660354	康姆斯科方案有限责任公司	第九类	T2005-06514
Oval Design Logo	1674395	北卡罗来纳肯姆斯考博公司	第九类	T2005-06515
COMMSCOPE P3	1747905	北卡罗来纳肯姆斯考博公司	第九类	T2005-06518
INTERDAB	3102582	福安远东华美电机有限公司	第七类	T2005-06520
AKIRA	1982383	秋月源电子集团私人有限公司	第九类	T2005-06521
ANEST IWATA 及图形	1023273	阿耐思特岩田株式会社	第七类	T2005-06527
yip's 及图形	2019916	叶氏电器制造厂有限公司	第九类	T2005-06531
LABURNUM 及图形	2000745	温州市益奇鞋业有限公司	第二十五类	T2005-06533
Cisco 及图	1554071	思科技术公司	第九类	T2005-06538
CISCO SYSTEMS 及图	786741	思科技术公司	第九类	T2005-06539
CISCO(图形)	1909957	思科技术公司	第九类	T2005-06540
DDK 标志图	2005-F-02347	第一电子工业株式会社		C2005-06543
DORMA 及图	1911591	多玛两合有限公司	第六类	T2005-06550

权利名称	权利注册授权号	申请人名称	商品分类	备案号
DORMA	1911601	多玛两合有限公司	第六类	T2005-06554
IRESSA 及图形	3009383	阿斯特捷利康英国股份有限公司	第五类	T2005-06562
信必可	3118313	阿斯利康有限公司	第五类	T2005-06563
BON THE	3043984	庞嘉必贸易亚洲有限公司	第三十类	T2005-06568
Organics	677242	联合利华有限公司	第三类	T2005-06573
PEPSODENT	633332	联合利华有限公司	第二十一类	T2005-06574
DOMESTOS	3021453	联合利华有限公司	第三类	T2005-06576
熊宝贝	1636272	联合利华有限公司	第三类	T2005-06577
PEPSODENT	633020	联合利华有限公司	第三类	T2005-06578
CIF	1624328	联合利华有限公司	第三类	T2005-06579
公鸡（立体商标）	3048646	平阳县双菱熨烫器具有限公司	第八类	T2005-06582
HUGO DARK BLUE	802658	欧罗科斯化妆品有限公司	第三类	T2005-06583
MOTOYAMA	1697807	武汉泰海机械有限公司	第七类	T2005-06587
MOTOYAMA	3363533	武汉泰海机械有限公司	第七类	T2005-06588
YAMAMOTO	3363534	武汉泰海机械有限公司	第七类	T2005-06589
Steeli men	3159030	何国华	第九类	T2005-06593
wess	3531714	胡贤珊	第六类	T2005-06594
PRO-LINE	3094040	胡贤珊	第六类	T2005-06595
BAUFIX	3448069	中山市泰星锁业制造有限公司	第六类	T2005-06596
FOXTAIL	3235328	中山市泰星锁业制造有限公司	第六类	T2005-06597
MEIJEP	3448073	中山市泰星锁业制造有限公司	第六类	T2005-06598
sagur	3300948	中山市泰星锁业制造有限公司	第六类	T2005-06599
FRANKLIN	3071814	许浩荣	第六类	T2005-06600
DORAL	3378720	许浩荣	第六类	T2005-06601
CALI	3448080	许浩荣	第六类	T2005-06602
图形	3448081	许浩荣	第六类	T2005-06603
NUGARD	3071805	许浩荣	第六类	T2005-06604
Hallet	3250715	安徽省定远县劲牛球业有限公司	第二十八类	T2005-06605
铁将军	1191070	广东铁将军防盗设备有限公司	第十二类	T2005-06607
MINORI 及图形	1792144	北海市文红进出口贸易有限责任公司	第十三类	T2005-06610
xinjia	1636811	石狮市信佳电子有限公司	第十四类	T2005-06611
想真及图形	3543664	四川想真企业有限公司	第三十一类	T2005-06612
香水 xiangshui	3516875	重庆三九火锅底料厂	第二十九类	T2005-06615
恒远	3135027	朱晌军	第二十一类	T2005-06617
沙溪及图形	608107	广东益和堂制药有限公司	第五类	T2005-06619
沙溪	1224346	广东益和堂制药有限公司	第五类	T2005-06620
SHARP	139210	夏普株式会社	第九类	T2005-06622
INBUR(图形)	1535793	中山市古镇华艺节能灯厂	第十一类	T2005-06631
Meiyi 及图形	643654	淮阴医疗器械有限公司	第十类	T2005-06632
澳克士 OKES 及图形	1535792	中山市澳克士照明电器有限公司	第十一类	T2005-06640

权利名称	权利注册授权号	申请人名称	商品分类	备案号
MEITE 美特及图形	1535728	中山市澳克士照明电器有限公司	第十一类	T2005-06641
SOBAR	1798069	中山市坚德利制锁有限公司	第六类	T2005-06643
施华洛世奇 SWAROVSKI 及图形	3520173	斯瓦热威斯基有限公司	第十四类	T2005-06648
TWICELL	565406	三洋电机株式会社	第九类	T2005-06649
三洋	164568	三洋电机株式会社	第九类	T2005-06651
Weis Lock	3531713	胡贤珊	第六类	T2005-06653
DEXSTER	3562110	关元泰	第六类	T2005-06654
YEAH	3204937	大行科技（深圳）有限公司	第十二类	T2005-06656
吉列	157522	吉列公司	第二十类	T2005-06658
金霸王	1513829	吉列公司	第九类	T2005-06660
V-BOX	2016838	陆忠良	第九类	T2005-06661
琵琶舞 PIPA DANCE 及图形	1815940	张家港市沙洲纺织印染进出口有限公司	第二十四类	T2005-06662
福燕及图形	740065	江门市熙源发展有限公司	第三十类	T2005-06663
NTN	733413	NTN 株式会社	第十二类	T2005-06664
3 吨型速干环氧胶外包装纸卡设计	2002-F-0479	安特固化学私人有限公司		C2005-06665
#110Tube/#110 型强力胶软管外包装设计	2001-F-0275	安特固化学私人有限公司		C2005-06666
#110-12 型强力胶外包装纸卡设计	2001-F-0276	安特固化学私人有限公司		C2005-06667
SG-12 型强力胶外包装纸卡设计	2001-F-0277	安特固化学私人有限公司		C2005-06668
SG-2Tube/SG-2 型强力胶软管外包装设计	2001-F-0278	安特固化学私人有限公司		C2005-06669
SG-12 型强力胶外包装纸卡设计	2002-F-0475	安特固化学私人有限公司		C2005-06670
110-12 型强力胶外包装纸卡设计	2002-F-0476	安特固化学私人有限公司		C2005-06671
3 吨型透明环氧胶 F-05 外包装纸卡设计	2002-F-0477	安特固化学私人有限公司		C2005-06672
3 吨型环氧胶外包装纸卡设计	2002-F-0478	安特固化学私人有限公司		C2005-06673
LLADRO 及图形	3574804	拉多商业有限公司	第十四类	T2005-06674
关兴记（繁体）KWAN HING KEE	3545505	周凤琼	第二十九类	T2005-06675
EVEREADY 及图形	606931	永备电池有限公司	第十一类	T2005-06676
GOLDEN FIELD 及图形	1578566	东莞市金河田实业有限公司	第九类	T2005-06678
金河田	1650382	东莞市金河田实业有限公司	第九类	T2005-06679
RENCA	215050	天津莱特进出口有限公司	第十一类	T2005-06680
唐龙及图形	605428	兰州太宝制药有限公司	第五类	T2005-06681
美克·美家	3198798	美克国际家具股份有限公司	第二十类	T2005-06682
MM（图形）	3057455	美克国际家具股份有限公司	第二十类	T2005-06683
MARKOR	1806225	美克国际家具股份有限公司	第二十类	T2005-06685

权利名称	权利注册授权号	申请人名称	商品分类	备案号
ELLE	681887	桦谢菲力柏契出版社	第二十五类	T2005-06688
FERRERO ROCHER 及图形	706271	费列罗有限公司	第三十类	T2005-06692
circulos 及图形	3577834	曹一龙	第六类	T2005-06693
Trilec	3562910	奇迪电器集团有限公司	第十一类	T2005-06694
BODY SCULPTURE 及图形	686741	柏迪司克国际欧洲有限公司	第二十八类	T2005-06698
S 及图形	158147	DC 科米克斯公司	第二十五类	T2005-06699
SUPERMAN 及图	158148	DC 科米克斯公司	第二十五类	T2005-06702
BATMAN 及图	161688	DC 科米克斯公司	第二十五类	T2005-06703
SUPERMAN 及图	158152	DC 科米克斯公司	第二十八类	T2005-06704
POWERPUFF GIRLS 及图形	1525521	卡通网络有限合伙公司	第二十五类	T2005-06705
POWERPUFF GIRLS 及图形	1508677	卡通网络有限合伙公司	第十六类	T2005-06706
POWERPUFF GIRLS 及图形	1529086	卡通网络有限合伙公司	第二十八类	T2005-06707
ZASS	G623160	查斯电动工具出口贸易有限公司	第九类	T2005-06729
MATRIX	3212919	闽东永隆电机有限公司	第七类	T2005-06730
天竹及图形	3221903	河北吉藁化纤有限责任公司	第二十二类	T2005-06731
天竹及图形	3221902	河北吉藁化纤有限责任公司	第一类	T2005-06732
NOWAKE	3133608	阳江德尔电器有限公司	第七类	T2005-06736
avendi 及图形	3544580	唐山市燕南制锹有限公司	第八类	T2005-06793
ECOGEN	3504838	马云峰	第七类	T2005-06794
OUTDO 及图形	1509754	晋江华威电源有限公司	第九类	T2005-06795
JUICY	1625487	茱希时装股份有限公司	第二十五类	T2005-06796
GBF（图形）	1752390	厦门市清宏实业有限公司	第八类	T2005-06800
图形	1513286	晋江市超达鞋服有限公司	第二十五类	T2005-06804
MONTAGUT 梦特娇（图形）	3246904	博内特里塞文奥勒有限公司	第二十五类	T2005-06805
梦特娇（繁体）	3369336	博内特里塞文奥勒有限公司	第二十六类	T2005-06806
MONTAGUT 梦特娇（图形）	3369337	博内特里塞文奥勒有限公司	第二十六类	T2005-06807
亮丝（繁体）	1390238	博内特里塞文奥勒有限公司	第二十五类	T2005-06808
梦特娇（繁体）	577537	博内特里塞文奥勒有限公司	第二十五类	T2005-06809
MONTAGUT 及图形	253489	博内特里塞文奥勒有限公司	第二十五类	T2005-06810
MONTAGUT 及图形	254885	博内特里塞文奥勒有限公司	第二十五类	T2005-06811
FIL LUMIERE	577530	博内特里塞文奥勒有限公司	第二十五类	T2005-06814
梦特娇（繁体）	3119294	博内特里塞文奥勒有限公司	第二十五类	T2005-06816
MONTAGUT	3119296	博内特里塞文奥勒有限公司	第二十五类	T2005-06817
MONTAGUT	3257465	博内特里塞文奥勒有限公司	第二十五类	T2005-06818
MONTAGUT	3257466	博内特里塞文奥勒有限公司	第二十五类	T2005-06819
梦特娇（繁体）	3246903	博内特里塞文奥勒有限公司	第二十五类	T2005-06820
梦特娇（繁体）	3246886	博内特里塞文奥勒有限公司	第二十五类	T2005-06821
梦特娇（繁体）	3257464	博内特里塞文奥勒有限公司	第二十五类	T2005-06822
MONTAGUT 梦特娇（图形）	3119295	博内特里塞文奥勒有限公司	第二十五类	T2005-06823
梦特娇（繁体）	3257469	博内特里塞文奥勒有限公司	第二十五类	T2005-06824

权利名称	权利注册授权号	申请人名称	商品分类	备案号
梦特娇（繁体）	3119297	博内特里塞文奥勒有限公司	第二十四类	T2005-06825
MONTAGUT 梦特娇（图形）	3246887	博内特里塞文奥勒有限公司	第二十五类	T2005-06826
MONTAGUT	3369338	博内特里塞文奥勒有限公司	第二十六类	T2005-06827
MONTAGUT 梦特娇（图形）	3257467	博内特里塞文奥勒有限公司	第二十五类	T2005-06828
MONTAGUT 梦特娇（图形）	3257468	博内特里塞文奥勒有限公司	第二十五类	T2005-06829
MONTAGUT	3246905	博内特里塞文奥勒有限公司	第二十五类	T2005-06830
MONTAGUT	3246906	博内特里塞文奥勒有限公司	第二十五类	T2005-06831
梦特娇（繁体）	577652	博内特里塞文奥勒有限公司	第十八类	T2005-06832
MONTAGUT 梦特娇（图形）	933032	博内特里塞文奥勒有限公司	第二十一类	T2005-06833
MONTAGUT 及图形	726448	博内特里塞文奥勒有限公司	第二十一类	T2005-06834
梦特娇	1170569	博内特里塞文奥勒有限公司	第二十一类	T2005-06835
MONTAGUT 梦特娇（图形）	3119298	博内特里塞文奥勒有限公司	第二十四类	T2005-06836
MONTAGUT	3119299	博内特里塞文奥勒有限公司	第二十四类	T2005-06837
MONTAGUT 梦特娇（图形）	728753	博内特里塞文奥勒有限公司	第十六类	T2005-06838
MONTAGUT 及图形	726392	博内特里塞文奥勒有限公司	第十六类	T2005-06839
梦特娇	1168494	博内特里塞文奥勒有限公司	第十六类	T2005-06840
MONTAGUT 及图形	577653	博内特里塞文奥勒有限公司	第十八类	T2005-06843
梦特娇（繁体）	575472	博内特里塞文奥勒有限公司	第十四类	T2005-06844
MONTAGUT 及图形	1105803	博内特里塞文奥勒有限公司	第十四类	T2005-06849
MONTAGUT 梦特娇（图形）	733110	博内特里塞文奥勒有限公司	第三类	T2005-06850
MONTAGUT 及图形	731737	博内特里塞文奥勒有限公司	第三类	T2005-06851
HEDY	3327761	七喜控股股份有限公司	第九类	T2005-06853
OPPLE 及图形	1726531	广东欧普照明有限公司	第十一类	T2005-06855
OPPLE 及图形	1714252	广东欧普照明有限公司	第九类	T2005-06856
FABER-CASTELL 及图形	694787	法伯—卡斯特尔公司	第十六类	T2005-06857
TAJ 及图形	3633738	熊维才	第三十四类	T2005-06859
OSEL（图形）	3589134	宁波豪生电池有限公司	第九类	T2005-06862
ENDOPATH	731017	强生公司	第十类	T2005-06866
TYLENOL	729243	强生公司	第五类	T2005-06867
MICROSHIELD	729148	强生公司	第五类	T2005-06868
FPL	3633418	胡贤珊	第六类	T2005-06878
WES 威斯理	3619090	胡贤珊	第六类	T2005-06879
VOLVO	70088	沃尔沃商标控股有限公司	第七类	T2005-06887
VOLVO	70089	沃尔沃商标控股有限公司	第十二类	T2005-06891
VOLVO	2005889	沃尔沃商标控股有限公司	第十八类	T2005-06896
VOLVO	1996455	沃尔沃商标控股有限公司	第二十八类	T2005-06900
YOUNIQUE	3432623	何浩基	第二十五类	T2005-06902
金城（图形）	729732	金城集团有限公司	第十二类	T2005-06903
柔乐及图形	1220996	珠海市柔乐电器有限公司	第九类	T2005-06912
RL 及图形	1501812	珠海市柔乐电器有限公司	第九类	T2005-06913

权利名称	权利注册授权号	申请人名称	商品分类	备案号
GOLD PLUM	3560229	江苏省粮油食品进出口集团股份有限公司	第六类	T2005-06923
agru 及图形	1930478	江苏兴隆工程塑料管件厂	第十九类	T2005-06926
agru 及图形	1930478	江苏兴隆工程塑料管件厂	第十九类	T2005-06926
PINK PANTHER 及图形	3442516	米高梅电影公司	第二十八类	T2005-06927
PINK PANTHER 及图形	3442502	米高梅电影公司	第二十五类	T2005-06928
K2(图形)	161754	K-2 公司	第二十五类	T2005-06929
K2(图形)	161757	K-2 公司	第二十八类	T2005-06930
K2(图形)	3042363	K-2 公司	第二十八类	T2005-06932
HOYLE	751818	美国扑克牌公司	第十六类	T2005-06933
象（图形）	3024957	冯德树	第五类	T2005-06935
火炬（图形）	3024958	冯德树	第五类	T2005-06936
Take Along Arch	2005-F-01999	Tiny Love Ltd.		C2005-06937
Symphony-in-Motion Mobile	2005-F-02000	Tiny Love Ltd.		C2005-06938
Gymini Super Deluxe Activity Gym	2005-F-02226	Tiny Love Ltd.		C2005-06939
BBC	148618	ABB 阿西亚 · 布朗 · 勃法瑞有限公司	第九类	T2005-06941
BBC	148616	ABB 阿西亚 · 布朗 · 勃法瑞有限公司	第七类	T2005-06942
CROSSMAN	3645190	鑫锐兴业有限公司	第九类	T2005-06948
O(图形)	1928067	欧科蕾公司	第十八类	T2005-06949
O(图形)	2024089	欧科蕾公司	第二十五类	T2005-06950
JOX	3319278	赛马骑师国际公司	第二十五类	T2005-06952
international life	3319277	赛马骑师国际公司	第二十五类	T2005-06953
燕牌及图形	35396	湖北华源进出口贸易有限公司	第四十一类	T2005-06955
燕花牌 SWALLOW & FLOWER 及图形	3249349	中山市古镇利华农副厂	第三十类	T2005-06962
陪乐儿 Bullet Train－500 系	2005-F-02270	株式会社多美		C2005-06963
陪乐儿 Bullet Train－300 系	2005-F-02271	株式会社多美		C2005-06964
CK 牌及图形	213570	浙江省五金矿产进出口有限公司	第六类	T2005-06968
RGS 及图形	3546719	上海相合贸易有限公司	第七类	T2005-06982
三链（TRI-LINK）及图形	1973691	王宇辉	第六类	T2005-06983
CRAFFT 及图形	1980516	哈默德爱布杜拉爱勒萨父子有限公司	第十一类	T2005-06989
Versa Chem	3308150	湖南神力实业有限公司	第一类	T2005-06991
Chemmer	3273829	湖南神力实业有限公司	第十六类	T2005-06992
Orgafix	3273825	湖南神力实业有限公司	第十六类	T2005-06993
神力铃 MAGIC POWER	3308154	湖南神力实业有限公司	第十六类	T2005-06994
SIMBA-KITT	3394496	袁宏伟	第十六类	T2005-06995
KG 及图形	1693658	KG 国际免税区公司	第七类	T2005-06999
KG	2019419	KG 国际免税区公司	第七类	T2005-07000
MAXCLEAN	3116911	贺变玲	第十类	T2005-07001
MAXCLEAN	3528229	贺变玲	第二十类	T2005-07002

权利名称	权利注册授权号	申请人名称	商品分类	备案号
THUMBS UP 及图形	674525	营标企业有限公司	第十二类	T2005-07007
嘘嘘乐 SEALER	701766	全日美实业股份有限公司	第十六类	T2005-07015
永久 THE FOREVER 及图形	30763	上海永久股份有限公司	第十二类	T2005-07016
永久（图形）	100031	上海永久股份有限公司	第十二类	T2005-07017
Danfoss	729837	丹佛斯有限公司	第七类	T2005-07020
Danfoss	726181	丹佛斯有限公司	第九类	T2005-07021
Danfoss	723715	丹佛斯有限公司	第十一类	T2005-07022
Danfoss	724871	丹佛斯有限公司	第十二类	T2005-07023
PLAYBOY	727725	花花公子企业国际有限公司	第二十五类	T2005-07024
PLAYBOY	743057	花花公子企业国际有限公司	第十八类	T2005-07025
Haier 及图形	1399346	青岛海尔投资发展有限公司	第九类	T2005-07027
AS KNOW AS	1600841	株式会社爱斯诺爱斯	第二十四类	T2005-07033
ENIX ENERGIES 及图形	3660721	福州日鼎电池有限公司	第九类	T2005-07034
AD(图形)	3660705	福州日鼎电池有限公司	第九类	T2005-07035
powervolts	3660706	福州日鼎电池有限公司	第九类	T2005-07036
VOLTOMAT	3660722	福州日鼎电池有限公司	第九类	T2005-07037
MINPEAI	1690944	福州日鼎电池有限公司	第九类	T2005-07038
POWERPAQ	1690945	福州日鼎电池有限公司	第九类	T2005-07039
AXAID	1752759	福州日鼎电池有限公司	第九类	T2005-07042
SAKAL	1752760	福州日鼎电池有限公司	第九类	T2005-07043
TREG	1545926	福州日鼎电池有限公司	第九类	T2005-07044
purflux 及图形	630397	费尔特劳脱有限公司	第十一类	T2005-07048
DAHON	3204938	大行科技（深圳）有限公司	第十二类	T2005-07049
CONVERSE	154598	康沃斯公司	第二十五类	T2005-07059
ALL STAR	154597	康沃斯公司	第二十五类	T2005-07060
CONVERSE ALL STAR Chuck Taylor 及图形	1939275	康沃斯公司	第二十五类	T2005-07061
Fa 及图形	606621	德国汉高股份两合公司	第三类	T2005-07062
KERONA	3122034	帕斯克股份有限公司	第十一类	T2005-07063
TAIMA 及图形	725300	温州泰马鞋业有限公司	第二十五类	T2005-07065
DENSO 及图形	3278073	株式会社电装	第九类	T2005-07072
DENSO 及图形	3278074	株式会社电装	第十一类	T2005-07074
DENSO 及图形	3278072	株式会社电装	第七类	T2005-07078
DENSO 及图形	3278075	株式会社电装	第十二类	T2005-07079
白鹤 WHITECRANE 及图形	590520	南通白鹤机针有限公司	第二十六类	T2005-07080
RILEY	1082042	霍乃享	第二十四类	T2005-07089
Johnson's	1528343	强生公司	第三类	T2005-07101
JPNROYAL	3087456	杭州信隆贸易有限公司	第二十八类	T2005-07107
VANGUARD	3275843	上海轮胎橡胶（集团）股份有限公司	第十二类	T2005-07109
Warrior	1742377	上海轮胎橡胶（集团）股份有限公司	第十二类	T2005-07110

权利名称	权利注册授权号	申请人名称	商品分类	备案号
回力	1742378	上海轮胎橡胶（集团）股份有限公司	第十二类	T2005-07112
AS KNOW AS	1589256	株式会社爱斯诺爱斯	第二十五类	T2005-07116
AS KNOW AS	1620760	株式会社爱斯诺爱斯	第十八类	T2005-07117
So Klin	733029	文苏里雅有限公司	第三类	T2005-07118
NTN	741043	NTN 株式会社	第七类	T2005-07121
圣罗兰（繁体中文）	663958	伊夫圣洛朗股份公司	第二十五类	T2005-07143
圣罗兰	663957	伊夫圣洛朗股份公司	第二十五类	T2005-07144
FEDERAL 及图形	1983834	联邦电气投资和贸易股份公司	第九类	T2005-07149
LIFETECH 强者	3242535	广东振华电器有限公司	第十一类	T2005-07151
LIFETECH 强者	3242530	广东振华电器有限公司	第十六类	T2005-07152
BRUT	633018	联合利华有限公司	第三类	T2005-07158
FABERGE	678094	联合利华有限公司	第三类	T2005-07159
图形	1698226	斯特朗技术有限责任公司	第九类	T2005-07160
ZWILLING(图形)	1338638	双立人汉高有限公司	第二十五类	T2005-07161
Herold(图形)	G583351	双立人汉高有限公司	第八类	T2005-07164
Herold(图形)	G583351	双立人汉高有限公司	第二十一类	T2005-07165
DUNHILL（图形）	209339	阿尔弗雷德·登喜路有限公司	第二十五类	T2005-07166
BERNSTEIN 及图形	3548653	罗仕信	第九类	T2005-07167
图形	3286605	厦门星星工艺品有限公司	第二十类	T2005-07169
HP INVENT 及图形	1584111	惠普发展公司，有限责任合伙企业	第二类	T2005-07172
THE NORTH FACE（图形）	1926582	北面服饰股份有限公司	第十八类	T2005-07181
THE NORTH FACE 及图形	1927216	北面服饰股份有限公司	第十八类	T2005-07182
THE NORTH FACE 及图形	1930055	北面服饰股份有限公司	第二十类	T2005-07183
THE NORTH FACE 及图形	1982109	北面服饰股份有限公司	第九类	T2005-07184
THE NORTH FACE（图形）	1984304	北面服饰股份有限公司	第九类	T2005-07185
THE NORTH FACE	1984390	北面服饰股份有限公司	第九类	T2005-07186
THE NORTH FACE 及图形	1991977	北面服饰股份有限公司	第二十二类	T2005-07187
北面	2018921	北面服饰股份有限公司	第二十五类	T2005-07188
THE NORTH FACE(图形)	2018931	北面服饰股份有限公司	第二十五类	T2005-07189
北面及图形	2018803	北面服饰股份有限公司	第二十五类	T2005-07190
A5 及图形	3038969	北面服饰股份有限公司	第九类	T2005-07191
北面及图形	3072923	北面服饰股份有限公司	第九类	T2005-07192
北面	3072924	北面服饰股份有限公司	第九类	T2005-07193
北面及图形	3073040	北面服饰股份有限公司	第二十二类	T2005-07194
北面及图形	3073041	北面服饰股份有限公司	第二十类	T2005-07195
北面	3286521	北面服饰股份有限公司	第二十二类	T2005-07196
北面	3286522	北面服饰股份有限公司	第二十类	T2005-07197
A5 及图形	3038967	北面服饰股份有限公司	第二十五类	T2005-07198
北面	3285956	北面服饰股份有限公司	第十八类	T2005-07200
北面及图形	3073042	北面服饰股份有限公司	第十八类	T2005-07201

权利名称	权利注册授权号	申请人名称	商品分类	备案号
峨嵋山及图形	138749	成都隆迪药业有限公司	第五类	T2005-07206
英雄	100225	上海英雄（集团）有限公司	第十六类	T2005-07208
英雄（图形）	568960	上海英雄（集团）有限公司	第十六类	T2005-07209
飞特	1978193	宁波保税区飞特国际贸易有限公司	第十二类	T2005-07212
FITSTAR	3291062	宁波保税区飞特国际贸易有限公司	第十二类	T2005-07213
FIT 及图形	1752314	宁波保税区飞特国际贸易有限公司	第十二类	T2005-07214
VISBIKE	3421662	宁波保税区飞特国际贸易有限公司	第十二类	T2005-07215
NATI 及图形	3155467	宁波保税区飞特国际贸易有限公司	第十二类	T2005-07216
FITTOO 及图形	1798750	宁波保税区飞特国际贸易有限公司	第十二类	T2005-07217
FITTOO 及图形	3699784	宁波保税区飞特国际贸易有限公司	第六类	T2005-07218
东风及图形	120527	常州东风农机集团有限公司	第十二类	T2005-07223
常拖及图形	3188750	常州东风农机集团有限公司	第七类	T2005-07224
REMA TIP TOP 及图形	1566008	施塔尔格鲁贝尔奥托两合公司	第十二类	T2005-07225
TIP TOP 及图形	173614	施塔尔格鲁贝尔奥托两合公司	第一类	T2005-07226
TIP TOP 及图形	173615	施塔尔格鲁贝尔奥托两合公司	第十七类	T2005-07227
HAWLEY & HAZEL	3379378	好维股份有限公司	第二十一类	T2005-07229
正新牌	335599	厦门正新橡胶工业有限公司	第十二类	T2005-07230
CHENG SHIN 及图形	344926	厦门正新橡胶工业有限公司	第十二类	T2005-07231
CST 及图形	3023075	厦门正新橡胶工业有限公司	第十二类	T2005-07233
虎头（图形）	3470265	绥芬河市传峰经济贸易有限责任公司	第三十三类	T2005-07234
燕子及图形	610790	江门市外海实业总公司	第三十类	T2005-07235
乌鸡 B.COCK 及图形	1531530	乐亭县盛达机锻制品有限公司	第八类	T2005-07236
Pentel	183745	派通株式会社	第二类	T2005-07239
Pentel	183746	派通株式会社	第十六类	T2005-07240
GUCS	3396375	广东威创视讯科技股份有限公司	第九类	T2005-07244
恒太科技考勤软件 1.0	2005SR06890	佛山市恒太科技发展有限公司		C2005-07245
SUNWATT 及图形（指定颜色）	748920	广西梧州新华电池股份有限公司	第九类	T2005-07250
Parrot	1014799	北方国际集团天津同鑫进出口有限公司	第十五类	T2005-07251
NITTO	145889	日东电工株式会社	第十六类	T2005-07252
NITTO 及图形	180905	日东电工株式会社	第十六类	T2005-07253
NITTO 及图形	180906	日东电工株式会社	第十七类	T2005-07254
NITTO	145886	日东电工株式会社	第十七类	T2005-07255
NITTO DENKO	1790057	日东电工株式会社	第十七类	T2005-07256
Hainsworth	3267610	霍乃享	第二十四类	T2005-07257
雄鸡及图形	645601	天津机械进出口有限公司	第八类	T2005-07259
雄鸡（图形）	33324	天津机械进出口有限公司	第八类	T2005-07260
飞燕牌 FLYING SWALLOW 及图形	70840	天津机械进出口有限公司	第九类	T2005-07261
飞燕牌 FLYING SWALLOW 及图形	70841	天津机械进出口有限公司	第八类	T2005-07262

权利名称	权利注册授权号	申请人名称	商品分类	备案号
飞燕牌 FLYING SWALLOW 及图形	70843	天津机械进出口有限公司	第二十一类	T2005-07263
飞燕牌 FLYING SWALLOW 及图形	70844	天津机械进出口有限公司	第七类	T2005-07264
飞燕牌 FLYING SWALLOW 及图形	70845	天津机械进出口有限公司	第七类	T2005-07265
飞燕牌 FLYING SWALLOW 及图形	70846	天津机械进出口有限公司	第九类	T2005-07266
钻石牌 DIAMOND BRAND 及图形	70847	天津机械进出口有限公司	第八类	T2005-07267
钻石牌 DIAMOND BRAND 及图形	70864	天津机械进出口有限公司	第八类	T2005-07268
三角牌 TRIANGLE BRAND 及图形	75265	天津机械进出口有限公司	第三类	T2005-07269
方圆及图形	155866	天津机械进出口有限公司	第七类	T2005-07270
方圆及图形	206648	天津机械进出口有限公司	第七类	T2005-07271
方圆及图形	285009	天津机械进出口有限公司	第二十六类	T2005-07272
飞燕牌 FLYING SWALLOW 及图形	507487	天津机械进出口有限公司	第七类	T2005-07273
飞燕牌 FLYING SWALLOW 及图形	380492	天津机械进出口有限公司	第七类	T2005-07274
飞燕牌 FLYING SWALLOW 及图形	380493	天津机械进出口有限公司	第九类	T2005-07275
飞燕牌 FLYING SWALLOW 及图形	380494	天津机械进出口有限公司	第六类	T2005-07276
钻石牌 DIAMOND BRAND 及图形	380803	天津机械进出口有限公司	第七类	T2005-07277
M（图形）	1531531	天津机械进出口有限公司	第八类	T2005-07280
AMICALE	1605708	天津机械进出口有限公司	第七类	T2005-07281
AMICALE	1618152	天津机械进出口有限公司	第十一类	T2005-07282
555	1633098	威廉．普利姆两合公司	第二十六类	T2005-07286
GAMECUBE	1734214	任天堂株式会社	第九类	T2005-07293
NINTENDO GAMECUBE 及图形	3019079	任天堂株式会社	第九类	T2005-07294
GAMECUBE	1640707	任天堂株式会社	第十六类	T2005-07295
GAMECUBE	1736904	任天堂株式会社	第二十八类	T2005-07296
NINTENDO GAMECUBE 及图形	3019078	任天堂株式会社	第十六类	T2005-07297
NINTENDO GAMECUBE 及图形	3019076	任天堂株式会社	第二十八类	T2005-07298
APC	G633466	美国电力转换（欧洲）公司	第九类	T2005-07310
雉鸡及图形	1641855	湖南省嘉禾县锻造厂	第八类	T2005-07311
ZING EAR	700511	晋煜企业股份有限公司	第九类	T2005-07314
双菱牌及图形	76447	北京倍利可轻工进出口有限公司	第二十六类	T2005-07316
coronet	3263871	贾志明	第十类	T2005-07317
新康 XIN KANG 及图形	1566663	乌鲁木齐轻工国际投资有限公司	第二十九类	T2005-07318

权利名称	权利注册授权号	申请人名称	商品分类	备案号
新康 XIN KANG	1542907	乌鲁木齐轻工国际投资有限公司	第三十二类	T2005-07319
SUPER WAX BLOCK PRINTS 及图形	G776719	弗利斯克有限公司	第二十四类	T2005-07323
MULTIFUSE	868729	博恩斯公司	第九类	T2005-07327
NuBra	3428243	布莱吉尔医际公司	第二十五类	T2005-07334
GUCCI	177031	古乔古希股份公司	第三类	T2005-07335
GUCCI	178081	古乔古希股份公司	第三类	T2005-07336
GUCCI（图形）	177037	古乔古希股份公司	第三类	T2005-07339
GUCCI（图形）	177038	古乔古希股份公司	第十八类	T2005-07340
GUCCI（图形）	177039	古乔古希股份公司	第二十五类	T2005-07341
GUCCI（图形）	177040	古乔古希股份公司	第十四类	T2005-07342
GUCCI（图形）	1903877	古乔古希股份公司	第三类	T2005-07349
GUCCI（图形）	2022870	古乔古希股份公司	第九类	T2005-07350
GUCCI（图形）	1923379	古乔古希股份公司	第十四类	T2005-07351
GUCCI（图形）	1940324	古乔古希股份公司	第二十五类	T2005-07352
GUCCI（指定颜色图形）	1724709	古乔古希股份公司	第十八类	T2005-07354
GUCCI（指定颜色图形）	1713148	古乔古希股份公司	第二十五类	T2005-07355
MONTBLANC 及图形	3407712	蒙特布兰—辛普洛公司	第十八类	T2005-07356
MONTBLANC 及图形	3407713	蒙特布兰—辛普洛公司	第十四类	T2005-07357
DUNHILL	176984	阿尔弗雷德·登喜路有限公司	第十四类	T2005-07358
LACOSTE 及图形	213406	拉科斯特股份有限公司	第九类	T2005-07360
LACOSTE 及图形	213407	拉科斯特股份有限公司	第十八类	T2005-07361
LACOSTE 鳄鱼(图形)	213412	拉科斯特股份有限公司	第二十五类	T2005-07362
LACOSTE 鳄鱼(图形)	3269795	拉科斯特股份有限公司	第十八类	T2005-07363
IKO	742328	日本东晟株式会社	第七类	T2005-07372
OMNI TECH	2004497	哥伦比亚运动服装公司	第二十五类	T2005-07374
TITANIUM	2004499	哥伦比亚运动服装公司	第二十五类	T2005-07375
OMNI TECH 及图形	1939431	哥伦比亚运动服装公司	第二十五类	T2005-07376
MOUNTAIN 及图形	807480	蒙顿·哈德威公司	第二十类	T2005-07377
MOUNTAIN 及图形	795571	蒙顿·哈德威公司	第二十二类	T2005-07378
MOUNTAIN HARD 及图形	799776	蒙顿·哈德威公司	第二十五类	T2005-07379
羽西	617150	欧莱雅股份有限公司	第三类	T2005-07383
YUE-SAI	628603	欧莱雅股份有限公司	第三类	T2005-07384
打火机(图形)	3560619	费拉玛吉斯公司	第三十四类	T2005-07388
陪乐儿 Bullet Train-700 系 / PLARAIL Bullet Train-700	2005-F-02983	株式会社多美		C2005-07393
陪乐儿 Bullet Train-0 系 / PLARAIL Bullet Train-0	2005-F-02982	株式会社多美		C2005-07394
T-MAX 天铭	1530920	香港天铭实业有限公司	第七类	T2005-07395
CASEXX 及图形	1909668	W.R 凯斯及子餐具公司	第八类	T2005-07396
斧标驱风油及图形	680392	梁介福药业私人有限公司	第五类	T2005-07397

权利名称	权利注册授权号	申请人名称	商品分类	备案号
翔轮及图形	1750324	镇江市江南磨具有限公司	第三类	T2005-07405
翔轮及图形	1750324	镇江市江南磨具有限公司	第三类	T2005-07405
ROYAL GOLD 及图形	3509318	吴绍铭	第九类	T2005-07406
MAXWATT	3467830	吴绍铭	第九类	T2005-07407
图形	3702148	吴绍铭	第九类	T2005-07408
DIGITAL PLUS 及图形	3509313	吴绍铭	第九类	T2005-07409
龙虎	756560	上海医药（集团）有限公司中华药业分公司	第五类	T2005-07411
KOH-I-NOOR	1775252	考诺尔哈德米斯股份公司	第二类	T2005-07412
KOH-I-NOOR	1785775	考诺尔哈德米斯股份公司	第十六类	T2005-07413
PROGRESSO	1924092	考诺尔哈德米斯股份公司	第十六类	T2005-07414
新康 XIN KANG 及图形	1623021	乌鲁木齐轻工国际投资有限公司	第三十类	T2005-07415
ROBB	1556485	南通中宝药业有限公司	第五类	T2005-07416
野虎	794134	南通中宝药业有限公司	第五类	T2005-07417
Panasonic	1805419	松下电器产业株式会社	第二类	T2005-07426
Panasonic	1921583	松下电器产业株式会社	第十一类	T2005-07428
National	1921579	松下电器产业株式会社	第十一类	T2005-07433
666SIX SIX SIX 及图形	1613684	浙江浦江金灯锁业有限公司	第六类	T2005-07434
ALFA	3184805	浙江浦江金灯锁业有限公司	第六类	T2005-07435
FH(图形)	3570437	青岛凤凰印染有限公司	第二十四类	T2005-07440
GBC	3573843	金华鸿烁链条有限公司	第十二类	T2005-07444
Athletic	1368523	泉州寰球鞋服有限公司	第二十五类	T2005-07446
A（图形）	1280938	泉州寰球鞋服有限公司	第二十五类	T2005-07447
EEI（图形）	937584	浙江省土产畜产进出口集团公司	第二十五类	T2005-07449
UNIVERSE	229718	浙江省土产畜产进出口集团公司	第二十一类	T2005-07450
西湖牌 WEST LAKE BRAND 及图形	75041	浙江省土产畜产进出口集团公司	第十三类	T2005-07451
燕牌 SWALLOW BRAND 及图形	76335	江苏开元国际集团轻工业品进出口股份有限公司	第六类	T2005-07452
友谊 FRIENDLY 及图形	75255	江苏开元国际集团轻工业品进出口股份有限公司	第二十五类	T2005-07453
blackjet 及图形	1756162	梁锡康	第二类	T2005-07454
亞米茄	699396	伊利诺斯工具制品有限公司	第四类	T2005-07456
Ωmega 及图形	1800478	伊利诺斯工具制品有限公司	第四类	T2005-07457
Hung Shuh 及图形	1693659	宏树企业股份有限公司	第七类	T2005-07481
H.F 及图形	680433	海丰饲料股份有限公司	第三十一类	T2005-07482
宝赠红（繁体）	1527215	海丰饲料股份有限公司	第三十一类	T2005-07483
FABER-CASTELL	230895	法伯—卡斯特尔公司	第十六类	T2005-07488
VIJAY	3160738	麦塔剃须产品私人有限公司	第八类	T2005-07491
XS EXES 及图形	3211332	德发泳衣制造厂有限公司	第二十五类	T2005-07494
FE 及图形	162844	富兰克林电气公司	第一类	T2005-07499
FE Franklin 及图形	620250	富兰克林电气公司	第七类	T2005-07500

权利名称	权利注册授权号	申请人名称	商品分类	备案号
FRANKLIN	621353	富兰克林电气公司	第七类	T2005-07501
取景标贴（KEEP 20CM）	13-2004-F-124	坤联（厦门）照相器材有限公司		C2005-07504
OCARINA	676630	奥卡芮那公司	第九类	T2005-07505
OCARINA	801765	奥卡芮那公司	第十一类	T2005-07506
Battle Bugs (Allomyrina Dichotoma)	2005-F-02997	株式会社多美		C2005-07509
Battle Bugs (Dynastes Hercules)	2005-F-02998	株式会社多美		C2005-07510
Battle Bugs (Dorcus Curvidens Hopei)	2005-F-02995	株式会社多美		C2005-07511
Battle Bugs (Battle Stage Set)	2005-F-02994	株式会社多美		C2005-07512
bester 及图形	3193938	贝斯特 S.A.	第九类	T2005-07513
bester	3193939	贝斯特 S.A.	第七类	T2005-07514
L(图形)	1126843	李宁体育（上海）有限公司	第二十八类	T2005-07517
LI-NING	1126844	李宁体育（上海）有限公司	第二十八类	T2005-07520
TEiCA	1730373	他普实业有限公司	第九类	T2005-07521
ARTS ALBUM 及图形	3558371	厦门鑫艺锦工艺品有限公司	第二十类	T2005-07522
ARTS ALBUM 及图形	3558370	厦门鑫艺锦工艺品有限公司	第二十一类	T2005-07523
KAIJIELI 及图形	3237369	福建闽东德丰电机有限公司	第七类	T2005-07524
摩凡陀	1624804	摩凡陀钟表有限公司	第十四类	T2005-07527
MOVADO	1770525	摩凡陀钟表有限公司	第十四类	T2005-07528
净博士	1624274	广州立白企业集团有限公司	第三类	T2005-07533
CHAMPION 及图形	756945	联合－穆贵点燃公司	第七类	T2005-07534
CUSTO	3098753	安吉尔・卡斯特迪奥・戴尔贸・萨尔蒙斯	第二十五类	T2005-07537
钻石 DIAMOND 及图形	33117	广州轻出集团股份有限公司	第二十一类	T2005-07538
冠军及图形	595703	广州轻出集团股份有限公司	第二十八类	T2005-07539
海鸥 SEA GULL 及图形	50544	广州轻出集团股份有限公司	第十一类	T2005-07540
KAPOK 及图形	173741	广州轻出集团股份有限公司	第十一类	T2005-07541
三角牌及图形	53237	广州轻出集团股份有限公司	第十一类	T2005-07543
TRIANGLE 及图形	655430	广州轻出集团股份有限公司	第九类	T2005-07544
鹰牌及图形	28800	广州轻出集团股份有限公司	第二十六类	T2005-07546
钻石 DIAMOND 及图形	47099	广州轻出集团股份有限公司	第十一类	T2005-07547
金雀牌及图形	38437	广州轻出集团股份有限公司	第十五类	T2005-07548
ONER 图形	714507	广州轻出集团股份有限公司	第十六类	T2005-07549
蜜蜂牌及图形	47586	广州轻出集团股份有限公司	第十六类	T2005-07550
青年 YOUTH	50742	广州轻出集团股份有限公司	第十六类	T2005-07551
荷花牌 LOTUS FLOWER 及图形	130886	广州轻出集团股份有限公司	第十六类	T2005-07552
KOBO 及图形	596540	广州轻出集团股份有限公司	第十一类	T2005-07553
虎头牌及图形	383595	广州轻出集团股份有限公司	第十一类	T2005-07555
TIGER HEAD 及图形	1333174	广州轻出集团股份有限公司	第二十二类	T2005-07556
钻石牌及图形	330923	广州轻出集团股份有限公司	第六类	T2005-07558

权利名称	权利注册授权号	申请人名称	商品分类	备案号
图形	G601229	莫斯科工厂“Cristall”无限责任制股份公司	第三十三类	T2005-07563
DIAMICRON 达美康	G582309	法国施维雅药厂	第七类	T2005-07564
STACLOT	G759661	斯达戈诊断公司	第五类	T2005-07570
NEOPLASTINE	G757255	斯达戈诊断公司	第一类	T2005-07571
STACHROM	G759662	斯达戈诊断公司	第五类	T2005-07572
Baide	3804342	广州百得塑料工业有限公司	第三十四类	T2005-07575
BAIDE	3804343	广州百得塑料工业有限公司	第三十四类	T2005-07576
ACTION 动感	1577126	佛山市森海运动用品有限公司	第二十八类	T2005-07589
PRESTO	785707	国民普赖斯托工业有限公司	第七类	T2005-07630
PRESTO	164421	国民普赖斯托工业有限公司	第十一类	T2005-07631
PRESTO	671711	国民普赖斯托工业有限公司	第二十一类	T2005-07632
MASPION	3778330	伍颂民	第十一类	T2005-07636
asics	623187	株式会社爱世克私	第二十五类	T2005-07637
asics(图形)	168844	株式会社爱世克私	第二十五类	T2005-07638
COOL GEAR	3460697	株式会社电装	第十一类	T2005-07639
REEBOK	224213	力宝克体育运动有限公司	第二十五类	T2005-07643
軒尼詩	725686	法国轩尼诗公司	第三十三类	T2005-07645
fusion	3624751	庆堂工业（大连）有限公司	第七类	T2005-07646
梅林 MALING 及图形	3087	上海梅林罐头食品厂	第二十九类	T2005-07657
银雨	725987	鹤山银雨灯饰有限公司	第十一类	T2005-07658
NEO-NEON	727121	鹤山银雨灯饰有限公司	第十一类	T2005-07659
金雨	725986	鹤山银雨灯饰有限公司	第十一类	T2005-07660
DOVE 及图形	3455381	郭会臣	第八类	T2005-07662
J-B WELD	540092	J-B 韦尔德公司	第一类	T2005-07664
Excel-G	3539063	萱场工业株式会社	第十二类	T2005-07666
KAYABA	1581864	萱场工业株式会社	第十二类	T2005-07667
Calvin Klein	1550080	卡尔文·克雷恩商标托管	第九类	T2005-07676
Calvin Klein	1533679	卡尔文·克雷恩商标托管	第十四类	T2005-07677
cK	1256656	卡尔文·克雷恩商标托管	第二十五类	T2005-07679
Calvin Klein	638716	卡尔文·克雷恩商标托管	第十八类	T2005-07681
Calvin Klein	637227	卡尔文·克雷恩商标托管	第三类	T2005-07682
CALVIN KLEIN	231535	卡尔文·克雷恩商标托管	第二十五类	T2005-07684
东方红	46987	中国一拖集团有限公司	第十二类	T2005-07688
DONGFANGHONG	3680888	中国一拖集团有限公司	第十二类	T2005-07689
YT(图形)	664525	中国一拖集团有限公司	第七类	T2005-07691
YT(图形)	666625	中国一拖集团有限公司	第十二类	T2005-07692
SUNRISE	658413	中国一拖集团有限公司	第七类	T2005-07693
SUNRISE	664672	中国一拖集团有限公司	第十二类	T2005-07694
HAPPINESS	3560160	东莞市恒利健身器材有限公司	第二十八类	T2005-07700
PRESTONE	814144	布拉斯通产品公司	第一类	T2005-07701

权利名称	权利注册授权号	申请人名称	商品分类	备案号
HONEYWELL	146635	霍尼韦尔国际公司	第十一类	T2005-07702
HONEYWELL	146653	霍尼韦尔国际公司	第九类	T2005-07703
FRAM	323711	霍尼韦尔国际公司	第十二类	T2005-07704
FRAM 及图	328662	霍尼韦尔国际公司	第十二类	T2005-07705
BENDIX	306328	霍尼韦尔国际公司	第十二类	T2005-07706
Bendix 及图	306329	霍尼韦尔国际公司	第十二类	T2005-07707
GARRETT	541689	霍尼韦尔国际公司	第十二类	T2005-07708
霍尼韦尔	697659	霍尼韦尔国际公司	第九类	T2005-07709
HAOMAI	3689922	泰格工业集团有限公司	第七类	T2005-07711
长白山	3203073	延吉卷烟厂	第三十四类	T2005-07713
长白山（图形）	3202964	延吉卷烟厂	第三十四类	T2005-07714
长白山（图形）	3203260	延吉卷烟厂	第三十四类	T2005-07715
JIMMY CHOO	3189592	杰出（泽西）有限公司	第十八类	T2005-07716
JIMMY CHOO	1637164	杰出（泽西）有限公司	第二十五类	T2005-07717
FORD	754151	福特汽车公司	第十一类	T2005-07726
FORD 及图	676559	福特汽车公司	第十二类	T2005-07728
FOMOCO	1970119	福特汽车公司	第一类	T2005-07731
FOMOCO	1973103	福特汽车公司	第二类	T2005-07732
FOMOCO	1905411	福特汽车公司	第三类	T2005-07733
FOMOCO	2016645	福特汽车公司	第四类	T2005-07734
FOMOCO	1979270	福特汽车公司	第八类	T2005-07736
FOMOCO	2017000	福特汽车公司	第九类	T2005-07737
FOMOCO	2022480	福特汽车公司	第十一类	T2005-07738
FOMOCO	2015134	福特汽车公司	第十二类	T2005-07739
FOMOCO	2001205	福特汽车公司	第十六类	T2005-07740
FOMOCO	2004034	福特汽车公司	第十七类	T2005-07741
FOMOCO	1995400	福特汽车公司	第二十七类	T2005-07742
FOMOCO	1970124	福特汽车公司	第一类	T2005-07743
FOMOCO	1973100	福特汽车公司	第二类	T2005-07744
FOMOCO	1905410	福特汽车公司	第三类	T2005-07745
FOMOCO	2016644	福特汽车公司	第四类	T2005-07746
FOMOCO	2015176	福特汽车公司	第六类	T2005-07747
FOMOCO	1975270	福特汽车公司	第七类	T2005-07748
FOMOCO	1979269	福特汽车公司	第八类	T2005-07749
FOMOCO	1981824	福特汽车公司	第九类	T2005-07750
FOMOCO	2022479	福特汽车公司	第十一类	T2005-07751
FOMOCO	2015135	福特汽车公司	第十二类	T2005-07752
FOMOCO	2001207	福特汽车公司	第十六类	T2005-07753
FOMOCO	2004031	福特汽车公司	第十七类	T2005-07754
FOMOCO	1995401	福特汽车公司	第二十七类	T2005-07755

权利名称	权利注册授权号	申请人名称	商品分类	备案号
MOTORCRAFT	3546196	福特汽车公司	第四类	T2005-07756
MOTORCRAFT	143950	福特汽车公司	第七类	T2005-07758
MOTORCRAFT	3546195	福特汽车公司	第七类	T2005-07759
MOTORCRAFT	728547	福特汽车公司	第十二类	T2005-07760
LINCOLN	705518	福特汽车公司	第十二类	T2005-07761
MOTORCRAFT	145612	福特汽车公司	第六类	T2005-07765
FOMOCO	1975271	福特汽车公司	第七类	T2005-07766
MERLIN GERIN	3252588	施耐德电气工业公司	第九类	T2005-07769
MERLIN GERIN 及 MG 图	206959	施耐德电气工业公司	第九类	T2005-07770
图形	3539400	泉州海日星工艺美术有限公司	第二十类	T2005-07772
海日星	3132831	泉州海日星工艺美术有限公司	第二十类	T2005-07773
工艺喷泉 (MZ8291)	B-2005-F-989	泉州海日星工艺美术有限公司		C2005-07774
工艺喷泉 (MZ8309-L)	B-2005-F-987	泉州海日星工艺美术有限公司		C2005-07775
顺达Ｓ Ｈ Ｕ Ｎ Ｄ Ａ及图	1778213	东山县顺达水产食品有限公司	第二十九类	T2005-07779
SOLAR VISTA	3237464	格伦雷文公司	第二十四类	T2005-07780
Glen Raven 及图	633383	格伦雷文公司	第二十四类	T2005-07781
Sunbrella 及图	845342	格伦雷文公司	第二十四类	T2005-07782
CEPHASCREEN	G807004	斯达戈诊断公司	第五类	T2005-07783
STALIA	G824541	斯达戈诊断公司	第五类	T2005-07784
ASSERACHROM	G759663	斯达戈诊断公司	第五类	T2005-07785
FLOS	1162898	弗罗斯有限公司	第十一类	T2005-07788
WARRIOR 及图形	3544939	上海威瑞工贸有限公司	第七类	T2005-07789
CATERPILLAR	170637	卡特彼勒公司	第七类	T2005-07790
CATERPILLAR	186440	卡特彼勒公司	第十二类	T2005-07791
ASCO+ 图	276045	爱信精机株式会社	第十二类	T2005-07792
INFINITY	1502946	中山市力劲金属电业有限公司	第六类	T2005-07793
AISIN	161785	爱信精机株式会社	第十二类	T2005-07797
THE INCREDIBLES STYLE GUIDE	VA1-242-351	迪士尼企业公司		C2005-07798
NEMO-PRIMARY: NEMO, DORY, GILL (2)	VAu559-056	迪士尼企业公司		C2005-07799
NEMO-SHARKS:BRUCE, ANCHOR & CHUM	VAu559-052	迪士尼企业公司		C2005-07800
Daily	613952	上海轻工国际发展有限公司	第二十六类	T2005-07801
双轮 DOUBLE WHEEL 及图	840882	上海轻工国际发展有限公司	第十一类	T2005-07802
CITIZEN	224202	西铁城控股株式会社	第九类	T2005-07804
FOMOCO	2015194	福特汽车公司	第六类	T2005-07807
BRILLE	3376798	广州市芳村区开元灯业电器厂	第十一类	T2005-07808
CLIPPER 及图形	681468	费拉玛吉斯公司	第三十四类	T2005-07827
KALUODI	3263933	吴容光	第二十五类	T2005-07833
Panasonic	G824384	松下电器产业株式会社	第七类	T2005-07834

权利名称	权利注册授权号	申请人名称	商品分类	备案号
Rotam 及图形	623585	龙灯国际有限公司	第五类	T2005-07835
SIEMENS	G637074	西门子股份公司	第七类	T2005-07836
TEMCO	1661697	福建天工电机有限公司	第七类	T2005-07841
SIEMENS	G637074	西门子股份公司	第十一类	T2005-07842
SIEMENS	G637074	西门子股份公司	第九类	T2005-07843
PLAYTEX	2008525	萨拉李公司	第二十五类	T2005-07844
BALI 百利	708530	萨拉李公司	第二十五类	T2005-07845
CELINE（图形）	632282	色丽耐公司	第二十五类	T2005-07858
CELINE（图形）	676527	色丽耐公司	第九类	T2005-07859
CELINE	676522	色丽耐公司	第九类	T2005-07860
CELINE（图形）	679662	色丽耐公司	第十八类	T2005-07861
CELINE（图形）	3062127	色丽耐公司	第十八类	T2005-07862
CELINE（图形）	632088	色丽耐公司	第十四类	T2005-07863
CELINE	3033745	色丽耐公司	第十八类	T2005-07864
CELINE（图形）	643851	色丽耐公司	第十八类	T2005-07865
CELINE	708557	色丽耐公司	第二十五类	T2005-07866
CELINE(图形）	1994179	色丽耐公司	第二十四类	T2005-07867
JAGUAR 美洲虎图形	1700618	美洲虎车辆有限公司	第十八类	T2005-07882
JAGUAR 及美洲虎图形	603149	美洲虎车辆有限公司	第九类	T2005-07885
JAGUAR 及美洲虎图形	601509	美洲虎车辆有限公司	第三类	T2005-07886
超级鱼 SUPER FISH 及图	3098163	厦门市富众渔具有限公司	第二十二类	T2005-07899
雷达 RADAR 及图	592696	新东电子工业股份有限公司	第七类	T2005-07901
ELLE	G657541	桦谢菲力柏契出版社	第九类	T2005-07902
MG 图	3252587	施耐德电气工业公司	第九类	T2005-07904
CROUZET	3295604	克鲁泽自动化有限公司	第九类	T2005-07905
ZYS	1609807	洛阳轴研科技股份有限公司	第七类	T2005-07906
WASHBURN	1564616	北京市海淀区蓝摇乐器行	第十五类	T2005-07907
JACKSON	1548834	北京市海淀区蓝摇乐器行	第十五类	T2005-07908
五角星图形	729722	白光株式会社	第八类	T2005-07911
FUTURE MODULE	3160378	白光株式会社	第九类	T2005-07913
五角星图形＋ HAKKO	500323	白光株式会社	第一类	T2005-07914
HAKKO	729721	白光株式会社	第八类	T2005-07915
Villeroy & Boch	G758823	维罗 & 宝茨公司	第十一类	T2005-07917
Villeroy & Boch	G586592	维罗 & 宝茨公司	第二十一类	T2005-07918
Dorolan	3610260	杭州多闻化工有限公司	第二类	T2005-07919
WINNER	1605542	安徽省机械发展进出口有限公司	第六类	T2005-07920
图形	1605541	安徽省机械发展进出口有限公司	第六类	T2005-07921
五角星图形＋盒图形＋ HAKKO 文字	3716023	白光株式会社	第九类	T2005-07922
UNITEK	1916501	星震宇电子（深圳）有限公司	第九类	T2005-07925

权利名称	权利注册授权号	申请人名称	商品分类	备案号
贵州茅台	3159141	中国贵州茅台酒厂有限责任公司	第三十三类	T2005-07930
双轮 WHEEL DOUBLE	3578312	上海轻工国际发展有限公司	第十一类	T2005-07932
COLORSIT	3700852	佑力泰电脑（深圳）有限公司	第九类	T2005-07933
图形	811173	浙江省土产畜产进出口集团公司	第三十类	T2005-07937
DH(图形)	3367714	杭州大同大好轴瓦制造有限公司	第十二类	T2005-07938
C 图形商标	157546	卡特彼勒公司	第七类	T2005-07945
MEGACELL	1554027	好利电池实业有限公司	第九类	T2005-07948
Fishing Net 及图	3243322	厦门市富众渔具有限公司	第二十二类	T2005-07981
图形	3583982	厦门市富众渔具有限公司	第二十三类	T2005-07982
超级鱼 SUPER FISH 及图	3098162	厦门市富众渔具有限公司	第二十三类	T2005-07983
金枪鱼 TUNNY FISH 及图	3251998	厦门市富运通贸易有限公司	第二十三类	T2005-07984
图形	3257948	厦门市富运通贸易有限公司	第二十三类	T2005-07985
TE 图	540560	施耐德电气工业公司	第九类	T2005-07986
XIAOMIMI	1730936	广东笑咪咪食品有限公司	第三十类	T2006-07987
贝克	1595445	贝克酿造公司	第三十二类	T2006-07999
贝克啤酒图标	1595442	贝克酿造公司	第三十二类	T2006-08000
G&G	3461263	珠海纳思达电子科技有限公司	第二类	T2006-08005
G&G+ 图形	3461280	珠海纳思达电子科技有限公司	第九类	T2006-08006
G&G	3461279	珠海纳思达电子科技有限公司	第十六类	T2006-08007
LUCKY STRIKE	733298	英美烟草（品牌）股份有限公司	第三十四类	T2006-08008
Black Cat 及图	221728	利丰（英属处女岛）有限公司	第十三类	T2006-08009
L LITTMANN QUALITY（图形）	3322538	3M 公司	第十类	T2006-08010
LITTMANN	230882	3M 公司	第十类	T2006-08011
3M	542697	3M 公司	第十类	T2006-08013
SCOTCHLITE	230884	3M 公司	第十九类	T2006-08015
3M	727634	3M 公司	第二十四类	T2006-08017
EDWIN	234906	株式会社爱德恩	第二十五类	T2006-08019
SCHMETZ	168896	费德·施密兹公司（德国）	第二十六类	T2006-08025
蝴蝶牌 BUTTERFLY 及图	70586	上海轻工国际发展有限公司	第九类	T2006-08026
三五牌 555 THREE FIVES	169927	上海轻工国际发展有限公司	第十一类	T2006-08027
蓓蕾　Budlet 及图	147511	上海轻工国际发展有限公司	第八类	T2006-08028
海鸥 SEAGULL 及图	70151	上海轻工国际发展有限公司	第八类	T2006-08029
LIPER+ 利浦尔	3339134	浙江奥司朗照明电器有限公司	第十一类	T2006-08030
YVESSAINTLAURENT	225226	伊夫圣洛朗股份公司	第二十五类	T2006-08031
YSL 图形	226462	伊夫圣洛朗股份公司	第二十五类	T2006-08032
YSL 图形	225262	伊夫圣洛朗股份公司	第二十五类	T2006-08033
SAMSONITE	612101	新秀丽公司	第九类	T2006-08034
SAMSONITE	770833	新秀丽公司	第三十七类	T2006-08035
Samsonite	173509	新秀丽公司	第十八类	T2006-08036
Samsonite	173513	新秀丽公司	第二十类	T2006-08037

权利名称	权利注册授权号	申请人名称	商品分类	备案号
图形	173510	新秀丽公司	第十八类	T2006-08038
图形	173514	新秀丽公司	第二十类	T2006-08039
SAMSONITE	697757	新秀丽公司	第十六类	T2006-08040
Samsonite 及图	573270	新秀丽公司	第九类	T2006-08041
Samsonite 及图	575752	新秀丽公司	第十一类	T2006-08042
Samsonite 及图	574881	新秀丽公司	第十八类	T2006-08043
Samsonite 及图	574967	新秀丽公司	第二十一类	T2006-08044
Samsonite 及图	697756	新秀丽公司	第十六类	T2006-08045
Samsonite 及图	670876	新秀丽公司	第十八类	T2006-08047
Samsonite 及图	574882	新秀丽公司	第十八类	T2006-08049
图形	697787	新秀丽公司	第十六类	T2006-08053
新秀麗	677872	新秀丽公司	第十八类	T2006-08054
丰收	53589	北京北粮国际经贸有限公司	第三十三类	T2006-08057
笑脸图形	975919	株式会社 LG	第九类	T2006-08060
LG 及笑脸图形	981788	株式会社 LG	第九类	T2006-08061
LG 及笑脸图形	970799	株式会社 LG	第十一类	T2006-08062
SOLIDEA 注册商标	G599504	卡尔兹弗西奥皮内利有限公司	第二十五类	T2006-08074
STA COMPACT	G635244	斯达戈诊断公司	第九类	T2006-08076
WALTHAM	G594485	华尔顿国际股份有限公司	第十四类	T2006-08084
BARBIE	1669915	美泰有限公司	第十二类	T2006-08085
BARBIE	3039984	美泰有限公司	第五类	T2006-08087
BARBIE	3037619	美泰有限公司	第九类	T2006-08088
BARBIE	2009536	美泰有限公司	第十一类	T2006-08089
BARBIE	1982107	美泰有限公司	第三十二类	T2006-08090
Barbie	3191405	美泰有限公司	第二十八类	T2006-08091
FISHER-PRICE	2005335	美泰有限公司	第二十五类	T2006-08092
FISHER-PRICE	2001307	美泰有限公司	第十八类	T2006-08093
FISHER-PRICE	2000772	美泰有限公司	第十六类	T2006-08094
Barbie	1771501	美泰有限公司	第二十五类	T2006-08095
HOT WHEELS	729864	美泰有限公司	第二十八类	T2006-08098
HOT WHEELS	2005327	美泰有限公司	第二十五类	T2006-08099
HOT WHEELS	2001430	美泰有限公司	第十八类	T2006-08100
HOT WHEELS	2000911	美泰有限公司	第十六类	T2006-08101
HOT WHEELS	1994236	美泰有限公司	第二十类	T2006-08102
HOT WHEELS	1984196	美泰有限公司	第九类	T2006-08103
FISHER-PRICE	237351	美泰有限公司	第二十八类	T2006-08104
MATTEL	261728	美泰有限公司	第二十八类	T2006-08105
MAGIC 8 BALL	3477401	美泰有限公司	第二十八类	T2006-08107
LITTLE PEOPLE	1944898	美泰有限公司	第二十八类	T2006-08108

权利名称	权利注册授权号	申请人名称	商品分类	备案号
HOT WHEELS 图和 MATTEL 徽章	728750	美泰有限公司	第二十八类	T2006-08109
MY SCENE	3341687	美泰有限公司	第二十八类	T2006-08110
MATTEL 及图形	729866	美泰有限公司	第二十八类	T2006-08111
UNO	965038	美泰有限公司	第二十八类	T2006-08112
CUSTO	G810941	ANGEL CUSTODIO DALMAU SALMONS	第十八类	T2006-08113
CUSTO BARCELONA	G816425	ANGEL CUSTODIO DALMAU SALMONS	第二十五类	T2006-08115
CEKYHAA	3831579	龙门伟旺金属制品有限公司	第一类	T2006-08116
MOHONNT	3424452	龙门伟旺金属制品有限公司	第一类	T2006-08117
HOLLISTER CO.	1679583	J.M.H. 商标股份有限公司	第三十五类	T2006-08125
HOLLISTER	1641363	J.M.H. 商标股份有限公司	第二十五类	T2006-08126
COMPLETT	159916	康地・康普莱特公司	第七类	T2006-08130
红宝石 RUBY 及图	222854	河北省纺织品进出口股份有限公司	第二十三类	T2006-08131
GOODRIDE	963014	杭州中策橡胶有限公司	第十二类	T2006-08132
WEST LAKE	765885	杭州橡胶总厂	第十二类	T2006-08135
ABERCROMBIE & FITCH	776379	A&F 商标股份有限公司	第四十二类	T2006-08137
001 及图	546476	浙江 001 集团有限公司	第九类	T2006-08138
A & F QUARTERLY	1659688	A&F 商标股份有限公司	第三十五类	T2006-08139
A&FTV	1579825	A&F 商标股份有限公司	第三十八类	T2006-08140
ABERCROMBIE	1596391	A&F 商标股份有限公司	第三类	T2006-08141
A & F	1592369	A&F 商标股份有限公司	第三类	T2006-08142
1892	2019572	A&F 商标股份有限公司	第三十五类	T2006-08144
ABERCROMBIE	1545317	A&F 商标股份有限公司	第二十五类	T2006-08145
A & F	1535828	A&F 商标股份有限公司	第三十五类	T2006-08146
ABERCROMBIE	1535829	A&F 商标股份有限公司	第三十五类	T2006-08147
1892	2019571	A&F 商标股份有限公司	第三类	T2006-08148
1892	2017285	A&F 商标股份有限公司	第二十五类	T2006-08149
A & F	1545403	A&F 商标股份有限公司	第二十五类	T2006-08150
HAGER 及图	1974035	C. 海格桑斯铰链制造公司	第六类	T2006-08151
Q-FORCE	3626972	肖坚庭	第九类	T2006-08156
直沽及图形	147574	天津津酒集团有限公司	第三十三类	T2006-08157
拉芳 LaFang 及图	1745378	广东熊猫日化用品有限公司	第三类	T2006-08159
UNITY	1975796	浙江省浦江金垒有限公司	第六类	T2006-08160
雨洁 Raclen 及图	3406071	广东拉芳日化有限公司	第三类	T2006-08162
缤纯	3577942	广东拉芳日化有限公司	第三类	T2006-08163
Krazy（图形）	756155	东亚合成株式会社	第十六类	T2006-08164
Krazy	756156	东亚合成株式会社	第十六类	T2006-08165
Krazy（图形）	751344	东亚合成株式会社	第一类	T2006-08166
Krazy	751335	东亚合成株式会社	第一类	T2006-08167
图形商标	539352	株式会社好丽友	第三十类	T2006-08170

权利名称	权利注册授权号	申请人名称	商品分类	备案号
JOHN PLAYER SPECIAL	677264	英美烟草（品牌）有限公司	第三十四类	T2006-08171
414 三联玫瑰	2005-F-03013	景德镇市三蕾瓷用化工有限公司		C2006-08178
TIK	1036705	善统工业股份有限公司	第十二类	T2006-08179
ROTHMANS	70891	朴尔莫尔 罗斯曼公司（英国）	第三十四类	T2006-08186
圣玛丽（男孩）	13-2005-F-1322	石狮市艺苑工艺品有限公司		C2006-08187
圣玛丽（女孩）	13-2005-F-1323	石狮市艺苑工艺品有限公司		C2006-08188
理想	1534924	理想科学工业株式会社	第七类	T2006-08190
RISOGRAPH	1534923	理想科学工业株式会社	第七类	T2006-08191
理想（图形）	1534922	理想科学工业株式会社	第七类	T2006-08192
RISO（图形）	1534921	理想科学工业株式会社	第七类	T2006-08194
RISO（图形）	1708889	理想科学工业株式会社	第十六类	T2006-08195
理想（图形）	1708894	理想科学工业株式会社	第十六类	T2006-08196
WOODIN	793727	弗利斯克有限公司	第二十四类	T2006-08197
RISOGRAPH	1708893	理想科学工业株式会社	第十六类	T2006-08198
HV 及图形	237315	弗利斯克有限公司	第二十四类	T2006-08200
hilton	664043	英美烟草（品牌）股份有限公司	第三十四类	T2006-08204
PRIMA 及图商标	3594337	陆洲进出口股份有限公司	第八类	T2006-08207
WHX	1574014	厦门市万亨欣进出口贸易有限公司	第七类	T2006-08208
AMB	3210797	厦门市万亨欣轴承工业有限公司	第七类	T2006-08209
图形	3449774	佛山市亚代贸易有限公司	第一类	T2006-08216
图形	3696354	广州市花都区三星指甲钳厂	第八类	T2006-08219
OSAKO	3242153	广州市天河惠得贸易发展有限公司	第十一类	T2006-08223
OSAKO	3255615	广州市天河惠得贸易发展有限公司	第十二类	T2006-08224
MARVELL	1747755	马威尔国际有限公司	第九类	T2006-08225
M 及图	1747756	马威尔国际有限公司	第九类	T2006-08226
MOVING FORWARD FASTER	1742804	马威尔国际有限公司	第九类	T2006-08227
LIBERTAS	3105740	马威尔国际有限公司	第九类	T2006-08228
YUKON	3293803	马维尔世界贸易有限公司	第九类	T2006-08229
PRESTERA	3213013	马维尔世界贸易有限公司	第九类	T2006-08230
PHYADVANTAGE	3213016	马维尔世界贸易有限公司	第九类	T2006-08231
LINK STREET	3287561	马维尔世界贸易有限公司	第九类	T2006-08232
莉倩图形	3167868	郑州光大纺织印染有限公司	第二十四类	T2006-08239
迎春舞图形	1930721	郑州光大纺织印染有限公司	第二十四类	T2006-08240
HILTON	3189862	英美烟草（品牌）股份有限公司	第三十四类	T2006-08244
PALL MALL	1347249	英美烟草（品牌）股份有限公司	第三十四类	T2006-08245
DUNHILL	176977	登喜路伦敦烟草制品有限公司	第三十四类	T2006-08246
图形商标	3384531	美国礼来公司	第五类	T2006-08248
MICHELIN	136402	米其林集团总公司	第十二类	T2006-08252

权利名称	权利注册授权号	申请人名称	商品分类	备案号
MICHELIN	632255	米其林集团总公司	第二十五类	T2006-08253
轮胎人图形商标	604554	米其林集团总公司	第十二类	T2006-08254
C 图形商标	3466847	美国礼来公司	第五类	T2006-08255
西爱力	3288731	美国礼来公司	第五类	T2006-08256
犀利士	3288732	美国礼来公司	第五类	T2006-08257
赛力士	3288733	美国礼来公司	第五类	T2006-08258
西爱力斯	3288734	美国礼来公司	第五类	T2006-08259
希爱力	1572442	美国礼来公司	第五类	T2006-08260
TQI	1528071	（泰辉厦）化学工业技术有限公司	第一类	T2006-08261
ALBADIA	3299267	叶伟	第三十类	T2006-08262
GREENIES	3495264	S&M 雷特有限公司	第三十一类	T2006-08263
贝克啤酒图标	1595440	贝克酿造公司	第三十二类	T2006-08265
“三角牌”及图形	209314	广东省轻工进出口股份有限公司	第十一类	T2006-08269
图形	1549940	广东省轻工进出口股份有限公司	第九类	T2006-08270
“鹦鹉”及图形	720317	广东省轻工进出口股份有限公司	第二十类	T2006-08271
MICHELIN 及图	1922872	米其林集团总公司	第十二类	T2006-08276
DUAL SHOCK	1658456	索尼电脑娱乐公司	第九类	T2006-08278
PSP	3550932	索尼电脑娱乐公司	第九类	T2006-08279
“鹦鹉”及图形	720225	广东省轻工进出口股份有限公司	第二十一类	T2006-08286
“鹦鹉”及图形	720093	广东省轻工进出口股份有限公司	第十类	T2006-08288
ELDORADO	3453345	爱多拉多石料经营有限责任公司	第十九类	T2006-08295
GALNET	1783036	奇迹半导体以色列有限公司	第九类	T2006-08302
NETGX	1793028	奇迹半导体以色列有限公司	第九类	T2006-08303
太阳、山、大盐湖水的图形商标	1663389	天津港保税区豪斯国际贸易公司	第三十类	T2006-08314
香奈尔图形商标	791531	香奈儿股份有限公司	第二十六类	T2006-08315
Global	829350	广东省轻工进出口股份有限公司	第二十一类	T2006-08317
虎图形	1905142	虎豹企业有限公司	第三类	T2006-08318
虎标万金油	338745	虎豹企业有限公司	第五类	T2006-08320
Eldorado Stone Eastern Region Profiles Product Catalog(爱多拉多石料东部地区侧面产品目录)	TX 6-079-112	爱多拉多石料有限责任公司		C2006-08322
Eldorado Stone Northwestern Edition Product Catalog(爱多拉多石料西北版产品目录)	TX 6-079-195	爱多拉多石料有限责任公司		C2006-08323
Eldorado Stone Western Edition Product Catalog(爱多拉多石料西方版产品目录)	TX 6-079-194	爱多拉多石料有限责任公司		C2006-08324
SNOW IMAGE	1807015	北京市思诺依维企业发展公司	第二十五类	T2006-08327
图形	3174249	北京市思诺依维企业发展公司	第二十五类	T2006-08328
香奈儿（图形）	793287	香奈儿股份有限公司	第十八类	T2006-08329
香奈儿（图形）	799412	香奈儿股份有限公司	第二十五类	T2006-08330

权利名称	权利注册授权号	申请人名称	商品分类	备案号
香奈儿（图形）	768908	香奈儿股份有限公司	第二十五类	T2006-08331
HEINEMANN	3013648	伊顿公司	第九类	T2006-08334
ShenjianGum	3511074	福建省福安市美乐食品厂	第三十类	T2006-08337
“太阳”及图形	789388	广东中顺纸业集团有限公司	第十六类	T2006-08338
黄道益及图	673105	黄道益活络油有限公司	第五类	T2006-08339
黄道益	3365258	黄道益活络油有限公司	第五类	T2006-08341
brother	167302	兄弟工业株式会社	第七类	T2006-08344
brother	167304	兄弟工业株式会社	第十六类	T2006-08345
brother	2000720	兄弟工业株式会社	第十六类	T2006-08347
兄弟	767299	兄弟工业株式会社	第七类	T2006-08348
brother	1981663	兄弟工业株式会社	第九类	T2006-08349
brother	167303	兄弟工业株式会社	第九类	T2006-08350
图形	3447329	温州市月球胶木电器有限公司	第九类	T2006-08355
LNGELEC	3507695	温州市月球胶木电器有限公司	第九类	T2006-08356
NISSAN 及图	739763	日产自动车株式会社	第十二类	T2006-08357
BIGBOY	1933884	上海日升日用制品有限公司	第二十一类	T2006-08359
LV+ 花 图 案 組 合 (Toile Monogram Device)	240989	路易威登马利蒂（法国）	第十四类	T2006-08364
Louis Vuitton	241017	路易威登马利蒂（法国）	第二十五类	T2006-08365
LV 图型	241022	路易威登马利蒂（法国）	第三类	T2006-08366
LV 图型	241026	路易威登马利蒂（法国）	第十六类	T2006-08367
LV+ 花 图 案 組 合 (Toile Monogram Device)	240985	路易威登马利蒂（法国）	第十六类	T2006-08368
LV 图型	241025	路易威登马利蒂（法国）	第二十八类	T2006-08369
LV 图型	241029	路易威登马利蒂（法国）	第二十五类	T2006-08370
LV+ 花 图 案 組 合 (Toile Monogram Device)	240987	路易威登马利蒂（法国）	第二十八类	T2006-08371
Louis Vuitton	240996	路易威登马利蒂（法国）	第十四类	T2006-08372
路易威登	241000	路易威登马利蒂（法国）	第十八类	T2006-08373
Louis Vuitton	240997	路易威登马利蒂（法国）	第三类	T2006-08374
Louis Vuitton	240995	路易威登马利蒂（法国）	第二十八类	T2006-08375
LV 图型	241023	路易威登马利蒂（法国）	第十四类	T2006-08376
GIANNI VERSACE(图形)	G815020	贾恩尼·弗赛斯股份有限公司	第二十五类	T2006-08379
GIANNI VERSACE(图形)	G815020	贾恩尼·弗赛斯股份有限公司	第九类	T2006-08381
GIANNI VERSACE(图形)	G815020	贾恩尼·弗赛斯股份有限公司	第十四类	T2006-08382
GIANNI VERSACE(图形)	G815020	贾恩尼·弗赛斯股份有限公司	第十八类	T2006-08383
GIANNI VERSACE(图形)	G815020	贾恩尼·弗赛斯股份有限公司	第二十类	T2006-08384
GIANNI VERSACE(图形)	G815020	贾恩尼·弗赛斯股份有限公司	第二十一类	T2006-08385
JUKI	3715148	重机株式会社	第七类	T2006-08387
Travel Star	1682252	问会兰	第九类	T2006-08392
ZUCO+ 图形	1311213	珠海经济特区全达实业有限公司	第九类	T2006-08394

权利名称	权利注册授权号	申请人名称	商品分类	备案号
ZUCO+ 图形	1289644	珠海经济特区全达实业有限公司	第八类	T2006-08395
CHATEAU	1602600	深圳市飞狮电池有限公司	第九类	T2006-08397
蒙丽萨	3064882	石狮黎祥食品有限公司	第三十类	T2006-08398
百得	736037	中山市百得燃气用具有限公司	第十一类	T2006-08399
百得	1923008	中山市百得燃气用具有限公司	第十一类	T2006-08400
宝丽 +POLLY+ 图形	3255411	中山市宝丽纸业有限公司	第十六类	T2006-08401
HJM MarrodaN	3254872	乔斯—玛丽亚—曼罗登有限公司	第十一类	T2006-08403
composan	3613266	金普臣粘合剂公司	第一类	T2006-08404
REVERT 及图形	1815789	曼努尔瑞华特及希亚有限公司	第二十四类	T2006-08405
RICOH	1745977	株式会社理光	第十六类	T2006-08407
RICOH	1745228	株式会社理光	第二类	T2006-08408
RICOH	1724085	株式会社理光	第一类	T2006-08409
PANDUIT 及图形	3062035	泛达公司	第九类	T2006-08413
翠鸟牌	139130	四川川棉印染有限公司	第二十四类	T2006-08418
VICRYL	245238	强生公司	第十类	T2006-08419
ETHIBOND	245248	强生公司	第十类	T2006-08420
PROLENE	245236	强生公司	第十类	T2006-08421
泰诺	818201	强生公司	第五类	T2006-08422
ETHILON	245254	强生公司	第十类	T2006-08423
LIGACLIP	245249	强生公司	第十类	T2006-08424
CLINICALLY MILDNESS PROVEN	819676	强生公司	第十六类	T2006-08425
Johnson's Baby	806212	强生公司	第三类	T2006-08426
ERSTA 及图	2021205	新特佳两合有限责任公司	第八类	T2006-08427
MATADOR 及图	2021220	新特佳两合有限责任公司	第八类	T2006-08428
MATADOR 及图	2021192	新特佳两合有限责任公司	第三类	T2006-08429
VEYRON 商标	G778715	布加迪国际公司	第三类	T2006-08430
VEYRON 商标	G778715	布加迪国际公司	第九类	T2006-08431
VEYRON 商标	G778715	布加迪国际公司	第十二类	T2006-08432
VEYRON 商标	G778715	布加迪国际公司	第十四类	T2006-08433
VEYRON 商标	G778715	布加迪国际公司	第十六类	T2006-08434
VEYRON 商标	G778715	布加迪国际公司	第十八类	T2006-08435
VEYRON 商标	G778715	布加迪国际公司	第二十五类	T2006-08436
VEYRON 商标	G778715	布加迪国际公司	第二十八类	T2006-08437
BUGATTI 商标	G820673	布加迪国际公司	第八类	T2006-08438
BUGATTI 商标	G820673	布加迪国际公司	第十一类	T2006-08439
BUGATTI 商标	G820673	布加迪国际公司	第二十一类	T2006-08441
Stalosan F 爽乐神	3663700	北京老哈默国际农业科技发展有限公司	第五类	T2006-08444
Stalosan F 爽乐神	3663699	北京老哈默国际农业科技发展有限公司	第十六类	T2006-08445
Edifier	3579837	北京爱德发科技有限公司	第九类	T2006-08446

权利名称	权利注册授权号	申请人名称	商品分类	备案号
IVERSON	1938848	林则栋	第二十五类	T2006-08453
I3	1939777	林则栋	第二十五类	T2006-08454
KOESTER 及图形	1512757	乌鲁木齐固斯特防水材料有限公司	第十九类	T2006-08458
HIJIKI	3920376	浙江三丰水产食品有限公司	第二十九类	T2006-08462
石磨 (Gring)	B-2006-F-2646	泉州海日星工艺美术有限公司		C2006-08463
XHO	3717126	宁波市鑫火火花塞有限公司	第七类	T2006-08467
Applause	3551029	联合标志股分公司	第二十八类	T2006-08473
RADIANT 及图形	3937070	福州日鼎电池有限公司	第九类	T2006-08474
FALCO	1690943	福州日鼎电池有限公司	第九类	T2006-08485
MICKEY MOUSE	236266	迪士尼企业公司	第二十五类	T2006-08486
DISNEYLAND	236269	迪士尼企业公司	第十四类	T2006-08487
DONALD DUCK	236265	迪士尼企业公司	第二十五类	T2006-08488
MICKEY MOUSE	236271	迪士尼企业公司	第十四类	T2006-08489
万艾可蓝色菱形三维立体商标	3110761	辉瑞产品有限公司	第五类	T2006-08490
muRata	99516	株式会社村田制作所	第九类	T2006-08499
LV 及图型	241012	路易威登马利蒂（法国）	第十八类	T2006-08501
KENDA 及图形	1807187	建泰橡胶（深圳）有限公司	第十二类	T2006-08502
图形	3262358	索尼爱立信移动通讯股份有限公司（索尼爱立信移动通讯有限公司）	第二十八类	T2006-08511
索尼爱立信图形	3127716	索尼爱立信移动通讯股份有限公司（索尼爱立信移动通讯有限公司）	第九类	T2006-08512
佳特＋图案	1643121	汕头市万盼食品有限公司	第三十类	T2006-08517
快享	3571899	索尼爱立信移动通讯股份有限公司（索尼爱立信移动通讯有限公司）	第九类	T2006-08518
索尼爱立信图形	3262357	索尼爱立信移动通讯股份有限公司（索尼爱立信移动通讯有限公司）	第三十八类	T2006-08519
索尼爱立信图形	3262356	索尼爱立信移动通讯股份有限公司（索尼爱立信移动通讯有限公司）	第四十一类	T2006-08520
索尼爱立信图形	3262355	索尼爱立信移动通讯股份有限公司（索尼爱立信移动通讯有限公司）	第四十二类	T2006-08521
CAPRARI	1573968	克柏利股份有限公司	第七类	T2006-08524
明乡	3909728	李宜华、李伟	第三十类	T2006-08526
拿手＋图案＋ NOOSE	1096971	汕头市万盼食品有限公司	第二十九类	T2006-08527
BAYGON	765725	S.C. 庄臣父子公司	第五类	T2006-08531
拜高	712549	S.C. 庄臣父子公司	第五类	T2006-08532
拜高 Baygon	180770	S.C. 庄臣父子公司	第五类	T2006-08533
FLAG	3784695	王明飞	第十九类	T2006-08535
三环图形	1983473	3COM 公司	第九类	T2006-08537
3COM	3603086	3COM 公司	第九类	T2006-08538
速龙	3181450	林金典	第二十五类	T2006-08542
BUZBA+ 图形	3422932	晋江喜伯登体育用品有限公司	第二十五类	T2006-08544
SUDRAGON+ 图形	3354036	晋江喜伯登体育用品有限公司	第二十五类	T2006-08545

权利名称	权利注册授权号	申请人名称	商品分类	备案号
ELENBERG	3746440	中山市新业实业有限公司	第九类	T2006-08549
HL 及图形	3832366	温岭市环力电器有限公司	第九类	T2006-08552
APC	1384343	中控科技集团有限公司	第九类	T2006-08554
轩尼诗 XO 立体商标	3240985	雅斯．埃内西有限公司	第三十三类	T2006-08564
“Richpeace“英文商标	1589746	深圳市盈宁科技有限公司	第七类	T2006-08565
AIRKING	3096403	中山冬晨气动元件有限公司	第七类	T2006-08566
AIRKING+ 艾尔克	3096404	中山冬晨气动元件有限公司	第六类	T2006-08567
新海	1610626	宁波新海电气股份有限公司	第三十四类	T2006-08568
扬	3425035	宁波新海电气股份有限公司	第三十四类	T2006-08569
韩一	3219880	福建省闽清县庄洋瓷厂	第十七类	T2006-08576
L.E.I.	3112145	琼斯投资有限公司	第十四类	T2006-08581
L.E.I.	1560617	琼斯投资有限公司	第十八类	T2006-08582
L.E.I.	1597242	琼斯投资有限公司	第二十五类	T2006-08583
JONES	1228348	琼斯投资有限公司	第二十五类	T2006-08584
LUCKY BIRD 及图	996341	汕头市信润贸易有限公司	第十六类	T2006-08590
ANNA SUI	2020590	安娜苏公司	第二十五类	T2006-08597
花篮牌 +FLOWER BASKET BRAND+ 图形	76258	广州赣华进出口有限公司	第十三类	T2006-08598
ANNE KLEIN 及狮头图形	157540	琼斯投资有限公司	第二十五类	T2006-08599
AK ANNE KLEIN	3363267	琼斯投资有限公司	第二十五类	T2006-08600
ANNE KLEIN II	561342	琼斯投资有限公司	第二十五类	T2006-08601
LIFE ENERGY INTELLIGENCE	1501115	琼斯投资有限公司	第二十五类	T2006-08602
LIFE ENERGY INTELLIGENCE	1560616	琼斯投资有限公司	第十八类	T2006-08603
CHANA	3542892	长安汽车（集团）有限责任公司	第十二类	T2006-08604
长安	720074	长安汽车（集团）有限责任公司	第十二类	T2006-08607
GRACO	702965	格莱科儿童用品有限公司	第二十类	T2006-08610
GRACO	705858	格莱科儿童用品有限公司	第二十八类	T2006-08611
ROCKWAY	3075706	深圳洛克威机械有限公司	第七类	T2006-08615
唯美天使系列	13-2006-F-2762	泉州柏亚礼品有限公司		C2006-08616
图形商标	G774295	法国施维雅药厂	第五类	T2006-08617
LV+ 花图案组合 (Toile Monogram Device)	241014	路易威登马利蒂（法国）	第二十五类	T2006-08621
CYJANOPANE	3394506	袁宏伟	第十六类	T2006-08622
GGRTELL	3273826	湖南神力实业有限公司	第十六类	T2006-08623
SUPER AOB	3308146	湖南神力实业有限公司	第十六类	T2006-08624
BUDA	3273835	湖南神力实业有限公司	第十六类	T2006-08625
THE NORTH FACE 及图形	2018929	北面服饰股份有限公司	第二十五类	T2006-08626
联塑 +L&S+ 图形	1165446	广东联塑科技实业有限公司	第七类	T2006-08628
联塑 +L&S+ 图形	1166208	广东联塑科技实业有限公司	第十七类	T2006-08629
联塑 +L&S+ 图形	1662387	广东联塑科技实业有限公司	第九类	T2006-08630

权利名称	权利注册授权号	申请人名称	商品分类	备案号
联塑 +L&S+ 图形	1164016	广东联塑科技实业有限公司	第二十类	T2006-08631
GUCCI	177034	古乔古希股份公司	第十四类	T2006-08633
GUCCI	178083	古乔古希股份公司	第二十五类	T2006-08634
AB KING PRO	827727	国际边缘公司	第二十八类	T2006-08638
GUCCI 图标（G 图形）	1533677	古乔古希股份公司	第十四类	T2006-08641
GUCCI 图标（G 图形）	1775935	古乔古希股份公司	第十八类	T2006-08642
GUCCI 图标（G 图形）	1705352	古乔古希股份公司	第二十五类	T2006-08643
GUCCI 图标（G 图形）	1917848	古乔古希股份公司	第九类	T2006-08644
GUCCI 图标（G 图形）	1935508	古乔古希股份公司	第二十五类	T2006-08645
GUCCI 图形（GG 图标）	1927786	古乔古希股份公司	第十八类	T2006-08646
GUCCI	177033	古乔古希股份公司	第二十五类	T2006-08647
GUCCI 图形（GG 图标）	3276224	古乔古希股份公司	第九类	T2006-08648
Lorena Carreras 及图形	3416469	瓦尔卡萨集团公司	第二十五类	T2006-08649
Alex Silva	3416468	瓦尔卡萨集团公司	第二十五类	T2006-08650
Juver	3258512	优福营养品有限公司	第二十九类	T2006-08651
PORCELANICO ALLONE	1929002	托塔哥施有限公司	第十九类	T2006-08652
STOLICHNAYA	3846484	酒制品国际知识产权公司	第三十三类	T2006-08653
STOLICHNAYA	3846484	酒制品国际知识产权公司	第三十三类	T2006-08653
图形（指定颜色）	1680752	古乔古希股份公司	第十四类	T2006-08654
SMT	1329415	TMT 贸易有限公司	第十一类	T2006-08664
TMC	1339430	TMT 贸易有限公司	第十一类	T2006-08669
TMT 及图	235424	TMT 贸易有限公司	第九类	T2006-08677
TMT	1339429	TMT 贸易有限公司	第十一类	T2006-08678
JUNKERS 及图	G809975	罗伯特・博世有限公司	第九类	T2006-08679
JUNKERS 及图	723639	罗伯特・博世有限公司	第十一类	T2006-08680
goodwife	3080171	俞飞芬	第二十类	T2006-08681
SCRABBLE	257150	英国 JW 斯皮尔公共有限公司	第二十八类	T2006-08686
<< 补胎图 >>	2006-F-04607	营标企业有限公司		C2006-08687
<< 操作图 >>	2006-F-04608	营标企业有限公司		C2006-08688
LIDERKING 及图形	3901496	温辉玲	第十二类	T2006-08691
AKAI	231504	菲诺米有限公司	第九类	T2006-08700
LOUIS VUITTON	241019	路易威登马利蒂（法国）	第十八类	T2006-08704
BB 图形	3206871	巴隆夏盖	第十八类	T2006-08711
BIC	1673979	比克公司	第八类	T2006-08716
BIC	1765813	比克公司	第十六类	T2006-08717
BIC	1686535	比克公司	第三十四类	T2006-08718
CRISTAL	G629854	比克公司	第十六类	T2006-08719
港丰 +GANG FENG+ 图形	721349	广东港丰电器有限公司	第十一类	T2006-08720
希舒美	820021	辉瑞有限公司	第五类	T2006-08722
冰吻 +MELTY-KISS	3489295	郑月萍	第三十类	T2006-08723

权利名称	权利注册授权号	申请人名称	商品分类	备案号
BALENCIAGA	598321	巴隆夏盖	第二十五类	T2006-08724
BALENCIAGA	599455	巴隆夏盖	第十八类	T2006-08725
图形	1509113	三六一度（福建）体育用品有限公司	第二十五类	T2006-08729
361°	3576467	三六一度（福建）体育用品有限公司	第二十五类	T2006-08730
图形	1565247	三六一度（福建）体育用品有限公司	第二十五类	T2006-08731
LIPER	1698059	浙江奥司朗照明电器有限公司	第十一类	T2006-08732
VIGOSS	1260911	广州增城市广英服装有限公司	第二十五类	T2006-08733
Farmate	2013297	台州信溢农业机械有限公司	第七类	T2006-08734
达菲	1504447	豪夫迈·罗氏有限公司	第五类	T2006-08735
人头图形	3339133	浙江奥司朗照明电器有限公司	第十一类	T2006-08741
SILVER TAB	575143	利惠公司	第二十五类	T2006-08743
DOCKERS	1513428	利惠公司	第二十五类	T2006-08744
翼锚图形	1541276	利惠公司	第二十五类	T2006-08746
长城牌 +GREAT WALL+ 图形	51188	广东蒙娜丽莎新型材料集团有限公司	第十九类	T2006-08747
QIAODONG+Q+ 图形	624500	佛山市樵东陶瓷有限公司	第十九类	T2006-08749
樵东 +QIAODONG+Q+ 图形	1652183	佛山市樵东陶瓷有限公司	第十九类	T2006-08750
TOUAREG	3995423	叶伟	第三十类	T2006-08764
乌莎	1922080	优沙国际有限公司	第十一类	T2006-08767
USHA 及图	1581780	优沙国际有限公司	第七类	T2006-08768
USHA 及图	1586119	优沙国际有限公司	第十一类	T2006-08769
USHA	172719	优沙国际有限公司	第十一类	T2006-08770
USHA	172718	优沙国际有限公司	第七类	T2006-08771
AUDIT 图形	3999313	上海奥的特生物制品有限公司	第十类	T2006-08774
Evan-Picone	570247	琼斯投资有限公司	第二十五类	T2006-08776
Evan-Picone	567984	琼斯投资有限公司	第十八类	T2006-08777
Evan-Picone	1970051	琼斯投资有限公司	第三类	T2006-08778
L.E.I.life energy intelligence 及图	1501469	琼斯投资有限公司	第二十五类	T2006-08780
l.e.i. 及图	1529593	琼斯投资有限公司	第二十五类	T2006-08781
SUPER VEC	3700282	谈秉乾	第十一类	T2006-08782
WKT+ 图形	1798886	中山市维克特汽车配件有限公司	第十二类	T2006-08785
BRK+ 图形	1798887	中山市维克特汽车配件有限公司	第十二类	T2006-08786
绿之春	3296523	李桂林	第三十类	T2006-08787
BARBIE	1974254	美泰有限公司	第六类	T2006-08789
MINDRAY	3720789	深圳迈瑞生物医疗电子股份有限公司	第十类	T2006-08790
MINDRAY 及图	1721690	深圳迈瑞生物医疗电子股份有限公司	第十类	T2006-08791
MINDRAY 及图	1907764	深圳迈瑞生物医疗电子股份有限公司	第五类	T2006-08792
MAXIMA	3388077	福州盛港发电机有限公司	第七类	T2006-08799
LFD	1911635	福建省南安市福山五金机电有限公司	第七类	T2006-08800
岐江 CHIKONG 及图形	855206	广东省广新外贸集团有限公司	第三十类	T2006-08801

权利名称	权利注册授权号	申请人名称	商品分类	备案号
双燕 DOUBLE SWALLOW 及图形	855204	广东省广新外贸集团有限公司	第三十类	T2006-08802
TSINGTAO 图形	3888846	青岛啤酒股份有限公司	第三十二类	T2006-08804
（栈桥）图形	3828359	青岛啤酒股份有限公司	第三十二类	T2006-08805
汇泉	3819636	青岛啤酒股份有限公司	第三十二类	T2006-08806
青岛牌	126771	青岛啤酒股份有限公司	第三十三类	T2006-08810
CAYS 及图形	G815822	何塞 · 加西亚 · 纪廉	第六类	T2006-08813
RODMAN	G565971	罗德曼船业有限公司	第十二类	T2006-08814
TERRAS GAUDA 及图形	G570332	特拉什高达藏酒阁有限公司	第三十三类	T2006-08815
GAYAFORES	G788254	伊何斯—弗朗西斯科—加亚—弗莱斯有限公司	第十九类	T2006-08816
Fritta 及图形	G576312	弗瑞塔有限公司	第二类	T2006-08817
ENERGIZER	3577861	永备电池有限公司	第九类	T2006-08818
JOHN PLAYER GOLD LEAF	808265	英美烟草（品牌）有限公司	第三十四类	T2006-08825
OLYMPUS	626733	奥林巴斯株式会社	第九类	T2006-08832
OLYMPUS	99527	奥林巴斯株式会社	第九类	T2006-08834
NEC	1533916	日本电气株式会社	第九类	T2006-08836
HITACHI	159891	株式会社日立制作所	第二十六类	T2006-08837
日立	159892	株式会社日立制作所	第二十六类	T2006-08838
BACK-UPS	G630407	美国电力转换（欧洲）公司	第九类	T2006-08845
SMART-UPS	G633468	美国电力转换（欧洲）公司	第九类	T2006-08846
冰轮及 MOON 图形	3209130	烟台冰轮股份有限公司	第十一类	T2006-08847
TONGYE	3007776	中山市同业纺织制线实业有限公司	第二十三类	T2006-08848
FUJI	3392398	浙江英河电机焊接设备有限公司	第七类	T2006-08855
ENZO ANGIOLINI	674937	耐恩西部发展公司	第二十五类	T2006-08856
ENZO ANGIOLINI	875036	耐恩西部发展公司	第十八类	T2006-08857
ENZO ANGIOLINI	3613268	耐恩西部发展公司	第九类	T2006-08858
BANDOLINO	1248695	耐恩西部发展公司	第二十五类	T2006-08859
NINE WEST	875034	耐恩西部发展公司	第十八类	T2006-08860
NINE WEST	1610578	耐恩西部发展公司	第九类	T2006-08861
玖熙	1244685	耐恩西部发展公司	第二十五类	T2006-08862
玖熙	1244380	耐恩西部发展公司	第十八类	T2006-08863
Easy SPIRIT	598199	耐恩西部发展公司	第二十五类	T2006-08864
逸神	659718	耐恩西部发展公司	第二十五类	T2006-08865
爵杯及图	644311	冠珍兴记酱园有限公司	第二十九类	T2006-08866
GASTON	1734116	佳事通电池工业有限公司	第九类	T2006-08867
NINE WEST	578746	耐恩西部发展公司	第二十五类	T2006-08870
NINE WEST	738122	耐恩西部发展公司	第二十五类	T2006-08871
奥克斯 AUX 及图	3246107	奥克斯集团有限公司	第十一类	T2006-08872
Koon Chun 及图	568313	冠珍兴记酱园有限公司	第二十九类	T2006-08873
冠珍及图	569384	冠珍兴记酱园有限公司	第三十类	T2006-08874

权利名称	权利注册授权号	申请人名称	商品分类	备案号
Koon Chun 及图形	569385	冠珍兴记酱园有限公司	第三十类	T2006-08875
冠珍及图	568314	冠珍兴记酱园有限公司	第二十九类	T2006-08876
爵杯及图	569364	冠珍兴记酱园有限公司	第三十类	T2006-08877
VEROPHONE	3242795	福建省晋江宝声电子有限公司	第九类	T2006-08878
MIDI	3242791	福建省晋江宝声电子有限公司	第九类	T2006-08879
SONIX	3243010	福建省晋江宝声电子有限公司	第九类	T2006-08880
HS 设计图	3242793	福建省晋江宝声电子有限公司	第九类	T2006-08881
TELEJI	3242794	福建省晋江宝声电子有限公司	第九类	T2006-08882
跑道抽象图	697951	彪马欧洲公司	第二十五类	T2006-08883
帆船 SAILING BOAT 及图	652110	广东省广新外贸集团有限公司	第三十类	T2006-08884
VS	786608	伏斯洛·斯瓦伯公司	第九类	T2006-08885
M 及图	1761139	广东蒙娜丽莎新型材料集团有限公司	第十九类	T2006-08886
MONALISA	1765162	广东蒙娜丽莎新型材料集团有限公司	第十九类	T2006-08887
BaoSheng	3295681	福建省晋江宝声电子有限公司	第九类	T2006-08890
梦特娇花图形	793330	博内特里塞文奥勒有限公司	第十四类	T2006-08892
梦特娇（图形）	795657	博内特里塞文奥勒有限公司	第二十五类	T2006-08893
MONTAGUT 梦特娇（图形）	816665	博内特里塞文奥勒有限公司	第九类	T2006-08894
图形	3433826	鼎元微电（深圳）有限公司	第四类	T2006-08895
新峨 + XINE + XE + 图形	3232834	四川兴明泰机械有限公司	第七类	T2006-08896
PLATE MATE 及图	G636741	阿诺尔德斯—特奥多鲁斯—伯纳德斯—玛丽亚·纳莱斯	第二十一类	T2006-08908
PLATE MATE 及图	G636741	阿诺尔德斯—特奥多鲁斯—伯纳德斯—玛丽亚·纳莱斯	第二十类	T2006-08909
金豹	818204	浙江省医药保健品进出口有限责任公司	第五类	T2006-08911
SENA	1783924	浙江省医药保健品进出口有限责任公司	第六类	T2006-08912
STORM	793308	太阳 99 有限公司	第十四类	T2006-08913
HONDA	307526	本田技研工业株式会社	第七类	T2006-08914
TRIMPOT	828792	博恩斯公司	第九类	T2006-08918
图形	824612	博恩斯公司	第九类	T2006-08919
BOURNS	824554	博恩斯公司	第九类	T2006-08920
TIGER+ 虎图形	660077	浙江大虎打火机有限公司	第三十四类	T2006-08922
TIGER+ 虎图形	3549018	浙江大虎打火机有限公司	第三十四类	T2006-08923
TIGER+ 虎	696302	浙江大虎打火机有限公司	第三十四类	T2006-08924
LOUIS VUITTON	240993	路易威登马利蒂（法国）	第十六类	T2006-08925
LV 及图型	241081	路易威登马利蒂（法国）	第一类	T2006-08926
英文商标“KBS”	1381912	西安西美轴承技术有限公司	第七类	T2006-08929
DIESEL	G608499	迪赛尔股份公司	第二十五类	T2006-08931
DIESEL	G608499	迪赛尔股份公司	第十八类	T2006-08932
Landlite 及图形	3041550	深圳市中电照明股份有限公司	第十一类	T2006-08934
文字商标“FERODO”	167422	菲多拉梦古摩擦产品有限公司	第二类	T2006-08935

权利名称	权利注册授权号	申请人名称	商品分类	备案号
振兴 ZHENXING 及图形	1552939	广州市振兴实业有限公司	第二十一类	T2006-08936
Panasonic	836818	松下电器产业株式会社	第九类	T2006-08937
National	754186	松下电器产业株式会社	第十一类	T2006-08938
指定颜色	3755960	永备电池有限公司	第九类	T2006-08939
National	754185	松下电器产业株式会社	第十一类	T2006-08943
Panasonic	828631	松下电器产业株式会社	第八类	T2006-08944
图形商标	1552906	吉田金属工业株式会社	第二十一类	T2006-08945
图形商标	1505026	吉田金属工业株式会社	第二十一类	T2006-08946
图形商标	1531538	吉田金属工业株式会社	第八类	T2006-08947
GLOBAL YOSHIKIN	1625877	吉田金属工业株式会社	第八类	T2006-08948
图形商标	1574142	吉田金属工业株式会社	第八类	T2006-08949
三洋	3319380	三洋电机株式会社	第九类	T2006-08951
SANYO	3251387	三洋电机株式会社	第九类	T2006-08952
阿字牌图形	237432	山东东阿阿胶集团有限责任公司	第五类	T2006-08954
东阿阿胶	1708470	山东东阿阿胶集团有限责任公司	第五类	T2006-08955
东阿牌图形	126912	山东东阿阿胶集团有限责任公司	第五类	T2006-08956
图形	1790262	山东东阿阿胶股份有限公司	第五类	T2006-08957
工艺品（弹簧海豚）	13-2004-F-1307	福建省南安市新星工艺厂		C2006-08959
工艺品（弹簧卡通海马）	13-2004-F-1302	福建省南安市新星工艺厂		C2006-08960
鹰自达 + 拼音 + 图形	3401075	台州鹰自达塑业有限公司	第二十四类	T2006-08962
NINE WEST	4016787	耐恩西部发展公司	第九类	T2006-08966
ATCOO	3380258	佛山市顺德区科能实业有限公司	第六类	T2006-08968
SIR LOTEE+ 图	1772090	佛山市顺德区科能实业有限公司	第六类	T2006-08969
GSG+ 图	1625574	佛山市顺德区科能实业有限公司	第六类	T2006-08970
“骅．威”及图形	2015947	广东骅威玩具工艺（集团）有限公司	第二十八类	T2006-08971
HUA WEI 及图形	2015966	广东骅威玩具工艺（集团）有限公司	第二十八类	T2006-08972
HAWLEY & HAZEL	836128	好维股份有限公司	第三类	T2006-08976
SHARP	1242098	夏普株式会社	第二类	T2006-08989
SUN RISE+ 山耐斯 + 图形	848636	冬晨实业股份有限公司	第七类	T2006-08998
CLEVELAND	3575294	罗吉克里夫兰高尔夫股份有限公司	第二十八类	T2006-08999
CLEVELAND	3575295	罗吉克里夫兰高尔夫股份有限公司	第二十五类	T2006-09000
罗氏及图	920606	豪夫迈·罗氏有限公司	第五类	T2006-09002
BABSONG	3690028	吴鸿程	第九类	T2006-09013
海鸥牌 +SEA GULL+ 图形	53281	上海市轻工业品进出口有限公司	第十二类	T2006-09014
蜂花 +BEE FLOWER+ 图形	183455	上海市轻工业品进出口有限公司	第三类	T2006-09015
ORMAZABAL	G650904	欧玛嘉宝集团有限公司	第九类	T2006-09017
SUNSET 及图	3481349	廖柏森	第七类	T2006-09021
FIT 及图形	1752314	杭州飞特进出口贸易有限公司	第十二类	T2006-09022

权利名称	权利注册授权号	申请人名称	商品分类	备案号
飞特	1978193	杭州飞特进出口贸易有限公司	第十二类	T2006-09023
飞特	3719392	杭州飞特进出口贸易有限公司	第十二类	T2006-09024
VISBIKE	3421662	杭州飞特进出口贸易有限公司	第十二类	T2006-09025
FIT STAR	3291062	杭州飞特进出口贸易有限公司	第十二类	T2006-09026
FITTOO 及图形	1798750	杭州飞特进出口贸易有限公司	第十二类	T2006-09028
FITTOO 及图形	3699784	杭州飞特进出口贸易有限公司	第六类	T2006-09029
NATI 及图形	3155467	杭州飞特进出口贸易有限公司	第十二类	T2006-09030
H 及图形	1617844	本田技研工业株式会社	第十二类	T2006-09036
Walking Machines	797656	卡特彼勒公司*	第二十五类	T2006-09037
SVEDEN 及图形	3379078	苏州市盛达五金锁具有限公司	第六类	T2006-09038
MONDIAL	3379060	苏州市盛达五金锁具有限公司	第六类	T2006-09039
LORD	3379059	苏州市盛达五金锁具有限公司	第六类	T2006-09040
BIPREL	G601039	百法玛	第五类	T2006-09050
IPERDIX	G571932	百法玛	第五类	T2006-09052
AIRMISTOR	G601043	百法玛	第五类	T2006-09053
NATRILIX	163408	百法玛	第三十一类	T2006-09054
日立	828780	株式会社日立制作所	第九类	T2006-09063
HITACHI	828781	株式会社日立制作所	第九类	T2006-09064
日立图形	828779	株式会社日立制作所	第九类	T2006-09065
HITACHI	806568	株式会社日立制作所	第十一类	T2006-09066
FLAVA	1581496	菲特时装有限公司	第二十五类	T2006-09067
phat farm	1660889	菲特时装有限公司	第二十五类	T2006-09069
phat farm	1684551	菲特时装有限公司	第十八类	T2006-09070
山推	382078	山推工程机械股份有限公司	第七类	T2006-09076
TOSCA BLU 及图	G753998	米诺朗佐尼有限责任公司	第十八类	T2006-09077
TOSCA BLU 及图	G753998	米诺朗佐尼有限责任公司	第二十五类	T2006-09078
理想	255440	理想科学工业株式会社	第二类	T2006-09080
理想（图形）	802284	理想科学工业株式会社	第二类	T2006-09081
shantui	3515160	山推工程机械股份有限公司	第七类	T2006-09082
BACARDI	380395	巴卡迪及其有限公司	第三十三类	T2006-09088
蝙蝠（图形）	1646623	巴卡迪及其有限公司	第三十四类	T2006-09090
VO5	1222155	雅涛公司	第三类	T2006-09091
TRESemme	1564280	雅涛公司	第三类	T2006-09092
蝙蝠（图形）	1621038	巴卡迪及其有限公司	第二十一类	T2006-09094
BACARDI	1621039	巴卡迪及其有限公司	第二十一类	T2006-09095
BACARDI	159933	巴卡迪及其有限公司	第三十六类	T2006-09096
CIRCA JOAN & DAVID	3591385	耐恩西部发展公司	第十八类	T2006-09097
CIRCA JOAN & DAVID	3591384	耐恩西部发展公司	第二十五类	T2006-09098
MOOTSIES TOOTSIES	741985	耐恩西部发展公司	第二十五类	T2006-09099
ST.IVES	733028	圣・爱夫实验室有限公司	第三类	T2006-09100

权利名称	权利注册授权号	申请人名称	商品分类	备案号
STIVES 及图	749913	圣・爱夫实验室有限公司	第三类	T2006-09101
ALBERTO VO5 及图	912443	雅涛公司	第三类	T2006-09102
JOAN & DAVID	1063579	耐恩西部发展公司	第十八类	T2006-09103
JOAN & DAVID	1118548	耐恩西部发展公司	第二十五类	T2006-09104
JOAN & DAVID	636988	耐恩西部发展公司	第二十五类	T2006-09105
Joan Helpern signature	1076397	耐恩西部发展公司	第十八类	T2006-09106
Joan Helpern signature	1058770	耐恩西部发展公司	第二十五类	T2006-09107
VITALE BARBERIS CANONICO	G630612	维特・巴比瑞斯・卡诺尼克合资股份有限公司	第二十四类	T2006-09108
LE CORDAN BLEU	573253	蓝带国际有限公司	第九类	T2006-09109
Le Cordon Bleu 及图形	560004	蓝带国际有限公司	第二十一类	T2006-09110
LE CORDAN BLEU	1526829	蓝带国际有限公司	第七类	T2006-09111
LE CORDAN BLEU	1519670	蓝带国际有限公司	第十一类	T2006-09112
LE CORDAN BLEU	572555	蓝带国际有限公司	第十六类	T2006-09113
VITAL 及图形	864198	维多工业株式会社	第七类	T2006-09115
雄鸡及其图形	227740	青海省新远对外贸易股份有限公司	第五类	T2006-09116
Oceanpower	3617928	深圳市海川实业股份有限公司	第十一类	T2006-09117
Canon	3069834	佳能株式会社（日本）	第二类	T2006-09119
KAJIMA	1709852	莒南县筵宾镇吉隆磨具厂	第八类	T2006-09123
Mr.BAR B Q	3519980	江门陆氏制刷有限公司	第八类	T2006-09127
Mr.BAR B Q	3519981	江门陆氏制刷有限公司	第二十一类	T2006-09128
EVOTITE	3561183	台山市友顺化工有限公司	第一类	T2006-09134
科陆	1713912	深圳市科陆电子科技股份有限公司	第九类	T2006-09138
BELLOTA 及图形	1912317	比罗塔器具公司	第七类	T2006-09144
BELLOTA 及图形	1767417	比罗塔器具公司	第八类	T2006-09145
MANI 及图	658524	马尼株式会社	第十类	T2006-09147
威兰西 WELES	833631	威兰西（中国）服饰有限公司	第二十五类	T2006-09149
MEM	553626	伊顿电气有限公司	第九类	T2006-09150
People 及图形	1706082	人民电器集团有限公司	第九类	T2006-09154
MEM	558868	伊顿电气有限公司	第十一类	T2006-09159
MICRO-V	G792022	盖茨公司	第十二类	T2006-09160
MICRO-V	G792022	盖茨公司	第七类	T2006-09161
ITW	1372888	伊利诺斯工具制品有限公司	第二十类	T2006-09165
RASS AL KHAIMA	3590568	叶伟	第三十类	T2006-09166
MICRO-V	G792022	盖茨公司	第十七类	T2006-09167
ITW	3204993	伊利诺斯工具制品有限公司	第二十类	T2006-09169
ITW	1969188	伊利诺斯工具制品有限公司	第一类	T2006-09170
DEVCON	561028	伊利诺斯工具制品有限公司	第六类	T2006-09171
DEVCON	559474	伊利诺斯工具制品有限公司	第一类	T2006-09172
PANDUIT 及图形	3062036	泛达公司	第八类	T2006-09174
MINI-COM	3592003	泛达公司	第九类	T2006-09175

权利名称	权利注册授权号	申请人名称	商品分类	备案号
PAN-NET	3592004	泛达公司	第九类	T2006-09176
蜡笔小新图形	1044841	上海恩嘉经贸发展有限公司	第十六类	T2006-09181
PHAT FARM+ 图形	1668145	菲特时装有限公司	第二十五类	T2006-09183
Haier	727240	青岛海尔投资发展有限公司	第七类	T2006-09191
Haier	752875	青岛海尔投资发展有限公司	第十一类	T2006-09192
凤凰牌	862337	金山开发建设股份有限公司	第十二类	T2006-09193
BAJAJ	3828823	百佳车辆有限公司	第十二类	T2006-09197
图形商标	3828822	百佳车辆有限公司	第十二类	T2006-09198
Haier	756818	青岛海尔投资发展有限公司	第九类	T2006-09202
山水 + 图形	333211	山水音像开发公司	第九类	T2006-09204
山水	154074	山水音像开发公司	第九类	T2006-09205
SANSUI	148565	山水音像开发公司	第九类	T2006-09206
SANSUI+ 图形	734867	山水音像开发公司	第九类	T2006-09207
SOLINGEN	3510402	乌帕塔尔—索林根—雷姆沙伊德地区工商会	第八类	T2006-09208
ANAYAK 及图形	G785048	阿纳亚克工业有限公司	第七类	T2006-09220
inter matex 及图形	G837154	因特玛德克斯有限公司	第三十九类	T2006-09221
inter matex 及图形	G837154	因特玛德克斯有限公司	第十一类	T2006-09222
inter matex 及图形	G837154	因特玛德克斯有限公司	第十九类	T2006-09223
ARTECHE	G604555	阿塔其兰塔基埃尔加蒂有限公司	第九类	T2006-09224
瑞源牌（图形）	3244780	汕头市瑞源实业有限公司	第二十九类	T2006-09225
BENRO	3683023	刘昊	第九类	T2006-09226
MASDA 及图	1542097	中山市万视达天线器材有限公司	第九类	T2006-09227
BLATEM 及图形	G799084	布拉特姆艺术品有限公司	第二类	T2006-09229
MONTO PINTURAS 及图形	G763357	蒙托艺术品有限公司	第二类	T2006-09230
JOAL 及图形	G797692	何尔玩具和铁器有限公司	第二十八类	T2006-09231
大重九	1510964	红云烟草（集团）有限责任公司	第三十四类	T2006-09235
春城及图	1555104	红云烟草（集团）有限责任公司	第三十四类	T2006-09236
生奥牌	3303409	汕头市生奥保健食品有限公司	第三十类	T2006-09239
云烟	1961899	红云烟草（集团）有限责任公司	第三十四类	T2006-09240
奖杯（图形）	3677879	青岛凤凰印染有限公司	第二十四类	T2006-09244
PETZL ZI PKA 及图形商标	3665414	比革邦有限公司	第十一类	T2006-09245
WINDCHASER	3353204	苏继挺	第十一类	T2006-09246
SPONGEBOB SQUAREPANTS	3360488	维亚科姆国际公司	第九类	T2006-09270
霍尼韦尔	693599	霍尼韦尔国际公司	第十一类	T2006-09304
霍尼韦尔	697509	霍尼韦尔国际公司	第七类	T2006-09305
倍力通	1901467	霍尼韦尔国际公司	第一类	T2006-09306
A・C 及图	1338042	霍尼韦尔国际公司	第四类	T2006-09307
霍尼韦尔	1586045	霍尼韦尔国际公司	第十一类	T2006-09309
HONEYWELL	1140176	霍尼韦尔国际公司	第一类	T2006-09310
HONEYWELL	3423454	霍尼韦尔国际公司	第七类	T2006-09311

权利名称	权利注册授权号	申请人名称	商品分类	备案号
HONEYWELL	157545	霍尼韦尔国际公司	第七类	T2006-09312
HONEYWELL	3203132	霍尼韦尔国际公司	第九类	T2006-09313
HONEYWELL	1992958	霍尼韦尔国际公司	第九类	T2006-09314
HONEYWELL	1511495	霍尼韦尔国际公司	第十一类	T2006-09315
Garrett 盖瑞特	1147037	霍尼韦尔国际公司	第七类	T2006-09316
FRAM 福瑞姆	3174648	霍尼韦尔国际公司	第七类	T2006-09317
宝和牌图形	682378	广东省中山食品水产进出口集团有限公司	第二十九类	T2006-09318
宝和牌	802826	广东省中山食品水产进出口集团有限公司	第二十九类	T2006-09319
宝平牌及图形	1743771	广东省中山食品水产进出口集团有限公司	第三十一类	T2006-09320
宝平牌及图形	1611215	广东省中山食品水产进出口集团有限公司	第二十九类	T2006-09321
ERIKA COLLECTION	3714093	琼斯投资有限公司	第二十五类	T2006-09327
JONES NEW YORK	2020769	琼斯投资有限公司	第二十五类	T2006-09328
NORDIKA'S 及图形	G759127	诺迪卡斯有限公司	第二十五类	T2006-09329
GERMAINE DE CAPUCCINI 及图形	G610953	杰曼德卡普西尼有限公司	第三类	T2006-09332
VGW	G650262	维西内卡迪纳斯有限公司	第六类	T2006-09333
GRAND KING	3230977	光阳工业股份有限公司	第十二类	T2006-09339
MISS ERIKA	3714092	琼斯投资有限公司	第二十五类	T2006-09340
活色生香	3341873	安信莱控股有限公司	第十类	T2006-09341
H 图形	1669132	本田技研工业株式会社	第二十七类	T2006-09348
本田 BUNTIN	3166132	本田技研工业株式会社	第七类	T2006-09350
HONDA	3051164	本田技研工业株式会社	第四类	T2006-09351
本田	307525	本田技研工业株式会社	第七类	T2006-09353
A 图形	720040	本田技研工业株式会社	第十二类	T2006-09354
H 图形	1592161	本田技研工业株式会社	第四类	T2006-09355
本田	3106162	本田技研工业株式会社	第四类	T2006-09357
三蟹 +THREE CRABS+ 图形	3090122	蔡高农	第十六类	T2006-09358
THREE CRABS+ 图形	1656152	广州雄迈进出口有限公司	第二十一类	T2006-09359
飞狮及图形	1621044	广州雄迈进出口有限公司	第二十一类	T2006-09360
WONDER LIFE	3325951	安信莱控股有限公司	第十类	T2006-09361
KINGSBRIGHT	1543790	中兴电子厂有限公司	第十一类	T2006-09373
TONZE	3251871	广东天际电器有限公司	第十一类	T2006-09374
VISONIK	1914590	嘉善宝狮电子有限公司	第九类	T2006-09375
友联	241289	浙江省五金矿产进出口有限公司	第六类	T2006-09385
SELMK	727257	傲华尔 ED & S 有限公司	第九类	T2006-09396
tasco	572028	布什内尔执行光学公司	第十三类	T2006-09399
tasco	569944	布什内尔执行光学公司	第九类	T2006-09400
颖新 + 图形	1934209	泉州市颖新钮扣制品有限公司	第二十六类	T2006-09401
Imaginarium	G771358	第二步有限公司	第十六类	T2006-09402
Imaginarium	G771358	第二步有限公司	第二十八类	T2006-09403

权利名称	权利注册授权号	申请人名称	商品分类	备案号
J' HAYBER	G601013	马力阿诺 · 博纳贝乌 · 莫亚	第二十五类	T2006-09404
GRACO	708233	格莱科儿童用品有限公司	第十二类	T2006-09411
铁岭+图形	201295	扬州市长江缝纫机配件有限公司	第七类	T2006-09412
飞机（图形）	100713	上海振兴锯条工具有限公司	第八类	T2006-09414
贵乡	3909727	李宜华、李伟	第三十类	T2006-09415
GUCCI;GI	G776194	古乔古希股份公司	第九类	T2006-09419
图形商标	G840291	古乔古希股份公司	第二十五类	T2006-09420
图形商标	G840291	古乔古希股份公司	第十八类	T2006-09421
图形商标	G840291	古乔古希股份公司	第六类	T2006-09422
图形商标	G653460	古乔古希股份公司	第十八类	T2006-09423
图形商标	G653460	古乔古希股份公司	第二十五类	T2006-09424
图形商标	G773582	古乔古希股份公司	第十四类	T2006-09425
图形商标	G791674	古乔古希股份公司	第二十八类	T2006-09426
图形商标	G791674	古乔古希股份公司	第二十五类	T2006-09427
图形商标	G791674	古乔古希股份公司	第十八类	T2006-09428
GG	G644636	古乔古希股份公司	第十八类	T2006-09429
GG	G644636	古乔古希股份公司	第十六类	T2006-09430
GG	G644636	古乔古希股份公司	第九类	T2006-09431
GG	G644636	古乔古希股份公司	第六类	T2006-09432
GG	G644636	古乔古希股份公司	第三类	T2006-09433
图形商标	G840449	古乔古希股份公司	第二十五类	T2006-09434
图形商标	G840449	古乔古希股份公司	第十八类	T2006-09435
图形商标	G776296	古乔古希股份公司	第二十五类	T2006-09436
图形商标	G776296	古乔古希股份公司	第十八类	T2006-09437
图形商标	G776296	古乔古希股份公司	第九类	T2006-09438
GUCCI;GI	G776194	古乔古希股份公司	第二十五类	T2006-09439
GUCCI;GI	G776194	古乔古希股份公司	第十八类	T2006-09440
PAKKO	1782982	栢高电池厂有限公司	第九类	T2006-09441
YDD	3112039	广东省粤东磁电有限公司	第九类	T2006-09442
BELMONT	681156	苏查儿・库兹有限公司	第三十四类	T2006-09443
YSL	807223	伊夫圣洛朗股份公司	第十八类	T2006-09444
YVESSAINTLAURENT	807225	伊夫圣洛朗股份公司	第十八类	T2006-09445
YSL	793623	伊夫圣洛朗股份公司	第二十五类	T2006-09446
YSL 图形	807224	伊夫圣洛朗股份公司	第十八类	T2006-09447
EYE-MO	556379	史密斯克兰・比彻姆有限公司	第五类	T2006-09450
FENBID	594807	史密斯・克兰和弗伦奇研究所	第五类	T2006-09451
FORTUM	172682	葛兰素集团有限公司	第五类	T2006-09452
AVANDAMET	1974894	SB 波多黎各制药有限公司	第五类	T2006-09453
HEPSERA	3401088	葛兰素集团有限公司	第五类	T2006-09459
SERETIDE	559604	葛兰素集团有限公司	第五类	T2006-09461

权利名称	权利注册授权号	申请人名称	商品分类	备案号
ZEFFIX	792187	葛兰素集团有限公司	第五类	T2006-09463
ZYBAN	1660457	葛兰素集团有限公司	第五类	T2006-09464
ITW	1039899	伊利诺斯工具制品有限公司	第二十六类	T2006-09466
STERLING	1661600	希克瑞斯泰尔有限公司	第六类	T2006-09470
NEXTBASE	3163245	广州矽金塔电子有限公司	第九类	T2006-09471
诺贝尔	1678376	广州矽金塔电子有限公司	第九类	T2006-09472
Knipex	822884	古斯塔夫·普施力百公司	第八类	T2006-09476
LINETEK 及图形	1518126	台湾良得电子股份有限公司	第九类	T2006-09477
金明牌（JINMING）	3468361	广东金明塑胶设备有限公司	第七类	T2006-09478
VERSACHEM	3384882	伊利诺斯工具制品有限公司	第十七类	T2006-09481
ITW	1696839	伊利诺斯工具制品有限公司	第二十六类	T2006-09482
ITW	3325729	伊利诺斯工具制品有限公司	第十七类	T2006-09483
KONDY SPORT 及图形	G605132	瓦尔卡萨集团公司	第二十八类	T2006-09484
KONDY SPORT 及图形	G605132	瓦尔卡萨集团公司	第二十五类	T2006-09485
KONDY SPORT 及图形	G605132	瓦尔卡萨集团公司	第十八类	T2006-09486
KONDY SPORT 及图形	G605132	瓦尔卡萨集团公司	第十类	T2006-09487
vulcasa	G496311	瓦尔卡萨集团公司	第二十五类	T2006-09488
la prairie	3748890	原野实验室有限公司	第三类	T2006-09490
LuK	266330	卢克摩擦片和离合器两合公司	第十二类	T2006-09491
V-Data	3127053	威刚科技股份有限公司	第九类	T2006-09495
ADATA 及图	3127054	威刚科技股份有限公司	第九类	T2006-09496
MII 图形	1574596	迈瑞特工业公司	第九类	T2006-09498
HAILEA	1589734	广东海利集团有限公司	第七类	T2006-09499
caprari	G579002	克柏利股份有限公司	第七类	T2006-09500
AYR	3917749	弹簧及成套器件有限公司	第六类	T2006-09501
北固山牌	3970102	镇江恒丰酱醋有限公司	第三十类	T2006-09502
金山牌及图形	121199	江苏恒顺醋业股份有限公司	第三十类	T2006-09503
恒顺牌	1594782	江苏恒顺醋业股份有限公司	第三十类	T2006-09505
LifeFitness	2021271	布朗斯维克公司 / 布伦斯威克公司	第二十八类	T2006-09507
福尔大 FUERDA 及图形	1912505	台州市浙东机床附件有限公司	第七类	T2006-09508
雅施达	G616081	百法玛	第五类	T2006-09513
泰舒达	G651602	百法玛	第五类	T2006-09515
都可喜及 duxil	G582308	百法玛	第五类	T2006-09516
NewPage	3227836	杨剑鹏	第二十五类	T2006-09522
Colefruse 及图形	G654664	科尔弗露斯有限公司	第二十九类	T2006-09529
Duplo	616992	株式会社迅宝	第二类	T2006-09531
DAVIDOFF	1790412	吉诺·大卫多夫有限公司	第三类	T2006-09533
SILVERSTAR	3905419	嘉兴银星电气有限公司	第七类	T2006-09534
SILVERSTAR	3767610	嘉兴银星电气有限公司	第七类	T2006-09535
土禾	3671858	佛山市顺德区土禾设备有限公司	第十一类	T2006-09537

权利名称	权利注册授权号	申请人名称	商品分类	备案号
佛慈	832016	兰州佛慈制药股份有限公司	第五类	T2006-09542
JAGUAR	857376	美洲虎车辆有限公司	第二十八类	T2006-09543
ALUTILE 及图形	3975558	江西泓泰企业集团有限公司	第六类	T2006-09544
Duplo	619083	株式会社迅宝	第十六类	T2006-09546
岷山	117877	兰州佛慈制药股份有限公司	第五类	T2006-09551
LAGOSTINA	G639728	意大利拉格斯蒂纳有限公司	第八类	T2006-09575
EPSON	G792530	精工爱普生株式会社	第二类	T2006-09576
Braun	G650428	百灵公司	第七类	T2006-09579
Braun	G650428	百灵公司	第八类	T2006-09580
Braun	G650428	百灵公司	第九类	T2006-09581
Braun	G650428	百灵公司	第十一类	T2006-09582
Braun	G652027	百灵公司	第十一类	T2006-09583
Braun	G652027	百灵公司	第二十一类	T2006-09584
LAGOSTINA	G575369	意大利拉格斯蒂纳有限公司	第三类	T2006-09587
LAGOSTINA	G639728	意大利拉格斯蒂纳有限公司	第二十一类	T2006-09588
ENOVATE	1970287	霍尼韦尔国际公司	第一类	T2006-09589
ACLAR	3181182	霍尼韦尔国际公司	第十六类	T2006-09590
阿克拉	3181184	霍尼韦尔国际公司	第十六类	T2006-09591
OXYFUME	3297370	霍尼韦尔国际公司	第五类	T2006-09592
PURIFIED PLUS	3749843	霍尼韦尔国际公司	第九类	T2006-09593
PURIFIED PLUS	3749842	霍尼韦尔国际公司	第一类	T2006-09594
PURIFIED PLUS	3749850	霍尼韦尔国际公司	第十七类	T2006-09595
ADEMCO	856551	霍尼韦尔国际公司	第九类	T2006-09596
ADEMCO 及图	1566451	霍尼韦尔国际公司	第九类	T2006-09598
SPECTRA	992418	霍尼韦尔国际公司	第二十二类	T2006-09600
SPECTRA SHIELD	992419	霍尼韦尔国际公司	第二十二类	T2006-09601
AUTOLITE	3698197	霍尼韦尔国际公司	第七类	T2006-09603
方牌	3868162	霍尼韦尔国际公司	第七类	T2006-09604
AIRESEARCH	541688	霍尼韦尔国际公司	第十二类	T2006-09605
奔德士	1119120	霍尼韦尔国际公司	第十二类	T2006-09606
BURDICK & JACKSON	3749839	霍尼韦尔国际公司	第一类	T2006-09607
BURDICK & JACKSON	3749841	霍尼韦尔国际公司	第十七类	T2006-09608
GENESOLV	501246	霍尼韦尔国际公司	第一类	T2006-09609
DD 图形	824004	中国中化集团公司	第二类	T2006-09611
CALLAWAY	699929	卡拉威高尔夫公司	第二十五类	T2006-09612
CALLAWAY	695772	卡拉威高尔夫公司	第二十八类	T2006-09613
CALLAWAY	699927	卡拉威高尔夫公司	第二十五类	T2006-09614
BIG BERTHA	695774	卡拉威高尔夫公司	第二十八类	T2006-09615
CALLAWAY	695773	卡拉威高尔夫公司	第二十八类	T2006-09616
TOP-FLITE	799385	卡拉威高尔夫公司	第二十八类	T2006-09617

权利名称	权利注册授权号	申请人名称	商品分类	备案号
ERC	1791408	卡拉威高尔夫公司	第二十八类	T2006-09618
BUTTERFLY+ 图形	1942173	株式会社特玛苏	第二十八类	T2006-09619
FORD	836768	福特汽车公司	第九类	T2006-09620
LAND ROVER 及图	808460	路华公司	第十二类	T2006-09621
3M	884963	3M 公司	第十七类	T2006-09623
MK 及图	876750	傲华尔 ED & S 有限公司	第十一类	T2006-09626
實力	677684	傲华尔 ED & S 有限公司	第九类	T2006-09627
BENDIX/KING	634314	霍尼韦尔国际公司	第九类	T2006-09628
SENSOTEC	1155321	霍尼韦尔国际公司	第九类	T2006-09629
SENSOTEC	1155321	霍尼韦尔国际公司	第九类	T2006-09629
MICROSOLV	3749825	霍尼韦尔国际公司	第九类	T2006-09630
MICROSOLV	3749824	霍尼韦尔国际公司	第一类	T2006-09631
MICROSOLV	3749826	霍尼韦尔国际公司	第十七类	T2006-09632
快乐时光	11-2003-F-69	绍兴博览家纺有限公司		C2006-09633
鱼儿水中游	11-2002-F-202	绍兴博览家纺有限公司		C2006-09634
落叶归根	11-2002-F-208	绍兴博览家纺有限公司		C2006-09635
独特的形状	11-2002-F-213	绍兴博览家纺有限公司		C2006-09636
角色	11-2002-F-210	绍兴博览家纺有限公司		C2006-09637
欢乐世界	11-2003-F-57	绍兴博览家纺有限公司		C2006-09638
寻觅	11-2002-F-216	绍兴博览家纺有限公司		C2006-09639
回忆罗马	11-2001-F-434	绍兴博览家纺有限公司		C2006-09640
海之声	11-2003-F-61	绍兴博览家纺有限公司		C2006-09641
戏耍	11-2003-F-71	绍兴博览家纺有限公司		C2006-09648
口袋缝纫图形	3170310	七为全人类有限责任公司	第二十五类	T2006-09652
FOR ALL MANKIND	3181327	七为全人类有限责任公司	第二十五类	T2006-09653
曼妮芬 +maniform+ 图形	3190989	广东曼妮芬服装有限公司	第二十五类	T2006-09656
快乐海豚	11-2004-F-523	绍兴博览家纺有限公司		C2006-09657
盎然生机	11-2003-F-88	绍兴博览家纺有限公司		C2006-09658
神奇的宇宙	11-2003-F-8 2	绍兴博览家纺有限公司		C2006-09659
不能没有你	11-2003-F-74	绍兴博览家纺有限公司		C2006-09660
SEN YANG TU 及图形	3419906	昌图县兴民玉米芯加工厂	第一类	T2006-09661
玉柴 +YUCHAI+ 图形	3026486	广西玉柴机器集团有限公司	第七类	T2006-09662
金鎗鱼及图案	797231	汕头市中昱有限公司	第二十八类	T2006-09663
BEAR BRAND 图形	3166053	汕头市中源贸易有限公司	第二十八类	T2006-09664
斯伯丁	781657	SGG 利是高有限公司	第二十五类	T2006-09673
SPALDING	799387	SGG 利是高有限公司	第二十八类	T2006-09674
斯伯丁	799388	SGG 利是高有限公司	第二十八类	T2006-09675
SPALDING	781698	SGG 利是高有限公司	第二十五类	T2006-09676
YONEX	136369	尤尼克斯株式会社	第二十八类	T2007-09681
YONEX	136365	尤尼克斯株式会社	第二十五类	T2007-09682

权利名称	权利注册授权号	申请人名称	商品分类	备案号
YONEX	136366	尤尼克斯株式会社	第十八类	T2007-09683
ROLSER 及图形	G647788	葛曼斯塞维有限公司	第十二类	T2007-09689
JIEBAO	3075989	厦门东亚机械有限公司	第七类	T2007-09691
捷豹 JAGUAR	718815	厦门东亚机械有限公司	第七类	T2007-09692
K-13	3622388	北京美华东方建材有限公司	第十七类	T2007-09700
Braun	G650227	百灵公司	第十一类	T2007-09701
TIFFANY	824842	美国蒂芙妮公司	第八类	T2007-09706
TIFFANY	815305	美国蒂芙妮公司	第十四类	T2007-09707
TIFFANY	1684949	美国蒂芙妮公司	第二十五类	T2007-09708
TIFFANY	1190383	美国蒂芙妮公司	第二十类	T2007-09709
TIFFANY & CO.	1111142	美国蒂芙妮公司	第十八类	T2007-09710
TIFFANY	1093978	美国蒂芙妮公司	第十六类	T2007-09711
TIFFANY	1116471	美国蒂芙妮公司	第三类	T2007-09713
TIFFANY & CO.	3764368	美国蒂芙妮公司	第三类	T2007-09714
TIFFANY & CO.	3599792	美国蒂芙妮公司	第十八类	T2007-09715
THE TIFFANY MARK	3373004	美国蒂芙妮公司	第十四类	T2007-09716
宝＋宝生园＋ EDEN	1788459	广州市宝生园有限公司	第三十类	T2007-09717
MORNSUN	3062813	广州金升阳科技有限公司	第九类	T2007-09718
SOKEN 及图形	1690427	宁波万事达综研电气有限公司	第九类	T2007-09720
FOAMGLAS	183713	匹兹科得宁公司	第十七类	T2007-09725
德龙	3132033	意大利德龙股份有限公司	第七类	T2007-09726
De’ Longhi 德龙及图	3133469	意大利德龙股份有限公司	第七类	T2007-09727
SKYWORHTH+ 创维	590243	深圳创维－ RGB 电子有限公司	第九类	T2007-09728
ACCUDRI	513680	霍尼韦尔国际公司	第一类	T2007-09730
ACLYN	329135	霍尼韦尔国际公司	第一类	T2007-09731
A 图形	4043179	霍尼韦尔国际公司	第七类	T2007-09732
N 及图	687529	霍尼韦尔国际公司	第九类	T2007-09733
FBII	1005993	霍尼韦尔国际公司	第九类	T2007-09734
FBII 及图	870823	霍尼韦尔国际公司	第九类	T2007-09735
FIRE-LITE	733577	霍尼韦尔国际公司	第九类	T2007-09736
NOTIFIER	686542	霍尼韦尔国际公司	第九类	T2007-09737
BURDICK & JACKSON	3749840	霍尼韦尔国际公司	第九类	T2007-09738
AMOSS	1993216	霍尼韦尔国际公司	第九类	T2007-09739
Esteban+ 图形	3966030	佛山市三水振兴乐器有限公司	第十五类	T2007-09740
图形商标	3578329	王子制纸株式会社	第十六类	T2007-09741
OJI	3578324	王子制纸株式会社	第十六类	T2007-09742
MIRRORKOTE	795496	王子制纸株式会社	第十六类	T2007-09743
KANTAC	797435	王子制纸株式会社	第十六类	T2007-09744
LUMINARC	347964	弓箭国际	第二十一类	T2007-09745
AUGMENTIN	258590	比彻姆集团有限公司	第五类	T2007-09749

权利名称	权利注册授权号	申请人名称	商品分类	备案号
SB	589558	史密斯克兰·比彻姆有限公司	第五类	T2007-09756
CERVARIX	G770601	葛兰素史克生物有限公司	第五类	T2007-09757
PARTY CANNON	1945015	青岛华安达工贸有限公司	第二十八类	T2007-09759
FIFA Women's World Cup	3006931	国际足球联合会	第二十八类	T2007-09760
国际足联世界杯	3092125	国际足球联合会	第二十八类	T2007-09761
FIFA Women's World Cup	3006950	国际足球联合会	第二十五类	T2007-09762
国际足联世界杯	3092142	国际足球联合会	第二十五类	T2007-09763
AU	3612355	刘建斌	第二十五类	T2007-09764
商标	1625715	深圳市大地利实业有限公司	第七类	T2007-09772
ODYSSEY 及图	1545593	卡拉韦高尔夫公司 / 卡拉威高尔夫公司	第二十五类	T2007-09781
万视达	1542098	中山市万视达天线器材有限公司	第九类	T2007-09785
MASDA 及图	1542099	中山市万视达天线器材有限公司	第九类	T2007-09786
NEVA-TRANZIT 及图形	4080431	卡扎科夫·伏拉基米尔	第十一类	T2007-09790
NEVA	4080430	卡扎科夫·伏拉基米尔	第十一类	T2007-09791
直泰 +MTHEAVEN	3761970	董玉忠	第九类	T2007-09792
AMERICAN GIRL	2017657	美国女孩有限责任公司	第二十八类	T2007-09795
KjF	1564993	深圳市康嘉福实业发展有限公司	第二十一类	T2007-09804
XEROX	168752	施乐公司（美国）	第一类	T2007-09806
XEROX	182079	施乐公司（美国）	第九类	T2007-09807
XEROX	168753	施乐公司（美国）	第十六类	T2007-09808
XEROX	182080	施乐公司（美国）	第七类	T2007-09809
KYLAND	4021985	烟台东土电信技术有限公司	第九类	T2007-09817
De' Longhi 及图	321242	龙希股份有限公司	第十一类	T2007-09818
GENT 及图	751742	诺瓦尔系统有限公司	第九类	T2007-09821
JURID	544580	霍尼韦尔制动材料有限公司	第十二类	T2007-09822
富士通	678539	富士通株式会社	第九类	T2007-09823
FUJITSU 及图	1730212	富士通株式会社	第九类	T2007-09824
TAU CERAMICA	G831562	陶利尔有限公司	第十九类	T2007-09826
QWELD	G803738	维西内卡迪纳斯有限公司	第六类	T2007-09827
图形	3499702	财政结构有限公司	第二十五类	T2007-09828
ZENJET 及图	3973518	广州市振杰机械有限公司	第九类	T2007-09829
Ferragamo（图形）	G586543	萨瓦托·弗拉加蒙意大利股份有限公司	第二十五类	T2007-09835
Ferragamo（图形）	G586543	萨瓦托·弗拉加蒙意大利股份有限公司	第十八类	T2007-09842
NICHIAS	884970	霓佳斯株式会社	第十七类	T2007-09843
TOMBO	884969	霓佳斯株式会社	第十七类	T2007-09844
TOMBO	876588	霓佳斯株式会社	第十二类	T2007-09845
DRAGONFLY（图形）	884968	霓佳斯株式会社	第十七类	T2007-09846
NICHIAS	876589	霓佳斯株式会社	第十二类	T2007-09847
DRAGONFLY（图形）	876587	霓佳斯株式会社	第十二类	T2007-09848
兴艺（图形）	832654	兴艺制品有限公司	第六类	T2007-09858

权利名称	权利注册授权号	申请人名称	商品分类	备案号
陕鼓字母图形	140217	陕西鼓风机（集团）有限公司	第七类	T2007-09859
云环牌＋图形	297017	宁波云环电子集团有限公司	第十五类	T2007-09864
TOUVE+ 托维	1065930	佛山市顺德区托维国际照明有限公司	第九类	T2007-09865
TOUVE+ 图形	1922321	佛山市顺德区托维国际照明有限公司	第十一类	T2007-09866
图形	G783833	圣・托斯有限公司	第三类	T2007-09878
图形	G783833	圣・托斯有限公司	第二十一类	T2007-09879
图形	G767558	圣・托斯有限公司	第九类	T2007-09880
图形	G767558	圣・托斯有限公司	第十四类	T2007-09881
TIFFANY & CO.	3966131	美国蒂芙妮公司	第十四类	T2007-09882
兔头图形	756057	花花公子企业国际有限公司	第十八类	T2007-09883
兔头图形	807637	花花公子企业国际有限公司	第二十五类	T2007-09884
TROJAN	586202	切迟—杜威弗吉尼亚州公司	第十类	T2007-09885
PRESTONE	3011638	布拉斯通产品公司	第四类	T2007-09886
ARM & HAMMER / THE STANDARD OF PURITY 及图	1903574	切迟—杜威有限公司	第三类	T2007-09898
ARM & HAMMER 及图	1758677	切迟—杜威有限公司	第三十一类	T2007-09899
ARM & HAMMER 及图	1738756	切迟—杜威有限公司	第三十类	T2007-09900
ARM & HAMMER 及图	1811733	切迟—杜威有限公司	第一类	T2007-09901
ARM & HAMMER	3583655	切迟—杜威有限公司	第三十一类	T2007-09902
ARM & HAMMER	3583656	切迟—杜威有限公司	第三十类	T2007-09903
ARM & HAMMER	3583657	切迟—杜威有限公司	第二十一类	T2007-09904
ARM & HAMMER	3583658	切迟—杜威有限公司	第五类	T2007-09905
ARM & HAMMER	3583678	切迟—杜威有限公司	第三类	T2007-09906
ARM & HAMMER	3583679	切迟—杜威有限公司	第一类	T2007-09907
camat	646685	广州宏昌胶粘带厂	第十七类	T2007-09917
GOLDEN	837640	广州宏昌胶粘带厂	第十六类	T2007-09918
777+BATTERY	656381	江门三七电池实业有限公司	第九类	T2007-09919
Rhino II Design	VA 1-106-900	亚基拉有限公司		C2007-09921
eck ō .complex mindquarters/media _lab	VA 1-078-179	亚基拉有限公司		C2007-09922
Rhino I Design	VA 1-078-177	亚基拉有限公司		C2007-09923
EU Badge	VA 1-078-176	亚基拉有限公司		C2007-09924
Eck ō Unlimited	VA 1-078-175	亚基拉有限公司		C2007-09925
Rhino I logo(unbroken oval)	VA 1-315-163	亚基拉有限公司		C2007-09926
NBN	3264098	中山市小榄镇创华电声电器厂	第九类	T2007-09928
CAR-FRESHNER 及图	352897	弗雷斯纳汽车公司	第五类	T2007-09930
TRICLE BRAND	4085826	上海汇一尺业有限公司	第九类	T2007-09931
YY 图形	1927058	尤尼克斯株式会社	第十八类	T2007-09933
YY 图形	1925264	尤尼克斯株式会社	第十六类	T2007-09934
YY 图形	2000489	尤尼克斯株式会社	第二十五类	T2007-09936

权利名称	权利注册授权号	申请人名称	商品分类	备案号
YONEX	1925260	尤尼克斯株式会社	第十六类	T2007-09937
Ferragamo（图形）	G800969	萨瓦托·弗拉加蒙意大利股份有限公司	第九类	T2007-09948
MATCHBOX	211065	美泰压铸有限责任公司	第二十八类	T2007-09951
YKK	97042	YKK 株式会社	第二十六类	T2007-09952
YKK	1190591	YKK 株式会社	第二十六类	T2007-09953
FUYAO	1935834	福耀玻璃工业集团股份有限公司	第二十一类	T2007-09963
福耀 +FY	3088283	福耀玻璃工业集团股份有限公司	第五类	T2007-09977
乔尼达（GANEDER)	1529471	福州富安皮塑制衣有限公司	第二十五类	T2007-09981
VINI-TAPE	1692026	电气化学工业株式会社	第十七类	T2007-09984
蝴蝶牌 +BUTTERFLY BRAND+ 图形	3440215	广西壮族自治区粮油食品进出口梧州公司	第二十九类	T2007-09985
蝴蝶牌 +BUTTERFLY BRAND+ 图形	133584	广西壮族自治区粮油食品进出口梧州公司	第四十二类	T2007-09986
和平牌 +HOPING BRAND+ 图形	111692	广西壮族自治区粮油食品进出口梧州公司	第三十九类	T2007-09987
蝴蝶牌 +BUTTERFLY BRAND+ 图形	111691	广西壮族自治区粮油食品进出口梧州公司	第三十八类	T2007-09988
REDDRAGONFLY	1776902	红蜻蜓集团有限公司	第二十五类	T2007-09989
红蜻蜓 +hong+ 图形	2014925	红蜻蜓集团有限公司	第二十五类	T2007-09990
第 9 类商标“UMD”	1914882	浙江物产国际贸易有限公司	第九类	T2007-10038
鹤 HE 及图	2023464	自贡鸿鹤化工股份有限公司	第三十类	T2007-10042
盾堡 DUNBAO 及图形	1511219	宁波市江北民进锁厂	第六类	T2007-10043
PLAS CHAMOIS	727538	爱恩株式会社	第二十一类	T2007-10049
TELEPHONE	3915798	安徽安粮国际发展股份有限公司	第二十九类	T2007-10057
KJ(图形）	836822	福清裕升五金电器有限公司	第九类	T2007-10059
友谊牌及图形	106721	天津市友谊七二九乒乓器材有限公司	第二十八类	T2007-10060
la prairie switzerland 图形商标	3748891	原野实验室有限公司	第三类	T2007-10061
SAM & LIBBY	3265611	耐恩西部发展公司	第二十五类	T2007-10062
BARYVAL	G589315	塞维普润股份公司	第十二类	T2007-10063
DOUBLEMINT 文字	70336	箭牌糖类有限公司	第三十类	T2007-10068
GMF	1771135	汕头市光明发塑胶有限公司	第二十一类	T2007-10069
FAC 及图形	1713621	宁波金龙锁业有限公司	第六类	T2007-10072
STABILIT	3388854	宁波金龙锁业有限公司	第六类	T2007-10073
CEKYHDA	G843888	艾森迪－伊麦克斯闭关类型股份公司	第十六类	T2007-10074
SONY	3485386	索尼株式会社	第九类	T2007-10075
EURO-BOX	1981588	欧洲星通讯（新）有限公司	第九类	T2007-10079
SPONGEBOB SQUAREPANTS	3360487	维亚科姆国际公司	第二十五类	T2007-10081
舒雅	248940	聚龙企业（中国）有限公司	第二十五类	T2007-10083
HAKKO 及图	3815437	泉州立可电子有限公司	第十一类	T2007-10084
Lady Princess	3655739	卢景常	第二十五类	T2007-10086
迅发 XF 及图	3694894	刘伟庆	第七类	T2007-10088

权利名称	权利注册授权号	申请人名称	商品分类	备案号
donna i' oren 图形	3657131	李淑连	第二十五类	T2007-10089
BARCLAY	876444	英美烟草（品牌）股份有限公司	第三十四类	T2007-10091
STATE EXPRESS 555	919214	阿台斯烟草有限公司	第三十四类	T2007-10092
SWC	1500398	SWC 株式会社	第十四类	T2007-10094
汉通	4017605	浙江汉通电缆有限公司	第九类	T2007-10095
豪江 Haojiang	4082258	广东大冶摩托车技术有限公司	第十二类	T2007-10096
TAYO	3532908	广东大冶摩托车技术有限公司	第十二类	T2007-10097
广东省大冶摩托车技术有限公司商标	3532907	广东大冶摩托车技术有限公司	第十二类	T2007-10098
古城牌	118702	保定中药制药有限公司	第五类	T2007-10103
立普妥	1325215	辉瑞爱尔兰药品合伙公司	第五类	T2007-10104
环球图案 +HUAN QIU	3822737	广东省东莞电机有限公司	第七类	T2007-10107
SUPER MAJESTIC	1743095	建基源有限公司	第十一类	T2007-10108
FIGHTER	3448070	中山市泰星锁业制造有限公司	第六类	T2007-10111
EZ-FLO	3235329	中山市泰星锁业制造有限公司	第六类	T2007-10112
YANK	3448071	中山市泰星锁业制造有限公司	第六类	T2007-10113
STATUS	3287415	中山市泰星锁业制造有限公司	第六类	T2007-10114
WAVE	G614205	伯斯有限公司（荷兰）	第九类	T2007-10116
BOSE	G584523	伯斯有限公司（荷兰）	第九类	T2007-10118
BETTER SOUND THROUGH RESEARCH	G635585	伯斯有限公司（荷兰）	第九类	T2007-10119
寧逸	3113589	伯斯有限公司	第九类	T2007-10120
韵明 +Yun Ming+ 图形	1816027	刘庆莲、陈业明	第二十一类	T2007-10121
ARCHIE	3527015	广东雅洁五金有限公司	第六类	T2007-10122
BG 及图形	810303	邹亚雄	第一类	T2007-10123
TAIHO	256154	大丰工业株式会社	第十二类	T2007-10124
TAIHO(图形）	256152	大丰工业株式会社	第十二类	T2007-10125
ICSA	1976922	淮安市同润国际贸易有限公司	第六类	T2007-10126
POWERGRIP	578617	盖茨公司	第十二类	T2007-10127
POWERGRIP	583736	盖茨公司	第七类	T2007-10128
盖茨	2009189	盖茨公司	第十二类	T2007-10129
盖茨	1975487	盖茨公司	第七类	T2007-10130
gates 及图形	1518931	盖茨公司	第七类	T2007-10132
VEXTRA	3223543	盖茨公司	第七类	T2007-10133
GATES	1364401	盖茨公司	第七类	T2007-10134
STERIMAR	G583194	索菲贝尔	第三类	T2007-10135
AMC	G817037	阿马迪奥·马提·卡博尼奥	第七类	T2007-10136
MK 及图	862723	傲华尔 ED & S 有限公司	第九类	T2007-10146
GIORGIO ARMANI	G792754	乔治·阿玛尼有限公司（米兰），瑞士门德里西奥分公司	第九类	T2007-10148
PLANET EARTH	3376022	大地产品有限公司	第二十五类	T2007-10170

权利名称	权利注册授权号	申请人名称	商品分类	备案号
BYLY	810029	百利实验有限公司	第三类	T2007-10172
umbro 文字图形商标	182111	茵宝国际有限公司（又译：乌姆布罗国际有限公司）	第二十八类	T2007-10219
UMBRO 文字图形	182110	茵宝国际有限公司（又译：乌姆布罗国际有限公司）	第二十五类	T2007-10221
PAPPAGALLO	3798514	耐恩西部发展公司	第二十五类	T2007-10222
LUBRIPLATE	828281	洪氏（天津）国际贸易有限公司	第四类	T2007-10223
EUROTEL	3219662	椰加达公司	第九类	T2007-10226
TEVA	879295	郝伯乐有限公司	第二十五类	T2007-10228
ADIR	3092889	温岭市五福气动工具厂	第七类	T2007-10229
GONI	3092888	温岭市五福气动工具厂	第七类	T2007-10230
NITRO	3568485	VSJ 有限公司	第二十五类	T2007-10231
NITRO	3568476	VSJ 有限公司	第九类	T2007-10232
Motorola M 图形	734875	摩托罗拉公司	第九类	T2007-10233
MOTOROLA	260744	摩托罗拉公司	第九类	T2007-10234
LOKZONE	3378721	中山市泰星锁业制造有限公司	第六类	T2007-10236
METABO+ 士泰保	1661561	中山市泰星锁业制造有限公司	第六类	T2007-10237
FASS	1669503	中山市泰星锁业制造有限公司	第六类	T2007-10238
metabo	3423609	中山市泰星锁业制造有限公司	第九类	T2007-10239
metabo	3486445	中山市泰星锁业制造有限公司	第六类	T2007-10240
FIGHTER	3927308	中山市泰星锁业制造有限公司	第六类	T2007-10241
FIGHTER	3117211	中山市泰星锁业制造有限公司	第六类	T2007-10242
FIGHTER（武士）	3089001	中山市泰星锁业制造有限公司	第九类	T2007-10243
Y	3562112	关元泰	第六类	T2007-10244
SECCO	3710673	关元泰	第六类	T2007-10245
PRIME-LINE	3747376	关元泰	第六类	T2007-10246
SCL	3710674	关元泰	第六类	T2007-10247
MORGAN	3900272	关元泰	第六类	T2007-10248
LANE	3562111	关元泰	第六类	T2007-10249
MOIRA	3562109	关元泰	第六类	T2007-10250
LORIA	3562108	关元泰	第六类	T2007-10251
TOPMOST	3071813	许浩荣	第六类	T2007-10252
Dural	3071811	许浩荣	第六类	T2007-10253
EZ-FLO 依斯科	3071809	许浩荣	第六类	T2007-10254
OMNIA	3657173	胡贤珊	第六类	T2007-10255
百斯威廉 BESTVALUE	3762083	胡贤珊	第六类	T2007-10256
ZANTAC	177828	葛兰素集团有限公司	第五类	T2007-10261
LAMICTAL	566184	威康基金会有限公司	第五类	T2007-10262
WALKFIT	4123174	西尔马克控股有限公司	第十类	T2007-10280
SKIN SUCCESS	3412123	伊蒂布朗药品有限公司	第三类	T2007-10281
PALMER'S	786133	伊蒂布朗药品有限公司	第三类	T2007-10282
PALMER'S SKIN SUCCESS	764364	伊蒂布朗药品有限公司	第三类	T2007-10283

权利名称	权利注册授权号	申请人名称	商品分类	备案号
Cool Water（图形）	G615313	吉诺·大卫多夫有限公司	第三类	T2007-10295
PAUL & SHARK/yachting 及 图形	2008687	达马股份有限公司	第二十四类	T2007-10299
PAUL & SHARK/yachting 及 图形	250160	达马股份有限公司	第二十五类	T2007-10300
Davidoff（图形）	G596413	吉诺·大卫多夫有限公司	第三类	T2007-10301
MICHELIN	781371	米其林集团总公司	第十六类	T2007-10302
方太	1918833	宁波方太厨具有限公司	第十一类	T2007-10334
方太	970814	宁波方太厨具有限公司	第十一类	T2007-10335
fotile	970812	宁波方太厨具有限公司	第十一类	T2007-10336
方太	1766159	宁波方太厨具有限公司	第二十类	T2007-10337
fotile	1561051	宁波方太厨具有限公司	第二十类	T2007-10338
方太 fotile	3737450	宁波方太厨具有限公司	第十一类	T2007-10339
健将	925328	中山市小榄镇金龙制衣厂	第二十五类	T2007-10344
EMAKS	1776531	郑国集团国际贸易有限公司	第二十五类	T2007-10350
TMT 及图	240714	TMT 贸易有限公司	第十一类	T2007-10352
图形	3436515	龙帝实业有限公司	第七类	T2007-10355
BUILT LIKE A MACK TRUCK	3423662	麦克卡车公司	第二十八类	T2007-10356
BUILT LIKE A MACK TRUCK	3423591	麦克卡车公司	第二十五类	T2007-10357
MACK 及牛头犬图形	166696	麦克卡车公司	第十二类	T2007-10358
牛头犬图形	166695	麦克卡车公司	第十二类	T2007-10359
NETCONNECT	1982182	怀塔克公司	第九类	T2007-10360
AMP NETCONNECT	3107670	怀塔克公司	第九类	T2007-10361
MACK	166694	麦克卡车公司	第十二类	T2007-10365
MACK	3423665	麦克卡车公司	第二十八类	T2007-10366
MACK 及牛头犬图形	3423664	麦克卡车公司	第二十八类	T2007-10367
牛头犬图形	3423663	麦克卡车公司	第二十八类	T2007-10368
POIRE	3976230	超级设计股份有限公司	第九类	T2007-10369
PHONEPOCKE	3976229	超级设计股份有限公司	第九类	T2007-10377
发财	600316	广东彩艳股份有限公司	第三十类	T2007-10382
发财	574149	广东彩艳股份有限公司	第二十九类	T2007-10383
大有及图	1619186	广东彩艳股份有限公司	第二十九类	T2007-10384
Von Dutch	19-2006-F-1160	安永姬		C2007-10386
Von Dutch	19-2006-F-1160	安永姬		C2007-10386
PEL PINTOSSI EMILIO S.P.A. 及图形	3267190	P.E.L. 宾特斯·艾米利奥股份公司	第十一类	T2007-10387
贝萝	3037906	石狮市东盛化妆品贸易有限公司	第三类	T2007-10388
NIGHTHUNTER	3300822	斯蒂纳尔—奥普蒂克有限责任公司	第九类	T2007-10390
WILDLIFE	3300824	斯蒂纳尔—奥普蒂克有限责任公司	第九类	T2007-10391

权利名称	权利注册授权号	申请人名称	商品分类	备案号
五角 +WUJIAO+ 图形	3461251	广东恒光电器有限公司	第十一类	T2007-10392
FISKE	840041	菲斯克兄弟精炼公司	第四类	T2007-10394
SYNXTREME	3901709	菲斯克兄弟精炼公司	第四类	T2007-10395
明月及图形	155091	青岛明月海藻集团有限公司	第五类	T2007-10396
明月及图形	1644139	青岛明月海藻集团有限公司	第一类	T2007-10397
明月及图形	154968	青岛明月海藻集团有限公司	第一类	T2007-10398
HAPPINESS 及图形（康乐）	1136679	安徽轻工国际贸易股份有限公司	第四类	T2007-10401
SAN YE 注册商标	3140549	汕头市三业渔需用品厂	第二十二类	T2007-10404
TIMKEN	729705	铁姆肯公司	第十二类	T2007-10405
TIMKEN	97308	铁姆肯公司	第七类	T2007-10421
CONTAC	160566	葛兰素史克有限责任公司	第五类	T2007-10422
VENTOLIN	269049	葛兰素集团有限公司	第五类	T2007-10423
ENGERIX-B	968622	葛兰素史克生物有限公司	第五类	T2007-10424
POLAROID	3850762	宝丽来公司	第九类	T2007-10427
宝丽来	166065	宝丽来公司	第九类	T2007-10428
Polaroid 及图	1183545	宝丽来公司	第九类	T2007-10429
DORCO	565630	株式会社多乐可	第八类	T2007-10432
TINKLE	4159962	株式会社多乐可	第八类	T2007-10433
UNITEDPOWER	4047816	福建联合动力设备制造有限公司	第七类	T2007-10437
BERGHOFF	G630633	伯格霍夫全球公司	第二十一类	T2007-10441
GEMZAR	608148	（美国）礼来公司	第五类	T2007-10450
ORBIT	3345470	贯盟有限公司	第三类	T2007-10451
Old No. 7 Brand (device)	1934246	杰克丹尼尔持有人有限公司	第二十一类	T2007-10453
Jack Daniel's	1651561	杰克丹尼尔持有人有限公司	第三十三类	T2007-10458
CYMBALTA	1596440	（美国）礼来公司	第五类	T2007-10461
HUMALOG	792071	（美国）礼来公司	第五类	T2007-10462
stargame	3029528	陆伟中	第九类	T2007-10463
“HISTORIAL HONG 百年红牌”商标（权利共有人：广州博导企业策划有限公司）	3808257	广东省湛江市家用电器工业有限公司	第十一类	T2007-10465
“HONG”商标及图形	714301	广东省湛江市家用电器工业有限公司	第十一类	T2007-10466
TRONY+ 德乐	1983586	深圳市创益科技发展有限公司	第九类	T2007-10467
Jack Daniel's	1770315	杰克丹尼尔持有人有限公司	第十四类	T2007-10468
Jack Daniel's	1914075	杰克丹尼尔持有人有限公司	第九类	T2007-10469
TIMKEN +轴承图形	1770892	铁姆肯公司	第十六类	T2007-10472
TIMKEN	97309	铁姆肯公司	第六类	T2007-10473
National 及 N 图形	2024330	松下电器产业株式会社	第七类	T2007-10474
Panasonic	3347431	松下电器产业株式会社	第九类	T2007-10475
555 及图	592947	广州轻工二贸集团有限公司	第九类	T2007-10477
虎头牌 TIGER HEAD 及图形	46895	广州轻工二贸集团有限公司	第十五类	T2007-10478

权利名称	权利注册授权号	申请人名称	商品分类	备案号
555 及图	586129	广州轻工工贸集团有限公司	第九类	T2007-10479
DH	3342324	沈学骏	第九类	T2007-10481
红塔山	104208	红塔烟草（集团）有限责任公司	第三十四类	T2007-10482
新红塔山	3454644	红塔烟草（集团）有限责任公司	第三十四类	T2007-10483
天地之塔	1626661	红塔烟草（集团）有限责任公司	第三十四类	T2007-10484
阿诗玛	153428	红塔烟草（集团）有限责任公司	第三十四类	T2007-10485
玉溪	644148	红塔烟草（集团）有限责任公司	第三十四类	T2007-10486
铂金红塔山	3454645	红塔烟草（集团）有限责任公司	第三十四类	T2007-10487
ZIPPO	3895831	之宝制造公司	第七类	T2007-10495
ZIPPO	738473	之宝制造公司	第八类	T2007-10496
ZIPPO	873325	之宝制造公司	第二十六类	T2007-10497
ZIPPO	734770	之宝制造公司	第六类	T2007-10498
ZIPPO	740216	之宝制造公司	第十四类	T2007-10499
ZIPPO	738926	之宝制造公司	第十八类	T2007-10500
ZIPPO	734632	之宝制造公司	第十一类	T2007-10501
ZIPPO	740370	之宝制造公司	第二十五类	T2007-10502
ZIPPO	235541	之宝制造公司	第四类	T2007-10503
ZIPPO	864807	之宝制造公司	第九类	T2007-10504
BONNE CHANCE NO.1	1933630	天津莱特进出口有限公司	第二十一类	T2007-10505
ARCOROC	347967	弓箭国际	第二十一类	T2007-10506
ILLUMINATOR	815321	卡西欧计算机株式会社	第十四类	T2007-10507
BAMBINO 商标	1923808	石家庄好利服饰有限公司	第十六类	T2007-10509
Legrand 及图	G775833	罗格朗法国公司	第九类	T2007-10510
Legrand	G778657	罗格朗法国公司	第九类	T2007-10511
legrand 及图	G775833	罗格朗法国公司	第十一类	T2007-10512
尧舜	840433	刘建国	第六类	T2007-10514
SAFARI	3300823	斯蒂纳尔—奥普蒂克有限责任公司	第九类	T2007-10515
RANGER	3300798	斯蒂纳尔—奥普蒂克有限责任公司	第九类	T2007-10516
ADMIRAL	3300826	斯蒂纳尔—奥普蒂克有限责任公司	第九类	T2007-10517
RALLYE	3300797	斯蒂纳尔—奥普蒂克有限责任公司	第九类	T2007-10518
PREDATOR	3300795	斯蒂纳尔—奥普蒂克有限责任公司	第九类	T2007-10519
STEINER 及图	1991183	斯蒂纳尔—奥普蒂克有限责任公司	第九类	T2007-10520
KOBO 及图形	275501	广州轻出集团股份有限公司	第九类	T2007-10525
Audi	241120	奥迪股份公司	第十二类	T2007-10528
四环图形	241121	奥迪股份公司	第十二类	T2007-10529
FOM 及图形	3171115	曾海航	第二十四类	T2007-10530
FOM 及图形	3456218	曾海航	第二十四类	T2007-10531
FINISH T. 4000	3171114	曾海航	第二十四类	T2007-10532
MARLINS	599707	棒球主盟资产公司	第二十五类	T2007-10533
yankees 及 图	1909948	棒球主盟资产公司	第九类	T2007-10534

权利名称	权利注册授权号	申请人名称	商品分类	备案号
NY 图形商标	1941010	棒球主盟资产公司	第二十八类	T2007-10535
Mets	1941021	棒球主盟资产公司	第二十八类	T2007-10536
S 及罗盘图形商标	1553396	棒球主盟资产公司	第二十五类	T2007-10537
B	1765983	棒球主盟资产公司	第十八类	T2007-10540
B	1941022	棒球主盟资产公司	第二十八类	T2007-10541
yankees 图形商标	1941026	棒球主盟资产公司	第二十八类	T2007-10542
棒球手击球图形	1941028	棒球主盟资产公司	第二十八类	T2007-10543
SALVATORE FERRAGAMO	644888	萨瓦托·弗拉加蒙意大利股份有限公司	第十八类	T2007-10544
MALTE 及图形	1775452	历峰国际有限公司	第十四类	T2007-10545
PIAGET	517552	历峰国际有限公司	第十四类	T2007-10547
BAUME & MERCIER	517553	历峰国际有限公司	第十四类	T2007-10548
Riviera	1093936	历峰国际有限公司	第十四类	T2007-10550
钻石 DIAMOND 及图形	283124	广州轻出集团股份有限公司	第二十一类	T2007-10552
TITAN 及图形	277994	广州轻出集团股份有限公司	第六类	T2007-10553
LONGOTTE	1915946	广州轻出集团股份有限公司	第九类	T2007-10554
鳄鱼图形	879258	拉科斯特股份有限公司	第二十五类	T2007-10558
HVLP	3341000	台州市洛克赛工具有限公司	第七类	T2007-10559
Bluetooth 及图	1992729	布鲁特斯 SIG 有限公司	第九类	T2007-10561
图形商标	1983497	布鲁特斯 SIG 有限公司	第九类	T2007-10562
MAXWELL	4004618	苏锦生	第七类	T2007-10571
大大	1743446	箭牌糖类有限公司	第三十类	T2007-10574
傲白	3319576	箭牌糖类有限公司	第三十类	T2007-10576
AIRWAVES	1675182	箭牌糖类有限公司	第三十类	T2007-10577
REMKIN 及图	3346123	山东银基建材有限公司	第十九类	T2007-10579
“山宝 SHANBAO 及图”	854402	上海建设机器厂	第七类	T2007-10584
MAPED	807307	马培德简化股份有限公司	第十六类	T2007-10585
CANNAR	3328324	宁波嘉能进出口有限公司	第七类	T2007-10586
CNR	4058562	宁波嘉能进出口有限公司	第七类	T2007-10587
ti 图形	214021	德州仪器公司	第十四类	T2007-10589
桂花	700652	南宁五菱桂花车辆有限公司	第十二类	T2007-10592
桂花	910373	南宁五菱桂花车辆有限公司	第十二类	T2007-10593
Maped 及图	4182608	马培德简化股份有限公司	第八类	T2007-10597
MAPED ETHNIC 橡皮立体商标	3289955	马培德简化股份有限公司	第十六类	T2007-10598
Maped 及图	4182607	马培德简化股份有限公司	第九类	T2007-10599
TRCTRON	4045591	广州市番禺区联益电池有限公司	第九类	T2007-10602
BURTON	820946	伯顿公司	第二十八类	T2007-10613
SATINELA	G624141	西里西罗大葡萄园葡萄种植和酿酒联合公司	第三十三类	T2007-10619
MARQUES DE CACERES	G618292	西里西罗大葡萄园葡萄种植和酿酒联合公司	第三十三类	T2007-10621
笑脸图形	970800	株式会社 LG	第十一类	T2007-10622
malata	1630324	万利达集团有限公司	第九类	T2007-10623

权利名称	权利注册授权号	申请人名称	商品分类	备案号
万利达	1630323	万利达集团有限公司	第九类	T2007-10624
PANARAY	678680	伯斯有限公司	第九类	T2007-10625
DIRECT/REFLECTING	699588	伯斯有限公司	第九类	T2007-10626
UMM；underground music movement	3538238	黄欣	第十八类	T2007-10628
威宝 +weibao	3286428	卓劲松	第七类	T2007-10629
创科＋图形	3227813	福鼎市佳磐通用部件有限公司	第七类	T2007-10630
PASTA granoro 及图	G569506	金谷面食制品有限公司	第二十九类	T2007-10632
PASTA granoro 及图	G569506	金谷面食制品有限公司	第三十类	T2007-10633
PASTA granoro 及图	G569506	金谷面食制品有限公司	第三十二类	T2007-10634
Börner Logo	G659937	伯尔纳塑料和金属商品两合公司	第二十一类	T2007-10635
Börner	G666247	伯尔纳塑料和金属商品两合公司	第二十一类	T2007-10636
HEILMANN	1676509	广州珠江钢琴集团股份有限公司	第十五类	T2007-10638
图形	1545860	广州珠江钢琴集团股份有限公司	第十五类	T2007-10639
PEARL RIVER 图形	671835	广州珠江钢琴集团股份有限公司	第十五类	T2007-10641
珠江 +Pearl River	3037732	广州珠江钢琴集团股份有限公司	第十五类	T2007-10642
BROAD-OCEAN	1697693	中山大洋电机股份有限公司	第七类	T2007-10643
durex	1511148	LRC 制品有限公司	第十类	T2007-10645
杜蕾斯	663644	LRC 制品有限公司	第十类	T2007-10646
DIAMICRON	163406	百法玛	第五类	T2007-10647
达体朗	G661757	百法玛	第五类	T2007-10649
金钟花设计（产品贴花 F7）	19-2006-F-1642	深圳市康嘉福实业发展有限公司		C2007-10650
人参设计（产品贴花 F9）	19-2006-F-1629	深圳市康嘉福实业发展有限公司		C2007-10651
白花设计（产品贴花 F21)	19-2006-F-1628	深圳市康嘉福实业发展有限公司		C2007-10652
咖啡茶具包装设计 F 款（L66093-2）	19-2006-F-1648	深圳市康嘉福实业发展有限公司		C2007-10653
咖啡茶具包装设计 D 款（6609Y6-2）	19-2006-F-1647	深圳市康嘉福实业发展有限公司		C2007-10654
咖啡茶具包装设计 E 款（L6609K3-2）	19-2006-F-1650	深圳市康嘉福实业发展有限公司		C2007-10655
咖啡茶具包装设计 A 款（SBS-3A）	19-2006-F-1649	深圳市康嘉福实业发展有限公司		C2007-10656
咖啡茶具包装设计 G 款（2106A3-2）	19-2007-F-0096	深圳市康嘉福实业发展有限公司		C2007-10657
DS 图形商标	1941033	棒球主盟资产公司	第二十八类	T2007-10658
NY 图形商标	1941038	棒球主盟资产公司	第二十八类	T2007-10659
yankees	1941012	棒球主盟资产公司	第二十八类	T2007-10660
A	2008626	棒球主盟资产公司	第二十五类	T2007-10661
Mets 及图	1984203	棒球主盟资产公司	第九类	T2007-10662

权利名称	权利注册授权号	申请人名称	商品分类	备案号
棒球手击球图形	2016922	棒球主盟资产公司	第九类	T2007-10663
Astros 图形商标	1597347	棒球主盟资产公司	第二十五类	T2007-10664
Braves 及图	652808	棒球主盟资产公司	第二十五类	T2007-10665
M 及图	1549256	棒球主盟资产公司	第二十五类	T2007-10666
C REDS 及图	1553395	棒球主盟资产公司	第二十五类	T2007-10667
NY 图形商标	1765982	棒球主盟资产公司	第十八类	T2007-10668
SF 图形商标	1765985	棒球主盟资产公司	第十八类	T2007-10669
NY 图形商标	1765986	棒球主盟资产公司	第十八类	T2007-10670
LA 图形商标	1765987	棒球主盟资产公司	第十八类	T2007-10671
SD 图形商标	1791213	棒球主盟资产公司	第十八类	T2007-10672
A's 图形商标	1791796	棒球主盟资产公司	第二十五类	T2007-10673
Phillies 及图	1509598	棒球主盟资产公司	第二十五类	T2007-10674
T	1545591	棒球主盟资产公司	第二十五类	T2007-10675
C 图形	560499	棒球主盟资产公司	第二十五类	T2007-10676
罗盘图形商标	1625312	棒球主盟资产公司	第二十五类	T2007-10677
FLORIDA MARLINS 及图	606051	棒球主盟资产公司	第二十五类	T2007-10680
NEW YORK YANKEES	2017802	棒球主盟资产公司	第二十五类	T2007-10684
CR 图形商标	602345	棒球主盟资产公司	第二十五类	T2007-10685
ROCKIES	599706	棒球主盟资产公司	第二十五类	T2007-10686
COLORADO ROCKIES 及图	606052	棒球主盟资产公司	第二十五类	T2007-10690
棒球手击球图形	1800888	棒球主盟资产公司	第二十五类	T2007-10691
D 及底特律老虎图形	1545589	棒球主盟资产公司	第二十五类	T2007-10692
SOX 图形商标	652813	棒球主盟资产公司	第二十五类	T2007-10693
Mets 图形商标	1786735	棒球主盟资产公司	第二十五类	T2007-10696
MAJOR LEAGUE BASEBALL	1756934	棒球主盟资产公司	第二十五类	T2007-10699
NY 图形商标	560500	棒球主盟资产公司	第二十五类	T2007-10702
Brewers 及图	1573450	棒球主盟资产公司	第二十五类	T2007-10703
小鸟棒球棒组合图形	1597244	棒球主盟资产公司	第二十五类	T2007-10704
PADRES 图形商标	570394	棒球主盟资产公司	第二十五类	T2007-10705
yankees	1815169	棒球主盟资产公司	第二十五类	T2007-10706
STUSSY 铭文作品 STUSSY GRAFFITI LOGO	2004-F-01798	STUSSY 股份有限公司		C2007-10710
康齿灵	1688303	丹东康齿灵牙膏有限公司	第三类	T2007-10712
田七	第 1668297 号	广西奥奇丽股份有限公司	第三类	T2007-10713
AMP NETCONNECT	2017653	怀塔克公司	第九类	T2007-10714
白花设计（产品贴花 F1)	19-2006-F-1631	深圳市康嘉福实业发展有限公司		C2007-10715
白点花设计（产品贴花 F2)	19-2006-F-1634	深圳市康嘉福实业发展有限公司		C2007-10716
红花设计（产品贴花 F3）	19-2006-F-1641	深圳市康嘉福实业发展有限公司		C2007-10717

权利名称	权利注册授权号	申请人名称	商品分类	备案号
兰花设计（产品贴花 F4）	19-2006-F-1626	深圳市康嘉福实业发展有限公司		C2007-10718
图形	3804334	蒙顿·哈德威公司	第二十类	T2007-10719
MOUNTAIN HARD WEAR	3803492	蒙顿·哈德威公司	第二十二类	T2007-10720
图形	4021823	蒙顿·哈德威公司	第八类	T2007-10721
图形	4021824	蒙顿·哈德威公司	第六类	T2007-10722
MOUNTAIN HARD WEAR 及图	4021812	蒙顿·哈德威公司	第八类	T2007-10723
MOUNTAIN HARD WEAR 及图	3804337	蒙顿·哈德威公司	第二十类	T2007-10724
MOUNTAIN HARD WEAR 及图形	3804336	蒙顿·哈德威公司	第二十二类	T2007-10725
MOUNTAIN HARD WEAR 及图	3804335	蒙顿·哈德威公司	第二十五类	T2007-10726
MOUNTAIN HARD WEAR	4021832	蒙顿·哈德威公司	第六类	T2007-10727
MOUNTAIN HARD WEAR	4021831	蒙顿·哈德威公司	第八类	T2007-10728
MOUNTAIN HARD WEAR	3804338	蒙顿·哈德威公司	第二十五类	T2007-10729
MOUNTAIN HARD WEAR	3803390	蒙顿·哈德威公司	第二十类	T2007-10730
MOUNTAIN HARD WEAR 及图	4021813	蒙顿·哈德威公司	第六类	T2007-10731
图形	3804332	蒙顿·哈德威公司	第二十五类	T2007-10732
图形	3804333	蒙顿·哈德威公司	第二十二类	T2007-10733
金灶	1515361	广东海利集团有限公司	第十一类	T2007-10734
奥美康 AO MEI KANG +图形	1738404	佛山市奥美康陶瓷有限公司	第十一类	T2007-10735
《BX-002 直销广告邮寄盒》	2007-F-06987	霍姆兰德家用器具有限责任公司		C2007-10736
《BX-015 彩色零售用纸板盒》	2007-F-06986	霍姆兰德家用器具有限责任公司		C2007-10737
《BX-005[派对装] 附加盒装》	2007-F-06985	霍姆兰德家用器具有限责任公司		C2007-10738
《IM 产品使用手册系列》	2007-A-06983	霍姆兰德家用器具有限责任公司		C2007-10739
Sprandi 及图	905297	斯普兰迪（海外）有限公司	第二十五类	T2007-10740
Sprandi dome 及图	1729349	斯普兰迪（海外）有限公司	第二十五类	T2007-10741
EARTH GEAR Sprandi 及图	1746557	斯普兰迪（海外）有限公司	第二十五类	T2007-10742
PROUD TO PLAY IN A NEW ERA	1609490	新纪元帽业有限公司	第二十五类	T2007-10743
59FIFTY	1577329	新纪元帽业有限公司	第二十五类	T2007-10744
PROUD TO PLAY	1577328	新纪元帽业有限公司	第二十五类	T2007-10745
NE 图形	1577382	新纪元帽业有限公司	第二十五类	T2007-10746
К А ТЮШ А	3565914	浙江梦娜针织袜业有限公司	第二十五类	T2007-10747
SAMURAI RUGBY GEAR	19-2006-F-1570	东莞市茶山长金制衣绣花厂		C2007-10748
SAMURAI SPORTSWEAR	19-2006-F-1569	东莞市茶山长金制衣绣花厂		C2007-10749
侍	19-2006-F-1568	东莞市茶山长金制衣绣花厂		C2007-10750
BX-018 彩色零售用纸板盒	2007-F-06984	霍姆兰德家用器具有限责任公司		C2007-10751
BTG-BX005[魔弹飞厨] 邮寄盒	2007-F-06991	霍姆兰德家用器具有限责任公司		C2007-10752
BX-006 彩色零售用纸板盒	2007-F-06990	霍姆兰德家用器具有限责任公司		C2007-10753

权利名称	权利注册授权号	申请人名称	商品分类	备案号
BTG-BX003[魔弹飞厨]套用车内充电器盒	2007-F-06989	霍姆兰德家用器具有限责任公司		C2007-10754
ABB	3820283	ABB 阿西亚·布朗·勃法瑞有限公司	第九类	T2007-10755
ABB（镂空）	3820367	ABB 阿西亚·布朗·勃法瑞有限公司	第九类	T2007-10756
ABB（指定红色）	3820500	ABB 阿西亚·布朗·勃法瑞有限公司	第九类	T2007-10757
ABB	3820284	ABB 阿西亚·布朗·勃法瑞有限公司	第九类	T2007-10758
ABB（指定红色）	3820497	ABB 阿西亚·布朗·勃法瑞有限公司	第九类	T2007-10759
ABB（镂空）	3820216	ABB 阿西亚·布朗·勃法瑞有限公司	第九类	T2007-10760
ABB（镂空）	3820215	ABB 阿西亚·布朗·勃法瑞有限公司	第九类	T2007-10761
ABB	3820282	ABB 阿西亚·布朗·勃法瑞有限公司	第九类	T2007-10762
ABB（指定红色）	3820392	ABB 阿西亚·布朗·勃法瑞有限公司	第十六类	T2007-10763
ABB	3820286	ABB 阿西亚·布朗·勃法瑞有限公司	第七类	T2007-10764
ABB	3820369	ABB 阿西亚·布朗·勃法瑞有限公司	第七类	T2007-10765
ABB	3820394	ABB 阿西亚·布朗·勃法瑞有限公司	第七类	T2007-10766
ABB	3820295	ABB 阿西亚·布朗·勃法瑞有限公司	第十六类	T2007-10767
ABB（镂空）	3820485	ABB 阿西亚·布朗·勃法瑞有限公司	第十六类	T2007-10768
ABB（指定红色）	3820393	ABB 阿西亚·布朗·勃法瑞有限公司	第九类	T2007-10769
PUMA 及图形	G582886	彪马欧洲公司	第十八类	T2007-10775
ROOF MATE	3048052	长沙凯德防水涂料有限公司	第二类	T2007-10776
aigo	3295078	爱国者数码科技有限公司	第九类	T2007-10777
LG 及笑脸图形	958222	株式会社 LG	第七类	T2007-10778
笑脸图形	958221	株式会社 LG	第七类	T2007-10779
BMW 及图形	282196	宝马股份公司	第十二类	T2007-10781
H.Sheng 及图形	3343101	东莞市恒生机械制造有限公司	第七类	T2007-10785
-Z-	680460	博世株式会社	第十二类	T2007-10787
-Z-	680503	博世株式会社	第七类	T2007-10788
君皇 表	2017244	MGI 豪华产品集团公司	第十四类	T2007-10791
MEGADENT	3957329	贯盟有限公司	第三类	T2007-10793
耐克钩（图形）	979854	耐克国际有限公司	第十八类	T2007-10802
耐克钩（图形）	991722	耐克国际有限公司	第二十五类	T2007-10803
红亭	102795	廉江红星陶瓷企业有限公司	第二十一类	T2007-10804
Haagendess	3633747	黄来发	第二十五类	T2007-10809
FUJI	第 151317 号	富士重工业株式会社	第七类	T2007-10811
Robin	第 151320 号	富士重工业株式会社	第七类	T2007-10812
社标（富士重工业株式会社公司标志）	第 151315 号	富士重工业株式会社	第七类	T2007-10813
Robin 及图案	699531	富士重工业株式会社	第七类	T2007-10814
时尚园丁	3114221	南京金箔集团金宝园艺器具有限公司	第六类	T2007-10820
WEI DUO FU	4129002	广东威多福电器有限公司	第二类	T2007-10821
解放	860641	中国第一汽车集团公司	第十二类	T2007-10824

权利名称	权利注册授权号	申请人名称	商品分类	备案号
FRATELLI TALLIA DI DELFINO 及图	3593831	塔利雅兄弟德尔菲诺氏股份有限责任公司	第二十五类	T2007-10825
FRATELLI TALLIA DI DELFINO 及图	3593832	塔利雅兄弟德尔菲诺氏股份有限责任公司	第二十四类	T2007-10826
塔利雅兄弟德尔菲诺氏	3471046	塔利雅兄弟德尔菲诺氏股份有限责任公司	第二十四类	T2007-10827
塔利雅兄弟德尔菲诺氏	3471047	塔利雅兄弟德尔菲诺氏股份有限责任公司	第二十五类	T2007-10828
HPM 及图形	3312929	黄信桥	第九类	T2007-10829
WAXSTAR 及图	第 3272435 号	林晓芬	第二十四类	T2007-10830
桂花	3097282	南宁五菱桂花车辆有限公司	第七类	T2007-10833
K 及图形	914836	光阳工业股份有限公司	第十二类	T2007-10834
KOREX	3570119	张志琼	第九类	T2007-10845
FYM	1697939	广州市番禺华南摩托企业集团有限公司	第十二类	T2007-10862
鹰图形	3158666	广州市番禺华南摩托企业集团有限公司	第十二类	T2007-10863
婴儿学步车（老鼠） Wheely Mouse	2007-F-07011	Wildchild 设计私人有限公司		C2007-10867
婴儿学步车（蜜蜂） Wheely Bee	2007-F-07007	Wildchild 设计私人有限公司		C2007-10868
婴儿学步车（老虎） Wheely Tiger	2007-F-07009	Wildchild 设计私人有限公司		C2007-10869
婴儿学步车（奶牛） Wheely Cow	2007-F-07250	Wildchild 设计私人有限公司		C2007-10870
婴儿学步车（虫子基本型） Wheely Bug	2007-F-07010	Wildchild 设计私人有限公司		C2007-10871
宝佳瑞	3225951	宝佳瑞股份有限公司	第三类	T2007-10872
BVLGARI 宝格丽	3811212	宝佳瑞股份有限公司	第十四类	T2007-10873
BVLGARI 宝格丽	3811213	宝佳瑞股份有限公司	第九类	T2007-10875
SEBAGO	730302	仕品高国际有限公司	第二十七类	T2007-10877
Legrand	G778657	罗格朗法国公司	第十一类	T2007-10880
小叮当图形	3730574	迪士尼企业公司	第十八类	T2007-10881
小叮当图形	3730571	迪士尼企业公司	第二十四类	T2007-10882
小叮当图形	3730570	迪士尼企业公司	第二十五类	T2007-10883
灰姑娘图形	3731696	迪士尼企业公司	第二十五类	T2007-10884
灰姑娘图形	3731702	迪士尼企业公司	第十四类	T2007-10885
灰姑娘图形	3731700	迪士尼企业公司	第十八类	T2007-10886
灰姑娘图形	3731697	迪士尼企业公司	第二十四类	T2007-10887
JK THREE FILES 及图形	2018121	瑞蒙德有限公司	第八类	T2007-10888
JK TWO FILES 及图形	2018120	瑞蒙德有限公司	第八类	T2007-10889
TRONI	3257209	三昌电子有限公司	第二十八类	T2007-10891
图形	3431476	明昌实业有限公司	第二十八类	T2007-10892
柯達	695469	伊士曼柯达公司	第一类	T2007-10902
小叮当图形	3730584	迪士尼企业公司	第十四类	T2007-10903
KVC 商标	650596	KVC 股份有限公司	第七类	T2007-10905

权利名称	权利注册授权号	申请人名称	商品分类	备案号
SAFARI	G778241	斯蒂纳尔—奥普蒂克有限责任公司	第九类	T2007-10908
TROPHYHUNTER	G798011	斯蒂纳尔—奥普蒂克有限责任公司	第九类	T2007-10909
Commander	G778244	斯蒂纳尔—奥普蒂克有限责任公司	第九类	T2007-10910
STEINER OBSERVER	G799006	斯蒂纳尔—奥普蒂克有限责任公司	第九类	T2007-10911
NIGHTHUNTER	G783206	斯蒂纳尔—奥普蒂克有限责任公司	第九类	T2007-10912
SEBAGO	730167	仕品高国际有限公司	第十八类	T2007-10914
正航 + 图形 +navigable	3690770	山东正航食品有限公司	第三十类	T2007-10920
LOVE PASSPORT	G809867	慧姿蕊香股份有限公司	第三类	T2007-10921
VACHERON CONSTANTIN 及图形	G573086	历峰国际有限公司	第十四类	T2007-10923
JAEGER-LECOULTRE	G583216	历峰国际有限公司	第十四类	T2007-10924
ESCADA (图形)	G757997	爱思卡达股份公司	第十八类	T2007-10925
ESCADA (图形)	G757997	爱思卡达股份公司	第九类	T2007-10926
ESCADA (图形)	G757997	爱思卡达股份公司	第十四类	T2007-10927
ESCADA (图形)	G841029	爱思卡达股份公司	第三类	T2007-10928
ESCADA (图形)	G772852	爱思卡达股份公司	第二十五类	T2007-10929
ESCADA (图形)	G772852	爱思卡达股份公司	第九类	T2007-10930
ESCADA(图形)	G772852	爱思卡达股份公司	第十八类	T2007-10931
竖起来的手 Upward Hand	2007-F-07242	寰宇视博公司		C2007-10943
跳水者 Divers	2007-F-07241	寰宇视博公司		C2007-10944
现代女子功能桌 Modern Woman Table	2007-F-07240	寰宇视博公司		C2007-10945
现代男子功能桌 Modern Man Table	2007-F-07239	寰宇视博公司		C2007-10946
男子和女子铁制墙挂 Man & Woman Iron Wall Panel	2007-F-07238	寰宇视博公司		C2007-10947
男子铁制墙挂 Man Iron Wall Panel	2007-F-07237	寰宇视博公司		C2007-10948
体操男子 Gymnast Man	2007-F-07244	寰宇视博公司		C2007-10949
摊开的手 Open Hand	2007-F-07243	寰宇视博公司		C2007-10950
华强	3433762	佛山市顺德区华强本邦电器有限公司	第十一类	T2007-10951
HUAQIANG	3433703	佛山市顺德区华强本邦电器有限公司	第十一类	T2007-10953
HUAQIANG HUAQIANG 及图	3433706	佛山市顺德区华强本邦电器有限公司	第十一类	T2007-10954
HUAQIANG HUAQIANG 及图	3433707	佛山市顺德区华强本邦电器有限公司	第九类	T2007-10956
HUAQIANG	3433704	佛山市顺德区华强本邦电器有限公司	第九类	T2007-10957
华强	3433708	佛山市顺德区华强本邦电器有限公司	第九类	T2007-10958
华强 HUAQIANG 及图	656372	佛山市顺德区华强本邦电器有限公司	第九类	T2007-10959
HUAQIANG 及图	4067398	佛山市顺德区华强本邦电器有限公司	第六类	T2007-10960
华强 HUAQIANG 及图	890100	佛山市顺德区华强本邦电器有限公司	第十一类	T2007-10961
图形	1980046	广东本邦电器有限公司	第十一类	T2007-10963
图形	1981723	广东本邦电器有限公司	第九类	T2007-10964

权利名称	权利注册授权号	申请人名称	商品分类	备案号
Gas-a-just	3539062	萱场工业株式会社	第十二类	T2007-10965
EVENTONE	613244	伊蒂布朗药品有限公司	第三类	T2007-10966
日求万利达	1562106	江门市江海区宝田摩托车实业有限公司	第十二类	T2007-10971
PERTO	4212651	江门市中港宝田摩托车实业有限公司	第十二类	T2007-10972
SADAF	4212653	江门市中港宝田摩托车实业有限公司	第十二类	T2007-10973
CGPATR	3657186	江门市中港宝田摩托车实业有限公司	第十二类	T2007-10974
SUPERKING	4212656	江门市中港宝田摩托车实业有限公司	第十二类	T2007-10975
RENDA	4212655	江门市中港宝田摩托车实业有限公司	第十二类	T2007-10976
UMAZAKI	4212657	江门市中港宝田摩托车实业有限公司	第十二类	T2007-10977
WALTON	4212654	江门市中港宝田摩托车实业有限公司	第十二类	T2007-10978
CASTRO	4212660	江门市中港宝田摩托车实业有限公司	第十二类	T2007-10979
FDMCO	4212658	江门市中港宝田摩托车实业有限公司	第十二类	T2007-10980
PING	839552	卡斯顿制造有限公司	第二十五类	T2007-10981
“AE”注册商标	161762	菲多拉梦古零件市场英国有限公司	第十九类	T2007-10982
“AE”注册商标	161793	菲多拉梦古零件市场英国有限公司	第九类	T2007-10983
MOOG 文字图形注册商标	834745	联合－穆贵产品有限公司	第九类	T2007-10985
“MOOG“文字图形注册商标	814390	联合－穆贵产品有限公司	第十二类	T2007-10986
“CHAMPION 文字加图案”注册商标	760648	联合－穆贵点燃公司	第十二类	T2007-10987
PING	896867	卡斯顿制造有限公司	第十八类	T2007-10992
EVE	3815206	关就泰	第六类	T2007-11003
MONTHARD	3815204	关就泰	第六类	T2007-11004
TAL	4050609	关元泰	第六类	T2007-11005
MANDRIL	3978925	关元泰	第六类	T2007-11006
EURONAVY 及图案	3244059	李[illegible]	第二类	T2007-11007
讨 厌 的 东 西 (The Annoying Thing)	2006-F-06293	艾瑞克·韦恩奎斯特		C2007-11008
Zespri 图形商标	1199758	泽斯普瑞集团有限公司	第三十一类	T2007-11010
金杯牌及图形	324796	天津世纪五矿贸易有限公司	第六类	T2007-11012
永久牌及图形	127970	天津世纪五矿贸易有限公司	第六类	T2007-11013
MAG	3988775	许浩荣	第六类	T2007-11017
KGI	4142358	许浩荣	第六类	T2007-11018
NIKE 及钩形图	879423	耐克国际有限公司	第二十五类	T2007-11019
NIKE 及钩形图	869277	耐克国际有限公司	第二十四类	T2007-11020
NIKE 及钩形图	855786	耐克国际有限公司	第二十五类	T2007-11021
潮汕（在地球图案上）	4145594	汕头鱼露厂有限公司	第三十类	T2007-11022
味事达 MASTER	682045	开平味事达调味品有限公司	第三十类	T2007-11023
永恒之光 +YongHengZhiGuang+ 图形	1562105	江门市江海区宝田摩托车实业有限公司	第十二类	T2007-11024
BAOTIAN 宝田	1503130	江门市江海区宝田摩托车实业有限公司	第十二类	T2007-11026
NEWSUN	1519017	宁波保税区午阳国际工贸有限公司	第七类	T2007-11032

权利名称	权利注册授权号	申请人名称	商品分类	备案号
BUYOR	3804855	南通亚博经贸有限公司	第十六类	T2007-11033
GLOBE	733420	特制自行车配件有限公司	第十二类	T2007-11034
ROCKHOPPER	733422	特制自行车配件有限公司	第十二类	T2007-11035
S WORKS	733421	特制自行车配件有限公司	第十二类	T2007-11036
STUMP JUMPER	733423	特制自行车配件有限公司	第十二类	T2007-11037
ALLEZ	733424	特制自行车配件有限公司	第十二类	T2007-11038
EPIC	733425	特制自行车配件有限公司	第十二类	T2007-11039
FATBOY	3734637	特制自行车配件有限公司	第十二类	T2007-11040
SPECIALIZED	765891	特制自行车配件有限公司	第十二类	T2007-11041
SPECIALIZED	754973	特制自行车配件有限公司	第二十五类	T2007-11042
S 图形	780845	特制自行车配件有限公司	第九类	T2007-11043
SEB	1692787	SEB 简化股份有限公司	第二十一类	T2007-11046
SEB 及其三角图形组合	1692786	SEB 简化股份有限公司	第二十一类	T2007-11047
EXILIM	3139923	卡西欧计算机株式会社	第九类	T2007-11049
ESSENCE	1775455	艾申斯表业（深圳）有限公司	第十四类	T2007-11053
AESON	987844	福州日鼎电池有限公司	第九类	T2007-11054
RADIANT	987848	福州日鼎电池有限公司	第九类	T2007-11055
THUMBS UP	968057	营标企业有限公司	第一类	T2007-11056
CUTLER-HAMMER	987881	伊顿公司	第九类	T2007-11057
ERMENEGILDO ZEGNA	222391	康恩泰有限公司	第二十五类	T2007-11058
ZEGNA	969347	康恩泰有限公司	第二十五类	T2007-11059
ERMENEGILDO ZEGNA	964696	康恩泰有限公司	第二十四类	T2007-11060
UNIVERSAL	174498	尤尼维瑟城电影制片厂有限责任有限合伙公司	第九类	T2007-11061
环球	186536	尤尼维瑟城电影制片厂有限责任有限合伙公司	第九类	T2007-11062
GE 花体字	820656	通用电气公司	第九类	T2007-11064
KENWOOD	852494	株式会社建伍	第九类	T2007-11067
建伍	1984422	株式会社建伍	第九类	T2007-11068
YORK	3481368	廖柏森	第十一类	T2007-11070
保健牌	70363	东方国际集团上海家纺有限公司	第二十五类	T2007-11076
熊猫 PANDA 及图形	799343	东方国际集团上海家纺有限公司	第二十四类	T2007-11077
LINIX 及图形	1772556	横店集团联宜电机有限公司	第七类	T2007-11081
吉普生	3634773	伊莱克斯家用产品公司	第七类	T2007-11082
GIBSON	3580617	伊莱克斯家用产品公司	第七类	T2007-11083
吉普生	3634774	伊莱克斯家用产品公司	第九类	T2007-11084
吉普生	3634775	伊莱克斯家用产品公司	第十一类	T2007-11085
FRIGIDAIRE	3820318	伊莱克斯家用产品公司	第七类	T2007-11086
GIBSON	3580665	伊莱克斯家用产品公司	第十一类	T2007-11087
北極	993091	伊莱克斯家用产品公司	第七类	T2007-11089
飛歌	309159	伊莱克斯家用产品公司	第七类	T2007-11090
飛歌	882379	伊莱克斯家用产品公司	第十一类	T2007-11091

权利名称	权利注册授权号	申请人名称	商品分类	备案号
Frigidaire 及图	318926	伊莱克斯家用产品公司	第十一类	T2007-11092
PHILCO 及图	1195691	伊莱克斯家用产品公司	第十一类	T2007-11093
Kelvinator	382322	伊莱克斯家用产品公司	第七类	T2007-11094
PHILCO	802736	伊莱克斯家用产品公司	第九类	T2007-11095
PHILCO	382321	伊莱克斯家用产品公司	第七类	T2007-11096
GIBSON	3580666	伊莱克斯家用产品公司	第九类	T2007-11097
FRIGIDAIRE	3820319	伊莱克斯家用产品公司	第九类	T2007-11098
FRIGIDAIRE	3820320	伊莱克斯家用产品公司	第十一类	T2007-11099
北極	3820321	伊莱克斯家用产品公司	第十一类	T2007-11100
北極	1012135	伊莱克斯家用产品公司	第九类	T2007-11101
Frigidaire 及图	384008	伊莱克斯家用产品公司	第七类	T2007-11102
玉兰	636243	宝洁公司（美国）	第三类	T2007-11103
CREST	881235	宝洁公司（美国）	第二十一类	T2007-11104
护舒宝	792162	宝洁公司（美国）	第五类	T2007-11105
ZEST	234867	宝洁公司（美国）	第三类	T2007-11106
宝洁	772946	宝洁公司（美国）	第四十二类	T2007-11107
P&G	738374	宝洁公司（美国）	第三类	T2007-11108
Maped 及图	4182626	马培德简化股份有限公司	第十六类	T2007-11111
NASCAR 及图形商标	993960	全国赛车联合会	第九类	T2007-11116
VERTU ASCENT COLLECTION	G822626	诺基亚公司	第九类	T2007-11117
Valeo	1012532	法雷奥	第十二类	T2007-11120
MICHELIN 及轮胎人图形	3849509	米其林集团总公司	第十六类	T2007-11121
NASCAR 及图形商标	994549	全国赛车联合会	第十二类	T2007-11128
NASCAR 及图形商标	992079	全国赛车联合会	第二十八类	T2007-11129
NASCAR 及图形商标	3572093	全国赛车联合会	第九类	T2007-11130
NASCAR 及图形商标	3572094	全国赛车联合会	第十六类	T2007-11131
OSRAM	1979089	奥斯拉姆公司	第十一类	T2007-11132
诺基亚	854731	诺基亚公司	第九类	T2007-11135
V	G782907	诺基亚公司	第九类	T2007-11136
VERTU	G759086	诺基亚公司	第九类	T2007-11137
FOX	3007668	狐狸头有限公司	第九类	T2007-11138
FOX RACING	3239931	狐狸头有限公司	第十六类	T2007-11139
碧浪	892236	宝洁公司（美国）	第三类	T2007-11140
Hennessy	890628	雅斯·埃内西有限公司	第三十三类	T2007-11141
图形商标	890643	雅斯·埃内西有限公司	第三十三类	T2007-11142
VINI	1236034	烟台世达塑胶制品有限公司	第十七类	T2007-11145
F+ 狐狸头图形 +X	3007730	狐狸头有限公司	第二十五类	T2007-11148
狐狸头图案	3007729	狐狸头有限公司	第九类	T2007-11149
狐狸头图案	3007728	狐狸头有限公司	第十六类	T2007-11150
“狐狸头”图案	3007766	狐狸头有限公司	第二十五类	T2007-11151

权利名称	权利注册授权号	申请人名称	商品分类	备案号
FOX RACING	3007765	狐狸头有限公司	第九类	T2007-11152
F+ 狐狸头图形 +X	3007733	狐狸头有限公司	第九类	T2007-11153
万珂	3982174	千年制药公司	第五类	T2007-11154
VELCADE	3203039	千年制药公司	第五类	T2007-11155
comix	1500660	深圳市齐心文具股份有限公司	第十六类	T2007-11156
图形	4114149	江门市伊大电池有限公司	第九类	T2007-11158
ATEN 及图	612485	宏正自动科技股份有限公司	第九类	T2007-11160
SANYA	1798905	广州三雅摩托车有限公司	第十二类	T2007-11161
sunson	3580053	沈阳市万清种子有限公司	第三十一类	T2007-11163
SUGAR　JUMBO	3580052	沈阳市万清种子有限公司	第三十三类	T2007-11164
LUK RepSet	1018725	卢克摩擦片和离合器两合公司	第十二类	T2007-11165
NPG	1280524	佳能株式会社（日本）	第二类	T2007-11166
BCI	4061339	佳能株式会社（日本）	第二类	T2007-11167
白鸽 +WHITE DOVE+ 图形	1273300	福州白鸽塑胶有限公司	第二十五类	T2007-11168
白鸽 +WHITE DOVE+ 图形	1273299	福州白鸽塑胶有限公司	第二十五类	T2007-11169
白鸽牌 +WHITE DOVE BRAND+ 图形	45829	福州白鸽塑胶有限公司	第二十五类	T2007-11170
KORAL	4289701	许浩荣	第六类	T2007-11175
swatch	232954	斯沃琪有限公司	第十四类	T2007-11176
ARMAMIX	3573585	台州高海洁具有限公司	第十一类	T2007-11177
“Moon Rabbit”牌注册商标（全样见商标注册证）	836886	重庆万光电源股份有限公司	第九类	T2007-11178
红莲 RED LOTUS 及图形	265095	东方国际集团上海家纺有限公司	第二十三类	T2007-11179
UGG	880518	德克斯户外用品有限公司	第二十五类	T2007-11184
固莱尔 +GOODLIFE+ 图形	1929023	中山固莱尔阳光板有限公司	第十九类	T2007-11185
SOYO	1634426	上海智伟电池有限公司	第九类	T2007-11188
National	G824377	松下电器产业株式会社	第七类	T2007-11201
MEYLE	3060047	山东昊安汽车部件制造有限公司	第十二类	T2007-11202
EMEL	1979795	佛山市南庄百强塑料五金实业有限公司	第十一类	T2007-11203
TEMPLE	3487935	宁海县鼎型车业有限公司	第一类	T2007-11204
VALDAZ	3541912	宁海县鼎型车业有限公司	第一类	T2007-11205
PLAS SENU	1310638	爱恩株式会社	第二十一类	T2007-11210
THOMAS CHEN	3686675	陈永青	第二十五类	T2007-11212
艾蔻	3040306	苏州恒润进出口有限公司	第二十五类	T2007-11214
A-CCO	3040307	苏州恒润进出口有限公司	第二十五类	T2007-11215
LOYAL	4048296	江阴新和桥化工有限公司	第一类	T2007-11216
含“東方之珠”字样和图案及指定颜色的商标	1684137	江阴新和桥化工有限公司	第一类	T2007-11217
VBF	1912294	郑州泰普机械设备有限公司	第七类	T2007-11218
SMT 及图	1000250	TMT 贸易有限公司	第九类	T2007-11219
SOMEI	3697556	林桂芳	第九类	T2007-11224

权利名称	权利注册授权号	申请人名称	商品分类	备案号
Tmax	G754482	ABB SACE S.P.A.	第九类	T2007-11225
banana	3664692	郭伟平	第九类	T2007-11226
LACOSTE 及鳄鱼图形	940231	拉科斯特股份有限公司	第十八类	T2007-11229
飘逸及图	980067	飘逸实业有限公司	第二十一类	T2007-11230
双钱牌及图形	1017770	广西梧州双钱实业有限公司	第三十类	T2007-11231
FEIL	3772648	宁波江友电子有限公司	第九类	T2007-11232
Light-Heavy	3266897	宁波莱特海威电子科技有限公司	第九类	T2007-11233
COREMO	1742527	科锐盟有限公司	第七类	T2007-11238
boss	1564267	山东博世磨具实业有限公司	第三类	T2007-11239
BOSS 及图	1636391	山东博世磨具实业有限公司	第三类	T2007-11240
ZEXEL	1005230	博世株式会社	第七类	T2007-11242
ZEXEL	982600	博世株式会社	第十二类	T2007-11243
FEDERAL SIGNAL VAMA 及图形	G799099	瓦玛联邦信号有限公司	第九类	T2007-11244
JOYCA 及图形	G639803	卡亚塔诺·哥门内斯·马里诺；何塞·安东尼奥·哥门内斯·马里诺	第二十五类	T2007-11245
WORLD WRESTLING ENTERTAINMENT	3211619	世界摔角娱乐有限公司	第九类	T2007-11251
WORLD WRESTLING ENTERTAINMENT	3211622	世界摔角娱乐有限公司	第二十八类	T2007-11252
WORLD WRESTLING ENTERTAINMENT	3211621	世界摔角娱乐有限公司	第二十五类	T2007-11253
WORLD WRESTLING ENTERTAINMENT	3211620	世界摔角娱乐有限公司	第十六类	T2007-11254
WORLD WRESTLING FEDERATION	3062025	世界摔角娱乐有限公司	第二十五类	T2007-11255
WORLD WRESTLING FEDERATION	3062026	世界摔角娱乐有限公司	第九类	T2007-11256
WORLD WRESTLING FEDERATION	3062027	世界摔角娱乐有限公司	第十六类	T2007-11257
WRESTLEMANIA	3062142	世界摔角娱乐有限公司	第九类	T2007-11258
WWE	3211639	世界摔角娱乐有限公司	第十六类	T2007-11259
WWE	3211638	世界摔角娱乐有限公司	第九类	T2007-11260
WWE	3211641	世界摔角娱乐有限公司	第二十八类	T2007-11261
WWE 图形	663797	世界摔角娱乐有限公司	第二十八类	T2007-11262
World Wrestling Entertainment 及 W 图形	3211635	世界摔角娱乐有限公司	第二十五类	T2007-11264
World Wrestling Entertainment 及 W 图形	3211636	世界摔角娱乐有限公司	第二十八类	T2007-11265
World Wrestling Entertainment 及 W 图形	3211633	世界摔角娱乐有限公司	第九类	T2007-11266
World Wrestling Entertainment 及 W 图形	3211634	世界摔角娱乐有限公司	第十六类	T2007-11267
NO MERCY	3062032	世界摔角娱乐有限公司	第九类	T2007-11268

权利名称	权利注册授权号	申请人名称	商品分类	备案号
NO WAY OUT	3062140	世界摔角娱乐有限公司	第九类	T2007-11269
ROYAL RUMBLE	3062138	世界摔角娱乐有限公司	第九类	T2007-11270
SUMMERSLAM	3062028	世界摔角娱乐有限公司	第九类	T2007-11271
SURVIVOR SERIES	3062034	世界摔角娱乐有限公司	第九类	T2007-11272
UNDERTAKER	663798	世界摔角娱乐有限公司	第二十八类	T2007-11273
UNFORGIVEN	3062030	世界摔角娱乐有限公司	第九类	T2007-11274
ARMAGEDDON	3062136	世界摔角娱乐有限公司	第九类	T2007-11277
BACKLASH	3062144	世界摔角娱乐有限公司	第九类	T2007-11278
JUDGEMENT DAY	3062356	世界摔角娱乐有限公司	第九类	T2007-11279
KING OF THE RING	3062358	世界摔角娱乐有限公司	第九类	T2007-11280
W 图形	3211614	世界摔角娱乐有限公司	第十六类	T2007-11281
W 图形	3211615	世界摔角娱乐有限公司	第二十五类	T2007-11282
W 图形	3211616	世界摔角娱乐有限公司	第二十八类	T2007-11283
W 图形	3211613	世界摔角娱乐有限公司	第九类	T2007-11284
鳄鱼图形	274888	拉科斯特股份有限公司	第十四类	T2007-11285
飛歌	383675	伊莱克斯家用产品公司	第十一类	T2007-11288
Kelvinator	231439	伊莱克斯家用产品公司	第十一类	T2007-11289
北極	982146	伊莱克斯家用产品公司	第十一类	T2007-11290
PHILCO	231441	伊莱克斯家用产品公司	第十一类	T2007-11291
STAY-SILV	1515065	林肯环球有限公司	第六类	T2007-11297
Dixsen	1570247	浙江迪克森电器有限公司	第九类	T2007-11298
古龙 GULONG 及图形	272672	厦门古龙罐头食品有限公司	第二十九类	T2007-11300
ISEO	4110937	伊瑟欧控股公司	第六类	T2007-11301
ISEO Serrature	4110941	伊瑟欧控股公司	第六类	T2007-11302
UDG	3544041	黄欣	第十八类	T2007-11303
飛歌	872554	伊莱克斯家用产品公司	第七类	T2007-11304
J.W.HARRIS	1515068	林肯环球有限公司	第六类	T2007-11314
T-FB	991139	天津五金矿产进出口有限公司	第十九类	T2007-11315
黑金组合商标	3037973	吉列公司	第九类	T2007-11319
ALWAYS	234856	宝洁公司(美国)	第五类	T2007-11321
M 图形商标	3628493	摩托罗拉公司	第九类	T2007-11322
Tide	846154	宝洁公司(美国)	第三类	T2007-11323
ACE	640140	宝洁公司(美国)	第三类	T2007-11324
TIDE	75402	宝洁公司(美国)	第三类	T2007-11326
TIDE	846153	宝洁公司(美国)	第三类	T2007-11327
OLAY	1540313	宝洁公司(美国)	第三类	T2007-11329
OLAY	1556339	宝洁公司(美国)	第三类	T2007-11330
MAXFACTOR	3724146	宝洁公司(美国)	第三类	T2007-11331
MAXFACTOR	3724147	宝洁公司(美国)	第三类	T2007-11332
MAXFACTOR	3792228	宝洁公司(美国)	第三类	T2007-11333

权利名称	权利注册授权号	申请人名称	商品分类	备案号
verage	1795906	杭州杰玛箱包有限公司	第十八类	T2007-11334
吊扇机头	3486702	TMT 贸易有限公司	第九类	T2007-11335
吊扇机头	4087910	TMT 贸易有限公司	第十一类	T2007-11336
水口	967206	开平广合腐乳有限公司	第二十九类	T2007-11342
广合	963238	开平广合腐乳有限公司	第二十九类	T2007-11343
AION 及图	G765034	爱恩株式会社	第二十一类	T2007-11344
SENNHEISER	G590780	森海赛尔德国电子有限公司	第九类	T2007-11345
“GUO LIAN”商标及图形	3572441	湛江国联水产开发有限公司	第二十九类	T2007-11348
VACUTAINER	280055	贝克顿迪肯森公司	第十类	T2007-11349
GOMKO	1917515	邓月好	第九类	T2007-11351
DURATA 及图形	4230229	四川华景国贸实业有限责任公司	第九类	T2007-11353
DURATA 及图形	4230230	四川华景国贸实业有限责任公司	第九类	T2007-11354
KNIPEX LOGO	946324	古斯塔夫·普施力百公司	第八类	T2007-11364
TMT	812672	TMT 贸易有限公司	第九类	T2007-11366
KODAK	931258	伊士曼柯达公司	第九类	T2007-11369
爱莎+ AISHA	1070552	中山市小榄镇金龙制衣厂	第二十五类	T2007-11370
LEXUS（图形）	868443	丰田汽车公司	第十二类	T2007-11389
hummel 牌	358774	广州市纺织工业联合进出口公司	第二十五类	T2007-11390
hummel 牌	358774	广州市纺织工业联合进出口公司	第二十五类	T2007-11390
LEXUS	868579	丰田汽车公司	第十二类	T2007-11401
HANSON	893350	温州汉森鞋业有限公司	第二十五类	T2007-11402
桑泰克	842307	桑泰克工业有限公司	第七类	T2007-11403
桑達	969977	桑泰克工业有限公司	第七类	T2007-11404
ZOEXTRA	1424205	福州日鼎电池有限公司	第九类	T2007-11405
RONGY	1024206	福州日鼎电池有限公司	第九类	T2007-11406
SINGER	154078	胜家有限公司	第六类	T2007-11407
胜家	902259	胜家有限公司	第十一类	T2007-11408
SINGER	902278	胜家有限公司	第十一类	T2007-11409
SUNTEC 及图	842308	桑泰克工业有限公司	第七类	T2007-11419
海豚	1014145	台山市友顺化工有限公司	第一类	T2007-11421
同聲	1056114	台山市友顺化工有限公司	第一类	T2007-11422
EVOBOND 及图形	680235	台山市友顺化工有限公司	第一类	T2007-11423
ECHO	G796174	吉诺·大卫多夫有限公司	第三类	T2007-11424
SILVER SHADOW	G853401	吉诺·大卫多夫有限公司	第三类	T2007-11425
COOL WATER	G761286	吉诺·大卫多夫有限公司	第三类	T2007-11426
JPP	4039137	姚东柱	第九类	T2007-11428
ORION	639164	株式会社好丽友	第三十类	T2007-11432
木制法国地图拼图	11-2007-F-1182 号	叶肇融		C2007-11433
雷莫	4106070	英特雷莫控股有限公司	第九类	T2007-11434

权利名称	权利注册授权号	申请人名称	商品分类	备案号
北極	1022389	伊莱克斯家用产品公司	第二十一类	T2007-11435
Gino 及图形商标	3255258	创添控股有限公司	第二十九类	T2007-11440
Gino 及图形商标	3255257	创添控股有限公司	第三十类	T2007-11441
ILLY(图形)	G764193	意利咖啡有限公司	第二十一类	T2007-11442
Space	913899	中纺东方贸易有限公司	第二十三类	T2007-11444
RBK	3322574	力宝克体育运动有限公司	第二十五类	T2007-11446
DIA BURS	988362	马尼株式会社	第十类	T2007-11455
SBS	638797	福建浔兴拉链科技股份有限公司	第二十六类	T2007-11459
SBS	1580861	福建浔兴拉链科技股份有限公司	第二十六类	T2007-11460
ASVA	4030555	霞浦正阳摩擦工业有限公司	第十二类	T2007-11461
SB Hi-Q	4318113	福建省霞浦县华丰机械工业有限公司	第十二类	T2007-11462
EMERICA	1070650	皮尔·安德鲁·西尼泽格	第二十五类	T2007-11465
ETNIES	2019200	皮尔·安德鲁·西尼泽格	第二十五类	T2007-11466
图形	G805818	皮尔·安德鲁·西尼泽格	第二十五类	T2007-11468
es	1021252	皮尔·安德鲁·西尼泽格	第二十五类	T2007-11472
CODE BLEU	905278	琼斯投资有限公司	第二十五类	T2007-11477
萨米特 +SUMMIT+ 图形	1580759	广东新明珠陶瓷集团有限公司	第十九类	T2007-11480
GELAISI+ 图形	3061510	广东新明珠陶瓷集团有限公司	第十九类	T2007-11481
富宇 FUYU 及图形	1713509	中山市富宇五金制品有限公司	第六类	T2007-11484
EMERICA	1088109	皮尔·安德鲁·西尼泽格	第十八类	T2007-11492
PEAK	726348	福建泉州匹克体育用品有限公司	第十八类	T2007-11493
PEAK	546732	福建泉州匹克体育用品有限公司	第二十五类	T2007-11494
PEAK 及图	676992	福建泉州匹克体育用品有限公司	第二十五类	T2007-11495
匹克	726347	福建泉州匹克体育用品有限公司	第十八类	T2007-11496
PEAK	3317342	福建泉州匹克体育用品有限公司	第二十八类	T2007-11497
匹克	3317343	福建泉州匹克体育用品有限公司	第二十八类	T2007-11498
HI-TEC-C	944395	株式会社百乐	第十六类	T2007-11499
MOUTAI 及黑白图形	1559740	中国贵州茅台酒厂有限责任公司	第三十三类	T2007-11501
贵州茅台酒中外驰名	284526	中国贵州茅台酒厂有限责任公司	第三十三类	T2007-11502
茅台	284519	中国贵州茅台酒厂有限责任公司	第三十三类	T2007-11503
STEEL+ 象	4340870	唐山海威工具制造有限公司	第八类	T2007-11504
HOTEX	1065479	宁波重和工贸有限公司	第七类	T2007-11506
佳斯特 JUSTA	1701820	广州市花都区新粤海西厨设备厂	第七类	T2007-11508
THE NORTH FACE	917789	北面服饰股份有限公司	第二十类	T2007-11509
THE NORTH FACE	904966	北面服饰股份有限公司	第十八类	T2007-11510
THE NORTH FACE(图形)	917788	北面服饰股份有限公司	第二十类	T2007-11511
THE NORTH FACE(图形)	909920	北面服饰股份有限公司	第二十二类	T2007-11512
FANOX	G632056	法诺克斯电子有限公司	第九类	T2007-11526
QQ BEAR+ 俏俏熊	3200614	广州市越秀区潘氏孖公仔皮具店	第十八类	T2007-11527
gates 及图形	1065493	盖茨公司	第七类	T2007-11528

权利名称	权利注册授权号	申请人名称	商品分类	备案号
TOMA 及图形商标	4386592	创添控股有限公司	第三十类	T2007-11529
TOMA 及图形商标	4386593	创添控股有限公司	第二十九类	T2007-11530
ZIPPO（图形）	988840	之宝制造公司	第三十四类	T2007-11531
Zi 及图形	951296	之宝制造公司	第三十四类	T2007-11532
ZIPPO	1020590	之宝制造公司	第三类	T2007-11533
STATE EXPRESS 555	G863689	阿台斯烟草有限公司	第三十四类	T2007-11535
STATE EXPRESS 555	G851466	阿台斯烟草有限公司	第三十四类	T2007-11536
LERNER	288874	伦科公司	第二十五类	T2007-11538
NASCAR 及图形商标	1058211	全国赛车联合会	第二十五类	T2007-11539
UNICAR	1705896	（株）日新联合	第十二类	T2007-11540
BiL	860716	恩平市邦华电子有限公司	第九类	T2007-11541
亿威；E-WAY	1807193	珠海亿威电动产业股份有限公司	第十二类	T2007-11543
长城牌罐形立体商标	4095978	天津食品进出口股份有限公司	第二十九类	T2007-11544
长城牌及图形、罐形（立体商标）	4095979	天津食品进出口股份有限公司	第二十九类	T2007-11545
金星 GOLDEN STAR 及图形、盒形（立体商标）	4095981	天津食品进出口股份有限公司	第三十三类	T2007-11546
金星 GOLDEN STAR 及图形、盒形（立体商标）	4095980	天津食品进出口股份有限公司	第三十三类	T2007-11547
DOGA	G847790	道佳股份公司	第十二类	T2007-11548
FARRUTX	G795867	布兰斯及行销公司	第二十五类	T2007-11549
FARRUTX	G795867	布兰斯及行销公司	第十八类	T2007-11550
TRES GRIFERIA	G776216	卡斯普罗有限公司	第十一类	T2007-11551
SOULPANTER 及图形	G800054	雷蒙帕哈利斯有限公司	第二十五类	T2007-11552
SOULPANTER 及图形	G800054	雷蒙帕哈利斯有限公司	第九类	T2007-11553
地球 GLOBE 及图形	617377	广东省机械进出口集团公司	第九类	T2007-11554
STARK 及图形	1041484	广东省机械进出口集团公司	第七类	T2007-11555
GD	561248	广东省机械进出口集团公司	第十二类	T2007-11557
虎头 TIGER HEAD 及图形	287052	广州虎辉照明科技公司	第十一类	T2007-11558
"CHAMPION" 文字	988431	联合—穆贵点燃公司	第十二类	T2007-11559
大顶环舞蹈者 Big Top Ring Dancer	2007-F-08561	寰宇视博公司		C2007-11562
双杠体操者 Gymnast Parallel Bars	2007-F-08055	寰宇视博公司		C2007-11563
蔓藤饰小桌 Small Arabesque Table	2007-F-08056	寰宇视博公司		C2007-11564
O 形垂饰枝形吊灯 O Pendant Chandelier	2007-F-08057	寰宇视博公司		C2007-11565
蔓藤饰镜 Arabesque Mirror	2007-F-08058	寰宇视博公司		C2007-11566
跳环 Jumping Through Hoops	2007-F-08059	寰宇视博公司		C2007-11567
匠工新月台桌 Artisan Crescent Console	2007-F-08060	寰宇视博公司		C2007-11568

权利名称	权利注册授权号	申请人名称	商品分类	备案号
匠工新月墙桌 Artisan Crescent Side Table	2007-F-08061	寰宇视博公司		C2007-11569
玻璃面金竹大桌 Golden Bamboo Table w/Glass Top-Large	2007-F-08062	寰宇视博公司		C2007-11570
玻璃面金竹小桌 Golden Bamboo Table w/Glass Top-Small	2007-F-08063	寰宇视博公司		C2007-11571
蔓藤饰大桌 Large Arabesque Table	2007-F-08054	寰宇视博公司		C2007-11572
菱形图形	1983616	京瓷株式会社	第九类	T2007-11574
KYOCERA	1544138	京瓷株式会社	第二类	T2007-11575
菱形图形	1580101	京瓷株式会社	第二类	T2007-11576
KYOCERA	2016526	京瓷株式会社	第九类	T2007-11577
DOVE	717356	联合利华有限公司	第三类	T2007-11578
DIESEL	G608499	迪赛尔股份公司	第十四类	T2007-11579
ACQUA DI GIO'	G668975	乔治·阿玛尼有限公司（米兰），瑞士门德里西奥分公司	第三类	T2007-11587
FOREVER	943160	上海永久股份有限公司	第十二类	T2007-11589
Lowepro 及图	1992037	德曼摄影市场有限合伙	第九类	T2007-11590
图形商标	G788105A	红牛股份有限公司	第三十三类	T2007-11594
图形商标	G788105A	红牛股份有限公司	第三十二类	T2007-11595
图形商标	G788105A	红牛股份有限公司	第二十五类	T2007-11596
图形商标	G857309A	红牛股份有限公司	第三十二类	T2007-11600
Mickey Mouse device	3730612	迪士尼企业公司	第二十四类	T2007-11601
Minnie Mouse device	3730277	迪士尼企业公司	第二十五类	T2007-11602
MICKEY MOUSE device	3730611	迪士尼企业公司	第二十五类	T2007-11603
DONALD DUCK device	3729847	迪士尼企业公司	第二十五类	T2007-11604
NAKAMICHI+ 图形	987704	TWD 工业有限公司	第九类	T2007-11605
MOTOYAMA	4224659	武汉泰海机械有限公司	第十二类	T2007-11606
YAMAMOTO	4224658	武汉泰海机械有限公司	第十二类	T2007-11609
HEMAMOTOR	3867571	武汉泰海机械有限公司	第七类	T2007-11610
YOKO	3867561	武汉泰海机械有限公司	第七类	T2007-11611
TAIHAI	3867550	武汉泰海机械有限公司	第七类	T2007-11612
TH 带菱形框	3080391	武汉泰海机械有限公司	第七类	T2007-11613
VEP	3563910	厦门华电开关有限公司	第九类	T2007-11617
FITSTAR	4348658	杭州飞特进出口贸易有限公司	第六类	T2007-11619
图形	4348675	杭州飞特进出口贸易有限公司	第十二类	T2007-11620
NATI 及图形	4348673	杭州飞特进出口贸易有限公司	第十二类	T2007-11621
FITTOO 及图形	4348674	杭州飞特进出口贸易有限公司	第十二类	T2007-11622
NATI 及图形	4348672	杭州飞特进出口贸易有限公司	第六类	T2007-11623
TABULA	3242997	伊顿电子公司	第十三类	T2007-11624
HOLEC HH	173579	伊顿电子公司	第十三类	T2007-11625

权利名称	权利注册授权号	申请人名称	商品分类	备案号
DONALD DUCK device	3729853	迪士尼企业公司	第十四类	T2007-11628
Suntech 及图	3962595	无锡尚德太阳能电力有限公司	第六类	T2007-11632
尚能	4101365	无锡尚德太阳能电力有限公司	第九类	T2007-11633
SuntechPower	3058485	无锡尚德太阳能电力有限公司	第九类	T2007-11634
BETTY BOOP	805562	赫斯特控股公司	第十四类	T2007-11635
POPEYE	807278	赫斯特控股公司	第十八类	T2007-11636
BETTY BOOP 图形	1756499	赫斯特控股公司	第二十五类	T2007-11637
Borofloat	G622492	肖特耶拿玻璃有限公司	第九类	T2007-11639
Borofloat	G622492	肖特耶拿玻璃有限公司	第二十一类	T2007-11640
Borofloat	G622492	肖特耶拿玻璃有限公司	第十九类	T2007-11641
Borofloat	G622492	肖特耶拿玻璃有限公司	第十一类	T2007-11642
Hi-Tecpoint	287934	株式会社百乐	第十六类	T2007-11643
PILOT SUPER GRIP	1111449	株式会社百乐	第十六类	T2007-11644
TIENS 及图形（共同权利人：天津天狮生物发展有限公司）	1619008	天狮集团有限公司	第三十类	T2007-11645
ZONGSHEN 及图形	1000532	宗申产业集团有限公司	第十二类	T2007-11646
宗申	1673812	宗申产业集团有限公司	第七类	T2007-11647
ZONGSHEN 及图形	1673786	宗申产业集团有限公司	第七类	T2007-11648
QH 及龙的图形	798503	奎顿·海泽尔汽车有限公司	第十二类	T2007-11649
MOPROD	798511	奎顿·海泽尔汽车有限公司	第十二类	T2007-11650
QUINTON HAZELL	798510	奎顿·海泽尔汽车有限公司	第十二类	T2007-11651
科玛克	3787797	科玛克股份公司	第七类	T2007-11657
科玛克 +comac	3820530	科玛克股份公司	第七类	T2007-11658
BETTY BOOP 图形	805568	赫斯特控股公司	第十四类	T2007-11660
BETTY BOOP	1756500	赫斯特控股公司	第二十五类	T2007-11661
BETTY BOOP	807213	赫斯特控股公司	第十八类	T2007-11662
BETTY BOOP 图形	807279	赫斯特控股公司	第十八类	T2007-11663
SYLVANIA	3552052	弗洛维国际照明设备控股公司	第九类	T2007-11665
OSAKO	1593665	大连通易商贸有限公司	第七类	T2007-11670
MITSUHIKO	1911029	大连通易商贸有限公司	第九类	T2007-11671
YANGSAN	4163030	大连通易商贸有限公司	第七类	T2007-11672
MITSUBA 名师	3906416	广州市兆鹰五金有限公司	第三十四类	T2007-11673
CADNICA	383080	三洋电机株式会社	第十一类	T2007-11675
CADNICA	285853	三洋电机株式会社	第九类	T2007-11676
爱利普（ELASTOPOR H）	1930157	三利防水保温工程有限公司	第十九类	T2007-11677
RONIS	3607332	淮安市同润国际贸易有限公司	第六类	T2007-11681
野生动物系列眼镜架	07-2007-F-749	吉林麟光工艺品进出口有限公司		C2007-11682
水生动物系列眼镜架	07-2007-F-750	吉林麟光工艺品进出口有限公司		C2007-11683
人物系列眼镜架	07-2007-F-753	吉林麟光工艺品进出口有限公司		C2007-11684
家禽动物系列眼镜架	07-2007-F-752	吉林麟光工艺品进出口有限公司		C2007-11685

权利名称	权利注册授权号	申请人名称	商品分类	备案号
飞禽系列眼镜架	07-2007-F-751	吉林麟光工艺品进出口有限公司		C2007-11686
明兴	1790560	广州白云山明兴制药有限公司	第五类	T2007-11687
Cartier 图形（交叉 CC 图形）	204624	卡地亚国际有限公司	第十八类	T2007-11689
Cartier	202368	卡地亚国际有限公司	第十六类	T2007-11690
Cartier 图形（交叉 CC 图形）	206934	卡地亚国际有限公司	第九类	T2007-11691
Cartier	202392	卡地亚国际有限公司	第九类	T2007-11692
Cartier 图形（交叉 CC 图形）	202379	卡地亚国际有限公司	第二十五类	T2007-11693
Cartier 图形（交叉 CC 图形）	202374	卡地亚国际有限公司	第十六类	T2007-11694
Cartier	202369	卡地亚国际有限公司	第二十五类	T2007-11695
Cartier	202367	卡地亚国际有限公司	第十八类	T2007-11696
Cartier	202386	卡地亚国际有限公司	第十四类	T2007-11697
Cartier	202384	卡地亚国际有限公司	第三类	T2007-11698
Cartier 图形（交叉 CC 图形）	202381	卡地亚国际有限公司	第十四类	T2007-11699
INFANRIX	948618	葛兰素史克生物有限公司	第五类	T2007-11705
NEMESIS+ 图形	4304846	北晟有限公司	第十二类	T2007-11713
N+ 图形	4304845	北晟有限公司	第十二类	T2007-11714
JAGUAR 及图	1979262	“吉格”斯坦弗伯里克有限公司	第八类	T2007-11721
ROSE 及图形	1075426	东方国际集团上海家纺有限公司	第二十三类	T2007-11725
JAGUAR	1692737	“吉格”斯坦弗伯里克有限公司	第二十一类	T2007-11726
JAGUAR	651626	“吉格”斯坦弗伯里克有限公司	第八类	T2007-11727
“FP DIESEL ”文字加图形商标	4236653	菲特尔莫古公司	第六类	T2007-11735
“FP DIESEL”文字加图形商标	4236654	菲特尔莫古公司	第七类	T2007-11736
RELENZA	990768	葛兰素集团有限公司	第五类	T2007-11737
FLUARIX	948621	葛兰素史克生物有限公司	第五类	T2007-11738
ZENTEL	1008900	史密斯·克兰和弗伦奇研究所	第五类	T2007-11739
BINACA	3591977	史密斯克兰·比彻姆有限公司	第二十一类	T2007-11740
Orbit	G822775	箭牌糖类有限公司	第三十类	T2007-11741
方大王	1558208	方大控股有限公司	第七类	T2007-11743
地球加女性体形图	19-2006-F-0934	卢晓华		C2007-11745
National	1772222	松下电器产业株式会社	第十二类	T2007-11746
K2 及图形	3862538	K-2 公司	第二十八类	T2007-11749
图形 +DOG V-BELT	4173648	王忠泉	第七类	T2007-11750
NATARAJ	3627288	印度铅笔有限公司	第十六类	T2007-11751
Apsara	3627287	印度铅笔有限公司	第十六类	T2007-11752
如烟	3780720	沈阳赛波特科技发展有限公司	第三十四类	T2007-11755
图形	3871406	沈阳赛波特科技发展有限公司	第三十四类	T2007-11756
艾力达	3450362	拜耳股份有限公司	第五类	T2007-11758
BRAVIA	G878567	索尼株式会社	第九类	T2007-11759

权利名称	权利注册授权号	申请人名称	商品分类	备案号
NATIONAL FOOTBALL LEAGUE	1174723	NFL 资产有限责任公司	第二十五类	T2007-11761
SUPER BOWL	1230336	NFL 资产有限责任公司	第十六类	T2007-11762
NFL 及图	3013127	NFL 资产有限责任公司	第二十五类	T2007-11763
NFL 及图	1244441	NFL 资产有限责任公司	第十六类	T2007-11764
NATIONAL FOOTBALL LEAGUE	1230337	NFL 资产有限责任公司	第十六类	T2007-11765
SUPER BOWL	1172623	NFL 资产有限责任公司	第二十五类	T2007-11766
CELLCEPT	G607172	先达药品股份公司	第五类	T2007-11767
骁悉	1050720	先达药品股份公司	第五类	T2007-11768
FAVORITE	4103945	中盛科技实业（深圳）有限公司	第九类	T2007-11769
雪佛兰图形	275551	通用汽车公司	第十二类	T2007-11776
CHEVROLET	275549	通用汽车公司	第十二类	T2007-11777
GMC	275548	通用汽车公司	第十二类	T2007-11778
BUICK	275550	通用汽车公司	第十二类	T2007-11779
CADILLAC	275556	通用汽车公司	第十二类	T2007-11780
MIKATA	3855362	宋太志	第八类	T2007-11781
DURATA 及图形	4404998	四川华景国贸实业有限责任公司	第九类	T2007-11782
DURATA 及图形	4404997	四川华景国贸实业有限责任公司	第九类	T2007-11783
TCM	4274714	何美恩	第八类	T2007-11784
图形商标	G857309A	红牛股份有限公司	第三十三类	T2007-11787
图形商标	G765696A	红牛股份有限公司	第二十五类	T2007-11788
双峰（图形）	996999	山东省新迈特五金矿产有限公司	第二十一类	T2007-11792
Q(图形)	289201	山东省新迈特五金矿产有限公司	第十一类	T2007-11793
TIENS 及图形（共同权利人：天津天狮生物发展有限公司）	3254581	天狮集团有限公司	第三十类	T2007-11794
TS 图形（共同权利人：天津天狮生物发展有限公司）	1785387	天狮集团有限公司	第三类	T2007-11795
尚德	3962569	无锡尚德太阳能电力有限公司	第七类	T2007-11796
图形	3962609	无锡尚德太阳能电力有限公司	第七类	T2007-11797
尚德	3962567	无锡尚德太阳能电力有限公司	第九类	T2007-11798
Powerful Care	3018716	无锡尚德太阳能电力有限公司	第九类	T2007-11799
尚德电力（“电力”放弃专用权）	3018718	无锡尚德太阳能电力有限公司	第九类	T2007-11800
Suntech	3481006	无锡尚德太阳能电力有限公司	第九类	T2007-11801
图形	1916955	无锡尚德太阳能电力有限公司	第九类	T2007-11802
飞默普	3790456	飞默普股份公司	第七类	T2007-11803
TENBY	876694	宏大电气有限公司	第十一类	T2007-11808
TENBY	863762	宏大电气有限公司	第九类	T2007-11809
英文商标标识及图形 SUNCAKMAX(蓄电池)	3749455	建发电器制品（深圳）有限公司	第九类	T2007-11810
英文商标标识及图形 SUNCA(蓄电池)	3749456	建发电器制品（深圳）有限公司	第九类	T2007-11811

权利名称	权利注册授权号	申请人名称	商品分类	备案号
joy gang	G879211	马里科勒有限公司	第二十类	T2007-11814
joy gang	G879211	马里科勒有限公司	第二十四类	T2007-11815
joy gang	G879211	马里科勒有限公司	第二十五类	T2007-11816
joy gang	G879211	马里科勒有限公司	第二十七类	T2007-11817
joy gang	G879211	马里科勒有限公司	第二十八类	T2007-11818
COTTON JOY + 图	G769751	马里科勒有限公司	第二十五类	T2007-11819
COTTON JOY + 图	G769751	马里科勒有限公司	第二十四类	T2007-11820
joy gang	G879211	马里科勒有限公司	第十六类	T2007-11821
Tecomec 及图	G780761	特克迈克公司	第七类	T2007-11822
FIMAP 及图	3790457	飞默普股份公司	第七类	T2007-11823
图形	2016424	锤钻钻头测试协会	第七类	T2007-11830
SANDAL. WABI MODEL	M-7574/06	坎波尔公司		C2007-11832
havaianas 及图	913298	圣保罗阿帕加塔公司	第二十五类	T2007-11834
AZZARO	711439	洛里斯・阿扎罗有限公司	第三类	T2007-11835
CHROME AZZARO	G661305	洛里斯・阿扎罗有限公司	第三类	T2007-11836
ANGEL	G583694	色丽木乐香水股份有限公司	第三类	T2007-11837
MUGLER	G628012	色丽木乐股份公司	第三类	T2007-11838
THIERRY MUGLER	G591912	色丽木乐股份公司	第三类	T2007-11839
CLEAR	2015514	联合利华有限公司	第三类	T2007-11853
高迪 +GORDAK	4331967	邓仕元	第七类	T2007-11854
高迪 +GORDAK	3025614	邓仕元	第九类	T2007-11855
PARADOX（图形化）	3441028	芭拉多斯保安系统有限公司	第九类	T2007-11865
Polaroid 及图	G867661	宝丽来公司	第十六类	T2007-11867
Polaroid 及图	G867661	宝丽来公司	第九类	T2007-11868
Polaroid 及图	G867661	宝丽来公司	第七类	T2007-11869
SUNLIGHT	3740859	联合利华有限公司	第三类	T2007-11870
SOYODA	4063251	喻德新	第六类	T2007-11873
YOGUETA	4191334	奥尔德食品有限公司	第三十类	T2007-11874
SOYODA	3279629	喻德新	第六类	T2007-11875
T 及图形	4214937	喻德新	第六类	T2007-11876
Travetex	4296874	喻德新	第六类	T2007-11877
T Travetex	4296873	喻德新	第六类	T2007-11878
T Travex	3378108	喻德新	第六类	T2007-11879
Travex	4078021	喻德新	第六类	T2007-11880
Travex	4078020	喻德新	第九类	T2007-11881
CEDRIC	3243432	喻德新	第六类	T2007-11882
SOYODA	3243431	喻德新	第二十一类	T2007-11883
GREEN JEM 及图形	3625823	喻德新	第二十一类	T2007-11884
Don Pepe 及其图形	3267722	喻德新	第二十一类	T2007-11885
FISH 及鱼的图形	4163890	喻德新	第九类	T2007-11886

权利名称	权利注册授权号	申请人名称	商品分类	备案号
“GLYCO”文字商标	2011289	菲特尔莫古威斯巴登有限公司	第七类	T2007-11887
FEDERAL-MOGUL“G”图形商标	2011290	菲特尔莫古威斯巴登有限公司	第七类	T2007-11888
渝安拼音+图形	4102428	重庆渝安创新科技（集团）有限公司	第十二类	T2007-11889
Viega	G817443	维佳有限及两合公司	第八类	T2007-11890
Viega	G817443	维佳有限及两合公司	第七类	T2007-11891
DOR TAK	2021422	多得线厂有限公司	第二十三类	T2007-11893
Travex	4078019	江苏佳弘国际贸易有限公司	第七类	T2007-11894
Travex	4078018	江苏佳弘国际贸易有限公司	第八类	T2007-11895
SOYODA	4063250	江苏佳弘国际贸易有限公司	第八类	T2007-11896
Rebure	3733604	江苏佳弘国际贸易有限公司	第九类	T2007-11897
Chalimex	4065353	江苏佳弘国际贸易有限公司	第六类	T2007-11898
Travex	4078017	江苏佳弘国际贸易有限公司	第二十一类	T2007-11899
Halls	3733603	江苏佳弘国际贸易有限公司	第二十一类	T2007-11900
VALLY	3790015	江苏佳弘国际贸易有限公司	第二十一类	T2007-11901
Peta 及图形	4065351	江苏佳弘国际贸易有限公司	第二十一类	T2007-11902
S.M.TEX	3733602	江苏佳弘国际贸易有限公司	第二十一类	T2007-11903
SOYODA	4065354	江苏佳弘国际贸易有限公司	第九类	T2007-11904
CONVEX 及图形	4198219	江苏佳弘国际贸易有限公司	第六类	T2007-11905
VETRIO	4198220	江苏佳弘国际贸易有限公司	第六类	T2007-11906
SOYODA	4063249	江苏佳弘国际贸易有限公司	第七类	T2007-11907
金字塔	09-2007-F-892	上海帝芙特投资有限公司		C2007-11908
改锥（图形）	1053222	维哈·维尔克及赫尔曼·维尔讷股份有限公司	第八类	T2007-11910
鼓山牌及图	128098	福建老酒酒业有限公司	第三十三类	T2007-11912
福静清	3045649	益普生药业公司	第五类	T2007-11914
SOMATULINE	757894	益普生药业公司	第五类	T2007-11915
tanakan	4046706	益普生药业公司	第五类	T2007-11916
actto	4107950	蔡成中/赵爽衍	第十六类	T2007-11917
SJS	3413070	宁波久丰国际贸易有限公司	第六类	T2007-11918
CHANEL	619345	香奈儿股份有限公司	第十四类	T2007-11928
香奈儿（图形）	768790	香奈儿股份有限公司	第十四类	T2007-11929
CHANEL 香奈儿（图形）	626871	香奈儿股份有限公司	第十四类	T2007-11930
双狮图形	1020426	东方时计株式会社	第十四类	T2007-11931
ORIENT	271741	东方时计株式会社	第十四类	T2007-11932
Aubusson Weave 92-R 地毯图案	VA 1-021-658	美国复兴地毯公司		C2007-11933
Aubusson Weave 104R 地毯图案	VA 854-909	美国复兴地毯公司		C2007-11934
Aubusson Weave 124-R 地毯图案	VA 871-414	美国复兴地毯公司		C2007-11935
Aubusson Weave 130I 地毯图案	VA 854-910	美国复兴地毯公司		C2007-11936
Aubusson Weave 136 地毯图案	VA 871-411	美国复兴地毯公司		C2007-11937

权利名称	权利注册授权号	申请人名称	商品分类	备案号
Aubusson Weave 139-R 地毯图案	VA 1-021-661	美国复兴地毯公司		C2007-11938
Savonnerie Design S-136 地毯图案	VA1-363-846	美国复兴地毯公司		C2007-11939
Savonnerie Design S 196 地毯图案	VA 1-313-161	美国复兴地毯公司		C2007-11940
Savonnerie Design S-193-I 地毯图案	VA 1-363-842	美国复兴地毯公司		C2007-11941
Savonnerie Design S-191-B 地毯图案	VA 1-363-844	美国复兴地毯公司		C2007-11942
Savonnerie S-179 地毯图案	VA 815-572	美国复兴地毯公司		C2007-11943
Savonnerie S-178 地毯图案	VA 1-409-364	美国复兴地毯公司		C2007-11944
S-162 地毯图案	VA 1-411-806	美国复兴地毯公司		C2007-11945
Savonnerie Design S-190-B 地毯图案	VA 1-363-852	美国复兴地毯公司		C2007-11946
Savonnerie S-151 地毯图案	VA 786-631	美国复兴地毯公司		C2007-11947
Savonnerie S-53 地毯图案	VA815-605	美国复兴地毯公司		C2007-11948
Savonnerie S-29 地毯图案	VA812-157	美国复兴地毯公司		C2007-11949
Savonnerie S-25 地毯图案	VA775-096	美国复兴地毯公司		C2007-11950
Savonnerie S-3 地毯图案	VA763-598	美国复兴地毯公司		C2007-11951
Aubusson Weave 139-I 地毯图案	VA 1-021-662	美国复兴地毯公司		C2007-11952
Savonnerie S-141 地毯图案	VA 1-409-365	美国复兴地毯公司		C2007-11953
Savonnerie S-110 地毯图案	VA 1-409-366	美国复兴地毯公司		C2007-11954
Aubusson A-93-G 地毯图案	VA 1-409-367	美国复兴地毯公司		C2007-11955
Aubusson Weave 91 地毯图案	VA 854-914	美国复兴地毯公司		C2007-11956
Aubusson Weave 83 地毯图案	VA 871-422	美国复兴地毯公司		C2007-11957
Aubusson A-67 地毯图案	VA 1-409-368	美国复兴地毯公司		C2007-11958
Aubusson Weave 60-G 地毯图案	VA 1-021-671	美国复兴地毯公司		C2007-11959
Aubusson Weave 50G 地毯图案	VA 815-544	美国复兴地毯公司		C2007-11960
Aubusson Louis XIV Style 21-A 地毯图案	VA 1-323-485	美国复兴地毯公司		C2007-11961
Aubusson 20-G 地毯图案	VA 1-411-797	美国复兴地毯公司		C2007-11962
Savonnerie Design S-191-I 地毯图案	VA 1-363-843	美国复兴地毯公司		C2007-11963
Aubusson Weave 19G 地毯图案	VA 815-594	美国复兴地毯公司		C2007-11964
Aubusson Louis XV Style 354-G 地毯图案	VA 1-323-530	美国复兴地毯公司		C2007-11965
Aubusson Louis XV Style 354-R 地毯图案	VA 1-323-531	美国复兴地毯公司		C2007-11966
Aubusson Louis Philippe Style 364-R 地毯图案	VA 1-323-537	美国复兴地毯公司		C2007-11967
Aubusson Louis Philippe Style 364-G 地毯图案	VA 1-323-536	美国复兴地毯公司		C2007-11968

权利名称	权利注册授权号	申请人名称	商品分类	备案号
Aubusson Louis Philippe Style 368-R 地毯图案	VA 1-323-540	美国复兴地毯公司		C2007-11969
Aubusson Louis Philippe Style 368-G 地毯图案	VA 1-323-539	美国复兴地毯公司		C2007-11970
Aubusson Louis XVI Style 368-B 地毯图案	VA 1-323-538	美国复兴地毯公司		C2007-11971
Tapestry Design 2016-C 地毯图案	VA 1-411-791	美国复兴地毯公司		C2007-11972
Tapestry Design 2016-D 地毯图案	VA 1-411-792	美国复兴地毯公司		C2007-11973
Tapestry 2026 地毯图案	VA 1-409-242	美国复兴地毯公司		C2007-11974
Tapestry 2066 地毯图案	VA 1-409-241	美国复兴地毯公司		C2007-11975
Aubusson Weave 104-G 地毯图案	VA 1-021-660	美国复兴地毯公司		C2007-11976
Aubusson 196-B 地毯图案	VA 1-411-802	美国复兴地毯公司		C2007-11977
Aubusson Weave 234-I 地毯图案	VA 1-023-464	美国复兴地毯公司		C2007-11978
Aubusson Weave 236-R 地毯图案	VA 1-023-462	美国复兴地毯公司		C2007-11979
Aubusson Weave 236-G 地毯图案	VA 1-023-463	美国复兴地毯公司		C2007-11980
Aubusson Weave 263-I 地毯图案	VA 1-023-460	美国复兴地毯公司		C2007-11981
Aubusson Weave 263-G 地毯图案	VA 1-023-459	美国复兴地毯公司		C2007-11982
Aubusson Louis Philippe Style 292-G 地毯图案	VA 1-323-515	美国复兴地毯公司		C2007-11983
Aubusson Louis Philippe Style 318-B 地毯图案	VA 1-323-524	美国复兴地毯公司		C2007-11984
Aubusson 330-B 地毯图案	VA 1-411-799	美国复兴地毯公司		C2007-11985
Aubusson 348-I 地毯图案	VA 1-411-800	美国复兴地毯公司		C2007-11986
Aubusson A 351 A 地毯图案	VA 1-409-244	美国复兴地毯公司		C2007-11987
3 BALLERINA 图形	4080812	特路昂基昂有限公司	第三十类	T2007-11988
3 BALLERINA	4080814	特路昂基昂有限公司	第三十类	T2007-11989
Radox	1032317	奇伟欧洲控股有限公司	第三类	T2007-11990
3volution	G868602	萨拉莉家庭及个人用品荷兰有限公司	第五类	T2007-11991
3volution	G868602	萨拉莉家庭及个人用品荷兰有限公司	第十一类	T2007-11992
Zwitsal 图形	G586422	萨拉莉家庭及个人用品荷兰有限公司	第三类	T2007-11993
Zwitsal	G570416	萨拉莉家庭及个人用品荷兰有限公司	第三类	T2007-11994
PAPER MATE	659868	贝陆公司	第十六类	T2007-11996
比百美	144137	贝陆公司	第十六类	T2007-11997
比百美图形商标	659856	贝陆公司	第十六类	T2007-11998
Sanex	G570419	萨拉莉家庭及个人用品荷兰有限公司	第三类	T2007-12005
ACOUSTIMASS	903098	伯斯有限公司	第九类	T2007-12006
海达 HD 及图形	4036573	江阴海达彩涂有限公司	第六类	T2007-12007

权利名称	权利注册授权号	申请人名称	商品分类	备案号
ACCENT	1745786	百瑞公司	第十六类	T2007-12008
SHARPIE	1745784	百瑞公司	第十六类	T2007-12009
尚派	3045733	百瑞公司	第十六类	T2007-12010
o.d.m 及图	1500382	时运达有限公司	第十四类	T2007-12011
SUPRACIDE 索普拉塞	161052	先正达参股股份有限公司	第五类	T2007-12061
美除	3257214	先正达参股股份有限公司	第五类	T2007-12062
SUPRACIDE	3643333	先正达参股股份有限公司	第五类	T2007-12063
先正达	1785288	先正达参股股份有限公司	第五类	T2007-12064
敌委丹	1974108	先正达参股股份有限公司	第五类	T2007-12065
金都尔	2017863	先正达参股股份有限公司	第五类	T2007-12066
势克	3262412	先正达参股股份有限公司	第五类	T2007-12067
RIFIT	339558	先正达参股股份有限公司	第五类	T2007-12068
金雷	1775582	先正达参股股份有限公司	第五类	T2007-12070
能量之源锐胜及图	3787031	先正达参股股份有限公司	第五类	T2007-12071
RIDOMIL 雷多米尔	161048	先正达参股股份有限公司	第五类	T2007-12072
爱苗	1775580	先正达参股股份有限公司	第五类	T2007-12073
GRAMOXONE	53079	先正达有限公司	第五类	T2007-12075
功夫	1240271	先正达有限公司	第五类	T2007-12076
PREGLONE	1664573	先正达有限公司	第五类	T2007-12077
克草快	1660534	先正达有限公司	第五类	T2007-12078
CALLISTO	1640567	先正达有限公司	第五类	T2007-12079
克瑞锄	3347221	先正达有限公司	第五类	T2007-12080
Blokus	G852401	赛考亚公司	第九类	T2007-12082
Blokus	G852401	赛考亚公司	第二十八类	T2007-12083
GIANNI VERSACE（图形）	G815020	贾恩尼・弗赛斯股份有限公司	第三类	T2007-12085
GIANNI VERSACE（图形）	G663458	贾恩尼・弗赛斯股份有限公司	第三类	T2007-12086
GIANNI VERSACE（图形）	G626654	贾恩尼・弗赛斯股份有限公司	第二十类	T2007-12087
VERSACE	835722	贾恩尼・弗赛斯股份有限公司	第二十五类	T2007-12088
VERSACE	G648708	贾恩尼・弗赛斯股份有限公司	第十八类	T2007-12089
VERSACE	G648708	贾恩尼・弗赛斯股份有限公司	第九类	T2007-12090
VERSACE	G648708	贾恩尼・弗赛斯股份有限公司	第三类	T2007-12091
GIANNI VERSACE	717699	贾恩尼・弗赛斯股份有限公司	第九类	T2007-12092
BUFFALO	873649	3681441 加拿大公司	第二十五类	T2007-12094
图形	994353	切迟—杜威弗吉尼亚州公司	第十类	T2007-12095
Sambada	3434362	惠科电子（深圳）有限公司	第九类	T2007-12096
HUGO HUGO BOSS	G604811	德国雨果博斯商标管理有限公司	第二十五类	T2007-12097
BOSS HUGO BOSS	G606620	德国雨果博斯商标管理有限公司	第三类	T2007-12099
BOSS HUGO BOSS	G606620	德国雨果博斯商标管理有限公司	第二十类	T2007-12100
BOSS HUGO BOSS	G606620	德国雨果博斯商标管理有限公司	第二十四类	T2007-12101
BOSS HUGO BOSS	G606620	德国雨果博斯商标管理有限公司	第二十五类	T2007-12102

权利名称	权利注册授权号	申请人名称	商品分类	备案号
BOSS HUGO BOSS	G606620	德国雨果博斯商标管理有限公司	第二十七类	T2007-12103
BOSS HUGO BOSS	G606620	德国雨果博斯商标管理有限公司	第三十五类	T2007-12104
BOSS HUGO BOSS	G606620	德国雨果博斯商标管理有限公司	第四十二类	T2007-12105
BOSS HUGO BOSS	G606620	德国雨果博斯商标管理有限公司	第九类	T2007-12107
HUGO	G604808	德国雨果博斯商标管理有限公司	第二十五类	T2007-12109
DIVX	1726224	迪维克斯公司	第九类	T2007-12136
Betty Barclay	G793492	蓓蒂·巴克雷有限公司	第二十五类	T2007-12137
Betty Barclay	G793492	蓓蒂·巴克雷有限公司	第三类	T2007-12138
TAIKO	961854	长沙罗茨鼓风机厂	第七类	T2007-12141
KONKA 康佳	918653	康佳集团股份有限公司	第九类	T2007-12155
神威 +SHINEWAY+ 图形	1122355	神威药业有限公司	第五类	T2007-12156
藿香正气软胶囊包装盒	03-2007-F-0708	神威药业有限公司		C2007-12158
脉通胶丸包装盒	03-2007-F-0707	神威药业有限公司		C2007-12159
月见草油包装盒	03-2007-F-0706	神威药业有限公司		C2007-12160
五福心脑清包装盒	03-2007-F-0705	神威药业有限公司		C2007-12161
清开灵软胶囊包装盒	03-2007-F-0709	神威药业有限公司		C2007-12162
senseo 及图形	G826128	荷兰莎莉国际有限公司	第三十类	T2007-12163
TRIANGLE + 图形	735906	三角轮胎股份有限公司	第十二类	T2007-12165
PANTENE	972592	宝洁公司（美国）	第三类	T2008-12166
SALVATORE FERRAGAMO	G630447	萨瓦托·弗拉加蒙意大利股份有限公司	第十八类	T2008-12170
SALVATORE FERRAGAMO	G630447	萨瓦托·弗拉加蒙意大利股份有限公司	第二十五类	T2008-12171
SALVATORE FERRAGAMO	G630447	萨瓦托·弗拉加蒙意大利股份有限公司	第三类	T2008-12172
HENRI BENDEL 商标	294453	亨利·班得尔公司	第十八类	T2008-12175
Ferrari 及跃马图形	G674762A	法拉力公司	第六类	T2008-12176
Ferrari 及跃马图形	G674762A	法拉力公司	第十六类	T2008-12177
Ferrari 及跃马图形	G674762A	法拉力公司	第十八类	T2008-12178
Ferrari 及跃马图形	G674762A	法拉力公司	第二十五类	T2008-12179
prometheus+ 烈焰神	3643188	晋万青	第三十四类	T2008-12181
TABULA	G612379	伊顿电子公司	第九类	T2008-12183
SANYO	301550	三洋电机株式会社	第十一类	T2008-12184
SANYO	383823	三洋电机株式会社	第九类	T2008-12185
兄弟	982000	兄弟工业株式会社	第九类	T2008-12186
兄弟	1027753	兄弟工业株式会社	第十六类	T2008-12187
brother	280155	兄弟工业株式会社	第七类	T2008-12188
LA LEONESSA	G867222	LA LEONESSA	第七类	T2008-12191
LA LEONESSA	G867222	LA LEONESSA	第十二类	T2008-12192

权利名称	权利注册授权号	申请人名称	商品分类	备案号
SAKO	1917208	三科电器集团有限公司	第九类	T2008-12195
NEXAVAR	G835227	拜耳股份有限公司	第五类	T2008-12196
LEROY	744064	乐柔股份有限公司	第十四类	T2008-12200
ORIS	265353	豪利时控股股份有限公司	第十四类	T2008-12201
豪利時	584018	豪利时控股股份有限公司	第十四类	T2008-12202
Ferrari	G681430A	法拉力公司	第二十五类	T2008-12203
Ferrari	G681430A	法拉力公司	第二十八类	T2008-12204
Aubusson Weave 190-R 地毯及挂毯图案	VA 1-021-678	美国复兴地毯公司		C2008-12205
Savonnerie S-108 地毯图案	VA 1-421-094	美国复兴地毯公司		C2008-12206
Savonnerie S-182-R 地毯图案	VA 1-419-423	美国复兴地毯公司		C2008-12207
Aubusson 2135-B 地毯图案	VA 1-419-424	美国复兴地毯公司		C2008-12208
Aubusson 296-I 地毯图案	VA 1-411-801	美国复兴地毯公司		C2008-12209
雷速	1637419	福建省晋江市国辉鞋服有限公司	第二十五类	T2008-12212
HENRI BENDEL 商标	383327	亨利·班得尔公司	第二十六类	T2008-12215
HENRI BENDEL 商标	294355	亨利·班得尔公司	第十四类	T2008-12216
HENRI BENDEL 商标	296156	亨利·班得尔公司	第九类	T2008-12217
HENRI BENDEL 商标	294373	亨利·班得尔公司	第二十五类	T2008-12218
HENRI BENDEL	295311	亨利·班得尔公司	第三类	T2008-12219
捷波朗	3602559	GN 纳特克姆有限公司	第九类	T2008-12220
鼎玲 + 图形	169744	上海鼎铃电器有限公司	第八类	T2008-12221
Aubusson Weave 173-G 地毯图案	VA 854-908	美国复兴地毯公司		C2008-12222
Aubusson Weave 189 地毯图案	VA 871-407	美国复兴地毯公司		C2008-12223
Blend-a-dent	264480	宝洁控股公司（德国）	第二十一类	T2008-12225
BLEND-A-MED	4184095	宝洁控股公司（德国）	第三类	T2008-12226
whisper	990608	宝洁公司（美国）	第五类	T2008-12227
MR.CLEAN	815757	宝洁公司（美国）	第三类	T2008-12228
ATEN 及图	770432	宏正自动科技股份有限公司	第四十二类	T2008-12229
VAIO 及图	G661429	索尼海外有限公司	第九类	T2008-12233
VAIO	G661428	索尼海外有限公司	第九类	T2008-12234
汰渍	972554	宝洁公司（美国）	第三类	T2008-12240
图形（指定颜色）	4324034	TMT 贸易有限公司	第七类	T2008-12247
图形	4324027	TMT 贸易有限公司	第七类	T2008-12248
GEFORCE	3249483	维蒂亚公司	第九类	T2008-12251
ZARINA	G803528	公正贸易国际有限公司	第三类	T2008-12253
sorex	3181032	佛山市南海区九江奇骏电器有限公司	第十一类	T2008-12259
SKG	1642417	张楚辉	第九类	T2008-12260
SWE	946752	杭州鸿世电器有限公司	第九类	T2008-12261
PROTOS	G601769	百法玛	第五类	T2008-12262

权利名称	权利注册授权号	申请人名称	商品分类	备案号
PROTELOS	G601771	百法玛	第五类	T2008-12263
PRETERAX	G638697	百法玛	第五类	T2008-12265
PREDONIUM	G601038	百法玛	第五类	T2008-12266
BIPRETERAX	G833905	百法玛	第五类	T2008-12268
COVERSYL	G661077	百法玛	第五类	T2008-12269
VASTAREL	G661079	百法玛	第五类	T2008-12270
向阳及葵花图案	100377	上海葵花进出口有限公司	第二十一类	T2008-12275
sunflower	682740	上海葵花进出口有限公司	第二十一类	T2008-12276
Forte 及图形商标	3227887	创添控股有限公司	第三十类	T2008-12279
Pomo 及图形商标	4091928	创添控股有限公司	第二十九类	T2008-12280
LISOUND 及图	1090046	丽声助听器（福州）有限公司	第十类	T2008-12281
丽声	1090045	丽声助听器（福州）有限公司	第十类	T2008-12282
SMIK	3745474	青岛三链锁业有限公司	第六类	T2008-12283
DAF	4165841	青岛三链锁业有限公司	第六类	T2008-12284
VICTORIA	4110910	陈方	第七类	T2008-12285
Aubusson Louis Phillippe Style 191-G 地毯图案	VA 1-323-505	美国复兴地毯公司		C2008-12288
Z.F.R.UWIQUE METAL	4155438	杭州三励贸易有限公司	第十一类	T2008-12289
Schiesser	248942	聚龙企业（中国）有限公司	第二十五类	T2008-12290
JCC 及图形	1117161	福州钜全汽车配件有限公司	第十二类	T2008-12359
跃马图形	G681428A	法拉力公司	第六类	T2008-12361
跃马图形	G681428A	法拉力公司	第三类	T2008-12362
跃马图形	G681428A	法拉力公司	第九类	T2008-12363
跃马图形	G681428A	法拉力公司	第十四类	T2008-12364
跃马图形	G681428A	法拉力公司	第十六类	T2008-12365
跃马图形	G681428A	法拉力公司	第十八类	T2008-12366
跃马图形	G681428A	法拉力公司	第二十五类	T2008-12367
跃马图形	G681428A	法拉力公司	第二十八类	T2008-12368
SF 图形	G681429A	法拉力公司	第三类	T2008-12369
SF 图形	G681429A	法拉力公司	第六类	T2008-12370
SF 图形	G681429A	法拉力公司	第九类	T2008-12371
SF 图形	G681429A	法拉力公司	第十四类	T2008-12372
SF 图形	G681429A	法拉力公司	第十六类	T2008-12373
SF 图形	G681429A	法拉力公司	第十八类	T2008-12374
SF 图形	G681429A	法拉力公司	第二十五类	T2008-12375
SF 图形	G681429A	法拉力公司	第二十八类	T2008-12376
Ferrari	G681430A	法拉力公司	第三类	T2008-12377
Ferrari	G681430A	法拉力公司	第六类	T2008-12378
Ferrari	G681430A	法拉力公司	第九类	T2008-12379
Ferrari	G681430A	法拉力公司	第十四类	T2008-12380

权利名称	权利注册授权号	申请人名称	商品分类	备案号
Ferrari	G681430A	法拉力公司	第十六类	T2008-12381
Ferrari	G681430A	法拉力公司	第十八类	T2008-12382
LEROY 及图	G768643	乐柔股份有限公司	第十四类	T2008-12383
L.LEROY 及图	G875331	乐柔股份有限公司	第十四类	T2008-12384
玻璃鸟 GlassBird	3441906	义乌市荷叶塘玻璃鸟袜厂	第二十五类	T2008-12386
KAMIYU	G832281	“吉格”斯坦弗伯里克有限公司	第八类	T2008-12387
m:c steel 及图	G807039	“吉格”斯坦弗伯里克有限公司	第八类	T2008-12388
JAGUAR 及图	G659117	“吉格”斯坦弗伯里克有限公司	第二十一类	T2008-12389
JAGUAR 及图	G659117	“吉格”斯坦弗伯里克有限公司	第十一类	T2008-12390
IBM 及图	1914464	国际商业机器公司	第九类	T2008-12391
Close up	172593	联合利华有限公司	第三类	T2008-12393
IMEGO	3786264	陈新	第十一类	T2008-12394
VILLA 及图形	3212679	宁波中翔国际贸易有限公司	第十一类	T2008-12396
KLYTEA+ 图形	G662279	法国凯钥集团有限公司	第三十类	T2008-12401
PIN POP	4191333	奥尔德食品有限公司	第三十类	T2008-12402
OSMIOR	G884827	乐柔股份有限公司	第十四类	T2008-12403
BOSS SPORT	1068417	德国雨果博斯商标管理有限公司	第三类	T2008-12410
优客	1592820	德国雨果博斯商标管理有限公司	第三类	T2008-12411
深蓝优客	1648388	德国雨果博斯商标管理有限公司	第三类	T2008-12412
HUGO	G604808A	德国雨果博斯商标管理有限公司	第三类	T2008-12413
BALDESSASINI HUGO BOSS	G604809	德国雨果博斯商标管理有限公司	第三类	T2008-12414
BALDESSASINI	G604810	德国雨果博斯商标管理有限公司	第三类	T2008-12415
BOSS; HUGO BOSS	G754225	德国雨果博斯商标管理有限公司	第三类	T2008-12418
HUGO HUGO BOSS	G604811	德国雨果博斯商标管理有限公司	第九类	T2008-12419
HUGO HUGO BOSS	G604811	德国雨果博斯商标管理有限公司	第十四类	T2008-12420
HUGO HUGO BOSS	G604811	德国雨果博斯商标管理有限公司	第十六类	T2008-12421
HUGO HUGO BOSS	G604811	德国雨果博斯商标管理有限公司	第十八类	T2008-12422
HUGO HUGO BOSS	G604811	德国雨果博斯商标管理有限公司	第二十类	T2008-12423
HUGO HUGO BOSS	G604811	德国雨果博斯商标管理有限公司	第二十四类	T2008-12424
HUGO HUGO BOSS	G604811	德国雨果博斯商标管理有限公司	第二十八类	T2008-12425
HUGO HUGO BOSS	G604811	德国雨果博斯商标管理有限公司	第二十七类	T2008-12426
HUGO HUGO BOSS	G604811	德国雨果博斯商标管理有限公司	第三十四类	T2008-12427
HUGO HUGO BOSS	G604811	德国雨果博斯商标管理有限公司	第三十五类	T2008-12428
HUGO HUGO BOSS	G604811	德国雨果博斯商标管理有限公司	第四十二类	T2008-12429
HUGO BOSS	253481	德国雨果博斯商标管理有限公司	第二十五类	T2008-12430
BOSS	257001	德国雨果博斯商标管理有限公司	第二十五类	T2008-12431
HUGO BOSS	949338	德国雨果博斯商标管理有限公司	第二十五类	T2008-12432
HUGO BOSS	1960721	德国雨果博斯商标管理有限公司	第三十五类	T2008-12433
HUGO BOSS	1956143	德国雨果博斯商标管理有限公司	第四十二类	T2008-12434
DARK BLUE	G780823	德国雨果博斯商标管理有限公司	第三类	T2008-12435

权利名称	权利注册授权号	申请人名称	商品分类	备案号
BOSS; HUGO BOSS	G782587	德国雨果博斯商标管理有限公司	第三类	T2008-12436
BOSS INTENSE	G795302	德国雨果博斯商标管理有限公司	第三类	T2008-12437
HUGO DARK BLUE	G802658	德国雨果博斯商标管理有限公司	第三类	T2008-12438
HUGO DEEP RED	G802989	德国雨果博斯商标管理有限公司	第三类	T2008-12439
DEL MAR	G843477	德国雨果博斯商标管理有限公司	第三类	T2008-12440
BOSS; HUGO BOSS	G860974	德国雨果博斯商标管理有限公司	第三类	T2008-12441
BOSS HUGO BOSS SELECTION	G868595	德国雨果博斯商标管理有限公司	第三类	T2008-12442
LUDE	518660	上海市轻工业品进出口有限公司	第三类	T2008-12443
BESTLER	53174	上海兰生股份有限公司	第十五类	T2008-12444
ETERNA	167709	上海兰生股份有限公司	第十六类	T2008-12445
先锋	53177	上海兰生股份有限公司	第二十八类	T2008-12447
百灵 LARK	70196	上海兰生股份有限公司	第十五类	T2008-12448
ESMALTES,SA 及图形	G672142	埃斯迈特斯有限公司	第二类	T2008-12449
OVERLAND；图形	1600853	广东欧文莱陶瓷有限公司	第十九类	T2008-12450
LANJU	3210969	中山榄菊销售有限公司	第五类	T2008-12451
图形	3210970	中山榄菊日化实业有限公司	第五类	T2008-12452
epo	4178635	瑞新行有限公司	第六类	T2008-12454
Christian Dior	263988	克里斯蒂昂・迪奥尔服装有限公司	第九类	T2008-12463
Dior 及图形	248955	克里斯蒂昂・迪奥尔服装有限公司	第二十四类	T2008-12464
Dior 及图形	248936	克里斯蒂昂・迪奥尔服装有限公司	第二十五类	T2008-12465
Dior 及图形	257144	克里斯蒂昂・迪奥尔服装有限公司	第十八类	T2008-12466
Zespri(扇形图形)	4194755	泽斯普瑞集团有限公司	第十六类	T2008-12468
优加利	3991830	粤海（湛江）中纤板有限公司	第十九类	T2008-12485
YEUCΛL	3991829	粤海（湛江）中纤板有限公司	第十九类	T2008-12486
CK 图形	4379342	青岛三链锁业有限公司	第六类	T2008-12488
太格 Tiger 及图形	1035395	南通泰格动力机械有限公司	第七类	T2008-12489
图形	829406	赫斯特控股公司	第十八类	T2008-12492
FRANCK MULLER	1188387	FMTM 销售有限公司	第十四类	T2008-12494
HUBLOT 恒宝及图形	783324	恒宝日内瓦股份有限公司	第十四类	T2008-12495
shunfeng 顺峰商标	1978778	宁波顺峰车业有限公司	第十二类	T2008-12498
ARALDITE	676338	亨斯迈先进材料（瑞士）有限公司	第一类	T2008-12499
AC 德科图形	1198933	通用汽车公司	第十二类	T2008-12504
MOONCITY 及图形	4404996	四川华景国贸实业有限责任公司	第九类	T2008-12505
REALTREE HARDWOODS HD	3351297	乔丹户外用品有限公司	第二十四类	T2008-12507
REALTREE HARDWOODS GREEN HD	3351296	乔丹户外用品有限公司	第二十四类	T2008-12508
CHEMISTILC	3577846	台州恒固胶业有限公司	第一类	T2008-12510
QIDI	1114895	奇迪电器集团有限公司	第十一类	T2008-12511
飘柔	996561	宝洁公司（美国）	第三类	T2008-12512
佳洁士	972542	宝洁公司（美国）	第三类	T2008-12513

权利名称	权利注册授权号	申请人名称	商品分类	备案号
佳洁士	1033756	宝洁公司(美国)	第二十一类	T2008-12514
潘婷	972591	宝洁公司(美国)	第三类	T2008-12515
morechi	4436854	卢志胤	第十二类	T2008-12516
POPEYE	761459	赫斯特控股公司	第二十五类	T2008-12518
S 图形	302732	安德烈亚斯·施蒂尔两合公司	第七类	T2008-12520
lipton	G787580	联合利华有限公司	第三十类	T2008-12523
Ferrari 及跃马图形	G679808	法拉力公司	第九类	T2008-12524
思密达	1632497	益普生药业公司	第五类	T2008-12525
smecta	3345823	益普生药业公司	第五类	T2008-12526
PEGALOK 3	3577845	台州恒固胶业有限公司	第一类	T2008-12528
QUICKSTAR	3749493	台州恒固胶业有限公司	第一类	T2008-12529
HENCO 及图	1684045	台州恒固胶业有限公司	第一类	T2008-12530
美极瓶图形	G640537	雀巢产品有限公司	第三十类	T2008-12531
鸡图形	556583	雀巢产品有限公司	第三十类	T2008-12532
MAGGI	1590756	雀巢产品有限公司	第三十类	T2008-12534
红杯图形	G793933	雀巢产品有限公司	第三十类	T2008-12535
雀巢咖啡	2013787	雀巢产品有限公司	第三十类	T2008-12536
星光 STARLIGHT	895449	浙江芳华缝制设备有限公司	第七类	T2008-12539
BLUESTAR 蓝星及图形	909735	中国蓝星(集团)总公司	第二十一类	T2008-12540
Biema	1582431	龚立风	第九类	T2008-12541
KWEI'S KNOT	2007-F-09055	KATHERINE KWEI		C2008-12544
HUGO BOSS	1794538	德国雨果博斯商标管理有限公司	第四十一类	T2008-12547
TMT(阿拉伯文)及图	3450249	TMT 贸易有限公司	第九类	T2008-12549
TMT(阿拉伯文)及图	3450248	TMT 贸易有限公司	第十一类	T2008-12550
TMT(阿拉伯文)及图	3450247	TMT 贸易有限公司	第十六类	T2008-12551
GLATT	928415	汉斯·施瓦茨科夫 & 汉高两合公司	第三类	T2008-12554
COHESA	4466588	胡贤珊	第六类	T2008-12555
KATSURA	4466591	胡贤珊	第六类	T2008-12556
wes	4416636	胡贤珊	第六类	T2008-12557
HILLITS	4466566	中山市泰星锁业制造有限公司	第六类	T2008-12558
六神	1116603	上海家化联合股份有限公司	第三类	T2008-12559
Ferrari 及跃马图形	G674762A	法拉力公司	第三类	T2008-12560
叁圆及图形	4032570	任日升	第一类	T2008-12562
图形 +LAKES	3782221	美国环球约克(香港)有限公司	第十一类	T2008-12564
视觉丽	1093348	3M 公司	第十七类	T2008-12565
立体图形	4098597	TMT 贸易有限公司	第十一类	T2008-12570
立体图形	4098593	TMT 贸易有限公司	第十一类	T2008-12571
TMT 及图	3129163	TMT 贸易有限公司	第九类	T2008-12572
TMT 及图	3090533	TMT 贸易有限公司	第十六类	T2008-12573

权利名称	权利注册授权号	申请人名称	商品分类	备案号
强联发	31-2007-F-4386	郭远强		C2008-12582
“加林山”牌（汉字）商标	969586	珠海市永隆加林山矿泉水厂	第三十二类	T2008-12586
鹰图形	659973	威斯康辛州花旗参农业总会	第五类	T2008-12588
蜜蜂牌+图形	258950	广西梧州乐哈哈食品工业有限公司	第三十类	T2008-12595
图形	G767558H	圣·托斯有限公司	第二十五类	T2008-12604
图形	G767558H	圣·托斯有限公司	第十八类	T2008-12605
TOTAL GYM	1941646	托托体操健康有限公司	第二十八类	T2008-12606
EAX 及图	3018441	创新科技有限公司	第九类	T2008-12610
CREATIVE INSPIRE 及图	1915451	创新科技有限公司	第九类	T2008-12611
I-Trigue	3331036	创新科技有限公司	第九类	T2008-12612
CREATIVE	688590	创新科技有限公司	第九类	T2008-12613
SOUND BLASTER	4018380	创新科技有限公司	第九类	T2008-12614
BLASTER	4018381	创新科技有限公司	第九类	T2008-12615
XFI	4217154	创新科技有限公司	第九类	T2008-12616
AMD Athlon 及图	1634582	高级微型设备有限公司	第九类	T2008-12617
新秀丽及图	1057625	新秀丽公司	第十八类	T2008-12618
新秀麗及图	1057627	新秀丽公司	第十八类	T2008-12619
新秀丽及图	1057626	新秀丽公司	第十八类	T2008-12620
椰树及图形	857282	椰树集团有限公司	第三十二类	T2008-12622
AMD ATHLON	1610358	高级微型设备有限公司	第九类	T2008-12623
AMD 及图	1558464	高级微型设备有限公司	第九类	T2008-12624
AMD Sempron 及图	4321574	高级微型设备有限公司	第九类	T2008-12625
AMD SEMPRON	4321575	高级微型设备有限公司	第九类	T2008-12626
FAST	3618706	宁波中斌紧固件制造有限公司	第六类	T2008-12627
拉法基	928982	拉法基股份有限公司	第十九类	T2008-12628
LAFARGE	762416	拉法基股份有限公司	第十九类	T2008-12629
L LAFARGE	G648681	拉法基股份有限公司	第十九类	T2008-12630
L LAFARGE	G648681	拉法基股份有限公司	第六类	T2008-12631
EPSON ULTRACHROME INK	4167674	精工爱普生株式会社	第二类	T2008-12632
桂拖	3621890	南宁市南北动力有限公司	第十二类	T2008-12636
PIRELLI	G782824	倍耐力股份公司	第二十五类	T2008-12637
P.	G779235	倍耐力股份公司	第二十五类	T2008-12638
InfoLITHIUM	G653923	索尼海外有限公司	第九类	T2008-12639
InfoLITHIUM	G653923	索尼海外有限公司	第九类	T2008-12639
图形	G653188	索尼海外有限公司	第九类	T2008-12640
新秀麗及图	1057624	新秀丽公司	第十八类	T2008-12641
ABERCROMBIE & FITCH	1008623	A&F 商标股份有限公司	第三类	T2008-12643
ABERCROMBIE & FITCH	997564	A&F 商标股份有限公司	第二十五类	T2008-12644
图形（万年青）	546163	上海天坛国际贸易有限公司	第三十类	T2008-12645

权利名称	权利注册授权号	申请人名称	商品分类	备案号
focus	832786	蔡鉴章	第十一类	T2008-12646
万年青（图形）	546165	上海天坛国际贸易有限公司	第三十类	T2008-12647
万年青（图形）	546164	上海天坛国际贸易有限公司	第三十类	T2008-12648
延安（图形）	546162	上海天坛国际贸易有限公司	第三十类	T2008-12649
SEEMI	3917630	广东信力电器有限公司	第十一类	T2008-12651
BOSSTON 波斯顿	3474615	广东信力电器有限公司	第十一类	T2008-12652
HTD	613503	盖茨公司	第七类	T2008-12655
Stop 及图形	326439	纺织纤维工业有限公司	第二十三类	T2008-12656
Supertite 图形	4056886	吉姆克有限公司	第十六类	T2008-12657
ALUCOBEST	3432571	上海华源复合新材料有限公司	第六类	T2008-12658
FF FENDI	262675	芬迪爱得乐有限公司	第二十五类	T2008-12663
FF FENDI	261724	芬迪爱得乐有限公司	第二十五类	T2008-12664
DEWALT	934249	布莱克—得克公司	第八类	T2008-12666
DeWALT	1035223	布莱克—得克公司	第七类	T2008-12667
DeWALT	1041205	布莱克—得克公司	第八类	T2008-12668
B&D 图形	2015086	布莱克—得克公司	第八类	T2008-12671
DEWALT	934181	布莱克—得克公司	第七类	T2008-12672
2 Zen	1614582	创新科技有限公司	第九类	T2008-12675
栗源卡通人（图形）	4613467	遵化栗源食品有限公司	第二十九类	T2008-12676
HUGO	G604808	德国雨果博斯商标管理有限公司	第三十五类	T2008-12677
HUGO	G604808	德国雨果博斯商标管理有限公司	第四十二类	T2008-12678
NAIR	1008628	切迟—杜威有限公司	第三类	T2008-12679
ARM & HAMMER 及图	4077035	切迟—杜威有限公司	第二十一类	T2008-12682
ARM & HAMMER 及图	4077036	切迟—杜威有限公司	第五类	T2008-12683
GIBSON	1137539	伊莱克斯家用产品公司	第十一类	T2008-12684
TOUS	G682707	圣·托斯有限公司	第十四类	T2008-12685
Sika 及图	1057211	西卡有限公司	第十九类	T2008-12686
Sika 及图	964032	西卡有限公司	第十七类	T2008-12687
Sika 及图	956040	西卡有限公司	第一类	T2008-12688
Sika 及图	956039	西卡有限公司	第一类	T2008-12689
Sika 及图	964033	西卡有限公司	第十七类	T2008-12690
Sika 及图	1057210	西卡有限公司	第十九类	T2008-12691
图形	1613697	意达霸公司	第六类	T2008-12692
赛尼可	1120114	豪夫迈—罗氏有限公司	第五类	T2008-12693
XENICAL	G612908	豪夫迈—罗氏有限公司	第五类	T2008-12694
丽比特 +LIBRITE+ 图形	3583717	区其富	第十一类	T2008-12695
丽比特 +LIBRITE+ 图形	3583718	区其富	第九类	T2008-12696
IMPERIAL	3469147	思跃工具公司	第八类	T2008-12697
IMPERIAL	3469472	思跃工具公司	第九类	T2008-12698
临涣	1032378	中国中煤能源集团公司	第四类	T2008-12699

权利名称	权利注册授权号	申请人名称	商品分类	备案号
东庞	1032379	中国中煤能源集团公司	第四类	T2008-12700
协庄	1032380	中国中煤能源集团公司	第四类	T2008-12701
南屯	1032381	中国中煤能源集团公司	第四类	T2008-12702
西曲	1032382	中国中煤能源集团公司	第四类	T2008-12703
鲍店	1032384	中国中煤能源集团公司	第四类	T2008-12704
柴里	1032385	中国中煤能源集团公司	第四类	T2008-12705
田陈	1032386	中国中煤能源集团公司	第四类	T2008-12706
芦苓	1032387	中国中煤能源集团公司	第四类	T2008-12707
镇城底	1032389	中国中煤能源集团公司	第四类	T2008-12708
马兰	1032390	中国中煤能源集团公司	第四类	T2008-12709
门大	1032391	中国中煤能源集团公司	第四类	T2008-12710
蒋庄	1026497	中国中煤能源集团公司	第四类	T2008-12711
兴隆庄	1026498	中国中煤能源集团公司	第四类	T2008-12712
朱仙庄	1026500	中国中煤能源集团公司	第四类	T2008-12713
霍县	1050328	中国中煤能源集团公司	第四类	T2008-12714
KUNG FU	563831	先正达有限公司	第五类	T2008-12715
吉旺	1520518	先正达有限公司	第五类	T2008-12716
阿米西达	1664572	先正达有限公司	第五类	T2008-12717
爱克宁	1136720	先正达有限公司	第五类	T2008-12718
AMISTAR	1128759	先正达有限公司	第五类	T2008-12719
克无踪	633708	先正达有限公司	第五类	T2008-12720
雷多米尔	1020777	先正达参股股份有限公司	第五类	T2008-12721
SOFIT 扫茀特	261410	先正达参股股份有限公司	第五类	T2008-12723
TILT 敌力脱	261411	先正达参股股份有限公司	第五类	T2008-12724
杀毒矾	743599	先正达参股股份有限公司	第五类	T2008-12725
CELEST 适乐时	972879	先正达参股股份有限公司	第五类	T2008-12726
图形	3782181	东莞金波罗电业科技有限公司	第九类	T2008-12727
ONIDA	3251985	中盛科技实业（深圳）有限公司	第九类	T2008-12728
《手扳葫芦》系列图纸——起重机械产品设计图	10-2007-j-069	南京美特潘科技实业有限公司		C2008-12733
《移动夹持器》系列图纸——产品设计图	10-2007-j-059	南京美特潘科技实业有限公司		C2008-12734
《手拉葫芦》系列图纸——起重机械产品设计图	10-2007-j-050	南京美特潘科技实业有限公司		C2008-12735
特富龙	982101	杜邦公司	第十一类	T2008-12736
特富龙	992012	杜邦公司	第二十一类	T2008-12737
DU PONT 及图	4129965	杜邦公司	第二类	T2008-12738
TEFLON	908045	杜邦公司	第二类	T2008-12740
Calvin Klein	1681239	卡尔文·克雷恩商标托管	第二十五类	T2008-12745
Calvin Klein	1681240	卡尔文·克雷恩商标托管	第二十五类	T2008-12746
Hours	3167179	石永坚	第十一类	T2008-12748

权利名称	权利注册授权号	申请人名称	商品分类	备案号
Hours	3167178	石永坚	第九类	T2008-12749
SEMIKRON	G616760	赛米控电子股份有限公司	第九类	T2008-12750
柯达	1139514	伊士曼柯达公司	第九类	T2008-12751
柯达	1136070	伊士曼柯达公司	第一类	T2008-12752
GO DUSTER 零售包装（GO DUSTER Retail Package）	2007-L-09092	泰莱白兰德公司		C2008-12753
CENTRIXX	3858790	金柏（福建）轻工有限公司	第十八类	T2008-12754
COFFEE-MATE	360862	雀巢产品有限公司	第二十九类	T2008-12755
NACHI	3545561	株式会社不二越	第十二类	T2008-12757
UNEED	4555355	王富友	第九类	T2008-12758
NACHI	3545605	株式会社不二越	第七类	T2008-12759
SERIES C 及图	1125372	伊顿公司	第九类	T2008-12761
EVIAN	1002631	依云矿泉水有限公司	第三类	T2008-12763
EVIAN	961514	依云矿泉水有限公司	第三十二类	T2008-12765
海陆中文加拼音加图形	1551384	江苏海陆装饰有限公司	第六类	T2008-12779
蝶美中文加图形	279823	江苏蝶美集团	第二十四类	T2008-12781
CARLTON 商标	3029991	卡尔登公司	第七类	T2008-12784
图形	3477275	科乐美株式会社	第十六类	T2008-12785
NESCAFE	76170	雀巢产品有限公司	第三十类	T2008-12786
ZYPREXA	1087135	（美国）礼来公司	第五类	T2008-12787
EVISTA	786089	（美国）礼来公司	第五类	T2008-12788
HUMATROPE	802174	（美国）礼来公司	第五类	T2008-12789
FORTEO	1600459	（美国）礼来公司	第五类	T2008-12790
匀美	1118190	卡纳狄尔公司	第二十五类	T2008-12792
曲线	1118191	卡纳狄尔公司	第二十五类	T2008-12793
图 +SAFEWELL+ 赛威	3088371	宁波英特赛电子安全设备有限公司	第六类	T2008-12794
唐老鸭图形	3729854	迪士尼企业公司	第九类	T2008-12795
米老鼠图形	3730624	迪士尼企业公司	第九类	T2008-12796
明尼老鼠图形	3730284	迪士尼企业公司	第九类	T2008-12797
小叮当图形	3730575	迪士尼企业公司	第十六类	T2008-12798
白雪公主图形	3730292	迪士尼企业公司	第十六类	T2008-12799
灰姑娘图形	3731701	迪士尼企业公司	第十六类	T2008-12800
明尼老鼠图形	3730282	迪士尼企业公司	第十六类	T2008-12801
米老鼠图形	3730622	迪士尼企业公司	第十六类	T2008-12802
DEEP RED	G795372	德国雨果博斯商标管理有限公司	第三类	T2008-12803
欧宝图形	662402	欧宝爱森纳赫有限公司	第十二类	T2008-12813
EVISU 图形	2017420	捷尔普国际有限公司	第二十五类	T2008-12815
EVISU	1656885	捷尔普国际有限公司	第二十五类	T2008-12816
KODAK	1120489	伊士曼柯达公司	第一类	T2008-12817
IPOD	1980240	苹果公司（美国）	第九类	T2008-12820

权利名称	权利注册授权号	申请人名称	商品分类	备案号
IPHONE	3339849	苹果公司（美国）	第九类	T2008-12821
苹果标志	3126447	苹果公司（美国）	第九类	T2008-12822
L' OCCITANE	G579875	欧舒丹公司	第三类	T2008-12823
L' OCCITANE	G579875	欧舒丹公司	第四类	T2008-12824
L' OCCITANE	G579875	欧舒丹公司	第五类	T2008-12825
L' OCCITANE	G579875	欧舒丹公司	第十六类	T2008-12826
L' OCCITANE	G579875	欧舒丹公司	第二十一类	T2008-12827
Luminarc 及花朵图案	G769248	弓箭国际	第二十一类	T2008-12828
MAZDA	1017086	马自达汽车株式会社	第七类	T2008-12832
MAZDA	1113848	马自达汽车株式会社	第七类	T2008-12833
SAL+ 图形 商标	967498	上海友升铝业有限公司	第六类	T2008-12840
咖啡伴侣	360860	雀巢产品有限公司	第二十九类	T2008-12848
永发 YONG FA 及图	1043497	宁波永发集团有限公司	第六类	T2008-12852
LUTIOOL	1657652	宁波捷美进出口有限公司	第七类	T2008-12853
POWER FORCE	3857622	宁波捷美进出口有限公司	第七类	T2008-12854
GANT	3904577	甘特有限公司	第十四类	T2008-12855
GANT	3904581	甘特有限公司	第十八类	T2008-12856
GANT	3904579	甘特有限公司	第二十四类	T2008-12857
Jack lalanne' s POWER JUICER	3935314	欣达贸易有限公司	第七类	T2008-12859
FUJI XEROX	3303020	施乐公司（美国）	第二类	T2008-12860
fortrans	4046708	益普生药业公司	第五类	T2008-12861
DIPHERELINE	G617466	益普生药业公司	第五类	T2008-12862
索马杜林	1087078	益普生药业公司	第五类	T2008-12863
达菲林	1056794	益普生药业公司	第五类	T2008-12864
EV	1992643	泰雷斯通讯公司	第九类	T2008-12865
ROOTOTE	G819655	超级设计股份有限公司	第十八类	T2008-12866
SEOCA	3582292	柯永强	第七类	T2008-12868
uniker	3833272	杨军	第二十八类	T2008-12871
图形	232184	日本特殊陶业株式会社	第十二类	T2008-12873
SINGER	1017085	胜家有限公司	第七类	T2008-12874
KOFA	292812	上海兰生股份有限公司	第十六类	T2008-12887
别克图形	1030758	通用汽车公司	第十二类	T2008-12889
BIC 及图形（指定颜色）	982783	比克公司	第三十四类	T2008-12895
BIC 及图形（指定颜色）	992878	比克公司	第八类	T2008-12896
MISS SIXTY	G794649	弗朗赛克商标股份公司	第二十五类	T2008-12899
Miss Sixty	G669661	弗朗赛克商标股份公司	第二十五类	T2008-12900
ENERGIE	G784511	国际星际股份有限公司	第二十五类	T2008-12901
ENERGIE	G802916	国际星际股份有限公司	第二十五类	T2008-12902
ENERGIE	G675780	国际星际股份有限公司	第二十五类	T2008-12903

权利名称	权利注册授权号	申请人名称	商品分类	备案号
MANCHESTER UNITED 图形商标	3493444	曼彻斯特联合有限公司	第二十八类	T2008-12906
MANCHESTER UNITED 图形商标	1641299	曼彻斯特联合有限公司	第二十五类	T2008-12907
MANCHESTER UNITED 图形商标	3493452	曼彻斯特联合有限公司	第二十四类	T2008-12908
MANCHESTER UNITED 图形商标	3493453	曼彻斯特联合有限公司	第十八类	T2008-12909
MANCHESTER UNITED 图形商标	3493454	曼彻斯特联合有限公司	第十六类	T2008-12910
MANCHESTER UNITED 图形商标	3493455	曼彻斯特联合有限公司	第十四类	T2008-12911
MANCHESTER UNITED 图形商标	3493456	曼彻斯特联合有限公司	第九类	T2008-12912
BIC 及图形	76076	比克公司	第十六类	T2008-12913
Valeo	G870058	法雷奥	第七类	T2008-12915
Valeo	G870058	法雷奥	第十二类	T2008-12916
Valeo	G870058	法雷奥	第十一类	T2008-12917
Valeo	G870058	法雷奥	第九类	T2008-12918
Opel	662426	欧宝爱森纳赫有限公司	第十二类	T2008-12919
BDF 标志文字图形组合	729739	拜尔斯道夫股份有限公司	第十类	T2008-12920
BDF	729321	拜尔斯道夫股份有限公司	第五类	T2008-12921
BDF 标志文字图形组合	733001	拜尔斯道夫股份有限公司	第三类	T2008-12922
FUJI XEROX	3455420	施乐公司（美国）	第九类	T2008-12923
NAPOENIX	3422666	杭州飞特进出口贸易有限公司	第十二类	T2008-12930
SELLE	3268989	杭州飞特进出口贸易有限公司	第十二类	T2008-12931
speroni	3041956	徐碧青	第七类	T2008-12932
marina	3149276	陈雪梅	第七类	T2008-12933
makita 商标	1581698	株式会社牧田	第七类	T2008-12936
makita 商标	1581699	株式会社牧田	第七类	T2008-12937
makita 商标	2018135	株式会社牧田	第七类	T2008-12938
牧科	3267021	株式会社牧田	第七类	T2008-12939
maktec	3267022	株式会社牧田	第七类	T2008-12940
牧田	1581697	株式会社牧田	第七类	T2008-12947
LK 图形	3300642	泉州国兴轴承有限公司	第七类	T2008-12948
DUO-COTECXIN	3879022	北京华立科泰医药有限责任公司	第五类	T2008-12950
MAZDA	4402910	马自达汽车株式会社	第十二类	T2008-12951
GO 图形（8 字母）	4033331	科奇公司	第十八类	T2008-12955
GG 图形（8 字母）	4033330	科奇公司	第十八类	T2008-12956
OO 图形（8 字母）	4033329	科奇公司	第十八类	T2008-12957
CC 图形（2 向上字母）	4033328	科奇公司	第十八类	T2008-12958
CC 图形（4 字母）	4033327	科奇公司	第十八类	T2008-12959

权利名称	权利注册授权号	申请人名称	商品分类	备案号
CC 图形（2 字母）	4033326	科奇公司	第十八类	T2008-12960
JERGENS	794209	花王株式会社	第三类	T2008-12962
NGK 及图形	2008856	日本特殊陶业株式会社	第七类	T2008-12963
图形	291083	上海工具厂有限公司	第七类	T2008-12964
feichi 及图形	3204339	江苏飞驰股份有限公司	第十二类	T2008-12966
ひじき	4525535	浙江三丰水产食品有限公司	第二十九类	T2008-12971
JMA 及图形	1573753	广东坚美铝型材厂有限公司	第六类	T2008-12972
CABOT	721077	卡伯特公司	第二类	T2008-12976
KENNAMETAL	830379	肯纳金属公司	第七类	T2008-12977
KENNAMETAL	834555	肯纳金属公司	第六类	T2008-12978
K 图形	848619	肯纳金属公司	第七类	T2008-12979
K 图形	1123549	肯纳金属公司	第六类	T2008-12980
水滴图形	1540102	伊利诺斯工具制品有限公司	第二类	T2008-12981
Omega 及水滴图形	1660016	伊利诺斯工具制品有限公司	第一类	T2008-12982
高力能	916841	伊利诺斯工具制品有限公司	第二类	T2008-12983
高力能	928078	伊利诺斯工具制品有限公司	第一类	T2008-12984
MAGNA	708163	伊利诺斯工具制品有限公司	第九类	T2008-12985
MAGNA	706971	伊利诺斯工具制品有限公司	第六类	T2008-12986
MAGNA	704978	伊利诺斯工具制品有限公司	第一类	T2008-12987
MAGNA	1805020	伊利诺斯工具制品有限公司	第一类	T2008-12988
MAGNA	1709542	伊利诺斯工具制品有限公司	第六类	T2008-12989
Begol 及图形	3885243	广州市保科力贸易公司	第十一类	T2008-12990
五羊及图形	999711	广州市保科力贸易公司	第三十类	T2008-12991
PLAYER	3742308	嘉兴市小月亮电池有限公司	第九类	T2008-12992
TIGERSHARC	4219156	美国安那络公司	第九类	T2008-12993
ANALOG DEVICES	295884	美国阿纳洛德维西斯公司	第九类	T2008-12994
JUICY COUTURE	4054364	L.C. 特许公司	第九类	T2008-12995
熊猫及图形	53407	江苏开元国际集团轻工业品进出口股份有限公司	第十六类	T2008-12996
金蝶 GOLDEN BUTTERFLY 及图形	227137	江苏开元国际集团轻工业品进出口股份有限公司	第十一类	T2008-12997
SUPER DOLL	858523	江苏开元国际集团轻工业品进出口股份有限公司	第八类	T2008-12998
BLACKFIN	1787689	阿纳洛德维西斯公司	第九类	T2008-13001
DABAQUA	3902883	李刚	第七类	T2008-13004
北极星	546236	烟台北极星国有控股有限公司	第十四类	T2008-13005
北极星	546236	烟台北极星国有控股有限公司	第十四类	T2008-13005
男女头像图形	972648	朋友株式会社	第三类	T2008-13007
Bigen	1020584	朋友株式会社	第三类	T2008-13008
美源	4079282	朋友股份有限公司	第三类	T2008-13009
NEWKER 及图形	G591562	曼纽尔·鲁伊兹·加西亚	第二十五类	T2008-13010
GEKA 及 GK 图形	G798729	戈卡机械有限公司	第七类	T2008-13011

权利名称	权利注册授权号	申请人名称	商品分类	备案号
RISI	G612891	里希有限公司	第三十类	T2008-13012
RISI 及图形	G621731	里希有限公司	第三十类	T2008-13013
五角星图形	287189	白光株式会社	第九类	T2008-13015
GANT	552760	甘特有限公司	第二十五类	T2008-13016
马头牌 HORSE HEAD 及图形	76244	江苏开元国际集团轻工业品进出口股份有限公司	第八类	T2008-13017
熊猫 PANDA 及图形	880948	江苏开元国际集团轻工业品进出口股份有限公司	第十六类	T2008-13018
三 TRI-MOON 月	3652151	章岳良	第六类	T2008-13020
KASHEM	4532573	王彦昌	第七类	T2008-13024
罗力卡	1190616	郑燕	第二十五类	T2008-13025
EKF	3472589	孔令敏	第六类	T2008-13028
ABRO	972116	美国爱宝工业有限公司	第十七类	T2008-13029
五粮液 68	3879499	四川省宜宾五粮液集团有限公司	第三十三类	T2008-13030
JINGWEI	3842667	江利生	第七类	T2008-13031
HAKKO	287191	白光株式会社	第九类	T2008-13033
HAKKO	287190	白光株式会社	第九类	T2008-13034
PRESCRIPTIVES	557632	普丽思蒂有限公司（美国）	第三类	T2008-13035
BENKAN	272133	株式会社奔克斯	第六类	T2008-13036
工艺品（男孩拿水壶）	13-2007-F-2011	泉州市丰泽万宝艺品有限公司		C2008-13037
格兰仕	1979465	广东格兰仕集团有限公司	第十一类	T2008-13039
Galanz 格兰仕	3171239	广东格兰仕集团有限公司	第十一类	T2008-13040
Galanz	670458	广东格兰仕集团有限公司	第十一类	T2008-13041
格兰仕	670457	广东格兰仕集团有限公司	第十一类	T2008-13042
Galanz	1979466	广东格兰仕集团有限公司	第十一类	T2008-13043
OMEGA	1905634	伊利诺斯工具制品有限公司	第四类	T2008-13054
亚米茄	3778180	伊利诺斯工具制品有限公司	第一类	T2008-13055
狮头图形	4335203	伊利诺斯工具制品有限公司	第十七类	T2008-13056
MAGNA	1992112	伊利诺斯工具制品有限公司	第九类	T2008-13057
水滴图形	3772037	伊利诺斯工具制品有限公司	第四类	T2008-13058
水滴图形	3772036	伊利诺斯工具制品有限公司	第一类	T2008-13059
WEILER	1550901	威力股份有限公司	第七类	T2008-13060
UNIVERSAL	1694179	北京嘉宝信发科技有限公司	第九类	T2008-13061
UNIVERSAL	1669738	北京嘉宝信发科技有限公司	第七类	T2008-13062
CABOT	725727	卡伯特公司	第一类	T2008-13069
HOPEROADSPORT	3614353	福建鸿星尔克体育用品有限公司	第二十八类	T2008-13070
HOPEROAD 及图形	3614351	福建鸿星尔克体育用品有限公司	第二十五类	T2008-13071
鸿星 +HONGXING	1308323	福建鸿星尔克体育用品有限公司	第二十五类	T2008-13072
HOPEROAD 及图形	3614352	福建鸿星尔克体育用品有限公司	第十八类	T2008-13073
鸿星尔克及图形	3213324	福建鸿星尔克体育用品有限公司	第十八类	T2008-13074
WILO	G618753	威乐泵业集团股份公司	第七类	T2008-13075

权利名称	权利注册授权号	申请人名称	商品分类	备案号
M（图形	1051603	美克国际家具股份有限公司	第二十类	T2008-13076
美克	1068902	美克国际家具股份有限公司	第二十类	T2008-13077
蓝天白云图形 +TMT 吊扇	4324005	TMT 贸易有限公司	第十六类	T2008-13078
蓝天白云图形 +TMT 吊扇	4324031	TMT 贸易有限公司	第十六类	T2008-13079
PAUL SMITH	829416	保罗史密斯集团控股有限公司	第十八类	T2008-13080
PS Paul Smith	829415	保罗史密斯集团控股有限公司	第十八类	T2008-13081
PS Paul Smith	801434	保罗史密斯集团控股有限公司	第二十五类	T2008-13082
Paul Smith	801433	保罗史密斯集团控股有限公司	第二十五类	T2008-13083
任天堂	283782	任天堂株式会社	第二十八类	T2008-13084
Nintendo	283789	任天堂株式会社	第二十八类	T2008-13085
GAME BOY	816669	任天堂株式会社	第九类	T2008-13086
任天堂	285994	任天堂株式会社	第九类	T2008-13087
LIPITOR	1130767	辉瑞爱尔兰药品合伙公司	第五类	T2008-13089
Liquid Identity (Marble Logo)	VA 1-406-813	索尼爱立信移动通信有限公司		C2008-13090
图形商标	3913715	重庆银翔摩托车（集团）有限公司	第十二类	T2008-13092
YINXIANG	3584628	重庆银翔摩托车（集团）有限公司	第十二类	T2008-13093
YINXIANG	3584630	重庆银翔摩托车（集团）有限公司	第十二类	T2008-13094
KENBO	3959297	重庆银翔摩托车（集团）有限公司	第十二类	T2008-13095
银翔	3584629	重庆银翔摩托车（集团）有限公司	第十二类	T2008-13096
银翔	3584631	重庆银翔摩托车（集团）有限公司	第十二类	T2008-13097
PAUL SMITH	764679	保罗史密斯集团控股有限公司	第九类	T2008-13100
OMEGA	2018079	伊利诺斯工具制品有限公司	第一类	T2008-13101
万能	3838381	伊利诺斯工具制品有限公司	第九类	T2008-13103
万能	3838383	伊利诺斯工具制品有限公司	第一类	T2008-13104
ToKawai	620341	广州市纺织工业联合进出口公司	第二十五类	T2008-13105
jennifen	620343	广州市纺织工业联合进出口公司	第二十五类	T2008-13106
WILSONART	518377	普利马克 RWP 控股公司	第十七类	T2008-13107
WILSONART	515832	普利马克 RWP 控股公司	第十九类	T2008-13108
WILSONART	1383087	普利马克 RWP 控股公司	第一类	T2008-13111
GRASSROOTS	3908590	美容库有限公司	第三类	T2008-13112
MAC 及图	834258	化妆艺术有限公司	第三类	T2008-13113
FLIRT	1080617	美容库有限公司	第三类	T2008-13117
ARAMIS	687231	阿拉米斯有限公司	第三类	T2008-13118
BOBBI BROWN ESSENTIALS	1111818	波碧布朗专业化妆品有限公司	第三类	T2008-13119
AVEDA	2020987	艾菲达有限公司	第三类	T2008-13120
LA MER	1903548	拉美工业公司	第三类	T2008-13121
ORIGINS	1516301	奥丽纯天然制品有限公司	第三类	T2008-13122
cosonic	3029330	东莞市佳禾电子有限公司	第九类	T2008-13123
slendertone 及图	812546	BMR 生物医疗研究有限公司	第十类	T2008-13127
MONOPOLY	4281748	孩之宝有限公司	第十六类	T2008-13128

权利名称	权利注册授权号	申请人名称	商品分类	备案号
TRANSFORMERS ENERGON	3787102	孩之宝有限公司	第二十八类	T2008-13129
MONOPOLY	4281749	孩之宝有限公司	第十四类	T2008-13130
MONOPOLY	4281746	孩之宝有限公司	第二十一类	T2008-13132
PANATEL	3300555	中盛科技实业（深圳）有限公司	第九类	T2008-13133
PHOENIX（凤牌）	279797	青岛凤凰印染有限公司	第二十四类	T2008-13134
图案	3344584	斯万—默顿有限公司	第十类	T2008-13136
SWANN-MORTON	3344585	斯万—默顿有限公司	第十类	T2008-13137
PACO GIL	1154546	法兰西斯科·曼纽尔·吉尔·吉尔	第二十五类	T2008-13138
RADAR	923322	新东电子工业股份有限公司	第九类	T2008-13141
SCORE	G582642	先正达参股股份有限公司	第五类	T2008-13142
ACTARA	G667668	先正达参股股份有限公司	第一类	T2008-13144
ACTARA	G667668	先正达参股股份有限公司	第五类	T2008-13145
DUAL GOLD	G664859	先正达参股股份有限公司	第一类	T2008-13146
DUAL GOLD	G664859	先正达参股股份有限公司	第五类	T2008-13147
ARMURE	G657705	先正达参股股份有限公司	第五类	T2008-13148
RIDOMIL	G653601	先正达参股股份有限公司	第一类	T2008-13149
RIDOMIL	G653601	先正达参股股份有限公司	第五类	T2008-13150
SANDOFAN	G476368	先正达参股股份有限公司	第五类	T2008-13151
TRANSFORMERS ARMADA	3787164	孩之宝有限公司	第二十八类	T2008-13152
KOMATSU	728514	株式会社小松制作所	第十二类	T2008-13153
KOMATSU	734862	株式会社小松制作所	第九类	T2008-13157
KOMATSU	733482	株式会社小松制作所	第七类	T2008-13158
东方红	1035206	中国一拖集团有限公司	第七类	T2008-13159
YT(图形)	930232	中国一拖集团有限公司	第七类	T2008-13160
MIRACLE BLADE	3073048	神奇布莱德有限责任公司	第八类	T2008-13162
DCSHOECOUSA	G842374	DC 鞋业有限公司	第十八类	T2008-13164
龙虎图形	266342	上海医药（集团）有限公司中华药业分公司	第五类	T2008-13165
铅封	09-2008-J-010	徐正标、张乙		C2008-13166
WEETABIX	706232	威特比克塞有限公司	第三十类	T2008-13167
JOE SANCHEZ	G609856	何塞·文森特·桑切斯	第二十五类	T2008-13168
dekora OE grupo dekora obleas s.a. 及图形	4428913	德高拉薄脆饼集团有限公司	第三十类	T2008-13169
HONGQI	3475359	红旗仪表有限公司	第九类	T2008-13170
JUICY	1625487	L.C. 特许公司	第二十五类	T2008-13172
立体图形	4098594	TMT 贸易有限公司	第十一类	T2008-13173
立体图形	4098595	TMT 贸易有限公司	第十一类	T2008-13174
立体图形	4588364	TMT 贸易有限公司	第十一类	T2008-13175
立体图形	4588365	TMT 贸易有限公司	第九类	T2008-13176
777 牌	295509	芜湖市锦华被单厂	第二十四类	T2008-13177
熊猫、PANDA 及图形	132824	南京熊猫电子股份有限公司	第九类	T2008-13179

权利名称	权利注册授权号	申请人名称	商品分类	备案号
FS 及图	890715	福建福山轴承有限公司	第七类	T2008-13180
图形	3475360	红旗仪表有限公司	第九类	T2008-13181
(KEDA) 图形	4078374	武汉市科达云石护理材料有限公司	第十九类	T2008-13183
PERRELET	G576821	伯特莱有限公司	第十四类	T2008-13185
国义	4360012	沈延昌	第十六类	T2008-13186
FIAT 及图形	G916080	菲亚特股份公司	第二十五类	T2008-13187
FIAT 及图形	G916080	菲亚特股份公司	第十二类	T2008-13188
SPEEDO	157551	斯皮度控股公司	第九类	T2008-13197
SPEEDO	157559	斯皮度控股公司	第二十五类	T2008-13198
VIAGRA	1130739	辉瑞产品有限公司	第五类	T2008-13199
泽藤＋ELEMAX	1912370	何笑娴	第七类	T2008-13203
WAXSTAR 及图形	3272435	陈志强	第二十四类	T2008-13204
GCA 及图形	3094171	陈志强	第二十四类	T2008-13205
ssss 及地球图形	1069900	罗良忠	第二十三类	T2008-13207
S 及图形	3502635	铃木株式会社	第十二类	T2008-13208
铃木	3502636	铃木株式会社	第十二类	T2008-13209
SUZUKI	3502639	铃木株式会社	第十二类	T2008-13210
SGP	3502632	铃木株式会社	第十二类	T2008-13211
NIKE	1105802	耐克国际有限公司	第十四类	T2008-13212
耐克钩（图形）	1105798	耐克国际有限公司	第十四类	T2008-13213
耐克钩（图形）	1131271	耐克国际有限公司	第九类	T2008-13214
双鹅及图形	1050571	广州市保科力贸易公司	第五类	T2008-13215
GANT	1018208	甘特有限公司	第九类	T2008-13230
马田	860466	马田专业舞台灯具有限公司	第十一类	T2008-13236
Emaxcel	4673427	福州日鼎电池有限公司	第九类	T2008-13237
BLACK & GOLD	4673426	福州日鼎电池有限公司	第九类	T2008-13238
BAHR	4673424	福州日鼎电池有限公司	第九类	T2008-13239
Money Cell	4673421	福州日鼎电池有限公司	第九类	T2008-13240
SUPO	4616401	李有枝	第十二类	T2008-13241
SUPO	4616399	李有枝	第十二类	T2008-13242
TRENDLINE	3863077	金柏（福建）轻工有限公司	第十八类	T2008-13246
BALLY 巴利	G594920	巴利鞋业股份有限公司	第三类	T2008-13248
BALLY	G491694	巴利鞋业股份有限公司	第十四类	T2008-13252
BALLY	G491694	巴利鞋业股份有限公司	第三类	T2008-13253
signal	1138042	联合利华有限公司	第二十一类	T2008-13254
comfort	3684190	联合利华有限公司	第三类	T2008-13255
OMO	3921616	联合利华有限公司	第三类	T2008-13256
signal	1132415	联合利华有限公司	第三类	T2008-13257
RUEHL NO.925	G889226	A&F 商标股份有限公司	第十八类	T2008-13258
RUEHL NO.925	G889226	A&F 商标股份有限公司	第二十五类	T2008-13259

权利名称	权利注册授权号	申请人名称	商品分类	备案号
JABRA	G786790	GN 纳特克姆有限公司	第九类	T2008-13261
Nakamichi+ 图形	294478	TWD 工业有限公司	第九类	T2008-13262
Nakamichi+ 图形	300636	TWD 工业有限公司	第九类	T2008-13263
NK	1167311	镇江锁厂有限公司	第六类	T2008-13264
YOTRIO 尤特里欧	4190438	浙江永强集团股份有限公司	第二十类	T2008-13265
FLYKE	3636107	鑫威（福建）轻工有限公司	第二十五类	T2008-13266
HAKI	G883634	海基有限公司	第六类	T2008-13268
SAPPHIRE	3078714	林兴来	第十六类	T2008-13269
ProtecA	4145903	ACE 株式会社	第十八类	T2008-13270
BALLY	G491694	巴利鞋业股份有限公司	第二十五类	T2008-13272
BALLY	G491694	巴利鞋业股份有限公司	第十八类	T2008-13273
BALLY 巴利	G594920	巴利鞋业股份有限公司	第二十五类	T2008-13274
BALLY 巴利	G594920	巴利鞋业股份有限公司	第十八类	T2008-13275
BALLY 巴利	G594920	巴利鞋业股份有限公司	第十四类	T2008-13276
芝华士	1122912	芝华士兄弟（美洲）有限公司	第三十三类	T2008-13277
CHIVAS	3953220	芝华士兄弟（美洲）有限公司	第三十三类	T2008-13278
CHIVAS BROTHERS	841288	芝华士兄弟（美洲）有限公司	第三十三类	T2008-13279
苹果 图形	807327	桦懋国际贸易有限公司	第十六类	T2008-13280
蓝带马爹利	2015649	马爹利股份有限公司	第三十三类	T2008-13281
名士马爹利	1743862	马爹利股份有限公司	第三十三类	T2008-13282
马爹利	1743861	马爹利股份有限公司	第三十三类	T2008-13283
立体商标	3287711	马爹利股份有限公司	第三十三类	T2008-13284
百龄坛	3230516	联合多梅克白酒和葡萄酒有限公司	第三十三类	T2008-13285
BALLANTINE'S	3220425	联合多梅克白酒和葡萄酒有限公司	第三十三类	T2008-13286
ROYAL SALUTE BOTTLE (3-D)	3958981	芝华士兄弟（美洲）有限公司	第三十三类	T2008-13287
ROYAL SALUTE	841291	芝华士兄弟（美洲）有限公司	第三十三类	T2008-13288
骑士图形	2005-F-04032	芝华士兄弟（美洲）有限公司		C2008-13289
CHIVAS REGAL (FACE LABEL)	877656	芝华士兄弟（美洲）有限公司	第三十三类	T2008-13290
皇家礼炮	1122979	芝华士兄弟（美洲）有限公司	第三十三类	T2008-13291
DTP Diesel Truck Parts 及图	G607627	DTP 发动机有限责任公司进出口公司	第七类	T2008-13292
DTP Diesel Truck Parts 及图	G607627	DTP 发动机有限责任公司进出口公司	第十二类	T2008-13293
DTP Diesel Truck Parts 及图	G607627	DTP 发动机有限责任公司进出口公司	第十七类	T2008-13294
GECUS 戈克斯	4024373	北京市朝阳区仁发源建材销售部	第十九类	T2008-13295
萝特嫡	1140384	博内特里塞文奥勒有限公司	第三类	T2008-13296
PIANO 及图	681678	南通白鹤矾针有限公司	第二十六类	T2008-13297
台热牌 +TEW+ 图形	3227769	游文兰	第七类	T2008-13298
金鱼茶具系列	14-2005-F-015	海畅实业有限公司		C2008-13299
FIRE HAND	3833858	江苏华宇灯具有限公司	第十一类	T2008-13300
raketa 及图形	3237043	张晨辉	第九类	T2008-13301

权利名称	权利注册授权号	申请人名称	商品分类	备案号
中文“焱鑫”加拼音以及火焰图形	1073383	江阴市石油化工设备有限公司	第十一类	T2008-13302
中文“焱鑫”加拼音以及火焰图形	1065385	江阴市石油化工设备有限公司	第七类	T2008-13303
HUA WEI	1048301	华为技术有限公司	第九类	T2008-13306
HUA WEI	981955	华为技术有限公司	第九类	T2008-13308
Sit 及图形	1066199	意大利精密机械技术股份公司	第九类	T2008-13309
西特及图形	1102637	意大利精密机械技术股份公司	第九类	T2008-13310
ECCO	208743	艾思　伊克莱特司空有限公司	第二十五类	T2008-13311
ITT	162308	ITT 制造企业公司	第九类	T2008-13312
（少林寺）图形	173938	河南松鹤医药进出口有限公司	第五类	T2008-13313
（松鹤）图形	76260	河南松鹤医药进出口有限公司	第五类	T2008-13314
MISS ROLA 头像	4009385	禹州神龙发制品有限公司	第二十六类	T2008-13316
MISS ROLA	3974159	禹州神龙发制品有限公司	第二十六类	T2008-13317
太阳能灯（企鹅）	13-2008-F-2303	梁清晖		C2008-13318
RISING	3025635	上海睿昕电子有限公司	第十二类	T2008-13319
SUMEC	629213	江苏苏美达集团公司	第七类	T2008-13320
GREEN GIANT	253318	美国通用磨坊食品公司	第三十一类	T2008-13322
图形	253319	美国通用磨坊食品公司	第三十一类	T2008-13323
图形	253310	美国通用磨坊食品公司	第二十九类	T2008-13324
图形	1514467	美国通用磨坊食品公司	第二十九类	T2008-13325
CHLOE	563676	蔻依有限公司	第二十五类	T2008-13329
GREEN GIANT	257974	美国通用磨坊食品公司	第二十九类	T2008-13330
ITT	270054	ITT 制造企业公司	第九类	T2008-13331
ITT	232105	ITT 制造企业公司	第九类	T2008-13332
CAMRY	3362914	中山佳维电子有限公司	第十类	T2008-13333
图形	253327	美国通用磨坊食品公司	第三十类	T2008-13334
图形	257978	美国通用磨坊食品公司	第三十类	T2008-13335
图形	260172	美国通用磨坊食品公司	第二十九类	T2008-13336
绿巨人	262451	美国通用磨坊食品公司	第三十一类	T2008-13337
绿巨人	267465	美国通用磨坊食品公司	第三十类	T2008-13338
绿巨人	267457	美国通用磨坊食品公司	第二十九类	T2008-13339
GREEN GIANT	253325	美国通用磨坊食品公司	第三十类	T2008-13340
GREEN GIANT	253309	美国通用磨坊食品公司	第二十九类	T2008-13341
MRTONY	3018178	南京双诚科技实业有限公司	第七类	T2008-13348
SMECOS	4450867	青岛三链锁业有限公司	第六类	T2008-13349
SMECOS	4450867	青岛三链锁业有限公司	第六类	T2008-13349
CAMRY	868775	中山佳维电子有限公司	第九类	T2008-13351
Y-3	G794599	阿迪达斯国际经营管理有限公司	第二十五类	T2008-13353
Y-3	G794599	阿迪达斯国际经营管理有限公司	第十八类	T2008-13354

权利名称	权利注册授权号	申请人名称	商品分类	备案号
MARTELL	244876	玛特尔公司（法国）	第三十三类	T2008-13356
阿拉伯文 317	4450869	青岛三链锁业有限公司	第六类	T2008-13379
ESPRIT	3785228	埃斯普利特国际公司	第十八类	T2008-13381
ESPRIT	3785226	埃斯普利特国际公司	第二十五类	T2008-13383
AMB	4139261	厦门市万亨欣轴承工业有限公司	第十二类	T2008-13388
NAB	3210824	厦门市万亨欣轴承工业有限公司	第七类	T2008-13389
ZSG	4139262	厦门市万亨欣轴承工业有限公司	第十二类	T2008-13390
AMB	4495984	厦门市万亨欣轴承工业有限公司	第七类	T2008-13391
DELMA	4275606	张鑫	第二十一类	T2008-13394
FRAMA	4287243	张鑫	第二十一类	T2008-13395
虎 TIGER 及图形	644455	安徽轻工国际贸易股份有限公司	第九类	T2008-13397
SWEET DOVE	1931833	张玉山	第二十五类	T2008-13398
威盛亚	1162199	普利马克 RWP 控股公司	第二十类	T2008-13402
威盛亚	1156764	普利马克 RWP 控股公司	第十七类	T2008-13403
威盛亚	1156045	普利马克 RWP 控股公司	第十九类	T2008-13404
WILSONART	1162194	普利马克 RWP 控股公司	第二十类	T2008-13405
POWERED BY CRUISER	G849097	先正达参股股份有限公司	第一类	T2008-13406
POWERED BY CRUISER	G849097	先正达参股股份有限公司	第五类	T2008-13407
BNB	3403531	厦门市万亨欣进出口贸易有限公司	第七类	T2008-13409
ZSG	4075164	厦门市万亨欣进出口贸易有限公司	第七类	T2008-13410
NIS	3966022	厦门市万亨欣进出口贸易有限公司	第十二类	T2008-13411
WHX	4495983	厦门市万亨欣进出口贸易有限公司	第七类	T2008-13412
WHX	3966023	厦门市万亨欣进出口贸易有限公司	第十二类	T2008-13413
banc 机器人家族系列图 I	19-2006-F-1372	安永姬		C2008-13415
天鹅 SWAN	526215	钟加良	第二十六类	T2008-13416
天鹅 SWAN	380602	钟加良	第二十六类	T2008-13417
天鹅牌 SWAN	343448	钟加良	第七类	T2008-13418
天鹅牌 SWAN	70587	钟加良	第七类	T2008-13419
SWAN	516399	钟加良	第七类	T2008-13420
YESHU	1065053	椰树集团有限公司	第三十二类	T2008-13427
COCONUT PALM	1139025	椰树集团有限公司	第三十二类	T2008-13428
LEMEN	3443114	浦江乐门阀业有限公司	第十一类	T2008-13429
KBK	3323119	宁波美培林轴承有限公司	第七类	T2008-13430
WT（图形）	1561891	宁波美培林轴承有限公司	第七类	T2008-13431
MAXTRA	3987652	江阴市倍诚国贸商务有限公司	第六类	T2008-13432
TUNGSRAM	20102	通用电气匈牙利工业贸易有限责任公司	第十一类	T2008-13433
ZENO Packaging	VA1-628-712	泰雷公司		C2008-13438
SENKE	3386049	鹤山国机南联摩托车工业有限公司	第十二类	T2008-13439
JoLida+ 图形	1163193	上海申达音响电子有限公司	第九类	T2008-13440

权利名称	权利注册授权号	申请人名称	商品分类	备案号
Konzert	852460	美歌电子（厦门）有限公司	第九类	T2008-13441
依雲 evian 及图	1065047	依云矿泉水有限公司	第三十二类	T2008-13442
依雲及图	1113515	依云矿泉水有限公司	第三十二类	T2008-13443
HUGO	G604808	德国雨果博斯商标管理有限公司	第三十四类	T2008-13444
BOSS	G773035	德国雨果博斯商标管理有限公司	第二十五类	T2008-13445
BOSS	G773035	德国雨果博斯商标管理有限公司	第二十四类	T2008-13446
BOSS	G773035	德国雨果博斯商标管理有限公司	第十八类	T2008-13447
BOSS	G773035	德国雨果博斯商标管理有限公司	第十四类	T2008-13448
BOSS	G773035	德国雨果博斯商标管理有限公司	第九类	T2008-13449
itap	1613506	意达霸公司	第六类	T2008-13450
BOWAY	1047971	江门波威音响器材有限公司	第九类	T2008-13451
KRAFT 卡夫奇妙酱 Miracle Whip 及图	4026866	卡夫食品控股有限公司	第三十类	T2008-13453
甘特	3904583	甘特有限公司	第二十五类	T2008-13454
甘特	3904582	甘特有限公司	第十八类	T2008-13455
VACHETTE	3139968	苏州成利金属制品有限公司	第六类	T2008-13456
FAVOUR	3139967	苏州成利金属制品有限公司	第六类	T2008-13457
YETI	4178633	瑞新行有限公司	第六类	T2008-13458
铅封实物图	09 — 2008 — G — 001	徐正标 张乙		C2008-13459
SENKO	1641863	鹤山国机南联摩托车工业有限公司	第十二类	T2008-13460
HUGO	G604808	德国雨果博斯商标管理有限公司	第二十八类	T2008-13461
HUGO	G604808	德国雨果博斯商标管理有限公司	第二十七类	T2008-13462
HUGO	G604808	德国雨果博斯商标管理有限公司	第二十四类	T2008-13463
HUGO	G604808	德国雨果博斯商标管理有限公司	第二十类	T2008-13464
HUGO	G604808	德国雨果博斯商标管理有限公司	第十八类	T2008-13465
HUGO	G604808	德国雨果博斯商标管理有限公司	第十六类	T2008-13466
HUGO	G604808	德国雨果博斯商标管理有限公司	第十四类	T2008-13467
HUGO	G604808	德国雨果博斯商标管理有限公司	第九类	T2008-13468
BOSS	1076982	德国雨果博斯商标管理有限公司	第二十五类	T2008-13469
BOSS	G773035	德国雨果博斯商标管理有限公司	第三十四类	T2008-13470
BOSS	G773035	德国雨果博斯商标管理有限公司	第二十八类	T2008-13471
BLV	3555046	宁波亚茂照明电器有限公司	第九类	T2008-13472
LASER	3674698	宁波亚茂照明电器有限公司	第九类	T2008-13473
DAYLUX	3674704	宁波亚茂照明电器有限公司	第九类	T2008-13474
HAEBA-LUX	3674692	宁波亚茂照明电器有限公司	第九类	T2008-13475
LAYRTON	3675436	宁波亚茂照明电器有限公司	第九类	T2008-13476
BORMAN	3674701	宁波亚茂照明电器有限公司	第九类	T2008-13477
APF	3674695	宁波亚茂照明电器有限公司	第十一类	T2008-13478
JOLITE	3674706	宁波亚茂照明电器有限公司	第九类	T2008-13479

权利名称	权利注册授权号	申请人名称	商品分类	备案号
IIUMEN	3675439	宁波亚茂照明电器有限公司	第十一类	T2008-13480
MILANO	3674708	宁波亚茂照明电器有限公司	第九类	T2008-13481
INECSA	3674694	宁波亚茂照明电器有限公司	第九类	T2008-13482
YAMAO	3384904	宁波亚茂照明电器有限公司	第七类	T2008-13483
SOBO+ 锁堡	4178631	瑞新行有限公司	第六类	T2008-13484
椰树	1575561	椰树集团有限公司	第三十二类	T2008-13491
TIFFANY	1148224	美国蒂芙妮公司	第二十一类	T2008-13492
RAMCO	4546722	深圳市轻出实业有限公司	第十一类	T2008-13497
FIRMAN	3453518	江苏苏美达机电有限公司	第七类	T2008-13498
“天和＋ Tianhe ＋图形”组合商标，其中图形为黑底椭圆形镶嵌白色 T 字母	1038699	桂林天和药业股份有限公司	第五类	T2008-13499
FireLine	980116	纯钧公司	第二十八类	T2008-13500
TWIN-TOWN	3555654	南京双诚科技实业有限公司	第七类	T2008-13502
ABLE	1035283	福安市闽东安波电器有限公司	第七类	T2008-13503
EATON 及图	1108328	伊顿公司	第九类	T2008-13504
椰树	1065052	椰树集团有限公司	第三十二类	T2008-13507
TRW	244606	TRW 知识产权公司	第十二类	T2008-13518
ROYAL OAK	G387003	爱德马尔・彼盖钟表制造股份有限公司	第十四类	T2008-13520
图形	G594072	爱德马尔・彼盖钟表制造股份有限公司	第十四类	T2008-13521
图形	G594072	爱德马尔・彼盖钟表制造股份有限公司	第十八类	T2008-13522
AUDEMARS PIGUET	G331718	奥德马裴盖控股有限公司	第十四类	T2008-13523
爱彼	1069447	奥德马裴盖控股有限公司	第十四类	T2008-13524
神狮	1913045	福安市闽东革新电机有限公司	第七类	T2008-13525
raketa 及图形	3237042	张晨辉	第十一类	T2008-13526
Lilly	982610	（美国）礼来公司	第十类	T2008-13527
Lilly	1008054	（美国）礼来公司	第一类	T2008-13528
POWERGRIP	1047482	盖茨公司	第七类	T2008-13529
gates 及图形	1030762	盖茨公司	第十二类	T2008-13530
斜纹	864203	卢卡斯工业有限公司	第七类	T2008-13533
斜纹	862674	卢卡斯工业有限公司	第九类	T2008-13534
斜纹	834541	卢卡斯工业有限公司	第十二类	T2008-13536
LUCAS	868442	卢卡斯工业有限公司	第十二类	T2008-13538
（捷成）图形	1748202	汕头市捷成食品添加剂有限公司	第二十九类	T2008-13539
TRW	244497	TRW 知识产权公司	第九类	T2008-13540
TRW	244607	TRW 知识产权公司	第十二类	T2008-13541
TRW	244496	TRW 知识产权公司	第九类	T2008-13542
丁香花	13 — 2007 — F — 0552	厦门鑫五洲国际贸易有限公司		C2008-13543
蓝色李子	13 — 2007 — F — 0551	厦门鑫五洲国际贸易有限公司		C2008-13544

权利名称	权利注册授权号	申请人名称	商品分类	备案号
白玫瑰	13—2006—F—1023	厦门鑫五洲国际贸易有限公司		C2008-13545
出淤泥而不染	13—2006—F—1020	厦门鑫五洲国际贸易有限公司		C2008-13546
野百合	13—2006—F—387	厦门鑫五洲国际贸易有限公司		C2008-13547
樱桃	13-2005-F-2948	厦门鑫五洲国际贸易有限公司		C2008-13548
黄底太阳花橄榄	13-2004-F-193	厦门鑫五洲国际贸易有限公司		C2008-13549
红百合	13-2007-F-0797	厦门鑫五洲国际贸易有限公司		C2008-13550
黄玫瑰	13-2008-F-0405	厦门鑫五洲国际贸易有限公司		C2008-13551
紫色的梦 5058	13-2007-F-1106	厦门鑫五洲国际贸易有限公司		C2008-13552
LAB SERIES	656294	阿拉米斯有限公司	第三类	T2008-13553
PET	300185	广州纺织品进出口集团有限公司	第二十五类	T2008-13554
POETSALOON	719254	广州纺织品进出口集团有限公司	第二十五类	T2008-13555
千佛塔	301395	广州纺织品进出口集团有限公司	第二十四类	T2008-13556
红莲牌	301396	广州纺织品进出口集团有限公司	第二十四类	T2008-13557
GOGO	253529	广州纺织品进出口集团有限公司	第二十五类	T2008-13558
PEAK 及图	3968200	福建泉州匹克体育用品有限公司	第二十八类	T2008-13564
PEAK 及图	3968201	福建泉州匹克体育用品有限公司	第十八类	T2008-13565
PEAK 及图	3414975	福建泉州匹克体育用品有限公司	第二十五类	T2008-13566
匹克	3414936	福建泉州匹克体育用品有限公司	第二十五类	T2008-13567
匹克	730203	福建泉州匹克体育用品有限公司	第二十五类	T2008-13568
匹克	546731	福建泉州匹克体育用品有限公司	第二十五类	T2008-13569
RR	989160	常州市武进朝阳制锁有限公司	第六类	T2008-13572
grabo 嘉宝	4040929	江苏海外集团海通国际贸易有限公司	第二十七类	T2008-13573
two birds	1688386	宁波萌恒工贸有限公司	第二十六类	T2008-13574
NORA	1061463	苏州成利金属制品有限公司	第六类	T2008-13575
mh	1660601	宁波萌恒工贸有限公司	第二十六类	T2008-13576
图形	1128662	汤美・希尔弗格许可有限责任公司	第二十五类	T2008-13577
图形	1123341	汤美・希尔弗格许可有限责任公司	第九类	T2008-13578
TM	1921299	浦江乐门阀业有限公司	第十一类	T2008-13580
太阳能灯（雪人）	13-2008-F-2304	梁清晖		C2008-13581
巫毒刀架 knife Block Voodoo	2008-F-010531	华夫化尼・兰尼奴		C2008-13583
ZINNAT	238478	葛兰素集团有限公司	第五类	T2008-13586
HALFAN	279408	葛兰素史克有限责任公司	第五类	T2008-13587
JUICY COUTURE	4054363	L.C. 特许公司	第十四类	T2008-13588
铁锤 +TIECHUI+ 图形	1973881	叶灵欢（44200019830403530X）	第六类	T2008-13589

权利名称	权利注册授权号	申请人名称	商品分类	备案号
万晟达	3983041	李笑雷	第十类	T2008-13590
牛牛 NIUNIU	4054760	中山市天虹电机制造有限公司	第七类	T2008-13594
天虹 TIAN HONG	3389775	中山市天虹电机制造有限公司	第七类	T2008-13595
TAIHAI	3867575	武汉泰海机械有限公司	第八类	T2008-13596
YAMAMOTO	4449006	武汉泰海机械有限公司	第七类	T2008-13597
14 岁情景精灵	13-2007-F-2534	纽威（厦门）轻工有限公司		C2008-13598
14 岁花仙系列 2	13-2007-F-2533	纽威（厦门）轻工有限公司		C2008-13599
18 岁甜美花仙系列 2	13-2007-F-2536	纽威（厦门）轻工有限公司		C2008-13600
婚礼系列 1	13-2007-F-3298	纽威（厦门）轻工有限公司		C2008-13601
丘比特＋羽毛＋水晶系列	13-2007-F-3292	纽威（厦门）轻工有限公司		C2008-13602
新十四岁花仙系列	13-2007-F-3290	纽威（厦门）轻工有限公司		C2008-13603
美人鱼系列 1	13-2007-F-3296	纽威（厦门）轻工有限公司		C2008-13604
新十八岁花仙（梦幻花仙）系列	13-2007-F-3294	纽威（厦门）轻工有限公司		C2008-13605
精致女郎系列	13-2007-F-3295	纽威（厦门）轻工有限公司		C2008-13606
精致女郎 3	13-2008-F-2785	纽威（厦门）轻工有限公司		C2008-13607
精致女郎 2	13-2008-F-2784	纽威（厦门）轻工有限公司		C2008-13608
现代女郎	13-2008-F-2783	纽威（厦门）轻工有限公司		C2008-13609
新七岁花仙	13-2008-F-2788	纽威（厦门）轻工有限公司		C2008-13610
PING	1075822	卡斯顿制造有限公司	第二十八类	T2008-13611
DiREX	4541087	郑梅	第十类	T2008-13612
SCANDITRONIX WELLHOFER	4335440	郑梅	第十类	T2008-13613
Seres	3467596	邦达诚科技（北京）有限公司	第九类	T2008-13615
Buffalo	G669747	巴富罗鞋业有限公司	第二十五类	T2008-13616
FLOWER 及图	598385	浙江东方集团轻工业品进出口有限公司	第十六类	T2008-13618
SBR	G847441	SBR 亨德尔股份有限公司	第四类	T2008-13619
SBR	G847441	SBR 亨德尔股份有限公司	第七类	T2008-13620
SBR	G847441	SBR 亨德尔股份有限公司	第六类	T2008-13621
SBR	G847441	SBR 亨德尔股份有限公司	第十二类	T2008-13622
戈枫	1625421	超界集团有限公司	第二十五类	T2008-13623
TH	3867574	武汉泰海机械有限公司	第八类	T2008-13625
SEANGHAI	4176940	武汉泰海机械有限公司	第七类	T2008-13626

权利名称	权利注册授权号	申请人名称	商品分类	备案号
灵格 LINGGE 及图	4083219	中山市灵格电器制造有限公司	第九类	T2008-13627
灵格 LINGGE 及图	4083220	中山市灵格电器制造有限公司	第十一类	T2008-13628
BMC	4073746	何国明	第九类	T2008-13629
BMC	4073746	何国明	第九类	T2008-13629
Magic Bullet 图案	2008-F-10271	霍姆兰德家用器具有限责任公司		C2008-13631
G 图形	2008-F-10272	霍姆兰德家用器具有限责任公司		C2008-13632
人人换新貌食谱（Makeover America Cookbook）	2008-L-09605	保乐维达保健科技公司		C2008-13633
GOLDDOOR 及图形	3201453	浙江东方集团轻工业品进出口有限公司	第六类	T2008-13635
海狮及图形	151268	浙江东方集团轻工业品进出口有限公司	第二十八类	T2008-13636
WATERMAN	75993	沃特曼有限公司（法国）	第十六类	T2008-13640
YONG ZHENG+YZP+ 图形	3248812	宁波市鄞州勇耀缝制机械有限公司	第七类	T2008-13641
美宝莲	1552332	莱雅公司	第三类	T2008-13642
MAYBELLINE	212780	莱雅公司	第三类	T2008-13643
欧莱雅	1600291	莱雅公司	第三类	T2008-13644
L' OREAL	148647	莱雅公司	第三类	T2008-13645
Robfair	3221739	青岛天辰燃具制造有限公司	第十一类	T2008-13646
Vantage	636410	中山华帝燃具股份有限公司	第十一类	T2008-13647
SINGI	3321760	浙江信基电气有限公司	第九类	T2008-13650
GEISHA 以及艺者头像	153632	川商福至株式会社	第二十九类	T2008-13652
欧宝	1183227	欧宝爱森纳赫有限公司	第十二类	T2008-13653
BIC 及图形	1376301	比克公司	第九类	T2008-13656
HERMES 及图	863769	爱马仕国际	第十四类	T2008-13657
HERMES 及图	76080	爱马仕国际	第三类	T2008-13658
HERMES 及图形	248937	爱马仕国际	第二十五类	T2008-13659
一汽（图形）	1077935	中国第一汽车集团公司	第十二类	T2008-13667
DEMEN 及图	1629914	珠海迪蒙进出口有限公司	第十二类	T2008-13668
KYB	1161174	萱场工业株式会社	第十二类	T2008-13669
AS KNOW AS DE BASE	4076846	株式会社爱斯诺爱斯	第二十五类	T2008-13670
BEE DESIGN（图形）	1051010	美国扑克牌公司	第十六类	T2008-13671
MEYLE PRODUCTS	3427907	沃尔夫葛纳汽车部件股份公司	第十七类	T2008-13674
MEYLE PRODUCTS	3427905	沃尔夫葛纳汽车部件股份公司	第九类	T2008-13675
MEYLE GERMANY	3427902	沃尔夫葛纳汽车部件股份公司	第九类	T2008-13676
paili 及图	3401101	百立实业股份有限公司	第三十类	T2008-13679
THE	4052864	东明实业（嘉兴）有限公司	第六类	T2008-13680
宜海实业 TOUCH OCEAN 及图	3368012	刘晓芸 445202640815386	第三类	T2008-13681
草洋泥 CAOYANGNI	3440637	刘晓芸 445202640815386	第三类	T2008-13682
天姿莲 TIANZILIAN	3437123	刘晓芸 445202640815386	第三类	T2008-13683
哈尼神兽 HA NI SHEN SHOU HUNNY WILD ANIMAL	3993815	温宗金	第三类	T2008-13684

权利名称	权利注册授权号	申请人名称	商品分类	备案号
wanxi 万喜	4003322	佛山市顺德区容桂万喜电器燃气具有限公司	第十一类	T2008-13688
万喜	1730466	佛山市顺德区容桂万喜电器燃气具有限公司	第十一类	T2008-13689
shaply 及图	1533530	佛山市南海新怡内衣有限公司	第二十五类	T2008-13690
图形	3757033	中山市尚方仪器仪表有限公司	第九类	T2008-13691
斯凯孚	868687	SKF 公司	第七类	T2008-13693
SKF	145155	SKF 公司	第七类	T2008-13694
TCL	4246769	TCL 集团股份有限公司	第十一类	T2008-13696
TCL	4246770	TCL 集团股份有限公司	第九类	T2008-13698
TCL	4246773	TCL 集团股份有限公司	第七类	T2008-13700
TCL	1911717	TCL 集团股份有限公司	第七类	T2008-13701
OTO	1558379	北京金视线眼镜有限公司	第九类	T2008-13702
FIFA（图形）	G808909	国际足球联合会	第二十五类	T2008-13703
FIFA（图形）	G808909	国际足球联合会	第十八类	T2008-13704
FIFA（图形）	G808909	国际足球联合会	第十六类	T2008-13705
FIFA（图形）	G797237	国际足球联合会	第三十类	T2008-13706
FIFA（图形）	G797237	国际足球联合会	第二十八类	T2008-13707
FIFA（图形）	G797237	国际足球联合会	第二十五类	T2008-13708
FIFA（图形）	G797237	国际足球联合会	第十八类	T2008-13709
FIFA（图形）	G797237	国际足球联合会	第十六类	T2008-13710
FIFA（图形）	G910075	国际足球联合会	第三十类	T2008-13711
FIFA（图形）	G910075	国际足球联合会	第二十八类	T2008-13712
FIFA（图形）	G910075	国际足球联合会	第二十五类	T2008-13713
FIFA（图形）	G910075	国际足球联合会	第十八类	T2008-13714
FIFA（图形）	G910075	国际足球联合会	第十六类	T2008-13715
SOUTH AFRICA 2010	G843115	国际足球联合会	第三十类	T2008-13716
SOUTH AFRICA 2010	G843115	国际足球联合会	第二十八类	T2008-13717
SOUTH AFRICA 2010	G843115	国际足球联合会	第二十五类	T2008-13718
SOUTH AFRICA 2010	G843115	国际足球联合会	第十八类	T2008-13719
FIFA（图形）	G808909	国际足球联合会	第三十类	T2008-13720
FIFA（图形）	G808909	国际足球联合会	第二十八类	T2008-13721
FIFA（图形）	G916260	国际足球联合会	第三十类	T2008-13722
FIFA（图形）	G916260	国际足球联合会	第二十八类	T2008-13723
FIFA（图形）	G916260	国际足球联合会	第二十五类	T2008-13724
FIFA（图形）	G916260	国际足球联合会	第十八类	T2008-13725
FIFA（图形）	G916260	国际足球联合会	第十六类	T2008-13726
WORLD CUP 2010	G910281	国际足球联合会	第三十类	T2008-13727
WORLD CUP 2010	G910281	国际足球联合会	第二十八类	T2008-13728
WORLD CUP 2010	G910281	国际足球联合会	第二十五类	T2008-13729
WORLD CUP 2010	G910281	国际足球联合会	第十八类	T2008-13730
WORLD CUP 2010	G910281	国际足球联合会	第十六类	T2008-13731

权利名称	权利注册授权号	申请人名称	商品分类	备案号
KOYO 及图形	998350	维科控股集团股份有限公司	第二十四类	T2008-13732
LANCOME	76096	兰金香水美容有限公司	第三类	T2008-13733
耐克钩（图形）	1152156	耐克国际有限公司	第二十八类	T2008-13734
NIKE	1152153	耐克国际有限公司	第二十八类	T2008-13735
BMW	G663925	宝马股份公司	第七类	T2008-13736
BMW	G663925	宝马股份公司	第九类	T2008-13737
BMW	G663925	宝马股份公司	第二十五类	T2008-13738
BMW 及图	G673219	宝马股份公司	第七类	T2008-13739
BMW 及图	G673219	宝马股份公司	第九类	T2008-13740
BMW 及图	G673219	宝马股份公司	第二十五类	T2008-13741
10050 浪漫的普罗旺斯	13-2006-F-1012	厦门鑫五洲国际贸易有限公司		C2008-13744
Malizia	638288	米拉多股份公司	第三类	T2008-13746
李錦記 LEE KUM KEE 及图	871101	李锦记有限公司	第三十类	T2008-13747
李錦記 LEE KUM KEE 及图	871102	李锦记有限公司	第三十类	T2008-13748
錦珍及图	679162	李锦记有限公司	第三十类	T2008-13749
图形商标	763619	李锦记有限公司	第三十类	T2008-13750
财神及图	762374	李锦记有限公司	第三十类	T2008-13751
图形商标	317472	李锦记有限公司	第三十类	T2008-13753
图形商标	317475	李锦记有限公司	第三十类	T2008-13754
绿巨人	1133678	美国通用磨坊食品公司	第二十九类	T2008-13756
ALCO	3516450	艾默生电气公司	第十一类	T2008-13757
ALCO CONTROLS 及图	3516449	艾默生电气公司	第十一类	T2008-13758
EMERSON 及图	1979417	艾默生电气公司	第十一类	T2008-13759
Barbie	1082652	美泰有限公司	第二十八类	T2008-13760
Barbie	1122597	美泰有限公司	第十六类	T2008-13761
HUSQVARNA	872565	富世华股份公司	第七类	T2008-13763
UNICRESE +图形	4211804	张荣森	第二十五类	T2008-13764
Pomo 及图形商标	4091929	创添控股有限公司	第三十类	T2008-13765
BLUE-TOP	3678006	广州纺织品进出口集团有限公司	第六类	T2008-13776
A6	1937101	耐特胜公司	第二十五类	T2008-13777
本場	4108220	张辉	第二十九类	T2008-13786
EATON	1173301	伊顿公司	第十一类	T2008-13787
FORLAX	G653290	益普生药业公司	第五类	T2008-13788
HSC High Sealed & Coupled 及图	3506058	艾切斯公司	第六类	T2008-13789
SOLAR	4001127	江苏华宇灯具有限公司	第十一类	T2008-13792
ALSHABI	4266992	江苏华宇灯具有限公司	第十一类	T2008-13793
锚链及图形	4411313	青岛三链锁业有限公司	第六类	T2008-13797
ANCRE	4379343	青岛三链锁业有限公司	第六类	T2008-13798
ROBSON 及图形	3955920	青岛三链锁业有限公司	第六类	T2008-13799

权利名称	权利注册授权号	申请人名称	商品分类	备案号
VIPER	4245067	青岛三链锁业有限公司	第六类	T2008-13800
SYLVANIA	G634089	弗洛维国际照明设备控股公司	第十一类	T2008-13807
SYLVANIA	G634089	弗洛维国际照明设备控股公司	第九类	T2008-13808
MIDIS	1545141	长沙三溢文体用品有限公司	第二十八类	T2008-13809
BILLCOOL	4063070	丁培姗	第二十五类	T2008-13810
比尔·酷	4063072	丁培姗	第二十五类	T2008-13811
GERMANIA	1084438	安徽轻工国际贸易股份有限公司	第九类	T2008-13812
HON HAI	1983308	鸿海精密工业股份有限公司	第九类	T2008-13813
FUSION	3725701	福绅电子有限公司	第九类	T2008-13814
ALFRED DUNHILL	1094100	阿尔弗雷德·登喜路有限公司	第十八类	T2008-13815
dunhill	754711	阿尔弗雷德·登喜路有限公司	第十八类	T2008-13816
DUNHILL	232966	阿尔弗雷德·登喜路有限公司	第十八类	T2008-13817
DUNHILL	176978	阿尔弗雷德·登喜路有限公司	第十八类	T2008-13818
d	3582429	阿尔弗雷德·登喜路有限公司	第十八类	T2008-13819
“d”图形	209338	阿尔弗雷德·登喜路有限公司	第十八类	T2008-13820
富康莱	1781456	何文	第二十五类	T2008-13823
图形	2023725	利惠公司	第二十五类	T2008-13824
LEVI'S	1500895	利惠公司	第十八类	T2008-13826
LEVI'S	1562289	利惠公司	第九类	T2008-13829
LINCOLN	161196	林肯电气公司	第九类	T2008-13830
QUN XING 及图	1649085	广东群兴玩具实业有限公司	第二十八类	T2008-13831
AP	1192359	奥德马裴盖控股有限公司	第十四类	T2008-13832
God of Fortune	274647	李锦记有限公司	第三十类	T2008-13835
李錦記	208747	李锦记有限公司	第三十类	T2008-13836
THE TRANSFORMERS	303284	孩之宝国际有限公司	第二十八类	T2008-13837
图形	3884575	Q 逻辑公司	第九类	T2008-13838
QLOGIC	1730002	美商 Q 逻辑公司	第九类	T2008-13839
图形	3423821	台州市凯通摩托车制造有限公司	第十二类	T2008-13842
YIBEN	3423810	台州市凯通摩托车制造有限公司	第七类	T2008-13843
DETTOL	880250	瑞基特·戈尔曼（海外）有限公司	第三类	T2008-13844
春野草堂 HEAVEN FLOWERS 及图	3368013	刘晓芸 445202640815386	第三类	T2008-13845
僾伲妖后 AI NI YAO HOU ANNY SPIRIED QUEEN	3995912	刘晓芸 445202640815386	第三类	T2008-13846
4260 白玉兰	13-2008-F-0589	厦门鑫五洲国际贸易有限公司		C2008-13847
4024 赭石太阳花	13-2008-F-0536	厦门鑫五洲国际贸易有限公司		C2008-13848
安踏	2007377	安踏（中国）有限公司	第二十五类	T2008-13849
ANTA	2007375	安踏（中国）有限公司	第二十五类	T2008-13851
BOSUN	4676169	博深工具股份有限公司	第七类	T2008-13853

权利名称	权利注册授权号	申请人名称	商品分类	备案号
热带海洋组系列之二	14-2005-F-152	海畅实业有限公司		C2008-13855
热带海洋组系列之一	14-2005-F-151	海畅实业有限公司		C2008-13856
海豚系列	14-2004-F-066	海畅实业有限公司		C2008-13857
仙履奇缘系列	14-2004-F-075	海畅实业有限公司		C2008-13858
小红莓系列	14-2004-F-070	海畅实业有限公司		C2008-13859
蝶舞咖啡组系列（七件）	14-2003-F-034	海畅实业有限公司		C2008-13860
瓢虫系列	14-2004-F-078	海畅实业有限公司		C2008-13861
桃花双燕系列之二	14-2005-F-118	海畅实业有限公司		C2008-13862
桃花双燕系列之一	14-2005-F-117	海畅实业有限公司		C2008-13863
海芋系列之二	14-2005-F-075	海畅实业有限公司		C2008-13864
海芋系列之一	14-2005-F-074	海畅实业有限公司		C2008-13865
鸢尾花系列之二	14-2005-F-149	海畅实业有限公司		C2008-13866
鸢尾花系列之一	14-2005-F-148	海畅实业有限公司		C2008-13867
蜜蜂与苹果花系列	14-2005-F-072	海畅实业有限公司		C2008-13868
百花系列	14-2005-F-071	海畅实业有限公司		C2008-13869
蜻蜓茶具系列	14-2004-F-026	海畅实业有限公司		C2008-13870
蜂鸟摆饰系列	14-2004-F-074	海畅实业有限公司		C2008-13871
蜂鸟茶具系列	14-2004-F-067	海畅实业有限公司		C2008-13872
TWT	3296120	王涛 51010319680617191X	第九类	T2008-13873
ESCO	663565	艾斯库有限公司	第六类	T2008-13874
ESCO	659425	艾斯库有限公司	第七类	T2008-13875
ODYSSEY	1152515	卡拉韦高尔夫公司 / 卡拉威高尔夫公司	第二十五类	T2008-13876
ODYSSEY	1146489	卡拉韦高尔夫公司 / 卡拉威高尔夫公司	第二十八类	T2008-13877
ODYSSEY 及图	1146491	卡拉韦高尔夫公司 / 卡拉威高尔夫公司	第二十八类	T2008-13878
莲芯雪 +LIANXINXUE	1707265	福建闽江源绿田实业投资发展有限公司	第三十二类	T2008-13879
POLO JEANS CO RALPH LAUREN RL	2017364	波罗 / 劳伦有限公司	第二十五类	T2008-13880
POLO BY RALPH LAUREN	585505	波罗 / 劳伦有限公司	第二十五类	T2008-13882
波萝	1100835	波罗 / 劳伦有限公司	第二十五类	T2008-13883
RALPH LAUREN	1077314	波罗 / 劳伦有限公司	第二十五类	T2008-13884
图形	1077276	波罗 / 劳伦有限公司	第二十五类	T2008-13885
波萝・劳罗蓝	1089304	波罗 / 劳伦有限公司	第二十五类	T2008-13887
POLO BY RALPH LAUREN	278870	波罗 / 劳伦有限公司	第二十五类	T2008-13888
POLO 及图	585577	波罗 / 劳伦有限公司	第二十五类	T2008-13889
RALPH LAUREN 及图	1077275	波罗 / 劳伦有限公司	第二十五类	T2008-13890
RALPH LAUREN 及图	278872	波罗 / 劳伦有限公司	第二十五类	T2008-13891
图形	278874	波罗 / 劳伦有限公司	第二十五类	T2008-13892
D	1578278	都彭股份有限公司	第三十四类	T2008-13893
S. T. Dupont	245569	都彭股份有限公司	第三十四类	T2008-13894
S.T. Dupont	246913	都彭股份有限公司	第十八类	T2008-13895

权利名称	权利注册授权号	申请人名称	商品分类	备案号
S.T. Dupont	820767	都彭股份有限公司	第二十六类	T2008-13896
D 及 S.T. Dupont	820766	都彭股份有限公司	第二十六类	T2008-13897
D 及图	265265	都彭股份有限公司	第二十六类	T2008-13898
D 及图	265248	都彭股份有限公司	第十八类	T2008-13899
TUOCHA 及图形	4072472	邹家驹	第三十类	T2008-13900
VOLVO	1087430	沃尔沃商标控股有限公司	第十四类	T2008-13902
VOLVO	1060406	沃尔沃商标控股有限公司	第十二类	T2008-13903
VOLVO	1073254	沃尔沃商标控股有限公司	第十一类	T2008-13904
VOLVO	1089832	沃尔沃商标控股有限公司	第七类	T2008-13905
VOLVO	1147127	沃尔沃商标控股有限公司	第六类	T2008-13906
VOLVO	1074014	沃尔沃商标控股有限公司	第二类	T2008-13907
VOLVO	1098256	沃尔沃商标控股有限公司	第一类	T2008-13908
沃尔沃	804467	沃尔沃商标控股有限公司	第十二类	T2008-13909
VOLVO	1981782	沃尔沃商标控股有限公司	第九类	T2008-13910
VOLVO	1070183	沃尔沃商标控股有限公司	第二十八类	T2008-13911
VOLVO	1071237	沃尔沃商标控股有限公司	第二十五类	T2008-13912
VOLVO	1093844	沃尔沃商标控股有限公司	第二十二类	T2008-13913
VOLVO	1069007	沃尔沃商标控股有限公司	第十八类	T2008-13914
VOLVO	1093370	沃尔沃商标控股有限公司	第十七类	T2008-13915
VOLVO	1122609	沃尔沃商标控股有限公司	第十六类	T2008-13916
VOLVO	1118458	沃尔沃商标控股有限公司	第十四类	T2008-13917
沃尔沃	808419	沃尔沃商标控股有限公司	第七类	T2008-13918
Koyo	143987	株式会社捷太格特	第七类	T2008-13919
Koyo	1157133	株式会社捷太格特	第十二类	T2008-13920
雅佳	1125279	菲诺米有限公司	第九类	T2008-13921
榄菊 + 图形	1178264	中山榄菊日化实业有限公司	第五类	T2008-13922
KAIJIELI 及图形	3237369	苏州德丰电机有限公司	第七类	T2008-13923
图形商标	1053359	苏州德丰电机有限公司	第七类	T2008-13924
kaili	3107400	苏州德丰电机有限公司	第七类	T2008-13925
凯捷利 kaijieli	1201138	苏州德丰电机有限公司	第七类	T2008-13926
SHARP	G851281	夏普株式会社	第十六类	T2008-13927
SKEF	297831	中美天津史克制药有限公司	第五类	T2008-13929
POWERWARE	595966	伊顿爱克赛电源国际有限公司	第九类	T2008-13931
桂峰牌及图形	111391	梧州龙山酒业有限公司	第三十三类	T2008-13933
雅佳 +AKAI	1125285	菲诺米有限公司	第九类	T2008-13935
DENSO	1139503	株式会社电装	第十二类	T2008-13936
DENSO	1157047	株式会社电装	第七类	T2008-13937
DENSO	1121114	株式会社电装	第十二类	T2008-13938
DENSO	1137611	株式会社电装	第十一类	T2008-13939
图形商标（立体商标）	G600167	美誉国际公司	第三类	T2008-13942

权利名称	权利注册授权号	申请人名称	商品分类	备案号
KELIM	3320566	鸡林窑业株式会社	第十一类	T2008-13947
凤凰徽章（图形）	4265377	青岛凤凰印染有限公司	第二十四类	T2008-13948
图形	846308	厦门正新橡胶工业有限公司	第十二类	T2008-13949
SAKURA	846307	厦门正新橡胶工业有限公司	第十二类	T2008-13950
樱花	846310	厦门正新橡胶工业有限公司	第十二类	T2008-13951
虎形图案	153645	虎豹企业有限公司	第五类	T2008-13953
TIGER 及虎形图案	153644	虎豹企业有限公司	第五类	T2008-13954
蝴蝶牌	33330	宜兴市鹏腾贸易有限公司	第二十六类	T2008-13955
brother	3462694	兄弟工业株式会社	第二类	T2008-13958
施必牢	3396165	上海底特精密紧固件有限公司	第七类	T2008-13965
YAHOO!	1574281	雅虎公司	第九类	T2008-13970
健马	1961383	福建天马饲料有限公司	第三十一类	T2008-13971
SCARMA	3581303	苏树生	第二十八类	T2008-13972
虎宇及图	3036522	李立群	第十一类	T2008-13975
Spiralock	3395804	上海底特精密紧固件有限公司	第七类	T2008-13976
BLACK SCORPION 及图	1551171	湖南省醴陵市吉利鞭炮烟花有限公司	第十三类	T2008-13979
SRLF	4320789	赵汝勤	第十二类	T2008-13986
SFQZ	3034693	赵汝勤	第十二类	T2008-13987
TOURO TESOURA 及图	3036512	得堡士有限公司	第八类	T2008-13988
YYFGT+ 图形	3743347	珠海粤裕丰钢铁有限公司	第六类	T2008-13990
孔雀系列	14-2006-F-080	法蓝瓷有限公司		C2008-13992
METALMEK	4551406	中山特佳利照明有限公司	第十一类	T2008-13993
rialli	4673275	廖勇 430203197004086094	第十二类	T2008-13994
奇强 Keon	1576317	南风化工集团股份有限公司	第三类	T2008-13995
海琴 +SEA PIANO+ 图形	1114599	梁耀文	第九类	T2008-13997
ALWAYS	2020006	宝洁公司（美国）	第五类	T2008-13998
VICKS	158533	宝洁公司（美国）	第五类	T2008-13999
倒龙凤图形	3567651	山东中粮粉丝杂豆进出口有限公司	第三十类	T2008-14002
兴澄加宝塔图形	229918	江阴钢厂有限公司	第六类	T2008-14003
ARCO	3798914	玉环加达阀门有限公司	第六类	T2008-14004
GOODSENSE	3401377	张金兰	第六类	T2008-14005
图形	3090676	威特实业股份有限公司	第十二类	T2008-14006
CP（图形）	264255	松柏投资有限公司	第九类	T2008-14007
Vinnic 及图形	267684	松柏投资有限公司	第九类	T2008-14008
VINERGY	3869383	松柏投资有限公司	第九类	T2008-14009
Vinergy 然量及图形	4575660	松柏投资有限公司	第九类	T2008-14010
TIAN NUO 及图形	1971690	汕头市施露兰化妆品有限公司	第三类	T2008-14016
天娜	1971688	汕头市施露兰化妆品有限公司	第三类	T2008-14017
ALFAGOMMA	G886015	瑟特奥有限公司	第十七类	T2008-14029
ALFAGOMMA	G886015	瑟特奥有限公司	第七类	T2008-14030

权利名称	权利注册授权号	申请人名称	商品分类	备案号
ALFAGOMMA	G886015	瑟特奥有限公司	第六类	T2008-14031
JAPSEW	4254308	日本工业机械有限公司	第七类	T2008-14032
RMC	1160400	广州市荣博金贸易有限公司	第一类	T2008-14035
津酒 JIN JIU 及图	160989	天津津酒集团有限公司	第三十三类	T2008-14036
RUEHL No.925	G889226	A&F 商标股份有限公司	第十四类	T2008-14045
RUEHL No.925	G889226	A&F 商标股份有限公司	第三类	T2008-14046
RUEHL	G877568	A&F 商标股份有限公司	第二十五类	T2008-14047
RUEHL	G877568	A&F 商标股份有限公司	第十八类	T2008-14048
RUEHL	G877568	A&F 商标股份有限公司	第十四类	T2008-14049
RUEHL	G877568	A&F 商标股份有限公司	第三类	T2008-14050
蜀阳及图形	990655	四川远大蜀阳药业有限公司	第五类	T2008-14051
SHUYANG 及图形	876016	四川远大蜀阳药业有限公司	第五类	T2008-14052
鹫 EAGLE	1733695	河北迈特贸易有限公司	第八类	T2008-14053
SANDEN 及图案	230224	三电株式会社	第七类	T2008-14054
图案	230217	三电株式会社	第七类	T2008-14055
SANDEN	230214	三电株式会社	第七类	T2008-14056
SD-5	1546976	三电株式会社	第七类	T2008-14057
SD-7	650598	三电株式会社	第七类	T2008-14058
三電	650597	三电株式会社	第七类	T2008-14059
SANDEN 及图案	572193	三电株式会社	第十一类	T2008-14061
思嘉 SIJIA	4343587	福建思嘉环保材料科技有限公司	第十七类	T2008-14062
Tomica Fun Fun Highway	2005-F-03072	株式会社多美		C2008-14063
PURLITE 及图	972080	普诺泰克公司	第一类	T2008-14069
图形	3931332	肖志明	第九类	T2008-14070
爱摇娃 Nohohon Fisherman	2003-F-0951	株式会社多美		C2008-14072
爱摇娃 Nohohon Original	2003-F-0950	株式会社多美		C2008-14075
Flip Flap	2004-F-01636	株式会社多美		C2008-14076
ORIENT	3897211	江苏东方轻工业品有限公司	第七类	T2008-14077
ORIENT	878863	江苏东方轻工业品有限公司	第二十六类	T2008-14078
东方（图形）	3885723	江苏东方轻工业品有限公司	第七类	T2008-14079
青苹果	13-2005-F-2864	厦门鑫五洲国际贸易有限公司		C2008-14080
树叶	13-2005-F-2949	厦门鑫五洲国际贸易有限公司		C2008-14081
梨子苹果拼图	13-2007-F-0792	厦门鑫五洲国际贸易有限公司		C2008-14082
薰衣草	13-2007-F-0788	厦门鑫五洲国际贸易有限公司		C2008-14083
菊花栅栏	13-2007-F-0787	厦门鑫五洲国际贸易有限公司		C2008-14084
吉它菊花	13-2007-F-0786	厦门鑫五洲国际贸易有限公司		C2008-14085

权利名称	权利注册授权号	申请人名称	商品分类	备案号
棕底色柠檬	13-2007-F-0499	厦门鑫五洲国际贸易有限公司		C2008-14086
罂粟	13-2007-F-0500	厦门鑫五洲国际贸易有限公司		C2008-14087
4302 罂粟	13-2008-F-0404	厦门鑫五洲国际贸易有限公司		C2008-14088
橙色玉兰花	13-2008-F-0407	厦门鑫五洲国际贸易有限公司		C2008-14089
单支橄榄	13-2008-F-0411	厦门鑫五洲国际贸易有限公司		C2008-14090
4237 油画白菊	13-2008-F-0535	厦门鑫五洲国际贸易有限公司		C2008-14091
乡村葡萄	13-2007-F-0510	厦门鑫五洲国际贸易有限公司		C2008-14092
苹果树	13-2007-F-0506	厦门鑫五洲国际贸易有限公司		C2008-14093
黑白相间	13-2006-F-1019	厦门鑫五洲国际贸易有限公司		C2008-14094
葡萄酒会	13-2006-F-1024	厦门鑫五洲国际贸易有限公司		C2008-14095
棕色水仙花	13-2007-F-0497	厦门鑫五洲国际贸易有限公司		C2008-14096
梨群	13-2006-F-1022	厦门鑫五洲国际贸易有限公司		C2008-14097
五线谱太阳花	13-2004-F-190	厦门鑫五洲国际贸易有限公司		C2008-14098
2314 绣球花	13-2007-F-1097	厦门鑫五洲国际贸易有限公司		C2008-14099
旋律	13-2004-F-189	厦门鑫五洲国际贸易有限公司		C2008-14100
石榴橄榄	13-2003-004	厦门鑫五洲国际贸易有限公司		C2008-14101
丰收	13-2004-F-197	厦门鑫五洲国际贸易有限公司		C2008-14102
绿色太阳花	13-2004-F-192	厦门鑫五洲国际贸易有限公司		C2008-14103
海豚系列	13-2004-F-196	厦门鑫五洲国际贸易有限公司		C2008-14104
黄底水果	13-2004-F-287	厦门鑫五洲国际贸易有限公司		C2008-14105
红色菊花	13-2007-F-0796	厦门鑫五洲国际贸易有限公司		C2008-14106
1078 阳光橄榄	13-2007-F-0502	厦门鑫五洲国际贸易有限公司		C2008-14107
0626 柠檬家族	13-2008-F-0396	厦门鑫五洲国际贸易有限公司		C2008-14108
经典橄榄	13-2007-F-0508	厦门鑫五洲国际贸易有限公司		C2008-14109
OSRAM	75842	奥斯拉姆公司	第十一类	T2008-14110
DULUX	289121	奥斯拉姆公司	第十一类	T2008-14111
OSRAM	75845	奥斯拉姆公司	第十类	T2008-14112
OSRAM	75844	奥斯拉姆公司	第十一类	T2008-14113

权利名称	权利注册授权号	申请人名称	商品分类	备案号
OSRAM	75843	奥斯拉姆公司	第九类	T2008-14114
PROSOURCE	3700549	斯红峰	第七类	T2008-14115
FROMM	3105525	雷鸣	第七类	T2008-14118
图形	565296	波蒂淑柏国际有限公司	第三类	T2008-14121
美体小铺	1972369	波蒂淑柏国际有限公司	第三类	T2008-14122
THE BODY SHOP 及图形	1672324	波蒂淑柏国际有限公司	第三类	T2008-14123
THE BODY SHOP 及图形	G846117	波蒂淑柏国际有限公司	第三类	T2008-14124
图形	G843566	波蒂淑柏国际有限公司	第三类	T2008-14125
THE BODY SHOP	G841798	波蒂淑柏国际有限公司	第三类	T2008-14126
THE BODY SHOP 及图形	748766	波蒂淑柏国际有限公司	第三类	T2008-14127
THE BODY SHOP	624132	波蒂淑柏国际有限公司	第三类	T2008-14128
合克	3467700	合克有限公司	第二十类	T2008-14130
合克	3467701	合克有限公司	第九类	T2008-14131
HEYCO 及图	3467702	合克有限公司	第二十类	T2008-14132
HEYCO 及图	3467703	合克有限公司	第九类	T2008-14133
HEYCO	3457204	合克有限公司	第二十类	T2008-14134
HEYCO	3457205	合克有限公司	第九类	T2008-14135
ALUCOMASTER	4641753	上海华源复合新材料有限公司	第六类	T2008-14136
ZHENGYU 正裕	3788921	正裕电器配件（昆山）有限公司	第九类	T2008-14138
HAKKO	3080681	陈松涛	第九类	T2008-14139
BARBIE	1179038	美泰有限公司	第三十类	T2008-14143
SIONIKA	3966927	宁波丽晶时代电子线缆有限公司	第九类	T2008-14144
东方	4739378	江苏东方轻工业品有限公司	第七类	T2008-14145
Marlboro 及图形	279473	菲利普莫里斯产品有限公司	第三十四类	T2008-14146
REMINDA 雷鸣达	4659383	珠海市雷鸣达通讯技术发展有限公司	第九类	T2008-14150
seroxat	262389	比彻姆集体有限公司	第五类	T2008-14151
VALTREX	834037	威康基金会有限公司	第五类	T2008-14152
达纳康	728140	益普生药业公司	第五类	T2008-14153
金灵 JINLING	3865115	苏州市吴中区双马机电有限公司	第七类	T2008-14154
OCB	3463270	锐布雷克技术（北美）有限责任公司	第三十四类	T2008-14157
华泰 HUATAI 及图形	1054013	何国华	第九类	T2008-14158
千叶 TSINIP 及图形	1207417	中山市家用电器总厂有限公司	第十一类	T2008-14159
YANK	264279	株式会社大建	第六类	T2008-14160
VALVOLINE 及图	2020512	亚什兰许可和知识产权有限公司	第四类	T2008-14161
胜牌	2020606	亚什兰许可和知识产权有限公司	第四类	T2008-14162
VALVOLINE	1972160	亚什兰许可和知识产权有限公司	第四类	T2008-14163
VALVOLINE	162814	亚什兰许可和知识产权有限公司	第四类	T2008-14164
东方红	1165437	中国一拖集团有限公司	第七类	T2008-14166
艾福迈	4726234	建筑组合及解决系统艾福迈精密股份公司	第十二类	T2008-14170
NINTENDODS 及图形	4244188	任天堂株式会社	第九类	T2008-14172

权利名称	权利注册授权号	申请人名称	商品分类	备案号
NINTENDODS 及图形	4244185	任天堂株式会社	第二十八类	T2008-14173
戏球及图形	580154	福建省武夷山市永生茶业有限公司	第三十类	T2008-14174
图形	G912697	盖茨公司	第十七类	T2008-14175
图形	G912697	盖茨公司	第十二类	T2008-14176
图形	G912697	盖茨公司	第七类	T2008-14177
图案	4421307	陈宜文	第七类	T2008-14178
shinco	1191681	新科电子集团有限公司	第九类	T2008-14179
新科	2019936	新科电子集团有限公司	第九类	T2008-14180
新科	1702368	新科电子集团有限公司	第十一类	T2008-14181
Chunlan	3048704	春兰（集团）公司	第十一类	T2008-14185
STARWAY	654965	春兰（集团）公司	第十一类	T2008-14186
MAXTOOL	4382576	马云峰	第七类	T2008-14187
Warrior	4382577	马云峰	第七类	T2008-14188
SUPERWORKS	4382579	马云峰	第七类	T2008-14189
POWERBASE	4382580	马云峰	第七类	T2008-14190
G-FORCE	4382581	马云峰	第七类	T2008-14191
yamabisi	4700078	马云峰	第七类	T2008-14192
LOKIN	4722794	梁富坚	第六类	T2008-14195
sunmol	4233514	深圳市松茂电池有限公司	第九类	T2008-14200
野蛮兔及图形	3857769	王海平	第二十五类	T2008-14201
金莺及图形	3839200	乐亭县燕南农具厂	第八类	T2008-14222
狮头牌 LION HEAD	3936588	河南省轻工业品进出口集团有限公司	第十一类	T2008-14223
ELEPON	4809510	马云峰	第七类	T2008-14225
三塔 SANTA 及图	1909229	嘉兴市新晟电焊条有限公司	第六类	T2008-14227
forpower	3173635	常州机械设备进出口有限公司	第十二类	T2008-14231
forpower	3612036	常州机械设备进出口有限公司	第七类	T2008-14232
AMEC（亚美柯）及图形	741045	常州机械设备进出口有限公司	第七类	T2008-14233
AMEC（亚美柯）及图形	709232	常州机械设备进出口有限公司	第十二类	T2008-14234
AMEC（亚美柯）及图形	709207	常州机械设备进出口有限公司	第八类	T2008-14235
AMEC（亚美柯）及图形	746668	常州机械设备进出口有限公司	第九类	T2008-14236
PARLIAMENT	642337	菲利普莫里斯产品有限公司	第三十四类	T2008-14239
（三七）图形	4271508	马子男	第二十四类	T2008-14241
RHODIUS	1709747	罗迪厄斯磨轮有限公司	第七类	T2008-14242
VECTOR GO ALL THE WAY 及图	1810643	福州顺邦国际贸易有限公司	第二十五类	T2008-14243
Rainforce ENJOY IN THE RAIN 及图	4075659	福州顺邦国际贸易有限公司	第二十五类	T2008-14244
VECTOR 及图	4075658	福州顺邦国际贸易有限公司	第二十五类	T2008-14245
SAFETECH	1812024	福州顺邦国际贸易有限公司	第二十五类	T2008-14246
摩恩	3016273	摩恩公司	第十一类	T2008-14249

权利名称	权利注册授权号	申请人名称	商品分类	备案号
MOEN	3016275	摩恩公司	第十一类	T2008-14251
MOEN	259881	摩恩公司	第十一类	T2008-14252
图形	3016274	摩恩公司	第十一类	T2008-14253
摩恩	911596	摩恩公司	第十一类	T2008-14254
MOEN	914106	摩恩公司	第十一类	T2008-14255
图形	911597	摩恩公司	第十一类	T2008-14256
图形	274042	摩恩公司	第十一类	T2008-14257
VICTOR REINZ	908134	德纳公司	第十七类	T2008-14258
JONES NEW YORK SIGNATURE	3848929	琼斯投资有限公司	第十四类	T2008-14260
JONES NEW YORK SIGNATURE	3848928	琼斯投资有限公司	第九类	T2008-14261
ANNE KLEIN NEW YORK	3363268	琼斯投资有限公司	第二十五类	T2008-14262
JEANSTAR	4333543	琼斯投资有限公司	第二十五类	T2008-14263
JONES NEW YORK SIGNATURE	3848927	琼斯投资有限公司	第三类	T2008-14264
太阳能管线灯设计图	10-2008-J-113	南京赫斯基贸易有限公司		C2008-14265
intra	3219814	诸暨市大唐出色袜业制造厂	第二十五类	T2008-14269
HEPTODIN	1144722	葛兰素集团有限公司	第五类	T2008-14270
EPIVIR	1044775	葛兰素集团有限公司	第五类	T2008-14271
来力　RALEIGH	3248190	浙江芳华缝制设备有限公司	第七类	T2008-14272
STANDARD 及图形	3040826	标准电器公司	第十一类	T2008-14276
STANDARD 及图形	3476884	标准电器公司	第七类	T2008-14277
“CS”图形	1189040	江阴兴澄特种钢铁有限公司	第六类	T2008-14281
FOGER	1721848	香港长城贸易发展公司	第十二类	T2008-14282
MEKTEC	4299777	日本机电股份有限公司	第九类	T2008-14283
CASIO	3563061	卡西欧计算机株式会社	第九类	T2008-14284
DUELER	2019889	株式会社普利司通	第十二类	T2008-14286
reebok 图形商标	3444284	力宝克体育运动有限公司	第二十五类	T2008-14288
REEBOK	330609	力宝克体育运动有限公司	第十八类	T2008-14289
REEBOK	638866	力宝克体育运动有限公司	第二十八类	T2008-14290
跑道图形商标	723899	力宝克体育运动有限公司	第十八类	T2008-14291
RBK	3322575	力宝克体育运动有限公司	第十八类	T2008-14292
TAYLOR MADE	574867	泰勒梅高尔夫有限公司	第十八类	T2008-14293
TAYLOR MADE	571203	泰勒梅高尔夫有限公司	第二十五类	T2008-14294
TAYLOR MADE	584177	泰勒梅高尔夫有限公司	第二十八类	T2008-14295
TaylorMade	1746207	泰勒梅高尔夫有限公司	第二十八类	T2008-14296
费列罗立体商标	G783985	费列罗有限公司	第三十类	T2008-14297
港陆创科 Tech 及图形	4146674	和记港陆企业有限公司	第九类	T2008-14308
图形 +Tech	3795296	和记港陆企业有限公司	第九类	T2008-14309
同仁堂及图形	171188	中国北京同仁堂集团公司	第五类	T2008-14310
TONG REN TANG	924656	中国北京同仁堂集团公司	第五类	T2008-14311
TRUSCO	3722273	何丽华	第十二类	T2008-14312

权利名称	权利注册授权号	申请人名称	商品分类	备案号
鸿海	1522162	鸿海精密工业股份有限公司	第九类	T2008-14313
TECSON +图形	1653581	苏广进	第六类	T2008-14314
APF	3674696	宁波亚茂照明电器有限公司	第九类	T2008-14331
IIUMEN	3674690	宁波亚茂照明电器有限公司	第九类	T2008-14332
BLV	3555048	宁波亚茂照明电器有限公司	第十一类	T2008-14333
BLV	3555047	宁波亚茂照明电器有限公司	第七类	T2008-14334
JOLITE	3674705	宁波亚茂照明电器有限公司	第十一类	T2008-14335
INECSA	3674693	宁波亚茂照明电器有限公司	第十一类	T2008-14336
BORMAN	3674700	宁波亚茂照明电器有限公司	第十一类	T2008-14337
MILANO	3674707	宁波亚茂照明电器有限公司	第十一类	T2008-14338
YAMAO 亚茂	3921216	宁波亚茂照明电器有限公司	第十一类	T2008-14339
YAMAO 亚茂	3835603	宁波亚茂照明电器有限公司	第九类	T2008-14340
凤凰牌商标	292126	金山开发建设股份有限公司	第十九类	T2008-14341
WYNN' S 及图	784276	伊利诺斯工具制品有限公司	第一类	T2008-14342
WYNN' S 及图	848078	伊利诺斯工具制品有限公司	第四类	T2008-14343
LINEWINDER 及图	1070351	宝熊渔具股份有限公司	第二十八类	T2008-14344
OKUMA	1070384	宝熊渔具股份有限公司	第二十八类	T2008-14345
LINEWINDER 及图	1039988	宝熊渔具股份有限公司	第二十八类	T2008-14346
FK	794451	泛科轴承集团有限责任公司	第七类	T2008-14348
MSB	1977343	泛科轴承集团有限责任公司	第七类	T2008-14349
LUXTECH	3307055	曹茂军	第十一类	T2008-14352
LUXTECH 及图	3307056	曹茂军	第九类	T2008-14353
LUXT-CH	3716165	曹茂军	第十一类	T2008-14354
LUXT-CH	3716166	曹茂军	第九类	T2008-14355
fullgear	4320275	意发国际（香港）有限公司	第八类	T2008-14356
electrosmart	3862492	意发国际（香港）有限公司	第十一类	T2008-14357
electrosmart	3862493	意发国际（香港）有限公司	第九类	T2008-14358
electrosmart	3862494	意发国际（香港）有限公司	第七类	T2008-14359
permatex 及图形	1093586	伊利诺斯工具制品有限公司	第四类	T2008-14360
permatex 及图形	1099935	伊利诺斯工具制品有限公司	第一类	T2008-14361
PERMATEX FAST ORANGE	1144335	伊利诺斯工具制品有限公司	第三类	T2008-14362
PERMATEX	804003	伊利诺斯工具制品有限公司	第三类	T2008-14363
PERMATEX	884879	伊利诺斯工具制品有限公司	第十七类	T2008-14364
PERMATEX	811278	伊利诺斯工具制品有限公司	第十六类	T2008-14365
PERMATEX	798346	伊利诺斯工具制品有限公司	第一类	T2008-14366
WYNN' S	167462	伊利诺斯工具制品有限公司	第四类	T2008-14367
WYNN' S	167463	伊利诺斯工具制品有限公司	第一类	T2008-14368
ingelec	4771540	王建勋	第十一类	T2008-14369
DAIKEN	3191194	株式会社大建	第六类	T2008-14370
Pierre Errein	4204932	何文	第二十五类	T2008-14374

权利名称	权利注册授权号	申请人名称	商品分类	备案号
dunhill LINKS	G927990	阿尔弗雷德·登喜路有限公司	第二十八类	T2008-14377
dunhill LINKS	G927990	阿尔弗雷德·登喜路有限公司	第二十五类	T2008-14378
dunhill LINKS	G927990	阿尔弗雷德·登喜路有限公司	第二十四类	T2008-14379
dunhill LINKS	G927990	阿尔弗雷德·登喜路有限公司	第十八类	T2008-14380
KOBO 及图形	299896	广州轻出集团股份有限公司	第九类	T2008-14381
VACON	1606271	伟肯公司	第九类	T2008-14382
D(图形)	G679973	迪赛尔股份公司	第二十五类	T2008-14383
D(图形)	G679973	迪赛尔股份公司	第十八类	T2008-14384
Dunham	1565399	美国新平衡运动鞋公司	第二十五类	T2008-14386
桂花陈	946101	北京桂花陈酒业有限公司	第三十三类	T2008-14387
SANTA ANITA	3700092	淄博新中天陶瓷有限公司	第二十一类	T2008-14391
CALA	3675260	申贸易公司	第八类	T2008-14392
CALA	3675019	申贸易公司	第三类	T2008-14393
NMB	743820	美倍亚株式会社	第七类	T2008-14399
NMB	724862	美倍亚株式会社	第十二类	T2008-14400
NMB Minebea 及图	3541515	美倍亚株式会社	第七类	T2008-14401
图形	4287735	大连海韵经贸有限公司	第二十九类	T2008-14402
RIYA	3077611	浙江日雅摩托车有限公司	第十二类	T2008-14403
CANDINO 及图形	G599303	菲斯蒂纳—卡迪诺表业有限公司	第十四类	T2008-14404
“CLINIQUE 及 C 图形”商标	636226	倩碧实验室有限责任公司	第三类	T2008-14406
ESTEE LAUDER	163363	雅诗兰黛有限公司	第三类	T2008-14407
JO MALONE	1150379	周马龙公司	第三类	T2008-14408
MORRILL MOTORS	4390202	莫利电机有限公司	第七类	T2008-14411
金振 JINZHEN 及图形商标	3613763	蔡飞扬	第七类	T2008-14412
RAY-BAN	75807	陆逊梯卡有限公司	第九类	T2008-14413
Ray.Ban	1048316	陆逊梯卡有限公司	第九类	T2008-14414
图形	1197675	浙江双友物流器械股份有限公司	第七类	T2008-14422
邦强	1910431	浙江双友物流器械股份有限公司	第七类	T2008-14423
motive	2018790	摩帝夫有限公司	第七类	T2008-14425
夢特嬌	3884661	博内特里塞文奥勒有限公司	第三类	T2008-14428
MONTAGUT	3884659	博内特里塞文奥勒有限公司	第十四类	T2008-14429
花图形	3884655	博内特里塞文奥勒有限公司	第三类	T2008-14430
花图形 MONTAGUT INTERNATIONAL	3884651	博内特里塞文奥勒有限公司	第三类	T2008-14431
花图形 MONTAGUT INTERNATIONAL	3656153	博内特里塞文奥勒有限公司	第十八类	T2008-14432
夢特嬌	3884663	博内特里塞文奥勒有限公司	第二十四类	T2008-14433
MONTAGUT	3884660	博内特里塞文奥勒有限公司	第二十四类	T2008-14434
花图形	3884657	博内特里塞文奥勒有限公司	第二十四类	T2008-14435
花图形 MONTAGUT INTERNATIONAL	3884653	博内特里塞文奥勒有限公司	第二十四类	T2008-14436

权利名称	权利注册授权号	申请人名称	商品分类	备案号
梦特娇	4060014	博内特里塞文奥勒有限公司	第二十五类	T2008-14437
MONTAGUT	3746551	博内特里塞文奥勒有限公司	第二十五类	T2008-14438
夢特嬌	3746549	博内特里塞文奥勒有限公司	第二十五类	T2008-14439
夢特嬌	757731	博内特里塞文奥勒有限公司	第三十四类	T2008-14440
花图形 MONTAGUT	721934	博内特里塞文奥勒有限公司	第三十四类	T2008-14441
花图形	721916	博内特里塞文奥勒有限公司	第三十四类	T2008-14442
BG	1726239	浙江朱氏电器有限公司	第九类	T2008-14444
创新科技 CREATIVE	3027913	创新科技有限公司	第九类	T2008-14445
JACKSMITH	1216230	烟台世达塑胶制品有限公司	第十七类	T2008-14447
Genius ＋图形	1983477	昆盈企业股份有限公司	第九类	T2008-14448
EASTMAN	3438974	伊士曼（中国）有限公司	第七类	T2008-14449
NB-108	4389713	高寄钧	第十六类	T2008-14452
LULESTE	3292746	常州市亿泰电子有限公司	第十一类	T2008-14453
LUZLESTE	3292745	常州市亿泰电子有限公司	第十一类	T2008-14454
motm	3884997	蒋思权	第二十五类	T2008-14455
MLS	3695098	孙清焕	第九类	T2008-14456
prialpas 及图	3460908	派尔派股份公司	第二十五类	T2008-14457
prialpas 及图	3460907	派尔派股份公司	第十九类	T2008-14458
prialpas 及图	3460906	派尔派股份公司	第十七类	T2008-14459
PRIALPAS	3460891	派尔派股份公司	第二十五类	T2008-14460
PRIALPAS	3460910	派尔派股份公司	第十九类	T2008-14461
PRIALPAS	3460909	派尔派股份公司	第十七类	T2008-14462
派尔派	3460919	派尔派股份公司	第十九类	T2008-14463
派尔派	3460918	派尔派股份公司	第十七类	T2008-14464
CHAMPION POWER EQUIPMENT	4037905	冠军机电公司	第七类	T2008-14471
BIORE	674353	花王株式会社	第三类	T2008-14488
EGRET	3357696	姜堰市百草园文体用品有限公司	第二十八类	T2008-14489
FUTINA	3571349	佛山市顺德区福田电器有限公司	第九类	T2008-14490
HAIXING 及图案	4352710	唐山市长智农工具设计制造有限公司	第八类	T2008-14491
OMAX	648956	奥玛斯制表公司	第十四类	T2008-14492
WISDOM	1934737	陈兴龙 321002196409203395	第二十一类	T2008-14494
ROMENDIK 及图形	3347975	单小红	第二十五类	T2008-14495
MAINBOCHER	3963638	单小红	第二十五类	T2008-14496
X 图形	3994302	单小红	第二十五类	T2008-14497
SEBASTIENCLAVIER	4085670	单小红	第二十五类	T2008-14498
MILIMETRIC	4293469	单小红	第二十五类	T2008-14499
G.FARICETTI	3650834	单小红	第二十五类	T2008-14500
skywatcher	1767680	苏州信达光电科技有限公司	第九类	T2008-14501
dunhill	G902887	阿尔弗雷德·登喜路有限公司	第三十四类	T2008-14502

权利名称	权利注册授权号	申请人名称	商品分类	备案号
dunhill	G902887	阿尔弗雷德·登喜路有限公司	第二十五类	T2008-14503
dunhill	G902887	阿尔弗雷德·登喜路有限公司	第十八类	T2008-14504
dunhill	G902887	阿尔弗雷德·登喜路有限公司	第十六类	T2008-14505
dunhill	G902887	阿尔弗雷德·登喜路有限公司	第十四类	T2008-14506
dunhill	G902887	阿尔弗雷德·登喜路有限公司	第九类	T2008-14507
SAFT	G623877	帅福得	第九类	T2008-14508
SAFT	G623877	帅福得	第十一类	T2008-14509
SAFT	G865105	帅福得	第九类	T2008-14510
SAFT	G836434	帅福得	第九类	T2008-14511
SAFT	G836434	帅福得	第七类	T2008-14512
图形	4051576	K-2 公司	第二十八类	T2008-14513
图形	4051557	K-2 公司	第二十五类	T2008-14514
图形	4051558	K-2 公司	第十八类	T2008-14515
FPDTV	3549574	深圳市康冠电脑技术有限公司	第九类	T2008-14517
PDPTV	3549571	深圳市康冠电脑技术有限公司	第九类	T2008-14518
图案（指定颜色）	3018762	深圳市康冠电脑技术有限公司	第九类	T2008-14519
FPD	3549570	深圳市康冠电脑技术有限公司	第九类	T2008-14520
FPD	4341522	深圳市康冠电脑技术有限公司	第九类	T2008-14521
KTC	1179213	深圳市康冠电脑技术有限公司	第九类	T2008-14522
HUGO HUGO BOSS energise	G832231	德国雨果博斯商标管理有限公司	第三类	T2008-14523
BOSS SKIN	4381549	德国雨果博斯商标管理有限公司	第三类	T2008-14524
BOSS IN MOTION	3316680	德国雨果博斯商标管理有限公司	第三类	T2008-14525
BOSS	1536556	德国雨果博斯商标管理有限公司	第十八类	T2008-14526
GOLDEN BRIDGE	1235784	厦门烟草工业有限责任公司	第三十四类	T2008-14527
GOLDEN BRIDGE 金桥	349969	厦门烟草工业有限责任公司	第三十四类	T2008-14528
金桥	1235785	厦门烟草工业有限责任公司	第三十四类	T2008-14529
YQSY	1511299	东莞市永强汽车制造有限公司	第十二类	T2008-14530
永强	3906253	东莞市永强汽车制造有限公司	第十二类	T2008-14531
GREAT OCEAN 大洋	4171126	浙江大洋衣车有限公司	第七类	T2008-14532
DAYANG	4171123	浙江大洋衣车有限公司	第七类	T2008-14533
GREAT OCEAN	4171125	浙江大洋衣车有限公司	第七类	T2008-14534
Great Ocean	1546897	浙江大洋衣车有限公司	第七类	T2008-14535
DAYANG	862158	浙江大洋衣车有限公司	第七类	T2008-14536
大洋 DAYANG 及图形	610965	浙江大洋衣车有限公司	第七类	T2008-14537
Monisa	3082230	石狮黎祥食品有限公司	第三十类	T2008-14538
Kaimy	4601332	佛山市佳明电器有限公司	第九类	T2008-14551
PICONE STUDIO	4461872	琼斯投资有限公司	第二十五类	T2008-14554
PICONE SPORT	4461873	琼斯投资有限公司	第二十五类	T2008-14555
PICONE	4461874	琼斯投资有限公司	第二十五类	T2008-14556
AK ANNE KLEIN SPORT	3714049	琼斯投资有限公司	第二十五类	T2008-14557

权利名称	权利注册授权号	申请人名称	商品分类	备案号
Racing Boy	4248268	刘国恩	第十二类	T2008-14558
CELERON	1373740	英特尔公司	第九类	T2008-14559
XEON	1534039	英特尔公司	第九类	T2008-14560
PENTIUM	677681	英特尔公司	第九类	T2008-14561
ITANIUM	1553939	英特尔公司	第九类	T2008-14562
CENTRINO	3330801	英特尔公司	第九类	T2008-14563
INTEL	225222	英特尔公司	第九类	T2008-14564
猫图形	3431312	诺雅卡特企业发展有限公司	第二十五类	T2008-14565
FYH	1597818	佳卓（常州）机械制造有限公司	第七类	T2008-14566
丰莲 AP	3370856	郭鉴坤	第三十一类	T2008-14567
iska	1999111	年年红国际食品有限公司	第二十九类	T2008-14568
整机贴花标识	2008-F-013955	浙江金陵机械有限公司		C2008-14570
特有产品标识	2008-F-013954	浙江金陵机械有限公司		C2008-14571
浙江金陵机械有限公司发电机组包装箱	2008-F-013953	浙江金陵机械有限公司		C2008-14572
MONTAGUT	3884658	博内特里塞文奥勒有限公司	第三类	T2008-14575
仁强	3675463	天津市万和食品有限公司	第三十类	T2009-14576
仁强	3675464	天津市万和食品有限公司	第二十九类	T2009-14577
TTS	4539445	天津市万和食品有限公司	第二十九类	T2009-14578
VNION	1527256	青岛三链锁业有限公司	第六类	T2009-14579
SUMMOON	4751246	青岛三链锁业有限公司	第六类	T2009-14580
IDEA	1125461	青岛三链锁业有限公司	第六类	T2009-14581
NF 及图形	3998123	青岛三链锁业有限公司	第六类	T2009-14582
图形 +KINHIL	4583673	宁波宁兴金海水暖器材有限公司	第十一类	T2009-14583
苹果	307810	苹果公司（美国）	第九类	T2009-14584
Apple	307809	苹果公司（美国）	第九类	T2009-14585
PILA	1161114	朱先木	第十一类	T2009-14587
NBTX 及图	3258276	舟山东方印染有限公司	第二十四类	T2009-14588
ELLE	1106144	桦榭菲力柏契出版社	第十八类	T2009-14589
迈世俱乐部	4242372	仇永	第二十八类	T2009-14590
CLUBMAXX	4242371	仇永	第二十八类	T2009-14591
turbolaser	4734447	仇永	第十一类	T2009-14592
东风 DONG FENG 及图形	4031874	常州东风农机集团有限公司	第二十八类	T2009-14595
东风 DONG FENG 及图形	270859	常州东风农机集团有限公司	第十六类	T2009-14596
DFAM 及图形	1065383	常州东风农机集团有限公司	第七类	T2009-14597
东风神舟 DONGFENG SHENZHOU 及图形	4048733	常州东风农机集团有限公司	第十二类	T2009-14598
CTC CHANG TUO CHANG	3188749	常州东风农机集团有限公司	第七类	T2009-14599
常拖 CHANG TUO	1507039	常州东风农机集团有限公司	第十二类	T2009-14600
东风及图形	120571	常州东风农机集团有限公司	第十二类	T2009-14601

权利名称	权利注册授权号	申请人名称	商品分类	备案号
东风王 DFW Dong Feng Wang 及图形	4023319	常州东风农机集团有限公司	第十二类	T2009-14602
CTC CHANG TUO CHANG	3188748	常州东风农机集团有限公司	第十二类	T2009-14604
DF 及图形	4024125	常州东风农机集团有限公司	第十二类	T2009-14605
奔富及图形	672626	常州东风农机集团有限公司	第十二类	T2009-14606
东风 DF 及图形	316529	常州东风农机集团有限公司	第十二类	T2009-14607
DFAM 及图形	1077865	常州东风农机集团有限公司	第十二类	T2009-14608
NATI	4601475	杭州飞特进出口贸易有限公司	第六类	T2009-14610
NATI	4601472	杭州飞特进出口贸易有限公司	第十二类	T2009-14611
FITTOO	4601474	杭州飞特进出口贸易有限公司	第六类	T2009-14612
FITTOO	4601473	杭州飞特进出口贸易有限公司	第十二类	T2009-14613
C6HSA	1185480	日本特殊陶业株式会社	第十二类	T2009-14614
C7HSA	1185478	日本特殊陶业株式会社	第十二类	T2009-14615
BP7HS	1185482	日本特殊陶业株式会社	第十二类	T2009-14616
B7HS	1185479	日本特殊陶业株式会社	第十二类	T2009-14617
BP6ES	1185476	日本特殊陶业株式会社	第十二类	T2009-14618
D8EA	1185481	日本特殊陶业株式会社	第十二类	T2009-14619
FOXCONN	1538310	鸿海精密工业股份有限公司	第九类	T2009-14620
HL	1772063	佛山市顺德区容桂安边五金机械压铸厂	第六类	T2009-14621
盛兴幕墙 + 图形	4751444	中山盛兴股份有限公司	第六类	T2009-14624
GOLDEN ROSE	1649014	东方国际集团上海家纺有限公司	第二十三类	T2009-14626
Rose 玫瑰	3422744	东方国际集团上海家纺有限公司	第二十三类	T2009-14627
MIU MIU	G686197 号	普拉达有限公司	第十八类	T2009-14628
MIU MIU	G686197	普拉达有限公司	第九类	T2009-14629
MIU MIU	G686197	普拉达有限公司	第三类	T2009-14630
MIU MIU	G686197	普拉达有限公司	第二十五类	T2009-14631
PRADA	G650695	普拉达有限公司	第三类	T2009-14632
小精灵 +BLIGHT PUMP	4832067	何笑娴 440105196311233327	第七类	T2009-14653
PULANNA	1413209	天津普兰娜天然植物化妆品集团有限公司	第三类	T2009-14655
MCS	3612784	温州市瓯海凯士箱包厂	第十八类	T2009-14657
LOUIS KAISER	1780920	温州市瓯海凯士箱包厂	第十八类	T2009-14658
RICOH	4597838	株式会社理光	第十六类	T2009-14659
RICOH	4597833	株式会社理光	第二类	T2009-14660
RICOH	4597834	株式会社理光	第一类	T2009-14661
Master Serrures	3215086	苏州工业园区华艺建筑五金有限公司	第六类	T2009-14662
轮胎人图形	4649793	米其林集团总公司	第六类	T2009-14665
MICHELIN	758222	米其林集团总公司	第六类	T2009-14666
MICHELIN	G771031	米其林集团总公司	第九类	T2009-14667
MICHELIN	G771031	米其林集团总公司	第十八类	T2009-14668
D’Addario 标识	2008-F-013783	达大里澳公司		C2009-14669

权利名称	权利注册授权号	申请人名称	商品分类	备案号
富安捷	1977419	谢夫勒两合公司	第十二类	T2009-14672
富安捷	1975847	谢夫勒两合公司	第七类	T2009-14673
FAG	162357	谢夫勒两合公司	第十九类	T2009-14674
FAG	162356	谢夫勒两合公司	第七类	T2009-14675
NINE WEST	4651875	耐恩西部发展公司	第十四类	T2009-14676
SHOHAY	3558028	温州市博宇锁业有限公司	第六类	T2009-14677
FEALTY	1910594	温州市博宇锁业有限公司	第六类	T2009-14678
seazone	4401547	葛亮	第二十九类	T2009-14683
DELONY	4837793	李爱学（身份证号码：441322781122524）	第九类	T2009-14684
NANCO	3029832	法国邦舒股份有限公司	第三十类	T2009-14685
FLUOCARIL	292918	宝洁公司（美国）	第二十一类	T2009-14686
FLUOCARIL	289971	宝洁公司（美国）	第三类	T2009-14687
Koban 及图	3123889	郑燕川 H398354（6）	第七类	T2009-14688
M.G.S	3106259	弘隆缝纫机械设备（南安）有限公司	第八类	T2009-14689
Eastman	3106261	弘隆缝纫机械设备（南安）有限公司	第八类	T2009-14690
MICHIBA	4030275	佛山市南海区晟拓车灯厂	第十一类	T2009-14691
贝料理	3888797	贝料理股份公司	第八类	T2009-14692
贝料理	3888798	贝料理股份公司	第九类	T2009-14693
贝料理	3888799	贝料理股份公司	第十一类	T2009-14694
贝料理	3888796	贝料理股份公司	第二十一类	T2009-14695
纯耐强	1214042	霍尼韦尔国际公司	第一类	T2009-14696
PedEgg 零售包装（PedEgg Retail Package）	2008-F-09119	泰莱白兰德公司		C2009-14697
SUNGO 及图	3706276	翁建成	第十二类	T2009-14698
KORLEN	4173712	温州高能电气有限公司	第九类	T2009-14699
图形	4905323	台州冯氏进出口有限公司	第六类	T2009-14700
DOUBLE CIRCLE	4487193	韩昌俭	第六类	T2009-14702
国辉	1561310	福建省晋江市国辉鞋服有限公司	第二十五类	T2009-14705
EMPORIO ARMANI 及图形	319148	乔治·阿玛尼有限公司（米兰），瑞士门德里西奥分公司	第十四类	T2009-14706
EMPORIO ARMANI 及图形	314963	乔治·阿玛尼有限公司（米兰），瑞士门德里西奥分公司	第二十六类	T2009-14707
EMPORIO ARMANI 及图形	320070	乔治·阿玛尼有限公司（米兰），瑞士门德里西奥分公司	第二十四类	T2009-14708
EMPORIO ARMANI 及图形	319133	乔治·阿玛尼有限公司（米兰），瑞士门德里西奥分公司	第二十四类	T2009-14709
VAN CLEEF & ARPELS	271739	梵克雅宝有限公司	第十四类	T2009-14710
VAN CLEEF & ARPELS	270948	梵克雅宝有限公司	第十四类	T2009-14711
VAN CLEEF & ARPELS	271253	梵克雅宝有限公司	第九类	T2009-14712
3Com	274201	3COM 公司	第九类	T2009-14713
OLET	1677645	雪松投资有限公司	第六类	T2009-14715

权利名称	权利注册授权号	申请人名称	商品分类	备案号
BONNEY FORGE	3092177	雪松投资有限公司	第六类	T2009-14716
BF 图形	963353	雪松投资有限公司	第六类	T2009-14717
CIRCAFOOTWEAR LOGO	VA 1-020-534	四星销售		C2009-14718
MAXIM	3953413	蔡新民	第六类	T2009-14719
TEKNO	3560771	瑞新行有限公司	第六类	T2009-14720
PMP	3483814	波佐，路易吉诺	第七类	T2009-14721
PMP	3483815	波佐，路易吉诺	第十二类	T2009-14722
电池外包装图纸	2008-F-011274	广州轻工工贸集团有限公司		C2009-14723
555	3063696	广州轻工工贸集团有限公司	第九类	T2009-14724
555	3063695	广州轻工工贸集团有限公司	第九类	T2009-14725
图案	4043462	广州弘嘉贸易发展有限公司	第九类	T2009-14726
K2(图形)	1188509	K-2 公司	第十八类	T2009-14727
DICKIES 和马蹄铁形图案	579439	威廉姆斯—迪克制造公司	第二十五类	T2009-14728
DICKIES	4347720	威廉姆斯—迪克制造公司	第二十五类	T2009-14729
奈斯迪斯烹饪手册（英文）	2007-L-08989	格尼斯有限公司		C2009-14730
奈斯迪斯烹饪工具包装盒（英文）	2007-F-08988	格尼斯有限公司		C2009-14731
富士康	1541963	鸿海精密工业股份有限公司	第九类	T2009-14732
NASS	3954370	广州弘嘉贸易发展有限公司	第三十四类	T2009-14733
STANLEY 及图	942655	史丹利百得公司	第九类	T2009-14734
BOSTITCH	948278	史丹利百得公司	第十六类	T2009-14735
STANLEY 及图	1217617	史丹利百得公司	第八类	T2009-14736
SANSUI+ 图形	317717	山水音像开发公司	第十五类	T2009-14737
ROSSIGNOL	4358306	青岛三链锁业有限公司	第六类	T2009-14739
ROSSIGNOL	4358306	青岛三链锁业有限公司	第六类	T2009-14739
HILTI	163395	喜利得股份有限公司	第六类	T2009-14750
HILTI	163394	喜利得股份有限公司	第七类	T2009-14751
HILTI	163396	喜利得股份有限公司	第十三类	T2009-14752
喜利得	1983784	喜利得股份有限公司	第九类	T2009-14753
喜利得	574692	喜利得股份有限公司	第七类	T2009-14754
喜利得	574692	喜利得股份有限公司	第七类	T2009-14754
喜利得	571084	喜利得股份有限公司	第十三类	T2009-14755
喜利得	570419	喜利得股份有限公司	第一类	T2009-14756
喜利得	569266	喜利得股份有限公司	第二十类	T2009-14757
喜利得	567640	喜利得股份有限公司	第六类	T2009-14758
KHAIMA	1510251	法国邦舒股份有限公司	第三十类	T2009-14760
图形	4822973	法国邦舒股份有限公司	第三十类	T2009-14761
图形	1947242	法国邦舒股份有限公司	第三十类	T2009-14762
REEBOK	326495	力宝克体育运动有限公司	第十四类	T2009-14763
球形图形商标	3389786	阿迪达斯国际经营管理有限公司	第二十五类	T2009-14764

权利名称	权利注册授权号	申请人名称	商品分类	备案号
adidas	3303130	阿迪达斯有限公司	第二十四类	T2009-14765
ODYSSEY	1991662	张华平	第二十类	T2009-14766
MONTBLANC	996480	蒙特布兰—辛普洛公司	第十六类	T2009-14767
MONTBLANC	G668633	蒙特布兰—辛普洛公司	第三类	T2009-14768
MONTBLANC	G670350	蒙特布兰—辛普洛公司	第十八类	T2009-14769
MONTBLANC	G670350	蒙特布兰—辛普洛公司	第十四类	T2009-14770
MONTBLANC	G670350	蒙特布兰—辛普洛公司	第九类	T2009-14771
图形	G690249	蒙特布兰—辛普洛公司	第十八类	T2009-14772
图形	G690249	蒙特布兰—辛普洛公司	第十四类	T2009-14773
图形	G690249	蒙特布兰—辛普洛公司	第九类	T2009-14774
图形	G690249	蒙特布兰—辛普洛公司	第三类	T2009-14775
Cartier	202383	卡地亚国际有限公司	第三十四类	T2009-14778
TAYO	4961659	谢东 350103196711200431	第六类	T2009-14779
BONNEY	963432	雪松投资有限公司	第六类	T2009-14780
KAHLUA LABEL	244877	卡兰有限公司	第三十三类	T2009-14783
甘露	3494889	卡兰有限公司	第三十三类	T2009-14784
IZUMI	3347959	福建省武平县宇田汽车零部件工业有限公司	第十二类	T2009-14786
IZUMI	1125083	福建省武平县宇田汽车零部件工业有限公司	第十二类	T2009-14787
PRADA	1154384	普拉达有限公司	第十四类	T2009-14788
PRADA	1159269	普拉达有限公司	第九类	T2009-14789
珠江 101	4551869	广东省食品进出口集团公司	第三十类	T2009-14790
PEARL RIVER 101	4551870	广东省食品进出口集团公司	第三十类	T2009-14791
珠江 PEARL RIVER	1514241	广东省食品进出口集团公司	第三十类	T2009-14792
图形（心形）	3316726	奎克西尔弗国际控股有限公司	第十四类	T2009-14793
图形（心形）	3316725	奎克西尔弗国际控股有限公司	第十八类	T2009-14794
图形（心形）	3316724	奎克西尔弗国际控股有限公司	第二十五类	T2009-14795
图形（山和波浪）	936319	奎克西尔弗国际控股有限公司	第十四类	T2009-14796
图形（山和波浪）	937200	奎克西尔弗国际控股有限公司	第二十五类	T2009-14797
QUIKSILVER	936322	奎克西尔弗国际控股有限公司	第十四类	T2009-14798
QUIKSILVER	933266	奎克西尔弗国际控股有限公司	第二十五类	T2009-14799
ROXY	1548625	奎克西尔弗国际控股有限公司	第十四类	T2009-14800
ROXY	1600753	奎克西尔弗国际控股有限公司	第十八类	T2009-14801
ROXY	1600753	奎克西尔弗国际控股有限公司	第十八类	T2009-14801
ROXY	2021323	奎克西尔弗国际控股有限公司	第二十五类	T2009-14802
EverExceed	3473203	陈真	第九类	T2009-14807
TOPSUER	4424191	陈真	第九类	T2009-14808
BBK	1634490	广东步步高电子工业有限公司	第九类	T2009-14809
H 图形	1137153	富世华股份公司	第七类	T2009-14814
JF444G49	13-2005-F-146	福州业通家居制造有限公司		C2009-14815
JP222G22	13-2005-F-147	福州业通家居制造有限公司		C2009-14816

权利名称	权利注册授权号	申请人名称	商品分类	备案号
JP222LD30	13-2005-F-150	福州业通家居制造有限公司		C2009-14817
JP222G23	13-2005-F-151	福州业通家居制造有限公司		C2009-14818
JP222G28	13-2005-F-153	福州业通家居制造有限公司		C2009-14819
JD188 钟面系列	13-2005-F-135	福州业通家居制造有限公司		C2009-14820
JF444MA50	13-2005-F-142	福州业通家居制造有限公司		C2009-14821
JF444MA52	13-2005-F-166	福州业通家居制造有限公司		C2009-14822
黄底钟	13-2007-F-1000	福州业通家居制造有限公司		C2009-14823
YZBW05040806	13-2005-F-2445	福州业通家居制造有限公司		C2009-14824
TOP DOVE	4370363	张玉山	第二十五类	T2009-14825
乐鼹 FRIEND MOLE	3855698	张玉山	第二十五类	T2009-14826
北面	1168544	北面服饰股份有限公司	第十八类	T2009-14832
THE NORTH FACE 及图形	1168543	北面服饰股份有限公司	第十八类	T2009-14833
THE NORTH FACE（图形）	1168542	北面服饰股份有限公司	第十八类	T2009-14834
THE NORTH FACE	1113227	北面服饰股份有限公司	第二十五类	T2009-14835
THE NORTH FACE 及图形	1150693	北面服饰股份有限公司	第二十五类	T2009-14836
TEKWARE	1009575	北面服饰股份有限公司	第二十五类	T2009-14837
AVON FARAWAY	G621674	雅芳化妆品股份有限公司	第三类	T2009-14842
BOTTEGA VENETA	1132641	柏蒂・温妮达国际有限责任公司	第二十五类	T2009-14845
BOTTEGA VENETA	1142439	柏蒂・温妮达国际有限责任公司	第三类	T2009-14846
BOTTEGA VENETA	1139498	柏蒂・温妮达国际有限责任公司	第九类	T2009-14847
BOTTEGA VENETA	320037	柏蒂・温妮达国际有限责任公司	第十八类	T2009-14848
BOTTEGA VENETA	1134287	柏蒂・温妮达国际有限责任公司	第十六类	T2009-14849
BOTTEGA VENETA	1130316	柏蒂・温妮达国际有限责任公司	第十四类	T2009-14850
HALOTRON	1724056	美国太平洋公司	第一类	T2009-14851
HHH	1254116	太平洋拉链有限公司	第二十六类	T2009-14852
顾家 +GUJIA	3352523	中山市顾家电器有限公司	第十一类	T2009-14855
OUKE 欧科	3726276	佛山市顺德区欧科电器有限公司	第七类	T2009-14856
Kathrein	1522012	凯瑟琳—沃克合资公司	第九类	T2009-14857
Kathrein	976092	凯瑟琳—沃克合资公司	第九类	T2009-14858
RUSH HOUR 游戏外包装盒	2008-F-012206	思趣公司		C2009-14859
RUSH HOUR 游戏底板模型	2008-F-012205	思趣公司		C2009-14860
RUSH HOUR 游戏小车模型	2008-F-012204	思趣公司		C2009-14861
RUSH HOUR 游戏卡片	2008-F-012203	思趣公司		C2009-14862
UMBRO 文字图形商标	3698204	茵宝国际有限公司（又译：乌姆布罗国际有限公司）	第二十五类	T2009-14863
UMBRO 图形商标	3698200	茵宝国际有限公司（又译：乌姆布罗国际有限公司）	第二十五类	T2009-14864
UMBRO 文字图形	1058828	茵宝国际有限公司（又译：乌姆布罗国际有限公司）	第二十五类	T2009-14865
海印桥	554152	广州粮油食品进出口实业有限公司	第三十类	T2009-14866
BABY 图	2008-F-012012	吕青峰		C2009-14867

权利名称	权利注册授权号	申请人名称	商品分类	备案号
J&G	3042193	中山巨光一东元遥控门有限公司	第九类	T2009-14869
FPL	3633418	杨秋云	第六类	T2009-14870
PRETUL	3071808	许浩荣	第六类	T2009-14871
X-431	3770466	深圳市元征科技股份有限公司	第九类	T2009-14872
LAUNCH	1000240	深圳市元征科技股份有限公司	第九类	T2009-14873
轮胎人图形	G773093	米其林集团总公司	第九类	T2009-14874
EVOBOND	4352968	陈志鸣	第三类	T2009-14875
G图形	3203884	陈志鸣	第一类	T2009-14876
AXE TOUCH	G817274	联合利华有限公司	第三类	T2009-14877
Pears	3728190	联合利华有限公司	第三类	T2009-14878
LIFEBUOY	265367	联合利华有限公司	第三类	T2009-14879
SURF 浪花	28147	联合利华有限公司	第三类	T2009-14880
SOUNDSTREAM	711812	艾普西兰电子有限公司	第九类	T2009-14884
HW	289104	高力电池实业有限公司	第九类	T2009-14885
HILL' S	第906932号	高露洁棕榄公司	第三十一类	T2009-14886
CP COLGATE-PALMOLIVE	649828	高露洁棕榄公司	第二十一类	T2009-14887
AXION	813754	高露洁棕榄公司	第三类	T2009-14888
PROTEX	876281	高露洁棕榄公司	第三类	T2009-14889
KOLYNOS	1010291	高露洁棕榄公司	第二十一类	T2009-14890
MENNEN	76845	高露洁棕榄公司	第三类	T2009-14891
Colgate Maximum Cavity Protection（指定颜色）	3463814	高露洁棕榄公司	第三类	T2009-14892
360°	4088366	高露洁棕榄公司	第二十一类	T2009-14893
Colgate	3803825	高露洁棕榄公司	第二十一类	T2009-14894
KOLYNOS	148639	高露洁棕榄公司	第三类	T2009-14895
Colgate	3803826	高露洁棕榄公司	第三类	T2009-14896
CP COLGATE-PALMOLIVE	650148	高露洁棕榄公司	第三类	T2009-14897
Colgate（指定颜色）	1564208	高露洁棕榄公司	第三类	T2009-14898
COLGATE	1188128	高露洁棕榄公司	第三类	T2009-14899
Colgate Triple Action（指定颜色）	1816495	高露洁棕榄公司	第三类	T2009-14900
图形（绿+白+黄）	G760371	曼·胡默尔有限公司	第七类	T2009-14902
图形（绿+白+黄）	G760371	曼·胡默尔有限公司	第十一类	T2009-14903
MANN FILTER+图形（绿+白+黄）	G760413	曼·胡默尔有限公司	第七类	T2009-14904
MANN FILTER+图形（绿+白+黄）	G760413	曼·胡默尔有限公司	第十一类	T2009-14905
MANN+HUMMEL	G585706	曼·胡默尔有限公司	第十一类	T2009-14906
图形（黄+绿）	G647964	曼·胡默尔有限公司	第十一类	T2009-14907
图形（黄+绿）	G647964	曼·胡默尔有限公司	第七类	T2009-14908
micro top	575572	曼·胡默尔有限公司	第七类	T2009-14909
micro top	577103	曼·胡默尔有限公司	第十一类	T2009-14910

权利名称	权利注册授权号	申请人名称	商品分类	备案号
micro top	578185	曼·胡默尔有限公司	第十一类	T2009-14911
MANN	579825	曼·胡默尔有限公司	第十一类	T2009-14912
MANN	581316	曼·胡默尔有限公司	第七类	T2009-14913
micro top	575571	曼·胡默尔有限公司	第七类	T2009-14914
MANN+HUMMEL	G672133	曼·胡默尔有限公司	第十一类	T2009-14915
MANN+HUMMEL	G672133	曼·胡默尔有限公司	第七类	T2009-14916
MANN FILTER	3914883	曼·胡默尔有限公司	第七类	T2009-14917
MANN FILTER	3914882	曼·胡默尔有限公司	第十一类	T2009-14918
TOPRAYSOLAR	3644365	深圳市拓日新能源科技股份有限公司	第九类	T2009-14919
UNDER ARMOUR	3463214	安德阿默有限公司	第二十五类	T2009-14925
图形	3463213	安德阿默有限公司	第二十五类	T2009-14926
UNDER ARMOUR	3479748	安德阿默有限公司	第二十五类	T2009-14927
北极熊图形	2008-F-014701	域倡有限公司		C2009-14928
假雪花图形	2008-F-013668	域倡有限公司		C2009-14929
OC 变形组合图形	2008-F-013698	域倡有限公司		C2009-14930
字母 YY 图形	2008-F-014595	（美国）世霖国际有限公司		C2009-14931
WAKAME わかめ	4766344	浙江三丰水产食品有限公司	第二十九类	T2009-14932
OREGON	1976055	博能特公司	第七类	T2009-14936
GENERAL MOTORS	1092798	通用汽车公司	第四类	T2009-14941
GM 图形	1564696	通用汽车公司	第四类	T2009-14943
ACDelco	1213536	通用汽车公司	第七类	T2009-14944
SGM 及图形	1198934	通用汽车公司	第十二类	T2009-14945
ACDelco	1204207	通用汽车公司	第四类	T2009-14946
ACDelco	1185459	通用汽车公司	第十二类	T2009-14947
Mercian	1207027	美露香株式会社	第三十三类	T2009-14948
Star	1626469	杭州吉星仪表机械有限公司	第九类	T2009-14951
SAFESTAR	3104714	杭州吉星仪表机械有限公司	第九类	T2009-14952
Cyber-shot	1224937	索尼株式会社	第九类	T2009-14953
hp 及图形	956151	惠普发展公司，有限责任合伙企业	第二类	T2009-14954
宠物指甲修剪器零售包装	2008-L-012591	杨骏		C2009-14958
PALMER'S SKIN SUCCESS EVENTONE 及图	4482960	伊蒂布朗药品有限公司	第三类	T2009-14965
PALMER'S 及椭圆图形	4482957	伊蒂布朗药品有限公司	第三类	T2009-14966
homeworks	4811471	梁炯光	第十一类	T2009-14967
猴王牌及图	157711	中国茶叶股份有限公司	第三十类	T2009-14969
PATTA	1191192	鋐昇实业有限公司	第六类	T2009-14970
图形	3320565	鸡林窑业株式会社	第十一类	T2009-14976
SEYI	806486	协易机械工业股份有限公司	第七类	T2009-14980
TOMMY HILFIGER	330612	汤美·希尔弗格许可有限责任公司	第十八类	T2009-14981
TOMMY HILFIGER	384079	汤美·希尔弗格许可有限责任公司	第十四类	T2009-14982

权利名称	权利注册授权号	申请人名称	商品分类	备案号
图形	328575	汤美·希尔弗格许可有限责任公司	第二十五类	T2009-14983
TOMMY HILFIGER	328572	汤美·希尔弗格许可有限责任公司	第二十五类	T2009-14984
斯康杜尼	3388926	塞普敦股份有限公司	第五类	T2009-14987
三久 SUNCUE	657789	三久股份有限公司	第二十类	T2009-14988
SUNCUE 三久	709192	三久股份有限公司	第七类	T2009-14989
SUNCUE 三久	757973	林荣郎	第十一类	T2009-14990
立体商标	3498155	TMT 贸易有限公司	第十一类	T2009-14991
立体商标	3486701	TMT 贸易有限公司	第十一类	T2009-14992
NIS	3042206	厦门良申轴承制造有限公司	第七类	T2009-14993
南字牌	229999	广东中轻南方炼糖纸业有限公司	第三十类	T2009-14994
互力	241285	新疆八一钢铁股份有限公司	第六类	T2009-14995
MCC	1910099	株式会社松阪铁工所	第八类	T2009-14996
OLYMPUS	1199603	奥林巴斯株式会社	第九类	T2009-14997
GAMA-SONIC	1125644	嘉玛新力工业(香港)有限公司	第十一类	T2009-14998
图形	3412197	苏州市春苑制锁有限公司	第六类	T2009-15000
POLLUX	4703897	苏州市春苑制锁有限公司	第六类	T2009-15001
FANNY	4649482	苏州市春苑制锁有限公司	第六类	T2009-15002
Sicher	1697584	苏州市春苑制锁有限公司	第六类	T2009-15003
PICARD	4398590	苏州市春苑制锁有限公司	第六类	T2009-15004
Toolmax	4120237	苏州市春苑制锁有限公司	第六类	T2009-15005
Toolmaster	4120236	苏州市春苑制锁有限公司	第六类	T2009-15006
VAK	4398591	苏州市春苑制锁有限公司	第六类	T2009-15007
VENDA	4649481	苏州市春苑制锁有限公司	第六类	T2009-15009
IDL	4830395	苏州市春苑制锁有限公司	第六类	T2009-15010
FKY	4498204	刘炳田 410603196508060051	第十二类	T2009-15011
HKC	4498203	刘炳田 410603196508060051	第十二类	T2009-15012
BGL	4498142	刘炳田 410603196508060051	第十二类	T2009-15013
KLK	4498140	刘炳田 410603196508060051	第十二类	T2009-15014
VALVOLINE	G568949	亚什兰荷兰有限公司	第四类	T2009-15015
VALVOLINE	G568949	亚什兰荷兰有限公司	第三类	T2009-15016
VALVOLINE	G568949	亚什兰荷兰有限公司	第一类	T2009-15017
VALVOLINE	G679766	亚什兰荷兰有限公司	第二十五类	T2009-15018
EMERSON 及图	954975	埃默森无线电公司	第十一类	T2009-15019
AKT 奥科特	4517402	陈爱华	第九类	T2009-15020
BYD	3479892	比亚迪股份有限公司	第十二类	T2009-15032
BYD	1626516	比亚迪股份有限公司	第九类	T2009-15033
CANNONDALE	730303	佳能德尔自行车公司	第二十五类	T2009-15034
CANNONDALE	728548	佳能德尔自行车公司	第十二类	T2009-15035
图形	4023747	佳能德尔自行车公司	第十二类	T2009-15036
ARAVON	G928352	美国新平衡运动鞋公司	第二十五类	T2009-15037

权利名称	权利注册授权号	申请人名称	商品分类	备案号
MDGXJG	4496975	福安市闽东革新电机有限公司	第七类	T2009-15038
PUMA	320460	彪马欧洲公司	第十四类	T2009-15040
PUMA 美洲狮图形商标	320459	彪马欧洲公司	第十四类	T2009-15041
跑道抽象图形商标	G581191	彪马欧洲公司	第二十五类	T2009-15042
AGATHA	G774779	阿加莎传播有限责任公司	第九类	T2009-15043
狗图形	G774778	阿加莎传播有限责任公司	第九类	T2009-15044
狗图形	G618084	阿加莎传播有限责任公司	第十八类	T2009-15045
狗图形	G618084	阿加莎传播有限责任公司	第三类	T2009-15046
AGATHA	G579692	阿加莎传播有限责任公司	第十四类	T2009-15047
狗图形	G618084	阿加莎传播有限责任公司	第十四类	T2009-15048
AGATHA	4378326	阿加莎传播有限责任公司	第九类	T2009-15049
狗图形	4378445	阿加莎传播有限责任公司	第十四类	T2009-15050
狗图形	4378444	阿加莎传播有限责任公司	第九类	T2009-15051
狗图形	4378443	阿加莎传播有限责任公司	第三类	T2009-15052
AGATHA	4378480	阿加莎传播有限责任公司	第十四类	T2009-15053
AGATHA	4378325	阿加莎传播有限责任公司	第三类	T2009-15054
Palio	4438539	开平市新穗英皮具制品有限公司	第十八类	T2009-15056
夏比比 +HABIBI+ 图形	4934107	李宽	第二十九类	T2009-15057
《笑脸系列（笑脸1，笑脸2，笑脸3）》SMILEY FACE SERIES (SMILEY FACE1,SMILEY FACE2,SMILEY FACE3)	2008-F-013792	哈威·波尔微笑有限公司		C2009-15062
真实信仰品牌牛仔标签	2008-F-013005	古露丹宁公司		C2009-15063
BIRKENSTOCK BAD HONNEF-RHEIN	1113401	比尔肯斯多克矫形外科两合公司	第二十五类	T2009-15064
BIRKENSTOCK	1605670	比尔肯斯多克矫形外科两合公司	第十类	T2009-15065
BIRKENSTOCK BAD HONNEF-RHEIN	1138952	比尔肯斯多克矫形外科两合公司	第十类	T2009-15066
BIRKENSTOCK	1521462	比尔肯斯多克矫形外科两合公司	第二十五类	T2009-15067
LONSDALE	4420957	伦达勒运动有限公司	第五类	T2009-15068
LONSDALE 及狮子图形	4420958	伦达勒运动有限公司	第三十二类	T2009-15069
LONSDALE 及狮子图形	4420961	伦达勒运动有限公司	第三十类	T2009-15070
LONSDALE 及狮子图形	4420965	伦达勒运动有限公司	第九类	T2009-15071
LONSDALE 及狮子图形	4420945	伦达勒运动有限公司	第二十八类	T2009-15072
LONSDALE 及狮子图形	4420944	伦达勒运动有限公司	第二十六类	T2009-15073
LONSDALE 及狮子图形	4420943	伦达勒运动有限公司	第二十五类	T2009-15074
LONSDALE 及狮子图形	4420942	伦达勒运动有限公司	第二十四类	T2009-15075
LONSDALE 及狮子图形	4420940	伦达勒运动有限公司	第十八类	T2009-15076
狮子图形	4420962	伦达勒运动有限公司	第三十类	T2009-15077
狮子图形	4420959	伦达勒运动有限公司	第三十二类	T2009-15078
LONSDALE	4420960	伦达勒运动有限公司	第三十二类	T2009-15079

权利名称	权利注册授权号	申请人名称	商品分类	备案号
LONSDALE	4420963	伦达勒运动有限公司	第三十类	T2009-15080
HUGO HUGO BOSS	G604811A	德国雨果博斯商标管理有限公司	第三类	T2009-15082
HUGO DEEP RED	3165076	德国雨果博斯商标管理有限公司	第三类	T2009-15083
军魂	3229431	李爱红	第十二类	T2009-15084
CHRISTIAN LOUBOUTIN	G787286	克里斯提　鲁布托	第二十五类	T2009-15087
CHRISTIAN LOUBOUTIN	G787286	克里斯提　鲁布托	第十八类	T2009-15088
HITARGET	4316289	穗发有限公司	第二十四类	T2009-15090
银峯三岛	4369264	银峰陶器株式会社	第二十一类	T2009-15091
花三岛	4369248	银峰陶器株式会社	第二十一类	T2009-15092
GINPO	4369267	银峰陶器株式会社	第二十一类	T2009-15093
MATTEL	1229030	美泰有限公司	第九类	T2009-15094
Barbie	1210228	美泰有限公司	第十八类	T2009-15095
HUAWEI 及图	4969112	华为技术有限公司	第九类	T2009-15096
图形	4924859	华为技术有限公司	第九类	T2009-15097
BB 及图形	1048430	中航电测仪器股份有限公司	第九类	T2009-15099
如意鸽 WINNER DOVE	3757785	张玉山	第二十五类	T2009-15100
苹果图形	1168516	广东苹果实业有限公司	第十八类	T2009-15101
雄风 +XIONG FENG+ 图形	276180	广东雄风电器有限公司	第十一类	T2009-15104
华宝 +HUA BAO+ 图形	276179	广东雄风电器有限公司	第十一类	T2009-15105
雄风 +HOPEFUL	2024098	广东雄风电器有限公司	第九类	T2009-15106
HOPEFUL	3741515	广东雄风电器有限公司	第十一类	T2009-15107
图形	1549459	伯顿公司	第二十五类	T2009-15110
图形	1553125	伯顿公司	第二十八类	T2009-15111
第 16 届亚运会会徽	2007-F-08019	第 16 届亚运会组委会		C2009-15116
乐羊羊 Le YangYang 及图（第 16 届亚运会吉祥物 A）	2008-F-011301	第 16 届亚运会组委会		C2009-15117
乐羊羊 Le YangYang 立体图（第 16 届亚运会吉祥物 B）	2008-F-011302	第 16 届亚运会组委会		C2009-15118
金莺 +GOLDEN EAGLE 及图	1798794	弘隆缝纫机械设备（南安）有限公司	第八类	T2009-15119
COLDEN EACLE 及图	3438973	弘隆缝纫机械设备（南安）有限公司	第七类	T2009-15120
卡通青蛙 1	13-2005-F-717	厦门南威进出口贸易有限公司		C2009-15121
卡通牛 1	13-2005-F-716	厦门南威进出口贸易有限公司		C2009-15122
通用大宇图形	3578319	通用大宇汽车和技术公司	第十二类	T2009-15123
TP-LINK	1313839	深圳市普联技术有限公司	第九类	T2009-15124
STM	4200158	台州建业阀门有限公司	第十一类	T2009-15125
JTM	4200159	台州建业阀门有限公司	第十一类	T2009-15126
ZEMIC	4059217	中航电测仪器股份有限公司	第九类	T2009-15127
FAIR PLAY 及图形	G624347	国际足球联合会	第二十五类	T2009-15128
FAIR PLAY 及图形	G624347	国际足球联合会	第九类	T2009-15129
CST 及图形	331179	厦门正新橡胶工业有限公司	第十二类	T2009-15132

权利名称	权利注册授权号	申请人名称	商品分类	备案号
1989 King Roy New Roy New Era	4739374	浙江双友物流器械股份有限公司	第七类	T2009-15141
EAGLERISE	4937369	伊戈尔电气股份有限公司	第九类	T2009-15148
FIFA WORLD CUP	G613159	国际足球联合会	第九类	T2009-15149
FIFA WORLD CUP	G613159	国际足球联合会	第二十五类	T2009-15150
FIFA WORLD CUP	G613159	国际足球联合会	第二十八类	T2009-15151
FIFA Trophy III（图形）	G910075	国际足球联合会	第六类	T2009-15152
FIFA Trophy III（图形）	G910075	国际足球联合会	第九类	T2009-15153
FIFA Trophy III（图形）	G910075	国际足球联合会	第十四类	T2009-15154
FAIR PLAY 及图形	G624347	国际足球联合会	第二十八类	T2009-15155
OLYMPUS	4871192	奥林巴斯株式会社	第九类	T2009-15158
SMC 及图	754767	SMC 株式会社	第十七类	T2009-15159
SMC	788736	SMC 株式会社	第九类	T2009-15160
SMC 及图	942270	SMC 株式会社	第七类	T2009-15161
SMC 及图	4707248	SMC 株式会社	第九类	T2009-15162
SMC 及图	4707249	SMC 株式会社	第七类	T2009-15163
Packaging of Pet Nail Trimmer(宠物指甲修整器外包装图)	2008-L-014761	美国国际边缘公司		C2009-15164
Packaging of PediPaws(PediPaws零售外包装图)	2008-L-014760	美国国际边缘公司		C2009-15165
JONES NEW YORK	3882637	琼斯投资有限公司	第十八类	T2009-15166
字母 BB 图形	2008-F-014597	（美国）世霖国际有限公司		C2009-15167
ICON	1172300	先正达有限公司	第五类	T2009-15168
SENDA 及图	4711447	重庆威马动力机械有限公司	第七类	T2009-15169
WEIMA 及图	3788411	重庆威马动力机械有限公司	第七类	T2009-15170
PLAYTEX	2008525	HBI 品牌服饰企业有限公司	第二十五类	T2009-15171
百丝特 Baisite 图形	3752214	浙江双友物流器械股份有限公司	第二十二类	T2009-15173
SafetyZone	5015223	宁波均胜工业有限公司	第十二类	T2009-15174
Baby first	5013357	宁波均胜工业有限公司	第十二类	T2009-15175
宝贝第一	5013363	宁波均胜工业有限公司	第十二类	T2009-15176
嘉高	1547594	宁波均胜工业有限公司	第十二类	T2009-15177
JaCoo	1547592	宁波均胜工业有限公司	第十二类	T2009-15178
IWH	1798854	宁波均胜工业有限公司	第十二类	T2009-15179
UM-209CH 充电器无线鼠标	2008-F-014272	万莱华国际有限公司		C2009-15180
大源及图形	4609745	朗源股份有限公司	第二十九类	T2009-15182
大源及图形	4609726	朗源股份有限公司	第三十二类	T2009-15183
廣源和图形	4609727	朗源股份有限公司	第三十一类	T2009-15184
D 图形	53647	住友橡胶工业株式会社	第十二类	T2009-15186
GARNIER	566085	雅恋合股实验所公司	第三类	T2009-15187
CAMCO	1035904	杨达明	第九类	T2009-15188
宝贝第一	3284455	宁波均胜工业有限公司	第二十类	T2009-15196

权利名称	权利注册授权号	申请人名称	商品分类	备案号
EURO KIDS	5015218	宁波均胜工业有限公司	第十二类	T2009-15197
LANCOME	869307	兰金香水美容有限公司	第十八类	T2009-15201
VLISCO	322690	弗利斯克有限公司	第二十四类	T2009-15202
红双喜烟包全包装	100329	上海烟草（集团）公司	第三十四类	T2009-15203
中华烟包全包装	100328	上海烟草（集团）公司	第三十四类	T2009-15204
熊猫烟包全包装	100332	上海烟草（集团）公司	第三十四类	T2009-15205
金鹿 GOLDEN DEER 及图	3022241	上海烟草（集团）公司	第三十四类	T2009-15206
505 及图	283984	义乌爱雅伦锁业有限公司	第六类	T2009-15207
SBS	4559751	安德森电力产品股份有限公司	第九类	T2009-15224
Anderson Power Products	3331729	安德胜能量产品（亚太区）有限公司	第九类	T2009-15225
Powerpole	3331730	安德胜能量产品（亚太区）有限公司	第九类	T2009-15226
SB	3331732	安德胜能量产品（亚太区）有限公司	第九类	T2009-15227
Bamboo	2008-F-10584	奇丽威·萨尔顿有限公司		C2009-15228
Engineered Squares	2008-F-10585	奇丽威·萨尔顿有限公司		C2009-15229
Engineered Rectangles	2008-F-10587	奇丽威·萨尔顿有限公司		C2009-15230
ZPMC	1139209	上海振华港口机械（集团）股份有限公司	第七类	T2009-15231
CLIPPER 及图形	303323	费拉玛吉斯公司	第三十四类	T2009-15237
PM&T	1977333	苏州帕瓦麦斯动力有限公司	第七类	T2009-15241
COMBIVIR	1164420	葛兰素集团有限公司	第五类	T2009-15242
Happiness	3416357	安徽轻工国际贸易股份有限公司	第二十一类	T2009-15243
飞鹤 FLYING CRANE	144442	安徽轻工国际贸易股份有限公司	第二十一类	T2009-15244
铃兰 LILY	610252	安徽轻工国际贸易股份有限公司	第十六类	T2009-15245
Holiday	266056	安徽轻工国际贸易股份有限公司	第十八类	T2009-15246
中侨 Zhong Qiao 及图	1130920	广东省中山食品进出口有限公司	第三十三类	T2009-15247
中侨 Zhong Qiao 及图	1131086	广东省中山食品进出口有限公司	第三十类	T2009-15248
中侨 Zhong Qiao 及图	1145069	广东省中山食品进出口有限公司	第二十九类	T2009-15249
中盈 及图	873314	广东省中山食品进出口有限公司	第二十一类	T2009-15250
镇江香醋	4488806	镇江市醋业协会	第三十类	T2009-15251
YALE	159921	ASSA 亚伯洛伊公司	第六类	T2009-15255
YALE	1199330	ASSA 亚伯洛伊公司	第七类	T2009-15256
耶鲁	872358	ASSA 亚伯洛伊公司	第六类	T2009-15257
耶鲁	862583	ASSA 亚伯洛伊公司	第九类	T2009-15258
YALE	862532	ASSA 亚伯洛伊公司	第六类	T2009-15259
YALE	862582	ASSA 亚伯洛伊公司	第九类	T2009-15260
DAINESE	745700	戴尼士公司	第二十五类	T2009-15261
DEVIL'S FACE 图形	745843	戴尼士公司	第二十五类	T2009-15262
CHARLES CHEVIGNON	592025	纳弗·纳弗销售有限公司	第二十五类	T2009-15266
iCOM 图形	312720	艾可慕株式会社	第九类	T2009-15270
MANN+HUMMEL	G585706	曼·胡默尔有限公司	第七类	T2009-15271
MACKIE	1035905	恩平市奥达电子科技有限公司	第九类	T2009-15272

权利名称	权利注册授权号	申请人名称	商品分类	备案号
李錦記 LEE KUM KEE 及图	335959	李锦记有限公司	第三十类	T2009-15274
PILOT	144141	株式会社百乐	第十六类	T2009-15275
GLO JEANS	4312189	琼斯投资有限公司	第二十五类	T2009-15276
TIFFANY & CO.	4698384	美国蒂芙妮公司	第十六类	T2009-15277
T & CO.	4698383	美国蒂芙妮公司	第十四类	T2009-15278
TIFFANY & CO.	4740927	美国蒂芙妮公司	第九类	T2009-15279
NINE & COMPANY	2003328	耐恩西部发展公司	第二十五类	T2009-15280
Bee	1222497	美国扑克牌公司	第十六类	T2009-15283
PROTECTION	1194824	卡西欧计算机株式会社	第十四类	T2009-15284
TTI 及图形	1975366	创科实业有限公司	第七类	T2009-15285
TTI 及图形	1979953	创科实业有限公司	第十一类	T2009-15286
TTI 及图形	1984601	创科实业有限公司	第九类	T2009-15287
TTI 及图形	1976211	创科实业有限公司	第八类	T2009-15288
TTI	4299573	创科实业有限公司	第八类	T2009-15289
TTI	3076181	创科实业有限公司	第十一类	T2009-15290
TTI	3076182	创科实业有限公司	第九类	T2009-15291
TTI	3076184	创科实业有限公司	第七类	T2009-15292
SUPER SEARCH	4426308	陈学	第九类	T2009-15293
SUPER SONNET-E	4426309	陈学	第九类	T2009-15294
SUPERSONNET	3015484	陈学	第九类	T2009-15295
RESMED	4187798	瑞思迈有限公司	第十类	T2009-15296
瑞思迈	3545237	瑞思迈有限公司	第十类	T2009-15297
瑞思迈	3381934	瑞思迈有限公司	第十类	T2009-15298
E.BOX	3182077	广东裕宝伟业科技发展有限公司	第十八类	T2009-15299
EBOX	4642735	广东裕宝伟业科技发展有限公司	第九类	T2009-15300
洁柔及图形	3423690	广东中顺纸业集团有限公司	第十六类	T2009-15301
太阳及图形	1780737	广东中顺纸业集团有限公司	第十六类	T2009-15302
Columbia(图形)	1236702	哥伦比亚运动服装公司	第二十五类	T2009-15304
HOOVER 及图形	2017257	创科地板护理技术有限公司	第七类	T2009-15306
HOOVER	2017253	创科地板护理技术有限公司	第七类	T2009-15307
vax 及图形	3981921	创科实业有限公司	第二十一类	T2009-15308
vax 及图形	3981917	创科实业有限公司	第七类	T2009-15309
vax 及图形	3250208	创科实业有限公司	第七类	T2009-15310
vax 及图形	3981922	创科实业有限公司	第三类	T2009-15311
REGINA 及图形	3981918	创科实业有限公司	第二十一类	T2009-15312
REGINA 及图形	3981919	创科实业有限公司	第七类	T2009-15313
REGINA 及图形	3981920	创科实业有限公司	第三类	T2009-15314
創科	1975407	创科实业有限公司	第七类	T2009-15315
創科	1976214	创科实业有限公司	第八类	T2009-15316
創科	1915664	创科实业有限公司	第九类	T2009-15317

权利名称	权利注册授权号	申请人名称	商品分类	备案号
TECHTRONIC	1976213	创科实业有限公司	第八类	T2009-15318
TECHTRONIC	1975409	创科实业有限公司	第七类	T2009-15319
TTI 及图形	3611083	创科实业有限公司	第七类	T2009-15320
TTI 及图形	3611082	创科实业有限公司	第八类	T2009-15321
TTI 及图形	3611081	创科实业有限公司	第九类	T2009-15322
TTI 及图形	3611080	创科实业有限公司	第十一类	T2009-15323
劲鑫 +JINTION+ 图形	3988043	陈端典	第九类	T2009-15326
UNICO	3811174	钱孝民	第六类	T2009-15327
JOOP!	G828412A	科蒂公司	第三类	T2009-15328
阿卡德 +Arkad+ 图形	4988412	彭和美（362401196812224958）	第十一类	T2009-15329
BOGNER	G681053	威列博格纳股份两合公司	第二十五类	T2009-15333
多功能搅拌机零售包装	2008-L-012227	储巧		C2009-15339
紧肤仪零售包装	2008-L-012229	储巧		C2009-15340
旅行蒸汽熨斗零售包装	2008-L-012228	储巧		C2009-15341
玻璃擦零售包装	2009-L-015186	储巧		C2009-15342
修毛器零售包装	2009-L-015189	储巧		C2009-15343
驱鼠器零售包装（一）	2009-L-015187	储巧		C2009-15344
枕头零售包装	2009-L-015190	储巧		C2009-15345
打包器零售包装	2009-L-015185	储巧		C2009-15346
驱鼠器零售包装（二）	2009-L-015188	储巧		C2009-15347
HARRIS	864196	林肯环球有限公司	第七类	T2009-15351
HARRIS	911594	林肯环球有限公司	第十一类	T2009-15352
外长方内椭圆图形	1523744	林肯环球有限公司	第十一类	T2009-15353
大运 DAYUN	4507962	广州市红太阳机动车配件有限公司	第十二类	T2009-15354
TECHTRONIC	1915634	创科实业有限公司	第九类	T2009-15355
HOMELITE	1803033	创科实业有限公司	第七类	T2009-15356
胡佛	3438173	创科地板护理技术有限公司	第七类	T2009-15357
胡佛	3438163	创科地板护理技术有限公司	第十一类	T2009-15358
HOOVER	29432	创科地板护理技术有限公司	第二十八类	T2009-15359
HOOVER	29424	创科地板护理技术有限公司	第七类	T2009-15360
HOOVER 及图形	29433	创科地板护理技术有限公司	第二十八类	T2009-15361
HOOVER 及图形	29425	创科地板护理技术有限公司	第七类	T2009-15362
CHANNO	3089687	浙江欧罗针织有限公司	第二十五类	T2009-15365
FRIXION	G866191	株式会社百乐	第十六类	T2009-15366
VAIO	G661428	索尼株式会社	第九类	T2009-15368
VAIO 及图	G661429	索尼株式会社	第九类	T2009-15369
图形	G653188	索尼株式会社	第九类	T2009-15370
InfoLITHIUM	G653923	索尼株式会社	第九类	T2009-15371
皇冠 CROWN 及图形	3893974	柯进	第九类	T2009-15372
HDM	4721917	杨欣慈	第十二类	T2009-15373

权利名称	权利注册授权号	申请人名称	商品分类	备案号
Kingland	3214019	浙江青莱特传动工业有限公司	第七类	T2009-15374
PEARL	4403706	朱青云	第二十一类	T2009-15375
皇冠 CROWN	946151	永康市皇冠电动工具制造有限公司	第七类	T2009-15376
YUDO	4119067	东莞柳道贸易有限公司	第七类	T2009-15377
Hengst	682460	亨吉斯有限两合公司	第十一类	T2009-15378
轮胎人图形	4649794	米其林集团总公司	第十八类	T2009-15379
轮胎人图形	3748224	米其林集团总公司	第二十五类	T2009-15380
图形 +ocarina	4732973	奥卡芮那公司	第十一类	T2009-15382
图形 +ocarina	4732974	奥卡芮那公司	第九类	T2009-15383
BETNOVATE	314503	葛兰素集团有限公司	第五类	T2009-15387
CORLEN	1518157	温州高能电气有限公司	第九类	T2009-15388
DH	3342324	贾传虎 (652901740815201)	第九类	T2009-15389
WHEAT DOVE	4473795	张玉山	第二十五类	T2009-15391
侃赛 KANSAI	3231761	厦门森本缝纫机有限公司	第七类	T2009-15392
WINPLUS	4745282	王大俊	第七类	T2009-15393
PREMIER	339110	日本烟草产业株式会社	第三十四类	T2009-15394
GAOLI 及图	4560018	中山市高力制锁有限公司	第六类	T2009-15396
ASHFORD	3514478	扬州赛格贸易有限公司	第二十一类	T2009-15398
JOYCE	3750930	扬州赛格贸易有限公司	第二十一类	T2009-15399
DIPLOMAT	2023001	陈林	第二十一类	T2009-15400
ROSALINDA	3813047	陈林	第二十一类	T2009-15401
V.I.P.	3740403	陈林	第二十一类	T2009-15402
航宇 HANGYU	1709638	福建省闽东航宇电机有限公司	第七类	T2009-15403
REPSOL YPF 及图	G756509	西班牙商·瑞普索 YPF 股份有限公司	第四类	T2009-15405
EMT	4511392	杭州天时进出口有限公司	第六类	T2009-15406
雪花	33177	上海市医药保健品进出口公司	第五类	T2009-15407
北极熊及图	1134793	上海市医药保健品进出口公司	第五类	T2009-15408
天坛图形	1117324	上海天坛国际贸易有限公司	第三十类	T2009-15409
Temple of Heaven	1090390	上海天坛国际贸易有限公司	第三十类	T2009-15410
Temple du Ciel	1090211	上海天坛国际贸易有限公司	第三十类	T2009-15411
万年青图形	1090388	上海天坛国际贸易有限公司	第三十类	T2009-15412
TOUJOURS VERT	1090213	上海天坛国际贸易有限公司	第三十类	T2009-15413
万年青	1090376	上海天坛国际贸易有限公司	第三十类	T2009-15414
花边图形	354142	上海天坛国际贸易有限公司	第三十类	T2009-15415
花边图形	354155	上海天坛国际贸易有限公司	第三十类	T2009-15416
花边图形	354141	上海天坛国际贸易有限公司	第三十类	T2009-15417
花边图形	354143	上海天坛国际贸易有限公司	第三十类	T2009-15418
花边图形（盒盖）	354140	上海天坛国际贸易有限公司	第三十类	T2009-15419
Wondfo	3496431	广州万孚生物技术有限公司	第五类	T2009-15421
飞燕及图	784476	南京飞燕活塞环股份有限公司	第七类	T2009-15422

权利名称	权利注册授权号	申请人名称	商品分类	备案号
NJFY	1787483	南京飞燕活塞环股份有限公司	第七类	T2009-15423
FRED PERRY(图形)	661966	弗雷德帕瑞（控股）有限公司	第二十八类	T2009-15424
FRED PERRY(图形)	661967	弗雷德帕瑞（控股）有限公司	第二十八类	T2009-15425
FRED PERRY	661964	弗雷德帕瑞（控股）有限公司	第二十八类	T2009-15426
PUMA	76554	彪马欧洲公司	第二十五类	T2009-15427
iRest	4530152	艾力斯特健康科技有限公司	第十类	T2009-15428
长寿及图形	228207	广州市炜东进出口有限公司	第三十类	T2009-15429
威鸣 VEM 及图形	3276395	谢凯清（442000197501067656）	第七类	T2009-15433
COOKZEN	3985969	凌亚萍	第三十类	T2009-15441
依纳	1227244	谢夫勒两合公司	第七类	T2009-15445
依纳	1221511	谢夫勒两合公司	第十二类	T2009-15446
INA 及图	76608	谢夫勒两合公司	第十二类	T2009-15447
INA	76605	谢夫勒两合公司	第十二类	T2009-15448
INA 及图	1237448	谢夫勒两合公司	第七类	T2009-15449
INA	1237447	谢夫勒两合公司	第七类	T2009-15450
XIN MA 及图	3225299	大埔县高陂镇新马陶瓷有限公司	第二十一类	T2009-15451
KAMUI	1212416	株式会社咔姆伊万客思日本	第二十八类	T2009-15453
YMT	4756413	武汉泰海机械有限公司	第七类	T2009-15454
KOSHIN	4449005	武汉泰海机械有限公司	第七类	T2009-15455
BMW	G663925	宝马股份公司	第二十八类	T2009-15457
BMW	G663925	宝马股份公司	第十八类	T2009-15458
BMW	G663925	宝马股份公司	第六类	T2009-15459
BMW 及图	G673219	宝马股份公司	第二十八类	T2009-15460
BMW 及图	G673219	宝马股份公司	第十八类	T2009-15461
BMW 及图	G673219	宝马股份公司	第十二类	T2009-15462
BMW 及图	G673219	宝马股份公司	第六类	T2009-15463
BAMBINO MIO	G815536	班比诺 米奥有限公司	第二十五类	T2009-15465
ABSOLUT Bottle	4448681	V & S · 文 & 斯布瑞托有限公司	第三十三类	T2009-15466
圣林 SHENGLIN 及图	1028634	北京市圣林工艺品厂	第二十六类	T2009-15469
ALPINE	178026	阿尔派株式会社	第十四类	T2009-15471
ANTEHLE	3205036	安德利有限公司	第六类	T2009-15472
HALLS	261212	吉百利爱尔兰有限公司	第三十类	T2009-15473
K2 图形	3862539	K-2 公司	第二十五类	T2009-15476
K2 图形	3042364	K-2 公司	第二十五类	T2009-15477
PERCEIVE	G688808	雅芳化妆品股份有限公司	第三类	T2009-15478
TOUCHSTONE	3314358	迪士尼企业公司	第九类	T2009-15480
FRED PERRY	661804	弗雷德帕瑞（控股）有限公司	第二十五类	T2009-15481
FRED PERRY(图形)	937467	弗雷德帕瑞（控股）有限公司	第二十五类	T2009-15482
FRED PERRY 及图	1016134	弗雷德帕瑞（控股）有限公司	第二十五类	T2009-15483
FRED PERRY	937310	弗雷德帕瑞（控股）有限公司	第二十五类	T2009-15484

权利名称	权利注册授权号	申请人名称	商品分类	备案号
PUMA	76552	彪马欧洲公司	第十八类	T2009-15485
PUMA(图形)	76559	彪马欧洲公司	第二十五类	T2009-15486
adidas	873379	阿迪达斯有限公司	第十四类	T2009-15487
adidas	259535	阿迪达斯有限公司	第三类	T2009-15488
O2 MICRO	1713934	凹凸科技国际股份有限公司	第九类	T2009-15489
O2	1738390	凹凸科技国际股份有限公司	第九类	T2009-15490
BASTION	2008-L-014888	乐高公司		C2009-15491
Stillman's 及图形	3278109	斯蒂曼私人有限公司	第三类	T2009-15500
cK	1048417	卡尔文·克雷恩商标托管	第九类	T2009-15501
TRE SPADE 及图	4754727	法西姆股份公司	第十一类	T2009-15502
TRE SPADE 及图	4754724	法西姆股份公司	第八类	T2009-15503
TRE SPADE 及图	4754725	法西姆股份公司	第七类	T2009-15504
工艺品（天鹅）	13-2003-F-563	厦门南威进出口贸易有限公司		C2009-15505
工艺品（蜻蜓）	13-2003-F-564	厦门南威进出口贸易有限公司		C2009-15506
工艺品（尖嘴鸟）	13-2003-F-574	厦门南威进出口贸易有限公司		C2009-15507
工艺品（飞鸟）	13-2003-F-575	厦门南威进出口贸易有限公司		C2009-15508
工艺品（铁鸟欢跳）	13-2003-F-551	厦门南威进出口贸易有限公司		C2009-15509
工艺品（蝴蝶 1）	13-2003-F-566	厦门南威进出口贸易有限公司		C2009-15510
佳格 JIAGE 及图	3858772	林建忠 350524197105173136	第十一类	T2009-15511
雅斯达 YASIDA 及图	4254585	福建省安溪雅斯达电器有限公司	第十一类	T2009-15512
NIKKO	960744	叶威流	第十五类	T2009-15513
FIFA（图形）	G797237	国际足球联合会	第九类	T2009-15514
WINDSTOPPER 及图形	809560	W.L. 戈尔公司	第二十五类	T2009-15515
WINDSTOPPER	809559	W.L. 戈尔公司	第二十五类	T2009-15516
PIRATE CASTAWAY	2008-L-014889	乐高公司		C2009-15517
CAP'N ROGER'S HIDE-OUT	2008-L-014887	乐高公司		C2009-15518
Vorahk	2008-L-014881	乐高公司		C2009-15519
Res-Q Boat 1	2008-L-014883	乐高公司		C2009-15520
THE BLACK RACER	2008-L-014886	乐高公司		C2009-15521
Chief's canoe lanch	2008-L-014885	乐高公司		C2009-15522
Coast Guard Headquaters	2008-L-014884	乐高公司		C2009-15523
LUISMEXIN	4070590	福州承信贸易有限公司	第九类	T2009-15524
GUKT	4665955	黄明海	第九类	T2009-15525
Milwaukee 及图形	1161027	密尔沃基电子用具公司	第七类	T2009-15526
GIV	1086630	韦恩·苏里亚有限公司	第三类	T2009-15527
HEWLETT PACKARD	1626401	惠普公司	第九类	T2009-15528
hp 及图形	4118914	惠普发展公司，有限责任合伙企业	第九类	T2009-15529
HUI PU	4049970	惠普发展公司，有限责任合伙企业	第九类	T2009-15530
hp invent 及图形	1634427	惠普发展公司，有限责任合伙企业	第九类	T2009-15532
hp invent 及图形	1634427	惠普发展公司，有限责任合伙企业	第九类	T2009-15532

权利名称	权利注册授权号	申请人名称	商品分类	备案号
hp 及图形	1793505	惠普发展公司，有限责任合伙企业	第九类	T2009-15533
HP	1983354	惠普发展公司，有限责任合伙企业	第九类	T2009-15534
cK	1094098	卡尔文·克雷恩商标托管	第十八类	T2009-15535
cK	1081611	卡尔文·克雷恩商标托管	第十四类	T2009-15536
BRUMS	1236720	索德（卢森堡）公司	第二十五类	T2009-15537
Steel mate	1203157	广东铁将军防盗设备有限公司	第十二类	T2009-15538
风船	3328	天津地毯进出口公司	第二十七类	T2009-15540
Kadras 凯迪拉斯	3418231	蔡健爽	第十一类	T2009-15541
Songin 爽健	3182747	蔡健爽	第十一类	T2009-15542
CARS – STYLE GUIDE PACKAGING AND RETAIL SIGNAGE	VA 1-346-658	迪士尼企业公司		C2009-15543
HANNAH MONTANA POP STAR FALL/WINTER 2007 PRODUCT DEVELOPMENT PORTFOLIO	VA 1-403-648	迪士尼企业公司		C2009-15544
HIGH SCHOOL MUSICAL – FALL/WINTER 2007 STYLE GUIDE	VA 1-405-075	迪士尼企业公司		C2009-15545
樱花图案	1757014	江苏东方轻工业品有限公司	第六类	T2009-15555
ORIENT	1053489	江苏东方轻工业品有限公司	第七类	T2009-15556
“笑脸”作品 Smiley Face	2009-F-016118	哈威·波尔微笑有限公司		C2009-15557
“笑脸”系列作品（Smiley Face Series）	2008-F-013798	哈威·波尔微笑有限公司		C2009-15558
“笑脸”作品 Smiley Face	2008-F-014699	哈威·波尔微笑有限公司		C2009-15559
PASLODE	147665	伊利诺斯工具制品有限公司	第七类	T2009-15560
ULTRA GREY	4247568	伊利诺斯工具制品有限公司	第十七类	T2009-15561
PASLODE	147666	伊利诺斯工具制品有限公司	第六类	T2009-15562
PASLODE	1800473	伊利诺斯工具制品有限公司	第四类	T2009-15563
SMASHBOX	4054297	德捷夫公司	第三类	T2009-15564
三环图形	1911519	烟台三环锁业集团有限公司	第六类	T2009-15577
septodont 及图形	4851420	塞普敦股份有限公司	第五类	T2009-15579
septodont 及图形	4851419	塞普敦股份有限公司	第十类	T2009-15580
YAMAMOTO	4756332	武汉泰海机械有限公司	第十七类	T2009-15582
Panasonic	314387	松下电器产业株式会社	第一类	T2009-15585
AGRU	1930478	阿格鲁塑料技术有限公司	第十九类	T2009-15589
BOSE	G584523A	伯斯有限公司	第九类	T2009-15590
BETTER SOUND THROUGH RESEARCH	G635585A	伯斯有限公司	第九类	T2009-15592
WAVE	G614205A	伯斯有限公司	第九类	T2009-15593
PLANET WAVES	1991950	依芳斯制造公司	第十五类	T2009-15595
PLANET WAVES	1750830	依芳斯制造公司	第十五类	T2009-15596
PLANET WAVES	1772910	依芳斯制造公司	第九类	T2009-15597

权利名称	权利注册授权号	申请人名称	商品分类	备案号
MICHELIN 及轮胎人图形	4950374	米其林集团总公司	第二十七类	T2009-15598
MICHELIN 及轮胎人图形	4950339	米其林集团总公司	第十四类	T2009-15599
CHEVIGNON	G768568	纳弗·纳弗销售有限公司	第二十五类	T2009-15600
CHEVIGNON NOT ONLY FOR HIM	G884941	纳弗·纳弗销售有限公司	第二十五类	T2009-15601
HENCO	4718743	汉科工业有限公司	第十九类	T2009-15602
HENCO	4718744	汉科工业有限公司	第十七类	T2009-15603
华伦巨鲨 VALOJUSHA 及图	1765942	黄文星	第十八类	T2009-15608
Danju	2008-L-014865	乐高公司		C2009-15612
Jayko	2008-L-014866	乐高公司		C2009-15613
Rascus	2008-L-014867	乐高公司		C2009-15614
Santis	2008-L-014868	乐高公司		C2009-15615
Vladek	2008-L-014869	乐高公司		C2009-15616
Gahlok	2008-L-014870	乐高公司		C2009-15617
Lehvak	2008-L-014871	乐高公司		C2009-15618
Onua Nuva	2008-L-014872	乐高公司		C2009-15619
Lewa Nuva	2008-L-014873	乐高公司		C2009-15620
Pohatu Nuva	2008-L-014874	乐高公司		C2009-15621
Gali Nuva	2008-L-014875	乐高公司		C2009-15622
Kopaka Nuva	2008-L-014876	乐高公司		C2009-15623
Tahu Nuva	2008-L-014878	乐高公司		C2009-15624
Nuhvok-Kal	2008-L-014879	乐高公司		C2009-15625
Lerahk	2008-L-014880	乐高公司		C2009-15626
Turahk	2008-L-014882	乐高公司		C2009-15627
GAP KIDS	1242830	杰普公司	第二十五类	T2009-15687
GAP	3704032	杰普公司	第十八类	T2009-15688
GAP	603666	杰普公司	第十八类	T2009-15691
BANANA REPUBLIC	3108712	本雅（国际商标）公司	第十八类	T2009-15692
BANANA REPUBLIC	603665	本雅（国际商标）公司	第十八类	T2009-15693
OMEGA 及图形	28865	欧米茄有限公司	第十四类	T2009-15696
BLUE LABEL	784811	黛尔吉奥品牌有限公司	第三十三类	T2009-15697
BLACK LABEL	147713	黛尔吉奥品牌有限公司	第三十三类	T2009-15698
RED LABEL	624130	黛尔吉奥品牌有限公司	第三十三类	T2009-15699
JOHNNIE WALKER	28112	黛尔吉奥品牌有限公司	第三十三类	T2009-15700
JOHNNIE WALKER 3D 酒瓶	3251587	黛尔吉奥品牌有限公司	第三十三类	T2009-15701
JOHNNIE WALKER 行走的人图案	3917685	黛尔吉奥品牌有限公司	第三十三类	T2009-15702
SWORD FISH 及图形	4370611	厦门市富运通贸易有限公司	第二十二类	T2009-15703
PECHE 及图形	3826792	厦门市富运通贸易有限公司	第二十三类	T2009-15704
图形	3695854	厦门市富运通贸易有限公司	第二十二类	T2009-15705

权利名称	权利注册授权号	申请人名称	商品分类	备案号
新蝶 NEW BUTTERFLY	961832	浙江仙都缝制设备有限公司	第七类	T2009-15706
仙都 SENDO	1725955	浙江仙都缝制设备有限公司	第七类	T2009-15707
图形	742755	维力食品工业股份有限公司	第二十九类	T2009-15708
维力 WEILIH	742752	维力食品工业股份有限公司	第二十九类	T2009-15709
SMART	4714622	江苏华宇灯具有限公司	第十一类	T2009-15710
CHARLOTTE BOBCATS 及图	3590476	美商 NBA 产物股份有限公司	第二十五类	T2009-15713
CLEVELAND CAVALIERS 及图	3531493	美商 NBA 产物股份有限公司	第二十五类	T2009-15714
狗图形	4378446	阿加莎传播有限责任公司	第十八类	T2009-15716
狗图形	G936744	阿加莎传播有限责任公司	第二十六类	T2009-15717
樂途	679969	乐途运动香港有限公司	第二十五类	T2009-15720
图形	256982	乐途运动香港有限公司	第二十五类	T2009-15721
lotto	256983	乐途运动香港有限公司	第二十五类	T2009-15722
玉柴 YUCHAI	3437146	广西玉柴机器集团有限公司	第七类	T2009-15723
玉柴	3437136	广西玉柴机器集团有限公司	第七类	T2009-15724
YUCHAI YC	3437133	广西玉柴机器集团有限公司	第七类	T2009-15725
YC	3437132	广西玉柴机器集团有限公司	第七类	T2009-15726
RIDE	4658461	K-2 公司	第十八类	T2009-15727
T:NINE	4146768	K-2 公司	第二十八类	T2009-15728
K2 图形	3862541	K-2 公司	第十八类	T2009-15729
KINGTON	3326025	重庆精通工业集团有限公司	第十二类	T2009-15730
图形	3452478	金富经	第十四类	T2009-15731
图形	3452477	金富经	第十六类	T2009-15732
图形	3452476	金富经	第十八类	T2009-15733
图形	3452473	金富经	第二十五类	T2009-15734
图形	3452491	金富经	第二十八类	T2009-15735
PUCCA	3452498	金富经	第十四类	T2009-15736
PUCCA	3452497	金富经	第十六类	T2009-15737
PUCCA	3452496	金富经	第十八类	T2009-15738
PUCCA	3452493	金富经	第二十五类	T2009-15739
PUCCA	3452311	金富经	第二十八类	T2009-15740
SEMIPACK	G642413	赛米控电子股份有限公司	第九类	T2009-15741
TWYFORD	4812893	广州市森大贸易有限公司	第十九类	T2009-15742
Pelikan 和图形	G831963	百利金有限公司	第十六类	T2009-15743
颜料盒立体商标	3117130	百利金有限公司	第十六类	T2009-15744
PELIKAN	150250	百利金有限公司	第十六类	T2009-15745
Pelikan 图形	150252	百利金有限公司	第十六类	T2009-15746
JOCKEY	1252729	赛马骑师国际公司	第二十五类	T2009-15747
RAPTORS 及图	905276	美商 NBA 产物股份有限公司	第二十五类	T2009-15748
DENVER NUGGETS 及图	747132	美商 NBA 产物股份有限公司	第二十五类	T2009-15749
NEW ORLEANS HORNETS 及图	3531487	美商 NBA 产物股份有限公司	第二十五类	T2009-15753

权利名称	权利注册授权号	申请人名称	商品分类	备案号
MTP	1257645	南彰实业股份有限公司	第十二类	T2009-15755
图形	1515444	上海宏源照明电器有限公司	第十一类	T2009-15756
JOCCA	4784169	张国稳，冯启斌	第十一类	T2009-15760
NEGO MENAGE 及图形	4784165	张国稳，冯启斌	第十一类	T2009-15761
Ravanson 乐文尚	4784168	张国稳，冯启斌	第十一类	T2009-15762
WNR	4784167	张国稳，冯启斌	第十一类	T2009-15763
SAMICK	1113891	三益精工株式会社	第七类	T2009-15764
MEG-3	4605954	加拿大海洋营养有限公司	第三十类	T2009-15770
MEG-3 及鱼图形	4439042	加拿大海洋营养有限公司	第五类	T2009-15771
MEG-3	4439041	加拿大海洋营养有限公司	第五类	T2009-15772
MEG-3 及鱼图形	4605946	加拿大海洋营养有限公司	第三十类	T2009-15773
GRIZZLIES 及图	985184	美商 NBA 产物股份有限公司	第二十五类	T2009-15774
DOLPHIN	4563122	张宇	第七类	T2009-15777
JeinPoLi 金浦力	3165756	胡流涛	第十一类	T2009-15779
TOERTO 托尔拓	3148884	胡流涛	第十一类	T2009-15780
PEARL JAM	G833698	珍珠果酱公司	第二十五类	T2009-15781
PEARL JAM	G833698	珍珠果酱公司	第九类	T2009-15782
葵花及图形	382849	山东省食品进出口公司	第二十九类	T2009-15783
CASIO	3563056	卡西欧计算机株式会社	第十四类	T2009-15784
Robust	3511115	义乌市理想电池有限公司	第九类	T2009-15785
葵花 SUNFLOWER 及图形	1672221	天津津仕达工贸有限公司	第四类	T2009-15791
云鹤及图	3588138	武汉汽车改装厂	第九类	T2009-15792
赤龙图形	4050981	廖银杰	第三十类	T2009-15793
PS3	4992994	索尼电脑娱乐公司	第九类	T2009-15794
PLAYSTATION	4992986	索尼电脑娱乐公司	第九类	T2009-15795
Solar	1909889	李伟煊	第六类	T2009-15799
山鹰及图	155838	安徽省岳西缸套有限公司	第十二类	T2009-15800
NIVEA	G646736	拜尔斯道夫股份有限公司	第三类	T2009-15801
NIVEA BATH CARE	G767468	拜尔斯道夫股份有限公司	第三类	T2009-15807
NIVEA HAND	G812159	拜尔斯道夫股份有限公司	第三类	T2009-15808
图形	G816796	拜尔斯道夫股份有限公司	第三类	T2009-15809
NIVEA VISAGE	G816797	拜尔斯道夫股份有限公司	第三类	T2009-15810
NIVEA	G821504	拜尔斯道夫股份有限公司	第三类	T2009-15811
NIVEA LIP CARE;VELVET ROSE	G821558	拜尔斯道夫股份有限公司	第三类	T2009-15812
NIVEA FOR MEN;ADVANCED FACE CARE	G827961	拜尔斯道夫股份有限公司	第三类	T2009-15813
NIVEA SUN	G833170	拜尔斯道夫股份有限公司	第三类	T2009-15814
NIVEA BEAUTE	G835771	拜尔斯道夫股份有限公司	第三类	T2009-15815
NIVEA FOR MEN SKIN ESSENTIALS CARE PRO TEC	G852350	拜尔斯道夫股份有限公司	第三类	T2009-15816

权利名称	权利注册授权号	申请人名称	商品分类	备案号
NIVEA BEAUTE	G835772	拜尔斯道夫股份有限公司	第三类	T2009-15817
WINSTON	75632	日本烟草产业株式会社	第三十四类	T2009-15818
PUMA 及跑道抽象图形	676990	彪马欧洲公司	第二十五类	T2009-15819
BIAO MA	619183	彪马欧洲公司	第二十五类	T2009-15820
彪马	614005	彪马欧洲公司	第十八类	T2009-15821
彪马	613945	彪马欧洲公司	第二十八类	T2009-15822
PUMA 及图形	569049	彪马欧洲公司	第二十四类	T2009-15823
PUMA 及图形	569014	彪马欧洲公司	第二十八类	T2009-15824
跑道抽象图形	76565	彪马欧洲公司	第二十八类	T2009-15825
美洲狮图形	76562	彪马欧洲公司	第二十八类	T2009-15826
美洲狮图形	76558	彪马欧洲公司	第十八类	T2009-15827
PUMA	76557	彪马欧洲公司	第二十八类	T2009-15828
BUGERA	3106134	音乐集团知识产权有限责任公司	第九类	T2009-15829
百灵达 BEHRINGER	2020660	音乐集团知识产权有限责任公司	第九类	T2009-15830
BEHRINGER	3859671	音乐集团知识产权有限责任公司	第九类	T2009-15831
TRILINK 三链及图	1973691	青岛三链锁业有限公司	第六类	T2009-15832
BNM	5170331	青岛三链锁业有限公司	第六类	T2009-15833
Jordan*	322822	乔丹公司	第二十一类	T2009-15834
SOBRANIE	255621	加拉赫有限公司	第三十四类	T2009-15835
L·D 及图	3383093	加拉赫有限公司	第三十四类	T2009-15836
GATEHOUSE	4458183	巢汉良	第六类	T2009-15838
Aitkenson 及图形	4509518	中山市奥科电子有限公司	第九类	T2009-15839
鳄鱼恤	246848	鳄鱼恤有限公司	第二十五类	T2009-15840
鳄鱼恤	246870	鳄鱼恤有限公司	第二十五类	T2009-15841
鳄鱼恤	246896	鳄鱼恤有限公司	第二十五类	T2009-15842
CROCODILE	246850	鳄鱼恤有限公司	第二十五类	T2009-15843
CROCODILE	246872	鳄鱼恤有限公司	第二十五类	T2009-15844
CROCODILE	246898	鳄鱼恤有限公司	第二十五类	T2009-15845
CROCO KIDS	881402	鳄鱼恤有限公司	第二十五类	T2009-15846
CROCO KIDS 及图形	246897	鳄鱼恤有限公司	第二十五类	T2009-15847
CROCO KIDS	1140801	鳄鱼恤有限公司	第十八类	T2009-15848
鳄鱼仔	905474	鳄鱼恤有限公司	第二十五类	T2009-15849
鳄鱼恤及图形 Crocodile and device	2006-F-04481	鳄鱼恤有限公司		C2009-15850
CROCODILE	607286	鳄鱼恤有限公司	第九类	T2009-15851
PFLUEGER	4636984	莎士比亚公司	第十八类	T2009-15852
PFLUEGER	4636985	莎士比亚公司	第二十八类	T2009-15853
HKS	908012	株式会社 HKS	第一类	T2009-15854
HKS	856918	株式会社 HKS	第九类	T2009-15855
HKS	900482	株式会社 HKS	第四类	T2009-15856

权利名称	权利注册授权号	申请人名称	商品分类	备案号
HKS	860360	株式会社 HKS	第七类	T2009-15857
HKS	864344	株式会社 HKS	第十二类	T2009-15858
HKS	885159	株式会社 HKS	第二十五类	T2009-15859
HKS	1168601	株式会社 HKS	第二十六类	T2009-15860
HKS	873459	株式会社 HKS	第二十八类	T2009-15861
图形	1240894	营标企业有限公司	第一类	T2009-15862
MOSER	G630849	瓦尔有限公司	第八类	T2009-15864
图形	4440507	澜起科技（上海）有限公司	第九类	T2009-15866
FARAWAY FANTASY	G705226	雅芳化妆品股份有限公司	第三类	T2009-15867
AL NUJOOM	4437235	蔡国花	第二十五类	T2009-15868
UYUSPOWER	4325035	杭州翰都实业有限公司	第十一类	T2009-15872
UYUSPOWER	4325036	杭州翰都实业有限公司	第八类	T2009-15873
UYUSPOWER	4325034	杭州翰都实业有限公司	第七类	T2009-15874
UYUSPOWER	4325028	杭州翰都实业有限公司	第九类	T2009-15875
UYUSTOOLS	1772387	杭州翰都实业有限公司	第八类	T2009-15876
UYUSTOOLS	1733502	杭州翰都实业有限公司	第六类	T2009-15877
UYUSTOOLS	1773100	杭州翰都实业有限公司	第十一类	T2009-15878
UYUSTOOLS	1756327	杭州翰都实业有限公司	第二十八类	T2009-15879
UYUSTOOLS	1726247	杭州翰都实业有限公司	第九类	T2009-15880
UYUSTOOLS	1747403	杭州翰都实业有限公司	第七类	T2009-15881
EVASAFE	4649676	株式会社普利司通	第十七类	T2009-15882
B 图形	211694	株式会社普利司通	第十二类	T2009-15883
宜家	809424	英特艾基系统有限公司	第二十七类	T2009-15885
IKEA	843794	英特艾基系统有限公司	第二十八类	T2009-15886
IKEA	685706	英特艾基系统有限公司	第二十七类	T2009-15887
IKEA	685730	英特艾基系统有限公司	第二十四类	T2009-15888
IKEA	685904	英特艾基系统有限公司	第二十五类	T2009-15889
IKEA	685816	英特艾基系统有限公司	第二十一类	T2009-15890
IKEA	684738	英特艾基系统有限公司	第十八类	T2009-15891
IKEA	685875	英特艾基系统有限公司	第十六类	T2009-15892
IKEA	683599	英特艾基系统有限公司	第十一类	T2009-15893
IKEA	684699	英特艾基系统有限公司	第八类	T2009-15894
IKEA	686183	英特艾基系统有限公司	第二类	T2009-15895
IKEA	380561	英特艾基系统有限公司	第二十七类	T2009-15896
IKEA	684921	英特艾基系统有限公司	第二十五类	T2009-15897
IKEA	175290	英特艾基系统有限公司	第二十四类	T2009-15898
IKEA	685817	英特艾基系统有限公司	第二十一类	T2009-15899
IKEA	175291	英特艾基系统有限公司	第二十类	T2009-15900
IKEA	175289	英特艾基系统有限公司	第十五类	T2009-15901
IKEA	684739	英特艾基系统有限公司	第十八类	T2009-15902

权利名称	权利注册授权号	申请人名称	商品分类	备案号
IKEA	685874	英特艾基系统有限公司	第十六类	T2009-15903
IKEA	684700	英特艾基系统有限公司	第八类	T2009-15904
IKEA	686184	英特艾基系统有限公司	第二类	T2009-15905
IKEA	684787	英特艾基系统有限公司	第二十类	T2009-15906
REXONA	172594	联合利华有限公司	第三类	T2009-15907
BENZ	669659	戴姆勒股份公司	第十二类	T2009-15910
SAVLON	964462	强生公司	第三类	T2009-15912
SAVLON	956709	强生公司	第五类	T2009-15913
Carefree	3810332	强生公司	第五类	T2009-15914
CLEAN & CLEAR	1925324	强生公司	第十六类	T2009-15915
no more tears	4216913	强生公司	第三类	T2009-15916
ETHICON	245247	强生公司	第十类	T2009-15917
PDS	245250	强生公司	第十类	T2009-15918
PALMAZ	731029	强生公司	第十类	T2009-15919
INTERCEED	731003	强生公司	第十类	T2009-15920
GYNECARE PROLIFT	4481292	强生公司	第十类	T2009-15921
CIDEX	862060	强生公司	第五类	T2009-15922
VYPRO	3141197	强生公司	第十类	T2009-15923
MERSILK	245256	强生公司	第十类	T2009-15924
SURESTEP	3587279	强生公司	第五类	T2009-15925
SURESOFT	4124373	强生公司	第十类	T2009-15926
PENLET	790401	强生公司	第十类	T2009-15927
ONETOUCH ULTRA	3351282	强生公司	第五类	T2009-15928
ONETOUCH FINEPOINT	3436771	强生公司	第十类	T2009-15929
DATALINK	3798422	强生公司	第十类	T2009-15930
ONETOUCH	3512434	强生公司	第九类	T2009-15931
ONETOUCH	3384890	强生公司	第一类	T2009-15932
ONETOUCH	3384888	强生公司	第十类	T2009-15933
TRIATOP	627499	强生公司	第五类	T2009-15934
Yu Jin Xiang	4288677	强生公司	第十类	T2009-15935
TULIP	4288676	强生公司	第十类	T2009-15936
QUICKLET	932585	强生公司	第五类	T2009-15937
RISPERDAL CONSTA	2016687	强生公司	第五类	T2009-15938
TOPAMAX	1122314	强生公司	第五类	T2009-15939
K-Y	3767192	强生公司	第十类	T2009-15940
DUROGESIC	808122	强生公司	第五类	T2009-15941
RISPERDAL	808039	强生公司	第五类	T2009-15942
JANSSEN	1230131	强生公司	第五类	T2009-15943
Johnson's baby CLINICALLY PROVEN MILDNESS	3580662	强生公司	第三类	T2009-15944

权利名称	权利注册授权号	申请人名称	商品分类	备案号
LLL（图形）	3027176	力帆实业（集团）股份有限公司	第七类	T2009-15952
LIFAN	3006317	力帆实业（集团）股份有限公司	第七类	T2009-15953
LIFAN	3851874	力帆实业（集团）股份有限公司	第七类	T2009-15954
LIFAN	4467318	力帆实业（集团）股份有限公司	第七类	T2009-15955
轰轰烈图形	4467315	力帆实业（集团）股份有限公司	第七类	T2009-15956
HONLEI	4467316	力帆实业（集团）股份有限公司	第七类	T2009-15957
LLL 图形	3027180	力帆实业（集团）股份有限公司	第十二类	T2009-15958
LIFAN	3022685	力帆实业（集团）股份有限公司	第十二类	T2009-15959
LLL 图形	1235469	力帆实业（集团）股份有限公司	第十二类	T2009-15960
S 图形	3133739	力帆实业（集团）股份有限公司	第十二类	T2009-15961
轰轰烈图形	1737671	力帆实业（集团）股份有限公司	第十二类	T2009-15962
HONLEI	3181522	力帆实业（集团）股份有限公司	第十二类	T2009-15963
LLL 图	4467322	力帆实业（集团）股份有限公司	第十二类	T2009-15964
AVANDIA	1188273	SB 波多黎各制药有限公司	第五类	T2009-15965
STABILA	3535978	施塔比拉测量仪器两合公司	第九类	T2009-15966
新联 New Union 及图	263844	上海新联纺进出口有限公司	第二十四类	T2009-15968
NEW UNION TEXTRA 及图	1106962	上海新联纺进出口有限公司	第二十五类	T2009-15969
牡丹烟包全包装	21963	上海烟草（集团）公司	第三十四类	T2009-15970
Merypine	5070011	嘉通国际有限公司	第二十九类	T2009-15971
LEO 及图	3496793	浙江利欧股份有限公司	第七类	T2009-15974
HM	4797888	青岛隆盛希望电子有限公司	第九类	T2009-15975
LACRAS	3564348	中山市莱卡斯纺织制衣有限公司	第二十五类	T2009-15976
SPORTWINNER	3837769	熊善淳	第二十二类	T2009-15977
SPORTWINNER	3837763	熊善淳	第二十五类	T2009-15978
SPORTWINNER	3837766	熊善淳	第十八类	T2009-15979
WINNER	3636015	熊善淳	第二十八类	T2009-15980
COBRA	3924401	熊善淳	第二十八类	T2009-15981
rivers 及图	3497687	瑞弗斯（澳大利亚）私人有限公司	第二十五类	T2009-15982
ETIASA 艾迪莎	G635451	益普生药业公司	第五类	T2009-15983
COTECXIN	1026213	北京华立科泰医药有限责任公司	第五类	T2009-15984
YAMMA	4662984	福州亚玛机电有限公司	第七类	T2009-15987
beckmann	1504856	慈溪市赛艺旅游用品有限公司	第十八类	T2009-15988
FavorCOOL	3447761	蒋海明	第十一类	T2009-15989
FavorCOOL	3447742	蒋海明	第七类	T2009-15990
德士模都	3417886	拜耳股份有限公司	第一类	T2009-15994
DESMODUR	332712	拜耳股份有限公司	第一类	T2009-15995
QChat 及图	3407717	卡尔康公司	第九类	T2009-15999
MSM5000	3238168	卡尔康公司	第九类	T2009-16000
QCHAT	1992188	卡尔康公司	第九类	T2009-16002
GPSONE	1992967	卡尔康公司	第九类	T2009-16003

权利名称	权利注册授权号	申请人名称	商品分类	备案号
CMX STUDIO	3443896	卡尔康公司	第九类	T2009-16004
MVPC	1570085	卡尔康公司	第九类	T2009-16005
CAIT	3446388	卡尔康公司	第九类	T2009-16006
hi-life SPECIAL MILD 及图	504344	日本烟草产业株式会社	第三十四类	T2009-16007
CAMEL	167436	日本烟草产业株式会社	第三十四类	T2009-16008
Magna 及图	329268	日本烟草产业株式会社	第三十四类	T2009-16009
PIANISSIMO SLIMS 及图	4529174	日本烟草产业株式会社	第三十四类	T2009-16010
CAMEL 及图	75629	日本烟草产业株式会社	第三十四类	T2009-16011
SALEM	75809	日本烟草产业株式会社	第三十四类	T2009-16012
ARMANIMANIA	G698896	乔治・阿玛尼有限公司（米兰），瑞士门德里西奥分公司	第三类	T2009-16013
GA 及图形	G695685	乔治・阿玛尼有限公司（米兰），瑞士门德里西奥分公司	第十四类	T2009-16014
GA 及图形	G695685	乔治・阿玛尼有限公司（米兰），瑞士门德里西奥分公司	第三类	T2009-16015
GA 及图形	G695685	乔治・阿玛尼有限公司（米兰），瑞士门德里西奥分公司	第九类	T2009-16016
GA 及图形	G695685	乔治・阿玛尼有限公司（米兰），瑞士门德里西奥分公司	第十六类	T2009-16017
GA 及图形	G695685	乔治・阿玛尼有限公司（米兰），瑞士门德里西奥分公司	第十八类	T2009-16018
GA 及图形	G695685	乔治・阿玛尼有限公司（米兰），瑞士门德里西奥分公司	第二十五类	T2009-16019
KANDU 及图形	3863793	郑彩荷	第一类	T2009-16020
佳美	100206	上海和黄白猫有限公司	第三类	T2009-16022
猫头图形	3628112	上海和黄白猫有限公司	第三类	T2009-16023
WHITECAT	3467080	上海和黄白猫有限公司	第三类	T2009-16024
WHITECAT 及图	3467070	上海和黄白猫有限公司	第三类	T2009-16025
白猫及图	1156238	上海和黄白猫有限公司	第三类	T2009-16026
白猫 WHITE CAT 及图	309460	上海和黄白猫有限公司	第三类	T2009-16027
白猫及图	43861	上海和黄白猫有限公司	第三类	T2009-16028
威煌及图	1696356	上海和黄白猫有限公司	第三类	T2009-16029
星星及图	206583	上海和黄白猫有限公司	第三类	T2009-16030
SPLENDA	601563	麦克尼尔营养品有限责任公司	第三十类	T2009-16031
Splenda	3995195	麦克尼尔营养品有限责任公司	第三十类	T2009-16032
Splenda	3995196	麦克尼尔营养品有限责任公司	第五类	T2009-16033
Splenda	3995197	麦克尼尔营养品有限责任公司	第一类	T2009-16034
SPLENDA	599997	麦克尼尔营养品有限责任公司	第一类	T2009-16035
SPLENDA	605448	麦克尼尔营养品有限责任公司	第五类	T2009-16036
BLOCKO	4410725	郑昭明	第二十八类	T2009-16037
BEST・LOCK	1300661	郑昭明	第二十八类	T2009-16038
Black&Decker	1976164	布莱克一得克公司	第七类	T2009-16039

权利名称	权利注册授权号	申请人名称	商品分类	备案号
百得	768345	布莱克—得克公司	第七类	T2009-16040
ANBO	4104213	南京安博五金有限公司	第六类	T2009-16041
三条纹（图形）	G876661	阿迪达斯有限公司	第二十五类	T2009-16045
MASSIVE 马狮龙及图	3159033	邢晓鹏	第九类	T2009-16046
达威 DAWEI 及图	3728897	广西梧州口岸外贸有限公司	第二类	T2009-16047
商宝 ShangBao 及图	3728898	广西梧州口岸外贸有限公司	第五类	T2009-16048
MOSKOVSKAYA	G576101B	烈酒国际有限公司	第三十三类	T2009-16049
DOTEK	4426370	陈学	第十一类	T2009-16051
EUGBROS	4294392	陈学	第十一类	T2009-16052
美能达	238453	柯尼卡美能达控股株式会社	第二类	T2009-16053
MINOLTA	255624	柯尼卡美能达控股株式会社	第二类	T2009-16054
Konica	3722225	柯尼卡美能达控股株式会社	第二类	T2009-16055
柯尼卡美能达	3718442	柯尼卡美能达控股株式会社	第二类	T2009-16056
KONICA MINOLTA	3658411	柯尼卡美能达控股株式会社	第二类	T2009-16057
KONICA MINOLTA	3658282	柯尼卡美能达控股株式会社	第二类	T2009-16058
APECS	3286538	李广友	第六类	T2009-16059
SHARP	1286166	夏普株式会社	第九类	T2009-16065
PFLUEGER	4636986	莎士比亚公司	第二十五类	T2009-16067
Satellite	3333940	株洲达越特箱包有限公司	第十八类	T2009-16069
Salsa 商标图样	2009-F-015770	果酱出口有限公司		C2009-16072
凯洋及图形	3700256	佛山市南海凯洋医疗设备有限公司	第十二类	T2009-16073
战龙四驱	4332925	广东奥飞动漫文化股份有限公司	第二十八类	T2009-16075
INTEL CORE	4895375	英特尔公司	第九类	T2009-16076
PARTYLITE	1244140	帕蒂利贸易公司	第四类	T2009-16077
PARTYLITE	1250590	帕蒂利贸易公司	第二十一类	T2009-16078
图形	313167	强生公司	第十类	T2009-16080
图形	313170	强生公司	第五类	T2009-16081
图形	315669	强生公司	第十类	T2009-16082
图形	313252	强生公司	第五类	T2009-16083
DAKTARIN	316820	强生公司	第五类	T2009-16084
YF 及图	1911650	广州市裕丰企业集团有限公司	第六类	T2009-16087
YF	1911652	广州市裕丰企业集团有限公司	第六类	T2009-16088
FIVALCO	3231360	迈克尔 · 约翰 · 格兰汉姆	第六类	T2009-16089
钦州及图形	1170883	广西钦州力顺机械有限公司	第十二类	T2009-16091
钦机及图形	1175152	广西钦州力顺机械有限公司	第七类	T2009-16092
FUWA	1239424	广东富华工程机械制造有限公司	第十二类	T2009-16093
PACO RABANNE	211102	帕戈·哈巴纳香料公司	第三类	T2009-16094
NINA RICCI	268967	尼娜瑞西香水有限公司	第三类	T2009-16096
JIALING	1189084	中国嘉陵工业股份有限公司（集团）	第十二类	T2009-16097
嘉陵（图形）	947111	中国嘉陵工业股份有限公司（集团）	第十二类	T2009-16098

权利名称	权利注册授权号	申请人名称	商品分类	备案号
JIAPENG	3297203	中国嘉陵工业股份有限公司（集团）	第十二类	T2009-16099
JIALING 及图形	3210373	中国嘉陵工业股份有限公司（集团）	第十二类	T2009-16100
嘉陵	716446	中国嘉陵工业股份有限公司（集团）	第十二类	T2009-16101
天鹅系列之一设计图	2008-F-010612	景德镇法蓝瓷实业有限公司		C2009-16102
天鹅系列之二设计图	2008-F-010611	景德镇法蓝瓷实业有限公司		C2009-16103
长颈鹿系列设计图	2008-F-011044	景德镇法蓝瓷实业有限公司		C2009-16104
八色鸟系列之一	14-2005-F-157	海畅实业有限公司		C2009-16105
动物杯盘系列	14-2005-F-065	海畅实业有限公司		C2009-16106
中美	1745027	深圳市芭田生态工程股份有限公司	第一类	T2009-16107
中俄	1745191	深圳市芭田生态工程股份有限公司	第一类	T2009-16108
中挪	1740127	深圳市芭田生态工程股份有限公司	第一类	T2009-16109
图形	1256785	深圳市芭田生态工程股份有限公司	第一类	T2009-16110
芭田	4199066	深圳市芭田生态工程股份有限公司	第一类	T2009-16111
FIRE WHEEL	5132198	江苏华宇灯具有限公司	第十一类	T2009-16113
ROCOL	601648	伊利诺斯工具制品有限公司	第四类	T2009-16114
ROCOL	580034	伊利诺斯工具制品有限公司	第四类	T2009-16115
ROCOL	1600075	伊利诺斯工具制品有限公司	第一类	T2009-16116
芬奈尔 FUNEL 1884 及图	1905759	奥瑞丽丝集团公司	第三类	T2009-16118
芬奈尔 FUNEL 1884 及图	1974212	奥瑞丽丝集团公司	第五类	T2009-16119
洛嘉 LUOJIA	1551537	洛阳北方企业集团有限公司	第十二类	T2009-16121
LJ（图形）	1807140	洛阳北方企业集团有限公司	第十二类	T2009-16122
中兴通讯	4636981	中兴通讯股份有限公司	第九类	T2009-16123
中兴	4636983	中兴通讯股份有限公司	第九类	T2009-16124
ZTE	4648076	中兴通讯股份有限公司	第九类	T2009-16125
三 A 及图形	510703	烟台三环锁业集团有限公司	第六类	T2009-16126
TRI-CIRCLE	1911215	烟台三环锁业集团有限公司	第六类	T2009-16127
TRI-CIRCLE 及图形	1911211	烟台三环锁业集团有限公司	第六类	T2009-16128
YODS	3196875	陆明华	第七类	T2009-16129
桐口	4522985	福州桐口白鹤粉干有限公司	第三十类	T2009-16130
ZETECH 及图	4493903	黑冠实业股份有限公司	第二十八类	T2009-16132
俄文商标	第 3717342 号	依戈里·路登科	第九类	T2009-16133
YUASA	3389774	中山市天虹电机制造有限公司	第七类	T2009-16134
PUMA 及图形	G582886	彪马欧洲公司	第六类	T2009-16135
跑道抽象图形商标	G925647	彪马欧洲公司	第二十五类	T2009-16136
老虎图形	1158692	广东粤威制药有限公司	第五类	T2009-16139
GAOXINQI	3854101	深圳市高新奇科技股份有限公司	第九类	T2009-16140
GAOXINQI 高新奇	3828323	深圳市高新奇科技股份有限公司	第九类	T2009-16141
VOXFREE	4458750	深圳市高新奇科技股份有限公司	第九类	T2009-16142
X	4458748	深圳市高新奇科技股份有限公司	第九类	T2009-16143
VOXTRUE	4458747	深圳市高新奇科技股份有限公司	第九类	T2009-16144

权利名称	权利注册授权号	申请人名称	商品分类	备案号
麻雀 333 及图形	338387	东方国际集团上海家纺有限公司	第二十四类	T2009-16145
鸿星尔克 erke 及图形	3704587	福建鸿星尔克体育用品有限公司	第二十五类	T2009-16148
DRAPER	1517651	帝屏有限公司	第二十四类	T2009-16149
DRAPER	1518073	帝屏有限公司	第九类	T2009-16150
DRAPER	1501080	帝屏有限公司	第二十八类	T2009-16151
御屏	4966780	御屏有限公司	第九类	T2009-16152
KENUO	4493183	深圳市中科诺数码科技有限公司	第九类	T2009-16160
GSP	3024307	温州市冠盛汽车零部件集团股份有限公司	第十二类	T2009-16162
固力 GULI 及图	918568	固力保安制品有限公司	第九类	T2009-16163
GULI	3417620	固力保安制品有限公司	第六类	T2009-16164
GULI 及图	1523353	固力保安制品有限公司	第六类	T2009-16165
固力 GULI 及图	751662	固力保安制品有限公司	第九类	T2009-16166
固力 GULI 及图	584988	固力保安制品有限公司	第六类	T2009-16167
固力	3417621	固力保安制品有限公司	第六类	T2009-16168
MAVRIC	4875861	欧亚东	第六类	T2009-16169
DONGHUA	950247	杭州东华链条集团有限公司	第七类	T2009-16173
DONGHUA	947051	杭州东华链条集团有限公司	第十二类	T2009-16174
ELEMAX AVR	5192310	武汉泰海机械有限公司	第九类	T2009-16175
HEMAMOTOR	5192386	武汉泰海机械有限公司	第九类	T2009-16177
YAMAMOTO	5192385	武汉泰海机械有限公司	第九类	T2009-16178
TAIHAI	3867302	武汉泰海机械有限公司	第十二类	T2009-16180
MOTOYAMA	4756334	武汉泰海机械有限公司	第九类	T2009-16181
MOTOYAMA	4224665	武汉泰海机械有限公司	第七类	T2009-16182
TOYOSTAR	3867576	武汉泰海机械有限公司	第九类	T2009-16183
TOYOSTAR	3867572	武汉泰海机械有限公司	第七类	T2009-16184
YAMAMOTO	4756409	武汉泰海机械有限公司	第三类	T2009-16185
YAMAMOTO	4756408	武汉泰海机械有限公司	第四类	T2009-16186
YAMAMOTO	4756337	武汉泰海机械有限公司	第六类	T2009-16187
YAMAMOTO	4756336	武汉泰海机械有限公司	第八类	T2009-16188
MEYLE	3060047	沃尔夫葛纳汽车部件股份公司	第十二类	T2009-16189
XZ	1005130	杭州天宇油泵油嘴有限公司	第七类	T2009-16193
CROCODILE 鳄鱼恤 SINCE 1952（黑色字体）及圆白底圆形	2007-F-06931	林炜珊		C2009-16194
CROCODILE 鳄鱼恤 SINCE1952（黑色字体）及方白底图形	2007-F-06933	林炜珊		C2009-16195
SD 图形	1658347	SD-3C 有限责任公司	第九类	T2009-16198
V 姿百克	5160298	杭州飞特进出口贸易有限公司	第十二类	T2009-16199
MONTAGUT	575471	博内特里塞文奥勒有限公司	第十四类	T2009-16200
MONTAGUT	722557	博内特里塞文奥勒有限公司	第九类	T2009-16201
梦特娇（繁体）	3884662	博内特里塞文奥勒有限公司	第十四类	T2009-16202

权利名称	权利注册授权号	申请人名称	商品分类	备案号
儿童游乐园（在有气球的山冈上玩耍 BABY PLAY PARK）	2008-F-012962	永福有限公司		C2009-16203
玩具房子（LIGHTING HOUSE）DOLL HOUSE	2007-J-07427	永福有限公司		C2009-16204
玩具房子（TERRACE HOUSE）DOLL HOUSE	2007-J-07426	永福有限公司		C2009-16205
玩具房子（NEW HOUSE）DOLL HOUSE	2007-J-07425	永福有限公司		C2009-16206
MONTAGUT 及图形	1126662	博内特里塞文奥勒有限公司	第二十五类	T2009-16218
A 印象	2009-F-016511	世富企业有限公司		C2009-16219
BETANI	4040659	汕头市中昱有限公司	第二十五类	T2009-16220
龍膜	4371573	首诺公司	第十二类	T2009-16221
LLUMAR 及图	4371574	首诺公司	第十七类	T2009-16222
樂瑪	1500842	首诺公司	第十七类	T2009-16223
龍膜	1508845	首诺公司	第十七类	T2009-16224
LLUMAR	518376	首诺公司	第十七类	T2009-16225
LLUMAR & 龍膜	4371575	首诺公司	第十二类	T2009-16226
MANLIAN	1281530	汕头鳗联股份有限公司	第二十九类	T2009-16227
PISO	2009SR013559	日本英赛特株式会社		C2009-16228
Performance Insight	2009SR013558	日本英赛特株式会社		C2009-16229
繁体虎 + 虎图形 +Tiger	311262	虎豹企业有限公司	第五类	T2009-16230
OPTEX 及图形	1243585	欧宝士株式会社	第十一类	T2009-16231
依之舍	1601416	中山市小榄镇依之舍时装厂	第二十五类	T2009-16239
EASINESS+EA	3582208	中山市小榄镇依之舍时装厂	第二十五类	T2009-16240
依之舍	4483498	中山市小榄镇依之舍时装厂	第二十五类	T2009-16241
LS	G879400	株式会社 LS	第十九类	T2009-16242
LS	G879400	株式会社 LS	第十四类	T2009-16243
LS	G879400	株式会社 LS	第十二类	T2009-16244
LS	G879400	株式会社 LS	第六类	T2009-16245
LS	G879400	株式会社 LS	第一类	T2009-16246
Bendix	5044522	霍尼韦尔国际公司	第十二类	T2009-16248
hauck 及图形	3995437	侯克两合公司	第二十五类	T2009-16249
hauck 及图形	3336701	侯克两合公司	第二十八类	T2009-16250
hauck 及图形	3336702	侯克两合公司	第二十五类	T2009-16251
hauck 及图形	3336703	侯克两合公司	第二十四类	T2009-16252
hauck 及图形	3336704	侯克两合公司	第二十类	T2009-16253
hauck 及图形	3336705	侯克两合公司	第十八类	T2009-16254
hauck 及图形	1772209	侯克两合公司	第十二类	T2009-16255
yafit	3063719	宜宾丝丽雅股份有限公司	第二十三类	T2009-16257
GRACE	3186731	宜宾丝丽雅股份有限公司	第二十三类	T2009-16258
LIMICE	4030748	宜宾丝丽雅股份有限公司	第二十三类	T2009-16259

权利名称	权利注册授权号	申请人名称	商品分类	备案号
丝丽雅	1240571	宜宾丝丽雅股份有限公司	第二十三类	T2009-16260
OLD NAVY	1144374	傲海军（国际商标）公司	第十八类	T2009-16263
PREMIER LEAGUE 及狮子图	2024075	足球协会总联盟有限公司	第二十五类	T2009-16264
PREMIER LEAGUE 及狮子图	1941317	足球协会总联盟有限公司	第二十八类	T2009-16265
PREMIER LEAGUE 及狮子图	1810946	足球协会总联盟有限公司	第十八类	T2009-16266
PREMIER LEAGUE 及狮子图	1788316	足球协会总联盟有限公司	第二十九类	T2009-16267
PREMIER LEAGUE 及狮子图	1772835	足球协会总联盟有限公司	第九类	T2009-16268
PREMIER LEAGUE 及狮子图	1767057	足球协会总联盟有限公司	第六类	T2009-16269
PREMIER LEAGUE 及狮子图	1765820	足球协会总联盟有限公司	第十六类	T2009-16270
PREMIER LEAGUE 及狮子图	1765336	足球协会总联盟有限公司	第十四类	T2009-16271
PREMIER LEAGUE 及狮子图	1738783	足球协会总联盟有限公司	第三十类	T2009-16272
PREMIER LEAGUE 及狮子图	1731288	足球协会总联盟有限公司	第三十二类	T2009-16273
CANVA	第 4457264 号	重庆隆成达科技有限公司	第九类	T2009-16276
Garsedina	2010175	新历钟表贸易公司	第十四类	T2009-16277
嘉茜娜 +Galsarina+ 图形	3833095	新历钟表贸易公司	第十四类	T2009-16278
历时威 +LASOVA+ 图形	3833094	新历钟表贸易公司	第十四类	T2009-16279
MO KUNO MOSER	G590824	瓦尔有限公司	第八类	T2009-16281
MO MOSER	G596363	瓦尔有限公司	第八类	T2009-16282
UNIWAX	G708270	弗利斯克有限公司	第二十四类	T2009-16285
苹果	348417	苹果公司（美国）	第九类	T2009-16286
百明 BM	1662307	佛山市顺德区丰明电子科技有限公司	第九类	T2009-16290
爱普生	3316993	精工爱普生株式会社	第九类	T2009-16291
EPSON STYLUS	1244954	精工爱普生株式会社	第九类	T2009-16292
EPSON	1160666	精工爱普生株式会社	第十六类	T2009-16293
EPSON STYLUS	1185531	精工爱普生株式会社	第九类	T2009-16294
IZO	4898606	张家港市长江五金锁业有限公司	第六类	T2009-16298
FARAH 及图形	3803303	青岛三链锁业有限公司	第六类	T2009-16299
圆圈图形	5382809	青岛三链锁业有限公司	第六类	T2009-16300
M.M.I. 及图形	5459858	青岛三链锁业有限公司	第六类	T2009-16301
M.T.L. 及图形	5435157	青岛三链锁业有限公司	第六类	T2009-16302
DF	4990065	青岛三链锁业有限公司	第六类	T2009-16303
ELZET	3803304	青岛三链锁业有限公司	第六类	T2009-16304
VVIPER	4411311	青岛三链锁业有限公司	第六类	T2009-16305
KOMBO	4777271	青岛三链锁业有限公司	第六类	T2009-16306
商标注册证	4249464	青岛保税区茂润国际贸易有限公司	第十二类	T2009-16309
商标注册证	4249465	青岛保税区茂润国际贸易有限公司	第十二类	T2009-16310
POLI+ 图形	615044	佛山克莱汽车照明有限公司	第十一类	T2009-16312
EAGLEYE+ 图形	1103233	佛山克莱汽车照明有限公司	第十一类	T2009-16313
CAVEX	4314589	伟尔矿业澳大利亚有限公司	第七类	T2009-16315
沃曼	3730804	伟尔矿业澳大利亚有限公司	第七类	T2009-16316

权利名称	权利注册授权号	申请人名称	商品分类	备案号
Warman	4374375	伟尔矿业澳大利亚有限公司	第十七类	T2009-16317
Warman	4374365	伟尔矿业澳大利亚有限公司	第七类	T2009-16318
WARMAN	298996	伟尔矿业澳大利亚有限公司	第十七类	T2009-16319
WARMAN	298989	伟尔矿业澳大利亚有限公司	第七类	T2009-16320
《补胎操作图》	13-2008-F-0539	美品（厦门）橡胶制品有限公司		C2009-16321
CAMELION	1547757	深圳市博凯实业发展有限公司	第十一类	T2009-16322
CALOVE	4458751	深圳市爱我科技有限公司	第九类	T2009-16323
LOVME	4458733	深圳市爱我科技有限公司	第九类	T2009-16324
沙拉机零售包装	2008-L-011293	储巧		C2009-16325
蒸汽挂烫机零售包装（一）	2008-L-011294	储巧		C2009-16326
蒸汽清洁器零售包装	2008-L-011296	储巧		C2009-16327
蒸汽挂烫机零售包装（二）	2008-L-011295	储巧		C2009-16328
图形	G863900	海军欧洲有限公司	第二十五类	T2009-16340
图形	G863900	海军欧洲有限公司	第十四类	T2009-16341
NAVIGARE 及图形	G568887A	海军欧洲有限公司	第二十五类	T2009-16342
NAM SEO	3273270	上海太韩科贸发展有限公司	第二十六类	T2009-16343
联丰	3081569	安吉联丰家具有限公司	第二十类	T2009-16347
TOPSOLA	4202537	上海交大泰阳绿色能源有限公司	第九类	T2009-16348
NJC 及图	3820776	四川绵竹剑南春酒厂有限公司	第三十三类	T2009-16350
剑南春及拼音	3728883	四川绵竹剑南春酒厂有限公司	第三十三类	T2009-16351
剑南春	1047165	四川绵竹剑南春酒厂有限公司	第三十三类	T2009-16352
VICTORY	647404	安徽轻工国际贸易股份有限公司	第十二类	T2009-16356
YUKA	3565673	HTP 集团有限公司	第二十五类	T2009-16358
克麗絲汀·迪奥	G611645	克里斯蒂昂·迪奥尔服装有限公司	第十八类	T2009-16359
克麗絲汀·迪奥	G611645	克里斯蒂昂·迪奥尔服装有限公司	第十四类	T2009-16360
克麗絲汀·迪奥	G611645	克里斯蒂昂·迪奥尔服装有限公司	第九类	T2009-16361
D 图形	G870135	克里斯蒂昂·迪奥尔服装有限公司	第二十五类	T2009-16362
D 图形	G870135	克里斯蒂昂·迪奥尔服装有限公司	第十八类	T2009-16363
D 图形	G870135	克里斯蒂昂·迪奥尔服装有限公司	第十四类	T2009-16364
D 图形	G870135	克里斯蒂昂·迪奥尔服装有限公司	第九类	T2009-16365
Christian Dior 图形	G580546	克里斯蒂昂·迪奥尔服装有限公司	第二十五类	T2009-16366
Christian Dior 图形	G580546	克里斯蒂昂·迪奥尔服装有限公司	第二十四类	T2009-16367
Christian Dior 图形	G580546	克里斯蒂昂·迪奥尔服装有限公司	第十八类	T2009-16368
CD	G589446	克里斯蒂昂·迪奥尔服装有限公司	第十八类	T2009-16369
CD	G597368	克里斯蒂昂·迪奥尔服装有限公司	第二十六类	T2009-16370
Dior 图形	G765932	克里斯蒂昂·迪奥尔服装有限公司	第二十五类	T2009-16371
DIOR	G611499	克里斯蒂昂·迪奥尔服装有限公司	第十八类	T2009-16372
Dior	G610601	克里斯蒂昂·迪奥尔服装有限公司	第二十五类	T2009-16373
Christian Dior	76224	克里斯蒂昂·迪奥尔服装有限公司	第二十五类	T2009-16374
Christian Dior	76223	克里斯蒂昂·迪奥尔服装有限公司	第十八类	T2009-16375

权利名称	权利注册授权号	申请人名称	商品分类	备案号
威王 +WEIWANG+ 图形	1103292	广东威王集团有限公司	第十一类	T2009-16376
鸿智电器 Hallsmart	3581150	湛江鸿智电器有限公司	第十一类	T2009-16377
Hallsmart	3581147	湛江鸿智电器有限公司	第十一类	T2009-16378
法岑 FACEN 及图案	3034450	福建鸿星沃登卡集团有限公司	第二十五类	T2009-16379
WORLDCAPE	3054593	福建鸿星沃登卡集团有限公司	第二十五类	T2009-16380
图形	G805117	日本烟草产业株式会社	第三十四类	T2009-16382
Peace 及图	G859644	日本烟草产业株式会社	第三十四类	T2009-16383
Caster 及图	G846366	日本烟草产业株式会社	第三十四类	T2009-16384
HOPE 及图	G859706	日本烟草产业株式会社	第三十四类	T2009-16385
锐腾达 Returnstar	3508263	丁万年	第九类	T2009-16386
HP	4118913	惠普发展公司，有限责任合伙企业	第九类	T2009-16387
DPI	4661384	海湾环球有限公司	第七类	T2009-16388
MCS AUTOMATIC	3210559	曹军杨	第七类	T2009-16393
VSM	1206117	联合金刚砂及机器工厂股份公司	第三类	T2009-16394
VITEX	1206119	联合金刚砂及机器工厂股份公司	第三类	T2009-16395
VITEX	1213526	联合金刚砂及机器工厂股份公司	第七类	T2009-16396
mothers choice	5375672	宁波均胜工业有限公司	第十二类	T2009-16399
poupy	5425117	宁波均胜工业有限公司	第十二类	T2009-16400
Trade Max	5439337	麦克英孚（宁波）婴童用品有限公司	第十二类	T2009-16402
BIASTAR	1986413	宁波萌恒工贸有限公司	第二十六类	T2009-16403
GRAPE BRAND	4959107	宁波萌恒工贸有限公司	第二十三类	T2009-16404
ROYAL CHALK	4959109	宁波萌恒工贸有限公司	第十六类	T2009-16405
HAPPY FISHE	4959103	宁波萌恒工贸有限公司	第二十三类	T2009-16406
MAYATO	4642660	宁波萌恒工贸有限公司	第二十八类	T2009-16407
PRES TIGE	4623807	宁波萌恒工贸有限公司	第七类	T2009-16408
GRAPE BRAND	4959106	宁波萌恒工贸有限公司	第七类	T2009-16409
FISH WAVE 及图	4642659	宁波萌恒工贸有限公司	第二十八类	T2009-16410
TEX	4688841	宁波萌恒工贸有限公司	第二十六类	T2009-16411
DMD	4609668	宁波萌恒工贸有限公司	第二十六类	T2009-16412
WHALE	4609674	宁波萌恒工贸有限公司	第二十六类	T2009-16413
PRECIOUS	4609675	宁波萌恒工贸有限公司	第二十六类	T2009-16414
KROWNTEX	4609673	宁波萌恒工贸有限公司	第二十六类	T2009-16415
PLANE	4609676	宁波萌恒工贸有限公司	第二十六类	T2009-16416
mgt	4609670	宁波萌恒工贸有限公司	第二十六类	T2009-16417
KROWNTEX	4609672	宁波萌恒工贸有限公司	第二十三类	T2009-16418
SHARK	1986193	宁波萌恒工贸有限公司	第二十六类	T2009-16419
SABICORT	4890543	宁波萌恒工贸有限公司	第二十六类	T2009-16420
yeye	4959104	宁波萌恒工贸有限公司	第二十三类	T2009-16421
CORONA EXTRA（哥特字体）	5435038	瑟维赛拉摩得罗公司	第三十二类	T2009-16423
图形 +SPY	4421424	广东小飞将防盗设备有限公司	第十二类	T2009-16425

权利名称	权利注册授权号	申请人名称	商品分类	备案号
CIANOFARMER	4829974	余满萍	第二十五类	T2009-16426
TSTARB	4829975	余满萍	第二十五类	T2009-16427
kipo 及图形	1119358	东莞市旗宝电子有限公司	第九类	T2009-16430
YY 图形	1214422	尤尼克斯株式会社	第二十八类	T2009-16431
JIFPEX	4261135	浙江中亿管业有限公司	第十九类	T2009-16432
RR	4373644	浙江中亿管业有限公司	第十七类	T2009-16433
STC 图形	4763860	浙江中亿管业有限公司	第十九类	T2009-16434
MOD.DER	5027860	浙江中亿管业有限公司	第八类	T2009-16435
GONGORD	4725248	利马特有限公司	第九类	T2009-16439
GONGORD	4725249	利马特有限公司	第七类	T2009-16440
erke+ 图形	1313429	福建鸿星尔克体育用品有限公司	第二十五类	T2009-16442
尔克 ERKE+ 图形	1689241	福建鸿星尔克体育用品有限公司	第二十五类	T2009-16443
DF	844496	湖南中机进出口有限公司	第七类	T2009-16444
光波人图案	5039065	广东格兰仕集团有限公司	第十六类	T2009-16449
toasts	3992443	广东格兰仕集团有限公司	第十一类	T2009-16450
5T	3603496	广东格兰仕集团有限公司	第十一类	T2009-16451
5T+NONTOXIC CAVITY	3603497	广东格兰仕集团有限公司	第十一类	T2009-16452
yamatsu	3608130	广东格兰仕集团有限公司	第十一类	T2009-16453
willz	3608131	广东格兰仕集团有限公司	第十一类	T2009-16454
Almison	3712656	广东格兰仕集团有限公司	第十一类	T2009-16455
上柴 SDEC 及图	1284464	上海柴油机股份有限公司	第七类	T2009-16456
雷達	569509	S.C. 庄臣父子公司	第五类	T2009-16459
RAID	162263	S.C. 庄臣父子公司	第五类	T2009-16460
佳丽	162267	S.C. 庄臣父子公司	第五类	T2009-16461
Glade+ 图形	1250278	S.C. 庄臣父子公司	第五类	T2009-16462
图形	1270260	S.C. 庄臣父子公司	第五类	T2009-16463
GlADE	162266	S.C. 庄臣父子公司	第五类	T2009-16464
MR. MUSCLE	680269	S.C. 庄臣父子公司	第三类	T2009-16465
威猛先生	714963	S.C. 庄臣父子公司	第三类	T2009-16466
MR. MUSCLE	689298	S.C. 庄臣父子公司	第三类	T2009-16467
BROADCOM 及图形	1709967	博通公司	第九类	T2009-16468
图形商标	1709968	博通公司	第九类	T2009-16469
BROADCOM	1709969	博通公司	第九类	T2009-16470
排气扇	4143221	李勤	第十一类	T2009-16471
WHO.A.U	1721294	依兰德有限公司	第二十五类	T2009-16475
WHO.A.U	3452333	依兰德有限公司	第十八类	T2009-16477
E · LAND	933347	依兰德有限公司	第二十五类	T2009-16478
SCOFIELD	933314	依兰德有限公司	第二十五类	T2009-16480
SCOFIELD+ 图形	3385778	依兰德有限公司	第十八类	T2009-16481
E · LAND KIDS+ 图形	3545612	依兰德有限公司	第二十五类	T2009-16482

权利名称	权利注册授权号	申请人名称	商品分类	备案号
SOBASIC	3012948	依兰德有限公司	第二十五类	T2009-16484
SOBASIC	3012949	依兰德有限公司	第十八类	T2009-16485
E·LAND	2001387	依兰德有限公司	第十八类	T2009-16486
WINHERE	5341369	烟台胜地汽车零部件制造有限公司	第十二类	T2009-16487
Foster	1669971	烟台胜地汽车零部件制造有限公司	第十二类	T2009-16488
图形	5341366	烟台胜地汽车零部件制造有限公司	第十二类	T2009-16489
胜地	3209050	烟台胜地汽车零部件制造有限公司	第十二类	T2009-16490
DHC	4988713	丘志广	第十八类	T2009-16491
MBT	G883987	马赛市场贸易股份公司	第十类	T2009-16500
MBT	G883987	马赛市场贸易股份公司	第二十五类	T2009-16501
MBT	G893545	马赛市场贸易股份公司	第十类	T2009-16502
MBT	G893545	马赛市场贸易股份公司	第二十五类	T2009-16503
MBT	G893545	马赛市场贸易股份公司	第二十八类	T2009-16504
Baycell	4522507	深圳市飞狮电池有限公司	第九类	T2009-16505
UDEE	5438822	福建尤迪电机制造有限公司	第七类	T2009-16507
NComputing	G891102	恩科公司	第九类	T2009-16508
Bench.	1613465	阿曼瑞卡纳国际有限公司	第二十五类	T2009-16509
CONCORD	75628	MGI 豪华产品集团公司	第十四类	T2009-16510
STOLICHNAYA	3846484	烈酒国际有限公司	第三十三类	T2009-16511
CASTROL	1672240	凯斯特罗有限公司	第四类	T2009-16516
HOOVER	784506	创科地板护理技术有限公司	第七类	T2009-16517
HOOVER	1121637	创科地板护理技术有限公司	第十一类	T2009-16518
HOOVER 及图形	1121641	创科地板护理技术有限公司	第十一类	T2009-16519
HOOVER 及图形	784510	创科地板护理技术有限公司	第七类	T2009-16520
PATTEX 图形商标	G764909	德国汉高股份两合公司	第十六类	T2009-16521
PATTEX 图形商标	G764909	德国汉高股份两合公司	第一类	T2009-16522
PM&T	1977333	苏州帕瓦麦斯动力有限公司	第七类	T2009-16523
科罗娜	3628871	瑟维赛拉摩得罗公司	第三十二类	T2009-16524
CORONA EXTRA 啤酒瓶	5368841	瑟维赛拉摩得罗公司	第三十二类	T2009-16525
STC	4763857	浙江中亿管业有限公司	第十九类	T2009-16526
CANDINO 卡天龙及图形	3741448	菲斯蒂纳－卡迪诺表业有限公司	第十四类	T2009-16527
I LOVE	3253521	晋江市胜大鞋机贸易有限公司	第二十五类	T2009-16528
胜大 +SHENG DA+ 图形	1912031	晋江市胜大鞋机贸易有限公司	第七类	T2009-16529
翔日 XIANGRI 及图形	1645796	陈旭璇	第七类	T2009-16530
HAOMAI 豪麦及图形	1274081	福州佳新实业有限公司	第七类	T2009-16531
MICHELIN 及轮胎人图形	4950337	米其林集团总公司	第十八类	T2009-16534
SOFAN+ 图形	4581514	杨健飞	第十六类	T2009-16536
安琪	1231204	安琪酵母股份有限公司	第三十类	T2009-16538
漩涡图形	1231205	安琪酵母股份有限公司	第三十类	T2009-16539
FUBON	3624238	安琪酵母股份有限公司	第三十一类	T2009-16540

权利名称	权利注册授权号	申请人名称	商品分类	备案号
海虹 +SEABOW+ 图形	1231323	福建省梅花水产加工厂	第二十九类	T2009-16541
LONGCHAMP 及图	178848	让・卡斯兰简单股份有限公司（法国）	第二十五类	T2009-16542
LONGCHAMP 及图	178850	让・卡斯兰简单股份有限公司（法国）	第十八类	T2009-16543
PARSUN	4480447	苏州百胜动力机器有限公司	第七类	T2009-16544
切伦达尼＋ CELENTANI	3672999	陈建洪	第二十五类	T2009-16545
DURSEN	4873187	陈建洪	第二十五类	T2009-16546
Micro — teeth	3853075	立兆股份有限公司	第二十五类	T2009-16547
Micro — teeth	3853076	立兆股份有限公司	第二十六类	T2009-16548
向阳牌	53250	大连众汇进出口有限公司	第五类	T2009-16549
HEIKEN	5111261	杨泽文	第六类	T2009-16550
SUNCA	1515515	建发电器制品（深圳）有限公司	第十一类	T2009-16552
REKRI8	5209172	李爱学	第十一类	T2009-16553
GOSYSTEM	5209171	李爱学	第十一类	T2009-16554
TEREX 及图	5302158	特雷克斯公司	第七类	T2009-16555
TEREX 及图	5302159	特雷克斯公司	第十二类	T2009-16556
TEREX	153594	特雷克斯公司（美国）	第十七类	T2009-16557
TEREX	146656	特雷克斯公司（美国）	第十二类	T2009-16558
GIULIANO 及图形	G695618	古丽亚诺集团股份公司	第九类	T2009-16559
GIULIANO 及图形	G695618	古丽亚诺集团股份公司	第七类	T2009-16560
ROWA	4402565	广州数码乐华科技有限公司	第十一类	T2009-16562
bric's	875039	布里克斯工业精品有限公司（或者简称为布里克斯股份公司）	第十八类	T2009-16573
wanch	1551605	广州市川井车业有限公司	第十二类	T2009-16576
kewesekl	1535531	广州市川井车业有限公司	第十二类	T2009-16577
PEGASUS	185497	飞马缝纫机制造株式会社（日本）	第七类	T2009-16580
mp	229529	飞马缝纫机制造株式会社（日本）	第七类	T2009-16581
Spout	4742624	石家庄好利服饰有限公司	第五类	T2009-16582
HOLLEE	4688833	石家庄好利服饰有限公司	第二十五类	T2009-16583
Kidd-ys	4638886	石家庄好利服饰有限公司	第十六类	T2009-16584
My Baby	1140662	石家庄好利服饰有限公司	第五类	T2009-16585
GLOBE	3127122	刘成柱	第二十四类	T2009-16586
MOBILETRON	1642222	车王电子（宁波）有限公司	第九类	T2009-16587
MOBILETRON	1975251	车王电子（宁波）有限公司	第七类	T2009-16588
特斯林 +TEXTILENE+ 图形	3018067	台州市特斯林网业有限公司	第二十二类	T2009-16591
LESFUSE 及图型	3241822	余姚市乐声电器有限公司	第九类	T2009-16593
DTECH	第 3601368 号	李辉恒	第九类	T2009-16594
CAOFFEE	3421641	杭州飞特进出口贸易有限公司	第十二类	T2009-16595
图形	3421663	杭州飞特进出口贸易有限公司	第十二类	T2009-16596
祖庙	687418	佛山市创志经贸有限公司	第三十类	T2009-16597
祖庙牌	308171	佛山市创志经贸有限公司	第三十类	T2009-16598

权利名称	权利注册授权号	申请人名称	商品分类	备案号
Hard Rock CAFE 及图形	1081407	硬石有限公司	第十四类	T2009-16599
HONEST	4038364	浙江英利五金机械有限公司	第六类	T2009-16600
HONEST	4038363	浙江英利五金机械有限公司	第七类	T2009-16601
HONEST	4038362	浙江英利五金机械有限公司	第八类	T2009-16602
HONEST	4038361	浙江英利五金机械有限公司	第九类	T2009-16603
CHEVAL 及图	3292445	张书珍	第六类	T2009-16604
伟士及图	337308	伟士（厦门）体育用品有限公司	第二十八类	T2009-16605
WISH	353305	伟士（厦门）体育用品有限公司	第二十八类	T2009-16606
ALFA	3482135	阿尔法电器有限公司	第九类	T2009-16607
CHAO YANG 及图	1198953	杭州橡胶总厂	第十二类	T2009-16612
SEGA/TOYS	1996477	世嘉股份有限公司	第二十八类	T2009-16613
MICHELIN 及轮胎人图形	4950356	米其林集团总公司	第二十五类	T2009-16614
MATABI	1047450	盖世宝西班牙公司	第七类	T2009-16615
CLIPPER 立体商标	5713960	弗拉玛吉斯公司	第三十四类	T2009-16617
RADIUM	3273416	雷迪电灯有限公司	第十一类	T2009-16618
CHUNGHOP	1767806	增城市众合电子实业有限公司	第九类	T2009-16620
图形	3158776	无赛本社时尚控股有限公司	第二十五类	T2009-16621
图形	3921938	无赛本社时尚控股有限公司	第二十五类	T2009-16622
图形	3921937	无赛本社时尚控股有限公司	第二十五类	T2009-16623
悍马 H1 前中网	3871586	通用汽车公司	第二十八类	T2009-16624
悍马 H2 前中网	3871583	通用汽车公司	第二十八类	T2009-16625
GM 图形	1981137	通用汽车公司	第九类	T2009-16626
ASCENSIA	3154388	拜耳医药保健有限公司	第十类	T2009-16627
ASCENSIA	3154387	拜耳医药保健有限公司	第五类	T2009-16628
超人图形	1903772	上海庄臣有限公司	第三类	T2009-16633
Black&Decker	382895	布莱克和代克公司	第八类	T2009-16635
TELEMATRIX	4359350	山东比特电子工业有限公司	第九类	T2009-16640
BITTEL	1522230	山东比特电子工业有限公司	第九类	T2009-16641
欧意 +OUYI+ 图形	4518982	广东欧意电器有限公司	第十一类	T2009-16655
欧意 +OUYI+ 图形	1686084	广东欧意电器有限公司	第十一类	T2009-16656
XINHAI	1179792	宁波新海电气股份有限公司	第三十四类	T2009-16657
WHITE ELEPHANT	3198978	上海白象天鹅电池有限公司	第九类	T2009-16659
白象 + 图形	3316366	上海白象天鹅电池有限公司	第九类	T2009-16661
SWAN	994082	上海白象天鹅电池有限公司	第九类	T2009-16662
图形	4231885	温州东欧汽车轴瓦有限公司	第十二类	T2009-16663
图形	4231882	温州东欧汽车轴瓦有限公司	第十二类	T2009-16664
DS 及图	3729765	温州东欧汽车轴瓦有限公司	第十二类	T2009-16665
世家	917354	巴隆夏盖	第二十五类	T2009-16666
BB 图形	1070504	巴隆夏盖	第二十五类	T2009-16667
OXFORD	269732	牛津大学出版社	第十六类	T2009-16668

权利名称	权利注册授权号	申请人名称	商品分类	备案号
KIWI SHOE POLISH	G931644	奇伟欧洲控股有限公司	第三类	T2009-16669
KIWI 及图像	1160208	奇伟欧洲控股有限公司	第三类	T2009-16670
特富龙（繁体）	1204882	杜邦公司	第二类	T2009-16678
RIFEMIX	5341787	廖玉华	第七类	T2009-16679
EMERALD	5208911	廖玉华	第七类	T2009-16680
VillaWare	5208907	廖玉华	第七类	T2009-16681
INTERSEROH	5520551	廖玉华	第七类	T2009-16682
NORTHEAST	5291578	廖玉华	第七类	T2009-16683
DUNKEN	5341788	廖玉华	第七类	T2009-16684
NEVICA	5291575	廖玉华	第七类	T2009-16685
efbe-schoff	5208909	廖玉华	第七类	T2009-16686
VESUV	5291577	廖玉华	第七类	T2009-16687
DISCOVERY	5341789	廖玉华	第七类	T2009-16688
SVPERIORTEX	4368911	上海空调人服饰有限公司	第二十四类	T2009-16689
飞鹰图	2009-F-017095	特许零售公司		C2009-16690
图案商标	3138337	陵嘉生物制品（上海）有限公司	第三十类	T2009-16691
图案商标	3136435	陵嘉生物制品（上海）有限公司	第三十类	T2009-16692
图案商标	3598878	陵嘉生物制品（上海）有限公司	第三十类	T2009-16693
图案商标	3598879	陵嘉生物制品（上海）有限公司	第三十类	T2009-16694
图案商标	3598881	陵嘉生物制品（上海）有限公司	第三十类	T2009-16695
图案商标	3598882	陵嘉生物制品（上海）有限公司	第三十类	T2009-16696
图案商标	3136436	陵嘉生物制品（上海）有限公司	第三十类	T2009-16697
图案商标	3598883	陵嘉生物制品（上海）有限公司	第三十类	T2009-16698
N-LIFE	3138336	陵嘉生物制品（上海）有限公司	第三十类	T2009-16699
Alaska New Life	3136493	陵嘉生物制品（上海）有限公司	第三十类	T2009-16700
劲力	4854887	刘仁超	第十一类	T2009-16709
PRADA	1260952	普拉达有限公司	第二十五类	T2009-16710
PRADA	1263052	普拉达有限公司	第十八类	T2009-16711
hainavasia	4992205	张玉山	第二十五类	T2009-16714
QJZ	4798859	慈溪市杭州湾轴承有限公司	第七类	T2009-16715
PLB	1289345	慈溪市杭州湾轴承有限公司	第七类	T2009-16716
V.E.C.	652490	江门市新会区金龙进出口有限公司	第十一类	T2009-16717
HEMAMOTOR	5107076	武汉泰海机械有限公司	第七类	T2009-16720
MAXWELL	1975652	福建省福安市华微电机有限公司	第七类	T2009-16723
HOLDEN 狮身图形	4414100	通用汽车公司	第六类	T2009-16724
HOLDEN 狮面图形	3953575	通用汽车公司	第六类	T2009-16725
HOLDEN RACING TEAM	4414090	通用汽车公司	第六类	T2009-16726
HSV	4414080	通用汽车公司	第六类	T2009-16727
TANK+ 图形	3654708	富隆（福建）洋伞有限公司	第十八类	T2009-16728
JANI MARKEL	3330956	富隆（福建）洋伞有限公司	第十八类	T2009-16729

权利名称	权利注册授权号	申请人名称	商品分类	备案号
H-TVISTA	3004995	福建省晋江市莫日克鞋服有限公司	第二十五类	T2009-16730
莫克 +MORIKE+ 图形	627177	福建省晋江市莫日克鞋服有限公司	第二十五类	T2009-16731
HAMMER HEAD	3139665	海德工具有限公司	第八类	T2009-16733
BLACK & SILVER	3139666	海德工具有限公司	第八类	T2009-16734
MAXXGRIP	3139667	海德工具有限公司	第八类	T2009-16735
CIPRO	904694	拜耳股份有限公司	第五类	T2009-16737
CIPROBAY	904695	拜耳股份有限公司	第五类	T2009-16738
BAYASPIRIN	743419	拜耳股份有限公司	第五类	T2009-16739
ADALAT	677332	拜耳股份有限公司	第五类	T2009-16740
CANESTEN	677329	拜耳股份有限公司	第五类	T2009-16741
GLUCOBAY	677325	拜耳股份有限公司	第五类	T2009-16742
BAYER	76029	拜耳股份有限公司	第五类	T2009-16743
BAYER	76023	拜耳股份有限公司	第十类	T2009-16744
BAYER	76017	拜耳股份有限公司	第五类	T2009-16745
BAYER	76011	拜耳股份有限公司	第十类	T2009-16746
ZAM-BUK	996819	拜耳消费者护理股份有限公司	第五类	T2009-16747
飞马（图案）	800414	飞马缝纫机制造株式会社	第七类	T2009-16749
飞鸽	35542	天津市飞鸽集团有限公司	第十九类	T2009-16750
NAVIGARE	G848137	海军欧洲有限公司	第二十五类	T2009-16751
NAVIGARE	G848137	海军欧洲有限公司	第十四类	T2009-16752
ALPINESTARS	G683806	阿尔皮纳塔尔研究公司	第二十五类	T2009-16754
A 图形	G611525	阿尔皮纳塔尔研究公司	第二十五类	T2009-16755
GIOVI	3537444	中山市凤凰城化妆品有限公司	第三类	T2009-16756
WATER PIK	1130142	洁碧有限公司	第二十一类	T2009-16757
潔碧	817301	洁碧有限公司	第二十一类	T2009-16758
SHILIN	3099726	安徽世林照明股份有限公司	第十一类	T2009-16759
LUCKLIGHT	1175233	安徽世林照明股份有限公司	第十一类	T2009-16760
GERMANY 2006 及图形	G808984	国际足球联合会	第九类	T2009-16761
GERMANY 2006 及图形	G808984	国际足球联合会	第二十五类	T2009-16762
GERMANY 2006 及图形	G808984	国际足球联合会	第二十八类	T2009-16763
TCL	1255062	TCL 集团股份有限公司	第九类	T2009-16764
TCL	1247406	TCL 集团股份有限公司	第十一类	T2009-16765
塔牌	132122	山东中粮粉丝杂豆进出口有限公司	第三十类	T2009-16768
ALTECO 图形（泰文）	4951705	安特固化学私人有限公司	第一类	T2009-16772
AJJCO	4950122	安特固化学私人有限公司	第十六类	T2009-16773
ALTECO 图形（泰文）	4951704	安特固化学私人有限公司	第十六类	T2009-16774
ALTECO 美术字体	2006-F-06294	安特固化学私人有限公司		C2009-16775
3 TON QUICK 10G EPOXY VERTIAL PACKING	2008-F-11609	安特固化学私人有限公司		C2009-16776
F-05 6G EPOXY VERTICAL PACKING	2008-F-11610	安特固化学私人有限公司		C2009-16777

权利名称	权利注册授权号	申请人名称	商品分类	备案号
SG-12 1G VERTICAL PACKING	2008-F-11611	安特固化学私人有限公司		C2009-16778
SG-2 THAI CARD WITH ELEPHANT & HANGING WOMAN	2008-F-013807	安特固化学私人有限公司		C2009-16779
#110-12V 3G VERTICAL PACKING	2008-F-11449	安特固化学私人有限公司		C2009-16780
10(Liquid Gasket box)	2007-F-07174	安特固化学私人有限公司		C2009-16781
3(SG-2-Thailand version-Front & Back)	2007-F-07585	安特固化学私人有限公司		C2009-16782
14(2 Ton Quick Thai-Front & Back)	2007-F-07589	安特固化学私人有限公司		C2009-16783
2A-2B(Epo Putty International version-Front & Back)	2007-F-07176	安特固化学私人有限公司		C2009-16784
1A-1B(Epo Putty Thai version-Front & Back)	2007-F-07175	安特固化学私人有限公司		C2009-16785
4A(3 Ton Epoxy- Myanmar version-Front & Back)	2007-F-07583	安特固化学私人有限公司		C2009-16786
4B(3 Ton Epoxy-Thailand version-Front)	2007-F-07587	安特固化学私人有限公司		C2009-16787
HCH	1269495	环驰轴承集团有限公司	第七类	T2009-16795
三铃 SANLG	1653908	增城市奔马实业有限公司	第十二类	T2009-16796
服装上的三条纹（图形商标）	G948935	阿迪达斯有限公司	第二十五类	T2009-16801
易高 +YIGAO	4566263	龚海艳	第十一类	T2009-16824
布奇拉迪	5275686	龚海艳	第十四类	T2009-16825
nailtini	5275681	龚海艳	第二十五类	T2009-16826
nailtini	5275687	龚海艳	第三类	T2009-16827
CZX	3462139	正兴车轮集团有限公司	第十二类	T2009-16828
CALPROX	3039625	洛贝勒研究股份有限公司	第三类	T2009-16829
ENERGIZER	542583	永备电池有限公司	第九类	T2009-16830
heller	G788772	伊利诺斯工具制品有限公司	第七类	T2009-16834
heller	G788772	伊利诺斯工具制品有限公司	第八类	T2009-16835
ELLE	360929	桦谢菲力柏契出版社	第十四类	T2009-16837
红心	380275	上海汽灯厂	第十一类	T2009-16840
“铁锚”文字商标	382662	上海汽灯厂	第十一类	T2009-16841
“铁锚”图案	253550	上海汽灯厂	第十一类	T2009-16842
NEPLUS	5078022	宁波萌恒工贸有限公司	第二十六类	T2009-16843
GUITAR NEEDLES FOR SEWNG MACHINES	5078021	宁波萌恒工贸有限公司	第二十六类	T2009-16844
图形	G906989	彪马欧洲公司	第十八类	T2009-16857
图形	G906989	彪马欧洲公司	第二十八类	T2009-16858
图形	G906989	彪马欧洲公司	第二十五类	T2009-16859
Urban Mobility	G915505	彪马欧洲公司	第十八类	T2009-16860
RISING	1550058	阿联酋佳德利电子有限公司	第九类	T2009-16861
RISING	1523746	阿联酋佳德利电子有限公司	第十一类	T2009-16862

权利名称	权利注册授权号	申请人名称	商品分类	备案号
双鼠	3762772	陈毅飞	第二十三类	T2009-16863
DC	3815824	陈毅飞	第二十六类	T2009-16864
DC	3815813	陈毅飞	第二十三类	T2009-16865
HAFAB 及图形	5604638	中山奥科电子有限公司	第九类	T2009-16866
百龙 +HUNDRED DRAGONS+ 图形	623701	湖南中茶茶业有限公司	第三十类	T2009-16867
新加利 +SANGARIA+ 图形	3154098	中山市三乡镇卡乐贸易部	第三十二类	T2009-16868
LIGO+ 图形	1996075	中山市海城贸易有限公司	第二十九类	T2009-16869
赞纯 +CHABAA	4292934	中山市海城贸易有限公司	第三十二类	T2009-16870
COESKL IMA	4261137	浙江中亿管业有限公司	第十九类	T2009-16871
VALPEX	4201412	黄新萍	第十九类	T2009-16872
TK	4386148	黄新萍	第十九类	T2009-16873
YP+YINGPAIO	3063908	营标企业有限公司	第一类	T2009-16874
YP+YINGPAIO	5075869	营标企业有限公司	第十六类	T2009-16875
ICEBERG	512136	思敏威斯特投资有限公司	第三类	T2009-16878
ICEBERG	676509	思敏威斯特投资有限公司	第九类	T2009-16880
玛利亚产品标牌备案	03-2009-F-0090	蠡县润利手套厂		C2009-16881
FOCUS.HITECH 及图	4881898	陈作楫	第十一类	T2009-16884
CUP	3484440	陈作楫	第六类	T2009-16885
“红心“图案	609503	上海汽灯厂	第十一类	T2009-16886
VIDAL	5242758	南京赫斯基贸易有限公司	第八类	T2009-16887
RTHC	3947251	郑哨武	第十二类	T2009-16888
CELEBREX	1300298	美国西尔有限责任公司	第五类	T2009-16889
兔宝宝	3601731	德华兔宝宝装饰新材股份有限公司	第十九类	T2009-16890
DELICIOUS	3329099	鹤山胜发鞋业有限公司	第二十五类	T2009-16894
CLASSIFIED	1204654	鹤山胜发鞋业有限公司	第二十五类	T2009-16895
NECG+ 图形	1365001	东爵有机硅（南京）有限公司	第十七类	T2009-16896
Kingsville	5040624	东莞君时富五金制品有限公司	第二十一类	T2009-16897
雀氏 +CHIAUS+ 图形	3030211	雀氏（福建）实业发展有限公司	第五类	T2009-16898
雀氏 +CHIAUS+ 图形	5175653	雀氏（福建）实业发展有限公司	第十六类	T2009-16899
MADSHUS	4941689	麦德舒斯公司	第二十五类	T2009-16901
DELPHI	1613999	德尔福技术有限公司	第十二类	T2009-16913
DELPHI	1606137	德尔福技术有限公司	第十一类	T2009-16914
DELPHI	1581774	德尔福技术有限公司	第七类	T2009-16915
TMT（图形）	1241076	TMT 贸易有限公司	第九类	T2009-16916
东明及图	1251455	TMT 贸易有限公司	第十一类	T2009-16917
FIF+ 图	5308490	李文伟	第七类	T2009-16918
BLUELAB	5325651	布鲁莱博有限公司	第九类	T2009-16920
BLUELAB	5325652	布鲁莱博有限公司	第十一类	T2009-16921
TRUNCHEON	5325653	布鲁莱博有限公司	第九类	T2009-16922

权利名称	权利注册授权号	申请人名称	商品分类	备案号
DOUBLE EYES 双眼	5304269	济南钢花锯业有限公司	第八类	T2009-16923
MYROS SPECIAL	5304270	济南钢花锯业有限公司	第八类	T2009-16924
globus	5304368	济南钢花锯业有限公司	第八类	T2009-16925
M&G	4223906	晨光控股（集团）有限公司	第十六类	T2009-16926
晨光	1815587	晨光控股（集团）有限公司	第十六类	T2009-16927
TOYOTOMI	1279332	株式会社丰臣	第十一类	T2009-16928
KYB	5171121	萱场工业株式会社	第十二类	T2009-16932
PEAK PERFORMANCE	1184415	顶点表演产品公司	第二十五类	T2009-16933
PEAK PERFORMANCE	1168546	顶点表演产品公司	第十八类	T2009-16934
FTM	4368876	浙江中亿管业有限公司	第六类	T2009-16935
AVENE	585988	皮埃尔·法布尔皮肤化妆品公司	第三十二类	T2009-16962
雅漾	1533848	皮埃尔·法布尔皮肤化妆品公司	第五类	T2009-16964
雅漾	1972018	皮埃尔·法布尔皮肤化妆品公司	第三类	T2009-16965
EAU THERMALE AVENE 及图形	699055	皮埃尔·法布尔皮肤化妆品公司	第三类	T2009-16966
ROCOL 及图	5145112	伊利诺斯工具制品有限公司	第四类	T2009-16967
Permatex 太阳图形	798345	伊利诺斯工具制品有限公司	第一类	T2009-16969
Permatex 太阳图形	884878	伊利诺斯工具制品有限公司	第十七类	T2009-16970
LPS 及图	3311575	伊利诺斯工具制品有限公司	第四类	T2009-16972
PLEXUS	1969190	伊利诺斯工具制品有限公司	第一类	T2009-16973
科瑞莱	3042709	东莞市科达机电设备有限公司	第十一类	T2009-16985
科瑞莱	5211899	东莞市科达机电设备有限公司	第十一类	T2009-16986
DELPHI	1024039	德尔福技术有限公司	第九类	T2009-16987
DELPHI	930187	德尔福技术有限公司	第七类	T2009-16988
DELPHI	914131	德尔福技术有限公司	第十一类	T2009-16989
DELPHI	902725	德尔福技术有限公司	第十二类	T2009-16990
DELPHI	1918390	德尔福技术有限公司	第九类	T2009-16991
黑人图形	1260154	好维股份有限公司	第三类	T2009-16992
黑人	1260153	好维股份有限公司	第三类	T2009-16993
黑人	1250827	好维股份有限公司	第二十一类	T2009-16994
黑人图形	1250825	好维股份有限公司	第二十一类	T2009-16995
DARLIE	1248150	好维股份有限公司	第三类	T2009-16996
NAKAYA	5192387	武汉泰海机械有限公司	第九类	T2009-17001
THAIHAI	3867549	武汉泰海机械有限公司	第七类	T2009-17002
THAIHAI	3867303	武汉泰海机械有限公司	第十二类	T2009-17003
惠美线业惠美及图	4989903	四川省宜宾惠美线业有限责任公司	第二十三类	T2009-17005
JL	868536	中国嘉陵工业股份有限公司（集团）	第十二类	T2009-17006
ATA	5164050	许金荣	第七类	T2009-17007
ABA	4883633	许金荣	第七类	T2009-17008
deli	3107072	得力集团有限公司	第十六类	T2009-17010

权利名称	权利注册授权号	申请人名称	商品分类	备案号
得力 +deli+ 图形	3041540	得力集团有限公司	第十六类	T2009-17011
图形商标	1792390	泊头市贝斯特铸业有限公司	第十一类	T2009-17012
Urban Mobility	G915505	彪马欧洲公司	第二十五类	T2009-17013
Urban Mobility	G915505	彪马欧洲公司	第二十八类	T2009-17014
Mapp	4878224	宁波考尔曼制冷工业有限公司	第一类	T2009-17018
BAISAN	4684023	朱志高	第十二类	T2009-17020
蔬菜种植器包装盒的图案	作登字：11-2009-F-3237	潘杏凤		C2009-17021
折叠桌包装盒的图案	作登字：11-2009-F-3238	潘杏凤		C2009-17022
AJJCO	1724032	安特固化学私人有限公司	第一类	T2009-17023
NSR	5107074	武汉泰海机械有限公司	第七类	T2009-17028
TH 图形	3867568	武汉泰海机械有限公司	第七类	T2009-17029
SUZUMOTO	4224657	武汉泰海机械有限公司	第七类	T2009-17030
DAISHIN	5221283	武汉泰海机械有限公司	第七类	T2009-17031
BB	3867305	武汉泰海机械有限公司	第十七类	T2009-17032
BB	3867565	武汉泰海机械有限公司	第七类	T2009-17033
BOKOTA	4176941	武汉泰海机械有限公司	第七类	T2009-17034
Toyama	3867563	武汉泰海机械有限公司	第七类	T2009-17035
HANDY	3867562	武汉泰海机械有限公司	第七类	T2009-17036
Diamond I Logo	4551758	思跃工具公司	第八类	T2009-17037
Diamond I Logo	4551671	思跃工具公司	第九类	T2009-17038
Diamond I Logo	4551672	思跃工具公司	第十一类	T2009-17039
HAUCK	G798117	侯克两合公司	第二十八类	T2009-17040
HAUCK	G798117	侯克两合公司	第二十类	T2009-17041
HAUCK	G798117	侯克两合公司	第十八类	T2009-17042
HAUCK	G798117	侯克两合公司	第十二类	T2009-17043
hauck 及图形	3336706	侯克两合公司	第十二类	T2009-17044
CANALI; SPORTSWEAR	G838447	康纳利爱尔兰有限公司	第三类	T2009-17045
CANALI; SPORTSWEAR	G838447	康纳利爱尔兰有限公司	第九类	T2009-17046
CANALI; SPORTSWEAR	G838447	康纳利爱尔兰有限公司	第十八类	T2009-17047
CANALI PROPOSTA	G679709	康纳利爱尔兰有限公司	第二十五类	T2009-17050
上海	101684	上海王华锁业有限公司、上海永固锁业经销有限公司	第六类	T2009-17053
永固	245808	上海永固锁业经销有限公司、上海王华锁业有限公司	第六类	T2009-17054
大豪 +DAHAO 及图	938763	北京兴大豪科技开发有限公司	第九类	T2009-17062
佳燕线面包装盒	13-2009-F-0810	福州榕生达贸易有限公司		C2009-17068
TIGER SHARK	1987219	广州锋龄高尔夫球用品有限公司	第二十八类	T2009-17075
KTS 及图形	3116407	易萍	第十九类	T2009-17077

权利名称	权利注册授权号	申请人名称	商品分类	备案号
STUSSY	1261208	STUSSY 股份有限公司	第九类	T2009-17079
SHAKESPEARE	505731	莎士比亚公司	第二十八类	T2009-17080
liftmaster	3699838	斯红峰	第七类	T2009-17081
SAS	3700547	斯红峰	第十一类	T2009-17082
SAS	3700548	斯红峰	第十二类	T2009-17083
GETZNER	G676690	GETZNER 纺织品股公司	第二十五类	T2009-17084
GETZNER	G676690	GETZNER 纺织品股公司	第二十四类	T2009-17085
GETZNER	G676690	GETZNER 纺织品股公司	第二十三类	T2009-17086
TWO BIRDS	4553138	宁波萌恒工贸有限公司	第二十三类	T2009-17087
BEIERSDORF	729740	拜尔斯道夫股份有限公司	第十类	T2010-17088
BEIERSDORF	729315	拜尔斯道夫股份有限公司	第五类	T2010-17089
BEIERSDORF	733002	拜尔斯道夫股份有限公司	第三类	T2010-17090
EUCERIN	G710661	拜尔斯道夫股份有限公司	第五类	T2010-17091
EUCERIN	G710661	拜尔斯道夫股份有限公司	第三类	T2010-17092
NIVEA HAIR CARE	G895907	拜尔斯道夫股份有限公司	第三类	T2010-17093
NIVEA FOE MEN ENERGY	G911017	拜尔斯道夫股份有限公司	第三类	T2010-17094
NIVEA FOE MEN	G857629	拜尔斯道夫股份有限公司	第三类	T2010-17095
NIVEA DEODORANT	G900228	拜尔斯道夫股份有限公司	第三类	T2010-17096
NIVEA BEAUTE	G896006	拜尔斯道夫股份有限公司	第三类	T2010-17097
NIVEA VISAGE	G916905	拜尔斯道夫股份有限公司	第三类	T2010-17098
图形	G830875	拜尔斯道夫股份有限公司	第三类	T2010-17099
NIVEA SOFT	G898648	拜尔斯道夫股份有限公司	第三类	T2010-17100
NIVEA LIP CARE	G785085	拜尔斯道夫股份有限公司	第三类	T2010-17101
NIVEA FOR MEN OIL CONTROL	G852364	拜尔斯道夫股份有限公司	第三类	T2010-17102
NIVEA BODY LOTION	G817411	拜尔斯道夫股份有限公司	第三类	T2010-17103
NIVEA BEAUTE	G756131	拜尔斯道夫股份有限公司	第三类	T2010-17104
NIVEA	G803978	拜尔斯道夫股份有限公司	第二十八类	T2010-17105
NIVEA	G803978	拜尔斯道夫股份有限公司	第二十七类	T2010-17106
NIVEA	G803978	拜尔斯道夫股份有限公司	第二十五类	T2010-17107
NIVEA	G803978	拜尔斯道夫股份有限公司	第二十四类	T2010-17108
NIVEA	G803978	拜尔斯道夫股份有限公司	第三类	T2010-17109
NIVEA	G803978	拜尔斯道夫股份有限公司	第二十二类	T2010-17110
NIVEA BEAUTE	G896285	拜尔斯道夫股份有限公司	第三类	T2010-17111
NIVEA	G911016	拜尔斯道夫股份有限公司	第三类	T2010-17112
NIVEA FOR MEN	G969599	拜尔斯道夫股份有限公司	第三类	T2010-17113
NIVEA	5623789	拜尔斯道夫股份有限公司	第三类	T2010-17114
RAC	3238375	三共理化学株式会社	第三类	T2010-17115
MEGATURBO	4893123	仇永	第十一类	T2010-17118
SATA	G631215	萨塔有限两合公司	第七类	T2010-17119
GEN	3436688	株式会社严氏贸易	第十一类	T2010-17120

权利名称	权利注册授权号	申请人名称	商品分类	备案号
MIKEN 及图	5301458	迈肯体育有限责任公司	第九类	T2010-17122
MIKEN	5301457	迈肯体育有限责任公司	第九类	T2010-17123
MIKEN 及图	4919232	迈肯体育有限责任公司	第十八类	T2010-17124
MIKEN	4919233	迈肯体育有限责任公司	第十八类	T2010-17125
MORROW	4952335	K-2 公司	第二十八类	T2010-17126
808 及图	542474	上海新兴镀厂	第六类	T2010-17127
思嘉 +SIJIA	4343586	福建思嘉环保材料科技有限公司	第二十五类	T2010-17128
Goldsource 及图形	976026	宁波金源电气有限公司	第九类	T2010-17129
和興 HO HSING	1701609	滕美莺	第七类	T2010-17130
MASON 及图	3744437	周杨海	第九类	T2010-17131
THE NORTH FACE（图形）	1208759	北面服饰股份有限公司	第二十五类	T2010-17134
北面及图形	1232749	北面服饰股份有限公司	第二十五类	T2010-17135
北面	1232748	北面服饰股份有限公司	第二十五类	T2010-17136
DAINESE	G624335	戴尼士公司	第二十八类	T2010-17137
DEVIL'S FACE 图形	G624334	戴尼士公司	第二十八类	T2010-17138
FBJ	1705599	国际轴承私人有限公司	第七类	T2010-17139
YEHA	4659235	雅蒂有限公司	第六类	T2010-17140
Zeiss	33922	卡尔蔡司股份公司	第九类	T2010-17158
飞燕及图形	4513678	天津机械进出口有限公司	第六类	T2010-17159
飞燕及图形	4513677	天津机械进出口有限公司	第七类	T2010-17160
飞燕及图形	4513676	天津机械进出口有限公司	第九类	T2010-17161
威豪	3040333	广东亿龙新材科技有限公司	第十七类	T2010-17162
WEIYE	1049410	广东伟业铝厂有限公司	第六类	T2010-17164
OPTEX 图形	1293651	欧宝士株式会社	第九类	T2010-17165
SILCA	3461602	胜嘉股份有限公司	第六类	T2010-17166
SILCA	3461601	胜嘉股份有限公司	第七类	T2010-17167
SILCA	3461600	胜嘉股份有限公司	第六类	T2010-17168
SILCA	3461599	胜嘉股份有限公司	第七类	T2010-17169
LOYAL LIGHTING+ 图形	3027191	周家祥	第十一类	T2010-17170
Hengst	G858627	亨吉斯有限两合公司	第十六类	T2010-17172
Hengst	G858627	亨吉斯有限两合公司	第十一类	T2010-17173
Hengst	G858627	亨吉斯有限两合公司	第六类	T2010-17174
Hengst	G858627	亨吉斯有限两合公司	第十七类	T2010-17175
Hengst	G858627	亨吉斯有限两合公司	第二十四类	T2010-17176
Hengst	G858627	亨吉斯有限两合公司	第二十类	T2010-17177
YINHE 及图	1923900	广东银河摩托车集团有限公司	第十二类	T2010-17179
GALAXY、銀河及图形	1674026	广东银河摩托车集团有限公司	第十二类	T2010-17180
BESTVALUE	5294340	王蕾	第八类	T2010-17181
BESTVALUE	5294337	王蕾	第九类	T2010-17182
ROCKWELL	5294338	王蕾	第十一类	T2010-17183

权利名称	权利注册授权号	申请人名称	商品分类	备案号
TOPROL	5204990	郑州泰普机械设备有限公司	第七类	T2010-17184
梅林 MALING	4107517	上海梅林罐头食品厂有限公司	第二十九类	T2010-17186
梅林 MALING	1997755	上海梅林罐头食品厂有限公司	第二十九类	T2010-17187
MICHELIN 及轮胎人图形	4950373	米其林集团总公司	第二十八类	T2010-17188
LORILLARD	3548206	罗瑞拉德许可有限公司	第三十四类	T2010-17195
traka	4674293	福州英达华机电设备有限公司	第十一类	T2010-17199
TEVA	879295	德克斯户外用品有限公司	第二十五类	T2010-17200
图形	G831046	圣・托斯有限公司	第二十八类	T2010-17201
图形	G831046	圣・托斯有限公司	第二十五类	T2010-17202
图形	G831046	圣・托斯有限公司	第二十类	T2010-17203
图形	G831046	圣・托斯有限公司	第十八类	T2010-17204
图形	G831046	圣・托斯有限公司	第十六类	T2010-17205
图形	G831046	圣・托斯有限公司	第十四类	T2010-17206
TOSUNlux	4963807	赵佩苏	第十一类	T2010-17209
TOSUNLUX	4510402	李国良	第九类	T2010-17210
LUCKYPRO	3144081	李劲松	第七类	T2010-17211
the cool tool	G708053	“好工具”模型制作工具和精密机械生产和销售有限公司	第二十八类	T2010-17213
the cool tool	G708053	“好工具”模型制作工具和精密机械生产和销售有限公司	第四十一类	T2010-17214
828	203043	张家港市长江五金锁业有限公司	第六类	T2010-17216
Silver tiger	4750064	蔡国花	第二十五类	T2010-17217
Silver wave	4750066	蔡国花	第二十五类	T2010-17218
AL MUTRASH	4750063	蔡国花	第二十五类	T2010-17219
地球 +GLOBE+ 图形	344224	德信企业公司	第十六类	T2010-17220
convex	5218105	好时亚太有限公司	第九类	T2010-17221
TMT	3249947	徐璎	第十九类	T2010-17227
BOSS	G831152	德国雨果博斯商标管理有限公司	第三类	T2010-17231
BOSS ORANGE	G952458	德国雨果博斯商标管理有限公司	第三类	T2010-17232
HUGO;XY	G945297	德国雨果博斯商标管理有限公司	第三类	T2010-17233
XX HUGO	G944245	德国雨果博斯商标管理有限公司	第三类	T2010-17234
AMBRE;BALDESSARINI	G921022	德国雨果博斯商标管理有限公司	第三类	T2010-17235
“三方”、“TRI-SQUARE”	1301740	蓬莱飞雁五金造锁有限公司	第六类	T2010-17236
MECC	1547371	蓬莱三菱制锁有限公司	第六类	T2010-17237
YANAN	1551030	福建福安闽东亚南电机有限公司	第七类	T2010-17238
GENOVO POWER	3739773	杨亮	第七类	T2010-17239
GLOBAL	1922143	台山市意立达瓦斯器材有限公司	第十一类	T2010-17265
Star&Chevron 图形	154596	康沃斯公司	第十八类	T2010-17267
CONVERSE 及星图形	154595	康沃斯公司	第十八类	T2010-17268
CONVERSE 及星图形	3453179	康沃斯公司	第十八类	T2010-17269

权利名称	权利注册授权号	申请人名称	商品分类	备案号
CONVERSE 及星图形	3453178	康沃斯公司	第二十五类	T2010-17270
CONVERSE 及星图形	3210011	康沃斯公司	第十八类	T2010-17271
CONVERSE 及星图形	3210010	康沃斯公司	第二十五类	T2010-17272
Star&Chevron 图形	1537746	康沃斯公司	第二十五类	T2010-17273
CONVERSE 及星图形	154607	康沃斯公司	第二十五类	T2010-17274
MILKWAY	4859574	广东银河摩托车集团有限公司	第十二类	T2010-17278
Kingtel	542590	精特尔科技股份有限公司	第九类	T2010-17279
西陵	604652	精特尔科技股份有限公司	第九类	T2010-17280
Hard Rock CAFE 及图形	361016	硬石有限公司	第二十五类	T2010-17285
GoldenJorden	1786063	陈兴龙	第二十一类	T2010-17286
SEIKO LUKIA	4466902	精工控股株式会社	第十四类	T2010-17287
SEIKO	4466903	精工控股株式会社	第十四类	T2010-17288
SEIKO Superior	1775502	精工控股株式会社	第十四类	T2010-17289
Grand Seiko	3306941	精工控股株式会社	第十四类	T2010-17290
VIALOX	G811926	奥斯拉姆公司	第十一类	T2010-17291
SBP	5787541	吴静毅	第七类	T2010-17292
CITIZEN	1588607	西铁城控股株式会社	第十四类	T2010-17293
DF 及图	1767501	上海柴油机股份有限公司	第七类	T2010-17294
USLON 尤斯隆	5035906	北京尤斯隆贸易有限公司	第十六类	T2010-17295
GIVE-N-GO	5038968	马魔山有限责任公司	第二十四类	T2010-17296
USLON	5156302	北京尤斯隆贸易有限公司	第十六类	T2010-17297
USLON 及图	5367772	北京尤斯隆贸易有限公司	第十六类	T2010-17298
EX OFFICIO	3101183	马魔山有限责任公司	第二十五类	T2010-17299
EX 及图	4748592	马魔山有限责任公司	第十八类	T2010-17300
EX 及图	4748591	马魔山有限责任公司	第二十五类	T2010-17301
BUGSAWAY	4794928	马魔山有限责任公司	第九类	T2010-17302
SHUANGHE	1975464	余姚捷华动力机械有限公司	第七类	T2010-17303
YD 及图形	3313896	余姚捷华动力机械有限公司	第七类	T2010-17304
钻石牌（图形）	337946	广州轻出集团股份有限公司	第十一类	T2010-17306
HOTDAC	4796861	李丹阳	第十一类	T2010-17308
ALPHA	1266268	江门市伊力电池有限公司	第九类	T2010-17309
SONWAEE	5084295	江门市伊力电池有限公司	第九类	T2010-17310
DR.MARTENS	G575311(IR575311)	马汀博士国际贸易有限公司	第十八类	T2010-17311
DR.MARTENS	G575311(IR575311)	马汀博士国际贸易有限公司	第二十五类	T2010-17312
CIXING	4026943	宁波三杰灯业有限公司	第十一类	T2010-17314
Xtender	5618347	安东尼奥·马里亚那，可瑞那·马里亚那	第十二类	T2010-17315
天鹅图形	346372	施华洛世奇有限公司	第十四类	T2010-17316
Velbon	633110	中山伟如宝照相器材有限公司	第九类	T2010-17317
老农（图形）	13-2008-F-1408	洪建章		C2010-17320
HQI	3604732	奥斯拉姆公司	第十一类	T2010-17321

权利名称	权利注册授权号	申请人名称	商品分类	备案号
WB 及图	3517428	泉州文宝轻工有限公司	第十六类	T2010-17322
LEXMARK	1228600	利盟国际有限公司	第十六类	T2010-17323
LEXMARK	812656	利盟国际有限公司	第九类	T2010-17324
MONOPOLY	500984	孩之宝有限公司	第二十八类	T2010-17325
Dove	4414999	联合利华有限公司	第三类	T2010-17326
GRAPE BRAND	4959105	宁波萌恒工贸有限公司	第二十六类	T2010-17327
双鸟	5377907	宁波萌恒工贸有限公司	第二十六类	T2010-17328
NAKA-TEX	5480499	宁波萌恒工贸有限公司	第二十三类	T2010-17329
MAIN ROUGE	5480497	宁波萌恒工贸有限公司	第二十三类	T2010-17330
图形	5480496	宁波萌恒工贸有限公司	第二十六类	T2010-17331
GRAPE BRAND	4959108	宁波萌恒工贸有限公司	第四类	T2010-17332
MH	4553139	宁波萌恒服装辅料有限公司	第二十三类	T2010-17333
SPANESEN	5504770	王涛	第九类	T2010-17334
FLYGT	768324	ITT 水及废水公司	第七类	T2010-17336
FLYGT	765752	ITT 水及废水公司	第十一类	T2010-17337
FLYGT 及箭头图形商标	70999	ITT 水及废水公司	第十八类	T2010-17338
FLYGT 及箭头图形商标	70997	ITT 水及废水公司	第八类	T2010-17339
MAX & CO.	G606563	麦克斯・马拉时装集团有限公司（意大利）	第十八类	T2010-17340
MAX & CO.	G606563	麦克斯・马拉时装集团有限公司（意大利）	第二十五类	T2010-17341
MAX MARA	500822	麦克斯・马拉时装集团有限公司（意大利）	第十八类	T2010-17342
MAX MARA	500895	麦克斯・马拉时装集团有限公司（意大利）	第二十五类	T2010-17343
UNIPRO	5586370	余萍	第二十一类	T2010-17345
Cabot's	5586275	余萍	第二十一类	T2010-17346
Cabot's	5586276	余萍	第八类	T2010-17347
Eterna	5586271	余萍	第八类	T2010-17348
byp	5586380	余萍	第二十一类	T2010-17349
byp	5586379	余萍	第八类	T2010-17350
UNIPRO	5586371	余萍	第八类	T2010-17351
COEN 及图形	4222110	北京泛英科技发展有限公司	第十一类	T2010-17352
KYB	G910479	萱场工业株式会社	第十二类	T2010-17354
RAWLINGS	145944	罗林氏货品有限公司	第二十八类	T2010-17356
RAWLINGS	145942	罗林氏货品有限公司	第二十五类	T2010-17357
RAWLINGS	145941	罗林氏货品有限公司	第二十八类	T2010-17358
RAWLINGS	145939	罗林氏货品有限公司	第二十五类	T2010-17359
RKM	1787535	艾克玛（惠州）输送设备有限公司	第七类	T2010-17363
NIPPON PAINT 及图	3485390	立邦涂料（中国）有限公司	第二类	T2010-17364
NIPPON PAINT 及图	4790389	立邦涂料（中国）有限公司	第二类	T2010-17365
立邦	1692156	立邦涂料（中国）有限公司	第二类	T2010-17366
Fast+ 图形	1752211	陕西法士特齿轮有限责任公司	第十二类	T2010-17367
法士特 + 图形	1737716	陕西法士特齿轮有限责任公司	第十二类	T2010-17368

权利名称	权利注册授权号	申请人名称	商品分类	备案号
Stream	4076287	天津港保税区伊润国际贸易有限公司	第七类	T2010-17369
NAMA NOOR	3830432	天津港保税区伊润国际贸易有限公司	第十一类	T2010-17370
Stream	3005032	天津港保税区伊润国际贸易有限公司	第七类	T2010-17371
CJ	3020414	北京萨迈进出口有限公司	第六类	T2010-17372
晨基；UK	3667159	北京萨迈进出口有限公司	第十一类	T2010-17373
AMERICAN CLASSIC	5059859	比尔苏克设计公司	第十二类	T2010-17375
K2 SPORTS	5140424	K-2 公司	第二十八类	T2010-17376
NEWSOUND	4832568	夏珍尼·安奈儿	第九类	T2010-17378
JY 图形	5127773	宁波金焱电子有限公司	第十一类	T2010-17379
JY 图形	5127772	宁波金焱电子有限公司	第十一类	T2010-17380
金焱	5127771	宁波金焱电子有限公司	第十一类	T2010-17381
JYSUPER	5127769	宁波金焱电子有限公司	第三十四类	T2010-17382
JINYAN	5127774	宁波金焱电子有限公司	第十一类	T2010-17383
图形	3678240	干忠焕	第十一类	T2010-17384
BATTLE BRAWLERS	4351240	斯平马斯特有限公司	第二十八类	T2010-17385
"BAKUGAN 爆丸"系列玩具之 Laserman 玩具	2008-F-010100	斯平马斯特有限公司		C2010-17386
"BAKUGAN 爆丸"系列玩具之 Fear Ripper 玩具	2008-F-010099	斯平马斯特有限公司		C2010-17387
"BAKUGAN 爆丸"玩具之 Tigrerra 玩具	2008-F-010098	斯平马斯特有限公司		C2010-17388
"BAKUGAN 爆丸"系列玩具之 Stinglash 玩具	2008-F-010097	斯平马斯特有限公司		C2010-17389
"BAKUGAN 爆丸"系列玩具之 Skyress 玩具	2008-F-010096	斯平马斯特有限公司		C2010-17390
"BAKUGAN 爆丸"系列玩具之 Reaper 玩具	2008-F-010095	斯平马斯特有限公司		C2010-17391
"BAKUGAN 爆丸"系列玩具之 Preyas 玩具	2008-F-010094	斯平马斯特有限公司		C2010-17392
"BAKUGAN 爆丸"系列玩具之 Griffon 玩具	2008-F-010092	斯平马斯特有限公司		C2010-17393
"BAKUGAN 爆丸"系列玩具之 Gorem 玩具	2008-F-010091	斯平马斯特有限公司		C2010-17394
"BAKUGAN 爆丸"系列玩具之 Falconeer 玩具	2008-F-010090	斯平马斯特有限公司		C2010-17395
"BAKUGAN 爆丸"系列玩具之 Dragonoid 玩具	2008-F-010089	斯平马斯特有限公司		C2010-17396
"BAKUGAN 爆丸"系列玩具之 Centipoid 玩具	2008-F-010088	斯平马斯特有限公司		C2010-17397
"BAKUGAN 爆丸"系列玩具之 Saurus 玩具	2008-F-010087	斯平马斯特有限公司		C2010-17398
"BAKUGAN 爆丸"系列玩具之 Juggernoid 玩具	2008-F-010085	斯平马斯特有限公司		C2010-17399

权利名称	权利注册授权号	申请人名称	商品分类	备案号
“BAKUGAN 爆丸”系列玩具之 Robotallian 玩具	2008-F-010086	斯平马斯特有限公司		C2010-17400
“BAKUGAN 爆丸”系列玩具之 Serpenoid 玩具	2008-F-010084	斯平马斯特有限公司		C2010-17401
蔡司	1509666	卡尔蔡司股份公司	第九类	T2010-17402
ACTIFRY	5650362	SEB 简化股份有限公司	第十一类	T2010-17403
JUMPKING	5245485	永基旅游用品（中山）有限公司	第二十类	T2010-17404
JUMPKING	5245484	永基旅游用品（中山）有限公司	第二十二类	T2010-17405
BAZOONGI KIDS+ 图形	4988423	永基旅游用品（中山）有限公司	第二十八类	T2010-17406
BAZOONGI KIDS+ 图形	4988407	永基旅游用品（中山）有限公司	第二十二类	T2010-17407
BAZOONGI KIDS+ 图形	4988408	永基旅游用品（中山）有限公司	第二十类	T2010-17408
merel 及图	4775569	宁波欣旺电热电器有限公司	第十一类	T2010-17409
OX 图形	625290	建基源有限公司	第十一类	T2010-17410
GAP	1645392	杰普公司	第二十五类	T2010-17411
GAP	2020558	杰普公司	第二十八类	T2010-17412
GAP	2020548	杰普公司	第二十四类	T2010-17413
GAP	2019898	杰普公司	第三类	T2010-17414
联合牌及图	5522862	福建闽侯联合食品工业（国际）有限公司	第三十类	T2010-17415
图形	4791120	华非贸易股份有限公司	第三十类	T2010-17416
GMB 及图	4902793	无锡仟益贸易有限公司	第六类	T2010-17417
乐华	4884641	广州数码乐华科技有限公司	第九类	T2010-17418
ROWA	4884642	广州数码乐华科技有限公司	第九类	T2010-17419
图形	1238992	广州数码乐华科技有限公司	第九类	T2010-17420
图形	5616691	王平	第九类	T2010-17422
ZAKUMI 及图	G963899	国际足球联合会	第二十八类	T2010-17426
ZAKUMI 及图	G963899	国际足球联合会	第二十五类	T2010-17427
ZAKUMI 及图	G963899	国际足球联合会	第十八类	T2010-17428
ZAKUMI 及图	G963899	国际足球联合会	第十六类	T2010-17429
ZAKUMI 及图	G963899	国际足球联合会	第九类	T2010-17430
FIFA	G633108	国际足球联合会	第二十八类	T2010-17431
FIFA	G633108	国际足球联合会	第二十五类	T2010-17432
ROLLMAX	5811911	王涛	第九类	T2010-17433
TBJ	1263577	王俊杰	第二十五类	T2010-17434
斯蒂爾	1326965	安德烈亚斯・施蒂尔两合公司	第七类	T2010-17437
狮威 LION POWER	1657523	上海金卫五金有限公司	第六类	T2010-17440
HOUSTON ROCKETS	985175	美商 NBA 产物股份有限公司	第二十五类	T2010-17441
ATLANTA HAWKS 及图	985183	美商 NBA 产物股份有限公司	第二十五类	T2010-17442
SACRAMENTO KINGS 及图	985191	美商 NBA 产物股份有限公司	第二十五类	T2010-17443
LOS ANGELES LAKERS 及图	973644	美商 NBA 产物股份有限公司	第二十五类	T2010-17444
MILWAUKEE BUCKS 及图	1016494	美商 NBA 产物股份有限公司	第二十五类	T2010-17445

权利名称	权利注册授权号	申请人名称	商品分类	备案号
PHOENIX SUNS 及图	1158805	美商 NBA 产物股份有限公司	第二十五类	T2010-17446
UTAH JAZZ 及图	1140488	美商 NBA 产物股份有限公司	第二十五类	T2010-17447
NBA	1017934	美商 NBA 产物股份有限公司	第九类	T2010-17448
MINNESOTA TIMBERWOLVES 及图	1126675	美商 NBA 产物股份有限公司	第二十五类	T2010-17449
WARRIORS 及图	1094469	美商 NBA 产物股份有限公司	第二十五类	T2010-17450
HOUSTON ROCKETS	913669	美商 NBA 产物股份有限公司	第二十八类	T2010-17451
MANIA	G713011	乔治·阿玛尼有限公司（米兰），瑞士门德里西奥分公司	第三类	T2010-17452
SAFA	5501546	赵汝勤	第二十类	T2010-17462
GOLSTON	3011921	广州华运贸易公司	第九类	T2010-17463
FREON	221308	杜邦公司	第一类	T2010-17464
舒瓦	702393	杜邦公司	第一类	T2010-17465
氟利安	221309	杜邦公司	第一类	T2010-17466
NKB	1213544	钛钿工业股份有限公司	第七类	T2010-17468
PTA	1613625	黄福生	第六类	T2010-17469
ROY'S	5212090	张根久	第八类	T2010-17471
BEIFA	5088033	贝发集团股份有限公司	第十六类	T2010-17472
图及贝发 BEIFA	4817579	贝发集团股份有限公司	第十六类	T2010-17473
贝发 BEIFA	1693034	贝发集团股份有限公司	第十六类	T2010-17474
贝发	1512617	贝发集团股份有限公司	第十六类	T2010-17475
BEIFA	1524646	贝发集团股份有限公司	第十六类	T2010-17476
图及 BEIFA	1130296	贝发集团股份有限公司	第十六类	T2010-17477
AK	4578717	浙江安康汽车零部件有限公司	第七类	T2010-17479
National 及图形	1980371	松下电器产业株式会社	第九类	T2010-17480
National	1993413	松下电器产业株式会社	第九类	T2010-17481
TIFFANY & CO. 蓝盒立体图形	5679659	美国蒂芙妮公司	第三类	T2010-17482
TIFFANY & CO. 蓝盒立体图形	5679658	美国蒂芙妮公司	第八类	T2010-17483
TIFFANY & CO. 蓝盒立体图形	5679656	美国蒂芙妮公司	第十六类	T2010-17484
TIFFANY & CO. 蓝盒立体图形	5679657	美国蒂芙妮公司	第十四类	T2010-17485
爱涛 ARTALL	1325399	江苏弘业股份有限公司	第二十七类	T2010-17489
爱涛 ARTALL	1318233	江苏弘业股份有限公司	第二十四类	T2010-17490
爱涛 ARTALL	1320568	江苏弘业股份有限公司	第十八类	T2010-17491
爱涛 ARTALL	1320857	江苏弘业股份有限公司	第二十五类	T2010-17492
PEX	2009376	欧浴国际有限公司	第十一类	T2010-17501
ORIENTCRAFT Powered by Quality	4706858	徐海东	第三类	T2010-17502
羽翼 HONDA 图形	502239	本田技研工业株式会社	第四类	T2010-17503
羽翼 HONDA 图形	503699	本田技研工业株式会社	第十二类	T2010-17504
GIO	G668974	乔治·阿玛尼有限公司（米兰），瑞士门德里西奥分公司	第三类	T2010-17505

权利名称	权利注册授权号	申请人名称	商品分类	备案号
ZWILLING(图形)	G715335	双立人汉高有限公司	第二十一类	T2010-17506
ZWILLING(图形)	G715335	双立人汉高有限公司	第十八类	T2010-17507
ZWILLING(图形)	G715335	双立人汉高有限公司	第八类	T2010-17508
D.L.DAY LONG 岱原	1762418	岱原有限公司	第十二类	T2010-17516
DAY LONG	3299872	岱原有限公司	第十二类	T2010-17517
D.L.	3299871	岱原有限公司	第十二类	T2010-17518
ZEISS 图形	G667267	卡尔蔡司股份公司	第十类	T2010-17519
ZEISS 图形	G667267	卡尔蔡司股份公司	第九类	T2010-17520
ZEISS 图形	G667267	卡尔蔡司股份公司	第五类	T2010-17521
ZEISS 图形	G667267	卡尔蔡司股份公司	第三类	T2010-17522
DC GIRL	1796620	东莞市茶山增埗友信制衣厂	第二十五类	T2010-17523
CISS	5516362	顯雅有限公司	第九类	T2010-17525
CISS	5516361	顯雅有限公司	第二类	T2010-17526
norslan	3798362	应顺强	第十一类	T2010-17527
IBARRA	4609702	周旗	第十五类	T2010-17528
HARLEY BENTON	4580680	周旗	第十五类	T2010-17529
VALEO	G588286	法雷奥	第十一类	T2010-17533
图形	344337	汤美·希尔弗格许可有限责任公司	第二十五类	T2010-17536
TOMMY HILFIGER	344338	汤美·希尔弗格许可有限责任公司	第二十五类	T2010-17537
唐美·希绯格	3361775	汤美·希尔弗格许可有限责任公司	第十四类	T2010-17538
SRM	5592474	绍兴市清灵文具制品有限公司	第十六类	T2010-17539
shidai	1613080	东阳市时代钓具有限公司	第二十八类	T2010-17542
TIMES	3672336	东阳市时代钓具有限公司	第二十八类	T2010-17543
METAL STAR 天赉星	5290870	上海天赉星工贸有限公司	第七类	T2010-17544
NKB	5854132	钛钿工业股份有限公司	第十二类	T2010-17545
MT-12 及图形	362962	天津世纪五矿贸易有限公司	第六类	T2010-17547
红塔山（新势力）	4770744	红塔烟草（集团）有限责任公司	第三十四类	T2010-17548
红塔山（经典 1956）	第 5057829 号	红塔烟草（集团）有限责任公司	第三十四类	T2010-17549
红塔山	3377634	红塔烟草（集团）有限责任公司	第三十四类	T2010-17550
玉溪	3377628	红塔烟草（集团）有限责任公司	第三十四类	T2010-17551
玉溪	4926517	红塔烟草（集团）有限责任公司	第三十四类	T2010-17552
YUXI	4926515	红塔烟草（集团）有限责任公司	第三十四类	T2010-17553
玉溪	3850294	红塔烟草（集团）有限责任公司	第三十四类	T2010-17554
KG 图形	5975121	厦门悦得工贸有限公司	第十二类	T2010-17555
BELL 及图	363086	贝尔金属工业股份有限公司	第八类	T2010-17556
GOOD LUCK	3978922	常州市大华锁厂有限公司	第六类	T2010-17557
图形	5319893	常州市大华锁厂有限公司	第六类	T2010-17558
Valeo	G588286	法雷奥	第七类	T2010-17559
NIKE	3539819	耐克国际有限公司	第二十八类	T2010-17561
耐克钩图形	3539821	耐克国际有限公司	第二十八类	T2010-17562

权利名称	权利注册授权号	申请人名称	商品分类	备案号
WINX	6009596	青岛三链锁业有限公司	第六类	T2010–17563
Tory Burch	G887081	河之光公司	第二十五类	T2010–17564
图形	G854054	河之光公司	第二十五类	T2010–17565
日立	1092089	株式会社日立制作所	第一类	T2010–17566
日立	1043402	株式会社日立制作所	第六类	T2010–17567
日立	610360	株式会社日立制作所	第四类	T2010–17568
HITACHI	1102021	株式会社日立制作所	第七类	T2010–17569
桂峰 KWEI FENG 及图	203842	广西南宁中部贸易有限责任公司	第五类	T2010–17570
桂峰 KWEI FENG 及图	632645	广西南宁中部贸易有限责任公司	第五类	T2010–17571
NJ 及图形	5240774	广西壮族自治区南宁机械厂	第七类	T2010–17572
高峰 GAOFENG 及图形	291992	广西壮族自治区南宁机械厂	第七类	T2010–17573
THOMAS	G825061	FABRIQUE DE FRAISES DENTAIRES ET MECANIQUES, (SOCIETE ANONYME DE DROIT FRANCAIS)	第十类	T2010–17574
AGATHA	G579692	阿加莎传播有限责任公司	第二十五类	T2010–17575
SENSODYNE	4158870	斯大福·米勒（爱尔兰）有限公司	第三类	T2010–17576
ALLI	5547877	葛兰素集团有限公司	第五类	T2010–17577
图形	304201	上海兰生（集团）有限公司	第十六类	T2010–17578
图形商标	100760	上海兰生（集团）有限公司	第十六类	T2010–17579
ALUBOND 及图形	4503731	江阴海泰进出口有限公司	第六类	T2010–17580
KAPALUA 及图形	863631	卡帕露雅地产股份有限公司	第二十五类	T2010–17581
商标 KAPALUA 及图形	869303	卡帕露雅地产股份有限公司	第十八类	T2010–17582
LS	G879400	株式会社 LS	第九类	T2010–17583
红绸舞及图	231262	东方国际集团上海市纺织品进出口有限公司	第二十四类	T2010–17584
ICEBERG	512611	吉尔玛有限公司	第二十五类	T2010–17585
ICE ICE ICEBERG	G797538	吉尔玛有限公司	第十八类	T2010–17586
ICE ICE ICEBERG	G797538	吉尔玛有限公司	第二十五类	T2010–17587
图形	G867318	施华洛世奇有限公司	第十四类	T2010–17600
SWAROVSKI	G857107	施华洛世奇有限公司	第十六类	T2010–17601
SWAROVSKI	G857107	施华洛世奇有限公司	第十四类	T2010–17602
SWAROVSKI	G663366	施华洛世奇有限公司	第十四类	T2010–17603
sunwa	1348711	温州市仪表厂	第九类	T2010–17604
TIK 及图	792670	善统工业股份有限公司	第七类	T2010–17606
美洲狮图形	1348498	彪马欧洲公司	第二十五类	T2010–17607
oase LIVING WATER	G938339	欧亚瑟有限公司	第七类	T2010–17608
OASE 及图	G819179	欧亚瑟有限公司	第七类	T2010–17609
Runbird 及图	506809	美津浓株式会社	第二十五类	T2010–17610
AGATHA	G579692	阿加莎传播有限责任公司	第十八类	T2010–17611
HONZE+ 图形	3476462	黄敏华	第六类	T2010–17613
SDHC 及图形	G907972	SD–3C 有限责任公司	第九类	T2010–17614
WILD LION	5449485	徐美华	第六类	T2010–17616

权利名称	权利注册授权号	申请人名称	商品分类	备案号
SUMITOMO	842315	住友重机械工业株式会社	第七类	T2010-17618
图形	842314	住友重机械工业株式会社	第七类	T2010-17619
HOLDEN 狮面赛车手图形	4698382	通用汽车公司	第二十五类	T2010-17621
HSV	3756398	通用汽车公司	第十二类	T2010-17622
HOLDEN RACING TEAM	4414084	通用汽车公司	第二十五类	T2010-17623
HSV	3756397	通用汽车公司	第二十八类	T2010-17624
HOLDEN RACING TEAM	4414102	通用汽车公司	第二十八类	T2010-17625
HSV	4545957	通用汽车公司	第二十五类	T2010-17626
HOLDEN 狮面图形	3953566	通用汽车公司	第十二类	T2010-17627
HOLDEN 狮面图形	3953574	通用汽车公司	第二十八类	T2010-17628
Atlas Copco	4487046	阿特拉斯·科普柯有限公司	第七类	T2010-17629
ORVICA	5750859	刘迎花	第九类	T2010-17638
图形	4769047	青岛凤凰印染有限公司	第二十四类	T2010-17639
MAGNEVIST	329052	拜耳先灵医药股份有限公司	第五类	T2010-17640
ULTRAVIST	329051	拜耳先灵医药股份有限公司	第五类	T2010-17641
YASMIN	820099	拜耳先灵医药股份有限公司	第五类	T2010-17642
BETAFERON	996784	拜耳先灵医药股份有限公司	第五类	T2010-17643
DIANE-35	581812	拜耳先灵医药股份有限公司	第五类	T2010-17644
GRAVIS	5408694	伯顿公司	第十八类	T2010-17646
BATOOK	1281338	巴托克口香糖实业有限公司	第三十类	T2010-17647
SHINERAY+ 鑫源摩托 + 图形	4376370	重庆鑫源摩托车股份有限公司	第十二类	T2010-17648
正航 Navigable 及图	6075546	家乐氏香港私人有限公司	第三十类	T2010-17650
SHAHEEN+ 图形	4728102	麦麦提萨吾提·克尤木阿吉	第二十四类	T2010-17664
NSM+ 图 形（NATIONAL SILK MILLS+ 图形）	4594320	麦麦提萨吾提·克尤木阿吉	第二十四类	T2010-17665
BSM+ 图形	4594329	麦麦提萨吾提·克尤木阿吉	第二十四类	T2010-17666
Buffalo	G717749	巴富罗鞋业有限公司	第二十五类	T2010-17667
MARK 及图	4369086	詹科有限公司	第十一类	T2010-17668
DEVILBISS	999008	伊利诺斯工具制品有限公司	第七类	T2010-17669
DIAMONDBACK	1267046	三角轮胎股份有限公司	第十二类	T2010-17670
三角及图形	510849	三角轮胎股份有限公司	第十二类	T2010-17671
WELSTAR	5816705	广州弘嘉贸易发展有限公司	第九类	T2010-17673
ALFHAD	5869078	江门市中港宝田摩托车实业有限公司	第十二类	T2010-17674
ALLOUSH	5869079	江门市中港宝田摩托车实业有限公司	第十二类	T2010-17675
FARHAN	5869052	江门市中港宝田摩托车实业有限公司	第十二类	T2010-17676
NASRALLAH	5869013	江门市中港宝田摩托车实业有限公司	第十二类	T2010-17677
ISUZU	99825	五十铃自动车株式会社	第十二类	T2010-17678
NOBLE 及图案	4526020	河南瑞贝卡发制品股份有限公司	第二十六类	T2010-17679
图形	5744620	马魔山有限责任公司	第二十五类	T2010-17681
julianna	3990483	于国栋	第二十五类	T2010-17682

权利名称	权利注册授权号	申请人名称	商品分类	备案号
Q3	685086	福建漳州市港昌罐头食品有限公司	第二十九类	T2010-17683
Q-three	1165091	福建漳州市港昌罐头食品有限公司	第二十九类	T2010-17684
Porte	5598397	达晓明	第六类	T2010-17685
Astra	5598398	达晓明	第八类	T2010-17686
灯塔及图形	1350711	上海汉森投资发展有限公司	第二十四类	T2010-17688
白兔及图形	1350745	上海汉森投资发展有限公司	第二十四类	T2010-17689
片仔癀	562754	漳州片仔癀药业股份有限公司	第三类	T2010-17691
PIEN TZE HUANG	358317	漳州片仔癀药业股份有限公司	第五类	T2010-17692
片仔癀	358318	漳州片仔癀药业股份有限公司	第五类	T2010-17693
J.PRESS 和图形	501833	株式会社恩瓦德樫山	第二十五类	T2010-17694
GRAPE VALLEY	5215520	维格纳罗农场有限公司	第三十一类	T2010-17698
千帆牌	685445	广东省肇庆食品进出口公司	第三十类	T2010-17699
SIMOTA	3232466	黄瑞发	第七类	T2010-17700
nania	5674151	麦克英孚（宁波）婴童用品有限公司	第十二类	T2010-17701
teamtex	5674169	麦克英孚（宁波）婴童用品有限公司	第十二类	T2010-17702
ONTANA	1634433	名晃贸易有限公司	第九类	T2010-17703
FIRE FOX+ 图形	3392392	金春斌	第二十八类	T2010-17704
群岛 + 图形	3036091	金春斌	第二十八类	T2010-17705
悍将 + 图形	3362264	金春斌	第二十八类	T2010-17706
JCB	5265220	金春斌	第二十八类	T2010-17707
日立	613831	株式会社日立制作所	第十七类	T2010-17715
HITACHI	1092085	株式会社日立制作所	第一类	T2010-17716
HITACHI	610359	株式会社日立制作所	第四类	T2010-17717
HITACHI	1043401	株式会社日立制作所	第六类	T2010-17718
HITACHI	3477750	株式会社日立制作所	第六类	T2010-17719
HITACHI	5659027	株式会社日立制作所	第七类	T2010-17720
HITACHI	155676	株式会社日立制作所	第七类	T2010-17721
HITACHI	760772	株式会社日立制作所	第七类	T2010-17722
HITACHI	1585733	株式会社日立制作所	第七类	T2010-17723
HITACHI	3477919	株式会社日立制作所	第七类	T2010-17724
HITACHI	1024006	株式会社日立制作所	第九类	T2010-17725
HITACHI	1032728	株式会社日立制作所	第十六类	T2010-17726
HITACHI	613829	株式会社日立制作所	第十七类	T2010-17727
日立（图形）	1092086	株式会社日立制作所	第一类	T2010-17728
日立（图形）	610674	株式会社日立制作所	第四类	T2010-17729
日立（图形）	1043451	株式会社日立制作所	第六类	T2010-17730
日立（图形）	3477879	株式会社日立制作所	第七类	T2010-17731
日立（图形）	155677	株式会社日立制作所	第七类	T2010-17732
日立（图形）	5659029	株式会社日立制作所	第七类	T2010-17733
日立（图形）	760771	株式会社日立制作所	第七类	T2010-17734

权利名称	权利注册授权号	申请人名称	商品分类	备案号
日立（图形）	1102023	株式会社日立制作所	第七类	T2010-17735
日立（图形）	1585734	株式会社日立制作所	第七类	T2010-17736
日立（图形）	1024028	株式会社日立制作所	第九类	T2010-17737
日立	1032726	株式会社日立制作所	第十六类	T2010-17738
日立	1024027	株式会社日立制作所	第九类	T2010-17739
日立	3478033	株式会社日立制作所	第七类	T2010-17740
日立	1617728	株式会社日立制作所	第七类	T2010-17741
日立	1102022	株式会社日立制作所	第七类	T2010-17742
日立	760774	株式会社日立制作所	第七类	T2010-17743
日立	155675	株式会社日立制作所	第七类	T2010-17744
日立	5659028	株式会社日立制作所	第七类	T2010-17745
日立	3478034	株式会社日立制作所	第六类	T2010-17746
日立（图形）	1032727	株式会社日立制作所	第十六类	T2010-17747
SHIZUKI+ 图形	1333745	金马宝利有限公司	第九类	T2010-17748
图案 +WOER	3868791	深圳市沃尔核材股份有限公司	第九类	T2010-17749
图案 +WOER	4547049	深圳市沃尔核材股份有限公司	第十七类	T2010-17750
COS	6271587	青岛三链锁业有限公司	第六类	T2010-17751
J.K	6170308	青岛三链锁业有限公司	第六类	T2010-17752
ECOPLUS	G820991	帕金斯控股有限公司	第七类	T2010-17755
PERKINS	240692	帕金斯控股有限公司	第七类	T2010-17756
ANGEL	1369026	安琪酵母股份有限公司	第三十类	T2010-17757
NE 图形商标	5662983	新纪元帽业有限公司	第九类	T2010-17758
59FIFTY	5662988	新纪元帽业有限公司	第十四类	T2010-17759
MAOETNIIALY	4974253	宁波市三庄阀门有限公司	第六类	T2010-17760
MAOE TN TALWAN R.O.O	4834056	宁波市三庄阀门有限公司	第六类	T2010-17761
CSM-888	4054973	宁波市三庄阀门有限公司	第六类	T2010-17762
麦 MAK 克	1203697	常州市大华锁厂有限公司	第六类	T2010-17766
大华 DAHUA	1085441	常州市大华锁厂有限公司	第六类	T2010-17767
Du Pont 及图	1275647	杜邦公司	第二十一类	T2010-17768
Du Pont 及图	1265531	杜邦公司	第二类	T2010-17769
DU PONT	1250410	杜邦公司	第二十一类	T2010-17770
Du Pont 及图	1223482	杜邦公司	第十一类	T2010-17771
Du Pont 及图	75592	杜邦公司	第一类	T2010-17772
TEFLON	1308150	杜邦公司	第二十一类	T2010-17773
TEFLON	996014	杜邦公司	第一类	T2010-17774
O.E.M	5322945	尤琪琳	第十二类	T2010-17783
图形	5368123	江门市伊力电池有限公司	第九类	T2010-17784
SITRA	5576683	廖玉华	第七类	T2010-17785
SPORT	2017462	麦塔剃须产品私人有限公司	第八类	T2010-17786
LASER	898997	麦塔剃须产品私人有限公司	第八类	T2010-17787

权利名称	权利注册授权号	申请人名称	商品分类	备案号
WOOLRLCH	3612781	温州市雅尔美眼镜有限公司	第九类	T2010-17788
瑞復美	5145805	希哲那有限公司	第五类	T2010-17789
图形	5142985	希哲那有限公司	第五类	T2010-17790
REVLIMID	5142987	希哲那有限公司	第五类	T2010-17791
CADI	G698987	卡迪合作社有限责任公司	第二十九类	T2010-17792
LE CABANON	5194149	普罗旺斯食品有限公司	第三十类	T2010-17793
LE CABANON	5194147	普罗旺斯食品有限公司	第二十九类	T2010-17794
TAKING	3674027	深圳市远成缝纫机工业有限公司	第七类	T2010-17795
HUBAISHINET	4900270	张亚素	第十一类	T2010-17796
RIYADAH CABLE	5832670	张亚素	第九类	T2010-17797
FKX	5435158	青岛三链锁业有限公司	第六类	T2010-17798
ONION	1539366	青岛三链锁业有限公司	第六类	T2010-17799
GALAXY	5733321	青岛三链锁业有限公司	第六类	T2010-17800
ダイケン	3191195	株式会社大建	第六类	T2010-17801
ROUBAIX	5782207	特制自行车配件有限公司	第十二类	T2010-17803
TARMAC	G909557	特制自行车配件有限公司	第十二类	T2010-17804
SPECIALIZED	G909463	特制自行车配件有限公司	第九类	T2010-17805
BG 及图	G866707	特制自行车配件有限公司	第十二类	T2010-17806
BG 及图	G866707	特制自行车配件有限公司	第二十五类	T2010-17807
图形及 GREE	3318332	珠海格力电器股份有限公司	第十一类	T2010-17809
图形 GREE 及格力	1215686	珠海格力电器股份有限公司	第十一类	T2010-17810
格力	3318337	珠海格力电器股份有限公司	第十一类	T2010-17811
GREE	800547	珠海格力电器股份有限公司	第十一类	T2010-17812
Springlife	5035016	天津宝江有机食品制造有限公司	第二十九类	T2010-17813
Springlife	5035015	天津宝江有机食品制造有限公司	第三十类	T2010-17814
GEN	508458	株式会社严氏贸易	第九类	T2010-17816
可兰特	G915941	百法玛	第五类	T2010-17825
欧思美	G937112	百法玛	第五类	T2010-17826
万爽力	G687108	百法玛	第五类	T2010-17827
百普乐	G698721	百法玛	第五类	T2010-17828
OSSEOR	G751546	百法玛	第五类	T2010-17829
CORALAN	G679923	百法玛	第五类	T2010-17830
BI-PRETERAX	G688016	百法玛	第五类	T2010-17831
아 서 딜	G938063	百法玛	第五类	T2010-17832
萌恒	5636820	宁波萌恒服装辅料有限公司	第二十三类	T2010-17833
萌恒	5636819	宁波萌恒服装辅料有限公司	第二十六类	T2010-17834
GS	5350730	陈曙辉	第七类	T2010-17835
KAIJIE	3170141	广州市凯捷电源实业有限公司	第九类	T2010-17847
KJB	5124659	广州市凯捷电源实业有限公司	第九类	T2010-17848
BOSCH 图形	1262192	罗伯特·博世有限公司	第十二类	T2010-17849

权利名称	权利注册授权号	申请人名称	商品分类	备案号
BOSCH	1203118	罗伯特・博世有限公司	第七类	T2010-17850
BOSCH(图形)	1217662	罗伯特・博世有限公司	第十一类	T2010-17851
BOSCH	1266992	罗伯特・博世有限公司	第十二类	T2010-17852
SWAROVSKI	384001	施华洛世奇有限公司	第十四类	T2010-17853
SMECOS	4450867	青岛三链锁业有限公司	第六类	T2010-17854
杰友升	1803734	宁波杰友升照明有限公司	第十一类	T2010-17857
GEOSUN	1803733	宁波杰友升照明有限公司	第十一类	T2010-17858
Vogue 及图形	359731	美国烟草（海外）公司	第三十四类	T2010-17859
HOLDEN 狮子图形	4414082	通用汽车公司	第二十八类	T2010-17860
HOLDEN 圆形狮面图形	3756395	通用汽车公司	第十二类	T2010-17861
HOLDEN 圆形狮面图形	4010390	通用汽车公司	第九类	T2010-17862
HOLDEN 圆形狮面图形	3756394	通用汽车公司	第二十八类	T2010-17863
HOLDEN 狮子图形	4414094	通用汽车公司	第二十五类	T2010-17864
DARLIE	1254108	好维股份有限公司	第二十一类	T2010-17865
DARLIE Hydro Fresh	3485383	好维股份有限公司	第三类	T2010-17867
TeaCare	4295701	好维股份有限公司	第三类	T2010-17868
芭乐	810924	黑松股份有限公司	第三十二类	T2010-17877
UGLY STIK	5447613	莎士比亚公司	第二十五类	T2010-17882
图形	5744666	马魔山有限责任公司	第十八类	T2010-17883
水清新	4335284	好维股份有限公司	第三类	T2010-17884
茶倍健	4295703	好维股份有限公司	第三类	T2010-17885
ZOMETA	G686355	诺华有限公司	第五类	T2010-17886
DIOVAN	G628497	诺华有限公司	第五类	T2010-17887
LUMILUX	G627324	奥斯拉姆公司	第十一类	T2010-17901
DULUXSTAR	G654232	奥斯拉姆公司	第十一类	T2010-17902
李錦記及图	4385608	李锦记有限公司	第三十类	T2010-17903
图形	4385610	李锦记有限公司	第三十类	T2010-17904
李錦記及图	4323747	李锦记有限公司	第三十类	T2010-17905
RTHC	3947250	郑哨武	第九类	T2010-17907
图形商标	3085156	齐鲁制药有限公司	第五类	T2010-17913
齐鲁商标	3085162	齐鲁制药有限公司	第五类	T2010-17914
BEIFA 及图	1069741	贝发集团股份有限公司	第十六类	T2010-17915
VERSUS	1628656	贾恩尼弗塞斯股份有限公司	第十四类	T2010-17916
VERSUS	1983372	贾恩尼弗塞斯股份有限公司	第九类	T2010-17917
VERSUS	1596338	贾恩尼弗塞斯股份有限公司	第三类	T2010-17918
PERMIXON	G583479	皮埃尔・法布而医药公司	第五类	T2010-17919
TIBTRAP	5422703	徐永明	第五类	T2010-17923
蓓美	3049397	江苏江山制药有限公司	第三十类	T2010-17925
艾兰得 +ALAND	1758593	江苏江山制药有限公司	第三十类	T2010-17926
CECEC	840632	中国电瓷进出口有限公司	第九类	T2010-17927

权利名称	权利注册授权号	申请人名称	商品分类	备案号
KAIYUE	4171821	新乐市凯乐工艺发制品有限责任公司	第二十六类	T2010-17935
SANDIMMUN	232906	诺华有限公司	第五类	T2010-17937
VOLTAREN	672241	诺华有限公司	第五类	T2010-17938
汽车 (MOTORCAR) 牌台秤	35637	兴宁市衡器厂	第九类	T2010-17939
会飞的眼睛图	2007-F-09363	王 芳		C2010-17940
VonDutch	2007-F-09364	王 芳		C2010-17941
KENT	4033639	英美烟草（品牌）股份有限公司	第三十四类	T2010-17942
雕	1086708	纳爱斯集团有限公司	第三类	T2010-17943
ELHADISA+ 图形	5750073	李静竹	第十二类	T2010-17944
LONGINES 及图形	30352	浪琴表有限公司	第十四类	T2010-17945
EVER-GREEN	1319155	上海天坛国际贸易有限公司	第三十类	T2010-17949
NORMA 及图形	582232	上海天坛国际贸易有限公司	第六类	T2010-17950
DECOR 及图形	589064	上海天坛国际贸易有限公司	第六类	T2010-17951
UGLY STIK	5651243	莎士比亚公司	第十八类	T2010-17952
CLEAR TIP	5543413	莎士比亚公司	第二十八类	T2010-17953
ATLAS SNOW-SHOE COMPANY 及图	4734189	K-2 公司	第二十八类	T2010-17954
依云	1324419	依云矿泉水有限公司	第三十二类	T2010-17955
依云	1322647	依云矿泉水有限公司	第三类	T2010-17956
evian 及图	1299277	依云矿泉水有限公司	第三十二类	T2010-17957
VERSUS	1577467	贾恩尼弗塞斯股份有限公司	第二十五类	T2010-17958
VERSUS	1596776	贾恩尼弗塞斯股份有限公司	第十八类	T2010-17959
LAPERCHE	5733320	青岛三链锁业有限公司	第六类	T2010-17960
STC	1324266	信宜市南侨家用电器厂	第十一类	T2010-17961
Johnson's baby	2020773	强生公司	第十六类	T2010-17962
PERFECELL	5010377	重庆登榜进出口贸易有限公司	第九类	T2010-17967
SANDVIK	286047	山特维克知识产权有限公司	第八类	T2010-17968
SANDVIK	1296733	山特维克知识产权有限公司	第六类	T2010-17969
SANDVIK	293187	山特维克知识产权有限公司	第七类	T2010-17970
SANDVIK	1307022	山特维克知识产权有限公司	第七类	T2010-17971
SANDVIK	287182	山特维克知识产权有限公司	第六类	T2010-17972
SANDVIK	287183	山特维克知识产权有限公司	第八类	T2010-17973
山特维克	1286940	山特维克知识产权有限公司	第八类	T2010-17974
山特维克	1296671	山特维克知识产权有限公司	第六类	T2010-17975
雪莲及图形	603791	北京华腾橡塑乳胶制品有限公司	第二十四类	T2010-17976
PASOTI	5882920	李刚	第六类	T2010-17977
NAKAYA	5107075	武汉泰海机械有限公司	第七类	T2010-17978
宴魔师 CATERS WIZARD	5065852	王锦麟	第十一类	T2010-17981
TWO BIRDS	4609680	宁波萌恒工贸有限公司	第二十类	T2010-17982
TWO BIRDS	4609678	宁波萌恒工贸有限公司	第二十一类	T2010-17983

权利名称	权利注册授权号	申请人名称	商品分类	备案号
TWO BIRDS	4609677	宁波萌恒工贸有限公司	第十六类	T2010-17984
TWO BIRDS	4609681	宁波萌恒工贸有限公司	第十八类	T2010-17985
TWO BIRDS	4609679	宁波萌恒工贸有限公司	第二十四类	T2010-17986
MH	4909683	宁波萌恒工贸有限公司	第二十四类	T2010-17987
MH	4609682	宁波萌恒工贸有限公司	第二十一类	T2010-17988
MH	4609667	宁波萌恒工贸有限公司	第二十类	T2010-17989
MH	4609666	宁波萌恒工贸有限公司	第十八类	T2010-17990
MH	4609684	宁波萌恒工贸有限公司	第十六类	T2010-17991
图形	1934234	宁波萌恒工贸有限公司	第二十六类	T2010-17992
图形	1712732	宁波萌恒工贸有限公司	第二十六类	T2010-17993
奇诺 KINO	1760435	叶淦森	第三类	T2010-17994
M.CK	4487149	叶淦森	第三类	T2010-17995
GDJ	1302622	叶淦森	第三类	T2010-17996
苹果形状立体商标	G880853	尼娜瑞西香水有限公司	第三类	T2010-17997
图形	5271690	段旭彤	第二十四类	T2010-17998
图形	5271689	段旭彤	第二十四类	T2010-17999
ORIENTAR KINGTEX	5015952	段旭彤	第二十四类	T2010-18000
L.L.BEAN 及图形	913800	L.L. 比恩有限公司	第二十八类	T2010-18001
L.L.BEAN 及图形	1709297	L.L. 比恩有限公司	第二十五类	T2010-18002
L.L.BEAN	1040581	L.L. 比恩有限公司	第二十五类	T2010-18003
L.L.BEAN	917643	L.L. 比恩有限公司	第二十八类	T2010-18004
L.L.BEAN 及图形	1040580	L.L. 比恩有限公司	第二十五类	T2010-18005
UNIVERSAL 及图	1120218	贝发集团股份有限公司	第十六类	T2010-18006
POWERSTAR HQI	G676466	奥斯拉姆公司	第十一类	T2010-18007
DECOSTAR	G763141	奥斯拉姆公司	第十一类	T2010-18008
HWL	3604758	奥斯拉姆公司	第十一类	T2010-18009
BILUX	G626666	奥斯拉姆公司	第十一类	T2010-18010
OSRAM HALOlINE	G627438	奥斯拉姆公司	第十一类	T2010-18011
欧司朗	1574678	奥斯拉姆公司	第十一类	T2010-18012
Jack Wolfskin	G509992	杰克·沃夫金海外设备有限及两合股份公司	第十八类	T2010-18013
Jack Wolfskin	G509992	杰克·沃夫金海外设备有限及两合股份公司	第二十二类	T2010-18014
Jack Wolfskin	G509992	杰克·沃夫金海外设备有限及两合股份公司	第二十五类	T2010-18015
图形	G509993	杰克·沃夫金海外设备有限及两合股份公司	第十八类	T2010-18016
图形	G509993	杰克·沃夫金海外设备有限及两合股份公司	第二十类	T2010-18017
图形	G509993	杰克·沃夫金海外设备有限及两合股份公司	第二十二类	T2010-18018
图形	G509993	杰克·沃夫金海外设备有限及两合股份公司	第二十五类	T2010-18019
Jack Wolfskin	G890648	杰克·沃夫金海外设备有限及两合股份公司	第十八类	T2010-18020
JACK WOLFSKIN	G891807	杰克·沃夫金海外设备有限及两合股份公司	第二十五类	T2010-18021
图形	G890650	杰克·沃夫金海外设备有限及两合股份公司	第十八类	T2010-18022
图形	G890650	杰克·沃夫金海外设备有限及两合股份公司	第二十二类	T2010-18023

权利名称	权利注册授权号	申请人名称	商品分类	备案号
OLLO 欧雷	4771513	广州欧雷电子科技有限公司	第十一类	T2010-18024
Raider 及图	1737578	中山市翔鸿五金制品有限公司	第六类	T2010-18025
AVELOX	G686619	拜耳股份有限公司	第五类	T2010-18026
ALEVE	852142	拜耳消费者护理股份有限公司	第五类	T2010-18027
SAGA+ 萨伽	3052598	蓬莱卡斯特酒庄有限公司	第三十三类	T2010-18028
CABIN	1369663	日本烟草产业株式会社	第三十四类	T2010-18030
Seven Stars	1369664	日本烟草产业株式会社	第三十四类	T2010-18031
孔雀花园图形	2008-F-014948	台丰美耐皿有限公司		C2010-18032
荷花图形	2008-F-014947	台丰美耐皿有限公司		C2010-18033
POWERTEC	3332408	刘安平	第七类	T2010-18038
海拉	1183434	海拉胡克双合股份公司	第十一类	T2010-18039
HELLA 及图	161824	海拉胡克双合股份公司	第十二类	T2010-18040
海拉	1211482	海拉胡克双合股份公司	第十二类	T2010-18041
HELLA 及图	161823	海拉胡克双合股份公司	第九类	T2010-18042
Hella	848772	海拉胡克双合股份公司	第九类	T2010-18043
海拉	1266297	海拉胡克双合股份公司	第九类	T2010-18044
Hella	840943	海拉胡克双合股份公司	第十一类	T2010-18045
HELLA 及图	380229	海拉胡克双合股份公司	第十一类	T2010-18046
SX+ 图形	1676549	乐盟国际股份有限公司	第十五类	T2010-18050
Valencia	1652624	乐盟国际股份有限公司	第十五类	T2010-18051
小猪	19-2009-J-0025	李沫然		C2010-18059
BRAVE	291801	史印东	第二十八类	T2010-18063
PROYOUNG	4001705	合肥润和贸易有限公司	第二十八类	T2010-18064
Vini	3019677	新来有限公司	第三类	T2010-18065
FIRESTONE	145569	普利司通特许服务有限公司	第十二类	T2010-18066
CASIO	514813	卡西欧计算机株式会社	第九类	T2010-18067
联塑 +L&S+ 图形	1373207	广东联塑科技实业有限公司	第十九类	T2010-18068
HP	1330533	惠普发展公司，有限责任合伙企业	第二类	T2010-18070
AKSEL	3860116	卢仪华	第六类	T2010-18071
NTR(具体见商标图案)	1974403	南京特瑞线路器材有限公司	第六类	T2010-18072
BEAUTIFUL+ 漂亮	4518029	浙江仙都缝制设备有限公司	第七类	T2010-18073
GATER	868311	邓科	第六类	T2010-18074
YAZA 及图	6030728	芜湖天健进出口有限责任公司	第三类	T2010-18075
华声 HUASHENG	3694888	广东华声电器股份有限公司	第九类	T2010-18077
灵格 LINGGE 及图	1301901	中山市灵格电器制造有限公司	第七类	T2010-18078
商标权	3120285	刘冠球	第二十一类	T2010-18084
DSPIC	1985536	微芯科技公司	第九类	T2010-18085
M 图形	1241018	微芯科技公司	第九类	T2010-18086
MICROCHIP 及 M 图形	5707092	微芯科技公司	第十六类	T2010-18087
PICMICRO	1915022	微芯科技公司	第九类	T2010-18089

权利名称	权利注册授权号	申请人名称	商品分类	备案号
PICmicro	1980517	微芯科技公司	第九类	T2010-18090
RFPIC	3249698	微芯科技公司	第九类	T2010-18092
STOLZ	5595826	厦门宝联贸易有限公司	第七类	T2010-18096
EVA	4514698	厦门宝联贸易有限公司	第七类	T2010-18097
Tri	1630503	珠海斯巴克电子设备有限公司	第九类	T2010-18098
chemistik	G830219	赫密斯迪克公司	第一类	T2010-18099
CYJANOPAN ME	G871980	赫密斯迪克公司	第一类	T2010-18100
chemistik	G830219	赫密斯迪克公司	第十六类	T2010-18101
CYJANOPAN	4530666	赫密斯迪克公司	第六类	T2010-18102
chemistik system	G860504	赫密斯迪克公司	第一类	T2010-18103
chemistik system	G860504	赫密斯迪克公司	第十六类	T2010-18104
TAKESHY KUROSAWA 图形 tk	5903583	李俊霖	第十八类	T2010-18107
TAKESHY KUROSAWA	5241222	李俊霖	第二十五类	T2010-18108
HOBEK+ 图形	5602873	刘序武	第九类	T2010-18109
亚德克	5027337	宁波亚德客自动化工业有限公司	第七类	T2010-18110
AirTAC	5027335	宁波亚德客自动化工业有限公司	第七类	T2010-18111
亚德客	5027336	宁波亚德客自动化工业有限公司	第七类	T2010-18112
亚德客 AirTAC	5027328	宁波亚德客自动化工业有限公司	第七类	T2010-18113
亚德客 AirTAC	1163554	宁波亚德客自动化工业有限公司	第七类	T2010-18114
アクアライト　AQUALYTE	4204419	和光堂株式会社	第五类	T2010-18115
食育ランド	4204458	和光堂株式会社	第二十九类	T2010-18116
食育ランド	4204422	和光堂株式会社	第五类	T2010-18117
Wakodo お豆のさちのふりかけ及图形	4204428	和光堂株式会社	第三十类	T2010-18118
Wakodo 畑のさちのふりかけ及图形	4204429	和光堂株式会社	第三十类	T2010-18119
图形	4171072	和光堂株式会社	第三十一类	T2010-18120
图形	4171073	和光堂株式会社	第三十类	T2010-18121
图形	4171074	和光堂株式会社	第二十九类	T2010-18122
图形	4171075	和光堂株式会社	第五类	T2010-18123
はいはい	4171079	和光堂株式会社	第二十九类	T2010-18124
はいはい	4171080	和光堂株式会社	第五类	T2010-18125
食育ランド	4204425	和光堂株式会社	第三十类	T2010-18126
Wakodo 及图形	4219329	和光堂株式会社	第二十四类	T2010-18127
Wakodo 及图形	4219328	和光堂株式会社	第二十九类	T2010-18128
Wakodo 及图形	4219327	和光堂株式会社	第三十类	T2010-18129
Wakodo 及图形	4219326	和光堂株式会社	第三十二类	T2010-18130
和光堂	4219265	和光堂株式会社	第二十四类	T2010-18131
和光堂	4219263	和光堂株式会社	第三十类	T2010-18132
和光堂	4219262	和光堂株式会社	第三十二类	T2010-18133

权利名称	权利注册授权号	申请人名称	商品分类	备案号
シッカロール	5130368	和光堂株式会社	第三类	T2010-18134
ふんわりももちゃん	4938899	和光堂株式会社	第三类	T2010-18135
ふんわりももちゃん	4938898	和光堂株式会社	第十六类	T2010-18136
ふきふきタイム	4938896	和光堂株式会社	第二十一类	T2010-18137
サンカット	5130371	和光堂株式会社	第五类	T2010-18138
SUNCUT	5130369	和光堂株式会社	第五类	T2010-18139
シッカロール	5130367	和光堂株式会社	第五类	T2010-18140
SICCAROL	5130366	和光堂株式会社	第三类	T2010-18141
アクアライト AQUALYTE	4204417	和光堂株式会社	第三十二类	T2010-18142
手作り応援	4204416	和光堂株式会社	第五类	T2010-18143
手作り応援	4204415	和光堂株式会社	第二十九类	T2010-18144
手作り応援	4204441	和光堂株式会社	第三十类	T2010-18145
和光堂のおやつ	4204447	和光堂株式会社	第三十类	T2010-18146
wakodo 海のさちのふりかけ及图形	4204431	和光堂株式会社	第三十类	T2010-18147
图形	4171071	和光堂株式会社	第三十二类	T2010-18148
ぐんぐん	4171030	和光堂株式会社	第五类	T2010-18149
ぐんぐん	4171029	和光堂株式会社	第二十九类	T2010-18150
图形	4171025	和光堂株式会社	第五类	T2010-18151
图形	4171024	和光堂株式会社	第二十九类	T2010-18152
图形	4171023	和光堂株式会社	第三十类	T2010-18153
图形	4171022	和光堂株式会社	第三十一类	T2010-18154
图形	4171021	和光堂株式会社	第三十二类	T2010-18155
シッカロール	4170925	和光堂株式会社	第三类	T2010-18156
シッカロール	4170924	和光堂株式会社	第五类	T2010-18157
ナップクリン	4170906	和光堂株式会社	第五类	T2010-18158
赤ちゃんのおしりふき	4170905	和光堂株式会社	第三类	T2010-18159
赤ちゃんのおしりふき	4170904	和光堂株式会社	第十六类	T2010-18160
赤ちゃんのおしりふき	4170903	和光堂株式会社	第二十四类	T2010-18161
レーベンス	4219458	和光堂株式会社	第五类	T2010-18162
レーベンス	4219457	和光堂株式会社	第二十九类	T2010-18163
レーベンス	4219456	和光堂株式会社	第三十类	T2010-18164
Wakodo 及图形	4219451	和光堂株式会社	第三类	T2010-18165
Wakodo 及图形	4219450	和光堂株式会社	第五类	T2010-18166
Wakodo 及图形	4219331	和光堂株式会社	第十六类	T2010-18167
三公仔 + 图形	4696858	广州王老吉药业股份有限公司	第五类	T2010-18168
金龙	5466324	广州医药集团有限公司	第五类	T2010-18169
王老吉	1540528	广州医药集团有限公司	第五类	T2010-18171
王老吉	626155	广州医药集团有限公司	第三十二类	T2010-18172
GY 及图形	5019231	朗源股份有限公司	第二十九类	T2010-18173

权利名称	权利注册授权号	申请人名称	商品分类	备案号
GY 及图形	5019232	朗源股份有限公司	第三十一类	T2010-18175
魔弹大厨 101 个 10 秒食谱	2008-L-10952	霍姆兰德家用器具有限责任公司		C2010-18183
MAGIC BULLET PLATINUM PRO	2009-L-022311	霍姆兰德家用器具有限责任公司		C2010-18184
产品使用手册 IM 001	2008-L-10951	霍姆兰德家用器具有限责任公司		C2010-18185
MAGIC BULLET	4001661	霍姆兰德家用器具有限责任公司	第七类	T2010-18186
MAGIC BULLET PLATINUM PRO	5500763	霍姆兰德家用器具有限责任公司	第七类	T2010-18187
G 图形	6075766	霍姆兰德家用器具有限责任公司	第七类	T2010-18188
Jack Wolfskin	G509992	杰克·沃夫金海外设备有限及两合股份公司	第二十类	T2010-18189
Bench	1613465	阿曼瑞卡纳国际有限公司	第二十五类	T2010-18190
EXCOMTREX 及图形	5919473	福州日鼎电池有限公司	第九类	T2010-18191
maxtolux	5919472	福州日鼎电池有限公司	第九类	T2010-18192
POWERTolux	5919471	福州日鼎电池有限公司	第九类	T2010-18193
Game Stop	6009241	福州日鼎电池有限公司	第九类	T2010-18194
GameStop	6009240	福州日鼎电池有限公司	第九类	T2010-18195
CHEWAX	5777400	湖州大港集团进出口有限公司	第二十四类	T2010-18196
PAX 及图	2019350	裕仁工业科技股份有限公司	第十二类	T2010-18197
Lesportsac	1106166	斯波赛克有限公司	第十八类	T2010-18198
eneloop	5113353	三洋电机株式会社	第九类	T2010-18203
帝醫	5283105	温宗金	第十类	T2010-18204
宜聖	5283104	温宗金	第十类	T2010-18205
御品	5283102	温宗金	第十类	T2010-18206
金星牌 GOLDEN STAR BRAND 及图形	29422	天津食品进出口股份有限公司	第三十三类	T2010-18208
金钟 GOLDEN BELL 及图形	1502426	天津食品进出口股份有限公司	第三十三类	T2010-18209
金钟及图形	1502425	天津食品进出口股份有限公司	第三十三类	T2010-18210
金星 GOLDEN STAR 及图形	1502423	天津食品进出口股份有限公司	第三十三类	T2010-18211
金星及图形	1727141	天津食品进出口股份有限公司	第三十三类	T2010-18212
金花 GOLDEN FLOWER 及图形	1502424	天津食品进出口股份有限公司	第三十三类	T2010-18213
长城及图形	337500	北方国际集团天津食品进出口有限公司	第二十九类	T2010-18214
VOLVO	1358958	沃尔沃商标控股有限公司	第三十类	T2010-18215
YU-i 及图形（如意）	76444	北京倍利可轻工进出口有限公司	第十六类	T2010-18216
蜻蜓牌 DRAGON-FLY 及图形	75515	北京倍利可轻工进出口有限公司	第二十五类	T2010-18217
象牌 ELEPHANT 及图形	76364	北京倍利可轻工进出口有限公司	第十六类	T2010-18218
金鱼牌 GOLDFISH	76443	北京倍利可轻工进出口有限公司	第十六类	T2010-18219
ROMA	6321940	贵州贵歆辰机械设备有限公司	第二十一类	T2010-18221
HACKER	3173236	义乌市蓝剑蚊香厂	第五类	T2010-18223
SP	3639942	周旭辉	第六类	T2010-18224
YAMAHA	1326963	雅马哈发动机株式会社	第七类	T2010-18225
BODY BY JAKE	1070192	佳科健身企业公司	第二十八类	T2010-18226

权利名称	权利注册授权号	申请人名称	商品分类	备案号
飞鱼	1650334	常州市润佳电器有限公司	第九类	T2010-18228
EXITO	5586274	余萍	第六类	T2010-18229
UNIPRO	5586372	余萍	第六类	T2010-18230
Eterna	5586272	余萍	第六类	T2010-18231
YANKEES	4336075	棒球主盟资产公司	第二十五类	T2010-18232
TC 图形商标	4336081	棒球主盟资产公司	第二十五类	T2010-18233
ROCKIES 图形商标	4336093	棒球主盟资产公司	第二十五类	T2010-18234
P 图形商标	4336056	棒球主盟资产公司	第二十五类	T2010-18235
Padres 图形商标	4336072	棒球主盟资产公司	第二十五类	T2010-18236
F 及图	4336090	棒球主盟资产公司	第二十五类	T2010-18237
Indians 图形商标	4335876	棒球主盟资产公司	第二十五类	T2010-18238
A 图形商标	4335888	棒球主盟资产公司	第二十五类	T2010-18239
Braves 及图	4335886	棒球主盟资产公司	第二十五类	T2010-18240
OAKLAND ATHLETICS+A'S 图形商标	4336074	棒球主盟资产公司	第二十五类	T2010-18241
Astros 图形商标	4336087	棒球主盟资产公司	第二十五类	T2010-18242
A 及光环图形	4335890	棒球主盟资产公司	第二十五类	T2010-18243
KC+R+Royals 及图	509597	棒球主盟资产公司	第二十五类	T2010-18244
RED SOX 及图	4335885	棒球主盟资产公司	第二十五类	T2010-18245
NY 图形商标	4336076	棒球主盟资产公司	第二十五类	T2010-18246
KC 图形商标	506835	棒球主盟资产公司	第二十五类	T2010-18247
D 图形商标	506833	棒球主盟资产公司	第二十五类	T2010-18248
B 图形商标	4335884	棒球主盟资产公司	第二十五类	T2010-18249
M 图形商标	506829	棒球主盟资产公司	第二十五类	T2010-18250
SF 图形商标	4336070	棒球主盟资产公司	第二十五类	T2010-18251
CUBS 及图	4335881	棒球主盟资产公司	第二十五类	T2010-18252
Yankees 及图	4336077	棒球主盟资产公司	第二十五类	T2010-18253
STL 图形商标	4336054	棒球主盟资产公司	第二十五类	T2010-18254
头形图	4335877	棒球主盟资产公司	第二十五类	T2010-18255
棒球手击球图形	4336062	棒球主盟资产公司	第二十五类	T2010-18256
LA 图形商标	506820	棒球主盟资产公司	第二十五类	T2010-18257
Dodgers 及图	506795	棒球主盟资产公司	第二十五类	T2010-18258
SD 图形商标	4336073	棒球主盟资产公司	第二十五类	T2010-18259
METS 及图	4336079	棒球主盟资产公司	第二十五类	T2010-18260
YUKI	1569889	重机株式会社	第七类	T2010-18261
CADBURY	818775	吉百利英国有限公司	第三十类	T2010-18263
JACK WOLFSKIN	G891807	杰克·沃夫金海外设备有限及两合股份公司	第十八类	T2010-18265
JACK WOLFSKIN	G891807	杰克·沃夫金海外设备有限及两合股份公司	第二十二类	T2010-18266
PFLUEGER	5651246	莎士比亚公司	第二十五类	T2010-18267
柳工	4788560	广西柳工集团有限公司	第七类	T2010-18268

权利名称	权利注册授权号	申请人名称	商品分类	备案号
LIUGONG	4788561	广西柳工集团有限公司	第七类	T2010-18269
LG	4788562	广西柳工集团有限公司	第七类	T2010-18270
柳工	4788564	广西柳工集团有限公司	第十二类	T2010-18271
LIUGONG	4788565	广西柳工集团有限公司	第十二类	T2010-18272
LG	4788566	广西柳工集团有限公司	第十二类	T2010-18273
YARTU	6119667	杭州中策橡胶有限公司	第十二类	T2010-18274
SONITEC	1553882	古木克·成迪拉姆·艾达沙尼	第九类	T2010-18275
SONITEC	4512113	古木克·成迪拉姆·艾达沙尼	第九类	T2010-18276
JP TOD"S	1300780	托德斯有限公司	第二十五类	T2010-18277
TOD'S 及图	4597768	托德斯有限公司	第十八类	T2010-18278
i´coo 商标	5634288	埃古有限公司	第十二类	T2010-18279
i´coo 商标	5634286	埃古有限公司	第二十五类	T2010-18280
YAMASHITA 雅马士达	3060847	顶博机电(苏州)有限公司	第七类	T2010-18283
TRUPER	3620627	储伯荷拉密斯塔斯公司	第八类	T2010-18284
TRUPER	3249527	储伯荷拉密斯塔斯公司	第九类	T2010-18285
TRUPER 及图	1976606	储伯荷拉密斯塔斯公司	第八类	T2010-18286
TRUPER	1975315	储伯荷拉密斯塔斯公司	第六类	T2010-18287
BLACKBERRY	3451786	移动通讯咨询有限公司	第九类	T2010-18289
BLACKBERRY 及图形	4522093	移动通讯咨询有限公司	第九类	T2010-18290
BlackBerry 及图形	4522096	移动通讯咨询有限公司	第九类	T2010-18291
BLACKBERRY 及图形	1501874	移动通讯咨询有限公司	第九类	T2010-18292
BLACKBERRY	1505672	移动通讯咨询有限公司	第九类	T2010-18293
RESEARCH IN MOTION	3451787	移动通讯咨询有限公司	第九类	T2010-18295
SURETYPE	4299246	移动通讯咨询有限公司	第九类	T2010-18296
BLACKBERRY PEARL	5834209	移动通讯咨询有限公司	第九类	T2010-18297
SHIELD SECURITY	5588971	布凯敦	第六类	T2010-18298
FASTEC+ 图形	5588970	布凯敦	第六类	T2010-18299
GOTHAM+ 图形	5588974	布凯敦	第六类	T2010-18300
FORGE	5588959	梁泳林	第六类	T2010-18301
BETTER HOME PRODUCTS	5588966	李俊琦	第六类	T2010-18302
BHP+ 图形	5588967	李俊琦	第六类	T2010-18303
华锋 +HUA FENG+ 图形	1287169	中山市华锋五金制品厂	第六类	T2010-18304
COAXIL	G569556	百法玛	第五类	T2010-18305
DIABETON	G919785	百法玛	第五类	T2010-18307
FLUDEX	G248244	百法玛	第五类	T2010-18308
NOLIPREL	G443205	百法玛	第五类	T2010-18309
比多适	G938062	百法玛	第五类	T2010-18310
PREDUCTAL	G251914	百法玛	第五类	T2010-18311
PRESTARIUM	G463153	百法玛	第五类	T2010-18312
TERTENSIF	G617998	百法玛	第五类	T2010-18313

权利名称	权利注册授权号	申请人名称	商品分类	备案号
图形商标	G938061	百法玛	第五类	T2010-18314
图形商标	G937786	百法玛	第五类	T2010-18315
TOYOTA	864224	丰田汽车公司	第七类	T2010-18316
丰田日文图形商标	135091	丰田汽车公司	第十二类	T2010-18317
TOYOTA	135095	丰田汽车公司	第十二类	T2010-18318
丰田	934177	丰田汽车公司	第七类	T2010-18319
丰田图形商标	3821391	丰田汽车公司	第十二类	T2010-18320
丰田	506683	丰田汽车公司	第十二类	T2010-18321
丰田图形	864223	丰田汽车公司	第七类	T2010-18322
ROLEX 及图形	37747	劳力士钟表有限公司	第十四类	T2010-18324
小猪班纳＋ PEPCO ＋图形	3749430	东莞市小猪班纳服饰有限公司	第二十五类	T2010-18325
小猪班纳	5198169	东莞市小猪班纳服饰有限公司	第十八类	T2010-18326
FILTRI TECNOCAR	G670396	意大利索格菲滤清器股份公司	第七类	T2010-18327
FILTRI TECNOCAR	G670396	意大利索格菲滤清器股份公司	第十二类	T2010-18328
PRETUL	3620629	储伯荷拉密斯塔斯公司	第七类	T2010-18329
Jack Wolfskin	G890648	杰克・沃夫金海外设备有限及两合股份公司	第二十二类	T2010-18330
Fender	847783	芬德乐器有限公司	第十五类	T2010-18331
KOBELCO	158590	株式会社神户制钢所	第七类	T2010-18332
蓝色墨盒包装设计图	2009-L-016527	珠海纳思达电子科技有限公司		C2010-18333
zakspeed 让克斯彼得	5319164	朱宏宇	第十二类	T2010-18344
ORL+ 图形	3351178	理丰有限公司	第十一类	T2010-18345
HORDAI	6371649	武汉泰海机械有限公司	第七类	T2010-18346
H+ 燕子	6451139	武汉泰海机械有限公司	第七类	T2010-18347
ZOLOFT	1340828	辉瑞产品有限公司	第五类	T2010-18348
瑞易宁	1297711	辉瑞产品有限公司	第五类	T2010-18349
左洛复	1292715	辉瑞产品有限公司	第五类	T2010-18350
Najarian;AN	4578245	黄小玲	第二十类	T2010-18351
ACTONA	4583306	黄小玲	第二十类	T2010-18352
O"Sullivan	4820466	李卫国	第二十类	T2010-18353
SUBARU 及六星图案	1374496	富士重工业株式会社	第七类	T2010-18354
GEMAC	6012103	青岛三链锁业有限公司	第六类	T2010-18357
YARA 及图形	6060025	青岛三链锁业有限公司	第六类	T2010-18358
CHETEX	5777401	湖州大港集团进出口有限公司	第二十四类	T2010-18359
CR 图形	1805990	鳄鱼国际机构私人有限公司	第十八类	T2010-18360
CR 图形	2016298	鳄鱼国际机构私人有限公司	第二十五类	T2010-18361
APATSHI	6026141	广东银河摩托车集团有限公司	第十二类	T2010-18363
ZELZAL 及图形	6026142	广东银河摩托车集团有限公司	第十二类	T2010-18364
图形	4208507	宁波三杰灯业有限公司	第十一类	T2010-18365
TOTTENHAM HOTSPUR	G890622	托特纳姆热刺股份有限公司	第二十五类	T2010-18366
TOTTENHAM HOTSPUR 及图	G911953	托特纳姆热刺股份有限公司	第三十八类	T2010-18367

权利名称	权利注册授权号	申请人名称	商品分类	备案号
TOTTENHAM HOTSPUR 及图	G911953	托特纳姆热刺股份有限公司	第二十五类	T2010-18368
TOTTENHAM HOTSPUR 及图	G911953	托特纳姆热刺股份有限公司	第九类	T2010-18369
图形	G898793	托特纳姆热刺股份有限公司	第二十五类	T2010-18370
西乐葆	1360213	美国西尔有限责任公司	第五类	T2010-18371
SUNKIST+ 彩色图形	3587687	新奇士种植者公司	第三十一类	T2010-18372
DO VALE	6071812	金华火山机械有限公司	第六类	T2010-18375
i' coo 商标	5634285	埃古有限公司	第二十八类	T2010-18376
16TH ASIAN GAMES GUANGZHOU 2010	5736117	第 16 届亚运会组委会	第一类	T2010-18377
16TH ASIAN GAMES GUANGZHOU 2010	5736116	第 16 届亚运会组委会	第二类	T2010-18378
16TH ASIAN GAMES GUANGZHOU 2010	5736115	第 16 届亚运会组委会	第三类	T2010-18379
16TH ASIAN GAMES GUANGZHOU 2010	5736114	第 16 届亚运会组委会	第四类	T2010-18380
16TH ASIAN GAMES GUANGZHOU 2010	5736113	第 16 届亚运会组委会	第五类	T2010-18381
16TH ASIAN GAMES GUANGZHOU 2010	5736127	第 16 届亚运会组委会	第六类	T2010-18382
16TH ASIAN GAMES GUANGZHOU 2010	5736126	第 16 届亚运会组委会	第七类	T2010-18383
16TH ASIAN GAMES GUANGZHOU 2010	5736125	第 16 届亚运会组委会	第八类	T2010-18384
16TH ASIAN GAMES GUANGZHOU 2010	5736124	第 16 届亚运会组委会	第九类	T2010-18385
16TH ASIAN GAMES GUANGZHOU 2010	5736123	第 16 届亚运会组委会	第十类	T2010-18386
16TH ASIAN GAMES GUANGZHOU 2010	5736122	第 16 届亚运会组委会	第十一类	T2010-18387
16TH ASIAN GAMES GUANGZHOU 2010	5736121	第 16 届亚运会组委会	第十二类	T2010-18388
16TH ASIAN GAMES GUANGZHOU 2010	5736120	第 16 届亚运会组委会	第十三类	T2010-18389
16TH ASIAN GAMES GUANGZHOU 2010	5736119	第 16 届亚运会组委会	第十四类	T2010-18390
16TH ASIAN GAMES GUANGZHOU 2010	5736118	第 16 届亚运会组委会	第十五类	T2010-18391
16TH ASIAN GAMES GUANGZHOU 2010	5736158	第 16 届亚运会组委会	第十六类	T2010-18392
16TH ASIAN GAMES GUANGZHOU 2010	5736159	第 16 届亚运会组委会	第十七类	T2010-18393
16TH ASIAN GAMES GUANGZHOU 2010	5736160	第 16 届亚运会组委会	第十八类	T2010-18394
16TH ASIAN GAMES GUANGZHOU 2010	5736161	第 16 届亚运会组委会	第十九类	T2010-18395

权利名称	权利注册授权号	申请人名称	商品分类	备案号
16TH ASIAN GAMES GUANGZHOU 2010	5736163	第16届亚运会组委会	第二十类	T2010-18396
16TH ASIAN GAMES GUANGZHOU 2010	5736162	第16届亚运会组委会	第二十一类	T2010-18397
16TH ASIAN GAMES GUANGZHOU 2010	5736164	第16届亚运会组委会	第二十二类	T2010-18398
16TH ASIAN GAMES GUANGZHOU 2010	5736165	第16届亚运会组委会	第二十三类	T2010-18399
16TH ASIAN GAMES GUANGZHOU 2010	5736166	第16届亚运会组委会	第二十四类	T2010-18400
16TH ASIAN GAMES GUANGZHOU 2010	5736167	第16届亚运会组委会	第二十五类	T2010-18401
16TH ASIAN GAMES GUANGZHOU 2010	5736168	第16届亚运会组委会	第二十六类	T2010-18402
16TH ASIAN GAMES GUANGZHOU 2010	5736169	第16届亚运会组委会	第二十七类	T2010-18403
16TH ASIAN GAMES GUANGZHOU 2010	5736170	第16届亚运会组委会	第二十八类	T2010-18404
16TH ASIAN GAMES GUANGZHOU 2010	5736171	第16届亚运会组委会	第二十九类	T2010-18405
16TH ASIAN GAMES GUANGZHOU 2010	5736172	第16届亚运会组委会	第三十类	T2010-18406
16TH ASIAN GAMES GUANGZHOU 2010	5736173	第16届亚运会组委会	第三十一类	T2010-18407
16TH ASIAN GAMES GUANGZHOU 2010	5736174	第16届亚运会组委会	第三十二类	T2010-18408
16TH ASIAN GAMES GUANGZHOU 2010	5736175	第16届亚运会组委会	第三十三类	T2010-18409
16TH ASIAN GAMES GUANGZHOU 2010	5736176	第16届亚运会组委会	第三十四类	T2010-18410
VALMEX 商标	3300030	潘忠烈	第六类	T2010-18411
VITALI-INTL	3382748	维大力国际起重工具有限公司	第八类	T2010-18412
JVC	97104	日本胜利株式会社	第九类	T2010-18413
JVC	768495	日本胜利株式会社	第九类	T2010-18414
DREXON DX	5803832	臧玉芹	第十一类	T2010-18416
图形（指定颜色）	5479272	四川华景国贸实业有限责任公司	第九类	T2010-18417
DURAME	5451926	四川华景国贸实业有限责任公司	第九类	T2010-18418
ZENXIN	5011470	广州市振兴实业有限公司	第二十一类	T2010-18419
振兴	5011770	广州市振兴实业有限公司	第二十一类	T2010-18420
图形	5011620	广州市振兴实业有限公司	第二十一类	T2010-18421
一拍得	3638533	虞振刚	第二十一类	T2010-18427
图形	910589	临沂市华太电池实业公司	第九类	T2010-18435
BIGIE	4758710	中山市帝光汽配实业有限公司	第十一类	T2010-18437
MAXCOLD	5366718	钟卓文	第十八类	T2010-18438

权利名称	权利注册授权号	申请人名称	商品分类	备案号
TYROLIT	294204	泰罗丽磨具厂斯威罗威公司	第七类	T2010-18439
马头（HORSE HEAD)手电筒	4748767	卢奕崧	第十一类	T2010-18440
AVALOX	G712205	拜耳股份有限公司	第五类	T2010-18442
ADVANTIX	G759279	拜耳股份有限公司	第五类	T2010-18443
尼康	243268	株式会社尼康	第九类	T2010-18445
Nikon	3427916	株式会社尼康	第九类	T2010-18446
BUGS TONE	3182224	黄多萍	第二十五类	T2010-18448
KENNTEX	4044950	黄多萍	第二十五类	T2010-18449
CHEIST	4044949	黄多萍	第二十五类	T2010-18450
HSTARS	1299142	广州恒星冷冻机械制造有限公司	第十一类	T2010-18455
嘉米 GEEMAX	3807279	浙江嘉美日用化工有限公司	第三类	T2010-18456
TETMOSOL	3807280	张雷表	第三类	T2010-18457
YAMAYITO 系列包装	17-2010-F-045	武汉泰海机械有限公司		C2010-18461
雪中飞	4629740	上海波司登国际服饰有限公司	第二十五类	T2010-18463
雪中飞	3302994	上海波司登国际服饰有限公司	第二十五类	T2010-18464
波司登	4954234	上海波司登国际服饰有限公司	第二十五类	T2010-18465
波司登	5140656	上海波司登国际服饰有限公司	第二十四类	T2010-18466
波司登	5140655	上海波司登国际服饰有限公司	第二十四类	T2010-18467
钻石 DIAMOND 及图形	533602	天津机械进出口有限公司	第八类	T2010-18469
JinFang 津芳及图形	1382530	天津机械进出口有限公司	第十一类	T2010-18475
HORNET	4808068	广东金翎工贸有限公司	第二十四类	T2010-18477
INFANCIAKIDS	4808067	广东金翎工贸有限公司	第二十四类	T2010-18478
AGENDA	4808070	广东金翎工贸有限公司	第二十四类	T2010-18479
CAZADOR	4808069	广东金翎工贸有限公司	第二十四类	T2010-18480
图形	6715209	赵晶	第三类	T2010-18485
汤姆福特及图形	6104028	福州杨门盛世贸易有限公司	第十四类	T2010-18488
维吉尼亚·戴尔	5577308	维吉尼亚·戴尔精华有限公司	第三十类	T2010-18490
PSP	4749519	索尼电脑娱乐公司	第二十八类	T2010-18491
PSP	4030920	索尼电脑娱乐公司	第二十八类	T2010-18492
PlayStation	1767840	索尼电脑娱乐公司	第九类	T2010-18496
PS 图形	1366229	索尼电脑娱乐公司	第九类	T2010-18497
BAO-CFC	6245474	广东银河摩托车集团有限公司	第十二类	T2010-18498
G	6593094	广东银河摩托车集团有限公司	第十二类	T2010-18499
ABB ASEA BROWN BOVERI	348392	ABB 阿西亚 · 布朗 · 勃法瑞有限公司	第九类	T2010-18502
ABB	348391	ABB 阿西亚 · 布朗 · 勃法瑞有限公司	第九类	T2010-18503
Spectrum	5481635	雅仕利国际有限公司	第十五类	T2010-18504
COLFAX 康尔法斯	6366351	舟航贸易公司	第七类	T2010-18505
Granturismo	6341288	舟航贸易公司	第十二类	T2010-18506
sy	5143701	中山尚洋精密工业有限公司	第二十一类	T2010-18507
Quo	6438445	中山尚洋精密工业有限公司	第二十一类	T2010-18508

权利名称	权利注册授权号	申请人名称	商品分类	备案号
by Upstage	6438446	中山尚洋精密工业有限公司	第二十一类	T2010-18509
RESEARCH IN MOTION	1207473	移动通讯咨询有限公司	第九类	T2010-18510
图形	5498686	李国奖	第二十五类	T2010-18511
MASTER	4093613	锁王有限公司	第十二类	T2010-18512
MASTER	1127548	锁王有限公司	第六类	T2010-18513
MASTER	1055343	锁王有限公司	第六类	T2010-18514
MASTER LOCK	3117196	锁王有限公司	第六类	T2010-18515
玛斯特锁	1296730	锁王有限公司	第六类	T2010-18516
玛斯特	1296729	锁王有限公司	第六类	T2010-18517
MASTER LOCK	4093612	锁王有限公司	第十二类	T2010-18518
ABB（指定颜色）	G664858	ABB 阿西亚 · 布朗 · 勃法瑞有限公司	第九类	T2010-18519
ABB（指定颜色）	G664858	ABB 阿西亚 · 布朗 · 勃法瑞有限公司	第十六类	T2010-18520
TRI-LINK	3739669	青岛三链锁业有限公司	第六类	T2010-18521
caferina	5528294	王锦麟	第十一类	T2010-18522
GLIVEC	G649355	诺华有限公司	第五类	T2010-18524
天合光能	4189866	常州天合光能有限公司	第六类	T2010-18525
Trina	5495949	常州天合光能有限公司	第九类	T2010-18529
天合光能	4189864	常州天合光能有限公司	第九类	T2010-18530
天合光能	4189865	常州天合光能有限公司	第十一类	T2010-18531
Trina	5496208	常州天合光能有限公司	第一类	T2010-18532
东方红	517281	中国一拖集团有限公司	第十二类	T2010-18535
L'ENDERMOLOGIE	G627166	L.P.G. 系统公司	第十类	T2010-18536
CELLU M6	G582318	LPG 系统公司	第十类	T2010-18537
MASALTA 商标	3487841	玛狮工程机械（合肥）有限公司	第七类	T2010-18538
VIRONY	5290118	广州立纬进出口贸易有限公司	第十九类	T2010-18544
VIRONY	5306666	广州立纬进出口贸易有限公司	第十一类	T2010-18545
LIVI	5306665	广州立纬进出口贸易有限公司	第十一类	T2010-18546
SHIMGE	3846839	浙江新界泵业股份有限公司	第七类	T2010-18547
SHIMGE	3846837	浙江新界泵业股份有限公司	第九类	T2010-18548
SHIMGE	1502544	浙江新界泵业股份有限公司	第七类	T2010-18549
丽仕	5210730	马继辉	第三类	T2010-18550
PURELL	1204155	强生公司	第三类	T2010-18556
PURELL	3628676	强生公司	第五类	T2010-18557
Purell 文字及图形	3618731	强生公司	第五类	T2010-18558
Purell 文字及图形	3618712	强生公司	第三类	T2010-18559
图形	G899749A	红牛股份有限公司	第三十二类	T2010-18562
BULL	G714749A	红牛股份有限公司	第三十二类	T2010-18563
图形商标	G706170A	红牛股份有限公司	第三十二类	T2010-18564
图形商标	G708688A	红牛股份有限公司	第三十类	T2010-18565
RED BULL	G708694A	红牛股份有限公司	第二十五类	T2010-18566

权利名称	权利注册授权号	申请人名称	商品分类	备案号
双牛图形	G708693A	红牛股份有限公司	第二十五类	T2010-18567
RED BULL	G641378E	红牛股份有限公司	第三十类	T2010-18568
双牛图形	G708693A	红牛股份有限公司	第五类	T2010-18569
RED BULL	G708694A	红牛股份有限公司	第五类	T2010-18570
双牛图形	G708693A	红牛股份有限公司	第三十类	T2010-18571
GEZE 及图	G724443	盖泽有限公司	第十二类	T2010-18592
GEZE 及图	G724443	盖泽有限公司	第二十类	T2010-18593
GEZE	G724600	盖泽有限公司	第二十类	T2010-18594
GEZE 及图	G724443	盖泽有限公司	第六类	T2010-18595
GEZE 及图	G724443	盖泽有限公司	第七类	T2010-18596
GEZE 及图	G724443	盖泽有限公司	第九类	T2010-18597
GEZE 及图	4637374	盖泽有限公司	第六类	T2010-18598
GEZE	G724600	盖泽有限公司	第九类	T2010-18599
GEZE	G724600	盖泽有限公司	第十一类	T2010-18600
GEZE	G724600	盖泽有限公司	第十二类	T2010-18601
GEZE	G724600	盖泽有限公司	第六类	T2010-18602
GEZE	G724600	盖泽有限公司	第七类	T2010-18603
GEZE 及图	G724443	盖泽有限公司	第十一类	T2010-18604
GEZE	4637375	盖泽有限公司	第六类	T2010-18605
江钻	1426956	江汉石油钻头股份有限公司	第七类	T2010-18607
红杉鱼＋图形	5430404	湛江市湛兴渔网有限公司	第二十二类	T2010-18610
SENSIENT	1716175	森馨技术公司	第一类	T2010-18611
马汀博士	1288581	马汀博士销售有限公司	第二十五类	T2010-18612
SEIKO	97127	精工控股株式会社	第十四类	T2010-18613
SENSIENT	1965431	森馨技术公司	第三十类	T2010-18614
SENSIENT	1754099	森馨技术公司	第三十二类	T2010-18615
commax	666567	株式会社 COMMAX	第九类	T2010-18616
FERDOWS	5825363	烟台汉瑞经贸有限公司	第六类	T2010-18617
SENSIENT	1987356	森馨技术公司	第二十九类	T2010-18618
MSM3300	3238187	卡尔康公司	第九类	T2010-18619
SENSIENT 及图	1965443	森馨技术公司	第三十类	T2010-18620
SENSIENT	1745274	森馨技术公司	第二类	T2010-18621
SENSIENT 及图	1745273	森馨技术公司	第二类	T2010-18622
ZSW	6829383	福州启华机动车部件有限公司	第十二类	T2010-18623
“7 SEVEN”作品	2010-F-024875	七牌柴油机股份有限公司		C2010-18624
ZSW	6829380	福州启华机动车部件有限公司	第七类	T2010-18625
GRINACA	5591150	李新君	第六类	T2010-18627
Fender	211086	芬德乐器有限公司	第十五类	T2010-18628
FIT FLOP	G925375	菲特弗落普有限公司	第二十五类	T2010-18629
MSM	3098742	卡尔康公司	第九类	T2010-18630

权利名称	权利注册授权号	申请人名称	商品分类	备案号
SECUREMSM	1983816	卡尔康公司	第九类	T2010-18631
BANANA REPUBLIC	4363407	本雅（国际商标）公司	第三类	T2010-18632
QUALCOMM	975914	卡尔康公司	第九类	T2010-18633
QQ	4665825	腾讯科技（深圳）有限公司	第十二类	T2010-18634
VOLLA+ 图形	5384166	李新君	第六类	T2010-18635
GREAT CRANE	1672670	宜兴市双蝶针业有限公司	第二十六类	T2010-18636
普兰娜	514666	天津普兰娜天然植物化妆品集团有限公司	第三类	T2010-18637
U Unilever 联合利华	4196595	联合利华有限公司	第三类	T2010-18638
tokidoki	5237760	托蒂朵蒂有限责任公司	第二十五类	T2010-18639
大力马	5650982	帝斯曼知识产权资产有限公司	第二十四类	T2010-18640
大力马	5650973	帝斯曼知识产权资产有限公司	第二十三类	T2010-18641
大力马	5650968	帝斯曼知识产权资产有限公司	第二十二类	T2010-18642
大力马	5650967	帝斯曼知识产权资产有限公司	第十七类	T2010-18643
9 & CO.	1136543	耐恩西部发展公司	第二十五类	T2010-18644
DYNEEMA	G666717	帝斯曼知识产权资产有限公司	第十七类	T2010-18645
DYNEEMA	G666717	帝斯曼知识产权资产有限公司	第二十二类	T2010-18646
TMC	1376308	TMT 贸易有限公司	第九类	T2010-18647
DYNEEMA	G666717	帝斯曼知识产权资产有限公司	第二十三类	T2010-18648
SMT	1376251	TMT 贸易有限公司	第九类	T2010-18649
DYNEEMA	G666717	帝斯曼知识产权资产有限公司	第二十四类	T2010-18650
钻石图形商标	5950789	帝斯曼知识产权资产有限公司	第二十八类	T2010-18651
钻石图形商标	5950769	帝斯曼知识产权资产有限公司	第二十四类	T2010-18652
钻石图形商标	5950922	帝斯曼知识产权资产有限公司	第二十三类	T2010-18653
SAKO-OR	3963533	章希文	第二十五类	T2010-18654
DEEPCOOL	4632601	北京市九州风神科贸有限责任公司	第九类	T2010-18655
钻石图形商标	5950792	帝斯曼知识产权资产有限公司	第二十二类	T2010-18656
D-Link	4895772	友讯科技股份有限公司	第九类	T2010-18657
钻石图形商标	5950791	帝斯曼知识产权资产有限公司	第十七类	T2010-18658
钻石图形商标	5950793	帝斯曼知识产权资产有限公司	第九类	T2010-18659
锡字牌	225109	无锡产业发展集团有限公司	第七类	T2010-18660
迪尼玛	5650971	帝斯曼知识产权资产有限公司	第二十八类	T2010-18661
迪尼玛	3027207	帝斯曼知识产权资产有限公司	第二十四类	T2010-18662
迪尼玛	3027208	帝斯曼知识产权资产有限公司	第二十三类	T2010-18664
CMEC 及图形	521222	中国机械设备进出口总公司	第七类	T2010-18666
迪尼玛	5650969	帝斯曼知识产权资产有限公司	第二十二类	T2010-18667
道格拉斯 DOUGLAS	749045	绿木企业股份有限公司	第六类	T2010-18668
迪尼玛	3027209	帝斯曼知识产权资产有限公司	第十七类	T2010-18669
LS2	6171755	江门市鹏程头盔有限公司	第九类	T2010-18670
迪尼玛	5651180	帝斯曼知识产权资产有限公司	第十七类	T2010-18671
九州风神	1694916	北京市九州风神科贸有限责任公司	第九类	T2010-18672

权利名称	权利注册授权号	申请人名称	商品分类	备案号
迪尼玛	5651378	帝斯曼知识产权资产有限公司	第九类	T2010-18673
BOSCH（图形）	1329334	罗伯特·博世有限公司	第七类	T2010-18674
vatti	6061921	中山华帝燃具股份有限公司	第十一类	T2010-18675
TUNDAR2	6796269	青岛三链锁业有限公司	第六类	T2010-18676
C.D.BHARAT	5748341	章建锋	第七类	T2010-18677
FunStation	4964427	韦统生	第九类	T2010-18678
JK	6915507	青岛三链锁业有限公司	第六类	T2010-18679
TEGASI	6533571	苏州市春苑制锁有限公司	第六类	T2010-18680
BAF	6901765	青岛三链锁业有限公司	第六类	T2010-18681
PAF	6901767	青岛三链锁业有限公司	第六类	T2010-18682
DEJUCA	6533570	苏州市春苑制锁有限公司	第六类	T2010-18683
SOFIDOR	6671516	苏州市春苑制锁有限公司	第六类	T2010-18684
WEKALE	6863673	苏州市春苑制锁有限公司	第六类	T2010-18686
CoolPAD 酷派	3651568	宇龙计算机通信科技（深圳）有限公司	第九类	T2010-18688
FIRMAN	6339486	江苏苏美达机电有限公司	第七类	T2010-18689
Spanesen	6409487	王涛	第九类	T2010-18690
金创＋图形＋JIN CHUANG	4303231	蓬莱金创集团公司	第三十一类	T2010-18691
图形＋JIN CHUANG	4043223	蓬莱金创集团公司	第六类	T2010-18692
图形＋JIN CHUANG	943149	蓬莱金创集团公司	第六类	T2010-18693
图形＋JIN CHUANG	3514439	蓬莱金创集团公司	第六类	T2010-18694
图形＋JIN CHUANG	1369570	蓬莱金创集团公司	第六类	T2010-18695
图形＋JIN CHUANG	1344536	蓬莱金创集团公司	第七类	T2010-18696
金创＋图形＋JIN CHUANG	6324814	蓬莱金创集团公司	第六类	T2010-18697
板 1x2（带手柄）（Plate 1x2 with hinge）	2010-F-025679	乐高公司		C2010-18699
划艇（Rowing boat）	2010-F-025689	乐高公司		C2010-18702
弓形积木块 1x4（brick w/bow 1x4）	2010-F-025647	乐高公司		C2010-18704
美迪雅＋MEDIAXAL	G703805	百法玛	第五类	T2010-18705
花（Flower）	2010-F-025646	乐高公司		C2010-18706
PROCORALAN	G706331	百法玛	第五类	T2010-18707
屋顶砖 2x3（Roof tile 2x3）	2010-F-025677	乐高公司		C2010-18708
CORLENTOR	G708533	百法玛	第五类	T2010-18709
窗框 1x14x3（Window frame 1x14x3）	2010-F-025673	乐高公司		C2010-18710
爱脉朗	G707551	百法玛	第五类	T2010-18711
角砖 1x1（Angular brick）	2010-F-025675	乐高公司		C2010-18712
CHENSON	5250886	林树清	第十八类	T2010-18713
吊架 1x4x21（Hanger 1x4x21）	2010-F-025669	乐高公司		C2010-18714
银洲湖＋YINZHOUHU	5818685	江门市博力绿洲纸业包装有限公司	第十六类	T2010-18715
板（带扳手）1x1	2010-F-025668	乐高公司		C2010-18716

权利名称	权利注册授权号	申请人名称	商品分类	备案号
ZVL	4422689	厦门宝联贸易有限公司	第七类	T2010-18717
屋顶砖 1x3（Roof tile 1x3）	2010-F-025676	乐高公司		C2010-18718
MOHO/\NT	5493144	艾森迪一伊麦克斯闭关类型股份公司	第一类	T2010-18719
MOHO/\NT	5493143	艾森迪一伊麦克斯闭关类型股份公司	第十六类	T2010-18720
屋顶砖 1x3 25 分克发明（Roof tile 1x3 25dg., inv）	2010-F-025678	乐高公司		C2010-18721
华北	916641	华北制药集团有限责任公司	第五类	T2010-18722
单侧支承件（Bearing element single）	2010-F-025671	乐高公司		C2010-18723
华北制药 ncpc	1312728	华北制药集团有限责任公司	第五类	T2010-18724
MAHALO	1375323	乐盟国际股份有限公司	第十五类	T2010-18725
支承件（Bearing elements）	2010-F-025691	乐高公司		C2010-18726
方向盘（Steering Wheel）	2010-F-025690	乐高公司		C2010-18727
迷你人上身（Minifigure upper part）	2010-F-025692	乐高公司		C2010-18728
LAN TOP 系列包装	17-2010-F-047	武汉泰海机械有限公司		C2010-18729
YAYOTA 系列包装	17-2010-F-023	武汉泰海机械有限公司		C2010-18730
HAMAYOTA 系列包装	17-2010-F-046	武汉泰海机械有限公司		C2010-18731
Versachem	3384881	伊利诺斯工具制品有限公司	第十七类	T2010-18732
BOSCH	1329333	罗伯特·博世有限公司	第七类	T2010-18733
S;SEPPELFRICKE	G533822	斯夫机械部件有限公司	第十一类	T2010-18735
S;SEPPELFRICKE	G533822	斯夫机械部件有限公司	第六类	T2010-18736
WORLD BASEBALL CLASSIC 及图	4715760	世界棒球经典有限公司	第二十五类	T2010-18737
DLAA	5522141	中山市帝光汽配实业有限公司	第十二类	T2010-18746
PEREZ	6162876	盛世福乐进出口贸易（北京）有限公司	第十五类	T2010-18748
KSB	6709928	厦门凯达信进出口有限公司	第七类	T2010-18750
酷派丝	5324453	江苏恒力化纤有限公司	第二十三类	T2010-18752
CooPass	5324452	江苏恒力化纤有限公司	第二十三类	T2010-18753
Lusteron	5628761	江苏恒力化纤有限公司	第二十二类	T2010-18755
亮丝隆	5628762	江苏恒力化纤有限公司	第二十三类	T2010-18756
亮丝隆	5628763	江苏恒力化纤有限公司	第二十二类	T2010-18758
pele	1741167	宁波维克波体育用品有限公司	第二十八类	T2010-18760
S 图形	295241	阿特拉斯·科普柯（沈阳）建筑矿山设备有限公司	第七类	T2010-18761
FDCAUDIO	1738109	厦门跃龙机电进出口有限公司	第九类	T2010-18766
DFC+ 图形	6209357	厦门鑫五洲国际贸易有限公司	第八类	T2010-18767
DFC+ 图形	6209356	厦门鑫五洲国际贸易有限公司	第二十类	T2010-18768
KONJAKU こんにゃく	6863888	浙江三丰水产食品有限公司	第二十九类	T2010-18769
DFC+ 图形	6029984	厦门鑫五洲国际贸易有限公司	第二十一类	T2010-18770
图形	860255	浙江山河实业有限公司	第七类	T2010-18771
DFC	1692784	厦门鑫五洲国际贸易有限公司	第二十一类	T2010-18772

权利名称	权利注册授权号	申请人名称	商品分类	备案号
DFC+ 图形	3018999	厦门鑫五洲国际贸易有限公司	第二十一类	T2010-18774
DOF	6370947	青岛三链锁业有限公司	第六类	T2010-18775
机械制造器具图形组合	2008-L-011255	好工具有限公司		C2010-18776
TRI RAMBOLL	6579856	武义县康达五金制造有限公司	第六类	T2010-18779
BIMA	3906164	赵汝勤	第十二类	T2010-18780
双鸟	5377908	宁波萌恒工贸有限公司	第二十三类	T2010-18781
美怡源	5880943	宁波萌恒工贸有限公司	第五类	T2010-18782
OH	5679013	宁波萌恒工贸有限公司	第二十三类	T2010-18783
CUMMINS	1669792	康明斯有限公司	第七类	T2010-18784
OSEW	6293247	宁波萌恒工贸有限公司	第二十六类	T2010-18785
tuwe	6316227	林明恺	第二十五类	T2010-18786
SLASA	5880942	宁波萌恒工贸有限公司	第三十类	T2010-18787
AF	5967016	宁波萌恒工贸有限公司	第二十六类	T2010-18788
Wii	5335564	任天堂株式会社	第九类	T2010-18789
PS+ 图形	6491916	李有明	第十一类	T2010-18790
Nintendo 及图形	5261421	任天堂株式会社	第九类	T2010-18791
PS+ 图形	6491917	李有明	第六类	T2010-18792
开拓 +EXPLOIT	3484984	义乌市开拓五金有限公司	第八类	T2010-18793
PARKER	1275460	派克笔公司	第十六类	T2010-18794
派克	1124842	派克笔公司	第十六类	T2010-18796
CARREFOUR	6830099	青岛三链锁业有限公司	第六类	T2010-18797
POLICE 及图	923270	德力高股份公司	第九类	T2010-18799
SUNTEX	3173081	宁波志兴工贸有限公司	第二十六类	T2010-18801
MUROFIL S.A.	5116745	宁波志兴工贸有限公司	第二十三类	T2010-18803
安桥	1096700	安桥株式会社	第九类	T2010-18808
ONKYO	784686	安桥株式会社	第九类	T2010-18810
安橋	784687	安桥株式会社	第九类	T2010-18812
鱼泉	512249	重庆市鱼泉榨菜（集团）有限公司	第二十九类	T2010-18814
鱼泉	3505334	重庆市鱼泉榨菜（集团）有限公司	第二十九类	T2010-18815
黛维丝	3019269	浙江黛维丝实业有限公司	第三类	T2010-18817
白雪公主	3019265	浙江黛维丝实业有限公司	第三类	T2010-18818
图案	3019268	浙江黛维丝实业有限公司	第三类	T2010-18821
维科 VEKEN 及图形	1541705	维科控股集团股份有限公司	第二十四类	T2010-18822
DAVIS	3019267	浙江黛维丝实业有限公司	第三类	T2010-18823
HAMILTON	5236640	黄明海	第九类	T2010-18824
HALDENWANGER 及图	6170743	泉州新德威耐尔陶瓷有限公司	第七类	T2010-18825
J · FLASH	4521098	金先红	第十一类	T2010-18828
光阳 +KOYO	510001	光阳蓄电池股份有限公司	第九类	T2010-18834
EXPLOIT	5765735	吴献法	第七类	T2010-18836
TICA	573753	宁波羚祐渔具有限公司	第二十八类	T2010-18839

权利名称	权利注册授权号	申请人名称	商品分类	备案号
伟视	1413640	深圳市富诚幕墙装饰工程有限公司	第十九类	T2010-18841
VISIONWALL	1413641	深圳市富诚幕墙装饰工程有限公司	第十九类	T2010-18842
ELECTROCOMPANIET	5146982	徐明明	第九类	T2010-18854
HEYD ORIGINAL 及图	3840962	陈坚	第十二类	T2010-18860
LINEAS	4835225	陈坚东	第十一类	T2010-18865
CHUNLEE	5656664	合肥润和贸易有限公司	第二十八类	T2010-18866
MOCC+ 图形	5111063	浙江搏奥汽摩部件有限公司	第十二类	T2010-18867
SHANHO	1701785	浙江山河实业有限公司	第七类	T2010-18868
SHANHO	3026742	浙江山河实业有限公司	第七类	T2010-18869
HAYNES	6318970	盛世福乐进出口贸易（北京）有限公司	第十五类	T2010-18872
Health	3117830	广州海乐斯球业制造有限公司	第二十八类	T2010-18873
FIDES	5993258	盛世福乐进出口贸易（北京）有限公司	第十五类	T2010-18874
FF	3370765	法奇内蒂兄弟有限公司	第六类	T2010-18875
RAMPONE&CAZZANI	6105165	盛世福乐进出口贸易（北京）有限公司	第十五类	T2010-18876
CERRUTI	3784213	谢鲁提 1881 有限公司	第二十五类	T2010-18877
DUESENBERG	6147320	盛世福乐进出口贸易（北京）有限公司	第十五类	T2010-18878
CERRUTI 及卓諾迪	2010813	谢鲁提 1881 有限公司	第十四类	T2010-18879
CERRUTI 及卓諾迪	2000727	谢鲁提 1881 有限公司	第十六类	T2010-18880
OTTO LINK	6171281	盛世福乐进出口贸易（北京）有限公司	第十五类	T2010-18881
CERRUTI 及卓諾迪	1926728	谢鲁提 1881 有限公司	第十八类	T2010-18882
DUKOFF	6003711	盛世福乐进出口贸易（北京）有限公司	第十五类	T2010-18883
CERRUTI	3784214	谢鲁提 1881 有限公司	第十八类	T2010-18884
RR 及卓諾迪 牛仔裤	3340348	谢鲁提 1881 有限公司	第十八类	T2010-18885
RR 及卓諾迪 牛仔裤	3340003	谢鲁提 1881 有限公司	第二十五类	T2010-18886
CRR 及图形	3784221	谢鲁提 1881 有限公司	第二十五类	T2010-18887
ZILLI 及图	4848622	智力有限公司	第二十五类	T2010-18888
CRR 及图形	3784222	谢鲁提 1881 有限公司	第十八类	T2010-18889
CRR CERRUTI 1881 及图形	3337721	谢鲁提 1881 有限公司	第二十五类	T2010-18890
CRR CERRUTI 1881 及图形	3340349	谢鲁提 1881 有限公司	第二十五类	T2010-18891
CRR	3784219	谢鲁提 1881 有限公司	第二十五类	T2010-18892
CRR	3784220	谢鲁提 1881 有限公司	第十八类	T2010-18894
SHANHO	4120529	浙江山河实业有限公司	第七类	T2010-18895
CERRUTI 1881	3784223	谢鲁提 1881 有限公司	第二十五类	T2010-18896
THALOMID 及图	G939817	希哲那有限公司	第五类	T2010-18897
Revlimid 及图	G855659	希哲那有限公司	第五类	T2010-18898
CERRUTI 1881	3999748	谢鲁提 1881 有限公司	第十六类	T2010-18899
REVLIMID	G943486	希哲那有限公司	第五类	T2010-18900
CERRUTI 1881	3784224	谢鲁提 1881 有限公司	第十八类	T2010-18901
Celgene 及图	G837040	希哲那有限公司	第五类	T2010-18902
CERRUTI 及卓諾迪	1970333	谢鲁提 1881 有限公司	第三类	T2010-18903

权利名称	权利注册授权号	申请人名称	商品分类	备案号
Ferragamo（图形）	1348053	萨瓦托・弗拉加蒙意大利股份有限公司	第十八类	T2010–18904
Ferragamo（图形）	1325769	萨瓦托・弗拉加蒙意大利股份有限公司	第二十五类	T2010–18905
Ferragamo（图形）	1325768	萨瓦托・弗拉加蒙意大利股份有限公司	第二十五类	T2010–18906
CELGENE	G820013	希哲那有限公司	第五类	T2010–18907
Ferragamo（图形）	1348052	萨瓦托・弗拉加蒙意大利股份有限公司	第十八类	T2010–18908
Behrizan	6145822	烟台汉瑞经贸有限公司	第六类	T2010–18910
Tech–KREP	6726856	乐清市百法标准件厂	第六类	T2010–18911
essence of BEAUTY	6333231	中山尚洋精密工业有限公司	第二十一类	T2010–18916
VASELINE	2023553	联合利华有限公司	第三类	T2010–18919
PITPRO	6454197	江门市硕普科技开发有限公司	第十二类	T2010–18920
PITSTERPRO	6454186	江门市硕普科技开发有限公司	第十二类	T2010–18921
MIRENA	934958	拜耳先灵医药有限公司	第十类	T2010–18922
MIRENA	888520	拜耳先灵医药有限公司	第五类	T2010–18923
SABAF	G711572	萨巴夫股份有限公司	第七类	T2010–18928
SABAF	G711572	萨巴夫股份有限公司	第十一类	T2010–18929
SABAF	G711572	萨巴夫股份有限公司	第九类	T2010–18930
Jumboplane	4545991	李严	第二十八类	T2010–18932
WINNY	4944636	谢东	第十一类	T2010–18937
WIN	4944635	谢东	第六类	T2010–18939
MOONCITY	1915438	四川华景国贸实业有限责任公司	第九类	T2010–18940
DURATAMAX	3151008	四川华景国贸实业有限责任公司	第九类	T2010–18941
MAXDURATA	3055027	四川华景国贸实业有限责任公司	第九类	T2010–18942
EDIFICE	1464498	卡西欧计算机株式会社	第十四类	T2010–18943
鹤寿	900632	寿光富康制药有限公司	第五类	T2010–18945
PS one	1670243	索尼电脑娱乐公司	第九类	T2010–18946
白象＋图形	527902	上海白象天鹅电池有限公司	第九类	T2010–18947
GAZELLE	1441748	浙江可耐尔食品有限公司	第三十类	T2010–18948
l.e.i.Life.Energy.Intelligence.	1450065	琼斯投资有限公司	第二十五类	T2010–18954
A・C及图	1437092	霍尼韦尔国际公司	第一类	T2010–18955
MERCEDES–BENZ	526122	戴姆勒股份公司	第十二类	T2010–18956
奔驰三叉星（图形/平面）	526123	戴姆勒股份公司	第十二类	T2010–18957
奔驰三叉星（图形/立体）	526124	戴姆勒股份公司	第十二类	T2010–18958
ZEISS图形	G620802	卡尔蔡司股份公司	第十类	T2010–18960
百兽大战Ver.1（英文版）	2010–L–025195	株式会社万代南梦宫游戏		C2010–18961
百兽大战Ver.1（中文版）	2010–L–025194	株式会社万代南梦宫游戏		C2010–18962
MCF图形	568659	常州机械设备进出口有限公司	第七类	T2010–18963
AMEC	6452803	常州机械设备进出口有限公司	第十二类	T2010–18964
KAMADELUXE	6798585	昆山西马克动力机械有限公司	第七类	T2010–18965
锦凤	11–2010–F–4200	毕昌兵		C2010–18966
TAN	3845315	漳州市陈宇贸易有限公司	第二十九类	T2010–18967

权利名称	权利注册授权号	申请人名称	商品分类	备案号
TAN	3845316	漳州市陈字贸易有限公司	第三十一类	T2010-18968
AEO	909418	特许零售公司	第二十五类	T2010-18969
LVL(lvv)	6271591	青岛三链锁业有限公司	第六类	T2010-18972
TM 及图形	6732230	青岛三链锁业有限公司	第六类	T2010-18973
奇瑞 +CHERY+ 图	3942392	奇瑞汽车段份有限公司	第十二类	T2010-18974
Big-lake GEO HO LIFE	1303395	金东湖	第二十五类	T2010-18977
手环的外观设计	2010-F-025830	美国力量平衡公司		C2010-18978
POWER BALANCE 公司商标设计图	2010-F-025831	美国力量平衡公司		C2010-18979
EMG	5472595	彭爱平	第十五类	T2010-18980
图形	4475274	清津实业有限公司	第十一类	T2010-18981
NIAGARA	3740940	清津实业有限公司	第十一类	T2010-18982
GREAVES(文字及图形)	5152005	常州机械设备进出口有限公司	第七类	T2010-18983
KAishin(文字及图形)	5152002	常州机械设备进出口有限公司	第七类	T2010-18984
GENQUIP	5152000	常州机械设备进出口有限公司	第七类	T2010-18985
GREAVES(文字及图形)	5152004	常州机械设备进出口有限公司	第十二类	T2010-18986
TAGEX	6903685	常州机械设备进出口有限公司	第七类	T2010-18987
AMEC	6452800	常州机械设备进出口有限公司	第七类	T2010-18988
HUNDRED 100 及图 商标	3005306	杭州华艺气雾制品有限公司	第五类	T2010-18989
天使 TIANSHI 及图 商标	1312730	杭州华艺气雾制品有限公司	第五类	T2010-18990
OVIDA	1048623	TMT 贸易有限公司	第十一类	T2010-18992
RED MONKEY	15(02)-2010-F-069	青岛安普伦饰品有限公司		C2010-18997
EMPRN	15(02)-2010-F-115	青岛安普伦饰品有限公司		C2010-19001
V EAGLE	15(02)-2010-F-116	青岛安普伦饰品有限公司		C2010-19002
MACLEANS	30831	葛兰素集团有限公司	第三类	T2010-19005
锚 ANCHOR 及图	3427361	厦门市富运通贸易有限公司	第二十八类	T2010-19006
IFK	5182155	广州市埃弗克汽车配件有限公司	第十二类	T2010-19021
ZPF	6162362	永康市鸿逄安全用品有限公司	第九类	T2010-19022
LEADTEK	5886172	丽台科技股份有限公司	第九类	T2010-19023
F 及图商标	163331	满景（IP）有限公司	第十八类	T2010-19024
FILA	163338	满景（IP）有限公司	第二十八类	T2010-19026
F 及图商标	163339	满景（IP）有限公司	第二十八类	T2010-19027
斐樂	867257	满景（IP）有限公司	第二十八类	T2010-19028
斐樂	867382	满景（IP）有限公司	第十八类	T2010-19029
斐樂	881462	满景（IP）有限公司	第二十五类	T2010-19030
FILA	163330	满景（IP）有限公司	第十八类	T2010-19031
F 及图商标	163332	满景（IP）有限公司	第二十五类	T2010-19032
FIT 及图	6391025	杭州飞特进出口贸易有限公司	第十二类	T2010-19033

权利名称	权利注册授权号	申请人名称	商品分类	备案号
图形	6757894	杭州飞特进出口贸易有限公司	第十二类	T2010-19034
VISBIKE 及图	6483279	杭州飞特进出口贸易有限公司	第十二类	T2010-19035
FUSEMAN	6413172	杭州飞特进出口贸易有限公司	第十二类	T2010-19036
Honeywell	5977800	霍尼韦尔国际公司	第十二类	T2010-19037
HONEYWELL	5977793	霍尼韦尔国际公司	第十二类	T2010-19038
AGVA	5430976	黄欣	第九类	T2010-19039
安踏（图形）	1387243	安踏（中国）有限公司	第二十五类	T2010-19040
AA	6408448	青岛三链锁业有限公司	第六类	T2010-19041
Mito 文字图形	4829664	梁绍祖	第九类	T2010-19042
apkop	6046477	上海华电阀门集团有限公司	第六类	T2010-19044
AMPICLOX	1340850	葛兰素集团有限公司	第五类	T2010-19049
DERMOVATE	314516	葛兰素集团有限公司	第五类	T2010-19050
M-BUSTER	5881615	建华生技有限公司	第一类	T2010-19054
剋霉能	5291215	建华生技有限公司	第一类	T2010-19055
ANTA 及图	1387241	安踏（中国）有限公司	第二十五类	T2010-19056
钻石 DIAMOND 及图形	380827	上海机械国际贸易有限公司	第八类	T2010-19057
IDEAL	5711498	青岛三链锁业有限公司	第六类	T2010-19058
TECHNO MIX SANITARY FZCO+ 图形	5922206	林慧怡	第十一类	T2010-19059
Smiki 及图	5974802	中山市广纳进出口有限公司	第三十类	T2010-19060
Smiki 及图	5974803	中山市广纳进出口有限公司	第三十类	T2010-19061
Top Mi 及图	5974814	中山市广纳进出口有限公司	第三十类	T2010-19062
金珠三	5974815	中山市广纳进出口有限公司	第三十类	T2010-19063
思味琦	5974801	中山市广纳进出口有限公司	第三十类	T2010-19064
SAG	6057936	强强集团有限公司锁芯分厂	第六类	T2010-19065
图形	1298097	刘业蓉	第十八类	T2010-19066
STC	1979558	理丰有限公司	第十一类	T2010-19067
kleesoft	6647000	广州市森大贸易有限公司	第十六类	T2010-19068
kleesoft	6733857	广州市森大贸易有限公司	第三类	T2010-19069
MAYA	6091078	广州市森大贸易有限公司	第十六类	T2010-19070
PYRO	4741948	杜凤开	第六类	T2010-19071
蚊香包装盒	2009-L-019279	骆建华		C2010-19072
Sonoclot	6566919	北京金利纹科贸有限公司	第十类	T2010-19073
AERIE	5162843	特许零售公司	第二十五类	T2010-19076
图形	5974813	中山市广纳进出口有限公司	第三十类	T2010-19077
JOLLY JUS 产品外包装设计	2009-F-015688	达威特贸易（私有）有限公司		C2010-19078
LIUTECH	4151888	柳州富达机械有限公司	第七类	T2010-19079
图形	4404312	霍尼韦尔国际公司	第十二类	T2010-19080
鸟图形（Bird Design）	2010-F-027951	特许零售公司		C2010-19081
TIVOLI	4650708	台州中山泵业有限公司	第七类	T2010-19083

权利名称	权利注册授权号	申请人名称	商品分类	备案号
DevoLiv	6011914	台州中山泵业有限公司	第七类	T2010-19084
图形	3427628	泉州欧讯电子有限公司	第九类	T2010-19085
WOUXUN	3424379	泉州欧讯电子有限公司	第九类	T2010-19086
欧讯	3414913	泉州欧讯电子有限公司	第九类	T2010-19087
partiamo	4600916	王妹华	第二十五类	T2010-19088
商标权	4598637	王妹华	第二十五类	T2010-19089
BRISTAN	5597022	李爱学	第十一类	T2010-19096
雅佳 +AKAI	1244919	菲诺米有限公司	第九类	T2010-19097
DOOSAN	4887535	斗山英维高祩式会社	第七类	T2010-19099
DOOSAN	4887534	斗山英维高祩式会社	第十二类	T2010-19100
NEW ANIRON	5307288	麦志明	第九类	T2010-19102
HANABISHI+ 图形	5336825	麦志明	第九类	T2010-19103
MICROMATIC+ 图形	5336826	麦志明	第九类	T2010-19104
MARKMAI	6141632	麦志明	第九类	T2010-19105
SUPER JACKPOT	6175232	麦志明	第九类	T2010-19106
TOYOBA+ 图形	5321016	麦志明	第九类	T2010-19107
NETIRON	5307290	麦志明	第九类	T2010-19108
MARUBISHI+ 图形	5336827	麦志明	第九类	T2010-19109
WHITING+DAVIS SAFETY	6129224	宁波市江东雷加防护用品有限公司	第九类	T2010-19110
B&B	4182239	保宁米迪恩株式会社	第三类	T2010-19111
Atomild	3133663	保宁米迪恩株式会社	第三类	T2010-19112
UPIS	3133352	保宁米迪恩株式会社	第十类	T2010-19113
BORYUNG MEDIENCE	3811151	保宁米迪恩株式会社	第三类	T2010-19114
GABRIELLA ROCHA	5869363	吴清伟	第二十五类	T2010-19116
JOHNFLUEVOG SHOES 及图形	5869366	吴清伟	第二十五类	T2010-19117
TOSCHI 及图形	5869374	吴清伟	第二十五类	T2010-19118
飞轮（图形）	71063	上海机械国际贸易有限公司	第三类	T2010-19119
T+ 图形	1582070	山西太谷北阳镁业有限公司	第十一类	T2010-19120
CD	G589446	克里斯蒂昂・迪奥尔服装有限公司	第十四类	T2010-19121
CD	G589446	克里斯蒂昂・迪奥尔服装有限公司	第二十五类	T2010-19122
Christian Dior	G587746	克里斯蒂昂・迪奥尔服装有限公司	第十四类	T2010-19123
H2O Mop Ultra 零售箱	VAu 991-738	塞恩国际有限公司		C2010-19125
H2O Mop Ultra 用户手册	TX 6-879-258	塞恩国际有限公司		C2010-19126
KOVET	5154607	上海圣峰焊接技术有限公司	第十七类	T2010-19127
THERMALTAKE COOL ALL YOUR LIFE;TT 及图形	3929990	曜越科技股份有限公司	第九类	T2010-19128
BOROPLUS	4750106	依玛米有限公司	第五类	T2010-19130
999	1331198	杭州长命电池有限公司	第九类	T2010-19131
SanJiu	1331328	杭州长命电池有限公司	第九类	T2010-19132
TIMBERLAND	1538125	添柏岚公司	第九类	T2010-19133

权利名称	权利注册授权号	申请人名称	商品分类	备案号
树（图形）	1924427	添柏岚公司	第十四类	T2010-19134
树（图形）	1538124	添柏岚公司	第九类	T2010-19135
TIMBERLAND	1924429	添柏岚公司	第十四类	T2010-19136
NATIONAL BaSJa	6169259	湛江市百事佳电器有限公司	第十一类	T2010-19137
（图形）商标	4791957	青岛凤凰印染有限公司	第二十四类	T2010-19138
Ritmix 及图	6596323	孙金鑫	第九类	T2010-19139
LFD	5460711	旺茨拉格轴承贸易（上海）有限公司	第七类	T2010-19142
BABY-G	1407301	卡西欧计算机株式会社	第十四类	T2010-19149
FKD	3177609	河北欧凯轴承制造有限公司	第七类	T2010-19151
Kitiwatt	3680770	吴友炜	第二十五类	T2010-19153
TEICOCIL	3283360	常州市崔桥锁业有限公司	第六类	T2010-19154
BluePower	5108220	叶金旭	第二十八类	T2010-19155
BluePower	5108221	叶金旭	第十八类	T2010-19156
mosquito golf	5745775	叶金旭	第二十八类	T2010-19157
海上星天	3989085	高化成	第三十二类	T2010-19158
JINJI	6022992	广州娜威实业有限公司	第三类	T2010-19159
SHB	6022993	广州娜威实业有限公司	第三类	T2010-19160
SUNKIST	524938	新奇士种植者公司	第三十一类	T2010-19161
FL	3457144	中山市帝光汽配实业有限公司	第十一类	T2010-19162
dlaa plus	3652015	中山市帝光汽配实业有限公司	第十一类	T2010-19163
Nu Skin	1192166	如新企业集团产品公司	第三类	T2010-19164
如新	1214157	如新企业集团产品公司	第三类	T2010-19165
PHARMANEX	3390057	如新企业集团产品公司	第三十类	T2010-19166
NU SKIN	875548	如新企业集团产品公司	第十六类	T2010-19167
ROBERTO GABBANI	5282930	单小红	第二十五类	T2010-19168
铁锚 ANCHOR 及图	33524	上海市五金矿产进出口公司	第六类	T2010-19169
狮牌及图	42409	上海市五金矿产进出口公司	第十一类	T2010-19170
tokidoki 及图	5920253	托蒂朵蒂有限责任公司	第十八类	T2010-19171
狮牌及图	33522	上海市五金矿产进出口公司	第六类	T2010-19172
tokidoki 及图	5920254	托蒂朵蒂有限责任公司	第十四类	T2010-19173
桃心和两根骨头交叉的图形	2010-F-024405	托蒂朵蒂有限责任公司		C2010-19174
KYU	6356022	凯喜亚国际（香港）有限公司	第九类	T2010-19181
NIVEA	G951550	拜尔斯道夫股份有限公司	第二十八类	T2010-19187
NIVEA	G951550	拜尔斯道夫股份有限公司	第二十七类	T2010-19188
NIVEA	G951550	拜尔斯道夫股份有限公司	第二十五类	T2010-19189
NIVEA	G951550	拜尔斯道夫股份有限公司	第二十四类	T2010-19190
NIVEA	G951550	拜尔斯道夫股份有限公司	第三类	T2010-19191
Honeywell	4925294	霍尼韦尔国际公司	第十一类	T2010-19192
图形	5672420	余姚市马渚镇建荣金属制品厂	第十四类	T2010-19193
KOGENATE	G545106	拜耳股份有限公司	第五类	T2010-19194

权利名称	权利注册授权号	申请人名称	商品分类	备案号
ALEVE	G624440	拜耳消费者护理股份有限公司	第五类	T2010-19195
YASMINELLE	G817304	拜耳先灵医药股份有限公司	第五类	T2010-19196
高丽村	3743813	刘志东	第三十三类	T2010-19197
GS KING TOOLS	5734296	谭天	第八类	T2010-19198
STANLEY	5191987	黄中生	第三十三类	T2010-19199
斯坦利	5191986	黄中生	第三十三类	T2010-19200
GLACIER BAY	3268344	哈默尔 TLC 公司	第十一类	T2010-19211
PEGASUS	5355551	哈默尔 TLC 公司	第二十一类	T2010-19212
WORKFORCE	3281280	哈默尔 TLC 公司	第七类	T2010-19213
HAMPTON BAY 及图	4677079	哈默尔 TLC 公司	第十一类	T2010-19214
Husky	4738650	哈默尔 TLC 公司	第八类	T2010-19215
DEFIANT	3281278	哈默尔 TLC 公司	第六类	T2010-19216
HUAWEI	1402313	华为技术有限公司	第九类	T2010-19218
COACH	1061493	科奇公司	第六类	T2010-19220
COACH	1061263	科奇公司	第六类	T2010-19221
COACH	1318067	科奇公司	第十八类	T2010-19222
FASTLANE	G897871	综合设计有限公司	第九类	T2010-19223
t	5536276	韩凤英	第十一类	T2010-19224
京木 +kingmu+ 图形	3102349	汤永林	第七类	T2010-19225
D&T+ 图形	3207937	汤永林	第八类	T2010-19226
京木 +kingmu+ 图形	3102348	汤永林	第八类	T2010-19227
AUTOP	527856	奥托普机械制造有限公司	第七类	T2010-19228
CMEC 及图形	523198	中国机械设备进出口总公司	第一类	T2010-19229
MOEN 及图	1445557	摩恩公司	第十一类	T2010-19230
IDEAL	3307184	爱迪尔实业公司	第九类	T2010-19231
益力多及图形	3029879	株式会社益力多本社	第三十二类	T2010-19232
益力多及图形	3029882	株式会社益力多本社	第二十九类	T2010-19233
养乐多及图形	3311677	株式会社益力多本社	第二十九类	T2010-19234
Yakult 及图形	2018626	株式会社益力多本社	第二十九类	T2010-19235
Yakult 及图形	2018254	株式会社益力多本社	第三十二类	T2010-19236
養楽多	1679053	株式会社益力多本社	第三十类	T2010-19237
养乐多	3008067	株式会社益力多本社	第三十二类	T2010-19238
益力多及图形	3039670	株式会社益力多本社	第二十九类	T2010-19239
益力多及图形	3039669	株式会社益力多本社	第三十二类	T2010-19240
YAKULT	1679052	株式会社益力多本社	第三十类	T2010-19241
益力多	1663206	株式会社益力多本社	第三十类	T2010-19242
养乐多	3311917	株式会社益力多本社	第二十九类	T2010-19243
養楽多	3311676	株式会社益力多本社	第二十九类	T2010-19244
Yakult 及图形	3039671	株式会社益力多本社	第三十二类	T2010-19245
Yakult 及图形	3039672	株式会社益力多本社	第二十九类	T2010-19246

权利名称	权利注册授权号	申请人名称	商品分类	备案号
养乐多（图形）	5479827	株式会社益力多本社	第二十九类	T2010-19247
养乐多（图形）	5479826	株式会社益力多本社	第三十类	T2010-19248
养乐多（图形）	5479825	株式会社益力多本社	第三十二类	T2010-19249
养乐多（图形）	5479835	株式会社益力多本社	第三十类	T2010-19250
养乐多（图形）	5479834	株式会社益力多本社	第三十二类	T2010-19251
养乐多及图形	3029878	株式会社益力多本社	第三十二类	T2010-19252
养乐多及图形	3029881	株式会社益力多本社	第二十九类	T2010-19253
JONES NEW YORK SIGNATURE	3945709	琼斯投资有限公司	第二十五类	T2010-19254
JONES NEW YORK SIGNATURE	3848911	琼斯投资有限公司	第二十五类	T2010-19255
XJ	6940869	石狮市信佳电子有限公司	第十四类	T2010-19256
银桥及图形	1388257	天津市金桥焊材集团有限公司	第六类	T2010-19257
金桥焊材及图形	4207542	天津市金桥焊材集团有限公司	第六类	T2010-19258
GOLDEN BRIDGE 及图形	4207539	天津市金桥焊材集团有限公司	第六类	T2010-19259
金桥焊材	3332676	天津市金桥焊材集团有限公司	第六类	T2010-19260
金桥	3033611	天津市金桥焊材集团有限公司	第六类	T2010-19261
金桥焊材（图形）	3033612	天津市金桥焊材集团有限公司	第六类	T2010-19262
金桥及图形	295112	天津市金桥焊材集团有限公司	第六类	T2010-19263
AGA 及图形	1394213	张家港市长江五金锁业有限公司	第六类	T2010-19264
马车	3378087	浙江宾王扑克有限公司	第二十八类	T2010-19280
QIHAN 旗瀚	6387800	旗瀚科技有限公司	第九类	T2010-19281
Armethar	6801970	阿米那有限公司	第五类	T2010-19283
L-Artem	6801968	阿米那有限公司	第五类	T2010-19284
Gliben M	6094695	阿米那有限公司	第五类	T2010-19285
NEOCIN	6092556	阿米那有限公司	第五类	T2010-19286
SaniCare	6801969	阿米那有限公司	第五类	T2010-19287
三环 THREE RING 及图形	380847	天津莱特进出口有限公司	第十一类	T2010-19288
钻石 DIAMOND 及图形	39253	天津莱特进出口有限公司	第二十类	T2010-19289
三角牌 TRIANGLE 及图形	381110	天津莱特进出口有限公司	第八类	T2010-19290
宝塔 PAGODA 及图形	38313	天津莱特进出口有限公司	第十九类	T2010-19291
三星牌 THREE STARS 及图形	39042	天津莱特进出口有限公司	第十二类	T2010-19292
冷香牌 LENG HSIANG 及图形	33510	天津莱特进出口有限公司	第三类	T2010-19293
孔雀及图形	44807	天津莱特进出口有限公司	第二十一类	T2010-19294
LION 及图形	97333	天津莱特进出口有限公司		T2010-19295
三角 TRIANGLE 及图形	97205	天津莱特进出口有限公司	第二十一类	T2010-19296
百灵 LARK 及图形	70875	天津莱特进出口有限公司	第十一类	T2010-19297
飞鱼牌及图形	70108	天津莱特进出口有限公司		T2010-19298
永明 EVER BRIGHT 及图形	70012	天津莱特进出口有限公司	第十一类	T2010-19299
金品电器 +JPE	4972419	珠海经济特区金品电器有限公司	第九类	T2010-19301
雄风 +XIONG FENG+ 图形	357433	广东雄风电器有限公司	第十一类	T2010-19302
雄风 +XIONG FENG+ 图形	1227019	广东雄风电器有限公司	第九类	T2010-19303

权利名称	权利注册授权号	申请人名称	商品分类	备案号
Boneal	4664733	云南滇虹药业集团股份有限公司	第五类	T2010-19304
DIHON 及图	4341887	云南滇虹药业集团股份有限公司	第五类	T2010-19305
HAICNEAL	3545787	云南滇虹药业集团股份有限公司	第五类	T2010-19306
康王	1130744	云南滇虹药业集团股份有限公司	第五类	T2010-19307
UBuy	7092115	芜湖尚一实业有限公司	第三类	T2010-19313
CASEI SHIROTA	1167126	株式会社益力多本社	第二十九类	T2010-19314
CASEI SHIROTA	1149516	株式会社益力多本社	第三十类	T2010-19315
MICROGARDE	4169742	陈卯发	第一类	T2010-19316
ZIMLITE	6528631	宁波恒越进出口有限公司	第九类	T2010-19317
ZWL	6651410	宁波恒越进出口有限公司	第九类	T2010-19318
CCT 及图形	934776	浙江龙游新西帝电子有限公司	第九类	T2010-19319
Шалунишка	3039676	戴永良	第二十五类	T2010-19324
CATAN	3529753	克劳斯·特伯	第九类	T2010-19325
NORTENA	6600571	贵州贵歆辰机械设备有限公司	第二十一类	T2010-19326
WILSONART	1400246	普利马克 RWP 控股公司	第六类	T2010-19327
WILSONART	1400493	普利马克 RWP 控股公司	第十一类	T2010-19328
SUNGO	1975074	上正阀门集团有限公司	第六类	T2010-19329
图形	1293581	福建省足友体育用品有限公司	第二十五类	T2010-19330
图形	1529383	福建省足友体育用品有限公司	第二十五类	T2010-19331
LeoDica	1717389	福建省足友体育用品有限公司	第二十五类	T2010-19332
足友	3087353	福建省足友体育用品有限公司	第二十五类	T2010-19333
益力多	147693	株式会社益力多本社	第二十九类	T2010-19335
益力多	147698	株式会社益力多本社	第三十二类	T2010-19336
CASEI SHIROTA	1134735	株式会社益力多本社	第五类	T2010-19337
Yakult	147696	株式会社益力多本社	第二十九类	T2010-19338
HDMI	3330796	HDMI 许可有限公司	第九类	T2010-19339
HDMI HIGH DEFINITION MULTIMEDIA INTERFACE	3330794	HDMI 许可有限公司	第九类	T2010-19340
NISSAN	3594033	日产自动车株式会社	第十二类	T2010-19343
NISSAN 及图形	G766023	日产自动车株式会社	第十二类	T2010-19344
NISSAN	3555535	日产自动车株式会社	第七类	T2010-19345
NISSAN 及图形	3555581	日产自动车株式会社	第七类	T2010-19346
ZUMI	5660725	赵汝勤	第十二类	T2010-19347
EASY SPIRIT	4842775	耐恩西部发展公司	第十八类	T2010-19350
NINE & COMPANY	2001652	耐恩西部发展公司	第十八类	T2010-19351
sss 及地球图形	3323254	罗良忠	第二十三类	T2010-19355
万得	3609119	亚洲化学股份有限公司	第七类	T2010-19356
万得	3609118	亚洲化学股份有限公司	第八类	T2010-19357
万得	3609117	亚洲化学股份有限公司	第十六类	T2010-19358
ACHEM	3609113	亚洲化学股份有限公司	第七类	T2010-19359

权利名称	权利注册授权号	申请人名称	商品分类	备案号
ACHEM	3609112	亚洲化学股份有限公司	第八类	T2010-19360
ACHEM	3609111	亚洲化学股份有限公司	第十六类	T2010-19361
EM 及图形	5278872	四川内江兴明泰柴油机有限公司	第七类	T2010-19363
BLUE SPOT	5631763	青岛三链锁业有限公司	第六类	T2010-19364
TERA	5704242	青岛三链锁业有限公司	第六类	T2010-19365
PLATINUM	5982080	青岛三链锁业有限公司	第六类	T2010-19366
ELBA	6796270	青岛三链锁业有限公司	第六类	T2010-19367
DECA	5170333	青岛三链锁业有限公司	第六类	T2010-19368
oci	6043838	青岛三链锁业有限公司	第六类	T2010-19369
TORO	6415515	青岛三链锁业有限公司	第六类	T2010-19370
SF	6415519	青岛三链锁业有限公司	第六类	T2010-19371
OMIQRON	5503313	青岛三链锁业有限公司	第六类	T2010-19372
MT-12 及图形	362961	天津世纪五矿贸易有限公司	第六类	T2010-19383
PRGR	1039991	横滨橡胶株式会社	第二十八类	T2010-19385
PRGR	1941728	横滨橡胶株式会社	第二十八类	T2010-19386
FENIX	4689573	深圳市朗恒电子有限公司	第十一类	T2010-19387
音叉标识（图形）	3089365	雅马哈株式会社	第十五类	T2010-19388
音叉标识（图形）	3089366	雅马哈株式会社	第九类	T2010-19389
YAMAHA	1189487	雅马哈株式会社	第九类	T2010-19390
YAMAHA	1138133	雅马哈株式会社	第十五类	T2010-19391
YAMAHA	567750	雅马哈株式会社	第九类	T2010-19392
YAMAHA	567927	雅马哈株式会社	第十五类	T2010-19393
BARRIER	514457	墨尼克保健有限公司	第五类	T2010-19397
SQUIER	793712	芬德乐器有限公司	第十五类	T2010-19418
FENDER	793713	芬德乐器有限公司	第十五类	T2010-19419
CORONA EXTRA	503364	瑟维赛拉摩得罗公司	第三十二类	T2010-19420
AB	1208680	江苏 AB 集团股份有限公司	第二十五类	T2010-19421
JPE	6113826	珠海经济特区金品电器有限公司	第九类	T2010-19422
JUMPKING	5245486	永基旅游用品（中山）有限公司	第二十八类	T2010-19423
ORBOUNDER	5910226	永基旅游用品（中山）有限公司	第二十八类	T2010-19424
ORBOUNDER	5910227	永基旅游用品（中山）有限公司	第二十二类	T2010-19425
KERASTASE	148658	莱雅公司	第三类	T2010-19426
ORBOUNDER	5910225	永基旅游用品（中山）有限公司	第二十类	T2010-19427
XPERIA	6511251	索尼爱立信移动通讯股份有限公司	第九类	T2010-19428
ANNE KLEIN NEW YORK	5591463	琼斯投资有限公司	第十四类	T2010-19429
英杜莱；Enduracool 及图形	4443107	张伟	第十一类	T2010-19430
DLAA	1618126	中山市帝光汽配实业有限公司	第十一类	T2010-19431
BIRLA	6831158	李小华	第七类	T2010-19432
SEDIVER	G622049	商标有限公司	第六类	T2010-19433
SEDIVER	G622049	商标有限公司	第九类	T2010-19434

权利名称	权利注册授权号	申请人名称	商品分类	备案号
SEDIVER	G622049	商标有限公司	第十七类	T2010-19435
SEDIVER	G622049	商标有限公司	第二十一类	T2010-19436
Cardura	357139	辉瑞产品有限公司	第五类	T2010-19437
CARDURA XL	1332728	辉瑞产品有限公司	第五类	T2010-19438
Yakult	147699	株式会社益力多本社	第三十二类	T2010-19439
FILA	163333	满景（IP）有限公司	第二十五类	T2010-19440
ADEMCO	1453822	霍尼韦尔国际公司	第九类	T2010-19441
银河 MILKY WAY 及图形	566858	东方国际集团上海市纺织品进出口有限公司	第二十四类	T2010-19442
SHTEX 及图形	608967	东方国际集团上海市纺织品进出口有限公司	第二十四类	T2010-19443
海鸥 SEA GULL 及图形	76263	中轻海鸥洗涤用品有限公司	第三类	T2010-19444
SPYKIDS	6447723	上海瑞佳实业有限公司	第九类	T2010-19445
LOMBARDIEYEWEAR	6447725	上海瑞佳实业有限公司	第九类	T2010-19446
TRIAL	6447724	上海瑞佳实业有限公司	第九类	T2010-19447
FLECHA 及图	1579382	浙江高盛进出口有限公司	第三十类	T2010-19448
UAR	1409464	广州联合冷热设备有限公司	第十一类	T2010-19449
华盛顿苹果图形标识	2008-F-09629	华盛顿苹果委员会		C2010-19450
STIHL	1016790	安德烈亚斯·施蒂尔两合公司	第九类	T2010-19451
4-Mix	G782104	安德烈亚斯·施蒂尔两合公司	第四类	T2010-19452
斯蒂尔	4683343	安德烈亚斯·施蒂尔两合公司	第七类	T2010-19453
STIHL	1566027	安德烈亚斯·施蒂尔两合公司	第八类	T2010-19454
STIHL	159191	安德烈亚斯·施蒂尔两合公司	第七类	T2010-19455
NS 及图形	6725505	台州泰源阀门有限公司	第六类	T2010-19462
BETA；B	5661351	浙江浦江金灯锁业有限公司	第六类	T2010-19463
Wilson	231522	威尔逊运动用品公司	第二十八类	T2010-19464
W	230901	威尔逊运动用品公司	第二十五类	T2010-19465
W	262667	威尔逊运动用品公司	第二十五类	T2010-19466
KINETIK	1241363	深圳市肯耐克柴油机配件有限公司	第七类	T2010-19467
BANG	4017978	瑞基特·戈尔曼（海外）有限公司	第三类	T2010-19468
DETTOL	1335779	瑞基特·戈尔曼（海外）有限公司	第五类	T2010-19469
GAVISCON	1142716	瑞基特·戈尔曼（海外）有限公司	第五类	T2010-19470
HARPIC	3170458	瑞基特·戈尔曼（海外）有限公司	第三类	T2010-19471
MORTEIN	1973493	瑞基特·戈尔曼（海外）有限公司	第五类	T2010-19472
VEET	684090	瑞基特·戈尔曼（海外）有限公司	第三类	T2010-19473
CEVITE	6091257	阿米那有限公司	第五类	T2010-19475
CEFTRIAXONE	6091258	阿米那有限公司	第五类	T2010-19476
Dizapam	6091255	阿米那有限公司	第五类	T2010-19477
Efishal	6091254	阿米那有限公司	第五类	T2010-19478
Epiderm	6091253	阿米那有限公司	第五类	T2010-19479
FURANTINE	6091252	阿米那有限公司	第五类	T2010-19480
Germol	6091251	阿米那有限公司	第五类	T2010-19481

权利名称	权利注册授权号	申请人名称	商品分类	备案号
Anaflam	5965449	阿米那有限公司	第五类	T2010-19482
Shalina	5965448	阿米那有限公司	第五类	T2010-19483
Amlox	6091260	阿米那有限公司	第五类	T2010-19484
Marfol	6091261	阿米那有限公司	第五类	T2010-19485
Loprace	6091263	阿米那有限公司	第五类	T2010-19486
SHALINA MALADOX	6094689	阿米那有限公司	第五类	T2010-19487
ICHTEX	6091265	阿米那有限公司	第五类	T2010-19488
Gliben	6091268	阿米那有限公司	第五类	T2010-19489
GRISCFLINE	6091269	阿米那有限公司	第五类	T2010-19490
Gogynax	6091270	阿米那有限公司	第五类	T2010-19491
Roxy	6092551	阿米那有限公司	第五类	T2010-19492
QUINISHAL	6092552	阿米那有限公司	第五类	T2010-19493
Prazole	6092553	阿米那有限公司	第五类	T2010-19494
Polygel	6092554	阿米那有限公司	第五类	T2010-19495
Napril	6092557	阿米那有限公司	第五类	T2010-19496
Misocol	6092558	阿米那有限公司	第五类	T2010-19497
MICOZOL	6092559	阿米那有限公司	第五类	T2010-19498
Metazol	6092560	阿米那有限公司	第五类	T2010-19499
Sulfatrim Forte	6092561	阿米那有限公司	第五类	T2010-19500
Sparadrap	6092562	阿米那有限公司	第五类	T2010-19501
Shalvit	6092563	阿米那有限公司	第五类	T2010-19502
Shaltoux	6092564	阿米那有限公司	第五类	T2010-19503
Shalplast	6092565	阿米那有限公司	第五类	T2010-19504
Shalflox	6092566	阿米那有限公司	第五类	T2010-19505
SHALDEX	6092567	阿米那有限公司	第五类	T2010-19506
Shalcip	6092568	阿米那有限公司	第五类	T2010-19507
Rufenac	6092569	阿米那有限公司	第五类	T2010-19508
RUFEDOL	6092570	阿米那有限公司	第五类	T2010-19509
SHALINA CAL-D	6092571	阿米那有限公司	第五类	T2010-19510
SHALINA AMPI	6092572	阿米那有限公司	第五类	T2010-19511
SHALINA AMOQUIN	6092573	阿米那有限公司	第五类	T2010-19512
SHALINA AMIDOL	6092574	阿米那有限公司	第五类	T2010-19513
ZANZICAP	6092575	阿米那有限公司	第五类	T2010-19514
Wormex	6092576	阿米那有限公司	第五类	T2010-19515
Trishal	6092577	阿米那有限公司	第五类	T2010-19516
Super Apeti	6092580	阿米那有限公司	第五类	T2010-19517
SHALINAMONALISA	6094419	阿米那有限公司	第五类	T2010-19518
SHALINATANZOL	6094420	阿米那有限公司	第五类	T2010-19519
SHALINA VITABEX	6094421	阿米那有限公司	第五类	T2010-19520
SHALINA SULFATRIM	6094422	阿米那有限公司	第五类	T2010-19521

权利名称	权利注册授权号	申请人名称	商品分类	备案号
SHALINA ERYCIN	6094684	阿米那有限公司	第五类	T2010–19522
SHALINA FLOXAN	6094685	阿米那有限公司	第五类	T2010–19523
SHALINA INDO	6094686	阿米那有限公司	第五类	T2010–19524
SHALINA KETALIN	6094687	阿米那有限公司	第五类	T2010–19525
SHALINA LEVASOL	6094688	阿米那有限公司	第五类	T2010–19526
SHALINA RELAX	6094690	阿米那有限公司	第五类	T2010–19527
SHALINA RIFACIN	6094691	阿米那有限公司	第五类	T2010–19528
SHALINA SUNAT	6094692	阿米那有限公司	第五类	T2010–19529
SHALINA Sunat–A	6094693	阿米那有限公司	第五类	T2010–19530
Kifaru	6094696	阿米那有限公司	第五类	T2010–19531
Patoux	6094698	阿米那有限公司	第五类	T2010–19532
SHALINA DIPROSON	6094702	阿米那有限公司	第五类	T2010–19533
SELORAL	6094699	阿米那有限公司	第五类	T2010–19534
TONIC SHALINA	6094700	阿米那有限公司	第五类	T2010–19535
Betasol	6119424	阿米那有限公司	第五类	T2010–19536
Malarquine	6097121	阿米那有限公司	第五类	T2010–19537
SHALINA CEFATAX	6094701	阿米那有限公司	第五类	T2010–19538
SHALINA D–SPA	6094703	阿米那有限公司	第五类	T2010–19539
SHALINACODEX	6091256	阿米那有限公司	第五类	T2010–19540
CHEMCO	4598202	郑哨武	第十二类	T2010–19543
HARVES	6510572	张东峰	第四类	T2010–19544
UNDER ARMOUR	4974746	安德阿默有限公司	第十八类	T2010–19545
UNDER ARMOUR	4974747	安德阿默有限公司	第九类	T2010–19546
SHARP	G851281	夏普株式会社	第九类	T2010–19547
BRABUS	3535981	布拉巴斯有限公司	第十二类	T2010–19550
WINONE 及图形	4064511	梁永标	第七类	T2010–19551
辛＋图	3146913	株式会社农心	第三十类	T2010–19552
DISHDRIVING	6707923	惠州市汉大通讯设备有限公司	第七类	T2010–19553
STAR COM	5655420	惠州市汉大通讯设备有限公司	第七类	T2010–19554
STAR SAT	5655421	惠州市汉大通讯设备有限公司	第七类	T2010–19555
DISHDRIVING	6707922	惠州市汉大通讯设备有限公司	第九类	T2010–19556
凌霄	336545	广东凌霄泵业股份有限公司	第七类	T2010–19557
凌霄	247717	广东凌霄泵业股份有限公司	第一类	T2010–19558
凌霄	1316619	广东凌霄泵业股份有限公司	第七类	T2010–19559
LX	4695897	广东凌霄泵业股份有限公司	第七类	T2010–19560
《Coach Op Art》	13605	科奇公司		C2010–19561
伊东机电 ETON 及图形	3903725	广州市伊东机电有限公司	第七类	T2010–19562
oppo	4571222	广东欧珀移动通信有限公司	第九类	T2010–19563
ZINACEF	314525	葛兰素集团有限公司	第五类	T2010–19564
PENSONIC	6312853	中山市桉楠电器有限公司	第九类	T2010–19565

权利名称	权利注册授权号	申请人名称	商品分类	备案号
SOLDANO	6237073	盛世福乐进出口贸易（北京）有限公司	第九类	T2010-19568
BORGANI	6050065	盛世福乐进出口贸易（北京）有限公司	第十五类	T2010-19569
PARMENON	6147321	盛世福乐进出口贸易（北京）有限公司	第十五类	T2010-19570
THE HAYNES FLUTE MFD BY WM.S.HAYNES CO	5993257	盛世福乐进出口贸易（北京）有限公司	第十五类	T2010-19571
BERND MOOSMANN	6171280	盛世福乐进出口贸易（北京）有限公司	第十五类	T2010-19572
SADOWSKY	5946405	盛世福乐进出口贸易（北京）有限公司	第十五类	T2010-19573
LAKLAND	5946406	盛世福乐进出口贸易（北京）有限公司	第十五类	T2010-19574
FODERA	6189212	盛世福乐进出口贸易（北京）有限公司	第十五类	T2010-19575
GLOU	1360873	武汉维合纺织服装有限公司	第二十五类	T2010-19577
宝乐 PAOLO 及图	3004944	梅花伞业股份有限公司	第十八类	T2010-19578
SUSINO	6628976	梅花伞业股份有限公司	第十八类	T2010-19579
蓓蕾及图形	46853	上海家化联合股份有限公司	第三类	T2010-19580
海鸥（图形）	100180	上海家化联合股份有限公司	第三类	T2010-19581
海鸥（图形）	132618	上海家化联合股份有限公司	第五类	T2010-19582
海鸥	380928	上海家化联合股份有限公司	第五类	T2010-19583
海鸥	381948	上海家化联合股份有限公司	第三类	T2010-19584
ZEALSUN 及图形	1551629	宗申产业集团有限公司	第十二类	T2010-19586
力之星	1767201	宗申产业集团有限公司	第十二类	T2010-19587
力之星 ZIP STAR 及图形	1767202	宗申产业集团有限公司	第十二类	T2010-19588
ZIP STAR	1767247	宗申产业集团有限公司	第十二类	T2010-19589
ZONGSHEN	2020397	宗申产业集团有限公司	第十二类	T2010-19590
伯特莱	1464473	伯特莱有限公司	第十四类	T2010-19592
TIGER 及图形	139854	江苏开元国际集团轻工业品进出口股份有限公司	第二十八类	T2011-19593
COACH	3555546	科奇公司	第十八类	T2010-19598
COACH	1325599	科奇公司	第十八类	T2010-19599
COACH	3591438	科奇公司	第九类	T2010-19600
COACH	1095039	科奇公司	第二十五类	T2010-19601
ZZ	G862153	康恩泰有限公司	第二十五类	T2010-19602
COACH	1069411	科奇公司	第十四类	T2010-19603
图形商标	1533101	康恩泰有限公司	第二十五类	T2010-19604
ERMENEGILDO ZEGNA	1188195	康恩泰有限公司	第三类	T2010-19605
ERMENEGILDO ZEGNA	1614409	康恩泰有限公司	第九类	T2010-19606
ERMENEGILDO ZEGNA	1805782	康恩泰有限公司	第十四类	T2010-19607
ZegnaSport	3801094	康恩泰有限公司	第二十五类	T2010-19608
Ermenegildo Zegna	4389928	康恩泰有限公司	第二十五类	T2010-19609
Ermenegildo Zegna	640801	康恩泰有限公司	第十八类	T2010-19610
EZ	G862845	康恩泰有限公司	第二十五类	T2010-19611
Z Ermenegildo Zegna	G837861	康恩泰有限公司	第十八类	T2010-19612
Z Ermenegildo Zegna	G837861	康恩泰有限公司	第二十五类	T2010-19613

权利名称	权利注册授权号	申请人名称	商品分类	备案号
Z Zegna	G830975	康恩泰有限公司	第二十五类	T2010-19614
Bill	1497852	伊顿电气有限公司	第九类	T2010-19615
SMECOS	4450867	青岛三链锁业有限公司	第六类	T2010-19617
UV-DESIGN	6272151	桐庐友伟机电设备厂	第九类	T2010-19619
HIP HOP ABS(January 2007)	PA 1-595-631	普拉达克特帕嗒奈斯（有限公司）		C2010-19620
Yoga Booty Ballet Live Kit	PA 1-319-600	普拉达克特帕嗒奈斯（有限公司）		C2010-19621
Yoga Booty Ballet Kit	PA 1-325-952	普拉达克特帕嗒奈斯（有限公司）		C2010-19622
Yoga Booty ballet master Series Kit	PA 1-319-597	普拉达克特帕嗒奈斯（有限公司）		C2010-19623
TEN MINUTE TRAINER EXERCISE KIT	PA 1-600-800	普拉达克特帕嗒奈斯（有限公司）		C2010-19624
Turbo Jam Kit	PA 1-323-788	普拉达克特帕嗒奈斯（有限公司）		C2010-19625
Power 90 Master Series Kit	PA 1-319-599	普拉达克特帕嗒奈斯（有限公司）		C2010-19626
VIDAZA Labeling & Packaging (VIDAZA 标签及包装)	2010-F-025641	希哲那有限公司		C2010-19627
Turbo Jam Exercise Kit	PA 1-319-208	普拉达克特帕嗒奈斯（有限公司）		C2010-19628
Turbo Jam Live! Kit	PA 1-318-447	普拉达克特帕嗒奈斯（有限公司）		C2010-19629
Revlimid Labeling & Packaging (Revlimid 标签及包装)	2010-F-025640	希哲那有限公司		C2010-19630
THALOMID Labeling & Packaging (THALOMID 标签及包装)	2010-F-025642	希哲那有限公司		C2010-19631
"GATEHOUSE 与 A STRONG IMPRESSION 图案"系列作品	2010-F-023390	LF 有限责任公司		C2010-19634
A STRONG IMPRESSION 图案	2010-F-023893	LF 有限责任公司		C2010-19635
图形	G726165	德国雨果博斯商标管理有限公司	第三类	T2010-19636
图形	1649614	费里诺·卢宾耐特里有限公司	第六类	T2010-19637
图形	1614151	费里诺·卢宾耐特里有限公司	第十一类	T2010-19638
Heuschen & Schrouff(图形)	5444640	福州合力大通进出口贸易有限公司	第三十类	T2010-19649
SINGER	380248	胜家有限公司	第八类	T2010-19650
ISCA	6271588	青岛三链锁业有限公司	第六类	T2010-19652
绿苗	1165672	新津县种子公司	第三十一类	T2010-19664
DTW	6275517	香港艾丝玛克有限公司	第十二类	T2010-19665
CANARE	1917173	佳耐美电子有限公司	第九类	T2010-19666
FLAMINIA	5348747	林德惠	第十一类	T2010-19667
福田传奇	4910381	北汽福田汽车股份有限公司	第十二类	T2010-19668
图形商标	3117241	北汽福田汽车股份有限公司	第十二类	T2010-19669
FOTON VIEW	4406070	北汽福田汽车股份有限公司	第十二类	T2010-19670
图形商标	4018562	北汽福田汽车股份有限公司	第十二类	T2010-19671
蒙派克	5500608	北汽福田汽车股份有限公司	第十二类	T2010-19672
MP-X	5500610	北汽福田汽车股份有限公司	第十二类	T2010-19673
FOTON SAGA	4910380	北汽福田汽车股份有限公司	第十二类	T2010-19674
福田风景	1697878	北汽福田汽车股份有限公司	第十二类	T2010-19675

权利名称	权利注册授权号	申请人名称	商品分类	备案号
brother	341828	兄弟工业株式会社	第九类	T2010-19676
brother	336549	兄弟工业株式会社	第七类	T2010-19677
VIOLON	1213256	本拉夫奇文于有限公司	第三十类	T2010-19678
FLEETGUARD	741093	康明斯滤清系统公司	第七类	T2010-19679
W	230902	威尔逊运动用品公司	第二十八类	T2010-19680
wilson	231520	威尔逊运动用品公司	第二十五类	T2010-19681
图形	5372666	浙江天力工具有限公司	第七类	T2010-19682
图形	5372667	浙江天力工具有限公司	第八类	T2010-19683
WINCOM	6415517	青岛三链锁业有限公司	第六类	T2010-19685
FINISH	321316	利洁时公司	第三类	T2010-19686
CLEARASIL	158563	利洁时德国有限公司	第三类	T2010-19687
TTF	4785480	广东华声电器股份有限公司	第九类	T2010-19689
WASUNG	5806946	广东华声电器股份有限公司	第九类	T2010-19690
Wonpro	637514	梵辅路有限公司	第九类	T2010-19691
RECARDOLAZZOTTI	4991761	单小红	第二十五类	T2010-19692
ROMARIO MANZINI	4989893	单小红	第二十五类	T2010-19693
RECARDOBELLINI	4989892	单小红	第二十五类	T2010-19694
STEFANO CORVALI	4989887	单小红	第二十五类	T2010-19695
SOUFRANO	4635573	单小红	第二十五类	T2010-19696
TONINIERI	4938722	单小红	第二十五类	T2010-19697
CARLO CAVALLO	5283076	单小红	第二十五类	T2010-19698
CATAN	3529752	克劳斯·特伯	第二十八类	T2010-19699
KK	228407	福建南平南孚电池有限公司	第九类	T2010-19700
AK ANNE KLEIN	4709548	琼斯投资有限公司	第十八类	T2010-19701
欧马可	4327205	北汽福田汽车股份有限公司	第十二类	T2010-19703
奥铃	3113435	北汽福田汽车股份有限公司	第十二类	T2010-19704
瑞沃	5266142	北汽福田汽车股份有限公司	第十二类	T2010-19705
ROWOR	5266137	北汽福田汽车股份有限公司	第十二类	T2010-19706
萨普	4226490	北汽福田汽车股份有限公司	第十二类	T2010-19707
AUMARK	4226488	北汽福田汽车股份有限公司	第十二类	T2010-19708
福田	4011316	北汽福田汽车股份有限公司	第十二类	T2010-19709
FOTON	4011315	北汽福田汽车股份有限公司	第十二类	T2010-19710
AUV	4327025	北汽福田汽车股份有限公司	第十二类	T2010-19711
OLLIN	4317821	北汽福田汽车股份有限公司	第十二类	T2010-19712
福田时代	1598027	北汽福田汽车股份有限公司	第十二类	T2010-19713
鸽林及图	6478719	福州榕生达贸易有限公司	第二十九类	T2010-19714
Ottens Flavor	6429798	昆山市恒雄进出口贸易有限公司	第一类	T2010-19715
Ottens Flavor	6429800	昆山市恒雄进出口贸易有限公司	第三类	T2010-19716
LACOSTE 鳄鱼（图形）	141111	拉科斯特股份有限公司	第三类	T2010-19717
Ottens Flavor	6429799	昆山市恒雄进出口贸易有限公司	第三十类	T2010-19718

权利名称	权利注册授权号	申请人名称	商品分类	备案号
ENVY 及图	6452412	宁波萌恒工贸有限公司	第二十四类	T2010-19719
JACOME 及图	6452414	宁波萌恒工贸有限公司	第二十四类	T2010-19720
图形	6838524	宁波萌恒工贸有限公司	第十六类	T2010-19721
CANARE	898996	佳耐美电子有限公司	第八类	T2010-19722
FIMEX	767147	台湾联意贸易有限公司	第九类	T2010-19724
ELECTROBOX	5723192	台湾联意贸易有限公司	第九类	T2010-19725
莫瑞斯	2010-F-028661	北京蓝海通商贸有限公司		C2010-19726
斯蒂芬	2010-F-028657	北京蓝海通商贸有限公司		C2010-19727
碧竹丝沓	2010-F-028144	北京蓝海通商贸有限公司		C2010-19728
高丽特	2010-F-028143	北京蓝海通商贸有限公司		C2010-19729
卡斯汀	2010-F-028656	北京蓝海通商贸有限公司		C2010-19730
安纳斯	2010-F-028655	北京蓝海通商贸有限公司		C2010-19731
娇客墨客	2010-F-028145	北京蓝海通商贸有限公司		C2010-19732
玫瑰	2010-F-029164	北京蓝海通商贸有限公司		C2010-19733
黛弗	2010-F-029162	北京蓝海通商贸有限公司		C2010-19734
莱沃	2010-F-028658	北京蓝海通商贸有限公司		C2010-19735
泉	2010-F-028659	北京蓝海通商贸有限公司		C2010-19736
纳朵	2010-F-028660	北京蓝海通商贸有限公司		C2010-19737
FAERBITE	3664871	张顺发	第二十五类	T2010-19738
Hi!nature	6336958	天津聚鑫鞋业制品有限公司	第二十五类	T2010-19739
HAUSMULLER	6696936	岑景成	第二十一类	T2010-19742
KAAN	6902713	重庆威马动力机械有限公司	第七类	T2010-19743
精灵－洗涤用品外包装(GENIE-Detergent Package)	19-2010-F-00267	傅冰		C2010-19744
NEW ONE-BRAND 及图形	3641590	深圳市国纺进出口有限公司	第二十四类	T2010-19745
雅施安	G997690	百法玛	第五类	T2010-19746
HENRI BENDEL	512623	亨利·班得尔公司	第二十五类	T2010-19749
雅施平	G997689	百法玛	第五类	T2010-19754
爱博克	G715158	百法玛	第五类	T2010-19755
隆尼桑	G725380	百法玛	第五类	T2010-19756
duxil	G728153	百法玛	第五类	T2010-19757
CALCERTIL	G892979	百法玛	第五类	T2010-19758
NORVASC	1428498	辉瑞产品有限公司	第五类	T2010-19759
BLANCPAIN	G654362	宝珀有限公司	第十四类	T2010-19760
BREGUET	G566731	宝玑有限公司	第十四类	T2010-19761
PERT	341481	宝洁公司（美国）	第三类	T2010-19762
Pampers	1413546	宝洁公司（美国）	第十六类	T2010-19763
佳洁士 Crest 及图形	1760095	宝洁公司（美国）	第三类	T2010-19764
LACOSTE 鳄鱼（图形）	141103	拉科斯特股份有限公司	第二十五类	T2010-19765
LACOSTE 文字	141102	拉科斯特股份有限公司	第二十五类	T2010-19766

权利名称	权利注册授权号	申请人名称	商品分类	备案号
WELLA 及图形	729365	威娜股份公司	第三类	T2010–19767
BUMBLE AND BUMBLE	1367660	巴姆堡有限责任公司	第三类	T2010–19768
MUAY THAI	4802056	刘国其	第二十五类	T2010–19769
BESTWAY 图形商标	4485924	上海荣威塑胶工业有限公司	第二十八类	T2010–19770
Bestway	4486006	上海荣威塑胶工业有限公司	第二十八类	T2010–19771
MEGGO	5345667	杭州荣乐进出口有限公司	第六类	T2010–19773
Davidoff 及图形	4778161	大卫杜夫股份公司	第三十四类	T2010–19774
Davidoff	1143689	大卫杜夫股份公司	第三十四类	T2010–19775
GAULOISES 及图形	1602740	国营烟草火柴工业开发公司	第三十四类	T2010–19776
GITANES BLONDES	1121506	国营烟草火柴工业开发公司	第三十四类	T2010–19777
GAULOISES	76625	国营烟草火柴工业开发公司	第三十四类	T2010–19778
GITANES	76624	国营烟草火柴工业开发公司	第三十四类	T2010–19779
SUPERKINGS	223432	帝国烟草有限公司	第三十四类	T2010–19780
REGAL	733276	帝国烟草有限公司	第三十四类	T2010–19781
RIZLA+	550345	拉克鲁瓦 · 菲斯公司	第三十四类	T2010–19782
玫凯琳	1692793	玫琳凯公司	第二十一类	T2010–19783
玫凯琳	1676257	玫琳凯公司	第三类	T2010–19784
MARY KAY	1275186	玫琳凯公司	第三类	T2010–19785
玫琳凯	1370552	玫琳凯公司	第十八类	T2010–19786
玫琳凯	594710	玫琳凯公司	第三类	T2010–19787
Mary Kay	836104	玫琳凯公司	第三类	T2010–19788
玫凯琳	1700666	玫琳凯公司	第十八类	T2010–19789
玫琳凯	594709	玫琳凯公司	第三类	T2010–19790
MARY KAY	1370553	玫琳凯公司	第十八类	T2010–19791
玫琳凯	1380186	玫琳凯公司	第三类	T2010–19792
MARY KAY	1395888	玫琳凯公司	第二十一类	T2010–19793
幻时	1648374	玫琳凯公司	第三类	T2010–19794
KOHLER	142982	科勒公司	第十一类	T2010–19795
白熊牌及图形	32821	上海东源企业发展股份有限公司	第三十类	T2010–19796
白兔牌及图形	76207	上海东源企业发展股份有限公司	第二十九类	T2010–19797
宝塔牌及图形	31958	上海东源企业发展股份有限公司	第二十九类	T2010–19798
蜂王牌及图形	37166	上海东源企业发展股份有限公司	第三十类	T2010–19799
PAG 图形	530849	锦昊国际有限公司	第十二类	T2010–19800
moulinex	1475153	SEB 股份有限公司	第十一类	T2010–19801
MAGNA 及图	1472150	伊利诺斯工具制品有限公司	第一类	T2010–19802
SPECTRALERT	1473893	霍尼韦尔国际公司	第九类	T2010–19803
Oral–B	1290627	宝洁（加拿大）商业服务公司	第二十一类	T2010–19804
Duke Logo	2009–F–017856	卡骆驰公司		C2010–19805
Koyo	143987	株式会社捷太格特	第七类	T2011–19806
brembo 及图	519705	布雷博股份公司	第十二类	T2010–19807

权利名称	权利注册授权号	申请人名称	商品分类	备案号
AMG	922223	戴姆勒股份公司	第十二类	T2010-19814
AMG 及图形	922274	戴姆勒股份公司	第十二类	T2010-19815
巴巴酷	04-2010-F-095号	山西美时文化传媒有限公司		C2010-19818
酷卡露露	04-2010-F-096	山西美时文化传媒有限公司		C2010-19819
PIERRE BALMAIN	5429270	皮埃尔巴勒曼有限公司	第二十五类	T2010-19820
TOHO	4549228	重庆大和荣基机电有限公司	第七类	T2010-19821
BLUEBERRY	6195111	移动通讯咨询有限公司	第九类	T2010-19822
LINKSYS	1526039	思科技术公司	第九类	T2010-19824
CISCO 及图形	5605135	思科技术公司	第九类	T2010-19825
Tropical sun	4272089	汕头市中源贸易有限公司	第二十五类	T2010-19826
TUNNY FISH	4391803	汕头市中源贸易有限公司	第二十五类	T2010-19827
EXCELLEW 及图形	6816862	漳州市尤领进出口有限公司	第二十九类	T2010-19835
9M	3920937	常州市军浩紧固件厂	第六类	T2010-19836
LDK	1251627	泉州市德源轴承实业有限公司	第七类	T2010-19837
SeB 及其三角图形组合	6625978	SEB 简化股份有限公司	第十一类	T2010-19841
HEBA-TPAH 3 ИТ	6111135	卡扎科夫・伏拉基米尔	第十一类	T2010-19842
NEVA-TRANZIT 及图形	4080431	卡扎科夫・伏拉基米尔	第十一类	T2010-19843
POLLIWALKS	6666340	波利沃克斯有限公司	第十八类	T2010-19844
POLLIWALKS	6666338	波利沃克斯有限公司	第二十五类	T2010-19845
ENERGIZER	6054523	永备电池有限公司	第九类	T2010-19848
ENERGIZER	6053986	永备电池有限公司	第九类	T2010-19849
felth(图形)	6641431	西安阿托斯乐器音响有限公司	第十五类	T2010-19850
lto(图形)	5207187	罗宏伟	第十五类	T2010-19851
KNECHT	G662313	马勒滤清系统公司	第七类	T2010-19852
绿色纸尿裤外包装	13-2010-F-2534	美佳爽（福建）卫生用品有限公司		C2010-19853
Nexans 及图形	G753844	耐克森	第九类	T2010-19854
NEXANS	3065487	耐克森	第九类	T2010-19855
AGATHA	G579692	阿加莎传播有限责任公司	第三类	T2010-19856
EUROZASS 及图	4881662	萨达 OR697680	第十一类	T2010-19860
FYC+ 图形	616307	宁波发源美容器具有限公司	第八类	T2010-19861
FYC+ 图形	572139	宁波发源美容器具有限公司	第八类	T2010-19862
MOUTON CADET BARON PHILIPPE DE ROTHSCHILD	4342148	菲利普・德・罗思柴尔德男爵股份有限公司	第三十三类	T2010-19863
菲利普德罗思柴尔德男爵	1758818	菲利普・德・罗思柴尔德男爵股份有限公司	第三十三类	T2010-19864
木桐嘉棣	1758819	菲利普・德・罗思柴尔德男爵股份有限公司	第三十三类	T2010-19865
VIBRAM 及图	292528	维布雷姆有限公司	第二十五类	T2010-19866
fivefingers	G978630	维布雷姆有限公司	第二十五类	T2010-19867
图形	292524	维布雷姆有限公司	第二十五类	T2010-19868
BLENDY	6627857	深圳市东胜万能实业有限公司	第十一类	T2010-19869

权利名称	权利注册授权号	申请人名称	商品分类	备案号
BLENDY	6627700	深圳市东胜万能实业有限公司	第七类	T2010-19870
IGLOO 及图形	5681315	依鲁产品公司	第二十一类	T2010-19871
IGLOO	5681316	依鲁产品公司	第二十一类	T2010-19872
PIERRE BALMAIN 及图	6475006	皮埃尔巴勒曼有限公司	第二十五类	T2010-19873
Weld-a Beast	6129033	兆比劳保用品公司	第九类	T2010-19874
MASTRA	1203088	江门市瑞荣泵业有限公司	第七类	T2010-19875
EG	1637718	江门市瑞荣泵业有限公司	第七类	T2010-19876
SAH	1717890	江门市瑞荣泵业有限公司	第七类	T2010-19877
RAIN BREEZE	5540572	杨健飞	第十六类	T2010-19882
GLOBE	5782335	德信企业公司	第五类	T2010-19883
地球	5782336	德信企业公司	第十七类	T2010-19884
GLOBE	5782333	德信企业公司	第十七类	T2010-19885
GLOBE 及图	5666708	德信企业公司	第七类	T2010-19886
地球 GLOBE 及图	5666713	德信企业公司	第七类	T2010-19887
GLOBE 及图	5782330	德信企业公司	第十七类	T2010-19888
GLOBE 及图	5528780	德信企业公司	第五类	T2010-19889
GLOBE 及图	5782332	德信企业公司	第五类	T2010-19890
LLADRO 及图	G545378	拉多商业有限公司	第二十一类	T2010-19891
TEMPO	676775	AB SCA 财经公司	第十六类	T2010-19892
COLOMBO FILIPPETTI	6955645	佛山市洛德机械设备有限公司	第七类	T2010-19893
SUN WAY	5731393	江苏华宇灯具有限公司	第十一类	T2010-19894
MQQQ 及图形	5411489	刘根燕	第十二类	T2010-19895
DLZ	5133382	浙江德利众机械制造有限公司	第十二类	T2010-19896
狮子图形	663100	河南醒狮高新技术股份有限公司	第三类	T2010-19898
TINY LOVE 及图	4709310	蒂尼乐芙有限公司	第二十八类	T2010-19900
中国金桥（图形）	5178589	吴文生	第七类	T2010-19901
中国金桥（图形）	5178588	吴文生	第十二类	T2010-19902
天塔 TOWER OF HEAVEN	1810354	天津世纪圣发集团有限公司	第四类	T2010-19904
BIOVAC	38092	深圳市迈高实业发展有限公司	第五类	T2010-19905
BEACHBODY	G897949	普拉达克特帕嗒奈斯（有限公司）	第五类	T2010-19910
BEACHBODY	G897949	普拉达克特帕嗒奈斯（有限公司）	第九类	T2010-19911
BEACHBODY	G897949	普拉达克特帕嗒奈斯（有限公司）	第四十一类	T2010-19912
TRU-POWER	1433420	盖茨公司	第十二类	T2010-19915
GATES	1394413	盖茨公司	第十二类	T2010-19916
PRIMUS 及图形	1721773	普里姆斯公司	第八类	T2010-19917
PRIMUS 及图形	1798033	普里姆斯公司	第六类	T2010-19918
PRIMUS 及图形	2009797	普里姆斯公司	第十一类	T2010-19919
长城	380890	上海市食品进出口公司	第三十八类	T2010-19921
长城及麦穗（图形）	42790	上海市食品进出口公司	第三类	T2010-19922
广东宝丰塑胶工业有限公司	538926	广东宝丰塑胶工业有限公司	第十九类	T2010-19924

权利名称	权利注册授权号	申请人名称	商品分类	备案号
SOUTHCO 圆圈（图形）	1445345	索斯科公司	第六类	T2010-19925
JaCoo	1547592	宁波均胜工业有限公司	第十二类	T2011-19926
嘉高	1547594	宁波均胜工业有限公司	第十二类	T2011-19927
LUCIDA	1492454	美国蒂芙妮公司	第十四类	T2010-19928
DOUBLE GUARD	1495081	霍尼韦尔国际公司	第七类	T2010-19929
JOCKEY	141105	赛马骑师国际公司	第二十五类	T2010-19930
赛马骑师	141106	赛马骑师国际公司	第二十五类	T2010-19931
BAHCO	533640	凯普曼有限公司	第八类	T2010-19932
金星 GOLDEN STAR 及图形	1502423	天津食品进出口股份有限公司	第三十三类	T2011-19933
金花 GOLDEN FLOWER 及图形	1502424	天津食品进出口股份有限公司	第三十三类	T2011-19934
金钟及图形	1502425	天津食品进出口股份有限公司	第三十三类	T2011-19935
金钟 GOLDEN BELL 及图形	1502426	天津食品进出口股份有限公司	第三十三类	T2011-19936
ROTHMANS ROYALS	142861	帕尔马尔·罗思曼斯有限公司（英国）	第三十四类	T2010-19937
图形	4818000	浙江杭州鑫富药业股份有限公司	第一类	T2010-19940
图形	4295230	浙江杭州鑫富药业股份有限公司	第一类	T2010-19941
xin fu	4295296	浙江杭州鑫富药业股份有限公司	第一类	T2010-19942
MAHLE	76896	马勒公司	第七类	T2010-19943
M HIMALAYAS 及图	6509994	台州市黄岩银厦机电有限公司	第七类	T2010-19944
EPSON 或 爱普生	3436689	精工爱普生株式会社	第十六类	T2010-19945
EPSON	4435791	精工爱普生株式会社	第九类	T2010-19946
EPSON	4382048	精工爱普生株式会社	第二类	T2010-19947
EXPRESS	4908919	埃克斯普雷斯有限公司	第十四类	T2010-19948
Asics(图形)	706194	株式会社爱世克私	第二十五类	T2010-19950
ASICS 图形	921215	株式会社爱世克私	第二十五类	T2010-19951
Collection of ZhuZhu Pets 2009 Product Line (ZhuZhu Pets 2009 产品系列作品集)	VA 1-695-475	美国希比亚公司		C2010-19952
ZhuZhu Pets Logo (ZhuZhu Pets 标识)	VA 1-693-535	美国希比亚公司		C2010-19953
Collection of ZhuZhu Pets 2009 Product Packaging (ZhuZhu Pets 2009 产品包装作品集)	VA 1-698-129	美国希比亚公司		C2010-19954
STIHL	1445026	安德烈亚斯·施蒂尔两合公司	第七类	T2010-19956
VIVI MAXIFA	7337033	宁波萌恒工贸有限公司	第二十五类	T2010-19957
Abster	6838521	宁波萌恒工贸有限公司	第三类	T2010-19958
Queen Flowers	7254511	宁波萌恒工贸有限公司	第二十四类	T2010-19959
sein	6742831	宁波萌恒工贸有限公司	第二十四类	T2010-19960
DIAMOND CROWN	6742827	宁波萌恒工贸有限公司	第二十四类	T2010-19961
ASO-OKE	6742826	宁波萌恒工贸有限公司	第二十四类	T2010-19962
YAODA	6582312	台州市耀达工贸有限公司	第九类	T2010-19963
CHNKI	5614419	张章生	第七类	T2010-19964

权利名称	权利注册授权号	申请人名称	商品分类	备案号
VICEROY	1424204	英美烟草（品牌）股份有限公司	第三十四类	T2010–19965
168	4999807	福建鑫华股份有限公司	第二十四类	T2010–19966
CO.ST.IN	4143098	福建鑫华股份有限公司	第二十四类	T2010–19967
COSTIN 及图	4553161	福建鑫华股份有限公司	第二十四类	T2010–19968
金鹿	1068786	福建省金鹿日化股份有限公司	第五类	T2010–19969
CHEVIGNON	G768568	查理·榭飞雍企业	第三类	T2010–19970
CHEVIGNON	G556238	查理·榭飞雍企业	第三类	T2010–19971
图形	7129534	福州德隆鞋业有限公司	第二十五类	T2010–19972
SUN DOVE(图形)	7129533	福州德隆鞋业有限公司	第二十五类	T2010–19973
SUN DOVE	7129530	福州德隆鞋业有限公司	第二十五类	T2010–19974
MASTERPIECE	6920127	许昌亨利达发制品有限公司	第二十六类	T2010–19975
超柔毛绒机盘玫瑰立体花花型	15–2010–F–0941	青岛金田纺织有限公司		C2010–19976
4X4方格拼接手工绣花花型(HF0928)	15–2010–F–0955	青岛金田纺织有限公司		C2010–19977
4层圆形拼接丝带绣花型(HF0136)	15–2010–F–0954	青岛金田纺织有限公司		C2010–19978
大菱形拼接丝带绣花型(HF0904)	15–2010–F–0953	青岛金田纺织有限公司		C2010–19979
2X2贴方拼接手工绣花花型(HF1192)	15–2010–F–0952	青岛金田纺织有限公司		C2010–19980
0.1打折拼接手工丝带绣花花型(HF1239)	15–2010–F–0951	青岛金田纺织有限公司		C2010–19981
整中心拼接手工绣花花型(HF1207)	15–2010–F–0950	青岛金田纺织有限公司		C2010–19982
长方形方格拼接丝带绣花型(HF0906)	15–2010–F–0948	青岛金田纺织有限公司		C2010–19983
4X4小方格拼接丝带绣花型(HF0770)	15–2010–F–0947	青岛金田纺织有限公司		C2010–19984
4X4方框拼接丝带绣花型(HF0898)	15–2010–F–0946	青岛金田纺织有限公司		C2010–19985
条框拼接丝带绣花型(FL3530)	15–2010–F–0938	青岛金田纺织有限公司		C2010–19986
3X3方格拼接丝带绣花型(M163)	15–2010–F–0937	青岛金田纺织有限公司		C2010–19987
非对称构图金色玫瑰花型(G788)	15–2010–F–0939	青岛金田纺织有限公司		C2010–19988
灰色麂皮毛绒加丝带花篮绣花型(N17)	15–2010–F–0940	青岛金田纺织有限公司		C2010–19989
玉米条超柔覆膜手绣丝带花束花型(G780)	15–2010–F–0942	青岛金田纺织有限公司		C2010–19990
皮革豹纹毛绒加小玫瑰丝带绣花型(M1403)	15–2010–F–0943	青岛金田纺织有限公司		C2010–19991
超柔覆膜工艺手绣丝带(G667)	15–2010–F–0944	青岛金田纺织有限公司		C2010–19992

权利名称	权利注册授权号	申请人名称	商品分类	备案号
长毛绒心形手绣丝带花型(D182)	15-2010-F-0945	青岛金田纺织有限公司		C2010-19993
长毛绒色丁盘玫瑰手绣丝带花型(D188)	15-2010-F-0949	青岛金田纺织有限公司		C2010-19994
洗衣粉包装袋（10 款）	11-2010-F-9089	纳爱斯集团有限公司		C2010-19995
洗衣粉包装袋（09 款）	11-2010-F-9088	纳爱斯集团有限公司		C2010-19996
palmera	5389207	福州亚玛机电有限公司	第七类	T2010-19997
太阳及图形	244444	浙江太阳股份有限公司	第七类	T2010-19998
咖啡奇才－百蓓润 自 1870 年	4003595	巴比乐咖啡股份公司	第三十类	T2010-20000
KALMATRON	6568751	卡尔迈特恩公司	第一类	T2010-20001
Calvin Klein	1192804	卡尔文？？克雷恩商标托管	第二十四类	T2010-20002
Griffin Lion Logo	VA 1-728-165	埃克斯普雷斯有限公司		C2010-20003
EXPRESS	4908918	埃克斯普雷斯有限公司	第二十五类	T2010-20004
EXPRESS	1903598	埃克斯普雷斯有限公司	第三类	T2010-20005
SUSINA	7311482	梅花伞业股份有限公司	第十八类	T2010-20006
BANE 图形 SOMBOR	5215870	徐土根	第六类	T2010-20008
TRAVEL BUDDY	3346145	飘逸实业有限公司	第二十一类	T2010-20009
行动拍档	3346146	飘逸实业有限公司	第二十一类	T2010-20010
EPSON	341841	精工爱普生株式会社	第十六类	T2010-20011
HITACHI	1068506	株式会社日立制作所	第四类	T2010-20012
HITACHI	1044325	株式会社日立制作所	第三类	T2010-20013
HITACHI	608165	株式会社日立制作所	第三类	T2010-20014
HITACHI	1074038	株式会社日立制作所	第二类	T2010-20015
HITACHI	609022	株式会社日立制作所	第二类	T2010-20016
HITACHI	3477755	株式会社日立制作所	第一类	T2010-20017
HITACHI	159903	株式会社日立制作所	第十四类	T2010-20018
HITACHI	758078	株式会社日立制作所	第十类	T2010-20019
HITACHI	3477916	株式会社日立制作所	第十类	T2010-20020
HITACHI	1084060	株式会社日立制作所	第十类	T2010-20021
HITACHI	6976914	株式会社日立制作所	第十类	T2010-20022
HITACHI	5659032	株式会社日立制作所	第十二类	T2010-20023
HITACHI	5659030	株式会社日立制作所	第九类	T2010-20024
HITACHI	3557298	株式会社日立制作所	第九类	T2010-20025
HITACHI	3477917	株式会社日立制作所	第九类	T2010-20026
HITACHI	1553769	株式会社日立制作所	第九类	T2010-20027
HITACHI	988006	株式会社日立制作所	第九类	T2010-20028
HITACHI	637527	株式会社日立制作所	第九类	T2010-20029
HITACHI	1035053	株式会社日立制作所	第八类	T2010-20030
HITACHI	310969	株式会社日立制作所	第七类	T2010-20031

权利名称	权利注册授权号	申请人名称	商品分类	备案号
HITACHI	759323	株式会社日立制作所	第八类	T2010-20032
HITACHI	6976917	株式会社日立制作所	第七类	T2010-20033
HITACHI	159873	株式会社日立制作所	第七类	T2010-20034
HITACHI	609940	株式会社日立制作所	第十五类	T2010-20035
HITACHI	613848	株式会社日立制作所	第十四类	T2010-20036
日立(图形)	139936	株式会社日立制作所	第九类	T2010-20037
日立	5659051	株式会社日立制作所	第九类	T2010-20038
日立	3557299	株式会社日立制作所	第九类	T2010-20039
日立	1553771	株式会社日立制作所	第九类	T2010-20040
日立	988005	株式会社日立制作所	第九类	T2010-20041
日立	637525	株式会社日立制作所	第九类	T2010-20042
日立	3478031	株式会社日立制作所	第九类	T2010-20043
日立	1035054	株式会社日立制作所	第八类	T2010-20044
日立	759324	株式会社日立制作所	第八类	T2010-20045
日立	986916	株式会社日立制作所	第七类	T2010-20046
日立	310970	株式会社日立制作所	第七类	T2010-20047
日立	6977058	株式会社日立制作所	第七类	T2010-20048
日立	159874	株式会社日立制作所	第七类	T2010-20049
日立	139929	株式会社日立制作所	第七类	T2010-20050
日立	6977059	株式会社日立制作所	第六类	T2010-20051
日立	159898	株式会社日立制作所	第五类	T2010-20052
日立	1080963	株式会社日立制作所	第五类	T2010-20053
日立	1032356	株式会社日立制作所	第四类	T2010-20054
日立	1044324	株式会社日立制作所	第三类	T2010-20055
日立	608167	株式会社日立制作所	第三类	T2010-20056
日立	1074039	株式会社日立制作所	第二类	T2010-20057
日立	609020	株式会社日立制作所	第二类	T2010-20058
NITASHI	3441071	株式会社日立制作所	第七类	T2010-20059
NITASHI	3441068	株式会社日立制作所	第十一类	T2010-20060
NITASHI	3441069	株式会社日立制作所	第九类	T2010-20061
NITASHI	3441030	株式会社日立制作所	第八类	T2010-20062
FUTACHI	1272848	株式会社日立制作所	第十五类	T2010-20063
FUTACHI	1265426	株式会社日立制作所	第十四类	T2010-20064
FUTACHI	1277082	株式会社日立制作所	第十类	T2010-20065
FUTACHI	1278200	株式会社日立制作所	第二十八类	T2010-20066
FUTACHI	1274569	株式会社日立制作所	第八类	T2010-20067
HETASHI	3441072	株式会社日立制作所	第十一类	T2010-20068
HETASHI	3441073	株式会社日立制作所	第九类	T2010-20069
HETASHI	3441075	株式会社日立制作所	第七类	T2010-20070
HETASHI	3441074	株式会社日立制作所	第八类	T2010-20071

权利名称	权利注册授权号	申请人名称	商品分类	备案号
HITACHI	1641877	株式会社日立制作所	第十二类	T2010-20072
HITACHI	3477914	株式会社日立制作所	第十二类	T2010-20073
HITACHI	994453	株式会社日立制作所	第十二类	T2010-20074
HITACHI	3477915	株式会社日立制作所	第十一类	T2010-20075
HITACHI	923175	株式会社日立制作所	第十一类	T2010-20076
日立（图形）	6976838	株式会社日立制作所	第六类	T2010-20077
日立（图形）	5457720	株式会社日立制作所	第五类	T2010-20078
日立（图形）	159899	株式会社日立制作所	第五类	T2010-20079
日立（图形）	1081008	株式会社日立制作所	第五类	T2010-20080
日立（图形）	1068507	株式会社日立制作所	第四类	T2010-20081
日立（图形）	608166	株式会社日立制作所	第三类	T2010-20082
日立（图形）	1074037	株式会社日立制作所	第二类	T2010-20083
日立（图形）	609021	株式会社日立制作所	第二类	T2010-20084
日立（图形）	5829517	株式会社日立制作所	第一类	T2010-20085
HITACHI	6976891	株式会社日立制作所	第二十一类	T2010-20086
HITACHI 阿拉伯语	4741161	株式会社日立制作所	第八类	T2010-20087
HITACHI	1052099	株式会社日立制作所	第二十一类	T2010-20088
HITACHI	612508	株式会社日立制作所	第二十类	T2010-20089
HITACHI	1057586	株式会社日立制作所	第二十类	T2010-20090
HITACHI	1082540	株式会社日立制作所	第二十八类	T2010-20091
HITACHI	607822	株式会社日立制作所	第三十四类	T2010-20092
HITACHI	610083	株式会社日立制作所	第二十五类	T2010-20093
HITACHI	1069958	株式会社日立制作所	第二十四类	T2010-20094
HITACHI	616599	株式会社日立制作所	第二十四类	T2010-20095
HITACHI	1028469	株式会社日立制作所	第十八类	T2010-20096
HITACHI	3477769	株式会社日立制作所	第十七类	T2010-20097
HITACHI	159896	株式会社日立制作所	第十七类	T2010-20098
HITACHI	1069282	株式会社日立制作所	第十七类	T2010-20099
HITACHI	6976928	株式会社日立制作所	第十六类	T2010-20100
HITACHI	807382	株式会社日立制作所	第十六类	T2010-20101
HITACHI	1033701	株式会社日立制作所	第十五类	T2010-20102
日立	139931	株式会社日立制作所	第九类	T2010-20103
HITACHI	139926	株式会社日立制作所	第九类	T2010-20104
日立	3478039	株式会社日立制作所	第一类	T2010-20105
日立（图形）	616597	株式会社日立制作所	第二十四类	T2010-20106
日立（图形）	1057928	株式会社日立制作所	第二十一类	T2010-20107
日立（图形）	805725	株式会社日立制作所	第二十一类	T2010-20108
日立（图形）	1057580	株式会社日立制作所	第二十类	T2010-20109
日立（图形）	612506	株式会社日立制作所	第二十类	T2010-20110
日立（图形）	607829	株式会社日立制作所	第三十四类	T2010-20111

权利名称	权利注册授权号	申请人名称	商品分类	备案号
日立（图形）	1082541	株式会社日立制作所	第二十八类	T2010-20112
日立（图形）	610113	株式会社日立制作所	第二十五类	T2010-20113
日立（图形）	1069952	株式会社日立制作所	第二十四类	T2010-20114
日立（图形）	1028470	株式会社日立制作所	第十八类	T2010-20115
日立（图形）	5829526	株式会社日立制作所	第十七类	T2010-20116
日立（图形）	1069280	株式会社日立制作所	第十七类	T2010-20117
日立（图形）	159894	株式会社日立制作所	第十七类	T2010-20118
HITACHI 阿拉伯语	4741157	株式会社日立制作所	第十一类	T2010-20119
HITACHI 阿拉伯语	4741158	株式会社日立制作所	第九类	T2010-20120
日立（图形）	6976844	株式会社日立制作所	第二十一类	T2010-20121
HITACHI 阿拉伯语	4741162	株式会社日立制作所	第七类	T2010-20122
DURATA	1549970	四川华景国贸实业有限责任公司	第九类	T2011-20123
万年青（图形）	546165	上海天坛国际贸易有限公司	第三十类	T2011-20124
延安（图形）	546162	上海天坛国际贸易有限公司	第三十类	T2011-20125
图形（万年青）	546163	上海天坛国际贸易有限公司	第三十类	T2011-20126
万年青（图形）	546164	上海天坛国际贸易有限公司	第三十类	T2011-20127
POLO	527802	波罗 / 劳伦有限公司	第二十五类	T2010-20128
WT（图形）	1561891	宁波美培林轴承有限公司	第七类	T2011-20129
SWC	1500398	SWC 株式会社	第十四类	T2011-20130
NACET	43079	吉列公司	第八类	T2011-20131
MINORA	43078	吉列公司	第八类	T2011-20132
L.E.I.life energy intelligence 及图	1501469	琼斯投资有限公司	第二十五类	T2011-20133
LIFE ENERGY INTELLIGENCE	1501115	琼斯投资有限公司	第二十五类	T2011-20134
TEFAL	1060282	特福简化股份有限公司	第十一类	T2011-20135
KAIDE	1435514	深圳市凯隆电子有限公司	第一类	T2010-20136
SMTOP	7274019	香港星光贸易有限公司	第六类	T2011-20137
V	956573	亚什兰许可和知识产权有限公司	第四类	T2011-20138
胜牌	5623469	亚什兰许可和知识产权有限公司	第五类	T2011-20139
V	5623440	亚什兰许可和知识产权有限公司	第五类	T2011-20140
V	5623439	亚什兰许可和知识产权有限公司	第三类	T2011-20141
V	5065496	亚什兰许可和知识产权有限公司	第一类	T2011-20142
胜牌	4556225	亚什兰许可和知识产权有限公司	第二类	T2011-20143
胜牌	4366367	亚什兰许可和知识产权有限公司	第一类	T2011-20144
V	2017402	亚什兰许可和知识产权有限公司	第四类	T2011-20145
图形	1905464	亚什兰许可和知识产权有限公司	第四类	T2011-20146
V	1572116	亚什兰许可和知识产权有限公司	第二类	T2011-20147
V	1564666	亚什兰许可和知识产权有限公司	第四类	T2011-20148
BERGNER+ 图形	6567419	罗伊腾海外有限公司	第二十一类	T2011-20150
BOSS HUGO BOSS	G550975	德国雨果博斯商标管理有限公司	第九类	T2011-20151
BOSS HUGO BOSS	G550975	德国雨果博斯商标管理有限公司	第十四类	T2011-20152

权利名称	权利注册授权号	申请人名称	商品分类	备案号
BOSS HUGO BOSS	G550975	德国雨果博斯商标管理有限公司	第十六类	T2011-20153
N	175151	美国新平衡运动鞋公司	第二十五类	T2011-20154
NEW BALANCE	175153	美国新平衡运动鞋公司	第二十五类	T2011-20155
NB	175152	美国新平衡运动鞋公司	第二十五类	T2011-20156
HUGO	G776148	德国雨果博斯商标管理有限公司	第二十三类	T2011-20157
HUGO	G776148	德国雨果博斯商标管理有限公司	第二十六类	T2011-20158
SEGER 及图形（指定颜色）	1245348	塞葛塞斯电动产品公司	第十二类	T2011-20159
Butterfly 及图形	1176516	株式会社特玛苏	第十八类	T2011-20160
ROBERCOLOR	G435294	欧雅颜色有限公司	第十六类	T2011-20161
日立（图形）	159875	株式会社日立制作所	第七类	T2011-20162
日立（图形）	1035052	株式会社日立制作所	第八类	T2011-20163
日立（图形）	6976849	株式会社日立制作所	第十六类	T2011-20164
日立（图形）	807381	株式会社日立制作所	第十六类	T2011-20165
日立（图形）	609939	株式会社日立制作所	第十五类	T2011-20166
日立（图形）	1033702	株式会社日立制作所	第十五类	T2011-20167
日立（图形）	3477888	株式会社日立制作所	第九类	T2011-20168
日立（图形）	613847	株式会社日立制作所	第十四类	T2011-20169
日立（图形）	159905	株式会社日立制作所	第十四类	T2011-20170
日立（图形）	5659034	株式会社日立制作所	第十二类	T2011-20171
日立（图形）	1641875	株式会社日立制作所	第十二类	T2011-20172
日立（图形）	994452	株式会社日立制作所	第十二类	T2011-20173
日立（图形）	987009	株式会社日立制作所	第十二类	T2011-20174
日立（图形）	3477886	株式会社日立制作所	第十一类	T2011-20175
日立（图形）	806567	株式会社日立制作所	第十一类	T2011-20176
日立（图形）	923176	株式会社日立制作所	第十一类	T2011-20177
日立（图形）	758079	株式会社日立制作所	第十类	T2011-20178
日立（图形）	1084061	株式会社日立制作所	第十类	T2011-20179
日立（图形）	3477887	株式会社日立制作所	第十类	T2011-20180
日立（图形）	6976835	株式会社日立制作所	第十类	T2011-20181
日立（图形）	5659031	株式会社日立制作所	第九类	T2011-20182
日立（图形）	612649	株式会社日立制作所	第十六类	T2011-20183
日立（图形）	3557300	株式会社日立制作所	第九类	T2011-20184
日立（图形）	1553770	株式会社日立制作所	第九类	T2011-20185
日立（图形）	988007	株式会社日立制作所	第九类	T2011-20186
日立（图形）	637526	株式会社日立制作所	第九类	T2011-20187
日立（图形）	759325	株式会社日立制作所	第八类	T2011-20188
日立（图形）	6976837	株式会社日立制作所	第七类	T2011-20189
日立（图形）	139934	株式会社日立制作所	第七类	T2011-20190
日立（图形）	5829512	株式会社日立制作所	第六类	T2011-20191
BAHCO	5927209	凯普曼有限公司	第八类	T2011-20192

权利名称	权利注册授权号	申请人名称	商品分类	备案号
SANDFLEX	1137119	凯普曼有限公司	第八类	T2011-20193
REPSOL	G982529	西班牙商・瑞普索 YPF 股份有限公司	第四类	T2011-20194
TIMBERLAND	1538125	添柏岚公司	第九类	T2011-20197
树(图形)	1538124	添柏岚公司	第九类	T2011-20198
KYOCERA	1544138	京瓷株式会社	第二类	T2011-20199
HONEYWELL	1511495	霍尼韦尔国际公司	第十一类	T2011-20200
龍膜	1508845	首诺公司	第十七类	T2011-20201
图形	240217	维布雷姆有限公司	第十七类	T2011-20202
vibram 及图	291607	维布雷姆有限公司	第十七类	T2011-20203
NOKIA	1541929	诺基亚公司	第九类	T2011-20204
BEIFA	1524646	贝发集团股份有限公司	第十六类	T2011-20206
蔡司	1509666	卡尔蔡司股份公司	第九类	T2011-20207
贝发	1512617	贝发集团股份有限公司	第十六类	T2011-20208
M(图形)	1531531	天津机械进出口有限公司	第八类	T2011-20209
寻找和学习农场(Puzzle Doubles Search & Learn Farm)	VA 1-399-634	学习之旅国际有限公司		C2011-20210
数字王国快车(Numberland Express)	VA 1-710-059	学习之旅国际有限公司		C2011-20211
字母快车(Alphabet Express)	VA 1-710-057	学习之旅国际有限公司		C2011-20212
拼拼看!拼写 (Match It! Spelling)	VA 1-710-024	学习之旅国际有限公司		C2011-20213
拼拼看!时间 (Match It! Time)	VA 1-709-401	学习之旅国际有限公司		C2011-20214
海洋生物(Creatures of the Sea)	VA 1-707-481	学习之旅国际有限公司		C2011-20215
拼拼看! 数字(Match It! Numbers)	VA 1-627-817	学习之旅国际有限公司		C2011-20216
cas	3360151	浦江奥德锐贸易有限公司	第六类	T2011-20217
MECO 锁独立包装 19LK3310	2003-L-0826	M. 卡普兰尼(香港)有限公司		C2011-20218
K 及图形	1381930	江汉石油钻头股份有限公司	第七类	T2011-20219
KINGDREAM 及图形	1381931	江汉石油钻头股份有限公司	第七类	T2011-20220
TEM 及图	509910	天津市电机总厂	第七类	T2011-20221
奥崎及英文 Octki 及图形	1282929	佛山市三水鸿业彩印胶粘制品有限公司	第十六类	T2011-20223
666 及英文 SIX-SIX-SIX 及图形	1277959	佛山市三水鸿业彩印胶粘制品有限公司	第十六类	T2011-20224
CHI	3396005	法洛克系统公司	第九类	T2011-20225
BOSE	G557509A	伯斯有限公司	第九类	T2011-20226
TONMAS 汤玛斯	3695119	卢汝昌	第二十五类	T2011-20227
RINCO 凌高	4243744	广州凌高科贸有限公司	第十七类	T2011-20228
ARC 及人拉弓图形	G739667	弓箭国际	第二十一类	T2011-20231
阿依莲 a .YiLian	6823107	广州市今誉服饰有限公司	第二十五类	T2011-20232
阿依莲 a .YiLian	6823106	广州市今誉服饰有限公司	第十八类	T2011-20233
Rejoice	3105236	宝洁公司(美国)	第三类	T2011-20235

权利名称	权利注册授权号	申请人名称	商品分类	备案号
Herbal Essences	G1347601	宝洁公司（美国）	第三类	T2011-20236
Safeguard 舒肤佳	1383249	宝洁公司（美国）	第三类	T2011-20237
MACH3	1304564	吉列公司	第八类	T2011-20238
Boss	161140	施万—斯特比洛公司	第十六类	T2011-20240
STABILO BOSS（图形）	4462242	施万—斯特比洛公司	第十六类	T2011-20241
STABILO（图形）	1236429	施万—斯特比洛公司	第十六类	T2011-20242
EXAM GRADE	G936221	施万—斯特比洛公司	第十六类	T2011-20243
EXAM GRADE	G935997	施万—斯特比洛公司	第十六类	T2011-20244
自然力 NATURAL POWER	3069768	黄清雄	第三类	T2011-20249
ARROW 箭牌	294143	浦江奥德锐贸易有限公司	第六类	T2011-20250
SVEDEN	5627834	思凡登有限公司	第八类	T2011-20251
TRUPER	7246340	边境出口有限公司	第二十八类	T2011-20253
PRETUL	7246344	边境出口有限公司	第二十二类	T2011-20254
TRUPER	7246364	边境出口有限公司	第十八类	T2011-20255
TRUPER	7246337	边境出口有限公司	第二十二类	T2011-20256
TRUPER	7246339	边境出口有限公司	第二十七类	T2011-20257
PRETUL	7246348	边境出口有限公司	第十七类	T2011-20258
VOLTECH	7078951	边境出口有限公司	第二十二类	T2011-20259
PRETUL	7246350	边境出口有限公司	第十四类	T2011-20260
OMOTO 及图	7423357	欧摩托国际公司	第十二类	T2011-20261
Butterfly 及图形	1457134	株式会社特玛苏	第二十八类	T2011-20262
Give Me Five	6779317	深圳市京维天科技有限公司	第九类	T2011-20263
京维天 KingTech 及图	5596828	张勤学	第九类	T2011-20264
CK	1087786	卡尔文？？克雷恩商标托管	第二十四类	T2011-20265
ZAKNDECKER	4809837	江门市众益电子有限公司	第九类	T2011-20270
NIGHTKIDS	4809835	江门市众益电子有限公司	第九类	T2011-20271
RODASTAR	4809841	江门市众益电子有限公司	第九类	T2011-20272
JVS	4809840	江门市众益电子有限公司	第九类	T2011-20273
WOLF CARACCESSORRIES	4809836	江门市众益电子有限公司	第九类	T2011-20274
AUDIOVISIO	4809838	江门市众益电子有限公司	第九类	T2011-20275
PUREVOX	4834550	江门市众益电子有限公司	第九类	T2011-20276
池上米	7181967	台东县池上乡公所	第三十类	T2011-20278
LANE	970480	恩平市莱茵电子新科技有限公司	第九类	T2011-20280
AUONE	1642551	佛山市欧一电器制造厂有限公司	第九类	T2011-20281
万得	649977	亚洲化学股份有限公司	第十六类	T2011-20296
万得	650749	亚洲化学股份有限公司	第十七类	T2011-20297
wonder	649976	亚洲化学股份有限公司	第十六类	T2011-20298
万得和 wonder	649975	亚洲化学股份有限公司	第十六类	T2011-20299
wonder	581433	亚洲化学股份有限公司	第十七类	T2011-20300
wonder	3609116	亚洲化学股份有限公司	第七类	T2011-20301

权利名称	权利注册授权号	申请人名称	商品分类	备案号
wonder	3609114	亚洲化学股份有限公司	第十六类	T2011-20302
万宜	3247488	亚洲化学股份有限公司	第十六类	T2011-20303
Wan.e	3247486	亚洲化学股份有限公司	第十七类	T2011-20304
万宜	3247485	亚洲化学股份有限公司	第十七类	T2011-20305
WONDER	3024341	亚洲化学股份有限公司	第十七类	T2011-20306
HIP HOP ABS	G943088	普拉达克特帕嗒奈斯(有限公司)	第九类	T2011-20307
艺术字体 SUNKIST	1454942	新奇士种植者公司	第三十一类	T2011-20308
INNOVATION IN MOTION TSUBAKI	6083769	株式会社椿本链条	第七类	T2011-20309
INNOVATION IN MOTION TSUBAKI	6083829	株式会社椿本链条	第九类	T2011-20310
INNOVATION IN MOTION TSUBAKI	6083828	株式会社椿本链条	第十二类	T2011-20311
CHLOE	522047	蔻依有限公司	第九类	T2011-20312
牙博士(图形)	3522927	广州市倩采化妆品有限公司	第三类	T2011-20320
牙博士	3107249	广州市倩采化妆品有限公司	第三类	T2011-20321
WD	3350545	无锡万泰机械进出口有限公司	第七类	T2011-20322
KENNEDE	5542859	广东金莱特电器股份有限公司	第十一类	T2011-20323
宝炉	325858	兰州佛慈制药股份有限公司	第五类	T2011-20324
DONATEN	6399907	厦门海泰克进出口有限公司	第十二类	T2011-20325
AGVA	5211891	东莞进升塑料制品有限公司	第三十五类	T2011-20327
进升	5211890	东莞进升塑料制品有限公司	第十八类	T2011-20328
双菱 DOUBLE RHOMB 及图形	76512	江苏开元国际集团轻工业品进出口股份有限公司	第八类	T2011-20331
燕牌 SWALLOW BRAND 及图形	76341	江苏开元国际集团轻工业品进出口股份有限公司	第十一类	T2011-20332
燕牌 SWALLOW BRAND 及图形	75326	江苏开元国际集团轻工业品进出口股份有限公司	第二十一类	T2011-20333
宝石花 JEWEL FLOWER 及图形	76300	江苏开元国际集团轻工业品进出口股份有限公司	第十一类	T2011-20334
FYH	1597818	日本滚珠轴承组件株式会社	第七类	T2011-20335
百利 BRELLI	184760	江苏开元国际集团轻工业品进出口股份有限公司	第十五类	T2011-20336
ANGEL 及图形	149800	江苏开元国际集团轻工业品进出口股份有限公司	第十五类	T2011-20337
ASHARE	1416731	江苏开元国际集团轻工业品进出口股份有限公司	第十八类	T2011-20338
虎牌 TIGER	46805	江苏开元国际集团轻工业品进出口股份有限公司	第十六类	T2011-20339
TORK	1657885	温州京威国际贸易有限公司	第十二类	T2011-20340
ASHARE	1273547	江苏开元国际集团轻工业品进出口股份有限公司	第二十五类	T2011-20341
燕牌 SWALLOW BRAND 及图形	75256	江苏开元国际集团轻工业品进出口股份有限公司	第二十一类	T2011-20344
恒远 HENGYUAN 及图	3560842	江苏恒力化纤有限公司	第二十三类	T2011-20348
恒远 HENGYUAN 及图	3560843	江苏恒力化纤有限公司	第二十二类	T2011-20349
BALMAIN	1130633	皮埃尔巴勒曼有限公司	第二十五类	T2011-20350
Tempo	261533	AB SCA 财经公司	第十六类	T2011-20351

权利名称	权利注册授权号	申请人名称	商品分类	备案号
FE	3366703	河北欧凯轴承制造有限公司	第七类	T2011-20352
PAMIR	6259783	浙江银海照明电器有限公司	第十一类	T2011-20355
ARIANA	6480461	浙江银海照明电器有限公司	第十一类	T2011-20356
VEKEN	7016730	维科控股集团股份有限公司	第二十四类	T2011-20357
SOLTEX	176117	切弗朗菲利浦化学公司	第一类	T2011-20362
狗狗储蓄罐	2010-F-028290	株式会社维治		C2011-20363
TECVISION	6442552	广州弘嘉贸易发展有限公司	第九类	T2011-20364
MASA 及图形	6393124	广州弘嘉贸易发展有限公司	第九类	T2011-20365
DSN	5960067	宁海县格兰德国际贸易有限公司	第十二类	T2011-20366
APC 及图形	6899253	宁海县格兰德国际贸易有限公司	第十二类	T2011-20367
DAHON	6184139	大行科技（深圳）有限公司	第十二类	T2011-20368
大行星（图形）	6094573	大行科技（深圳）有限公司	第十二类	T2011-20369
大行星（图形）	6094572	大行科技（深圳）有限公司	第十二类	T2011-20370
大行	4587476	大行科技（深圳）有限公司	第十二类	T2011-20371
雅航	3462186	大行科技（深圳）有限公司	第十二类	T2011-20372
IWC	G729301	历峰国际有限公司	第十四类	T2011-20375
A.LANGE & SOHNE	G603911	朗格表有限公司	第十四类	T2011-20376
K-SPAN	685536	M.I.C. 工业股份有限公司	第七类	T2011-20377
SUPER K-SPAN	685507	M.I.C. 工业股份有限公司	第七类	T2011-20378
M.I.C.	685537	M.I.C. 工业股份有限公司	第七类	T2011-20379
MIC INDUSTRIES 及图形	1011207	M.I.C. 工业股份有限公司	第七类	T2011-20380
UBM - THE MACHINE THAT MAKES BUILDINGS	6234884	M.I.C. 工业股份有限公司	第七类	T2011-20381
UBM ULTIMATE	1023202	M.I.C. 工业股份有限公司	第七类	T2011-20382
M.I.C.- PROSOFT	4530880	M.I.C. 工业股份有限公司	第九类	T2011-20383
ABM	688516	M.I.C. 工业股份有限公司	第七类	T2011-20384
DCSHOES	1396071	DC 鞋业有限公司	第二十五类	T2011-20385
DC 图形	1396072	DC 鞋业有限公司	第二十五类	T2011-20386
DCSHOECOUSA	1396073	DC 鞋业有限公司	第二十五类	T2011-20387
式熊	3025094	上海西泠印社有限公司	第十六类	T2011-20389
美丽	521465	上海西泠印社有限公司	第十六类	T2011-20390
箭镞	513520	上海西泠印社有限公司	第十六类	T2011-20391
W&S BATT	3198979	上海白象天鹅电池有限公司	第九类	T2011-20392
BACK 2 LIFE 图标	2010-F-027321	背可复有限公司		C2011-20394
BULLET EXPRESS	6663562	霍姆兰德家用器具有限责任公司	第七类	T2011-20395
太阳精灵	7315530	楼文春	第二十类	T2011-20396
图形	3638590	楼文春	第二十八类	T2011-20397
UNLIMITED BY CHEVIGNON	G975362	查理・榭飞雍企业	第二十五类	T2011-20398
TURBO JAM	G897723	普拉达克特帕嗒奈斯（有限公司）	第九类	T2011-20399
TURBO JAM	G897723	普拉达克特帕嗒奈斯（有限公司）	第四十一类	T2011-20400

权利名称	权利注册授权号	申请人名称	商品分类	备案号
NYCO	683524	济南天齐特种平带有限公司	第七类	T2011-20403
AIRESEARCH	541688	霍尼韦尔国际公司	第十二类	T2011-20404
GARRETT	541689	霍尼韦尔国际公司	第十二类	T2011-20405
PLAYBOY 花花公子	1641450	花花公子企业国际有限公司	第二十五类	T2011-20406
GIORGIO ARMANI	176089	乔治·阿玛尼有限公司（米兰），瑞士门德里西奥分公司	第十八类	T2011-20407
GIORGIO ARMANI	176090	乔治·阿玛尼有限公司（米兰），瑞士门德里西奥分公司	第二十五类	T2011-20408
GIORGIO ARMANI	176092	乔治·阿玛尼有限公司（米兰），瑞士门德里西奥分公司	第十四类	T2011-20409
GIORGIO ARMANI	176093	乔治·阿玛尼有限公司（米兰），瑞士门德里西奥分公司	第二十四类	T2011-20410
GIORGIO ARMANI	176095	乔治·阿玛尼有限公司（米兰），瑞士门德里西奥分公司	第三类	T2011-20411
新佳 SUNCA 及图形	1734013	建发电器制品（深圳）有限公司	第九类	T2011-20413
AILAIFA	1721347	温州市爱莱发鞋业有限公司	第二十五类	T2011-20414
长青 EVERGREEN 及图形	76250	江西省省属国有企业资产经营（控股）有限公司	第二十九类	T2011-20415
长青 EVERGREEN 及图形	717175	江西省省属国有企业资产经营（控股）有限公司	第三十类	T2011-20416
KERABEN	G722345	凯拉本股份有限公司	第十九类	T2011-20418
BOSS HUGO BOSS	G550975	德国雨果博斯商标管理有限公司	第十八类	T2011-20420
BOSS HUGO BOSS	G550975	德国雨果博斯商标管理有限公司	第二十四类	T2011-20421
BOSS HUGO BOSS	G550975	德国雨果博斯商标管理有限公司	第二十五类	T2011-20422
BOSS HUGO BOSS	G550975	德国雨果博斯商标管理有限公司	第二十八类	T2011-20423
BOSS HUGO BOSS	G550975	德国雨果博斯商标管理有限公司	第三十四类	T2011-20424
贝克力	4874669	纯钓公司	第八类	T2011-20426
贝克力	4874668	纯钓公司	第七类	T2011-20427
贝克力	4874486	纯钓公司	第九类	T2011-20428
贝克力	4874485	纯钓公司	第十一类	T2011-20429
BERKLEY	4848033	纯钓公司	第二十八类	T2011-20430
BERKLEY	4848031	纯钓公司	第二十六类	T2011-20431
BERKLEY	4848030	纯钓公司	第十一类	T2011-20432
BERKLEY	4848027	纯钓公司	第七类	T2011-20433
BERKLEY	4848028	纯钓公司	第八类	T2011-20434
BERKLEY	4848029	纯钓公司	第九类	T2011-20435
贝纳	5247961	中山市百纳缝纫设备有限公司	第七类	T2011-20437
图形	6065233	中山市百纳缝纫设备有限公司	第七类	T2011-20438
BELLA	5247962	中山市百纳缝纫设备有限公司	第七类	T2011-20439
MR CLEAN 及图	4236054	APB 亚洲私人有限公司	第二十四类	T2011-20440
MR CLEAN 及图	4236053	APB 亚洲私人有限公司	第二十四类	T2011-20441
维科 VEKEN 及图形	1541705	维科控股集团股份有限公司	第二十四类	T2011-20453
DYNA-COIN	1527731	威姆·斯泰嫩制造有限公司	第十一类	T2011-20455

权利名称	权利注册授权号	申请人名称	商品分类	备案号
STEINEN 及图形	1542733	威姆·斯泰嫩制造有限公司	第七类	T2011-20456
STEINEN 及图形	1558802	威姆·斯泰嫩制造有限公司	第十一类	T2011-20457
BOSCH 博世（图形）	159858	罗伯特·博世有限公司	第十二类	T2011-20458
BOSCH	159857	罗伯特·博世有限公司	第十二类	T2011-20459
PAI LUNG	672511	佰龙机械厂股份有限公司	第七类	T2011-20460
DEK 及图形	5755236	福州华博机电有限公司	第七类	T2011-20462
Et compagnie.....	7309705	森林控股有限公司	第二十五类	T2011-20463
NINTENDO	1396479	任天堂株式会社	第九类	T2011-20464
POKEMON	1275472	任天堂株式会社	第十六类	T2011-20465
FENDER	852535	芬德乐器有限公司	第九类	T2011-20466
火爆	1299174	四川省宜宾五粮液集团有限公司	第三十三类	T2011-20467
仙林及图	1458406	四川省宜宾五粮液集团有限公司	第三十三类	T2011-20468
VKB	4688793	蔡干强	第十九类	T2011-20469
VKB	4688795	蔡干强	第九类	T2011-20470
VKB	4688792	蔡干强	第七类	T2011-20471
VKB	4688796	蔡干强	第十一类	T2011-20472
VKB	4688794	蔡干强	第二十类	T2011-20473
TUNGSRAM	5083497	蔡干强	第九类	T2011-20474
VKB	4688791	蔡干强	第六类	T2011-20475
Kung Zhu Logo (Kung Zhu 标识)	VA 1-727-279	美国希比亚公司		C2011-20476
Collection of Kung Zhu 2010 Product Line(Kung Zhu 2010 产品系列作品集)	VA 1-727-509	美国希比亚公司		C2011-20477
Collection of Kung Zhu 2010 Product Packaging(Kung Zhu 2010 产品包装作品集)	VA 1-740-890	美国希比亚公司		C2011-20478
旭光	3370917	宝岛旭光（天津）照明电器有限公司	第十一类	T2011-20479
STAR SAT 及图形	3320511	奥尔佳贸易公司	第九类	T2011-20480
STAR SAT 及图形	1777856	奥尔佳贸易公司	第九类	T2011-20481
MEGALEC	3741395	温州市荣格贸易有限公司	第九类	T2011-20482
BEYAZ	6406993	温州市荣格贸易有限公司	第十一类	T2011-20483
ALMIRA 及图形	6194965	温州市荣格贸易有限公司	第九类	T2011-20484
STEELBOX	6167670	温州市荣格贸易有限公司	第九类	T2011-20485
MDI	6148952	温州市荣格贸易有限公司	第九类	T2011-20486
GABRIEL	5952868	温州市荣格贸易有限公司	第九类	T2011-20487
EC ELETTROCANALI	5812391	温州市荣格贸易有限公司	第九类	T2011-20488
EC	5812374	温州市荣格贸易有限公司	第九类	T2011-20489
BBLINK 及图形	5740039	温州市荣格贸易有限公司	第九类	T2011-20490
CELL-CAST	5530769	叶建敏	第九类	T2011-20491
GEROS	5408725	叶建敏	第九类	T2011-20492
SAIP 及图形	5408708	叶建敏	第九类	T2011-20493

权利名称	权利注册授权号	申请人名称	商品分类	备案号
ADISON	5385536	叶建敏	第九类	T2011-20494
DMCBOX	5355516	叶建敏	第九类	T2011-20495
POLYCROME	4364998	叶建敏	第九类	T2011-20496
GILED	3974234	叶建敏	第六类	T2011-20497
ITALITE	3551070	叶建敏	第十一类	T2011-20498
EPANE 及图形	3374703	叶建敏	第九类	T2011-20499
CHEVIGNON	G768568	查理・榭飞雍企业	第十八类	T2011-20500
CHEVIGNON	G556238	查理・榭飞雍企业	第十八类	T2011-20501
lomon	1707036	四川龙蟒集团有限责任公司	第三十一类	T2011-20502
LOMON	1616188	四川龙蟒钛业股份有限公司	第二类	T2011-20503
DISNEY	3914732	迪士尼企业公司	第二十一类	T2011-20505
DISNEY	3253769	迪士尼企业公司	第二十五类	T2011-20506
DISNEY	3330180	迪士尼企业公司	第十六类	T2011-20507
DISNEY	3914734	迪士尼企业公司	第三类	T2011-20508
DISNEY	3914730	迪士尼企业公司	第三十类	T2011-20509
DISNEY	3914733	迪士尼企业公司	第二十类	T2011-20510
DISNEY	3978253	迪士尼企业公司	第九类	T2011-20511
DISNEY	3253770	迪士尼企业公司	第二十四类	T2011-20512
DISNEY	3253772	迪士尼企业公司	第十四类	T2011-20513
DISNEY	3253771	迪士尼企业公司	第十八类	T2011-20514
ZTE 中兴	1469865	中兴通讯股份有限公司	第九类	T2011-20515
Genial	6450510	上海彤隆电子有限公司	第九类	T2011-20516
GILLY HICKS	5517330	A&F 商标股份有限公司	第二十五类	T2011-20517
JIMMY CHHO	3189590	杰出有限公司	第九类	T2011-20519
OLIN	5414819	郑州泰普机械设备有限公司	第七类	T2011-20520
TOPLYC	7583338	郑州泰普机械设备有限公司	第七类	T2011-20521
ROCKIN'BODY	6948708	普拉达克特帕嗒奈斯（有限公司）	第九类	T2011-20522
嘻哈腹肌	6948709	普拉达克特帕嗒奈斯（有限公司）	第九类	T2011-20523
BIOTHERM	1785367	碧儿泉公司	第三类	T2011-20524
羽西 YUESAI	4518967	莱雅公司	第三类	T2011-20525
VICHY	1386281	莱雅公司	第三类	T2011-20526
SHU UEMURA	1347652	莱雅公司	第三类	T2011-20527
AMOR AMOR	G814097	莱雅公司	第三类	T2011-20528
LANCOME 及图	615750	兰金香水美容有限公司	第三类	T2011-20529
兰蔻	1564287	兰金香水美容有限公司	第三类	T2011-20530
赫莲娜 HELENA RUBINSTEIN 及图形	1353278	海伦娜・罗宾斯坦公司	第三类	T2011-20531
LA ROCHE-POSAY	G787605	理肤泉医学研究所	第三类	T2011-20532
erlce	6740490	晋江市和承轻工有限公司	第二十五类	T2011-20533
铁锚 ANCHOR 及图形	528782	上海市五金矿产进出口公司	第六类	T2011-20534

权利名称	权利注册授权号	申请人名称	商品分类	备案号
SEGA	785744	世嘉股份有限公司	第二十八类	T2011-20535
SWEET DEW+ 图形	4628798	晋江凯盛伞业有限公司	第十八类	T2011-20536
ZA	1202141	株式会社资生堂	第三类	T2011-20539
shiseido	135752	株式会社资生堂	第三类	T2011-20540
資生堂	135757	株式会社资生堂	第三类	T2011-20541
玫琳凯	1398876	玫琳凯公司	第二十一类	T2011-20542
TIMEWISE	1416176	玫琳凯公司	第三类	T2011-20543
康沃斯	7101610	康沃斯公司	第九类	T2011-20544
INVENTRONICS(及图形)	6973462	英飞特电子（杭州）有限公司	第九类	T2011-20561
sculptor 彩盒设计图案	2010-F-028892	杨洲功		C2011-20562
Body Friend 及图形	6494145	浙江豪中豪健康产品有限公司	第十类	T2011-20585
ILWOUL	6569625	浙江豪中豪健康产品有限公司	第十类	T2011-20586
DIXIE CUMMINGS	6488129	浙江豪中豪健康产品有限公司	第十类	T2011-20587
Prof.Romeo ORSI s.r.l.	7138040	盛世福乐进出口贸易（北京）有限公司	第十五类	T2011-20588
MONETTE	7151488	盛世福乐进出口贸易（北京）有限公司	第十五类	T2011-20589
TRUPER	7164190	边境出口有限公司	第四类	T2011-20590
PRETUL	7246351	边境出口有限公司	第十二类	T2011-20591
TRUPER	7246361	边境出口有限公司	第十四类	T2011-20592
PRETUL	7246349	边境出口有限公司	第十六类	T2011-20593
Maxima	1911248	烟台奔腾汽车检测维修设备制造有限公司	第七类	T2011-20596
Metacolor	6326481	宁波亿拓进出口有限公司	第十六类	T2011-20597
养乐多	999349	株式会社益力多本社	第三十类	T2011-20598
LUKOIL 及图形	G699471	鲁克石油开放式股份公司	第四类	T2011-20601
LUKOIL	G699736	鲁克石油开放式股份公司	第四类	T2011-20602
LUKOIL	G678644	鲁克石油开放式股份公司	第二类	T2011-20603
LUKOIL	G678644	鲁克石油开放式股份公司	第三类	T2011-20604
LUKOIL	G678644	鲁克石油开放式股份公司	第四类	T2011-20605
LUKOIL	G678644	鲁克石油开放式股份公司	第七类	T2011-20606
LUKOIL 及图形	G678637	鲁克石油开放式股份公司	第四类	T2011-20607
LUKOIL 及图形	G678637	鲁克石油开放式股份公司	第七类	T2011-20608
《珊瑚花瓶 (Coral vase)》（共四幅）	2010-F-026473	荷兰颇思工艺公司		C2011-20610
MECO	586270	M. 卡普兰尼（香港）有限公司	第六类	T2011-20614
MECO 及图	347408	M. 卡普兰尼（香港）有限公司	第六类	T2011-20615
拾倍易事压缩袋	4170512	伊利诺斯工具制品有限公司	第二十二类	T2011-20616
拾倍易事压缩袋	4170513	伊利诺斯工具制品有限公司	第二十二类	T2011-20617
SPACE BAG	4035135	伊利诺斯工具制品有限公司	第二十二类	T2011-20618
泉工机械 +QUANGONG MACHINE+ 图形	3500359	福建泉工机械有限公司	第七类	T2011-20619
老干妈 + 头像	1381611	贵阳南明老干妈风味食品有限责任公司	第三十类	T2011-20621

权利名称	权利注册授权号	申请人名称	商品分类	备案号
HARDROCK	G852527	特制自行车配件有限公司	第十二类	T2011-20622
ENDURO	G909472	特制自行车配件有限公司	第十二类	T2011-20623
BODY GEOMETRY	G909553	特制自行车配件有限公司	第二十八类	T2011-20624
ARMADILLO	G868247	特制自行车配件有限公司	第十二类	T2011-20625
ZR+ 图形	1150764	大育实业股份有限公司	第二十六类	T2011-20627
OLEO-MAC 及图形	4577697	意玛克股份公司	第七类	T2011-20628
UV-int	6332916	桐庐友伟机电设备厂	第九类	T2011-20629
UW 及图形	1426011	弗利斯克有限公司	第二十四类	T2011-20630
UNIWAX 及图形	1441013	弗利斯克有限公司	第二十四类	T2011-20631
SEZAR 及图	7000802	厦门市巨兴工贸有限公司	第八类	T2011-20634
TSK	1170884	福建省晋江市安海豪发摩托车配件有限公司	第十二类	T2011-20637
TSK	3449475	福建省晋江市安海豪发摩托车配件有限公司	第十二类	T2011-20638
LADYSTAR	G5759076	许昌恒源发制品股份有限公司	第二十六类	T2011-20644
图形	4218798	株式会社特玛苏	第二十五类	T2011-20645
MATARI	5487883	吴广钦	第七类	T2011-20646
KEDA 图形	6072891	武汉市科达云石护理材料有限公司	第一类	T2011-20647
大力士	1340324	武汉市科达云石护理材料有限公司	第十九类	T2011-20648
instyler	G971727	特尔斯米兰有限公司	第九类	T2011-20649
ITW	1327522	伊利诺斯工具制品有限公司	第十七类	T2011-20650
泰揚牌	1452198	伊利诺斯工具制品有限公司	第一类	T2011-20651
YPD	5553518	虞振刚	第二十一类	T2011-20652
butterfly 及图形	4512950	株式会社特玛苏	第二十八类	T2011-20653
泰揚牌	1452846	伊利诺斯工具制品有限公司	第十七类	T2011-20654
ITW	1338753	伊利诺斯工具制品有限公司	第九类	T2011-20655
PF FLYERS	4432860	美国新平衡运动鞋公司	第二十五类	T2011-20656
XXIO	4482996	住胶体育用品株式会社	第二十四类	T2011-20657
XXIO	4482995	住胶体育用品株式会社	第十八类	T2011-20658
XXIO	1801630	住胶体育用品株式会社	第二十五类	T2011-20659
XXIO	1941095	住胶体育用品株式会社	第二十八类	T2011-20660
ALIMTA	1360808	美国礼来公司	第五类	T2011-20661
MANGO	3510789	中山达华智能科技股份有限公司	第九类	T2011-20664
D-36	5313494	胡华明	第三类	T2011-20665
ABOBA	3229827	台州华龙离合器有限公司	第十二类	T2011-20666
BEST VALUE	5294339	王蕾	第二类	T2011-20667
BEST VALUE	5294336	王蕾	第六类	T2011-20668
NB	4088145	浙江京信汽车配件有限公司	第七类	T2011-20669
MOTECH ENGINE BEARING	3501242	浙江京信汽车配件有限公司	第七类	T2011-20670
TRAKTOR	6799694	杨建勋	第九类	T2011-20671
HAKKO 及五星图形	6745037	白光株式会社	第九类	T2011-20672
Salsa 及图形	6564402	果酱出口有限公司	第二十九类	T2011-20673

权利名称	权利注册授权号	申请人名称	商品分类	备案号
图形	6833877	泉州市博强油嘴油泵有限公司	第七类	T2011-20674
图形	1633783	隆固工业股份有限公司	第七类	T2011-20675
GREENCRANK	1637797	隆固工业股份有限公司	第七类	T2011-20676
隆固	1633784	隆固工业股份有限公司	第七类	T2011-20677
SILL	5585573	张柏军	第七类	T2011-20678
VETOR	5901785	潘幼娟	第七类	T2011-20679
hHNTC 及图	3260576	兴菱实业股份有限公司	第十二类	T2011-20680
hHNTC 及图	3260574	兴菱实业股份有限公司	第七类	T2011-20681
hHNTC 及图	3260575	兴菱实业股份有限公司	第十一类	T2011-20682
可娜得 KONAD	7090459	北京杰恩杰科贸有限公司	第三类	T2011-20683
BAUMELEOPARD	6091259	阿米那有限公司	第五类	T2011-20685
MARQUIS	1625669	浙江天时国际经济技术合作有限公司	第七类	T2011-20687
NETS 及图形	VA 827-622	美商 NBA 产物股份有限公司		C2011-20688
JURID	544580	霍尼韦尔制动材料有限公司	第十二类	T2011-20690
Pioneer	1542026	日本先锋公司	第九类	T2011-20691
FOXCONN	1538310	鸿海精密工业股份有限公司	第九类	T2011-20693
MANGO	634764	索娜缇国际有限公司	第二十五类	T2011-20694
SICA	1526085	SICA 工业公司	第九类	T2011-20695
D&G	G872676	嘉杜有限公司	第二十五类	T2011-20696
水滴图形	1540102	伊利诺斯工具制品有限公司	第二类	T2011-20698
FUTACHI	1294132	株式会社日立制作所	第十一类	T2011-20699
FUTACHI	1328787	株式会社日立制作所	第九类	T2011-20700
FUTACHI	1294610	株式会社日立制作所	第七类	T2011-20701
日立	6977069	株式会社日立制作所	第十六类	T2011-20702
HITACHI	3451782	株式会社日立制作所	第十一类	T2011-20703
G(图形)L	GG625526	GL 珠宝公司	第十四类	T2011-20704
IRWIN	1219289	爱尔文实业工具有限公司	第七类	T2011-20705
JORAN	383271	爱尔文实业工具有限公司	第八类	T2011-20706
MARCO ZANETTI	5282893	单小红	第二十五类	T2011-20707
MAHLE	76897	马勒公司	第十二类	T2011-20709
梅花 PLUM 及图	357558	德信企业公司	第十五类	T2011-20710
牌駝駱 CAMEL 及图	357555	德信企业公司	第十五类	T2011-20711
Lui	3151823	江苏迈克斯国际贸易有限公司	第二十九类	T2011-20713
YZY	4366074	温州市玉竹叶鞋业有限公司	第二十五类	T2011-20715
GRANDVIEW	1526058	广州美视晶莹银幕有限公司	第九类	T2011-20716
FALC	5687974	大连托福科技发展有限公司	第八类	T2011-20723
UOP	513672	UOP 有限责任公司	第一类	T2011-20724
frm&style	5194110	李丽莎	第十一类	T2011-20725
GROHE 及图形	G602955	高仪股份公司	第十一类	T2011-20726
MOTECH Engine bearing	3890604	浙江京信汽车配件有限公司	第十二类	T2011-20727

权利名称	权利注册授权号	申请人名称	商品分类	备案号
CHLOE	522248	蔻依有限公司	第十四类	T2011-20729
ALVENOR	G552371	百法玛	第五类	T2011-20730
LONEXAL	G552424	百法玛	第五类	T2011-20731
TATINOL	G553055	百法玛	第五类	T2011-20732
TRASTAL	G552187	百法玛	第五类	T2011-20733
GOO.N！	3065323	大王制纸株式会社	第十六类	T2011-20734
铁棍	3128080	河南伟康实业有限公司	第五类	T2011-20735
铁棍	6925030	河南伟康实业有限公司	第三十类	T2011-20736
CROCODILE BRAND	2010-F-026672	陈贤进		C2011-20737
UFO	5373349	张翔	第一类	T2011-20738
QUICK	4209580	苏州快吉五金有限公司	第八类	T2011-20739
TMMP	5696130	徐春泉	第十二类	T2011-20740
ALUMONT	5797386	李绍彪	第六类	T2011-20741
ALCATOP	5883711	李绍彪	第六类	T2011-20742
Wilson	231521	威尔逊运动用品公司	第二十五类	T2011-20748
CRICKET	796279	瑞典火柴和打火机公司	第三十四类	T2011-20752
CRICKET	G650787	瑞典火柴和打火机公司	第三十四类	T2011-20753
强生	601208	强生公司	第三类	T2011-20754
CLEAN&CLEAR 及图形	1592300	强生公司	第三类	T2011-20755
K-Y	1790577	强生公司	第五类	T2011-20756
TOP TO TOE	1592299	强生公司	第三类	T2011-20757
SUREVUE	597873	强生公司	第九类	T2011-20758
FAROUK SYSTEMS	6421560	法洛克系统公司	第九类	T2011-20759
美洲狮图形	1392907	彪马欧洲公司	第二十八类	T2011-20760
PUMA 美洲狮图形商标	1375558	彪马欧洲公司	第十八类	T2011-20761
图形	5593785	特许零售公司	第二十五类	T2011-20762
图形	5593787	特许零售公司	第十八类	T2011-20763
森威老虎图案	13-2009-F-1124	李小华		C2011-20764
DURAPART 商标图形	1371994	白马轴承有限公司	第七类	T2011-20765
KML 商标图形	601862	白马轴承有限公司	第七类	T2011-20766
Berkley	678581	纯钓公司	第十一类	T2011-20767
Berkley	677772	纯钓公司	第二十八类	T2011-20768
日立	1084062	株式会社日立制作所	第十类	T2011-20769
HITACHI	139924	株式会社日立制作所	第七类	T2011-20770
HITACHI 立体商标	5853853	株式会社日立制作所	第七类	T2011-20771
HITACHI 立体商标	5853852	株式会社日立制作所	第七类	T2011-20772
HITACHI	6976918	株式会社日立制作所	第六类	T2011-20773
HITACHI 立体商标	5853849	株式会社日立制作所	第七类	T2011-20774
HITACHI	380107	株式会社日立制作所	第二十一类	T2011-20775

权利名称	权利注册授权号	申请人名称	商品分类	备案号
HITACHI	5457721	株式会社日立制作所	第五类	T2011-20776
HITACHI	159897	株式会社日立制作所	第五类	T2011-20777
HITACHI	1093021	株式会社日立制作所	第五类	T2011-20778
HITACHI	612650	株式会社日立制作所	第十六类	T2011-20779
HITACHI	986910	株式会社日立制作所	第十二类	T2011-20780
日立	6977055	株式会社日立制作所	第十类	T2011-20781
日立	1069281	株式会社日立制作所	第十七类	T2011-20782
日立	159895	株式会社日立制作所	第十七类	T2011-20783
日立	807390	株式会社日立制作所	第十六类	T2011-20784
日立	654991	株式会社日立制作所	第十六类	T2011-20785
日立	1033703	株式会社日立制作所	第十五类	T2011-20786
日立	609933	株式会社日立制作所	第十五类	T2011-20787
日立	613849	株式会社日立制作所	第十四类	T2011-20788
日立	5659033	株式会社日立制作所	第十二类	T2011-20789
日立	3478028	株式会社日立制作所	第十二类	T2011-20790
日立	1641876	株式会社日立制作所	第十二类	T2011-20791
日立	994451	株式会社日立制作所	第十二类	T2011-20792
日立	3478029	株式会社日立制作所	第十一类	T2011-20793
日立	806566	株式会社日立制作所	第十一类	T2011-20794
日立	923174	株式会社日立制作所	第十一类	T2011-20795
日立	758077	株式会社日立制作所	第十类	T2011-20796
日立	1082539	株式会社日立制作所	第二十八类	T2011-20797
日立	607828	株式会社日立制作所	第三十四类	T2011-20798
日立	612507	株式会社日立制作所	第二十类	T2011-20799
日立	1057579	株式会社日立制作所	第二十类	T2011-20800
日立	1052100	株式会社日立制作所	第二十一类	T2011-20801
日立	6977084	株式会社日立制作所	第二十一类	T2011-20802
日立	1069957	株式会社日立制作所	第二十四类	T2011-20803
日立	616598	株式会社日立制作所	第二十四类	T2011-20804
日立	1028471	株式会社日立制作所	第十八类	T2011-20805
日立	3478023	株式会社日立制作所	第十七类	T2011-20806
日立	655000	株式会社日立制作所	第二十五类	T2011-20807
珍宝、JUMBO 及图	358530	上海贸基进出口有限公司	第三十类	T2011-20808
珍宝、JUMBO 及图	583145	上海贸基进出口有限公司	第三十类	T2011-20809
图形	5393204	广州奥王达皮具有限公司	第十八类	T2011-20810
奥王	7103553	广州奥王达皮具有限公司	第十八类	T2011-20811
AOKING	7103552	广州奥王达皮具有限公司	第十八类	T2011-20812
BERKLEY	6871238	纯钓公司	第九类	T2011-20813
贝克力	4874454	纯钓公司	第三十六类	T2011-20814
贝克力	4874483	纯钓公司	第二十六类	T2011-20815

权利名称	权利注册授权号	申请人名称	商品分类	备案号
贝克力	4874453	纯钓公司	第二十八类	T2011-20816
BERKLEY	4848034	纯钓公司	第三十六类	T2011-20817
BERKLEY	4848032	纯钓公司	第二十五类	T2011-20818
贝克力	4874484	纯钓公司	第二十五类	T2011-20819
日立（图形）	1044323	株式会社日立制作所	第三类	T2011-20820
KIC	4178999	浙江京信汽车配件有限公司	第七类	T2011-20821
俪瑞思	7181907	株式会社太平洋	第三类	T2011-20824
HERA	6813745	株式会社太平洋	第三类	T2011-20825
爱茉莉太平洋	5527390	株式会社太平洋	第三类	T2011-20826
Midea 图形	5478888	广东美的电器股份有限公司	第十一类	T2011-20835
美的及图形	5881105	广东美的电器股份有限公司	第七类	T2011-20836
美的及图形	5478887	广东美的电器股份有限公司	第十一类	T2011-20837
SCOTT	4149555	H.H. 斯科特公司	第九类	T2011-20838
Aimpoint	5918080	GS 发展公司	第九类	T2011-20844
Aimpoint	5918079	GS 发展公司	第十三类	T2011-20846
JINCAN+ 图形	4816515	金华冠华水晶有限公司	第二十一类	T2011-20847
EAGLE	3776158	苏州帕瓦麦斯泵业有限公司	第七类	T2011-20848
PTS PATRICKS	1464775	佛山市三水鸿业彩印胶粘制品有限公司	第十六类	T2011-20849
BEST VALUE	5294335	王蕾	第十一类	T2011-20853
apples	1410725	广东苹果实业有限公司	第十八类	T2011-20854
KING SHAN	6705399	新金山五金制品（珠海）有限公司	第六类	T2011-20855
五彩纸屑（图形）	3280041	德纳有限公司	第十七类	T2011-20856
五彩纸屑（图形）	3280040	德纳有限公司	第十二类	T2011-20857
五彩纸屑（图形）	3425037	德纳有限公司	第七类	T2011-20858
SPICER	6913731	德纳有限公司	第十二类	T2011-20859
DANA 及图形	286122	德纳有限公司	第十二类	T2011-20860
D&G	G872676	嘉杜有限公司	第十八类	T2011-20861
D&G	G872676	嘉杜有限公司	第十四类	T2011-20862
CLIPSO MODULO	5280146	SEB 简化股份有限公司	第二十一类	T2011-20863
D&G	G872676	嘉杜有限公司	第九类	T2011-20864
D&G	G872676	嘉杜有限公司	第三类	T2011-20865
得宝	1708896	AB SCA 财经公司	第十六类	T2011-20866
MILES 及图形	1681123	福建省晋江市锦泰塑胶有限公司	第二十八类	T2011-20867
LICHI	3265814	温州市奔驰鞋业有限公司	第二十五类	T2011-20868
大象图形	6732152	唐山市宇通进出口公司	第八类	T2011-20869
GIANT	1442368	巨大机械工业股份有限公司	第十二类	T2011-20870
图形 +GIANT	913594	巨大机械工业股份有限公司	第二十五类	T2011-20871
天地人图形	1445449	巨大机械工业股份有限公司	第十二类	T2011-20872
BOSS AUDIO SYSTEMS	3165528	AVA 企业公司	第九类	T2011-20873
ndl	5874926	浙江诺德龙机电有限公司	第七类	T2011-20874

权利名称	权利注册授权号	申请人名称	商品分类	备案号
Ds 及图形	5047704	宝安区沙井街道马安山东胜电机厂	第七类	T2011-20875
东明机电（深圳）有限公司	5047701	东明机电（深圳）有限公司	第七类	T2011-20876
SERVIER	G549079	法国施维雅药厂	第五类	T2011-20877
XL REGENCY	6740495	晋江市和承轻工有限公司	第二十五类	T2011-20879
ALPINESOFT	6809148	晋江市和承轻工有限公司	第二十五类	T2011-20880
DISCOVERYSOFT	6809149	晋江市和承轻工有限公司	第二十五类	T2011-20881
AL GHAWWAS	6809150	晋江市和承轻工有限公司	第二十五类	T2011-20882
XL ESCA SOFT	6740486	晋江市和承轻工有限公司	第二十五类	T2011-20883
IOPE	1198185	株式会社太平洋	第三类	T2011-20884
MISE EN SCENE	1544318	株式会社太平洋	第三类	T2011-20885
AMOREPACIFIC	1676392	株式会社太平洋	第三类	T2011-20886
LIRIKOS	1775330	株式会社太平洋	第三类	T2011-20887
雪花秀	3481561	株式会社太平洋	第三类	T2011-20888
ETUDE	1676353	株式会社爱丽	第三类	T2011-20889
Sulwhasoo	6081569	株式会社太平洋	第三类	T2011-20890
惠普	1468246	惠普发展公司，有限责任合伙企业	第二类	T2011-20891
Logitech 及图	4219698	瑞士商罗技国际公司	第九类	T2011-20892
Logitech	4549573	瑞士商罗技国际公司	第九类	T2011-20893
图	4549572	瑞士商罗技国际公司	第九类	T2011-20894
Logitech 及图	4549574	瑞士商罗技国际公司	第九类	T2011-20895
鳄鱼图形	2010-F-030750	陈贤进		C2011-20896
鳄鱼（英文字体）	2010-F-030748	陈贤进		C2011-20897
PEM 及图形	53551	天津力天机电装备有限公司	第七类	T2011-20898
天坛及图	22080	上海中华药业有限公司	第五类	T2011-20899
SPORTALM	G701148	史波塔尔姆股份有限公司	第二十五类	T2011-20900
TAKASAGO	532730	巨闳贸易有限公司	第十二类	T2011-20902
YONGXI 及 YX	1982460	慈溪市甬溪仪表厂	第九类	T2011-20903
ULTRAVIOLET	3396284	中山市威德轻工机电制品有限公司	第十一类	T2011-20904
FORLAND	1445414	北汽福田汽车股份有限公司	第十二类	T2011-20906
LIPOSOMIAL	G547217	维纳实验室有限公司	第五类	T2011-20907
BELCILS	G551238	维纳实验室有限公司	第三类	T2011-20908
瓦格纳	5833512	联邦墨古尔产品有限公司	第一类	T2011-20909
WAGNER	1012495	联邦墨古尔产品有限公司	第十一类	T2011-20910
WAGNER	1012499	联邦墨古尔产品有限公司	第十一类	T2011-20911
瓦格纳	5833511	联邦墨古尔产品有限公司	第十二类	T2011-20912
NORAL	6244887	浦江瑞邦照明电气有限公司	第十一类	T2011-20913
Bendix	5044520	霍尼韦尔国际公司	第一类	T2011-20914
皇冠 CROWN	946151	皇冠投资集团有限公司	第七类	T2011-20915
TOUS	G737052	圣・托斯有限公司	第三类	T2011-20916
TOUS	G737052	圣・托斯有限公司	第九类	T2011-20917

权利名称	权利注册授权号	申请人名称	商品分类	备案号
TOUS	G737052	圣·托斯有限公司	第十八类	T2011-20918
TOUS	G737052	圣·托斯有限公司	第二十五类	T2011-20919
龙虎	756560	上海中华药业有限公司	第五类	T2011-20921
GARMONT	G736596	戛蒙特有限公司	第二十五类	T2011-20922
LANCEL	646749	兰姿国际有限公司	第十八类	T2011-20925
CHLOE	522314	蔻依有限公司	第十八类	T2011-20926
F.P.L	6346575	费佩拉电瓷工业有限公司	第十七类	T2011-20927
JOBI Profi	3718889	金法银	第九类	T2011-20928
《Brainetics 大脑和记忆开发系统之配套书》（共两件）	2001-L-034927	布瑞尼提克斯有限公司		C2011-20929
《Brainetics 大脑和记忆开发系统 DVD》（共五件）	2011-L-034926	布瑞尼提克斯有限公司		C2011-20930
SHURE	7022214	舒尔公司	第九类	T2011-20931
SHURE	7022213	舒尔公司	第九类	T2011-20932
CRUISER	G554395	先正达参股股份有限公司	第五类	T2011-20933
CELEST	G554394	先正达参股股份有限公司	第五类	T2011-20934
DIVIDEND	G549464	先正达参股股份有限公司	第五类	T2011-20935
SYNGENTA	G732663	先正达参股股份有限公司	第五类	T2011-20936
瑞飞特	1468523	先正达参股股份有限公司	第五类	T2011-20937
Score 世高	1468630	先正达参股股份有限公司	第五类	T2011-20938
FURMINATOR	G840544	富美有限公司	第三类	T2011-20940
FURMINATOR	G840544	富美有限公司	第二十一类	T2011-20941
tachyon	6729488	保凌有限公司	第九类	T2011-20946
CSA 及图	1388997	加拿大标准协会	第九类	T2011-20948
OUTDO 及图	1509754	晋江华威电源有限公司	第九类	T2011-20950
Hi-Optel	1505686	深圳市恒宝通光电子有限公司	第九类	T2011-20951
CSA 及图	1388998	加拿大标准协会	第十一类	T2011-20952
OULIN 欧琳商标	1978332	宁波欧琳厨具有限公司	第十一类	T2011-20956
OULIN 欧琳商标	1208385	宁波欧琳厨具有限公司	第二十类	T2011-20957
图形	6265524	青岛凤凰印染有限公司	第二十四类	T2011-20958
DJSilicone	6073959	东爵有机硅集团有限公司	第一类	T2011-20959
DHV	4706906	西诺威阀门控制（苏州）有限公司	第七类	T2011-20962
AUO	3846792	友达光电（苏州）有限公司	第九类	T2011-20964
CAPP3L	6526558	K-2 公司	第二十五类	T2011-20965
Marmot 及图	7028953	马魔山有限责任公司	第二十类	T2011-20966
Marmot 及图	7028948	马魔山有限责任公司	第二十类	T2011-20967
HIROSEHOOKS	6730478	弘隆缝纫机械设备（南安）有限公司	第七类	T2011-20968
图形	6709239	弘隆缝纫机械设备（南安）有限公司	第七类	T2011-20969
LONGO	1448340	广东雅洁五金有限公司	第六类	T2011-20970
EXTREME SECURITY	10-2011-F-77	南京赫斯基贸易有限公司		C2011-20971

权利名称	权利注册授权号	申请人名称	商品分类	备案号
RAMCO 的阿拉伯文（图形）	7083056	深圳市轻出实业有限公司	第十一类	T2011-20972
斯德拉第 +SLANDARD	6147748	王爱仙	第九类	T2011-20973
aptcrown	7626606	皇冠投资集团有限公司	第七类	T2011-20974
crown	4665188	皇冠投资集团有限公司	第七类	T2011-20975
FOLDER	6936659	大行科技（深圳）有限公司	第十二类	T2011-20977
椭圆图形	6066772	斯波赛克有限公司	第十八类	T2011-20983
MASTER PLUMBER	6280136	李汉镜	第十一类	T2011-20984
YEAH!	1693895	大行科技（深圳）有限公司	第十二类	T2011-20986
Newport	3477990	英美烟草（品牌）股份有限公司	第三十四类	T2011-20987
Ksanilli	7572088	卡其・伊勒赫玛・索里 R0299091	第十二类	T2011-20991
SONY（图形）	2017153	索尼电脑娱乐公司	第九类	T2011-20993
BLX	G996609	威尔逊运动用品公司	第二十八类	T2011-20995
TRBJ 图形	7315171	古露丹宁公司	第二十五类	T2011-20998
FLYCAT	4171010	吴豪斌	第九类	T2011-20999
五环及图形	4856249	浙江太阳股份有限公司	第七类	T2011-21000
KJ	3758516	武汉市科佳机电进出口有限责任公司	第七类	T2011-21001
YORKOOL	3980121	天津永阔国际贸易有限公司	第二十四类	T2011-21003
GRANE	7130463	琼斯投资有限公司	第十八类	T2011-21004
ECOSMO	7361852	大行科技（深圳）有限公司	第十二类	T2011-21005
Babyliss 巴比丽絲	G802417	巴比丽丝公司	第十一类	T2011-21006
Babyliss 巴比丽絲	4731396	巴比丽丝公司	第二十一类	T2011-21007
BABYLISSPRO	3141136	巴比丽丝公司	第三类	T2011-21008
BABYLISS	G311353	巴比丽丝公司	第三类	T2011-21009
BABYLISS	G314087	巴比丽丝公司	第九类	T2011-21010
Babyliss 巴比丽絲	812542	巴比丽丝公司	第十类	T2011-21011
Babyliss 巴比丽絲	4731395	巴比丽丝公司	第二十六类	T2011-21012
Babyliss 巴比丽絲	933002	巴比丽丝公司	第二十一类	T2011-21013
PRETUL	7246341	边境出口有限公司	第二十八类	T2011-21014
PRETUL	7246342	边境出口有限公司	第二十七类	T2011-21015
KG 及图形	4659047	KG 国际免税区公司	第七类	T2011-21016
KG	4659046	KG 国际免税区公司	第七类	T2011-21017
FAIRCHILD SEMICONDUCTOR+ 图形	6208434	飞兆半导体公司	第九类	T2011-21019
长城牌及图形 THE GREAT WALL	210136	宁波长城精工实业有限公司	第九类	T2011-21020
5.11 TACTICAL SERIES 及图	6901313	5.11 公司	第十三类	T2011-21021
5.11 TACTICAL SERIES 及图	4899399	5.11 公司	第二十五类	T2011-21022
5.11 及图	6901307	5.11 公司	第九类	T2011-21023
5.11	G849672	5.11 公司	第二十五类	T2011-21024
5.11 TACTICAL SERIES 及图	6901312	5.11 公司	第九类	T2011-21025

权利名称	权利注册授权号	申请人名称	商品分类	备案号
5.11 及图	6901308	5.11 公司	第十三类	T2011-21026
5.11 及图	6901309	5.11 公司	第十四类	T2011-21027
5.11 TACTICAL SERIES 及图	6901314	5.11 公司	第十四类	T2011-21028
FAIRCHILD SEMICONDUCTOR	6208435	飞兆半导体公司	第九类	T2011-21029
VCEM	5423457	昂国企业有限公司	第十九类	T2011-21030
纳催离	G732338	百法玛	第五类	T2011-21031
惠普	527928	惠普发展公司，有限责任合伙企业	第九类	T2011-21032
SEE IT. FIND IT. SOLVE IT.	5958423	艾默生电气公司	第九类	T2011-21034
ENERGIZER	506471	永备电池有限公司	第十一类	T2011-21035
moulinex	1289245	SEB 股份有限公司	第十一类	T2011-21036
moulinex	1261209	SEB 股份有限公司	第九类	T2011-21037
moulinex	1281834	SEB 股份有限公司	第七类	T2011-21038
三圈及图形	100828	上海汇一尺业有限公司	第十三类	T2011-21040
asics	5875794	株式会社爱世克私	第二十五类	T2011-21041
Onitsuka Tiger	3476524	株式会社爱世克私	第二十五类	T2011-21042
美的及图形	6158488	广东美的电器股份有限公司	第九类	T2011-21043
MIDEA 图形	6561923	广东美的电器股份有限公司	第二十一类	T2011-21044
DOLCE & GABBANA	G555568	嘉杜有限公司	第十四类	T2011-21045
DOLCE & GABBANA	G555568	嘉杜有限公司	第十八类	T2011-21046
DOLCE & GABBANA	G555568	嘉杜有限公司	第二十五类	T2011-21047
DOLCE&GABBANA	G558807	嘉杜有限公司	第九类	T2011-21048
COMMSCOPE QR	1447338	北卡罗来纳肯姆斯考博公司	第九类	T2011-21051
OPTISPEED	4356107	北卡罗来纳肯姆斯考博公司	第九类	T2011-21052
VISIPATCH 360	5898117	北卡罗来纳肯姆斯考博公司	第九类	T2011-21053
LPG	G636962	LPG 系统公司	第十类	T2011-21054
5150 及图	7113927	K-2 公司	第二十八类	T2011-21056
TEFAL	1053424	特福简化股份有限公司	第七类	T2011-21057
特福 TEFAL	1363660	特福简化股份有限公司	第九类	T2011-21058
DETTOL 及图	1492594	瑞基特·戈尔曼（海外）有限公司	第五类	T2011-21059
鹭牌 EGRET 及图形	504408	上海市轻工业品进出口有限公司	第十一类	T2011-21060
COMMSCOPE	1399368	北卡罗来纳肯姆斯考博公司	第九类	T2011-21062
GIGASPEED	1251056	北卡罗来纳肯姆斯考博公司	第九类	T2011-21063
Oval Design Logo	5541414	北卡罗来纳肯姆斯考博公司	第九类	T2011-21064
nikula 立可达	4300778	佛山市南海威宏模具制造有限公司	第九类	T2011-21065
CLIPSO	G628857	SEB 简化股份有限公司	第二十一类	T2011-21066
TASTY TOM	G919503	香菜私人有限公司	第三十类	T2011-21067
TASTY TOM	G919503	香菜私人有限公司	第二十九类	T2011-21068
HITACHI	1553769	株式会社日立制作所	第九类	T2011-21069
LIFETIME	3998934	一生产品有限公司	第二十类	T2011-21070
HTC	5335371	宏达国际电子股份有限公司	第九类	T2011-21071

权利名称	权利注册授权号	申请人名称	商品分类	备案号
RIZLA+	550345	拉克鲁瓦 · 菲斯公司	第三十四类	T2011-21072
日立（图形）	1553770	株式会社日立制作所	第九类	T2011-21073
日立	1553771	株式会社日立制作所	第九类	T2011-21074
LUNGKOW 及图形	692151	山东中粮粉丝杂豆进出口有限公司	第三十类	T2011-21076
RAWLINGS	145939	罗林氏货品有限公司	第二十五类	T2011-21078
T2R	1513262	绨璧图（北京）广告有限公司	第二十五类	T2011-21079
INFEINIDI	7676755	广州市白云区耐逸达鞋厂	第二十五类	T2011-21082
英斐尼帝	7676757	广州市白云区耐逸达鞋厂	第二十五类	T2011-21083
Winsoon	2011-F-035977	佛山市凯迅行经贸有限公司		C2011-21084
CANALI	G756400	康纳利爱尔兰有限公司	第六类	T2011-21085
CANALI	G756400	康纳利爱尔兰有限公司	第十四类	T2011-21086
CANALI	G756400	康纳利爱尔兰有限公司	第九类	T2011-21087
CANALI	G756400	康纳利爱尔兰有限公司	第二十五类	T2011-21088
PARAID	7131429	上海万弘国际贸易有限公司	第五类	T2011-21089
PRO V1	4874857	高仕利公司	第二十八类	T2011-21090
FJ(图形)	4874854	高仕利公司	第二十五类	T2011-21091
GEEP	7295400	广州弘嘉贸易发展有限公司	第十一类	T2011-21092
AMROU	7024590	广州弘嘉贸易发展有限公司	第九类	T2011-21093
EDHIFFA	6860785	广州弘嘉贸易发展有限公司	第九类	T2011-21094
WEEDKING	7175119	南京威洋贸易有限公司	第五类	T2011-21095
NEC	1240995	日本电气株式会社	第九类	T2011-21096
NEC	748889	日本电气株式会社	第九类	T2011-21097
HI-BIRD	3348101	重庆劲扬摩托车工业有限公司	第十二类	T2011-21098
金典	3495281	重庆劲扬摩托车工业有限公司	第十二类	T2011-21099
劲扬	4367818	重庆劲扬摩托车工业有限公司	第十二类	T2011-21100
TOYO	4092820	广州市恒达电池有限公司	第九类	T2011-21103
图形	3811034	凯特斯贝瑟公司	第十八类	T2011-21105
MediaCom	5751260	安徽天富电子（集团）有限公司	第九类	T2011-21106
YU-MA-TU	6433682	安徽天富电子（集团）有限公司	第九类	T2011-21107
TOPFIELD	6433681	安徽天富电子（集团）有限公司	第九类	T2011-21108
BeauSAT	6433679	安徽天富电子（集团）有限公司	第九类	T2011-21109
DANSAT	6433677	安徽天富电子（集团）有限公司	第九类	T2011-21110
STRONG	6433684	安徽天富电子（集团）有限公司	第九类	T2011-21111
STAR SAT	5751261	安徽天富电子（集团）有限公司	第九类	T2011-21112
Condor	6433675	安徽天富电子（集团）有限公司	第九类	T2011-21113
GOLDSAT	6433674	安徽天富电子（集团）有限公司	第九类	T2011-21114
OPENBOX	6433671	安徽天富电子（集团）有限公司	第九类	T2011-21115
ULTRACRAFT	7018595	边境出口有限公司	第八类	T2011-21116
TRUPER	3043689	边境出口有限公司	第七类	T2011-21117
TRUPER	7772372	边境出口有限公司	第二十三类	T2011-21118

权利名称	权利注册授权号	申请人名称	商品分类	备案号
TRUPER	7246338	边境出口有限公司	第二十五类	T2011-21119
PRETUL	7246343	边境出口有限公司	第二十五类	T2011-21120
PRETUL	7246346	边境出口有限公司	第二十类	T2011-21121
PRETUL	7246354	边境出口有限公司	第十一类	T2011-21122
PRETUL	7246353	边境出口有限公司	第九类	T2011-21123
ULTRACRAFT	7018594	边境出口有限公司	第九类	T2011-21124
BODY GEOMETRY	G909552	特制自行车配件有限公司	第十二类	T2011-21125
S-WORKS	G911712	特制自行车配件有限公司	第二十五类	T2011-21126
金灯 GOLDLIGHT	1251390	浙江浦江金灯锁业有限公司	第六类	T2011-21127
Salsa 及图形	6564401	果酱出口有限公司	第三十类	T2011-21128
Salsa 及图形	6564400	果酱出口有限公司	第三十二类	T2011-21129
美即（图形）	7635139	广州美即化妆品有限公司	第三类	T2011-21130
美即（图形）	7637517	广州美即化妆品有限公司	第三类	T2011-21131
流金丝语	7631840	广州美即化妆品有限公司	第三类	T2011-21132
十珍驻颜	7629720	广州美即化妆品有限公司	第三类	T2011-21133
吉鑫祥	3323829	张金兰	第六类	T2011-21134
C 图	3486936	张金兰	第六类	T2011-21135
TRS+ 图形	6984699	卡尔·罗夫（亚洲）实业有限公司	第一类	T2011-21136
JACK SPADE	3964909	凯特斯贝德公司	第十八类	T2011-21137
美即（图形）	7635150	广州美即化妆品有限公司	第三类	T2011-21138
美即（图形）	7637503	广州美即化妆品有限公司	第三类	T2011-21139
美即（图形）	7637526	广州美即化妆品有限公司	第三类	T2011-21140
kate spade	3850595	凯特斯贝德公司	第十八类	T2011-21141
ZEUS 及图形	6400330	金华市宙斯园林工具有限公司	第七类	T2011-21142
KATE SPADE	1260178	凯特斯贝德公司	第三类	T2011-21143
JACK SPADE	3964908	凯特斯贝德公司	第二十五类	T2011-21144
STELLAR	5952691	泰朗管业集团有限公司	第六类	T2011-21145
manlene	6842228	中山金力渼手袋实业有限公司	第十八类	T2011-21148
鸟笼图形	2010-J-025217	温斯福德公司		C2011-21149
Honeywell	4925293	霍尼韦尔国际公司	第九类	T2011-21155
Horse Power	6418742	宁波经济技术开发区全顺机电进出口有限公司	第九类	T2011-21157
GE 花体字	138422	通用电气公司	第十一类	T2011-21158
XENIUM	G719001	马歇尔（新加坡）拓扑有限公司	第九类	T2011-21159
xin fu 和图形	1973744	浙江杭州鑫富药业股份有限公司	第五类	T2011-21160
鑫富 + 图形	4295231	浙江杭州鑫富药业股份有限公司	第一类	T2011-21161
Defalucy	3503188	卢建文	第二十八类	T2011-21162
德发 DEFA	4632298	卢建文	第二十八类	T2011-21163
”Stabilo“	153635	施万—斯特比洛公司	第十六类	T2011-21164
QriQn	731760	福建省福安市美乐食品厂	第三十类	T2011-21165
电池外包装彩色图纸	6502106	广州轻工工贸集团有限公司	第九类	T2011-21166

权利名称	权利注册授权号	申请人名称	商品分类	备案号
ROCHEDO 及图形	5792333	湛江北联实业有限公司	第二十一类	T2011-21167
鑫富	1214014	浙江杭州鑫富药业股份有限公司	第一类	T2011-21168
鑫富	1972902	浙江杭州鑫富药业股份有限公司	第五类	T2011-21169
AL GHANNAM	6855203	福建晋江三超鞋服实业有限公司	第二十五类	T2011-21171
AL RAHEEB 阿拉伯语商标	6869591	福建晋江三超鞋服实业有限公司	第二十五类	T2011-21172
WinFast	975937	丽台科技股份有限公司	第九类	T2011-21175
LEBAYLE	7742610	北京福乐盛世演艺器材有限公司	第十五类	T2011-21176
ANTOINE COURTOIS	7599279	北京福乐盛世演艺器材有限公司	第十五类	T2011-21177
SASCO	4274900	莆田市三箭塑胶五金有限公司	第十二类	T2011-21178
CASP	3206178	莆田市三箭塑胶五金有限公司	第十二类	T2011-21179
CASP	4274899	莆田市三箭塑胶五金有限公司	第十一类	T2011-21180
PLUTO	4743017	莆田市三箭塑胶五金有限公司	第十一类	T2011-21181
美康雅	5575683	美康雅公司	第七类	T2011-21182
美康雅	5575680	美康雅公司	第十类	T2011-21183
美康雅	5575678	美康雅公司	第二十类	T2011-21184
CONAIR 康宁尔	4552264	美康雅公司	第二十六类	T2011-21185
CONAIR	274894	美康雅公司	第三类	T2011-21186
CONAIR	7088232	美康雅公司	第十类	T2011-21187
美康雅	5575677	美康雅公司	第二十一类	T2011-21188
CONAIR 康宁尔	4552265	美康雅公司	第二十类	T2011-21189
CONAIR 康宁尔	4552267	美康雅公司	第九类	T2011-21190
香港美心月饼	4490058	美心食品有限公司	第三十类	T2011-21193
美心	4490038	美心食品有限公司	第三十类	T2011-21194
红花加 K	7026986	广州弘嘉贸易发展有限公司	第九类	T2011-21195
EUROCOMACH	7329551	叁皮埃拉娜股份有限公司	第十二类	T2011-21196
EUROCOMACH 及图	7329602	叁皮埃拉娜股份有限公司	第七类	T2011-21197
EUROCOMACH	7329550	叁皮埃拉娜股份有限公司	第七类	T2011-21198
EUROCOMACH 及图	7329603	叁皮埃拉娜股份有限公司	第十二类	T2011-21199
欧罗可玛科	7329605	叁皮埃拉娜股份有限公司	第七类	T2011-21200
欧罗可玛科	7329604	叁皮埃拉娜股份有限公司	第十二类	T2011-21201
Allison Transmission 及图	1746455	爱立森传动有限公司	第一类	T2011-21202
Allison Transmission 及图	1810389	爱立森传动有限公司	第四类	T2011-21203
Allison Transmission 及图	354761	爱立森传动有限公司	第十二类	T2011-21204
Dinerlux	7611468	意宝贸易有限公司	第二十一类	T2011-21205
PRIME CAPTAIN 及图	7261759	阿尔巴克建材商贸有限责任公司	第三十五类	T2011-21206
PowerTool 及图	7261591	阿尔巴克建材商贸有限责任公司	第二十五类	T2011-21207
ZOJIRUSHI 及图形	1481056	象印魔法瓶株式会社	第二十一类	T2011-21209
ZOJIRUSHI 及图形	1481057	象印魔法瓶株式会社	第二十一类	T2011-21210
ZOJIRUSHI	857595	象印魔法瓶株式会社	第二十一类	T2011-21211
象印（图形）	4504500	象印魔法瓶株式会社	第二十一类	T2011-21212

权利名称	权利注册授权号	申请人名称	商品分类	备案号
PREDIAN	G394628	百法玛	第五类	T2011-21213
VASOREL	G555303	百法玛	第五类	T2011-21214
PARTS VIKA AUTO QUALITY 及图	6565740	曹仲川	第七类	T2011-21216
PARTS VIKA AUTO QUALITY 及图	5705521	曹仲川	第十七类	T2011-21217
PARTS VIKA AUTO QUALITY 及图	7083878	曹仲川	第十一类	T2011-21218
PARTS VIKA AUTO QUALITY 及图	7083879	曹仲川	第十二类	T2011-21219
PARTS VIKA AUTO QUALITY 及图	7083967	曹仲川	第九类	T2011-21220
Q&Q（图案）	159372	西铁城时计株式会社	第十四类	T2011-21221
ANIX	3309938	浙江埃尼斯阀门有限公司	第六类	T2011-21222
TRUPER	7772376	边境出口有限公司	第二类	T2011-21223
TRUPER	7772374	边境出口有限公司	第五类	T2011-21224
URREOLA	7683660	边境出口有限公司	第七类	T2011-21225
GAP	5064247	盖璞（国际商标）公司	第三类	T2011-21226
GAP KIDS	2020574	盖璞（国际商标）公司	第二十八类	T2011-21227
KST	4589482	浙江可斯达车用电机有限公司	第七类	T2011-21228
WS 万顺鹰图形	4388415	汕头万顺包装材料股份有限公司	第十六类	T2011-21229
RICHARD MILLE	G732812	托伦控股股份有限公司	第十四类	T2011-21230
EQ 及图形	1389560	全日美实业（上海）有限公司	第十六类	T2011-21231
ARSTO	6888833	广东海兴塑胶有限公司	第二十一类	T2011-21237
HAIXIN	1629100	广东海兴塑胶有限公司	第二十一类	T2011-21238
CAPI	7030443	青岛三链锁业有限公司	第六类	T2011-21239
ATOUAN	5064743	青岛三链锁业有限公司	第六类	T2011-21240
SUNSURE	7714329	台州市晨迹进出口贸易有限公司	第七类	T2011-21241
KEERIN	7146258	汕头经济特区广澳轻工有限公司	第二十二类	T2011-21249
金凯登及 GOLDIDEN 图形	6370245	江门市金凯登装饰材料实业有限公司	第九类	T2011-21251
金凯登及 GOLDIDEN 图形	6370243	江门市金凯登装饰材料实业有限公司	第二十类	T2011-21252
GOLDIDEN 图形	6150442	江门市金凯登装饰材料实业有限公司	第六类	T2011-21253
ROBB	1732419	南通中宝药业有限公司	第五类	T2011-21254
野虎	1975027	南通中宝药业有限公司	第五类	T2011-21255
VILICIN	1132472	南通有利家化有限公司	第三类	T2011-21256
LINGADORE+ 玲嘉多	5655337	维新胸围制衣厂	第二十五类	T2011-21257
巴迪尔设计，赌场－办公室沙发椅产品目录	2010-L-033667	谢雷夫 帕蒂尔		C2011-21258
SUPER LG	7490506	株式会社 LG	第九类	T2011-21260
GARMONT 图形商标	G811119	戛蒙特有限公司	第二十五类	T2011-21261
LA MARTINA 及图形	G673853	马德拉岛自由贸易区	第十八类	T2011-21262
LA MARTINA 及图形	G673853	马德拉岛自由贸易区	第二十五类	T2011-21263

权利名称	权利注册授权号	申请人名称	商品分类	备案号
KLAE MOON	5762270	上海皇冠国际贸易有限公司	第六类	T2011-21264
CABRI; 咩咩	4917376	朱宝玉	第三十类	T2011-21265
妈妈牌 MOTHER BRAND 及图	3611141	永合成有限公司麻油酱料厂	第三十类	T2011-21266
JETBEAM	5341579	莫章卓	第十一类	T2011-21267
RACK RACKS INDUSTRIAL	5501445	刘培英	第二十类	T2011-21268
2014 FIFA 世界杯官方标志（2014 FIFA WORLD CUP OFFICIAL EMBLEM）	2010-F-028250	国际足球联合会		C2011-21269
BRAZIL 2014	6397069	国际足球联合会	第二十四类	T2011-21270
BRAZIL 2014	6397068	国际足球联合会	第二十六类	T2011-21271
BRAZIL 2014	6397058	国际足球联合会	第二十一类	T2011-21272
BRAZIL 2014	6397051	国际足球联合会	第六类	T2011-21273
sofft	5950596	温州市德华鞋业有限公司	第二十五类	T2011-21274
QUANCHAI 全柴及图形	579711	安徽全柴动力股份有限公司	第七类	T2011-21275
图形商标	5340884	欧摩托国际公司	第十二类	T2011-21276
科莱珀之经典打火机产品设计图	2007-J-08244	弗拉玛加斯股份公司		C2011-21277
APOSTROPHE	3216886	福州维温经贸发展有限公司	第二十五类	T2011-21279
cK	1480449	卡尔文？？克雷恩商标托管	第三类	T2011-21280
维乐命	1330281	勃林格殷格翰药业公司	第五类	T2011-21281
希复来	1664588	勃林格殷格翰药业公司	第五类	T2011-21282
美嘉素	5033462	勃林格殷格翰药业公司	第五类	T2011-21283
百舒平	4698055	勃林格殷格翰药业公司	第五类	T2011-21284
糖适平	3945670	勃林格殷格翰药业公司	第五类	T2011-21285
派利达	6388362	勃林格殷格翰药业公司	第五类	T2011-21286
泰毕全	6276716	勃林格殷格翰药业公司	第五类	T2011-21287
莫比可	1305223	勃林格殷格翰药业公司	第五类	T2011-21288
GLAXO SMITHKLINE	G736809	史密斯克兰·比彻姆有限公司	第三类	T2011-21289
GLAXO SMITHKLINE	G736809	史密斯克兰·比彻姆有限公司	第五类	T2011-21290
GLAXO SMITHKLINE	G736809	史密斯克兰·比彻姆有限公司	第二十一类	T2011-21291
gsk 及图形	G747979	史密斯克兰·比彻姆有限公司	第三类	T2011-21292
gsk 及图形	G747979	史密斯克兰·比彻姆有限公司	第五类	T2011-21293
gsk 及图形	G747979	史密斯克兰·比彻姆有限公司	第二十一类	T2011-21294
可必特	1099721	波英格·英格海姆公司	第五类	T2011-21295
勃林格殷格翰（图形）	830009	波英格·英格海姆公司	第五类	T2011-21296
Buscopan 補斯可胖	734368	波英格·英格海姆公司	第五类	T2011-21297
森福罗	1130746	波英格·英格海姆公司	第五类	T2011-21298
富马	514674	花美醇有限公司	第三类	T2011-21299
PHARMATON	G369560	花美醇有限公司	第五类	T2011-21300
富马	G670632	花美醇有限公司	第五类	T2011-21301
富马	514463	花美醇有限公司	第五类	T2011-21302

权利名称	权利注册授权号	申请人名称	商品分类	备案号
爱洛纾	3257160	勃林格殷格翰国际公司	第三十类	T2011-21303
爱洛纾	3257144	勃林格殷格翰国际公司	第五类	T2011-21304
ANTISTAX	1740446	勃林格殷格翰国际公司	第五类	T2011-21305
乐可舒	4737851	勃林格殷格翰国际公司	第五类	T2011-21306
Dulcolax 乐可舒	734365	勃林格殷格翰国际公司	第五类	T2011-21307
ACTILYSE	G804860	勃林格殷格翰国际公司	第五类	T2011-21308
VIRAMUNE	G585300	勃林格殷格翰国际公司	第五类	T2011-21309
PRADAXA	G807503	勃林格殷格翰药业公司	第五类	T2011-21310
爱全乐	1330293	勃林格殷格翰药业公司	第五类	T2011-21311
MICARDIS	G691750	勃林格殷格翰药业公司	第五类	T2011-21312
沐舒坦	G691699	勃林格殷格翰药业公司	第五类	T2011-21313
勃林格（图形）	G657253	勃林格殷格翰药业公司	第五类	T2011-21314
MOBIC	G563599	勃林格殷格翰药业公司	第五类	T2011-21315
ATROVENT	G394855	勃林格殷格翰药业公司	第五类	T2011-21316
马瑞利	7281563	马涅蒂・马瑞利股份公司	第七类	T2011-21317
马涅蒂 马瑞利	7281565	马涅蒂・马瑞利股份公司	第十一类	T2011-21318
马涅蒂 马瑞利	7281566	马涅蒂・马瑞利股份公司	第十二类	T2011-21319
马瑞利	7281561	马涅蒂・马瑞利股份公司	第十一类	T2011-21320
马瑞利	7281560	马涅蒂・马瑞利股份公司	第十二类	T2011-21321
络必适	948735	卡尔・托马博士有限公司	第五类	T2011-21322
亚爵图标识	2010-F-034869	广州慧柏贸易有限公司		C2011-21323
GLURENORM	337836	卡尔・托马博士有限公司	第五类	T2011-21324
洛嘉 LUOJIA	1551537	洛阳北方企业集团有限公司	第十二类	T2011-21327
Kchibo	1562224	深圳市凯隆电子有限公司	第一类	T2011-21328
LIFE ENERGY INTELLIGENCE	1560616	琼斯投资有限公司	第十八类	T2011-21329
L.E.I.	1560617	琼斯投资有限公司	第十八类	T2011-21330
Star&Chevron 图形	1537746	康沃斯公司	第二十五类	T2011-21332
以岭及图	1464592	石家庄以岭药业股份有限公司	第五类	T2011-21334
椰树	1575561	椰树集团有限公司	第三十二类	T2011-21335
HONEYWELL	146653	霍尼韦尔国际公司	第九类	T2011-21336
HONEYWELL	146635	霍尼韦尔国际公司	第十一类	T2011-21337
ADEMCO 及图	1566451	霍尼韦尔国际公司	第九类	T2011-21338
Sun Tec 及图形	3300817	郭顺元	第二十五类	T2011-21339
FRA	3900435	阿哈迪贸易有限公司	第八类	T2011-21340
PROPEP	7837669	青岛益佳华益进出口有限公司	第三类	T2011-21341
WESTROOPER	4356728	董若邻	第二十五类	T2011-21351
图形	G859031	新珂惠特美斯公司	第二十五类	T2011-21352
图形	G859031	新珂惠特美斯公司	第九类	T2011-21353
EDEN SB PARK	G548538	新珂惠特美斯公司	第十四类	T2011-21354
图形	G808929	八分之五柯思美多	第三类	T2011-21355

权利名称	权利注册授权号	申请人名称	商品分类	备案号
EDEN PARK	G670801	新珂惠特美斯公司	第十八类	T2011-21356
EDEN SB PARK	G548538	新珂惠特美斯公司	第二十八类	T2011-21357
EDEN SB PARK	G548538	新珂惠特美斯公司	第二十五类	T2011-21358
EDEN SB PARK	G548538	新珂惠特美斯公司	第十八类	T2011-21359
EDEN PARK	G670801	新珂惠特美斯公司	第二十五类	T2011-21360
OVAL	G933049	八分之五柯思美多	第三类	T2011-21361
VAL BYEDEN PARK	G702535	八分之五柯思美多	第三类	T2011-21362
EDEN SB PARK	G548538A	八分之五柯思美多	第三类	T2011-21363
EDEN PARK	G670801A	八分之五柯思美多	第三类	T2011-21364
EDEN PARK	G1018095	新珂惠特美斯公司	第十八类	T2011-21365
R.M.Z	7537480	温州市雅登锁业有限公司	第六类	T2011-21366
PEDROLLO	G602140	倍得龙有限公司	第七类	T2011-21367
ZAIBA	4568942	宁波豪生电池有限公司	第九类	T2011-21368
现代图形	5335656	现代自动车株式会社	第十二类	T2011-21372
现代图形	5325473	现代自动车株式会社	第十一类	T2011-21373
HYUNDAI	5335658	现代自动车株式会社	第十二类	T2011-21374
KIA	918896	起亚自动车株式会社	第十二类	T2011-21375
KIA	5517807	起亚自动车株式会社	第十一类	T2011-21376
RAJ Fragrance	6616525	成都天艺新商贸有限责任公司	第三类	T2011-21377
GR	7313199	成都天艺新商贸有限责任公司	第三类	T2011-21378
RAJ	6196052	成都天艺新商贸有限责任公司	第三类	T2011-21379
图形	G859031	新珂惠特美斯公司	第十四类	T2011-21380
图形	G859031	新珂惠特美斯公司	第十八类	T2011-21381
chikee(图形)	1418510	中山市至威电机电器制造有限公司	第十一类	T2011-21382
SULO	1172831	全耐塑料公司	第二十类	T2011-21383
ZANTINO	7758081	王利军	第二十五类	T2011-21384
KING	7064658	唐山市宇通进出口公司	第八类	T2011-21386
LI-NING	536724	李宁体育（上海）有限公司	第二十五类	T2011-21387
L(图形)	536726	李宁体育（上海）有限公司	第二十五类	T2011-21388
翼锚图形	5665460	利惠公司	第二十五类	T2011-21389
Levi’s及图	1485436	利惠公司	第二十五类	T2011-21390
两匹马图形	1485434	利惠公司	第二十五类	T2011-21391
DOCKERS	1270552	利惠公司	第十八类	T2011-21392
LEVI'S	6404909	利惠公司	第九类	T2011-21393
至威	6590093	中山市至威电机电器制造有限公司	第十一类	T2011-21394
至威	6590092	中山市至威电机电器制造有限公司	第七类	T2011-21395
CHIKEE	1423923	中山市至威电机电器制造有限公司	第七类	T2011-21396
至杰	1423924	中山市至威电机电器制造有限公司	第七类	T2011-21398
至杰	1421493	中山市至威电机电器制造有限公司	第十一类	T2011-21399
chikee(图形)	1421069	中山市至威电机电器制造有限公司	第七类	T2011-21400

权利名称	权利注册授权号	申请人名称	商品分类	备案号
BULE	3823097	浙江步步乐箱包有限公司	第十八类	T2011-21401
bubule	4681208	浙江步步乐箱包有限公司	第十八类	T2011-21402
和源	3168465	红河州和源商贸有限公司	第三十一类	T2011-21403
Academy	6961164	宁波江东力德国际贸易有限公司	第十六类	T2011-21404
1st kid	5206307	孙珍	第十六类	T2011-21405
501	1489307	利惠公司	第二十五类	T2011-21406
LEVI’S	1489308	利惠公司	第二十五类	T2011-21407
LEVI'S	1492488	利惠公司	第十四类	T2011-21408
DOCKERS	1492490	利惠公司	第十四类	T2011-21409
LEVI’S	1497177	利惠公司	第二十五类	T2011-21410
LEVI’S	1500895	利惠公司	第十八类	T2011-21411
Maxron	6584588	宁波阿里木然贸易有限公司	第一类	T2011-21412
AEL	4540091	张浩	第九类	T2011-21413
NATSUKI	7859583	北京福乐盛世演艺器材有限公司	第十五类	T2011-21414
BOSPHORUS	7793163	北京福乐盛世演艺器材有限公司	第十五类	T2011-21415
Comtech	4049651	海宁市佳迪灯业有限公司	第十一类	T2011-21416
MOCHANGCHENG	7340494	浙江搏奥汽摩部件有限公司	第十二类	T2011-21417
MOCC 及图	7377602	浙江搏奥汽摩部件有限公司	第十二类	T2011-21418
图形	6010797	上海天强纺织有限公司	第二十四类	T2011-21419
EVESTEX	6010800	上海天强纺织有限公司	第二十四类	T2011-21420
双圣，DOUBLE HOLINESS	5486282	河北海佳进出口有限公司	第四类	T2011-21421
T400	4197354	英威达技术有限公司	第二十二类	T2011-21422
T400	6525330	英威达技术有限公司	第二十二类	T2011-21423
T400	4196734	英威达技术有限公司	第二十五类	T2011-21424
GYTECH 及图形	6738410	浙江光益光能科技有限公司	第十一类	T2011-21425
ZWZ 牌	184458	瓦房店轴承集团有限责任公司	第七类	T2011-21426
CONAIR	271761	美康雅公司	第三类	T2011-21427
La PEARL	5319867	江门市丽明珠实业有限公司	第十八类	T2011-21428
华世丹（图形）	7702725	重庆华世丹机械制造有限公司	第七类	T2011-21429
华世丹	6974303	重庆华世丹机械制造有限公司	第七类	T2011-21430
华世丹	6974304	重庆华世丹机械制造有限公司	第十一类	T2011-21431
HEAD	G584785	黑德技术股份有限公司	第二十八类	T2011-21432
SKI-TIP 图形商标	5513999	黑德技术股份有限公司	第二十八类	T2011-21433
YOUTEX	G1002242	黑德技术股份有限公司	第二十八类	T2011-21434
MICROGEL	G909163	黑德技术股份有限公司	第二十八类	T2011-21435
FLEXPOINT	G840737	黑德技术股份有限公司	第二十八类	T2011-21436
图形	5461921	陈斌锋	第十二类	T2011-21437
BAUTLER	4531405	蔡丰勇	第七类	T2011-21438
LGR 及图	4196507	蔡丰勇	第七类	T2011-21439
HANYU, 汉宇	1243509	江门市汉宇电器有限公司	第七类	T2011-21440

权利名称	权利注册授权号	申请人名称	商品分类	备案号
安备	7399863	广东金莱特电器股份有限公司	第九类	T2011-21442
ANYBY	7399890	广东金莱特电器股份有限公司	第十一类	T2011-21443
安备	7399915	广东金莱特电器股份有限公司	第十一类	T2011-21444
ANYBY	7399869	广东金莱特电器股份有限公司	第九类	T2011-21445
La KORA 及图	6475549	苏诚达集团有限公司	第三十类	T2011-21448
PTAT UNJABI 及图	4058533	苏诚达集团有限公司	第三十类	T2011-21449
CHEVAL 及图	3986558	苏诚达集团有限公司	第三十类	T2011-21450
图形	2013905	苏诚达集团有限公司	第三十类	T2011-21451
图形	2012341	苏诚达集团有限公司	第三十类	T2011-21452
普力	6408434	余梓红	第三十三类	T2011-21453
菱王	3604601	广东菱王电梯有限公司	第七类	T2011-21455
CS 及三个眼睛图形	5593981	郴州市伊斯达实业有限公司	第八类	T2011-21456
CITIZEN	135771	西铁城控股株式会社	第十四类	T2011-21457
HB	346587	河北机械进出口有限公司	第八类	T2011-21458
JIANG DONG 及图形	4946530	江苏江淮动力股份有限公司	第七类	T2011-21459
江动及图形	139347	江苏江淮动力股份有限公司	第七类	T2011-21460
BRITANIA	6945205	广州市森大贸易有限公司	第十一类	T2011-21462
MCZEN	4933961	周凯	第九类	T2011-21463
GRAVIS	1333403	伯顿公司	第二十五类	T2011-21464
NEWCLIME	7030209	深圳市轻出实业有限公司	第十一类	T2011-21465
kingever	6380420	义乌市金久电池有限公司	第九类	T2011-21466
LANSWE	3059144	浪莎针织有限公司	第二十五类	T2011-21467
浪莎	3059143	浪莎针织有限公司	第二十五类	T2011-21468
CAR-SHOW 及图形	1179223	车展交通器材股份有限公司	第九类	T2011-21469
yidu	4355018	惠州艺都文化用品有限公司	第十六类	T2011-21470
SAILS	1062845	惠州艺都文化用品有限公司	第十六类	T2011-21471
Visionpro	1493833	广东威创视讯科技股份有限公司	第九类	T2011-21472
Digicom	1493831	广东威创视讯科技股份有限公司	第九类	T2011-21473
光华牌 KWANG HWA	3983270	上海吉宏实业发展有限公司	第十一类	T2011-21474
VTRON	5037721	广东威创视讯科技股份有限公司	第九类	T2011-21475
今麦郎及图形	5038222	今麦郎食品有限公司	第三十类	T2011-21476
BBB	1487077	申亚金属工业有限公司	第八类	T2011-21477
BRIDGESTONE	1424390	株式会社普利司通	第十二类	T2011-21478
TIGER	292429	虎牌热水瓶株式会社	第十一类	T2011-21479
虎头图形	264892	虎牌热水瓶株式会社	第二十一类	T2011-21480
TIGER	264887	虎牌热水瓶株式会社	第二十一类	T2011-21481
RTHC	3851099	温州华盈国际贸易有限公司	第七类	T2011-21482
TAKAHASHI	7651129	温州华盈国际贸易有限公司	第十二类	T2011-21483
虎头图形	292428	虎牌热水瓶株式会社	第十一类	T2011-21498
BLUM	G598611	尤利乌斯·布卢姆有限公司	第六类	T2011-21501

权利名称	权利注册授权号	申请人名称	商品分类	备案号
BLUM	G598611	尤利乌斯·布卢姆有限公司	第七类	T2011-21502
BLUM	G598611	尤利乌斯·布卢姆有限公司	第二十类	T2011-21503
BLUM	G598611	尤利乌斯·布卢姆有限公司	第二十六类	T2011-21504
VIKINGSUPER	4670324	常州市和创兴业机械有限公司	第七类	T2011-21508
MACFORTH	4668074	常州市和创兴业机械有限公司	第七类	T2011-21509
图形	6982280	玉环县双友铜业有限公司	第十一类	T2011-21510
图形	6995208	玉环县双友铜业有限公司	第六类	T2011-21511
鱼图形	6995207	玉环县双友铜业有限公司	第六类	T2011-21512
日立	159904	株式会社日立制作所	第十四类	T2011-21513
KlinkerSire 及图形	6122235	北京康图科技发展有限责任公司	第十九类	T2011-21514
澳柏利	6912178	江门市澳柏利家具实业有限公司	第二十类	T2011-21516
EASTMAN	4080167	EZ- 弗洛国际公司	第十七类	T2011-21517
Clef Dor	4171618	苏州市盛达五金锁具有限公司	第六类	T2011-21520
FSB	3549579	福建福山轴承有限公司	第七类	T2011-21524
Arda	6598156	浙江安德电器有限公司	第十一类	T2011-21525
CK（图形）	1329502	浙江省五金矿产进出口有限公司	第六类	T2011-21526
Fleetguard	1787137	康明斯滤清系统公司	第七类	T2011-21531
L（图形）	535719	李宁体育（上海）有限公司	第十八类	T2011-21532
HP INVENT 图形	4214858	惠普发展公司，有限责任合伙企业	第二类	T2011-21533
CREST	1084703	克里斯特音频股份公司	第九类	T2011-21534
ANNE KLEIN NEW YORK	5591464	琼斯投资有限公司	第十八类	T2011-21535
EBI	G950887	丹佛斯有限公司	第九类	T2011-21537
正禾 ZHENG HE	1557835	广州市番禺区市桥南城正隆行	第三十类	T2011-21539
MEM	553626	伊顿电气有限公司	第九类	T2011-21540
霍尼韦尔	1586045	霍尼韦尔国际公司	第十一类	T2011-21541
HITACHI	1585733	株式会社日立制作所	第七类	T2011-21542
日立（图形）	1585734	株式会社日立制作所	第七类	T2011-21543
益力多	147693	株式会社益力多本社	第二十九类	T2011-21544
Yakult	147696	株式会社益力多本社	第二十九类	T2011-21545
益力多	147698	株式会社益力多本社	第三十二类	T2011-21546
Yakult	147699	株式会社益力多本社	第三十二类	T2011-21547
UNIVERSIADE SHENZHEN 2011	6490647	深圳第26届世界大学生夏季运动会组委会执行局	第二类	T2011-21548
UNIVERSIADE SHENZHEN 2011	6490646	深圳第26届世界大学生夏季运动会组委会执行局	第三类	T2011-21549
UNIVERSIADE SHENZHEN 2011	6490645	深圳第26届世界大学生夏季运动会组委会执行局	第四类	T2011-21550
UNIVERSIADE SHENZHEN 2011	6490644	深圳第26届世界大学生夏季运动会组委会执行局	第五类	T2011-21551
UNIVERSIADE SHENZHEN 2011	6490643	深圳第26届世界大学生夏季运动会组委会执行局	第六类	T2011-21552

权利名称	权利注册授权号	申请人名称	商品分类	备案号
UNIVERSIADE SHENZHEN 2011	6490642	深圳第 26 届世界大学生夏季运动会组委会执行局	第七类	T2011-21553
UNIVERSIADE SHENZHEN 2011	6490641	深圳第 26 届世界大学生夏季运动会组委会执行局	第八类	T2011-21554
UNIVERSIADE SHENZHEN 2011	6490640	深圳第 26 届世界大学生夏季运动会组委会执行局	第九类	T2011-21555
UNIVERSIADE SHENZHEN 2011	6490639	深圳第 26 届世界大学生夏季运动会组委会执行局	第十类	T2011-21556
UNIVERSIADE SHENZHEN 2011	6490658	深圳第 26 届世界大学生夏季运动会组委会执行局	第十一类	T2011-21557
UNIVERSIADE SHENZHEN 2011	6490657	深圳第 26 届世界大学生夏季运动会组委会执行局	第十二类	T2011-21558
UNIVERSIADE SHENZHEN 2011	6490656	深圳第 26 届世界大学生夏季运动会组委会执行局	第十三类	T2011-21559
UNIVERSIADE SHENZHEN 2011	6490655	深圳第 26 届世界大学生夏季运动会组委会执行局	第十四类	T2011-21560
UNIVERSIADE SHENZHEN 2011	6490654	深圳第 26 届世界大学生夏季运动会组委会执行局	第十五类	T2011-21561
UNIVERSIADE SHENZHEN 2011	6490653	深圳第 26 届世界大学生夏季运动会组委会执行局	第十六类	T2011-21562
UNIVERSIADE SHENZHEN 2011	6490652	深圳第 26 届世界大学生夏季运动会组委会执行局	第十七类	T2011-21563
UNIVERSIADE SHENZHEN 2011	6490651	深圳第 26 届世界大学生夏季运动会组委会执行局	第十八类	T2011-21564
UNIVERSIADE SHENZHEN 2011	6490650	深圳第 26 届世界大学生夏季运动会组委会执行局	第十九类	T2011-21565
UNIVERSIADE SHENZHEN 2011	6490649	深圳第 26 届世界大学生夏季运动会组委会执行局	第二十类	T2011-21566
UNIVERSIADE SHENZHEN 2011	6490738	深圳第 26 届世界大学生夏季运动会组委会执行局	第二十一类	T2011-21567
UNIVERSIADE SHENZHEN 2011	6490737	深圳第 26 届世界大学生夏季运动会组委会执行局	第二十二类	T2011-21568
UNIVERSIADE SHENZHEN 2011	6490736	深圳第 26 届世界大学生夏季运动会组委会执行局	第二十三类	T2011-21569
UNIVERSIADE SHENZHEN 2011	6490735	深圳第 26 届世界大学生夏季运动会组委会执行局	第二十四类	T2011-21570
UNIVERSIADE SHENZHEN 2011	6490734	深圳第 26 届世界大学生夏季运动会组委会执行局	第二十五类	T2011-21571
UNIVERSIADE SHENZHEN 2011	6490733	深圳第 26 届世界大学生夏季运动会组委会执行局	第二十六类	T2011-21572
UNIVERSIADE SHENZHEN 2011	6490732	深圳第 26 届世界大学生夏季运动会组委会执行局	第二十七类	T2011-21573
UNIVERSIADE SHENZHEN 2011	6490731	深圳第 26 届世界大学生夏季运动会组委会执行局	第二十八类	T2011-21574
UNIVERSIADE SHENZHEN 2011	6490730	深圳第 26 届世界大学生夏季运动会组委会执行局	第二十九类	T2011-21575

权利名称	权利注册授权号	申请人名称	商品分类	备案号
UNIVERSIADE SHENZHEN 2011	6490729	深圳第26届世界大学生夏季运动会组委会执行局	第三十类	T2011-21576
UNIVERSIADE SHENZHEN 2011	6490748	深圳第26届世界大学生夏季运动会组委会执行局	第三十一类	T2011-21577
UNIVERSIADE SHENZHEN 2011	6490747	深圳第26届世界大学生夏季运动会组委会执行局	第三十二类	T2011-21578
UNIVERSIADE SHENZHEN 2011	6490746	深圳第26届世界大学生夏季运动会组委会执行局	第三十三类	T2011-21579
UNIVERSIADE SHENZHEN 2011	6490745	深圳第26届世界大学生夏季运动会组委会执行局	第三十四类	T2011-21580
UNIVERSIADE SHENZHEN 2011	6490648	深圳第26届世界大学生夏季运动会组委会执行局	第一类	T2011-21581
IWORK	7665814	上海昆杰五金工具有限公司	第八类	T2011-21582
科杰（图形）	4086541	江门佳铁自动化有限公司	第七类	T2011-21583
JIATIE	6131852	广东科杰机械自动化有限公司	第七类	T2011-21584
光峰	7796926	大东亚窑业株式会社	第二十一类	T2011-21585
C	207525	HBI品牌服饰企业有限公司	第二十五类	T2011-21586
TEAM BEACHBODY	G994138	普拉达克特帕嗒奈斯（有限公司）	第四十一类	T2011-21587
MILLION DOLLAR BODY	G908353	普拉达克特帕嗒奈斯（有限公司）	第四十一类	T2011-21588
SUVA	1350064	杜邦公司	第一类	T2011-21589
soko	6258503	温州市兆翔汽摩配件有限公司	第十二类	T2011-21591
PISEN	4374878	广东品胜电子股份有限公司	第九类	T2011-21593
品胜	5184791	广东品胜电子股份有限公司	第九类	T2011-21594
乐祥及图形	1709575	浙江乐祥铝业有限公司	第六类	T2011-21596
PART FARHAN	7582981	江门市中港宝田摩托车实业有限公司	第十二类	T2011-21597
Diamond 及图	7191439	上海宏钻照明电器有限公司	第十一类	T2011-21598
EL BADAWI	7582699	江门市中港宝田摩托车实业有限公司	第十二类	T2011-21599
BAOTIAN	4611427	江门市中港宝田摩托车实业有限公司	第十二类	T2011-21600
CARIZAN	7727006	江门市中港宝田摩托车实业有限公司	第十二类	T2011-21601
ASKAR	7597709	江门市中港宝田摩托车实业有限公司	第十二类	T2011-21602
HORSEFORCE	7301551	香港圣光国际集团有限公司	第十二类	T2011-21603
Baby Scratchy Bird Design(鸟图形)	2011-F-035813	特许零售公司		C2011-21604
Scratchy Bird Design（鸟图形）	2011-F-035272	特许零售公司		C2011-21605
美国威斯康辛州花旗农业总会;GINSENG BOARD OF WISCONSIN INC	4112255	威斯康辛州花旗参农业总会	第五类	T2011-21606
美国威斯康辛州花旗参农业总会;GINSENG BOARD OF WISCONSININC	6248277	威斯康辛州花旗参农业总会	第三十类	T2011-21607
Eastcross 东通	G4245957	广东东通文具有限公司	第十六类	T2011-21608
JNY	6594628	琼斯投资有限公司	第二十六类	T2011-21610
LAN TOP(图形)	8018291	武汉泰海机械有限公司	第七类	T2011-21611

权利名称	权利注册授权号	申请人名称	商品分类	备案号
SAKAMOTO	7846955	武汉泰海机械有限公司	第十七类	T2011-21612
SAKAMOTO	7843679	武汉泰海机械有限公司	第十二类	T2011-21613
YOKO	7840975	武汉泰海机械有限公司	第十七类	T2011-21614
YOKO(图形)	5661247	武汉泰海机械有限公司	第七类	T2011-21615
HORDAI 及图形	7139114	武汉泰海机械有限公司	第七类	T2011-21616
TOYOSTAR	7139112	武汉泰海机械有限公司	第七类	T2011-21617
MOTOYAMA	6965161	武汉泰海机械有限公司	第七类	T2011-21618
DISTAR	7279380	武汉泰海机械有限公司	第七类	T2011-21619
HMT	6744501	武汉泰海机械有限公司	第七类	T2011-21620
NAKAYA 及图形	7840787	武汉泰海机械有限公司	第十七类	T2011-21621
NAKAYA 及图形	7333191	武汉泰海机械有限公司	第七类	T2011-21622
NAKAYA(图形)	7333210	武汉泰海机械有限公司	第七类	T2011-21623
NSR	7139117	武汉泰海机械有限公司	第七类	T2011-21624
GENIUS EL MUNDO	7372064	王仁山	第十二类	T2011-21625
DUO	4977602	拜尔斯道夫股份有限公司	第十类	T2011-21649
Hansaplast	1068629	拜尔斯道夫股份有限公司	第五类	T2011-21650
Hansaplast	1042736	拜尔斯道夫股份有限公司	第十类	T2011-21651
Lucas	135264	卢卡斯工业有限公司	第八类	T2011-21652
斜纹图形	135291	卢卡斯工业有限公司	第八类	T2011-21653
LUCAS	135268	卢卡斯工业有限公司	第十二类	T2011-21654
HARLEY-DAVIDSON	538878	H-D 密执安有限责任公司	第二十五类	T2011-21655
HARLEY-DAVIDSON	1385071	H-D 密执安有限责任公司	第三十四类	T2011-21656
鸿海	1522162	鸿海精密工业股份有限公司	第九类	T2011-21657
富士康	1541963	鸿海精密工业股份有限公司	第九类	T2011-21658
LEVITRA	G744146	拜耳股份有限公司	第五类	T2011-21659
GAP KIDS	1242830	盖璞（国际商标）公司	第二十五类	T2011-21664
BABY GAP	1256657	盖璞（国际商标）公司	第二十五类	T2011-21665
CARB	1490509	SKF 公司	第七类	T2011-21666
EMB	G815337	艾弗勒机械制造有限公司	第七类	T2011-21667
尼康	3565639	株式会社尼康	第二十一类	T2011-21668
Nikon	3427843	株式会社尼康	第二十一类	T2011-21669
AMSOIL 及图形	691584	爱姆索股份有限公司	第十二类	T2011-21670
AMSOIL 及图形	692345	爱姆索股份有限公司	第四类	T2011-21671
Luthai	3177700	鲁泰纺织股份有限公司	第二十四类	T2011-21672
乔慕 TRUFFETTES CHOCMOD 及图形	7762233	刘全宝	第三十类	T2011-21673
爆丸 BAKUGAN BATTLE BRAWLERS	5494253	斯平马斯特有限公司	第二十八类	T2011-21674
TECH DECK	7724888	斯平马斯特有限公司	第二十八类	T2011-21675
SULO	6326460	全耐塑料公司	第六类	T2011-21676

权利名称	权利注册授权号	申请人名称	商品分类	备案号
SAL	3946648	上海上力重工企业有限公司	第七类	T2011-21677
HTDZ	1513953	恩平市海天电子科技有限公司	第九类	T2011-21678
EBT	1922007	开平市胜发卫浴制品有限公司	第十一类	T2011-21679
FREENDO	4770756	开平欧标水暖器材有限公司	第十一类	T2011-21680
华艺	4871576	广东华艺卫浴实业有限公司	第十一类	T2011-21681
NIVEA VISAGE	G720172	拜尔斯道夫股份有限公司	第三类	T2011-21682
BDF	G998753	拜尔斯道夫股份有限公司	第二十一类	T2011-21683
BDF	G998753	拜尔斯道夫股份有限公司	第二十类	T2011-21684
NIVEA BABY	G992237	拜尔斯道夫股份有限公司	第三类	T2011-21685
Hansaplast	850102	拜尔斯道夫股份有限公司	第五类	T2011-21686
Hansaplast	75961	拜尔斯道夫股份有限公司	第五类	T2011-21687
DUO	731047	拜尔斯道夫股份有限公司	第十类	T2011-21688
DUO	4211187	拜尔斯道夫股份有限公司	第十类	T2011-21689
adidas 三斜杠（图形）	1489454	阿迪达斯有限公司	第二十五类	T2011-21690
PASLODE	147665	伊利诺斯工具制品有限公司	第七类	T2011-21691
PASLODE	147666	伊利诺斯工具制品有限公司	第六类	T2011-21692
KITZ	148069	株式会社开滋	第十一类	T2011-21693
KITZ	148068	株式会社开滋	第七类	T2011-21694
KAYABA	1581864	萱场工业株式会社	第十二类	T2011-21695
MEKAKO	7704573	周浩芳	第三类	T2011-21696
OMR	5939383	刘海波	第九类	T2011-21697
2011 FIFA 德国女子世界杯吉祥物（FIFA WOMEN'S WORLD CUP GERMANY 2011 MASCOT）	2010-F-032654	国际足球联合会		C2011-21698
莞龙 GUANLONG 及图形	1498054	东莞市金燕粮油食品有限公司	第三十类	T2011-21699
PIANO	7588747	朱蕾	第十六类	T2011-21700
FUJIAIRE	3191480	广东志高空调有限公司	第十一类	T2011-21701
MT-Tech	3566460	广东志高空调有限公司	第十一类	T2011-21702
MONA.VIE 魔纳维	5245269	曹晓露	第三十二类	T2011-21703
MASUMA	6874910	周秘	第十一类	T2011-21705
MASUMA	7173404	周秘	第八类	T2011-21706
M+MASUMA+ 图形	4705074	周秘	第七类	T2011-21707
M+MASUMA+ 图形	6874909	周秘	第十一类	T2011-21708
MASUMA	7849249	周秘	第十七类	T2011-21709
MASUMA	3335234	周秘	第十二类	T2011-21710
图形	1157314	增城市众合电子实业有限公司	第九类	T2011-21711
朗能	1255069	霍尼韦尔朗能电器系统技术（广东）有限公司	第九类	T2011-21712
LONON+ 朗能	3572748	霍尼韦尔朗能电器系统技术（广东）有限公司	第九类	T2011-21713
LONON	1802578	霍尼韦尔朗能电器系统技术（广东）有限公司	第九类	T2011-21714
goldstar	1913469	霍尼韦尔朗能电器系统技术（广东）有限公司	第九类	T2011-21715

权利名称	权利注册授权号	申请人名称	商品分类	备案号
Goldstar	1921998	霍尼韦尔朗能电器系统技术（广东）有限公司	第十一类	T2011-21716
LONON	5236620	霍尼韦尔朗能电器系统技术（广东）有限公司	第十一类	T2011-21717
朗能 +LONON	5236621	霍尼韦尔朗能电器系统技术（广东）有限公司	第十一类	T2011-21718
LONON+ 朗能	1919188	霍尼韦尔朗能电器系统技术（广东）有限公司	第十一类	T2011-21719
金星	1264203	霍尼韦尔朗能电器系统技术（广东）有限公司	第十一类	T2011-21720
LONON	5236619	霍尼韦尔朗能电器系统技术（广东）有限公司	第九类	T2011-21721
朗能	828536	霍尼韦尔朗能电器系统技术（广东）有限公司	第十一类	T2011-21722
URB RUM	4815712	厦门宝联贸易有限公司	第七类	T2011-21724
PIERRE BALMAIN	G572948	皮埃尔巴勒曼有限公司	第二十五类	T2011-21726
TOTO	3506903	TOTO 株式会社	第十一类	T2011-21727
LONON	1920230	霍尼韦尔朗能电器系统技术（广东）有限公司	第十一类	T2011-21729
FIRESTONE	145569	普利司通特许服务有限公司	第十二类	T2011-21731
PEPE JEANS	7132223	PJ 匈牙利服务有限公司	第二十五类	T2011-21733
PEPE JEANS	7132224	PJ 匈牙利服务有限公司	第十八类	T2011-21734
HACKETT	6913348	哈克特有限公司	第二十五类	T2011-21735
SAB	3414853	浙江伟星实业发展股份有限公司	第二十六类	T2011-21736
winfashion	7375915	宁波市海曙志徽国际贸易有限公司	第二十一类	T2011-21738
winfashion 及图	7189621	宁波市海曙志徽国际贸易有限公司	第二十三类	T2011-21739
winfashion 及图	7365081	宁波市海曙志徽国际贸易有限公司	第二十三类	T2011-21740
MASDA 及图	6234398	中山市万视达天线器材有限公司	第九类	T2011-21741
万视达	6234400	中山市万视达天线器材有限公司	第九类	T2011-21742
MASDA	6234399	中山市万视达天线器材有限公司	第九类	T2011-21743
H.Y+ 图形	7471368	中山榄菊日化实业有限公司	第五类	T2011-21744
H.Y+ 图形	7471358	中山榄菊日化实业有限公司	第五类	T2011-21745
KOSHIYO+ 图形	1777316	越扬贸易有限公司	第十二类	T2011-21746
KOSHIYO+ 图形	1922496	越扬贸易有限公司	第十一类	T2011-21747
ORIGINAL S.W.A.T.	7029264	原创鞋业公司	第二十五类	T2011-21748
ALEXANDER WANG	G920691	亚历山大・王有限公司	第二十五类	T2011-21749
ALEXANDER WANG	G920691	亚历山大・王有限公司	第十八类	T2011-21750
NO NAME	7131792	厦门味之初餐饮有限公司	第二十九类	T2011-21751
CONAIR	383260	美康雅公司	第二十一类	T2011-21752
CONAIR	383259	美康雅公司	第十一类	T2011-21753
TECHNOGY 及图形	G645891	意大利泰诺健股份有限公司	第二十八类	T2011-21754
TECHNOGYM 及图形	G645891	意大利泰诺健股份有限公司	第九类	T2011-21755
TECHNOGYM 及图形	G645891	意大利泰诺健股份有限公司	第十类	T2011-21756
TECHNOGYM	G866986	意大利泰诺健股份有限公司	第二十八类	T2011-21757
TECHNOGYM	G866986	意大利泰诺健股份有限公司	第九类	T2011-21758
P90X extreme Home Fitness Kit - TEXT	2011-L-036474	普拉达克特帕嗒奈斯（有限公司）		C2011-21759

权利名称	权利注册授权号	申请人名称	商品分类	备案号
P90X Extreme Home Fitness kit –DVD	2011–I–036478	普拉达克特帕嗒奈斯（有限公司）		C2011–21760
Slim in 6 Kit –DVD	2011–I–036477	普拉达克特帕嗒奈斯（有限公司）		C2011–21761
Turbo Jam Exercises Kit – DVD	2011–I–036475	普拉达克特帕嗒奈斯（有限公司）		C2011–21762
Turbo Jam exercises Kit –TEXT	2011–L–037428	普拉达克特帕嗒奈斯（有限公司）		C2011–21763
Power 90 Kit –DVD	2011–I–036476	普拉达克特帕嗒奈斯（有限公司）		C2011–21764
Slim in 6 Kit – Text	2011–L–036471	普拉达克特帕嗒奈斯（有限公司）		C2011–21765
Power 90 Kit – TEXT	2011–L–036473	普拉达克特帕嗒奈斯（有限公司）		C2011–21766
TMT 及图	6813560	TMT 贸易有限公司	第十一类	T2011–21767
TMT 吊扇 + 蓝天白云背景	4324033	TMT 贸易有限公司	第九类	T2011–21768
TMT 吊扇 + 蓝天白云背景	4324032	TMT 贸易有限公司	第十一类	T2011–21769
TMT 吊扇 + 蓝天白云背景	4324026	TMT 贸易有限公司	第九类	T2011–21770
TMT 吊扇 + 蓝天白云背景	4324025	TMT 贸易有限公司	第十一类	T2011–21771
SMT 及图	3129146	TMT 贸易有限公司	第十一类	T2011–21772
SMT	6457237	TMT 贸易有限公司	第十一类	T2011–21773
TMC 及图	5071435	TMT 贸易有限公司	第九类	T2011–21774
TMC 及图	3129148	TMT 贸易有限公司	第十一类	T2011–21775
SMT 及图	5071437	TMT 贸易有限公司	第九类	T2011–21776
TMT 及图	6323034	TMT 贸易有限公司	第十六类	T2011–21777
TMT 及图	6318854	TMT 贸易有限公司	第十一类	T2011–21778
WANGS	5404706	珠海旺世有限公司	第五类	T2011–21779
POWERPLAY 及图形	4627629	佛山市三水振兴乐器有限公司	第十五类	T2011–21784
AMSTAR	6433676	安徽天富电子（集团）有限公司	第九类	T2011–21787
TrustFire 及图形	6394973	深圳市诚信神火科技有限公司	第九类	T2011–21788
BUTTER BISCUITS 及图	6933620	江门市侨声饼业有限公司	第三十类	T2011–21789
outer banks	722965	HBI 品牌服饰企业有限公司	第二十五类	T2011–21790
Champion	6362751	HBI 品牌服饰企业有限公司	第二十五类	T2011–21791
C	937141	HBI 品牌服饰企业有限公司	第二十五类	T2011–21792
C	867726	HBI 品牌服饰企业有限公司	第二十五类	T2011–21793
DUOFOLD	3163964	HBI 品牌服饰企业有限公司	第二十五类	T2011–21794
C	327650	HBI 品牌服饰企业有限公司	第二十五类	T2011–21795
Hanes 及图	4158427	HBI 品牌服饰有限公司	第二十五类	T2011–21796
HANES	558749	HBI 品牌服饰有限公司	第二十五类	T2011–21797
HANES	3992485	HBI 品牌服饰有限公司	第二十五类	T2011–21798
水晶	3785774	昆明云南红酒业发展有限公司	第三十三类	T2011–21799
柔红	3787758	昆明云南红酒业发展有限公司	第三十三类	T2011–21800
云南红	3957767	昆明云南红酒业发展有限公司	第三十三类	T2011–21801
老树	4036367	昆明云南红酒业发展有限公司	第三十三类	T2011–21802
CAPSTAN	919234	英美烟草（品牌）有限公司	第三十四类	T2011–21803
WEGA STAR	4632693	安徽安粮国际发展有限公司	第九类	T2011–21804

权利名称	权利注册授权号	申请人名称	商品分类	备案号
NERF	317797	孩之宝有限公司	第二十八类	T2011-21806
MONOPOLY	4605919	孩之宝有限公司	第二十八类	T2011-21807
地产大亨 MONOPOLY	5018154	孩之宝有限公司	第二十八类	T2011-21808
地产大亨 MONOPOLY	5018157	孩之宝有限公司	第二十八类	T2011-21809
MONOPOLY 地产大亨	4578290	孩之宝有限公司	第二十八类	T2011-21810
MONOPOLY	4605920	孩之宝有限公司	第二十八类	T2011-21811
MONOPOLY	4281743	孩之宝有限公司	第二十八类	T2011-21812
TRANSFORMERS	5992674	孩之宝有限公司	第二十八类	T2011-21813
TRANSFORMERS – REVENGE OF THE FALLEN	7240829	孩之宝有限公司	第二十八类	T2011-21814
TRANS FORMERS	5992675	孩之宝有限公司	第二十八类	T2011-21815
OPTIMUS PRIME	4314556	孩之宝有限公司	第二十八类	T2011-21816
威震天	7337467	孩之宝有限公司	第二十八类	T2011-21817
威震天	6109227	孩之宝有限公司	第二十八类	T2011-21818
MEGATRON	6109228	孩之宝有限公司	第二十八类	T2011-21819
DECEPTICON	4314562	孩之宝有限公司	第二十八类	T2011-21820
DECEPTICON 图形	5953069	孩之宝有限公司	第二十八类	T2011-21821
AUTOBOT 图形	5953070	孩之宝有限公司	第二十八类	T2011-21822
AUTOBOT	4314563	孩之宝有限公司	第二十八类	T2011-21823
變形金剛	303289	孩之宝国际有限公司	第二十八类	T2011-21824
NERF	1380950	孩之宝有限公司	第二十八类	T2011-21825
FANGDAWANG+FDW	3535473	方大控股有限公司	第七类	T2011-21826
KING FISH + 图案	1431935	湛江市湛兴渔网有限公司	第二十二类	T2011-21827
ULTRACRAFT	7018596	边境出口有限公司	第七类	T2011-21829
USCNK ENZYME-LINKED IMMUNOSORBENT ASSAY	8140964	武汉优尔生科技股份有限公司	第一类	T2011-21830
图形	6485721	武汉优尔生科技股份有限公司	第五类	T2011-21831
NIKE	4516217	耐克国际有限公司	第十八类	T2011-21832
NIKE	4516216	耐克国际有限公司	第二十五类	T2011-21833
Hisense	1590041	青岛海信电子产业控股股份有限公司	第十一类	T2011-21834
Hisense	7377940	青岛海信电子产业控股股份有限公司	第七类	T2011-21835
Hisense	1630225	青岛海信电子产业控股股份有限公司	第九类	T2011-21836
LIFESTYLE	G562603A	伯斯有限公司	第九类	T2011-21837
SKF 及图形	1203148	SKF 公司	第七类	T2011-21838
CHIKEE	1421540	中山市至彧电机电器制造有限公司	第十一类	T2011-21839
BURWOOD	3539539	佛山市三水振兴乐器有限公司	第十五类	T2011-21840
D'AFRIQUE（图形）	7448743	宁波东茂国际贸易有限公司	第十六类	T2011-21841
TOSHIBA	148005	株式会社东芝	第九类	T2011-21842
TOSHIBA	148026	株式会社东芝	第十类	T2011-21843
TOSHIBA	148029	株式会社东芝	第十一类	T2011-21844

权利名称	权利注册授权号	申请人名称	商品分类	备案号
STAR SAT 及图形	3320511	奥尔佳电子有限公司	第九类	T2011-21845
STAR SAT 及图形	1777856	奥尔佳电子有限公司	第九类	T2011-21846
L.E.I.	1597242	琼斯投资有限公司	第二十五类	T2011-21847
BLACK LABEL	147713	黛尔吉奥品牌有限公司	第三十三类	T2011-21848
马瑞利	7281562	马涅蒂·马瑞利股份公司	第九类	T2011-21849
马涅蒂 马瑞利	7281564	马涅蒂·马瑞利股份公司	第九类	T2011-21850
PRESCRIPTIVES	4880198	普丽思蒂有限公司（美国）	第三类	T2011-21851
ORIGINS	4747721	奥丽纯天然制品有限公司	第三类	T2011-21852
云顶 +YUNDING+ 图形	3808735	云顶控股集团有限公司	第六类	T2011-21853
STAR ZEMMA	7337041	宁波萌恒工贸有限公司	第二十五类	T2011-21854
SHINING ROSE	7337039	宁波萌恒工贸有限公司	第二十五类	T2011-21855
MAXIFA plus	7254516	宁波萌恒工贸有限公司	第二十五类	T2011-21856
Julilee Queen	7337035	宁波萌恒工贸有限公司	第二十五类	T2011-21857
GRANDECHO	7033685	宁波萌恒工贸有限公司	第二十五类	T2011-21858
EXCEED YOUR VISION	4630038	精工爱普生株式会社	第九类	T2011-21859
EXCEED YOUR VISION	4630037	精工爱普生株式会社	第二类	T2011-21860
EXCEED YOUR VISION	4630039	精工爱普生株式会社	第十六类	T2011-21861
双勇	3341294	洛阳市双勇机器制造有限公司	第七类	T2011-21863
图案	830490	浙江浦江三菱制锁有限公司	第六类	T2011-21865
ruichem	6865170	杭州瑞江化工有限公司	第二类	T2011-21866
TISSOT 及图形	159951	瑞士天梭公司	第十四类	T2011-21867
Han Jiang	7566864	余长平	第十一类	T2011-21869
GERMANIA	4685609	中山市日邦电器有限公司	第十一类	T2011-21870
ARMAND VENTILO	4666533	森林控股有限公司	第二十四类	T2011-21871
AMPAK(及图形)	6840277	石家庄海思商贸有限公司	第二十一类	T2011-21872
三环铜业	2010-F-032778	苏绰敏		C2011-21873
BARMIKA	6830527	阿里亚米卡贸易公司（有限责任公司）	第三十五类	T2011-21874
CHS	1375839	长虹塑料有限公司	第二十二类	T2011-21880
CHS	1392770	长虹塑料有限公司	第二十类	T2011-21881
CHS	5680169	长虹塑料有限公司	第九类	T2011-21882
CHS	5680171	长虹塑料有限公司	第六类	T2011-21883
Babyliss 巴比丽絲	807470	巴比丽丝公司	第二十一类	T2011-21884
BaByliss 巴比丽絲	826888	巴比丽丝公司	第八类	T2011-21885
magi 及 M 图形	6635632	曾记米麻糬股份有限公司	第二十九类	T2011-21886
啵糬吧 bossbar	6635624	曾记米麻糬股份有限公司	第三十二类	T2011-21887
啵糬吧 bossbar	6635623	曾记米麻糬股份有限公司	第三十类	T2011-21888
啵糬吧 bossbar	6635622	曾记米麻糬股份有限公司	第二十九类	T2011-21889
BUSCH 及图形	3459035	普旭真空设备国际贸易（上海）有限公司	第七类	T2011-21892
BUSCH 及图形	3459004	普旭真空设备国际贸易（上海）有限公司	第三十七类	T2011-21893
GOLDEN VIRGINIA 及图形	G827719	帝国烟草有限公司	第三十四类	T2011-21894

权利名称	权利注册授权号	申请人名称	商品分类	备案号
GAULOISES Blondes 及图形	G794169	国营烟草火柴工业开发公司	第三十四类	T2011-21895
DUCADOS 及图形	G636430	阿达迪斯公司	第三十四类	T2011-21896
ss20	8063109	宁海县格兰德国际贸易有限公司	第十二类	T2011-21897
图形	G931601	斯加尔凯蒂有限公司	第二十五类	T2011-21898
SKULLCANDY	6157401	斯加尔凯蒂有限公司	第二十五类	T2011-21899
SKULLCANDY	3658340	斯加尔凯蒂有限公司	第九类	T2011-21900
PHILOSOPHY	4738069	哲学公司	第二十一类	T2011-21901
PFIZER	1503657	辉瑞产品有限公司	第五类	T2011-21902
辉瑞 HUIRUI	1508411	辉瑞产品有限公司	第五类	T2011-21903
TRANSFORMERS 變形金剛及图形	536976	孩之宝国际有限公司	第二十八类	T2011-21904
TRANSFORMERS 變形金剛及图形	535984	孩之宝国际有限公司	第十六类	T2011-21905
SOLESKATE	7581694	美国锐哲有限公司	第二十八类	T2011-21909
HOGAN 及图	G1014830	托德斯有限公司	第二十五类	T2011-21911
HOGAN 及图	G1014830	托德斯有限公司	第十八类	T2011-21912
GERMANIA	4685608	中山市日邦电器有限公司	第七类	T2011-21914
EZCombs 4 Piece Set 外包装图	2009-F-019276	美国国际边缘公司		C2011-21916
Pampered Toes Sensation 外包装图	2009-F-020226	美国国际边缘公司		C2011-21917
Windshield Wonder 外包装图	2009-F-020227	美国国际边缘公司		C2011-21918
WhiteLight Refill Kit 外包装设计图	2009-F-020713	美国国际边缘公司		C2011-21919
WhiteLight 外包装设计图	2009-F-020715	美国国际边缘公司		C2011-21920
Heel Tastic 外包装图	2009-F-023015	美国国际边缘公司		C2011-21921
EZ combs 外包装设计图（Packaging of EZ Combs）	2009-L-016116	美国国际边缘公司		C2011-21922
Shoes Under 外包装设计图（Packaging of Shoes Under）	2009-L-016117	美国国际边缘公司		C2011-21923
Pampered Toes 外包装设计图	2009-L-017842	美国国际边缘公司		C2011-21924
Pampered Toes	7322883	泰莱白兰德公司	第十类	T2011-21925
Heeltastic	7813312	泰莱白兰德公司	第三类	T2011-21926
shoes under 及图	7217581	泰莱白兰德公司	第二十类	T2011-21927
WINDSHIELD WONDER	7402247	泰莱白兰德公司	第二十一类	T2011-21928
EZ combs	7180425	泰莱白兰德公司	第二十一类	T2011-21929
TRUST	3127723	中山市卓达五金制品有限公司	第六类	T2011-21930
TIANQIU 天球	1048134	广州市天球实业有限公司	第九类	T2011-21931
卡乐文森及拼音及图形	3066311	平阳县文森皮具有限公司	第二十五类	T2011-21932
TAYHMOTO	7764021	江门市长华凯特威摩托车有限公司	第十二类	T2011-21933
HSM-SWEYD	7760876	江门市长华凯特威摩托车有限公司	第十二类	T2011-21934
FMY · E · S · T	7757562	江门市长华凯特威摩托车有限公司	第十二类	T2011-21935
CRUISER	7760910	江门市长华凯特威摩托车有限公司	第十二类	T2011-21936

权利名称	权利注册授权号	申请人名称	商品分类	备案号
FMY	7760917	江门市长华凯特威摩托车有限公司	第十二类	T2011-21937
LIV	5071472	奥丽维亚・牛顿・约翰	第十类	T2011-21938
TAJIMA 及图形	918719	东海工业缝纫机株式会社	第七类	T2011-21939
图形	G931600	斯加尔凯蒂有限公司	第九类	T2011-21940
MANI DI GIORGIO ARMANI	557375	乔治・阿玛尼有限公司（米兰），瑞士门德里西奥分公司	第十八类	T2011-21942
DEVCON	561028	伊利诺斯工具制品有限公司	第六类	T2011-21943
DEVCON	559474	伊利诺斯工具制品有限公司	第一类	T2011-21944
SNOWMAN	149099	株式会社精工制作所		T2011-21945
ROCOL	1600075	伊利诺斯工具制品有限公司	第一类	T2011-21946
YING 及图形	3765652	新乐卫浴（佛山）有限公司	第十一类	T2011-21947
吉事多	1233591	江门吉事多卫浴有限公司	第十一类	T2011-21948
giessdorf	1233592	江门吉事多卫浴有限公司	第十一类	T2011-21949
“爆丸 BAKUGAN Battle Brawlers”系列作品	2010-F-025161	斯平马斯特有限公司		C2011-21950
MOON SAND	5281756	斯平马斯特有限公司	第二十八类	T2011-21951
FLICK TRIX	7166789	斯平马斯特有限公司	第二十八类	T2011-21952
LIV	7674696	斯平马斯特有限公司	第二十八类	T2011-21953
AIR HOGS	7911579	斯平马斯特有限公司	第二十八类	T2011-21954
QLINK 及图案	1762930	荃瑞企业有限公司	第九类	T2011-21956
QLINK	5020500	荃瑞企业股份有限公司	第九类	T2011-21957
FWWC 2011 Official Emblem（图形）	G990049	国际足球联合会	第四十一类	T2011-21958
FWWC 2011 Official Emblem	G990049	国际足球联合会	第二十八类	T2011-21959
FWWC 2011 Official Emblem（图形）	G990049	国际足球联合会	第二十五类	T2011-21960
FWWC 2011 Official Emblem（图形）	G990049	国际足球联合会	第十八类	T2011-21961
FWWC 2011 Official Emblem（图形）	G990049	国际足球联合会	第十六类	T2011-21962
FWWC 2011 Official Emblem(图形）	G990049	国际足球联合会	第九类	T2011-21963
FIFA	G747778	国际足球联合会	第四十一类	T2011-21964
FIFA	G747778	国际足球联合会	第三十五类	T2011-21965
FIFA	G747778	国际足球联合会	第三十四类	T2011-21966
FIFA	G747778	国际足球联合会	第二十六类	T2011-21967
FIFA	G747778	国际足球联合会	第二十八类	T2011-21968
FIFA	G747778	国际足球联合会	第二十四类	T2011-21969
FIFA	G747778	国际足球联合会	第二十五类	T2011-21970
FIFA	G747778	国际足球联合会	第二十类	T2011-21971
FIFA	G747778	国际足球联合会	第十八类	T2011-21972
FIFA	G747778	国际足球联合会	第十六类	T2011-21973

权利名称	权利注册授权号	申请人名称	商品分类	备案号
FIFA	G747778	国际足球联合会	第二十一类	T2011-21974
FIFA	G747778	国际足球联合会	第九类	T2011-21975
FIFA	G747778	国际足球联合会	第六类	T2011-21976
FIFA WORLD CUP	G734366	国际足球联合会	第三十五类	T2011-21977
FIFA WORLD CUP	G734366	国际足球联合会	第四十一类	T2011-21978
FIFA WORLD CUP	G734366	国际足球联合会	第三十四类	T2011-21979
FIFA WORLD CUP	G734366	国际足球联合会	第二十八类	T2011-21980
FIFA WORLD CUP	G734366	国际足球联合会	第二十五类	T2011-21981
FIFA WORLD CUP	G734366	国际足球联合会	第二十六类	T2011-21982
FIFA WORLD CUP	G734366	国际足球联合会	第二十四类	T2011-21983
FIFA WORLD CUP	G734366	国际足球联合会	第二十一类	T2011-21984
FIFA WORLD CUP	G734366	国际足球联合会	第二十类	T2011-21985
FIFA WORLD CUP	G734366	国际足球联合会	第十八类	T2011-21986
FIFA WORLD CUP	G734366	国际足球联合会	第十六类	T2011-21987
FIFA WORLD CUP	G734366	国际足球联合会	第九类	T2011-21988
FIFA WORLD CUP	G734366	国际足球联合会	第六类	T2011-21989
FIFA WORLD CUP	G613159	国际足球联合会	第四十一类	T2011-21990
FIFA WORLD CUP	G613159	国际足球联合会	第三十五类	T2011-21991
FIFA WORLD CUP	G613159	国际足球联合会	第二十六类	T2011-21992
FIFA WORLD CUP	G613159	国际足球联合会	第三十四类	T2011-21993
FIFA WORLD CUP	G613159	国际足球联合会	第二十四类	T2011-21995
FIFA WORLD CUP	G613159	国际足球联合会	第二十类	T2011-21996
FIFA WORLD CUP	G613159	国际足球联合会	第十八类	T2011-21997
FIFA WORLD CUP	G613159	国际足球联合会	第十六类	T2011-21999
WORLD CUP 2014	G1010981	国际足球联合会	第四十一类	T2011-22000
WORLD CUP 2014	G1010981	国际足球联合会	第三十五类	T2011-22001
WORLD CUP 2014	G1010981	国际足球联合会	第二十八类	T2011-22002
WORLD CUP 2014	G1010981	国际足球联合会	第二十六类	T2011-22003
WORLD CUP 2014	G1010981	国际足球联合会	第二十五类	T2011-22004
WORLD CUP 2014	G1010981	国际足球联合会	第二十四类	T2011-22005
WORLD CUP 2014	G1010981	国际足球联合会	第六类	T2011-22006
WORLD CUP 2014	G1010981	国际足球联合会	第二十一类	T2011-22007
WORLD CUP 2014	G1010981	国际足球联合会	第二十类	T2011-22008
WORLD CUP 2014	G1010981	国际足球联合会	第十八类	T2011-22009
WORLD CUP 2014	G1010981	国际足球联合会	第十六类	T2011-22010
WORLD CUP 2014	G1010981	国际足球联合会	第九类	T2011-22011
FIFA WORLD CUP	G613159	国际足球联合会	第六类	T2011-22012
RIBAO TECHNOLOGY	4038265	苏州日宝科技有限责任公司	第九类	T2011-22013
LONG LIFE	4611016	海门市晨光照明电器有限公司	第十一类	T2011-22014
ACERTIL	G529623	百法玛	第五类	T2011-22015

权利名称	权利注册授权号	申请人名称	商品分类	备案号
TENTCOT	4994833	威廉・法拉利	第二十二类	T2011-22016
图形	7313995	浙江鼎铃电器有限公司	第八类	T2011-22017
快乐娃娃（图形）	5806286	叶文忠	第十类	T2011-22018
快乐娃娃（图形）	4976808	叶文忠	第十类	T2011-22019
快乐娃娃	4620398	叶文忠	第十类	T2011-22020
图形	6727928	宁波腾约电器有限公司	第七类	T2011-22021
Maks Electric 及图	8056977	宁波腾约电器有限公司	第七类	T2011-22022
PANOASOUNIG	6725596	宁波腾约电器有限公司	第七类	T2011-22023
Natuaral	6725597	宁波腾约电器有限公司	第七类	T2011-22024
条纹设计	7759266	葛拉投资有限公司	第二十四类	T2011-22025
条纹设计	7759267	葛拉投资有限公司	第二十三类	T2011-22026
MOON DOUGH	7828490	斯平马斯特有限公司	第二十八类	T2011-22027
ZWA	4018332	大连光扬轴承制造有限公司	第七类	T2011-22029
SOFICLEF(图形)	7363822	苏州成利金属制品有限公司	第六类	T2011-22030
UCEM	1406251	苏州成利金属制品有限公司	第六类	T2011-22031
SOFICLEF	5607539	苏州成利金属制品有限公司	第六类	T2011-22032
Contessa	7003448	无锡大舜国际贸易有限公司	第六类	T2011-22033
BIOTHYS	7258920	金英哲	第五类	T2011-22034
THE L EMPREUR CHAI AL IMBRATOR 及图形	G3097117	浙江华发茶业有限公司	第三十类	T2011-22035
陈明 +CHEMING+ 图形	7896948	青田县陈明饰品有限公司	第二十六类	T2011-22036
GS+ 图形	6561222	何芳英	第十二类	T2011-22037
PYLE PRO	4917267	杭州磐石电子有限公司	第九类	T2011-22038
Dior	1158166	克里斯蒂昂・迪奥尔服装有限公司	第十四类	T2011-22039
KOMANETSYN CHARACTER 图形	7511154	维亚科姆国际公司	第二十八类	T2011-22040
PUTIN CHARACTER 图形	7511100	维亚科姆国际公司	第十八类	T2011-22041
PUTIN CHARACTER 图形	7511099	维亚科姆国际公司	第十六类	T2011-22042
KIRENENKO CHARACTER 图形	7511089	维亚科姆国际公司	第二十八类	T2011-22043
KIRENENKO CHARACTER 图形	7511088	维亚科姆国际公司	第二十四类	T2011-22044
KIRENENKO CHARACTER 图形	7511087	维亚科姆国际公司	第十八类	T2011-22045
KIRENENKO CHARACTER 图形	7511086	维亚科姆国际公司	第十六类	T2011-22046
PUTIN CHARACTER 图形	7511082	维亚科姆国际公司	第二十四类	T2011-22047
PUTIN CHARACTER 图形	7511084	维亚科姆国际公司	第二十八类	T2011-22048
USAVICH	7284978	维亚科姆国际公司	第十六类	T2011-22049
NICKELODEON NI HAO, KAI-LAN 你好，凯兰	6596783	维亚科姆国际公司	第二十八类	T2011-22050
DORA THE EXPLORER 图形	5693239	维亚科姆国际公司	第二十五类	T2011-22051

权利名称	权利注册授权号	申请人名称	商品分类	备案号
DORA THE EXPLORER 图形	5693236	维亚科姆国际公司	第二十八类	T2011-22052
GO DIEGO GO 图形	5493051	维亚科姆国际公司	第二十五类	T2011-22053
GO DIEGO GO 图形	5493048	维亚科姆国际公司	第二十八类	T2011-22054
SPONGEBOB SQUAREPANTS	5432830	维亚科姆国际公司	第二十八类	T2011-22055
NICK AVATAR THE LEGEND OF AANG	5420593	维亚科姆国际公司	第二十五类	T2011-22056
NICK AVATAR THE LEGEND OF AANG	5420592	维亚科姆国际公司	第二十八类	T2011-22057
GO DIEGO GO	5350046	维亚科姆国际公司	第二十五类	T2011-22058
GO DIEGO GO	5350045	维亚科姆国际公司	第二十八类	T2011-22059
NICK JR. THE BACKYARDIGANS	5315656	维亚科姆国际公司	第二十八类	T2011-22060
NICK JR. THE BACKYARDIGANS	5315655	维亚科姆国际公司	第二十五类	T2011-22061
SPONGEBOB CHARACTER(海绵宝宝图形)	5237476	维亚科姆国际公司	第二十八类	T2011-22062
DORA THE EXPLORER	4910392	维亚科姆国际公司	第二十五类	T2011-22063
USM 及图	5943012	南方美国发动机公司	第十二类	T2011-22064
SENHAI 及图形	7915163	佛山市森海运动用品有限公司	第二十八类	T2011-22065
VARYBOND	4548376	伊利诺斯工具制品有限公司	第三类	T2011-22066
VARYBOND	4548377	伊利诺斯工具制品有限公司	第一类	T2011-22067
VARYBOND	4548375	伊利诺斯工具制品有限公司	第十七类	T2011-22068
TELENT+ 图形	7179045	富信天伦天（福建）户外体育用品有限公司	第二十五类	T2011-22069
保兰德	3647461	郭顺元	第二十五类	T2011-22070
VANISH	840153	利洁时公司	第三类	T2011-22071
CALGONIT	271765	利洁时公司	第三类	T2011-22072
LYSOL	1120150	雷克特本克瑟公司	第五类	T2011-22073
BRABUS	5066687	芮吟飞	第六类	T2011-22074
坎特美尔 Cantemerle	5898175	谢伟星	第三十三类	T2011-22075
拉瓦娜克 Lavagnac	5895176	谢伟星	第三十三类	T2011-22076
歌夫 CLOOF	5652942	谢伟星	第三十三类	T2011-22077
迪生庄 Chateau D'lssan	5200920	谢伟星	第三十三类	T2011-22078
欧颂庄	5198907	谢伟星	第三十三类	T2011-22079
佛朗飞龙	5198471	谢伟星	第三十三类	T2011-22080
Tintele	6642993	胡祥禧	第九类	T2011-22081
MATCH	G551314	先正达参段股份有限公司	第五类	T2011-22082
翔跃飞腾	7949373	佛山市南海里水飞腾配件厂	第十二类	T2011-22083
MARiLIA	7112553	佛山克莱汽车照明有限公司	第十一类	T2011-22084
GAUSS+ 图形	7464080	佛山克莱汽车照明有限公司	第十一类	T2011-22085
CH 及图	6027137	柯罗姆—哈茨日本有限公司	第六类	T2011-22086
Chrome Hearts 及图	6027139	柯罗姆—哈茨日本有限公司	第六类	T2011-22087

权利名称	权利注册授权号	申请人名称	商品分类	备案号
Chrome Hearts（图形）	3551410	柯罗姆—哈茨日本有限公司	第二十五类	T2011-22088
Chrome Hearts（图形）	3103339	柯罗姆—哈茨日本有限公司	第二十五类	T2011-22089
Chrome Hearts 及图	3103320	柯罗姆—哈茨日本有限公司	第二十一类	T2011-22090
Chrome Hearts 及图	3103321	柯罗姆—哈茨日本有限公司	第二十类	T2011-22091
Chrome Hearts 及图	3103319	柯罗姆—哈茨日本有限公司	第二十四类	T2011-22092
Chrome Hearts 及图	3103308	柯罗姆—哈茨日本有限公司	第二十六类	T2011-22093
Chrome Hearts 及图	3103305	柯罗姆—哈茨日本有限公司	第三十四类	T2011-22094
Chrome Hearts 及图	3103304	柯罗姆—哈茨日本有限公司	第十四类	T2011-22095
Chrome Hearts 及图	3103303	柯罗姆—哈茨日本有限公司	第十八类	T2011-22096
Chrome Hearts 及图	3103302	柯罗姆—哈茨日本有限公司	第二十五类	T2011-22097
Chrome Hearts（图形）	3103301	柯罗姆—哈茨日本有限公司	第十四类	T2011-22098
Chrome Hearts 及图	1658469	柯罗姆—哈茨日本有限公司	第九类	T2011-22099
Chrome Hearts 及图	1658468	柯罗姆—哈茨日本有限公司	第九类	T2011-22100
Chrome Hearts 及图	1548601	柯罗姆—哈茨日本有限公司	第十四类	T2011-22101
Chrome Hearts 及图	1548602	柯罗姆—哈茨日本有限公司	第十四类	T2011-22102
Chrome Hearts 及图	1544568	柯罗姆—哈茨日本有限公司	第十八类	T2011-22103
Chrome Hearts 及图	1544567	柯罗姆—哈茨日本有限公司	第十八类	T2011-22104
Chrome Hearts 及图	1509154	柯罗姆—哈茨日本有限公司	第二十五类	T2011-22105
Chrome Hearts 及图	1509153	柯罗姆—哈茨日本有限公司	第二十五类	T2011-22106
OVENCHEF	7942624	潮州市威达陶瓷制作有限公司	第二十一类	T2011-22107
ONEMORE	5540590	潮州市威达陶瓷制作有限公司	第二十一类	T2011-22108
Bio-Oil	3264362	日内瓦实验室有限公司	第三类	T2011-22109
图形	1497879	浙江双羊集团有限公司	第九类	T2011-22110
SHUNCHI	7131618	宁波顺驰线缆有限公司	第九类	T2011-22111
SOYANG	3439097	罗国明	第九类	T2011-22112
KBC	4830053	乐清市麒麟摩配有限公司	第九类	T2011-22113
SENHAI 及图形	7915098	佛山市森海运动用品有限公司	第九类	T2011-22115
MBS	1649778	株式会社前川制作所	第七类	T2011-22116
雄鸡 COCK BRAND 及图形	565627	天津机械进出口有限公司	第八类	T2011-22117
ZYS	1609807	洛阳轴研科技股份有限公司	第七类	T2011-22118
HITACHI	1641877	株式会社日立制作所	第十二类	T2011-22119
日立（图形）	1641875	株式会社日立制作所	第十二类	T2011-22120
日立	1641876	株式会社日立制作所	第十二类	T2011-22121
日立	1617728	株式会社日立制作所	第七类	T2011-22122
艾洛神防护	7094832	伊利诺斯工具制品有限公司	第十七类	T2011-22123
PLEXUS	7070158	伊利诺斯工具制品有限公司	第十七类	T2011-22124
QMI	7511588	伊利诺斯工具制品有限公司	第三类	T2011-22125
阿库路巴	6173352	伊利诺斯工具制品有限公司	第七类	T2011-22126
Accu-Lube	6173353	伊利诺斯工具制品有限公司	第四类	T2011-22127
乐配渗	7094954	伊利诺斯工具制品有限公司	第二类	T2011-22128

权利名称	权利注册授权号	申请人名称	商品分类	备案号
罗哥	7113916	伊利诺斯工具制品有限公司	第三类	T2011-22129
阿库路巴	6173354	伊利诺斯工具制品有限公司	第四类	T2011-22130
富兰凯琳	7074611	伊利诺斯工具制品有限公司	第十七类	T2011-22131
酷孚	7038214	伊利诺斯工具制品有限公司	第一类	T2011-22132
酷孚	7038213	伊利诺斯工具制品有限公司	第四类	T2011-22133
乐配渗	7094953	伊利诺斯工具制品有限公司	第四类	T2011-22134
封速强	7164136	伊利诺斯工具制品有限公司	第十七类	T2011-22135
OptiSelect	G859953	伊利诺斯工具制品有限公司	第八类	T2011-22136
酷孚	7038212	伊利诺斯工具制品有限公司	第十七类	T2011-22137
罗哥	7113915	伊利诺斯工具制品有限公司	第十七类	T2011-22138
普莱克思 PLEXUS	6974707	伊利诺斯工具制品有限公司	第一类	T2011-22139
艾洛神防护	7094952	伊利诺斯工具制品有限公司	第一类	T2011-22140
司宾格	7035907	伊利诺斯工具制品有限公司	第十七类	T2011-22141
Accu-Lube	6173371	伊利诺斯工具制品有限公司	第七类	T2011-22142
TOPAZ	537695	马尔赫特国际私人有限公司	第八类	T2011-22144
艾洛神防护	7094951	伊利诺斯工具制品有限公司	第二类	T2011-22145
QMI	7511591	伊利诺斯工具制品有限公司	第七类	T2011-22146
封速强	7164137	伊利诺斯工具制品有限公司	第一类	T2011-22147
易速凯	6917989	伊利诺斯工具制品有限公司	第一类	T2011-22148
斜纹图形	135295	卢卡斯工业有限公司	第十二类	T2011-22151
fischer 及图形	796280	费希尔厂有限责任两合公司	第一类	T2011-22152
HARLEY-DAVIDSON	228536	H-D 密执安有限责任公司	第十二类	T2011-22153
thermo standard 及图	G894933	泰尔墨豪森有限公司	第二十一类	T2011-22154
DUREX	530808	LRC 制品有限公司	第十类	T2011-22156
durex	1511148	LRC 制品有限公司	第十类	T2011-22157
HARLEY	1482934	H-D 密执安有限责任公司	第三十四类	T2011-22158
HARLEY（图形）	1489665	H-D 密执安有限责任公司	第九类	T2011-22159
HARLEY(图形）	1347250	H-D 密执安有限责任公司	第三十四类	T2011-22160
HARLEY OWNERS 及图形	1473597	H-D 密执安有限责任公司	第二十五类	T2011-22161
HARLEY	1511282	H-D 密执安有限责任公司	第十二类	T2011-22162
DOLCE & GABBANA	G555568	嘉杜有限公司	第三类	T2011-22163
HARLEY-DAVIDSON	537881	H-D 密执安有限责任公司	第十八类	T2011-22164
HARLEY（图形）	539716	H-D 密执安有限责任公司	第二十五类	T2011-22165
TENAX	G632197(3 类）	特耐克斯有限公司	第三类	T2011-22166
TENAX	G632197(8 类）	特耐克斯有限公司	第八类	T2011-22167
TENAX	G632197(7 类）	特耐克斯有限公司	第七类	T2011-22168
TENAX	G632197	特耐克斯有限公司	第一类	T2011-22169
SAER	980983	赛尔电泵股份公司	第七类	T2011-22170
OLAY 及图形	1540313	宝洁公司（美国）	第三类	T2011-22171
LI-NING	535713	李宁体育（上海）有限公司	第十八类	T2011-22172

权利名称	权利注册授权号	申请人名称	商品分类	备案号
MEDIAMATRIX	1984259	百威电子有限公司	第九类	T2011-22173
百威	623214	百威电子有限公司	第十五类	T2011-22174
SHENHUA	5886807	蒋喜伟	第二十一类	T2011-22175
OPTEX 和图形	1473790	欧宝士株式会社	第九类	T2011-22176
fischer 及图形	812407	费希尔厂有限责任两合公司	第六类	T2011-22179
fischer 及图形	829318	费希尔厂有限责任两合公司	第二十类	T2011-22180
BURTS BEES EARTH FRIENDLY NATURAL PERSONAL CARE PRODUCT 及图	4331879	伯特蜜蜂有限公司	第三类	T2011-22182
施泰福 STIEFEL	1183253	施泰福实验室股份有限公司	第十类	T2011-22183
STIEFEL 施泰福	1194140	施泰福实验室股份有限公司	第三类	T2011-22184
施泰福 STIEFEL	1200259	施泰福实验室股份有限公司	第五类	T2011-22185
STIEFEL；S	6820293	施泰福实验室股份有限公司	第五类	T2011-22186
GAMECUBE	1640707	任天堂株式会社	第十六类	T2011-22187
BIC 及图形	557631	比克公司	第三类	T2011-22189
SANO	6743757	中山市天虹电机制造有限公司	第七类	T2011-22190
PEMAL	6743760	中山市天虹电机制造有限公司	第七类	T2011-22191
SUN CRUISES 及图形	5336600	许栋梁	第二十八类	T2011-22192
TOOT	5527028	帝普来有限公司	第二十五类	T2011-22193
Tefal	4573343	特福简化股份有限公司	第二十一类	T2011-22195
MIRACLEBODY	7968797	A&H 运动服装公司	第二十五类	T2011-22196
MIRACLESUIT	7968799	A&H 运动服装公司	第二十五类	T2011-22197
科美 KEMEY 及图形	4629214	杨滨	第八类	T2011-22198
KEMEI	6729585	杨滨	第八类	T2011-22199
KEMEI 及图形	4352729	杨滨	第八类	T2011-22200
KEMEI	6230120	义乌市杨滨五金商行	第十一类	T2011-22201
BOKANG+ 图形	1463007	温州市博康仪表有限公司	第十类	T2011-22202
KORONA 及图形	5835060	许自表	第二十八类	T2011-22203
KORONA 及图形	5835061	许自表	第二十八类	T2011-22204
天鹅头灯臂	19-2011-F-00416	中山市琪朗灯饰厂有限公司		C2011-22205
UNION	5994559	浙江加西亚电子电器有限公司	第九类	T2011-22206
GACIA	4399670	浙江加西亚电子电器有限公司	第九类	T2011-22207
RUNSTAR 及星形图	7219545	香港电宝实业有限公司	第九类	T2011-22208
hager	2024593	海格尔电气有限公司	第九类	T2011-22209
SOUNDKING（图形）	4773874	宁波音王集团有限公司	第九类	T2011-22210
JANNIS	6452415	宁波萌恒工贸有限公司	第二十四类	T2011-22211
X	G930271	美国安和塑身有限公司	第四十一类	T2011-22212
X	G930088	美国安和塑身有限公司	第二十八类	T2011-22213
SUSPENSION TRAINING	G930402	美国安和塑身有限公司	第二十八类	T2011-22214

权利名称	权利注册授权号	申请人名称	商品分类	备案号
TRX	G939207	美国安和塑身有限公司	第四十一类	T2011-22215
SUSPENSION TRAINING	G930402	美国安和塑身有限公司	第四十一类	T2011-22216
TRX	G939207	美国安和塑身有限公司	第二十八类	T2011-22217
BOSCH	1415516	罗伯特·博世有限公司	第十一类	T2011-22218
LOOK	3216119	台州华龙离合器有限公司	第十二类	T2011-22219
中野及拼音及图形	6313854	温州中野交通电器有限公司	第十二类	T2011-22220
CAROLINA HERRERA	1460370	卡罗来纳赫雷拉有限公司	第三类	T2011-22222
蝴蝶牌 BUTTERFLY 及图形	276004	上工申贝（集团）股份有限公司	第七类	T2011-22223
DOCKSIDES	730367	仕品高国际有限公司	第二十五类	T2011-22225
DOCKSIDES	730168	仕品高国际有限公司	第十八类	T2011-22226
INCIPIO	7236728	英赛奥技术有限公司	第九类	T2011-22227
壳牌	180730	壳牌国际股份公司	第四类	T2011-22228
图形	180720	壳牌国际股份公司	第四类	T2011-22229
ROGY	1321298	上海永继电气股份有限公司	第九类	T2011-22230
MOBIS	3863631	现代摩比斯株式会社	第十一类	T2011-22231
MOBIS	3863630	现代摩比斯株式会社	第十二类	T2011-22232
MOBIS	3863633	现代摩比斯株式会社	第七类	T2011-22233
GIANTLOK	621741	捷诺克股份有限公司	第二十类	T2011-22234
M.N.menow	7103164	周坤江	第三类	T2011-22235
now	5754608	诺奥健康集团公司	第三十二类	T2011-22236
now	4351278	诺奥健康集团公司	第五类	T2011-22237
now	4351279	诺奥健康集团公司	第三十类	T2011-22239
now	5754607	诺奥健康集团公司	第二十九类	T2011-22240
NOVOCO	4181003	上海诺唯科国际贸易有限公司	第九类	T2011-22241
NOVOCOOL	4181002	上海诺唯科国际贸易有限公司	第十一类	T2011-22242
DATA	5584286	冯增芳	第十一类	T2011-22243
COBRA 卡博莱	1485674	浙江泰恒光学有限公司	第九类	T2011-22244
tornado	1219070	浙江泰恒光学有限公司	第九类	T2011-22245
L（图形）	7650512	李宁体育（上海）有限公司	第二十八类	T2011-22247
L(图形）	7650522	李宁体育（上海）有限公司	第十八类	T2011-22248
李宁	7635265	李宁体育（上海）有限公司	第二十五类	T2011-22249
L'OREAL 欧莱雅	1252128	莱雅公司	第三类	T2011-22250
图形	4191324	凯特斯贝德公司	第二十六类	T2011-22251
kate spade	4191325	凯特斯贝德公司	第二十四类	T2011-22252
kate spade	4191326	凯特斯贝德公司	第十六类	T2011-22253
LOUIS LAFON 路易拉菲	3523713	王艳	第三十三类	T2011-22255
GILLETTE	144138	吉列公司	第八类	T2011-22256
富士通	6451983	富士通株式会社	第九类	T2011-22257
FUJITSU 及图	531724	富士通株式会社	第九类	T2011-22258
moking	7766768	米克尔 Y 科斯塔斯及米克尔股份有限公司	第三十四类	T2011-22259

权利名称	权利注册授权号	申请人名称	商品分类	备案号
AVASTIN	G808553A	捷能泰克公司	第五类	T2011-22260
USIGN	3960841	汕头市远生实业有限公司	第十六类	T2011-22267
CARLOS SANTANA	4271889	珠海科利德进出口有限公司	第二十五类	T2011-22268
OHERO	3264321	宇易实业有限公司	第十二类	T2011-22269
JUNRONG	3404607	江苏军荣集团有限公司	第十八类	T2011-22274
LIVERPOOL FOOTBALL CLUB;YOU'LL NEVER WALK ALONE;EST-1892 图形	G1008762	利物浦足球俱乐部及体育场有限公司	第二十一类	T2011-22275
LIVERPOOL FOOTBALL CLUB;YOU WILL NEVER WALK ALONE;EST-1892	G1008762	利物浦足球俱乐部及体育场有限公司	第六类	T2011-22276
LIVERPOOL FOOTBALL CLUB;YOU'LL NEVER WALK ALONE;EST-1892 图形	G1008762	利物浦足球俱乐部及体育场有限公司	第十六类	T2011-22277
LIVERPOOL FOOTBALL CLUB;YOU'LL NEVER WALK ALONE;EST-1892 图形	6349660	利物浦足球俱乐部及体育场有限公司	第二十五类	T2011-22278
LIVERPOOL FOOTBALL CLUB;YOU'LL NEVER WALK ALONE;EST-1892 图形	G1008762	利物浦足球俱乐部及体育场有限公司	第九类	T2011-22279
ORINK	5469044	上海昊群数码科技有限公司	第二类	T2011-22281
WELKA	5599076	青岛三链锁业有限公司	第六类	T2011-22283
ROSSIGNOL	4751247	青岛三链锁业有限公司	第六类	T2011-22284
VALLEY	6996398	青岛三链锁业有限公司	第六类	T2011-22285
SATAKE	567690	株式会社佐竹制作所	第七类	T2011-22286
AKER 及图形	1797287	奉化市恒顺电讯厂	第九类	T2011-22288
LUXWATT 及图形	5953840	上海亮威照明电器有限公司	第十一类	T2011-22289
LITE-WAY（图形）	5913786	上海亮威照明电器有限公司	第十一类	T2011-22290
salwa	6613857	上海亮威照明电器有限公司	第十一类	T2011-22291
LITE-WAY	5913787	上海亮威照明电器有限公司	第十一类	T2011-22292
G'FIVE	8050122	深圳市京维天科技有限公司	第九类	T2011-22293
安佑	1274693	上海安佑饲料科技有限公司	第三十一类	T2011-22295
广东宝丰塑胶工业有限公司	538926	广东宝丰塑胶工业有限公司	第十九类	T2010-22296
TG+TOPGOUN	6549905	葛光台	第六类	T2011-22299
KLIPSCH	1376327	克利普斯有限责任公司	第九类	T2011-22300
ENERGY	856923	音响产品国际有限公司	第九类	T2011-22301
JAMO	688552	克力普斯科集团有限公司	第九类	T2011-22304
JOLD WEN	7794981	青岛三链锁业有限公司	第六类	T2011-22305
元秘 -D	505111	通化一洋保健品有限公司	第三十二类	T2011-22313
FUSAN	1432990	中山市天虹电机制造有限公司	第七类	T2011-22314
SULO	6326459	全耐塑料公司	第二十一类	T2011-22321
大享（图形）	7196165	湖州大享玻璃制品有限公司	第十九类	T2011-22322
大享（图形）	7196169	湖州大享玻璃制品有限公司	第十一类	T2011-22323

权利名称	权利注册授权号	申请人名称	商品分类	备案号
大享（图形）	7196173	湖州大享玻璃制品有限公司	第三十五类	T2011-22324
大享（图形）	7196177	湖州大享玻璃制品有限公司	第二十一类	T2011-22325
大享（图形）	7196181	湖州大享玻璃制品有限公司	第二十类	T2011-22326
大享	7196179	湖州大享玻璃制品有限公司	第二十一类	T2011-22327
大享	7196171	湖州大享玻璃制品有限公司	第十一类	T2011-22328
大享	7196163	湖州大享玻璃制品有限公司	第二十类	T2011-22329
大享	7196167	湖州大享玻璃制品有限公司	第十九类	T2011-22330
ROTARIX	1484547	葛兰素史克生物有限公司	第五类	T2011-22331
SB SmithKline Beecham	538815	史密斯克兰・比彻姆有限公司	第二十一类	T2011-22332
SB SmithKline Beecham	537323	史密斯克兰・比彻姆有限公司	第三类	T2011-22333
Blumenthal&Wise	6035699	江门市晨曦经贸有限公司	第八类	T2011-22334
VON STAINER	6035693	江门市晨曦经贸有限公司	第八类	T2011-22335
Blumenthal&Wise	6035698	江门市晨曦经贸有限公司	第二十一类	T2011-22336
VON MEISTER	6035695	江门市晨曦经贸有限公司	第二十一类	T2011-22337
VON STAINER	6035694	江门市晨曦经贸有限公司	第二十一类	T2011-22338
(图片) KOCHTOPFHAUS MÜLLER	4524783	何丽娟	第八类	T2011-22339
MUCOSOLVAN	G568231	勃林格殷格翰药业公司	第五类	T2011-22344
ATROVENT 爱特罗高特	G570217	勃林格殷格翰药业公司	第五类	T2011-22345
SIFROL	1422396	勃林格殷格翰药业公司	第五类	T2011-22346
舒必乐	1452588	勃林格殷格翰药业公司	第五类	T2011-22347
勃林格殷格翰	528227	波英格・莫格海姆公司	第五类	T2011-22348
AIRNESS	2008491	石狮华飞制衣有限公司	第二十五类	T2011-22349
INNOTEL; 伊耐尔	1932548	北京红科国际贸易有限公司	第二十五类	T2011-22350
图形	1094579	北京红科国际贸易有限公司	第二十五类	T2011-22351
KBF	6769722	武汉市科佳机电进出口有限责任公司	第七类	T2011-22352
VVP+ 图形	3088030	广州市兆鹰五金有限公司	第六类	T2011-22353
Dr.Jart+	6604556	海飞安妃有限公司	第三类	T2011-22354
玛莉安	7601842	陈暹宏	第八类	T2011-22355
玛莉安	6847536	陈暹宏	第二十一类	T2011-22356
允然	8098354	佛山市高明区允然带钢实业有限公司	第六类	T2011-22357
GOODING	7768773	广东雅图化工有限公司	第二类	T2011-22358
MAXYTONE	7768776	广东雅图化工有限公司	第二类	T2011-22359
图形	6088048	广东雅图化工有限公司	第二类	T2011-22360
EASICOAT	7768769	广东雅图化工有限公司	第二类	T2011-22361
Galanz	1977064	广东格兰仕集团有限公司	第七类	T2011-22366
Galanz	1235010	广东格兰仕集团有限公司	第九类	T2011-22367
Galanz	4100083	广东格兰仕集团有限公司	第九类	T2011-22368
Galanz	1189616	广东格兰仕集团有限公司	第十一类	T2011-22369
Galanz	1981609	广东格兰仕集团有限公司	第九类	T2011-22370

权利名称	权利注册授权号	申请人名称	商品分类	备案号
Galanz+ 格兰仕	3183636	广东格兰仕集团有限公司	第十六类	T2011-22371
Galanz	3608128	广东格兰仕集团有限公司	第十一类	T2011-22372
Galanz	3755953	广东格兰仕集团有限公司	第十一类	T2011-22373
Galanz	6322831	广东格兰仕集团有限公司	第十一类	T2011-22374
Galanz	670508	广东格兰仕集团有限公司	第七类	T2011-22375
Galanz	3755957	广东格兰仕集团有限公司	第九类	T2011-22376
Galanz	3755955	广东格兰仕集团有限公司	第七类	T2011-22377
OLD NAVY	1434748	盖璞（国际商标）公司	第十八类	T2011-22378
前进 ADVANCE	176505	杭州前进齿轮箱集团股份有限公司	第十二类	T2011-22379
saizen	G781566	阿雷斯贸易股份有限公司	第五类	T2011-22380
SAIZEN	G549335	阿雷斯贸易股份有限公司	第五类	T2011-22381
思真	3361747	阿雷斯贸易股份有限公司	第五类	T2011-22382
图形	6108138	佛山市森海运动用品有限公司	第二十八类	T2011-22383
Kingtel	542590	精特尔科技股份有限公司	第九类	T2011-22384
OGS Open Guided Sound 及图	7473520	圣基创意股份有限公司	第九类	T2011-22385
JOINT POWER 及图形	6411540	江门合威五金有限公司	第六类	T2011-22388
DEWAR'S	175149	巴卡迪及其有限公司	第三十六类	T2011-22389
BACARDI	1447155	巴卡迪及其有限公司	第二十五类	T2011-22390
BACARDI	1482913	巴卡迪及其有限公司	第三十四类	T2011-22391
GREY GOOSE 灰雁	4742570	巴卡迪及其有限公司	第三十三类	T2011-22392
BOMBAY SAPPHIRE	G921460	巴卡迪及其有限公司	第三十三类	T2011-22393
图形	6477245	凯撒斯通斯多特亚姆有限公司	第二十类	T2011-22394
图形	5374562	凯撒斯通斯多特亚姆有限公司	第十九类	T2011-22395
图形	5374701	凯撒斯通斯多特亚姆有限公司	第二十类	T2011-22396
赛萨通	5501430	凯撒斯通斯多特亚姆有限公司	第二十类	T2011-22397
CAESARSTONE	6392366	凯撒斯通斯多特亚姆有限公司	第二十类	T2011-22398
赛萨通	5501431	凯撒斯通斯多特亚姆有限公司	第十九类	T2011-22399
CHM	1444996	中山市天虹电机制造有限公司	第七类	T2011-22400
TTM	1451079	中山市天虹电机制造有限公司	第七类	T2011-22401
DENTFRESH	6650911	扬州中瑞进出口有限公司	第三类	T2011-22405
RA	7816639	青岛三链锁业有限公司	第六类	T2011-22408
JW	7649630	青岛三链锁业有限公司	第六类	T2011-22409
P 图形	1622050	培黎有限公司	第十一类	T2011-22412
PEGLER	1618050	培黎有限公司	第十一类	T2011-22413
VACON	1606271	伟肯公司	第九类	T2011-22414
NINE WEST	1610578	耐恩西部发展公司	第九类	T2011-22415
ANNE KLEIN II	561342	琼斯投资有限公司	第二十五类	T2011-22416
OLAY	第 1556339 号	宝洁公司（美国）	第三类	T2011-22417
head&shoulders 海飞丝	第 1544325 号	宝洁公司（美国）	第三类	T2011-22418
CROCS	G873725	卡骆驰公司	第二十五类	T2011-22419

权利名称	权利注册授权号	申请人名称	商品分类	备案号
TIENS 及图形（共同权利人：天津天狮生物发展有限公司）	1619008	天狮集团有限公司	第三十类	T2011-22420
HARLEY（图形）	1630682	H-D 密执安有限责任公司	第三十四类	T2011-22421
蝙蝠（图形）	1646623	巴卡迪及其有限公司	第三十四类	T2011-22422
BACARDI	1621039	巴卡迪及其有限公司	第二十一类	T2011-22423
蝙蝠（图形）	1621038	巴卡迪及其有限公司	第二十一类	T2011-22424
图　标 +PRAHOVA VALLEY HALEWOOD	7009306	余梓红	第三十三类	T2011-22425
苏通 SUTONG	6569361	南通精华制药股份有限公司	第五类	T2011-22426
Gelleme	7073630	胡金隆	第八类	T2011-22427
JOHNSON 及图形	7647179	管晓斌	第八类	T2011-22428
SAHSUVAR	第 4653372 号	刘波	第六类	T2011-22431
FLOW WALL	7070421	红星贸易有限责任公司	第六类	T2011-22432
CEA 及图形	6449683	浙江和鸿进出口有限公司	第九类	T2011-22433
UNIPOINT	7342223	肖检园	第十二类	T2011-22434
FP	6853109	肖检园	第十二类	T2011-22435
HBL	4881702	肖检园	第十一类	T2011-22436
BONNA	4881699	肖检园	第十二类	T2011-22437
AOBEST	4881700	肖检园	第十二类	T2011-22438
NIEHOFF	7342282	肖检园	第十二类	T2011-22439
FDRCE PREMIUM	7342332	肖检园	第三十七类	T2011-22440
HARDY	7618073	肖检园	第十二类	T2011-22441
STEELL	7618054	肖检园	第十二类	T2011-22442
ATLAS	1451388	宁波市振兴锁业有限公司	第六类	T2011-22443
M 日 CO	6271592	青岛三链锁业有限公司	第六类	T2011-22444
DUR KiLiT	8365210	青岛三链锁业有限公司	第六类	T2011-22445
舒尔马	3501767	秀波麦克斯集团控股公司	第八类	T2011-22450
舒尔马	3501768	秀波麦克斯集团控股公司	第三类	T2011-22451
MK 及图形	5926788	天津长荣印刷设备股份有限公司	第七类	T2011-22452
有恒、MK、MASTERWORK 及图形	6867654	天津长荣印刷设备股份有限公司	第七类	T2011-22454
Eurobreaker	4278113	吴俊武	第九类	T2011-22455
狮虎头（图形）	7866113	傅初建	第十一类	T2011-22456
TMT 及图	8096094	TMT 贸易有限公司	第十一类	T2011-22459
TMC 及图	8096092	TMT 贸易有限公司	第十一类	T2011-22460
SMT 及图	8096090	TMT 贸易有限公司	第十一类	T2011-22461
国光朱师傅	1358853	朱国光	第三十类	T2011-22462
GREYSTONE ACCURACY BY DESIGN	3368314	深圳市格瑞斯通自控设备有限公司	第九类	T2011-22463
阿特斯	4497394	阿特斯光伏科技（苏州）有限公司	第九类	T2011-22464
CORAM	6709929	厦门凯达信进出口有限公司	第七类	T2011-22465

权利名称	权利注册授权号	申请人名称	商品分类	备案号
AJ ARMANI JEANS	G743290	乔治·阿玛尼有限公司(米兰),瑞士门德里西奥分公司	第十八类	T2011-22466
Armani Junior	G813519	乔治·阿玛尼有限公司(米兰),瑞士门德里西奥分公司	第二十五类	T2011-22467
Armani Junior	G813519	乔治·阿玛尼有限公司(米兰),瑞士门德里西奥分公司	第十八类	T2011-22468
NAG CHAMPA	7313190	成都天艺新商贸有限责任公司	第三类	T2011-22469
HEM(图形)	7313197	成都天艺新商贸有限责任公司	第三类	T2011-22470
梦舒健 J·MOON	7804893	江门市澳柏利家具实业有限公司	第二十类	T2011-22472
七彩家宝	7986599	江门市澳柏利家具实业有限公司	第二十类	T2011-22473
图形+power balance+performance technology	7729138	美国力量平衡公司	第十四类	T2011-22476
BTL	864872	吴锦平	第九类	T2011-22477
FREY WILLE	G824396	菲维亚珠宝有限两合公司	第十四类	T2011-22478
FREY WILLE(图形)	G709669	菲维亚珠宝有限两合公司	第十四类	T2011-22479
NEC	1533916	日本电气株式会社	第九类	T2011-22480
DASHAMO 及图形	4145070	张文彬	第一类	T2011-22481
paco	1444464	中山市力高电器有限公司	第九类	T2011-22483
AROMA ANGEL 及 EXCLUSIVE 及图形	7578973	郭瑞华	第二十五类	T2011-22487
LILAS	6734740	浙江省义乌市华美卫生用品有限公司	第十六类	T2011-22488
Nexans 及图	G753844	耐克森	第九类	T2011-22491
宝成	1044625	杜邦公司	第五类	T2011-22492
PREVATHON	5898298	杜邦公司	第五类	T2011-22493
PALIO	4438539	黄劲生	第十八类	T2011-22494
ASSA ABLOY	G807285	ASSA 亚伯洛伊公司	第九类	T2011-22495
ASSA ABLOY	G807285	ASSA 亚伯洛伊公司	第六类	T2011-22496
KM	5469770	东阳市虎鹿东白强力沙带厂	第三类	T2011-22497
KM 及图	1290200	东阳市虎鹿东白强力沙带厂	第三类	T2011-22498
GENUINE EASTMAN	1265111	东阳市虎鹿东白强力沙带厂	第三类	T2011-22499
Eastman	4294597	东阳市虎鹿东白强力沙带厂	第三类	T2011-22500
MAIMIN	1903291	东阳市虎鹿东白强力沙带厂	第三类	T2011-22501
大地鹰王及 REGALRAPTOR 及图形	5853754	立峰集团有限公司	第十二类	T2011-22502
LEON	6014747	捷克刀片有限公司	第八类	T2011-22503
泰发 Taifa	609793	青岛泰发集团股份有限公司	第十二类	T2011-22509
VCAN	7137959	乐清市恒胜摩配有限公司	第九类	T2011-22513
HILTI	G740197	喜利得股份有限公司	第二十类	T2011-22514
HILTI	G740197	喜利得股份有限公司	第十九类	T2011-22515
HILTI	G740197	喜利得股份有限公司	第十七类	T2011-22516
HILTI	G740197	喜利得股份有限公司	第十三类	T2011-22517
HILTI	G740197	喜利得股份有限公司	第九类	T2011-22518

权利名称	权利注册授权号	申请人名称	商品分类	备案号
HILTI	G740197	喜利得股份有限公司	第八类	T2011-22519
HILTI	G740197	喜利得股份有限公司	第七类	T2011-22520
HILTI	G740197	喜利得股份有限公司	第六类	T2011-22521
HILTI	G740197	喜利得股份有限公司	第一类	T2011-22522
牧田	182619	株式会社牧田	第七类	T2011-22523
makita	1581698	株式会社牧田	第七类	T2011-22524
makita	1581699	株式会社牧田	第七类	T2011-22525
牧田	1581697	株式会社牧田	第七类	T2011-22526
makita	1411357	株式会社牧田	第九类	T2011-22527
牧田	1411356	株式会社牧田	第九类	T2011-22528
makita	1408402	株式会社牧田	第九类	T2011-22529
makita	1381920	株式会社牧田	第七类	T2011-22530
makita	1381919	株式会社牧田	第七类	T2011-22531
makita	1269500	株式会社牧田	第七类	T2011-22532
YAGAO TOYS	5112215	吴瑞宏	第二十八类	T2011-22533
QLINK	5310252	荃瑞企业股份有限公司	第十二类	T2011-22534
QLINK 及图案	7360721	荃瑞企业股份有限公司	第六类	T2011-22535
QLINK 及图案	5798487	荃瑞企业股份有限公司	第十二类	T2011-22536
QLINK 及图案	7360717	荃瑞企业股份有限公司	第十二类	T2011-22537
77kids	6841338	特许零售公司	第十八类	T2011-22538
小鸟图形	7772666	特许零售公司	第二十五类	T2011-22539
AERIE	5162844	特许零售公司	第十八类	T2011-22540
AERIE	5162845	特许零售公司	第十四类	T2011-22541
AEO	5620861	特许零售公司	第十八类	T2011-22542
AEO	6602377	特许零售公司	第十四类	T2011-22543
VEM+ 图形	4922693	谢凯清	第七类	T2011-22544
MAROB	4355881	玛丽埃蒂・库塔里瑞尔有限公司	第八类	T2011-22546
GULI 及图	1523353	固力保安制品有限公司	第六类	T2011-22547
UNILIGHT	5589384	费嗨得・撒恩迪 R1411791	第十一类	T2011-22548
马图形	2013475	苏诚达集团有限公司	第三十类	T2011-22549
图形	2013472	苏诚达集团有限公司	第三十类	T2011-22550
PYRAN	265516	斯考特股分公司	第十九类	T2011-22551
Schott	33825	斯考特股分公司	第二十一类	T2011-22552
赛兰	1613015	斯考特股分公司	第二十一类	T2011-22553
CERAN	531780	斯考特股分公司	第二十一类	T2011-22554
CERAN	529359	斯考特股分公司	第十一类	T2011-22555
AB 及图形	5893787	温州市荣格贸易有限公司	第九类	T2011-22556
骏马及图形	1405584	苏诚达集团有限公司	第三十类	T2011-22557
LAPARCHI	8288991	青岛三链锁业有限公司	第六类	T2011-22558
DAYSTAR	6803766	广州倬亿贸易有限公司	第九类	T2011-22559

权利名称	权利注册授权号	申请人名称	商品分类	备案号
LANTOS	4682717	陈秀霞	第三十类	T2011-22560
LONTOR	5596734	陈秀霞	第九类	T2011-22561
SITI	5113171	陈秀霞	第三十四类	T2011-22562
LONTOR	5596735	陈秀霞	第十一类	T2011-22563
RASTILARI	5040627	陈秀霞	第二十九类	T2011-22564
DOWELL	7172470	德昊国际实业有限公司	第七类	T2011-22565
STOLLE	7172464	德昊国际实业有限公司	第十一类	T2011-22567
美卡素	1357754	勃林格殷格翰药业公司	第五类	T2011-22568
MAGNETI MARELLI	G742314	马涅蒂・马瑞利股份公司	第七类	T2011-22569
MAGNETI MARELLI	G742314	马涅蒂・马瑞利股份公司	第九类	T2011-22570
MAGNETI MARELLI	G742314	马涅蒂・马瑞利股份公司	第十一类	T2011-22571
MAGNETI MARELLI	G742314	马涅蒂・马瑞利股份公司	第十二类	T2011-22572
VIVID	1503125	天津新时代自行车有限公司	第十二类	T2011-22573
图形	1614151	费里诺・卢宾耐特里有限公司	第十一类	T2011-22574
图形	1649614	费里诺・卢宾耐特里有限公司	第六类	T2011-22576
PEAVEY	239582	百威电子有限公司	第九类	T2011-22577
PEAVEY	225236	百威电子有限公司	第十五类	T2011-22578
媒体矩阵	1983609	百威电子有限公司	第九类	T2011-22579
摩凡陀	1624804	摩凡陀钟表有限公司	第十四类	T2011-22580
RESTORATION HARDWARE	5681110	瑞斯产品公司	第十一类	T2011-22581
“FIT+ 图形”	第 3305875 号	宁波市慈溪进出口股份有限公司	第十一类	T2011-22582
RESTORATION HARDWARE	5681109	瑞斯产品公司	第二十类	T2011-22583
RESTORATION HARDWARE	5681106	瑞斯产品公司	第二十七类	T2011-22584
RESTORATION HARDWARE	5681107	瑞斯产品公司	第二十四类	T2011-22585
RESTORATION HARDWARE	5681108	瑞斯产品公司	第二十一类	T2011-22586
ASIA DRIVE	3799036	艾迪斯工业设备（苏州工业园区）有限公司	第七类	T2011-22587
金鼠 JINSHU 及图形	1074474	杭州之江有机硅化工有限公司	第一类	T2011-22588
ZHIJIANG	3286795	杭州之江有机硅化工有限公司	第一类	T2011-22589
《“BEE”包装盒 [小]》	2010-F-034425	曾庆松		C2011-22591
《“BEE”包装盒》	2010-F-034424	曾庆松		C2011-22592
SENSE PHOENIX	7526599	吴江盛泽新星丝织厂	第二十四类	T2011-22593
鹰（图形）	7526576	吴江盛泽新星丝织厂	第二十四类	T2011-22594
CHARNOS	5612701	骆江伟	第二十五类	T2011-22595
HITACHI	6976898	株式会社日立制作所	第二十八类	T2011-22596
日立	6977077	株式会社日立制作所	第二十八类	T2011-22597
日立	805727	株式会社日立制作所	第二十一类	T2011-22598
日立（图形）	6976853	株式会社日立制作所	第十二类	T2011-22599
HITACHI	6976932	株式会社日立制作所	第十二类	T2011-22600
日立	6977073	株式会社日立制作所	第十二类	T2011-22601
日立（图形）	6976857	株式会社日立制作所	第二十八类	T2011-22602

权利名称	权利注册授权号	申请人名称	商品分类	备案号
GESUI	6828257	宁波保税区英科国际贸易有限公司	第六类	T2011-22603
westhomes	1914206	浙江西屋电气有限公司	第九类	T2011-22604
AL+ 地球图形	6777214	傅仙红	第六类	T2011-22605
阿乐 +ALE+ 地球图形	1673531	傅仙红	第六类	T2011-22606
TOMMY	6496919	傅仙红	第六类	T2011-22607
PERRY COLE	6942086	查道远	第二十五类	T2011-22608
BONAITI	1515119	苏州市春苑制锁有限公司	第六类	T2011-22609
INT（图形）	6941326	苏州市春苑制锁有限公司	第六类	T2011-22610
SRF	7212043	苏州市春苑制锁有限公司	第六类	T2011-22611
LAHAMCO	7580692	苏州市春苑制锁有限公司	第六类	T2011-22612
GLEAM	7882166	苏州市春苑制锁有限公司	第六类	T2011-22613
BTR（图形）	7458123	苏州市春苑制锁有限公司	第六类	T2011-22614
WALDO	6922940	苏州市春苑制锁有限公司	第六类	T2011-22615
TOMUS	6941325	苏州市春苑制锁有限公司	第六类	T2011-22616
RA S 900	7212045	苏州市春苑制锁有限公司	第六类	T2011-22617
VEYE	1374517	苏州市春苑制锁有限公司	第六类	T2011-22618
EUROPARD	8297673	盐城颐锦机电设备有限公司	第七类	T2011-22619
WEINUO	5674832	徐伟	第二十一类	T2011-22621
日立（图形）	6976834	株式会社日立制作所	第十一类	T2011-22622
HITACHI	6976933	株式会社日立制作所	第十一类	T2011-22623
日立	6977074	株式会社日立制作所	第十一类	T2011-22624
日立（图形）	6543171	株式会社日立制作所	第九类	T2011-22625
HITACHI	6976915	株式会社日立制作所	第九类	T2011-22626
日立	6977056	株式会社日立制作所	第九类	T2011-22627
日立（图形）	6976836	株式会社日立制作所	第八类	T2011-22628
HITACHI	6976916	株式会社日立制作所	第八类	T2011-22629
日立	6977057	株式会社日立制作所	第八类	T2011-22630
日立	6977060	株式会社日立制作所	第五类	T2011-22631
日立（图形）	6976842	株式会社日立制作所	第二类	T2011-22632
HITACHI	6976922	株式会社日立制作所	第二类	T2011-22633
日立	6977063	株式会社日立制作所	第二类	T2011-22634
MONCLER 及图形	4486670	蒙克雷尔有限公司	第二十五类	T2011-22635
MONCLER 及图形	4486671	蒙克雷尔有限公司	第十八类	T2011-22636
图形	1169195	利·派林斯有限公司	第三十类	T2011-22637
LEA & PERRINS 及图形	1096308	利·派林斯有限公司	第三十类	T2011-22638
LEA & PERRINS	3403904	利·派林斯有限公司	第三十类	T2011-22639
图形	310387	亨氏公司	第三十类	T2011-22640
HEINZ	7395097	亨氏公司	第二十九类	T2011-22641
HEINZ	310391	亨氏公司	第三十类	T2011-22642
HEINZ	1277792	亨氏公司	第五类	T2011-22643

权利名称	权利注册授权号	申请人名称	商品分类	备案号
亨氏	306915	亨氏公司	第三十类	T2011-22644
亨氏	310386	亨氏公司	第三十类	T2011-22645
sidesleeper 包装盒	2010-L-030694	杨骏		C2011-22652
WINDSHIELD WONDER 零售包装	2009-L-017921	杨骏		C2011-22653
Robostir 包装	2011-L-041597	杨骏		C2011-22654
Bottle TOP 包装	2011-L-041596	杨骏		C2011-22655
ALUMA WALLET 包装（八）	2011-L-041595	杨骏		C2011-22656
ALUMA WALLET 包装（七）	2011-L-041600	杨骏		C2011-22657
ALUMA WALLET 包装（六）	2011-L-041594	杨骏		C2011-22658
rider	1477858	恩平市双艺电子工业有限公司	第九类	T2011-22675
Mother garden	3353715	洋子创新公司	第二十八类	T2011-22676
fatafeat	7291265	爱诺（香港）有限公司	第二十一类	T2011-22677
HAPPY CHEF	7314619	爱诺（香港）有限公司	第二十一类	T2011-22678
ULTRA PRO	6589899	边境出口有限公司	第九类	T2011-22679
ULTRA PRO	6589901	边境出口有限公司	第八类	T2011-22680
ULTRA PRO	6589900	边境出口有限公司	第二十二类	T2011-22681
ULTRA PRO	6589898	边境出口有限公司	第十六类	T2011-22682
ULTRA PRO	7078955	边境出口有限公司	第七类	T2011-22683
VOLTECH	7078950	边境出口有限公司	第十七类	T2011-22684
VOLTECH	7078953	边境出口有限公司	第十七类	T2011-22685
PRETUL	7246352	边境出口有限公司	第六类	T2011-22686
PRETUL	7246345	边境出口有限公司	第二十一类	T2011-22687
URREOLA	7683659	边境出口有限公司	第八类	T2011-22688
URREOLA	7683658	边境出口有限公司	第九类	T2011-22689
TRUPER	7783353	边境出口有限公司	第六类	T2011-22690
VOLTECH	7783350	边境出口有限公司	第六类	T2011-22691
VOLTECH	7783349	边境出口有限公司	第八类	T2011-22692
TRUPER 及图	7783347	边境出口有限公司	第七类	T2011-22693
TRUPER 及图	7783346	边境出口有限公司	第八类	T2011-22694
TRUPER 及图	7783345	边境出口有限公司	第九类	T2011-22695
TRUPER 及图	7783344	边境出口有限公司	第十二类	T2011-22696
HERMEX	7902565	边境出口有限公司	第六类	T2011-22697
ICEBERG	537973	思敏威斯特投资有限公司	第十四类	T2011-22698
AK	7553011	张小燕	第九类	T2011-22699
AK	7553010	张小燕	第十一类	T2011-22700
59FIFTY	5662987	新纪元帽业有限公司	第九类	T2011-22701
59FIFTY	5662989	新纪元帽业有限公司	第十八类	T2011-22702
59FIFTY	5662982	新纪元帽业有限公司	第二十五类	T2011-22703
NE 图形	5662986	新纪元帽业有限公司	第二十五类	T2011-22704

权利名称	权利注册授权号	申请人名称	商品分类	备案号
NE 图形	5662984	新纪元帽业有限公司	第十四类	T2011-22705
HOLLISTER	1641363	J.M.H. 商标股份有限公司	第二十五类	T2011-22706
HITACHI 阿拉伯语	7957807	株式会社日立制作所	第五类	T2011-22707
阿拉伯语商标	7957808	株式会社日立制作所	第四类	T2011-22708
阿拉伯语商标	7957809	株式会社日立制作所	第三类	T2011-22709
阿拉伯语商标	7957810	株式会社日立制作所	第二类	T2011-22710
阿拉伯语商标	7957925	株式会社日立制作所	第十八类	T2011-22711
阿拉伯语商标	7957926	株式会社日立制作所	第十七类	T2011-22712
阿拉伯语商标	7957935	株式会社日立制作所	第二十八类	T2011-22713
阿拉伯语商标	7957939	株式会社日立制作所	第二十四类	T2011-22714
阿拉伯语商标	7957938	株式会社日立制作所	第二十五类	T2011-22715
杜比	205797	杜比实验室特许公司	第九类	T2011-22716
DOLBY 及图形	205798	杜比实验室特许公司	第九类	T2011-22717
杜比（图形）	205799	杜比实验室特许公司	第九类	T2011-22718
DOLBY	205800	杜比实验室特许公司	第九类	T2011-22719
DOLBY SURROUND	1313881	杜比实验室特许公司	第九类	T2011-22720
DOLBY DIGITAL	1441374	杜比实验室特许公司	第九类	T2011-22721
DOLBY （图形）	6699489	杜比实验室特许公司	第九类	T2011-22722
DOLBY 及图形	6699490	杜比实验室特许公司	第九类	T2011-22723
图形	5396258	天宝电子（惠州）有限公司	第九类	T2011-22724
普利米尔 Premier's	4402636	王松谷	第三十类	T2011-22725
颜色商标	6270584	安德烈亚斯·施蒂尔两合公司	第十六类	T2011-22726
STIHL	1566027	安德烈亚斯·施蒂尔两合公司	第八类	T2011-22727
UNICRESE 及图形	4211804	张杰华	第二十五类	T2011-22729
S SPIN MASTER	3728508	斯平马斯特有限公司	第二十八类	T2011-22730
FLYING V BODY SHAPE（图形）	1511551	吉伯生吉他公司	第十五类	T2011-22731
SG BODY SHAPE （图形）	1511552	吉伯生吉他公司	第十五类	T2011-22732
ES BODY SHAPE （图形）	1511553	吉伯生吉他公司	第十五类	T2011-22733
EXPLORER BODY SHAPE （图形）	1511554	吉伯生吉他公司	第十五类	T2011-22734
B.O.O.S	5469396	张群英	第十一类	T2011-22735
R&M	G740760	赖希勒及迪—马沙里有限公司	第九类	T2011-22736
梦妆	1680376	株式会社太平洋	第三类	T2011-22737
LANEIGE	3765005	株式会社太平洋	第三类	T2011-22738
兰芝	3765004	株式会社太平洋	第三类	T2011-22739
Median	3684428	株式会社太平洋	第三类	T2011-22740
Mamonde	4188332	株式会社太平洋	第三类	T2011-22741
雪绿茶	6024033	株式会社太平洋	第三十类	T2011-22742
韓律	6195648	株式会社太平洋	第三类	T2011-22743
AMORE	6211880	株式会社太平洋	第三类	T2011-22744

权利名称	权利注册授权号	申请人名称	商品分类	备案号
ARITAUM	6294409	株式会社太平洋	第三类	T2011-22745
雅莉她	6329102	株式会社太平洋	第三类	T2011-22746
PRIMERA（及其韩文翻译）	6882973	株式会社太平洋	第三类	T2011-22747
芙莉美娜	7175508	株式会社太平洋	第三类	T2011-22748
Median	3098943	株式会社太平洋	第二十一类	T2011-22749
INNISFREE	1449162	悦诗风吟株式会社	第三类	T2011-22750
TBCC	3792152	华瑞技术有限公司	第一类	T2011-22751
TBCC	3792151	华瑞技术有限公司	第三十一类	T2011-22752
图形 +Fengbo	4015497	河南丰博自动化有限公司	第九类	T2011-22753
音乐天使及 MUSIC ANGEL	5577227	深圳市俊佳豪科技有限公司	第九类	T2011-22754
海印桥	554152	广州粮油食品进出口实业有限公司	第三十类	T2011-22756
RUBIK'S 及图形	4733264	七城有限公司	第二十八类	T2011-22757
RUBIK'S 及图形	4733267	七城有限公司	第九类	T2011-22758
澳雅思	7718350	江门市澳柏利家具实业有限公司	第二十类	T2011-22760
qqfashion	7739182	李雪	第十八类	T2011-22761
diunamai 以及图形	6150190	冠涛国际有限公司	第九类	T2011-22762
orava 以及图形	6317881	冠涛国际有限公司	第九类	T2011-22763
godrej 以及图形	6423265	冠涛国际有限公司	第九类	T2011-22764
TOWER	6783017	福州益融进出口有限公司	第二十类	T2011-22765
SASSIN	1223080	三信国际电器上海有限公司	第九类	T2011-22766
TZ 及 TUKZAR	5208482	雪瑞夫・墨汗玛德 63NO2387360	第十六类	T2011-22767
DARYISH	7834525	雪瑞夫・墨汗玛德 63NO2387360	第十六类	T2011-22768
CATARINI	3041949	王晓飞	第二十五类	T2011-22769
图形	3807777	上海调林日用品有限公司	第二十一类	T2011-22771
street fighter	688993	喀普康美国有限公司	第二十八类	T2011-22772
street fighter	658580	喀普康美国有限公司	第九类	T2011-22773
street fighter	6809517	喀普康美国有限公司	第九类	T2011-22774
xinjia	1636811	石狮市信佳电子有限公司	第十四类	T2011-22775
JIMMY CHOO	1637164	杰出（泽西）有限公司	第二十五类	T2011-22776
思密达	1632497	益普生药业公司	第五类	T2011-22777
YAMAHA	567927	雅马哈株式会社	第十五类	T2011-22778
YAMAHA	567750	雅马哈株式会社	第九类	T2011-22779
Hisense	1630225	青岛海信电子产业控股股份有限公司	第九类	T2011-22780
666SIX SIX SIX 及图形	1613684	浙江浦江金灯锁业有限公司	第六类	T2011-22781
CHATEAU	1602600	深圳市飞狮电池有限公司	第九类	T2011-22782
DORCO	565630	株式会社多乐可	第八类	T2011-22783
AUONE	1642551	佛山市欧一电器制造厂有限公司	第九类	T2011-22784
COGNISTAR	8244714	深圳市迈高实业发展有限公司	第五类	T2011-22785
WOCELLA	8098028	深圳市迈高实业发展有限公司	第五类	T2011-22786
MEINEN	5846742	深圳市迈高实业发展有限公司	第五类	T2011-22787

权利名称	权利注册授权号	申请人名称	商品分类	备案号
IMINEN	5846741	深圳市迈高实业发展有限公司	第五类	T2011-22788
MEVAC	5839162	深圳市迈高实业发展有限公司	第五类	T2011-22789
TOPPRO	1927773	京固国际通商有限公司	第十八类	T2011-22791
TOPPRO	1941631	京固国际通商有限公司	第二十五类	T2011-22792
TOPPRO	1941670	京固国际通商有限公司	第二十八类	T2011-22793
Y3	3752692	京固国际通商有限公司	第二十八类	T2011-22794
OLIVER 及图	6673372	京固国际通商有限公司	第二十八类	T2011-22795
OLIVER 及图	3311638	京固国际通商有限公司	第十八类	T2011-22796
OLIVER 及图	3311508	京固国际通商有限公司	第二十八类	T2011-22797
OLIVER 及图	593161	京固国际通商有限公司	第二十八类	T2011-22798
OLIVER 及图	594258	京固国际通商有限公司	第十八类	T2011-22799
图形	3474723	浙江丽光摩托车配件有限公司	第十二类	T2011-22800
MUSTIFF	5868932	深圳市三诺技展电子有限公司	第九类	T2011-22802
SP 及图形	5014554	深圳市三诺技展电子有限公司	第九类	T2011-22803
QORi	7401503	深圳市三诺技展电子有限公司	第九类	T2011-22804
KAREN WALKER	6208988	卡伦沃克有限公司	第九类	T2011-22805
五角星及 Heineken	3320604	喜力	第二十五类	T2011-22809
喜力图形商标	3310341	喜力	第二十五类	T2011-22810
HEINEKEN	3289980	喜力	第二十五类	T2011-22811
喜力图形商标	3310339	喜力	第三十三类	T2011-22812
五角星 +Heineken	3320603	喜力	第三十二类	T2011-22813
HEINEKEN	3289982	喜力	第三十三类	T2011-22814
五角星及 Heineken	3320602	喜力	第三十三类	T2011-22815
HEINEKEN	3289981	喜力	第三十二类	T2011-22816
喜力图形商标	3310340	喜力	第三十二类	T2011-22817
双人	5413648	泉州市奇盛汽车配件有限公司	第六类	T2011-22819
阿路邦 ALUBANG	7577550	上海吉祥科技（集团）有限公司	第六类	T2011-22820
SHJIX	6001392	上海吉祥科技（集团）有限公司	第六类	T2011-22821
EVERLEO	7382163	中山市朗泰金属制品有限公司	第六类	T2011-22823
UMBRO 及图形	3698204	耐克环球服务私人有限公司	第二十五类	T2011-22826
umbro 图形	3698200	耐克环球服务私人有限公司	第二十五类	T2011-22827
UMBRO 及图形	1058828	耐克环球服务私人有限公司	第二十五类	T2011-22828
umbro 及图形	182110	耐克环球服务私人有限公司	第二十五类	T2011-22829
RECORDING KING	7374943	北京福乐盛世演艺器材有限公司	第九类	T2011-22830
ANATOLIAN	7859584	北京福乐盛世演艺器材有限公司	第十五类	T2011-22831
虎头	4120566	台州中山泵业有限公司	第七类	T2011-22832
NEW ERA FITS	G849662	新纪元帽业有限公司	第二十五类	T2011-22833
Karen millen	3426539	名称和域名有限公司	第二十五类	T2011-22834
俏皮鼠－储钱罐	38611	东莞上延电子产品开发有限公司		C2011-22835
HB+HUANGBAO	4398857	义乌市索逑电池有限公司	第九类	T2011-22836

权利名称	权利注册授权号	申请人名称	商品分类	备案号
SQMY	3078895	义乌市索迷电池有限公司	第九类	T2011-22837
蝴蝶 + 蝴蝶图形	52080	义乌市埴民剪刀有限公司	第八类	T2011-22838
LARBRADA	7750161	郑洪林	第二十五类	T2011-22842
ALIASGA	7750160	郑洪林	第二十五类	T2011-22843
ATHENA SPECIAL	4531606	郑洪林	第二十五类	T2011-22844
振涯（图形）	5563297	浙江振涯实业集团有限公司	第二十五类	T2011-22845
NIS	3966022	厦门良申轴承制造有限公司	第十二类	T2011-22846
黑钻 CECILIA	3232309	李自生	第三十三类	T2011-22848
CHEVIGNON	G556238	查理・榭飞雍企业	第二十五类	T2011-22849
INTERNATIONAL ANNAN IRON	5320455	麦志明	第九类	T2011-22850
WAP	G751379	力奇—先进有限公司	第七类	T2011-22851
WAP	259888	力奇—先进有限公司	第七类	T2011-22852
NILFISK	G813249	力奇—先进有限公司	第七类	T2011-22853
NILFISK 及图形	1107934	力奇—先进有限公司	第七类	T2011-22854
NILFISK 及图形	1048066	力奇—先进有限公司	第九类	T2011-22855
WONDERBRA	913225	卡纳狄尔公司	第二十五类	T2011-22856
ICH helmets 及图形	6059286	乐清市麒麟摩配有限公司	第九类	T2011-22858
SANTIWAY	8307566	杭州圣地威进出口有限公司	第六类	T2011-22859
HIGTP	8341297	济宁博大纺织品有限公司	第二十四类	T2011-22860
SOLTON	5020061	杭州磐石电子有限公司	第九类	T2011-22861
ARCHITECTURAL ACOUSTICS	5122439	杭州磐石电子有限公司	第九类	T2011-22862
GALLIEN-KRUEGER	4935004	杭州磐石电子有限公司	第九类	T2011-22863
STARPACK+ 图形	8277045	中山市高晋商贸有限公司	第二十一类	T2011-22864
STARPACK+ 图形	8278541	中山市高晋商贸有限公司	第二十四类	T2011-22865
久吾 +JIUWU+ 图形	1495284	江苏久吾高科技股份有限公司	第十一类	T2011-22866
Minsun 及图形	6054685	闽东圣源机电有限公司	第七类	T2011-22867
DOZER	8150999	上海润杰电器有限公司	第十一类	T2011-22868
DOZER	8151044	上海润杰电器有限公司	第九类	T2011-22869
BILTURE FURNITURE	3946932	广州市争辉实业有限公司	第二十类	T2011-22870
赛思达 +SOUTHSTAR+ 图形	3837231	广州市赛思达机械设备有限公司	第十一类	T2011-22871
RMX	7464174	佛山克莱汽车照明有限公司	第十一类	T2011-22873
TAMATEL	7464091	佛山克莱汽车照明有限公司	第十一类	T2011-22874
CASTEELS	7464143	佛山克莱汽车照明有限公司	第十一类	T2011-22875
ARCOLL	7112552	佛山克莱汽车照明有限公司	第十一类	T2011-22876
INDOMOBIL INDOPARTS	7464187	佛山克莱汽车照明有限公司	第十一类	T2011-22877
umbro 及图形	182111	耐克环球服务私人有限公司	第二十八类	T2011-22878
SERETIDE	559604	葛兰素集团有限公司	第五类	T2011-22879
LOB	6672898	青岛三链锁业有限公司	第六类	T2011-22881
乌鸡 B.COCK 及图形	1531530	滦南县农具制造行业协会	第八类	T2011-22884

权利名称	权利注册授权号	申请人名称	商品分类	备案号
SAMTICO	4071357	玉环加达阀门有限公司	第六类	T2011-22885
鞋子上的三条纹（图形商标）	G730835	阿迪达斯有限公司	第二十五类	T2011-22886
led	4738224	楼永强	第九类	T2011-22887
TIGER WORLD(虎宇)	7379935	潮州市金源电筒有限公司	第十一类	T2011-22888
AT FASHION	3405925	安徽省技术进出口股份有限公司	第二十五类	T2011-22889
TECHWILL	4906632	安徽省技术进出口股份有限公司	第二十八类	T2011-22890
TECHOME	4906634	安徽省技术进出口股份有限公司	第二十七类	T2011-22891
TECHWILL	4906798	安徽省技术进出口股份有限公司	第十类	T2011-22892
TECHOME	4906793	安徽省技术进出口股份有限公司	第二十九类	T2011-22893
TECHOME	4906791	安徽省技术进出口股份有限公司	第三类	T2011-22894
TECHOME	4906783	安徽省技术进出口股份有限公司	第二十四类	T2011-22895
TECHOME	4906780	安徽省技术进出口股份有限公司	第二十八类	T2011-22896
卡達 KADA	3598905	潘润雄	第九类	T2011-22898
嘉宝罗 GABRIEL 及图	4388536	何海林	第十一类	T2011-22899
KOU YI K.Y 及图	543513	国益铁工厂股份有限公司	第七类	T2011-22900
国益	543515	国益铁工厂股份有限公司	第七类	T2011-22901
DSHILL	5803856	达伍德阿博德艾乐麦哈德股份公司	第六类	T2011-22904
SHILL	7782522	达伍德阿博德艾乐麦哈德股份公司	第六类	T2011-22905
2A	8135460	青岛益佳华益进出口有限公司	第三类	T2011-22909
propa	7837617	青岛益佳华益进出口有限公司	第十六类	T2011-22910
AKADA	4598429	陈兴泽	第六类	T2011-22911
博力 /boli	3546248	台州博力胶业有限公司	第十六类	T2011-22912
图形	7395096	亨氏公司	第二十九类	T2011-22913
亨氏	1277794	亨氏公司	第五类	T2011-22914
图形	1277778	亨氏公司	第五类	T2011-22915
Imbianco Facile 包装盒	2011-L-041598	杨骏		C2011-22916
crazy critters 包装盒	2011-L-041599	杨骏		C2011-22917
Bottle Tops	2009-L-021790	杨骏		C2011-22918
Smooth Away 零售包装	2009-L-016877	杨骏		C2011-22919
Bark OFF	2010-L-030896	杨骏		C2011-22920
fridgeballs 零售包装	2009-L-016876	杨骏		C2011-22921
PASTA PRIMO！零售包装	2009-L-016878	杨骏		C2011-22922
PERFECT FIT BUTTON	2010-L-024627	杨骏		C2011-22923
ALUMA WALLET 包装（五）	2011-L-041591	杨骏		C2011-22924
ALUMA WALLET 包装（四）	2011-L-041593	杨骏		C2011-22925
ALUMA WALLET 包装（三）	2011-L-041592	杨骏		C2011-22926
ALUMA WALLET 包装（二）	2011-L-041590	杨骏		C2011-22927
ALUMA WALLET 包装（一）	2011-L-041588	杨骏		C2011-22928
SUPREME 90DAY 包装（二）	2011-L-041581	杨骏		C2011-22929
EZCOMBS 包装（四）	2011-L-041579	杨骏		C2011-22930

权利名称	权利注册授权号	申请人名称	商品分类	备案号
EZCOMBS 包装（五）	2011-L-041585	杨骏		C2011-22931
Comfy Control 包装（一）	2011-L-041577	杨骏		C2011-22932
Comfy Control 包装（二）	2011-L-041578	杨骏		C2011-22933
Comfy Control 包装（三）	2011-L-041583	杨骏		C2011-22934
Comfy Control 包装（四）	2011-L-041584	杨骏		C2011-22935
Chef Basket 包装（一）	2011-L-041582	杨骏		C2011-22936
Chef Basket 包装（二）	2011-L-041575	杨骏		C2011-22937
EZCOMBS 零售包装（二）	2009-L-016875	杨骏		C2011-22938
BONUS 包装(二)	2011—041586	杨骏		C2011-22939
EZCOMBS 包装盒（三）	2011-L-041576	杨骏		C2011-22940
BONUS 包装（一）	2011-L-041580	杨骏		C2011-22941
BONUS 包装（三）	2011-L-041587	杨骏		C2011-22942
SUPREME 90DAY 包装（一）	2011-L-041574	杨骏		C2011-22943
EZCOMBS 零售包装（一）	2009-L-016874	杨骏		C2011-22944
Tupperware	1452953	达特工业公司	第二十类	T2011-22945
Tupperware	1452952	达特工业公司	第二十类	T2011-22946
Tupperware	157509	达特工业公司	第三十类	T2011-22947
Tupperware	1170560	达特工业公司	第二十一类	T2011-22948
Tupperware 特百惠及图形	1170559	达特工业公司	第二十一类	T2011-22949
Tupperware	1170558	达特工业公司	第二十一类	T2011-22950
特百惠花图形	1052035	达特工业公司	第二十一类	T2011-22951
Tupperware	3107677	达特工业公司	第三十类	T2011-22952
Tupperware 特百惠及图形	1469000	达特工业公司	第二十类	T2011-22953
Tupperware	1452954	达特工业公司	第二十类	T2011-22954
Tupperware	3107680	达特工业公司	第十一类	T2011-22955
Tupperware	3107681	达特工业公司	第十类	T2011-22956
Tupperware	3107682	达特工业公司	第九类	T2011-22957
Tupperware	3107683	达特工业公司	第八类	T2011-22958
Tupperware	3107684	达特工业公司	第七类	T2011-22959
Tupperware	3107686	达特工业公司	第三类	T2011-22960
Tupperware	1052032	达特工业公司	第二十一类	T2011-22961
中宝及图形	3196927	广东中宝炊具制品有限公司	第二十一类	T2011-22962
BODEUX	7557745	广东中宝炊具制品有限公司	第二十一类	T2011-22963
Potobelo	7557751	广东中宝炊具制品有限公司	第二十一类	T2011-22964
ZOOMBO	4785009	广东中宝炊具制品有限公司	第二十一类	T2011-22965
BELLPERRE	6632383	深圳市硅谷盈科科技有限公司	第九类	T2011-22967
雅歌	7275168	苏省杰	第九类	T2011-22968
TIGER HOWL	5573726	泰格工业集团有限公司	第七类	T2011-22969
TIGER	4459026	泰格工业集团有限公司	第十二类	T2011-22970
图形	5695736	泰格工业集团有限公司	第七类	T2011-22971

权利名称	权利注册授权号	申请人名称	商品分类	备案号
DOYEN	4377844	泰格工业集团有限公司	第七类	T2011-22972
VIKING	4258527	泰格工业集团有限公司	第七类	T2011-22973
MAT-POWER	6380717	泰格工业集团有限公司	第七类	T2011-22974
图形	5695756	泰格工业集团有限公司	第七类	T2011-22975
ASTARA	4687388	泰格工业集团有限公司	第七类	T2011-22976
YAMASU	3477688	泰格工业集团有限公司	第七类	T2011-22977
LIGER+ 图形	4285754	泰格工业集团有限公司	第七类	T2011-22978
FORTEGENERATOR	6556090	泰格工业集团有限公司	第七类	T2011-22979
KOBAL	3956946	泰格工业集团有限公司	第七类	T2011-22980
LUX 及图形	5337334	联合利华有限公司	第三类	T2011-22981
SUNSILK	5921992	联合利华有限公司	第三类	T2011-22982
PIERCE	4792857	童服仁	第十一类	T2011-22983
HKE	1777579	浙江汇港电器有限公司	第九类	T2011-22985
滑霸 PUMPROCKR	7292748	新仕高中国有限公司	第二十八类	T2011-22986
CISA 及图	536416	西萨股份公司	第六类	T2011-22989
Federal Mogul	575608	菲特尔莫古公司	第十二类	T2011-22990
Federal Mogul	575866	菲特尔莫古公司	第七类	T2011-22991
Koon Chun 及图形	569385	冠珍兴记酱园有限公司	第三十类	T2011-22992
爵杯及图	569364	冠珍兴记酱园有限公司	第三十类	T2011-22993
冠珍及图	568314	冠珍兴记酱园有限公司	第二十九类	T2011-22994
冠珍及图	569384	冠珍兴记酱园有限公司	第三十类	T2011-22995
Koon Chun 及图	568313	冠珍兴记酱园有限公司	第二十九类	T2011-22996
Evan-Picone	570247	琼斯投资有限公司	第二十五类	T2011-22997
Evan-Picone	567984	琼斯投资有限公司	第十八类	T2011-22998
ECH	4139226	上海洗霸科技有限公司	第一类	T2011-22999
PTA	7325386	厦门市俊力机械设备有限公司	第七类	T2011-23000
URBKRA	7744670	厦门市优利通机械设备有限公司	第十二类	T2011-23001
adidas 及三斜杠图形商标	3921767	阿迪达斯有限公司	第二十五类	T2011-23003
三箭（图形）	124390	大连电瓷集团股份有限公司	第十七类	T2011-23004
HARLEY（图形）	537882	H-D 密执安有限责任公司	第十八类	T2011-23005
生生有渔	4220796	广东省中山水产进出口有限公司	第三十一类	T2011-23006
makita	5337963	株式会社牧田	第二十五类	T2011-23007
ALPHa	3974881	株式会社阿尔法	第十二类	T2011-23008
ALPHa	3974880	株式会社阿尔法	第二十类	T2011-23009
图形	3974633	株式会社阿尔法	第十二类	T2011-23010
图形	3974632	株式会社阿尔法	第二十类	T2011-23011
图形	3974620	株式会社阿尔法	第九类	T2011-23012
图形	3974621	株式会社阿尔法	第六类	T2011-23013
ALPHa	3974883	株式会社阿尔法	第六类	T2011-23014
ALPHa	3974882	株式会社阿尔法	第九类	T2011-23015

权利名称	权利注册授权号	申请人名称	商品分类	备案号
PANADOL	556382	史密斯克兰·比彻姆有限公司	第五类	T2011-23016
HEM	1381874	惠泰科（天津）机电有限公司	第七类	T2011-23017
多马	1364471	多玛有限公司	第七类	T2011-23018
DOLMAR	626602	多玛有限公司	第七类	T2011-23019
SHJYTE 及图形	3248981	上海捷尧交通器材有限公司	第六类	T2011-23020
SUPERMAX	788685	秀波麦克斯集团控股公司	第八类	T2011-23022
OVIDA	8096088	TMT 贸易有限公司	第十一类	T2011-23024
CSI 及图形	4497395	阿特斯光伏科技（苏州）有限公司	第九类	T2011-23025
JN	3580286	郭永康	第九类	T2011-23026
DIAN WEI	3591184	郭永康	第九类	T2011-23027
爱通立	1416454	勃林格殷格翰国际公司	第五类	T2011-23029
TESA	646647	无锡市久灵久锁业有限公司	第六类	T2011-23031
HYPERTRON	1469697	四川华景国贸实业有限责任公司	第九类	T2011-23032
PIYA	7441359	上海洛莱进出口有限公司	第十一类	T2011-23033
图形	266342	上海中华药业有限公司	第五类	T2011-23034
I LOVE BOOBIES logo	2011-F-036912	关爱胸怀基金会		C2011-23035
fischertechnik	1070359	费希尔厂有限责任两合公司	第二十八类	T2011-23036
SWEETHEART 及图	4309011	卡丝格（泰国）有限公司	第三类	T2011-23037
BIANCO	7926228	坚士锁业有限公司	第六类	T2011-23038
INSTAPATCH	3975572	北卡罗来纳肯姆斯考博公司	第九类	T2011-23039
SYSTIMAX	660354	北卡罗来纳肯姆斯考博公司	第九类	T2011-23040
TERASPEED	3508734	北卡罗来纳肯姆斯考博公司	第九类	T2011-23041
FLK	6226992	乔福泡绵股份有限公司	第二十二类	T2011-23042
ITAL+ 图形	7827384	青岛三链锁业有限公司	第六类	T2011-23043
GEOMAN	812330	青岛三链锁业有限公司	第六类	T2011-23044
图形	5307716	深圳市全华城润滑油有限公司	第四类	T2011-23045
AL HOJOUM 阿拉伯语商标	8237981	福建晋江三超鞋服实业有限公司	第二十五类	T2011-23046
李宁	7635306	李宁体育（上海）有限公司	第二十八类	T2011-23047
李宁	7635229	李宁体育（上海）有限公司	第十八类	T2011-23048
Wellpart	7056237	玉环首盛进出口有限公司	第十二类	T2011-23049
KINGORIGIN	7917122	镇江锐丰象龙机电有限公司	第二十一类	T2011-23051
MARCHESA	5772718	侯爵夫人控股有限公司	第二十五类	T2011-23052
G.Nail	4971672	徐秀虎	第三类	T2011-23054
K.nail	4241760	徐秀虎	第三类	T2011-23055
LYLE & SCOTT	510347	莱尔和斯科特有限公司	第二十五类	T2011-23057
GelClick	3575117	贝发集团股份有限公司	第十六类	T2011-23058
MechLead	3575113	贝发集团股份有限公司	第十六类	T2011-23059
EasyClicker	3575119	贝发集团股份有限公司	第十六类	T2011-23060
BEXPROMO	3115994	贝发集团股份有限公司	第十六类	T2011-23061
MaxPen	3115993	贝发集团股份有限公司	第十六类	T2011-23062

权利名称	权利注册授权号	申请人名称	商品分类	备案号
CORVINA 51	1120214	贝发集团股份有限公司	第十六类	T2011-23063
WmZ	7726777	贝发集团股份有限公司	第十六类	T2011-23064
Neon	4709447	贝发集团股份有限公司	第十六类	T2011-23065
everMark	4634633	贝发集团股份有限公司	第十六类	T2011-23066
Liquidly	4634632	贝发集团股份有限公司	第十六类	T2011-23067
Erasable	4634625	贝发集团股份有限公司	第十六类	T2011-23068
PxStick	4634623	贝发集团股份有限公司	第十六类	T2011-23069
METAL	4634622	贝发集团股份有限公司	第十六类	T2011-23070
LAMPO	5596379	贝发集团股份有限公司	第十六类	T2011-23071
LAMPO	5736545	贝发集团股份有限公司	第十六类	T2011-23072
NanoSlick	4738123	贝发集团股份有限公司	第十六类	T2011-23073
美旅	6750193	新秀丽有限责任公司	第十八类	T2011-23074
美旅	7093475	新秀丽有限责任公司	第九类	T2011-23075
AMERICAN TOURISTER BY SAMSONITE 及图	1926471	新秀丽有限责任公司	第十八类	T2011-23076
nce+ 图形	8126145	乐清市鑫众进出口有限公司	第十二类	T2011-23078
YAHOO!	1574281	雅虎公司	第九类	T2011-23081
Laerdal	4227342	挪度医疗器械（苏州）有限公司	第九类	T2011-23082
UMED	8155467	苏州控脉进出口有限公司	第六类	T2011-23083
金骆	5798065	安定英	第二十四类	T2011-23084
Powerfix	4647441	温昊	第八类	T2011-23085
MS-MARSHAL	4645422	宁波钧乔行汽车配件有限公司	第七类	T2011-23086
JBR	6200512	邢台洪海轴承有限公司	第七类	T2011-23087
N	3623389	美国新平衡运动鞋公司	第九类	T2011-23088
NEW BALANCE	3622520	美国新平衡运动鞋公司	第九类	T2011-23089
NB	3623388	美国新平衡运动鞋公司	第九类	T2011-23090
盖瑞特	6265285	加勒特电子技术股份有限公司	第九类	T2011-23091
CHEETAH	4314463	陈阿伍	第二十五类	T2011-23093
sewis	4314462	陈阿伍	第二十五类	T2011-23094
TOZ	7590117	瑞安市富达鞋业有限公司	第二十五类	T2011-23095
MNG	G653478	艺术家联合有限公司	第十八类	T2011-23097
MNG	G653478	艺术家联合有限公司	第十四类	T2011-23098
MNG	G653478	艺术家联合有限公司	第二十五类	T2011-23099
Y.BOKAI	8285121	杨开存	第二十五类	T2011-23101
CHOCOLATE	G7435283	许昌恒源发制品股份有限公司	第二十六类	T2011-23102
A & F	1545403	A&F 商标股份有限公司	第二十五类	T2011-23103
ABERCROMBIE	1545317	A&F 商标股份有限公司	第二十五类	T2011-23104
SIUKONDA	4593128	广东西屋康达空调有限公司	第十一类	T2011-23105
WELLDO	4637981	广州市纬东金属制品有限公司	第二十一类	T2011-23106
AMD 及图	1558464	高级微型设备有限公司	第九类	T2011-23108

权利名称	权利注册授权号	申请人名称	商品分类	备案号
ROSSOPORPORA	8157387	惠安县螺城昌利日用百货商行	第二十五类	T2011-23110
ghd	6151150	洁美来集团有限公司	第二十一类	T2011-23111
ghd	6151152	洁美来集团有限公司	第十一类	T2011-23112
ghd	6151154	洁美来集团有限公司	第八类	T2011-23113
ghd	6151153	洁美来集团有限公司	第九类	T2011-23114
ghd	6151155	洁美来集团有限公司	第三类	T2011-23115
PLAYAWAY	5186436	凡达维世界有限责任公司	第九类	T2011-23116
图	7329666	乌塞恩·圣·雷奥·博尔特	第三十二类	T2011-23117
Bolt to the world 及图	7329664	乌塞恩·圣·雷奥·博尔特	第十六类	T2011-23118
Bolt to the world 及图	7329661	乌塞恩·圣·雷奥·博尔特	第三十二类	T2011-23119
BOLT 博尔特	7268248	乌塞恩·圣·雷奥·博尔特	第十六类	T2011-23120
USAINBOLT	7218312	乌塞恩·圣·雷奥·博尔特	第十六类	T2011-23121
USAINBOLT	7218310	乌塞恩·圣·雷奥·博尔特	第二十八类	T2011-23122
USAINBOLT OF LIGHTNING 及图	7218307	乌塞恩·圣·雷奥·博尔特	第十六类	T2011-23123
USAINBOLT OF LIGHTNING 及图	7218305	乌塞恩·圣·雷奥·博尔特	第二十八类	T2011-23124
USAINBOLT OF LIGHTNING 及图	7218304	乌塞恩·圣·雷奥·博尔特	第三十二类	T2011-23125
图	7329669	乌塞恩·圣·雷奥·博尔特	第十六类	T2011-23126
GAP	1645392	盖璞（国际商标）公司	第二十五类	T2011-23128
GG 及图形	715382	江门金冠五金制锁有限公司	第六类	T2011-23129
仕品高	1407728	仕品高国际有限公司	第十八类	T2011-23130
ZYBAN	1660457	葛兰素集团有限公司	第五类	T2011-23132
Chrome Hearts 及图	1658468	柯罗姆—哈茨日本有限公司	第九类	T2011-23133
Chrome Hearts 及图	1658469	柯罗姆—哈茨日本有限公司	第九类	T2011-23134
MANN FILTER+ 图形（绿 + 白 + 黄）	G760413	曼·胡默尔有限公司	第十一类	T2011-23135
MANN FILTER+ 图形（绿 + 白 + 黄）	G760413	曼·胡默尔有限公司	第七类	T2011-23136
图形	G911539	昆腾有限两合公司	第七类	T2011-23137
图形	G911539	昆腾有限两合公司	第九类	T2011-23138
图形	G911539	昆腾有限两合公司	第十一类	T2011-23139
LS LEROY SOMER	292016	利莱森玛公司	第七类	T2011-23140
BABY BULLET	7797013	霍姆兰德家用器具有限责任公司	第七类	T2011-23141
TATWM	4937890	舒文阳	第二十五类	T2011-23142
vch 及图形	7753078	浙江圣峰汽车部件有限公司	第七类	T2011-23145
Y YBARRA	G717823	亿芭利食品集团有限公司	第二十九类	T2011-23146
Y YBARRA	G717823	亿芭利食品集团有限公司	第三十类	T2011-23147
liliane h	7329606	森林控股有限公司	第二十五类	T2011-23148
“YPD”电蚊拍外包装产品设计图 5	11-2011-F-7928	虞振刚		C2011-23149

权利名称	权利注册授权号	申请人名称	商品分类	备案号
雅格	3792452	广东太格尔电源科技有限公司	第十一类	T2011-23151
BANDOLINO	4207865	耐恩西部发展公司	第十八类	T2011-23153
NS NORTH SAILS 及图	1485204	北方航行集团公司	第二十五类	T2011-23155
NS NORTH SAILS 及图	1461119	北方航行集团公司	第二十二类	T2011-23156
NORTH SAILS	1461118	北方航行集团公司	第二十二类	T2011-23157
NORTH SAILS	1477572	北方航行集团公司	第二十五类	T2011-23158
乐忆滋	7403958	汕头市华乐福食品有限公司	第二十九类	T2011-23159
WOOLITE	638293	瑞基特·戈尔曼（海外）有限公司	第三类	T2011-23160
STREPSILS	674309	瑞基特·戈尔曼（海外）有限公司	第五类	T2011-23161
NUROFEN	703271	瑞基特·戈尔曼（海外）有限公司	第五类	T2011-23162
SABI CORT	5418162	卢晓东	第二十四类	T2011-23163
MUNTRA DESIGN	5418160	卢晓东	第二十六类	T2011-23164
GAULOISES 及图形	1602740	国营烟草火柴工业开发公司	第三十四类	T2011-23165
保谷	8305733	佛山市凯迅行经贸有限公司	第九类	T2011-23167
LEIPOLE	7541802	上海雷普电气有限公司	第九类	T2011-23168
Crown Fox（图形）	5950553	株式会社 明光堂	第二十六类	T2011-23169
Crown Fox	5950552	株式会社 明光堂	第二十六类	T2011-23170
Crown Fox 及图形	5950555	株式会社 明光堂	第二十六类	T2011-23171
Crown Fox	5950554	株式会社 明光堂	第二十六类	T2011-23172
永德吉	1162991	福建永德吉灯业股份有限公司	第十一类	T2011-23173
YDJ LIGHT（“LIGHT”放弃专用权）	3433784	福建永德吉灯业股份有限公司	第十一类	T2011-23174
LEIPOLD	4040116	上海雷普电气有限公司	第九类	T2011-23175
亚合 Yahe 及图	5070840	陈美英	第二十四类	T2011-23180
GOLDEN BELL	702504	安阳市金钟电池有限责任公司	第九类	T2011-23184
RHINO	1318999	安阳市金钟电池有限责任公司	第九类	T2011-23185
In & In	4240598	温州市万鸣鞋业有限公司	第二十五类	T2011-23186
SIKA	7326129	北京欧润达进出口有限公司	第二十四类	T2011-23187
SIKAWAX	7326128	北京欧润达进出口有限公司	第二十四类	T2011-23188
JIANSHE 及图	1752332	重庆建设摩托车股份有限公司	第十二类	T2011-23190
NICKELODEON NI HAO, KAI-LAN 你好，凯兰	6596782	维亚科姆国际公司	第二十五类	T2011-23191
PORTA PRO	G1020501	美国高思公司	第九类	T2011-23192
萨米特 +SUMMIT+ 图形	1580759	广东新明珠陶瓷集团有限公司	第十九类	T2011-23193
冠珠 + 图形	700734	广东新明珠陶瓷集团有限公司	第十九类	T2011-23194
KABSON	8050509	瑞安市哈吉进出口贸易有限公司	第十二类	T2011-23196
TOSCA BLU 及图	G753998	米诺朗佐尼有限责任公司	第十八类	T2011-23198
ipump	6860914	李永君	第七类	T2011-23199
Bemberg	5749866	旭化成纺织株式会社	第二十四类	T2011-23200
图形	4762230	旭化成纺织株式会社	第二十四类	T2011-23201

权利名称	权利注册授权号	申请人名称	商品分类	备案号
BEMBERG	3634792	旭化成纺织株式会社	第二十四类	T2011-23202
J 图形	518045	浙江省五金矿产进出口有限公司	第六类	T2011-23203
神强 shenqiang	6263011	义乌市神强粘合剂有限公司	第一类	T2011-23204
BEIERSDORF	G998754	拜尔斯道夫股份有限公司	第六类	T2011-23207
BEIERSDORF	G998754	拜尔斯道夫股份有限公司	第二十一类	T2011-23208
HANSAPLAST	G737570	拜尔斯道夫股份有限公司	第三类	T2011-23209
HANSAPLAST	G932972	拜尔斯道夫股份有限公司	第五类	T2011-23210
NIVEA VISAGE;DNAGE;CELL RENEWAL;ANTI AGE SYSTEM	G900216	拜尔斯道夫股份有限公司	第三类	T2011-23211
NANO-TEX	3075563	那依一纺织公司	第一类	T2011-23213
COMMUTER	8055891	傲獭有限公司	第九类	T2011-23215
Otter Box	7722085	傲獭有限公司	第十七类	T2011-23216
Otter	7722083	傲獭有限公司	第十七类	T2011-23217
ARMOR	8055887	傲獭有限公司	第十七类	T2011-23218
MOBILETRON	1642222	车王电子（宁波）有限公司	第九类	T2011-23219
MAX	3716717	均固企业有限公司	第七类	T2011-23220
AMBASSADEUR	799381	阿布公司	第二十八类	T2011-23221
生能	4419551	浙江正理生能科技有限公司	第十一类	T2011-23222
ANBO	7865635	南京安博五金有限公司	第六类	T2011-23223
GAP KIDS	1452916	盖璞（国际商标）公司	第十八类	T2011-23224
BABY GAP	1416708	盖璞（国际商标）公司	第十八类	T2011-23225
GAP	2020558	盖璞（国际商标）公司	第二十八类	T2011-23226
LUKMA 及图	5178213	安德利集团有限公司	第九类	T2011-23227
大唐 + 拼音 + 图形	3493115	重庆南岸区江山塑料制品厂	第十六类	T2011-23228
NDAL 太阳能灯立体商标	6677162	南京赫斯基贸易有限公司	第十一类	T2011-23235
AMBASSADOR 商标使用权	1323092	深圳市大使箱包实业有限公司	第十八类	T2011-23236
UU 图形标志	7055844	深圳第 26 届世界大学生夏季运动会组委会执行局	第三十一类	T2011-23237
UU 图形标志	7055885	深圳第 26 届世界大学生夏季运动会组委会执行局	第三十类	T2011-23238
UU 图形标志	7055886	深圳第 26 届世界大学生夏季运动会组委会执行局	第二十九类	T2011-23239
UU 图形标志	7055887	深圳第 26 届世界大学生夏季运动会组委会执行局	第二十八类	T2011-23240
UU 图形标志	7055888	深圳第 26 届世界大学生夏季运动会组委会执行局	第二十七类	T2011-23241
UU 图形标志	7055889	深圳第 26 届世界大学生夏季运动会组委会执行局	第二十六类	T2011-23242
UU 图形标志	7055890	深圳第 26 届世界大学生夏季运动会组委会执行局	第二十五类	T2011-23243
UU 图形标志	7055892	深圳第 26 届世界大学生夏季运动会组委会执行局	第二十三类	T2011-23244
深圳大运会吉祥物斗志表情	19-2011-F-00996	深圳第 26 届世界大学生夏季运动会组委会执行局		C2011-23245
FOSSIL	713341	富思有限公司	第二十五类	T2011-23246
FOSSIL	723888	富思有限公司	第十八类	T2011-23247
AUTHENTIC FOSSIL 及图	3925741	富思有限公司	第十四类	T2011-23248
FOSSIL	4560188	富思有限公司	第十四类	T2011-23249

权利名称	权利注册授权号	申请人名称	商品分类	备案号
FOSSIL	633589	富思有限公司	第十四类	T2011-23250
MW 及图	5589582	富思有限公司	第十四类	T2011-23251
MICHELE	5589581	富思有限公司	第十四类	T2011-23252
RELIC	7014071	富思有限公司	第二十五类	T2011-23253
RELIC	7014063	富思有限公司	第十四类	T2011-23254
RELIC	843770	富思有限公司	第十四类	T2011-23255
FOSSIL	6159310	富思有限公司	第二十五类	T2011-23256
ruicolor	6865171	杭州瑞江化工有限公司	第一类	T2011-23257
ruichem	6865172	杭州瑞江化工有限公司	第一类	T2011-23258
奈特丽 +KNIGHTLY	5664185	佛山市顺德区奈特丽婚纱有限公司	第二十五类	T2011-23260
裕田化工 +YUTIAN CHEMICAL+ 图	6535369	珠海裕田化工制品有限公司	第一类	T2011-23261
UU 图形标志	7055893	深圳第 26 届世界大学生夏季运动会组委会执行局	第二十二类	T2011-23263
UU 图形标志	7055894	深圳第 26 届世界大学生夏季运动会组委会执行局	第二十一类	T2011-23264
UU 图形标志	7055935	深圳第 26 届世界大学生夏季运动会组委会执行局	第二十类	T2011-23265
UU 图形标志	7055937	深圳第 26 届世界大学生夏季运动会组委会执行局	第十八类	T2011-23266
UU 图形标志	7055936	深圳第 26 届世界大学生夏季运动会组委会执行局	第十九类	T2011-23267
UU 图形标志	7055938	深圳第 26 届世界大学生夏季运动会组委会执行局	第十七类	T2011-23268
UU 图形标志	7055939	深圳第 26 届世界大学生夏季运动会组委会执行局	第十六类	T2011-23269
UU 图形标志	7055940	深圳第 26 届世界大学生夏季运动会组委会执行局	第十五类	T2011-23270
UU 图形标志	7055941	深圳第 26 届世界大学生夏季运动会组委会执行局	第十四类	T2011-23271
UU 图形标志	7055942	深圳第 26 届世界大学生夏季运动会组委会执行局	第十三类	T2011-23272
UU 图形标志	7055943	深圳第 26 届世界大学生夏季运动会组委会执行局	第十二类	T2011-23273
UU 图形标志	7055944	深圳第 26 届世界大学生夏季运动会组委会执行局	第十一类	T2011-23274
UU 图形标志	7055945	深圳第 26 届世界大学生夏季运动会组委会执行局	第十类	T2011-23275
UU 图形标志	7055946	深圳第 26 届世界大学生夏季运动会组委会执行局	第九类	T2011-23276
UU 图形标志	7055947	深圳第 26 届世界大学生夏季运动会组委会执行局	第八类	T2011-23277
UU 图形标志	7055948	深圳第 26 届世界大学生夏季运动会组委会执行局	第七类	T2011-23278
UU 图形标志	7055949	深圳第 26 届世界大学生夏季运动会组委会执行局	第六类	T2011-23279
UU 图形标志	7055950	深圳第 26 届世界大学生夏季运动会组委会执行局	第五类	T2011-23280
UU 图形标志	7055951	深圳第 26 届世界大学生夏季运动会组委会执行局	第四类	T2011-23281
UU 图形标志	7118663	深圳第 26 届世界大学生夏季运动会组委会执行局	第三类	T2011-23282
UU 图形标志	7055953	深圳第 26 届世界大学生夏季运动会组委会执行局	第二类	T2011-23283
UU 图形标志	7055954	深圳第 26 届世界大学生夏季运动会组委会执行局	第一类	T2011-23284
深圳大运会吉祥物兴奋表情	19-2011-F-00995	深圳第 26 届世界大学生夏季运动会组委会执行局		C2011-23285
深圳大运会吉祥物睿智表情	19-2011-F-00994	深圳第 26 届世界大学生夏季运动会组委会执行局		C2011-23286
深圳大运会吉祥物骄傲表情	19-2011-F-00997	深圳第 26 届世界大学生夏季运动会组委会执行局		C2011-23287

权利名称	权利注册授权号	申请人名称	商品分类	备案号
深圳大运会吉祥物好奇表情	19-2011-F-00998	深圳第26届世界大学生夏季运动会组委会执行局		C2011-23288
UU 图形标志	7055841	深圳第26届世界大学生夏季运动会组委会执行局	第三十四类	T2011-23289
UU 图形标志	7055842	深圳第26届世界大学生夏季运动会组委会执行局	第三十三类	T2011-23290
UU 图形标志	7055843	深圳第26届世界大学生夏季运动会组委会执行局	第三十二类	T2011-23291
大扶康	546257	辉瑞产品有限公司	第五类	T2011-23292
DIFLUCAN	545200	辉瑞产品有限公司	第五类	T2011-23293
on-ok	4071400	商好露斯－泰克尔公司	第十一类	T2011-23294
BALENCIAGA	2021019	巴隆夏盖	第九类	T2011-23295
BALENCIAGA	1362996	巴隆夏盖	第十四类	T2011-23296
BALENCIAGA	583204	巴隆夏盖	第三类	T2011-23297
YSL 图	666588	伊夫圣洛朗股份公司	第九类	T2011-23298
YVESSAINTLAURENT	654576	伊夫圣洛朗股份公司	第十四类	T2011-23299
YSL 图	654577	伊夫圣洛朗股份公司	第十四类	T2011-23300
YVESSAINTLAURENT	666585	伊夫圣洛朗股份公司	第九类	T2011-23301
QIANJI	4448150	乐清市前继继电器有限公司	第九类	T2011-23302
HUMAX	1549976	数码士株植会社	第九类	T2011-23303
2011 版宝贝快厨便携营养家手册（2011 Edition The Baby Bullet Pocket Nutritionist）	2011-L-040911	宝贝快厨有限责任公司		C2011-23304
2011 版宝贝快厨使用手册及食谱（2011 Edition Baby Bullet User Manual and Cookbook）	2011-L-040912	宝贝快厨有限责任公司		C2011-23305
2011 版宝贝快厨包装盒（2011 Edition Baby Bullet Box Art）	2011-L-042843	宝贝快厨有限责任公司		C2011-23306
SEIKO	4239548	精工控股株式会社	第十六类	T2011-23307
SEIKO	8016040	精工控股株式会社	第十四类	T2011-23308
LOUIS POULSEN	G785246	路易斯·浦尔生照明设备有限公司	第十一类	T2011-23309
CORDIAL 及图形	7681696	四川远星橡胶有限责任公司	第十二类	T2011-23310
CORDIAL	7371184	四川远星橡胶有限责任公司	第十二类	T2011-23311
YUANXING	6036374	四川远星橡胶有限责任公司	第十二类	T2011-23312
KINGSTONE	3885182	四川远星橡胶有限责任公司	第十二类	T2011-23313
图形商标	4289628	苏州日宝科技有限责任公司	第九类	T2011-23314
STIHL	G573715	安德烈亚斯·施蒂尔两合公司	第七类	T2011-23315
STIHL	G573715	安德烈亚斯·施蒂尔两合公司	第八类	T2011-23316
STIHL	G573715	安德烈亚斯·施蒂尔两合公司	第九类	T2011-23317
STIHL	G573715	安德烈亚斯·施蒂尔两合公司	第十一类	T2011-23318
STIHL	G573715	安德烈亚斯·施蒂尔两合公司	第二十五类	T2011-23319
力尼尔及 LINIER	3068672	项真	第九类	T2011-23320
SMALL SUN	6757612	东阳市小太阳照明有限公司	第十一类	T2011-23321
OLD NO BRAND	2008580	杰克丹尼尔持有人有限公司	第二十五类	T2011-23322
JACK DANIEL'S	5648908	杰克丹尼尔持有人有限公司	第二十五类	T2011-23323

权利名称	权利注册授权号	申请人名称	商品分类	备案号
ACTION 动感（图形）	1577126	佛山市森海运动用品有限公司	第二十八类	T2011-23324
《五星苹果（商标）》	2011-F-038353	黄为东		C2011-23325
"Salad Chef" Recipe Booklet (English)	2011-L-044538	格尼斯有限公司		C2011-23326
"Salad Chef" color box (English)	2011-L-044709	格尼斯有限公司		C2011-23327
KIEHL'S	1500253	莱雅公司	第三类	T2011-23329
MATRIX	523005	莱雅公司	第三类	T2011-23330
STERLING	1661600	希克瑞斯泰尔有限公司	第六类	T2011-23331
百明 BM	1662307	佛山市顺德区丰明电子科技有限公司	第九类	T2011-23333
Omega 及水滴图形	1660016	伊利诺斯工具制品有限公司	第一类	T2011-23334
梦妆	1680376	株式会社太平洋	第三类	T2011-23335
SOLEX	566464	锁力国际（泰国）有限公司	第六类	T2011-23344
KYB 图形	2010-F-032269	萱场工业株式会社		C2011-23350
TAKAMAYA	5971249	上海睿昕汽车配件有限公司	第七类	T2011-23351
MONSTER ENERGY	5447961	汉森饮料公司	第三十二类	T2011-23352
怪兽图形	5501277	汉森饮料公司	第三十三类	T2011-23353
怪兽图形	5501276	汉森饮料公司	第三十二类	T2011-23354
MONSTER ENERGY	5447960	汉森饮料公司	第三十三类	T2011-23355
GEISHA 及艺者头像	6292848	川商福至株式会社	第二十九类	T2011-23356
火烈鸟 FLAMINGO FIREWORKS 及图形	6117957	数信集团（香港）有限公司	第十三类	T2011-23358
图形	1098860	吉普生吉它公司	第十五类	T2011-23359
SAn macher 及图	6776450	宁波宁兴国贸实业有限公司	第十一类	T2011-23360
萬金油	338746	虎豹企业有限公司	第五类	T2011-23362
ECOFRESH	2011-F-041469	膳盟食品有限公司		C2011-23363
SUN MOON 及图	2011-F-041470	膳盟食品有限公司		C2011-23364
SunMoon 及图	2011-F-041476	膳盟食品有限公司		C2011-23365
moulinex	1428878	SEB 股份有限公司	第二十一类	T2011-23367
DAVIDOFF	G876874	吉诺·大卫多夫有限公司	第二十五类	T2011-23368
MAGZ	6127922	安徽省珏盛进出口有限公司	第十二类	T2011-23369
TRIPLE UP 及图形	7726813	安徽省珏盛进出口有限公司	第十二类	T2011-23370
PIRANHA 及图形	6127919	安徽省珏盛进出口有限公司	第十二类	T2011-23371
ULENDO	6127918	安徽省珏盛进出口有限公司	第十二类	T2011-23372
IST	7932264	广州市安努普工程机械有限公司	第七类	T2011-23373
MUNTRA DESIGN	5418157	卢晓东	第二十四类	T2011-23374
浴美健	4903885	浴美健品牌管理公司	第三类	T2011-23375
ROSA CLARA	G974991	罗莎·玛丽亚·克莱拉·帕拉蕾	第二十五类	T2011-23376
ALMANOVIA	G1008775	诺维欧罗有限公司	第二十五类	T2011-23377
F.LLI MORI 及图	6803816	宁波宁兴国贸实业有限公司	第十一类	T2011-23378
Shalimar 及图	7316672	宁波宁兴国贸实业有限公司	第十一类	T2011-23379

权利名称	权利注册授权号	申请人名称	商品分类	备案号
Calvin Klein	1681239	卡尔文·克雷恩商标托管	第二十五类	T2011-23380
玫凯琳	1676257	玫琳凯公司	第三类	T2011-23383
CYMBALTA	1596440	(美国)礼来公司	第五类	T2011-23390
希爱力	1572442	美国礼来公司	第五类	T2011-23391
Roster 及图形	3366236	温州奥泰克汽车电器有限公司	第九类	T2011-23392
REMIX	7604354	宁波杰安尔克工贸有限公司	第十一类	T2011-23393
华豪;HUA HAO	5126581	佛山市南海华豪铝型材有限公司	第六类	T2011-23394
豪顺	1019382	佛山市南海华豪铝型材有限公司	第六类	T2011-23395
华豪;HUA HAO	5126582	佛山市南海华豪铝型材有限公司	第一类	T2011-23396
Davidoff 图形	G596413	吉诺·大卫多夫有限公司	第二十五类	T2011-23399
FYC+ 图形	572139	宁波发源美容器具有限公司	第八类	T2011-23400
TIFFANY	1684949	美国蒂芙妮公司	第二十五类	T2011-23401
Calvin Klein	1681240	卡尔文·克雷恩商标托管	第二十五类	T2011-23402
PHILIPS	135047	皇家飞利浦电子股份有限公司	第十一类	T2011-23403
PHILIPS	135331	皇家飞利浦电子股份有限公司	第八类	T2011-23404
Febreze	1512447	宝洁公司(美国)	第五类	T2011-23407
PLANET 及图形	5266807	江西春光五金有限公司	第六类	T2011-23408
飞英塔 feiyingta 及图形	8107059	湖州森通丝绸织造有限公司	第二十四类	T2011-23409
飞英塔 FEIYINGTA	6507111	湖州森通丝绸织造有限公司	第二十四类	T2011-23410
EOTECH	7475953	L-3 通讯技术有限公司	第十三类	T2011-23411
EURO-PRO	1994829	欧专运营有限公司	第二十一类	T2011-23412
SHARK	5459424	欧专运营有限公司	第七类	T2011-23413
BRAVETTI	6649727	欧专运营有限公司	第七类	T2011-23414
SHARK	6689108	欧专运营有限公司	第七类	T2011-23415
STEAM POCKET	7990643	欧专运营有限公司	第七类	T2011-23416
NINJA	7437911	欧专运营有限公司	第十一类	T2011-23417
NINJA	7437912	欧专运营有限公司	第七类	T2011-23418
YUANXING 及图	1677919	四川远星橡胶有限责任公司	第十二类	T2011-23420
ISSEY MIYAKE	1140644	株式会社三宅设计事务所	第十四类	T2011-23421
MASTER PREP	7437914	欧专运营有限公司	第七类	T2011-23422
珠江桥牌及图	135662	广东珠江桥生物科技股份有限公司	第三十类	T2011-23423
珠江桥及图形	760954	广东珠江桥生物科技股份有限公司	第三十类	T2011-23424
TICA	573753	宁波羚祐渔具有限公司	第二十八类	T2011-23426
AMOREPACIFIC	1676392	株式会社太平洋	第三类	T2011-23427
BARBIE	1669915	美泰有限公司	第十二类	T2011-23429
梦特娇(繁体)	577537	博内特里塞文奥勒有限公司	第二十五类	T2011-23430
FIL LUMIERE	577530	博内特里塞文奥勒有限公司	第二十五类	T2011-23431
MONTAGUT	575471	博内特里塞文奥勒有限公司	第十四类	T2011-23432
梦特娇(繁体)	575472	博内特里塞文奥勒有限公司	第十四类	T2011-23433
A 图形	7688097	温州市瓯海大东鞋业有限公司	第二十五类	T2011-23436

权利名称	权利注册授权号	申请人名称	商品分类	备案号
ITANIUM	1553939	英特尔公司	第九类	T2011-23437
XEON	1534039	英特尔公司	第九类	T2011-23438
Romeo	7398863	北京万顺新时代眼镜有限公司	第九类	T2011-23439
BRAINETICS	G1048612	布瑞尼提克斯有限公司	第九类	T2011-23441
CIRCA JOAN & DAVID	5160951	耐恩西部发展公司	第二十五类	T2011-23442
ABORN	5563041	浙江汉博汽配制造有限公司	第七类	T2011-23443
ABORN	5563040	浙江汉博汽配制造有限公司	第九类	T2011-23444
WORKSENSE	5231699	汇新环球有限公司	第二十五类	T2011-23445
treelogic	8138657	孙金鑫	第九类	T2011-23446
LEXAND	8376018	孙金鑫	第九类	T2011-23447
BOVOS	5533579	温州市博宇锁业有限公司	第六类	T2011-23448
BERTOLLI	5580176	温州市博宇锁业有限公司	第六类	T2011-23449
MASTER PREP	7437913	欧专运营有限公司	第十一类	T2011-23450
WEBER	349681	马涅蒂·马瑞利股份公司	第七类	T2011-23451
WEBER	521991	马涅蒂·马瑞利股份公司	第九类	T2011-23452
WEBER	520381	马涅蒂·马瑞利股份公司	第七类	T2011-23453
Shal'Artem	8482457	阿米那有限公司	第五类	T2011-23454
Lopeshal	8482476	阿米那有限公司	第五类	T2011-23455
Supra Apeti	8482424	阿米那有限公司	第五类	T2011-23456
Shalphatrim	8482304	阿米那有限公司	第五类	T2011-23457
Shalina Shalmet	8482287	阿米那有限公司	第五类	T2011-23458
Shalina Shalzin	8482268	阿米那有限公司	第五类	T2011-23459
Momesol	8482242	阿米那有限公司	第五类	T2011-23460
Momesol	8482022	阿米那有限公司	第三类	T2011-23461
Shalina Flodent	8481921	阿米那有限公司	第三类	T2011-23462
Shalina Omeshal	8479703	阿米那有限公司	第五类	T2011-23463
Rufezone	8479712	阿米那有限公司	第五类	T2011-23464
Laxatif	8479689	阿米那有限公司	第五类	T2011-23465
L'APETI	8479676	阿米那有限公司	第五类	T2011-23466
Shalina Funazol	8479670	阿米那有限公司	第五类	T2011-23467
Shalina SHAXIN	8479658	阿米那有限公司	第五类	T2011-23468
Shalina Clarinez	8479644	阿米那有限公司	第五类	T2011-23469
AZIMYN	8479636	阿米那有限公司	第五类	T2011-23470
Alcozyne	8479620	阿米那有限公司	第五类	T2011-23471
康铭，KMS 及图形	4183803	李迪初	第九类	T2011-23472
MAXBOND	5352645	宁波红杉高新板业有限公司	第六类	T2011-23478
PANABOND	5352646	宁波红杉高新板业有限公司	第六类	T2011-23479
WITAL	6531988	重庆大和荣基机电有限公司	第七类	T2011-23480
RANCO	248341	兰科特拉华有限公司	第十八类	T2011-23481
R 图形	270362	兰科特拉华有限公司	第十八类	T2011-23482

权利名称	权利注册授权号	申请人名称	商品分类	备案号
树象图形	7477080	滦南县天宇农具厂	第八类	T2011-23483
球的图形	7461739	赵晶	第三类	T2011-23485
PEALER	7503891	赵晶	第三类	T2011-23486
douceur	7695788	绍兴博爱贸易有限公司	第二十四类	T2011-23487
dunhill	G930219	阿尔弗雷德·登喜路有限公司	第三类	T2011-23488
RADO 及图形	146607	雷多制表公司	第十四类	T2011-23489
LUMINOR	G681619A	沛纳海股份公司	第十四类	T2011-23490
PENARAI	G786771A	沛纳海股份公司	第十四类	T2011-23491
RADIOMIR	G694598A	沛纳海股份公司	第十四类	T2011-23492
MICHELIN	G771031	米其林集团总公司	第九类	T2011-23494
MICHELIN	G771031	米其林集团总公司	第十八类	T2011-23495
轮胎人图形	G773093	米其林集团总公司	第九类	T2011-23496
希力克斯	3461565	希力克斯集团公共有限公司	第六类	T2011-23497
HELIX	3397493	希力克斯集团公共有限公司	第六类	T2011-23498
希力克斯	3461566	希力克斯集团公共有限公司	第十六类	T2011-23499
HELIX	3397492	希力克斯集团公共有限公司	第十六类	T2011-23500
SUN-FLOWER	3485357	南京双诚科技实业有限公司	第七类	T2011-23501
IBEATS	8397077	毕慈电器有限公司	第二十五类	T2011-23502
DIDDY BEATS	8405351	毕慈电器有限公司	第二十五类	T2011-23503
CLUB BEATS	8414268	毕慈电器有限公司	第二十五类	T2011-23504
HEARTBEATS	7603109	毕慈电器有限公司	第九类	T2011-23505
CLUB BEATS	8158996	毕慈电器有限公司	第二十五类	T2011-23506
德瑞博士的节拍	8114664	毕慈电器有限公司	第二十五类	T2011-23507
节拍坊	8114656	毕慈电器有限公司	第二十五类	T2011-23508
节拍	8114159	毕慈电器有限公司	第二十五类	T2011-23509
pong（图形）	8254516	黄耀辉	第九类	T2011-23510
pongresearch（图形）	8254523	黄耀辉	第九类	T2011-23511
TYVEK	975980	杜邦公司	第九类	T2011-23512
TYVEK	937520	杜邦公司	第二十五类	T2011-23513
TYVEK	936136	杜邦公司	第十七类	T2011-23514
TYVEK	928822	杜邦公司	第二十四类	T2011-23515
TYVEK	160530	杜邦公司	第十六类	T2011-23516
TITUS	1008722	杜邦公司	第五类	T2011-23517
HARMONY	212216	杜邦公司	第五类	T2011-23518
罗莎（图形）	6122233	北京麦格尼特技术发展有限责任公司	第十九类	T2011-23519
BIC	1686535	比克公司	第三十四类	T2011-23524
HB	246765	江苏泗洪油嘴油泵有限公司	第七类	T2011-23526
佳铁机械及图形	8151014	江门佳铁自动化有限公司	第七类	T2011-23528
FD 及图形	4933290	阮增辉	第十二类	T2011-23529
卓丹	765279	查尔斯·乔丹控股公司	第二十五类	T2011-23530

权利名称	权利注册授权号	申请人名称	商品分类	备案号
CHARLES JOURDAN 及图形	642773	查尔斯·乔丹控股公司	第二十五类	T2011-23531
勃朗古堡	6989982	王艳	第三十三类	T2011-23532
LE ROCHETEAU 罗施图	6711687	王艳	第三十三类	T2011-23533
ANDELI	3337324	安德利集团有限公司	第九类	T2011-23535
博卡及图形	1613084	杭州富阳博卡体育用品有限公司	第二十八类	T2011-23537
吉旺	1520518	先正达有限公司	第五类	T2011-23538
LUCOZADE	6596493	葛兰素集团有限公司	第三十二类	T2011-23539
LUCOZADE	559191	葛兰素集团有限公司	第三十二类	T2011-23540
LUCOZADE	3103202	葛兰素集团有限公司	第三十二类	T2011-23541
葡萄适	7238336	葛兰素集团有限公司	第三十二类	T2011-23542
LUCOZADE	6596494	葛兰素集团有限公司	第三十二类	T2011-23543
Miss & Mrs	7539204	周坤江	第三类	T2011-23546
贝佳斯 BEIJIASI	2021588	周坤江	第三类	T2011-23547
dyras	5274978	廖玉华	第七类	T2011-23548
DENSHIN	3101372	潜景生	第十二类	T2011-23550
TAKANAWA	5590537	潜景生	第十二类	T2011-23551
冰球 (ICE BALL)	4255169	河北华纺印染有限公司	第二十四类	T2011-23552
荔枝 (Litcji)	4255170	河北华纺印染有限公司	第二十四类	T2011-23553
飞宝	7735288	佛山市南海奥帝精细化工有限公司	第五类	T2011-23554
家居安	7251579	佛山市南海奥帝精细化工有限公司	第五类	T2011-23555
宝力杀	1265254	佛山市南海奥帝精细化工有限公司	第五类	T2011-23556
德宠	7801986	佛山市南海奥帝精细化工有限公司	第五类	T2011-23557
奥帝	1198286	佛山市南海奥帝精细化工有限公司	第五类	T2011-23558
B 图形	6172406	浙江中亿管业有限公司	第十九类	T2011-23559
SIEGER	4934421	浙江中亿管业有限公司	第十七类	T2011-23560
HAICNEAL	3545787	昆明滇虹药业有限公司	第五类	T2011-23561
DIHON 及图	4341887	昆明滇虹药业有限公司	第五类	T2011-23562
Boneal	4664733	昆明滇虹药业有限公司	第五类	T2011-23563
BRIGGS & STRATTON(图形)	1281930	布斯公司	第十二类	T2011-23564
BRIGGS & STRATTON(图形)	1287084	布斯公司	第七类	T2011-23566
LOCKWOOD	5615172	洛克伍德布兰兹控股有限公司	第九类	T2011-23567
苔苔斯	4951414	苔苔斯纳迪（马）有限公司	第三十类	T2011-23568
BABA'S	4951415	苔苔斯纳迪（马）有限公司	第三十类	T2011-23569
LOCKWOOD	712814	洛克伍德布兰兹控股有限公司	第六类	T2011-23570
图形（绿 + 白 + 黄）	G760371	曼·胡默尔有限公司	第七类	T2011-23571
图形（绿 + 白 + 黄）	G760371	曼·胡默尔有限公司	第十一类	T2011-23572
HONGYANG	5169889	鸿洋集团有限公司	第七类	T2011-23573
HONGYANG	5169890	鸿洋集团有限公司	第九类	T2011-23574
HY 及图	5169892	鸿洋集团有限公司	第九类	T2011-23575
AZIMUT	G837133	阿兹慕—贝尼蒂股份有限公司	第十二类	T2011-23576

权利名称	权利注册授权号	申请人名称	商品分类	备案号
BENETTI	G600959	阿兹慕—贝尼蒂股份有限公司	第十二类	T2011-23577
金灶	1515361	广东海利集团有限公司	第十一类	T2011-23578
LINDNER	3627417	温州三实电器有限公司	第九类	T2011-23579
Superdry	G849604	DKH 零售有限公司	第二十五类	T2011-23582
康王	1130744	昆明滇虹药业有限公司	第五类	T2011-23583
GEZE	1350314	盖泽有限公司	第十九类	T2011-23585
GEZE 及图	1355306	盖泽有限公司	第十九类	T2011-23586
2A	7837642	青岛益佳华益进出口有限公司	第十六类	T2011-23587
QIAOPU	1747985	宁波乔普电器有限公司	第九类	T2011-23588
DRISTEEM	4655460	刘传弼	第十一类	T2011-23590
LYDC	6378719	陈咏菁	第十八类	T2011-23591
SOBAR	4257656	叶李美	第六类	T2011-23592
CODEGEN	3666545	深圳市三诺技展电子有限公司	第九类	T2011-23593
PILOT	144141	株式会社百乐	第十六类	T2011-23594
SAYONA 及图	6784277	香港君鸿国际贸易有限公司	第九类	T2011-23596
ASTER	G647584	万代简化股份有限公司	第二十五类	T2011-23597
MOD8	7680610	万代简化股份有限公司	第二十五类	T2011-23598
STEPHANE KELIAN	G1006187	基克国际有限公司	第二十五类	T2011-23599
图形	757484	基克国际有限公司	第二十五类	T2011-23600
KICKERS	7181710	基克国际有限公司	第二十五类	T2011-23601
珠江桥牌及图形	135664	广东珠江桥生物科技股份有限公司	第三十类	T2011-23602
珠江桥牌及图形	135660	广东珠江桥生物科技股份有限公司	第三十三类	T2011-23603
珠江 PEARL RIVER	1514241	广东珠江桥生物科技股份有限公司	第三十类	T2011-23604
PEARL RIVER 101	4551870	广东珠江桥生物科技股份有限公司	第三十类	T2011-23605
珠江 101	4551869	广东珠江桥生物科技股份有限公司	第三十类	T2011-23606
梦特娇（繁体）	1582351	博内特里塞文奥勒有限公司	第九类	T2011-23609
HARLEY（图形）	1511274	H-D 密执安有限责任公司	第十二类	T2011-23610
MICARGI	G1772217	麦卡捷自行车有限公司	第十类	T2011-23611
BARBICIDE	7990216	国王研究公司	第五类	T2011-23612
罐（图形）	7808455	国王研究公司	第五类	T2011-23613
罐（图形）	7808456	国王研究公司	第五类	T2011-23614
《ALUBOND 图形及文字组合》	2011-F-045826	娜娃博·沙基		C2011-23615
《MULK 集团形象标识》	2011-F-045827	娜娃博·沙基		C2011-23616
《ALUBOND 复合板产品形象标识》	2011-F-045828	娜娃博·沙基		C2011-23617
Super-Max	1539573	秀波麦克斯集团控股公司	第八类	T2011-23618
三递板及图形	6803377	北京蓝海通商贸有限公司	第十九类	T2011-23619
SADESA	7842989	许天福	第十八类	T2011-23621
HY 及图	5169891	鸿洋集团有限公司	第七类	T2011-23622
美宝莲	1196171	莱雅公司	第三类	T2011-23625

权利名称	权利注册授权号	申请人名称	商品分类	备案号
PAJARITA SICKLES WARRANTED FIRST QUALITY STEEL INMAHER, S.L. 及图	G680635	依玛鹤有限公司	第八类	T2011-23626
图形	1374642	依玛鹤有限公司	第八类	T2011-23627
LA PAJARITA	1374641	依玛鹤有限公司	第八类	T2011-23628
LA PAJARITA 及图	1364602	依玛鹤有限公司	第八类	T2011-23629
MI SA KO	5961408	冼金泉	第十八类	T2011-23630
K KELIM	8387717	鸡林窑业株式会社	第十一类	T2011-23631
SINMAG 新麦	710516	新麦机械（无锡）有限公司	第七类	T2011-23632
TROJAN	1042242	特洛伊电池公司	第九类	T2011-23633
Trojan 及图形	1042241	特洛伊电池公司	第九类	T2011-23634
kiu kiang	961742	九江酒厂有限公司	第三十三类	T2011-23635
九江双（雙）	1029012	九江酒厂有限公司	第三十三类	T2011-23636
SAMJIN	5354381	杨志全	第三十类	T2011-23637
X-LARGE	4378455	杨斌杰	第十八类	T2011-23638
L 图形	7650515	李宁体育（上海）有限公司	第二十五类	T2011-23640
牛头	3068884	好帝一食品有限公司	第三十类	T2011-23643
MAHA STRONG	8463492	瑞安市哈吉进出口贸易有限公司	第十二类	T2011-23644
HAMMER	1569150	汉模体育用品公司	第二十八类	T2011-23645
YOOSHIN CROWN VELVET 及图形	6127278	青岛维信纤维有限公司	第二十四类	T2011-23646
PAUXIS 及图形	1346152	普视达（惠州）电子科技有限公司	第九类	T2011-23647
STANDARD 及图形	3423954	标准电器公司	第九类	T2011-23648
DURA	G1215649	沛嘉工业有限公司	第六类	T2011-23649
SHARP	848743	夏普株式会社	第九类	T2011-23650
SHARP	8020606	夏普株式会社	第九类	T2011-23651
gates 及图形	1518931	盖茨公司	第七类	T2011-23652
JUKI	146917	重机株式会社	第七类	T2011-23653
重机	148041	重机株式会社	第七类	T2011-23654
J 图形	146915	重机株式会社	第七类	T2011-23655
YUKI	1569889	重机株式会社	第七类	T2011-23656
DDL	1539019	重机株式会社	第七类	T2011-23657
COIDO	1657682	上海华汇机电有限公司	第七类	T2011-23658
BOBLBEE 及图形	1476914	鲍勃比有限公司	第十八类	T2011-23659
B33A 及图形	8270419	玉环奥力达铜业有限公司	第六类	T2011-23660
M 火箭（图形）	5741534	玉环奥力达铜业有限公司	第六类	T2011-23661
海鸥（图形）	5741533	玉环奥力达铜业有限公司	第六类	T2011-23662
SEROSTIM	G639784	阿雷斯贸易股份有限公司	第五类	T2011-23663
Rebif 及图形	G932599	阿雷斯贸易股份有限公司	第五类	T2011-23664
Rebif 及图形	G932599	阿雷斯贸易股份有限公司	第十类	T2011-23665
Rebif(图形)	G784706	阿雷斯贸易股份有限公司	第十类	T2011-23666

权利名称	权利注册授权号	申请人名称	商品分类	备案号
Rebif(图形)	G784706	阿雷斯贸易股份有限公司	第五类	T2011-23667
Metal-Bud 及图形	5317183	无锡仟益贸易有限公司	第六类	T2011-23668
edson 及图形	5984737	无锡仟益贸易有限公司	第六类	T2011-23669
HOME SECURITY(图形)	7870709	无锡仟益贸易有限公司	第六类	T2011-23670
SUNGATE	6272104	义乌市中银服饰有限公司	第二十五类	T2011-23671
三福 SANFU 及图	650747	顺越实业有限公司	第十七类	T2011-23672
JT+ 图	3716442	宁波南螺建通紧固件有限公司	第六类	T2011-23673
THERMOS	6193874	膳魔师有限责任公司	第二十一类	T2011-23674
esata	5714488	爱国者电子科技有限公司	第九类	T2011-23675
图形	6322106	上海林骏国际贸易有限公司	第二十五类	T2011-23677
英文	6721871	上海林骏国际贸易有限公司	第二十五类	T2011-23678
图形	6857979	上海林骏国际贸易有限公司	第二十五类	T2011-23679
Product Label Design	2011-F-036068	WD-40 制造公司		C2011-23680
TBU	7712145	博恩斯公司	第九类	T2011-23681
TISP	1266302	博恩斯公司	第九类	T2011-23682
德贤 +DE XIAN	3006207	阳江市全兴民用刀剪厂	第八类	T2011-23683
Dixsen	1570247	浙江迪克森电器有限公司	第九类	T2011-23684
MICHELE 及 MW 图形	1628684	富思有限公司	第十四类	T2011-23685
元秘 -D 口服液瓶贴	2011-F-046255	通化一洋保健品有限公司		C2011-23686
元秘 -D 口服液外包装箱	2011-F-046257	通化一洋保健品有限公司		C2011-23687
元秘 -D 口服液包装箱	2011-F-046256	通化一洋保健品有限公司		C2011-23688
EXXONMOBIL	1636227	埃克森美孚公司	第四类	T2011-23690
SJ 及图	7294141	平阳县申杰进出口贸易有限公司	第十二类	T2011-23691
SJ	7295229	平阳县申杰进出口贸易有限公司	第七类	T2011-23692
TIKI	6312068	灯火农庄有限公司	第十一类	T2011-23693
TIKI	6312069	灯火农庄有限公司	第四类	T2011-23694
BIC	1673979	比克公司	第八类	T2011-23695
EPIPHONE	807561	吉普生吉它公司	第十五类	T2011-23700
GIBSON	807558	吉普生吉它公司	第十五类	T2011-23701
ZODIAC 及图	5287906	蒙特雷安蒂马 SA	第十四类	T2011-23703
MANGO	G787301	艺术家联合有限公司	第九类	T2011-23704
MANGO	G787301	艺术家联合有限公司	第十八类	T2011-23705
MANGO	G787301	艺术家联合有限公司	第十四类	T2011-23706
MANGO	G787301	艺术家联合有限公司	第二十五类	T2011-23707
Chloe	608152	蔻依有限公司	第三类	T2011-23708
尔克 ERKE+ 图形	1689241	福建鸿星尔克体育用品有限公司	第二十五类	T2011-23887

商标注册用商品和服务国际分类表

我国商标注册采用国际通用的《商标注册用商品和服务国际分类》，共包括 45 类，其中商品 34 类，服务项目 11 类。本表采用的是 2012 年 1 月 1 日生效的《商标注册用商品和服务国际分类》（第十版）。

类别	范围
第 1 类	用于工业、科学、摄影、农业、园艺和林业的化学品；未加工人造合成树脂；未加工塑料物质；肥料；灭火用合成物；淬火和焊接用制剂；保存食品用化学品；鞣料；工业用粘合剂。
第 2 类	颜料，清漆，漆；防锈剂和木材防腐剂；着色剂；媒染剂；未加工的天然树脂；画家、装饰家、印刷商和艺术家用金属箔及金属粉。
第 3 类	洗衣用漂白剂及其他物料；清洁、擦亮、去渍及研磨用制剂；肥皂；香料，香精油，化妆品，洗发水；牙膏。
第 4 类	工业用油和油脂；润滑剂；吸收、润湿和黏结灰尘用合成物；燃料（包括马达用燃料）和照明材料；照明用蜡烛和灯芯。
第 5 类	药用和兽医用制剂；医用卫生制剂；医用或兽医用营养食物和物质，婴儿食品；人用和动物用膳食补充剂；膏药，绷敷材料；填塞牙孔用料，牙科用蜡；消毒剂；消灭有害动物制剂；杀真菌剂，除莠剂。
第 6 类	普通金属及其合金；金属建筑材料；可移动金属建筑物；铁轨用金属材料；普通金属制非电气用缆线；五金具，金属小五金具；金属管；保险箱；不属别类的普通金属制品；矿石。
第 7 类	机器和机床；马达和引擎（陆地车辆用的除外）；机器联结器和传动机件（陆地车辆用的除外）；非手动农业器具；孵化器；自动售货机。
第 8 类	手工具和器具（手动的）；刀、叉和勺餐具；随身武器；剃刀。
第 9 类	科学、航海、测量、摄影、电影、光学、衡具、量具、信号、检验（监督）、救护（营救）和教学用装置及仪器；处理、开关、传送、积累、调节或控制电的装置和仪器；录制、通讯、重放声音或影像的装置；磁性数据载体，录音盘；光盘，DVD 盘和其他数字存储媒介；投币启动装置的机械结构；收银机，计算机器，数据处理装置，计算机；计算机软件；灭火器械。
第 10 类	外科、医疗、牙科和兽医用仪器及器械，假肢，假眼和假牙；整形用品；缝合用材料。
第 11 类	照明、加热、蒸汽发生、烹饪、冷藏、干燥、通风、供水以及卫生用装置。
第 12 类	运载工具；陆、空、海用运载装置。
第 13 类	火器；军火及弹药；爆炸物；烟火。
第 14 类	贵重金属及其合金，不属别类的贵重金属制品或镀有贵重金属的物品；珠宝首饰，宝石；钟表和计时仪器。
第 15 类	乐器。
第 16 类	纸和纸板，不属别类的纸和纸板制品；印刷品；装订用品；照片；文具；文具或家庭用黏合剂；美术用品；画笔；打字机和办公用品（家具除外）；教育或教学用品（仪器除外）；包装用塑料物品（不属别类的）；印刷铅字；印版。
第 17 类	橡胶、古塔胶、树胶、石棉、云母，以及不属别类的这些原材料的制品；生产用成型塑料制品；包装、填充和绝缘用材料；非金属软管。
第 18 类	皮革和人造皮革，不属别类的皮革和人造皮革制品；毛皮；箱子和旅行袋；雨伞和阳伞；手杖；鞭和马具。
第 19 类	非金属的建筑材料；建筑用非金属刚性管；柏油，沥青；可移动非金属建筑物；非金属碑。
第 20 类	家具，镜子，相框；不属别类的木、软木、苇、藤、柳条、角、骨、象牙、鲸骨、贝壳、琥珀、珍珠母、海泡石制品，这些材料的代用品或塑料制品。
第 21 类	家用或厨房用器具和容器；梳子和海绵；刷子（画笔除外）；制刷材料；清洁用具；钢丝绒；未加工或半加工玻璃（建筑用玻璃除外）；不属别类的玻璃器皿、瓷器和陶器。
第 22 类	缆，绳，网，帐篷，遮篷，防水遮布，帆，袋和包（不属别类的）；衬垫和填充材料（橡胶或塑料除外）；纺织用纤维原料。

类别	范围
第23类	纺织用纱和线。
第24类	布料和不属别类的纺织品；床单；桌布。
第25类	服装，鞋，帽。
第26类	花边和刺绣，饰带和编带；纽扣，领钩扣，饰针和缝针；假花。
第27类	地毯，地席，席类，油毡及其他铺地板材料；非纺织品制墙帷。
第28类	游戏器具和玩具；不属别类的体育和运动用品；圣诞树用装饰品。
第29类	肉，鱼，家禽和野味；肉汁；腌渍、冷冻、干制及煮熟的水果和蔬菜；果冻，果酱，蜜饯；蛋；奶和奶制品；食用油和油脂。
第30类	咖啡，茶，可可和咖啡代用品；米；食用淀粉和西米；面粉和谷类制品；面包、糕点和甜食；冰制食品；糖，蜂蜜，糖浆；鲜酵母，发酵粉；食盐；芥末；醋，沙司（调味品）；辛香料；饮用冰。
第31类	谷物和不属别类的农业、园艺、林业产品；活动物；新鲜水果和蔬菜；种子；草木和花卉；动物饲料；麦芽。
第32类	啤酒；矿泉水和汽水以及其他不含酒精的饮料；水果饮料及果汁；糖浆及其他制饮料用的制剂。
第33类	含酒精的饮料（啤酒除外）。
第34类	烟草；烟具；火柴。
第35类	广告；商业经营；商业管理；办公事务。
第36类	保险；金融事务；货币事务；不动产事务。
第37类	房屋建筑；修理；安装服务。
第38类	电信。
第39类	运输；商品包装和贮藏；旅行安排。
第40类	材料处理。
第41类	教育；提供培训；娱乐；文体活动。
第42类	科学技术服务和与之相关的研究与设计服务；工业分析与研究；计算机硬件与软件的设计与开发。
第43类	提供食物和饮料服务；临时住宿。
第44类	医疗服务；兽医服务；人或动物的卫生和美容服务；农业、园艺和林业服务。
第45类	法律服务；由他人提供的为满足个人需要的私人和社会服务；为保护财产和人身安全的服务。